KB020405

[개정4판]

국가정보

上卷

- 법의 지배와 국가정보 -

한희원 저

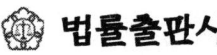 법률출판사

■ 제4판 머리말

미국 유학을 마치고 2008년 대한민국 법학계에는 매우 이질적인 영역인 국가정보에 관한 책을 출간했다. 국가정보 기구의 실전 공작(operation) 등을 다루는 내용이었으므로 기존의 리걸 마인드로는 이해가 쉽지 않았을 것이다.

하지만 법치주의를 표방하는 주권국가는 알게 모르게 국가정보의 힘과 도움으로 돌아간다. 따라서 국가정보에 대한 법치적 이해 없이 자유대한민국의 법치주의를 제대로 설명할 수는 없는 노릇이다. 다행히 학교 강의, 신문 기고, 특강 등으로 국가정보에 대한 법치적 접근을 위해 노력했다.

그렇게 세상에 내던져진 국가정보 원전은 망외의 사랑을 받았다. 2011년 한번 크게 개고하여 상제했었다. 그 후로 또 여러 해가 흘렀다. 전면 개고의 필요성을 느끼기는 했지만, 강의와 다른 책의 출간 등으로 엄두를 내지 못했다. 작년부터 큰마음을 먹고 노력하여 문장을 가다듬고 자료를 업데이트했다.

원전도 약 1,700여 페이지에 이르는 대작이었는데 이대로는 더 방대해질 듯해서 책을 아예 상권과 하권으로 분리하는 것이 타당하겠다는 결론에 이르렀다.

이에 이번에 먼저 국가정보(上)를 상제한다.

상권에는 제1편 국가정보학 개관, 제2편 정보의 순환, 제3편 정보활동론, 제4편 정보영역론을 담았다. 이후에 출간할 하권에 제5편 정보기구론, 제6편 정보환경론, 제7편 국가정보기구에 대한 감독과 책임, 제8편 한국의 정보기구를 담을 예정이다.

그동안 졸저가 2009년 문화관광부가 선정하는 우수도서로 선정되는 등으로 기존의 다른 국가정보학 서적과는 차별화되는 영광도 받았고, 국가시험에도 관여하면서, 책임감 또한 막중해졌다.

이번 제4판은 2023년까지의 최신동향을 참작했다. 하지만 안타깝게도 우리는 특정한 정권이 들어서면서 말로는 정치관여를 하지 않는다고 하면서 오히려 몸으로 정치권과 일체가 되어 국가정보원이 일개 행정부처처럼 국가정책의 직접 관여자로 타락하는 모습을 지켜봐야 하는 암담한 5년이 있었다.

누누이 지적했지만, 주권국가의 중추적 신경망인 정보기구는 누가 수장이 되는가에 따라서 수시로 변하는 가변적인 조직이 되어서는 안 된다. 영속적인 국민의 정보기구, 국가의 정보기구가 되어야 한다.

국가정보법 분야는 국가정책을 담보하는 종합법학이다. 그것은 국가안보를 수호하고 국가이익을 확보하여 국가의 글로벌 경쟁력을 드높이는 실천적인 학문이기 때문이다. 국가정보에 내재하는 본질적인 가치를 파악하여 제대로 된 정보마인드(intelligence mind)를 함양해야 한다. 대한민국 국가정보의 진정한 발전을 기대하면서 독자들의 애정 어린 질정을 기대한다.

마지막으로 본서를 집필함에 있어서 절로 숙연하게 하는 분들이 있다. 이 책에 이제는 다시는 만날 수 없고 저 멀리 하늘에서 지켜봐 주실 양가 부모님의 사랑을 담는다. 그리고 힘들 때도 영원히 샘솟는 옹달샘처럼 말할 수 없는 힘이 되는 사랑하는 우리 가족 모두에 대한 사랑을 담는다……

덧붙여, 어려운 출판 여건에서 흔쾌히 출판을 허락해주신 법률출판사 김용성 사장님께 진심으로 감사드리고 큰 발전을 진심으로 기원한다.

2023. 3.
우담 한희원 올림

제2판을 출간한지 얼마 지나지 않았지만, 독자들의 사람에 힘입어 제3판을 출간하게 되니 감개가 무량하다. 2008년 '국가정보(National Intelligence)'를 출간한 이후에, 동국대학교 법과대학에 국가정보법을 국내 최초로 개설했었고, 논문발표와 학회참석 활동으로 조금씩 졸저가 세상에 알려진 결과로 생각한다. 학생들의 뜨거운 관심과 학문에 대한 열정에 많은 감명을 받았고 대한민국 국가정보의 앞날이 전도양양함을 느낄 수 있었다.

한편 졸저가 2009년 문화관광부가 선정하는 우수도서로 선정됨으로 인해 기존의 다른 국가정보학 서적과는 차별화되는 영광도 받았다. 또한 본서가 직접적으로 참작되는 국가시험에도 관여하면서 책임감 또한 막중해졌다.

그런데 2010년 12월 국가정보직 객관식 대비용으로 국가정보요해(要解)라는 수험서를 탈고 하면서 세계 국가정보기구에서 몇 가지 괄목할 만한 변화가 있었다는 사실을 포착했다. 이에 2011년 기준으로 최신자료를 업데이트하여 제3판을 상제한다.

그동안 한반도에는 천안함 사건과 연평도 피습 사건을 겪으면서 국가안보의 소중함, 그러므로 국가정보의 절실함을 대한민국은 뼈저리게 느꼈다. 본서는 2011년 5월 현재까지의 전 세계 최신동향을 참작했다. 대표적으로 세계 국가정보기구에서 몇 가지 괄목할 만한 변화가 있었다는 사실을 포착했고 이를 반영했다. 주된 수정 내용은 다음과 같다.

① 미국, 프랑스, 북한 등 각국의 정보기구에 대한 최신자료를 업데이트했다.
② 미국 국가정보국(ODNI)의 조직 재편을 반영했다.
③ 무엇보다 프랑스 정보기구의 재편내용을 소개했다.
③ 가독성을 높이기 위해 최소한의 관련 사진을 첨부했다.

초판에서도 누누이 지적했지만 정보기구의 조직은 누가 수장이 되는가에 따라서 수시로 변할 수 있는 가변적인 것이다. 그러므로 정보기구에 내재하는 본질적인 가치를 파악하는 것만이 각국 정보기구를 실질적으로 이해하는 첩경이고 정보마인드(intelligence mind)를 함양하는 올바른 길이다. 결코 수년전의 자료를 암기하는 잘못을 범해서는 안 된다. 그러한 취지를 담은 책들은 어서 빨리 거두어들여져야 한다.

원래 국가정보나 국가안보법은 국가정책을 담보하는 종합법학이다. 그것은 국가안보를 확보하고 국가이익을 도모하여 국가의 글로벌 경쟁력을 드높이는 실천적인 학문인 것이다. 그러므로 국가정보법이나 국가정보학은 그 중요성에 비추어 필히 모든 공무원 시험과 교육에 필수과목으로 대한민국 국가운영 시스템의 중앙에 우뚝 서야 한다.

탈고를 마치면서 대한민국의 국가정보의 진정한 발전을 기대하고, 독자들의 애정 어린 질정을 기대한다. 그동안 독자들과의 대화는 매우 유익했고, 설익은 그 어떤 전문가들보다 그들의 충심어린 갈증을 이해할 수 있었다. 어떠한 질문이나 의문도 lucas@paran.com 로 연락해 주면 성실히 답할 것을 약속한다.

이 책에 하늘에서 돌보아 주시는 양가 아버님을 비롯해 영원히 사랑하는 집사람과 두 자식을 포함한 우리 가족 모두에 대한 사랑을 담는다........

2011. 6.

백년 동국법학 만해관에서
한희원 배상

■ 제2판 머리말

공무원 신분으로 미국 유학중에, 동국대학교 법과대학 교수가 되어 귀국하여, 2008년 '국가정보(National Intelligence)'를 출간한 이후에, 동국대학교 법과대학에 국가정보법을 국내 최초로 개설했다. 학생들의 뜨거운 관심과 학문에 대한 열정에 많은 감명을 받았다. 그리고 졸저가 2009년 문화관광부가 선정하는 우수도서에 포함되는 영광도 받았다. 또한 본서가 직접적으로 참작되는 국가시험에도 관여하면서, 책임감 또한 막중해졌다.

이에 제2판은 그동안 발견된 오타와 어색한 표현을 가다듬고, 2009년까지의 최신 자료를 반영하여 대폭 손질을 했다. 특히 국가정보직 시험에 빠지지 않고 출제되는 양상을 보이는, 하지만 적지 않은 잘못이 발견되는 국가정보의 개념과 정보분류 분야를 상세하게 설명했다.

국가정보법 분야는 국가정책을 담보하는 종합법학이다. 그것은 국가안보를 확보하고 국가이익을 도모하여 국가의 글로벌 경쟁력을 드높이는 실천적인 학문이다. 그러므로 국가경영의 나침반과 역할을 하는 국가정보에 대한 이해는 아무리 강조해도 지나치지 않는다. 미국 정보공동체의 황제(Czar)인 국가정보국장(DNI) 데니스 블레어(Dennis Blair)가 일반인과 대학생을 상대로 자신의 임무와 역할에 대한 명철한 이해 그리고 현대 글로벌 국제사회에서 기후변화(climate change)를 예로 들면서 국가정보의 새로운 역할과 기능을 천명하는 모습은 가슴 뜨겁게 한다.

냉전이후 국가경영의 새로운 변수로서 초국가적안보위협세력이 등장하여, 최고 정책결정권자인 대통령을 비롯해서, 국민의 대표자인 국회의원, 행정 각 부처의 지도자들의 국가정보의 역할에 대한 이해는 매우 중요하다. 더불어서 국가정보의 수장은 국가정보의 현대적 의의를 깊이 천착하여 정권 안보가 아니라, 국가안보 그리고 국민안보를 책임지는 소임을 다하는 모습을 다하여야 할 것이다. 경제인들도 마찬가지이다. 새로운 안보환경에서의 경제활동은 국가정보에 대한 새로운 인식을 필요로 하기 때문이다.

마지막으로 대한민국이 통일한국을 넘어서 글로벌 경쟁시대에서 중추적인 나라로 우뚝 서기 위해서는 대한민국의 국가정보체계에 대한 혁신은 매우 시급하고 긴요하다. 2개 이상의 복수의 국가정보기구가 존재하여 정보공동체를 형성하는 경우에는 반드시 객관적인 통솔자가 필요하다는 정보역사의 경험을 겸허히 받아들여, 민주적이고 최효율적인 대한민국 정보공동체의 구축을 위한 새로운 국가정보체계의 혁신을 도모하여야 할 것이다. 그 경우에 본서는 필요한 자료로 기능할 것임을 확신한다.

새로 정리하다시피한 방대한 책의 교정 작업을 함에 있어서, 항상 자식의 건강과 행복을 소망하시면서 걱정을 앞세우는 양가 어머님의 말없는 가르침 그리고 소중한 가족의 존재는 집필의 원동력이었다. 인생의 영원한 동반자이자 안내자인, 집사람과 군 복무를 마치고 대학교에 다니는 자랑스러운 아들, 멀리 미국에서 대학입시를 맞아 매우 바쁘면서도 아빠를 염려하는 소중한 딸에게는 가족의 존재 자체가 힘이 되는 청량제였다. 한편 독자 여러분의 지적은 곧 저자와 이 책에 대한 따뜻한 사랑으로 생각하고 능력껏 성의 있는 답변을 약속드린다. 어떠한 질문도 lucas@paran.com로 연락해 주기 바란다.

아무쪼록 단기적인 정권의 정보기구가 아닌 국민 그리고 국가의 정보기구로서 재탄생하여 국가경영을 위한 일일 정보신문을 생산하여 정보수요자에게 배포함으로써 진정으로 국가정책에 기여하는 국가정보의 참된 모습이 이루어지기를 소망해 본다. 대한민국의 국가정보의 진정한 발전을 기대하면서 독자들의 애정 어린 질정을 기대한다.

2010년 1월
백년 동국법학 만해관에서
한희원 배상

국가정보와 법치주의의 미래

1998년 6월 22일 9명의 승무원이 탑승한 북한의 무장 잠수함이 강원도 속초 앞바다에 침투한 사건이 발생했다. 스크루가 그물망에 걸려 고장을 일으켰고, 체포를 우려한 승무원은 모두 자살했다. 당시 속초지청장으로 일하던 필자는 시시각각 입수되는 정보를 계통을 밟아 정보 보고했다. 당시만 해도 그것을 체계적인 정보보고 활동의 일환으로 생각했다. 그에 더하여 법조인으로 자처하던 본인이, 2006년도부터 미국에서 뒤늦은 공부를 하기 전까지는 부끄럽게도, 정보는 정보기관과 최고통수권자와의 밀담 속에서 이루어지는 사실적인 권력관계의 영역이지 실정법이 개재될 장(場)은 아니라고 생각했다. 즉 국가정보 분야는 법외(法外)영역으로, 최고 통치권자와의 사이에서 사실적 권력관계의 문제로 형성되는 특수한 분야로 이해했었다.

그러던 본인이 국가정보 분야에 대하여 본격적인 관심과 애정을 가지고 본서의 집필을 마무리하게 된 것을 되돌아보면 감회가 남다르고, 그 여정의 힘들었던 순간들이 주마등처럼 스쳐간다. 오늘날에도 대부분의 많은 사람들은, 정보요원들은 대개 검정색 선글라스를 끼고 트렌치코트를 입고, 몰래 카메라나 도청장비 같은 비밀장비를 가지고 슬금슬금 돌아다니며, 남의 뒷조사를 하고 암호문을 주고받는 등으로, 어떤 신비하고 비밀스러운 업무를 수행하는 것으로 생각한다.

그러나 본격적인 국가정보는 국가정책에 서비스하기 위한 지적 인지물(認知物)로 국가 살림살이의 핵심 요소이다. 역사적으로 보아도 제2차 세계대전에서 연합국의 정보성공은 세계대전을 1년 앞당겨 종결지을 수 있게 해주었고, CIA의 일련의 정보성공은 결국 1991년 소비에트 공화국의 해체로 귀결되며, 전 인류를 무한 소모적 경쟁의 악순환에 접어들게 했던 냉전시대(Cold War)의 종식을 초래하였다. 이처럼 정보성공은 그 값어치를 따질 수 없는 엄청난 중요성을 가진다. 그럼에도 불구하고 아직까지 국가정보에 대한 체계적인 이해와 인식은 대단히 불충분하다고 보인다.

이러한 이해 부족은 정보와 정책의 관계에 대한 일반적이지만 매우 중요한 문제에서도 확연히 나타날 것으로 생각된다. 단적인 예(例)로, 미국 CIA는 기관의 홈 페이지에서 자신들의 고유한 업무에 대해 다음과 같이 설명하고 있다.

"우리는 결코 정책을 만들지 않는다. 심지어 필요한 정책이라도 권고도 하지 않는다. 그러한 일들은 행정 각 부처 즉 국무부나 국방부 등의 업무이다. 우리는 행정부처 책임자가 정책수립을 함에 차질이 없도록 (해외 세력과 연관된) 최선의 정보를 제공하는 일을 한다."

(*We do not make policy or even make policy recommendations. That's the job of the US executive branch, such as the State Department or the Defense Department. We provide these leaders with the best information possible to help them make policy involving other countries.*)

─ CIA「*Our Mission*」중에서 ─

정보(Intelligence)와 정책(Policy)의 관계를 명료하게 잘 설명해 주고 있다. 이러한 관점에 따른 문제의식을 가졌던 필자의 본서 집필에는 몇 가지 동기가 있다. 첫 번째는 역설적으로, 그 동안 국가정보에 대하여 어느 정도 경험도 하고 아는 체하였지만 실상은 너무나 문외한이었다는 자괴감이다. 필자는 Scott Bates 교수로부터 국가안보법(National Security Law)을 수학하면서 숨이 턱 막히는 기분을 느꼈다. 필자가 도무지 상상하지 못했던 방향으로의 국가정보에 대한 이해와 통제와 감독, 그리고 법적 쟁점의 형성은 어느 것 하나 놀랍지 않은 것이 없었다. 당시 공무원 신분으로 국가정보에 대한 연구 성과를 조국에 소개해 보고 싶다는 매우 강력한 충동을 느꼈고, 본인이 학습한 이해와 연구를 체계화하여 전문서적을 출간하기로 결심했다.

두 번째는, 우리나라의 경우 그 동안 정치외교학 분야에서 현상학적으로 연구되는 국가정보 분야를 법학 분야로 유치하여 규범적으로 연구하고 체계화하고 싶은 욕망이 심각하게 발동하였다. 이러한 욕망을 밑바탕으로 본서의 집필을 끝까지 이루게 한 세 번째 이유이기도 하지만, 수없이 포기하고 싶었던 이기심의 욕구에서도 필자의 마음을 다잡아 준 것은, 우리나라의 경우 국가정보 분야에 대한 학문적인 연구가 태부족하고, 더 나아가 상당부분 오해되거나 잘못 학습될 위험성이 크다는 우려 때문이기도 했다.

국가정보는 직간접적으로 국민의 권리 및 의무와 연관되는 일들이 대부분으로 필연적으로 법 규범적 이해와 검토가 수반되지 않을 수 없는 국가행정의 중요한 한 틀이다. 민주주의 국가에서는 국가행정도 법의 지배(Rule of Law)에 당연히 예속되어야 한다. 그러므로 체계적인 국가정보의 발전을 위해서는 국가정보 활동에 대한 당위성의 강조나 현상학적인 이해를 훌쩍 뛰어 넘어서서 규범학적인 이해와 연구가 마땅히 수반되어야 한다. 그러한 연유로 미국의 경우에 국가정보가 국가안보법(National Security Law)의 한 분과로서 연구, 학습되고 있는 것은 매우 커다란 부러움을 자아내었고, 본서의 집필을 결단하게 한 동인(動因)이 되었다.

　마지막으로 국가정보 분야는 미개척의 분야이지만, 법학의 일분과로의 편입과, 국가정보에 대한 체계적이고 규범학적인 이해와 연구는 마땅히 누군가에 의해, 언젠가는 이루어져야 할 일이라고 생각했다. 그것은 분단된 현실에서나 통일 한국을 대비하는 경우라고 하더라도 세계열강들의 이해관계가 맞닥뜨리고 있는 동북아시아의 특수한 지형에 자리한 한반도의 지정학적 위치에서 우리의 국가안보를 확립하고 국가이익을 수호하기 위해서 필수불가결한 과제가 될 것이라고 생각하였다. 이렇듯 학문적 능력보다는 그 중요성과 호기심의 발동에 따른 무모한 지적 충격에서 시작한 본서는 다음과 같은 특징을 가지고 있다.

　먼저 서술 체계의 독자적인 구성이다. 전체적인 체계를 개관과 정보순환론, 정보활동론, 정보영역론, 정보환경론, 정보감독통제론, 정보기구론, 그리고 마지막으로 한국 정보기구의 총 8편으로 분류하였다. 그리하여 기존 서적으로는 개념 파악이 어려웠던 많은 부분들에 대해 상세한 목차와 함께 명백한 개념 체계를 수립하였다.

　주지하다시피 미국 대학의 학습방법은 케이스 메소드(case method)로서 전문서적도 뚜렷한 체계를 잡은 개념적 분석과 서술방식으로 전개되어 있지는 않다. 그냥 필요한 사실과 방대한 자료를 평면적으로 나열하여 그것에 대한 스스로의 공부를 통해서 학습능력과 사고능력을 주체적으로 배양하는 것에 주안을 두고 있다. 그러므로 어떻게 영역을 분류하고 어느 분야에 어떠한 내용을 어떠한 이유로 위치시켜야 하는지의 문제는 내용의 이해 못지않게 지난(至難)한 일이었다.

　본서는 아직까지도 미완성으로, 암호작성과 해독 등 암호학 분야, 그리고 정보분석 분야에서의 미진함을 솔직히 고백하지 않을 수 없다. 이들 분야에 대해서는 추가적인 연구 또는 후학들의 학문적인 연구를 기대해 본다.

두 번째로, 본서는 이해하기 쉬운 평이한 서술체로 독자들의 이해의 편의를 도모하고 자 하였다. 사실 정보학을 공부하고 연구한다는 것은 또 다른 세계사를 공부하는 것과 같고 과학 기술적인 분야를 탐구하는 것과 같다. 무미건조하고 기술적이며 과학적인 용어의 소개로 자칫 산만해지기 쉽고, 이해하기 어려운 부분을 가급적이면 평이한 용어 를 사용하여 독자들의 손쉬운 이해를 도모하고자 하였다. 그러한 이유의 하나로 특히 기술정보(TECHINT) 수집 분야의 현상적인 자료는 그 풍부함에도 불구하고 게재하지 않았다. 또한 비슷한 맥락에서 가급적 각국의 정보기구에 대한 도식적인 이해를 도모하 지도 않았다.

세 번째로, 본서는 국가정보 분야를, 법학분야로의 이관을 최초로 모색하였다는 특색이 있다. 물론 국가정보 분야에 대한 법학적 논의는 헌법, 행정법, 형법과 형사소송 법, 그리고 무엇보다도 국제기구법을 포함한 국제법적인 이해와 연구를 함께 하여야 가능한 일로서 필자의 그러한 의도가 얼마나 성공적인지는 향후에도 지적을 받으면서 연구를 지속하여야 할 것임은 물론이다.

필자에게 국가정보학을 가르쳐 주신 Scott Bates 교수로부터 먼저 국제법과 국제인 권법을 수학했었다. 본서의 집필은 현대적인 국제법적 이해 없이는 불가능하였을 것으 로 국제법, 국제인권법, 이민법, 국제기구법의 공부는 본서의 집필에 매우 커다란 도움 이 되었다. 본서는 여하튼 법학을 전공한 사람에 의한 저서로서 대한민국에서는 최초로 정보학에 있어서 다각도의 법률논쟁을 전개하였다는 특색을 가지고 있다고 자부하고 싶다.

필자가 처음 국가안보법을 공부한 것은 그야말로 지적 충격(intellectual shock)을 받은 것이었다. 단순한 내용이나 첩보활동의 흥미성 때문이 아니었다. 정보활동에 대 한 치밀한 법적 논쟁이 전개되는 풍부한 사례 때문이었다. 필자는 그 많은 사례를 밤을 새워 하나하나 음미하여 보았다. 결국 법의 지배의 원칙은 국가의 정보활동에 대하여도 명백히 적용되어야 한다는 사실을 깨닫게 되었다. 사실 이 점이 여러 가지로 부족한 본인이, 무모하다고 할 본서의 집필에 착수하게 된 가장 큰 내적 연유이기도 하다.

네 번째로, 다양한 역사적 실제 사례를 분석적으로 소개하고 체계적으로 배치하였 다. 사실 정보학을 연구하고 공부함에 있어서 사례연구는 대단히 중요하다. 단기간 내에 정보의 특징과 속성을 알게 해주고 실전적인 간접경험을 하게 하여 소위 정보

마인드(Intelligence Mind)를 형성하게 해준다. 그러나 외형적인 사례연구는 중대한 위험도 내포한다. 자칫 사례위주의 평면적인 소개는 역사적인 국가정보 활동을 흥미위주의 가십거리로 이해하도록 만들 수도 있고, 사례의 정보학적인 가치를 몰각하게 하고 심지어 불법적인 방법을 답습하게 해줄 위험성도 있다. 이에 사례를 적절한 분야에 배치하는 것과 그 역사적인 법적 의미를 강조하여 이해될 수 있도록 하는 데 유념했다.

각별히 2001년 9/11 테러공격 사건에 대한 정보실패 분석에 대해서는 많은 노력을 다 하였다. 그 동안 국내 어떤 자료에서도 소개되지 않았던, 법적 문제점과 사후대책을 소상하게 설명한 것은 본서의 커다란 특장점 중의 하나라고 자부할 수 있다. 9/11 테러 공격 사례에 대한 이해 하나만으로도 정보공동체와 정책공동체와의 관계를 비롯하여 모범적이고 체계적인 국가정보 활동의 단면을 이해할 수 있을 것이라고 단언할 수 있다.

다섯 번째로, 본서는 단순한 학문적 연구를 위해 집필된 것이 아니다. 국가정책의 수립과 집행의 대들보가 되고 나침반이 되는 현실적인 국가정보학의 정확한 이해와 정보과정에 대한 이해를 추구하여 현장에서 일하는 정보관계자들은 물론이고, 제반 법 집행공동체 구성원, 국정의 최고 책임자를 비롯한 정책담당자들 및 정책결정권자들, 국회의원 및 지방자치단체 의원들과 경제활동 관계자들, 그리고 향후 국제사회의 다방면에서 대한민국의 국가안보와 국가이익을 위하여 일하고 싶어 하는 모든 사람들이 개인의 능력개발을 위해서라도 반드시 일독하여야 할 가치를 가지도록 집필의 방향을 잡았다.

여섯 번째로, 본서는 기존의 국가정보 체계를 대전제로 하면서도 그 발전적 개선방향과 진실로 나아갈 방향을 제시하는 데 적지 않은 노력을 다하였다. 주지하다시피 짧지 않은 기간에 대한민국의 대표적 정보기관으로 자리매김한 국가정보원(National Intelligence Service)의 경우 이름을 포함하여 정권 교체시마다 조직개편을 수반한 개혁이 이루어졌던 것이 사실이다. 그러나 향후 통일한국에 대비하고 21세기 치열한 국가경쟁의 현실과 다양한 초국가적 위협요소가 대한민국을 겨냥하는 현실에서, 한정된 국가정보 자산을 재배치하여 가장 효율적인 국가정보 시스템을 구축함에 있어서 여러 분야에서 참고 될 내용을 진지하게 논의하고, 필요하다면 의문을 제기해 보려고 노력하였다.

그 동안 정보기구의 개혁이라는 미명 하에 정치적 이념의 간접표현을 포장하는 것에 지나지 않는 사례가 적지 않았던 것은, 국가 촉수기관의 기능을 업무와 관계없이 무디어지게 만드는 일로서 절대 지양(止揚)되어야 할 일인 바, 본서는 그에 대한 소중한 자료가 될 것으로 기대한다.

일곱 번째로 본서의 또 다른 불가피한 특징은, 미국의 자료와 용어를 많이 참조하였다는 점이다. 사실 정보 그 자체가 주는 용어의 비밀성과 실제 대다수의 국가안보 정책이 거의 모든 국가정보를 비밀분류하여 접근이 불가능한 것이 공통의 현상이다. 그러나 미국의 경우에는 정보학에 있어서도 타의 추종을 불허할 정도로 부러움을 자아낼 많은 연구가 이루어져 있고, 그에 상응한 자료가 축적되어 있다.

한편 국제사회에서 정보가 일국의 국내문제에만 한정되는 것이 아니고 그 범위가 국제관계, 심지어는 우주관계에도 미치는 현실로서 오늘날 정보의 세계는 그 대상이 결코 한 나라에 한정되지 않는다. 그 대상이나 활동 무대는 외국이고 국제사회인 것이다. 여기에 우리만의 고유 언어를 고집할 수 없는 이유가 있다. 번역상의 어려움은 별론으로 하더라도 고유 용어가 국제사회에서는 통용될 수 없는 것이므로 가급적 원어를 사용하는 데 익숙해져야 할 것이다. 이것은 결코 용어 사대주의가 아니다.

다만, 그러함에도 또한 "번역은 반역이다(Translation is treason)"라는 말이 있듯이 전역(傳譯)의 어려움이나 위험성을 인식하면서도 불가피하게 의미전달의 수월을 위해 이미 통용되는 용어에 대해서는 그를 따르고자 하였고, 아니면 1차적인 의미 그대로의 우리말을 사용하되 원어를 병기하였다. 별도로 신조어를 위한 기교를 구사하지 않았다.

여덟 번째로, 본서는 일부는 2008년, 그리고 대부분은 2007년까지의 최신 자료를 최대한 반영하였다는 강점을 가지고 있다. 그 필연적인 속성의 하나로 신속성을 담보하는 인터넷 해당 사이트 자료를 직접 원용한 것이 적지 않았다. 결과물이 하드 카피로 나타나는 교과서의 경우 원고 집필을 마무리할 때쯤 되면 규정과 내용 그리고 평가가 변경된 것이 필연적으로 나타난다. 본서의 경우, 외국 사례는 차치하고서라도 국내 자료의 경우에도 2008년 새로운 정권의 출범과 더불어 국가안보회의(National Security Council)법을 비롯한 다수의 규정이 변경되었다. 이에 최신의 변경사항을 반영하면서도 일부는 반성적 고려를 위하여 과거의 내용에 대한 평가도 함께 개진하였다.

마지막으로, 이상의 특색에서 연유될 것으로 기대해 보지만, 이해가 되지 않는 부분이나 법률 쟁점은 제외하고 본서를 단지 읽어 가는 것만으로도 정보 마인드를 자연스럽게 함양할 수 있도록 구성하였다는 점이다. 체계적인 분류와 실제의 살아 있는 정보사례가 생생히 소개되었기 때문이라고 할 수 있다. 그러한 의미에서 본서는 정보영역에 있어서 단순한 개념전달의 의의를 넘어서서 정책담당자와 정보관계자, 기업관계자, 심지어 일반 국민들도 국가정보에 대한 전체적인 문제의식을 가지게 하고, 또한 스스로 대안적 해결방안을 생각하는 데 나침반 역할을 할 것으로 기대해 본다.

이러한 특색을 가진 본서를 사용하여 학습함에 있어서는 오해하지 말고 고려해야 할 부분이 있다. 사실 국가정보를 공부한다는 것은 어떤 개념을 암기하고 단순히 이해한다는 차원을 넘어서야 한다. 정보는 상상력, 창의력, 결단력, 의지력 등 인간 심리작용의 복잡한 융합과정을 거쳐 현실 적용으로 나타나는, 가장 실천적인 분야이기 때문에 법치적 정보 마인드(intelligence mind)를 습득할 수 있어야 한다.

국가 정보업무에서의 법치주의에 대한 정당한 이해는 스마트한 국제 정보 맨을 양성함으로써 우리의 정보기관이 국제사회에서 경쟁력을 가진, 우수하며 모범적인 정보기관이 되기 위한 반석이라고 할 수 있다. 그러나 본서가 국가정보 분야를 법치적 관점에서 기술했다고 하여, 모든 정보업무가 기계적으로 실정법적인 기준에 따라야 한다고 단정한 것이라고 생각하면 오해이다. 더불어 법을 따르지 않아도 된다는 느낌을 준 것으로 생각한다면 그것은 더 큰 오해이다.

사실 국가정보에 대한 현상학적인 이해에 따른 오해로 인하여 국가정보기구는 민주주의 국가에서도 유일하게 불법을 자행할 수 있는 국가기관이라는 견해는 결코 용납되어서는 안 되는, 잘못된 견해이다. 그러나 한편으로는 국가안보가 개재되어 있고 역동성과 현장성이 생명인 정보업무에서 그 모두에 대한 세세한 법적 근거 검토는 불가능할 수도 있다. "먼저 저지르고 무슨 일인지 물어라(Shooting first, and then ask what you want)"라는 말은 정보맨이 어떻게 업무에 임하여야 하는지를 생생하게 들려주는 말이다.

아무쪼록 조그마한 본인의 노력과 성과물이 이제라도 국가정보 분야에 대하여, 먼저 학문적으로는 법학적 관점에서 체계적으로 연구하고 공부하는 계기가 되고, 국가 정책적으로는, 국가정보기구는 21세기에 있어서 국가의 새로운 제갈공명으로서 민주적인 통제와 감독을 받으면서도 국가안보와 국가이익을 도모한다는 막중한 임무를 통해

'정권의 정보기구'가 아닌 '국민의 정보기구', 그리고 '국가의 정보기구'가 되도록 반석을 다지는 계기가 되기를 희망해 본다.

한편, 유학시절에 본서의 뼈대를 마무리 짓고자 집필을 하면서 몇 번이나 포기하려고 했던 필자에게 힘이 되어 준 분들이 적지 않다.

먼저 오늘날의 본인이 있게 해주신 양가 어머님들의 은혜를 잊을 수 없다. 양 부친은 모두 하늘나라로 가셨지만, 아들이자 사위가 뒤늦게 어머님들 곁을 떠나 유학을 가려고 할 때 그 아쉬워하는 모습들은 필자의 가슴에 많은 사무침을 가져다주었다. 양가 어머님들의 말없는 가르침이 나태하기 쉬운 필자의 마음을 다잡고 학문에 정진할 수 있게 지탱하여 준 것임은 너무나 자명한 일이었다.

아울러 본인의 유학생활에 대해 아무런 재미없이 보잘 것 없는 남편을 따라서 이국만리 미국에까지 와서 옆에서 지켜 준 사랑하는 집사람에게는 그 어떤 말로도 감사의 말을 전할 수 없다. 잡다한 심부름을 다해 주고, 간혹 여행 시에는 훌륭한 운전기사로서, 힘들고 아플 때는 정신적 지주이자 동반자로서 못난 남편을 너무나 잘 보살펴 주었다. 한편 부모들이 훌쩍 떠나버리고 한국에 남아서, 대학을 다니다가 저 혼자 알아서 군에 입대하여 최고 통수권자를 보필하는 힘든 군 생활을 하면서도 국제전화를 통해 오히려 부모의 건강과 생활을 걱정해 주던 아들은, 본서를 집필해 나감에 있어서 홀로 미소를 짓게 해주는 무지개 같은 희망을 주는 청량제였다.

또한 보스턴에서 혼자 떨어져 공부하면서 방학 때만 엄마, 아빠 옆으로 올 수 있었던, 고등학생인 사랑스런 딸은 때로는 전화 통화로, 때로는 이메일을 통하여 아빠의 부족한 영어 원서에 대한 이해를 넘치도록 충분하게 도와주었다. 기술적인 용어가 있는, 지루한 부분에 대한 이해는 딸의 도움이 없었다면 사실 어려웠음을 고백하지 않을 수 없다.

학문적으로는 인디애나주립대학(Indiana University School of Law Indianapolis)의 Human Rights Track 주임 교수이신 George Edwards 교수, 본인의 논문이 국제 저널에 게재될 수 있도록 하는 데 밑거름이 되어 주신 지도 교수이자, 본인을 국가정보의 웅장한 세계로 안내해 주신 Scott Bates 교수, 국제기구법에 대한 체계적인 지식을 가르쳐 주신 Jackson 교수, 방대한 이민법을 알기 쉽게 가르쳐 주신 Kelly 교수, 미국 로-스쿨 공부의 기초인 계약법을 매우 흥미롭게 가르쳐 주신 Wilson 교수, 자료수집과 논문체계를 구축하고 인용법을 가르쳐 주신 Frank Emmert 교수, 로-스쿨 학장으로 재직하시면서 수학에 어려움이 없도록 다방면으로 배려해 주신

Grove 교수 등 훌륭한 스승들의 후의를 분에 넘치게 받았다.

그리고 마침 필자가 공부하는 기간에 로 - 스쿨의 JD(Juris Doctor) 과정을 훌륭한 성적으로 마치고 졸업한 2007년에는, 미국 변호사 시험에 합격하고 2008년도에는 영국 변호사 시험에도 합격하여 국제소송에 관한 한 거의 세계 관할권을 확보한 김다원 국제 변호사는 어려운 법률 쟁점에 대해 함께 논의함에 있어서 좋은 자극제가 되었고, 본서의 1차 교정도 맡아 주어 매우 큰 도움이 되었다.

한편 필자가 처음 듀크대학(Duke University) PASS 과정 입학 시에 도움을 주신 전 김창국 국가인권위원장님과 연세대학교의 문정인 교수님, 그리고 본격적인 학위공부를 위하여 Indiana University School of Law에 진학 시 도움을 주신 윤석금 웅진그룹 회장님, 박용현 당시 연강재단 이사장님(현 두산건설 회장님), 조동성 서울대학교 교수님, 그리고 윤은기 서울과학종합대학교 총장님의 따뜻한 배려도 결코 잊을 수가 없다. 그분들의 도움이 없었다면 입학은 물론이고 장학금을 받으며 안정되게 공부할 수 없었을 것이라고 생각한다. 그러므로 이 분들의 음 · 양의 도움이 없었다면 본서는 출간되지 못했거나 아직 구상단계에 머물렀을지도 모른다.

마지막으로 어려운 출판 여건 속에서도 본서의 출간을 기쁜 마음으로 받아 주신 법률출판사 김용성 사장님, 편집을 포함한 출판 업무 전부를 통괄하여 본서가 빛을 보게 꼼꼼하게 모두를 챙겨주신 김재호 기획이사님께 진심으로 감사를 드린다. 이분들 모두에게 하나님의 가호와 행복이 가득하시기를 진심으로 기원한다.

2008년 8월
백년 동국 만해관에서
한 희 원

Congratulation Message

Mr. Hee Won Han has a unique understanding of national security and intelligence issues. Mr. Han is able to bridge the worlds of academia and government service, which is a rare quality. The result is that Mr. Han represents innovative new thinking on issues of great importance for all democratic societies.

Scott Bates
former Senior Advisor, US House of Representatives Homeland Security Committee
Visiting Professor of International Law, University of Indiana

차 례

제1편 국가정보학 개관

제2편 정보의 순환(Intelligence Cycle)

제4편 정보영역론

제1편
국가정보학 개관

제1장 국가정보학의 이해[1]

제1절 국가정보학의 의의

제1항 개관

I. 개 관

"진리가 너희를 자유롭게 하리라."
(And ye shall know the truth, and the truth shall make you free).

세계 비밀의 손으로 통하는 미국 중앙정보국(Central Intelligence Agency : CIA) 본부의 출입문 왼편 대리석에 조각된 경구이다. 정보의 이념과 필요성 그리고 진실을 지향한다는 정보의 의미와 가치를 함축적으로 표현한 명구이다.

국가정보는 국가가 존립하고 발전하기 위한 불가결의 요체이다. 국가정보는 주권국가가 국제관계의 망망대해를 항해함에 있어서 올바른 길로 안내할 나침반 역할을 한다. 그러나 정보의 필요성과 기능은 개별국가의 역사적 배경과 정치 · 경제 · 사회 환경에 따라서 다를 수 있다. 통치기반이 미약한 국가는 정보기구를 유용한 통치 수단으로 활용할 수도 있다. 범죄가 심각한 나라의 경우에는 국가정보가 법 집행기능을 함께 담당하여 치안유지 활동을 수행하기도 한다. 국가정보를 외교 활동의 전면으로 부상시키는 정보 외교를 도모할 수도 있다.

그러나 국가정보의 본질적 중요성은 국가안보를 확보하고 국가이익을 도모함에 필요한 기본자료, 즉 정보를 입수하여 정책적으로 이바지함에 있다. 국가정보는 본질적으로 정보 그 자체가 아니라 정보가 국가정책에 반영됨으로써 그 빛을 발하게 되는 것이 원칙적인 모습이다.

오늘날 국가 운용의 규모가 방대해지고 국익과 관련된 행정업무가 복잡해질수록 국가정보 수요는 더욱 증대된다. 따라서 복잡 다변화한 현대사회의 국내외 상황에서

---

[1] 본 장은 한희원 "국가정보의 새로운 이해에 대한 연구: 정보 신이론과 현대적 중요성", 국가정보연구 제3권 제2호(2011).

국가정보의 뒷받침 없는 국가운영은 상상도 할 수 없는 일이다.

이렇게 다양한 기능을 가지고 다방면에서 국가운영에 기여할 수 있는 국가정보를 이해하는 것은 결코 쉬운 일이 아니다. 물론 국가정보에 대한 정확한 이해 없이도 국가정보기구는 맡겨만 주면 어떠한 일이든지 잘 해낼 수 있다는 정보조직의 특성상 명목상으로는 정보기구가 잘 운용되는 것처럼 보일 수 있다.

그러나 장기적인 관점에서는 결국 정보 오·남용의 폐단을 가져오고 국가정보기구 본연의 역할을 다하지 못했던 역사적 선례가 적지 않았다. 그러므로 글로벌 무한경쟁 시대에서는 국가정보기구와 국가정보에 대한 정확한 이해는 주권국가에는 필수적인 요청이라고 할 수 있다.

Ⅱ. 본서의 집필 방향

국가 운용을 위해 정보기구가 왜 필요한가?

정보기구는 어떤 문제에 대하여 임무를 갖도록 할 것인가?

정보기구는 어디까지 활동할 수 있는가?

정보는 무엇에 대한 것인가?

정보란 과연 무엇인가?

이상은 국가정보에 대해 제기되어온 근본적인 문제들이다. 지금까지의 연구성과를 통해서도 위와 같은 질문에 대한 구체적이고 명백한 결론이 제시되었다고 보기는 어렵다. 다만 한 가지 확실한 것은 막연히 정보의 어의적 개념 정의에 집착하는 것은 국가정보에 대한 올바른 이해를 오히려 더 어렵게 할 수 있다는 것이다. 그러므로 정보에 대한 최소한의 개념 요소를 파악한 후에 구체적인 정보업무 수행사례를 되짚어보는 것이 정보에 대한 개념 정립과 이해를 돕는 훨씬 실천적이며 구체적인 방법이라고 할 수 있다.

특히 정보활동과 관련하여 발생한 법적 문제점에 대한 정보 선진국 법원의 판례(case)는 국가정보의 본질을 이해하고 정보의 의미를 파악하는 데 대단히 중요한 자료이다. 법원의 판결은 또한 정보활동의 한계와 방향을 설정해 주는 기본 방향으로도 기능한다. 왜냐하면, 자유 민주 법치국가에서 공권력은 원칙적으로 위법적인 활동을 할 수는 없고 위법에 대한 책임을 부담해야 하기 때문이다.

논리적인 연장선에서 국가정보 활동에 대한 근거법과 관련법에 대한 이해도 매우 중요하다. 사실 대부분 국가가 비밀성을 이유로 국가정보 활동을 법적 근거 없이 전개하거나 근거 규범이 있는 경우에도 추상적이거나 불명확한 개념의 장식 입법을 사용하는 경우가 적지 않았다. 그러나 오늘날 미국이나 영국 같은 정보 선진국들의 정보 근거 규범은 매우 상세하고 명확하게 규정되어 있어서 정보학 연구의 훌륭한 자료가 된다. 따라서 국가정보 활동을 선도하고 있는 미국의 법 규범에 대한 정확한 이해만으로도 방향과 목적이 유사한 각국의 국가 정보활동에 대해 충분한 법치적인 이해를 도모할 수 있게 된다.

그러나 미국의 정보 규범 체계를 이해하는 것은 결코 쉬운 일이 아니다. 방대한 법과 대통령령 그리고 자주 변경되는 내용 및 수시로 활동 방향을 지정하는 의회의 별도 입법 등 그 내용이 대단히 어지럽게 되어 있기 때문이다. 그러나 국가정보기구의 민주성과 효율성 그리고 개방성을 지향하는 한 미국의 정보 규범에 대한 정확한 이해는 국가정보학 연구에 있어서 필수적이라고 하지 않을 수 없을뿐더러 그나마 효율적이며 가장 쉬운 접근 방법이라고 하지 않을 수 없다.

왜냐하면, 미국은 국가정보에 대한 방대한 정보자료를 공개하고, 그에 대한 많은 체계적인 연구가 진행되어 정보학 연구에 필요한 거의 모든 쟁점에 대한 학문적 논의가 진행된 대표적인 나라이기 때문이다. 또한, 미국은 국가정보와 관련된 법적 분쟁에 대한 법원의 판례도 풍부하고 필요한 정보 규범 체계도 민주성과 효율성의 양 측면에서 가장 전향적으로 완비하고 있기 때문이다.

실용적인 관점에서도 미국의 정보활동은 오늘날 국가정보 활동의 전 영역에 대하여 그리고 지금까지 개발된 거의 모든 정보 수단을 총동원하여 실천적으로 이루어지는 거의 유일한 나라라고 평가된다. 미국은 국가정보 활동이 직면할 수 있는 제반 상황을 현실적으로도 가장 많이 겪고 있는 국가로서 국가정보에 대해서 거의 모든 법적·사실적 쟁점이 형성되어 있다고 할 수 있다.

예컨대 오늘날 테러리즘이 심각한 국가안보 쟁점(issues)이 되었다고 하지만 단순한 우려를 넘어서서 테러리즘에 현실적으로 직면하고 있는 나라는 그리 많아 보이지 않는다. 그러한 양상은 국제조직범죄나 대량살상무기거래, 경제정보, 보건환경정보 그리고 국가정보의 국제협약감시 · 이행 기능의 문제에서도 비슷하다. 하지만 미국은 거의 모든 정보 쟁점이 구체적이고 현실적인 나라이다. 사실 국가별로 국가정보의 빈부격차가 매우 심하다고 할 수 있는 것이다.

국가안보가 위태롭지 않음에도 외형적으로는 훌륭해 보이는 국가정보 운영체계를 가지고 있는 나라도 적지 않다. 하지만 미국의 정보기구처럼 정보활동에서 가능한 모든 상황에 거의 직면하고 실제로 살아있는 정보기구로 활동하는 국가정보기구는 그리 많지 않다. 이 경우에 장식적인 내용의 국가정보체계는 이론적인 호기심은 유발할 수 있지만 본받을 제도라고 보기에는 한계가 있다.

그러므로 미국의 국가정보에 대한 법 규범 체계와 정보사례에 대한 이해는 우리의 국가정보 운영을 되돌아보게 하고 올바른 방향으로의 정보개혁을 함에 있어서 매우 중요한 본보기라고 할 수 있다. 이러한 연유로 본서는 미국 정보학계의 연구와 논의를 많이 소개하였다.

제2항 국가정보학의 의의

I. 국가정보학 연구의 한계

국가정보학은 단적으로 국가정보(national intelligence)를 연구 대상으로 하는 학문이다. 국가정보학은 국가 차원에서 운영되는 정보의 목표, 정보활동의 본질, 정보활동의 배경 그리고 정보조직의 특성 등을 천착하여 공통된 현상을 파악하고 체계화하며, 관련된 법적 문제점을 지적하여 국가정보 활동의 바람직한 방향을 제시하는 것을 목적으로 하는 실용 학문이고 종합학문이다.

국가정보 분야가 학문으로 연구되기 시작한 초창기에는 국가정보 활동의 현상을 소개하고 이해하는 것이 국가정보학의 대부분인 것으로 인식되기도 하였다. 그러나 오늘날 민주주의 국가의 국가정보 활동에 대해서는 민주적 통제를 당연한 전제로 국가정보에 대한 법치주의의 실현은 국가정보학 연구의 기본적인 임무 중의 하나가 되었다. 국가정보 활동은 많은 경우에 국민의 권리와 의무에 영향력을 행사하기 때문에 국가정보 활동에 대한 법치적인 판단은 국가와 사회의 민주화와 개방화에 따라서 점점 더 불가피해졌다. 한편 국가정보 활동은 고대국가에서도 수행되었지만, 국가정보를 본격적인 학문적 연구의 대상으로 하는 국가정보학은 미국을 중심으로 1970년대 들어서 시작되었다. 그런데 국가정보가 학문적 연구 대상으로 뒤늦게 출발한 배경과 이유는 다음과 같다.

1. 사실적 권력 활동의 장

먼저 국가정보 활동은 국가권력이 사실적으로 행사되는 영역으로, 독립된 학문 분야로 생각하지 못했다. 국가정보 활동은 일반 국민을 위한 봉사가 아니라 통수권자 1인을 향하여 국가권력이 은밀하게 작동하는 사실적인 활동의 영역으로 인식되어 왔다. 또한, 국가정보 조직에 대해서도 법정 형식이 정해진 것도 아니고 통치자의 통치 스타일에 따라서 천차만별이었다. 그러므로 국가정보 활동은 학문적 연구를 위한 기본적 요소인 보편성이 존재하기 어려웠다. 결국, 국가정보는 사실적 힘의 영역이라는 인식으로 인하여 학문적 연구의 대상이 되기 어려웠고 그 필요성도 느끼지 못했던 것이다.

2. 국가정보 활동의 비밀성과 외경성

국가정보 활동은 소위 '비밀의 방의 일'로 정보를 공개토론과 비교분석처럼 자유로운 의견 개진과 소통이 가능한 학문적 연구의 대상으로 삼는다는 것은 상상도 하지 못했다. 통치자나 일반 국민도 국가정보기구의 활동 내용을 구체적으로 알 수 없을 뿐만 아니라 그 이면의 세계를 알려고도 하지 않아야 한다고 믿었다. 그것을 보안으로 미화했다. 그런 까닭에, 모든 사회 현상을 학문적 탐구의 대상으로 인식하는 서유럽에 있어서도 국가정보 체계는 1800년대에 이미 확립되어 전개되었음에도 불구하고, 국가정보에 관한 학문적인 연구는 1980년대까지도 이루어지지 않았다. 후술하지만 오늘날 국가정보학 발달의 선구자라고 할 수 있는 미국도 본격적인 연구는 1970년대에 이르러서 전개되었다.

3. 독립성의 결여

역사적으로 국가정보 활동의 태동과 전개는 개인, 단체나 조직 그리고 국가가 생존을 위한 투쟁, 즉 전쟁에서 승리하기 위한 무정형의 보조적 행동으로 시작했다. 국가정보 활동은 또한 국가 내부의 변란이나 혁명 같은 사태에서 통치권을 확립하는 등 통치의 부속 수단 내지 통치 수단으로 이용했다. 그러므로 학문적 연구가 필요한 경우에도 통치자나 통치 스타일에 관한 연구로 족한 것이지 국가정보 활동만을 별도로 분리하여 학문적 연구 대상으로 분류할 이유는 없다고 생각되었던 것이다.

4. 연구자료의 절대 부족

국가정보 활동은 대외적 무한경쟁에서 국가의 존립과 발전을 위하여 전개되는 것이다. 그러므로 자연의 현상과 법칙을 연구 대상으로 하는 자연과학 분야와 대비되는 사회과학 분야에 속한다. 그런데 사회과학 분야에 관한, 학문적 연구는 기본적으로는 나타나 있는 자료나 이미 행해진 활동에 대한 체계화와 분류를 의미한다. 그러한 기본적인 체계화와 분류 이후에 연구자의 철학과 이념이 가미되고, 그에 따른 견해 차이가 발생하면서 다시 논쟁으로 이어지고, 연후에 또 다른 의견이 전개되는 소위 학문의 변증법적 발전 과정이 뒤따른다.

그러므로 아무런 자료가 없어도 무수한 실험이나 관측으로 무에서 유를 발견하는 자연과학과 달리 사회과학에 관한 연구에서는 축적된 자료와 활동 내용이 존재하고 또한 접근 가능성이 전제되어야 한다.

그러나 국가정보 활동은 은밀한 지시와 비밀스러운 수행이 있을 뿐이지 그것을 역사적 기록이나 참고자료로 남기는 경우는 많지 않았다. 기록이나 자료가 존재한다고 해도 비밀성이라는 정보의 속성상 공개될 때는 외교·국방정책에 손상을 가져올 수 있을 뿐만이 아니라, 국가 간의 관계에 대하여도 악영향을 미칠 수 있다는 이유로 거의 모두 비밀로 분류되어 접근이 차단되는 경우가 대부분이었다. 또한, 최고 통수권자의 통치

활동의 일환으로 이루어진다는 인식에 따라서 법적 근거를 필요로 하는 이유를 몰랐고 필요성도 없었다.

1950년대 미국 연방수사국(FBI)을 이끌었던 정보계의 전설인 에드거 후버 국장이 정보활동이 문서로 남을 경우의 혼란을 의식하여, 정보지시나 정보 보고를 모두 구두로 하고, 설령 문서가 생산된 경우에도 상황종료 후에는 파기토록 한 것은 국가정보 활동의 비밀 지향성을 잘 보여준다. 그러므로 연구할 신빙성 있는 자료가 도무지 존재하지 않았다는 것이 국가정보에 관한 학문적 연구를 저해한 가장 커다란 요인이 되었다고 할 수 있다.

II. 국가정보학의 학문적 발달

오늘날 국가정보 활동은 거의 모든 주권국가가 전개하고 있다. 다만 국가의 정치체계와 국가이념에 따라서 국가정보 활동을 이해하는 방향이 서로 다르게 나타난다. 대개 공산주의 체제에서는 폐쇄성과 은밀성을 국가통치의 기본으로 하는 이념상 국가정보 활동에 관한 내용이나 자료를 공개한다는 것은 극히 이례적인 일로 간주된다. 그러나 영국과 미국처럼 민주주의 이념에 투철한 서구국가들은 주권재민의 원칙에 따라 국가 활동에 대하여 국가의 주인인 국민이 아는 것은 당연한 것으로서 국가정보에 대해서도 예외가 아닌 것으로 인식했다.

특히 미국은 민주성과 개방성을 국가의 근본적인 가치로 간주하는 나라로서, 후술하는 여러 경과를 통하여 국가정보 활동에 대한 민주성의 요구와 활동 결과에 대한 개방성의 추구는 당연하다고 생각하고 있다. 그것은 일반 국민이나 의회 의원들의 요구에 의한 것만이 아니었다. 국가정보 활동의 책임을 맡은 정보책임자들의 전향적인 사고가 더 커다란 동인이었다.

예컨대 미국 중앙정보국(CIA) 국장을 역임한 게이츠(Robert M. Gates)는 **"정보는 더 이상 비밀이 아니다"**[2]라고 역설하면서 1986년 하버드 대학교 케네디 연구소와 공동으로 CIA의 자료에 대한 비밀해제 작업에 착수했다. 1992년 게이츠 국장은 냉전 시대

---

2) *"Intelligence is no longer secret."*

소련을 대상으로 실행했던 수많은 국가정보 문건을 비밀 해제하여 일반에 공개했다. 역사적 중요성이 있는 다수의 CIA 비밀공작도 잇따라 공개되었다. 비밀해제작업을 마친 후에 하버드 대학교는 CIA가 전개했던 정보활동을 모델로 정보학과를 개설하여 국가정책 결정 과정에서의 국가정보의 역할과 효능에 관한 사례연구를 시작했다. 그에 따라 국가정보에 관한 체계적인 연구가 가능해졌다. 더 나아가 국가정보에 관한 학문적 연구는 국가정보 발전에 중요한 기여를 한다고 평가하여 국가가 연구를 장려하고 지원했다. 뉴욕 타임스지 보도에 따르면 2013년 미국 국가정보 예산 약800억 달러의 70%인 560억 달러(USD)가 민간부문에 배정되었다.[3]

미국의 이러한 국가정보 활동에 대한 공개는 다른 나라의 태도에도 두 가지 방향으로 영향을 미쳤다. 하나는 국가정보 활동이 상대국이나 적대세력에 대한 것을 내용으로 하는 연관성의 원리상 다른 나라들의 정보활동도 간접 공개되는 효과로 나타났다. 두 번째는 정보 공개주의 추세를 끌어냈다. 이와 같은 시대적인 추세에 따라서 자유민주주의를 기본 틀로 하는 국가에서는 국가정보는 국가의 주인인 국민이 접근할 수 있는 것이 당연하다는 결론에 이르렀다.

그러나 여전히 오늘날에도 각국은 국가안보의 확보나 국가이익의 수호를 위한다는 이유로 거의 모든 국가정보를 비밀 분류하고 보안을 유지한다. 또한, 책임추궁이 두렵거나 치부 노출이 염려되어 비밀로 보존하거나, 노출에 따른 더 큰 문제 발생을 우려하는 소극적 행정편의주의에 따라서 국가정보의 공개는 예외적인 것으로 하고 있다.

여하튼 민주성과 개방성에 따른 미국의 국가정보 공개 노력으로 현재는 충분히 학문적 연구와 논의가 이루어질 수 있을 정도의 국가정보 자료는 축적되어 있다. 미국에서는 또한 사적인 영역에서 퇴직한 정보경험자들을 중심으로 많은 연구소와 교육기관이 설립되어 활발히 활동할 뿐만 아니라 사적 정보기구의 정보 결과물을 공적 정보기구가 사들여 정보자료로 활용하는 등으로 활발한 정보연구와 교류가 있어서, 사적 정보활동이 국가정보 발전의 한 축을 이루고 있고 그것은 국가정보학의 학문적 발전의 동력이 되고 있다.

---

3) Abbot, Sebastian. "The Outsourcing of U.S. Intelligence Analysis". News21 Project. 2013.

Ⅲ. 국가정보학의 연구범위

국가정보학은 국가정보를 연구 대상으로 한다. 국가정보는 국가안보(national security)와 국가이익(national interest)을 위한 국가정책의 수립과 집행에의 기여를 본질로 한다. 국가정보에는 국내정보와 해외정보가 모두 포함된다. 한편 국가안보와 국가이익을 위한다는 국가정보의 속성상 원칙적으로 정치 · 경제 · 사회 · 문화 · 환경 등 국가의 모든 영역이 정보대상이 된다.

그러므로 국가정보학의 연구범위도 원칙적으로 국가의 전 영역에 걸친 정치적 · 경제적 · 사회적 · 문화적 · 역사적 · 법적 문제가 포괄된다. 그러나 국가의 모든 분야를 연구한다는 것은 사실상 어려울 뿐만 아니라 정보연구의 고유성을 해칠 수도 있다. 따라서 국가정보학의 연구범위를 한정하는 것은 불가피하다.

오늘날 국가정보학의 주된 연구범위는 정보 개념 이해, 정보영역에 대한 이해, 국가정보 환경에 대한 이해, 국가정보 활동을 직접 실행하는 국가정보기구에 대한 이해, 마지막으로 국가정보 법규범체계에 대한 이해와 국가정보기구에 대한 감독과 통제의 문제에 대한 이해가 주요한 내용이 된다.

한편 정보 역사를 이해하는 것도 필요한 일이다. 그러나 인류 생존의 역사는 실천적 정보활동의 역사라고 할 수 있다. 하지만 사실상의 활동으로서가 아니라 공조직 체계를 갖추고 주권국가의 외교 · 국방 차원에서 체계적으로 전개된 정보 역사는 짧다. 그러므로 정보 역사는 국가정보학의 독립된 연구 영역을 구성하지는 못했다. 다만 사례연구를 통하여 정보 역사의 중요성이 인식되어 왔다.

원래 정보활동이라는 것이 고대국가, 중세국가, 근대국가 그리고 현대국가에 이르기까지 환경의 변화와 과학 문명 발전의 상이함으로 인하여 방법상의 차이는 있었지만 시대 상황과 여건에서 상대 세력의 의도와 능력을 파악하려는 최고조의 국가 활동인 것이다. 그러므로 고대국가의 정보활동이나 중세나 근대의 정보활동이나 현대의 정보활동은 국가정보의 본질에서는 차이가 있다고 할 수 없다. 쉽게 말하면 국가정보 활동은 국가의 존립과 발전을 위하여 국가라는 이름으로 존재하는 한, 시대 구분과 무관하게 그 당시의 정치 · 경제 · 사회 환경과 문명발전의 정도를 반영한 최고조의 사실적인 활동으로 본질에서는 역사발전 단계별로 차이가 없다고 할 수 있다. 이러한 연유 등으로 국가정보에 대한 역사적인 고찰은 흥미가 있음에도 불구하고 국가정보학 연구에서는 사례로만 소개되는 것이 보통이다.

정보 역사에서 고려 시대 최무선의 화약 정보활동이나 문익점의 목화씨 입수가 오늘날의 경제정보에 대한 스파이 활동보다 가치에서 뒤질 수 없고, 윤봉길 의사의 홍구공원 폭발물 투척 사건이 CIA 비밀공작의 준군사작전에 비해 가치가 떨어지는 것은 결코 아니다.

국가정보기구 또한 마찬가지이다. 국가정보기구는 시대 사정과 국가 형편에 비례하여 당시로써는 최고의 비밀 조직체로 나타났던 것이기 때문에, 오늘날처럼 과학 장비를 갖춘 정보조직이 없었다고 하여, 원시적인 정보기구라고 낮게 평가할 수는 없다. 국가정보기구는 항상 그 시대 그 국가의 가장 최신 · 최고의 정부 조직체 중의 하나였다.

이에 본서는 정보 역사의 중요성에도 불구하고 해당 부분에 사례를 소개함으로써 정보활동의 실제를 느낄 수 있도록 하는 것에 그친다. 다만 정보역사에 대한 정보 연표를 참고자료로 제공했다.

국가정보학을 연구하고 공부한다는 것은 결코 역사적 사실이나 조직체계를 암기하는 것이 아니다. 지금, 이 시각에도 세계 곳곳에서는 무수한 국가정보 활동이 전개되고 있다. 또한, 다수의 국가가 이 시각에도 정보 조직체계에 대해 부서를 신설하고 통폐합하는 등으로 정보환경과 수요에 맞는 변화를 위해 책상 위에서 검토할 것이다. 따라서 본서의 집필이 끝날 무렵에는 여러 나라에서 또 다른 정보기구 개편도 이루어져 있을 수 있다.

그러므로 국가정보학의 이해는 국가정보 활동에 대한 전체적인 틀을 이해한 후에 실천적인 중요성을 갖는 다수의 정보사례와 법적 논쟁을 통하여 소위 '**정보 마인드** (intelligence mind)'를 형성하는 것이 가장 필요하고 중요하다.

국가정보학에 관한 연구 경험에 비추어 보면 **정보 마인드**의 형성은 정보활동을 직접적으로 경험했는가 와는 무관하게 그리고 정보활동을 경험한 기간의 장 · 단기에 무관하게 국가정보에 관한 체계적인 연구와 학습만 제대로 한다면 올바르게 형성될 수도 있다. 정보 마인드를 제대로 형성하기만 하면 현장에서의 정보수행에 있어서 국가안보의 전사로 매우 커다란 역할을 할 수 있을 것이다.

제2절 국가정보학의 연구 방법과 기능

제1항 국가정보학의 연구 방법

I. 국가정보학 연구 개관

국가정보학은 일천한 역사만큼이나 학문적 체계를 갖추지 못하고 있는 것이 사실이다. 학문적 연구성과는 기록으로 남게 되는 것인데 활용할 수 있는 전문 서적, 연구논문, 관련 자료와 체계적인 연구성과 등이 극히 부족하다는 것은 이 사실을 잘 반증해 준다. 국가정보에 관한 연구가 부진했던 것은 앞서 언급한 것처럼 **"정보활동 비밀주의 원칙"**으로 연구에 활용할 수 있는 신빙성 있는 자료가 거의 없었다는 것이 가장 큰 이유가 된다.

국가 정책적인 이유로 학문적 연구 자체가 사실상 금지된 때도 있었다. 또한, 학계 입장에서도 국가정보 활동을 체계적이고 전문적으로 이해하고 연구할 역량이 있는 경험자나 연구자가 많지 않았다는 것도 솔직한 이유가 된다. 게다가 국가정보기관에 대한 부정적인 인식, 즉 정보활동은 사실상 1회적으로 전개되는 권력적 현상이라는 잘못된 인식이 국가정보에 관한 연구를 부진하게 만들기도 했다. 이처럼 궁극적으로 국가정보 활동은 소멸하고 종료될 현상이라는 사고는 국가정보학의 체계적인 연구와 발전에 커다란 장애 요인이었다.

철학자이며 정치 · 경제학자인 프랜시스 후쿠야마(Francis Fukuyama)는 역저『역사의 종언, The End of History and the Last Man』에서 자유주의와 공산주의 이데올로기 대결의 역사는 자유주의의 승리로 끝났다면서 "소련의 멸망은 역사발전의 종점이 될 것"이라고 설파했었다. 이러한 역사관에 기초하여 냉전이 종식되기만 하면 국가정보기구는 더는 필요하지 않을 것이라는 인식도 존재했었다. 그 결과 이러한 정보 무용론의 인식이 국가정보학의 연구를 더디게 했던 것도 사실이다.

Ⅱ. 국가정보학 연구방법론

1. 각국 정보기구에 대한 구조와 기능분석

국가정보학은 국가정보기구에 대한 전반적인 이해를 요구한다. 국가정보기구의 탄생 배경, 조직구조, 기능이나 활동 내용에 대한 전반적인 이해 없이는 국가정보를 제대로 이해할 수 없다. 미국처럼 전 세계를 대상으로 국가정보 활동이 전개되지는 않는다고 하더라도 국가정보기구의 구조와 기능에 관한 연구와 분석을 자국에 대한 것으로 한정해서는 의미가 없다.

따라서 현존하는 가장 강력하고 발달한 정보기구를 포함하여 주변 국가 정보기구에 대한 이해, 잠재적 경쟁국의 정보기구에 대한 이해, 글로벌 정보기구에 대한 이해와 연구는 필수적이라고 하지 않을 수 없다. 각국 정보기구의 구조와 기능분석은 국가정보학 연구의 중요한 부분이다. 각국 정보기구에 대한 비교 분석적인 연구를 통하여 자국 정보기구의 강점은 물론이고 취약점과 제반 문제점을 이해함으로써 더 좋은 정보기구로의 발전을 도모할 수 있다.

한편 오늘날 민간부문 정보기구의 활동이 점증한다. 이들을 PIA(Private Intelligence Agency)라고 하다. 주로 공개출처자료를 수집, 분석, 가공, 평가, 종합하여 정보를 생산한다. 하지만 스파이 기법에서 사용되는 기만적 방법으로 정보를 얻거나 고객의 요청에 부응한 현장 활동을 통해서도 정보를 수집한다. PIA는 정보를 범죄, 질병, 부패와 같은 유형별로도 수집하고 중동, 동유럽, 동남아 등처럼 지역별로도 수집한다. 민간정보기구 생산정보의 수요자는 개인이나 기업뿐이 아니다. 민간정보는 정부 특히 국가정보기구에도 유료로 제공된다. 기업에는 환경단체나 인권단체의 해당 기업 경영에의 영향을 분석한 정보를 제공하기도 한다. 민간 정보기구는 테러와의 전쟁(War on Terror)으로 스파이 활동을 수행하는 방식에 변화가 초래됨으로 인하여 호황을 누리고 있다. 미국이 경우에는 과거 중앙정보국(CIA)과 국가안보국(NSA) 그리고 다른 국가정보기구가 수행하던 정보기능의 상당 부분이 민간 정보기구(PIA)에 아웃소싱 되었다.[4] 중앙집중 비대화를 지향하는 우리에게 시사하는 바가 크다.

---

4) Keefe, Patrick R. "Privatized Spying: The Emerging Intelligence Industry", in Johnson, Loch K.

2. 정보순환 체계의 분석

국가정보 활동은 체계적인 정보의 순환과정을 거친다. 국가정보 활동은 단순히 자료
나 첩보의 입수로써 끝나는 것이 아니다. 입수한 다양한 첩보 자료의 가공과 처리 그리고
체계적인 분석을 거쳐서 필요한 국가정보가 생산되고 해당 부서로 배포된다. 배포된
자료는 정보수요자, 즉 정보고객에 의해 평가되고 정책에 반영되고 집행되어 정보기구
에 대하여 다시 미진한 부분에 대한 추가요청이나 재요청이 이루어진다. 이러한 반응과
보완과정이 소위 정보순환이다. 국가정책에 필수적인 국가정보가 생산되는 정보순환
(intelligence cycle)에 대한 체계적인 이해는 국가정보학 연구의 중요한 부분이다.

3. 사례 분석

국가정보 활동은 치열한 현실 세계에서 실제로 전개된 역사적인 사료들이다. 그러한
정보활동은 각국 정보기구의 최선의 역량을 바탕으로 한 정보기구의 활동 목표를 나타내
주는 것이기도 하다. 그러므로 정보활동 선례만큼 좋은 연구자료는 없다. 충분한 자료가
없는 경우에도 국가정보 활동의 선례는 그것이 필요했던 이유 그리고 전개 과정 및 정보
의 효과를 잘 이해하게 해주어 정보활동에 필수적인 **정보 마인드**(intelligence mind)를
형성시켜 줄 뿐만 아니라 국가정보를 제대로 이해하는 데에도 매우 좋은 자료가 된다.
정보사례 연구는 또한 정보실패나 정보 성공의 요인과 문제점 및 효과를 인식하게 해주어
향후 더욱 진전된 국가정보 활동을 이룰 수 있도록 해 준다는 점에서도 중요하다.

4. 법적 · 제도적 분석

국가정보학 연구에 있어서 국가정보 활동에 대한 법적 · 제도적 연구는 필수적이고
최종적인 영역이라고 할 수 있다. 국가정보학에 대한 연구성과는 궁극적으로는 입법과
제도개혁으로 나타나기 때문이다. 국가정보 활동이 권력적 사실행위로 전개되는 경우
라고 하더라도 궁극적으로는 자유 시민의 권리와 의무의 형성과 행사에 직접적이며
커다란 영향을 끼치는 법적 또는 준법률행위적 현상으로 나타나게 되고 국제법적 효과

(ed.), The Oxford Handbook of National Security Intelligence, Oxford University Press, pp.295-309,

가 따르기도 한다. 그러므로 각국 정보기구에 대한 법적·제도적 장치와 체계에 대한 이해와 논의는 국가정보학 연구의 핵심 중의 핵심이 된다. 이러한 법적·제도적 연구는 그 중요성이 더욱 커지는 분야인 국가정보기구에 대한 감독과 통제가 지나치거나 모자람이 없이 그 목적을 제대로 달성할 수 있는 방향으로 실행되도록 하는 것에도 도움을 준다.

제2항 국가정보학의 기능

Ⅰ. 국가정보 활동에 대한 합리성 확보

국가정보학 연구는 국가정보 활동에 대하여 합리성을 확보해 준다. 이것은 두 가지로 나타난다. 먼저 국가정보학 연구를 통하여 일국의 국가정보 활동이 어느 부분에 집중하는 것이 필요한지를 알게 해주고, 따라서 법적·정치적 문제가 있을 수 있는 분야에 대해 사전 검토를 가능하게 해준다. 또한, 경쟁국의 정보기구에 관한 연구는 물론이고 정치·경제·사회·문화에 관한 연구로 정보활동의 장애를 미리 인식시킬 수 있게 하는 등 국가의 정보자산을 집약하고 집중할 수 있게 함으로써 불필요한 낭비를 없애줄 수 있다.

두 번째는, 국가정보 활동에 대한 합리성을 도모할 수 있게 해 준다. 국가정보 활동은 상대방, 즉 적대세력을 대상으로 전개되는 것으로서 그러한 활동에는 역효과가 따를 수 있다. 외교와 국방 문제로 비화할 수 있는 위험성을 내포하고 있다. 이러한 경우에 국가정보에 관한 체계적인 연구는 국가정보 활동의 적법성과 타당성을 확보해 줄 수 있다. 그것은 국제사회에 대하여 국가정보 활동의 당위성과 필연성을 이해시킬 수 있는 정당한 근거가 될 수도 있다.

Ⅱ. 국가정보 활동의 체계화

국가정보 활동의 체계적 전개는 국가 간의 관계가 밀접해지고 관계가 다양해지는 등 국제사회의 발전이 긴밀해질수록 그 필요성을 더하게 된다. 국가안보 수호와 국가이익을 도모하려는 국가정보 활동 없이는 국제경쟁에서 결코 유리한 고지를 점할 수 없다. 물론 국가정보 활동의 체계화는 내부적인 혁신이나 개혁으로도 이루어질 수 있다. 그런데 혁신이나 개혁은 세계 신 조류에 대한 이해나 연구 없이는 무엇이 혁신인지 자체를 알 수 없게 된다. 이 경우에 다른 나라의 사례와 발전 과정에 대한 국가정보학의 전문적인 연구를 통하여 외부의 신선한 시각과 함께 시의에 맞는 국가정보 활동의 체계화를 도모할 수 있다.

Ⅲ. 법치주의에의 부합

국가정보학은 정치학, 경제학, 사회학은 물론이고 법학적인 관점 등 제반 학문의 체계적인 연구와 검토를 통하여 국가정보 활동에 대한 법치주의적 정당성을 부여하게 된다. 국가정보 활동은 원칙적으로는 국민의 대표인 국회에서 제정된 실정법에 기반을 두어 전개되어야 한다. 또한, 주어진 근거법의 테두리 내에서 업무수행을 위한 기술적·절차적 문제 등은 대통령 명령 같은 행정명령에 기초하여 이루어지는 것도 법치주의에 부합하는 길이다. 이러한 연유로 국가정보에 관한 학문적 연구는 법적 근거에 관한 연구를 당연히 포함한다. 그 결과 국가정보학은 국가정보 활동에 법적 근거를 확보해 줌으로써 정보 법치를 도모할 수 있게 하고 결국 민주주의의 요체인 법치주의의 확립에 이바지하게 해 준다.

Ⅳ. 국가정보 활동의 발전 도모

국가정보학을 국가의 비밀에 대한 접근으로 정보활동을 위축시키고 방해하는 요인으로 생각한 때도 있었다. 하지만 국가정보학은 오히려 국가정보 활동에 합리성과 적법성을 부여함으로써 국민적 지지 기반을 확보해 주고 국제법적으로도 신뢰성을 부여하여, 국가정보에 닥칠 어떠한 법적·제도적 위협도 막아 주고 진정한 발전을 도모할 수 있게 해준다. 예컨대 잘못된 업무 집행 및 권한 남용의 폐해 등으로 국가정보기구에 대한 존폐 논쟁에서 국가정보학의 체계적인 연구는 국가정보 활동의 필요성을 역설할 수 있는 좋은 방어책도 될 수 있다.

V. 국가발전에의 기여

국가정보학의 연구는 국가정보의 체계적인 발전을 이루어 궁극적으로는 국가발전에 이바지한다. 이 경우에 국가정보 활동으로 방어되는 국가안보와 국가이익의 가치는 상상을 초월한다. 일찍이 육군 소장 출신으로 전 KGB의 고급 간부였던 올렉 칼루진(Oleg D. Kalugin)은 **"국가정보에 수백만 달러를 투자하는 것은 전쟁으로 인한 수십억 달러의 손실을 막아 주는 것"**이라고 역설했다.

더욱 직접적으로는 국가정보 활동으로 자국의 첨단 경제 과학기술의 유출은 방지하고 최첨단 과학기술 비밀을 입수하여 경제발전을 획기적으로 도모한 사례는 적지 않다. 1980년대 일본은 전 세계 반도체 시장을 거의 100% 석권한 바가 있다. 그것은 전적으로 일본의 공적·사적 정보기구가 미국 반도체 제작 공정기법과 생산 예정표를 파악하여 항상 한발 앞서 나감으로써 이루어졌다는 것은 정보 세계에서는 공공연한 비밀이다. 이처럼 체계적인 국가정보학의 연구는 비약적인 국가발전의 초석을 이룰 수도 있는 것이다.

제2장 국가정보의 의의

제1절 정보의 이해

제1항 정보(Intelligence)의 개념

I. 개 관

정보에 대한 개념 정의는 기본적으로 논쟁적이다. 정보의 대상이 워낙 광대하여 주관적인 사안에서부터 세계문제까지 정보의 대상이 되는 까닭에 그 한계가 불명확하다는 이유가 크다. 이에 일부 학자들은 정보에 대한 직접적인 개념 정의 대신에 정보를 구성하는 특성과 정보 현상에 대한 이해를 통해서 귀납적으로 정보를 이해하는 것이 훨씬 현실적이고 실용적이라고 주장하기도 한다. 그러나 학문적 이해를 위해서는 정보에 대한 개념 정의는 필요하다. 기본적으로 정보는 어떤 사안에 대한 상대 세력의 의도와 능력을 지득하는 인식능력이나 자료라고 할 수 있다. 정보 개념에 대한 주요 학자 등의 의견은 다음과 같다.

1. 제프리 리첼슨(Jeffery T. Richelson)

"정보란 외국, 적대적이거나 잠재적으로 적대적인 세력이나 요소 그리고 실제 또는 잠재적 작전 영역에 관한 가용한 첩보를 수집 · 가공 · 종합 · 평가 · 분석을 거쳐서 생성된 산출물이다." 정보의 대외 지향적 특성을 강조한 개념이다.[5]

2. 마이클 허만(Michael Herman)

옥스퍼드 대학교 교수 마이클 허만은 "정보는 추론적인 지식(speculative

---

5) Richelson, Jeffrey T, "The U.S. intelligence community", Westview Press(7th edition, 2016). p.1. Intelligence can be defined as "the product resulting from the collection, processing, integration, evaluiation, analysis and interpretation of available information concerning foreign nations, hostile or potentially hostile forces or elements, or areas of actual or potential operations.

knowledge)이고 평가적인 지식(evaluative knowledge)으로 정부 내에서의 조직된 지식(organized knowledge within government)"이라고 정의했다.6) 허만은 정보는 첩보보다 더 제한적인 의미가 있다면서, 정보는 국제관계, 국방, 국가안보 그리고 비밀과 특수한 연관성을 가진다고 설명한다. 그러면서 정보는 지식이고 활동이고 조직이라는 셔먼 켄트의 정보 3중성을 지지한다.7)

미국과 영국의 정보체계를 대조하여 합리적인 정보기구 모형을 도출하려고 노력한 허만은 "정보는 해외세력을 총체적으로 보고 가능한 모든 종류의 첩보 자료를 활용하여 산출해낸 연관 지식"이라고도 정의했다. 그러므로 정보생산을 위한 첩보 수집과 평가 과정은 기본적으로 그리고 당연하게 "끝없는 은폐와 기만으로 가득 찬 부분을 꿰뚫고자 하는 노력"이 될 것이라고 설파했다.

3. 에이브럼 슐스키(Abram N. Shulsky)

『소리 없는 전쟁(silent warfare)』의 저자인 슐스키는 정보를 "국가안보 이익을 극대화하고 실제적 또는 잠재적 적대세력의 위협을 취급하는 정부의 정책 수립 및 실행과 연관된 실천적인 자료"라고 정의했다. 슐스키도 정보학의 대부인 셔먼 켄트처럼 전략정보의 중요성을 수긍하면서도, 본질적으로 "국가정보는 외부세력이 숨기려고 노력하는 비밀에 접근하여 획득한 자료"라며 비밀활동과 방첩활동의 중요성을 강조했다. 그 결과 전술정보의 중요성을 부각시켰다.8)

---

6) Michale Herman, *Assessment Machinery: British and American Models* (Intelligence Analysis and Assessment, CASS, 2004), p.14.
7) Michale Herman, Intelligence Power in Peace and War, Cambridge University(2008). pp.1-2. Sherman Kent, Strategic Intelligence for American World Policy, Princenton University Press(19660, p.64.
8) Abram N. Shulsky & Gary J. Schmitt, Silent Warfare: Understanding the world of Intelligence, Potomac Books, 2002, p.1. "(Intelligence refers to information relevant to a government's formulation and implementation of policy to further its national security interests and to deal with threats from actual or potential adversaries." 슐스키는 펜타곤 정보분석관과 상원정보특별위원회 국장 출신으로 시카고 대학의 방문 교수로 봉직하면서 국가정보의 발전에 크게 기여했다.

4. 마크 로웬탈(Mark M. Lowenthal)

CIA 정보분석 부국장 출신으로 국가정보의 학문적 발전에 크게 기여한 로웬탈은 정보는 본질적으로 대부분의 미국 시민들이 대경실색하는 **비밀성(secret)**을 속성으로 함을 전제하고, "정보는 첩보라고 하는 광범위한 범주의 하위 집합으로, 정책결정권자의 요구에 부응하여 분석되어 산출된 첩보이다. 따라서 **모든 정보는 첩보이지만 모든 첩보가 정보는 아니다.**"라고 설명했다.[9]

5. 마이클 워너(Michael Warner)

미국 국가정보국(Office of the Director of National Intelligence)에서 정보분석관으로 근무한 마이클 워너는 "정보는 아측에 해악을 끼칠 수 있는 다른 국가나 다양한 적대세력의 영향을 완화시키거나 그에 영향을 미치거나, 또는 그들을 이해하기 위한 노력을 지원하는 비밀스러운 그 무엇이라고 정의했다.[10]

6. 셔먼 켄트(Sherman Kent)

정보분석학의 대부로 전략정보를 강조한 셔먼 켄트는 "정보는 국가정책 운용의 기본 자료로 국가정책 운용을 위한 **지식(knowledge)**이며 **활동(activity)**이고 **조직 (organization)**"이라고 정보를 3중적으로 개념 정의했다.[11] 셔먼 켄트의 정의에 대해서는 제6편 정보환경론에서 상술한다.

---

9) Lowenthal, Mark M. Intelligence: From Secrets to Policy, CQ Press; 8th edition(2020), pp.1-2. "Intelligence is a subset of the broader category of information. Intelligence refers to information that meets the .... needs of policy makers. All intelligence is information; not all information is intelligence."

10) Michael Warner, *Source and methods for the study of intelligence*(Handbook of Intelligence, Routledge, 2007), p.7. "Intelligence......which states do in secret to support their efforts to mitigate, influence, or merely understand other nations (or various enemies) that could harm them."

11) Sherman Kent(1966), Chapter 1,5,9. "정보학의 아버지"로 호칭되는 셔먼 켄트는 예일대학교 역사학 교수였다. 제2차 세계대전 중에 CIA의 전신인 전략정보국(Office of Strategic Services: OSS)의 조사분석실에서 근무했다. 전쟁 종료 후에는 CIA 국가예측실(Office of National Estimates)에서 다수의 정보분석 기법을 개발했다. 『미국의 세계정책에 대한 전략정보(Strategic Intelligence for American World Policy)』라는 명저를 남겼다. CIA는 2000년 셔먼 켄트 연구소로 명명된 CIA 부설 정보분석연구소를 설립하여 그 업적을 기렸다.

7. 정보에 대한 기타 견해

프러시아의 뛰어난 전략가로 『전쟁론(On War)』의 저자인 칼 본 클라우제비치 (Carlvon Clausewitz) 장군은 "정보는 적국과 그 군대에 대한 제반 첩보로 그 이념은 아측의 계획과 작전을 목표로 하는 것"이라고 정의했다.[12] 그 이외에 자료에 나타나는 정보에 대한 학자들의 견해는 다음과 같다.

- 정보란 상대세력에 대한 첩보를 수집하는 활동
- 무엇인가를 이해할 수 있는 제반 능력자료
- 특별한 사안에 대하여 적절한 시간 내에 가지는 새로운 첩보
- 적국이나 잠재적국에 대한 비밀스러운 지식

Ⅱ. 미국 국가안보법 제3조에 따른 정보의 개념

정보에 대한 대표적인 법규범적 개념에는 1947년에 창설된 CIA의 근거법인 미국 국가안보법(National Security Act of 1947)의 정보 개념이 있다.[13] 미국 국가안보법 제3조는 정보를 다음과 같이 정의한다.[14] 제3조 제1항에서 정보는 해외정보와 방첩정보 양자를 포함함을 명백히 밝혔다. 물론 정보를 해외정보와 방첩정보로 한정한 것은 아니다. 국가안보와 관련된 국내정보도 포함됨은 법조문 형식상 명백하다. 법은 해외정보와 방첩정보를 다음과 같이 개념 정의한다.

---

12) Reed R. Probst, Clausewitz on Intelligence (Intelligence and the National Security Strategist: Enduring Issues and Challenges), p.3. "Intelligence is every sort of information about the enemy and his country-the basis, in short of our own plans and operations."
13) 국가정보원법은 정보를 개념 정의하지 않고 있다. 다만 정보및보안업무기획·조정규정 [대통령령 제28211호], 제2조(정의)에서 국외정보, 국내보안정보, 통신정보를 다음과 같이 정의한다.
  1. "국외정보"라 함은 외국의 정치·경제·사회·문화·군사·과학 및 지지 등 각 부문에 관한 정보를 말한다.
  2. "국내보안정보"라 함은 간첩 기타 반국가활동세력과 그 추종분자의 국가에 대한 위해 행위로부터 국가의 안전을 보장하기 위하여 취급되는 정보를 말한다.
  3. "통신정보"라 함은 전기통신수단에 의하여 발신되는 통신을 수신·분석하여 산출하는 정보를 말한다.
14) SEC. 3. [50 U.S.C. 401a] As used in this Act: (1) The term "intelligence" includes foreign intelligence and counterintelligence. (2) The term "foreign intelligence" means information relating to the capabilities, intentions, or activities of foreign governments or elements thereof, foreign organizations, or foreign persons, or international terrorist activities. (3) The term "counterintelligence" means information gathered, and activities conducted to protect against espionage, other intelligence activities, sabotage, or assassinations conducted by or on behalf of foreign governments or elements thereof, foreign organizations, or foreign persons, or inter national terrorist activities.

1. 해외정보의 개념

해외정보는 외국 정부, 외국 조직이나 단체, 외국인 개인 또는 국제테러 조직들의 능력과 의도 또는 그 활동과 관련된 첩보이다.

2. 방첩정보의 개념

방첩정보는 아측을 보호하기 위해서 해외조직이나 외국인 또는 국제테러와 연관된 해외세력들의 간첩 활동, 사보타지, 암살 기타의 정보활동에 대항하여 수행되는 제반 활동이나 수집된 첩보를 말한다.

Ⅲ. 결어

제반 의견을 종합하면, 정보란 결국 국가안보와 국가이익에 관련한 문제 중에서 경쟁 세력이 숨기려고 하는 그 무엇인가를 획득하여 알게 된 지식이라고 할 수 있다. 즉 정보란 아국의 국가안보와 국가이익을 도모하는 데 필요한 문제로서, 국가나 비국가를 막론하고 현재의 적국 또는 잠재적 적국이나 적대세력, 또한 경쟁 상대들에 대한 의도와 저력 및 활동 상황 그리고 예상되는 활동 방향 등에 대한 평가되고 정제된 지식이라고 할 수 있다.

그러므로 파스너 재판관(Posner)이 "정보활동은 현재 또는 잠재적 적국, 즉 적대세력에 대한 **의도**(intentions)**와 능력**(capabilities)을 파악하는 것"이라고 설명한 것은 국가정보의 방향성에 대한 매우 적절한 지적이라고 할 수 있다.[15]

결론적으로 국가정보는 셔먼 켄트의 견해처럼 3가지의 복합적인 의미를 지닌 것으로서 국가안보를 수호하고 국가이익을 극대화하기 위하여 국가정책 운용에 필수적인 **지식**(knowledge)**이자 활동**(activity)**이며 조직**(organization)이라고 할 수 있다. 그 가운데에서 지식으로서의 정보는 다양한 방법으로 파악되어 "상대 세력의 의도와 능력에

---

15) Richard A. Posner, *Preventing Surprise Attacks: Intelligence Reform in the Wake of 9/11*, p.99. 원문은 "The goal of intelligence is to learn about the intentions and capabilities of potential enemies(or competitors, in case of commercial intelligence, but ……)"이라고 하여 상대세력에 대해 파악한 의도와 능력이 정보의 핵심임을 강조한다.

대한 분석된 지적 산출물"이다.

제2항 정보의 용례

Ⅰ. 정보와 첩보의 구분

정보(intelligence)와 첩보(information)는 구별된다. 첩보란 어떻게 알게 되었는지를 불문하고 획득되어 알려진 사실 그 자체를 총칭한다. 첩보는 생자료(raw material) 자체 또는 생자료의 단순한 집합물이다.16) 반면에 정보는 사용자에 의해 요구되어 지시된 방향에 따라서 또는 사용자의 의도를 이해하여 수요자의 의도와 목적에 맞추어 좁혀진 사실이나 내용이다. 그러므로 모든 정보는 첩보이지만 모든 첩보가 정보인 것은 아니다.

예컨대 적대 국가가 생산한 비밀정보라고 할지라도, 그 비밀정보를 입수한 국가의 관점에서 본다면 그것은 아직은 첩보에 지나지 않는다. 입수한 비밀첩보는 "상대세력에 어떤 정보가 있었다는 사실과 내용에 대한 첩보(information)"를 입수한 것이다. 연후에 그 비밀첩보 자료는 가공과 분석을 거쳐서 비로소 아국의 최종적인 국가정보로 탄생하게 된다.

자유민주국가에서의 정보수요자는 다양하다. 통상 정책담당자들이 주된 정보수요자이다. 그러므로 정보는 정책담당자들을 위하여 생산되는 넓은 개념을 가지는 첩보라는 범주의 작은 구성물이다. 즉 정보는 정보수요자의 요청에 따라서 다양한 첩보를 활용하여 생산된 결과물이다. 정보수요자의 요청에 대한 반응물인 것이다. 이처럼 국가정보는 정책담당자(policy makers)를 위해 존재한다. 그러므로 정책 목적이 결여된 국가정보 활동은 단순한 첩보수집, 즉 자료수집 활동에 지나지 않는 것이다. 그것은 경우에 따라서는 적합성과 합법성을 결여한 사실행위에 지나지 않게 된다.

---

16) 생자료는 생데이터(raw data) 또는 원시자료라고도 한다. 가공하지 않은 원시자료이다. 학자에 따라서는 생자료(raw material)의 집적을 첩보라고 하여 생자료와 첩보를 구분하기도 한다. 그러나 양자가 명확하게 구분되는 것은 아니고 첩보위성 자료처럼 생자료에서도 훌륭한 정보가 생성될 수 있다. 생자료와 첩보가 용도에 있어서는 정보에 기여하는 바가 동일하므로 본서에는 생자료를 별도로 분류하지 않는다. 이러한 현상은 별다른 정보분석 없이 정보로 사용될 수 있는 **정보성 첩보**처럼 첩보와 정보의 구분이 어려운 경우에도 나타난다.

Ⅱ. 셔먼 켄트의 3가지 정보용례

정보학에서 이해가 곤란한 부분 중의 하나로 정보라는 용어의 다의성이 있다. 오늘날은 정설로 이해되고 있지만, 정보는 크게 3가지 용례로 사용된다. 과정으로서의 정보, 산출물로서의 정보 그리고 그러한 업무를 수행할 수 있는 법적 권위, 즉 조직으로서의 정보가 그것이다. 이러한 정보의 3가지 용례는 정보학의 대부로 일컬어지는 셔먼 켄트의 정보의 3중성에 대한 접근이다. 셔먼 켄트는, 국가정보기구는 그 나라 최고의 국책연구소로 궁극적인 목적은 중장기의 전략적 정보를 생산하여 국가정책에 이바지하는 것에 있다는 확고한 신념하에 정보는 '지식'이고 '활동'이며 '조직'이라고 설파했다.[17]

1. 지식(knowledge)으로서의 정보

지식으로서의 정보는 최종적인 산출물을 말한다. 정보에 대한 일반적이고 통상적인 이해이다. 수집된 최초 자료는 생자료(raw data)로서, 이것이 고도의 전문적인 분석 및 평가과정을 거쳐 정보가 된다. 일반 자료가 구체적인 정보가 되는 일련의 과정을 **정보순환(intelligence cycle)**이라고 한다.

일반적인 용례로서의 정보는 이러한 정보순환에서의 산출물 그 자체 또는 인지 가능한 형태로서의 생산물을 의미한다. 이것이 지식으로서의 정보를 말한다. 이 경우 최종적으로 생산된 정보가 정책에의 활용을 위한 지식이나 인식된 자료로서 얼마나 유용한가에 따라서 정보기관의 역량이 평가된다.

2. 활동(activity)으로서의 정보

과정으로서의 정보라고도 한다. 정보수요자의 요청에 따라서 첩보가 수집되고 분석되고 제공되는 전 과정 그 자체를 정보라고 보는 것이다. 정보의 생산 활동 자체를 정보라고 하는 경우의 용례이다. 소위 비밀공작(covert operation)을 정보(활동)로 간주하는 경우가 그것이다. 과정 또는 활동으로서의 정보의 용례 때문에 정보 인자(因

---

17) Sherman Kent(1966). 셔먼 켄트는 약 200쪽의 책에서 지식으로서의 정보는 제1장에서 제4장까지, 조직으로서의 정보에 대하여는 제5장부터 제8장까지 그리고 활동으로서의 정보에 대하여는 제9장부터 11장까지 설명하고 있다. Lowenthal(2020), p.9.

子)를 지칭하는 "인트(INTelligence: INT)"에 의한 정보수집 활동은 모두 2중적인 의미를 가진다. 정보수집 방법은 한편으로는 정보획득 수단임과 동시에 그렇게 하여 획득된 정보 그 자체를 의미한다.

예컨대 휴민트(HUMINT)는 인적 수단을 활용한 정보수집 수단을 말함과 동시에 수집된 인간정보 그 자체를 말한다. 시긴트(SIGINT)는 신호정보 획득 기술임과 동시에 수집된 신호정보 그 자체를 의미한다. 이민트(IMINT)는 영상정보획득 기술을 말함과 동시에 획득된 영상정보 그 자체를 뜻한다. 또한 오신트(OSINT)는 공개 출처에 의한 정보획득 방법을 말함과 동시에 분석되어 도출된 공개출처정보 그 자체를 의미하며, 매신트(MASINT)는 어떤 흔적이나 자취에 대한 측량이나 측정 등의 정보 획득 방법을 말함과 동시에 그렇게 계측 또는 측정된 정보 그 자체를 의미한다.

3. 조직(organization)으로서의 정보

정보는 정보를 수집하는 기구 또는 조직 자체를 의미하기도 한다. 국가정보기구는 국가안보를 위하여 첩보를 수집하고 그를 효과적으로 분석하여 필요한 국가정보를 생산하며 배포하는 법적 근거에 따라서, 특별한 활동을 하는 정부조직이다. 정보는 이러한 국가정보 기구 그 자체를 지칭하기도 한다.

예컨대 "모든 문제는 그 나라의 '정보'에 달렸다"라고 하는 경우의 정보 개념에는 지식으로서의 정보 개념이나 활동으로서의 정보 개념 이외에 국가의 역량을 결정짓는 정보기구 그 자체를 의미하는 것이다.

제2절 정보의 분류

제1항 서언

국가정보는 사용 주체, 사용 목적, 대상 지역, 분석방법, 구성요소, 획득수단, 그리고 용도에 따라서 다양한 방법으로 분류할 수 있다. 미국은 개념적인 접근보다는 사례적 접근, 즉 케이스 메소드(case method)의 영향으로 정보를 인위적으로 개념 분류하는 것에 그리 커다란 의미를 부여하지는 않는다. 그러나 정보의 분류는 정보를 체계적으로 이해할 수 있는 좋은 방법이 될 수 있다.

정보를 국가의 통치 영역별 또는 요소에 따라서 살펴보는 것은 정보를 전체적으로 이해하는 데 좋은 방법이 된다. 또한, 정책관계자들로서는 정보가 실제로 어느 영역의 무슨 문제에 대한 것인지, 그 연관성을 인식할 수 있는 지름길도 될 수 있다.

아무튼, 정보의 분류가 결코 상호 배척되거나 어떠한 분류만이 옳다는 식의 대척적이 아니라는 점을 인식할 필요가 있다. 따라서 정보에 대한 일련의 분류는 각각 독자적인 타당성과 의의가 있다. 이하에서는 통상적인 정보 분류를 먼저 살펴보고, 국가정보의 이해에 대한 새로운 지평을 제공한 셔먼 켄트의 정보 분류를 소개한다. 그리고 냉전 시대에는 국가정보 수준의 중요성이 있었던 국방정보를 항을 달리하여 살펴보도록 한다.

제2항 구체적인 정보 분류

I. 사용 주체에 의한 분류

1. 국가정보(National Intelligence)

국가 중앙정보기구가 생산하는 정보이다. 단위 행정부문을 넘어서서 국가 전체적인 목적을 위해 생산된 국가 차원의 정보이다. 국가의 중앙정보기구는 대부분 국가정보 생산을 원칙으로 한다. 그러나 미국 국방부 소속 정보기구처럼 개별 행정부처에 소속된 부문정보기구가 국가정보를 생산하는 경우도 있다.

2. 국가부문정보(National Departmental Intelligence)

단위 행정부처에 소속된 개별적인 부문정보기구들이 소속 부처의 업무수행을 지원하기 위하여 생산한 정보이다. 국방부의 국방정보, 법무부나 국토안보부의 법집행정보, 외교통상부의 대외문제 정보, 경제부처의 경제정보 등이 모두 개별 행정부처의 부문정보이다.

그러나 미국의 경우는 개별 행정부처인 국방부에 소속되어 있으면서도 처음부터 국가 차원의 국가정보를 생산하는 것이 주된 책무로 되어 있는 정보기구가 있다. 정보기구 명칭에 모두 국가(national)가 들어가 있다. 국가안보국(NSA), 국가정찰실(NRO), 국가지구공간정보국(NGA) 등이 대표적이다. 한편 국방정보는 국방부라는 개별 행정부처의 부문정보이지만 군사 문제의 중요성에 따라서는 냉전 시대에 그랬듯이 국방정보가 국가정보 그 자체를 의미할 수도 있다.

Ⅱ. 사용 목적에 따른 분류

1. 정책정보(Policy Intelligence)

주권국가의 외교 · 국방 · 경제 · 환경 · 보건문제 등 국정 전방에 걸쳐 정책 수립과 집행을 목적으로 생산된 정보를 말한다. 오늘날 정보의 뒷받침이 없는 국가정책의 수립이나 집행은 상상할 수 없다. 그러므로 정책정보의 생산은 국가정보기구의 가장 중요한 임무가 된다.

2. 보안 정보(Security Intelligence)

보안 정보는 아측 정보체계의 순수성을 확보하기 위해서 아측을 향한 다양한 해외세력들의 간첩, 사보타지, 암살 기타 비밀 또는 파괴적 정보활동에 대항하여 수행되는 제반 활동이나 그를 위해 수집되어 정제된 정보이다.

이처럼 보안 정보는 국가정책을 직접 뒷받침하기 위한 것이 아니라 해외세력으로부터의 위협을 막기 위한 정보이다. 외부 불순세력의 침투로부터 국가안보를 수호하는 데 필요한 정보이므로 방첩정보라고도 한다. 방첩 활동은 통상적으로 국내에서 이루어지므로 국내정보수사기구의 중요한 업무가 된다. 방첩정보는 기능과 속성의 차이로 인해서 정책정보와는 다른 정보수집 및 분석절차를 거친다. 방첩 활동은 궁극적으로는 법집행으로 연결되어 처벌하게 되므로 보안 정보 또는 방첩정보는 국가경찰기능의 기초가 되는 정보이기도 하다.

Ⅲ. 대상 지역에 따른 분류

1. 국내정보(Domestic Intelligence)

영토 내에서 내국인, 즉 국내세력에 의해서 전개되는 문제를 대상으로 하여 생산된 정보이다.[18) 법적으로 일국의 영토는 영공, 영해, 영육을 포괄하므로 국가안보와 연관된 자국의 육해공에 대한 모든 자료가 국내정보의 대상이다.

그런데 국내에서도 국외정보가 생산될 수 있음을 물론이다. FBI가 잘 지적하듯이 국내정보와 해외정보의 구분은 물리적 공간이 아니라 활동 주체에 의해 구별된다. 따라서 국내보안정보[19) 활동에는 국내정보뿐만이 아니라 국외정보가 함께 어우러져 유기적으로 평가되어야 소기의 성과를 달성할 수 있게 된다.

2. 국외정보(Foreign Intelligence)

해외정보라고도 한다. 외국 정부 또는 국제테러조직 등 외국인 조직과 외국 단체 외국인 개인의 능력과 의도 또는 그 활동과 관련된 첩보를 말한다. 용어상으로는 국가영토 이외의 지구상의 전 지역에 대한 정보이다. 그러므로 특정 외국 국가에 대한 정보뿐만이 아니라 특정 국가의 주권이 미치지 아니하는 공해나 남극·북극 그리고 우주에 대한 정보를 모두 망라한다.[20) 국가영토 이외의 국외지역에 대한 정보는 모두 해외정보

---

18) 그러므로 일부의 설명처럼, 국내정보를 "자국 영토 내의 상황, 즉 자국 영토 내의 경제, 사회, 과학기술, 정치 상황 등에 관한 정보"라고 하는 정의는 국가정보학 차원에서는 문제가 있는 개념 정의라고 할 것이다. 그것은 국가정보의 지나친 외연 확장으로 국가안보라는 합리적인 내연의 고리와 연결되지 않으면 국내 치안정보도 모두 국내정보에 포괄되게 되는 위험성을 가지게 된다.

19) "국내보안정보"라 함은 간첩 기타 반국가활동세력과 그 추종분자의 국가에 대한 위해 행위로부터 국가의 안전을 보장하기 위하여 취급되는 정보를 말한다(정보및보안업무기획·조정규정 제2조 제2호).

20) "국외정보"라 함은 외국의 정치·경제·사회·문화·군사·과학 및 지지등 각 부문에 관한 정보를 말한다(정보및보안업무기획·조정규정 제2조 제1호).

이다. 또한, 영토 내에서의 해외세력에 대한 정보는 국내정보가 아니라 해외정보에 속한다.

한편 헌법상으로는 북한지역도 대한민국의 합법적인 영토이다. 그러나 현실적으로 우리의 통치권이 미치지 아니하고 북한은 주권국가 인식에 대한 몬테네그로 협약의 국가성립 요건도 충족하여 1991년 대한민국과 함께 UN에 가입함으로써 국제법적으로는 별개의 주권국가로 인정된다. 그러므로 정보의 분류에서 북한에 대한 정보는 원칙적으로 국외정보라고 할 것이다.

3. 비고

국내정보의 목적은 국내에서의 안전(internal security), 즉 치안 또는 국토안전을 도모하기 위함이다. 일국의 영내에서의 테러, 간첩, 정부 전복세력, 극단주의, 조직범죄, 마약밀매조직 등으로부터 국토의 안전을 확보하려는 목적의 정보이다. 반면에 국외정보의 목적은 해외세력에 의한 국가안보 위협에 대처하고 경고를 함에 목적이 있다. 그것은 아국에 대하여 실제 또는 잠재적인 위협을 제시하는 외국(foreign states), 해외조직이나 해외 단체 또는 외국인 등으로부터 국가의 존립을 수호하기 위한 제반 정보이다.

주지해야 할 것은 국외(foreign)나 국내(domestic)라는 용어는 FBI가 잘 설명하듯이 **정보의 대상**을 지칭하는 것이지, 정보활동이 이루어지는 물리적 공간을 기준으로 하는 개념이 아니다. 셔먼 켄트도 정보목표에 따라서 해외정보(foreign intelligence)와 국내정보(domestic intelligence)로 구분했다.

셔먼 켄트는 정보활동이 해외에서 이루어졌는가 아니면 국내에서 이루어졌는가라고 하는 물리적인 영토 개념에 의해서가 아니라, 대상을 기준으로 **국내세력에 대한 것인가 아니면 해외세력에 대한 것**인가에 의해 양자를 구분했다.[21] 따라서 자국에 침투한 해외세력에 대한 정보활동은 해외정보 활동인 것이다.

---

21) Sherman Kent(1966), p.211.

Ⅳ. 분석형태에 따른 분류

국가정보는 과거, 현재, 미래라는 시계열적 분석에 따라서 기본정보, 현용정보 그리고 예측정보로 분류한다. 이러한 분류는 셔먼 켄트가『미국의 세계정책을 위한 전략정보 (Strategic Intelligence for American World Policy)』라는 저술에서 분류한 내용이다.[22]

1. 기본정보(Basic descriptive Intelligence)

기본정보는 정보대상의 기반적이고 기틀적인 내용에 대한 정보이다. 속성상 과거형 정보이다. 기본적이고 서술적인 요소(basic descriptive element)를 속성으로 하여 장기 계속적인 배경에 대한 정보이다. 기본정보는 생산되는 시점부터 바로 과거형이 되는 특성을 갖는다. 기본정보는 장기적 그리고 계속적인 배경에 대한 정보로서 백과사전과 같은 상세함을 속성으로 하는 망라형 정보이다. 상대국가의 국토면적, 해안선의 길이, 가입한 국제기구, 인구수, 인종, 정치제도, 기간 시설망, 전력구조, 무기체계, 경제력, 안보 환경 같은 정태적인 것으로 정보가 변하더라도 미세한 추세적 변화가 있을 뿐이다.

정보기구는 필요로 하는 기본정보를 다양한 형태로 구별하여 준비할 수 있다. 예컨대 존안카드를 의미하는 인물분류(biographical data)나, 그래픽 자료(graphics data) 그리고 일단 유사시의 각종 정보공작이나 공격대상이 되는 목표물 데이터(targeting data)로 구성할 수 있다. 다양한 요소를 갖춘 국가별 핸드북(country handbooks)이나 국제테러조직이나 마약조직 등과 같은 주제별 핸드북(topical handbooks)으로 구분하여 보존할 수도 있다.

그중에서도 기본정보를 구비함에 있어서 최적의 방법이라고 알려진 기준은 정보를 요소, 즉 영역에 따라서 체계적으로 분류하는 것이다. 이것을 각 정보영역의 영문 첫 글자를 따서 **"최고의 지도(BEST MAPS)"**라고 한다.[23]

---

22) *Id.* 제2장, 제3장, 제4장. pp.11–65. 셔먼 켄트의 용어를 그대로 사용한다.
23) US Department of the Army (September 2006). "FM 2-22.3 (FM 34-52) Human Intelligence Collector Operations. Intelligence analysis management, pp.86–87. 저자는 최고의 지도(BEST

B: biographic intelligence(개인신상정보)

E: economic intelligence(경제정보)

S: sociological intelligence(사회문제정보)

T: transportation & telecommunications intelligence(운송 · 통신정보)

M: military geographical intelligence(군사지리정보)

A: armed forces intelligence(군사력정보)

P: political intelligence(정치정보)

S: scientific and technical intelligence(과학 · 기술정보)

한편 이 같은 기본정보는 후술하는 현용정보나 판단정보에 대한 기초자료가 된다. 기본정보는 또한 전략정보의 터전이 된다. CIA가 야심 차게 수집 분석하여 공개하는 전 세계 193개 UN 가입국과 EU를 포함하여 도합 267개의 국제적 실체(world entities)들에 대하여 역사, 인구, 정부조직, 경제, 지정학적 요소, 통신 시설, 군사력, 정치지형 그리고 그들과 관련된 초국가적 쟁점들을 망라하는 World Factbook이 대표적인 기본정보이다.[24)]

2. 현용정보(Current Reportorial Intelligence)

해외세력과 세계 각 지역에 대한 매일 매일의 현상에 대한 정보이다. 현재성과 보고성을 기본 요소로 하는 정보이다. 현용정보는 기본정보를 바탕으로 현재의 주요 상황을 분석하여 생산한 정보이다. 그러므로 정확하고 구체적인 현용정보를 생산하기 위해서

MAPS)를 전략정보를 산출하기 위한 기본자료, 즉 기본정보임을 전제하면서 다음과 같이 설명한다. "Information gathered as strategic intelligence is categorized into eight components. Each of these components can be divided into subcomponents. These components and subcomponents are neither all-encompassing nor mutually exclusive. This approach enhances familiarization with the types of information included in strategic intelligence. An easy way to remember these components is the acronym BEST MAPS:

24) https://www.cia.gov/the-world-factbook/. World Factbook은 267개의 세계 단체에 대한 역사, 사람과 사회, 정부, 경제, 에너지, 지리, 통신, 교통, 군사 및 초국가적 문제에 대한 정보를 제공한다. The World Factbook은 미국 정부에서 가장 인기 있는 웹 사이트 중 하나이다. 가장 큰 숲, 가장 큰 사막, 가장 긴 산맥 및 극한 기후 (지구상에서 가장 건조한 곳, 가장 습한 곳, 가장 추운 곳, 가장 더운 곳 10 곳)에 대한 기본정보를 망라한다.

는 평소에 해당 지역과 사안에 대한 기본정보를 충실하게 확보하고 관찰해야 한다. 현용정보는 정책결정권자로 하여금 국가안보와 관련된 전 세계의 현재 상황에 대해서 실시간적으로 인지하도록 함에 있다.

현용정보는 최근에 무슨 일이 일어났고, 현재 어떤 일이 진행되는가에 관한 내용으로서 현안 해결방법으로 사용되며, 속성적으로 단기 · 구체성을 지향하는 전술정보와 연결된다. 예컨대 외국에서 실시된 최근 선거의 결과, 혁명, 쿠데타(coup d'etat) 등에 대한 정보는 모두 현용정보이다.

미국 정보공동체는 엄청나게 많은 현용정보 보고서를 생산하여 매일 정책부서에 제공한다. 국가안보와 관련된 최고의 기밀과 미묘한 주제를 담은 일일보고서인 대통령 일일 브리핑(President's Daily Brief : PDB), 행정부 고위관료들을 위한 정보일간지인 국가일일정보(National Intelligence Daily : NID)와 고위정책정보요약(Senior Executive Intelligence Brief : SEIB), 경제부서 국장급 책임자에게 제공되는 일일경제 정보요약(Daily Economic Intelligence Brief: DEIB), 국무장관 조간요약(Secretary's Morning Summary) 등이 대표적이다.

미국 국방부도 다수의 현용정보 보고서를 생산한다. 대표적으로 지역안보, 핵무기 안전, 대량살상무기 확산문제, 국가와 국방전략 자원문제들을 다루는 군사정보 다이제스트(Military Intelligence Digest : MID), 세계 군사 위험지역과 예상지역에 대한 정보를 담고 있는 고위간부 하이라이트(Executive Highlights : EH), 국방 테러 정보 요약(Defense Intelligence Terrorism Summary : DITSUM), 세계에 대한 매일매일의 신호정보 분석결과물인 신호정보 다이제스트(SIGINT Digest), 세계영상보고서(World Imagery Report), 공군 일간정보(Air Force Intelligence Daily : AFID) 등이 대표적인 현용정보 보고서이다.

3. 판단정보(Evaluative Intelligence)

판단정보는 평가정보 또는 예측정보(speculative-estimative intelligence) 라고도 한다. 추론과 평가를 요소로 하여 생산되는 정보이다. 정보대상에 대한 과거와 현재에 대한 제반 자료를 분석하여 미래의 추세를 판단하거나 예측한 정보이다. 단적으로

"**미래는 어떻게 될 것인가**(what future conditions will be)?"에 대한 사회과학적 추산정보이다. 판단정보는 대상 국가의 전략적 능력과 취약점 그리고 향후 가능한 행동 방향을 추단할 수 있는 정보로 전략정보의 기초가 된다. 그것은 **"장래에 대한 현재의 판단"**을 제시하는 내용으로 특별한 사용자의 요구에 따라서 작성되기도 한다. 예컨대 어떤 국가가 군비증강을 한다면 인접 국가의 정책에는 어떠한 영향을 미칠 것인가라거나, 그 경우에 해당 인접국가가 취하는 정책은 그 국가의 또 다른 우방국에게는 어떠한 영향을 미칠 것인가라는 쟁점 등에 대한 분석보고서 같은 것이 판단정보에 해당한다.

판단정보는 한 국가의 총체적인 정보역량을 보여주는 것이다. 그것은 정보공동체의 총합적인 역량으로 생산되는 과학적 예측정보이다. 그러므로 어느 하나의 개별 정보기구에 의해서 그리고 개별정보기구의 한정된 첩보 자료만으로 생산되기는 어렵다. 미국의 경우에는 국가정보국장(DNI) 산하의 국가정보위원회(National Intelligence Council)가 5년마다 15년 후의 지구 미래에 대한 장기 예측보고서인 "National Intelligence Estimates(NIEs)"를 생산한다. 그러나 판단정보는 현상에 기초한 사회과학적인 예측일 뿐 예언(foretell)이나 막연한 추측은 결코 아니다.

V. 요소에 따른 분류

정보는 국가 활동 영역에 따라서, 즉 국가의 통치대상 영역별에 따라서 다음과 같이 주제별로 구분할 수 있다.

1. 정치정보(Political intelligence)

국가안보와 직결된 국내외의 정치 상황과 정치 환경, 그 전개 과정과 문제점 등 제반 정치문제에 대한 정보이다. 국내정치정보와 해외정치정보를 포함한다. 국내정치정보에는 국내의 현실적인 정치 상황과 향후의 전개 예측, 민주주의의 전개 과정 및 저해요소, 국민의 정치적 통합도처럼 국가안보와 직결된 정치문제로 한정된다. 반면에 해외정치정보에 대해서는 해외 정치지도자의 추문을 포함하여 제한이 없다. 우방국가나 중립국가 그리고 적성국가이건 관계없이 다른 나라들의 국내 정치 상황은 모두 간과할 수 없는 주요 정치정보이다.

예컨대 한국의 입장에서 본다면 미국과 북한의 향후 외교 관계, 중국과 일본의 협력관계, 아시아 태평양 경제협력체(Asia-Pacific Economic Cooperation : APEC)의 확대에 대한 찬성·반대국가 현황, 차기 대통령, 선거 결과, 일본·중국의 차기 유력주자 및 그 추종세력, 중국과 미국의 밀접성 등이 모두 한국의 안보 상황에 연결될 수 있는 긴요한 해외정치정보이다.

특히 미국의 경우는 외국의 정치 상황 문제는 정보공동체의 최우선 관심의 하나로 꼽힌다. 정치적 관점에서 동떨어진 정보는 실질적으로 대상국가의 역량을 평면적인 관점에서 열거한 나열물에 지나지 않는 것으로, 총체적인 정보라고 볼 수 없기 때문이다. 후술할 '정보공유편'에서 기술하겠지만, 미국 정보공동체는 이스라엘 최고 정보기구인 모사드가 중동 국가들에 대하여 단순하게 군사력 위주로 파악한 정보에 대하여 이게 정보냐며 그 가치를 혹평했었다.

미국은 선거에 의하건 혁명에 의하건, 내전에 의하건, 특정 국가 정치지형의 변화는 해당 국가가 위치한 지역의 힘의 균형 문제에 영향을 초래하고, 민주체제로 전개될는지 그리고 정치·경제적으로 그 나라의 인적·물적의 제반 자원에 미국이 접근할 수 있겠느냐는 관점에서, 각국의 정치 상황을 제1차적으로 중요한 국가정보 대상으로 간주하고 있다.

예컨대 1979년 미국은 이란의 정치 상황에 대한 정치정보를 오판하여, 결국 친(親)미국계 정권이 축출당한 이란 내전의 결과로 중동에서의 원유 접근권에 상당한 제약을 받은 뼈아픈 경험을 했다. 결과적으로 중동지역에서의 든든한 군사 동맹국을 잃어버렸다. 그 결과 이란에서 손쉽게 탐지가 가능했던 소련 미사일 기지에 대한 정탐 활동이 무력화되었던 것은 타국에 대한 정치정보가 얼마나 중요한지를 잘 보여주는 사례이다.[25]

한편 1989년 천안문사태는 비록 중국의 정치적 상황이었지만 미국 정보공동체의 주요한 정보대상으로서 미국은 중국의 정치정보를 바탕으로 하여 중국과 유리한 고지에서 협상할 수 있었다. 천안문사태 정보는 미국으로는 매우 중요한 해외정치정보로 미국과 중국의 외교 및 경제 관계에 큰 영향을 미쳤다.[26]

---

25) 아작(Ajax) 공작으로 연결되는 것으로 비밀공작 편에서 다시 살펴본다.

2. 군사정보(Military intelligence)

군사정보는 적대세력이나 우방국에 대한 군사력에 관한 총체적 지식이다. 냉전이 종료된 오늘날의 국제관계에서도 군사정보는 그 필요성과 중요성이 여전히 강조된다. 상대세력의 군사력에 대한 면밀한 파악으로 무기 체제를 구축하여 대비하는 것은 국가 안보의 핵심이 되기 때문이다.

상대국의 군사력에 대한 면밀한 정보판단 결과 상대국과의 군사적 대치는 군사력의 열세로 불가능하다고 판단되면 타국과의 협조나 동맹 또는 군사적 우산(雨傘)관계의 수용 등 외교적으로 다른 길을 찾는 것이 국가안보를 수호하는 방책이 될 것이다. 여기에서 각국의 핵무기와 재래식 무기를 포함한 무기 소요 그리고 특수부대의 운영 등 군사정보의 필요성이 항상적으로 제기된다.

미국의 군사정보 입장을 예로 들면 미국은 먼저 미국이 군사원조를 해야 하는 국가들의 군사력을 정확히 아는 것이 군사원조의 규모와 내용을 결정하기 위한 첫걸음으로 본다. 또한, 지역적 군사대치 상황, 예컨대 인도와 파키스탄, 북한과 대한민국 그리고 중국과 러시아 등의 군사대치 현황을 파악하는 것이 미국의 국가안보와 관련된 중요한 군사정보로서 정책담당자들에게 필요한 군사정보의 주제들로 간주된다. 왜냐하면, 그러한 문제들은 세계평화에 대한 위협으로 비화될 수 있을 뿐 아니라 미국과 직·간접적으로 정치·외교·경제 관계가 형성되어 있는 국가들이기 때문에 미국의 국가안보와 직결되기 때문이다.

3. 과학·기술정보(Scientific and technical intelligence)

과학·기술정보는 민간부문과 군사부문에 대한 정보를 포함한다. 역사적으로 민간 부문에서의 기술발전이 궁극적으로 군사 무기개발로 응용된 경우는 허다하다. 반대의 사례, 즉 무기 개발기술이 민간 영역에 응용된 경우 또한 적지 않다. 예컨대 컴퓨터, 생명공학, 광학 그리고 레이저 기술 등은 모두 군사 무기 기술이 민간의 영역으로 전이된 것들이다. 그러므로 타국의 과학기술 전개 과정을 지득하고 기술을 습득하는 것은 상대

---

26) Richelson, Jeffrey T(2016), p.5.

국의 잠재적인 군사 능력을 평가하는 데에도 긴요한 국가정보가 된다.

과학·기술정보와 관련하여 미국을 비롯한 주요 국가의 최대 관심사는 핵무기 정보였다. 핵이 전 세계의 어느 나라 어느 조직에 의한 것이건 또는 민간부문에서 사용되는 것인가와 무관하게 핵의 발달 및 전개 과정은 자국의 국가안보와 연결될 수 있는 문제로서 최우선의 정보 판단 대상으로 간주된다. 그러므로 2006년 10월 9일의 북한 핵무기 실험이 저 멀리 태평양 너머에 있는 미국 CIA의 또 다른 정보실패(intelligence failure)라는 혹독한 비난을 받았던 것이다. 물론 뒤의 정보실패 편에서 살펴보겠지만 북한의 핵실험은 한국 정보기구의 커다란 정보실패인 것은 두말할 나위가 없다.

4. 경제정보(Economic intelligence)

경제정보는 치열한 글로벌 무한경쟁에서 국가의 지속적인 발전을 이루기 위하여 대단히 중요하다. 특정 국가의 경제적 강점과 취약점을 파악하는 것은 물론이고 각국의 산업기술 개발에 대한 추세와 그 내용을 아는 것은 치열한 국제경쟁의 현실에서 실질적인 국가안보 도모에 무엇보다 중요하기 때문이다.

어느 국가의 경제적 강점을 안다는 것은 그 국가와의 경제전쟁에서 효율적으로 대처할 수 있는 예방책을 확보하는 것이고, 경쟁세력의 상대적인 경제적 취약점을 파악함으로써 만약의 경우에 어떠한 경제적 제재가 효과적으로 작용하여 소기의 목적을 쉽게 달성할 수 있는지를 알 수 있게도 된다.

경제정보는 각국의 통화정책을 파악하고 자금세탁, 테러조직의 자금원 파악, 각국 지도자의 부패 및 횡령을 파악하는 것도 포괄한다. 경제정보는 또한 경제기술의 획득을 의미하는 경제간첩(Economic espionage)의 대상을 의미하기도 한다. 상세는 국가정보와 경제 편에서 살펴본다.

5 사회문제정보(Sociological intelligence)

사회문제정보는 사회의 구조와 사회 구성원의 관심 등을 체계적으로 파악하여 획득된 정보를 말한다. 사회문제정보는 어느 사회의 사회적 만족도(social stratification),

가치 체계 그리고 구성원들의 조직적 역동성(group dynamics) 등에 대한 정보를 의미한다. 사회조직 상호 간의 관계는 물론이고 그들이 인종적 · 종교적 · 정치적으로 유대관계가 있는지를 파악함으로써 국가 응집력 등 국력의 기초를 알 수 있다. 사회문제정보는 향후 정치체제의 변동문제도 예측할 수 있고 대응할 기회를 제공할 수 있다. 그러므로 사회문제정보의 정확한 파악을 통하여 상대국가에 필요한 외교 · 경제 그리고 국방정책을 전개할 수 있고 잠재적 위험성에 대처할 수도 있다.

사회문제정보는 정치정보 및 군사정보와도 긴밀히 연결된다. 왜냐하면, 어떤 지역에서의 사회적 문제는 그 지역의 정치 · 군사적 안정성, 군사적 능력 그리고 향후 해외정책을 파악할 수 있는 중요한 요소이기 때문이다.

사회문제정보의 중요성은 구(舊)유고, 아프리카, 러시아 그리고 중동지역의 분쟁에서 잘 나타났다. 미국 정보공동체는 이란과 어떤 군사적 전쟁을 한 것도 아님에도 불구하고 이란 사회문제정보에 대한 실패로 이란 혁명 과정에 제대로 대처하지 못했고 오늘날까지 이란과 대척적인 관계에 있는 것을 커다란 정보실패의 하나로 간주한다.[27]

6. 환경 · 보건정보(Environmental Health intelligence)

환경 · 보건정보는 환경생태와 보건문제에 대한 제반 정보를 말한다. 이에 환경 · 생태정보라고도 한다. 그중에서도 국토의 침식, 지진 · 태풍의 영향과 피해 등 환경 현황과 향후 환경문제 그리고 생태계의 문제에 대한 제반 정보를 환경정보라고 한다. 신종 전염병의 출현이나 발병, 기존의 난치병에 대한 발병률 추이처럼 국가의 인구 구조와 건강상의 건전성을 해할 수 있는 문제에 대한 정보를 보건정보라고 한다.

환경정보와 보건정보 양자는 밀접한 관계를 갖는다. 예컨대 어느 국가에서의 에이즈(AIDS)와 신종 플루와 같은 전염병의 창궐은 건강안보 그리고 생태안보와 직결되는 문제이다. 그리하여 양자를 묶어서 환경 · 보건정보라고 한다.

환경 · 보건정보는 인류의 복지에 직접적으로 연관된 정보로서 초국가적안보위협문제 중의 하나이다. 그것은 환경 및 기후변화 등에 대한 추적은 물론이고 국제환경협약에 대한 이행 여부에 대해서도 동일하다. 인간이 생존하기 위한 전제인 환경 · 생태문제에

---

27) "Intelligence (military)—sociological". Encyclopedia Britannica. Encyclopedia Britannica. 2009.

대한 정보는 소홀하게 되기 쉽지만, 국가정보기구가 많은 관심을 가져야 할 인간안보의 핵심문제이다.

1990년대 중반에 클린턴 행정부의 초대 국무부 장관이었던 워런 크리스토퍼(Warren Christopher)는 일찍부터 환경문제는 바로 국가안보 문제로 양자는 미국의 대외정책에서 동등한 지위를 가질 것이라고 그 중요성을 강조했다. 그 같은 발표에 뒤이어서 CIA 존 도이치(John Deutch) 국장은 1996년 7월에 미국은 군사첩보위성을 지구의 생태적으로 민감한 지역(ecologically sensitive sites)들에 대한 영상 촬영으로 전용했다고 밝혔다.[28]

사실 다수의 사회 역사가들은 어느 한 국가나 제국의 흥망은 외부의 군사적 위협이나 경제 문제의 실패보다는 기후변화, 전염병, 기근 같은 생태적 조건에 의해 크게 좌우되었다고 분석 · 평가한다.

7. 기타

문화 현상과 문화 수준 및 의식에 대한 문화정보(cultural intelligence), 통신장애나 정보통제 장애처럼 사이버 영역에서의 국가안보를 저해할 수 있는 사이버 정보(cyber information) 등도 정보 요소에 따른 중요한 국가정보들이다.

Ⅵ. 수집 활동에 따른 분류

1. 인간정보(Human Intelligence) – 휴민트

정보요원 등 공작원이나 망명자는 물론이고 여행객, 학술회의 참석 학자 등 인간 출처로부터 획득된 정보를 말한다. 즉 인적 자산을 주된 바탕으로 수집된 정보 또는 정보활동 그 자체를 말한다.

2. 기술정보(Technical Intelligence) – 테킨트

인공정찰위성, 정찰항공, 도청장치, 레이더 등 제반 과학기술과 과학기술 장비를 동원

---

28) Environmental 'Intelligence'?, http://online.wsj.com/article/SB117876511582498116.html.

하여 수집한 정보나 기술적인 정보수집활동 그 자체를 말한다. 제3편 정보활동론에서 상세히 살펴보겠지만 이에는 신호정보, 영상정보, 흔적 · 계측정보가 포함된다.

3. 공개출처정보(Open Source Intelligence) – 오신트

신문 · 방송 · 인터넷 · 서적 · 학술지 · 학술논문 · 국제회의 결의문이나 협정문처럼 공개되어 누구나 활용할 수 있는 자료에서 생산된 국가정보를 말한다. 선진국의 정보기구 활동 중 약 70% 이상이 공개출처 자료에 대한 수집과 분석활동으로 이루어진다고 한다. 이러한 공개출처 자료의 활용은 국가정보기구가 비밀성만을 지향하는 것은 아니라는 성격을 잘 알게 해 주는 증거이다. 이 경우에 공개출처정보는 합법적으로 이루어지는 것으로 인적 방법 또는 기술적 방법에 따라서 수집 · 분석될 수 있음은 물론이다.

제3항 셔먼 켄트의 정보 분류

I. 서언

정보학자 셔먼 켄트는 국가정보를 먼저 보안정보와 긍정 · 적극정보로 크게 나눴다. 이어서 대상별, 기능적, 주제별, 수집 기술적, 사용 수준 등의 7가지의 관점에서 정보를 분류했다.[29] 물론 셔먼 켄트의 정보 분류에서 가장 의미가 있고 중요한 것은 전략정보와 전술정보의 개념이지만 다음과 같은 셔먼 켄트의 정보 분류는 이후의 학자들은 말할 것도 없고 무엇보다 미국의 정보기구들이 실무적으로 따른다는 점에서 매우 중요한 가치가 있다고 할 수 있다.

II. 보안정보와 긍정 · 명확(적극) 정보(Security V. Positive)

1. 보안정보(Security Intelligence)

국가안보와 국가이익을 해치는 소위 악인(malefactor), 즉 적대행위자로부터 국가

---

29) Sherman Kent(1996), pp.209-215.

와 국민을 보호하는데 필요한 정보를 말한다. 예컨대 침투한 간첩을 색출하는 활동과 그에 따른 방첩정보가 대표적이다. 바람직하지 않은 **영토 파괴자**(셔먼 켄트의 표현을 빌리면 gate crashers), 예컨대 간첩은 물론이고 국경 침투자, 밀수업자, 국제조직범죄, 국제테러범죄 등과 같은 침투세력으로부터 국가를 지켜내는데 필요한 정보가 보안정보이다. 간첩이나 테러리스트 등 국경 파괴자는 궁극적으로는 형사 처벌되어야 하는 국가안보 파괴세력이므로 보안정보는 국가 경찰권 등 법집행력과 직결되는 정보이다.

2. 긍정 · 명확 정보(Positive Intelligence)

셔먼 켄트의 용례에 따르면 순수정보이다. 긍정 · 명확 정보는 셔먼 켄트 스스로 말했듯이 켄트의 정보 분류에서 가장 이해가 어려운 개념 가운데 하나이다. 셔먼 켄트는 긍정 · 적극정보를 위의 보안정보와 대비되는 개념으로 사용하고 있는바 그렇다면 보안정보는 부정적이고 불명확한 정보란 말인가라는 의문과 반론이 제기될 수 있기 때문이다. 상세는 정보 환경론 편에서 슐스키의 견해와 대비하여 다시 한번 살펴보기로 한다.

이처럼 긍정 · 명확 정보에 대한 개념 정의의 어려움으로 인해서 셔먼 켄트도 국가정보에서 "보안정보를 제외한 나머지 전부가 긍정 · 명확 정보"라고 공제론적으로 정의했다.[30] 직접적으로는 "(국가안보와 관련된) 조치(정책)를 취하기 전에 반드시 사전적으로 알아야 할 필요가 있는 모든 것(all the things you should know in advance of initiating a course of action)"이라고 설명한다.

3. 비고 – 보안정보와 긍정 · 명확 정보의 관계

양자는 모두 국가안보를 위해 필요한 국가정보로서 "사전적이고 예방적"이라는 속성을 가지고 있다. 그러나 적용 영역에서 확연히 차이가 발견된다. 예를 들어 보안정보는 법 집행 책임자들에게 강 · 절도나 파괴행위 같은 사회 혼란으로부터 대비하라고 경고하고, 강 · 절도가 발생한 경우에는 보안정보를 활용하여 범인을 색출하게 된다.

---

30) 원어 표현은 다음과 같다. "……. positive intelligence was what was left of the entire field after security intelligence had been subtracted."

하지만 보안정보는 세계 물가동향에 비추어 소고깃값이 폭등할 것이라거나 금융기관이 도산될 것이라는 경고를 해주지는 못한다. 그러한 상황으로부터의 보호적 지식(protective knowledge)은 오로지 정책과 관련된 긍정·명확 정보를 통해서 지득될 수 있는 것이다.

이처럼 보안정보는 국가 안보체계의 순수성을 직접적으로 저해하는 세력으로부터의 방위를 위한 정보이고, 긍정·명확 정보는 직접적인 외부세력의 위협이 없는 경우에도 국가가 국가안보를 공고히 하고 국가이익을 극대화하기 위해서 지속적이고 상시적으로 필요한 정보이다.

셔먼 켄트는 이처럼 국가정보를 보안정보와 긍정·명확 정보의 양대 세계로 분류한 연후에 각각의 정보 세계에서 국내정보와 국외정보를 구분하고, 그에 따른 장기정보, 중기정보, 단기정보 그리고 국가(중앙)정보와 부문정보로 구분했다. 셔먼 켄트에 있어서 보안정보와 긍정·명확 정보는 후술할 전략정보와 전술정보의 구분처럼 국가정보의 이해에 대한 양대 산맥이다.

Ⅲ. 사용 수준에 의한 분류

정보의 사용 가능 수준에 따라 정보는 장기정보, 중기정보, 단기정보로 분류할 수 있다. 그것은 다른 관점에서는 정보가 국가의 어느 수준에서 사용되는 것인가에 의한 구분이기도 하다. 예컨대 중국, 북한의 대외정책처럼 대한민국의 국가안보 그 자체에 직접적인 영향을 미칠 문제로써 국가 최고 수준의 정보가 있고, 일본이나 태국의 정치정세나 EU와 미국의 FTA에 대한 의견처럼 외교통상부가 중·단기 현안으로 알아야 할 주제도 있으며, 외교통상부 통상교섭본부장처럼 개별 정책담당자가 주미 미국 대사와의 통상 현안에 대한 회담 등에서 어떤 관점을 취하고 어느 정도의 논조로 대답하는 것이 타당할지를 판단하는 데 필요한 것과 같은 단기정보가 있다.

1. 장기(Long-Range) 정보

국가안보, 원대한 전략(grand strategy), 최고 수준의 국가정책과 외국 등에 대한 문제처럼 국가 전체적인 수준에서 필요한 정보이다(The Intelligence of High/Foreign, the National Security, the Grand Strategy).

2. 중기(Medium-Range) 정보

국가의 정책을 구체적으로 수행하는 개별 행정부처 수준에서의 정책 수행을 위해서 필요한 정보이다(The Intelligence of Departmental Policy).

3. 단기(Short-Range) 정보

개별행정부터의 현안 해결을 위해 담당 공무원 수준에서, 구체적인 현안을 해결하거나 대처하는 데 필요한 정보이다(The Intelligence of Departmental Operations).

Ⅳ. 수행기술(techniques) - 성취요소에 의한 분류

수행기술, 즉 정보수집의 구체적인 방법에 따라서 공개수집정보와 비밀수집정보로 구분할 수 있다.

제4항 국방정보(national defense intelligence)

I. 국방과 국방정보 서언

국방은 국가와 국민의 안전을 보장하기 위한 제반 수단과 체계를 총칭한다. 국민과 영토(영해, 영륙, 영공)를 외부 또는 내부에서 발생하는 제반 위협으로부터 예방하고 지키며, 그 보존과 안정을 위하여 국가가 지닌 모든 권력과 수단을 동원하는 행위 및 제도를 총칭한다. 이 경우 외부의 위협에는 전쟁, 테러, 자연재해 등이 있고 내부의 위협에는 반란, 폭동, 테러 등이 있다.

이러한 국방정보는 전통적으로 개별 전투나 전쟁의 수행과 결과에 직접적으로 영향을 미치는 적대세력의 의도와 전략을 포함한 군사 능력에 대한 제반 정보를 의미한다. 국방정보는 전쟁과 전장에서의 불확실성을 감소시키고 군사작전의 성공과 전략적 목표 달성을 지원하는 기능을 한다.

Ⅱ. 국방과 국방정보 개념의 변천

국가의 안전을 보장하기 위한 수단과 체계를 총칭하는 국방 개념은 변화가 있었다. 국방 개념은 특히 제2차 세계대전을 전후로 획기적으로 달라졌다.

1. 제2차 세계대전 전

이 시대에는 국방은 주로 군사력을 바탕으로 한 무력전을 대상으로 하는 좁은 의미였다. 국방의 충실은 군사력의 충실을 의미하는 군사적 국방관점이었다. 국방정보는 목전의 전투와 관련된 작전정보(operational intelligence) 또는 전술정보(tactical intelligence)를 의미하는 것으로서 군사작전의 수립과 시행에 필요한 군사 요소들에 대한 제반 정보를 국방정보로 이해했다.

2. 제2차 세계대전 후

제2차 세계대전 이후에는 과학기술의 발전과 국제관계의 다변화로 인해 전쟁의 규모와 내용도 달라졌다. 국가 사이의 전쟁은 물리적인 무력 전쟁뿐만이 아니라 정치 · 외교 · 경제 · 사상 · 심리 등의 통합으로써의 총체적인 국력전으로 나타났다. 전쟁 규모는 확대되고 전쟁방식도 현대화되었기 때문에 국가의 모든 능력을 발휘하는 총동원이 필요했다. 군사 무력전을 넘어선 총동원령적 국방 시대가 된 것이다. 제2차 세계대전 말기에 출현한 원자폭탄을 비롯한 대량살상무기(WMD)의 출현은 국방의 본연이 현실적인 개별 전투뿐만이 아니라 전쟁의 방지와 억제에 주력하는 것으로 중심축이 예방국방으로 변화했다.

오늘날의 국방 개념은 전시 · 평시를 통하여 국가의 모든 자원과 능력을 조직 · 동원하여 생존경쟁에서 국가의 안전을 보장하고 발전을 도모한다는 것을 의미하게 되었다. 이에 국방 목적을 달성하는데 필요한 국방정보는 단순한 작전 정보나 군사정보를 넘어선 국가의 총체적인 국력을 의미하게 되었다.

III. 국가정보와 국방정보

제2차 세계대전 이후부터 1991년 소비에트 공화국이 멸망하여 동·서 진영 간의 물리적인 전쟁위험이 종식된 시기까지는 미국과 소련이 직접적인 열전(hot war)은 치르지 않은 냉전(cold war)의 시기였다. 이에 냉전 시대에는 국가정보는 바로 전쟁을 대비한 "국방정보"를 의미했다.

물론 개념적으로는 국방정보는 국가정보의 하위분류에 속하는 (행정)부문정보이지만 군사안보가 국가안보 자체인 냉전 시대에는 국방정보는 바로 국가 차원의 국가정보였다. 오늘날 주권국가는 외부세력의 침략 의도를 사전에 저지하는 것을 국방의 첫째 목표로 삼는다. 냉전의 종식에도 불구하고 국가정보 수준의 국방정보의 중요성은 여전하다는 것을 의미한다.

한편 추세적으로는 주권국가는 최선의 국방 목적을 달성하기 위해서 강력한 자체적인 군사력의 확보·유지와 함께 집단 방위력에 의존하게 되었다. 소위 다자주의와 집단안보 체제의 출현이 이를 말해준다. 어느 한 국가만의 독자적인 국방보다는 집단 방위로 변했다. 북대서양조약기구(NATO)가 대표적인 사례이다.[31] 더 나아가 초국가적안보위협세력이 냉전 시대의 전쟁 위협보다 더욱 위중한 안보위협이 된 오늘날의 국방 개념은 군사력 만에 의한 국방이 아니라 국가의 제반 능력을 총동원하는 총력적 국방이 국방안보를 의미한다.

IV. 국방정보의 요소

국제테러, 마약, 국제조직범죄나 대량살상무기 위협과 같은 초국가적안보위협세력의 등장과 함께 물리적 전투력을 기본적인 속성으로 하는 국방정보의 중요성은 국방정

---

31) 국방은 전통적으로 주권국가의 기본적인 사명으로 정부의 기본적인 임무로 간주되었다. 하지만 Hans-Hermann Hoppe나 Murray Rothbard 그리고 Morris와 Linda Tannehill 같은 아나코 자본주의자(Anarcho-Capitalist)들은 국방도 국가가 아닌 사경제 주체에게 맡기면 효율적으로 임무를 수행할 것이라고 주장한다. 아나코 자본주의 또는 자유시장 아나키즘은 개인 자결에 근거하여 일체의 강제와 제약을 반대하는 이데올로기이다. 자유시장 아나키즘은 국가를 개인에 대한 대립 세력으로 인식하고, 국가의 관여와 통제를 거부하며 무정부적 자유방임(laissez-faire)을 추구한다. Barry, Norman. Modern Political Theory, 2000, Palgrave, p.79.

보에 국가정보 수준의 다양한 요소를 포섭하게 만들었다.

국방정보가 협의의 군사정보를 의미하여 적대세력의 군사력에 관한 정보만을 의미하던 것에서 적대세력은 물론이고 우방과 동맹국가 그리고 초국가적안보위협세력 같은 외부의 제반 위협세력에 대한 대처를 포함하는 범위로 확장되어 총체적인 정보역량이 국방정보에 포섭되게 된 것이다. 이 같은 국방정보 개념은 장기적인 미래 비전을 요체로 하는 **국방전략정보**와 목전의 전황에 대비함을 목적으로 하는 단기적인 전투정보인 **국방전술정보**의 2가지로 대별할 수 있다.

1. 국방전략정보

목전의 개별적인 전투에서가 아니라 궁극적인 전쟁 그 자체에서 승리하는 데 필요한 예측정보이다. 국방전략정보에는 상대 세력에 대한 정치정보, 경제정보, 사회문화정보, 군사정보, 환경정보, 보건정보, 과학기술정보, 사이버 정보를 모두 포함한다. 이에 더하여 현재 혹은 미래 경쟁세력의 주요 인사와 장래가 촉망되는 초급장교, 전투적 성향의 NGO 지도자 등에 대한 개인신상정보를 망라한다.

앞서 본 **"최고의 지도(BEST MAPS)"**가 국방정보에서도 역시 그대로 해당한다. 하지만 국방정보는 기본적으로는 상대 세력의 군사력 수준과 의도 그리고 전투 전략과 같은 군사적 차원의 정보를 중심으로 하는 것으로서, 그것은 상대 세력의 정치, 경제, 사회, 환경, 문화 등과 같은 비군사적 부분에 대한 제반 첩보를 군사 전략적 차원에서 분석하여 생산한 정보라는 특성을 가진다.

2. 국방전술정보

상대세력과의 목전의 개별적인 전투에서 승리함에 즉시적으로 필요한 군사정보를 말한다. 전투정보 또는 작전정보라고도 한다.[32] 국방전술정보에는 부대의 구성과 배

---

[32] 전술정보와 작전정보 그리고 전투정보를 전쟁구역 즉 전역(戰域)을 의미하는 전구(戰區, theatre)의 규모와 지휘부대 수준을 기준으로 개념 구분하고, 이렇게 구분된 전략정보와 전술정보 그리고 작전정보 3가지를 통합하여 **합동정보**라고 한다는 견해도 있다.(최강, 국방정보론, 국가정보론, 문정인 편저, 박영사, 2002), p.55-58). 그러나 합동정보의 개념은 별론으로 하고 전략정보와 전술정보의 개념은 국가정보 수준에서 정보 효과의 지속성과 적용과 대처 기간의 장. 단기를 전제로 한 것으로서 국방정보라고 하여 전략정보나 전술정보의 의미가 변질될 수는 없다고 할 것이다.

치 그리고 병력에 대한 전투서열정보와 상대 세력의 전력구조 현대화 및 전비 태세와 지속성의 4개 부문을 요소로 하는 군사능력 분석정보가 있다.

1) 전투서열정보

지상군과 해군 그리고 공군 등 군별로 분류된다. 전투서열정보에는 첫째, 군사 조직과 각 군이 보유하고 있는 장비와 무기의 종류 등 구성에 대한 정보와 둘째, 각 부대의 소재지에 대한 위치정보 같은 배치에 대한 정보 마지막으로 군 병력의 배치 모양인 대형에 대한 정보가 있다.

2) 군사 능력 정보

군사 능력 정보는 상대 세력의 군사전략과 작전 그리고 전술에 대한 분석정보로 첫째, 상대 세력의 총체적 전략과 그 목표와 실행 의지를 분석한 전략분석정보, 둘째, 군부대의 대열 등 실제의 전력에 대한 작전능력정보 마지막으로 구체적인 전장에서의 작전 전개를 포함한 전술능력정보가 있다.[33]

기타 정보 분류

1. 분석형태에 의한 정보 분류에 "전략경고정보"를 추가하는 견해가 있다. 그러나 전략경고정보의 출처라고 소개하는 Kevin P. Stack의 논문은 1998년 겨울호인 국제저널 Intelligence and National Security (Volume 13)에 수록된 *"Competitive intelligence"*로서 그것은 산업간첩과 대비되는 경쟁정보(CI)에 대한 논문이다. 하지만 생산품이나 서비스의 효용 주기가 국가와는 비교될 수 없을 만큼 짧은 사경제주체에서의 정보개념을 국가정보의 분류에 원용하는 것은 적당하다고 할 수는 없다(경쟁정보에 대한 상세는 본서 국가정보와 경제편 참조). 한편 슐스키는 그의 저서 'Silent Warfare"에서 정보의 기능으로서 암시와 경고(indication & warning)를 소개한 이외에 별도로 전략경고정보 (strategic warning)를 정보 유형으로 분류하거나 소개하지는 않았다.

---

33) 전술능력정보에는 전장지역에 대한 정보와 상대세력의 "지휘 · 통제 · 통신 · 전산 · 정보체계" 즉 씨포아이 (C4I: Command, Control, Communication, Computer, Intelligence)를 포함한다.

2. 국가정책에의 기여 정도에 따라 경성정보(hard intelligence)와 연성정보 (soft intelligence)로 구분하는 견해도 있다. 그러나 그 구분기준이나 의의가 애매하고, 국가정보의 개념 자체가 국가정책에의 반영을 전제로 하는 것임에 비추어 반드시 온당한 정보 분류기준이라고 하기는 어렵다고 사료된다.

제3절 전술정보와 전략정보

제1항 전술정보와 전략정보의 개념

I. 전술정보(Tactical intelligence)

전술정보는 작전정보(Operational Intelligence)라고도 한다. 그것은 목전에 있거나 머지않은 장래에 도래가 예상되는 구체적이고 현실적인 전술 활동을 계획하고 수행하기 위한 정보를 말한다. 주로 단기적인 현재의 전투 수행을 위한 정보이다. 적진의 배치상황, 병력, 화력, 예상 공격 루트, 패퇴시의 도주 루트, 특수부대 유무 및 군인 수 그리고 향후 전개할 기습침투 계획 등 현재의 전투상황이나 예상되거나 임박한 위협 상황에서 아국의 전력을 정비하고 작전을 수립하는데 급박하고 현실적으로 필요한 운용정보를 말한다.

전술정보 가운데에서 군대의 구성(composition)과 배치(disposition) 그리고 병력(strength)의 운용 및 보급 방법 등에 관한 사항을 전투서열정보(Order of Battle)라고도 한다. 전술정보는 현재의 긴박한 상황에 대한 것으로서 사용에 대한 시간의 민감성이라는 특성이 있다.

Ⅱ. 전략정보(Strategic intelligence)−스트레인트(STRATINT)

전략정보란 국가 수준이나 국제적 수준에서 비교적 장기적인 국가정책이나 군사 계획을 수립함에 필요한 정보이다. 전략정보는 목전의 현안 해결을 위한 전술정보와 달리 구체적인 현안이 없는 경우에도 국가 운영을 위하여 지속적으로 생산하는 장기적이고 포괄적인 관점에서의 정보다. 쉽게 말하면 중·장기적 관점에서의 국가목적 달성을 위한 국가적·국제적 수준에서의 외교·국방·경제 정책을 형성하는 데 필요한 정보이다.

제2항 전략정보와 전술정보의 전개

I. 개 관

전술정보가 목전의 전투에서 승리하기 위한 것이라면 전략정보는 목전의 전투에서 일부 패퇴하더라도 궁극적인 전쟁이나 경쟁에서 최종 승리자가 되기 위한 장기비전의 정보이다. 그래서 전술정보는 아직 누구도 몰랐던 현상의 비밀스러운 내용을 담고 있는 **"일일신문"**이라고 한다면 전략정보는 **"장기 청사진(blueprint)"**이라고 할 수 있다. 일일신문은 비밀내용을 수집하여 간단한 평가 후에 옮기면 되는 것으로서 치밀한 연구가 필요 없는 또는 연구가 없는 신문이라고 할 수 있다. 이에 반하여 장기 청사진은 각계각층 전문가 수준의 심도 있는 연구와 논의로 이루어지는 일종의 **"학술 연구서"**라고 할 수 있다. 전술정보와 전략정보에 대한 구체적인 이해를 위해 CIA의 정보연구센터 (Center for the Study of Intelligence)의 설문조사에 나타난 정보분석관의 견해를 들어 보는 것은 큰 도움이 된다. CIA 정보분석관의 불평은 다음과 같았다.[34]

① 우리의 생산물은 너무 특정한 부분에 대한 것이고 목전의 이슈에 매몰되어 있어서 우리는 전략적 역량의 한 모퉁이를 상실하고 있다.

② 약 15년 전만 해도 나는 내 분석 시간의 약 60%를 장기적 정보보고서 생산에 사용하곤 했다. 그러나 오늘날은 약 20-25%에 불과하다.

③ 속도는 결코 질을 대체할 수 없다. 예전에는 만들어내곤 하던 진짜 분석적 생산물을 잃어버리고 있다. 오늘날 우리는 단지 현재의 이벤트에 대해 보고할 뿐이다.

④ 많은 상급 분석전문가들은 오늘날 정보기구가 현안에 급급해하는 것에 대해 매우 통탄해한다.

⑤ 오늘날의 정보공동체는 단지 현재의 정보에 집중되어 있다. 연구를 별로 하지 않는다. 연구 부족으로 정보분석가의 이해 정도는 심지어는 정책담당자의 이해 수준에도 미치지 못하는 경우도 많다. 그런데 현실적인 문제해결에 만족한 정책담당자와 정보담당자들이 이러한 나쁜 습관을 서로 강건해지게 만든다.

⑥ 전략정보는 비밀이 아니다. 전략정보는 바깥에 널려 있다. 전략정보의 이해를

---

34) Lowenthal(2020), p.2에서 전략적 충격(strrategic surprise)을 잘 설명한다.

위해서는 세계 역사를 알아야 한다. 그런데 오늘날은 단지 죽어 있는 현재의 정보 업무에만 매몰되게 한다. 장기적인 추세로 세계 곳곳에서 무엇이 진행되고 있는 지를 아는 일은 죽어가고 있다.

CIA 정보분석관들은 마지막으로 "미국에서 전략정보가 글로벌 환경과 국가정책 및 전략을 위한 수준으로 이루어지고 있는가?"라는 질문에 한결같이 "내 대답은 명백히 그렇지 않다(no)"라는 것이었다. 전략정보의 현주소를 알게 해주고 또한 전략정보의 중요성을 일깨워 주면서 전략정보에 대한 이론적인 강조와 현실적인 괴리를 잘 보여주고 있다.

Ⅱ. 전략정보 개념의 발달

오늘날의 전략정보에 대한 개념 정립과 발전에 이바지한 사람은 단연코 셔먼 켄트였다. 그런데 많은 정보연구자는 전략정보에 대한 셔먼 켄트의 공헌이 1949년도에 출간된 그의 저서 『**미국의 세계정책을 위한 전략정보**(Strategic Intelligence for American World Policy)』에서 비로소 시작된 것으로 오해하고 있다. 그러나 셔먼 켄트의 전략정보 개념과 개발 그리고 실제의 전략정보 문건의 생산은 그가 1942년 전략정보국(Office of Strategic Services : OSS)의 조사분석실(Research and Analysis : R&A)에서 분석업무에 종사할 때 이미 엄청나게 진행 중이었다. 처음에 미국 군 당국을 깜짝 놀라게 한 셔먼 켄트가 이끄는 조사분석실(R&A)의 정보분석 보고서는 단순히 적국인 독일의 병력과 화력, 진지 배치 등에 대한 것, 즉 전술정보가 아니었다. 셔먼 켄트 조사분석실 팀의 정보생산물은 표적 국가의 정치·사회·경제·군사적 기반시설에 대한 기능적 상호연관에 관한 총체적 연구들이었다.

예를 들어 1942년 미국이 북미를 공격하려고 준비하고 있을 때 조사분석실의 젊은 셔먼 켄트 사단은 해당 지역의 항구와 철도 상황 등과 같이 군사작전에 응용될 수 있는 인프라 시설에 대한 치밀한 보고서를 생산했다. 셔먼 켄트는 그 분석업무를 감독했다. 그것은 매우 방대하고 상세하여 군 작전 담당자들을 감동시켰다. 그를 위하여 셔먼 켄트가 이끄는 조사분석실(R&A)은 대부분의 생자료, 즉 첩보를 정보기구가 수집한 비밀첩보에서가 아니라 전문 서적이나 무역잡지, 통계수치와 연감, 심지어는 현지의 사기업을 통한 자료에서 획득했다. 소위 켄트 사단이라 불리는 켄트와 매우 뛰어난 동료 학자들은 이미 의회도서관 자료가 얼마나 중요한지를 잘 알고 있었고 도서관 자료에서 매우 훌륭한 첩보를 찾아내었다. 이처럼 셔먼 켄트가 이끄는 조사분석실은 1943년도에 이르러는 이미 대상 국가들의 군사 · 경제적 기간망에 관한 체계적인 연구를 진행했고 다양한 방면에 걸친 전략정보를 생산하고 있었다. CIA가 발간한 전략정보국(OSS)에 대한 요약보고서에는 당시의 셔먼 켄트 사단의 업적을 다음과 같이 설명한다.

> 2차 세계대전이 고조되던 1943년과 1944년 사이에 셔먼 켄트 조사분석실의 한 팀인 적국목표물부대(Enemy Objectives Unit: EOU)는 독일의 군사 · 경제적 기간망 연구에 대한 보고서를 생산했다. 보고서는 지형적인 위치로 폭격이 어려운 독일 비행 부대에 대한 공격에 집중하던 연합국 사령부의 요청에 따른 것이었다. 그러나 보고서는 직접적으로 독일의 비행 부대에 대한 정보생산물이 아니었다. 그것은 독일의 비행 부대 유지를 위해 필수적인 원유 등 병참 공급시설에 대한 것이었다. 동 정보보고서에 따라 연합국 폭격 편대는 셔먼 켄트가 전쟁 수행을 위한 "나치(Nazi)의 숨통"이라고 표현했던 독일 및 독일에 공급되는 이웃 나라의 유전지대에 대한 폭격을 감행했다. 그 아이디어는 전적으로 셔먼 켄트 조사분석실 팀의 것으로서 정보보고서는 통계수치와 지형 및 지질도 등 매우 신뢰할 수 있는 자료에 바탕을 둔 잘 정리된 분석물로서 연합국 사령관으로 하여금 확신을 가지고 공격을 결심할 수 있게 해주었다.

연합국의 나치 숨통, 즉 유전지대의 공습 결과는 나치 공군의 항공연료 결핍으로 이어졌다. 독일은 1944년 말에 이르러서는 디젤과 가솔린 연료도 부족하게 되었다. 결국, 다수의 공군 비행기는 물론이고 수천 대의 나치 전차와 트럭의 발이 묶였다. 참전 경험도 없어 전쟁을 잘 모르고, 단지 뛰어난 학문적 성과와 학위만을 가지고 있던 적국목표물부대 젊은 경제학자들의 정보분석물이 2차 세계대전의 전황을 결정적으로 바꿀 수 있게 만들었다.

그들은 "나치 독일 비행기가 어디에 몇 대 있고 언제 발진을 하여 어디를 공격하려고 계획 중이다"라는 비밀스러운 정보에 의존한 것이 아니었다. 다방면에 걸쳐 광범위하게 수집한 공개자료들을 바탕으로 하여 진정한 전략적 군사 문제 전문가가 되었던 것이다. 분석과정에서 그들은 사방에 널려 있는 수많은 자료 중에서 포괄적인 인식자료를 추출하고, 궁극적으로 뛰어난 통찰력을 부여하는 정보분석의 지평을 열었다고 평가받았다. 제2차 세계대전 종료 후 전략정보국(OSS)은 해체되었지만, 동 조직은 조사분석실(R&A)로 재편되어 국무부로 이관되었다가 CIA가 창설된 후에 그 분석기능이 다시 CIA로 이관되었다.

Ⅲ. 전략정보의 현황

이처럼 전략정보의 첩보 원천은 공개출처정보의 활용에서 시작한다. 마이클 허만도 전부는 아니지만, 전략적 고려를 위한 대부분의 첩보는 공개출처정보에서 획득 가능하다고 언급하였음은 앞서 본 바와 같다. 정보분석 전문 컨설턴트였던 존 하이덴리히(John G. Heidenrich)는 원래 CIA 창설 목적이 전략정보 생산이었다고 역설한다. 그런데도 냉전 시대를 거치면서 CIA는 전략정보 생산을 게을리하고 지나치게 전술정보 활동에 매몰되고 있다고 신랄히 비판하면서 CIA의 전략정보 부재에 대한 우려를 다음과 같이 비판했다.

> "오늘날 정보공동체의 취약점은 이질적인 요소와 단편적인 스냅샷(snapshots)같은 첩보를 생산하는 데 주력하고 있어서, 다른 많은 정보자료와 함께 대비·대조하고 사용하여 문맥적으로 의미 있는 구조의 틀을 만들어내는 것, 즉 전략정보를 제공하는 데에 어려움이 있다."

오늘날 일상에 매몰된 정보분석가들은 공개출처정보를 별로 활용하지 않는다. 그들은 비밀과 보안의 관심 속에서 상대적으로 격리된 상태에서 비밀자료 분석업무에 매달리고 있다. 연구가 없다. 그러나 그들의 결과물은 유능한 교수나 경험 많은 전문직인 연구자의 분석물과 비교해 보면 초심자의 사실관계를 나열한 보고물에 지나지 않는다는 비판도 제기되었다.

사실 비밀정보는 대단히 좋고 훌륭한 자료일 수 있다. 그러나 뒤에서 상술하겠지만 첩보가 정확하기 위해서는 반드시 비밀스러운 것일 필요는 없다. 이라크 대량살상무기에 대한 허위정보에서 경험하였듯이 비밀정보는 오히려 부정확한 경우가 적지 않다. 2003년 미국의 이라크 침공은 비밀정보의 한계를 명확히 인식하고 비밀스러운 정보라는 것이 사실은 얼마나 위험한 것인지를 잘 깨달아야 할 이유를 보여주었다.

한편 전략정보에 대해 오해도 적지 않다. 가장 대표적인 것이 전략정보는 무조건 장기적인 전망을 포함하고 있어야 한다는 것이다. 그러나 전략정보는 적대세력에 대한 견제와 봉쇄 등 그 효과가 오래 지속될 수 있는 전략을 담고 있을 필요가 있는 것이지 반드시 장기전망에 대한 것이어야 하는 것은 아니다.

전략정보는 전술정보처럼 직접 효과가 빠르게 나타나는 목표물에 대한 공격은 아니다. 전략정보는 견제와 봉쇄처럼 효과가 발생하기 위해서는 시간이 필요하다. 전략적 분석이란 추세 예측분석인 것이다. 따라서 효과 발생에는 비교적 장시간이 소요되고 수년간에 걸친 측정 판단이 요청되는 것으로 시간적으로 반드시 장기전망에 대한 것이 전략정보인 것은 아니다.

제3항 전략정보와 전술정보의 구분의 현대적 의의

오늘날 국가정보학 연구자나 정책·정보담당자 가운데 전술정보보다 국가의 장기적인 미래 청사진을 그릴 수 있는 전략정보가 더 중요하고 그것이 진정한 국가정보기구의 역할임을 강조하지 않는 사람은 거의 없다.

그런데 정보의 성질적 분류라고 할 수 있는 전략정보와 전술정보 구분의 참 뜻은 국가정보기구의 성격을 근본적으로 바꿀 수 있다는 데에 있다는 점을 아는 사람은 많지 않다. 목전의 현안 해결을 위한 전투정보나 작전정보 같은 전술정보는 필경 당사자의 비밀스러운 의도나 은밀한 병력배치, 내밀한 간계를 파악하는 것이 중요한 과제가 된다. 현실적으로 전투나 국가 교섭에서 전술정보는 매우 긴요하다. 그러므로 "정보는 비밀이 요체이다."라고 할 때의 정보는 전술정보를 가리키는 것이다. 그런데 전술정보나 작전정보를 위주로 전개하는 국가정보기구는 일시적인 특공부대처럼 **현안 해결 테스**

크포스 팀의 성격을 가지게 된다.

이에 반하여 전략정보는 적대세력의 의도와 능력을 어느 하나의 개별적인 내용으로 파악하는 것이 아니라 정치 · 국방 · 경제 · 사회 · 문화 그리고 그들의 대외관계와 국민이나 구성원들의 충성도나 결집도 등을 총체적으로 파악하여 국력이나 세력을 다원적으로 평가하게 된다. 그러므로 현실적으로 병력이 얼마나 되고 화력은 어떻게 구성되어 있으며, 무기 제원은 어떠하며 어디에 배치되어 있는가라는 문제는 부차적인 것이 된다. 군사력이 그들의 정치 · 경제 · 사회 · 문화 · 환경 더 나아가 외교적 지원 등과의 상관관계에서 최적의 효율성을 가지지 않으면 그것은 단지 하나의 수치적인 사실로서 비밀스럽게 획득된 그러나 죽어 있는 첩보에 지나지 않는 것이기 때문이다.

사실 1991년 소련이 군사력이 부족해서 멸망한 것은 아니었던 것이 전략정보가 왜 필요한지를 잘 보여주는 역사적 사례이다. 소련이 멸망하기 직전에도 소련의 군사력은 붉은 군대와 핵무기를 포함하여 엄청났던 것으로서 소련에 대한 총체적인 국력과 역사적 전개 과정 및 통치구조의 문제점에 대한 근본적인 이해 없이 군사력에 대한 전술정보만으로는 제국의 멸망 원인을 알 수는 없다.

한편 정보 원천에 대해서는 전략정보를 생산하기 위한 자료, 즉 첩보는 그러므로 적대세력의 비밀스러운 의도 등을 알 필요는 없고 대부분 공개출처 자료에 이미 나타나 있는 사실을 정치 · 경제 · 외교 등의 제반 요소와 치밀하게 연관 지어 종합적인 분석을 함으로써 획득할 수 있다.

그런데 국가정보기구가 이렇게 전략정보 생산이 근본 임무라고 하게 되면 국가정보기구의 성격은 확연하게 달라진다. 그 경우의 국가정보기구는 **현안 해결 태스크포스 팀**이 아니라 **국가 최고의 국책연구소**이고 정치 · 경제 · 사회 · 문화 · 보건 · 환경 · 국방 · 과학 · 기술 · 법률 등 제반 분야의 출중하고 실력 있는 전문 분석가들로 가득 찬 **싱크 탱크(Think Tank)**가 된다는 것을 의미한다.

여기에 전술정보와 전략정보를 구분하는 진정한 의미가 있다. 오늘날 미국 16개 정보공동체 구성원 중 일부는 전략정보 생산에 집중하고, 일부는 전술정보에 집중하는 방향으로 업무가 전개된다고 한다.

이념적으로는 국가정보는 어떤 상황에서도 차분하게 장기적인 관점에서 대처하며 응용할 수 있도록 전략 정보화하는 것이 바람직하다. 그러나 현실적으로 전략정보와 전술정보 중 어디에 더 큰 비중을 둘 것인가는 개별국가의 역량과 환경에 따라서 조금씩 다를 수밖에 없다.

목전에 적대세력의 위협이 도래하고 있거나 전쟁 중인 국가 또는 경제협상이나 국제 조약의 체결이 진행 중인 것과 같은 **경쟁적 상황**에서는 전술정보의 필요성이 최고조일 수밖에 없기 때문이다. 그러나 냉전 시대와 달리 급박한 전쟁 위기 상황이나 국가위협 상황이 없는 오늘날의 정보환경에서는 국가정보기구는 기본적으로 차분한 전략정보 생산의 산실이 되어야 한다.

이 같은 이해의 바탕 위에서 정보업무를 전개함으로써 국가정보기구는 내실 있고 체계적인 발전을 이룰 수 있게 된다. 국가정보는 궁극적으로 국가목표 달성의 눈과 귀로 기능하게 될 것이다. 여하튼 오늘날 국가정보기구는 전술정보와 전략정보의 적정 한 비율을 획정하고 정보활동을 해야 함은 국가정보기구의 현대적 성격 변화에 맞춘 당연한 요청이라고 할 수 있다.

제4절 정보생산자와 정보수요자

제1항 정보생산자와 정보수요자의 개념

국가정보는 보안이 목적이 아니다. 국가정보는 필요한 상황에서 다른 정책요소와 결합하여 적절히 사용될 때 그 가치를 지니고 빛을 발하게 된다. 생산한 정보를 비밀창고에 보관하고 보안 조치하는 것만으로는 국가정보는 아무런 효용을 가질 수 없다. 국가정보도 생산과 사용이라는 상관 작용에서 진정한 효용을 발휘하게 된다. 이러한 정보의 생산과 사용이라는 정보의 본질적인 속성에서 정보의 생산을 담당하는 정보생산자(Intelligence producer)와 정보를 사용하는 정보사용자 또는 정보수요자(Intelligence consumer)라는 개념이 도출된다. 물론 정보생산자와 정보수요자는 별개의 영역에서 서로 다른 국가정책 목표를 가지고 있어서 양자의 이해관계가 항상 일치하는 것은 아니다.

국가정보라고 하는 것은 국가정책에 반영되기 위해 생산되는 것으로서 또한 전술한 바와 같이 정보는 단순한 첩보와 달리 첩보를 가공하고 대조하고 평가하고 분석하여 생산된 정제된 지식이기 때문에, 그것이 가능한 인적 · 물적 자산을 가지고 있는 국가정보기구만이 원칙적으로 국가정보를 생산할 역량이 있다. 그러므로 정보생산자와 정보수요자 쟁점에서는 비교적 주체가 명확한 정보생산자는 제외하고 정보수요자에 대한 이해가 중요한 과제이다.

소위 정보는 필요로 하는 사람에게 필요한 만큼만 제공될 수 있도록 통제할 때 효용이 가장 커진다는 통제효용(control utility)을 강조하며, 국가정보는 최고 통치권자만이 유일한 정보수요자라고 한다거나, 국가정보는 소수의 몇 사람에게만 한정되어야 한다는 관념이 팽배한 일부 권위주의 국가의 정보기구 운용에 대하여, 정보수요자라는 개념은 커다란 경각심을 불러일으켜 줄 수 있다.

정보생산자와 정보수요자의 논의에 대해서도 미국은 가장 모범적이고 앞서가는 견해를 보이다. 일반적으로 정보학에서 당연히 인정되는 주요한 정보수요자에는 다음과 같은 사람들이 있다.

1. **대통령 등 최고통수권자** : 궁극적인 국가 정보수요자이다.

2. **의회** : 예산통제 그리고 입법 활동과 관련한 정보수요가 있고 국가안보와 관련한 의회 정책을 수립할 수도 있으며 정보공동체에 대한 전반적인 감독권을 행사하면서 상시적인 정보수요를 가진다.

3. **행정부처** : 외교관계를 주무로 하는 외교통상부, 국방부, 군 지휘관, 행정안전부, 법무부, 금융 · 에너지 관련 부서 등 국가안보 유관부처는 주요한 국가 정보수요자들이다.

4. **국가안보회의(National Security Council)** : 국가안보 문제와 관련한 중추적인 기획 · 조정기구로서 국가정보는 업무수행의 기초가 된다.

5. **정보공동체** : 정보공동체 자체도 비밀공작이나 특별활동 등을 수행하는 과정에서 또 다른 정보 수요가 발생하고 다른 정보기구의 정보에 대해 접근할 필요성이 발생한다. 정보공동체의 정보 수요는 정보공유의 한 단면이기도 하다.

6. **기타** : 무기 디자이너나 정보활동을 지원하기 위한 비밀병기 생산자도 훌륭한 정보수요자이다.

물론 국가정보기구에 정보 수요를 제기하는 대표적인 사람은 국가정책 수립과 집행에 대해 최종적으로 책임을 부담하는 국정의 최고책임자이다. 대통령제 국가에서는 행정부 수반인 동시에 국가 원수인 대통령이 국가의 대내외 정책을 결정하고 집행하는 데 필요한 각종 정보를 요구하는 것은 필연인 동시에 정보기구의 존재 이유라고 할 수 있다. 이러한 연유로 대통령제 국가에서는 정보기구를 아예 대통령 직속 기구로 배치하는 사례가 적지 않다.

한편 국민을 직접 대표하는 의회는 대통령과 함께 국정운영에 책임이 있는 양대 국가기관으로 입법 활동과 예산 배분 및 행정부에 대한 통제 활동을 위하여 국가정보에 대한 수요가 많다. 따라서 국가정보의 주요 수요자이다. 또한, 대통령의 국가정책 결정을 보좌하는 외교 · 안보 보좌관이나 국가안전보장회의 구성원 그리고 외교 · 국방 · 통상 등 국가정책을 직접 수립 · 집행하는 행정부처는 업무수행을 위해 끊임없이 정보 수요를 제기한다. 합참의장을 포함한 군사령관과 법집행기관도 국가정보의 주요한 수요자가 된다.

무기 생산자와 무기 디자이너도 상대방에 대한 무기체계에 대한 이해가 필수적이므로 긴요한 국가정보 수요자가 된다. 여하튼 정보기관 상호 간과 대통령 등 국정 최고 책임자를 제외하고 국가정보에 대한 가장 중요한 수요자는 국가정책담당자라고 할 수 있다. 정보수요자에 대하여는 뒤에서 다시 한번 살펴본다.

제2항 정보 수요의 실제

I. 정보요구와 제공의 한계

국가정보는 정보수요자가 요구한 대로의 정보가 생산되는 것이 가장 바람직하다. 그러나 현실적으로는 적지 않은 제약이 따른다. 정보 수요에 대한 정책담당자의 요구가 구체적으로 명확한 때도 있지만, 대다수의 경우에는 구체적으로 어떤 정보가 필요한지가 특정된 경우는 희박하다. 현재 상태에서 앞으로의 예후를 알 수 없기 때문이기도 하고 정책담당자들이 구체적인 정보 메커니즘을 모르기 때문에 발생할 수 있는 일이다.

정책담당자들은 예컨대 일본의 전략적 군사력, 태국 쿠데타 이후의 정치정세 등과 같이 추상적인 내용의 정보를 요구하는 경우가 적지 않다. 그러므로 정책담당자로부터 정보 수요를 제기 받은 정보기구는 요구사항의 핵심 내용과 필요범위 등에 대한 별도의 판단이 필요하게 된다. 한정된 인적ㆍ물적 정보자산의 범위와 국가정보 활동 우선순위의 제약 아래에서 어떤 내용의 정보를, 어느 정도의 범위에서 처리할 것인가를 결정하는 것은 정보기구 몫이다.

게다가 정보기구는 업무의 계속성과 연관되어 장래의 정보업무에도 보탬이 될 수 있는 일정한 방향성을 정보활동의 내재적 요소로 고려하여야 한다. 그런데 이 경우에 정보기구는 그들이 쉽게 취급할 수 있고 선호하는 방향으로의 정보를 생산하려고 하는 확증하기 어려운 위험성도 있을 수 있다. 이처럼 국가정보 활동은 정보요구의 추상성과 정보생산자의 불가피한 재량성으로 인해서 괴리가 발생할 수 있는 위험성을 가지고 있음을 유념하여야 한다.

II. 정보수요의 내용

정책담당자의 판단과 요청에 따라서는 최종적으로 정제된 정보가 아니라 현 상황 그대로의 현황 정보나 사실상의 첩보가 요구되는 때도 있다.[35] 이러한 현상정보 또는 첩보에 대한 요구는 대개 급박한 국가안보 위기의 와중에 촌각을 다투어 전체적인 정책 방향을 결정하려고 할 때 나타날 수 있다.

예컨대 쿠바 미사일 위기 당시 케네디 대통령이 가장 필요로 했던 정보는 공해상에서 부터 시시각각 전개되는 소련군의 사실적 군사 활동 전개였다. 그런 비상 상황에서는 정제되어 분석된 장래의 예측정보가 필요했던 것은 아니었다.

그런데 민주주의가 덜 발달한 국가에서는 현상정보나 첩보 수집 업무를 오히려 국가 정보기구의 주된 업무로 이해하고 국가최고통치권자를 보필하는 좋은 방책으로 오인 할 수 있는 위험성이 있다.

그러나 정보학의 관점에서는 현상이나 소문 등에 대한 첩보를 수집하여 국가최고통 수권자에 제공하는 것은 예컨대 나치 비밀경찰의 일이라고 할 것이지, 결코 정보기구의 임무라고 할 수 없다. 국가정보는 국가정책을 지원하기 위한 것이지 통치권자 개인의 사적 요구를 보필하기 위한 것임은 아니기 때문이다. 따라서 정책담당자의 정보요구에 도 불구하고 정보활동의 우선순위는 사전에 준비된 국가정책과 정보활동의 청사진 아래에서 시스템적으로 이루어져야 한다.

한편 어떤 내용은 국가정보로서의 필요성이 너무나 자명하여 정책담당자들의 정보 요청과 무관하게 정보기구의 상시 업무로 수행되어야 할 내용도 있다. 예컨대 냉전 시대에 미·소 양국의 단 한시도 끊이지 않는 세계 곳곳에서 전개되었던 치열한 정보전 쟁은 국가정보기구의 상시적 정보활동이었다.

---

35) Richelson, Jeffrey T(2016), p. 4.

Ⅲ. 정보 수요 부재시의 정보활동

정보생산자와 정보수요자 개념에서 검토되어야 할 문제 중의 하나로 국가정책의 큰 틀에서 보면 명백히 정보가 필요할 사항으로 보이는 문제에 대해 정책담당자들이 필요성 자체를 모르거나 필요성은 인지하면서도 절박성과 우선순위를 잘못 인지하여 정보 수요를 제기하지 않는 경우의 정보활동의 문제가 있다.

그와 같은 상황에서 정보획득의 우선순위를 누가 결정할 것인가라는 문제는 국가의 체계적인 운용에서 결코 사소한 문제도 가정적인 문제도 아니다. 그런 문제는 특히 정권이 교체되어 새 집권세력이 기존의 국가정책에 대한 종합적인 이해를 다 하기까지 또는 국가정보에 대한 이해의 정도에 따라서 항상 발생 가능한 문제이다.

국가정보를 정확히 이해하지 못하는 새로 업무를 담당하게 된 고위 정책담당자들은 그들이 요구하지 않아도 필요한 정보 수요에 대하여 정보공동체가 알아서 처리해 줄 것이라고 막연히 생각할 수도 있다.[36]

그러나 정보기구는 정보의 자동 생산기구(automatic machine)가 아니다. 국가정보에 대한 현실적 필요성과 정보 수요 사이에 간극이 있는 경우에 정보공동체는 필요한 정보생산은 정책당국에서 포괄적으로 백지위임받은 정보기구의 고유 업무라고 판단하고 정보활동을 할 수 있을 것인가라는 쟁점이 제기된다.

이것은 정보와 정책이라는 양자의 관계에 있어서 국가정보의 민주성과 책임성을 확보하기 위해 **'정책은 언제든지 정보의 영역에 침입할 수 있지만, 정보는 정책의 영역을 침범해서는 안 된다'는 '반투성 차단의 원칙'**과 관련하여 매우 중요한 논점이다. 이 경우에 정보공동체는 두 가지 선택을 할 수 있다.

하나는 반투성 법칙을 위배하는 것이다. 비록 정보가 정책의 영역을 침범하는 것인 줄 알면서 불가피하게 국가정책의 집행을 위해 정보 수요의 간극을 스스로 해결하는 방법이다. 두 번째는 정보 수요의 흠결을 도외시하고 기존의 국가정보 업무지침에 따라 정보기구의 일상 업무를 수행하는 것이다. 전자의 경우에는 정보가 정책의 영역을 무단

---

36) 미국의 경우 어느 신임 국방부 장관은 국회에서 국회의원들이 소속 정보기관에 장관으로서 필요로 하는 정보 수요를 구체적으로 지시한 바가 있는가? 라는 질문에 대하여, 그는 "그들은 내가 지시하지 않아도 무엇을 필요로 하는지를 알 것이다."라고 답한 바가 있었다. *Id*, p. 56.

히 침입했다는 비판이 있을 수 있다. 반면에 후자의 경우에는 정보기구가 국가 운영에 대한 한 축으로서의 임무를 포기했다는 비판이 따를 수 있다. 미국의 경우에는 이러한 상황에서 국가안보회의(NSC)가 정책담당자와 정보공동체를 가교하여 정보 수요의 간극과 괴리를 메우는 역할을 한다.

정보 수요 간극에 대한 이러한 논의는 국가안보를 위한 정보기구의 역할에는 한계가 있을 수 없다는 사고를 견지하는 입장에서는 이해할 수 없는 논쟁이거나 가볍게 생각할 수도 있는 논의일 수 있다. 그러나 정보기구도 법의 지배라고 하는 민주주의의 대원칙하에 법치 행정에 부합해야 한다. 따라서 국가정보기구의 권한 남용에 대한 위험성을 경계하면서도 최고의 정보효율을 목적으로 하는 경우에는 매우 중요한 논의이다.

IV. 정보요구의 경합

정보 수요에서 또 다른 중요한 문제는 정보 우선순위 경합의 문제이다. 정책부서에서 특정한 과제에 대해 정보 수요를 제기하면서 절박성 등 우선순위를 명시함이 없이 제기 하고, 다수의 정보 수요가 동일한 우선권을 주장하는 경우에 한정된 정보자산을 운용하 는 정보기구로서는 어떠한 요구를 먼저 처리할 것인가의 문제가 제기된다. 단적으로 정보담당자에게 판단권이 넘겨진 경우로서 정보가 정책의 영역 자체를 넘나드는 것은 전혀 아니다.

이런 경우에 현실적으로는 정보공동체가 다수의 정책관계자 중에서 누구와 가장 긴밀한 관계를 갖는가에 따라서 정보우선권이 결정될 것이다. 결국, 최고통수권자의 요구가 최우선순위를 가지게 될 것이다. 그러나 정보기구가 우선순위에 관한 판단에 착오를 일으켜 국가정책의 수립과 집행에 손상과 차질이 생겼을 때는 정보공동체가 모든 비난을 감수하여야 할 수 있다. 미국에서는 정책 부문에서의 정보 수요의 우선순위 는 국가안보회의(NSC)가 결정하지만, 정보공동체에서의 정보 우선순위의 최종 재정 권자는 국가정보국장(DNI)이다.

일반론적으로는 정보 수요의 우선순위를 획정하는 기술적인 방법의 하나로 **"발생 가능성"**과 **"중요성"**의 상관관계에 따라서 결정하는 것이다. 따라서 발생 가능성과 중요성이 가장 높은 정책 사안을 최우선적인 정보대상으로 해야한다. 문제는 발생 가능성과 중요성이 서로 일치하지 않을 때 어느 기준에 맞추어 정보활동을 할 것인가라는 점이다.

발생 가능성과 중요성이 일치하지 않을 때는 통상 **"중요성"**에 따라서 정보 수요의 우선순위가 매겨진다. 예컨대 냉전 시대 때 서방세계에 대한 소련의 핵무기 공격 문제는 대단히 중요한 문제였지만 정보기구의 판단으로는 발생 가능성이 크지 않았다. 반면에 비슷한 시기에 이탈리아 정부의 전복 가능성은 상당히 컸지만, 미국 국가안보에의 중요성은 그다지 높지 않았다. 결론적으로 발발 가능성은 작지만, 중요성이 앞서는 소련의 핵무기 운용에 대한 정보업무가 미국 정보기구에는 최우선적으로 취급되었다.

제3장 국가정보활동

제1절 국가정보활동의 의의

제1항 국가정보활동 4대 분야

국가정보활동은 국가와 사회의 전 영역에 걸쳐서 다양한 방법으로 전개된다. 정보자산의 특성과 조직 구조상, 정보기구는 어떠한 국가업무도 수행할 수 있는 역량을 가지고 있다. 그러나 자유 민주국가 정보기구의 주요한 임무에는 4가지가 있다. 이를 국가정보활동의 4대 분야라고 한다. 정보수집, 수집정보의 분석, 비밀공작 그리고 방첩공작이 국가정보기구의 4대 영역이다.

I. 정보수집(Intelligence Collection)

국가정보기구의 제1의 임무는 국가안전 보장과 국가이익을 달성하는 데 필요한 정보를 인적 · 물적 정보자산을 활용하여 체계적으로 수집하는 것에 있다. **지속성과 체계성**은 국가정보기구의 정보수집과 개별행정부처의 자료수집과 구별되게 하는 속성이다. 국가의 안전보장과 국가이익을 위한 정보수집은 개별 행정부처가 해당 부처 업무추진의 필요성에서 단편적으로 추진하는 때도 있지만, 그것은 정보수집 그 자체가 목적이 아니라 업무추진 과정에서 제기된 특별한 필요성에 의해 단편적으로 이루어지는 것으로서 국가정보기구의 지속적이고 체계적인 정보수집과 본질적인 차이가 있는 것이다.

오늘날 과학 · 기술발전은 정보수집에 현기증을 느끼게 할 만큼의 획기적인 변화를 가져왔다. 사이버 공간에서의 정보수집은 전쟁이 되었고 유능한 국가정보기구들은 인공지능(AI)을 활용한 눈부신 정보수집 활동을 전개하고 있다.[37]

전 세계 24시 방송 채널, 인터넷의 획기적 발달, 빈번한 각종 학술회의 · 국제회의 개최, 비정부 국제기구 등의 눈부신 활약 등 정보수집 자료 원천의 놀랄 만한 확장은

---

37) Artificial Intelligence and National Security, 11. 2020. https://crsreports.congress.gov, R45178.

정보수집을 쉽게 할 수 있다는 편의성과 함께 정보수집의 엄청난 양적 증대를 가져왔다. 그것은 수집하는 정보자료의 신뢰성과 오염의 위험성이 항상 있을 수 있음을 의미함도 인식해야 한다.

II. 정보분석(Intelligence Analysis)

정보분석은 정보기구의 핵심 업무이다. 국가정보기구가 수행하는 정보분석은 수집된 자료 즉, 첩보(information)에 대해 다양한 분석기법을 동원하여 국가안보와 국가이익을 달성하는 데 필요한 정보를 도출해 내는 일련의 과정이다.

민주적이고 체계화된 국가정보기구의 정보수집 활동은 정보의 분석을 전제로 한다. 정보분석을 염두에 두지 않는 첩보 수집은 국가정보기구의 본연의 임무라고 할 수 없다. 역사적으로 첩보 수집 그 자체가 목표인 국가기구는 비밀경찰이나 보안경찰이 되기 쉽다. 간혹 수집된 생자료(raw material), 즉 첩보가 가공이나 분석과정 없이 그 자체로 국가정보로 활용되는 때도 있다. 그러나 그것은 극히 이례적인 일이어야 한다. 수집된 첩보자료는 그 신빙성 판단과 체계적인 이해를 위해 정보의 분석과정을 거치도록 함은 거의 필수적이다.

III. 비밀공작(Covert action)

정보활동의 또 다른 저편에는 극단적인 비밀활동, 즉 소리 없는 정보활동으로 수행되는 비밀 준군사활동(covert paramilitary operation) 등이 존재한다. 비밀공작은 그러한 활동이 어떤 국가의 활동인지 인식할 수 없도록 은밀하게 군사작전을 방불케 하는 방법으로 수행된다. 비밀공작은 목표세력에게는 강력한 영향을 끼치는 국가정보기구의 공작적이고 전투적인 임무이다.

비밀공작은 국가정보에 근본적인 질문을 던진다. 정보활동은 어디까지 가능하며, 어떤 형태를 취할 수 있는가? 라는 질문이 바로 그것이다.

국가정보기구의 비밀공작은 일반적인 정탐이나 간첩(espionage)과 비교된다. 양쪽이 모두 상대세력에 대한 비밀스러운 활동으로 전개된다는 점에서는 공통되지만, 정탐·간첩활동은 공작관(case officers)이 직접 또는 현지 정보제공자로부터 정보가 전달될 때까지 인내심을 가지고 수동적으로 조용히 기다리는 정보활동이다. 반면에 비밀공작은 정보의 유입을 기다리지 않고 상대세력에 단기간에 강력한 영향을 미칠 것을 전제로 한 능동적인 공작으로 실현된다.

일반적인 스파이 활동(espionage)과 비밀공작(covert action)은 이처럼 적극성 대 (對) 소극성, 단기목적 달성 대(對) 장기 목표 추구성의 차이로 인해 같은 정보활동이지 만 그 문화에 근본적인 차이가 있다. 더욱 본질적으로 제기되는 쟁점이 비밀공작이 과연 국가정보기구의 본연의 임무일까라고 하는 의문이다.

Ⅳ. 방첩활동(Counterespionage)

국가정보기구의 4번째 임무로 방첩활동이 있다. 방첩활동은 단지 정보를 얻으려거 나 상대세력에 직접 영향력을 가할 목적으로 행해지는 것이 아니다.

방첩활동에는 소극적 대응과 적극적 대응이 있다. 소극적 대응은 우리가 해외에 요원 을 침투시켜 정보수집이나 공작 활동을 하는 것처럼, 분명히 우리나라에도 해외세력 또는 그에 동조하는 세력에 의한 침투가 있을 수밖에 없다고 보고, 아측 정보체계의 건전성이나 순수성을 점검하는 활동이다. 그래서 적대세력의 침투를 어렵게 하고 정보 기구, 넓게는 정부조직에 침투해 있는 비밀정보 제공자나 이중간첩 등 첩자를 색출하는 것이다. 방첩활동의 적극적 측면은 아측에 대한 적대세력의 정보활동을 지켜보면서 그를 역이용하는 무한 지략의 제반 활동이다. 단순한 방어를 넘어서 적극적인 역공을 방첩공작이라고 한다. 따라서 방첩활동은 그 성격과 대상에 있어서 전통적인 간첩 (espionage), 즉 일반 정보수집 활동과 커다란 차이가 있다.

제2항 국가정보활동의 목적과 기능

I. 정책과 정보

정책은 정부나 집권 정당이 취하는 국가의 방향성이다. 국가의 정책을 국책이라고도 한다. 국가정책은 국가 권력을 현실적으로 담당하는 현 정부의 정책이다. 정부의 정책은 통치권을 뒷받침하는 집권당의 정책이기도 하다.

자유 민주국가에서 국가정보는 정책에의 반영을 통하여 정보목표가 달성됨이 원칙이다. 다른 말로 표현하면 국가정보는 정보 그 자체가 정책인 것은 아니다. 국가정보는 국가정책에 반영됨으로써 비로소 정보 목적이 실현되는 자료이다.

물론 국가정보가 국가정책 그 자체를 직접 실현하기 위하여 동원되는 일도 있다. 비밀공작과 기타조항에 근거하는 등으로 최고통수권자의 명을 받아 외교·국방 분야에서 특정한 임무를 직접 수행하는 경우에는 정보가 정책의 구체적인 실현 방법이 되기도 한다. 그러나 그러한 일들은 국가정보활동의 극히 이례적인 일들로 법적 근거도 확실하여야 한다는 것이 중론이다.

정보와 정책은 기능적 측면에서 분리된다. 행정부는 어디까지나 정책에 의해 운용되며, 정보는 정책지원 기능은 있지만, 정책 선택에 있어서 특정한 방향을 옹호하는 방식으로 작동되어서는 안 된다. 정보가 정책 방향을 유도하는 것이 되기 때문이다. 따라서 정책담당자들을 상대하는 정보담당자들은 그들이 제공하는 정보를 이유로 특별한 정책에 대한 지지나 선호를 부추겨서는 안 된다.

만약 정보담당자들이 어떤 정책에 대한 각별한 선호를 가지게 되면 그들의 정보분석은 틀림없이 선입견에 의해 이루어질 것이기 때문이다.[38] 그것은 이른바 **정치화된 정보**(politicized intelligence), 즉 '정치정보'가 될 수 있는 위험성을 가지게 될 수밖에 없게 된다. 미국 정보공동체에서는 정치정보는 해당 정보기구에 대한 가장 치욕스러운 표현으로 간주된다.

---

38) Lowenthal(2020), p.4.

Ⅱ. 국가정보활동과 국가안보(National security)

국가안보는 국가안전 보장의 줄임말이다. 국가안보에 대한 개념 정의가 쉽지 않지만, 확실한 것은 국가안보 개념은 시대와 국가의 상황에 따라 가변적이라는 것이다. 일반적으로 "국가안전 보장이 달성되었다"라고 하는 것은 어느 나라가 군사·비군사 부문에 걸친 국내외 적대세력의 제반 위협으로부터 국가의 역량을 효과적으로 활용하여 위협을 미연에 방지하고, 발생한 위협사태에 대해서는 적절히 대처하여 국가 정체성을 안정적으로 보전하고 향상된 상태를 달성한 것이다. 국가안보란 국가의 생존과 국가 이익의 확보를 위한 전술과 전략을 잘 구사하여, 국가의 정체성을 보호하고 유지하면서 발전과 번영의 계속성을 도모하는 데 필요한 제반 조건을 확보한 것을 의미한다.

국가안보는 경제적 또는 군사적 방법을 통하거나 외교적 활동을 통해 달성되기도 한다. 군사력으로 국가안보를 수호하는 것은 주권국가의 전통적인 책무이자 당위이다. 주권국가는 외교 활동으로 위협세력을 고립시킬 수도 있고 우호국과 동맹 관계를 맺어 방위를 공고히 다지고, 확고한 방위 체제를 구축하며 국가비상사태에 대한 대비책을 강구하고 국가기간시설망에 대한 안전성을 확보함으로써 외부의 위협에 대처할 수도 있다.

국가안보는 국가정보활동에 의해서도 직접적으로 확보된다. 국가보안 체계를 구축하여 국가의 비밀정보를 지키고, 적대세력의 위협과 간첩 활동을 적발하고 물리치거나 무용하게 만들며, 외부 적대세력에 연결되어 있거나 정부를 전복하려는 내부위협 세력에 대하여 방첩활동을 전개하는 등의 정보활동으로 국가안보를 수호한다. 더불어 국가정보기구는 평화시에도 소리 없이 전개되는 무한 전쟁에서의 상시적인 대응을 소명으로 한다.

Ⅲ. 국가정보기구의 의의

국가정보기구는 국가안보를 위하여 첩보를 수집하고, 수집한 첩보를 효과적으로 분석하여 필요한 국가정보를 생산하며 법적 근거에 따라서, 특별한 활동을 하는 정부조직이다. 국가정보기구가 첩보를 수집하는 방법에는 간첩활동 · 통신감청 · 암호해독 · 개인이나 다른 조직이나 기구들과의 협조 그리고 누구나 이용할 수 있는 공개자료에 대한 체계적인 평가와 같은 실로 정형이 없는 다양한 방법으로 이루어진다. 이를 통해 국가정보기구는 전문성과 체계적인 시스템을 구축하여 국가안보와 관련한 제반 정보를 분석하고 외부 위협세력에 대하여 조기 경고를 발령해 준다. 국가적으로 위기 상황이 발생한 경우에는 위기의 의도와 추세에 대해 다른 국가기관은 파악하기 어려운 판단정보에 근거하여 국가적 · 국제적인 위기관리능력을 발휘하기도 한다.

또한, 국가정보기구는 국가의 핵심적인 비밀을 지켜낸다. 더불어 국가정보기구는 변화하는 정보환경에 대해서도 국가기구 중 가장 신속하게 변모하기에 적합한 실용적인 조직으로서, 정식의 선전포고 없는 '평화시의 전투'라고 할 수 있는 테러조직이나 마약밀매조직, 국제범죄조직과의 전쟁을 수행하기도 한다.

때에 따라서는 국가의 이익을 달성하기 위해 현재 진행 중인 어떤 사태에 대하여, 국가이익이 되는 방향으로 사태가 진행되거나 극대화하는 방향으로 영향을 미칠 은밀한 활동을 하기도 한다. 그러한 비밀활동에는 때에 따라서는 암살, 무기거래, 쿠데타 유도, 정치적 · 경제적 선전공작 같은 활동이 수반되기도 한다. 국가정보기구는 이처럼 국가안보와 국가이익을 도모하기 위해 다양한 비정형적 활동을 할 수 있도록 체계화된 국가조직이다.

Ⅳ. 국가정보기구의 기능

통상 정보기구의 존재 이유로는 4가지가 거론된다. 국가정보기구는 일국의 전략적 충격을 방지하고, 국가에 장기 전문지식을 공급하며, 정책 과정을 보좌하고 정보와 정보 방법 및 원천에 대한 비밀성을 유지하는 기능을 수행한다.

1. 전략적 충격 방지

국가정보기구 최고의 목적은 국가의 존립을 위태롭게 할 수 있는 외부세력으로부터의 위협이나 무력도발 그리고 사태의 전개를 추적하여 불측의 충격을 미리 방지하여 국가안보를 공고히 함에 있다.

예컨대 1904년 일본에 의한 러시아 공격, 1941년의 독일 · 일본 등에 의한 러시아와 미국에 대한 공격, 1973년 이집트와 시리아의 이스라엘에 대한 공격은 해당 국가에 대한 불측의 전면적 선제공격이었다. 모두 선제공격을 당한 나라의 국가정보기구가 국가안보 경고 기능을 제대로 수행하지 못한 것이었다.

냉전이 종료되고 국가 간의 평화와 안정에 대한 공감대가 형성된 현대에 이르러, 개별국가 간의 불측의 일방적 선제공격의 위험은 냉전 시대보다는 현저히 줄어들었다. 그러나 국가 이외에 국경을 넘어서서 이념적으로 무장된 조직이나 단체의 빈번한 출현으로 불측의 충격에 대한 위험성은 오히려 더욱 많아졌다.

통상 외부 적대세력으로부터의 충격에는 **전술적 충격(tactical surprise)**과 **전략적 충격(strategic surprise)**의 2가지가 있다. 양자의 근본적인 차이는 사전에 충격을 인지하였는지로 구분된다.[39] 전술적 충격은 충격의 내용을 이미 인지하였으나 다만 예방하

---

39) 콜롬비아 대학의 Richard Betts 교수는 '전술적 충격'과 '전략적 충격'의 차이를 일례를 들어 다음과 같이 설명한다. 스미스와 존은 업무 파트너로 고객에 대한 점심 접대를 함께 했다. 식사 대금은 존이 대고 스미스는 사업내용을 고객에게 설명하는 역할을 했다. 매주 금요일 존은 회사 금고의 돈을 유용하여 음식 대접 비용을 충당했다. 어느 금요일, 보통 때보다 점심을 일찍 끝내고 돌아온 스미스는 때마침 존이 회사 금고에서 돈을 훔치는 것을 목격했고 양자는 동시에 "아! 깜짝이야"라고 비명을 질렀다. 이러한 상황에서 베츠 교수는 존의 충격은 전술적(tactical)이라고 설명한다. 왜냐하면, 존은 자신의 행동이 범죄라는 것은 이미 알고 있었기 때문이다. 다만 목격되리라고는 생각하지 못한 것뿐으로 목격되었다는 것 때문에 놀란 것이다. 반면에 스미스의 충격은 전략적(strategic)이라고 설명한다. 그는 자신의 고객에 대한 점심 접대에 범죄가 개입되었으리라고는 꿈에도 생각하지 않고 있었기 때문이다. 국가정보기구는 이러한 전략적 충격을 당하지 않도록 깨어 있어야 한다. Id.

지 못한 경우의 충격이다. 반면에 전략적 충격은 전혀 예상하지 못한 그야말로 불측의 충격이다.

불측의 충격 방지라는 국가정보의 기능 중에서 중요한 것은 **전략적 충격**을 최소화하고 어떻게든지 전략적 충격을 사전에 인지하려는 노력에 집중하는 것이다. 국가정보기구는 전술적 충격에 대한 활동도 필요하지만, 전략적 충격을 방지하기 위한 노력에 그 역량을 더욱 집중하여야 한다. 전략적 충격의 방지야말로 국가정보기구가 본연의 업무로 수행해야 하는 가장 중요한 기능이다. 반복된 전략적 충격은 일국의 정보체계에 심각한 문제점이 있음을 나타내 주는 것으로 개선을 요구하는 신호로 받아들여야 한다.

2. 장기전문지식의 전달

국가정보기구는 장기적인 관점에서 국가안보 문제에 대한 고도의 전문지식을 축적하고, 그 전문지식을 국가경영에 지속적으로 전달하는 데 필요하다. 국가안보는 한두 개의 전략적 충격이 방지되었다고 하여 국가위협이 모두 제거되어 지켜지는 것은 아니다. 국가안보 문제에 대한 체계적인 장기전문지식을 확보한다는 것은 국가의 영속적 존속을 위하여 대단히 중요한 일이다.

원래 국가의 관료 조직 자체는 영원하지만, 정책담당자는 잠시 그곳을 거쳐 가는 임시직이다. 대통령의 임기는 한정되어 있고 각부 장관은 말할 것도 없으며, 상급 고위 공무원들의 임기도 수년을 채우기가 어려운 것이 각국의 현실이다. 그러므로 아무리 해당 정책 분야에 해박한 지식과 경험을 갖추었다고 하여도 책임자로 임명된 사람들이 그 짧은 시간에 해당 부서의 모든 정책을 통달하여 집행하며 문제점에 대해 잘 대처한다는 것은 쉽지 않다.

그러한 까닭에 국가안보에 관련된 업무에 대한 전문적인 지식은 상대적으로 전문 기간요원이 안정적으로 근무하는 국가정보기구에 있다. 이것이 또한 국가정보기구가 전략 기관화되어야 하는 이유이기도 하다. 통상 어느 나라건 정보기관 책임자들은 외교정책 담당자들이나 국방 분야 책임자들과 비교하면 장기적으로 근무한다. 이것은 환원하면 정보 분야에는 상대적으로 비정치적 인물을 배치하여 **장기근속**을 가능하게 해주어야 한다는 것을 의미한다. 그러므로 최고 통수권자는 국가정보기구의 두 번째 존재

기능, 즉 장기전문지식의 전달이라는 문제를 신중히 고려하여 국가정보기구의 운용 및 인사에 유념해야 할 것이다.

3. 국가정책 과정의 지원

국가정책에의 지원은 정보기구 본연의 기능이다. 이것을 **"정보의 정책 종속성"**이라고도 한다.[40] 정책을 입안하고 시행하는 정책담당자가 정책 배경을 포함한 정책 운용에 필요한 제반 지식, 정책 집행에서의 위험성 그리고 정책수행 결과의 이점 및 예상되는 정책효과를 미리 예견할 수 있다면 매우 효율적으로 국가목표를 달성하게 될 것이다. 그런데 이것은 국가정보 없이는 불가능하다.

그러므로 대통령과 정책담당자들에게 정책 수립과 집행과정에서 잘 재단되고 시의 적절한 정보가 제공되는 것은 매우 중요하다. 정보와 정책의 관계가 잘 형성된 효율적이며 민주적인 정부에서는 정책담당자의 정보요구는 정보공동체에 의해 철저하게 뒷받침되어야 한다. 정책담당자는 정보의 정책 종속성을 충분히 인지하여 자신의 역할을 단순한 정보 수령자에 한정하여서는 안 될 것이다. 필요한 정보에 대한 적극성을 부여하여 살아있는 정보기구가 되도록 해야 한다.

4. 정보 자체와 정보 방법, 정보 원천에 대한 비밀성 유지

국가의 최고 비밀을 지키고 정보를 획득하는 방법과 원천에 대한 보안을 유지하는 것은 국가정보 업무의 체계적인 수행을 위하여 대단히 중요한 일이다. 정보의 세계는 치열한 경쟁의 세계이다. 정보기구들은 중요한 비밀정보를 상대방으로부터 획득하기를 계속하여 갈구한다.

정보기구는 자신의 정보획득 방법과 정보 원천에 대하여는 비밀을 유지하고, 적대세력에 의한 정보탐지 활동에 대해서는 적절히 대응하는 방첩 활동이 중요한 이유이다.

---

40) Steiner, James E. "Challenging the Red Line between Intelligence and Policy." Washington, D.C.: Institute for the Study od Diplomacy, Georgetown University, 2004: Mark M. Lowenthal, INTELLIGENCE - from secrets to policy, CO Press(제3판), p.187. 원어 표현은 이렇다. The line that divides policy and intelligence - and the fact that policy makers can cross it but intelligence officers cannot - also affects the relationship.

이러한 정보탐지와 방첩의 반복 순환 고리는 국가가 존속하고 국가발전을 위한 경쟁이 전개되는 한 지속하는 경쟁적 순환 활동이다.

국가정보기구가 자국 정보의 비밀의 순수성과 정보 방법 및 원천에 대한 비밀성을 보호하고, 반면에 적대세력의 아측에 대한 정보탐지 활동은 적발하고 방지하는 임무를 체계적이고 효율적으로 수행하는 역할을 하는 것은 숙명이다.

정책과 정보: 위대한 분리(The Great Divide)

정책과 정보는 반투성의 막으로 분리된 두 개의 정부 활동으로 보면 된다. 정책은 정보를 넘볼 수 있지만, 정보는 정책에 침투해서는 안 된다(One way to envision the distinction between policy and intelligence is to see them as two spheres of government activity that are separated by a semipermeable membrane. The membrane is semipermeable because policy makers can and do cross over into the intelligence sphere, but intelligence officials cannot cross over into policy sphere.)[41]

---

41) Lowenthal(2020), p.5.

제2절 국가정보의 필요성과 대상

제1항 국가정보의 필요성 개관

대외정책을 담당하는 정책담당자는 양질의 정보를 제공받음으로써 업무를 성공적으로 수행할 수 있다. 이하에는 미국 행정부의 정책결정자들이 어떠한 목적과 인식으로 국가정보에 접근하고 있는지 그 구체적인 내용을 살펴보도록 한다. 미국 국무부 정책담당자는 상원특별정보위원회(SSCI)에서 다음과 같이 정보의 필요성을 구체적으로 언급했다.

> "나는 외교정책에 관한 결정을 위하여, 매일 유고 전역에서의 군사적 · 정치적 전개과정을 알 필요가 있다. 북한 체제의 안정성에 대해서 알고 싶으며 프랑스에서 최근 발생한 테러 폭발사고의 내막을 알아야 한다. 아이티 공화국과 러시아의 최근 투표 결과, 수단의 기아 문제 그리고 이란과 이라크가 유엔(UN)의 제재를 피해 나가려는 시도에 대해서도 알 필요가 있다."

정책담당자의 정보 수요 필요성을 잘 알게 해준다. 국제경제, 무역, 기술개발, 에너지, 환경 그리고 공중위생 정책담당자들도 해외의 연관 정보를 알아야 효과적인 정책 수립과 집행을 할 수 있는 경우가 적지 않다. 예컨대 1970년대 소위 석유파동(oil shock) 때 하원상임특별정보위원회(HPSCI) 위원장 볼란드(Edward Boland)의 언급도 정보의 필요성을 일깨워 주는 경구이다.

> "오늘날 에너지와 관련된 경제 문제는 전쟁 이외의 다른 어떤 군사적 균형이나 변화보다도, 더욱 심대하게 미국의 국가안보에 악영향을 끼칠 수 있다. 그러므로 미국은 국제 에너지 문제에 대한 많은 정확한 정보가 필요하다."

석유수출국기구(Organization of the Petroleum Exporting Countries)가 이스라엘의 팔레스타인 침공 시에, 이스라엘을 지원한 미국을 향해, 석유수출 감축을 협박하며 석유를 무기로 사용하였던 것은 역사적 사실이다. 외국 정부와 국제기구는 특정 국가의 에너지 문제와 금융통화 문제에 대해 의도적으로 영향을 미칠 수 있다. 그러므로 국제 경제 현황에 대한 정보는 군사전쟁에 대한 정보 이상으로 경제위기에 대한 대처와 해결을 위해 중요한 국가정보이다.

환경문제에 대한 외국 또는 국제기구의 행동 결정은 각국의 환경과 에너지 문제를 담당하는 정책담당자들에게는 매우 중요하다. 환경정책 담당자들은 환경사고의 원인과 대처 및 처리결과, 각국의 국제환경 의무의 준수 여부, 쟁점이 되는 환경 취약지역에 대한 정보를 알게 되면, 효율적으로 환경정책을 수립하고 상대방 국가와의 협상에서 유리한 고지를 점령할 수 있을 것이다.

그러므로 미국은 환경정책 담당자들의 국가정보 수요에 대하여 정보기구는 지속해서 유용한 정보를 제공했다. 환경정책담당자들은 제공받은 정보로 핵폐기 물질의 투기 사례나 불법적 폐기물의 해양 투기, 금수 동물 또는 그를 이용한 제조물들의 밀거래, 열대우림 파괴, 남극과 북극의 오염원 파악 및 극 지역의 빙하 상태 등을 조사하여 국제기구에의 이의제기나 외교 부서를 통한 항의 조처를 하는 등 환경업무를 효율적으로 수행해왔다.

미국항공우주국(NASA)[42]의 정보 수요도 국가정보의 필요성을 잘 이해하게 해준다. 나사(NASA)는 미국 정보공동체에게 외국의 우주 기술 개발력과 그 수준, 외국의 향후 우주계획과 그 용도, 심지어 미국의 우주선에 영향을 미칠 수 있는 운석 파편에 관한 각국의 연구 결과나 자료 또는 실제적인 운항 정보를 요청했다. 이에 미국 정보공동체는 해외 정보망을 통하여 최대한 정보수집을 다하여 나사(NASA)가 요구하는 정보를 지속적으로 제공했다.

미국 농무부 또한 외국 정부가 그들과 협정 체결한 합의를 제대로 이행하고 있는지, 지구상 각국의 농산물에 대한 무역장벽의 전개 과정은 어떠한지, 세계 농산물의 공급과 수급 사정의 현황과 전망은 어떠한지 그리고 북한을 비롯한 만성적 식량부족 국가들의 식량부족 정도에 대한 정보를 정보공동체에 요청했고, 정보공동체는 농무부에 적절하게 제공하여 정책 활동에 차질이 없게 했다.[43]

---

42) National Aeronautics and Space Administration: NASA.

미국은 정책 파트와 정보부문의 이러한 협력적 전개 과정을 통해 국내외적 정책을 입안하고 실행할 뿐만 아니라 국제연대를 통한 국제조약체결 필요성을 제기한다거나, 국제기구의 신설 그리고 기존 국제기구의 업무개선 또는 변화 필요성을 제기하며 미국의 국가안보 저해 요소를 방지하고 국가이익을 극대화하는 방향으로 국가를 운용한다. 그들 정책의 밑바탕에는 국가정보가 있다.

제2항 국가정보의 대상(target)

I. 개 관

"국가정보는 어떤 것에 대한 그 무엇을 말하는 것일까?"를 이해하는 것 역시 대단히 중요하다. 이것은 국가정보기구의 대상은 무엇인가라는 문제에 대한 해답으로 국가정보기구의 활동 영역에 대한 문제이기도 하다. 국가정보기구의 대상에 대한 조심스러운 접근이 필요한 이유는 비밀성을 추구하는 국가정보의 속성과 다른 어떤 국가기구도 알지 못하는 많은 정보를 가지고 있고, 또한 계속하여 정보를 수집하는 정보기구의 능력상 정보기구는 국가 운용의 어떠한 영역도 담당할 수 있고 따라서 권한 남용의 우려성이 상존한다는 사실에서 비롯된다. 그러므로 국가정보의 대상을 적절히 한정하는 것은 매우 중요한 일이다.

기본적으로 국가 정보기구가 필요한 첫 번째 이유가 **전술적 충격의 예방**에 있으므로,[44] 국가정보기구는 자국에 전술적 충격을 줄 위험성이 있는 세력에 대한 병력배치, 무기 제조 능력, 도발 가능성과 전쟁 개시 가능성 등의 군사정보는 기본적인 국가정보의 대상이다. 국가경영의 원칙적인 관점에서는 국가안보 쟁점이 주된 국가정보 대상이다. 그러므로 다른 나라 그리고 국제기구와 테러조직 같은 외부 적대세력에 의한 의심스러운 행동과 정책, 그들의 실제 능력과 의도에 대한 파악이 국가정보기구의 제1차적 관심이다.

---

43) Environmental Protection Agency, EPA NSR-29 Intelligence Requirements(1992.5.14), National Aeronautics and Space Administration, NSR-29 Intelligence Requirement(1992.1.17), Space Surveillance Network NASS Support Requirements MatrⅨ(1997. 8.27), Department of Agriculture, NSR-29 Intelligence Requirements(1992. 1.15).

44) 제6편 정보환경론에서 후술하는 바와 같이 국가정보에 대한 새로운 견해에서는 이견이 있을 수 있다.

물론 역사적 경험을 통해서 알 수 있지만, 국가 정보활동은 자국에 적대적인 적국이나 적성국에 한정할 수 없음은 물론이다. 특정 분야에서 경쟁 관계가 성립되었을 때는, 중립국 또는 우방국 심지어는 동맹국의 의도와 역할도 주시하고 파악하지 않을 수 없다. 특별히 현대 정보의 세계에서 지구 자원개발 그리고 전 세계에 걸쳐 경제시장의 확충을 위해 경쟁할 때에 국가 정보활동이 우방 국가 사이에서도 치열하게 전개되는 것이 좋은 예이다.

경쟁 관계 때문이 아니라고 하여도 국제무대에서는 우방국의 행동과 의도를 사전에 파악하는 것이 필요한 경우가 허다하다. 특별히 우방이나 동맹국이 제3국과 분쟁 문제에 휘말리게 되는 것이라면 동맹 또는 우방의 위험성 문제와 더불어 아국에 대한 그 분쟁의 영향력 또는 아국의 분쟁에의 직접 연계 가능성을 파악하기 위해서도 정보활동이 긴요하다. 예컨대 독일 정보 역사상 가장 커다란 정보실패의 하나로 히틀러(Adolf Hitler)가 동맹국이던 일본의 진주만 공격을 사전에 파악하지 못한 것이 거론된다. 당시 히틀러는 미국의 전쟁 개입을 극도로 우려하였다. 하지만 연맹국의 일원이었던 일본은 오로지 일본의 독자적인 국가이익을 위하여 1941년 진주만 공격을 감행했다. 그동안 중립을 견지하며 2차 세계대전 참가에 소극적이던 미국의 개입으로 독일의 패망이 초래되었다. 동맹국인 일본에 대한 정보활동 소홀이 독일의 패망으로 이어졌던 것이다.

한편 현대에 이르러 각국은 국제테러나 마약 문제, 국제조직범죄 · 불법 이민 및 인신매매조직, 투기성 국제자본, 비정부기구(NGO) 그리고 다국적 기업 등 소위 비국가행위자(non-state actors)에 대한 정보활동의 중요성이 크게 증가하고 있다. 정보의 질적 측면에서 보면 특정한 국가 중심의 냉전 시대에는 적대세력은 명확하게 특정할 수 있었다. 그러므로 적대세력에 대한 정보수집의 방법과 한도만이 문제가 되었지 위협 주체를 특정하는 정보활동은 필요하지 않았다. 그에 반하여 국가안보를 위협하는 세력으로서의 행위 주체자들이 다양화된 현대에는 누가 실제 위협을 가하는 행위자인가를 파악하기부터가 쉽지 않다.

예컨대 미국의 2004년 이라크 전쟁은 대량살상무기의 존재 이외에 사담 후세인(Saddam Hussein)대통령이 알카에다(Al Qaeda) 테러조직을 직접 지원한 것으로 정보 판단하고 전쟁을 개시했다. 그러나 추후에도 후세인이 알카에다를 지원하였다는 사실은 확인되지 않았다. 결국, 미국은 잘못된 정보로 테러행위자(공범)를 잘못 파악하고 전쟁을 시작했던 것이다.

한편 위협 주체, 즉 행위자를 파악한 연후에는 위협세력의 의도와 능력을 파악해야 한다. 그런데 정보기구가 해야 하는 상대방의 능력은 경제·군사·문화·사회 심지어는 종교적인 측면까지 고려한 총체적인 역량이다. 그러한 경우에만 진정한 상대세력의 능력을 파악했다고 할 수 있다. 예컨대 종교의 영향력이 국경을 초월한 이념적인 문제로 국제연대의 좋은 구심점으로 전개되는 현실에서, 종교 문제와 관련이 있는 어떤 조직이나 국가의 행위를 특정 종교와의 상관관계에서 판단한다는 것은 그 행위의 예후를 알기 위하여도 매우 필요하다.

이처럼 냉전 종료 이후의 국가안보는 다원적으로 전개되었다. 오늘날의 국가정보는 정치적, 경제적, 사회적 그리고 환경·건강·문화 및 신과학기술분야 등 국가의 총체적인 역량에 대한 문제로 확대된 것이다. 더불어 국가정보는 대외정보만이 아니라 국내 안보, 즉 내부세력에 의한 정부 전복 기도와 간첩행위 그리고 자생 테러문제에도 대비해야 하게 되었다.

한편 국가정보기구가 비밀경찰로 역할을 하며 매우 훌륭한 통치수단으로 사용되었던 전체주의 국가나 공산권 국가의 경우에는 많은 경우에, 정보와 법집행을 의도적으로 결합하기도 하였다. 예컨대 소련의 대표적인 국가정보기구였던 KGB는 국내 경찰권까지 가지고 있었던 것으로 미국의 해외정보기구인 CIA와 대표적인 방첩기구인 FBI의 결합체 또는 그 이상으로 기능했던 것은 주지의 사실이다.[45] 그러나 미국을 비롯한 대다수 자유민주주의 국가에서는 정보기구 활동의 남용 가능성을 고려하여 정보와 법집행, 즉 수사를 분리했다.

---

45) KGB는 러시아어 *Komitet Gosudarstvennoy Bezopasnosti*의 약어로 국가안보위원회(Committee for State Security)를 말한다. KGB는 특정 개별기관이 아니고 산하에 많은 기구를 두고 있는 소위 통솔기구(Umbrella organization)로서 1954년부터 1991년까지 국내정보, 비밀경찰 그리고 정보기구로서 기능했다. KGB는 미국의 경우와 대비하면 CIA, FBI, 국가정보국(NSA)을 통합한 기구이고, 영국의 경우와 대비하면 영국의 소위 쌍둥이 조직인 보안부(MI5 또는 Security Service : SS) 와 비밀정보부(MI6 또는 Secret Intelligence Service : SIS)을 통합한 기능을 수행하는 거대 권력기구였다. 1995년 12월 21일 러시아 보리스 옐친 대통령은 KGB 폐기 법안에 최종 서명하고 KGB를 연방보안부(FSB)와 해외정보부(SVR)로 대체하였다. 그러나 구 러시아 연방국 중 하나였던 벨라루스(Belarus)에서는 여전히 KGB로 존재한다. http://en.wikipedia.org/wiki/KGB.

상세는 정보와 법의 관계에서 살펴보겠지만, 형사사법절차를 규율하는 형사소송구조에서는 정보활동에서 채증된 사실관계나 증거는 그 수집방법과 용도가 법집행의 그것과 다르기에 원칙적으로 법정에서는 사용할 수 없다.

그러나 오늘날 국가안보의 다원적 구조로 인한 관리 요소의 확장이나 세계화의 진전과 국가 간의 경계의 불투명성이라든지 다양한 비국가행위자의 등장 등은 현실적인 필요성에서 정보와 법집행을 확연히 구분하는 것에서 방향을 다시 선회하여 정보와 수사의 결합을 요청하고 있다.[46]

예컨대 미국의 경우 2001년 9/11 테러공격은 미국 정보공동체의 정보공유 실패가 가장 큰 원인인 것으로 결론지어졌다. 정보공유 실패는 정보기구 상호 간 그리고 같은 정보수사기구 내에서도 정보부서와 법집행 부서 상호 간의 협조 부재로 인한 것으로 판명되었다. 이후 정보와 수사의 협조와 정보공유는 제도적으로 보완되어 오늘날에는 정보와 수사의 협조가 매우 두드러지고 있다.

미국에서 비롯된 **정보와 수사의 융합**이라는 이러한 변화는 변화된 정보환경과 다원화된 국가안보에 있어서 정보와 법집행의 관계를 다시 한번 돌아보게 하고 있다. 이처럼 국가정보는 국가안보에 대한 것이지만 국가안보의 외연과 내면이 변천함에 따라 정보의 표적도 바뀌는 것이다.

Ⅱ. 국가정보 대상(Intelligence Targets)의 실제

복잡한 국가안보 쟁점을 제기하는 현대 국제사회에서 국가정보 표적은 크게 초국가적 표적(transnational targets), 지역표적(regional targets) 그리고 국가표적(national targets)의 3가지로 분류할 수 있다.[47]

1. 초국가적 표적(transnational targets)

초국가적 표적은 지구상의 특정한 지역이나 특정 국가를 넘나들고 뛰어넘는 문제들

---

46) 한희원, 국가 정보와 수사 체계 혁신의 법리 – 미국 연방수사국(FBI)과 영국 중대조직범죄청의 사례, 法과 政策硏究(2013), 第13輯 第1號, pp.296-298.
47) Richelson(2016), p.6.

에 대한 정보대상이다. 그 위협이 궁극적으로 세계평화와 안전 및 인권을 위태롭게 하는 내용이다. 초국가적 정보 표적은 여러 국가와 지역에 걸쳐 있는 문제들로 현재는 아국과는 동떨어져 있는 것처럼 보이지만 언제라도 아국의 국가안보를 위협할 수 있는 대상이라는 점에서 중요성이 있다. 초국가적 표적은 활동의 내용이 다양하게 연결된다는 점과 주체가 이동성을 가질 수 있다는 점에서 전통적인 정보수집 및 분석과는 별개의 정보적 대처를 요구한다.

현대사회의 가장 대표적인 초국가적 정보 표적으로는 대량살상무기밀매, 국제테러, 국제조직범죄 및 대형화된 마약밀매, 국제환경문제 등을 들 수 있다. 이들 초국가적 정보 표적들은 대상국가나 조직에 대한 집요하고 장기적인 활동의 흐름을 종합하여야 비로소 파악되는 경우가 적지 않다. 그것은 오늘날 초국가적 정보 표적이 될 만한 행위를 연출하는 국가나 국제조직은 자신들의 활동을 마치 움직이지 않는 별개의 산발적인 점처럼 가장하고, 여러 방면에 걸쳐 오랜 시간 동안 정당한 국제거래로 위장하는 등 은밀하게 진행하고 있기 때문이다.

그러므로 단기적인 현상에 대한 정보활동만으로는 그 진정한 의미를 파악할 수 없는 경우가 허다하다. 예를 들어 대량살상무기(Weapons of mass destruction: WMD) 확산금지는 미국을 비롯한 많은 나라 국가정보기구들의 초국가적 표적이다. 국제테러 조직이나 소위 불량국가의 대량살상무기 개발이나 보유는 그 위협이 전 세계에 걸쳐 광범위하게 끼칠 수 있기 때문이다. 냉전이 끝난 이후에도 이란과 이라크, 시리아 그리고 파키스탄은 핵 억지력을 바탕으로, 즉 핵무기 보유를 수단으로 하고 국제평화를 담보로 하여 자국의 국가이익을 도모하기 위하여 지속적으로 핵무기 진화를 추진했다. 그들 국가는 자체적인 기술개발 노력과 함께 필요한 장비와 재료 등을 정적이고 단절적인 거래인 것처럼 은밀하게 가장하면서 한 가지 목적, 즉 핵 개발로 꾸준하게 연계시켜 가고 있었다.

그러한 내용을 파악하는 것이 바로 초국가적 표적에 대한 국가 정보활동이다. 그 막강한 미국의 정보공동체도, 예컨대 이란이 장기간에 걸쳐 핵무기 개발을 위해 플루토늄은 영국 회사에서, 금속 외피는 스웨덴에서, 반응기는 프랑스에서, 플루토늄 분리장치는 이탈리아에서, 우라늄 광석 집중기는 남아프리카 공화국에서, 구리 코일은 핀란드에서, 탄소섬유는 일본에서 그리고 동력 공급 장치는 미국에서 사들이는 것을 뒤늦게 파악하였다.

국제 테러조직의 활동 또한 그 자체가 초국가적 표적이다. 국제 테러조직은 어떤 특정 국가를 대상으로 하지 않을 뿐 아니라 또한 특정 국가를 대상으로 하여 출발한 때도 '불특정 다수인의 공포심 유발'이라는 테러공격의 속성상 직접적으로 공격을 당하기까지는 지구상의 어떤 국가가 무슨 이유로 공격의 대상이 될지 알 수 없는 일이다. 테러조직은 개별국가처럼 영토적으로 고정된 지역에서가 아니라 소위 이동하는 활동적 공격체제를 갖추어, 위치나 지역에 상관없이 공격할 수 있고, 장소적 이동이 불가능한 국가와 달리 테러 본부를 손쉽게 재배치하여 활동하기 때문에 국가 정보활동을 매우 어렵게 한다.

국제 마약밀매조직 또한 지구 전역이 활동무대로 손쉽게 국제 범죄조직과 연결된다. 그 이외에도 개별적인 특정 국가에 대한 문제가 아니라 세계평화와 안전에 대한 위협이 될 수 있는 문제들인 금지 오염물질의 해양 투기에 따른 지구 환경의 변화문제, 특정 지역의 인구 증가문제, AIDS와 같은 치명적 질병의 확산 등도 세계평화와 안전에 위해를 초래할 수 있는 초국가적 정보 표적이다.

2. 지역표적(regional targets)

지역표적은 한 나라를 넘어서지만 장소적으로는 국한되어 있는 특정 지역에 대한 정보대상을 의미한다. 즉 지역표적은 특정지역에서의 국가 상호 간의 작용에 따른 내용이 다른 나라의 국가안보에 위협으로 작용할 수 있어서 국가 정보활동이 필요한 대상인 것을 일컫는다. 그러나 한정된 지역표적의 문제가 세계평화와 안전에 위협을 초래할 수 있음도 물론이다. 예를 들면 발칸반도에서의 전쟁이나 중동지역의 불안 증폭 그리고 한반도에서의 군사적 긴장 관계 발생은 지구의 특정한 지역에서 발생하는 문제이지만, 미국은 말할 것도 없고 세계 정보기구들의 대표적인 지역표적이다.

지역표적은 국가 상호 간의 군사 또는 준군사적 분쟁 이외에도 국경충돌, 군비경쟁, 무기와 군대의 운영에 대한 문제가 그 주요 내용이 된다.

물론 지역표적에는 군사적 긴장 이외에 경제적 문제도 있다. 예컨대 1997년 한국의

IMF 위기를 비롯한 아시아 금융위기 도래 시 그것이 해당 국가 국내의 정치 상황 변동이나 무역에 미치는 영향 등에 대해 미국 정보기구는 지역표적의 문제로 다각도의 관심을 가졌다. 왜냐하면, 결국 아시아의 금융위기는 미국 경제를 비롯하여 세계 경제에 직·간접적인 영향을 미치고, 궁극적으로 미국의 국가안보 문제와 직결될 것이라고 판단했기 때문이다.

3. 국가표적(national targets)

국가표적은 특정 국가를 상대로 한 국가 정보활동으로 전통적인 정보대상이다. 국가표적은 현재에도 가장 중요한 정보의 대상이고 목표이다. 오늘날의 국가표적이 냉전시대의 그것과 다르다면, 현대 국제사회에서 우방국이든 적성 국가이든 특정 국가의 정책변화는 정도의 차이는 있지만 다른 나라에 영향을 미치기 때문에 국가표적의 숫자는 오히려 증대되었다는 점이다. 미국의 경우 냉전이 종식되고 소비에트 연방공화국이 소멸한 오늘날에도 러시아는 미국 안보담당자들에게 가장 중요한 관심 국가로서 대표적인 국가표적이다.

예컨대 보리스 옐친과 푸틴 등 러시아 대통령의 건강 상황과 행동 양태, 러시아 민주주의의 전개, 러시아의 경제 상황, 러시아군의 상황, 전략적 무기계획, 무기 수출 및 과학기술 이전 내용, 수출통제 체계, 국제조약의 이행 여부, 러시아의 대(對) 중국과 보스니아·북한 그리고 국제기구 등에 대한 정책변화, 미국에 대한 정보활동 등은 미국 정보공동체의 최우선적 정보대상이었다.

4. 실제의 사례

1997년 미국 상원특별정보위원회(SSCI)가 미국의 대외정책 전개와 관련한 입법활동과 행정부에 대한 정책개발과 지원을 위해 CIA에 요청한 국가 정보활동의 내용을 보면 미국 의회가 대외정책 수립과 관련하여 어떠한 내용의 국가 정보활동을 필요로 하고 따라서 미국 정보공동체의 정보표적과 관심사가 무엇인지를 잘 알 수 있게 해준다. 미국 의회가 요청했던 정보표적은 다음과 같았다.

- 러시아군의 무기개발, 러시아군의 핵무기 의존 정도, 러시아의 핵물질 안전취급

정도, 러시아 조직범죄단체의 선거 연계 및 선거결과 전망
- 중국의 세계무기거래 확산에서의 역할, 홍콩의 장래, 중국의 주변 국가에 대한 대외정책, 중국의 인구수 및 추세
- 중국과 대만의 현재와 향후 관계
- 인도와 파키스탄의 핵전쟁 발발 위험성
- 인도네시아의 국내정세와 군부의 영향력
- 국제사회에 계속 위협요소로서의 북한의 영향력, 북한의 군사 능력, 북한 경제 상황, 북한의 미국과의 합의사항 이행 의사
- 팔레스타인 해방기구와 중동평화의 향후 전개
- 사담 후세인의 가족관계 및 장기집권 가능성과 쿠웨이트 대한 야망
- 이란 정부의 국제범죄에의 가담내용
- 이란과 이라크의 관계
- 보스니아에서의 이란군 병력의 현황, 이란 정권의 장래
- 세르비아의 경제발전 전망
- 리비아의 화학무기 개발계획
- 아프가니스탄 탈레반 정권의 미래 전망
- 멕시코 경제와 정치적 상황 전망
- 피델 카스트로 쿠바 정권의 장기집권 한계와 쿠바의 핵무기 개발
- 과테말라의 평화전망
- 아이티 공화국의 특별 경찰 조직 현황과 아이티의 인권유린 상황
- 콜롬비아의 정치정세
- 페루의 테러조직 현황
- 국제 마약밀매, 불법 무기거래 현황
- 해외 각국의 미국에 대한 미사일 위협, 핵탄두 미사일의 확산 현황
- 국제 조직범죄, 국제 테러조직에 의한 미국에 대한 안보위협

위와 같은 전 세계에 걸친 문제들에 대해 미국 상원특별정보위원회는 입법 활동과 행정부처의 대외정책에 대한 지원 및 견제를 위해 CIA 등 정보기구에 대한 정보를 요구했다. 물론 미국 정보공동체는 이러한 의회의 정보요구에 대해 차질 없이 정보수집을 하여 체계적으로 분석한 후에 정제된 정보를 전달했다.

제3항 국가정보의 효용(Utility of intelligence)

정보효용이란 생산된 정보가 정책결정권자의 정책 수립과 집행에 어떻게 반영되어 국가안보와 국가이익에 얼마나 도움을 주었냐는 정보의 실용적 가치이다. 원래 정보는 그 자체가 목적이 아니다. 정보는 사용되고 활용됨으로써 빛을 발하고 사용을 통해서 정보의 가치가 인식되고 정보기구의 저력이 평가된다.

그래서 정보효용 판단의 제1의 기준은 **"정보가 정책에 어떤 방법으로 도움을 주었고 어떤 내용으로 얼마만큼 기여하였는가?"**라는 것이다. 이런 조건을 충족하지 못하는 정보는 정보로서의 가치가 없는 것이다. 정보효용을 충족하는 정보를 생산하지 못하는 정보기구는 제 기능을 다 하지 못하는 것이다.[48]

통상적으로 정보는 정책 수립 및 집행과정에 맞추어 5가지 단계별로 도움을 주게 된다. ① 정책 수립단계에서의 기여, ② 정책 운용(집행)에서의 기여, ③ 분쟁 협상과 극단적인 전쟁대처에의 기여, ④ 경고 기능 달성으로서의 기여 그리고 ⑤ 국제조약 이행의 점검에서의 효용 등이 그것이다. 각 과정에서의 정보효용을 역사적인 정보사례와 함께 순차적으로 살펴본다.[49]

I. 정책 수립단계에서의 효용

국가정보는 국가정책 수립단계에서부터 효용을 발휘하게 된다. 정보의 효용에 대한 록펠러 위원회 보고서는 **"정보는 정책입안자를 위해 수집된 지식으로 정책입안자들에게 선택의 범위를 알려주고 정책입안자들이 적절히 판단할 수 있게 도와주어야 한다."**라고 정보 제1의 효용을 명확히 설명했다.

물론 양질의 정보라고 하여 반드시 훌륭한 정책을 보장하는 것은 아니지만 불확실성 시대에는 정확한 정보 없이 최고 효용의 국가안보 정책을 수립하기는 힘들다. 정보의

---

48) 정보는 통찰력을 제공할 수 있다. 정보는 잠재적인 위협과 기회에 대해 경고하고, 제안된 정책의 결과를 평가하고, 외국 지도자에 대한 프로필을 제공하며, 여행자에게는 그를 상대로 한 상대국가의 방첩 및 보안 위협에 대해서도 알려준다. https://www.dni.gov > What We Do.
49) Richelson(2016), pp.8-12.

정책 수립단계에서의 효용은 신무기 개발과 무기 배치에서 확연히 드러난다. 정보 역사는 적시의 정확하고 상세한 정보가 무기개발과 배치에 결정적 역할을 했던 사례를 보여준다.

1968년 일단의 소련 잠수함을 감시하던 미 해군 정보당국은 어느 날 나타난 소련의 잠수함이 통상의 핵잠수함보다 훨씬 빠른 매시간 34마일의 속도로 진행하고 있음을 확인하였다. 그 속도는 기왕에 CIA가 파악하고 있던 소련 잠수함의 속도를 훨씬 초과하는 것이었다. 이에 미국 정보당국은 영상정보 등 다른 추가정보와 종합하여 소련이 고속의 신형 잠수함을 진수했다는 결론에 도달했다. 그런데 당시 펜타곤은 최첨단의 핵잠수함 추가 건조계획을 수립하고 있었다.

그러나 새로운 정보판단 결과 미국이 계획한 핵잠수함은 소련의 신형 핵잠수함의 속도에는 미치지 못했다. 결국, 미국 국방부는 해군 잠수정의 속도 체계를 전면적으로 수정하고 소련의 신형 잠수함 제원에 대한 추가 내용을 획득하여 그 이상의 성능으로 잠수함 건조계획을 새로 수립했다. 그것이 바로 미국의 최신형 SSN-688 잠수함 군단 진수였다. 이것은 소련의 추적을 확연하게 따돌려 소련이 더는 경쟁할 수 없도록 했던 미 해군 역사상 가장 방대한 잠수함 건조계획이었다.[50] 만약 미국 정보당국의 신속하고 정확한 정보제공이 없었다면 소련 잠수함에 미치지 못할 잠수함을 신형 핵잠수함이라고 진수하고, 이후에 다시 새 잠수함을 건조하는 손해를 겪었을 것이다.

CIA는 톨카초프(Tolkachev)와 드미트리 폴야코브(Dmitri Polyakov) 등의 이중스파이를 통해서 소련의 군사 무기 개발상황과 병력배치 등에 대한 정보를 입수하여 천문학적 규모의 군비 개발비용과 무기 배치 비용을 절감하기도 했다. 영상정보(IMINT)의 성공사례로는 미국의 정찰위성 계획인 암호명 코로나(CORONA)에 의해 소련의 핵미사일 등 배치 규모와 수준을 파악하여 그에 대응하는 정도로 핵무기 개발계획을 수정하고 대응 수위를 하향 조정하여, 막대한 국방예산을 절감할 수 있었던 사례가 있었다.

구체적으로 보면 1940년부터 1995년까지 미국은 핵무기 개발비용으로 총 3조 5천

---

50) 로스앤젤레스 SSN 군단은 소련의 잠수함에 대응하는 대잠함(Antisubmarine: ASM)으로, 가장 진보된 잠수함 체계이다. 대잠함 기능은 기본이고 목표지점에 신속히 접근하고, 장기간 대기하며, 병력배치와 특별 임무 수행 지원 및 직접 공격능력을 갖추고 있다. 약 100명 이상의 선원에 대해 90일간 식량을 공급할 수 있는 능력을 갖춘 이 잠수함은 S6G 동력에 길이 360 feet(약 110미터), 전폭 33feet(dir 10미터) 중량 6,927톤이다. *SSN-688 Los Angeles class.* http://www.fas.org/man/dod-101/ sys/ship/ssn-688.htm.

억 달러를 사용하였고 2001년을 기준으로 하여 핵무기를 유지하는 데에만 매년 270억 달러가 소요되었다. 핵무기를 단순히 배치하거나 관리하는 데에만 연간 10억 달러가 소요되고 실전 상황에 대비한 실전 운용 체계를 위해서는 특별한 의사소통 체계와 조기 경보를 위한 인공위성과 레이더에의 연결 그리고 별도의 정보수집과 정탐 활동이 필요한바, 이를 위해 또한 매년 78억 달러가 소요되었다. 핵무기 발사가동 체제의 유지와 관리에는 엄청난 비용이 소모되는 것이다. 그러므로 소련의 핵무기 배치에 대한 정확한 정보 파악으로 실전배치 핵무기를 상당히 줄이고, 필요한 한도로 국방정책 계획을 수립할 수 있게 함으로써 방대한 규모의 국방예산을 절감할 수 있었다.51)

1990년 이라크의 쿠웨이트 침공으로 이라크 격퇴를 위해 전개된 1991년 미국의 '사막의 폭풍 작전(Operation of Desert Storm)'에서도 국가정보는 국방정책 수립에 결정적으로 이바지했다. 미국 정보공동체는 자체 정보와 이스라엘 그리고 독일 정보기구와의 정보 공조를 통해서 이라크의 핵무기와 생화학 무기 계획 및 그 사용 가능성, 전자 감시망, 미사일 기지, 육군·공군의 전투력에 대한 면밀한 판단으로 이라크의 공격망을 손쉽게 무력화시킬 수 있는 정보를 정책당국에 제공했다. 정보를 제공받은 군 당국은 효율적인 전투계획을 수립하고 시행함으로써 피해를 최소화하며 최단 시간 내에 성공적으로 작전을 완수하였다.

한편 카터 행정부 시절 많은 논란 끝에 실행했던 이란 내 테러조직에 의해 대사관에 억류되었던 미국민들을 위한 비밀공작 '엔테베 구출작전'은 사막지대의 기후조건 등에 대한 그릇된 정보판단으로, 출동한 특공 헬리콥터가 모래바람으로 추락하는 등으로 실패하고 말았다. 정보의 빈곤과 잘못된 정보판단이 정책 수립단계에서부터, 당시 국무부 장관이 반발하고 사직하는 등 많은 문제를 야기하고 결국 작전 실패로 귀결되었던 것이다. 공개되지 않은 정책 수립단계에서의 정보실패도 적지 않다. 여하튼 국가정보는 이처럼 정책 수립단계에서 정책의 향방을 결정할 수 있는 매우 중요한 요소가 된다.

---

51) *To Prepare for Nuclear War—FY2001*, http://www.cdi.org/nuclear/nukecost.html.

Ⅱ. 수립된 정책의 운용에서의 효용

정보는 국가정책의 현실적인 운용 단계에서도 그 효용을 발휘한다. 예컨대, 적절한 정보에 의해 경제 피제재국에 대한 유예된 경제 지원을 재개한다거나 경제제재 중단을 연장하는 결정을 할 수도 있고, 핵무기나 대량살상무기 확보의 일환으로 가장한 경제거래를 중단시킬 수도 있다.

예컨대 1992년 미국은 이란이 지속적으로 의심스러운 물자 구매를 하는 행태를 관찰하여 최종적으로 이란이 비밀리에 핵무기 개발을 진행 중인 것으로 결론지었다. 이에 미국은 이란의 핵무기 개발에 필요한 물자의 이동 경로를 추적하여 아르헨티나에 대해서는 핵무기 개발에 연결될 수 있는 우라늄 원석의 이란에의 수출을 금지하라고 요구하였다. 또한 국가안보국(NSA)은 이란 책임자와 중국 공산당 간부 사이의 핵무기 개발에 필요한 화학물질의 장기공급에 대한 통화를 도청한 후에 자료를 중국 당국에 제시하여, 중국에 대해서도 이란에 대한 핵반응기와 화학물질의 판매 금지를 요청했다. 결국, 이란의 제1차 핵무기 개발계획은 좌절되었다. 정책 운용에서의 정보가 빛을 발휘한 좋은 사례이다.[52]

Ⅲ. 분쟁대처에 대한 정보의 효용

정확하고 시의적절한 국가정보는 각종 분쟁에 대한 대처와 해결에서도 효용을 발휘한다. 전통적으로 전쟁을 지원하는 업무는 국가정보의 가장 중요한 임무로 간주되어 왔다. 그것은 정보가 궁극적으로 일국의 국가안보를 위해 존재한다는 존립 목적에서 명백하다. 전쟁 상황에서는 적국의 총체적인 전투력을 비롯해 병력이동 상황, 작전계획 등 전술정보의 수요는 이어진다. 전면전이 아닌 국지전에서도 정보 수요는 넘친다. 또한, 분쟁이 예상될 수 있는 다른 나라의 군축협상이나 무역협상 그리고 국제회의 개최에 대해서도 사전 정보 파악은 매우 중요하다. 정보에 맞추어 유용한 대책을 강구함으로써 분쟁 발발 시에 정보가 적시에 효용을 발휘할 수 있게 된다.

---

52) Richelson(2016), p.11.

Ⅳ. 국가 경고 기능에 대한 정보효용

정보는 군사 공격과 테러 같은 적대적인 행동을 포함한 각종 위협에 대한 경고 기능을 수행한다. 그러므로 국가적 경고가 발동될 위기 상황에 대한 신속하고 정확하며 효율적인 정보 파악은 매우 중요하다. 정확한 관련 정보를 정책당국에 제공하고 사전에 철저한 준비와 대비를 다 하게 하여 국가충격을 방지하며, 공식적 · 비공식적 외교 경로 등을 통해서 위협 조치를 사전에 차단할 수 있게 하는 것은 정보가 국가비상사태에 대비하여 효용을 발휘해야 할 영역이다.

물론 그러한 외교효과가 발휘되지 않을 때는 소위 적극적 자위책이라는 이름으로 선제공격을 한 사례도 있다. 현재까지도 법률논쟁이 제기되고 있지만, 2003년 부시 행정부에 의한 이라크 침공의 법 이론적인 근거로 제시되었던 선제공격이론 (preemption theory)이 좋은 사례이다.[53]

한편 1980년 CIA는 소련의 폴란드 침공계획 정보를 입수하였다. 이에 지미 카터 대통령은 소련 브레즈네프 공산당 서기장에게 강력히 경고하여 폴란드 침공을 막았다. 1991년 미국 정보당국은 이라크가 반군에게 독가스를 사용할 것이라는 정보를 입수했다. 미국은 화학무기 사용이 국제법적으로 용인되지 않을 것임을 이라크에 강력히 경고하여 독가스 사용을 방지한 바도 있다. 이러한 사례는 국가경고기능 발동에 대한 정보효용의 좋은 사례로 회자된다.

Ⅴ. 국제조약의 이행 감시에 대한 정보효용

국가정보는 준수의무가 부과된 국제조약에 있어서 조약 비준 국가의 협약 이행을 감시하고 평가하며, 위배사항을 적발하고 이를 다시 공론화하여 국제제재의 기초로 삼는 등의 방법으로 국제조약의 준수를 도모하여 국제조약의 규범성을 높이는 데에도

---

53) 국제법적으로 침략을 받았을 경우의 자위권은 UN 헌장에 보장되어 있다. 그러나 기준이 명백하지 않은 예방적 선제공격은 상호 간에 주장할 수 있는 내용으로 국가 간의 무력사용을 정당화할 수 있는 위험성이 농후하므로 허용되어서는 안 된다. 다만 예방 목적이 아닌 급박한 공격위협에 대비한 자위적 선제공격에 대해서는 논란이 있다(상세는 필자의 "The Impact of Terror on the Development of International Human Rights and the Terrorist Surveillance Program of the United States of America.중앙법학 2008, 제10집 제2호".

커다란 효용성이 있다.

강제 집행력이 결여된 국제조약의 경우에는 사실 국제기구나 국제 NGO에 의한 한정적인 모니터링 활동 이외에 마땅한 통제와 감시 수단이 없다.[54] 그러나 각국 정보기구는 조약비준국가의 이행 여부를 감시하고 평가하는 임무를 수행하고 그를 통해 체결된 국제조약이 차질 없이 준수될 수 있도록 감시한다. 냉전 시대에 미국으로서는 특히 중국과 러시아가 무기 금수조약을 철저히 준수하고 있는지가 항상 중요한 관심사로, 조약이행에 대한 철저한 감시를 했다.

한편 조약 위배사항을 적발한 국가는 경제제재를 포함한 자체적인 제재 이외에 당해 국제조약이 정한 절차에 의해, 국제사회에 국제법적으로 이의신청을 하거나 정치적으로 UN 총회에 공식 안건으로 상정하는 등으로 조약 위배 국가에 대한 국제사회의 제재를 촉구하는 등의 방안을 강구하게 된다.

Ⅵ. 마무리

정보는 이처럼 정책을 위해 여러 단계에서 효용을 발휘한다. 전쟁과 관련하여 정보의 효용성에 대한 아이젠하워 행정부의 기술능력위원회 보고서가 이를 잘 설명하고 있다.

"정보가 전쟁 위협을 밝히면 우리는 충분히 대책을 강구할 것이다. 정보가 상대국의 약점을 지적하면 우리는 그 약점을 적절히 이용할 것이다. 양질의 정보를 바탕으로 우리는 전쟁에 잘못 허비할 자원을 절약할 수 있을 것이다. 정보는 상대국의 능력 파악의 초석이 되어 우리의 정치적 전략을 잘 안내할 것이다."

정보의 실질적 가치, 즉 정보효용은 국가정책 수립단계부터 조약이행의 점검에 이르기까지 정보가 어떻게 어느 정도 기여했는가의 문제이다. 그러나 현실적으로 국가정책에서 정보의 기여도만을 단독으로 분리하여 평가하기는 쉽지 않은 일이다. 한편 정보효용을 극대화하기 위한 정보의 요건으로는 정보는 현안에 대한 적합성(relevance)과 적시성(timeliness), 정확성(accuracy) 그리고 객관성(objectivity)을 갖출 것이 요구

---

54) 한희원 저, 국제인권법원론, 삼영사(2012), 제10장 국제인권 문제에 대한 진상조사, 참조.

된다. 국가정책의 운용에 있어서 사안에 적합한 정보가 객관적이고 정확한 내용을 담아 적시에 제공되어야 정보의 효용을 극대화할 수 있는 것이다.

정책당국자들은 정보담당자들이 제공하는 상황에 적합하며 적시의 정확하고 객관적이며 상세한 내용을 담은 정보를 바탕으로 상대세력이 실제 행동을 취하기 전에 외교적·군사적 내용을 포함한 사전경고를 하여 예방하거나, 실제 행해진 내용에 대해서는 그 정책의 무효화를 요구하거나 국제사회의 제재를 요청하는 등으로 국가안보를 공고히 해나갈 수 있는 것이다.

제3절 국가정보의 한계

다양한 정보수단으로 치밀하게 전개되는 국가정보 활동에도 불구하고 정책담당자와 정보관계자들은 국가정보가 무조건 옳다고 단정해서는 안 된다. 정보는 현 상태에서 파악 가능한 현상에 대한 일단의 잠정적인 판단 가치일 뿐이다.[55]

정보가 결코 국가 현안에 대한 모든 동적인 내용을 한꺼번에 커버할 수는 없다. 이것을 국가정보의 한계라고 한다. 또한, 정보는 객관적인 판결이 아니라 가공과 분석을 통한 일종의 주관적인 의견물이다. 예컨대 정보는 증거주의에 입각한 법원의 판결과는 가치에서도 차이가 있다. 따라서 테러나 전쟁과 같은 현실의 긴박한 상황에 매몰되어 있어서, 지푸라기라도 잡고 싶은 심정의 정책담당자들이나 정보관계자들이 정보를 지고의 진실인 것처럼 오인하고 행동할 수 있음을 경계하여야 한다. 정책담당자나 정보관계자들이 인식해야 할 사항 중의 하나로, 정보에 대한 다음과 같은 역설적인 명구가 있다.

"정보는 결코 진실에 대한 것이 아니다."

그렇다고 하여 정보가 허위에 대한 것이 아님은 물론이다. 경구의 의미는 만약 어떤 정보가 진실 그 자체라고 한다면 더 이상의 정보활동을 할 필요가 없게 될 것이라는 뜻이다. 하지만 정보활동은 진실을 추구하는 것이지만 정보는 살아있는 생명체와 같아서 시시각각 변할 수 있는 것이다. 따라서 경구는 그 누구도 진실 여부를 단정할 수 없다는 정보대상의 속성을 암시함과 동시에 정보활동의 어려움을 웅변하는 것이다. 더불어 정보관계자들에게는 획득 정보가 진실인 것처럼 과시하고 독불장군식으로 행동하지 말라는 경고의 의미도 함축하고 있다.

일찍이 프러시아의 위대한 전쟁이론가이며 『전쟁론(On War)』을 저술한 전쟁 영웅 클라우제비츠(Carl von Clausewitz)의 웅변은 정보의 한계를 되돌아보게 한다. 클라

---

55) Betts, Richard. 'Analysis, War, and Decision: Why Intelligence Failures Are Inevitable.' World Politics 31(October 1978). Princeton University Press, 1983.

우제비츠는 정보를 "아군의 계획과 작전에서 부족한 점과 적국에 대한 모든 종류의 지식"이라고 정의했다. 그는 "정보란 신뢰할 수 없고 일시적인 것이다."라고 말하면서 따라서 그러한 정보에 기초한 전쟁계획과 수행은 허약한 기반 위에 기초한 것으로, 대부분 패망의 길로 인도하는 것이라고 역설했다.[56)]

클라우제비츠는 정보에 전적으로 의존할 수 없는 이유, 즉 정보의 한계에 대한 이유를 자신의 경험을 들어 설명했다. 그는 실제 전쟁에 대한 많은 정보는 논리적으로 모순되고 때로는 거짓이며 대부분은 불확실했다는 것이다. 그래서 클라우제비츠는 역설하기를 "전쟁 수행 책임자들은 상식에 기초하면서도 가능한 이치에 의해 인도된 건전한 판단 능력을 갖추어야 한다."라고 강조했다. 클라우제비츠는 그의 명저 『전쟁론』에서 정보의 한계 및 위기 상황에 대한 대비에 관해 삼단 논법적으로 다음과 같이 설명했다.[57)]

① 전쟁에 대한 대개의 정보는 거짓이고, 그리고 두려움의 영향으로 거짓과 부정확을 더욱 증폭시킨다. 사람들은 좋은 소식보다 나쁜 소식을 굳게 믿고 게다가 나쁜 소식을 과장하는 성향이 있다. 그러므로 전쟁은 항상 실제보다 더 커진다.

② 정보에 대한 정확성 확보의 어려움이 전쟁의 중요한 이유가 된다.

③ 그러므로 지나친 정보의존은 금물이며 자기 확신이 순간순간의 압박에 대한 가장 중요한 방어 수단이며 해결방책이다.

정보의 한계에 대한 이러한 솔직한 인식은 예컨대 정보의 절대 진리성을 과신하며 손쉽게 책임 전가의 한 형태로 정보 의존적 업무행태로 갈 수 있는 정책담당자들이 되새겨보아야 할 좋은 가르침이다. 물론 전쟁영웅 클라우제비츠가 절대로 "정보는 무가치한 것으로 따라서 그 필요성을 경시한 것"은 아니다. 그는 개별전투에서의 전술정보보다 궁극적인 승리를 가져올 전략정보에 대한 중요성을 인식하고 필요성을 역설했던 것이다.

원래 정보의 절대적 진실성에는 한계가 있고, 정보는 현 상태에서 판단하여 그나마 상황적으로 실재와의 유사함을 추론해내는 것이라고 할 수 있다. 그러므로 정보기구는

---

56) Reed R. Probst, Clausewitz on Intelligence, (Roger Z. George & Robert D. Kline., Intelligence and the National Security Strategist), p.3.
57) Reed R. Probst, p.5.

어떤 현안이나 문제에 직면했을 때, 진행 중인 사태에 대해 현재까지 최선을 다해 가장 명확한 첩보자료를 획득하여 유용한 정보를 생산하는 것이 중요하다. 더불어 제반 정황 판단으로 정책담당자들이 불확실성의 상당 부분을 없애고 객관적인 이해를 할 수 있도록 조언하는 역할을 해야 할 것이다.

국가정보기구가 최선을 다한다고 해도, 분석 결과물이 명백한 진실이라고 단정할 수 없음은 상대방도 방첩공작, 역공작, 기만공작 등을 전개하는 정보 세계의 현실에서 불가피한 것이기도 하다. 그러한 복잡한 정보활동 세계에서 상대적으로 제대로 된 국가정보를 추론하는 것이 결국 국가정보기구의 역량으로 평가되는 것이다. 여기에 국가정보기구의 겸손한 업무 자세의 출발점이 있고, 중단 없는 정보활동이 요구되는 이유가 있으며, 특정한 정보만을 이유로 정책을 강요해서는 안 되는 근거가 되는 것이다.

정보의 한계에 대한 이러한 확고한 인식의 바탕 위에서 정보담당자들은 그 활동 목표를 정책담당자들에게 제공할 신뢰할 수 있고 편견이 없으며, 정직하고 객관적인, 바꾸어 말하면 비정치화된 정보물을 생성함에 최선을 다하는 자세를 견지하는 것이 요청된다고 할 것이다.[58]

---

58) Lowenthal(2020), p.7. 소위 "Reliability, Unbiasedness, Honesty".

제4장 국가정보와 법

제1절 미국 국가정보의 전개 및 정보법치

제1항 개 관

I. 미국의 초창기 국가정보 운용체계

대외적 불간섭원칙이자 고립주의를 뜻하는 먼로주의[59] 원칙에 기초한 대외정책과 지정학적으로 유럽 본토와 동떨어져 있어서 상대적으로 국가안보의 위험성을 덜 느꼈던 미합중국은 독립 초창기에는 상설적인 국가정보기구의 필요성을 느끼지 못했다. 그 결과 합중국 탄생 후 1세기 반 동안 미국은 상설적인 국가정보기구를 가지고 있지 않았다.

국가적 비상사건이 발생하였을 때는 임시로 대통령이 임명하는 특별대리인이 정보업무를 수행하는 방식으로 정보기구 업무를 대체했다. 비상설적인 특별대리인에 의한 국가정보업무 수행은 초대 워싱턴(George Washington) 대통령 이래로, 거의 모든 미국 대통령이 활용해 왔던 방식이다. 그래서 미합중국 출범 1세기 동안 정보활동 특별대리인으로 약 400여 명 이상의 특사가 임명되었다.[60]

1843년 타일러(Tyler) 대통령이 미국 대표자임을 숨긴 채 특사를 대영제국 반정부단체 지도자에게 파견하여 양자 간의 이해관계를 논의하였던 사례, 1845년 포크(Polk) 대통령이 멕시코가 캘리포니아를 대영제국에 할양할지 모른다는 우려로 긴급히 캘리포니아에 특사를 파견하여 그 진행을 저지한 사례, 1869년 중서부 북미대륙에 대한 영토 구상을 고려한 그란트(Grant) 대통령이 중서부 지방에 은밀히 특사를 파견하여

---

59) 1823년 미국의 제5대 대통령 J. 먼로가 의회에 제출한 연두교서에서 밝힌 대외적 불간섭의 외교방침을 말한다. 먼로주의의 근원은 워싱턴 초대 대통령 이래의 고립주의(孤立主義)에 의한 것으로, ①미국의 유럽에 대한 불간섭의 원칙, ②유럽의 아메리카대륙에 대한 불간섭의 원칙, ③유럽 제국에 의한 식민지건설 배격의 원칙 등 3개 원칙이다. 1930년대 대통령 F.D. 루스벨트는 선린외교정책을 내세우면서 먼로주의를 아메리카의 외교정책으로 삼을 것을 천명했다. 윤정희, 먼로주의(Monroe doctrine)의 성립과 시행에 관한 연구, 대구효성가톨릭대학교(1995년).

60) Statement of Mitchell Rogovin, Special Counsel to the Director of Central Intelligence, Hearing Before the House Select Committee on Intelligence, 94th Cong, Part 5(1976).

그들 지역 주민에게 캐나다에서 분리하여 미국으로 편입할 것을 주장하도록 선동한 사례 등이 대통령 특사에 의한 대표적인 비밀공작 업무였다.

미국은 심지어 군사정보 이외의 분야에 대해서는 특별대리인 운용방식이 20세기에도 통용될 것으로 생각했다. 이러한 정보 필요성에 대한 소극적인 인식 탓으로, 미국에서 해외 정보업무와 군사정보 활동을 수행하는 상설정보기구를 운용한 것은 다른 행정부처의 출현에 비하여 뒤늦은 현상이었다. 그러한 인식은 1941년 12월 7일 일본의 진주만 공습을 겪을 때까지 계속되었다.

법적인 측면에서는 대통령이 필요에 따라 수시로 특별대리인을 임명하는 방식으로 국가정보 업무를 수행한다는 것은 중요한 의미가 있다. 그것은 먼저 신속성과 은밀성이라는 정보업무의 속성을 이유로 의회의 간섭과 통제를 우회할 수 있다는 이점을 적극적으로 활용한다는 의미가 있다. 두 번째는, 국가정보 체계의 운용은 대통령이 필요하면 언제든지 할 수 있다는 것을 암시하는 것으로서, 국가정보기구 운용이 대통령의 고유권한으로 초창기부터 의회 통제를 배제하려 했던 것으로 이해할 수 있다. 국가정보기구는 의회 통제와 간섭 없이 대통령 1인에 의한 독자적 결정으로 행해질 수 있음을 뜻하는 것이라고 할 수 있다.

국가정보에 대한 초창기 미국의 이러한 인식은 국가정보가 국가의 어느 영역에 속하고 어떤 기여를 할 수 있는지를 가늠하지 못하고, 또한 그 남용에 관해 학문적 연구와 법적인 논의가 전혀 없었기 때문이었던 것으로 이해되지만, 오늘날 국가정보의 법치화에 많은 시사점을 안겨 준다.

오늘날 정보기구에 대한 미국 의회의 통제와 감독이 헌법 해석상 지극히 당연한 것으로 인정되고 있다. 따라서 초창기의 특별대리인이 공적인 정보기구를 대신할 수 있다는 인식은 법적인 측면에서도 잘못되었던 것이라 할 수 있다. 오늘날 미국 의회는 정보기구는 당연히 민주적 법치 통제하에 위치해야 하며, 미국 정보공동체에 대한 상·하 양원의 정보특별위원회 운영과 예산통제, 정치한 보고서 제도, 실질적으로 의회가 파견한 상설 감독자로 기능한다고 볼 수 있는 고위직 공무원에 대한 동의제도 등으로, 국가정보기구의 활동에 대한 의회 통제의 기술과 방법은 매우 정교하고 다양하며, 또한 정보에 대한 이해도 행정부의 그것을 능가하고 있다는 평가를 받고 있다.

Ⅱ. 상설적 국가정보기구의 출발

미국의 대표적인 중앙 정보기구로서 근거법을 가지고 1947년도에 창설된 중앙정보국(CIA)의 전신은 사실은 법적인 근거 없이 대통령 명령으로 시작했다. 그것은 앞서 본 바와 같은 맥락에서, 정보기관 업무의 비밀성 등을 이유로 국가정보기구는 의회가 제정하는 법적인 근거가 없이도 대통령이 필요에 따라 임의로 운용할 수 있다는 인식에 기초한 것이었다. 경과를 보면 다음과 같다.

1941년도에 이르러 루스벨트(Roosevelt) 대통령은 대통령 명령으로 백악관 내에 정보조정실(Office of Coordination and Information)을 설치했다. 루스벨트 대통령은 "미국 대통령인 그에게 부여된 권위"[61]를 근거로 설치했다고 설명했다.

그 후 정보조정실은 전략정보국(Office of Strategic Services)으로 개편되어 정보 수집과 분석업무 이외에 2차 세계대전에서의 준 군사작전 등 비밀공작 임무를 주도하는 본격적인 정보기구가 되었다. 특히 비밀공작 업무는 많은 정보를 가지고 있어서 다른 어느 국가기관보다도 공작업무를 수행하기에 적합한 구조를 갖추고 있다는 이점에다가, 전쟁이라고 하는 비상한 상황적 요인으로 인하여 처음부터 전략정보국(OSS)의 중요한 업무가 되었다.

전쟁 종료 후 전략정보국(OSS)은 일단 폐지되었다. 그러나 전략정보국이 폐지된 4개월 후 트루먼(Truman) 대통령은 대통령 명령으로 국가중앙정보총그룹(Central Intelligence Group)을 창설했다.[62] 트루먼 대통령은 국가중앙정보총그룹(CIG)에 대통령이 수시로 요구하는 국가안보에 영향을 미치는 정보와 관련된 제반 정보기능에 대한 계획, 활동 및 조정업무를 수행할 것을 명령했다.

이처럼 CIA의 전신인 백악관 정보조정실(OCI), 전략정보국(OSS), 국가중앙정보총그룹(CIG)은 모두 미국 의회에서 제정된 법으로서가 아닌, 행정부 수반으로서의 대통령 명령으로 창설되고 임무가 부여되었던 것이다.[63]

---

61) Dycus & Berney & Banks & Raven-Hansen, National Security Law, (Aspen Publishers, 2007), p.348. 루즈벨트 대통령은 "…the authority vested in me as President of the United States…"라고 하여 국가정보기구 운용은 대통령의 헌법상 고유권한이라고 인식하고 있음을 보여 준다.
62) National Intelligence Authority and the Central Intelligence Group: CIG. Dycus(2007), p.348.
63) Robert Borosage, Para-Legal Authority and Its Peril., 40Law & Contempt. Probs. 166, pp.173-174 (Summer 1976).

그러나 국가정보기구 운용에 대한 미국 초창기의 행정부 일방 독주의 이러한 인식은 결국 잘못이라는 것이 의회 중심의 통제체제 확립과정에서 명백해졌다. 이 같은 미국의 역사적 경험은 국가정보의 법치화에 좋은 시사점이 된다.

제2항 정보공동체(Intelligence Community : IC)

I. 개 관

미국 정보공동체는 국가정보국장(DNI)을 수장으로 하여 16개 국가정보기구로 구성된 정보기구의 연합 공동체이다. 미국 정보기구의 정보활동을 이해함에 있어서 정보공동체에 대한 이해는 선행조건이다. 개별 정보기구들은 정보공동체에서 합리적으로 임무와 역할이 배분되고 조종되며 정보를 공유한다.[64]

정보공동체를 총괄하여 지휘·감독하는 중앙정보국장(DCI) 직위는 이미 1947년 국가안보법에 의해 창설되었기 때문에 정보공동체라는 개념은 그때 이미 생겨났다. 그러나 정보공동체(IC)라는 용어는 법 규범에는 레이건(Ronald Reagan) 대통령 명령 제12,333호에 등장한다. 따라서 미국의 경우에 정보공동체는 공식적으로는 1981년 12월 4일 발족한 것으로 기록된다.

이처럼 정보공동체는 의회 입법이 아닌 대통령 명령으로 창설되었는데, 그것은 이미 법적인 근거를 가지고 출범한 개별적 정보기구들의 협력적 연합체이기 때문에 별도의 의회 입법 없이도 대통령 명령으로 가능하다고 본 것이다.

미국의 정보공동체(IC)는 국가정보의 효율성을 높이기 위한 다양한 정보기구들의 협력적 연합체로 미국 정부 정보기구의 공식적인 조직체이다. 이러한 정보공동체를 통해 개별 정보기구들은 모두 국가안보 수호와 국가이익 확립을 목표로 상호 협력하여 최상의 국가정보를 생산하기 위해 노력을 경주한다.

현행법상 정보공동체(IC)는 국가정보국장(DNI)이 지휘·감독한다.[65] 물론 미국에는 현재의 정보공동체 구성원 이외에도 적지 않은 부문별 정보기관들이 존재한다. 따라

---

64) https://www.intelligence.gov/.
65) 국가정보국장(Director of National Intelligence: DNI), 인터넷 사이트, http://www.dni.gov/.

서 정보공동체의 숫자는 한정된 것이 아니고 업무의 필요성에 따라서 신규로 정보공동체의 구성원으로 가입하게 된다.

현재 미국 정보공동체를 구성하고 있는 정보기구들은 모두 16개이다. 향후 이해의 편의를 위해 먼저 명칭만 소개하면, 최고 독립의 국가 중앙 정보기관인 중앙정보국(CIA)을 비롯하여, 육·해·공군과 해병대의 4개 정보기구, 국방정보국(DIA), 국가안보국(NSA), 국가정찰실(NRO), 국가지구공간정보국(NGA) 등 국방부 산하에 8개 군 정보기관이 있다. 일반 행정부처에는 7개가 있다. 국무부 정보조사국(Bureau of Intelligence and Research), 법무부 연방수사국(Federal Bureau of Investigation), 국토안보부의 정보분석실(Office of Intelligence and Analysis)과 해안경비대 정보실(Coast Guard Intelligence), 에너지부 정보·방첩실(Office of Intelligence and Counterintelligence), 재무부 정보분석실(Office of Intelligence and Analysis) 2006년 마지막으로 멤버가 된 법무부 마약청(Drug Enforcement Administration)이 행정부처 소속으로 부문정보기구들이다.

이들 총 16개 개별정보기구가 미국의 정보공동체를 구성하고 있고 16개 구성원을 총괄하는 국가정보국장 사무실, 즉 국가정보국(Office of DNI : ODNI)이 16개 정보기구와 함께 미국의 정보공동체를 형성한다.

II. 미국 정보공동체의 작동원리

1. 서 언

각국의 정보기구 운용에 있어서 이론적인 정보순환 절차와 별개로 정보 수요가 있는 구체적 사안에 대하여 정보활동의 절차가 어떻게 진행되는지는 다양한 방법이 있고 차이가 있다. 쉽게 말하면 대통령 등 국정 최고 책임자가 정보기구를 어떻게 사용하는지의 문제이다. 즉 국가정보기구는 대통령의 업무지시에 따라 정보활동을 개시하고 대통령에게만 충성을 다하면 되는지에 대한 문제이다.

우리나라의 경우를 보면 오늘날에도 최고통치권자는 필요한 사안에 대하여 어느 한 정보기구에 확인을 명하고 또 다른 정보기관에도 같은 사안에 관해 확인을 지시하여 내부 경쟁을 유도하고, 보고된 정보 내용에 대하여는 대통령이 취사 선택하는 방식으로 운용하였던 때도 있었다.

이처럼 중간 감독자가 없는 복수 경쟁적 정보기구의 운용은 외형상 대단히 효율적일 것으로 이해하기 쉽지만, 실은 경쟁을 부추기는 매우 위험한 방식이다. 왜냐하면, 몇 번의 경험을 하다 보면 어느 정보기구도 최고통치권자의 심기를 거스르는 정보는 생산하지 않으려 할 것이고, 더 나아가 대통령의 마음을 사로잡을 만한 정치화된 정보만을 생산함으로써 객관성을 상실할 뿐만이 아니라 결국 정보기구가 대통령의 사유물로 되는 첩경이기 때문이다.

2. 원칙적 작동 기제

미국은 정보공동체는 운영에 있어서 대통령의 자의적인 지시가 아닌, 객관적인 시스템을 통해 가동된다는 점에서도 모범적이라고 할 수 있다. 기본적인 정보공동체 운영 체계를 보면, 먼저 대통령의 지시는 국가안보보좌관이나 국가안보회의(NSC) 책임자 또는 국가정보국장(DNI)을 통해 정보공동체에 하달된다. 대통령의 지시가 정보공동체에 전달되면 국가정보 기획가들은 정보공동체 내 16개 정보기구 중 실제로 임무를 담당할 정보기구의 선택에서부터 수집되고 분석될 정보의 범위 등 생산할 정보에 대한 계획을 고안한다.

정보수집과 분석·기획업무는 때로 백악관의 유관부서나 해당 정보를 사용할 수 있는 행정부처와의 협조로 이루어진다. 이렇게 하여 준비된 계획은 실행에 들어가기 전에 3단계의 조치를 거친다.

첫 번째는 주요 정보기구 부책임자들로 구성된 '부책임자회의(Deputies' Committee)'에서 논의된다. 부책임자회의에서 통과된 계획안은 두 번째 단계로 부통령, 국가안보좌관, 국가정보국장(DNI), 국무부 장관과 국방부 장관이 참석하는 '책임자 회의(Principals' Committee)'의 심의를 거친다. 여기에서 계획이 심의되고 확정되면 세 번째 단계로 대통령이 자신의 의도가 제대로 반영되었는지의 검토를 거쳐 최종적으로 정보활동을 승인한다. 이 3단계 절차를 모두 거친 계획에 대해 대통령이 서명하여, 대통령 지시(Presidential Directive)나 대통령 결정(Presidential Decision Directive

: PDD) 또는 대통령 명령(Executive Order)으로 발령되어 실제의 정보활동에 들어가게 된다.

이러한 시스템 아래에서는 국가원수라고 하여 국가정보기구를 자의적으로 사용할 수 없음이 명백해 보인다. 또한, 복수 이상 정보기구의 동시 업무 수행이라고 하더라도 그것은 상호 미진한 부분을 보완하기 위한 불가피한 방책이지 서로 자극하여 경쟁적으로 정보업무를 수행하도록 하려는 취지가 아님도 당연하다. 정보공동체는 위와 같은 대통령의 특별명령에 따른 정보활동 이외에도 장기 정보계획 등에 기초한 일상적인 업무를 수행하는 것은 물론이다.

Ⅲ. 미국의 현행 국가정보 체제

1. 국가정보국장(DNI) 체제의 형성

1) 배경

2001년 9월 11일 역사상 최초로 알카에다 국제 테러조직은 미국 본토에 대한 테러공격을 감행했다. 미국 정보공동체는 총체적 정보실패라는 엄청난 비판을 받았다. 9/11 테러공격 이후 의회에 구성된 9/11 조사위원회는 어떻게 그러한 엄청난 타격을 초래한 테러공격이 수많은 정보기구의 코밑에서 기획되고 실행될 수 있었는가? 왜 우리의 정보기구들은 테러를 사전에 인지하지 못하였는가? 라고 하는 정보기구의 업무능력에 대한 근본적 의문을 제기하면서 중앙정보국장(DCI) 체제에서의 부적절한 정보기구 조직의 문제와 운용상의 난맥으로 결론지었다.

후술하지만 9/11 조사위원회는 중앙정보국장(DCI) 체제의 충분치 않은 법적 권한으로 인해 중앙정보국장의 지시와 명령은 자신이 책임자로 있는 CIA에만 울려퍼졌고, 다른 정보기관들을 제대로 통솔하지 못하고 점검도 못 하며 지시만을 내리는 식으로 업무가 잘못 실행되어 왔다고 결론지었다.

2003년 이라크와의 전쟁을 위해 분석 · 생산한 이라크 내 대량살상무기에 대한 철저한 정보오류는 다시 한번 미국 의회와 행정부에 충격을 안겨 주었다. 이라크 전쟁은 이라크가 대량살상무기를 비축하고 있다는 정보에 기초해 이루어진 것이었다. 그러나 전쟁 결과 이라크 내에서는 어떤 대량살상무기도 발견되지 않았다. 즉 정보수집과 분석 등에서 총체적 정보 부실이었던 것이다.

2005년 3월 31일 이라크 전쟁 관련 조사를 위해 대통령이 창설한 행정부 자체의 실버만 진상조사위원회(Robb-Silverman Commission)는 미국의 정보공동체는 정보 판단기능에 있어서 거의 사망 수준이었다고 신랄히 비판했다.[66] 위원회 조사 결과 고급정보 획득 능력의 결여, 수집된 정보분석에서의 결정적 실수, 정보분석에 있어서 가정과 증거의 구별 실패가 존재했음을 확인하였다.

2) 정보공동체의 신 황제(Czar) 탄생 - 국가정보국장(DNI)

2004년 12월 미국 의회는 정보 역사상 가장 광범위한 구조개혁을 내용으로 하는 '정보개혁및테러방지법(IRTPA)'을 제정했다.[67] 동 법은 기존 정보공동체의 수장으로서의 중앙정보국장(DCI) 직위를 폐지하고 정보공동체의 **신 황제(Czar)로** 불리는 국가정보국장(DNI) 직위를 창설했다. 대통령의 직접 지휘 통제를 받는 국가정보국장은 상원의 인준을 거쳐 대통령이 임명한다.[68]

국가정보국장은 국가정보계획(National Intelligence Program)의 수립과 집행을 감독하며 필요한 부분을 보충하고 보완을 지시한다. 국가정보계획(NIP)은 국방 부문은 제외하고, 정보공동체(IC)의 모든 계획과 사업 및 정보활동을 망라하는 국가정보 활동에 대한 청사진이다. 국가정보국장은 또한 매년 국가정보 예산을 통합하여 결정하고 의회가 예산 승인을 하면 CIA를 비롯한 정보공동체 내의 정보기구들에 대한 예산을 분배한다.

국가정보국장이 근무하는 국가정보국 사무실(ODNI), 즉 국가정보국에는 국가정보 수집과 정보활동 수행에 대한 측정과 평가 업무를 수행하는 핵심기구인 국가정보위원회(National Intelligence Council)가 있고, 미국 테러 업무의 최고 통솔기구로 국가대테러센터(National Counterterrorism Center)가 있다.

---

66) Commission on the Intelligence Capabilities of the United States Regarding Weapons of Mass Destruction (Silverman /Robb Commission). Dycus(2007), p.362.
67) Intelligence Reform and Terrorism Prevention Act of 2004: IRTPA, Pub. L. No. 108-458, 118 Stat. 3638.
68) 50 U.S.C § 403(b).

3) 국가정보전략(National Intelligence Strategy)

한편 국가정보국장의 중요한 업무로 국가정보전략(NIS)의 수립을 빠뜨릴 수 없다. 국가정보전략(NIS)은 미국 정보공동체에 있어서 가장 중요한 정보문건의 하나로 전략환경(strategic environment)을 서술한다. 또한, 정보 우선순위와 목표(priorities and objectives), 현재와 미래의 국가 정보예산과 수집할 국가정보 그리고 정보공작에 대한 전반적인 안내서로서 기능한다.[69]

국가정보전략(NIS)의 효율적인 달성을 위해서 국가정보국장(DNI)은 측정 가능한 목표와 타깃을 대상으로 한 정보 우선순위를 확립하고 개별정보기구들을 넘나드는 쟁점에 대한 지도력을 발휘하고 정보정책과 예산에 대한 방향을 제시하며 정보기구들의 역량을 증진하며 개별 정보기구들과 책임자들의 임무 수행을 모니터링한다.

2. 평 가

이상에서 알 수 있듯이, 미국은 국가정보 활동에 있어서 민주주의의 이념인 '법의 지배'의 원칙에 매우 충실히 하려고 함을 알 수 있다. 한편 국가정보학을 공부하고 연구하는 입장에서는, 미국 의회와 대통령은 중앙정보국장(DCI)보다 우위의 국가정보국장(DNI) 직위를 왜 창설했는지, 그 이유를 깊이 생각해 보아야 한다. 또한, 2004년 정보개혁법은 결국 정보공동체 사이에 원만한 정보공유를 하고, 국가정보국장 체제에서 유기적으로 업무가 이루어지도록 한 것인데, 과연 국가정보국(ODNI)이 효율적으로 정보공동체를 통합하고 조종하는 기능을 할 만한 권한과 임무를 부여받았는지도 자세히 연구하고 검토할 필요가 있다. 그러한 의문의 제기와 이해는 각국의 상황에 부합한 최선의 국가정보 시스템을 도출하는 데 필요한 현실적이고 접근 가능한 방법이 될 것이다.

미국 정보학계에서 논의되는 또 다른 사항 중의 하나는 국가정보국장(DNI)이 현재는 개별 정보공동체의 장에 대한 (구속력 없는) 해임건의권만을 가지고 있는데 해임건의권에 대한 구속력 부여 더 나아가서는 직접 임면권을 부여하는 방안에 대한 논의 필요성이다.[70]

---

69) 미국의 국가안보에 대한 전 세계적 위협에 대한 연례보고서는 정보수권법(P.L. 116-260) 제617에 근거한 것으로, 의회, 정책입안자, 법 집행 담당자 등에게 미국민의 생명과 미국의 이익을 보호하는데 필요한 미묘하고 독립적이며 꾸밈없는 정보를 제공하기 위해 매일 노력하는 미국 정보공동체의 집단적 통찰력을 반영한다.

미국 정보공동체에 대한 논의를 통해 하나 더 배울 수 있는 것은 국가정보 또는 국가안보와 관련된 정보에 대한 이해이다. 원래 정보공동체에서 말하는 국가정보란 별도의 수식이 없는 한 국가안보와 관련된 정보를 뜻한다. 미국 법은 정보공동체의 국가정보 또는 국가안보와 관련된 정보를 "미국 내·외에서 수집되었는지를 불문하고 한 개 이상의 정보기구와 연관되며, 미국과 미국민, 그리고 국가자산 및 대량살상무기의 개발·확산·사용 등으로 국토안보 및 해외 미국 시설과 국익에 대한 위협을 포함하는 제반 정보"라고 정의하고 있다.[71]

국가안보에 대한 동법상의 정의는 현재까지의 국가안보와 관련된 정의 중 비교적 구체적으로 적시한 것으로 평가되지만, 역시 정보 개념의 외연이 상황에 따라 변경될 수 있는, 소위 팽창적 정의(expansive definition)임을 알 수 있다.

정보개혁과 관련한 또 하나의 중요한 특징은 예산통제이다. 뒤에서 살펴보겠지만 미국 정보예산은 대략 연간 400억 – 500억 달러 정도로 알려져 있다. 그중에서 약 1/2에서 2/3 상당 즉 약 200억 달러에서 220억 달러가 국가정보국장이 주관하는 국가정보 계획 아래에서 개별 정보기구에 배분된다. 그런데 동 계획 아래의 예산 중 3/4 정도가 국가안보국(NSA)과 국가정찰실(NRO) 같은 기술정보수집 주무부에서들인 국방정보 기구에서 사용된다. 남은 100억 달러가량이 CIA와 FBI를 비롯한 정보기구들에 배분된다.[72]

원래 인사권과 예산권은 조직 운영의 핵심 요체라고 할 수 있다. 충분하다고는 할 수 없지만, 국가정보국장은 정보개혁법에 바탕을 두고 상당 부분에 대한 예산 배분 통제권을 근거로 정보공동체 내 정보기관의 예산 항목변경 거부 그리고 집행 보류권을 통하여 실질적으로 정보업무를 통제할 수 있다.

국가정보학을 연구하고 학습하는 시각에서는 정보공동체를 총괄하는 통솔자의 관점에서 미국 국가정보국장(DNI)과 같은 정도의 예산 배분권을 가지면 개별 정보기구의 자율성과 창의성을 존중하면서도 정보공동체의 통일적인 업무 수행을 도모할 수 있는

---

70) *Id.* p. 364.
71) 50 U.S.C. §401a(5).
72) Stephen Daggett, *The U.S. Intelligence Budget: A Basic Overview* (Cong. Res. Ser V. RS21945) Oct. 4, 2004. 2023년 정보예산은 $671억 달러이다. https://www.dni.gov/index.php/what-we-do/ic - budget.

지에 대해 고민해 볼 필요가 있다.

　마지막으로 국가정보국이 최초의 국가정보전략에서 설정한 **"대테러와 무기확산 방지를 통한 민주주의 발전에의 기여"**가 미국의 국가정보전략(NIS)으로 적합한 것인지에 대한 이해이다. 국가정보국이 아젠다로 설정한 이러한 국가정보전략에 관해, 토론의 왕국인 미국에서 의문과 반론이 있었다. 물론 그 국가정보전략은 국가정보국장이 최종 승인하는 것이지만 개별정보기구들의 최정예 상위 정보분석가들로 구성된 국가정보위원회(NIC)에서 면밀한 연구와 치열한 논쟁을 통해 설정되었었다. 그럼에도 미국 내에서의 논의는 민주주의 발전에의 기여라는 전략이 정보공동체의 업무 범위 내의 것으로 법적 문제는 없는가에서부터 민주주를 구축하는 업무는 현행법상 구체적으로 정보공동체 내의 어느 정보기구의 임무이냐는 등으로 다양한 법적인 문제가 제기되었다.[73] 직설적으로 말하여 정보공동체가 담당할 것이 아니라 정치적 쟁점이 아니냐는 반론인 것이다. 시대 상황 그리고 각국의 입장에 따라 다를 수 있을 것이므로 통일된 의견을 기대할 수는 없지만, 미국 국가정보공동체는 정보 아젠다로 설정한 것이다.

　분명한 것은 이러한 논의를 통해 배울 바가 너무나도 많다는 것이다. 그것은 소관 부처의 업무 수행을 위해 계획을 수립하면서, 지시가 있으면 지시대로 계획이 수립되고, 일단 계획이 수립되면 무조건 따라야 한다는 일방 추진적 정책 수립과 집행 문화가 팽배한 국가들에서는, 근본적인 의문을 제기하는 이러한 모습은 반드시 본받아야 할 정보법치 업무수행방식이라고 할 수 있을 것이다.

---

73) Dycus(2007). pp.364-368.

제3항 국가정보활동의 기본법과 임무

미국 정보기구에 대한 이해를 위해서는 정보공동체의 근거법인 국가안보법에 대한 이해가 필수적이다. 상세는 제4편 미국 정보기구 편에서 다시 살펴본다.

I. 국가안보법(National Security Act of 1947)

미국 국가안보법은 국가안보회의(NSC)와 CIA 그리고 정보공동체 운영의 기틀인 중앙정보국장(DCI) 체제를 창설한 근거법으로 1947년에 제정되었다.[74]

국가안보법은 몇 차례의 개정을 거쳐 2001년 9/11 테러공격과 2003년 이라크 전쟁의 여파로 2004년에 이르러 정보개혁 및 테러방지법(Intelligence Reform and Terrorism Prevention Act of 2004)으로 대폭 개정되었다. 가장 대표적인 변화가 중앙정보국장(DCI)을 대체한 국가정보국장(Director of National Intelligence) 직위를 신설한 것이다.[75] 간략히 개관한다.

II. 국가정보국장(DNI)의 임무

정보공동체의 수장인 국가정보국장(DNI)에 대해서는 미국 연방 법전 50 U. S. C. §403-1에 규정되어 있다.

1. 국가정보국장의 정보접근권

국가정보국장은 법과 예산 조치에 따라 달리 규정되어 있거나 대통령에 의해 특별히 지시되지 않는 한 다른 정부 부처나 정부 기관 그리고 단체에 의해 수집된 국가안보와

---

74) Pub. L. No. 80-253. 61 Stat. 495.
75) 국내 일부에서는 DNI를 국가정보 총수로서의 권위를 고양하려는 등의 이유로 '국가정보장(長)'으로 지칭하기도 한다. 그러나 DNI는 예전의 DCI, 즉 공동체의 수장으로서의 중앙정보국장을 대체한 것이고 'Director'(국장)로 불린다. 미국은 정보기구의 수장은 직급으로서가 아니라 업무의 내용으로 권위가 인정된다. 장관이 모두 정보수장들보다 상위에 위치한다. 초대 네그로폰테 국가정보국장(DNI)이 2007년 국무부 차관으로 자리를 이동한 것이 잘 말해 준다.

연관된 모든 자료와 정보에 대한 접근권을 가진다.

2. 법적 임무

① 국가정보국장은 정보공동체의 효율적인 국가 정보수집, 업무 진행 절차, 정보분석 그리고 정보 배포 및 정보 접근의 절차에 대하여 지침을 수립한다.

② 국가정보국장은 정보공동체 구성원들의 요구와 우선권을 결정하고, 정보기구 상호 간에 업무를 배분하며 정보수집, 분석, 생산, 배포에 대한 구체적인 지시를 하달한다. 또한, 정보수집과 분석업무에 대한 개별 정보기관의 요청에 대해 승인권을 가진다.

③ 국가정보국장은 국가정보계획에 포함되지 않은 업무에 대하여도 정보공동체 구성원들에게 권고적 임무를 부여할 수 있다. 일상 지시권이라고 할 수 있다.

④ 국가정보국장은 정보공동체 구성원들이 업무 수행 중 헌법과 관련법을 준수할 것을 책임진다.

⑤ 국가정보국장은 해외정보수집에서의 우선권과 정보요구를 결정하며 해외정보감독법(FISA)에 따른 전자감시, 압수 · 수색을 통해 획득한 정보가 국가정보 목적을 위해 효율적이고 효과적으로 사용될 수 있도록 할 권한과 책임이 있다.

⑥ 국가정보국장은 정보분석 업무를 확립하고, 건실한 분석기법과 정보획득 활동에 필요한 지식습득을 격려하며, 정보분석은 가용한 모든 자료에 기초하여 이루어지도록 감독하고, 정기적으로 정보 생성물에 대한 경쟁적 분석을 시행하며, 비합법적인 노출로부터 정보 원천과 방법을 보호할 권한과 책무가 있다.

Ⅲ. 미국 중앙정보국장(CIA)의 임무

중앙정보국장은 상원의 조언과 동의를 받아 대통령이 임명한다. 법은 먼저, CIA는 국내정보와 수사권 등 법 집행권이 없음을 명백히 밝히고 있다. 법에 규정된 중앙정보국장의 임무는 다음과 같다.[76]

---

76) 50U.S.C § 403-4a.

① CIA의 활동 상황에 대하여 국가정보국장(DNI)에게 보고한다.

② 인적 자원 또는 적절한 수단을 통하여 국가안보에 대한 정보를 수집하고, 국가안보에 관련된 정보의 상호 연관성을 분석 평가하며, 그러한 정보를 적절히 배포하며, 인간정보 활동에 대한 총책임자로 인간정보 활동(HUMINT)을 통하여 해외정보를 수집하는 모든 정보기구와 다른 국가기관의 정보수집 및 조정업무에 대한 지침을 시달한다. CIA는 모든 정보를 활용한 종합적인 정보분석기구라는 것과 특히 인간정보 활동의 주무 책임자임을 명시했다.

③ 대통령과 국가정보국장(DNI)이 시달하는 정보업무를 수행한다.

제4항 국가정보기구의 임무와 권한에 대한 논의

현재는 법적으로 가다듬어져 이론이 거의 없지만 1947년 국가안보법에 의해 CIA가 창설된 후 CIA의 일부 업무 활동이 법적 근거가 있는지에 대한 논란이 있었다. 그런데 그 논의가 국가정보기구에 대한 법치행정과 관련하여 매우 유익하고 시사하는 바가 크다. 이러한 논의는 민주 법치국가에서의 국가행정이 법의 지배(Rule of Law)하에 이루어져야 한다는 것을 전제로 하는 것으로서, 국가정보 활동은 사실적인 권력 관계에서 이루어져 법의 지배 저 너머에 있다는 원시적인 사고를 불식시켜 줄 수 있는 논의들이다. 원래 국가정보기구에 있어서의 법의 지배 논쟁은 의회가 법을 제정한 후에 정보기구에 대한 감독과 통제기능을 제대로 발휘하지 못하거나 발휘하기 힘든 사례가 발생할 때에 입법의 의도가 제대로 실현되고 있는지의 실용적인 관점에서 이루어졌다.

I. 비밀정보수집 활동에 대한 논의

미국 의회는 1947년도에 국가안보법을 제정하여 국가 중앙정보기구로 CIA를 창설했다. 그러나 의회는 입법 후에 우리가 과연 CIA에게 정보의 비밀수집 권한을 부여한 것인가? 라는 의문을 제기했다. 매우 특이하고 이상한 의문의 제기라고 생각할 수 있지만, 그것은 CIA의 근거법인 국가안보법에는 "정보의 비밀수집"이라는 표현이 없다는 것에서 유발된 논쟁이었다.

정보의 비밀수집권한을 부인하는 입장에서는 CIA는 단지 여러 경로로 입수하는 국가안보 정보에 대하여 상호 간의 상관 작용을 대비하고 그것을 자세히 평가하며 그러한 연후에 분석된 국가정보를 생산하여 필요로 하는 부처에 배포할 수 있는 정보의 취합·분석·생산 권한만이 주어졌다고 주장하면서, 법 어디에도 CIA에게 비밀스럽게 활동하여 정보를 수집할 권한을 부여하지는 않았다고 주장했다.[77] 입법 역사적으로 미국 의회는 CIA가 은밀하게 정보수집을 하는 것을 의도하지는 않았다고 한다. 대부분 국가에서는 이해할 수 없는 논쟁이겠지만 국가정보기구의 업무 수행에 관한 법률 규정을 가지고 전개되는 이 같은 논쟁은 민주주의 국가라고 평가받을 때 근거 규범이 어느 정도까지 국가행정 작용을 규정해야 하는지를 잘 보여주는 논의라고 할 수 있다.

그러나 이러한 법리논쟁에도 불구하고 CIA는 출발부터 비밀 정보수집 활동을 했고 의회 차원에서 특별하게 CIA의 비밀 정보수집 활동을 금지하는 사후 조치는 없었다. 1949년의 중앙정보국법(Central Intelligence Agency Act)[78]에 이르러서는 의회가 오히려 적극적으로 CIA의 비밀활동을 도와주었다. 결과적으로 의회도 CIA의 비밀 정보수집 활동은 헌법 합치적임을 공식적으로 인정하는 입장을 보여 주었다. 실제로 중앙정보국법 통과를 위한 토론과정에서 어느 의원은 이제는 CIA가 공식적으로 비밀스럽게 정보수집을 할 수 있게 되었다면서 CIA법을 **간첩법(Espionage bill)**이라고 호칭했다.[79]

Ⅱ. 비밀공작 활동에 대한 논의

CIA의 권한과 관련한 또 다른 법률적인 논쟁은 비밀공작(covert action)에 대한 논쟁이다. 사실 비밀공작은 최종적인 수준에서는 준 군사작전을 병행하는 경우가 많고, 실제로는 소규모의 실제 전쟁과 같은 형태로 전개된다. 그래서 비밀공작은 외교와 전쟁의 중간자라고 설명된다.[80]

---

77) Dycus(2007), p.398.
78) 50 U.S.C. §403a-403j.
79) Dycus(2007), p.344.
80) Shulsky & Schmitt(2002), p.15.

그런데 미국 헌법상 전쟁 선포권은 의회의 권한이다. 그렇다면 비밀공작은 의회의 전쟁 선포권을 침해하는 것이 아니냐는 근본적인 논쟁의 뿌리가 있었다.

그 논쟁에 대해 CIA 초대 국장인 힐렌코에터(Roscoe Hillenkoetter)는 의회에서 자신은 비밀공작에 관심이 없으며 CIA가 순수한 정보조직으로 남기를 희망한다고 진술했다.[81] 추후에 입법으로 해결되어 오늘날은 비밀공작이 그 현실적인 필요성 때문에 소위 법상 **5번째 기능(fifth function)**으로 CIA 등 정보기구의 임무라고 인정되고 있다. 그러나 비밀공작 계획을 의회에 사전 보고하는 것을 비롯하여 진행 · 경과보고, 사후 결과 보고 등 의회는 비밀공작 활동에 대해 전폭적인 감시감독권을 행사하고 있다.

---

81) Dycus(2007), p.360.

제2절 국가정보와 법치주의

제1항 정보와 법

법의 지배(Rule of law)를 뜻하는 법치주의는 성문법적으로 명시되어 있는가와 무관하게 민주주의 헌법의 기본원리로 보는 데에는 아무런 이론이 없다.[82] 오늘날 국가행정이 국민의 의사에 따라서 제정된 법에 의해 행해져야 한다는 법치행정의 원리는, 행정에서 법의 지배의 원칙을 의미하는 것으로 민주주의 국가행정의 기본으로 자리 잡고 있다. 법치행정의 원리는 이처럼 주권자인 국민의 합리적인 의사가 반영된 법을 통하여 각 행정기구의 업무 권한이 배분되고 업무 내용이 창설되어야 한다는 것을 의미한다.

국가정보기구의 집행적 성격으로 국가정보 기구는 통상 행정부처에 소속되는 것이 일반적이다. 그러므로 이러한 법치주의 원리는 행정조직의 일부인 정보기구에 대해서도 동일하게 적용된다. 그러나 국가정보기구에 대한 입법기관의 개입 근거나 정보의 법적 성질 등에 대하여는 논란이 있었다. 법치주의가 국가행정의 당연한 통치원리로 등장한 근대 이후에도 정보업무에 대해서는 각국의 입법 태도가 일치하지 않았던 것이다. 따라서 정보업무가 공조직의 형태로 출범하기 전에도 대통령, 수상 등 국정 최고통치자와 주요 행정부처 책임자 그리고 군 지휘관 등은 개인적인 능력에 따라 사적 정보조직을 활용하였다.

예를 들면 영국 엘리자베스 I세의 강력한 국무부 장관이었던 프란시스 왈싱햄(Francis Walshingham) 경은 개인 자금으로 정보조직을 운영하여 탁월한 국무부 장관으로 명성을 날렸다.[83] 스페인 전쟁 당시 영국군 총사령관이었던 말보로(Marlborough, 1650-1722) 공작은 군대조직 운영비의 2.5%를 정보를 획득하고 비밀업무 수행을 위한 사적인 정보조직 운영에 사용했다. 그러나 그는 이후 정적에 의해 공금횡령으로 기소되어 처벌받았다.[84] 정적들은 그 돈은 공적자금인 것으로 군대 운영

---

82) 성낙인, 헌법학(법문사, 2007) p.173.
83) Christopher Andrew, *Her Majesty's Secret Service* : The Making of the British Intelligence Community (New York : Viking, 1986), p.1.
84) Winston S. Churchill, *Marlborough: His Life and Times* (New York : Scribner, 1938), vol. 6,

이라고 하는 예산 배정목적에 맞게 사용되어야지 비밀정보수집에 전용되어서는 안 된다고 주장했다. 반면에 말보로 공작의 7대 후손인 윈스턴 처칠 영국 수상은 수백 년 경과 후에, 국정운영에 있어서 별도의 정보예산이 배정되지 않은 경우에도 정보업무를 위하여 예산을 사용하는 것은 책임 있는 통치권자의 업무 범위 내의 권한으로, 영국 정치 역사상 유명한 여러 지도자들에 의해 행해졌던 당연한 일이라며, 선친 말보로에 의한 정보기구의 비밀운용을 옹호했다. 이처럼 비밀스러운 활동으로 정책 수행상 필요성이 인정되는 정보업무는 역사적으로도 공적 · 사적 한계가 명확하지 않았다.

여기에서 정보업무는 입법과 무관하게 정책업무 담당자들에 의해서 임의적으로 조직되고 실행할 수 있는 것인가라는 의문이 제기된다. 또한, 법적 근거가 필요하다고 하는 경우에도 정보업무는 법에 의해서 비로소 창설된 업무인가 아니면 법은 헌법에 내재된 정보업무를 단지 확인하는 형식적인 확인 규범에 지나지 않는 것인가라는 중요한 의문이 제기된다.

제2항 정보업무 배분의 문제

오늘날 대다수 민주국가의 헌법은 삼권분립의 원칙에 기초해 국가 권력을 입법 · 사법 · 행정의 3가지로 나누어 견제와 균형의 목적을 달성한다. 국가 권력이 삼권으로 나뉘는 경우에 국가정보 업무는 구체적으로 행정권과 입법권 중 어디에 소속되는 것이 원칙인가라는 문제가 제기된다. 그것은 정보업무는 당연히 행정부의 업무가 되는 것인가 아니면 국민의 대표기구인 입법부가 법에 따라 범위와 내용을 확정하기 전에는 업무 필요성이 있다고 해도 당연히 행정부의 임무라고 할 것은 아니지 않으냐는 논쟁이다. 이러한 논쟁을 국가정보 업무에 대한 행정부 권한설과 의회부여설로 명명한다.[85]

---

pp. 482-84 와 526-29.
85) Shulsky & Schmitt(2002), p.132.

I. 행정부 권한설

국가정보업무는 국가 운용의 실천적 보조 수단으로, 입법부의 법 제정으로 비로소 행정부의 임무로 부여되는 것이 아니라 국가정책 집행권(executive power)에 당연히 내재되어 있는 행정부 고유의 업무라는 견해이다. 그러므로 정보업무에 대한 입법부의 각종 입법은 그러한 행정권의 당연한 내용을 입법으로 재확인하는 것에 지나지 않는다는 주장이다. 대통령은 헌법상 외교정책과 국방정책에 대한 직접적인 수행자이며 궁극적인 책임자로서 국가정보 업무는 실정법에 명시되어 있는지와 무관하게 행정부 수반으로서의 대통령의 헌법상 고유권한이라는 견해이다.

II. 의회 부여설

정보업무 의회 부여설은, 행정부가 정보업무를 담당하게 되는 것은 의회가 제정한 입법에 따라 정보업무에 대한 담당 주체와 담당 내용이 집행부로 결정된 결과라는 견해이다. 정보업무가 행정부의 주장처럼 헌법상으로 인정되는 자명한 국가업무의 한 부분이라고 볼 때도, 의회가 법으로 정보업무를 어느 특정한 기관에 배분하기 전까지는 행정부의 당연한 업무가 되는 것은 아니라는 것이다. 극단적으로 정보업무를 입법 조치로, 행정부가 아닌 입법부 등 다른 곳에 부여할 수도 있다는 견해이다.[86] 즉 정보업무는 궁극적으로 국가의 안보를 확립하고 국가이익을 도모하기 위한 것으로서 그것은 주권자인 국민을 위한 것이지 행정부 자체나 어떤 행정수반을 위한 것은 아니라는 것이다.

정보가 국민을 위한 것이 되어야 하므로 삼권분립의 한 축에 지나지 않는 행정부의 당연한 업무가 되는 것은 아니고 주권자인 국민의 위임을 받은 의회가 행정부의 권한으로 입법 조치함으로써 비로소 행정부의 임무로 인정되는 업무라는 것이다. 정보업무는 입법부에 의해 부여된 것이라는 주장의 근저에는 기본적으로 의회도 행정부와 같은 수준 또는 그 이상으로 국가정보 업무에 대한 책임과 권한이 있고, 정보업무에 대해 보고를 받아 국가정보 업무를 감시하고 감독할 책무가 있음을 주장하는 논리가 내재되어 있다고 할 수 있다.

---

86) 미국의 경우 합중국 설립 초기에는 대륙 의회가 정보업무를 수행했다.

Ⅲ. 결 어

법치 원리가 지배하는 민주주의 국가에서 국가정보 업무는 국민을 위한 것이 되어야한다는 점에서는 이론이 없다. 그러므로 국가정보 업무가 입법부나 행정부 어느 한부처의 전유물이라는 주장은 설득력을 잃는다. 이러한 논쟁은 국가정보가 국정의 최고통수권자 1인에 충성하고 봉사하면 된다는 것은 잘못된 것이라는 것을 명백히 밝힌것이라는 점에서 의의가 크다.

그러나 상대방이 비밀로 유지하고자 하는 사안에 대한 의도와 능력을 파악하여 국가안보에 대한 위협을 저지하고 국가이익을 확보하기 위한 목적을 가지는 정보업무 그자체는 집행업무, 즉 정책을 직접 지원하는 것으로 집행적 성격을 갖고 있다. 그러므로정책 집행 전문부서인 행정부의 수반이 그 중심 권한의 축이 되어야 한다고 할 수 있다.따라서 정보업무에 대한 1차적인 권한자가 행정부가 되어야 한다는 행정부 권한설이타당하다고 할 것이다.

현재는 누구나 당연한 것으로 생각할 이러한 논의는 정보실패의 경우에 각국의 정치여건 등에 따라 정보개혁을 주장하며 정보의 독립성 확보라는 기치 아래 정보기구를국민의 대표기관인 의회에 직접 배치해야 한다는 주장이 설득력 있는 것처럼 주장될수 있어서 실천적 의미를 지닌다. 물론 현대 국민주권의 제도적 구현인 의회가 국가정보의 중요한 수요자 중의 하나라고 하는 사실은 누구도 부인하지 않는다. 오늘날 미국의회의 정보업무에 대한 지분은 상상을 초월할 정도로 강력하게 확보되어 있다. 뒤의여러 부분에서 나타나겠지만 미국 의회는 소위 **"지갑의 권리(power of purse)"**라고애칭 되는 예산 배정권을 적절히 활용하여 행정부와의 치열한 논쟁 끝에 미국 정보공동체의 업무에 대하여 상원과 하원 정보위원회 등 유관 위원회를 통해 원칙적으로 **"충분히(fully) 그리고 실시간적으로(currently)"** 정보공동체의 모든 업무에 대하여 통보받을권한을 확보하여, 미국 의회는 미국 정보공동체의 업무에 대해 대통령과 **합동 권한(joint authority)**을 가지고 있다는 평가를 받고 있다.[87]

---

87) 게이츠(Robert M. Gates) CIA 국장은 "오늘날 CIA는 집행부와 입법부와의 사이에서 균등하게 드러나 있고, CIA는 의회의 극히 민감한 정보요구도 거절할 수 없음을 잘 알고 있다. 이처럼 의회는 엄청난 영향력

어느 정도의 밀행성은 불가피한 정보업무의 속성상 미국 의회의 합동 권한 방식이 반드시 좋다고 할 수는 없다. 그러나 국가정보 업무도 궁극적으로는 국민에 대하여 책임을 부담하는 것으로서 입법부에 의한 정보통제와 감독은 당연한 것으로 받아들여야 한다. 국민의 대표기관인 입법부의 국가정보 업무에 대한 감독과 통제는 국가정보기구가 국민의 정보기관으로의 건전한 발전을 이루기 위하여 필요하기 때문이다. 그러므로 국가정보기구의 업무에 대해서는 절대 방임과 무한간섭의 극단을 자제하고 적정한 조화점을 찾아 법치 행정의 원칙을 구현하여 결국 국민을 위한 봉사기구로 기능하도록 하여야 할 것이다.

제3항 정보업무의 법적 성격

더 나아가 그렇다면 1차적으로 행정부의 책임이자 권한인 정보업무는 입법 조치에 의해 비로소 창설되는 것인가? 아니면 입법규정은 헌법상 내재된 정보업무를 확인하는 것에 지나지 않는 것인가? 라고 하는 정보업무의 근본적인 법적 성격을 살펴보도록 한다.

정보업무의 법적 성격에 대한 논의는 정보가 대상으로 하는 '국가안보' 그리고 '국가이익'이라고 하는 개념이 가변적이며 포괄적인 내용을 가진 것이어서, 국민의 권리와 의무에 직결될 수 있는 내용이기 때문에 법치 행정의 원칙에서는 필수적이다. 또한, 국민주권의 민주국가에서도 법률 규정에도 불구하고 정보업무의 근본적인 법적 성격은 무엇이고 어느 한계까지 정보기관의 업무인가?[88]에 대한 논의가 여전히 있을 수 있기 때문에 실천적으로도 매우 중요한 의미를 갖는 논의라고 하지 않을 수 없다.

을 가지고 많은 국가정보를 획득하고 있는데, 그러나 아직 (의회는) 의심스럽고 믿음이 가지 않는다."라고 말했다. Robert M. Gates, *"The CIA and American Foreign Policy,"* Foreign Affairs 66, no. 2 (Winter 1987-88), p.225.

88) 2007년 한국 대통령 선거에서 모 대통령 후보에 대한 국가정보원의 정보활동이 대통령의 고위 공직자 부패방지 감시를 위한 특별 지시에 의해 이루어졌다는 보도가 있었고 그에 대한 국력 소모적인 논쟁이 있었다. 이에 대해 국정원 책임자는 항의 방문한 국회의원들에게, "오늘날 국가안보라는 개념은 시대 상황에 따라 바뀌는 것이기 때문에, 공직자 비리에 대한 정보활동도 국가정보기관의 업무 범위에 속한다."라는 취지의 답변을 했다고 한다. 매우 잘못된 인식임은 명백하지만, 여기에서 알 수 있듯이 정보기구의 업무 범위 성격에 대한 논쟁은 실천적 의미를 가지고 있음이 뚜렷하다.

Ⅰ. 입법 창조설

국가정보 업무는 국민의 대표기관인 의회에서 적법한 절차에 따라 제정한 법에 따라서 비로소 창설된 국가업무라는 견해이다. 즉 국가정보 업무는 입법에 따라 비로소 창설되는 업무이지 헌법상에 당연히 내재되어 있는 내용은 아니라는 견해이다. 이러한 주장을 조금 더 넓혀 보면, 따라서 국회가 정해 주지 않는 정보활동을 하고 그러한 활동에 예산을 사용한 것은 권한 남용이고 예산의 불법 전용으로 형사법적 책임 문제가 따를 수 있다는 것이다.

Ⅱ. 입법 확인설

국가정보 업무는 구체적인 입법의 여부와 무관하게 헌법에 이미 내재되어 있는 국가의 기본사무라는 견해이다. 즉 국가정보 업무는 국정의 최고 책임자로 행정부의 수반인 대통령이 국가안보를 확고히 하고 국가이익을 지키기 위해 당연히 필요한 업무로서 국회의 입법은 그러한 대통령의 헌법상의 내재적 권한을 다시 한번 확인한 것에 지나지 않는다는 것이다. 따라서 입법적으로 내용이 확정되지 않은 국가정보 업무도 국정운영을 위해 필요한 한도 내에서는 대통령이 헌법상의 내재적 권한으로 행사할 수 있다는 견해이다.

Ⅲ. 결 어

헌법에 정보업무를 직접 명정한 입법사례는 많지 않다. 우리 헌법도 어디에도 '정보업무'와 '정보기구'를 언급하고 있지않다. 그러나 현행 헌법은 대통령은 대통령이 국정 최고 책임자임을 명백히 밝히고 있다(제66조 제3항, 제66조 제1항). 대통령은 국가의 독립, 영토의 보존, 국가의 계속성과 헌법을 수호할 책무가 있고(제66조 제2항), 국가보위와 국가이익을 증진할 책임이 있으며(제69조), 내우·외환·천재·지변 또는 중대한 재정·경제상의 위기에 있어서도 국가의 안전보장을 지켜내어야 할 책무가 있다(제76조 제1항). 전시·사변 또는 이에 준하는 국가비상사태에서도 국가의 안전보장을 수호할 책무를 부여받고 있다(제77조 제1항).

대통령의 헌법적 책무를 성실히 수행하기 위하여 대통령은 어떤 국가기관으로부터도 조력을 받을 수 있음은 물론이다. 이러한 이유 등으로 국가안보와 국가이익 보호를 주목적으로 하는 국가정보 업무는 헌법상 내재되어 있는 대통령의 고유권한이라는 주장이 타당하다고 할 것이다. 그러나 이것은 어디까지나 고유한 국가정보 업무에 한정함을 뜻한다. 정책과 정보 부분에서 상세히 살펴보겠지만 원래 정보는 정책을 지원하는 기능을 하는 것으로 정책영역을 침범해서는 안 된다는 것이 민주국가의 정보업무에 있어 불문율로 되어 있다.

그러나 후술할 비밀공작(covert action)은 정보기구가 직접 나서서 대외정책이나 군사정책을 실행하는 대표적인 정보와 정책의 혼합영역이다. 또한, 비밀을 지킨다는 소극적인 보안 활동을 넘어선 방첩공작이 순수한 정보업무 영역인지에 대해서도 논의가 있다. 그러므로 정보의 수집 · 작성 · 배포(국가정보원법 제3조 제1항) 등 고유한 국가정보 업무는 헌법에 근거한 업무로, 입법부의 입법은 확인적 입법규정이라고 할 것이다. 그러나 비밀공작과 단순 보안 활동을 넘어선 방첩공작은 입법에 의해 규정됨으로써 비로소 정보기구의 합법적 업무가 되는 입법 창설적 업무라고 함이 타당하다고 본다.[89]

---

89) Shulsky & Schmitt(2002), p.132.

제3절 국가정보와 법집행

제1항 법집행(Law enforcement) 개관

법집행은 공권력에 의한 강제력 있는 실정법의 적용을 말한다. 법에 규정되어 있는 내용을 적법절차를 통해 공권력을 사용하여 실현해 나가는 과정이다. 국가 법집행 업무 가운데 대표적인 것이 수사이다. 수사는 죄형법정주의의 원칙에 따라 죄로 규정된 특정한 행위에 대해 형사처벌을 실현해 나가는 일련의 공적 활동이다. 수사의 결과는 법원의 재판을 통하여 사법 정의의 실현이라는 궁극적인 목적이 달성된다. 따라서 수사는 증거재판의 원칙과 엄격 증거의 원칙이 지배한다. 그러므로 아무리 훌륭한 정보에 의해 수집된 증거라고 해도 엄격한 법정 증거에 의해 뒷받침되지 않으면 형사사법 절차상의 증거로 사용할 수는 없다.

그러나 정보활동은 정형이 없는 사실상의 활동이다. 정책에 봉사하기 위해 전개되는 것이지 재판을 전제로 하는 것도 아니다. 정보는 형사처벌을 전제로 하여 수집되는 것이 아니므로 형사 절차적 규정을 고려하여야 하는 것도 아니다. 그러나 오늘날 법집행기구의 업무영역인 테러와 마약 문제 그리고 국제조직범죄 등 다양한 범죄의 영역이 새롭게 국가정보의 영역으로 편입됨에 따라서, 정보활동에 의해 수집된 자료들이 사법절차에서 증거 또는 증거의 원천이 되는 경우가 적지 아니하게 발생한다.

통상 법집행이라고 하면 수사를 연상할 수 있으나, 법집행에는 수사 이외에도 계호, 검문검색, 재난재해 구호, 교통질서, 형벌의 집행, 인·허가업무 등 법규정상 공권력을 통하여 법률 규정의 목적이 달성되게 되어 있는 제반 업무가 법집행의 범주에 포함된다. 법집행은 국가 정책 분야의 하나이기 때문에 국가정보로부터 서비스를 받게 되고, 따라서 다양한 정보에 바탕을 두고 또한 자체적인 범죄정보 수집을 바탕으로 한 소위 "법집행적 정보활동"이 있게 된다.

본서에서는 수사와 정보의 중요한 관계를 염두에 두면서, 그 이외의 법집행 분야에도 정보 문제가 중요하게 연관될 수 있으므로 정보와 법집행이라는 제하에 양자의 관계 및 그에 따라 나타나는 문제를 살펴보도록 한다. 정보와 법집행은 목적과 대상이 상이하지만 다른 어떤 행정 분야보다도 밀접한 관계가 있어서 상호 간에 긴밀한 유대관계가 요구되어 친밀한 관계를 유지할 것 같으나 반드시 그렇지는 않다. 정보와 수사가 분리된 대다수 국가에서는 전통적으로 양 공동체가 때로 대립하고 반목한 경우가 적지 않았다.

그것은 정보공동체와 법집행공동체의 역할과 문화에서 차이가 있고, 국가의 행정질서 속에서 각 기관의 책임과 목적이 다를 뿐 아니라 국가정보에 대한 기대 가치와 사용 방법이 상이하기 때문에 발생하는 문제이기도 했다. 게다가 업무의 속성상 의식적이건 무의식적이건 양자는 중복되는 경우가 발생함으로써 선의의 경쟁이나 협조적 양보보다는 부처 이기주의에 뿌리내린 경쟁적 관계가 형성됨으로 인해, 긴밀성이 유지되어야 할 관계가 오히려 대립과 반목으로, 또는 무관심으로 귀결되기도 했다. 특히 해외정보수집과 국내정보수집이 법적으로 구별된 국가의 경우에는 일원화된 국가의 경우보다 그 경쟁 관계가 더욱 심각한 양상으로 전개된 경우가 많다.

여기에서는 정보공동체와 법집행공동체의 특성을 알아보고 현대의 추세를 간단히 살펴본다. 전통적으로 그러한 영역의 확대 또는 침범의 문제는 법적으로 명백하게 업무 내용이 규정되어 있는 법집행기관의 경우보다는 개념 자체의 모호성과 국가안보라는 다의적이고 포괄적인 개념에 직접 연결된 정보기관의 음습성이라는 측면에서 주로 논의되었다.

제2항 정보와 법집행을 밀접하게 만드는 요소

국가정보는 국가정책에 대한 비밀스러운 고도의 서비스를 목표로 하므로 그 성격상 어느 부처의 어떠한 내용의 업무인가에 무관하게 현대 국가행정에 있어서 국가정보 없이 성립될 수 있는 정책 분야는 거의 없다. 게다가 정보는 그 업무의 성격상 국가안보에 대한 정보를 수집·가공·분석·생산하는 것이 주된 임무이므로 치안유지 등 공공 질서를 목적으로 하는 수사 등 법집행기관의 업무영역에 대해 자연히 그 관심이 미치게 됨도 부인할 수 없다. 왜냐하면, 치안유지는 국가안보와 동전의 양면과 같은 관계이기 때문이다.

한편 세계화의 필연적인 결과에 따라서 다양한 인적 · 물적 교류가 이루어짐으로 인하여 국내법적인 질서 속에서의 임무를 전제로 하였던 법집행기관의 업무는 국내를 벗어나서 해외로까지 널리 뻗쳐서 전개되고 있다. 예컨대 국제 노동시장의 활성화는 각국 사이에 획기적으로 수많은 노동인구의 교류를 이루게 되어 그에 따른 법 집행업무의 수요도 급속히 증가했다. 그러한 해외 연결성 증가 추세는 국제통신과 운송 수단의 발달에 따라 더욱 증대될 전망이다.

한편 국제테러, 마약밀매, 국제조직범죄, 불법 이민, 국경을 초월한 자금세탁 문제 등은 분명히 법집행기관의 업무영역이다. 그런데 이러한 초국가적 영역에 대한 대상 범죄들이 일국의 범위를 넘어서서 국제화되고 대량화됨에 따라서 그에 대응하는 법집행기관의 업무 범위도 해외로까지 연장되게 된다. 그러한 초국가적인 위협은 한편으로는 일국의 국가안보에 대한 위협적인 요소로까지 급부상되어 치안유지라는 사회질서 확립의 차원을 넘어서서 국가안보의 문제로 인식되고 그 결과 대부분 국가에서 국가정보의 영역으로 인정되었다.

오늘날 테러와의 전쟁은 국경 없는 전쟁이지만 전통적인 개념의 특정 주권국가와의 재래적인 전쟁 수행보다 훨씬 난해한 업무라고 인정되고 있다. 대상의 정확한 포착이 쉽지 않고, 성격상 공격보다 수비 위주의 형태로 전쟁을 수행하게 되고, 테러조직의 현재의 리더가 체포 또는 사망해도 끊임없이 후계자가 나타남으로써 종국적 분쇄는 어렵다는 점, 게다가 테러문제의 저변에는 종교 등 확신적 이념이 전제되어 대부분 테러조직은 자신들의 최종적인 승리를 확신하며 결코 패배를 인정하지 않는다는 점 등으로 테러와의 전쟁은 국가 사이의 재래식 전쟁보다 훨씬 어렵고 지속적인 위협을 가지고 있다.

또한, 테러는 그 대상이 무고한 시민 등을 가리지 않는다는 점에서 일단 테러조직의 목표가 되면 곧 국가안보에 대단히 치명적인 위협이 된다. 여하튼 위와 같은 다양한 이유 등으로 인해 국가정보공동체와 법집행공동체 사이의 업무영역은 중복되고 양자 간의 긴밀성은 더욱 요구되는 것이 현대 국가정보와 법집행의 변화된 모습이라고 할 수 있다.

제3항 정보와 법집행의 차이

정보와 법집행은 여러 가지 점에서 차이가 있다. 정보와 법집행 그리고 법집행 정보에 차이를 가져오는 요인으로는 먼저 활동 주체인 정보공동체와 법집행공동체의 관점, 업무 목적 등 주체적 요인이 있다. 다음으로는 사법절차라는 외부적 요소가 확연한 차이를 초래한다. 법집행은 사법절차를 통해 종결되는 것이므로 형사사법 절차를 떠나서는 존재하지 아니한다. 그러나 정보는 궁극적으로 정책에 반영됨으로써 그 가치가 부여되고 재탄생되는 것이기 때문에 원천적으로 일국의 사법절차를 반드시 전제할 필요는 없다. 아래에서 살펴본다.

I. 정보에 대한 기대

전통적으로 정보공동체는 정치와 외교 문제에 대한 정보와 군사정보를 수집함을 목적으로 창설되었다. 반면에 법집행공동체는 수사 같은 개별법 집행에 관심이 집중된다. 정보수집 방법에 어떤 정형이 있는 것도 아니다. 따라서 어느 나라건 정보공동체의 정보수집 방법을 규율하는 법률 규정은 대개 가지고 있지 않다. 정보수집의 방법을 제한하는 것은 정보수집을 하지 말라는 것과 같으므로 그를 제한하면서 정보를 수집하라고 할 수는 없기 때문이다. 그렇다고 하여 정보수집 목적이 절차까지 정당화시킨다는 의미는 아니다. 필요한 정보를 획득하였는가, 획득하지 못했는가라는 결과 자체가 정보의 성패를 말해주기도 한다.

통상 정보공동체는, 해외정보수집의 경우에는 자국 시민을 직접 상대로 하는 것이 아닌 한, 가능한 최선 최고의 방책(이것을 정보의 세계에서는 스파이 기술, tradecraft라고 한다)을 동원하여 필요한 정보를 수집한다. 그러나 국내정보수집의 경우에는 외국에서의 정보수집 기술·방법과는 다를 수밖에 없다. 그것은 국내정보 활동이 민주적 법질서 체계 내에서 합법적으로 이루어질 것이 반드시 요구되기 때문이다. 따라서 국내정보활동에서 민주적 법질서를 위배한 정보수집은 아무리 국가안보라는 목적을 내세우더라도 실정법 위반의 책임을 면할 수 없게 된다. 그러나 위법 수집정보라고 해도 사법절차에서의 증거능력은 별도의 문제로 하고 정보 가치, 즉 정보 증명력이 저감되는 것은 아니다.

반면에 법집행공동체는 기본적으로 일국의 영내가 주요 활동무대로 그 관심 대상도 정치·외교 문제나 국방의 문제가 아닌 범죄와 법질서 유지 등의 문제에 집중된다. 그리고 해외에서 어떤 법집행 문제가 발생하면 그것은 정보공동체의 접근과는 다르게 상대국가와 공식적 외교채널 등을 통한 공개적 협조를 통해 문제를 해결하게 된다. 결국, 국가정보기구는 국가안보 문제를, 반면에 법집행기구는 치안유지 등 사회질서 확보를 목적으로 하고 법은 양자에게 서로 다른 기대를 가지고 있는 것이다.

II. 계속성의 문제

정보원(intelligence source)의 계속된 활용의 관점에서도 정보공동체와 법집행공동체의 활용 방법에는 작지 않은 차이가 있다. CIA의 KGB를 위한 이중간첩이나 KGB의 서방 정보기구를 위한 이중간첩들은 적발만 되지 않으면 수년 또는 십수 년을 계속하여 정보원으로 역할을 하고, 각 정보기구는 지속적인 활동을 기대하며 정보원을 활용한다. 즉 정보공동체의 정보원은 장기성을 기본속성으로 한다. 왜냐하면, 상대세력이 존속하고 경쟁 관계에 있는 한 정보 수요는 중단될 수가 없기 때문이다. 반면에 법집행공동체의 정보원도 국제테러 조직이나 마약밀매 조직에 대한 것처럼 계속적 정보원의 필요성이 인정되는 때도 있으나, 사건에 대한 수사와 처벌을 목적으로 운용되는 법집행기구의 업무 속성상, 정보원은 관련 사건에 대한 정보를 제공해 줄 것이 기대되고, 따라서 그 사건에 대한 사법절차가 종료되면 정보원의 역할도 다한 것으로 간주된다. 따라서 법집행공동체의 정보원은 단기적 운용이 일반적인 현상이라고 할 수 있다.

III. 사용 주체사상의 차이

정보공동체가 수집·분석하여 생산하는 정보는 대통령을 비롯하여 국회나 행정부처 정책결정권자 등에게 제공되며 그들이 주요한 정보수요자들이다. 즉 국가정보는 국가정책 담당자들에게 제공되어 서비스하기 위한 것으로 정보기구 자체가 수집정보의 최종 수요자가 되는 것은 아니다.

그러나 법집행공동체의 경우는 정보수집이 자신의 업무 수행, 즉 자체적인 문제해결을 위해 이루어지는 것이 통상적이다. 특별한 경우 법집행 절차 중에 수집된 정보가 국가안보에 관련된 것인 경우는 대통령을 비롯한 다른 유관부처의 정책 입안과 실행을 위해 사용될 수도 있지만 법집행기구는 원칙적으로 자신의 현안 사건 해결을 위해 사용할 수사 업무 추동적인 정보활동을 하게 된다.

Ⅳ. 수집방법에 관한 법 규율상의 차이

통상적으로 해외에서의 정보수집은 각국의 능력 범위 내에서 그리고 해당 정보원의 역량에 따라서 전개되는 광활한 사막에서의 보이지 않는 전쟁, 즉 소리 없는 전쟁(silent warfare)이다. 상대방이 드러내고 싶지 않은 것을 알아내려는, 즉 비밀스러운 내용을 탐지해내려는 정보의 특성상 법합치적인 방법으로만 정보수집 활동을 하라고 할 수는 없다. 물론 국내에서의 정보수집은 국민의 기본권과 국가안보의 조화의 문제로서, 당연히 헌법을 정점으로 하는 법질서 속에서 이루어져야 한다. 그러나 국가안보의 속성인 긴급성과 중대성이라는 현실적인 문제로 국가정보 활동에 관련한 일반적인 법 원칙에 대해 예외를 인정하는 많은 법 규정이나 훈령 내규들이 있는 것도 사실이다.

반면 법집행공동체의 활동은 자체 내규나 훈령, 대통령 명령, 규칙, 법 규정뿐만이 아니라 법원의 판결에 비추어 엄격한 적법절차(Due process of law)를 준수해야 한다. 적법절차를 준수하지 아니한 법 집행은 법을 수단으로 한 폭력에 지나지 않는 것으로, 사법적 심사의 대상이 되고때로 국가배상과 보상 문제[90] 뿐만이 아니라 구체적 행위자 개인의 손해배상 문제에 직접 연결된다.

그래서 법집행기관이 수집한 증거에 대해서는 형사소송법상 제2절 증거라는 제하에 엄격한 관련 규정이 제307조부터 제318조의 2까지 상세하게 기술되어 있다. 이를 다른 관점에서 보면, 법집행공동체가 위법한 방법으로 수집한 정보 중에서도 정보공동

---

90) 행정법적으로 "배상"은 불법행위에 대한 손해의 전보를 의미하고, "보상"은 적법한 행정행위 중 결과적으로 국민에게 손해를 끼친 것이 명백한 경우에 국민의 손해를 보완해 주는 것으로, 양자는 국민이 입은 손해를 전보해 주는 민주 법치국가의 손실전보제도이다.

체의 관점에서는 최고의 가치를 가진 것으로 평가할 수 있는, 그래서 정책형성과 집행에 반영될 수 있는 매우 훌륭한 정보가 있을 수 있지만 법정 증거로는 사용될 수 없다는 것을 의미한다.

V. 사용상의 가치에서의 차이

정보공동체가 수집한 정보에 대하여는 정보의 증거능력이라든가 정보의 증명력이라는 개념이 없다. 반면에 법집행기관이 수집한 증거는 증거능력과 증명력이라는 이중의 관문을 반드시 통과해야만 유죄의 증거로 사용할 수 있다.

법집행기관의 정보활동은 수집한 범죄정보를 바탕으로 증거를 확보하여 범죄자를 처벌받게 하려는 데 수사 목적이 있다. 한편 형법상 피고인 등은 신속한 재판을 받을 권리를 포함하여 국가의 불법 부당한 공권력 집행에 저항할 수 있는 권리가 인정된다. 또한, 유죄에 대한 증거는 엄격한 증거조사절차를 거치고 합리적인 의심이 없는 증거이어야 한다.[91] 그러므로 피고인의 법적 권리를 무시한 법집행은 불법적인 것으로, 법적 효력을 가질 수 없을 뿐 아니라 불법에 대한 민사적 · 행정적 · 형사적 책임을 면할 수 없다. 이처럼 법집행의 효력은 일반 국민에게 직접적이고 구체적으로 미치기 때문에 엄격하게 법의 지배(rule of law)의 원칙이 적용된다.

반면에 정보는 필요적으로 어떤 조치를 전제로 하여 획득하려는 것은 아니고 정책준비나 상대세력에 대한 전체적인 전망이나 추세 파악을 위해서도 수집된다. 또한, 수집되는 정보의 절차나 원천은 업무의 계속성을 위하여 그리고 정보원에 대한 비밀 보호의 원칙상 노출되지 않음을 목적으로 한다.

뒤에서 살펴보겠지만 국가안보 문제가 개재된 사건으로, FBI가 해외정보감독법에 따라 수집한 정보를 범인의 기소와 유죄증거로 사용한 북아일랜드 과격 테러단체 피라(PIRA)의 멤버인 듀간(Duggan) 사건에서 화이자 특별법원은 정당하게 수집된 정보라면 해외정보수집의 결과물이 일부 형사소추 절차에서 증거로 사용될지도 모른다고

---

91) 부득이 공개가 어려운 증거인 경우에 대비하여 미국의 경우는 1980년 비밀 분류 정보정차법(The Classified Information Procedures Act of 1980)에 의해 정식증거조사가 아닌 약식증거에 의해 유죄를 인정할 수 있도록 특별법을 두고 있다. 동법은 헌법상의 피고인의 제반 권리와 국가안보와의 조화를 이루기 위한 특별법이다.

기대하는 것을 위법이라고 할 수는 없다고 판결했다. 소위 주된 목적이론(Primary purpose)으로 만약 원래의 목적이 형사 소추 목적이 아니라 정보수집을 위한 것이라면, 정보활동에서 절차를 위배하여 입수된 정보라고 해도 형사소추 절차에서 사용되지 못할 이유는 없다는 것이다.[92] 이 판결은 정보와 법집행의 차이를 잘 보여 준 판결이다.

Ⅵ. 정보가치에 대한 판단자의 문제

법집행기관의 범죄정보 중에서 피고인의 유죄를 입증하기 위한 정보는 결국 증거를 통해 반영된다. 그러므로 범죄정보에 대한 최종판단은 엄격 증거재판주의에 기초해 '법원'의 판단을 받게 된다. 그러나 정보공동체의 정보에 대한 가치판단은 자체적인 정보분석 전문가들에 의한 분석을 통하여 그 정확성과 신뢰성 그리고 향후 예측성에 대한 정보가치가 판단된다. 그러한 정보분석에는 법적으로 요구되는 최소한의 요건도 없고 오로지 정보분석 전문가들에 의한 경험과 예측을 바탕으로 이루어진다. 한편 법원의 판사들은 헌법과 법이 정하는 엄격한 자격요건을 갖춘 자 중에서 선발된다. 반면에 정보분석 전문가들은 지식이나 경험상의 요건 이외에 특별히 헌법이나 법에 정한 요건은 없다.

Ⅶ. 독수(毒樹)의 과실(果實)의 원칙

독수의 과실의 원칙은, "독나무 줄기의 독은 열매에도 미친다."는 평범한 진리를 형사증거법에 반영한 증거법상의 원칙을 말한다. 1920년 Silverthorne 사건에서 처음 인정되기 시작하여 1939년 Nardone 사건에서 그 용어가 처음 사용되었다.[93] 그것은 오늘날 대표적인 형사 피고인의 권리 중 하나로서, 위법하게 수집한 증거의 증거능력 제한의 원칙이다. 나무의 중추, 즉 기둥에 독이 들었으면 그 독은 나무의 줄기에도 당연히 뻗쳐나가고, 따라서 그 나무에서 맺은 열매에도 독극물 성분이 이어질 것이기 때문에 연관성이 있는 모든 복합체를 무효화시킨다는 증거법상의 대원칙이다.[94]

---

92) Dycus(2007), p.532.
93) Silverthorne Lumber Co. V. United States, 251 U.S. 385 (1920)과 Nardone V. United States, 308 U.S. 338 (1939).

독수의 과실의 원칙에 기초하여 법집행공동체의 경우에는 위법수집증거는 해당 증거만이 증거능력을 상실하는 것이 아니라 그 증거를 전제로 하여, 즉 그 증거를 사용해 수집된 후속 증거도 모두 증거능력이 배제된다. 전제된 증거에 독이 있었다면 그 독은 후속된 증거에도 이어질 것이기 때문이다.

그러나 정보공동체의 정보는 그렇지 아니하다. 예컨대 심한 고문을 통하여 하나의 정보를 획득하고 그러한 고문 정보를 바탕으로 다음 정보를 획득한 경우나 어떤 정보원을 협박이나 매수를 통해 정보원으로 고용한 후 얻어낸 정보 등 어떤 것이라도 독수의 과실의 원칙 때문에 계속하여 수집한 정보의 정보가치가 배제된다는 논리는 성립되지 않는다.

Ⅷ. 결 어

원래 법집행 절차는 체포하여 기소한 범죄자에 대한 유죄를 증명하는 것에 집중되어 있다. 그러므로 법집행 업무는 과거 지향적이고 사건 중심적이다. 법집행, 즉 수사는 사건을 해결하기 위한 것이라는 의미는 이것을 말한다. 법집행 담당자는 증거수집과 현출에 있어서도 사건이나 범인에 대한 모든 자료를 샅샅이 수집하거나 증거로 제출할 필요도 없다. 오직 기소된 사건에 대해 유죄를 인정받는 데 필요한 한도 내에서 수사하고 사건을 종결지을 수 있다. 이 점에서도 아무리 사소하게 보이는 미세한 현상이라도 끝까지 추적하고 분석하여 미세한 점을 연결하여 전체적인 그림을 그려야 하는 정보활동과 차이가 있다.

수사는 끊임없이 반복되기는 하지만 또한 장래 유사 범죄에 대한 대책 차원에서 종합되고 분석되기도 하지만, 본질적으로 해당 사건이 해결되면 절차는 종결되고 정의는 실현된 것으로 간주된다. 한편 수사에 있어서 혐의자에 대한 제반 감시와 추적의 목적은 유죄자를 처벌하려는 데에 있다. 그러나 정보에 있어서는 감시와 추적 등 정보활동은 개개인에 대하여 불리하게 사용해서는 안 되며, 국가안보와 국가이익을 수호하기 위한

---

94) 다만 위법하게 수집된 증거에 의하여 수집된 증거라고 할지라도 수사기관이 독립된 자료에 의하여 과실(果實)의 존재를 파악하고 있었거나, 위법수집증거와 과실 사이에 인과관계가 인정되지 않을 때는 이 원칙이 적용되지 않는다.

목적으로 사용할 '정보수집'에 있다.

오늘날 통신기술과 항공 등 교통수단의 획기적인 발전은 더욱더 정보공동체와 법집행공동체의 밀접한 협조 관계를 요구하고 공동 대처할 것을 요청하고 있다. 비록 정보공동체와 법집행공동체 사이의 업무 수행에 있어서 규칙과 목적 및 업무절차, 인력의 운용 방법, 업무 수행 방법 그리고 각자의 영역에서 수집하는 정보의 양이나 질에서 차이[95]가 있지만, 기존 법질서의 틀 속에서 필연적으로 요청되는 양 공동체의 긴밀한 정보교류와 조화를 가능케 하는 절차는 분명히 구축될 필요가 있다. 그러므로 양 공동체가 서로를 존중하며 공공질서와 국가안보를 위한 머리를 맞댄 진지한 논의가 필요하다.

미국의 경우는 1994년 정보공동체와 법집행공동체의 합동 특별연구단이 구성되어 법 정책, 작동방법, 정보관리, 사법적 지원책 등에 관해 연구했다.[96]

정보공동체와 법집행공동체의 조화와 협조의 문제 이외에 가장 중요한 이슈는 어떻게 정보공동체가 구체적인 업무 수행을 완결하는 법 집행공동체의 업무를 효율적으로 지원할 수 있을 것인가? 에 집중되었다. 정보공동체의 도움 없이 법집행공동체의 힘만으로 점점 대형화하고 국제화되어가는 국제조직범죄 등에 대처하기는 어렵고, 법집행공동체를 통한 궁극적인 형사처벌 절차 없이 정보의 수집과 현황 파악만으로 국가안보와 사회치안 목적을 달성할 수도 없음이 명백하므로 정보의 법집행에의 융합과 협조는 매우 중요하다.

전통적으로 정보기관에 수사권을 부여하지 않는 이유가 소위 무소불위의 권력형 정보·수사기구의 위험성에 대한 사전 예방조치 때문이었던 점을 명백히 인식하면서도,

---

95) 1차 획득 정보, 즉 첩보에 대한 정제과정이 없는 법집행기관의 경우는 '**사건발생정보**' 등 사실적인 정보가 대부분이다. 정제된 정보(intelligence)를 다루는 정보기구도 정보의 우선 인지를 통한 우월성의 확보 등의 유혹 등으로 정보 후진국에서는 첩보 등 사건발생정보를 정제된 분석정보보다 가치 있는 것으로 취급하려는 경향이 농후하다. 오늘날 가장 큰 첩보전달기관은 언론 등 매스컴이다. 특히 전 세계에 깔린 정보통신망에 기초하여 지구 오지 등 각지에서의 생 정보를 전달하는 CNN 뉴스의 정보는 그 신속성과 문제해결 방향 등의 제시에 이르기까지 때로는 생 정보의 범위를 넘어선 정제된 정보라는 느낌이다. 그러나 정책담당자는 어떠한 경우에도 분석을 통한 향후 예측에 대한 전망 없이 생자료에 기초한 단순한 선지식의 우월성을 과시하려는 정보는 멀리해야 한다. '카더라.' 또는 '…에 비추어.' 라는 의심(느낌)이 든다."는 문구로 표현되는 '**의견이나 느낌 첩보**'는 국가정보로서의 가치는 가질 수 없다.

96) Joint Task Force on Intelligence and Law Enforcement (JICLE), IC21 : The Intelligence Community in the 21st Century, (Staff Study Permanent Select Committee on Intelligence House of Representatives One Hundred Fourth Congress), *available at*, http://www.fas. org/ irp/ congress/1996_rpt/ic21/ic21013.htm.

국가안보 환경의 변화에 따른 정보와 수사의 융합에 대한 진지한 재검토는 필요하다.

최소한의 기준으로 양 공동체가 서로의 권위와 업무 가치를 존중하면서 진지한 협력 체계를 구축해야 할 것으로서, 양 공동체의 유관 정보에 관한 관리위원회가 구성되어 법집행공동체에 필요하고 법집행을 통해 해결될 문제에 대해서는 바로 해당 정보가 제공되며, 한편 법집행 결과는 바로 관리위원회에 통보되어 정보와 업무처리 결과가 체계적으로 환류되는 체계의 구축을 고려할 필요가 있어 보인다. 더욱 구체적으로는 대부분 선진정보기구의 추세이지만 방첩정보가 주축인 국내정보와 국외정보를 구분 하여 국내정보기구에는 법집행 권한을 함께 부여하는 방법도 고려되어야 할 것이다.[97]

---

97) 따라서 2020년 문재인 정부에서의 국가정보원법 개정은 정보와 수사는 분리하는 것이 대원칙이라는 관점 인 것으로서, 출발부터 잘못된 것임을 알 수 있다.

제4절 국가정보와 국제법

제1항 개 관

국가정보 활동은 원칙적으로 해외정보 활동이 주축을 이루게 된다. 따라서 국가정보 활동은 국제법과는 직접적인 연관을 가진다. 국제법적인 관점에서 중요한 쟁점은 타국 영토 내에서의 정보수집 활동, 즉 스파이 활동을 국제법은 어떻게 취급하느냐는 문제이다. 바꾸어 말하면, 국제적인 정보수집 활동을 규율하는 국가 사이의 합의, 즉 조약 등 성문 국제법은 있느냐는 문제와 스파이 활동에 대한 국제관습법의 규율은 어떠하냐는 문제이다.

원래 국가 간의 스파이 활동은 고대국가의 성립부터 전개되어 온 관행이라고 간주된다. 오늘날 국제관습법은 성문법인 조약 등과 더불어 국제법의 중요한 연원으로 인정되고 있기 때문에, 스파이 활동에 대한 국제관습법의 존재를 살펴보는 것은 바로 국제법의 존재를 파악하는 것이 된다. 또한, 형식적인 성문 규범의 존재 여부를 떠나서 근본적으로 외국에서의 정보수집 활동 자체에 대한 국제법적인 평가는 어떠한가도 살펴야 할 중요한 쟁점이다.[98]

물론 여기에서 논의하는 정보수집 활동은 공개적으로 타국에 대한 주권간섭 또는 침해임이 명백해 보이는 파괴적 활동은 포함하지 않고, 평화시에의 비밀스러운 정보활동에 한한다. 주권 간섭적 활동은 세계평화와 안전 그리고 인권 존중과 발전을 이루려는 유엔 헌장에 명백하게 반하는 불법행위로서 적법성 여부가 논의될 여지가 없이 마땅히 지양되어야 할 것이기 때문이다.

그러므로 문제는 외국의 동의 없이 고도의 은밀한 방법을 사용하여 외국에서 정보를 수집하는 활동에 대한 국제법의 기본원칙은 어떠한가에 집중한다. 비밀 분류된 미국 국방부의 자체 연구 결과에 따르면 미국 정보당국은 외국에서의 은밀한 비파괴적 정보수집 활동은 현행 국제법의 원칙상 원칙적으로 불법이고, 해당 정보요원 개인의 위험부

---

98) Craig Forcese, Spies Without Borders: International Law and Intelligence Collection, 05_FORCESES V9 0321 (CLEAN) 6-9-11.DOCX(2011.6).

담 하에 행해야 한다고 결론지었다.[99]

아래에서는 이러한 일반적인 이해를 바탕으로 먼저 국제법적으로 해외정보수집 활동 자체가 금지되어 있는지, 특별히 스파이 활동을 금지하는 강행규범이 존재하는지를 살펴본다. 다음으로 만약에 국제법으로 스파이 활동을 제한하는 규범이 없다면 해외에서의 스파이 활동의 본질이 적법성을 가진 것인지, 아니면 불법한 것인지를 검토해 본다. 이러한 법적인 검증 노력은 자칫 정보활동을 사실관계로만 생각하고 따라서 법규범과는 무관하게 개별국가의 역량 범위 내에서 능력껏 실행하는 약육강식의 논리를 제한한다는 중요한 의미가 있다.

이러한 법적인 논증 노력은 결국 세계평화와 인류의 안전을 확보하고 인권보장과 신장을 목적으로 하는 유엔의 이념을 추구하는 것이다. 그것은 단순한 국가 간의 힘의 논리를 방지하고 정보활동에 대한 국내 법치를 넘어서 국제 법치주의 원칙 적용을 가능하게 한다는 의미가 있다. 원래 자유민주 법치국가의 이념은 단순한 국내법적인 가치가 아니라 인류의 보편적 이념이다. 그래서 유엔은 민주주의 그 자체를 전 인류의 기본권으로 인정한다.[100]

아무튼, 국가정보와 국제법의 상관관계에 대한 이러한 논의는 궁극적으로는 국가 정보활동에 대한 국제법적 통일규범의 제정 문제를 요청할 수 있다는 점에서도 그 의의가 매우 크다. 그 밖에도 위법성이 확인된 정보수집 활동에 대한 국가 주권에 바탕을 둔 관할권의 문제와 면책특권의 문제를 살펴보도록 한다.

제2항 정보수집 활동과 국제규범

I. 관련 규범 개관

정보수집 활동과 관련되는 법의 범주는 크게 3가지로 크게 나뉜다. 하나는 자국 국내법이다. 두 번째는 상대국, 즉 정보수집 대상국의 국내법이다. 세 번째가 국제법이다.

---

99) Roger D. Scott, Territorially Intrusive Intelligence Collection and International Law, p.1.
100) 유엔은 2007년 총회(General Assembly) 결의로 매년 9월 15일을 국제민주주의의 날(International Day of Democracy)로 정하고, 개별 회원국들은 일반 국민이 인식할 수 있는 적당한 방법으로 민주주의 날을 기념할 것을 권고했다.

통상 각국은 정보기구에 대한 근거법에서는 정보수집 활동인 간첩 활동과 간첩 저지 활동인 방첩을 중요한 임무로 설정한다. 그러므로 국내법의 입장에서는 해외에서의 정보수집 활동 중에서 해외에서의 간첩 활동은 정보기구의 권한이자 의무인 셈이다. 각국은 해외간첩 활동이 어느 정도 불법적인 요소가 개재되어 있다고 하더라도 국내 형벌법의 적용을 배제하고 오히려 국가안보 또는 국가이익을 위한 활동으로 적극적으로 권장하는 것이다.

한편 후술하는 바와 같이 1907년 헤이그 협정[Hague IV Convention (1907)]은 제2장(CHAPTER II)에 "스파이(Spies)"라는 제목으로 스파이에 대한 처리와 관련하여 총 3조에 달하는 내용을 담고 있다.

그러나 현재까지 정보수집 활동을 직접 대상으로 하는 국가 간의 성문법적인 조약은 정보활동을 적극적으로 옹호하는 내용이건 소극적으로 제한하거나 금지하는 내용이건 간에 공식적으로는 체결되어 있지 않다. 즉 평시의 해외정보 활동을 직접적으로 취급한 성문 국제규범은 존재하지 않는다. 다만 개별 국제조약에서 간첩 활동에 관한 내용을 일부 유추할 수 있을 뿐이다.

사실 역사적으로 보아도 어느 나라건 국가 정보요원, 즉 스파이는 진실한 애국자였다. 그들은 빛나지 않는 음지에서 일하고 실패는 추궁당하지만, 성공은 알려지지 않고 칭찬 되지도 않았다. 그들은 남이 할 수 없고 하지 않는 일을 통해 국가안보를 수호하는 첨병으로 활약했다. 그러면서도 그들 국가 정보요원들은 처벌 등 위험에 대해서는 어떠한 안전한 담보책을 가지고 있지도 않았다. 때로는 국적도 부인당할 수 있다. 정보활동은 원래 은밀하여 천태만상의 스파이 활동을 획일화하기 어렵다는 특성의 당연한 귀결이라고 할 수 있다.

국제 관습법적으로는 외국에서의 정보수집 활동은 역사적으로 유구성을 지닌 용인되는 관행이라고 평가된다.[101] 이 경우의 국제관습법은 해외 스파이 활동은 널리 인정된 공공연한 사실이라는 정도의 의미이다. 이것은 스파이 활동에 대한 국제관습법이 스파이 활동의 범위를 한정하거나, 규칙 위반은 처벌을 강제하는 등의 실체적인 내용을 가진 것은 아니라는 뜻이다.

---

101) 한편 국제조약에 대한 비엔나 조약에 따르면 국제관습법은 국제법의 중요한 법원(法源)이다.

그러므로 해외정보수집에 있어서 가장 중요하며 직접적으로 위험성을 가져다주는 법률규범은 정보활동 대상 국가의 국내법이다. 국제법에서 해외에서의 간첩 활동을 제한하는 내용이 없고, 더 나아가 국제관습법으로 정보수집 활동이 오랜 역사적 관행으로 인정되고 있다는 것이 정보수집 대상 국가의 국내법 적용을 제한할 이유는 전혀 되지 않는다.

한국도 국가적 이익에 반하는 죄의 한 유형으로 간첩죄를 규정하여 엄격하게 처벌한다(형법 제98조와 국가보안법 등). 그러므로 외국 정보요원들의 한국 내에서의 간첩 활동은 간첩 활동을 묵인하는 국제관습법의 존재에도 불구하고 적발되면 원칙적으로 한국의 법에 따라 간첩죄로 엄히 처벌받게 된다.

이처럼 대개의 국가가 자국 내에서의 스파이 활동에 대해 형사처벌을 하고 있음은 적극적인 정보활동을 통하여 국가안보를 수호하기 위한 것과 같은 이치라고 할 수 있다. 정보활동 대상국가의 입장에서는 아국에서의 타국의 정보활동은 자국의 간첩 금지 조항을 위반한 것일 뿐 아니라, 유엔 헌장에서 규정하고 있는 주권의 순수성을 침해하는 문제인 것이다.

이러한 관점에서 국제질서 속에서의 정보 활동은 그야말로 이율배반의 극치임을 알 수 있다. 즉 국내법적으로는 중대한 경우에는 사형을 포함하는 형벌로 간첩행위를 금지하면서, 해외에서는 국가이익을 위해 국제관습법상의 권리로서 간첩 정보활동을 적극적으로 권장하고 있는 셈이기 때문이다. 결국, 그것은 자국의 것은 보호하고 다른 나라의 것은 알아내려는 정보(intelligence)의 목적과 상통하는 것이기도 하다.

II. 정보 관련 주요 국제규범

1. 서언

국내적 입법 조치와 무관하게 해외정보 활동은 국제법상 국가안보를 위한 관행으로 간주된다. 간첩 또는 스파이 활동은 인류의 역사와 함께 존재해 왔고 전시에는 당연한 것으로 전쟁법에 의해 규율되는 국가 관행으로 간주되었다.

원래 대상국가의 입장에서는 평시의 간첩 활동은 형사범죄이고 전시의 간첩 활동은 사형에 처할 수 있는 전쟁범죄이다. 그렇다고 하여 국제법이 무조건적으로 스파이 활동을 금지하거나 위법으로 단정하지는 않는다. 국제 관행적으로는 적발된 스파이 활동은 처벌되지만, 그 경우에도 엄격한 법정 형식에 의한 형사범으로 단죄하기보다는 관련 시설을 폐쇄하고 관련자를 추방하는 등으로 정보활동을 더는 못 하게 하거나 불가능하게 하는 중도적 방식의 조치를 취해 왔다.

한편 적발된 스파이 활동을 처벌하려는 것에 대한 가장 효율적인 방어수단도 마련되어 있다. 외교상의 면책특권이 그것이다. 외교적 면책특권 주장은 확립된 국제법상의 외교 관행이다. 외교관 신분을 병행하고 있는 정보요원은 형사처벌에서 면제된다. 그래서 외교관이 스파이 활동으로 체포되면 소위 **'달갑지 않은 손님**(*persona non grata*)이 되어 추방되거나, 정도가 심한 경우에는 일단 체포되어 상대방 국가에 억류되어 있는 사람과의 교환대상으로 활용되기도 하였다.

2. 1907년 헤이그 협정[Hague Ⅳ Convention (1907)]

제4차 헤이그 협정은 제2장에서 "스파이"에 대한 장을 별도로 두고 있다. 헤이그 협정은 스파이는 "교전 중인 작전지역에서(in the zone of operations of a belligerent) 가장하는 등으로 비밀스럽게 행동하여, 첩보를 획득하거나 첩보를 획득하려고 하는 사람"이라고 정의했다. 다만 적진에 침투한 군인이나 공개적인 방법으로 정보활동을 수행하는 사람은 스파이 개념에서 제외된다(제29조). 적발된 스파이에 대해서는 원칙적으로 재판으로 처벌하도록 하고(제30조), 소속 부대에 복귀된 스파이는 전쟁포로(prisoner of war)로 취급할 것이고, 이전의 스파이 활동을 이유로 처벌되지 않을 것임을 명시하고 있다.[102]

---

102) Convention (Ⅳ) respecting the Laws and Customs of War on Land and its annex: Regulations concerning the Laws and Customs of War on Land. The Hague, 18 October 1907. CHAPTER Ⅱ (Spies). Art. 29- 31.

3. 외교 관계에 대한 비엔나 협정

외교 관계에 대한 비엔나 협정 제 31조는 이미 성공한 스파이 활동에 대해서는 사후에 처벌하지 못하도록 소급처벌 금지원칙을 명문화하고 있다. 유추 해석상 모든 스파이 활동을 위법으로 간주하고 있지는 않은 것이다.[103] 따라서 반대 해석상 국제법적으로는 적발되지 않는 정보활동은 적법한 것이라고 할 수 있다.

Ⅲ. 국제형사재판소(ICC)와 정보활동

국제법 중에서도 세계평화와 인류의 공존, 인권의 확보와 증진을 위해 너무나 근본적인 것으로서 문명국가의 이념적 가치에서 절대적으로 전제되어야 할 원칙들을 특히 국제법의 강행규범(*jus cogens*)이라고 한다. 국제강행규범 위배를 전속관할로 하는 상설의 국제형사재판기구가 2002년 창설된 국제형사재판소(International Criminal Court: ICC)이다.

국제형사재판소가 관할하는 범죄는 강행 규범을 위배한 범죄들로서 전쟁범죄(war crimes), 대량살상범죄(genocides), 인류에 반하는 범죄(crimes against humanity) 그리고 침략범죄(crime of aggression)의 4대 범죄이다.

이러한 범죄는 그 성격상 인류의 근본적인 가치를 손상하는 것들로서 전 세계 주권 국가들이 처벌에 대한 인식을 함께하고 발본색원을 위해 노력하고 있는 범죄 유형들이다. 이러한 강행 규범 위반 범죄는 전 세계적으로 금지되고 세계관할권이 인정되어 어느 국가에서 체포되든 형사 관할권이 정당히 인정된다.

그렇다면 타국에서의 정보수집 활동 중에서 해당 국가의 주권 순수성을 침해하는 행위, 즉 국제질서 속에서 해당 국가 존립의 근거를 뿌리째 위태롭게 할 위험성이 있는 정보활동은 세계 4대 관할 범죄처럼 국제법의 강행 규범을 위배한 것으로 볼 수 있을 것인가라는 의문이 제기된다. 어느 국가의 국가안보에 위협을 초래하는 것은 UN이 이념으로 하는 국제평화와 안녕을 뿌리째 위태롭게 할 수 있는 성질을 가진 것으로 전 인류가 함께 막아야 할 범죄이기 때문이다.

---

103) Vienna Convention on Diplomatic Relations (1961). Article 31 제1항.

그러나 아직 어떠한 국제규범에서도 간첩행위를 국제강행 규범 위반으로 평가하지는 않는다. 결국, 현행 국제질서 속에서는 파괴적 활동을 전제하지 않는 은밀한 방법으로서의 스파이 활동은 국제강행 규범의 원칙을 손상하는 것으로 평가되지는 않는다. 따라서 국제 스파이는 국제형사재판소의 관할은 아니다.

다만 대표적인 강행 규범 위배인 전쟁범죄와 관련하여 전쟁법에 대한 제네바 협약은 전쟁 중에 스파이 활동에 대해서 언급하고 있다. 스파이는 군인과 별개로 취급한다. 이것은 스파이는 전쟁포로에 관한 내용을 담은 국제 전쟁법에 의해 규율되지는 않아서, 군인 등 전쟁포로로 취급되지 않고 일반인으로 취급되어 전쟁포로의 권리를 주장할 수 없지만, 반면으로는 전쟁범죄자는 아니라는 의미가 된다.[104] 다만 군인이었던 스파이로 소속 전투 부대에 복귀한 스파이는 전쟁포로(prisoner of war)로 취급할 것이고, 이전의 스파이 활동을 이유로 처벌되지 않는다. 2차 세계대전 중의 전쟁범죄자를 포함해 유고슬라비아 밀라노비치를 전쟁범죄자로 규정하고 국제 특별형사재판소를 설치하여 소급하여 처벌하는 것과 대조적이다. 즉 스파이 활동 자체는 전쟁범죄 그 자체와 구별하는 것이 현 국제법 질서의 인식이고, 따라서 평화시에든 전시에든 스파이 활동은 원칙적으로 국제강행 규범 위반은 아니라는 것이 국제법적 인식이다.

결과적으로 전시의 스파이 활동은 오히려 국제법적으로도 합법성이 인정된다.[105] 또한, 스파이 활동 중에서도 우주 등 외계와 공해상에서의 정보수집, 인류 공동의 유산으로 지칭되는 남극과 북극에서의 정보수집 활동은 국제법적으로 금지되지 않을 뿐만 아니라 오히려 인정된다고 함이 통설이다.[106]

---

104) Hague Convention No. IV §31.
105) Roger D. Scott, op. cit. p. 3.
106) Oliver J. Lissitzyn, Electronic Reconnaissance from the High Seas and International Law.

제3항 해외 정보수집 활동의 국제법적 성격

해외정보수집 활동은 근본적인 성격상 국제법을 위반한 것일까 아니면 위반하지 않은 것일까? 바꾸어 말하면 정보수집 활동은 국제법적으로 생래적 합법성을 가진 것인가 아니면 성격적으로는 불법이지만 모든 국가가 소위 공개적인 비밀로 언급을 자제하고 있는 것에 지나지 않는 것인가라고 하는 근본적인 속성에 대한 문제가 있다. 학설은 크게 두 가지로 나뉜다.

I. 불법성설

해외정보 활동은 근본적으로 불법이라는 견해이다. 이 입장은 평시에의 외국에서의 정보수집 활동은 명백히 주권국가 존중의 원칙을 전제로 한 국제법 질서에 반하는 위법한 행동이라고 못 박는다. 정보활동을 직접적으로 규율하는 국제법이 존재하지 않는 것이, 스파이의 합법성을 인정하는 근거가 될 수는 없다고 주장한다. 국제규범의 부재에도 불구하고 평시에의 정보수집 활동은 불법성을 가진 것으로 보아야 한다는 것으로, 현재까지의 전통적인 다수의 견해이다.[107]

이 견해는 현재 인류 최고의 국제질서인 유엔 헌장 체제에서 영토주권의 신성함과 정치적 독립성, 즉 자결권은 국제법의 기본원칙이고,[108] 이러한 연유에서 평시에 타국에서의 정보수집 활동은 주권국가에 대한 불법적 개입 활동으로서 국제법적으로는 당연히 불법성을 가진다고 역설한다.

스파이 활동은 주권 존중의 국제이념을 무시하고 타국 영토의 신성함을 침해한 것이라고 보는 것이다. 하지만 그 성격상의 불법성에도 불구하고 현재까지 국제법적으로 스파이 활동 자체를 금지하는 국제규범이 존재하지 않는 것은 아이러니이지만, 그것은 결국, 모든 나라가 의도와 능력의 사전 파악이라는 목적을 위해 타국에서의 스파이 활동에 커다란 이해관계를 가지고 있는 산술적 이해 일치의 피상적 결과일 뿐이라는

---

107) 퀸시 라이트(Quincy Wright)가 대표적이다. 동인의 Espionage and the Doctrine of Non-Intervention in Internal Affairs, Roger D. Scott, *op. cit,* p.3.
108) 유엔 헌장 제2조 제4항.

것이다. 불법성설을 지지하는 저명한 국가안보법 전문가인 에이 팍스(Hays Parks)는 대개 모든 국가가 국내법으로는 간첩행위를 금지하면서 다른 나라에 대한 정보수집 활동은 금지하지 않고 권장하는 것을 스파이 활동의 자기 이기주의적 특성이라고 설명한다.[109]

Ⅱ. 합법성설

해외정보 활동은 원칙적으로 합법적이라고 하는 견해이다. 합법성설은 평시에의 스파이 활동은 성격적으로도 국제법적으로는 적법한 활동이라는 견해이다. 그 주장의 저변에는 스파이 활동은 스파이학(學) 전문가가 평생을 다 바쳐 연구해도 불가능할 정도로 인류와 더불어 자연스럽게 이루어진 것으로서, 수많은 정당성을 이미 확보한 하나의 "국제 관행"이라는 것이다.

그에 더하여 합법성 이론을 지지하는 대표적 학자인 오펜하이머는 스파이는 군사ㆍ정치적 비밀을 파악하라고 다른 국가에 파견하는 **"적법한 비밀 외교사절"**이라고 설명한다. 그러므로 그러한 비밀 외교사절의 활동이, 때로 발각되어 처벌받는 경우가 있다 하더라도, 그것은 대상 국가의 국내법 질서에 의한 것이지 국제법적으로 불법성이 전제되기 때문인 것은 아니라는 것이다.

역사적으로 그러한 비밀 외교사절 파견은 도덕적ㆍ정치적ㆍ법적으로 국가 상호 간에 최소한 미필적 인식[110] 하에 이루어지는 상례라는 것이다. 또한, 실용적이며 기능적인 측면에서 스파이 활동의 합법성을 인정하려는 견해도 있다. 예일 대학교 헤븐 연구소가 대표적인 입장이다.[111] 그 견해에 따르면 스파이 활동으로 국제분쟁의 발발이나

---

109) W. Hays Parks, The International Law of Intelligence Collection, in National Security Law 433-34 (John Norton Moore et al. eds, 1990).

110) 미필적 고의는 형법상 범죄 성립의 주관적 구성 요소인 바, 그것은 어떠한 행동을 적극적으로 의욕하지는 않았다 하더라도, 그러한 결과가 발생해도 어쩔 수 없다는, 즉 소극적 인식을 지칭하는 것으로, 이는 과실이 아닌 고의로 인정된다.

111) Roger D. Scott, *op. cit,* p.7. 한편 세계인권선언(Universal Declaration of Human Rights)과 UN의 시민적ㆍ정치적 권리에 관한 협약(International Covenant on Civil and Political Rights), 그리고 유럽 인권협약(European Convention on Human Rights) 등에 규정된 정보의 자유 원칙(The principle of freedom of information)에 기초하여 이론을 논하는 입장도 있다. John Kish, International Law and Espionage,(Kluwer Law Intranational, 1995), pp. xv-xⅦ.

확산을 방지할 수 있어서 결국 스파이 활동은 세계평화와 안전에 이바지할 수 있는 순기능을 가진 활동이라는 것이다. 그러므로 스파이 활동은 국제법상 자위권의 행사와 연결되어 적법한 것이라고 주장한다.

III. 결 어

주지하는 바와 같이 평시에도 외국에서의 정보수집 활동은 간단없이 이루어지고 있다. 그러한 사실을 각국은 상호 간에 너무나 잘 알기 때문에 정보기구의 주요 임무 중의 하나로 방첩 활동이 있다. 원천적 합법성설을 주장하는 학자들의 견해처럼 간첩학 전문가가 일생을 다 바쳐서 연구해도 연구를 마칠 수 없을 만큼의 엄청난 양의 간첩 활동 선례가 있는 것도 사실이다.

그러나 국제법이나 국내법 모두 정의(Justice)를 궁극적인 목적으로 하는 인간 세상의 규범이다. 그러므로 정의 실현이라고 하는 국제법과 국내법의 이념적 기초가 근본적으로 다를 수는 없다. 국내법적으로 불법성이 인정되는 행위가 국제법적으로 합법적인 행위로 인정되는 것과 같은 논리의 비약은 있을 수 없고 바람직하지도 않다. 결국, 이념적으로는 그 허다한 선례나 비밀 외교관 파견과 그의 수용이라는 국가 간의 암묵적 양해에도 불구하고, 비밀스러운 간첩 활동을 생래적으로 적법성을 가진 활동이라고 평가할 수는 없다고 생각된다.

그러나 국가정보 활동은 유엔 헌장의 목적을 달성할 수 있는, 다음과 같은 아주 유용한 가치가 있음을 부인할 수 없다. 유엔 헌장은 침략국가에 대한 무력사용은 원칙적으로 안전보장이사회의 결의에 따라 행하도록 하고 있다. 세계전쟁을 유발할 수 있는 개별국가에 의한 보복적 무력사용은 유엔 헌장이 엄격하게 금지한다. 다만 헌장 제51조는 상대국의 무력 침공이 임박하고 현실화되었을 때에는 시간적으로 안전보장이사회의 결의를 기다릴 수 없으므로 자위권(self-defense)에 기초하여 방어적인 한도 내에서의 무력사용을 허용하고 있다. 헌장 제2조에도 개별국가의 생래적 자위권과 집단적 자위권을 명시하고 있다. 오늘날처럼 대량살상무기의 발전은 자위권을 행사하기 위하여 상대국의 첫 번째 침공을 앉아서 마냥 기다린다는 것이 너무나 불합리하고, 커다란 피해를 초래하는 비현실적인 요구가 될 것임은 자명하기 때문이다.

한편 후술하는 바와 같이 미국은 2003년 이라크 전쟁시 소위 국제법적으로 '**부시 독트린(Bush Doctrine)**'으로 명명되는 '**선제적 자위권 이론(Preemption theory)**'에 기초하여 안전보장이사회의 결의 없이 무력을 사용하기도 했다.

국제평화 유지를 목적으로 하는 유엔 헌장의 이념상 자위권 행사는 적법한 행위이다. 그런데 적법한 자위권을 행사하기 위해서는 적대국에 대한 정보수집 활동은 필연적이다. 그러므로 적시의 정확한 정보수집을 통해 상대국의 침략 의도를 간파함으로써 오히려 세계평화에 결정적인 위협을 초래할 침략전쟁을 예방할 수도 있는 것이다. 결국, 간첩 활동은 성격상 불법성을 지울 수는 없지만, 현실적으로 평화유지의 기능이 있음도 부인할 수 없다. 해외정보 활동의 이러한 이율배반적인 성격은 정보활동의 본질을 이해하는 데 매우 중요한 일이다.

그런 연유로 오늘날 학계를 중심으로 정보활동에 대한 국제법적 규율 필요성, 바꾸어 말하면 통일적인 국제규범의 제정 필요성이 꾸준히 제기되고 있다. 미국에서는 그에 관한 연구 논의도 무성하여, 뉴욕 대학에서 국제학술 회의를 개최한 바가 있다.[112] 그들은 정보활동에 대한 국제법 규범의 막연한 부존재는 오히려 정보선진국과 정보후진국의 정보격차를 크게 만들고 국제적 불균형을 심화시키므로 국제 불안의 크나큰 요소가 될 수 있다고 설명한다. 그러므로 해외정보 활동에 대해서도 정보의 공유를 비롯한 정보활동의 한계 등 실질적 내용을 가진 국제조약을 제정해야 한다는 주장이 제기된다.

제4항 국가관할권과 면책특권의 범위

국가 주권의 필연적인 귀결로 일국의 법체계는 자국 영내에서는 최고 규범을 형성하며 전속적 관할을 갖는다. 쉽게 말하면 국가 주권의 독립성과 최고성의 필연적인 결과로 자국 영내에서는 자국의 법질서에 따라 제반 위법적인 활동에 대하여 형벌권을 발동하

---

112) New York University School of Law - Singapore Programme, *Michigan Journal of International Law*, Vol. 27, 2006.

게 된다. 그 경우 누구에 대하여 그리고 어떤 범죄에 대하여 형벌권을 발동할 것인가의 문제가 제기되는데, 그것을 국가 형벌권의 관할(Jurisdiction)의 문제라고 한다. 그에 대해서는 4가지 기본 입장이 있다. 그러한 주권국가의 관할권이 인정되는 경우에도 관할권의 예외로 외교관 면책특권이 있다. 오늘날 외교관 면책특권은 국제법적으로 확립된 보편적 원칙이다.

I. 국가 형벌 관할권의 종류

1. 속인주의

자국민에 대하여는 범죄가 국내에서건 국외 어디에서 행해졌건 무관하게, 자국의 형벌권을 적용한다는 원칙이다. 대인고권이라고도 한다. 그러므로 외국에서 스파이 활동으로 처벌받을 범죄를 저지르고 그것이 자국의 형벌체계에서도 범죄를 구성하는 경우에는 범죄인 인도를 요청할 수 있다는 입장이다.

2. 속지주의

국가 주권의 대원칙 상으로, 자국 영내에서 벌어진 범행에 대하여는 그것이 자국인에 의하건 외국인에 의하건 무관하게 자국의 형벌권을 발동한다는 입장이다. 영토고권이라고도 한다.

3. 보호주의

자국의 국가이익을 침해하는 범죄행위에 대해서는 발생지나 행위자의 국적을 불문하고 자국의 형벌권을 발동할 수 있다는 원칙이다.

4. 세계주의

전 세계 인류가 공동으로 대처해야 할 범죄에 대해서는 모든 국가가 관할권을 가지고 범죄자를 체포감금하고 수사하여 처벌할 수 있다는 원칙이다

5. 결 어

현재 각국은 국가 주권을 대변하는 속지주의의 대원칙 아래에 국가관할권에 대한 나머지 3가지 원칙을 적절하게 혼용하여 자국의 형벌권을 행사하고 있다. 국가 주권의 대원칙상, 자국의 영내에서 벌어진 모든 법적인 문제에 대하여는 최고 독립의 법적 권한을 행사할 수 있는 것은 당연하다. 그러므로 자국 내에서 발생한 외국 정보기구의 스파이 활동이 국내 간첩범죄에 위배된다면, 해당 국가는 형벌권을 발동하여 처벌할 수 있음이 원칙이다. 그러한 형벌권 발동에 대하여 상대국가는 외교관 면책특권 주장으로 맞서게 된다.

Ⅱ. 외교관 면책특권

1. 개 관

일반적으로 타국에 적법하게 파견된 공무 수행 담당자, 즉 외교사절, 영사, 군인, 선박, 항공기, 기타 정부 사절단이나 공식 시설물 등은 국가 주권의 필연적 요청인 속지주의의 원칙에 따라서도 법적 책임을 부과하지 않는 국제법적인 합의가 있다. 이것을 외교관 면책특권(diplomatic immunity)이라고 한다.

외교관 면책특권은 국가 사이에 양해된 일종의 법적 책임면제 약속이다. 이에 외교관들은 초청국가에서의 안전한 통행권을 비롯하여 비록 추방을 당할 수는 있지만, 초청국가의 법을 적용받아 소송과 기소를 당하지 않을 권리를 가진다.

외교관 면책특권은 1961년 4월 18일 채택된 외교 관계에 대한 비엔나협약(Vienna Convention on Diplomatic Relations)에 의해 국제 성문법으로 명문화된 권리이다. 물론 그 이전에도 국제관습으로 이미 인정되던 권리이기는 하다. 외교관은 일국을 대표한 외교사절로 외교관의 범죄행위에 대해서는 파견국가가 속인주의의 원칙에서 관할권을 우선적으로 주장하며 인도를 요청하면, 그것이 받아들여지는 것은 국제법의 대원칙이다. 한편 국제기구나 국제단체 등이 급속도로 발전한 오늘날은 국가 간에 공식적으로 인정된 단체인 경우에도 면책특권이 인정되기도 한다.[113]

2. 정보활동과 면책특권

정식 외교사절의 경우에는 의문이 없으나 외교사절을 가장(cover)한 정보요원, 즉 공직 가장의 경우에도 면책특권을 주장할 수 있는가가 문제 된다. 국제법적으로는 외교관을 가장한 정보요원인 경우에, 따라서 실제 임무는 외교업무가 아닌 정보수집 활동을 위한 임무를 가진, 즉 이중적 임무수행자가 외교업무 수행과는 전혀 무관한 정보수집 활동을 하다가 적발된 경우에도 외형임무 우선적용원칙에 입각하여 외교관 면책특권을 주장할 수 있다. 이것은 결국 국제법 규범은 스파이 활동의 오랜 전통을 인정하고 일정 부분 국가 간 묵시적 양해의 관행이 국제법 질서로 형성된 결과라고 할 수 있다.

그러나 공직 가장을 하지도 않고 비밀스럽게 임무가 부과되어 파견된 비공직가장 정보요원이면 비록 비공식적으로는 국가 대표성의 연결고리가 있다고 하더라도 사정은 완연히 다르다. 그는 비록 일국을 위한, 즉 국가적 공무를 하는 목적이기는 하지만 파견국가에서는 공식적으로 그 존재를 인정하지도 않았고, 신임장을 제정한 것도 아니므로 어디까지나 비공식 존재로서, 공식적인 외교절차를 전제로 인정되는 면책특권은 인정되지 않는다. 결국, 속지주의의 대원칙 상, 각국은 비공직가장 스파이는 그 나라의 법으로 형사 처벌할 수도 있고 출입국관리법의 규정에 의거해 추방 등의 조치를 취할 수도 있다.

이 경우에 스파이는 본국의 명령을 수행한 의식 있는 기계에 불과하다는 법적인 면책 주장을 해도 그러한 주장은 받아들여지지 않았다.[114] 물론 국가 사이에 이면의 비밀 교섭으로 본국으로 신병을 인도받기 위한 노력이 이루어지기도 한다. 때로는 경제 원조를 전제로 신병을 인도받기도 했다. 역사적으로 보면, 중요한 사안인 경우에 파견국가는 공식적으로 그 비밀 스파이 활동을 시인하고 처벌을 모면 받게 하기 위한 노력을 기울이기도 했다.[115]

---

113) 상세는 한희원, 국제기구법 총론, 법률출판사, 2009, pp.168-196.

114) The Harvard Law Review Association, Immunity of Agents in International Law, *Harvard Law Review*, Vol. 38, No. 3 p. 3.

115) 1837년 캐나다 폭동 당시 폭동을 후방에서 지원한 미국 배 캐롤라인을 습격하여 인명 살상 등의 범행을 저질렀던 영국군 스파이 장교 맥리오드를 미국이 체포하여 재판한 사건에 대하여, 영국 외무상 폭스와 미 국무부장관 다니엘 웹스터의 외교적 해결 노력은 유명하다. 그러나 영국 정보요원의 활동을 높이 평가한 미국 다니엘 웹스터의 노력에도 불구하고 뉴욕 법원은 맥리오드의 외교관 면책특권 등에 기인한 구속적부심 주장을 기각했다.

제2편
정보의 순환(Intelligence Cycle)

제1장 정보순환

제1절 개 관

국가정보기구는 다양한 첩보를 수집하여 그를 가공하여 국가정보를 생산하여 정보수요자에게 배포하는 업무를 담당한다. 정보기구의 그러한 업무에는 일정한 절차와 형식이 있다. 정보생산 활동의 의미와 가치는 "누가 무엇을 누구를 위하여 하는가(Who does what for whom)?"라는 말에 잘 농축되어 있다.[116]

국가정보 활동은 국가의 정책 계획이나 정책담당자의 요구로 정보 수요가 제기된다. 일련의 정보요구에 응해 정보기구는 체계적인 기획 아래에 첩보를 수집하여 정보를 생산하고 배포하는 주기적인 과정을 거친다. 이러한 정보생산의 전 과정을 **정보순환**이라고 한다. 결국, 정보순환은 국가정보기구가 첩보를 수집하여 정제된 정보로 변환하여 정책담당자들이 사용할 수 있게 하는 일련의 절차이다. 그것은 국가정보를 생산하기 위한 주기적 연속과정인 것이다.

그 과정은 요구(requirement), 수집(collection), 처리와 가공(processing and exploitation)[117], 분석(analysis) 그리고 배포(dissemination)라고 하는 단계를 거친다. 하지만 정보순환은 시간의 제약 없이 무제한으로 이루어질 수 있는 것은 결코 아니다. 사실 정확한 내용의 정보생산을 위해서는 시간 요소를 배제할 수도 있을 것이다. 그러나 정보는 현안의 국가정책을 위한 것이므로 시간상의 제약이 불가피하고 **적시성**이 정확성보다 더 중요하다.

이러한 정보순환에 대한 이해는 정보담당자들이나 정책담당자들에게는 정보학의 제반 분야 중에서 가장 중요한 부분이다. 왜냐하면, 정보순환에 대한 확실한 이해가 바탕이 되어야 정책담당자들은 필요한 정보가 언제든지 생산되고, 해당 정보는 확실성을 담보하는 것이라는 오해에서 벗어날 수 있기 때문이다. 그래야만 정책담당자는 언제 어떠한 정보를 요구할 수 있는지 정보요구의 판단에서부터, 정보기구가 생산한 정보에

---

116) Lowenthal(2020), p.54.
117) '가공과 개발' 또는 '처리와 가공'으로 혼용된다.

어느 정도까지 의존할지를 판단하는 등 국가정보를 접하는 자세를 주체적으로 결정할 수 있기 때문이다.

정보담당자들 또한 정보순환의 전 과정을 이해함으로써 궁극적으로 정보는 그 자체가 목적이 아니라 국가정책에 서비스하기 위한 것임을 정확히 인식하게 되고 정보와 정책의 상관관계에서 업무를 수행할 수 있게 된다. 정보담당자들로 하여금 시스템에 기초한 업무 자세를 가능케 하고 자의적이고 주관적인 방식의 정보 업무 수행을 배제할 수 있게 해준다. 달리 말하면 정보담당자들도 국가 운용의 전체적인 조망 속에서 정책담당자들의 정보요구와의 상관관계에 따라 정보활동을 기능적 · 체계적 · 객관적으로 수행할 수 있게 된다.[118] 결국 정치정보의 위험성을 지양하고 투명하게 정보 업무를 수행할 수 있게해 준다.

이처럼 정보순환은 국가정보기구가 국정 최고 책임자의 임의적인 전유물이 아닌 국가 정책적 요청에 바탕을 두고 시스템적으로 이루어지게 견인한다는 점에서 매우 중요하고 커다란 의의가 있다.

---

118) Richelson(2016), p.3.

제2절 정보순환의 의의

제1항 정보순환 절차 개관

정보순환은 정보요구를 확인(identifying)하는 것에서 출발한다. 정보요구의 확인
이란 정보기구가 정보수요자의 요청을 확인하는 것이다. 그것은 정보가 필요한 국가정
책 쟁점을 확정하고 우선순위를 결정하는 것이기도 하다. 연후에 국가정보기구는 어떤
정보를 획득할 것인가라는 정보 계획을 수립하게 된다.

국가의 모든 정책은 정도의 차이는 있지만 많은 정보를 필요로 한다. 그러나 국가정보
기구는 정보자산을 고정변수로 하고 정보환경을 가변변수로 하는 제약을 받는다. 이러
한 이유로 모든 정보요구를 충족하지 못하고 필연적으로 정보의 우선순위를 획정해야
한다. 따라서 어떤 정책은 정보 수요에서 우선순위를 받고 어떤 정책은 후순위가 됨으로
써 결과적으로 정보지원을 받지 못하는 경우도 생긴다. 그러므로 정보요구의 확정 단계
에서의 가장 커다란 쟁점은 누가 정보 수요와 우선순위를 획정하고 정보공동체에 전달
하느냐는 문제이다.[119]

정보 수요와 우선순위가 획정되면 정보의 수집단계로 접어든다. 이 단계의 정보수집
은 생자료 또는 첩보 수집을 의미한다. 아무리 상대세력의 1급 비밀정보라고 하더라도
정보를 수집하는 쪽의 입장에서는 분석을 거치기 전까지는 첩보의 성격을 벗어날 수
없다. 이 경우에 정보수집 단계에서의 주된 논점은 '요구된 정보 수요에 대하여 얼마만
큼의 첩보를 수집해야 하는가?'라는 점이다.

한편 수집된 첩보는 가공과 개발(P&E: Processing and Exploitation)을 거쳐 정보
분석관에게 전달된다. 정보분석관은 오랫동안 경험을 쌓은 정보전문가로, 아무리 훌륭
하게 보이는 첩보라도 반드시 전문적인 정보분석관에 의한 체계적인 분석과정을 거쳐
야 한다. 분석 없는 정보는 자의적이고 주관적인 것으로 **정보폭력**(엄밀하게는 **첩보폭
력**[120])을 유발할 수도 있다.

---

119) Lowenthal(2020), p.54.
120) 확인할 수도 없고 확인하기도 어려운 첩보로 인해 오해받는 현실적인 불이익 등.

연후에 국가정보는 분석단계를 거쳐 최종적인 정보생산(production)에 이르게 된다. 정보생산 단계에서는 현재의 정보생산물과 장기적 관점에서 본 정보생산물과의 상호연관 관계에 주목해야 한다. 현재의 주어진 조건에서 생산된 현 단계의 정보는 장기적인 관점에서의 분석과는 판단 내용이 달라질 수 있다. 마지막으로 정보기구에 의해 생산된 정보는 정책담당자들에게 배포되고 정책 수립이나 집행의 정책과정에 반영되게 된다.

이상이 일반적인 정보순환 5단계의 개요이다. 본서는 일반적인 정보순환 과정 외에 정보 소비(consumption)와 환류(feedback)의 2단계를 추가로 설명한다. 원래 정책담당자들은 주어진 정보에 근거해서만 업무를 하게 되는 자동인형이나 단순 기술자는 아니다. 정책관계자들이 주어진 정보를 어떻게 어느 정도로 활용하는지는 정보기구의 입장에서는 중요한 의의가 있다. 소비자의 눈높이를 파악한다는 의미가 있다. 또한, 국가정보기구의 역량이나 활동이 정보의 최종 소비자인 정책담당자들에 의해 평가를 받게 된다는 의미도 있다. 이것은 자칫 누구에게도 감독과 감시를 받지 않아 정체되기 쉬운 국가의 귀와 눈인 국가정보기구가 끊임없이 변모하고 발전할 수 있는 자극제로 작용할 기회를 얻게 되는 것을 의미한다.

원래 국가정책의 효율적 · 효과적 집행이라는 관점에서 보면, 정보와 정책의 경계선은 근본 목적을 벗어나지 않는 범위라면 일직선이 아닌 유연한 곡선이 될 수 있다. 그 내적 한계는 정보의 남용 위험선이다. 그러므로 정보소비자와 정보생산자 간에는 많은 대화를 해야 한다. 이것이 정보의 피드백이다.

정책담당자들은 정보공동체에게 그들이 제공받은 정보가 얼마나 능률적으로 요구에 부응했으며 어떤 부문이 미진해서 보완이나 추가가 필요한지를 설명해야 한다. 왜냐하면, 그것이 정보기구의 업무발전을 위해서 필요하고 궁극적으로 **정보의 정책 종속성**을 확인하는 길이기 때문이다. 따라서 정보를 사용한 후에 정책부서가 제공해주는 피드백은 국가정보의 업무 방향을 시시각각 변모하는 상황에 맞추어 진행할 기회를 갖게 해준다는 점에서 대단히 중요하다. 이러한 절차는 정책집행이 모두 끝난 후에 감사나 심사 등의 사후적 단계로 이루어져서는 안 된다. 정책수립과 집행하는 진행 과정에서 유기적인 협조가 이루어져야 한다. 그래야 국가 운용의 효율을 최고조로 유지할 수 있게 되기 때문이다.

물론 정보와 정책 사이에는 **반투성의 판막이**가 있어서, 정보는 결코 정책으로 침투해서는 안 된다는 정보의 한계를 항상 인식해야 한다. 이러한 인식의 바탕 위에서 정책과 정보의 유기적인 협조를 이루어내는 것은 마치 **국가 운용의 교향곡**을 연주하는 것과 같다고 할 수 있다. 아래에서는 정보절차의 전 과정을 개략적으로 검토하고 그 중요성에 비추어 정보수집(collection)과 분석(analysis)은 제3편 정보 활동론에서 다시 살펴보기로 한다.

제2항 광의의 정보순환과 협의의 정보순환

I. 광의의 정보순환

현실적으로 정보순환은 정보요구로 필요한 정보가 생산되어 배포된 후에도 기존의 정보와 비교하거나, 실제 집행 후 문제점이 발견되면 재생산하는 보완과정이 따르게 된다. 이러한 보완과정까지를 포함하여 광의의 정보순환이라고 한다. 즉 정보에 대한 요구에서부터 배포까지의 일련의 제반 과정과 추가적인 정보생산을 위한 과정까지를 통칭하여 광의의 정보순환이라고 한다.[121]

II. 협의의 정보순환

정보순환은 국가정보기구의 내적인 범위로 한정되기도 한다. 국가정보기구가 정보를 수집하고 생산하여 배포하기까지의 과정만을 순수한 의미의 정보순환으로 이해하는 견해이다. 정보순환을 정보기구 내의 순환과정으로 이해하고 또한 환류나 피드백은 제외하는 개념을 협의의 정보순환이라고 한다.

III. 결론

정보순환의 단계적 분류는 학자와 정보기구에 따라 조금씩 차이가 있다. 물론 정보순

---

121) 국가정보포럼(2006), p.36.

환이 정보활동의 객관성과 투명성을 담보하고 궁극적으로 국가정책의 수립과 집행에 가치 있는 국가정보를 생산하는 역동적인 절차라고 하는 점에서는 이의가 없다. 정보순환에 대한 정보학자들의 가장 큰 견해 차이는 환류(還流)를 정보순환의 한 부분으로 볼 것인가에 집중되어 있다.

그런데 정보의 실용적 측면에서는 정보수요자에 의한 최초의 정보요구 이외에 추가되고 보완되는 제반 현상, 즉 환류는 국가정보기구의 발전을 위해서도 중요하다고 하지 않을 수 없다. 따라서 정보순환에 대한 각각의 견해는 서로 배척하는 대립관계인 것은 아니다. 정보순환에 대한 다양한 견해를 통해 필요한 국가정보가 생성되는 메커니즘을 전반적으로 이해할 수 있다.

제3항 정보순환 분류

I. 미국 중앙정보국(CIA)의 정보순환 5단계

중앙정보국(CIA)은 정보순환을 ① 기획 및 지시(planning and direction), ② 수집(collection), ③ 가공(processing), ④ 분석 및 생산(analysis and production), ⑤ 배포(dissemination)의 5단계로 나눈다. 각 단계별로 담당기관이 정해져 있다. CIA는 정보순환 5단계를 거침으로서 견제와 균형을 통해서 국가정보 업무를 올바르게 수행할 수 있게 된다고 강조한다. 정보학자 제프리 T 리첼슨(Jeffrey T. Richelson)도 CIA의 분류에 따른다.[122]

II. 북대서양 조약기구(NATO)의 정보순환 4단계론

나토(NATO)는 정보순환 과정을 ① 지시(Direction), ② 수집(Collection), ③ 가공(Processing), ④ 배포(Dissemination)의 4단계로 단순 분류한다. 그러나 NATO는 가공(Processing)의 과정을 다시 5단계로 분류한다. 그 5단계에는 연관된 첩보를 그룹

---

122) "This process ensures we do our job correctly as we work through a system of checks and balances." The Intelligence Cyclehttps://www.cia.gov/kids-page/6-12th-grade/ who- we- are- what-we-do/the-intelligence-cycle.html. Richelson(2016), pp.3-4.

화하는 대조(Collation), 첩보의 신뢰성과 상호 의존성에 대한 평가(Evaluation), 중요성과 함축성을 파악하는 분석(Analysis), 일정한 패턴과 부가되는 첩보를 인식하기 위한 종합 또는 집적(Integration), 중요성을 평가하고 사정하는 해석(Interpretation)의 과정을 포함한다.[123]

Ⅲ. 마크 로웬탈의 정보순환 7단계론

미국의 저명한 정보학자 마크 로웬탈(Mark M. Lowenthal)은 정보순환을 ① 요구(requirements) ② 수집(collection) ③ 가공과 개발(processing and exploitation), ④ 분석 및 생산(analysis and production) ⑤ 배포(dissemination) ⑥ 소비(consumption) ⑦ 환류(feedback)의 7단계로 분류한다.[124]

---

123) Intelligence cycle, http://en.wikipedia.org/w/index.php?title=Intelligence_cycle&oldid=159765421.
124) Lowenthal(2020), pp.54-67.

제2장 정보순환 절차

본서는 마크 M. 로웬탈(Mark M. Lowenthal)의 분류에 따라서 정보순환을 ① 요구 (requirements) ② 수집(collection) ③ 가공과 개발(processing and exploitation) ④ 분석 및 생산(analysis and production) ⑤ 배포(dissemination) ⑥ 소비 (consumption) ⑦ 환류(feedback)의 7단계로 살펴본다.

제1절 정보요구(Requirements) 단계

제1항 정보요구 개관

주권국가는 다양한 국가안보 문제와 대외정책 이슈를 가진다. 정보순환의 한 과정으로서의 정보요구 단계는 이와 같은 다양한 국가정책 문제에 대한 정보 수요를 국가정보 기구가 확인(identifying)하는 과정이다. 정보요구의 확인은 기획 및 지시로 이루어진다. 기획 및 지시는 정보 수요를 확인하는 정보절차의 시발점으로서 구체적으로 정보요구 사항을 확정한다.

정보요구는 국가정책담당자로부터의 요구와 횡적인 정보기구 상호 간의 요구 및 정보생산자 자체의 판단에서 오는 요구의 3가지 형태가 있다. 정보 민주화가 이루어진 국가일수록 정책담당자에 의한 정보요구가 많다. 미국의 경우 대통령, 국무부, 국방부, 재무부 등의 소요에 기초한 정보요구에 의해 시작된다.

한편 정보기구는 정책담당자의 정보신청이나 요구와 무관하게 **국가정보 계획**에 따라서 정책담당자들이 필요로 할 만한 사항을 통상임무로 수행한다. 예를 들어 미국 정보기구는 핵무기 확산이나 이란의 핵무기 개발상황, 중국의 핵무기 배치 그리고 북한의 핵 개발사항 등에 대한 정보를 정책담당자들로부터의 개별적인 정보요구를 기다리지 않고 정보활동 계획에 따라서 일상 업무로 수행한다.

복수 이상의 정보기구가 있는 경우에는 정보활동 목표의 우선순위를 획정한 **국가정**

보목표 우선순위(PNIO: Priority of National Intelligence Objective)를 수립한 후에 정보공동체 구성원들이 이에 발맞추어 정보업무를 수행한다.[125] 개별 정보기관은 국가정보목표 우선순위(PNIO) 아래에서 정보활동 순위와 방향을 규정한 **첩보활동 기본요소**(Essential Elements of Intelligence: **EEI**)를 수립하여 운용한다. 그런데 정보환경 변화로 새로운 정보요구가 있을 수 있다.

이러한 별도의 정보 요청을 **기타정보요청(OIR** : Other Intelligence Requirements)이라고 한다. 기타정보요청(OIR)에 의거해서 국가정보목표 우선순위(PNIO)와 **첩보활동 기본요소(EEI)**의 우선순위가 바뀔 수 있다. 한편 기타정보요청(OIR)에 따른 것이든 정보기구 자체 수요에 의한 것이든 국가정보목표 우선순위(PNIO)와 **첩보활동 기본요소(EEI)**에 없는 특별한 첩보수집 지시를 **특별첩보요청(SRI** : Special Requirements for Information)이라고 한다.

모두 정보기관 활동의 역동성을 보여 주는 단면이다. 시시각각 유동적이며 역동적인 국제사회에서는 특정한 정책의 우선권이 영구히 지속할 수도 없다. 물론 그에 관한 판단도 국가정보기구의 중요한 몫이 된다.

제2항 정보의 우선순위

I. 정보의 우선순위 결정

정보요구 단계에서 고려해야 할 요소가 정보자원 한계의 문제이다. 정보공동체의 정보자산, 즉 인력이나 예산의 한계 때문에 현실적으로 필요한 모든 정보를 생산할 수 없고, 따라서 정보가 모든 정책을 뒷받침하지 못하는 경우가 발생할 수 있다. 정보요구 단계에서의 정보자산의 한계와 관련하여 현재 미국에서 운용되는 정보 수요 우선순위를 획정하는 절차를 간단히 살펴보기로 한다.

미국은 역대 대통령마다 그 명칭이 조금씩 다르기는 했지만 국가안보정책지침(NSPD: National Security Presidential Directive)에 의해 정보공동체의 전반적인

---

125) 미국은 국가정보목표 우선순위(PNIO)는 국가정보국장(DNI)이 작성하여 16개 정보공동체 구성원들에게 배포하고, 한국의 경우는 '정보 및 보안업무 기획·조정규정(대통령령 제16211호)'에 의해 국가정보원장이 작성한다.

활동 방향을 설정했다.126) 국가안보정책지침은 미국이라는 국가 자체를 위한 것이기 때문에 정권교체와 상관없이 이행되어야 할 사항들이다.

국가안보정책지침에 터 잡아 이를 구체적으로 뒷받침하는 것이 국가정보우선계획(NIPF: National Intelligence Priorities Framework)이다. 국가정보우선계획은 5년 예산주기의 계획으로, 현 상황에서 무엇이 국가정보 우선순위가 되어야 하는지를 명백히 밝힌 것이다. 그에 따라 정보수집 활동과 정보분석 임무가 직접 지시된다. 국가정보우선계획(NIPF)은 확정된 후에도 6개월마다 대통령과 국가안전보장회의(NSC)에 의해 상황변화에 맞게 재검토된다.

Ⅱ. 국가정보 우선순위의 변화

1. 선취권 잠식(Priority Creep)의 문제

확정된 정보활동의 우선권이 영향력 있는 정책담당자나 정보분석관에 의해서 정보활동 우선권을 박탈당하고 다른 부문이 우선권을 확보하게 되는 경우이다. 선취권 잠식 문제는 국가정보 활동의 전체적인 균형을 잃게 할 수 있다. 애써 확정된 순위에 따라 확보되었던 정보활동 우선순위가 영원히 행사되지 못하는 경우도 발생할 수 있고, 따라서 정보 권력의 암투를 유발할 수도 있다. 그러므로 정보활동의 선취권 잠식이 있었는지에 대해서 정보기구의 책임자들은 물론이고 주기적인 국가정보회의의 재검토 과정에서 면밀히 점검해야 한다.

2. 정보활동의 임시 특별권(ad hocs)

부당한 정보활동의 우선권 잠식과는 별개로 임시 특별권의 문제가 있다. 급박한 국제 정세는 때때로 예측하지 않은 정보 수요를 창출한다. 이러한 특별과제가 발생했을 때, 정보활동의 우선권 재조정이 필요하게 되고 인적 · 물적 정보자원의 한계에 따른 국가정책 집행업무도 다시 획정될 수 있다.

---

126) Dwyer, Catherine M. (November-December 2002). "The U.S. Presidency and national security directives: An overview". Journal of Government Information. 29 (6): 410-419.

정보활동의 임시 특별권 문제는 정당하고 옹호되어야 한다는 점에서 원칙적으로 부당한, 우선권의 잠식과 법적 성질을 달리한다. 이처럼 임시 특별권은 정보활동에 대한 우선권을 재조종하는 정당한 사유라고 할 수 있지만, 혹자는 **특별권의 독재**(tyranny of ad hocs)라고 표현한다. 정당한 임시 특별권도 정상적인 국가정보 운영의 업무체계에 적지 않은 동요를 초래할 수도 있기 때문이다.

또한, 임시 특별권의 빈번한 행사는 그 긴박성과 중요성 때문에 정보기구가 특정한 쟁점에 대해서 자신의 판단을 앞세울 때는 지속성과 체계를 갖추어야 하는 국가정보 시스템에 동요를 초래할 수 있다. 이처럼 정보요구는 간단치 않은 문제로 정보절차의 전 과정에 영향을 줄 수 있는 첫 단추가 된다.

제2절 정보수집(Collection) 단계

정보수집은 원칙적으로 정보 수요에 기초한다. 정보수집은 다양한 수집기법을 동원해서 각종 생자료(raw data)나 첩보를 모으는 것이다. 정보수집은 인간정보(HUMINT)나 신호정보(SIGINT) 및 영상정보(IMINT)와 같은 기술적인 기법 및 공개자료(OSINT) 수집으로 행해진다.

다양한 정보수집 기법이 별개로 또는 종합적으로 활용될 수 있지만, 정보수집에 항상 같은 기법이 사용되는 것은 아니다. 수집될 정보의 성격에 따라 차이가 있다. 예를 들어 컴퓨터 네트워크상의 범죄정보를 수집하는 경우에 현대 과학기술의 총아라는 영상정보수집기법(IMINT)을 사용할 수는 없다. 영상정보기법이 아무리 우수하더라도 요구되는 정보의 성격상 컴퓨터 네트워크에 인공위성이 동원될 수는 없기 때문이다.

한편 실무적으로 정보수집에서 가장 큰 문제는 과연 정보 수요에 기초해서 얼마만큼의 정보를 수집할 것인가라는 점이다. 다시 말하면 수집된 정보가 많다고 해서 그만큼 정보의 질이 달라지느냐는 문제이다. 이 문제는 정보수집의 타성에 대한 반성이기도 하지만 물적·인적 가용자산의 한계 때문에 제기되는 현실적인 의문으로서 정보수집 단계에서 제기되는 가장 커다란 난점이기도 하다.

결론적으로 필요한 정보수집의 양은 정보를 생산하는 정보분석관이 하는 첩보 요구 수준에 달렸다고 할 수 있다. 왜냐하면, 수집된 첩보는 궁극적으로 정보분석관의 분석 과정을 거쳐 필요한 정보로 생산되기 때문이다.

정보의 세계에서는 광범위하게 수집된 첩보에서 중요한 알곡과 불필요한 껍질을 구별하는 문제를 '밀과 (겉)겨의 문제(wheat versus chaff problem)'라고 표현한다. 오늘날 방대한 수집 첩보의 양은 그 양이 늘어난 만큼 그 속에서 참으로 중요한 정보를 발굴하는 노력도 더 많이 기울일 것을 강요한다.

사실 과학기술의 급격한 발달과 공개자료의 현격한 증가는 수집되는 첩보량의 엄청 난 증대를 가져왔다. 그것은 정보분석을 그만큼 어렵게 만든다는 의미가 된다. 한편 자연스러운 이치이지만 정보수집의 선호도는 각 정보기관의 주특기에 따라서 동원되 는 수집기법의 차이를 초래하기도 한다.

예를 들어 CIA처럼 인간정보 주무 책임 정보기구는 인간정보(HUMINT)를 주로 선호하고, 국가안보국(NSA)은 신호정보(SIGINT)를 신뢰하려 한다. 이것이 정보기관 상호 간에 정보교류의 중요성을 일깨워 주는 이유이다.

제3절 정보 가공과 개발(processing and exploitation) 단계

기술적 방법에 따라 수집된 자료들은 바로 사용할 수 있는 정보가 아니다. 생자료나 첩보는 분석에 앞서 먼저 필요한 처리와 가공 그리고 개발의 절차를 거쳐야 하는 경우가 적지 않다. 예컨대 암호문은 해독이라는 처리와 가공의 과정을 거쳐야 무슨 대화인지 알 수 있다. 다른 외국어는 먼저 자국어로 번역되어야 한다. 이처럼 1차적으로 수집된 방대한 첩보를 최종 생산할 정보를 만드는 데 적합한 상태로 변환하는 작업을 정보의 가공과 개발이라고 한다. 가공은 쉽게 말해 우유를 치즈로 만드는 것과 같은 절차이다. 정보의 가공과 개발에는 영상과 신호의 측정, 언어번역, 암호해독, 주제별 분류 그리고 데이터 정리가 동원된다. 방대하고 복잡한 디지털 신호를 영상신호로 전환하거나 외국 어로 된 문서와 녹음테이프는 해석과정을 거쳐 판독 가능한 1차 정보로 전환된다.

오늘날 과학기술의 발전에 힘입어 수집되는 첩보의 양은 엄청나게 많아졌다. 그 결과 수집된 첩보는 처리와 가공 능력을 거의 항상 압도한다. 그럼에도 과학기술 방법에 따른 정보수집 활동은 인간정보 활동과 비교하면 위험성을 줄일 수 있고 무색무취의 중립적인 정보를 수집할 수 있다는 이점이 강조되어 증가한다. 또한, 과학적·기술적 방법을 동원해야만 정보수집 활동이 가능한 업무영역이 계속 늘어나고 있다. 거기에다가 조직을 계속 확대해 가려는 관료적 속성이 보태져서, 행정부는 물론이고 입법부도 과학적 정보수집 방법을 선호하는 것이 일반적인 경향이다. 원래 새 장비를 구입한다는 것은 기존 장비를 운용하고 유지하는 일에 비해 새로운 성능에 대한 신비성으로 인해서 매력적인 일이다.

한편 정보분석 단계에서의 가공과 개발은 철저히 정보기구 내적인 활동으로서 외부의 관심을 덜 끌 수밖에 없는 현실적 한계가 따른다. 그만큼 외부 감독과 통제의 허점이 존재하는 분야가 될 수 있다는 것을 뜻한다. 오늘날 각국은 정보수집과 분석 간에 상당한 불균형이 있다. 게다가 계속 쌓이는 정보수집량과 수집정보의 가공과 개발의 불균형 문제로 인해서 수집된 정보의 상당량이 전혀 활용되지 못하고 사장되는 사례가 빈번한 것으로 알려져 있다. 처리되지 못하는 자료는 결국 원래부터 수집되지 않은 첩보와 마찬가지라 할 수 있다.

물론 수집 첩보의 가공 비율이 어느 정도가 적정한지는 정답이 없다. 수집되는 첩보가 적정한 기간 내에 100% 가공이라는 공정을 거쳐서 유용한 정보로 재탄생하는 것이 가장 이상적이다. 그러나 인적·물적 자원의 한계와 정보목표의 가변성으로 인해서 그 같은 이상적인 수치는 절대로 달성되지 않는다. 그렇지만 정보공동체는 업무처리에 대해 전문가로서 최선의 노력을 다해야 한다. 그래서 수집된 첩보가 사장되는 일이 없도록 최선의 노력을 기울여야 할 것이다.

정도의 차이는 있지만, 오늘날 첩보 수집에 뒤따르는 정보의 가공과 개발 절차도 상당한 부분 과학기술에 의존한다. 이것은 행정 당국자나 입법부 예산담당자들은 정보수집을 위한 과학 장비를 구매할 때 그에 상응한 수집된 자료의 가공과 개발을 위한 최첨단 신장비의 구매도 염두에 두어야 한다는 것을 뜻한다. 가공과 개발을 담당할 신기술과 장비가 없는데 첩보 수집 장비만 과학화·현대화한다는 것은 목적을 상실한 일이 될 것이기 때문이다. 이러한 내용에 대해 미국의 경우에는 의회 정보특별위원회가 항상 많은 관심을 가지고 감독권을 적절하게 행사하는 것으로 알려져 있다.

제4절 정보분석 및 생산(analysis and production) 단계

기초 자료로부터 중요한 사실관계를 확인하고 제반 자료의 유기적인 통합과 평가 그리고 데이터 분석을 통해서 필요한 최종 정보를 만들어 내는 과정을 정보분석이라고 한다. 첩보 등 1차 정보는 단편적이다. 때에 따라서는 상호 모순되기도 한다. 그래서 정보분석가라는 전문가에 의해서 첩보의 중요성이 파악되고 의미가 부여되어야만 그 진정한 가치를 인식하게 된다. 아무리 강조해도 지나침이 없을 정보분석에 대해서는 별도의 장에서 살펴본다.

그러나 정보분석 단계에서 특히 문제가 되는 것은 정책 현안에 대한 정보 수요에 집중하여 정책담당자들의 요구에 매달리는 탓에 단기정보분석과 장기정보분석 사이에 일어나는 긴장의 문제이다. 정보분석이 단기정보분석과 장기정보분석 양자를 모두 생산할 수 있다면 가장 이상적일 것이다.

장기정보는 현재로서는 급박하지 않지만, 그 중요성에 비추어 언젠가는 전면에 부각될 가능성이 있는 분야에 대해, 전체적인 추세와 문제점을 다루는 것이다. 동일한 첩보 자료를 가지고 분석한 경우에도 관점의 차이로 인해서 단기정보분석과 장기정보분석의 정보분석 내용이 다를 수 있다. 장기분석 정보와 단기분석 정보의 비율도 문제가 된다. 물론 단기정보분석과 장기정보분석의 비율은 50:50이 바람직할 것이다. 미국은 같은 정보 주제에 대해서도 정보기관의 주특기에 따라서 경쟁적 분석을 한다. 주특기에 기초해 상호 분석결과를 서로 비교하고 재분석함으로써 최상의 분석정보를 생산하는 경쟁방식은 분석정보의 신뢰성을 확보할 수 있는 좋은 방책이 될 수 있다.

그러나 뒤에서 다시 살펴보겠지만 경쟁적 분석은 그 중요성에도 불구하고 또한 많은 문제를 제기한다. 정보분석의 중복에 따른 비용문제, 상호 유기적 업무협조가 없는 경우의 비효율성, 분석결과가 다를 때의 결론 도출의 어려움이 야기된다. 또한, 분석결과 결정시에 특정한 주도기관이 제시하는 의견에 대한 집단사고(group thinking)의 폐단, 서로 다른 의견을 굽히지 않고 제시함으로써 일어나는 각주전쟁(footnote wars) 등의 폐단이 따를 수 있다.

한편 정보분석은 정보수집의 우선순위 결정에도 큰 영향을 끼친다. 미국의 경우에도 현재까지 정보수집과 정보분석의 유기적인 연계를 위해서 많은 부서와 계획이 도입되어 실행됐지만, 만족할 만한 결과가 도출되지는 않았다고 한다. '**수집 없이 정보 없지만 분석 없이 정보가 있을 수 없다**'는 금언처럼 분석에 추동된 정보수집이 이상적이라고 할 수 있다. 즉 정보수집은 그 자체가 독립적 또는 편의주의로 이루어지지 않고 분석 요구에 기초하여 행해져야 한다. 정보기구 관리 책임자들에 의한 끊임없는 이해와 관심이 필요한 부분이다.

또한, 정보수집과 정보분석관들에 대한 교육과 이해의 교류도 중요하다. 정보분석관들은 끊임없이 상호 이율배반적일 수 있는 내용을 검토한다. 하지만 그들은 새로운 수집정보에도 불구하고 자칫 과거의 사례와 자신의 경험만 중요시하는 타성에 젖어 정보분석 업무를 행하기 쉽다. 그것을 극복하는 방안은 뒤에서 살펴보겠지만 분석관들에 대한 재교육, 체계화된 분석기법의 도입 그리고 분석결과물에 대한 의미 있는 재검토 등일 것이다.

마지막으로 정보기구 관리자들이 유념해야 할 사항은, 정보분석관은 단순한 분석 기계가 아니라는 점이다. 정보분석관이 취급하는 정보분석 업무는 국가기밀이므로 국가안보 정책의 성패에 직접 연결된다. 그러므로 그 중요성에 비추어 정보분석관도 개별적인 야망을 품을 수 있고 최종 정책결정권자, 즉 대통령의 총애와 관심을 끌고 싶은 사심이 있을 수 있다는 점을 염두에 두어야 한다. 뒤에서 살펴보겠지만 그 해결책의 하나로 분석 부서의 관리와 승진체계의 문제가 별도로 거론된다.

제5절 정보배포(dissemination) 단계

제1항 개 관

정보 배포단계는 최종적으로 생산된 정보가 정보생산자로부터 정보수요자에게 전달되는 과정이다. 정보 배포 단계는 정보순환의 다른 단계에 비해서 비교적 정형화되어 있다. 생산정보의 배포에 대해 보안을 이유로 국가정보기구가 따라야 할 절차와 관례가 확립되어 있는 것이 보통이다. 정형화된 배포 체계는 국가정보는 생산이 목적이 아니라 사용이 목적이라는 점을 분명히 말해준다. 그리고 국가정보 활동의 목표는 생산된 정보가 최종 정보수요자에게 전달되는 것이라는 사실이 정보업무처리에 긴장과 효율을 높이게 된다. 아무리 정교한 절차를 거쳐 생산된 훌륭한 정보라고 하더라도 배포되고 소비되지 않는다면 그것은 죽은 정보로, 수집되지 않은 정보나 마찬가지인 것이다.

정보 배포단계에서도 국가정보기구가 고려해야 할 몇 가지 쟁점이 있다. 많은 양의 생산정보 가운데 무엇이 가장 중요하고 보고가치가 있는가(가치성), 어떤 정책담당자에게 배포할 것인가(정보 필요성), 얼마나 신속히 배포할 것인가(시의성), 얼마나 상세한 내용을 담을 것인가(정밀성), 정보 배포를 위한 적당한 방식은 무엇인가(배포 방식의 타당성)라고 하는 문제들이다.

미국 정보위원회가 조사한 바에 따르면, 통상적으로 생산된 정보를 배포하는 국가정보기구는 이러한 문제에 대해 깊은 인식 없이 그저 경험과 관례에 따라서 일상 업무로 수행했다. 그러나 정보의 배포단계에서 제기되는 이러한 내용은 단순하게 반복되는 일상 업무로 행하기에는 너무나 중요한 문제들이다. 제6편 정보 환경론에서 검토할 것이지만 정보 배포의 차질이 결과적으로 정보의 실패로 귀결된 경험도 적지 않았다.

단적인 예로 1941년 미국의 정보당국은 일본이 진주만을 공격하기 하루 전에 공습 정보를 입수했었다. 하지만 그 정보를 신속하게 하와이 주둔 사령부에 전달하지 못해 피해가 확산하였다. 정보 배포 업무를 담당하는 정보부서는 이러한 문제를 인식하고 업무를 수행함으로써 정보절차의 전 과정이 유기적으로 이루어질 수 있도록 노력해야 한다.

제2항 정보 배포 방법

생산된 정보의 배포는 국가마다 정형화된 틀과 관례를 갖추고 있다. 서류에 의한 일간 보고를 비롯해 구두보고, 화상 전투장면을 통한 실시간 보고, 주간보고, 월간보고 그리고 연간보고 등의 다양한 형식이 있다. 한편 어떤 정보보고는 정보수요자가 사용을 최종적으로 결심하기 위해 정보 원천에 대한 보고가 함께 이루어져야 할 경우도 있다. 통상 일국의 최고 통수권자에 대한 중요한 정보보고는 최고 정책 결정의 중요성을 고려해 첩보 수집 방법과 정보 원천에 대한 보고가 함께 이루어지는 경우도 적지 않다.[127]

I. 일반적인 정보 배포 형식

1. 보고서

가장 많이 활용되는 방법이다. 정보를 서류형태의 보고서로 작성하여 정보수요자에게 문건으로 배포하는 것이다. 현용정보 보고서, 경고정보 보고서, 평가 및 분석정보 보고서 그리고 결과보고서처럼 내용에 따라 다양한 제목을 가진다.

2. 브리핑

정보보고를 구두설명으로 하는 방식을 말한다. 통상 많은 사람에게 보고하거나 긴급한 사안을 직접 보고할 때 애용된다. 많은 사람을 상대로 한 브리핑은 강연식 또는 문답식으로도 진행된다.

3. 정기간행물

정보수요처가 광범위하고 주기적인 정보보고를 위해 사용되는 정보 배포 방법이다. 정보생산물이 간행물 형태로 인쇄되고 출간되는 것이다. 주간, 월간, 연간 간행물이 있다.

---

127) 제2차 세계대전 중 영국 윈스턴 처칠 수상은 보고받은 암호의 이해를 위해 독일과 일본군에 대한 암호해독기인 Ultra/Enigma 기계에 대해 보고를 함께 요구했다.

4. 연구과제 보고서

장기간의 전략정보 등 비교적 심층적이고 학술적인 분석이 필요한 경우에 작성되는 연구논문 형태의 정보보고서이다. 미래예측 판단정보를 다룰 때에 주로 사용된다.

5. 메모(memorandum)

짧은 내용의 정보를 긴급히 배포할 때 이용되는 방식이다. 정보 메모는 주제와 결론만을 포함한 간략한 형식이 된다.

6. 전문(電文)

전보문의 약어이다. 돌발적이고 긴급을 요하는 정보 배포가 필요한 경우에 사용되는 방법이다. 특히 해외 주재 공관에서 본국에 신속하게 정보를 전달하는 경우에 암호를 활용한 비밀 전문이 활용된다.

Ⅱ. 미국의 경우

아래에서는 정보 배포가 가장 정형화되어 있는 것으로 평가받는 미국의 정보보고서 몇 가지 사례를 살펴본다.

1. 대통령 일일보고(President's Daily Brief : PDB)

매일 아침 대통령에게 보고되는 문건으로 전통적으로 CIA의 업무였으나 2004년 정보개혁법 제정 후부터 국가정보국장(DNI)이 일일 업무로 생산한다. 국가정보국장은 중앙정보국(CIA), 국방정보국(DIA), 국가안보국(NSA), 연방수사국(FBI), 국방부, 국토안보부 등의 정보를 망라하여 생산한다.

2. 고위 정책 정보요약(Senior Executive Intelligence Brief : SEIB)

통상 국가일일정보보고(National Intelligence Daily: NID)라고 한다. CIA 주도로

정보공동체의 다른 정보문건과 종합[128]하여 CIA가 작성하는 정보문건이다. **일일 정보 신문**인 것이다. 워싱턴 DC에 근무하는 수백 명의 행정부 고위 공무원과 의회 정보 감독 위원회에 배포된다.[129]

3. 군사정보요약(Military Intelligence Digest : MID)

국방부 소속의 8개 정보기구에서 생성되는 일일정보문건으로, 원칙적으로 국방부 정책담당자들을 위한 것이다. 그러나 계통을 통해서 국방부 이외의 다른 정책부문 담당자들에게도 회람된다. 같은 날 같은 주제에 대한 민간 정보기구에 의한 고위 정책 정보요약(SEIB)과 군사정보요약(MID) 사이에도 특정 정책담당자들을 위해 이해와 특별한 관심이 달리 표명되기도 한다. 즉 정보판단이 다를 수 있다는 것이다. 이것이 후술하는 각주전쟁이 야기되는 이유이다.

4. 국가정보예측(National Intelligence Estimates : NIEs)

국가정보국장(DNI) 산하인 국가정보위원회(NIC)가 생산하는 미국 정보공동체, 최고 권위의 장기예측정보 문건이다. 국가정보예측은 미국 정보공동체의 의견을 공식 대변하는 것으로 국가정보국장이 최종 서명한 후 대통령과 정책담당자들에게 배포된다. 정보공동체 내 16개 정보기구의 의견을 취합하고 조정하기 위해 초안 작성에만 수개월 또는 1년 이상이 걸린다. 급박한 현안에 대한 정보공동체의 공식 의견인 특별국가정보예측(Special NIEs : SNIEs)도 있다.

---

128) 이 경우 CIA 이외의 다른 정보기구는 문건에 의견을 첨부할 수 있다.
129) 조직의 규모에 비해 전통적으로 대외정책 정보분석보고에서 탁월함과 우수성을 인정받았던 미 국무부 산하 정보조사국(INR)은 매일 아침 국무부 조간 요약(Secretary's Morning Summary : SMS)을 발간했으나 2001년부터 다른 보고서에 내용을 대체하고 폐지되었다.

제6절 정보소비(Consumption) 단계

정책담당자는 주어진 정보를 수동적으로 접수하는 자동인형이나 단순한 정보 접수 창구가 아니다. 정책관계자가 주어진 정보를 어떻게 또한 어느 정도로 활용하는지, 즉 효과적인 정보 소비의 문제는 정보기구의 입장에서는 매우 주요한 관심의 하나가 되어야 한다. 소비자의 소비 욕구를 충족하지 못하는 정보생산은 무의미하고, 국가자산의 낭비가 되기 때문이다.

형태적으로 정보 소비가 구두보고와 서면보고의 어떠한 형태로 이루어지는가 하는 문제, 또한 정보 소비가 생산한 정보의 어느 정도 비율로 이루어지는가 하는 문제는 국가정보기구의 능률을 평가하는 기본 척도가 될 수 있다. 이에 정보의 소비단계는 정보순환의 주요한 한 과정으로 평가된다.

정보소비의 이러한 중요성 때문에 정보학자 로웬탈은 정보 소비를 고려하지 않는 것은 정보순환 과정에서의 정책공동체(policy community)의 역할을 무시하고 간과하는 편무적인 접근이 될 것이라고 비판했다.

제7절 정보환류(Feedback) 단계

정보가 정보공동체에 의한 일방적 정보 배포로 종결되었다고 생각하면 안 된다. 모든 일이 그렇듯 외부의 자극 없이는 타성으로 흐르기 쉽다. 정보절차는 결코 한 방향으로 진행되는 일방통행의 편도선이 아니다. 그것은 끊임없이 순환되는 **왕복선**이다. 특히 정보의 순환과정은 종결된 것으로 여겨지는 정보순환의 직전 단계의 업무 수행이 다시 필요하기도 한 양방향 이상의 입체적 작용·반작용의 영역이다. 정보의 환류를 통해서 정보공동체와 정책공동체 쌍방의 대화가 이루어지게 되고, 정책부서가 최초에 제기한 정보 수요가 불필요했다거나, 충분하지 않았다거나, 정보공동체가 제공한 정보가 만족스럽지 못했다는 것 같은 상호 반성과 평가가 뒤따를 수 있다.

정책담당 부서의 실제 정보 소비에서 발생한 여러 국면의 상황은 정보순환에 상당한 영향을 미칠 수 있다. 그러므로 배포 받은 정보를 소비한 정책담당자들은 정보 소비 과정에서 나타난 제반 문제점을 정보순환 과정에 피드백해 주는 것이 바람직하다. 어떤 정보가 어떻게 유용했는데 무엇이 부족했고, 어떤 정보는 전혀 효과를 발휘하지 못했으며, 어떤 부문에 대한 정보가 추가로 필요하거나 계속 관측이 필요하다는 등의 제의나 지적은 정보절차의 방향과 개선을 위해 좋은 길잡이가 된다. 이러한 환류 절차를 통해서 비로소 정보에 대한 객관적인 가치 매김이 이루어질 수 있다.

한편 정책담당자들에 의해 제기되는 피드백 중 일정한 내용은 새로운 정보 수요, 즉 정보요구로 간주되어 새로운 정보절차가 진행될 수도 있다. 이처럼 정보순환의 전 과정에서 정보의 환류 또는 정보의 피드백은 정책담당자와 정보관계자가 국가안보 수호와 국가이익 달성이라고 하는 국가 공동 목표를 향해 함께 노력하는 실천적 모습을 보여 주는 것이다.

그러나 현실적으로는 정보기구가 정책부서로부터 그러한 피드백을 받는 경우는 거의 없고, 그럴 수 있는 공식적 절차도 마련되어 있지 않다고 한다. 그 이유는 현안 위주로 업무를 수행하는 정책담당자는 지나간 일을 되짚어보고 그에 따라 정보부서에 의견을 개진할 시간적 여유가 없고, 현실적으로 정보공동체와의 대화를 꺼려 피드백의 필요성을 인식하는 정책담당자가 많지 않다는 것이다.

그러나 이러한 단절적 일방통행 문화는 반드시 개선되어야 할 사항이다. 엄밀히 말해 정책담당자의 피드백 노력이 부족하거나 아예 없는 것은 그들의 업무능력 부족 또는 정보기구에 대한 협조 거부로 평가될 수도 있다. 그러므로 적절한 시정방법을 강구해서 정보와 정책의 유기적인 관계를 형성해 국가정책 목표가 효율적으로 달성되는 업무체계를 구축해야 할 것이다.

[도표] 다층구조의 정보순환 절차[130]

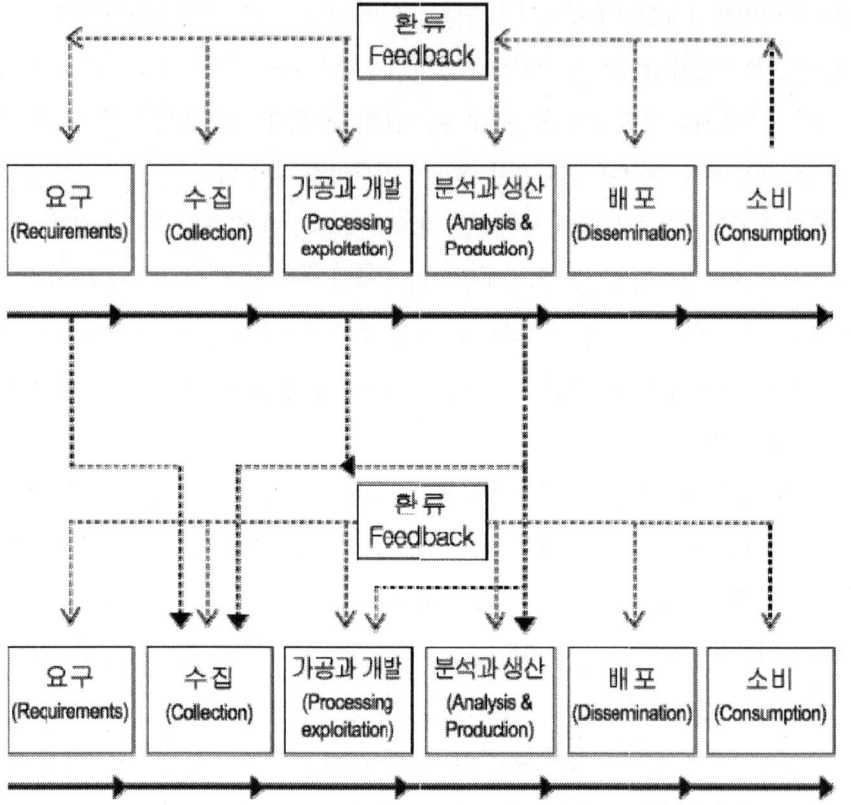

---

130) Lowenthal, Mark M(8th edition(2020), p. 67.

제3편 정보활동론

제1장 정보수집

제1절 정보수집 개관

국가정보기구의 정보활동은 첩보 수집으로 시작된다. 국가정보기구의 4대 임무 중에 첫 번째가 정보(첩보)수집이다. 국가정보기구는 국가정책 수립과 집행에 필요한 첩보를 수집하여 국가정보를 생산하기 위하여 조직된 기구이다.[131]

제1항 정보순환과 첩보

첩보를 수집하고 수집한 첩보를 가공 · 분석해서 필요한 정보를 생산하여 정보수요자에게 배포하는 일련의 활동을 정보의 순환 또는 정보의 과정(Intelligence Process)이라고 한다. 따라서 국가정책을 위해서 최종적으로 생산된 정보는 일련의 정보순환과정을 거친 가공된 첩보라고 할 수 있다.

그러므로 엄밀한 의미에서는 정보수집과 첩보 수집을 개념적으로 구별할 수 있다. 그러나 최종적으로 정제된 내용의 정보가 필요하므로 정보를 강조하여, 통상 정보순환 과정에서의 지시나 요구는 정보요구와 정보수집, 정보분석이라는 용어로 시달되고 전달된다. 첩보를 요구하거나 첩보수집을 지시했다고 해도 궁극적으로는 필요한 정보를 요구한 것으로 이해되기 때문이다.

그러므로 정보학에서는 최종적인 정보를 생산하기 위한 자료 수집은 이론적으로는 첩보수집(information collection)이라는 용어가 정확하다. 그렇지만 정보순환 과정에서도 정보수집(intelligence collection 또는 intelligence gathering)이라고 호칭한다.[132] 특별히 최종 정보판단의 평가와 첩보의 기초를 이루며 첩보를 구성하는 자료의 수집을 자료 수집(Collecting the Data)이라고 호칭하기도 한다.

---

131) 한편 오늘날 국제 정보사회에서의 정보용어는 앵글론 색슨 어가 지배하고 있다. 국가경쟁력 강화를 위한 정보는 속성상 해외정보 활동이 기본이 될 수밖에 없다는 점에서 국제적으로 통용되는 언어에 대한 이해와 사용은 불가피하다. 그러므로 가급적이면 어색한 한글 번역어보다는 국제 정보사회에서 통용되는 원어 그대로를 사용하는 것이 바람직하다고 할 수 있다.

132) Dycus(2006), p.3, 49. Shulsky & Schmitt(2002), p.11.

제2항 정보수집의 기획 및 지시

다양한 정보의 요구(requirements)는 기획과 지시에 의해 구체화된다. 그러나 인원과 예산을 포함하는 정보자산은 한정되어 있어서 요구되는 모든 정보를 수집할 수 없기 때문에 정보요구에 대한 기획과정은 매우 중요하다.

정보수집 우선순위는 국가정보목표 우선순위(PNIO: Priority of National Intelligence Objectives)와 국가정보목표 우선순위 아래에서 개별 정보기구의 정보활동 순위와 방향을 규정한 **첩보활동 기본요소**(Essential Elements of Intelligence: EEI)에 의해 객관적으로 획정된다고 함은 앞서 살펴본 바가 있다.

그러나 국가정보목표 우선순위와 첩보활동 기본요소가 고정된 정보수집 서열의 바이블은 아니다. 갑작스러운 정세변화에 따라 특별한 정보수집 요구가 발생할 수도 있다. 그것을 특별첩보요청(SRI: Special Requirement of Information)이라고 한다. 이러한 경우에 정보수집의 경합이 발생하고 일부의 정보수집은 결과적으로 우선순위에서 배제되거나 영원히 수집되지 않는 경우도 발생할 수 있음은 정보의 순환 편에서 살펴본 바 있다.

제3항 정보의 출처와 수집방법

국가정보기구가 정보를 수집하는 방법은 정보인자(INT = INTelligence)에 따라서 크게 3가지로 나눌 수 있다. 먼저 정보요원 등 인적 정보자원이 개입되는 인간정보활동, 즉 휴민트(HUMINT)가 있다. 휴민트는 인간정보수집 활동 또는 간첩활동이라고도 한다. 간단하게 인간정보라고도 호칭한다.

다음으로 정찰위성 등 정탐 기구에 의해 수행되는 영상정보수집 활동, 즉 이민트(IMINT)와 매신트로 불리는 흔적 · 계측정보수집 활동(MASINT) 그리고 시긴트로 불리는 신호정보수집 활동(SIGINT)이 있다. 위 3가지는 모두 과학기술 장비를 사용하여 이루어지는 것이므로 기술정보수집 활동, 즉 테킨트(TECHINT) 라고 부른다. 마지막으로 국가정보기구의 정보수집 활동은 공개적으로 이용할 수 있는 다양한 공개자료에 의해서도 상당 부분 획득된다. 이것을 공개출처정보, 즉 오신트(OSINT)라고 한다.

이 같은 인간정보수집 활동과 기술정보수집 활동 그리고 공개출처정보수집 활동의 3가지 방법이 국가정보기구의 대표적인 정보수집방법이다.

물론 동일한 정보획득을 위해서 정보수집 방법들이 동시에 또는 시차를 두고 활용되기도 한다. 그리고 독립하여 각자 개별 방식으로 획득한 정보를 비교 분석을 통해서, 정보가 조종·통합되어 새로운 정보가 생산되기도 한다. 그것은 개별 정보인자에 의한 정보수집 방법의 단점을 보완하기 위해 필요하다.

제2절 인간정보(휴민트, HUMINT)

제1항 인간정보의 의의와 개관

휴민트(HUMINT)는 인간을 주요수단으로 하는 정보수집 활동(HUMan INTelligence)의 철자 약어이다. 주로 대인접촉을 수단으로 하여 정보를 수집하는 정보수집 활동기법 또는 인간 자산에 의해 수집된 정보 그 자체를 말한다.

북대서양조약기구(NATO)는 휴민트를 '인간출처(human sources)에 의해 제공되거나 수집되는 첩보(Information)로부터 유래된 정보의 한 범주'라고 정의했다.[133] 후술할 과학기술 정보수집도 결국은 인간에 의해 이루어지지만, 휴민트는 정보수집이 주로 인간의 활동으로 이루어진다는 점에서 차이가 있다.

예를 들어 휴민트는 해외에 파견된 비밀 정보요원이 해외에서 직접 정보수집 활동을 하거나 현지 스파이를 고용해 정보를 수집하는 것과 같다. 현지 스파이는 금전 또는 피치 못할 약점 때문에 협박이나 체제 불만 등의 연유로 협조한다.

국가정보기구의 정식 직원인 정보관(intelligence officer: I/O)은 회유된 현지 자산(assets), 즉 정보제공자와 고도의 보안 하에 주기적으로 접촉하며 정보를 입수한다. 정보관과 현지 정보제공자와의 관계는 마치 정신과 의사와 환자와의 관계에 비유된다. 공작관은 냉정한 멘토(mentor)로 역할한다.

현지 정보관은 현지 정보제공자를 통제하며 정보를 획득하는 일 말고도 그 나라에 거주하게 된 그럴듯한 이유를 달아 활동한다. 그래서 협조자와 별도로 자신도 은밀하게 탐문이나 서류 탈취나 도청을 하며 정보수집 활동을 수행한다.

휴민트 활동은 정보 세계 공생관계의 대표적 사례인 연락관계(liaison)를 통해 상대국 인간정보와 접촉하며 정보를 주고받기도 한다. 그러나 리에종(연락업무) 형태는 각국의 신뢰성에 따라 접촉과 연락 수준은 천차만별로서 주고받는 정보 수준의 긴밀성과 중요성을 정보관의 책임으로 잘 판단하여 정보교류를 하는 등 항상 위험성에 대비해야 한다.

---

133) "A category of intelligence derived from information collected and provided by human sources."

미국의 경우에 인간정보는 CIA가 주무부서이다. 구체적으로는 예전의 CIA의 공작국(Directorate of Operation : DO)을 대체한 CIA 국가비밀정보국(National Clandestine Service: NCA)이 오늘날 미국의 인간정보 활동을 총괄 담당한다.[134]

제2항 인간정보의 유래

인간정보는 단적으로 간첩 또는 스파이 활동이다. 인간정보 활동은 구약성서만큼 오래된 것으로 역사적으로 매춘에 이어 두 번째로 오래된 직업이라고 한다. 서기 1200년 구약시대 모세(Moses)의 뒤를 이어 이스라엘 민족의 지도자가 된 여호수아(Joshua)는 이집트에서의 탈출, 즉 출애굽의 임무를 수행하게 되었다. 여호수아는 유대민족이 요르단강을 건너 여리고(Jericho) 지방을 공격하기 전에 정탐꾼을 가나안에 먼저 보내 지형에 대한 자료를 파악하게 했다. 이것이 전투 활동을 위한 최고(最古)의 휴민트 활동의 예로 전해진다.[135]

세계 역사를 통틀어서 성공적인 정복자는 모두 인간정보를 유용하게 사용했다. 서기 521~486년 페르시아의 정복왕 다리우스(Darius), 서기 218년의 한니발(Hannibal) 장군, 서기 31년의 시저(Caesar) 대왕 그리고 기원후 1206년의 칭기즈 칸(Chingiz Khan) 등이 모두 뛰어난 인간정보 운용의 대가였다.

한편 기원전 500년경 중국의 무장 손자(Sun Tzu)는 유명한 병법서인 『손자병법(Art of War)』을 저술했다. 손자는 제13편 용간(用間)편에서 인간정보 수단을 설명했다. 휴민트에 대한 손자의 설명은 오늘날에도 미국을 비롯한 많은 국가에서 인간정보 활용의 좋은 참고자료로 사용되고 있다.[136] 손자는 적을 미리 알기 위해서는 공작원(I/O)을 이용한 첩보활동이 중요하다는 사실을 강조하면서 간첩(공작원)을 5가지로 분류했다.[137] 손자는 5가지 간첩 유형 중에서도 반간(反間), 즉 이중 스파이가 가장 중요하며 정보활동의 꽃이라고 설명했다.

---

134) https://www.cia.gov/ko/offices-of-cia.CIA 한국어 공식 인터넷창.
135) 구약성서 민수기(27장 18~23절).
136) Encyclopedia of Intelligence and counterintelligence,(Golson Books, 2005) volume one, p, xⅤ.
137) 故 用間有五 有鄕間 有內間 有反間 有死間 有生間참조, 손자병법 제13편 用間編.

손자병법의 5가지 공작원 유형
① 향간(鄕間) : 실정에 밝은 현지인을 간첩으로 활용하는 것이다.
② 내간(內間) : 적국의 관리를 포섭하여 간첩으로 이용하는 것이다.
③ 반간(反間) : 적국의 간첩을 역이용하여 이중스파이(Double agents)로 만드는 것이다.
④ 사간(死間) : 거짓 정보를 제공하기 위해 파견되는 간첩이다. 위장 귀순 등이 그것이다. 위장이 판명되면 목숨을 빼앗길 수 있으므로 죽을 수 있는 간첩이라고 한다.
⑤ 생간(生間) : 적진에 침투해 활동하는 실전형 간첩. 주재국에 파견된 공작관(C/O)이 해당된다.

근대의 정보 세계에서도 미국의 전설적인 충정의 스파이 나단 해일(Nathan Hale)[138], 여성의 몸으로 삼중, 사중, 오중의 스파이 활동을 하다가 마침내 형장의 이슬로 사라진 마타 하리(Mata Hari)[139]는 실존하는 스파이 중 뛰어난 활동 모델로 회자되고 있다. 또한, 허구적인 존재이지만 전 세계에 그 이름이 널리 알려진 영국 정보기구의 제임스 본드(James Bond 007)는 인간정보 활동이 어떠한 것인지 그 단면을 생생히 알려준다.

---

138) 1775년 미국독립전쟁 당시, 워싱턴 장군(George Washington)이 영국과의 전투를 앞두고, 영국군의 포진 배치 등에 대한 정보를 파악해 올 지원자를 모집하자, 가장 먼저 나선 사람이 예일대 출신의 21살 대위 해일(Nathan Hale)이었다. 그는 적진 속으로 숨어 들어가서 영국군에 관한 자세한 정보를 수집해서 되돌아오다가 영국군에게 체포되었다. 사촌인 Samuel Hale의 배반 때문이었다. 영국군에게 즉결교수형을 당하며 남긴 말이 "내 조국을 위해 바칠 목숨이 나에게는 단 하나뿐인 것이, 아쉬울 뿐이다(I only regret that I have but one life to lose for my country)."였다고 처형을 주관했던 영국군 대위(Frederick Mackenzie)의 일기에 나타나 있다. 일기에 따르면 해일은 또한 "지휘관에 의해 주어진 명령에 따르는 것이 모든 장교가 행해야 할 당연한 의무다(It is the duty of every good officer to obey any orders given him by his commander-in-chief)."라고 말했다고 한다.
139) 마타 하리는 제1차 세계대전 중 프랑스 정보부에 의해 독일 스파이인 'H21'이라고 지목되어 형장의 이슬로 사라진 여간첩으로 '치명적인 여인' 혹은 '위험한 여인'의 대명사로 일컬어진다.

제3항 인간정보의 수단

통상적으로 인간정보의 수단으로는 맹활약하는 정보요원만을 연상하기 쉽지만, 인간정보로서의 인적 자원에는 전문적인 정보요원, 즉 정보관에 한정되지 않는다. 정보요원이 활용하는 대상국 및 자국의 일반인은 물론이고 자발적인 협조자를 모두 포함한다. 상대국의 군인이나 경찰 등 공권력 담당자는 매우 좋은 인간정보 자산이 된다. 전쟁포로나 구금자, 망명자, 일반 시민, NGO 등 비정부단체 활동가, 언론종사자 그리고 일반 자원자140)처럼 매우 다양한 인간자원들이 모두 인간정보의 수단이다. 인간정보 수단은 크게 정보요원과 비정보요원으로 나눌 수 있다. 비정보요원은 이를 다시 첩보원과 협조자로 분류할 수 있다.

I. 국가 정보기구의 정보요원 – 정보관(I/O)

1. 의 의

정보관(Intelligence Officer, I/O)은 국가정보기구의 정식 직원으로 정보를 수집하고 분석하는 업무를 담당하는 사람이다. 공작관(Case officers : C/O), 조종관(Agent handler), 통제관(controllers), 접촉관(contacts), 안내자(couriers) 등으로도 불린다. 정보관(I/O)이 특정한 비밀공작(covert action)이나 비밀수집공작을 수행할 경우에는 공작담당관(case officer)으로도 불린다. 본서는 기존의 용례에 따라 정보관(I/O)으로 호칭한다.

정보관은 현지 정보요원, 즉 대리인(I/A)을 통제할 책임이 있는 국가정보기구의 정식 피용인이다.141) 정보관은 정보수집 활동을 위한 비밀 조직의 주체가 되어 직접 비밀 활동 현장에 뛰어들거나 상황에 맞게 현지 첩보원을 포섭해서 그들을 지휘 · 통제함으로써 주어진 정보 임무를 수행한다. 이처럼 정보관은 국가정보기구의 공식적인 정보요

---

140) 정보 세계에서는 이들 지원자에는 스스로 정보원이 될 것을 희망하는 협조자(Walks-in)와 자기 판단으로 지득한 정보를 사안별로 제공하는 지원자(Volunteers)를 포괄한다.

141) Jan Goldman, Words of Intelligence a Dictionary, (Scarecrow Press, Inc, 2006). "A staff employee of a government intelligence agency who is responsible for handling agents."

원으로 인간정보의 핵심이다.

정보관은 국가정보기구의 기간요원으로서 군 정보요원, 법집행요원, 민간 정보기구 요원 그리고 세관 요원처럼 국가공무원 신분을 가진다. 정보관이 실제로 수행하는 임무는 본부 정보기구의 성격에 따라 달라진다. 예를 들어 미국의 CIA나 영국의 비밀정보부(MI6)처럼 해외정보 전담기구의 정보관들은 대부분 시간을 해외에서 보내며 간첩 활동에 종사한다. 반면에 국내 방첩 기구인 FBI나 영국 보안부(MI5)의 정보관들은 주로 자국 내에서 대테러나 방첩공작, 국제조직범죄 같은 중대범죄를 해결할 책임을 지고 활동한다.

어느 경우에도 정보관들은 아국의 국가안보에 대한 적대세력의 실체와 의도 및 능력에 대한 정보를 수집·종합·분석하여 국가안보위협 요소를 1차적으로 제거하는 것이 주된 임무이다. 정보관들은 인터넷, 도서관 또는 신문 같은 공개출처정보나 전화도청, 통신 감청, 미행·감시활동, 소위 두더지(mole)로 불리는 대리인 같은 비밀 정보제공자를 고용하거나, 다른 정보기구 요원들과 연락하며 필요한 정보를 획득한다. 특히 해외에서 활동하는 정보관들은 현지 사정에 밝은 대상국가의 협조 요원, 즉 정보대리인(Intelligence Agency : I/A)을 능력껏 발굴하여 활용한다. 정보관(I/O)에 의해 발굴되고 채용된 현지 정보제공자를 정보대행자, 현지 정보제공자, 정보 대리인(Intelligence Agent), 현지 요원, 첩보원(agent) 또는 두더지(mole)나 인적자산(assets)으로 호칭한다. 정보수집에 동원되는 항공기나 사업체같은 물적자산(assets)과 구분된다.

정보관은 해외에서 현지 정보대행자를 채용해 그들로부터 입수한 정보를 본부에 전달한다. 반면에 정보대행자(I/A)는 자기 나라를 상대로 스파이 활동을 하여 정보관에게 입수한 정보를 제공하는 사람으로, 본부와 직접적인 관계는 없다. 그러나 후술할 하베리 사건에서 보는 바와 같이 현지 인적자산, 즉 정보대행자에 의한 정보활동에 대하여 본부의 법적 책임이 문제될 수도 있다. 그래서 CIA는 해외 정보관들에게 고문이나 강력범죄 전력자는 인적자산으로 활용하지 말고 사전에 본부의 승인을 받으라고 지시하기도 했다.

한편 정보관들은 임무의 속성상 해외에 파견되어 원칙적으로 비밀리에 활약하게 된다. 그들 정보관은 본부(Headquarter)로부터 재정적 · 기술적 지원을 받을 수 있는 구실을 마련해야 한다. 이것을 가장(cover)이라고 한다. 가장에는 공직가장과 비공직 가장의 2가지가 있다.

2. 신분의 위장

1) 공직가장(Official Cover)

가. 의 의

공직가장이란 정보관(I/O)을 해외에 파견하면서 외교관이나 해외에 파견하는 정부 대표의 수행원, 정부 사절단의 일원 등 다른 부처의 공무원 신분으로 위장하여 파견하는 것을 말한다. 공직가장 정보관 중에서 특히 주재국과의 정보협력 채널, 즉 리에종 (liaison) 관계를 구축하기 위해 자신의 신분을 공식적으로 노출한 정보관을 백색정보 관(White I/O)이라고 한다. 백색정보관은 연락관으로 기능하여 마약밀매문제, 국제 조직범죄 문제 그리고 대량살상무기 문제 등 정보 현안에 대한 연락창구로 기능한다. 한편 주재국에 정보관 신분을 노출하지 않은 정보관은 공직가장 정보관이든 후술하는 비공직가장 정보관이든 모두 흑색정보관(Black I/O)이라고 호칭한다.[142]

나. 연혁과 신분위장

정보요원을 외교관으로 가장해서 정보수집 활동을 한 것은 이탈리아를 중심으로 유럽에서 상주대사 제도가 시행된 15세기경부터였다. 16~17세기에 이르러서는 유럽 지역 대부분의 대사관에 비밀정보 요원이 외교관으로 가장하여 활동했다.[143] 일반적 으로 각국은 정보요원을 파견국가의 대사관 직원으로 위장하여 합법적인 가장 신분을 갖게 한다. 대사관의 공직가장 신분은 정무참사관, 2등 · 서기관, 경제영사 등 다양한 위장신분을 가진다.

---

142) 백색정보관(White I/O)은 백색까마귀(White crow), 흑색정보관(Black I/O)은 흑색 까마귀(Black crow) 라고도 호칭된다.

143) Michael Herman, Intelligence and power in Peace and War(1996).

다. 공직가장자의 면책특권과 한계

정보요원의 공직가장은 국제 관습법적으로도 인정되어 공직가장 정보관은 일반 외교관과 동일한 외교관 면책특권(Diplomatic Immunity)을 가진다. 한편 공직가장 정보관은 공작 활동에서 다음과 같은 이점이 있다.

① 일상적인 활동을 통해서 정보 원천에 자연스럽게 접근할 수 있다.

② 주재국의 공무원이나 제3국 관리들과 공식·비공식적으로 접촉하며 정보를 수집할 수 있다.

③ 주재국의 일반 국민과도 의심을 받지 않고 접촉할 수 있다. 특히 주재국가가 해외 여행이 통제되는 등 대외적으로 폐쇄정책을 취하는 경우에도 주재국의 현장 민심을 파악할 수 있다.

④ 활동비의 수령과 수집정보를 공식적인 외교채널을 통해 사용할 수 있는 등 행정적인 이점이 있다.

반면에 공직가장의 취약점은 3가지로 나타난다. 먼저 주재국에 이미 신상이 알려져서 주재국 보안당국의 집중적인 감시대상이 되기 쉽다. 주재국에 근무하는 공직자는 비교적 수가 적기 때문에 주재국 방첩기관은 공직가장 정보관들의 활동을 어렵지 않게 파악할 수 있다. 다음으로 대사관 등 근무처 내에서 지휘·통솔의 문제이다. 외형상으로는 외교관 신분이기 때문에 부서 사이의 업무협조가 되어야 하고 외교 서열상의 일정한 지휘·감독을 받아야 하는 게 원칙이다.

하지만 지휘계선상의 보고는 비밀정보수집 활동에 차질을 초래할 수도 있다. 반면에 대사관 내의 내부협조가 단절되면 오로지 공식 외교적 협조나 공식외교 채널을 통해서만 정보입수가 가능하므로 필요한 정보를 적시에 파악하기는 어렵다는 이중의 과제를 떠안게 된다. 마지막으로 주재국과 외교 관계가 단절되거나 전쟁 등이 발발하면 외교관으로 공직가장한 정보관은 해당 국가를 떠나야 한다. 이것은 장기간 구축되어 온 정보채널의 와해를 의미할 수 있다.

2) 비공직가장(Non Official Cover : NOC)

가. 의 의

비공직가장은 통상 낙(NOC)이라고 통칭한다. 비공직가장은 정보관이 주재국에 공무원 신분이 아닌 민간인 신분으로 위장해 활동하는 것을 말한다. 사업가, 언론인, 교수, 선교사, 성직자, 여행자, 유학생, 무역 대표부 직원, 학술회의나 국제 NGO 회의 참석자, 여행객처럼 대상 국가에 체류할 수 있는 다양한 신분으로 위장한다. 또한, 이민이나 망명 신청으로 국적을 아예 바꾸거나, 제3국에서 우회하여 대상국가에 전입하기도 한다.

미국 CIA 요원이 해외에서 제너럴 모터스, IBM, 아메리카 은행(Bank of America), 팬암 항공사(Pan Am)등의 상사 요원으로 가장했던 것은 주지의 사실이다. 또한, 구 KGB나 참모부 정보총국(GRU) 요원을 포함해 최근까지도 러시아 정보기구 요원들이 국영 항공사인 에어로 플롯 직원으로 가장하여 활동했다. 준정부 조직이나 민간업체를 이용하기 어려운 경우 국가정보기구는 직접 가장 업체를 운영하기도 한다. 이것을 물적 정보자산(assets 또는 proprietary)이라고 한다. 뒤에서 살펴보겠지만 정보의 세계에서는 중국의 신화사 통신은 중국의 대표적인 정보기구의 하나로 평가된다.

다양한 비공직가장 신분 중에서도 가장 애용되는 방법이 언론인 신분이다. 왜냐하면, 언론인은 신분의 특성상 사건과 사고가 발생하는 어느 현장이나 자연스럽게 출현할 수 있기 때문이다. 그러나 미국 정보공동체는 레이건 대통령 명령 제12,333호에 의해 언론인, 평화봉사단(peace corps), 성직자 신분으로의 비공직가장을 금지했다.

나. 비공직가장의 이점과 한계

비공직가장은 다양한 직업과 직책으로 위장하기 때문에 공직가장에 비해 노출 위험이 적고 정보출처에 폭넓게 접근할 수 있다는 이점이 있다. 일단은 외교관 신분이라서 주재국과 공식적인 관계가 형성되는 공직가장과 달리, 주재국의 감시에서 벗어나 폭넓은 정보활동 반경을 가질 수 있다. 또한, 주재국과 외교관계가 단절되더라도 계속 체류하면서 활동할 수 있다. 반면에 비공직가장은 다음과 같은 단점이 있다.

① 적절한 가장을 제공해 줄 수 있는 협조업체의 확보에 한계가 있다.

② 공직가장에 비해 활동비용이 많이 든다.

③ 주재국에 정착하는 초기 시간이 많이 소요된다.

④ 가장 신분에 적합한 활동을 해야 하므로 본래의 임무인 정보수집 활동에 한계가 있을 수 있다.

⑤ 수집된 첩보를 본국에 전달하는 것이 용이하지 않다.

⑥ 국제법적으로 외교관이 아닌 민간인으로 간주되기 때문에 스파이 활동이 적발될 때는 불법적 간첩 활동을 한 것으로 인정된다. 이 경우 외교관의 면책특권을 주장할 수 없고 속지주의의 원칙에 따라 주재국의 형벌권에 의해 처벌받게 된다는 위험성이 있다.

Ⅱ. 비정보요원 : 첩보원과 협조자

국가정보기구의 공식 직원이 아닌 비정보요원에는 정보대리인 또는 첩보원(Agent)과 협조자(Collaborator 또는 Walk-ins)가 있다. 정보의 세계에서 첩보원 또는 협조자는 다양한 용어로 불린다. 인적자산, 스파이, 간첩, 첩자, 정보요원, 정보자산, 두더지, 밀정, 제5열fifth column)[144] 그리고 일본의 대가관계 첩자를 말하는 닌자(忍びの者, 시노비노모노) 등이 그것이다.

이들은 현지에서 정보관에게 발굴되어 채용됨으로써 일정한 계약 관계가 형성되어 정보활동을 하는 인간정보요원이다. 이들 첩보원의 입장에서는 정보관이 자신에 대한 조종관 또는 공작관이 된다. 첩보원은 자신의 지휘 · 통제자인 조종관에게 정보수집 활동을 지휘 · 감독받는다. 반면에 협조자(Walk-ins)는 전적으로 자유로운 신분이다. 자발적으로 정보관의 정보수집 활동을 도와주는 사람이다. 그러므로 협조자는 언제라도 협조를 일방적으로 단절할 수 있다.

여하튼 첩보원과 협조자는 주로 현지인으로 모두 비공식적인 정보요원이다. 첩보원이나 협조자는 정보관의 정보수집 활동을 지원하는 데 필요한 존재들이다. 그래서 자발

---

144) 제5열은 진격해 오는 정규군에 호응하여, 내부에서 모략 활동을 하는 조직적인 무력집단 또는 그 집단의 구성 요원을 지칭하는 용어로 제5부대라고도 한다. 1936년의 스페인 내전 당시 4개 부대를 이끌고 마드리드 공략 작전을 지휘한 E. 몰라 장군이 "마드리드는 내응자(內應者)로 구성된 제5부대에 의해서 점령될 것이다."라고 하여 자기의 4개 부대 이외에도 적진에 이미 협력자가 있음을 암시한 데서 유래되었다.

적이든 비자발적이든 간에 정보수집 목표에 접근할 위치와 능력이 있는 사람 중에서 선정되어야 한다. 민간인인 경우도 적지 않지만, 주재국 정부의 핵심적 지위에 근무하고 있어서 중요한 정보 원천(source)에 접근할 수 있다면 매우 훌륭한 인적자산이 될 것이다.

다음과 같은 신분이 첩보원 또는 협조자로 유용하다. ① 우호적인 군인, 법집행담당자, 외교관, ② 난민(Refugees), ③ 전쟁포로(Prisoners of war: POW's), 구금자(Detainees)[145], ④ 영향력있는 민간인(Civilians), ⑤ 비정부기구 조직(NGOs), ⑥ 언론기관 종사자, ⑦ 주재국의 정보요원과 그의 첩보원들은 모두 훌륭한 인적자산이된다. 협조자 중에는 조직폭력단도 있을 수 있다.

북한에서 한국으로 망명한 협조자들은 다음과 같은 사람들이 있었다. 1997년 2명의 북한 고위관료가 한국으로 극비 망명했는데 그중의 한 사람이 북한 주체사상의 이론적 대가였던 황장엽씨였다. 그는 북한의 핵무기 개발에 대하여 한국과 미국에 정보를 제공했다.[146] 더 유용한 인간정보 망명자는 1977년 전향한 북한의 이집트 대사였던 장성길이 있다. 그는 CIA에 북한의 중동지역에 대한 중요한 정보를 제공했다. 특히 북한의 이집트에 대한 스커드 미사일 판매와 이란과 시리아에 대한 무기판매 및 계획에 대한 정보를 제공했다. 장성길의 전향은 CIA의 치밀한 전향공작에 의한 것이라고 한다.[147]

비밀정보요원의 활동과 관련해서는 외교적 문제 이외에도 법률문제도 적지 않게 따른다. 사후에 그들의 역할에 대한 정황이 명백히 밝혀졌을 때 그들이 수행한 임무에 가담국의 직접 행위 책임이 있는지 등이 그것이다. 그러한 법률논쟁의 대표적인 사례인 하베리 케이스는 뒤에서 살펴보기로 한다.

한편 다음 사례는 신뢰할 수 있는 첩보 원천을 발굴한다는 것이 얼마나 힘들고 그

---

145) 국제법적으로 구금인 또는 수용인은 테러와의 전쟁에서 양산되어 향후의 모든 일정이 미정인 상태로 구금소에 수용된 사람들이다. 정식전쟁으로 생긴 포로가 아니므로 국제전쟁법상의 권리를 가지는 전쟁포로(war prisoners)도 아니고 구체적 범죄가 입증된 것이 아니므로 형사피의자도 아니다. 쿠바 관타나모 베이(Guantanamo Bay detention camp)의 테러 구금인 수용소. *U.S. Said to Overstate Value of Guantánamo Detainees*, NYT. (6.21.2004).

146) Kevin Sullivan, "Key Defector Warns Again of North Korean War Plans," Washington Post, July 10, 1997, p. A23. 그러나 당시 클린턴 행정부의 고위관계자에 따르면 황장엽은 군사문제에 대한 직접적인 정보를 가지고 있지 않았다. 그 정보도 기대한 것에 크게 못 미쳤으며, 심지어 핵무기에 대한 정보는 오래 전의 것이었거나 진실이 아닌 정보였다고 한다.

147) Stephen Lee Myers, "Defecting Envoy from North Korea to Get U.S. Asylum," New York Times, August 21, 1997.

관리 또한 얼마나 위험한 일인지를 잘 보여 준다. 첩보원에도 이중첩보원이 가능하고 그 위험성은 정보 원천을 소실시킬 만큼 매우 크다.[148]

첩보원과 협조자의 위험성

2009. 12. 30일 아프가니스탄에서 CIA 요원 7명을 폭사시킨 자살폭탄테러 사건은 CIA의 첩보원으로 알카에다에 침투했던 36세의 의사 발라위였다. 그는 알카에다 인터넷 토론사이트 관리자로 활동하다 검거되어 요르단 정보당국 (GID)의 정보원으로 포섭되었던 인물이다.

요르단 정보국은 발라위를 확실한 자기편으로 만든 뒤 알카에다 조직에 다시 침투시켰다. 의사 신분을 이용하여 알카에다 2인자인 알 자와히리와 접촉하는 임무까지 내려졌다. 하지만 발라위는 결정적인 순간에 변절했다. 그는 자신을 담당한 요르단 정보요원 제이드에게 알 자와히리와 관련된 긴급 정보가 있으니 CIA 중요 관계자들을 만나게 해달라고 요청했다.

제이드는 요르단 왕족이면서 미·요르단 양국 정보당국을 연결하는 핵심 인물이어서 CIA 기지를 보안 검색 없이 드나들 수 있었다. 제이드는 발라위를 CIA 비밀 기지에 안내했고, 발라위는 몸에 폭탄을 잔뜩 숨기고도 몸수색을 받지 않았다. 결국, 정보 협조자 발라위는 자폭함으로써 제이드를 포함해 8명이 숨졌다.

---

148) 아프간 CIA 테러범은 이중첩자, 요르단 정보원으로 뽑혀 알 카에다 침투 후 변절http://www. segye.com/Articles/NEWS/INTERNATIONAL/Article.asp?aid=20100105003872&subctg1=&subctg2=.

제4항 인간정보 활동

I. 인간정보원 획득 절차

인간정보 활동으로서의 휴민트는 정보관을 해외 주재국에 파견함으로써 시작된다. 이어서 정보관들은 파견된 주재국에서 첩보 활동을 수행할 첩보원과 협조자를 물색한다. 첩보원을 물색하고 채용하는 과정은 몇 단계가 있고 독특한 용어가 사용된다. 이를 첩보원 획득주기(Agent Acquisition Cycle)라고 한다.[149]

1단계 : 물색 또는 선정(Targeting or Spotting)

누가 해당 첩보에 접근권을 가졌는지를 고려해서 대상자를 확인하는 과정이다. 물색은 일상적인 접촉과정에서 알게 된 사실이나 전화번호부, 언론, 학술지 보도 등 공개자료를 통해 이루어진다. 일단 포섭을 위한 대상자가 선정되면 자연스러운 방법으로 접촉을 한다. 업무상의 접촉이나 취미생활 등이 좋은 접촉 구실로 이어진다. 음악, 미술, 테니스, 골프, 도박이나 오락 등 다양한 사회 취미활동으로 자연스럽게 대상자에게 접근할 수 있다.

2단계 : 평가(Assessing)

잠정적으로 선정된 대상자를 내 편으로 포섭하는 데 적합한지, 가능성이 있는지를 파악하는 단계이다. 그들의 약점과 취약점 그리고 활용 가능성 및 신뢰성 등을 일정 기간 접촉을 통해서 구체적으로 평가하는 과정이다.

3단계 : 포섭 또는 채용(Recruiting)

가치가 있다고 판단된 대상자를 포섭하는 단계이다. 설득(pitch)은 강요조로 이루어질 수도 있다. 평가단계에서 파악하거나 제공한 금전적 욕구나 정치이념 및 사상, 섹스 제공, 심리적 흥분, 원한, 복수심 등의 약점은 포섭을 위한 좋은 구실이 된다. 대상자는 결과적으로 이념, 금전, 협박, 자국에 대한 불만족 등 여러 가지 이유로 첩보원(Agent)

---

149) Lowenthal(2020), p.126.

이 된다. 일단 첩보원으로 포섭되면 본부의 승인을 얻어 공식적으로 채용한다. 일반적으로 첩보원의 물색에서 채용까지에 이르는 비율은 매우 낮아 흔히 **석유시추**에 비유된다.150)

4단계 : 조정(Handling)

정보관이 포섭된 첩보원에게 구체적인 첩보 수집을 지시하고, 수집 첩보를 수령하는 등 첩보원을 관리하는 단계이다. 이 단계까지 온 포섭된 첩보원을 물적 자산과 대조해 정보자산(assets)이라고 호칭한다.

5단계 : 종료(Termination)

첩보원과의 관계를 단절하는 단계이다. 관계를 끝내는 이유는 여러 가지일 수 있다. 목표가 달성된 경우 외에도 신뢰성 부재, 보직변경 등으로 첩보원 가치가 상실되었거나, 본부로부터 정보요구의 변화 등 첩보 수집 환경이 변화하면 정보관은 첩보원과의 관계를 신속하게 단절해야 한다.

Ⅱ. 정보관의 정보활동

1. 수집 요구

정보관은 보통 주재국에 파견되기 전에 이미 특정한 임무를 부여받기도 하지만 주재국에 부임해 본부의 지시에 따라 수집목표를 재설정하게 된다. 본부의 첩보 수집 요구는 정보수집 활동의 시발로 대단히 중요하다. 수집 요구가 노출되면 정보기관의 활동 목적과 조직이 적대 세력에게 드러나 정보수집 활동이 불가능하게 된다. 그뿐만 아니라 역공작의 위험에 노출될 위험성에 처할 수 있다. 따라서 각국의 정보기구들은 정보수집 요구사항을 비밀리에 해외 주재 정보관에게 전달하려고 많은 노력을 기울이고 있다.

---

150) Pat M. Halt, Secret Intelligence and Public Policy, p.70.

2. 정보목표 분석(Target Analysis)

정보관은 본부로부터 정보수집 지시를 접수한 후에 수집목표를 면밀하게 분석해야 한다. 이를 정보목표 분석이라고 한다. 정보목표는 각국 정보기구의 역량과 해당 정보관의 능력 등 정보환경에 따라서 요구내용이나 수준이 천차만별일 수밖에 없다. 정보목표 분석은 수집대상을 효율적으로 관리하고, 목표에 적합한 첩보원을 확보하는 등 수집 활동의 효율을 도모하게 해준다.

사실 첩보 수집은 비밀의 장벽에 쌓여 있는 수집대상에 모든 방책을 동원해 최대한 가까이 접근하는 것이다. 목표분석은 이러한 장벽을 타개해 나가기 위한 치밀한 사전 준비 노력이라고 할 수 있다. 정보목표를 수집여건에 맞추어 수집 활동이 용이하도록 체계적·과학적으로 분석하는 것은 정보관(I/O)의 개별적인 능력과 유능한 첩보원 등 인적·물적 정보자산에 좌우된다.

3. 수집 활동

휴민트 활동은 크게 두 가지로 이루어진다. 먼저 은밀한 인간정보(Clandestine HUMINT) 활동이다. 이것은 주재국 첩보원이나 협조자와 비밀스러운 관계에서 주재국의 비밀정보를 수집하는 것이다. 다음으로 공개적 인간정보(Overt HUMINT) 활동이 있다. 이것은 주재국 대사관의 무관이나 외교 경로를 통해 이루어지는 정보수집 활동이나, 전향자에 대한 심문, 망명자와 여행객으로부터의 정보 청취 등의 방법이다.

국가안보 목적으로 첩보원을 활용하는 정보관은 발달 심리학에 따른 첩보원의 계발(Developmental) 문제를 극히 유념해야 한다. 발달 심리학은 인간이 잉태되어 죽을 때까지의 평생 연령에 따른 정신과정과 행동상의 변화를 다루는 학문이다. 발달 심리학에 따르면 인간은 시간 경과와 환경 변화 때문에 인지발달과 성격 변화가 이루어진다. 그러한 변화에는 크게 질적 변화(구조적 변화, 단계적 변화)와 양적 변화(연속적 변화, 비단계적 변화)가 있다.

정보관이 이러한 변화를 주목해야 하는 것은, 첩보원은 정보관에 채용된 것처럼 항상 제2의 변모를 도모할 수 있는 가변적인 인간이라는 사실 때문이다. 그러므로 정보관은 남의 이목을 피하고 주목을 받지 않는 자연스러운 방법으로 첩보원과 주기적으로 만나서 그의 행태를 계속 관찰해야 하고, 이때 별도의 하부 첩보원(sub-source)을 운용할 수도 있다[151]

4. 첩보보고

첩보 수집 활동의 결과를 본국에 보고하는 것이다. 첩보보고는 모든 활동을 총결산하는 단계이다. 수집 요구를 적대세력에게 노출하지 않고 본부로부터 전달받는 것도 대단히 중요하지만, 정보수집 활동의 결과물인 수집한 첩보를 은밀하게 전달하는 것은, 더욱 중요하다. 그래서 첩보 활동 결과보고는 사전에 구축된 비밀연락 수단에 의해 이루어진다.

연락방법에도 여러 가지가 있지만 먼저 수집한 정보를 적시에 전달하기 위해서는 가장 구실에 적합한 연락수단이 필요하다. 통상 비밀연락 수단에는 직접 접촉이나 수수소(live letter box : LLB), 급사 또는 밀사(Courier), 안전가옥 또는 안가(safe house), 무인 포스터(Dead Letter Box : DLB) 등이 활용된다. 일반적인 전화 · 전신 · 우편 · 전보 · 팩시밀리 · E-MAIL, 신문광고, 방송, 수송기관 등 대중매체를 이용하기도 한다. 연락방법은 성질에 의해서 4가지로 분류된다.

① **정상선(Normal Line)** : 일상적 연락 방법이다.

② **보조선(Supplementary Line)** : 정상선의 가동이 어려운 경우에, 보조적으로 사용하는 연락방법이다.

③ **예비선(Reserve Line)** : 정상선이나 보조선의 사용이 여의치 않을 경우, 사전에 미리 준비되고 약속된 연락방법이다.

④ **비상선(Emergency Line)** : 정상선이나 보조선, 예비선을 가동할 수 없을 때 사용하는 최후의 비상연락수단이다.

한편 첩보 보고는 적시성, 객관성, 명확성을 갖출 것이 요구된다. 적시성, 즉 신속성이 빠진 첩보 보고는 아무리 중요한 내용이라고 하더라도 가치가 없다. 또한, 객관성이

---

151) Lowenthal(2020), pp.127-129.

결여된 첩보는 무의미할 뿐 아니라 계속적인 첩보 활동을 못 하게 할 수도 있다. 그리고 명확성이 결여된 첩보 보고는 재보고와 확인보고를 해야 하게 한다. 그 결과 적시성이 결여되고 비밀연락 수단을 가동하게 해 노출의 위험성을 초래할 수 있다.

제5항 인간정보수집 활동의 실제

I. 로젠버그 스파이 사건(Rosenberg spying)

로젠버그 스파이 사건은 미국 정보역사에서 많은 논란을 가져왔던 소련의 인간정보 사건이다. 1950년 연방수사국 FBI는 미 육군 신호정보부대의 로젠버그(1918~1953)와 부인 에텔(1916~1953)을 간첩혐의로 체포했다.

로젠버그(Julius Rosenberg)와 에텔(Ethel)은 미국의 핵무기 정보자료를 소련에 넘겨줘 소련이 핵무기 개발을 성공하게 한 혐의를 받았다. 1918년 뉴욕의 유대계 가정에서 태어난 로젠버그는 1939년 에텔과 결혼했다. 뉴욕 대학에서 전기공학을 전공한 로젠버그는 대학 시절부터 젊은 공산주의 연맹(Young Communist League)의 지도자로 활약했다. 그리고 1940년부터 육군 신호정보회사(Army Signal Corps)의 레이더 장비 분야에 근무했다. 뉴욕에서 태어난 부인 에텔도 유대계 출신으로 선박 회사 비서로 근무했다. 그때 노사분쟁에 연루되면서 젊은 공산주의 연맹에 가입했고 거기에서 로젠버그를 만났다. 로젠버그 부부는 1942년 노동절에 KGB에 포섭되었다. 그때부터 미국 국가항공자문위원회에서 획득한 각종 자료와 핵무기에 대한 정보를 KGB에 제공했다.

제2차 세계대전 중 미국과 소련은 동맹국이었지만 미국은 스탈린의 의도에 대해 상당한 의구심을 가졌다. 미국은 전쟁 중에 핵무기 개발계획인 맨해튼 프로젝트(Manhattan Project)에서 소련을 배제시키고 영국, 캐나다와 함께했다. 그러나 KGB는 서방세계에 진출해 있던 다양한 인간정보 활동으로 서구의 핵무기 개발계획을 이미 알고 있었다. KGB는 캘리포니아 버클리 대학 등지에서 맨해튼 프로젝트에 침투하려고 수많은 시도를 했다. 그 당시 맨해튼 프로젝트 참가자 중에는 새로운 사상인 공산주의와 세계대전 중 소련의 역할에 대해 감사하는 마음을 가진 미국의 젊은이가 적지 않았다.

그들은 간첩 활동이라는 개념도 없이 핵개발에 관련된 정보를 KGB에 알려 주었다.

미국은 맨해튼 프로젝트에 고도의 보안 조치를 했다. 그러나 소련은 치밀한 인간정보(HUMINT) 활동으로 1945. 7. 16. 뉴멕시코주 알라모골드(Alamogold) 사막에서 미국이 인류 최초로 핵실험에 성공한 지, 채 4년이 되지 않은 1949년에 핵무기 개발에 성공했다.[152] 미국은 핵무기를 개발하면서 지극히 어려운 실험과정을 거쳤기 때문에 소련은 상당한 기간 핵무기 개발이 어려울 것이라고 판단했다. 그런데 소련이 핵무기 개발을 조기에 성공시키자, 미국과 영국의 정보당국은 적지 않게 당황했다. 미국과 영국은 결국 소련의 핵실험 성공은 자체 개발이 아니고 국가정보 유출로 결론짓고 본격적인 수사에 착수했다. 수사결과 소련에게 맨해튼 프로젝트의 핵무기 정보를 넘겨준 사람이 여럿 있었다.

1950년 미국과 영국의 정보당국은 먼저 독일 출신 난민으로 영국을 대표해 참가한 물리학자 클라우스 푹스(Klaus Fuchs)가 핵심 자료를 소련에 제공한 혐의를 포착했다. 이론 물리학자였던 푹스(Emil Julius Klaus Fuchs)는 맨해튼 프로젝트의 정보유출로 정보 세계에서는 **최초의 '원자 스파이(atomic spy)'**라는 별명을 얻었다. 푹스의 자백을 통해 정보당국은 1950년 5월 23일 푹스를 소련에 연결해 준 해리 골드(Harry Gold)를 체포했다. 해리 골드는 핵실험 정보를 소련에 전달하는 통로로 활동했다. 맨해튼 프로젝트 실험실의 화학자로 일한 해리 골드는 유대계 러시아 인으로 사회주의에 심취해 공산주의 활동에 자주 참여했다. 최고급 기밀부서였던 알모스 실험실(Los

---

152) 미국은 소련의 핵무기 시험 계획을 조셉 스탈린(Joseph Stalin)을 지칭하여 암호명 '조-1(Joe-1)'이라고 호칭했다. 소련은 1949년 8월 29일 카자흐스탄 세미팔라틴스크에서 핵실험에 성공했다. 한편 세계 각국의 핵실험 경과는 다음과 같다.
   * 1945. 7. 15 미국 최초의 원자폭탄 실험(New Mexico, Alamo Gordo)
   * 1949. 8. 29 소련 최초의 원자폭탄 실험
   * 1952. 10. 3 영국 원자폭탄 실험
   * 1952. 11. 1 미국 수소폭탄실험(남태평양 비키니 섬)
   * 1953. 8. 13 소련 수소폭탄 실험
   * 1957. 5. 15 영국 수소폭탄 실험
   * 1960. 2. 13 프랑스 원자폭탄 실험
   * 1964. 10. 16 중국 원자폭탄 실험
   * 1967. 6. 17 중국 수소폭탄 실험
   * 1968. 8. 24 프랑스 수소폭탄 실험
   * 1973. 10. 6 인도 원자폭탄 실험
   * 1998. 5. 28 파키스탄 원자폭탄 실험

Alamos laboratory)의 기계 기사 데이비드 그린글래스(David Greenglass) 또한 핵 실험 정보를 소련에 넘겨준 혐의로 체포되었다. 데이비드가 바로 에텔의 친오빠였다. 에텔은 오빠로부터 남편인 로젠버그를 포섭하라는 요구를 받았고 남편 포섭에 성공했다. 로젠버그 부부는 국가방위 정보유출을 금지하는 간첩법(Espionage Act)[153] 위반으로 1951년 3월 29일 기소되었다. 같은 해 4월 5일 사형선고를 받고 1953년 6월 19일 전기의자로 부부에 대한 사형이 집행되었다.

핵무기를 소련에 안겨준 로젠버그 부부 휴민트 사건은 제2차 세계대전 후 세계를 미국과 소련의 양극체제로 재편시켰고, 인류를 핵 공포의 3차 세계전쟁의 위험에 떨게 한 직접적인 계기가 되었다. 인간정보의 성공이 세계의 역사를 운명 지은 결정적 계기로 작동했다. 당시 사건을 담당한 재판관 카프만(Kaufman)은 이들 부부의 인간정보 행위는 인류에 대한 죄악이라고 선언했다. 미국의 국가안보에 대한 간첩행위일 뿐만 아니라 이후 소련이 발발하고 지원한 6·25 한국전쟁에서 수많은 사망자를 낳았고, 세계에 공포를 불러일으킨 책임이 있다면서 다음과 같이 판결문에 적시했다.[154]

"피고인들의 범죄는 살인 이상으로 나쁜 범죄이다. 최고의 과학적 업적이었던 핵무기 자료를 유출함으로써 피고인들은 조국에 대한 반역을 저질렀고, 소련 공산주의가 한국을 침공해 무고한 수백만의 사람들을 죽게 했다. 피고인들의 반역(간첩)이 세계 역사가 미국에 불리하도록 작용하게 한 사실은 의심할 여지가 없다. 또한, 우리 모두가 긴장의 연속에서 살게 했다."

---

153) 18 U. S. Code 794.
154) Judge Kaufman's Statement upon Sentencing the Rosenberg, University of Kansas City Missouri School of law, *available at*, http://www.law.umkc. edu/faculty/ projects/ ftrials/ rosenb/ROS_SENT.HTM. 원문은 다음과 같다. "I consider your crime worse than murder...I believe your conduct in putting into the hands of the Russians the A-Bomb years before our best scientists predicted Russia would perfect the bomb has already caused, in my opinion, the Communist aggression in **Korea**, with the resultant casualties exceeding 50,000 and who knows but that millions more of innocent people may pay the price of your treason. Indeed, by your betrayal you undoubtedly have altered the course of history to the disadvantage of our country. No one can say that we do not live in a constant state of tension."

Ⅱ. 케임브리지 5인방(The Cambridge Five Ring) 사건

1. 개 관

케임브리지 5인방은 제2차 세계대전 때부터 1950년대 중반까지 영국 정보요원이면서 소련을 위해 일한 원초적 이중 스파이 요원들이다. 그들은 독일을 위해 일하는 것처럼 가장하며 소련의 역정보를 독일 나치에 흘리는 역할도 했다.

케임브리지 5인방은 킴 필비(Kim Philby), 맥클린(Donald Duart Maclean), 가이 버기스(Guy Burgess), 앤서니 블런트(Anthony Blunt), 존 카이른크로스(John Cairncross)로 알려져 있다.

케임브리지 5인방의 휴민트 활동은 미국과 영국 정보당국을 경악시켰고 KGB가 지휘한 서방세계 인간정보 침투의 대표적인 사건이었다. 그중에서도 킴 필비는 다수의 미국과 영국 비밀요원들의 명단을 KGB에 넘겨줘 처형되게 함으로써 서방의 정보체계에 커다란 타격을 안겨주었다.

케임브리지 5인방은 케임브리지 스파이 링(Cambridge Spy Ring)으로도 불린다. 그들은 최고 명문인 케임브리지 대학에 입학하여 KGB에 장학생으로 포섭되었다. 그들은 1820년에 창설된 비밀의 동아리 모임인 '케임브리지 사도(Cambridge Apostles)'의 회원이었다. 그들은 대학을 졸업한 후에 영국 보안부(MI5) 등 정보기구에 진출해 성공적인 진급을 보장받았던 인물들이다. 그들은 장기간의 인간정보(HUMINT) 활동 계획에 따라 치밀하게 움직였다. 케임브리지 5인방 사건 중 맥클린의 인간정보 활동에 대해 살펴본다.

2. 맥클린(Donald Duart Maclean) 사례

맥클린은 케임브리지 대학 졸업 후에 영국 외교관이 되었다. 외교관 신분으로 영국 비밀정보부(M16) 그리고 보안부(MI5)의 외교 라인에 근무했다. 그는 영국 자유당의 당수였던 도널드 맥클린(Donald Mclean)의 아들로 KGB 요원인 월터 크리비츠키(Walter Krivitsky)에게 포섭되었다.[155] 맥클린은 영국 비밀정보부에서 일하면서 미

---

155) 그러나 KGB의 월터는 스탈린의 가혹한 숙청방식에 혐오감을 느껴 나중에 서방세계로 전향했다. 그는

국 트루먼 대통령과 영국 처칠 수상의 비밀 대화를 감청하여 영국과 미국의 전후 독일처리 구상을 KGB에 넘겼다.

스탈린은 맥클린의 인간정보 활동으로 서방세계 중심의 전후 구상을 사전에 알아차렸다. 스탈린은 서방세계와의 테헤란 회담(Tehran Conferences)[156], 얄타 정상회담(Yalta Conference),[157] 포츠담 선언(Potsdam)[158]에서 치밀하게 대비할 수 있었다. 결국, 소련은 미국과 영국의 일방적인 전후 구상을 배제시킴으로써 역사의 나침반을 상당 부분 후퇴시켰다.

맥클린은 전후 미국에 의한 서방 경제복구 계획인 마셜 플랜(Marshall Plan)도 사전에 입수해서 KGB에 넘겨줬다. 마셜 플랜, 즉 유럽부흥계획(European Recovery Program, ERP)은 독일의 전쟁 배상금을 유예하고 미국 주도하에 서방국가의 경제 부흥을 도모하자는 것이었다. 그러나 무역 수지가, 거의 없었던 소련은 독일에게 받을 전쟁 배상금이 전쟁으로 황폐해진 소련을 복구할 수 있는 유일한 재정이었다. 그래서 소련은 패전국 독일의 직접 배상을 강력히 주장했다. 소련은 결국 독일로부터 5년 동안 제조물자, 자동차, 건축공사 등 현물로 배상받아 전후 경제회복을 했다.

일련의 국가안보계획의 사전 누출을 의심한 미국 정보당국은 조사에 착수했다. 간첩 용의자 색출 임무를 부여받은 연방수사국(FBI) 특별수사관 램피어(Robert Lamphere)는 1944년부터 1946년 사이에 미국 내 영국 대사관 직원들이 KGB에 많은 메시지를 전송한 사실을 발견했다.

FBI의 수사 착수 직후 당시 CIA의 방첩공작 총책임자였던 앤젤톤과 각별한 사이였던 영국 MI6의 킴 필비(Kim Philby)가 CIA와 FBI 그리고 국가안보국(NSA)의 연락 총책 임자로 부임했다. 그런데 케임브리지 5인방이었던 킴 필비는 미국 정보 수사당국의 움직임을 사전에 정확히 꿰뚫고 대처했다.

1939년에 출간된 『스탈린의 비밀 임무에서(In Stalin's Secret Service)』라는 책을 집필했는데, 그에 따르면 영국 정보당국 내에는 소련을 위해 협조하는 이튼과 옥스퍼드 등 귀족학교 출신 두더지(mole)들이 상당수 있다고 했다.

156) 1943년 처칠, 루스벨트, 스탈린 3명이 테헤란에서 회담을 열었다. 3국의 협력과 효율적 전쟁 수행문제, 제2 전선 개시 등을 합의했다.

157) 제2차 세계대전 말기인 1945년 2월 4일부터 11일까지 미국 루스벨트, 영국의 처칠, 소련의 스탈린, 3자가 크림반도의 얄타에서 회담을 가졌다. 일본의 한국 침탈에 대한 문제가 제기되었다.

158) 제2차 세계대전 종전 직전인 1945년 7월 26일 독일의 포츠담에서 회담 후 일본에게 항복을 권고하고 제2차 세계대전 후의 대일 처리방침을 표명했다.

영국 비밀보안부(MI6)의 고위책임자였던 킴 필비는 KGB를 위해 암약한 이중간첩으로 그가 미국과의 연락관으로 자원한 것도 KGB의 지령에 따른 것이라고 한다. 한편 맥클린은 FBI의 수사망이 좁혀 오자 자신의 38번째 생일날 프랑스를 통해 러시아로 도주했다.[159] 맥클린의 인간정보 활동은 제2차 세계대전 중 소련을 위한 결정적인 스파이 활동으로 평가된다. 그의 간첩 활약으로 소련은 1948년 성공적으로 베를린 장벽을 구축할 수 있었고, 한국전을 개시할 수 있었다. 그는 활약에 대한 공헌으로 KGB에 의해 소련군 대령으로 추서되었다.

제6항 인간정보의 현대적 의의와 한계

Ⅰ. 휴민트 불변의 가치

현대사회에서 휴민트(HUMINT)는 영상정보(IMINT)와 신호정보(SIGINT)에 비하면 활동하는 분야나 획득하는 정보가 상당히 적다. 과학기술 발달로 기술정보(TECHINT)로 수집되는 정보의 비약적인 증가는 인간정보에 대한 의존도를 낮춘 것이 사실이다. 그러나 과학기술적 정보수집기법이 획기적으로 발달한 오늘날에도 인간정보는 여전히 다음과 같은 중요성을 갖는다.

먼저 정보는 상대세력의 의도와 능력을 파악하는 활동이다. 그러나 아무리 과학기술이 발달했어도 아직 상대방의 의도, 즉 심리상태까지 파악할 수 있는 기계는 발명되지 않았다. 상대세력의 의도는 전화도청, 결재서류 확인, 대화 녹취, 태도 변화 등 주관적인 제반 요소를 오감으로 느낀 후 종합적으로 판단하는 인간의 지적 활동이기 때문이다. 따라서 휴민트는 단순하면서도 객관적인 사실 정보수집에 탁월성을 지닌 기술정보수집 활동, 즉 테킨트(TECHINT)에 비해서 계획이나 의도 등을 직접 확인할 수 있다는 불변의 이점이 있다.

다음으로 인간정보 활동으로 상대국에 거짓 정보나 역정보를 흘림으로써 기술정보로는 도모할 수 없는 강력한 역공작의 기회를 가질 수 있다. 사실 테러 조직, 마약,

---

159) 추후 알려진 바에 의하면 맥클린의 미국 부인 멜린다도 러시아로 건너와 결합했으나 이혼했고, 멜린다는 다른 케임브리지 5인방인 킴 필비와 소련에서 재혼했다. 맥클린은 마약과 여자에 빠졌다가 1983년 69세를 일기로 모스크바 근교에서 사망했다.

국제 범죄조직은 과학기술 신호와 활동이 상대적으로 미약하다. 그런 분야는 부득불 전통적인 인간정보만이 유일한 정보획득 기법이 된다.

인간정보는 기술정보와 비교하면 비용이 적게 든다는 이점도 있다. 첩보 위성, 정찰 항공, 슈퍼컴퓨터 운용 등 기술정보 체계의 유지와 운영에는 천문학적인 예산이 필요하다. 그에 비해 인간정보 비용은 매우 저렴하다.

한편 인간정보와 기술정보의 비율이 어느 정도가 좋을까에 대해서는 정답이 없다. 확실한 점은 양자가 상호 보완의 관계라는 것이다. 1994년의 미국 정보공동체 보고서에는 인간정보와 기술정보의 비율에 대한 다음과 같은 통계가 있었다. 376건의 정보 쟁점에 대해 인간정보는 205건에서 결정적인 기여를 했다. 테러문제에서는 인간정보가 75%가량 결정적 기여를 했다. 마약분야에서는 약 50%, 대량살상무기 확산 분야에서는 약 40%, 국제경제문제에서는 약 30%가량 인간정보가 기술정보에 앞서서 결정적인 기여를 한 것으로 평가받았다.[160]

한편 실전의 전쟁 상황에서도 인간정보는 매우 중요하다. 예를 들어 걸프 전쟁에서 인간정보 요원들은 영상정보만으로는 불분명했던 공격 목표물을 실시간으로 정확히 지목해 주었다. 인간정보는 분명치 않은 영상정보를 보완해서 군사시설과 이슬람교 사원, 병원 등의 민간시설을 확실하게 구별하게 했다. 덕분에 미군은 오폭으로 일어날 수도 있는 민간인들의 분노를 최소화할 수 있었다.[161]

물론 인간정보에도 한계와 단점이 따른다. 먼저 배신과 음모의 문제이다. 포섭된 첩보원뿐만 아니라 주재국에 파견된 정보관도 이중 스파이나 두더지가 될 위험성이 항상 있다. 또한, 주재국 방첩기관의 뛰어난 방첩공작의 결과로 수집하는 정보가 기만 정보거나 역이용 정보일 위험성도 상존한다.

Ⅱ. 휴민트의 한계

한편 인간정보는 물리적인 원격 활동이 불가능하다는 태생적 성격 때문에 근접성이 필수적으로 수반된다. 그런데 비밀정보에 접근하려고 한다는 것은 바로 뒤에서 상대세

---

160) John I. Millis, "Our Spying Success Is No Secret," Wall Street Journal, October 12, 1994.
161) Richelson(2016), pp.318-319.

력에게 감시당하며 정보활동을 해야 한다는 것으로, 상대세력의 방첩공작에 노출될 위험성이 농후하다. 부득불 치명적인 위험성을 수반한다.

마지막으로 임무가 종료된 후에도 말이 없는 기술정보(TECHINT)와 달리, 인간정보(HUMINT)를 위해 활용했던 정보관과 첩보원 그리고 협조자의 처리가 어려운 문제로 대두되기도 한다. 임무가 종료되었거나 해고된 첩보원이나 정보관이 과거의 협조를 이유로 정치적 요구 내지는 금전적 요구를 하는 일도 있을 수 있다. 그리고 협조자들은 비밀리에 보관하고 있던 수집 자료를 공개해 정부를 곤혹스럽게 만들기도 한다. 물론 후술할 독일의 겔렌 조직처럼 수집 정보를 국가 차원에서 조직적으로 재활용할 수도 있다.

제3절 기술정보(테킨트, TECHINT)

기술정보는 기술정보수집 활동(TECHnical INTelligence)의 철자 약어이다. 기술정보는 주로 첨단 과학기술과 장비를 이용해 첩보를 수집하는 활동을 말한다. 즉 인간이 아닌 과학기술을 주된 수단으로 첩보를 수집하는 정보활동이다.

과학기술을 이용한 정보활동은 역사 발전의 필연이었다. 기원전 1274년 카데시 전투(Battle of Kadesh)에서 이집트 왕(파라오) 람세스 II세가 적진을 원시적인 정찰 기구로 상세히 관측한 것이 최초의 기술정보 활동으로 기록된다.[162] 두 번의 세계대전을 거치면서 본격적인 기술정보 활동이 이루어졌다. 특히 제2차 세계대전을 통하여 기술정보는 비약적인 발전을 이루게 되었다.

기술정보(TECHINT)는 ① 영상정보(Imagery Intelligence : IMINT) ② 신호정보(Signal Intelligence : SIGINT) ③ 흔적·계측정보(Measurement and Signature Intelligence : MASINT)의 3가지로 대별된다.

제1항 영상정보(이민트, IMINT)

I. 영상정보의 이해

영상정보는 이민트(IMINT)라고 한다. 이민트는 영상(Imagery)이나 사진을 정보인자(INT)로 하는 것으로 영상정보(IMAgery INTelligence)의 약자이다. 포틴트(PHOTINT), 즉 사진정보(PHOTographic INTelligence)라고도 한다.

영상정보는 정찰위성이나 정찰항공기의 영상사진을 통해서 첩보를 획득하는 정보수집 기법이다. 이것은 직접 접근해 정보수집 활동을 수행하기가 어렵거나 불가능한 지역과 대상을 상대로 정보를 수집하려는 욕구에서 비롯되었다.

발달 단계로 보면 영상정보 활동은 항공역사와 거의 일치한다. 항공감시활동으로 영상정보 활동이 시작되었다. 미국 남북전쟁 당시 북군이 애드벌룬에 군인을 태우고

---

162) Rodney P. Carlisle, Encyclopedia of Intelligence and Counterintelligence, p.xV.

상대 진영을 정탐해 전황을 유리하게 이끌었던 것은 유명하다. 양차 세계대전 때는 정찰 항공기를 이용한 영상정보가 비약적으로 발전했다.

예를 들어 영국 왕립항공단(British Royal Flying Corps)은 1914년 8월 제1차 세계 대전의 시작을 벨기에에 진군하는 독일군을 항공정찰로 파악했다.[163] 미국은 제2차 세계대전 중에는 B-17, B-24 항공기로 적진과 유럽 전역을 광범위하게 항공 촬영했다. 이에 두 번의 세계대전에서 공군의 영웅이었던 윌리암 미첼(William Mitchell)은 **"전선 위를 한 번 비행해 보는 것이 지상을 수백 번 돌아다니는 것보다 적군이 어떻게 포진하고 있는가를 분명하게 파악할 수 있게 해 주었다."**라고 영상정보의 중요성을 회고했다.

항공사진을 통한 영상정보 수집이 전시에 유용하게 활용되었지만 제2차 세계대전 후, 미국은 평화시에도 영상정보를 활용한 정보수집에 박차를 가했다. 그 결과 다양한 정찰위성과 정찰항공기가 발전되고 획기적으로 개량되었다.

영상정보에는 아직도 항공 물체가 많이 활용되고 있지만, 오늘날에는 정찰위성을 이용한 정탐 활동이 영상정보 획득의 주류를 이루고 미국 정보공동체에서는 국가정찰실(NRO)이 영상정보의 주무부서로서 첩보위성개발과 영상정보 수집을 담당한다. 원래 미국은 1960년 5월 1일 소련군에게 U-2 정찰항공기가 격추당한 후 획기적인 정찰위성 역량을 개발하기 시작했다. 그리고 영상정보 전담 정보기구의 존재 여부 자체를 최고의 기밀로 분류했다.

그러다가 1978년 카터 행정부는 소련과의 제2차 전략무기제한협정(SALT II)을 충분히 검증할 능력이 있다는 점을 미국민들에게 확신시키려고 그 존재를 공개함으로써 비로소 미국 국가정찰실(NRO)의 존재가 공식적으로 알려졌다. 한편, 국가정찰실이 생산한 영상정보를 가공·활용하는 기구로 국방부 소속인 국가지구공간정보국(NGA)이 있다.

---

163) Andrew, Her Majesty's Secret Service, p.133.

Ⅱ. 영상정보의 수단

1. 정찰 인공위성

오늘날 영상정보(IMINT) 수집의 가장 중요한 수단은 인공위성이다. 현재 수십 개국이 발사한 정찰위성이 지구를 돌고 있다. 1957년 10월 4일 소련의 스푸트니크(Sputniks, 러시아어로 **위성 또는 동반 여행자**를 의미함)가 우주에 발사된 후부터 수십 개의 정찰위성이 우주로 경쟁적으로 발사되었다.

한편 정찰위성으로 수집하는 영상정보의 관건은 지구상의 대상 물체로부터 반사되는 빛을 모으고 초점을 맞추는 데 사용되는 광학 장비의 질과 성능이다. 영상으로 제공되는 명확성의 수준을 해상도(resolution)라고 한다. 해상도는 지상 목표물의 측정 가능 길이를 기준으로 한다. 어느 정도 크기의 물체를 식별할 수 있느냐는 것이 바로 해상도이다. 예를 들어 1m 해상도라는 것은 정상적인 상태에서 1m×1m 크기의 지표면의 물체를 식별할 수 있다는 것을 의미한다. 그러므로 해상도가 좋을수록 영상 크기는 작아진다. 오늘날 해상도는 ㎝ 단위까지 이른다. 영상을 분석해서 어떤 물체의 존재 유무와 인식, 식별 그리고 분석 등의 작업을 수행할 때 고해상도일수록 훨씬 더 상세한 정보를 얻을 수 있다.

그러나 해상도가 높을수록 당연히 개별적인 목표물을 명확하게 파악할 수 있지만, 분석관이 원하는 해상도의 수준은 정보목표의 특성과 추구하는 정보의 형태에 따라 달라진다. 소위 **"숲을 볼 것인가 나무를 볼 것인가"**라는 문제다. 광활한 지역, 군사시설, 특정 지역의 국가기간망 전체를 조망하기 위해서는 오히려 해상도가 20m나 30m인 영상정보가 더 유용하다.

초기의 정찰위성은 주로 정찰목적으로만 사용되었으나 저궤도, 고궤도, 정지궤도 등 필요한 궤적의 위성이 개발되어 위성의 임무도 다양해졌다. 그래서 지도 작성, 통신 감청, 일기예보, 천연자원 조사, 곡물의 수확량 추정, 조약 감시활동 등에 광범위하게 이용되고 있다. 그렇지만 정찰위성은 항공정찰 등 다른 정찰용 플랫폼(Platform)에 비해 계획과 건조에 10~15년이라는 오랜 시간이 소요되고 비용이 개당 3억 달러 내지 10억 달러 이상으로 엄청나게 소요된다. 또한, 인공위성이 지나는 궤적, 즉 궤도(orbit)

는 한정되어 있고 진수된 인공위성의 궤도는 고정되어 있다. 따라서 한 개의 정찰위성으로 고정된 궤적 이외의 가변적인 영상정보획득은 불가능하다는 한계가 따른다.

각국의 정찰위성 계획은 엄격히 비밀로 분류되어 관리된다. 그중에서 냉전의 종식과 더불어 비밀분류가 해제되어 영상정보의 내막을 잘 알게 해 준 것이 있다. '**하늘의 눈 (eyes in the sky)**'으로 일컬어졌던 미국의 코로나 계획(Corona Program)이 대표적이다. 코로나 계획은 미국 공군의 도움을 받아 CIA가 운용한 일련의 군사 정찰위성 활동이었다. 코로나 계획은 1959년부터 1972년도까지 소련과 중국 그리고 중동국가 등을 주요한 직접 대상으로 지구 상공에서 비밀리에 영상감시 활동을 했다. 모두 144대의 위성이 동원되었는데 165~460Km 상공을 회전하면서 해상도 7.5미터로, 당시로서는 가공할 해상 능력을 가졌다. 그 후 해상도는 2.75m와 1.8m까지 향상되었다. 1992년까지 비밀로 분류되었던 코로나 정찰위성 계획은 1995년 2월 22일 비밀 해제되었다. 현재는 오스트리아 빅토리아 멜버른 소재 멜버른 대학(University of Melbourne)의 고대유물 탐사팀이 고대의 시리아 도기 공장과 거석의 무덤들 그리고 13만 년 전의 유물들의 위치파악 및 탐사에 이용하고 있다. 한편 소련과 중국 그리고 중동국가들은 미국의 '하늘의 눈'에 대비해 첩보용 정찰위성을 파괴하려고 저격용 인공위성이나 강력한 방해전파를 개발했다.

2. 정찰항공

미국 남북전쟁 시 열기구로 상대 진영의 배치를 탐지하기 시작한 이래로 정찰항공 분야는 제2차 세계대전 이후 가장 발전한 영상정보 중의 하나가 되었다. 과거의 항공정찰은 구름 등 기상에 많은 영향을 받았으나 적외선 카메라의 개발 등으로 오늘날은 이 문제는 거의 해결되었다. 그러나 정찰항공은 상대국의 영공을 침범해 이루어지므로 미사일 공격 등에 대비하여 고속의 고고도 비행을 한다.

항공 정찰기는 공항, 미사일 발사기지, 특수요원 훈련시설, 핵무기 저장소, 잠수함 건조창, 핵시설 등과 같은 중요한 군사시설에 대한 생생한 밀착 영상정보를 제공한다. 미국은 소련 이외에도 중국과 중동지역 그리고 북한, 베트남 지역에서도 지속적인 항공 정찰을 했다. 항공 정찰기는 격추 위험이 따르기는 하지만 정찰 인공위성과 비교하면 특정한 목적물을 보다 신속하고 정밀하게 그리고 자주 촬영할 수 있다는 이점이 있다.

현재 미국 정보공동체는 격추에 따른 인명 손상의 위험에 대비해 차세대 정찰항공인 **무인정찰기**(Unmanned Aerial Vehicles : UAV)를 개발해 운용하고 있는 것으로 알려져 있다.164) 무인정찰기는 항공정찰의 새로운 세대로 불린다. 무인정찰기는 치열한 전투 현장에서도 하늘의 눈이 되어 군 작전 지휘관에게 실시간적으로 적진 상황을 알려줄 수 있다. 이것은 전황을 유리하게 이끌어 갈 수 있다는 이점으로 무인정찰기 사용이 급속히 증가했다. 미국은 미래 전쟁의 중요한 정찰시스템으로 이미 무인 정찰항공 역량을 크게 늘렸다165).

1) 미국의 정찰항공

미국은 록히드(Lockheed)사의 **U-2**와 **SR-71 블랙버드**(Blackbird)를 대표적인 항공 정찰기로 운용했다. SR-71 블랙버드는 고도 8만 피트 상공에서 고속으로 비행하여 미국 대륙을 횡단하는 데 68분밖에 소요되지 않는다. 소련, 리비아, 니카라과, 쿠바를 정찰하는 데 사용되었던 블랙버드는 1998년에 은퇴했다.

미국 정보공동체의 주력 정찰항공인 U-2기는 1인승, 단발 엔진으로 최대 상승 고도 27,430m의 고고도 정찰기이다. 별명은 드래곤 레이디(Dragon Lady)로 밤낮 없이 어떠한 기후조건에서도 감시활동이 가능한 전천후 감시 정찰항공기다. 첫 번째 시험 비행은 1955년 8월 1일에 있었다. 현재 캘리포니아 빌 공군기지의 제9정찰 비행대에 속해 있으면서 미국 내와 전 세계에 대한 지원을 한다. 고고도 정찰기인 U-2기도 항공사고가 있었다. 원래 U-2기의 비행고도는 소련 미사일의 사정거리보다 훨씬 높아 소련은 U-2기의 항공정찰 사실을 알고도 속수무책이었다. 그런데 1960년 5월 1일 U-2기가 기계 고장을 일으켜 고도를 낮추는 동안에 소련은 미사일 공격으로 U-2기를 격추시켰고, 조종사 프란시스 게리 파워즈(Francis Gary Powers)를 생포했다.166) 그것을 U-2

---

164) Horowitz, Michael C. (2020). "Do Emerging Military Technologies Matter for International Politics?". Annual Review of Political Science. 23: 385-400; Alvarado, Ed (3 May 2021). "237 Ways Drone Applications Revolutionize Business". Drone Industry Insights.

165) Richelson(2016), p.241. Lowenthal(2020), pp. 110-111.

166) Burrows, William E. (1986). Deep Black : Space Espionage and National Security. New York : Random House.

위기(Crisis)라고 한다. 처음에 미국은 높은 고도에서 추락했기 때문에 비행사가 살수 없고, 조종사 탈출 시 자동폭파 작동으로 흔적을 찾을 수 없고, 조종사가 살았더라도 자살용 독침이 있어 모든 물증이 없을 것이라고 생각해서 소련 영공 내에서의 정탐사실을 극구 부인했다. 그러나 비행기가 거꾸로 추락하는 과정에서 자동폭발 장치는 가동되지 않았고, 조종사는 자살을 감행하기 전에 생포되어 미국의 주장이 거짓으로 판명되었다. U-2 위기는 냉전 시대 동서 긴장을 극대화했고 미국의 치욕으로 간주되었다. 한편 조종사 파워즈는 1962년 미국에 체포되어 있던 소련 스파이 루돌프 아벨 대령과 교환되었다.

2006년 1월 럼스펠드 당시 미국 국방 장관은 U-2기를 퇴역시킨다고 발표했다. 럼스펠드 전 국방 장관은 U-2기의 임무는 정찰위성과 **RQ-4 글로벌 호크(Global Hawk)**라는 고고도 무인정찰기로 대체될 것이라고 발표했다.

2) 소련의 정찰항공

소련의 대표적인 정찰항공기는 1963년부터 작전을 수행한 **야크(Yark-RV)**였다. 그 후 소련은 **MIG-25R**을 운용하였고, 미국의 U-2에 필적할 성능을 가진 **M-17 Mystic**을 제작해 운용하고 있다.

3) 한국의 정찰항공

대한민국의 정찰항공 체계는 1991년부터 시작된 **'백두 금강 사업'**으로 알려져 있다. 백두 금강 사업의 정찰항공기가 **'금강/백두 정찰기'**로 이것은 호커 800 XP를 기반으로 개발한 것으로, 금강산까지 정찰이 가능하다고 하여 금강정찰기로도 불린다. 해상도 30cm급 합성 개구 레이더(Synthetic Aperture Radar : SAR)를 장착하고 있으며, 휴전선 이북 100킬로미터 지역까지 정찰이 가능해 한국 대북첩보의 약40%를 담당한 다고 한다.

금강/백두정찰기인 호크 800XP 정찰기는 지상에 있는 축구공 크기의 물체까지도 식별할 수 있는 영상 레이더(LAIRS) 장비를 탑재하고 있다. 그리고 고도 11km의 상공을 비행하면서 첩보 임무를 수행하여 미국의 기존 U-2보다 우수한 성능을 가진 것으로 알려졌다. 현재 군사분계선 남쪽 40~50㎞ 지역의 상공에서 작전을 수행하는 이 정찰기는 체공 시간이 5시간(항속거리 4천 7백㎞)으로 알려져 있다.[167]

Ⅲ. 영상정보 활동의 실제

비밀 해제된 1998년까지 미국 정보공동체의 영상정보 활동은 정보학자 리첼슨의 저서인 『The U. S. Intelligence Community』에 잘 소개되어 있다.[168]

1. 1990년부터 1998년까지 미국 정찰위성의 목표

위 기간 미국 정보공동체는 중국과 러시아 그리고 북한을 비롯한 전 세계 16개국을 정찰위성 대상 국가로 선정했다. 특히 전통적인 우방 국가인 이스라엘이 개재된 중동문제와 관련하여 웨스트 뱅크(west bank) 정착지, 라마 데이비드 텔노브 공군기지 등을 주기적으로 정탐했다.

그 외에 북한의 장거리 미사일, 핵 시설, 지하 터널 건설 등이 미국 영상 정보활동의 주요한 정탐대상이었다. 한편 목표 국가의 병력 및 무기 재배치와 무기개발 등 군사적 움직임 이외에도 르완다의 피난민 움직임과 보스니아에의 공중투여 구호품의 적절한 전달 여부도 정찰위성의 관측대상이었다.

2. 미국의 주요 정찰 영상정보수집 활동

미국 정찰위성이 수집한 영상정보는 구체적으로 다음의 것들이 있었다.

① 1996년 정찰위성은 중국 B-6D 폭격기의 공중 급유를 탐지해서 중국 전투기가 남중국해까지 사정거리로 둘 수 있다고 판단했다.

② 중국 나창 항공사의 군수공장을 찍은 위성 영상사진은 1994년 민간목적으로 중국에 판매된 부품이 군용으로 전용되었음을 확인했다.

③ 1995년 인도 라자스탄 사막(Rajasthan desert)에 있는 포카란 시험장의 움직임

---

167) Hawker 800, http://en.wikipedia.org/wiki/Hawker_800).
168) Richelson(2016), pp. 296-310.

으로 인도의 핵실험 준비를 감지했다.

④ 1996년 7월 북한이 비무장지대(Demilitarized zone : DMZ)를 따라서 강력한
장거리포를 배치하고 있음을 확인했다.

⑤ 1996년 러시아가 우랄산맥의 야마나타우(Yamanatau mountain) 산속에 제1,
제2의 거대한 군사시설을 구축하고 있음을 확인했다.[169]

3. 소련의 주요 정찰 영상정보수집 활동

소련의 정찰항공도 거의 전 세계를 대상으로 영상정보수집 활동을 전개했다. 대표적
인 것으로 다음의 활동이 있었다.

① 1962년 미국의 쿠바 공격 준비상태 확인

② 1972년 9월 북대서양 조약기구(NATO)의 해군 연습 훈련인 '스트롱 에쿠스 프레
스' 감시

③ 1977년 남아프리카 공화국의 핵실험 준비 확인

④ 1982년 미국 우주수송 시스템의 비행 활동 확인

Ⅳ. 영상정보의 이점과 한계

영상정보는 다른 수단으로 획득된 첩보에 비해 많은 강점이 있다. 특히 하늘의 스파이
로 불리는 위성정찰은 다른 정보수집 수단과 달리 상대국의 영토를 침범하지 않기 때문
에 정치적 위험성과 책임에 대한 법적 논쟁이 따르지 않는다. 미국이 처음 위성정찰을
시작했을 때 소련은 영공침해, 즉 주권침해라고 강력히 항의했다. 그러나 1960년대
이후 국제법적으로 모든 나라는 우주 공간, 즉 외기권에서는 다른 나라의 상공을 비행할
권리가 있으며 국가 주권이 미치는 범위는 지구의 대기권 내로 한정한다는 원칙이 일반
화되었다.[170]

---

169) Michael R. Gordon, "Despite Cold War's End , Russia Keeps Building a Secret Complex," New York Times, April 16,1996,pp. A1, A6.

170) 우주 공간은 특정국가가 영유하지 못하는 자유로운 공간으로, 1963년 UN총회는 '우주공간의 탐사 및 이용에 있어서 국가 활동을 규제하는 법원칙 선언'을 채택하여 국제법적으로 '우주공간 자유의 원칙'을 확립했다. 이한기, 국제법 강의 p. 392.

영상정보는 또한 통상의 정보수집 방법으로는 접근이 어려운 정보목표에서도 활용할 수 있다. 따라서 영상정보는 수많은 정보대상에 대해 광범위한 정보수집 활동이 가능하다. 한편 정밀하게 촬영된 영상은 정책결정자들에게 실상을 직접 눈으로 확인하게 해 준다. 이런 이유로 영상정보는 구두나 서면보고보다 신뢰성을 높여 줄 수 있다는 강력한 이점이 있다. 그래서 미국 정보공동체는 영상정보를 흔히 '**정보성 첩보(Intelligence Information)**'라고 부른다. 1차로 획득된 영상정보도 원칙적으로는 가공과 분석의 과정을 거치기 전에는 첩보자료에 지나지 않는다. 하지만 영상정보는 신빙성이 높기 때문에 별도의 평가나 분석이 없어도 최종 정보로서 충분한 가치가 있는 첩보라는 뜻이다.

이처럼 영상정보는 정책담당자들이 자세한 설명을 할 필요 없이 그래픽 등을 사용해 이해하기 쉬운 도표와 설득력 있는 증거로 기능한다. 하지만 영상정보의 그래픽 특성은 이점인 동시에 단점도 될 수도 있다. 영상정보는 너무 생생하고 압도적이라서 비전문가인 정책담당자뿐만 아니라 전문적인 정보분석가도 아무런 의심 없이 경도되기 쉽다. 그 때문에 다른 정보인자로 획득한 정보는 잘못하면 간과하게 된다. 이 경우 정책담당자는 그러한 해석이 옳아서 전적으로 따를 수밖에 없다는 반강요적 측면이 발생하게 된다.

영상정보의 또 다른 단점은 엄밀히 말해서 특정한 순간에 특정 구간의 순간포착 사진에 지나지 않는다는 사실이다. 영상을 찍기 전과 후에 무엇이 어떻게 전개되었는지에 대한 의미 전달은 없다. 수집된 영상은 단지 그 시간, 그 장소에서 포착된 스냅샷(snapshot)이라는 것이다.

미국의 신호정보 활동 주무기구인 국가안보국(NSA)은 이러한 특성을 간파했다. 그래서 영상정보(IMINT)와 신호정보(SIGINT) 양자를 비교해서 "**영상정보는 무엇이 일어났는지 보여 주고, 신호정보는 무엇이 일어날 것인지 말해 준다**(IMINT tells you what has happened: SIGINT tells you what will happen)."라고 적절하게 설명했다.[171]

영상정보는 그 자체가 증명력을 가질 수는 없고 훈련된 고도의 영상 전문가의 해석이 필요한 경우가 적지 않다는 사실도 간과해서는 안 된다.

한편 냉전 시대에 미국의 가공할 만한 영상정보 능력이 소련과 중국 등 상대국에

---

171) Lowenthal(2020), p.116.

알려졌다. 그러자 그 국가들은 대상물을 다양하게 위장시킴으로써 미국의 정보활동을 소극적으로 방해했다. 그뿐만 아니라 방해전파를 발사하거나 위장물을 배치해 정보수집 활동 자체를 적극적으로 방해하기도 했다.

Ⅴ. 영상정보의 현재

미국과 러시아 등 특정한 몇 개 국가의 정보기구들이 위성정찰능력을 독점하던 시절은 끝났다고 할 수 있다. 그동안 정찰위성을 자체적으로 제작해 활동한 나라들로는 미국과 러시아 외에 중국과 프랑스, 일본 정도였다. 중국은 1975년부터, 프랑스는 1995년부터 자체 정찰위성을 실시했고, 일본도 2002년 이래 고도의 해상도를 가진 자체 정찰위성을 운용하는 것으로 알려졌다.[172]

그러나 오늘날은 정찰위성을 소유한 전문 상업 위성 회사가 출현하여 지구 전역의 고분석 화상을 판매하기 시작했다.[173] 우주에서 촬영한 화상 자료는 지리학자나 토지개발자를 비롯한 다양한 수요가 있어서 오늘날 영상정보 분야는 극도로 상업화되어 있다. 이것은 자체적으로 개발하거나 소유하는 정찰위성이 없는 경우에도 훌륭하게 영상정보 시스템을 구축할 수 있다는 사실을 의미한다.

1986년 프랑스는 일반 판매를 목적으로 10m 해상도의 흑백사진을 촬영할 수 있는 **스팟(SPOT)**, 즉 '지구정찰위성'이라고 명명된 상업용 정찰위성을 최초로 발사했다. 1999년에는 **아이코노스(IKONOS, 그리스어로 '영상'을 의미)**라는 미국 회사가 1미터 해상도를 갖춘 상업용 정찰위성으로 영상사진 상업시장에 뛰어들었다. 아이코노스 영상은 2000년 1월 1일부터 판매하기 시작했다. 아이코노스사는 2004년부터 해상도 0.5미터의 초고해상도의 영상을 상업적으로 생산하기 시작했다. 뉴욕타임스지는 아이코노스의 발사를 **"우주시대에서 가장 괄목할 만한 성과"**라고 표현했다. 한편 2001년 10월부터 미국 국가지구공간정보국(NGA)은 아이코노스사로부터 아프가니스탄 영상에 대한 영구 독점권한을 구입했다.[174] 그 외에도 오늘날 상업용 위성 시장에는 러시

---

172) Shulsky & Schmitt(2002), p. 26.
173) http://www.globalsecurity.org/wmd/index.html. 등 구글의 영상정보사진에서도 쉽게 볼 수 있다.
174) Lowenthal(2020), p.106.

아와 남아프리카 공화국, 캐나다, 인도, 오스트레일리아, 이스라엘, 중국, 브라질 등이 참여하고 있다.175) 상업용 영상정보의 광범위한 출현은, 각국 정보기구가 많은 투자 없이 영상정보 체계를 구축할 수 있게 해주었고, 남는 정보자산을 다른 정보활동에 전념할 수 있게 해주었다.

그러나 상업용 영상정보의 출현은 점점 더 군사시설 등 국가기간망 시설의 보안을 유지하는 데 어렵게 만들고 있다. 상업용 영상정보의 출현은 또 다른 보안 문제를 야기하고 있는 것이다. 게다가 국제법적으로 촬영 대상 국가의 권리가 논의된다. 쉽게 말하면 영상정보는 내 물건을 촬영하여 남에게 판매한다는 것으로 **'국가적 초상권'**의 문제가 제기될 수 있다. 그렇다면 그것에 대한 법적 통제는 가능할 것인가, 대상 국가는 해상도를 저감한 화상을 요구할 권리가 있는가? 등의 다양한 현안이 법적 문제로 논의될 수 있는 것이다.176) 한편 이러한 상업용 영상정보는 뒤에서 보는 공개출처정보의 하나라고 할 수 있다.

---

175) Abram N. Shulsky & Gary J. Schmitt, p. 27. The National Reconnaissance Office : A Strategy for Addressing the Commercialization of Space Imagery, www.fas.org/eye/ADA366610.htm.

176) 구글 어스에서 안보시설 가릴 방법이 있다? https://m.dongascience.com/news.php?idx=12990. 일본 동경 Machida시의회(町田市議會)가 지난 10월 9일 지도 정보 및 사진을 조합하여 누구나 열람할 수 있도록 제공하는 인터넷 서비스, Google Map 'Street View' 서비스에 대한 법적 규제 검토를 요구하는 의견서를 정부 및 관련기관에 제출하였다: https://soon2.tistory.com/166. 동경도(東京都) 시의회(町田市議會)가 제출한 의견서는 첫째, 주택가 사진에 대해서는 공개 여부에 대한 주민 의견을 수렴한 다음 사업자에게 그 이용방법을 지도할 것 둘째, 개인 및 주택 등을 무허가로 촬영하여 무단 공개하는 행위를 민폐방지조례 상의 불법행위에 포함되도록 적극 검토해줄 것, 필요에 따라 관련 법 개정을 시행할 것 등 세 가지 내용을 주요 골자로 하고 있다. 특히 의견서에는 '피사체가 된 지역이나 개인에 대한 촬영 전 사전고지는 물론이고 게재 고지도 없이 무단으로 인터넷에 공개된 점', '사람의 얼굴이나 자동차 번호판의 글씨 판독이 가능한 사진이 적지 않다는 점' 등이 지적되었다. '아이들의 통학로 및 교육시설의 경우 범죄에 악용될 소지가 높다'는 주민의견도 반영된 것으로 알려졌다. 'Street View'에 대한 법적 규제 필요성을 주장하는 진영에서 사생활 침해는 물론 범죄에 악용될 수 있다는 사실을 가장 큰 문제점으로 지적했다.

제2항 신호정보(시긴트, SIGINT)

I. 신호정보의 의의와 연혁

신호정보를 의미하는 시긴트(SIGINT)는 신호정보(SIGnals INTelligence)의 철자 약어이다. 신호정보는 신호라고 일컬어지는 전자파를 도중에 엿듣거나 포착하는 등으로 정보를 획득하는 활동 또는 그렇게 수집된 정보이다. 시긴트는 제반 신호정보를 획득하는 정보수집활동 또는 수집된 신호정보 자체인 것이다. 시긴트는 지구상의 신호 자극이 양적으로 팽창한 21세기의 현상이다. 무기가 과학ㆍ기술화되면서 여러 신호음을 배출하게 되었고, 암호문을 사용한 은밀한 기습공격 기법의 발달로 신호는 매우 중요해졌다. 또한, 레이더통신 등 각종 무선통신이 개발되어 전투에 응용됨으로써 신호에 대한 가치가 크게 증대되었다.

영국 비밀정보부(MI6)는 제1차 세계대전 때 신호정보 분야에서 선구적 임무를 수행하며 많은 성공을 거두었다. 영국은 독일의 해저 전신 통신망에 침투하여 독일군의 통신 교신을 정확하게 파악하는 데 성공했다. 대표적인 사례가 후술할 짐머만(Zimmermann) 전보통신 사건이다.

미국과 영국 정보기구는 제2차 세계대전 중에 신호정보 분야에서 많은 개가를 올렸다. 영국이 독일의 초극비 암호체계인 에니그마를 도청하여 암호문을 해독한 울트라(Ultra) 작전과 미국이 일본의 비밀통신을 도청하여 암호 해독한 매직(Magic) 작전이 대표적이다. 이들 작전은 제2차 세계대전을 1년 앞당겨 종결시킨 효과가 있었다는 평가를 받을 정도였다.[177]

II. 신호정보의 종류

1. 신호종류별 분류

신호정보는 대상이 되는 신호의 종류에 따라서 다음과 같이 대별된다.

---

[177] G.J.A. O'Toole. Honorable Treachery: A History of U.S. Intelligence Espionage and Covert Action from the American Revolution to the CIA (New York : Atlantic Monthly, 1991).

① 코민트(COMMINT : COMmunications INTelligence)

당사자 사이의 통화내용을 획득한 통신신호정보이다.

② 텔린트(TELINT : TELemetry INTligence)

무기실험시의 신호 데이터 등 원격측정신호(telemetry)를 수신하여 처리하고
분석해 의미 내용을 파악하는 원격측정신호정보이다.

③ 엘린트(ELINT : ELectronic INTelligence)

전자신호를 획득하는 전자신호정보이다.

④ 피신트(FISINT : Foreign Instrumentation Signals INTelligence)

기계 신호음을 수집해서 필요한 정보를 획득하는 것이다. 피신트를 전자정보
(ELINT)의 하부부문으로 보는 견해도 있고, 피신트도 신호정보의 별도 분야로
보는 견해도 있다.[178]

1) 통신정보(코민트, COMINT)

통신정보는 전화나 전신, 텔렉스, 이메일, 팩시밀리 등 전기적 통신으로 의견을 주고
받는 내용을 중간에서 엿들어서 정보를 획득하는 것이다. 상대세력에 대한 각종 유 · 무
선 통신을 입수해서 필요한 정보를 수집하는 것이다. 코민트는 신호정보 중 가장 오랜
역사를 가진다.

통신정보의 목표는 매우 다양하다. 통신정보의 전통적인 목표는 외교공관과 본국과의
외교 통신이었다. 대상국가의 수많은 조직 간의 통신도 매력적인 대상이다. 정부부터
간의 통신을 비롯한 정부부터 하부조직 간의 국내외 통신, 국정 최고책임자의 통신, 해외
주재 군 기관들의 통신 등은 각국 정보기구가 목표로 삼는 중요한 통신정보 대상이다.

오늘날 테러 조직이나 마약밀매조직, 무기구매조직, 국제범죄조직에 대한 통신감청
은 정보환경의 변화에 따라서 개별국가에 대한 통신 정보활동 수요를 능가하기도 한다.
이처럼 통신 신호의 중요성에 따라서 각국은 자국 통신의 순수성을 보호하기 위해 통신

---

178) 피신트는 기본적으로 기계음을 감청하는 것이다. 예를 들어 원격측정기, 미사일, 인공위성, 기타 원격통제
기구에서 발생하는 일련의 데이터를 측정해서 그 위치나 속도, 엔진 상태 등 계량 수치를 파악하는 기법이
다. 이것을 통해 실제 미사일을 발사했느냐와 발사된 핵탄두의 크기 등을 측정하는 데 가치 있는 정보를 획
득할 수 있다. 또한, 피신트의 대상인 통신에는 라디오 무선표지, 라디오 기지국 등이 대상이다. Jeffrey
T. Richelson은 피신트를 전자정보(엘린트)의 하부 부문으로 파악한다.

의 암호화 등 부호에 대한 보안장치를 강구하게 되었고, 따라서 암호해독 (Cryptanalysis)은 신호정보 체계의 중요한 분야가 되었다. 가장 민감한 무선 메시지는 기밀 유지를 위해 예외 없이 암호화 할 것이라고 예상하기 쉽지만 그렇지만도 않다. 어떤 통신 분야들은 비용이나 기술적 난관으로 여전히 암호화되지 않는 경우도 적지 않다. 예를 들어 항공기와 관제소 간의 전술 음성통신은 중요성에도 불구하고 통상적으로 암호화되지 않고 교신된다.179)

오늘날 대부분의 통신정보는 무선으로 통신 되는 통화의 도청을 의미하지만 유선으로 전송되는 통화 역시 통신정보의 대상이다. 정보 대상국가의 대사관이나 영사관의 전화선을 도청하는 것은 물론이고, 적국에서 사용하는 해저 케이블을 차단해서 도청하는 것이 좋은 예이다.

1970년대 미국은 오호츠크해에서 아이비 벨즈(Ivy Bells)라는 암호명으로 잠수부들을 캄차카반도로 보냈다. 정보요원들은 잠수함을 타고 페트로파블로브스크의 소련 해군기지와 블라디보스토크와 모스크바를 연결하는 해저 케이블로 침투하여 감청장비를 설치한 뒤 주기적으로 도청했다.

때로는 영토 밖에서도 상대방의 전화나 전보에 비밀 접속하여 정보를 획득하기도 했다. 1950년대 초중반 영국과 미국의 정보당국은 비엔나와 서베를린에서 소련 군사당국의 전화선을 도청하는 베를린 작전을 전개했다. 미국은 서베를린의 관할구역부터 동베를린 지역까지 비밀 터널을 파고 들어가 동독의 관할권 내에 있던 소련 전화 통신망을 도청했다.180)

한편 통신의 내용은 이해할 수 없다고 하더라도 통신량에 대한 분석으로 유용한 정보를 획득하기도 한다. 예를 들어서 군사령부 본부와 예하 부대 사이에 일상적인 경우보다 많은 양의 통신이 교신된다면 무언가 중요한 군사작전이 수행되리라는 사실을 예상할 수 있는 것 같은 경우이다.

과학기술의 발전에 따른 통신기술의 진보는 통신정보(COMINT) 활동에 새로운 문

---

179) 암호해독은 정확하게 말하면 정보수집 활동이라기보다 정보 분석활동이라고 할 수 있다. Shulsky & Schmitt(2002), p. 27.
180) 추후 베를린 작전은 당시 영국 비밀정보부(SIS)에 침투했던 KGB 요원 블레이크(George Blake)에 의해 소련에 알려졌다. KGB는 그를 역이용해 영국과 미국 정보당국을 재기만한 것으로 알려졌다.

제점들을 제기했다. 전통적으로 무선송신을 감청하는 것은 적합한 위치에 수신 안테나를 설치하는 능력에 따라 성공 여부가 결정되고, 유선 전화도청은 전화선에의 접근에 달려 있다. 그러나 광케이블에 침투하는 것은 기존의 전화선 도청보다 훨씬 더 어렵다고 알려져 있다.

2) 원격측정정보(텔린트, TELINT)

원격측정정보, 즉 텔린트(TELINT)는 TELemetry INTelligence의 철자 약어이다. 주로 미사일 또는 탄두 시험장비에 부착된 센서가 발산하는 전파 신호를 중간에서 차단하여 이를 분석해 획득한 실험 무기에 대한 정보를 지칭한다.

예컨대 미사일 발사 실험을 할 때의 신호 데이터는 부하 정도, 로켓 추진 장치의 작동상태, 연료 소비 상태, 항법장치의 올바른 작동, 공기저항과 같은 내용을 포함하고 있다. 현대기술은 원격측정 정보로 운반되는 탄두의 수, 탄두의 하중과 무게, 탄두 크기, 미사일의 타격 정확도 등 해당 미사일에 대한 매우 유의미한 제반 제원 정보를 파악할 수 있다. 원격측정정보는 공중으로 발산된 전파 신호를 수집하여 분석·평가의 과정을 거쳐 획득된 정보이므로 정확하게는 신호정보의 일종이다. 다만 감청되는 신호가 일반적인 통화나 통신이 아니라 대상물의 전파 신호라는 점에서 차이가 있을 뿐이다.

그러나 실험대상 장비가 발산한 전파 신호를 수집·분석하여 그 이면의 진정한 의미와 내용을 파악한다는 것은 암호를 해독하는 것처럼 어려운 일이다.[181] 오늘날 미국 등 군사기술 선진국들은 신호 장비를 많이 발산하는 무기를 실험할 때 각별한 보안을 유지한다. 통신정보에서의 보안처럼 암호화된 전파신호가 발산되게 주파수를 조작하는 위장기법이나 무기실험 중 발산되는 전파신호를 실험장비에 내재된 캡슐에 담기게 하는 차단기법을 동원하는 것으로 알려져 있다.

3) 전자정보(엘린트, ELINT)

엘린트, 즉 전자정보는 반도체 등 제반 전자부품을 활용한 하드웨어 시스템에서 발생하는 전자파, 단말기 출력신호, 전자적 무선원격제어 신호 등을 수집·분석해서 정보

---

181) Shulsky & Schmitt(2002), p. 30.

를 획득하는 정보수집기법 또는 그렇게 획득된 정보를 말한다. 전자파는 통신은 아니지만 발산된 전자파가 의미하는 이면의 대화를 추측하고 평가하여 요긴한 정보를 수집할 수 있는 자료이다.

전자정보 활동은 제2차 세계대전에 비약적으로 이루어졌다. 초기 전자정보의 주요한 목표는 상대방의 방공 레이더였다. 레이더에 대한 전자정보는 레이더의 기능을 방해하거나 무력화시켜서 아국의 공격을 효과적으로 도모하기 위한 것이었다. 상대방 레이더에 대한 엘린트 활동은 주파수나 신호 강도, 진동주기 그리고 진동의 반복 등에 대한 것이었다.

엘린트는 전자기구가 작동될 때 필연적으로 발생하는 전자파를 획득하여 전자파 무언의 대화를 추측 · 평가 · 분석해서 유의미한 정보를 획득하는 정보수집 활동 또는 그렇게 수집된 정보로서 현장에서의 작전 전개를 용이하게 해 준다는 점에 의의가 크다. 따라서 전자파가 발산되는 모든 하드웨어 시스템이 전자정보 활동의 목표가 된다. 군사 부문에서는 주로 외국의 군사시설로부터 방출되는 전자파를 획득하는 것을 목표로 한다. 전자파들을 면밀하게 분석해서 대화가 없이 이루어지는 전투태세 등 상대방 군대의 전술 배치를 추적할 수도 있다.

전자정보를 실전에서 유용하게 사용한 사례로는 1982년 이스라엘의 레바논 침공에서 찾아볼 수 있다. 이스라엘군은 레바논에 근거를 두고 있는 팔레스타인 해방기구(PLO)를 무력화하기 위해 레바논으로 진격해 들어가기로 했다. 문제는 레바논 동부의 베카에 구축된 시리아의 지대공 미사일 부대였다. 시리아의 미사일 부대가 진격해 들어가는 이스라엘 군대의 측면을 공격할 위험성이 있기 때문이었다. 이스라엘군은 먼저 시리아 미사일 부대를 섬멸하는 작전을 계획했다. 그 과정에서 시리아 미사일 부대를 움직이게 한 것이 엘린트, 즉 전자정보였다.

이스라엘 군대는 소형 모형 비행기를 시리아 지대공 미사일 부대 상공으로 비행하게 했다. 이것은 시리아 미사일 부대가 전자파를 방출하는 미사일 발사통제 레이더를 작동하도록 유도하기 위해서였다. 실제로 시리아 미사일 부대는 이스라엘군이 발진한 모형 비행기를 진짜의 전투기로 오인하고 발사통제 레이더를 작동했고, 수많은 전자신호가 발산되었다. 이스라엘군은 발산되는 시리아 미사일 부대의 전자신호를 광범위하게 수집 · 분석해 의미 있는 전자적 대화 내용을 감청했다. 그 결과 시리아 미사일 부대의 규모, 위치, 탄두 수, 유도 시스템 등을 정확히 분석한 정보를 추출하였다. 이스라엘은 몇 시간 만에 시리아의 미사일 부대를 궤멸시킬 수 있었다.[182]

2. 수집수단별 분류

오늘날 신호정보는 선박, 비행기, 지상 관측 장소, 인공위성 등을 통해 광범위하게 수집된다. 미국의 신호정보 주무 기구는 세계 최고 · 최강 신호 정보기구인 국가안보국 (NSA)이다. 다만 신호정보 위성은 국가정찰실(NRO)이 주관한다.

1) 신호정찰위성

정찰위성은 영상정보 촬영 외에 신호정보 획득을 위해서도 진수된다. 예컨대 미국의 대표적인 신호 정찰위성은 1962년 최초로 발사된 페렛(Ferret) 위성을 비롯한, 타이탄 (Titan), 파르케(Parcae, 영어로는 '운명'을 뜻하는 Fates), 캐년(Canyon), 리올라이 트(Rhyolite), 보텍스(Vortex), 오리온(Orion), 멘토(Mentor) 그리고 트럼펫 (Trumpet) 위성 등이 있었다. 소련도 1976년 이래 신호정보 획득 목적의 정찰위성을 광범위하게 운영했는데 에오르샛(EORSAT)이라고 불리는 전자정보 해양 정찰위성 시스템(ELINT Ocean Reconnaissance Satellite : EORSAT)이 대표적이다.[183]

2) 신호항공정보기

신호 정보획득을 위하여 항공기도 이용된다. 미국의 대표적인 신호정보 항공기에는 리벳 조인트(RIVETJOINT), 코브라 볼(COBRA BALL), 컴뱃 센트(COMBAT SENT) 등이 있었다. 한편 전술한 영상정찰 항공기인 U-2기에도 신호정보 센서를 부착하여 신호 정보수집 활동을 했다. 시니어 루비(SENIOR RUBY)가 영상 · 신호 겸용 항공기 였다. 미국 해군도 EP-3E ARIES라는 신호항공 정보기를 운용했다.[184] 소련도 다수의

---

182) Shulsky & Schmitt(2002), p.31.
183) Richelson (2016), pp.308-311.
184) Richelson(2016), pp.235-238.

신호항공 정보기를 운용했다. Mya-4와 TU-95 Bear 그리고 Blinder C, IL-38 등이 있었다.

3) 선박기지

신호정보 수집을 위하여 군함 또는 상선, 어선, 화물선 등 다양한 선박기지가 활용되기도 한다. 선박은 여러 가지 형태로 위장하여 대상국 연근해로 접근하여 신호정보를 수집한다. 이들을 첩보 수집함이라고 한다. 미국은 AGTR (Auxiliary General Technical Research)과 AGER(Auxiliary General Environmental Research)이라는 첩보 수집함을 운영했다. 냉전 시대 소련도 통신정보 수집을 수상함정에 크게 의존했다.185)

4) 지상기지

지상의 레이더 기지는 대표적인 신호정보 획득의 원천이다. 미국은 1940년대 후반부터 소련과 동유럽을 감시하기 위하여 지상기지를 구축했다. 냉전이 끝난 후 이탈리아 산비토(San Vito) 기지, 독일의 베를린 기지, 영국의 RAF Chicksands 기지, 터키의 시놉(Sinop) 기지를 폐쇄하는 등 해외 지상기지는 많이 줄어들었다. 그러나 아직도 하와이 기지를 비롯하여 베링 해를 걸쳐 러시아와 약 400마일 떨어져 있는 극동 러시아 지역을 감청하는 알래스카 셔미아(Shemya) 기지, 러시아 위성체계의 정보수집을 주된 목적으로 하는 일본 미자와(Misawa)기지 등이 공산권 국가를 대상으로 광범위한 신호정보를 획득한다. 태국의 콘 킨(Khon Khen) 기지도 대표적인 미국의 현지 신호정보기지이다. 남미와 쿠바를 감시하기 위해 플로리다 기지도 운용한다. 한편 소련은 미국 워싱턴과 뉴욕의 턱밑에 있어서 **황금알을 낳는 거위**라고 표현되었던 쿠바의 로우르데스 기지와 베트남의 캄란만 기지를 운용한다. 그밖에 에티오피아, 예멘, 시리아, 아프가니스탄에도 적지 않은 지상기지를 운용한다. 이들 신호정보 지상기지를 주관하는 곳이 미국의 국가안보국(NSA)이다.186)

---

185) *Id.,* pp.251-253.
186) *Id.,* pp.241-243.

5) 주재국 대사관과 영사관 내의 신호정보 감청기지

미국과 소련은 지상기지 이외에도 해외 대사관과 영사관 무역 대표부 등에도 비밀 신호정보 기지를 다수 운용했다. 그들 기지에서는 주로 주재국의 군인, 정치인, 경찰 관계자, 경제인 등의 통신을 감청했다. 국제법적으로는 주재국 대사관은 파견국의 영토고권이 전속적으로 인정되는 지역으로서, 감청 활동 사실을 안다고 해도 시설물을 폐쇄하거나 요구할 수 없다는 한계가 있다.

대사관 기지를 통한 유명했던 감청사례는 1960년대부터 1970년대 초반까지 모스크바 주재 미국 대사관의 감청 활동이 있었다. 미국은 모스크바 주미 대사관에 비밀스럽게 설치된 신호정보 감청기지에서 소련 공산당 총서기 브레즈네프(Leonid Brezhnev)를 비롯한 공산당 주요간부들의 통신을 감청했다. 비밀감청 공작 암호명이 브로드사이드(BROADSIDE)였다. 획득된 감청 통신은 특수한 전송장치를 통해서 버지니아 랭글리 CIA 본부 인근의 비밀 기지로 직송되었다. 이러한 활동은 1971년 미국 언론에 공표되었다. 미국은 브로드사이드의 감청으로 소련과의 군축협정인 SALT I 협정에 대한 브레즈네프 총서기와 소련 국방부장관 그레츠코(A.A. Grechko)의 통화를 분석해서, 소련이 신형 SS-19를 개발하고 그를 다른 기종으로 위장하려 한다는 사실을 확인하고 저지했다. 암호명 감마 구피(GAMMA GUPY)라는 통신감청 작전을 통해서는 브레즈네프의 건강문제와 공산당 간부들의 애정편력과 섹스 스캔들을 감청했다. 한편 1991년 KGB는 고르바초프를 가택감금한 후 의사당을 포위해 옐친을 체포하려고 쿠데타를 시도했다. 이때 미국은 KGB 의장과 국방부장관이 주도적으로 쿠데타 음모를 기획한 사실을 감청했다. 미국의 다른 주요한 대사관 감청기지로는 이스라엘의 텔아비브 기지, 부에노스아이레스 기지, 카라치 기지 등이 있었다. 특히 파키스탄 카라치 주미 영사관 감청기지에서는 아시아의 마약 밀거래, 테러 조직 네트워크, 파키스탄의 핵 개발계획 등을 감청했다.[187]

소련과 러시아도 세계 곳곳의 대사관 등 주재국 외교시설에서 상당한 수의 감청기지를 운영했다. 특히 러시아 정보총국(GRU)은 미국 내의 소련인 주거 및 편의시설 등 합법적 민간인 거주 시설에도 지상기지를 운용했다. 그리고 미국 내 유엔 대표부와

---

187) *Id*., pp.243-244.

대사관, 영사관 등에도 지상기지를 운용하여 미국 중앙정보국(CIA)의 제351 교환국과 실리콘 밸리의 전화 교환국을 감청했다.

6) 해저 잠수함기지

미국의 해저 잠수함 신호 감청기지 운용은 아이젠하워 대통령 시절부터 시작되었다. 그중에서도 암호명 홀리스톤(HOLYSTONE)이 유명한 해저 감청활동이었다. 1959년부터 시작된 그 작전은 특별 제작된 잠수함으로 소련과 중국 그리고 베트남의 영해내 3마일 지점까지 침투해서 각종 전자통신을 감청하고 영상촬영을 했다. 요원들은 흔들림을 막기 위해, 해저에 고정된 특수한 소형 잠수정에서 신체대사 활동을 극도로 자제해 가며 90일 동안 동면과 같은 상태로 해저 밑에서 감청과 관측활동을 했다. 그들은 만약의 경우에 대비해 위장 스토리도 가지고 있었다. 그들의 활동으로 미국은 소련의 미사일 발진을 낱낱이 파악할 수 있었다. 또한 미사일 발진을 위해서 제어장치에 입력되는 컴퓨터 계산내용 등 각종 수치와 교신 통신 등도 파악했다고 한다.

해저 잠수함에 의한 신호정보 획득 활동은 소련이 멸망한 후에도 계속되었던 것으로 밝혀졌다. 그것은 1993년 3월 20일 러시아 인근에서 일어난 신호정보수집 잠수정 충돌사고로 확인되었다. 당시 보리스 옐친 대통령과 정상회담이 예정되어 있던 클린턴 대통령은 그 사고에 대해 공식 사과를 했다.[188]

III. 신호정보 활동의 실제

미국은 우방국의 외교 통신도 감청했다. 대표적인 예로 1956년 수에즈 운하의 위기에서 미국은 우방국인 영국의 외교 통신을 감청했다. 1970년대에는 일본주재 이라크 대사관 외교 통신을 철저하게 감청했다. 1997년에는 이스라엘 외교 통신을 감청하여 미국 정부 내의 친 이스라엘 사람들의 침투를 분석했다.

외교 통신 이외에도 군사통신을 감청한 기록은 상당하다. 1968년 미국은 중국 4사단이 소련과 국경선에서 군사훈련을 한다는 북경 군 당국의 통신을 감청했고, 1980년

---

188) *Id.,* pp. 252-253.

소련이 이란을 침공할 의도가 있음을 감청했다. 1983년에는 소련의 정치범 수용소에 대한 대규모의 감청도 시행했다. 그리고 1996년에는 중국이 정치적 목적으로 클린턴 민주당 대통령 후보 선거진영에 거액의 검은돈을 후원하려는 계획을 감청했다. 클린턴 선거진영에 이 사실을 통보해서 대통령 당선 후에 있을지도 모를 제반 사고를 미연에 방지했다.[189]

Ⅳ. 신호정보의 이점과 단점

통신내용을 사전에 인지한다는 것은 엄청나게 중요하다. 왜냐하면, 직접적인 대화의 청취로 과연 무엇이 진정으로 의도되고 계획되며, 고려되고 있는지 그 내심을 정확히 파악할 수 있기 때문이다. 영상정보로는 획득할 수 없는 상대방의 내심과 목적을 원거리에서 파악할 수 있는 값진 정보수집 방법인 것이다. 정보 분야에서는 실제의 메시지를 해독 분석하는 것을 소위 내용(의도)분석이라고 하여 그 중요성을 매우 높이 평가한다.[190] 신호정보는 의도나 내용 이외에 징조나 경고를 알 수 있다는 점에서도 가치가 높게 평가된다.

물론 신호정보에도 약점은 있다. 신호정보는 어떠한 형태로든 당사자 쌍방의 통신이나 통화가 있어야만 한다. 만약 당사자가 침묵하거나, 고도의 암호 기법을 사용한다거나, 직접대면 방식을 취하는 등의 보안 조치를 강구하면 작동할 수 없게 된다. 또한, 감청 등을 인지한 상대방이 의도적으로 거짓 정보를 송출할 위험성도 있다. 면밀한 정보분석이 필요한 이유이다. 그리고 오늘날은 전화와 팩스, 이메일, 인터넷 등과 같은 질적·양적으로 너무나 방대한 신호정보의 양이 존재한다. 따라서 실제로 개발하고 가공할 수 있는 능력 범위를 훨씬 초월하여 많은 양의 정보를 획득하게 된다. 이것은 정보분석의 과부하를 초래하여 적시의 필요한 정보 활용을 저해할 위험성도 높다는 부정적 측면인 것이다.

---

189) *Id.*, pp.244-245.
190) 내용과 의도분석은 사회과학분야에서 통화자의 의도를 연구하는 기본적인 방법론이다. 해롤드 라스웰 (Harold Lasswell)은 의도와 내용분석을 위한 질문을 다음과 같이 공식화하였다. "누가 무엇을 누구에게 어느 정도, 그리고 어떤 목적으로 말했는가(Who says what, to whom, to what extent and with what effect)?"

한편 미세한 신호만을 발산하는 테러와의 전쟁은, 기존의 방식에는 한계가 있음을 절감하게 해 주고 더 정밀한 신호정보 기술개발의 필요성을 강조하게 되었다. 다른 정보획득 분야도 그렇지만 원래 신호정보는 소련 등 상대국에 대한 신호정보 획득을 목적으로 개발되고 발전한 것이다. 그런데 국제테러 조직은 국가와 비교하면 가치 있는 신호정보 유출량이 매우 적다. 따라서 원격 신호정보 획득 프로그램이 효율적으로 작동하는 데는 한계가 있다. 결국, 미국 등 선진 정보공동체는 정치한 그리고 더 뛰어난 신호정보 획득 기술개발에 경주하고 있다. 물론 근본적으로는 테러 조직에 더 가까이, 더 정확히 신호정보 획득 장치를 장착하는 것이 필요하고, 그것은 기술정보(TECHINT)와 인간정보(HUMINT)의 협력으로 이루어지는 것이라고 할 수 있다.

제3항 흔적 · 계측정보(매신트, MASINT)

I. 의 의

매신트(MASINT)는 'Measurements And Signature INTelligence'의 철자 약어이다. 신호정보와 영상정보가 20세기 초에 개발되고 발전된 것에 비해 매신트는 비교적 과학기술이 비약적으로 발전된 이후에 인식되고 활용된 정보수집 기법이다. 미국 정보공동체는 1986년도에 이르러서야 매신트를 공식적인 정보 분야로 인정했다.[191] 미국 정보공동체는 매신트를 다음과 같이 정의했다.

> "전통적인 영상정보와 신호정보를 제외하고 기술적으로 추출된 정보로서, 정보 대상물의 고유한 특징(signatures)을 드러내거나 특징 지우는 등으로 확인 · 추적하고 인식하거나 묘사하는 정보."[192]

---

191) S. Congress, House Permanent Select Committee on Intelligence, IC21: Intelligence Community in the 21st Century(Washington, D.C.: U.S. Government Printing Office, 1996), p.149.
192) Department of Defense Instruction Number 5105.58, Management of Measurement and Signature Intelligence(MASINT), February 9, 1993, p.1. 원어는 다음과 같다. "Technically derived intelligence(excluding traditional imagery and signal intelligence) that, when collected, processed, and analyzed, results in intelligence that locates, tracks, identifies, or describes the signatures(distinctive characteristics) of fIXed or dynamic target sources."

원래 매신트도 미사일 조립대 같은 기계장치나 산업시설 등에서 발산되는 전자파나 원격신호음 등 대상물의 어떤 자취나 흔적에서 획득할 수도 있는 정보수집기법이다. 그래서 신호정보와 형식론적으로 개념을 구별하기 위해서, 매신트를 영상정보와 신호정보를 제외한 방법으로 정보를 획득하는 정보수집 활동 또는 수집된 정보라고 소극적으로 정의한다.

개념 정의의 어려움 때문으로 매신트가 국내에서는 다양한 용어로 소개되었다. 징후계측정보,[193] 측정정보,[194] 관측 및 징후정보[195] 등 다양하게 호칭하고 있다.[196] 그러나 대상물이나 현상의 흔적, 자국 등 객관적인 사실 자료를 바탕으로 그를 추적해 봄으로써 어떤 추이나 정황을 알게 되어 마침내 필요한 정보로 파악하는 매신트는, **어떤 흔적에 대한 계측(측정) 정보**라고 할 수 있고 그러한 정의가 개념을 명확히 해 줄 수 있을 것으로 보인다.

영어의 Measurement는 '측정', '측량', '계측'이라는 의미가 있다. 또한, Signature는 일반적인 서명이라는 의미 외에 '특징', '특성', '흔적'이라는 의미를 내포하고 있다. 영어에서 측량, 측정 또는 계측을 의미하는 경우의 Measurements는 대상물에 대한 정형적인 계측 변수를 획득하는 것이다. 한편 Signature는 목표물에서 그들의 특별한 모양과 양상 또는 모습, 즉 흔적으로의 특징과 특성을 말한다. 어떤 흔적이 현재나 장래의 대상물의 특징과 특성 또는 특질을 나타내 주는 것이다.

따라서 정보수집기법에서의 매신트는 측량 또는 계측한 어떤 흔적이나 잔존 흔적에서 특징을 찾아내어 정보로 사용하는 것이므로, 흔적·측정정보 또는 흔적·계측정보라고 호칭하는 것이 개념의 이해를 돕기 위해 무난하리라 사료된다. 물론 미국 정보공동체의 정의에서 알 수 있는 것처럼 영상정보나 신호정보는 제외하고 다른 흔적물에 대한 과학적 계측과 측정으로 획득하는 정보이다. 어떤 흔적에 대한 계측을 통해 대상물의 특성 등 성격을 명확히 파악하여, 상대세력의 무기 보유고 등 군사력과 산업 활동 실태를 파악하는 데 유용하다.

---

193) 국가정보포럼, *op. cit*, p. 80. 전웅, 현대 국가정보학.
194) 김윤덕, *op. cit*, p. 122.
195) 신유섭, 국가정보의 이해, p. 65.
196) 문정인, 국가정보학원론은 매신트에 대한 소개를 하지 않고 있다.

구체적으로 매신트는 길이, 각도, 공간, 주파수, 시간 의존성, 조율성, 원형질, 유체역학 등과 같은 다양한 데이터를 측정하기 위해 센서 등 특별한 감지장치를 이용한다. 데이터를 측정하는 감지장치에는 기체와 액체, 고체를 추출하는 장비만이 아니라 레이더 장비, 레이저 장비, 적외선 장비, 음파 장비, 핵 관련 장비, 방사선 탐지 장비, 분광복사 장비, 수중음파탐지기, 진동측정 장비 등을 사용한다. 매신트는 이러한 다양한 감지장치로 데이터를 계측하여 대상의 징후와 특성을 탐지, 추적, 판명 또는 묘사해 주는 정보를 얻어 내는 것이다.

Ⅱ. 독립성 논란과 계측 구분

1. 개관과 계측

전술한 원격측정정보, 즉 텔린트(TELINT)와 전자정보, 즉 엘린트(ELINT)가 미묘한 영역에 남아 있던 매신트를 독립된 정보수집 영역으로 발전시키는데 기여한 바가 크다.[197] 그러나 매신트를 독립된 정보수집 활동으로 볼 것인지 신호정보 중에서도 특히 전자정보나 원격측정신호정보의 일종 또는 부가물로 볼 것인지에 대해서는 계속적으로 논의가 있다.

통상 매신트 활동은 3단계 방법을 제반 사정에 맞추어 적절하게 사용하게 된다. 첫 번째 단계는 먼저 대상물이나 대상물이 보여 주는 현상에 대한 1차 계측과 측정을 통해서 어떤 한정된 내용의 측정치를 확보한다. 이어서 흔적에서 나타난 성격, 성질 또는 징후를 통해서 그 현상과 장비, 대상물이 무엇에 대한 흔적인지 그 특징을 확연히 구별할 수 있게 된다.

두 번째 단계는 최초의 흔적(Signature)을 주어진 표준과 기준으로 설정한다. 그런 연후에 계측을 통해서 원래의 표준과의 차이점을 측정하고 새로운 현상의 특징을 파악하는 것이다. 로켓 활동에 대한 매신트 활동을 예를 들면, 먼저 처음 발사 로켓에서 비정상적인 연료 소진이 측정되었다면 그것은 원래의 기준에서 벗어난 흔적으로 최초의 기초적 특징(signature)이 된다. 그다음에 매신트 활동은 열전달 에너지, 빛의 스펙

---

197) Lowenthal(2020), p.104.

트럼 분석 등 정황 자료에 대한 분석을 통해서 연료 소진의 원인이 다시 측정된다. 원인이 규명되면 그것은 매신트 데이터베이스에서 연료 소진에 대한 새로운 흔적 또는 특징이 된다. 이럴 때 흔적과 특징에 대한 측정과 계측을 계속 반복하여 기계의 성능이나 제원까지 추정이 가능할 수 있다.

세 번째 단계는 부산물을 추적하는 것이다. 대상물이 남긴 스펙트럼이나 화학성분의 흔적을 추적하면 대상물에 대한 믿을 만한 자료를 획득할 수 있게 된다.

한편, 매신트 정보수집 활동을 위한 다양한 특수 장비가 있지만, 현장에서는 영상정보와 신호정보 등 다른 정보수집 장치에서의 정보분석을 포함해 운용된다. 예를 들어 레이더 빔에 대한 신호정보 센서는 기본적으로 전자정보의 대상인 레이더 빔의 특성과 능력에 대한 정보를 제공할 것이다. 그런데 전자정보를 위한 동일한 센서에 레이더 빔의 지나친 과부하인 스필오버(Spillover) 현상이나 방해전파 현상 등 본래의 목적에 대한 전자신호가 아닌 것이 나타나면, 그러한 우연한 흔적이 매신트의 대상이 되는 것이다.

2. 독립성의 속성

이상에서 알 수 있는 바와 같이 매신트와 신호·영상정보는 혼재되어 있지만, 그 사이에는 미묘한 차이가 분명하게 존재한다. 매신트와 영상정보나 신호정보 등 다른 정보시스템 간의 중요한 차이점에는 2가지가 발견된다. 그것은 구성요소의 **성숙도와 다양성**이다. 매신트 정보활동의 데이터는 먼저 영상정보나 신호정보 데이터에 비해 아직 원시적인 상태로 미성숙되어 있다. 두 번째로는 매신트 데이터는 실제 공간에 매우 다양하게 널려 있다.

미국의 경우에 매신트 정보활동 담당자들도 초창기에는 정보책임자들이나 정책담당자들 그리고 예산을 담당하는 의회에 자신들이 하는 일을 납득시키는 것이 쉽지 않았다고 한다. 오늘날 그들은 자신들의 매신트 역할을 아주 간단히 범죄수사에서의 과학수사대(Crime Science Investigation)에 비유한다.[198]

---

198) William K. Moore (Jan-March, 2003). MASINT : new eyes in the battlespace, *available at*, http://www.fas.org/irp/nsa/ioss/threat96/part03.htm.

범인을 추적하는 과학수사대는 범죄현장에서 혈흔이나 머리카락이나 옷 조각 등 현장에 남긴 족적을 수집해 과학적인 방법으로 범행의 전모에 접근해 간다. 매신트는 비록 당사자들의 말을 엿듣거나(신호정보) 목표물에 대한 사진 촬영(영상정보)을 통해 바로 정보 대상물의 의도와 능력을 파악하지는 못한다.

하지만 과학수사대처럼 상대세력 대상물에 대한 흔적과 족적을 추적해 들어감으로써 우회적인 방법으로 중요한 정보를 알 수 있다.

신호정보나 영상정보는 일단 최첨단의 장비가 갖춰지면, 판독이라는 절차는 남아 있지만, 대부분은 과학 장비가 알아서 정보획득을 해 준다. 그러나 매신트 활동은 끊임없는 계측이 남아 있어서 가장 과학적인 기법이 동원되지만, 마지막 판독은 정보분석관이 담당하는 정보수집 분야라고 할 수 있다.

Ⅲ. 매신트(MASINT)의 대상과 종류 및 활용 분야

1. 대 상

매신트의 대상인 데이터 자료에는 ① 레이더 신호 ② 라디오 주파수 ③ 음향 · 지진, 자기 등의 지질 물질 ④ X-ray · 감마선 · 중성자 등 핵방사선 ⑤ 각종 물질의 유출, 분진, 파편 ⑥ 전자파와 적외선 ⑦ 스펙트럼 영상 등 다양하다.[199] 매신트는 이들 데이터 자료의 현상에서 필요한 정보를 추출하게 되는데 상대세력의 무기 보유량, 능력, 산업 활동 실태를 파악하는 데 유용하다.

2. 매신트(MASINT)의 구성 정보인자(INTs)

매신트의 구성 정보인자는 대상에 따라 다양하게 나타나고 호칭된다.

① 레딘트(Radar Intelligence : RADINT): 레이더 정보

② 어코스틴트(Acoustic Intelligence : ACOUSTINT): 음향정보

③ 뉴-씬트(Nuclear Intelligence : NUCINT): 핵 정보

④ RF/EMPINT (Radio Frequency/Electromagnetic Pulse Intelligence) : 라

---

199) Lowenthal(2020), p.104. Richelson(2016), pp.266-267.

디오주파/전자기파 정보

⑤ 일렉트로-옵틴트(Electro-optical Intelligence : ELECTRO-OPTINT) : 전기광
학정보

⑥ 라신트(Laser Intelligence : LASINT) : 레이저 정보

⑦ 린트(Unintentional Radiation Intelligence : RINT) : 우연한 방사정보

⑧ 시빈트(Chemical and Biological Intelligence : CBINT) : 화학생체정보

⑨ 스핀트(Spectroscopic Intelligence : SPINT) : 스펙트럼 분석정보

⑩ 이린트(Infrared Intelligence : IRINT) : 적외선 정보

한편, 매신트 연구 · 조사 센터는 매신트를 ① 전자-광학 매신트(Electro-optical
MASINT), ② 핵 매신트(Nuclear MASINT), ③ 지구물리 매신트(Geophysical
MASINT), ④ 레이더 매신트(Radar MASINT), ⑤ 라디오 주파수 매신트(Radio-
frequency MASINT)그리고 ⑥ 물질 매신트(Materials MASINT)의 6가지 분야로
대별했다.[200]

Ⅳ. 활용 분야와 운용

1. 활용 분야

매신트는 원래 상대세력의 무기 보유량과 화력 그리고 무기제조 등 산업 활동 실태를
파악하기 위해 개발되고 발전되어 왔다는 것은 앞서 살펴본 바 있다. 거기에 더하여
오늘날은 대량살상무기(WMD)의 개발과 확산, 군축, 환경 파괴문제, 마약 거래, 우주
공간에서의 활동 그리고 정보활동에서의 기망과 역기망 현상을 파악하는 데 유용하게
활용된다.

한편 존 모리스는 매신트의 임무 영역을, ① 군사작전지원, ② 군수물자획득 및 병력
현대화, ③ 군축과 조약감시, ④ 미사일, 핵, 화학과 생화학무기 확산 방지, ⑤ 자연재해

---

200) Center for MASINT Studies and Research. Air Force Institute of Technology, *available at*,
http://www.afit.edu/cmsr/.

나 오염 등에 의한 환경파괴, ⑥ 마약의 생산, 운송과 보관 같은 마약 대처 문제로 분류했다.[201]

2. 운 용

미국의 경우 매신트 활동은 국방지원 프로그램(Defense Support Program)의 중요한 내용 중의 하나이다. 1970년대 미국은 국방지원 프로그램을 위한 다수의 매신트 위성을 발진하여 소련 스커드 미사일에 대한 개발계획, 시험 발사 그리고 실제 전장에서의 사용을 감시했고, 해외 국가들의 핵실험 활동도 측정했다. 미국은 또한 RC-135S나 코브라 볼(COBR BALL) 같은 매신트 전용항공기도 다수 발진하여 핵무기와 생화학무기 개발 및 실험을 측정했다.

미국은 매신트 전용 항공기의 정찰 활동으로, 소련의 우주왕복선(Reentry Vehicle)이 지구로 재진입할 때 대기 충격에 따른 외피 색깔을 계측하여, 우주왕복선의 사용 재질이 무엇인지를 탐지하여 고강도 티타늄을 사용했다는 사실을 확인하기도 했다. 물론 속도와 방어 미사실의 대응능력도 측정했다.[202]

미국 정보공동체는 1986년에 매신트를 정보수집의 한 분야로 공식적으로 분류해서 1993년 매신트 활동을 주관하는 중앙 매신트실(Central Massint Office)을 국방정보국(DIA) 내에 창설했다.[203] 매신트 정보수집 활동은 우주 공간, 항공비행, 지상기지, 선박 활동, 지하와 심해저 등에서 다양하게 이루어진다. 그러나 매신트는 여전히 영상정보와 신호정보처럼 바로 생생하게 이해될 수 있는 정보가 아니다. 그렇기 때문에 아직도 매번 바뀌는 정책담당자들은 물론 정보담당자들도 매신트를 이해하는 데 많은 어려움이 있다고 한다.

---

201) Richelson(2016), p.267.
202) Richelson(2016), pp.267-287.
203) Shulsky & Schmitt(2002), p.32.

제4항 기술정보 활동의 실제

I. 짐머만 통신감청 사건

짐머만 전신·전보(Zimmermann Telegram) 사건은 신호정보 활동의 대표적인 사례로 짐머만의 전신·전보를 대상으로 한 통신정보 감청사건이었다. 짐머만 전신은 독일제국 외무부가 제1차 세계대전이 최고조에 달한 1917년 1월 16일 멕시코 주재 독일 대사관에 전송한 암호 전신문(coded-telegram)이었다. 당시 독일제국 외무상이 짐머만(Arthur Zimmermann, 1864~1940)이었다. 그것은 영국 당국이 독일군의 신호정보를 획득하여 미국에 건네준 사건으로 궁극적으로 미국이 제1차 세계대전에 참가하게 된 계기가 되었다.

영국 정보당국이 획득한 전신 내용의 요지는 독일 외무상 짐머만이 멕시코 주재 독일 대사에게 지시한 것으로, 멕시코 당국과 접촉해 멕시코와 군사동맹을 체결하라는 내용이었다. 이를 감청하여 해독한 영국 정보당국은 그 내용을 미국에 건네주었다. 영국이 해독한 전신 내용은 멕시코가 미국 남서부 지역을 공격해 주면 독일제국이 즉각 지원하겠다는 제안 내용을 담고 있었다.[204]

미국 본토에서 멕시코가 독일을 대리하여 후방전쟁을 일으키게 해, 미국이 제1차 세계대전에 뛰어드는 것을 막고 미국을 국내 전쟁에 잡아두겠다는 전략이었다. 또한, 짐머만 전신은 필요시 일본도 미국 내의 가상전쟁에 멕시코의 동맹국으로 개입할 것이라는 암시를 담고 있었다. 독일은 멕시코가 협조해 주는 대가로, 멕시코-미국 전쟁 (Mexican-American war) 때 멕시코가 미국에 빼앗긴 텍사스주, 뉴멕시코, 애리조나, 캘리포니아, 네바다, 유타, 콜로라도주 일부를 되찾아 주고 복구를 위한 재정적 지원을 할 것을 약속했다.

군 장군 출신인 멕시코 대통령 카랜자(Carranza)는 독일의 제안 내용을 면밀히 검토했다. 그러나 그 제안은 궁극적으로 불가능하다고 결론지었다. 카랜자 대통령은 멕시코의 영토회복은 미국과의 전면전을 의미하는 것이고, 현재도 전쟁의 중심에 있는 독일

---

204) 전신에 따르면 독일은 미국이 전쟁에 개입하는 것을 절대 원하지 않으며, 영국은 조만간 항복할 것으로 믿고 있었다. 그러나 미국이 전쟁에 참가해 독일을 공격할 우려도 배제할 수 없다는 것이었다.

의 군사적 지원 능력은 충분치 않다고 판단했다. 그리고 멕시코가 영토를 다시 회복한다고 해도 그 광범위한 영어사용 지역을 통제한다는 것은 불가능하다고 결론지었다.

마침내 멕시코 카랜자 대통령은 짐머만 전신 제안을 약 3개월 후인 그해 4월 14일 거절했다. 영국으로부터 이러한 감청내용을 전달받고 대단히 화가 난 미국은 결국 독일에 대해 선전포고를 하고 제1차 세계대전에 뛰어들어 독일 등 동맹국은 패망했다.[205]

II. 기타 역사적으로 중요한 기술정보사건

1. 매직 암호해독(Magic cryptography) 작전

1) 개요 및 성과

매직 암호해독 작전은 제2차 세계대전 중 미국 정보당국이 일본의 암호체계인 퍼플 (Purple)을 해독한 것으로 미국 정보당국의 일본국 암호 해독프로그램이었다. 매직 작전의 대상인 퍼플(Purple)은 일본이 1940년부터 사용하기 시작해 제2차 세계대전 중 외국에서 수집한 정보의 전달과 본국의 지시를 전달하는 데 사용한 일본의 중추적인 자동 암호생성 장치였다. 처음 일본군의 움직임에 대한 암호해독 보고를 받은 루스벨트 대통령이 '마술(magic)'이라고 경탄한 것에서 매직이라는 이름이 유래되었다.

매직 암호해독 작전의 성과는 태평양 전쟁 초기인 1942년 6월 5일~6월 7일 중부 태평양 미드웨이섬(Midway Island) 주변 해역에서 벌어진, 역사적으로 가장 강력한 해군력을 동원한 미국과 일본의 해전에서 나타났다. 1941년 12월 8일의 진주만 공격으로 엄청난 피해를 당하였던 미국은 결과적으로 멋진 보복을 했다. 미 해군 당국은 매직 작전이 해독한 메시지로 일본군이 실제 목표물인 미드웨이섬을 확보하기 위해 거짓으로 알류샨 열도를 공격하는 것처럼 위장한다는 작전 계획을 소상하게 파악했다.

원래 일본 연합함대 사령관 야마모토 이소로쿠(山本五十六) 대장은 미국 항공모함을 격멸시킴과 동시에 미드웨이섬을 초계 기지로 삼아서 미국의 일본 본토에 대한 공격을 방어하려는 계획을 수립했다. 해전 참가병력은 미국 측이 항공모함 3척을 포함한 함정

---

205) Ben Fenton, "Telegram that brought US into Great War is Found" London Daily Telegraph, 17, Oct, 2005.

35척, 비행기 233기 그리고 일본 측이 항공모함 4척을 포함한 함정 47척, 비행기 285기로 엄청난 화력이었다. 미드웨이 해전에서 미국 해군은 항공모함 1척만 침몰당하였을 뿐 피해가 적었으나, 일본은 항공모함 4척과 중급 순양함 1척이 침몰하고 항공모함 탑재 비행기 전부를 소실했다.

이후 태평양에서 전쟁의 흐름이 변하여 미국으로 주도권이 옮겨졌다. 또한, 미군은 1943년 매직 암호해독 작전으로 야마모토 제독의 솔로몬 제도 방문 일정을 정확히 파악해 그가 탄 비행기를 격추해 미국을 괴롭혔던 장애물을 제거했다. 매직 작전의 암호해독 성과는 미국 본토에서 FBI에 의한 1940년대 미국 서해안 지역 일본 야쿠자(Yakuza) 조직범죄에 대한 소통에도 활용되었다.

2) 의 의

그 우수성과 뛰어난 많은 성과에도 불구하고 매직 작전은 역설적으로 정보 배포와 관련한 정보실패 문제와 정보관리의 문제를 동시에 일깨워 준 사건으로 더 유명하다. 사실 미국 정보당국은 매직 작전으로 1941년 일본으로부터 진주만 공습을 당하기 몇 시간 전인 1941년 12월 7일 오후 1시에 파악했었다. 일본이 미국 워싱턴 당국에 선전포고를 하기 위해 외교문서로 진주만 공격을 송신하는 전신을 감청하여 낌새 파악에 성공했다.

문제는 당시 매직 작전의 정보분석 문건은 배포방식이나 대상에 있어서 체계가 잡혀 있지 않았다는 것이다. 단지 간략한 내용만이 기재된 정보문건만이 소수의 정책담당자에게 배포되고, 그것도 대기했던 정보요원들에 의하여 바로 회수되며 복사나 메모 기록도 허용되지 않았다. 그 결과 일본 해군의 하와이 침공 가능성에 대한 감청·분석결과가 현지 하와이 사령부에 제대로 전달되지 못했다. 게다가 매직 암호해독 주체에 대해서도 서로 성과를 노려 육군과 해군 사이에 논란이 끊이지 않아서 육군과 해군이 일정 기간 번갈아 가며 해독 업무를 분담했다. 매직 작전은 정보관리의 중요성을 크게 일깨워 준 것으로 평가된다.

한편 미국은 진주만 공습에서 매직 작전의 결과에 따라 대통령 명령 제9,066호와 제9,102호를 발령하여 대대적인 소개(疎開)정책을 전개했는데, 태평양 전쟁 중에 미국 서부지역의 일본인과 일본계 사람들의 폭동을 방지하기 위해서였다. 후일 법정 다툼으로 이어졌고 국제법적으로 많은 논란을 가져왔던 코레마츠 사건이 대표적이다.[206] 그에 대한 상세는 후술한다.

2. 울트라(Ultra) 프로젝트

울트라 프로젝트는 제2차 세계대전 중 영국의 정보당국이 독일군의 암호체계인 에니그마(Enigma)를 해독한 작전이다. 영국 정보당국의 울트라(Ultra) 작전은 미국이 일본을 상대로 전개한 암호해독 작전인 매직 작전과 함께 연합군 기술정보(TECHINT)의 대표적인 개가로 손꼽힌다.

그러나 독일의 에니그마 체계는 일본의 퍼플 체계와는 비교가 되지 않을 정도로 복잡해서 독일은 절대로 해독되지 않을 것이라고 자신했다고 한다. 독일군은 가로와 세로 각 30cm, 높이 15cm, 무게 30kg의 둔탁한 타자기처럼 보이는 에니그마(ENIGMA)라는 암호기로 군별로 세 가지 키워드를 사용해 암호문을 생성했다. 영국 해군은 에니그마 암호기를 대서양 바다 한가운데에 침몰한 독일 해군의 U보트에서 목숨을 건 획득 작전을 전개하여 획득했다.

암호해독은 철저한 수학 공식의 분석으로 영국 블리칠리 파크라는 곳에서 다수의 수학자가 수행했다. 그중에 대표적인 수학자가 폴란드 출신의 튜링(Alan Mathison Turing)이었다. 동성애자였던 튜링은 수학에 대한 천재성으로 수학의 신 또는 수학의 모차르트라고 불렸다. 실패만 거듭하던 영국 정보당국은 튜링의 천재적 노력으로 마침내 해독에 성공했다. 더 나아가 에니그마의 암호화 과정을 자동으로 역추적하는 암호해독기 '폭탄(Bomb)'을 개발했다. 폭탄은 에니그마의 암호 조립을 엄청난 속도로 역추적하는 고성능 계산기였다.

그러나 자신들의 에니그마를 철저히 신뢰한 독일 최고사령부는 전쟁이 끝날 때까지도 에니그마가 침투되었다고 믿지 않았다. 연합군 스파이에 의해 개별적인 작전 정보가 유출된 것으로만 생각했다. 울트라 작전은 극도의 보안을 유지하다가 1980년대가 되어서야 비밀해제되어 일반에 공개되었다. 한편 에니그마를 해독하지 않은 것처럼 가장하

---

206) Korematsu V. United States, 323 U.S. 214 (1944).

는 연합국의 노력에 대해서는 후술할 방첩공작 편에서 다시 살펴본다.

3. 베노나 프로젝트(VENONA Project)

베노나 프로젝트는 1940년대와 1950년대 미국과 영국 정보당국이 소련 정보기구의 암호문을 체계적으로 해독한 비밀사업이었다. 베노나 프로젝트는 철의 장막으로 불린 소련 정보에 대해 가장 중요한 가치를 지녔던 것으로 평가되었다. 기밀을 유지하기 위해 심지어 루스벨트 대통령과 트루먼 대통령에게도 베노나 프로젝트의 존재를 보고 하지 않았다고 한다.

베노나 프로젝트의 대표적인 기술정보 성공사례는, 앞서 살펴본 핵무기 정보를 소련 으로 누설한 로젠버그(Rosenberg) 스파이 사건의 적발과 케임브리지 5인방인 맥클린 과 가이 버기스 사건의 전모 파악이다. 베노나 프로젝트에 의해 기술적으로 수집된 1941년과 1945년 사이의 주로 소련에 대한 방대한 양의 첩보 중 약 3,000여 개 정도만 이 전부 또는 부분적으로 해독된 것으로 알려졌다. 그 해독률은 1942년 1.8%, 1943년 15.0%, 1944년 49.0%, 1945년 1.5%라고 한다. 기술정보수집의 방대성과 정보분석 의 불균형을 잘 보여 준다. 또한, 소련 암호체계의 지독한 복잡성을 엿볼 수 있게 해 주는 단면이다. 그 방대한 양 때문에 1942년부터 1945년 사이에 획득된 정보는 베노나 계획이 취소된 후에도 계속 이어져 1980년까지 해독작업이 진행되었다고 한다.[207]

4. 애쉴론(ECHELON) 감청망

애쉴론은 전 세계에 대한 전자적 신호정보 감청망이다. 미국과 영국 등 영연방 5개 국가에 의해 운용되는 전 세계에 광범위하게 구축된 신호정보 획득을 위한 지구 정보망 이다. 애쉴론 감청망에 참가하는 정보기구는 캐나다의 통신보안처 (Communication Security Establishment : CSE), 오스트레일리아의 국방신 호국(Defense Signals Directorate : DSD), 뉴질랜드의 정부통신보안국 (Government Communication Security Bureau : GCSB), 영국의 정부통신본부

---

207) Richelson(2016), p.449. Lowenthal(2020), pp.224-225.

(Government Communication Headquarters : GCHQ) 그리고 지구의 귀로 통하는 미국의 국가안보국(National Security Agency : NSA)이다.

애쉴론은 전 세계의 모든 라디오와 위성 통신, 전화, 팩스 그리고 이메일을 광범위하게 감청할 수 있고, 획득된 정보는 초고성능의 슈퍼컴퓨터로 자동 분류되는 데이터 마이닝 시스템을 구축하고 있다. 프랑스는 애쉴론이 일반 군사 안보정보뿐만 아니라 프랑스를 비롯한 전 세계 주요 경제정보 획득 수단으로 이용되고 있다고 비난했다.[208] 애쉴론에 대한 법률문제는 후술한다.

5. 프렌첼론(Frenchelon) 감청망

프렌체론(Frenchelon)은 프랑스가 앵글로-색슨의 애쉴론 체계에 대한 대응으로 운용하는, 프랑스 독자적인 신호정보(French Signal Intelligence) 감시체계이다. 주무부서는 프랑스 국방성 산하 해외정보기구인 대외안보총국(DGSE)으로 실제 운용은 대외안보총국의 기술국이 관장하는 것으로 알려졌다. 프렌체론은 애쉴론처럼 외교적ㆍ군사적 그리고 산업통신을 광범위하게 감청하여 자동적으로 데이터베이스를 구축한다고 한다. 프랑스의 기술정보 능력을 보여 주는 것으로 프랑스는 앵글로 색슨계의 애쉴론 체제를 좌시하지 않겠다는 자세를 보여 주고 있다고 할 수 있다. 프렌첼론은 그 존재가 공식적으로 인정되지는 않았지만 수많은 언론인에 의해 각종 군사정보에 기초하여 감지됐다.[209]

6. 국가안보국(NSA)의 노스콤(NORTHCOM) 사건

1) 개 요

노스콤(Northern Command)은 미국 국가안보국(NSA) 산하의 극비 통신감청 조직이다. 미국은 2001년 9/11 테러공격을 당한 후 2002년 국가안보국 산하에 노스콤을 창설해 극비 감청 활동을 전개했던 것으로 밝혀졌다.

---

208) Richelson(2016), p.242.
209) "Spies Like Us," Wall Street Journal Europe, https://www.wsj.com/articles/ SB9543629 505575888.

국가안보국은 미국 4대 통신회사인 AT&T, SBC, Verizon 그리고 BellSouth의 통화 상세기록을 획득하여 광범위한 감청업무를 수행했다. 노스콤의 존재는 2006년 5월 10일 USA Today의 보도로 최초로 알려졌다. 당시까지 약 1조 9천억 개의 통화 상세기록(Call Detail Record : CDR)을 구축하고 있었다. 통화 상세기록은 통화출처(통화자)와 통화상대방(수화자), 통화시간, 매 통화비용, 통화시간 등을 담고 있는 데이터베이스이다.[210]

2) 존재의 누설

국가안보국에 의한 광범위한 통화 감청 활동은 AT&T 기술자에 의해 우연히 발각되었다. 법원에 제출된 소장에 나타난 주장에 따르면 국가안보국이 통화 감청을 위해 AT&T사에 설치한 감청실이 Room 641A이었다. 그 방은 샌프란시스코의 폴섬(Folsom)가에 있는 611번 빌딩에 위치하고 있으며, AT&T사가 3개의 층을 차지하고 있었던 곳이다. 그곳에 AT&T 내부기밀 문서가 보관되고 있었고 그 방은 SG 3(Study Group 3)이라고 불렸다. 방에는 건물 모든 인터넷 선으로 접근할 수 있는 인터넷 중추로가 설치되어 있었고, 인터넷 통신에 매우 빠른 속도로 끼어들어 분석하는 장비들이 설치되어 있었다. 검은색으로 되어 있는 이 방의 존재는 AT&T 기술자인 클레인(Mark Klein)이 인터넷 회로에 대한 기술 점검을 하던 도중에 우연히 발견되어 결국 전모가 알려지게 되었다.

3) 법적 분쟁

뒤에서 다시 살펴보는 바와 같이 국가정보기구에 의한 영장 없는 실질적 도청행위는 미국의 해외정보감독법(Foreign Intelligence Surveillance Act : FISA)과 부당한 압수와 수색을 금하고 있는 미국 헌법 제4차 수정안을 정면으로 위반한 것이라는 격렬한 논쟁과 법정소송을 야기했다.

2006년 1월 31일 전자 프런티어 재단(Electronic Frontier Foundation : EFF)[211]

210) Richelson(2016), pp.426-429.
211) 전자 프런티어 재단(EFF)은 현대 디지털 시대에, 미국 헌법 1차 수정안에서 보장된 언론의 자유를 수호하기 위해 1990년 7월 존 길모어(John Gilmore)등이 창설한 비영리 단체이다.

은 AT&T를 상대로 징벌적 손해배상을 내용으로 하는 집단 청구소송(Class Action)을 제기했다. 소송의 요지는 AT&T사가 국가정보국이 주기적으로 고객의 비밀에 무제한 접근을 허용해서 미국민의 사생활이 침해당했다는 등의 이유였다. 소송 쟁점 가운데 하나가 국가안보국에 의한 통화기록 감청이 정보기구의 해외정보 활동을 규제하는 해외정보감독법(FISA)상의 사전승인과 헌법상의 영장주의 원칙을 위반했는가 하는 점에 있었다. 또한, 이러한 자료 수집 활동이 영장 없이 통신을 도청하고 축적된 통신자료에의 접근을 금하는 미국 통신감청 접근법에 위배된다는 지적도 제기되었다. 212)

그런데 미국의 통신비밀법은 대통령이 판단하여 진실을 말하는 것이 국가안보를 위태롭게 할 수 있다고 여겨지면 통신회사가 거짓 진술할 수 있음을 용인하고는 있다. 213) 법적 분쟁의 상세는 후술한다.

---

212) 미국의 통신감청 접근법(Telecommunications (Interception and Access)은 원칙적으로 통신의 감청과 통신자료에의 접근을 금하고 있다.

213) Telecommunications (Interception and Access) Act 1979, TITLE 15 〉 CHAPTER 2B 〉 § 78m (Periodical and other reports) 허위진술에도 불구하고 책임면제를 규정한 78조 4항: "(4) No criminal liability shall be imposed for failing to comply with the requirements of paragraph (2) of this subsection except as provided in paragraph (5) of this subsection."

제4절 공개출처정보(오신트, OSINT)

제1항 의의와 발전

I. 의 의

공개출처정보, 즉 오신트(OSINT)는 공개자료정보(Open Source INTelli-gence)의 철자 약어이다. 그것은 제한 없이 누구든지 이용할 수 있는 공개된 출처의 자료로부터 첩보를 수집하고 분석하여 유용한 정보를 생산하는 정보수집 기법이다. 정보의 3가지 용례의 당연한 귀결로 공개된 출처로부터 획득된 정보 그 자체를 말하기도 함은 앞서 본 다른 정보수집 활동과 동일하다. 쉽게 말하면 공개자료에서 필요한 정보를 획득하는 활동 또는 획득된 정보를 의미하는 것이다. 정보공동체에서 '공개(open)'라는 개념은 비밀 또는 비밀분류와 상반되는 의미로 누구나 제한 없이 접근이 가능한 상태를 뜻한다.

미국 국가정보국(DNI)과 국방부(DOD)는 공개출처정보를 '적시성을 가지고 특별한 정보 수요를 위하여 공개적으로 접근할 수 있는 첩보에서 수집된 정보'라고 정의하고 있다. 정보수집 활동에 있어서 공개출처정보의 중요성에 대한 논의는 제6편 정보 환경론에서 살펴보는 바와 같이 정보의 본질이 무엇인가라고 하는 근본적인 논쟁과 연결되어 있다.

공개출처정보는 국가 정보기구의 성격을 확연히 바꾸어 놓을 수 있는 중요한 개념이다. 셔먼 켄트는 정보의 비밀성을 부인하며 정보기구는 활용 가능한 모든 공개자료를 이용하는 최고의 국책연구소, 즉 싱크 탱크(World Think Tank)가 되어야 한다며 전략 정보의 중요성을 강조했다. 상대세력에 대한 정확한 고급 정보 대부분은 공개적인 관찰과 연구를 통해 습득될 수 있다고 주장했다.[214]

셔먼 켄트의 주장은 정보기구의 자세를 가다듬게 하고 지향성을 일깨워 준다는 점에서 맞는 말이지만 상대세력의 의도 등은 여전히 공개출처정보만으로는 충족되지는 않는다는 반론이 있을 수 있다. 주의할 점은 공개출처정보(OSINT)는 필요한 정보생산

---

214) Sherman Kent(1966), pp.3-4.

을 위하여 정보 순환과정을 거친다는 점에서 똑같이 공개출처자료를 사용하지만 단순한 지적 활동인 연구조사와는 다르다는 점이다.

Ⅱ. 공개출처정보의 발전

공개출처정보는 정보기구가 만들어진 이래로 정보수집 활동의 중요한 일부분이 되어 왔다. 국가에 따라서 다르지만 일반적으로 양적인 측면에서 보면 전체 생산 정보의 약 75%에서 많게는 90%가 공개출처정보라고 한다. CIA 초대 국장이었던 힐렌코에터(Roscoe Hillenkoetter)는 1948년에 이미 CIA의 80%의 정보가 외국의 서적, 잡지, 라디오 방송 그리고 해당국가 사정에 정통한 일반인 등 공개출처 자료에서 수집된다고 말했다.[215]

공개출처정보는 다른 정보수집 활동의 시발점이 될 수 있다는 중요성도 있다. 공개출처로부터 충분히 수집 가능한 정보를 생산하기 위해 인적 · 기술적으로 비공개적 정보수집 활동을 한다는 것은, 정보자산의 낭비를 초래할 뿐만 아니라 대단히 어리석은 일이라고 할 수 있다. 공개출처정보의 전문가인 스틸(Robert D. Steele)은 "학생이 갈 수 있는 곳에 스파이를 보내지 말라(Do not send a spy where a school boy can go)."[216]라고 하면서 정보기구의 정보수집 활동은 먼저 공개출처정보의 활용가능성 판단에서 시작되어야 함을 강조했다.

냉전시대에는 공산권 국가들에 대한 비밀정보 활동이 매우 제약적이었기 때문에 대상국에서 생산되는 각종 공개 자료는 정보분석의 중요한 자원이었다. 한편 냉전 이후 러시아와 동구권 국가의 민주성과 공개 지향성은 엄청난 양의 공개출처 자료의 증가를 가져왔다. 러시아에 대한 공개출처정보는 양적으로 확연히 팽창하여 냉전시대에 생산되는 정보 중 초창기 20%에서 나중에는 80%까지 증가했다. 과학기술의 획기적 발달과 최근의 인터넷 발전은 공개출처정보의 원천을 더욱 확대시켰다. 미국 정보공동체의 경우를 보면 2004년의 정보개혁 및 테러방지법은 국가정보국장(DNI)으로 하여금 향

---

215) Roscoe H. Hillenkoetter, "Using the World's Information Sources," Army Information Digest, November 1948, pp. 3~6.
216) 국가정보포럼, *op. cit*, p. 82.

후에도 지속적으로 공개출처정보수집 활동을 어떻게 실시하고 대처할 것인지에 대한 정보정책 결정을 하도록 요구하고 있다. 2003년 이라크 전쟁에 대한 진상조사위원회인 대량살상무기위원회(WMD Commission)는 CIA 내에 공개출처정보 부서를 신설할 것을 권고해 부시 대통령도 권고안을 받아들이고 서명했다.[217]

제2항 공개출처정보의 수집과 대상

I. 공개출처정보의 대상

공개출처정보(OSINT)에는 다음과 같은 다양한 첩보 종류와 출처가 있다.

① 미디어(Media) : 신문, 잡지, 라디오, 텔레비전, 컴퓨터 네트워크 정보

② 공공자료(Public data) : 정부 보고서, 예산이나 인구통계 등 공식자료, 청문회 자료, 의회 회의록, 기자 회견문, 국정 최고자의 연설문, 관계 당국의 해상과 항공의 안전경고, 환경영향 평가, 과학 · 기술 분야 등의 심사판정결과 등은 중요한 공개출처정보자료가 된다.

③ 일반인들의 관측보고 : 아마추어 비행 감시원, 라디오 모니터 요원, 인공위성관찰자 등은 다른 사람들에 비해 많은 정보를 얻게 되는데, 이들의 관측보고나 견문 기록은 훌륭한 공개출처자료가 된다.

④ 논문과 학술회의 자료 : 전문적 · 학술적인 국제회의나 연구 학술 심포지엄, 전문가 회의, 학술지, 과학 · 기술 전문가들의 보고서 등은 매우 유용한 공개출처자료가 된다.

공개출처정보 중에서 특히 지구공간적인 특징을 가진 것들은 국가정보로 매우 유용하다. 지구공간적인 공개 데이터의 예를 들면 인쇄되거나 화면상의 각종 지도나 그림들, 지명 색인, 항구 계획, 중력 데이터, 항공 자료, 내비게이션 데이터, 측지 자료, 문화와 경제자료, 환경 데이터, 상업광고 영상 그리고 다양한 스펙트럼의 자료, 경계선 표시 데이터, 지구 공간 웹 통합, 공간정보, 웹 서비스 등이다. 이들은 공개출처정보에

---

217) Lowenthal, Mark M(8th edition(2020), p.103.

생동감을 불어넣어 줄 수 있는 자료들이다. 한편 전문 상업 위성회사가 출현하여 지구 전역의 고분석 화상을 판매하기 시작했는데, 이러한 상업용 영상정보는 오늘날 대표적인 공개출처 영상정보이다.[218]

Ⅱ. 공개출처 대상의 수집 활동과 정보인자

전통적으로 공개출처 자료의 수집에는 3가지 활동이 있다.

① 합법적으로 이용할 수 있는 서류나 자료의 수집

② 상대국의 정치적, 군사적, 경제적 전개 과정의 공개적 관측

③ 라디오와 텔레비전 방송의 모니터링과 녹화

최근에 이르러서는 인터넷 검색과 전자 데이터베이스 구축 활동이 추가되었다고 할 수 있다. 정보 관련 유머라고도 할 수 있지만 정보실무자들은 정보인자(INTs)에 따라 실험실 등지에서의 사적인 공공연한 대담을 정보인자로 하는 라빈트(Lavint : Lavatory Intelligence), 풍문을 정보인자로 하는 루민트(RUMINT : Rumor), 누설 정보를 정보인자로 하는 레빈트(REVINT : Revelation Intelligence), 신앙고백 내용을 정보인자로 하는 디빈트(DIVINT : Divine Intelligence) 등도 주요한 공개출처정보로 귀 기울이고 있다.[219]

제3항 공개출처정보의 이점과 한계

I. 이 점

접근성과 상대적 안정성 그리고 비용 효율성은 공개출처정보의 3가지 장점이다. 공개출처정보도 여전히 수집과 분류가 필요하지만 가장 커다란 이점은 접근성이다.

---

218) http://www.globalsecurity.org/wmd/index.html.등 구글의 영상정보사진에서도 쉽게 볼 수 있다.
219) 한편 워싱턴에 있는 러시아·중국 등의 정보요원들은 국방부, 백악관, CIA 본부 등에 밤늦게까지 불이 켜지고 피자 등 음식물 배달 차량이 많이 들어가는 것을 보면, 세계 어디에선가 비상사태가 발생한 것으로 파악하고-피진트(피자 정보, PIZZINT : Pizza Intelligence) - 본국에 비상보고 등을 하느라고 바쁘다고 한다. Lowenthal(2020), p. 137b.

더욱이 인터넷과 24시간 뉴스 채널 등의 출현과 발달은 세계 곳곳에서의 공개자료에 대한 접근성을 획기적으로 높여 주었다. 다른 정보활동 그중에서도 특히 인간정보 활동은 정보획득을 위한 접근이 가장 커다란 어려움인 것에 비해서 공개출처정보 활동의 경우 첩보 수집은 문제가 안 된다는 특징이 있다. 게다가 인적·물적 자산에 의한 비밀 정보수집 활동에 비해 위험성이 거의 없고 비용도 훨씬 적게 든다는 이점도 있다.

Ⅱ. 단 점

공개출처정보의 장점이기도 하지만 가장 큰 단점은 방대한 양이다. 그것은 효율적인 정보분석을 어렵게 만들었고 방대한 자료에서 진주를 찾아내는 소위 '밀과 겉겨의 문제(wheat and chaff problem)'를 야기한다.[220] 또한, 공개출처정보 중 상당수는 검증되지 않았을 뿐 아니라 상대세력이 의도적으로 조작을 할 수도 있다. 예를 들어 소련은 1988년 자국의 보안을 위하여 공개자료였던 특정 지역에 대한 지도를 조작했다고 실토한 바 있다.[221]

이처럼 공개출처정보(OSINT)의 가장 큰 어려움이자 단점의 하나는 거대한 첩보의 홍수에서 의미 있는 정보를 적시에 추출하는 것이다. 그렇지만 이것도 지엽적인 문제와 중요한 쟁점을 구별해 정제된 지식을 창조할 수 있는 뛰어난 전문가들에게는 그다지 어렵지 않다. 어쨌든 공개출처정보의 적절한 활용은 국가정보수집의 방향과 정보수집의 합리화에 크게 기여할 수 있다.

Ⅲ. 공개출처정보의 한계와 발전

24시간 방송, 언론, 수많은 학술지와 매체, 인터넷 등 공개출처정보가 획기적으로 증가하는 바람에 민간분야에서 공개적으로 획득할 수 있는 정보는 매우 많아졌다. 그래서 극단적인 견해이기는 하지만 국가정보기구 무용론이 제기되기도 한다.[222] 그러나

---

220) *Id.*, p 158.
221) Shulsky & Schmitt(2002), p.38.
222) Roger Hilsman, "Does the CIA Still Have a Role," Foreign Affairs 74: 5.

국가정보기구가 수집하는 비밀정보는 여전히 중요하다. 상대세력의 의도와 능력 그리고 취약점과 가능한 행동방책을 적시에 정확하게 판단하기 위해서는 비밀정보의 가치가 여전히 중요하기 때문이다.

또한, 공개출처 자료는 필요한 때 적시에 공개되는 것이 아니므로 필요한 정보를 적시에 확보하는 데는 한계가 따른다. 그러므로 공개출처정보는 전체적인 맥락과 배경 파악 그리고 총체적인 역량판단에는 커다란 유용성을 가지는 것이 사실이다. 하지만 해외세력의 특정한 의도와 능력을 파악하기 위해서는 비밀정보는 불가피하다. 어느 국가든지 군사, 경제, 외교상의 중요한 사항은 대부분 비밀로 유지하기 때문이다. 따라서 공개자료만으로 정보를 판단하는 데는 한계가 있다. 구체적인 상황이 발생한 전술정보의 경우는 더욱 그러하다.

게다가 초국가적안보위협세력의 출현 등 변경된 정보환경에서 테러, 국제조직범죄 그리고 마약밀매조직 등 특수조직에 대한 정보파악은 국가안보 차원에서 필수적인 일이 되었다. 이러한 정보대상의 경우 공개출처 자료는 한계가 있고, 특히 인간정보 활동이 중요한 요소로 요구된다.

그러나 정보의 홍수를 이루는 오늘날 공개출처정보의 가치는 아무리 강조해도 지나치지 않다. 그런데도 정보공동체 내의 업무담당자들은 공개출처정보의 능력을 간과하고 신호정보, 영상정보 그리고 흔적 · 계측정보 같은 고비용의 다른 정보인자(INTs)들에 지나치게 매몰되고 있다는 비판이 제기된다. 그러한 비판 중에 결정적 분야에서의 인간정보(HUMINT) 개발도 간과하고 지나치게 과학 · 기술투자에 집중한다는 지적도 포함된다.

제4항 공개출처정보의 실제

I. 개 관

공개출처정보에 대해서는 의회 또는 정책결정자나 일반인들은 물론이고 정보공동 체관계자들도 무상인 것으로 착각하는 오류가 있다는 점이 지적된다. 그러나 공개출처 정보는 절대로 무료가 아니다. 공개자료의 수집과 분류, 데이터베이스화는 하루 24시간 그리고 1년 365일간 지속적으로 이루어져야 의미 있는 정보를 생산할 수 있다. 공개자료 어디에도 좋은 정보가 노골적으로 적혀 있는 것은 아니므로 공개출처정보는 결코 무상으로 자동적으로 얻어지지 않는다.

그리고 공개 자료라고 하지만 적시의 신속한 획득을 위해 특별한 수집기법도 요구된다. 그럼에도 공개출처정보는 노력이 필요 없는 무상이라는 잘못된 인식은 예산 배정에서나 정보공동체 운용을 오도할 위험성이 크다는 점에서 문제가 심각하다. 그러므로 공개출처정보의 중요성을 강조하고 공개출처정보에 의존하는 정보기구라고 해서 예산 배정을 감소해야 한다거나 정보기구 본연의 임무를 게을리한 것이라는 등의 비판은 매우 잘못된 것이라 할 수 있다.

공개출처정보에 대한 두 번째의 오류는 인터넷을 공개출처정보의 만능이자 대부분이라고 생각한다는 것이다. 그러나 사실은 그렇지 않다. 공개출처정보에서도 최고의 권위를 자랑하는 미국 정보공동체의 경우에 인터넷 출처는 전체의 공개출처정보 중 단지 3~5%에 지나지 않는다고 한다.[223]

신문, 잡지, 학술지, 논문, 저서, 지구촌의 24시간 뉴스 채널, 국제회의, 국가보고서, 백서, 연설문, 입법자료 그리고 전 세계 다수의 공적·사적 연구소의 발간 통계자료 등 인터넷에 유통되지 않는 공개출처자료는 허다하다.

Ⅱ. 공개출처정보 활동의 실제

미국은 CIA가 출범한 1947년부터 1951년 4월까지 소련의 모든 공개된 과학과 기술 저널을 획득하여 필요한 부분을 발췌해서 번역했다. 1952년에는 87개, 1954년도에는 165개 저널이 대상이 되었다. 해당 잡지 수는 1956년도에는 328개로 증가하였다. 소련의 과학과 기술 저널은 소련의 핵에너지, 미사일, 전자장비 그리고 생화학 기술 등에 관한 내용이었다. 전문적인 발간물에 더해 같은 기간 동안 매년 3,000권의 책과 논문 등이 수집되었다.

이들을 활용한 좋은 정보획득 사례는 허다하지만, 특히 1971년 CIA 해외 기술국은

---

223) Lowenthal(2020), p.135-136.

소련 과학 기술자 피토르 우핌체프(Pytor Ufimtsve)의 '굴절에 대한 물리법칙에서의 한계파장론(Method of Edge Waves in the Physical Theory of Diffraction)'을 번역·발간했다. 전 록히드사의 책임자 벤 리치에 따르면 이 번역 자료가 오늘날 스텔스 기 기술의 초석[224]이 되었다고 한다.

미국은 중국을 상대로도 광범위한 공개출처정보수집 활동을 전개했다. 중국이 공식적으로 발간하는 『군함의 이해(Knowledge of Ships)』와 『중국 군함 구축의 현재 (Shipbuilding in China)』 등과 같은 잡지는 중국의 함정 구축에서의 연구 방향과 쟁점, 해군력의 목표 등에 대한 정보파악을 가능하게 해 주었다.

전 세계에 걸친 CIA의 정기간행물 수집대상은 1972년의 70,000개에서 1991년도에는 116,000개로 증가하였다. CIA 분석가들은 직접 인터넷상에서 남아프리카 공화국의 경제 다이제스트에서부터 예일대학교의 국제 저널까지 약 2,000개 이상의 온라인 잡지를 판독한다고 한다. 이처럼 광범위한 공개출처정보의 효율적인 수집과 분석을 위해서 CIA는 1992년 후반기에 8,000개에 이르는 자동 상업용 데이터베이스 시스템을 구축했다.

CIA의 또 다른 중요한 공개 출처정보수집 활동은 세계 주요 방송을 전담 청취하는 CIA의 방송사인 해외방송정보센터(The Foreign Broadcast Information Center : FBIC)이다. 1992년 연설에서 중앙정보국(DCI) 부국장 스튜만(William O. Studeman)은 매주 해외방송정보센터(FBIC)는 50개 국가의 29개 언어의 방송을 모니터링 한다고 언급했다. 1997년 그 대상은 전 세계에 걸쳐 700개 TV 방송국, 3,000개 케이블 기지국, 1,000개의 라디오 방송국으로 확대되었다. 해외방송정보센터의 기지국은 한국을 비롯해 태국, 이스라엘, 호주, 파키스탄, 일본 그리고 영국 등 전 세계에 걸쳐 있다.

미국 정보당국이 공개출처정보(OSINT)를 간과해 외교정책에 어려움을 가져온 대표적 정보실패 사례로 1979년 이란 혁명이 있다. 당시 미국 정보공동체의 공식 정보는 미국이 지지하던 이란 사하(Shah) 정권이 시민들의 저항에도 불구하고 지속될 것으로

---

224) Bruce Ashcroft, "Air Force Foreign Material Exploitation," American Intelligence Journal, Autumn/Winter 1994, pp. 79-82;Ben Rich with Leo Janos, Skunk Works (Boston: Little, Brown, 1994), p.19.

판단했었다. 그러나 당시 이란 내의 모든 대중 언론매체 등 공개출처정보는 사하 정권의 붕괴는 시간문제라고 보도하고 있었다. 결국, 사하 정권은 힘없이 붕괴했고 이란에는 반미 호메이니 정권이 들어서 오늘날까지 미국과 적대적인 외교 관계를 형성하고 있다.

미국 정보공동체는 생산된 공개출처정보의 공개적인 이용도 허용했다. 그래서 'Open Source Information System(OSIS)/Interlink -U database'를 구축해 전 세계 누구나 이용할 수 있도록 하고 있다. 대표적인 것이, 본서도 많이 이용한 CIA 『세계보고서(World Factbook)』이다. 그 밖에도 『무기의 세계(Armies of the world)』, 『글로벌 테러의 양상(Patterns of Global Terrorism)』, 『FBIS 보고서』 등이 CIA 가 공개적으로 발간하는 공개출처정보에 대한 공개적인 발간물들이다.[225]

---

225) Richelson(2016), pp.136-138.

제5절 기능별 정보수집 활동 및 법적 문제점

제1항 정보수집 활동 개관

I. 다양한 정보수집 활동

냉전 시대에 각국은 적대국들 간첩행위에 대한 끊임없는 불안감이 있었다. 오늘날도 정도의 차이는 있지만 적지 않은 국가가 테러공격 위협에 시달리고 있다. 따라서 국가안보와 관련하여 적대국이나 적대세력들의 활동에 대한 정보를 수집하여 위협에 대처한다는 것은 국가안보를 위한 필수사항이다. 그래서 각국은 앞서 본 바와 같은 다양한 정보인자(INTs)를 바탕으로 정보를 수집한다. 이 같은 정보수집 활동을 스파이활동 기법(Tradecraft)이라고 한다. 여기에는 법적 방법과 사실적 방법의 여러 가지 기법이 있다.

1. 법적 방법

수사권이 인정되는 정보기구는 통상의 법집행기관이 사용하는 수사기법과 같은 합법적 방법을 당연히 사용할 수 있다. 법집행기관의 수사기법은 임의수사와 강제수사의 2가지로 대별된다.[226] 강제력을 행사하지 않고 상대방의 동의나 승낙을 받아서 행하는 임의수사에는 피의자 신문(訊問), 참고인 조사, 감정·통역·번역의 위촉, 임의동행, 사실조회 등이 있다.

강제수사는 체포와 구속, 압수·수색·검증, 증인신문청구, 증거보전 및 공무소에의 조회처럼 물리적 강제력을 행사하거나 상대방에게 의무를 부담 지우는 수사 활동이다. 한편 과학기술의 발달은 임의적 또는 강제적 방법 모두가 가능한 다양한 수사기법을 창출했다. 거짓말 탐지기 사용, 마취분석, 전기통신의 감청, 사진 촬영 등이 대표적이다. 우리나라의 국가정보원과 국군방첩사령부[227]처럼 일정한 범죄에 대해 수사권을

---

226) 이재상, 형사소송법, pp.199-300.
227) 국군방첩사령부는 1950년 설립된 특무부대를 시초로 하며 1960년 방첩부대, 1968년 육군보안사령부, 1977년 국군보안사령부를 거쳐 1991년 설립된 국군기무사령부가 2018년 9월 1일 해편되어 군사안보지원사령부로 격하 되었다가 2022년 11월 1일 국군방첩사령부로 변경되어 국군기무사령부의 명맥을 잇고 있는

가지고 있는 정보기구는 법집행기관에게 주어지는 수사기법을 통해서도 정보를 수집할 수 있다.

2. 사실상의 방법

국가정보기구는 법집행기구의 일반적인 수사기법을 사용할 수 있을 뿐만 아니라 무정형의 스파이 기법을 동원할 수 있다. 정보기구의 정보수집 활동은 창의적 노력의 산물이다. 정보수집 활동의 많은 방법은 합법과 불법의 한계선상에서 먼저 저지르고 평가는 나중에 따랐다.

매수, 자발적 협조자 확보, 약점을 이용한 협박 또는 강요, 미인계 등의 방법은 고전이다. 미국 CIA가 6 · 25 한국 전쟁에서 북한, 소련, 중국이 미군 포로를 상대로 자행한 약학적 심리적 고문에 자극받아 1950년대부터 체계적으로 사용한 것으로 알려진 심리조사방법인 MK 울트라(project MK-ULTRA) 공작도 유명하다. MK-ULTRA 공작은 CIA의 심리통제(mind-control)와 화학적 심문조사 프로그램(chemical interrogation research program)의 암호명이다.[228]

한편 1980년대와 1990년대의 디지털 시대와 소위 dot.com 혁명 이래 통신기술은 획기적으로 발전했다. 인터넷 통신은 손쉽게 감청되고 셀루폰 통화를 통해 위치를 추적할 수도 있다. 파라볼릭 마이크로폰(parabolic microphone)을 사용하여 먼 거리에서도 목표물의 대화를 엿들을 수 있다. 고성능의 소형 녹음기를 은밀히 소지한 채 대상자들의 통화를 녹음해서 열어 볼 수도 있다. 비디오카메라나 폐쇄회로 TV를 통해 공중의 움직임을 감시할 수 있고 스캐너를 사용하여 수백만 통의 이메일도 쉽게 검색할 수 있다. 도청과 감청, 비밀 수사관 활용, 밀고자 활용, 특정 지역을 차단한 검문검색인 체크포인트, 제3자 거래장부 요구 같은 방법들도 있다. 최근에 이르러서는 데이터 마이닝과 자동 이메일 가로챔 등 복잡한 컴퓨터 기법 활용 등의 방법이 정보수집을 위해

대한민국의 방첩기관이다. 간첩을 방지하는 사령부로, 약칭은 방첩사(防諜司)이다.

228) CIA 과학정보국(Office of Scientific Intelligence)이 담당했다. 1975년 베트남 전쟁에서의 공작비리를 조사한 의회 처치위원회(Church Committee)와 행정부 록펠러위원회(Rockefeller Commission)의 조사활동에서 일부가 드러났다. 그러나 당시 CIA 국장 리처드 헬름(Richard Helms)이 1973년도에 이미 MK-ULTRA 파일의 파괴를 지시하여 그 능력과 범위에 대한 정확한 확인이 되지 않았다.

동원된다.

이처럼 엿듣고 미행하고 감시하며 추적하는 다양한 수법의 발달로 국가안보나 사회치안에 위협을 가져올 수 있는 대상자들에 대한 움직임을 정확하게 포착하고, 과학적인 전자감시 활동은 테러 음모나 마약밀매 활동을 적발하고 예방할 수 있다. 그러나 국가정보 활동의 본연의 한계는 국가안보와 국가이익을 위한다는 것이다. 그렇지 않은 사실상의 정보활동은 불법성이 부각되는 게 자명하다. 이것이 후술할 '정보의 개시'라는 논의를 가져오는 이유이기도 하다.

3. 법집행활동과 정보수집 활동에서의 문제점

법집행기관에 의한 수사방법에 대해서는 헌법상 기본권 보장을 위해 법과 판례에 의해 기준이 형성되어 있어서 적법과 부적법의 한계가 비교적 명료하게 설정되어 있다. 물론 법집행기관의 경우에도 실제 현장에서는 개인의 사적 비밀을 침해하는 등 기본적 인권을 침해하는 경우도 적지 않다. 더욱이 간첩수사나 테러 행위에 대한 수사 등 일정 부분 정치적 이해관계가 개입될 수 있는 분야에 대한 수사에서는 형사소송법상의 절차적 피의자 인권문제를 초월해서 법집행이 이루어지기도 한다. 그래서 헌법상의 근본적인 기본권, 예를 들어 집회결사와 언론출판의 자유, 양심의 자유, 사생활의 비밀에 대한 침해문제와 연결되기 쉽다.

하물며 무정형의 정보활동은 목적 지향성이 법집행 활동보다 더욱 강하고 비밀스럽게 이루어지는 속성상 법적 규제나 통제는 더욱 어렵다. 어떤 방법이 동원되었는지 알기도 어렵다. 지속적 정보수집을 위한 정보 방법과 원천의 보호 때문이기도 하다. 대부분은 사후에 법적으로 쟁점화된 경우에야 사용기법이 알려지게 된다. 당연히 제한과 통제는 어렵고 오랜 기간이 지난 후 우연한 사건 등으로 사후에 문제가 되는 경우에 비로소 알려지는 것이 대부분이었다.

4. 정보활동 규제에 대한 평가

정보활동을 규제한다는 것은 어떻게 보면 수단과 방법을 가리지 말고 비밀을 알아보라고 해놓고 뒤에서 방해하는 것과 같은 일로 상상하기 어려운 것으로 생각되었다. 즉 정보활동은 법의 지배의 외적 지대라고 생각했었다. 또한, 역사적 경험에 비추어 보면 초법적·불법적 등 어떠한 방법으로든 정보를 수집하고 이를 분석해서 정책판단의 내부 자료로만 사용할 뿐 범죄 용의자에 대한 증거로 사용하지 않는 한 법적으로 문제가 될 리가 없다고 생각했던 것도 사실이다.

그러나 미국의 경험은 달랐다. 미국도 정보활동의 시작은 다른 나라와 같이 정보기관의 재량에 일임했다. 하지만 베트남 전쟁, 닉슨 대통령의 워터게이트 사건, CIA의 패밀리 주얼리 내막, FBI의 코인텔프로, 거기에다가 이란콘트라 사건 등을 경험하면서 정보공동체에 대한 의회 차원의 왕성하고 전문적인 조사·감독 활동이 이루어졌다.

결국, 미국은 규칙이 없는 정보의 세계라고 해도 또한 규칙 없이 수집된 정보가 내부적으로만 활용될 뿐 법정에 현출되어 증거로 사용되지 않는다고 해도, 특히 미국 시민이 관련된 경우에는 불법적인 방법을 사용하는 그 자체가 헌법상 시민들에게 보장된 각종 기본적 인권의 침해라고 판단한 것이다.

한편 정보활동 무정형의 원칙은 정확하게 말하면 해외정보수집 활동에 한해서는 옳다고 할 수 있다. 그러나 국내에서 그리고 자국민을 상대로 한 경우는 정보활동이든 법 집행 활동이든 적법하게 이루어질 것이 명백하게 요구된다. 그것이 바로 민주국가의 법치주의의 원칙이다. 그러므로 어떠한 행위까지 허용되고 어떠한 행위가 불법인지에 대해서 사전에 정확히 구분하고 이해한다는 것은 대단히 중요한 일이다. 그 한계의 시작은 국가 공조직으로서의 국가정보수집은 정보활동의 개시에 의해 공식적으로 시작된다.

Ⅱ. 정보활동의 개시

수사에서 무엇을 대상으로 언제 수사를 비로소 개시할 수 있는지가 문제가 되듯이 정보활동에도 어떠한 단서를 근거로 국가 정보조직을 동원할 것인가? 라는 정보활동 개시의 문제가 있다. 여기에서 말하는 정보활동의 개시라고 함은 정보의 순환에서 말하는 바와 같은 기획 및 지시로 정보수집에 임하게 되는 일반적 현상을 의미하는 것은 아니다.

어떤 개별사건에 대해 범죄 혐의가 있을 때 수사를 개시할 수 있는 것처럼 정보기관은 국가안보와 관련된 현안, 즉 개별현상에 대해 정책담당자들로부터의 요구와 무관하게 일상의 업무로서 다양한 정보활동을 하게 된다.

만약 모든 국가적·사회적 현상을 국가안보와 연결해서 생각하면, 정보기관은 범죄의 혐의가 있는 사안으로서 법집행기관이 수사를 개시해야 할 사안에 대해서도 자체적인 관심을 가지고 정보활동을 개시할지도 모르게 된다. 사실 국가안보의 중추인 정보기관이 모든 국가적·사회적 현상에 관해 관심을 가지는 것은 당연하다. 하지만 국가안보 문제가 될지도 모르므로 먼저 정보활동을 개시해 본다는 취지에서 인적·물적 자산을 재량적으로 유용하는 활동을 해서는 안 된다. 여기에서 정보기관이 업무 실마리로서 정보활동 개시의 의미가 있다. 정보활동의 개시는 수사의 개시와 대비해 보는 게 의미가 있다.

1. 수사의 개시

현행 형사소송법은 범죄 수사의 개시요건을 법정하고 있다. 수사(Investigation)란 범죄의 혐의 여부를 명백히 밝히어 공소의 제기와 유지 여부를 결정하기 위하여 범인을 발견·확보하고 증거를 수집·보전하는 수사기관의 활동을 말한다. 한편으로는 수사기관의 활동을 법적으로 규제하는 절차를 수사(搜査)라고 한다.[229] 그러므로 수사는 시작부터 종결까지 법률이 정한 방법을 통해서 이루어지게 된다.

검사와 사법경찰관리는 범죄의 혐의가 있다고 사료하는 때에는 범인, 범죄사실과 증거를 수사한다(형사소송법 제196조, 제197조). 검사와 사법경찰관은 수사, 공소제기 및 공소유지에 관하여 서로 협력하여야 한다(제195조 제1항).

수사 개시의 원인을 수사의 단서라고 하는데 두 가지가 있다. 하나는 현행범인의 체포, 변사자 검시, 불심검문, 다른 사건 수사 중의 범죄발견, 기사, 풍설, 세평 등 수사기관 자신의 체험에 의한 경우이다. 다른 하나는 고소, 고발, 자수, 진정, 범죄신고 등 타인의 체험을 청취한 경우이다.

---

229) 이재상, p.167.

따라서 수사는 수사기관의 주관적 판단이라고는 하지만 객관적 사실로서 범죄 혐의가 있고 수사의 단서가 있는 경우에 비로소 개시할 수 있다. 국법질서 확립을 통한 사회치안 유지라고 하여 어떠한 국가사회 현상에 대해 제한 없이 수사로 접근할 수 있는 것은 아니다.

2. 정보개시의 내부적 한계

정보활동은 법정 되어 있는 수사 개시와 달리, 언제 어떻게 개시되는지에 대해서 특별한 법률규정이 없다. 또한, 실무상의 내부규정도 알 수 없다. 그러나 정보활동 개시에 대한 많은 정보학자의 통일된 견해는 다음과 같다.

정보활동 개시에 어떤 법적인 장애가 있는 것은 아니다. 하지만 단순하게 막연히 예상되는 위험이나 정부 전복 활동에 대한 주관적 예감과 직감만 가지고는 잠재적 목표물에 대한 감시활동을 정당화할 수는 없고, 그 이상의 불법적 활동이 충족되어야 한다는 것이다.[230] 쉽게 말하면 국가안보와 관련된 정보활동을 전개할 **"합리적인 이유가 있는가?"**가 정보활동의 개시요건이라고 할 수 있다.

이러한 관점에서 국가안보와 관련한 정보조사 활동의 개시에 대한 승인 기준의 개발은 중요한 법적 과제로 대두된다. 물론 그 전제는 필요한 정보활동은 적극적으로 촉진하고 장려하지만, 자의적이고 임의적인 정보활동의 남용은 또한 방지한다는 정보활동의 합리성에 있다고 할 수 있다.

Ⅲ. 정보수집 활동

일단 정보수집 활동이 개시되면 법집행기관의 수사기법 중에서 정보활동에 사용할 수 있는 방법을 포함하여 다양한 기법의 정보활동 기법이 동원된다. 원칙적으로 국내정보수집 활동은 합법성을 전제로 해야 한다. 다만 해외정보 활동은 정글의 법칙이 적용된다고 할 수 있다. 그러나 해외정보수집 활동이라고 하는 경우에도 장소적 기준으로 국내에서의 해외정보수집 활동과 해외에서의 해외정보수집 활동으로 분류할 수 있고

---

230) Dycus(2007), p.477.

양자는 서로 다른 법리가 적용된다.

국내에서의 해외정보수집 활동의 대표적인 예는 국내에서 해외로 연결되는 통화를 감청하는 해외통화의 감청이다. 미국의 경우에는 해외정보감독법(FISA)상의 특별법원(FISC), 소위 화이자 법원의 감독 아래에 전자 감시활동이 이루어져서 국민의 기본적 인권을 침해하지 않으려고 노력하고 있다.

정보수집 영역은 사실 정보담당자의 창의력과 과학기술 방법의 발전에 따라 다양한 기법을 동원해 우선 실행해 보는 방식으로 진행됐다. 앞으로도 획기적인 과학기술의 발전과 더불어서 어떠한 정보수집 기법이 개발될지는 누구도 알 수 없는 일이다. 인공지능 스파이도 이미 동원되었다. 현재까지 다양한 정보수집 방법, 예를 들어 매수, 자발적 협조자 확보, 약점을 이용한 협박 또는 강요, 미인계 등의 방법이 있었음은 여러 정보활동에서 짐작해 볼 수 있다.

본서는 비정형의 다양한 정보수집 활동 중에서 정보활동에 많이 사용되며 법률적인 검토 가치가 있는 전자감시활동, 물리적 수색 및 여행기록, 전화 통화기록, 각종 청구서, 은행기록, 도서관 이용기록 등 제3자 거래기록의 요구문제와 데이터 마이닝, 팬 레지스터 문제를 중심으로 살펴보도록 한다.

제2항 개별 정보활동과 법적 문제점 검토

I. 전자감시 활동

1. 개 관

감시를 의미하는 'Surveillance'는 무엇인가를 '지켜보는 것(watching over)'을 의미한다. 감시는 누군가의 행동을 모니터링 하는 것이다. 국가 감시체계는 대상물의 활동이 국가안보와 사회치안 유지를 위해 만들어진 제반 규범에 적합한지를 체계적으로 감시하는 활동이라고 할 수 있다.

국가적 감시는 크게는 하늘에서의 감시의 눈인 정찰위성과 정찰항공에 의한 감시는 물론이고, 땅에서의 폐쇄회로 TV(closed-circuit TV)에 의한 감시, 통신 도청과 감청, 소형 녹음기를 이용한 녹음도청(bug), 범지구 위성항법시스템(Global Positioning

System : GPS) 추적, 인터넷과 컴퓨터 검색, 도난차량을 추적하는 데 사용하는 미끼차량(Bait car 또는 decoy car), 펜-레지스터 사용, 데이터 마이닝을 이용하는 방법 등 실로 다양하다.

그중에서도 전자적 장비를 사용하는 감시를 특히 전자감시라고 한다. 도청과 감청, 인터넷 역추적 그리고 GPS 추적이 대표적인 전자감시 활동이다. 사무실, 주거지, 자동차, 비행기 좌석 등 비밀장소에 미리 도청 장치를 설치하고 대화를 엿듣는 방법은 많이 사용된다. 정보기구가 애용하는 전자적 감시활동은 통신감청이다. 미국 본토에서 해외로 연결되는 하루 수십억 통을 대상으로, 미국 국가안보국(NSA)이 자동적으로 통화 감청하는 것은 유명하다.

미국에서는 법관의 영장 없는 전자감시 활동은 부당한 압수수색을 금지한 제4차 수정헌법에 위배되는지와 국정 최고책임자로서 국가안보를 수호할 책임이 있는 대통령의 헌법 내재적 권한과의 조화의 문제로 논의됐다.

전자감시가 특별한 중요성이 있는 이유는 물리적 감시는 특정한 개별적인 사안에 한정되어 실행되지만, 전자감시는 대상물의 시각적·청각적 요소를 포함하여 포괄적으로 실행된다는 것과 대상의 무정형적 광범위성에 있다.

제6편 정보 환경론 편에서 상세히 살펴보겠지만 미국은 해외정보수집 활동의 경우를 대상으로 해외정보감독법(FISA)을 제정했다. 그러나 우리나라를 비롯한 대부분 국가는 해외정보수집 활동의 경우뿐만 아니라 국내정보수집의 경우에도 전자감시 활동에 대한 특별한 내용을 담은 법은 존재하지 않는다.

문제는 그러한 법의 부존재가 자유민주주의 국가에서 정보수집은 어떠한 법적 제약을 받지 않고 능력이 되는 한 정글의 법칙에 따라서 자유 재량적으로 하라는 뜻이겠냐는 점이다. 이것이 중요한 법적 문제가 되는 이유는 국내에서의 해외정보수집 활동은 그 끝이 내국에 있는 외국인이나 내국인과 연결된 경우가 적지 않아서 결국 국내법적인 문제로 연결될 수 있기 때문이다.

풍부한 선례를 가지고 있는 미국 사례의 검토는 체계적인 이해의 편의를 도모함과 동시에 정보업무에 종사하거나 종사할 사람들의 법적 지식을 구축하는 데 커다란 도움이 될 수 있다. 전자감시 활동 중에서 펜-레지스터와 데이터 마이닝 문제는 또 다른 중요한 문제를 내포하므로 별도의 항에서 살펴보도록 한다.

2. 전자감시에 대한 선례의 발전

1) 옴스티드 원칙(Olmstead doctrine)

1927년 로이 옴스티드(Roy Olmstead)는 허가 없이 술을 판매한 혐의로 밀주단속법에 따라서 체포되어 기소되었다. 유죄 증거는 영장에 의하지 않은 도청기록과 도청기록을 바탕으로 수집된 연관 자료였다. 매달 거래가 적은 경우에도 176,000달러의 매상을 올려 연간 약 200만 달러 상당의 엄청난 밀주를 거래했다.

재판에서 옴스티드는 영장 없이 전화통화를 도청한 것은 부당한 압수수색을 금지한 수정헌법 제4조와 적법절차를 규정한 수정헌법 제5조를 위배했다고 항변했다. 이에 '적법한 사법심사 없이 정보요원이 획득한 통화 내용을 유죄의 증거로 사용하는 것이 부당한 압수·수색을 금지한 수정헌법 제4조와 적법절차를 규정한 제5조에 위반된 것인지의 위헌 여부가 쟁점이 되었다.

연방대법원은 5:4의 의견으로 형사처벌 목적이 아니라 국가안보 목적으로 수집한 내용을 증거로 사용하는 것은 헌법상의 어떠한 권리도 침해하는 것이 아니라고 판결했다. 그래서 국가안보 목적이면 영장 없는 정보도청이 위헌이 아니라는 원칙을 옴스티드 원칙(Olmstead doctrine)이라고 한다.[231]

2) 독수의 과실의 원칙

미국 의회는 아메리카 합중국 설립 당시부터 국가의 존립 목적은 시민의 자유와 재산 보호에 있는 것으로서 기본권 보장을 국가의 최대 목표로 간주했다. 그래서 1934년에 이미 연방통신법(Federal Communication Act of 1934)을 제정해서 개인 통신을 도청한 내용을 공표하거나 출간하는 행위를 형사처벌했다.

연방통신법에 근거해서 연방대법원은 나돈 사건(Nardone case)에서 독나무의 독은 그 열매에도 미치기 때문에 먹을 수 없다는 독수(毒樹)의 과실(果實) 원칙을 천명했

---

231) Olmstead V. United States, 277 U.S. 438 (1928), Dycus(2007), p.483. 그러나 옴스티드 원칙은 1967년의 카츠 사건(Katz)에서 최종적으로 번복되었다.

다. 따라서 영장 없는 감청은 그 자체가 불법일 뿐만 아니라 그를 바탕으로 한 후속 증거도 모두 불법이라고 선언했다. 그리고 그 증거가 아무리 증명력이 뛰어나더라도 합법적인 증거만이 현출되어야 하는 법원에 들어설 자격이 없다고 판결했다. 불법 수집 증거는 물론이고 그를 바탕으로 한 후속 증거도 증거능력이 없다고 획기적인 판결을 내렸다.[232]

그러나 미국 법무부는 연방통신법이나 대법원의 나돈 사건이 일반 형사사건에는 적용되지만, 국가안보 목적의 도청을 금지하는 것으로 해석하지는 않았다. 옴스티드 원칙은 여전히 유효하다고 보고 1940년 루스벨트 대통령은 대통령의 국가보위 책무라고 하는 헌법 내재적 권한에 의해서, 국가안보 목적인 경우에는 전자감시 활동이 적법하다는 대통령 명령을 발령했다. 따라서 국가안보 목적의 전자감시는 계속되었다.

3) 카츠(Katz) 사건

그런데 1967년 카츠(Katz) 사건에서 연방대법원은 제4차 수정헌법상의 영장주의 원칙은 모든 전자감시 활동에 당연히 적용된다고 판결했다. 카츠 판결은 옴스티드 원칙을 파기하고 국가안보 목적의 전자감시에 대해서도 영장주의 원칙의 적용을 명백히 밝힌 것이었다.[233]

사실관계는 이렇다. 카츠는 불법도박개장 혐의를 받고 있었다. 연방수사관은 법원의 영장 없이 카츠의 전화기에 감청 장치를 설치해서 통화를 도청했다. 카츠는 영장 없는 감청은 도청인 것으로 제4차와 제5차 연방수정헌법을 위배한 것이라고 주장했다.

연방대법원은 카츠의 손을 들어주었다. 그 논리는 일반 시민인 카츠가 **"사적인 통화를 하는 데 있어서, 공권력에 의해 자신의 프라이버시가 침해되지는 않으리라고 믿는 것에는 합리적인 이유가 있다."**라고 인정했다. 이에 카츠 사건은 개인의 프라이버시 보호에 한 획을 그은 역사적 판결로 인정받는다.

---

232) Nardone V. United States, 302 U. S. 379(1937) : 308 U. S. 338(1939). 현재는 위법수집 증거를 법정에 현출시키는 것을 금지했던 초기의 엄격한 독수의 원칙은 다양한 법정기술의 발달로 많이 완화되었다. 예를 들어 기소자인 검찰이 적극적으로 그러한 (영장없이 압수한 총기처럼) 위법수집 증거물을 유죄의 증거로 먼저 제시하지는 않지만, 교묘한 심문으로 피고인이 거짓말을 하는 경우 피고인의 진술을 탄핵하는 우회적인 방법으로 위법수집 증거물을 법정에 현출시키기도 했다.

233) 이러한 연방대법원 판결에도 불구하고 일부 주 법원이나 항소심 판결은 '국가안보'사안에 대한 폭넓은 예외를 인정해 가급적 수사·정보기관의 업무관행을 존중했다. Dycus(2007), p.484.

그러나 일반 형사사건인 카츠 사건에 대한 연방대법원 판결은 해외정보 활동에서의 도청과 국내에서의 도청의 경우라 하더라도 '국가안보'가 관련된 문제에 대해 판결한 것은 아니라고 이해되었다. 즉 **'국가안보 예외'**는 여전히 유효한 것으로 판단되었다. 한편 미국 의회는 연방대법원의 카츠 판결을 존중해서 중범죄(重犯罪)에 대한 수사·정보기관의 전자감시 활동과 그에 의해 획득된 자료의 법정에서의 이용 절차에 대한 사법절차를 규정한 소위 옴니버스법, 즉 '범죄통제와 안전한 거리를 위한 총괄법(OCCSSA)'을 제정했다.[234]

4) 케이츠(Keith) 사건 : 국가안보 예외 문제

가. 사실관계

국가안보와 관련된 도청 문제가 본격적으로 법적 쟁점이 된 사건은 케이츠 사건이었다. 사실관계는 다음과 같다. 1970년 FBI는 다이너마이트를 사용해서 미시간주에 소재하는 CIA 건물을 폭파하려는 음모를 꾸민 3명을 적발하여 공범자로 기소했다(United States V. Sinclair(1971)). 싱클레어 사건이다. 피고인 중의 한 사람인 로버트 플라몬돈(Robert Plamondon)은 공판 전 절차에서, 증거로 사용된 모든 전자감시 기록을 증거로 제출해 줄 것을 법원에 요구했다.

그러나 법무부는 피고인들은 정부 전복을 목적으로 하는 범죄조직의 일원이므로 당국의 정보활동은 옴니버스법(OCCSSA)의 국가안보에 관한 예외 조항에 따라 합법적으로 영장 없이 감청이 이루어졌고, 따라서 국가안보를 위해 그 자료를 공개할 수 없다고 항변했다.

옴니버스법은 정부 전복을 예방하고 정부에 대해 '명백하고 현존하는 위험(clear and present danger)'을 초래할 수 있는 사안의 경우에는 공권력의 영장 없는 도청을 허용하고 있었다.

---

234) Omnibus Crime Control and Safe Streets Act : OCCSSA. 18 U.S.C. §§2519-2520.

나. 법률 쟁점

사건은 미시간주 지방법원 케이츠(Damon Jerome Keith) 판사가 맡았다. 그런데 케이츠 판사는 국가안보를 이유로 증거자료의 공개를 거부한 법무부에게 사건의 공정한 심리를 위해서 제반 증거를 법원에 제출할 것을 명령했다.[235]

1971년의 싱클레어 사건에서 가장 중요하면서 매우 어려운 법률 쟁점은 국가안보 문제에 대한 행정부의 권한, 구체적으로 국가안보 문제에 대한 대통령의 헌법상의 내재적 권한의 한계 문제였다. 즉 대통령이라고 해도 국가안보 문제를 이유로 영장 없는 도청 등 헌법상의 예외적인 정보수집 활동을 제한 없이 명령할 수 있는가라는 문제였다.

케이츠(Keith) 판사의 결론은 '그럴 수는 없다'라는 것이었다. 케이츠 판사는 더 나아가 행정부에 광범위한 재량권을 부여한 범죄통제와 안전한 거리를 위한 총괄법 (OCCSSA)은 위헌이라고 판단하고 법무부의 국가안보 항변을 배척했다.

다. 1심과 항소심 판결

법무부는 법원의 명령은 기존의 연방대법원 판결을 정면으로 위반한 것이라면서 케이츠 판사의 판결에 불복했다. 그리고 국가안보 법률 쟁점을 특정하여 케이츠 판사를 당사자로 제6 순회 재판소에 항소했다. 이에 미합중국과 미국 지방법원이 당사자가 된 소송이 소위 **케이츠 사건(Keith case)**이다. 그러나 케이츠 항소심 사건에서 항소법원도 1심 법원의 판결을 지지하고 법무부의 국가안보 항변을 배척했다. 이에 법무부는 다시 상고했다.

라. 케이츠 사건(Keith case)에 대한 연방대법원 판결

1972년 연방대법원은 8-0의 만장일치로 국내의 안보 위협을 이유로 한 수사정보기관의 국내 전자감시 활동의 경우에도 헌법상의 영장주의 대원칙이 적용된다고 명확히 판결했다.

국가는 비록 피고인이 CIA 건물을 파괴하는 등 국가안보에 치명적인 위험을 초래한

---

235) 당시 대통령은 닉슨(Nixon)이었고 법무부 장관은 John Mitchell이었다. 그는 추후 워터게이트 사건에 적극적으로 개입한 혐의로 구속기소 되었다.

혐의자이지만, 국가가 그들을 상대로 영장 없이 도청한 것은 불법이라며, 무죄추정의 원칙을 근거로 하여 피고인의 방어권 보장을 위해 제반 수집 증거자료를 제시하라고 명령했다.

국가안보 항변이 제기된 케이츠 사건에 대해 연방대법원은 어떠한 경우에도 영장 없는 통신 도청은 부당한 압수수색을 금지하는 제4차 수정헌법 위반이라고 판결했다. 동 판결은 최종적으로 확정되었다. 이는 그동안 국가안보를 이유로 광범위한 예외를 인정했던 것을 배제한 기념비적인 판결로 손꼽힌다.[236]

마. 케이츠 사건의 영향

케이츠 판결은 '**국가안보 예외**'라는 오랜 기간 논쟁을 거쳤던 어려운 쟁점에 대해 마무리를 짓는 것이었다. 결론은 명백했다. 비록 국가안보 문제가 걸린 사안이라고 하더라도 통신 도청 등 전자감시 활동을 하기 위해서는 법원이 발부한 사전영장에 따라야 한다는 **영장주의의 대원칙**을 확립한 것이다. 연방대법원은 다음과 같이 판결 이유를 명시했다.

> "비록 국가안보 문제가 개재된 사건이라고 하더라도 국내에서 전자감시 활동을 하기 위해서는 헌법상의 영장주의 원칙에 따라야 한다. 그 이유는 국가안보라고 하는 개념이 본질적으로 모호하고 또한 정치적으로 반대의견을 가진 사람들을 억압하는 데 남용될 가능성이 있어서 그것을 막기 위한 목적으로 제4차 수정헌법상의 부당한 압수수색 금지조항이 탄생한 것이기 때문이다. 국가가 자국민을 대상으로 스파이 활동을 할 때는 어떠한 경우에도 헌법상의 기본권 보장과 적법절차 준수에 각별히 유념해야 한다."

케이츠 사건은 도청 등 전자감시 활동이 **수색(search)**에 해당하는 지에 대한 '**북극성과 같은 길라잡이(lodestar)가 되는 판결**'이라는 평가를 받는다.[237]

그러나 케이츠 사건은 국내에서의 국내정보 수집을 위한 활동의 경우에 한정한다는

---

236) United States V. United States District Court, United States Supreme Court, 1972, 407 U. S. 297. http://www.law.cornell.edu/supct/html/historics/USSC_CR_0407_0297_ZO.html.
237) Dycus(2007), p.597.

284 | 국가정보_법의 지배와 국가정보_上卷

사실을 잊지 말아야 한다. 즉 케이츠 사건은 해외정보수집을 쟁점으로 한 것은 아니었다. 미국 의회는 이를 명백히 밝히어 1978년 해외정보감독법(Foreign Intelligence Surveillance Act of 2004 : FISA)을 제정해서 해외정보수집 활동에 대한 통신 도청은 별도로 규율하고 있다.

5) 케이츠 사건 이후의 판결 동향 – 주된 목적이론의 도입

국가정보기구의 **'국가안보 예외 항변'**을 배척한 케이츠 사건 이후에 해외정보수집에 대한 판결을 검토해 보는 것은 국가정보 활동의 법률적인 이해를 위해서 매우 긴요하다. 이 경우의 해외정보 활동은 국내에서 이루어지는 해외정보 활동 또는 해외정보와 연결된 국내정보 활동에도 유추될 수 있다. 해외에서 이루어지는 해외정보 활동은 정보요원이 자신의 위험부담 하에 대상 국가의 국내법에 의해 규율될 것이라는 점은 국제법과 정보 편에서 살펴본 바 있다.

한편 영장 없는 국내정보 활동을 위헌이라고 선언한 연방대법원의 케이츠 사건 판결 이후에도 하급심 판결들은 국가안보 목적이면 영장 없는 도청 등 전자감시 활동의 적법성을 계속 인정했다.

그 이론적 근거는 소위 **'주된 목적이론(Primary purpose)'**에 따른 것이었다. 즉 영장 없는 도청의 주된 목적이 해외정보수집을 위한 경우라면 비록 내국인의 전화통화에 대해 전자적 감청이 이루어졌다고 하더라도 적법하다는 것이다. 국가안보를 위한 정보기관의 활동 영역을 넓혀 준 것이라고 할 수 있다. 다음과 같은 판결들이 있다.

① 1973년 브라운 사건에서 제5항소심 순회 재판소는 법무부 장관이 승인한 해외정보수집 활동에 있어서 영장 없는 도청 중에 자국민의 통화를 우연히 엿듣게 된 사안에서 영장 없는 감청이지만 합법이라고 판결했다. 법원은 대통령은 해외 문제에 대해 헌법적 책무를 가지고 있고, 해외정책을 수행하면서 국가안보를 책임질 헌법상의 내재적 권한을 보유하고 있다고 전제하고, 그렇기 때문에 대통령은 직접 또는 법무부 장관을 통해 해외정보수집을 목적으로 하는 영장 없는 도청을 승인할 권한이 있다고 인정했다.[238]

---

238) United States V. Brown(484 F. 2d 418(5th Cir. 1973) AT 426.

② 1974년의 브렌코 사건에서도 제3항소심 순회법원은 전원 일치로 정보활동의 주된 목적이 해외정보수집을 위한 것이라면 본토 내에서의 일부 미국민에 대해 영장 없이 이루어진 전자감시 활동도 적법하다고 판결했다. 법원은 정보기관의 그러한 활동은 비록 타인의 대화를 엿듣는 것이라고 해도 위헌이 아니라고 했다.[239]

이처럼 케이츠 사건에 대한 연방대법원의 판결에도 불구하고 개개의 구체적인 사건에서는 사안별로 조금씩의 차이점과 특성은 있지만, 국가안보 문제에 대한 미국 법원들의 조심스러운 접근을 잘 보여준다. 국가안보 문제는 국가의 존립을 위한 기본문제로 국가이익의 대명사이기 때문이라고 할 것이다.

Ⅱ. 물리적 수색 (Physical searches)

1. 개 관

물리적 수색은 주거, 물건, 기타 장소에 대해 살펴보고 조사하는 것이다. 미국의 해외정보감독법(FISA)은 통신감청 등 전자감시 활동 외에 해외세력이 사용하는 것으로 추정되는 미국 내의 건물, 어떤 물체, 재산 등에 대한 수색을 화이자(FISA) 특별법원의 허가 하에 광범위하게 허용하고 있다.

지하에서 동면하다가 필요시 점조직으로 활동을 개시하는 테러범들의 특성에 맞춰 장기간 끈질기고 주기적인 감시와 수색이 필요하다는 점을 고려한 것이다. 수색 이유를 고지하고 출입해야 하는 일반 형사법상의 압수수색 절차와 달리 사전 통지할 필요도 없고, 언제든지 비밀리에 출입하여 수색할 수 있다. 그리고 수색 대상과 장소를 특정할 필요나 압수수색 목록을 작성할 필요도 없다.

윌리엄 브라운이 적절히 지적한 바와 같이 물리적 수색의 성패는 은밀성에 달려 있다. 왜냐하면, 만약 대상자가 자신이 목표가 되어 있음을 알게 되면 활동을 바꾸고, 정보기관이 지득하였을 것으로 판단되는 정보 가치를 무력화하기 위해 역공을 할 것이기 때문

---

239) United States V. Butenko(494 F. 2d 593(3rd Cir. 1974) AT 426.

이다. 이러한 특성에 비추어 정보기관을 위한 별도의 수색기법을 인정할 현실적인 필요가 있다. 또한, 정보기관의 국내정보 활동에 대해 일반 사법적 심사와는 별도의 사법심사 방법, 즉 특별법원의 필요성 문제도 제기된다. 물리적 수색의 법률 쟁점은 얼리크만 사건에 잘 나타나 있다.

2. 얼리크만(Ehrlichman Case) 사건

1974년 얼리크만 등 5명의 정보요원이 LA 소재 루이스 빌딩의 병원에 영장 없이 침입해서 환자기록을 획득하려다가 적발되었다. 유대인 출신으로 군 정보분석관으로 근무했던 그리고 동 병원의 환자였던 엘스버그(Ellsberg)가 국가기밀을 누설하려 한다는 정보를 입수했었다. 그래서 엘스버그의 소재 탐지와 정신상태 파악을 위해서 정보요원들이 압수수색영장 없이 병원에 몰래 침입해 환자기록을 입수하려고 했던 것이다. 정보당국은 엘스버그가 극비문서였던 미국의 베트남 참전 비화에 대한 서류를 폭로하려 한다는 정보를 입수했었다.

피고인들은 대통령 승인을 받고 국가안보를 위한 선의(in good faith)로 한 것이기 때문에 무죄라고 항변했다. 또한, 해외정보 수집을 위한 국내 정보활동의 경우에는 법원도 국가안보 예외를 인정해 왔다고 주장했다. 하지만 법원은 피고인들의 주장을 배척하고 다음과 같이 유죄 판결했다.[240)]

> "미합중국 수정헌법 제4조는 국민에게 부당한 압수·수색을 당하지 않을 기본권을 규정하고 있다. 그 조항은 단지 이론적인 것이 아니다. 그것은 자유 사회의 심장을 형성하는 것이다. 국가는 아무리 해외세력이 연관되었다고 해도 정당한 수색과 체포의 범위를 넘는 경우에는 헌법을 비롯한 제반 법 규정에 엄격하게 따라야 한다. 그렇지 않고 정보목적이라는 이유만으로 편의적인 압수·수색을 인정하는 것은 헌법이 보호해 주어야 할 4차 수정헌법상의 기본권에 대한 핵심적인 가치를 경시하는 것이고 행정부에 백지위임 수표를 준 것과 같다."

---

240) United States V. Ehrlichman, United States District Court, District of Columbia, 1974, 376 F. Supp. 29. aff'd. 546 F. 2D 910(D. C. Cir. 1976).

연방대법원도 판결을 지지했다. 공권력에 의한 자의적인 침해로부터 개인의 프라이버시를 안전하게 보호하는 것은, 국민의 자유권 보장을 위한 필수적 요소라고 선언했다. 그리고 아무리 국가안보 목적을 위해서 정보수집을 했다고 하더라도 영장 없는 국내에서의 압수 · 수색은 헌법위반이라고 판결했다.

Ⅲ. 펜-레지스터(Pen Registers & Trap and Trace)

1. 개 관

펜-레지스터(Pen Registers)는 통화 내용이 아니라 통화의 외형적이고 형식적인 사실을 인식하는 통신과 통화에 대한 감지장치를 말한다. 오늘날 약간의 비용을 지불하고 부가 서비스 신청으로 걸려온 전화번호를 확인할 수 있는 '**번호확인 장치(Trap and Trace Devices)**'처럼 통화 내용 파악 없이 통신과 통화의 형식적인 사실을 지득하는 장치이다. 미국 연방법은 '유 · 무선의 통화 장치나 시설물에서 반출되는 신호정보에서 그 내용이 아니라, 방출 사실을 알려주고 경로설정을 위해 접속하는 제반 장치나 과정'이라고 정의했다.[241]

펜-레지스터는 내용을 지득하는 도청(wiretapping)이나 감청과는 달리 통화 내용에 대한 지득 없이 외형적인 사실, 즉 통화횟수, 통화시간, 송 · 수신자의 전화번호, 위치 같은 외형적 자료만을 인식하는 것이다. 실제로 통화가 연결되었는지도 알 수 없다는 점에서 전자감시와는 또 다른 법 이론이 형성되었다.

2. 스미스 대(對) 메릴랜드 사건

1) 사건의 개요

1976년 3월 5일 패트리카 맥도노우(Patrica McDonough)의 집에 도둑이 침입했다. 그 후 어느 남자가 자신이 범인이라고 말하며 맥도노우에게 음란한 통화와 협박 전화를 계속했다. 한번은 그녀에게 전화를 걸어서 집 현관에 나와서 보면 자신의 차를 볼 수 있을 것이라고 했다. 맥도노우는 경찰에 위의 사실과 그녀가 목격한 1975년식

---

241) 18 U. S. C., Chapter 206.

몬테카를로(Monte Carlo) 차를 신고했다.

경찰은 그녀의 신고로 3월 16일 해당 자동차를 발견하고 번호판을 추적해 용의자로 지목된 차량 소유자의 전화번호를 확인했다. 다음날 경찰은 전화회사의 양해를 얻어서 용의자의 전화번호 중앙회선에 펜-레지스터를 설치했다.

펜-레지스터 설치는 영장이나 법원의 허가 없이 이루어졌다. 펜-레지스터는 다음날 용의자 전화번호에서 맥도노우 집으로 전화가 걸려갔다는 사실을 알려주었다. 이에 경찰은 용의자 주택에 대한 압수·수색영장을 정식으로 발부받아 용의자의 가택을 수색했고, 맥도노우의 이름과 주소, 전화번호가 적혀 있는 전화 주소록을 확보했다. 경찰은 스미스를 체포·기소했다. 스미스는 유죄가 인정되어 1심에서 6년 형을 선고받았다.

2) 쟁 점

스미스 사건은 정보수집 활동을 위해 영장 없이 펜-레지스터를 설치하고 사용하는 것이 수정 연방헌법 제4조 상의 '**수색(search)**'에 해당되는 것인가? 가 쟁점이었다. 피고인 스미스는 합리적으로 기대될 수 있는 범위의 사생활은 헌법적으로 보호되어야 한다는 케이츠 사건을 원용했다. 그러면서 자신의 전화기에 대한 영장 없는 펜-레지스터 설치는 통화의 내용에 대한 도청은 아니라고 하는 경우에도 불법적인 수색으로 헌법 위반이라고 주장했다. 그리고 그러한 불법수집 증거에 기초한 압수·수색 역시 위법을 면할 수 없으므로 자신에 대해 유죄로 인정한 모든 증거는 증거능력이 없다고 주장했다.[242]

3) 판단 경과와 판결 이유

결론적으로 법원은 형식 사실만을 탐지하는 펜-레지스터는 헌법상의 '수색'이 아니고, 피고인은 전화회사에 자발적으로 통화 관련 자료를 제공했기 때문에 영장 없는 조치는 적법하다고 판결했다. 연방대법원은 펜-레지스터 사용이 합헌이라고 판결한 이유를 다음과 같이 설명했다.

---

242) Smith V. Maryland United States Supreme Court, 1979, 442 U. S. 735.

"펜-레지스터는 카츠 사건에서 사용된 통화 도청 장치와는 근본적으로 다르다. 그
것은 통화의 내용을 파악하지는 않는다. 단지 전화번호만 확인한 것이고 통화가
성공적으로 이루어졌는지도 확인되는 것은 아니다."

연방대법원은 또한 펜-레지스터가 피고인 집의 전화기에 설치된 것이 아니라 통신회
사의 중앙회선에 설치된 것이기 때문에 피고인에 대한 직접적인 '수색(search)'도 아니
라고 했다. 그리고 피고인이 통신회사에 자신의 인적 사항이 기재된 통화 관련 자료를
임의로 제출했기 때문에, 피고인은 자신에 대한 통화자료가 통신회사의 **통상의 업무절
차(ordinary course of business)'**에 따라 사용되지 않으리라고 기대할 합리적인 이유
도 없다고 판결했다. 더 나아가 "사생활의 보호는 절대적인 가치를 가진 것이 아니기
때문에, 임의 제공한 자료들이 온전히 보존되고 있기만을 기대하는 것은 오히려 불합리
하다."라고 판결했다.

4) 반대의견과 입법 조치

연방대법원은 펜-레지스터는 전적으로 헌법의 보호 밖에 있다고 판단했던 것이다.
그러나 일부 대법관들의 견해는 달랐다. 대표적으로 대법관 포월(Powell)과 브레넌
(Brennan)은 반대의견을 제시했다. 반대 견해는 다음과 같다.

"단순한 전화번호라고 하더라도 유의미성이 없다고 할 수 없다. 일반인 누구라도
자신의 전화번호가 공개적으로, 온 천하에 방송되는 것을 좋아하지는 않을 것이
다. 그것은 전화번호가 어떤 범죄에 연결된 것을 암시했기 때문이 아니라 통화자
의 신원과 위치 그리고 주거지를 노출하는 등 결과적으로 통화자 삶의 기초자료를
노출할 것이기 때문이다. 비록 통화자나 은행과의 거래자가 자신에 대한 자료를
통신회사나 은행 등에 자발적으로 건네주었다고 해도, 통신회사 등이 한정된 내부
의 영업 목적이 아닌 다른 목적으로 공중이나 정부 당국 등 제3자에게 누설할 것
을 예상하거나 허락한 것은 아니다."

결국, 펜-레지스터가 통화 내용을 지득하기 위한 것은 아니라고 하지만 쟁점은 여전히
'합리적인 기대가능성'에 있음을 알 수 있다. 일반적으로 전화회사에 전화개설을 하며

신상 자료를 넘겨줄 때, 과연 고객들은 그 자료들이 조지 오웰이 말한 빅 브라더(Big Brother)에게 넘겨질 수도 있다고 예상할 것인가의 문제는 사람마다 기대감에서 차이가 날 수 있을 것이다. 다른 관점에서 보면 펜-레지스터와 감청 장치의 기술적인 차이점이 정반대의 헌법적 결론을 가져오는 것이 과연 합리적일까?라는 의문을 제기해 볼 수 있다.

미국은 입법으로 펜-레지스터 문제를 해결했다. 미국 의회는 1986년 전자통화 사생활보호법(ECPA: Electronic Communications Privacy Act)[243]을 제정했고 동법 제3편(Title III)이 소위 펜-레지스터 법(Pen Register Act)[244]이다.

법은 펜-레지스터에 대해서도 기본적으로 영장주의 원칙을 적용했다. 다만 영장 신청을 위한 전통적 요건인 '상당한 이유(probable cause)'를 그야말로 상당히 완화하여, 현재 진행 중인 '**수사 · 정보활동에의 관련성**(relevant to an on going investigation)'만을 소명하면 영장을 획득할 수 있도록 했다.[245]

Ⅳ. 제3자 거래기록(Third party records)

1. 개 관

제3자 거래기록 또는 영업기록은 사회생활을 위한 다양한 활동에서 은행이나 보험회사 등 당사자가 계약을 근거로 하였든지, 아니면 단독행위에 의한 사실상의 기록과 관리에 의해 가지고 있든지 특정인 등에 대한 거래내용과 어떤 사실이 표시된 서류나 장부 등을 의미한다. 그러한 거래정보는 거래의 실질적인 내용은 잘 알 수 없다고 하더라도 어떤 개인에 대한 재정적 또는 통신적인 객관적인 거래 정황을 광범위하게 나타내고 있는 것이 보통이다.[246]

예를 들어 은행, 전화회사, 인터넷 서비스 공급자, 신용카드회사, 보험회사, 여행사, 도서관 등은 고객의 이름, 성별, 주민등록번호, 전화번호, 주소를 가지고 있다. 그리고 서비스를 사용하거나 받은 일시, 장소, 이용한 여객기 종류, 도서명이나 대여 기간,

---

243) ECPA, Pub. L. No. 99-508, 100 Stat. 1848.
244) 18 U. S. C. §§3121-3127 (2000 & Supp. III 2003).
245) *Id.* §3123(a).
246) Michael J. Woods, Counterintelligence and Access to Transactional Records : A Practical History of USA PATRIOT Act Section 215,1J. Natl. Security L. & Poly. 37, 41 (2005).

차종, 이동 거리, 여행지, 여행 기간, 동반자, 이용금액이나 횟수 등 실로 다양한 사실적 요소들에 대한 기록을 가지게 된다.

물론 이러한 외형적이고 형식적이며 개별적인 사실 자료만으로는, 예컨대 그 돈이 어디서 생겼는지, 무엇 때문에 여행을 가려는 것인지, 왜 그 책을 빌려보는지, 전화를 건 이유는 무엇인지 등등의 이면의 실제 내용을 알 수는 없다.

정보학에서는 개별적으로 별다른 가치가 없는 미세한 이런 요소들을 **점(dot)**이라고 한다.[247] 그러나 이러한 자료, 즉 점이라고 하는 미세한 징후만 잘 활용하면 테러 분자들의 활동 파악에도 결정적으로 유용한 것으로 나타났다. 그러나 이렇게 산만한 자료에서 족적을 정확히 파악하는 것은 매우 어렵다.[248] 미국 정보당국이 2001년 9/1 테러를 막지 못한 중요한 원인 중의 하나를 소위 **'점의 연결(connecting the dots)의 실패'**라고 하는 것은 이런 의미이다.

제3자 거래기록 확보는 정보활동과 관련하여 대단히 중요한 의미가 있다. 물론 이러한 제3자 거래기록을 정상적인 압수·수색 절차에 의해 입수하면 아무런 문제가 없다. 그러나 법집행기관과 달리 정보기관의 경우는 범죄 수사를 위해 자료를 파악하는 것이 아니다. 그리고 고도의 비밀유지가 성패의 관건인 정보업무의 속성상 현실적으로 법집행기관이 이용하는 것과 같은 적법한 압수·수색 절차를 따라서 하기는 어렵다. 그래서 미국 FBI가 애용하는 방법이 국가안보서신(National Security Letters : NSLs)이다.

그러나 제3자 거래기록은 해당 당사자의 본질적인 프라이버시가 개재된 자료로 정보기구의 영장 없는 획득에 대해 심각한 법률논쟁이 있었다. 특히 학문과 사상의 자유를 국가발전의 원동력으로 생각하는 미국 사회는 제3자 거래기록 가운데에서도 도서관 기록은 각별한 의미를 가진 것으로 생각했다.

예를 들어 어느 도서관 이용자가 어떤 도서를 이용했다는 것을 파악하면 그 사람의 관심 분야와 취미를 쉽게 추정할 수 있다. 더 나아가서 만약 범죄추리 소설, 테러나 무기 관련 서적을 많이 애용하는 사실을 알게 된다면 수사·정보기관은 그 사람에 대해 별도의 혐의 판단을 가질 수도 있을 것이다.

---

247) Dycus(2007), p.557.
248) 그에 대한 분석연결기법 중의 하나가 소급 연결분석(retrospective link analysis)이다. 소급 연결분석 기법은 용의자 확인을 위해 패턴인식과 데이터 마이닝 기법을 함께 사용하는 것이다.

이런 연유로 거래기록에 대한 제3자의 개입은 자유민주사회에서는 사회적 동물인 인간 활동의 가장 자연스럽고 비밀스러운 영역에 대한 공권력의 부당한 침해로 간주되어 왔다. **"당신이 도서관에서 빌려 가는 책에 대해 도서관 사서가 정부에 그 사실을 알린다면, 당신은 그것이 과연 합리적이라고 기대하는가?"**라는 질문을 생각해 보면 그 충격의 일단을 이해할 수 있을 것이다.[249] 그것은 학문의 자유나 사상의 자유는 물론이고 사생활의 자유를 본질적으로 위협할 수 있는 문제가 될 수도 있기 때문이다. 그 법률논쟁의 경과를 살펴본다.

2. 제3자 거래기록 관련 당사자의 사생활 보호에 대한 기대문제

이것은 전술한 펜- 레지스터에 대한 스미스 사건의 '합리성' 논증이 제3자 거래기록에도 그대로 유추 · 적용될 수 있겠는가? 라는 문제이다. 연방대법원은 영장 없는 펜레지스터 사용이 문제된 스미스 사건에서 전술한 바와 같이 "피고인이 이미 통신회사에 자신의 인적 사항이 기재된 통화 관련 제반 자료를 임의로 제출했기 때문에 피고인으로서는 자신에 대한 통화 관련 자료가 통상의 업무절차(ordinary course of business)에 따라서 사용되지 않으리라고 기대할 합리적인 이유가 없다"고 판시했다. 더 나아가 "사생활의 보호는 절대적인 가치를 가진 것이 아니므로 그렇게 자발적으로 제공된 자료들이, 단지 사생활 보호라는 이름으로 사용되지 않고 온전히 보존될 것이라고 기대하는 것이 오히려 불합리하다."라고 판결했음도 앞서 보았다. 그렇다면 이러한 논리가 관계당사자가 자발적인 의사에 의해 제공되어 이루어진 제3자기록에도 똑같이 적용되어 정보기관은 영장 없이 제3자 거래기록을 확보할 수 있을 것인가가 문제될 수 있다.

3. 제3자 거래기록 입수에 대한 법률규정과 방법

통상 법 집행기관은 압수 · 수색영장의 방법으로 제3자 거래기록을 확보할 수 있다. 그러나 현실적으로는 법 집행기관도 법원의 통제를 피하려고 임의제출 방식을 훨씬 많이 애용한다. 미국의 해외정보감독법과 같은 특별규정이 없는 우리나라의 경우 **'범죄**

---

249) Dycus(2007), p.580.

에 대한 것이 아닌 일반적인 정보활동을 위해서' 제3자기록 입수를 위한 압수·수색영장을 발부받을 수 없음은 물론이다.

그러나 입법의 왕국 미국은 제3자 거래기록 확보 문제도 법으로 해결했다. 의회는 해외정보감독법(FISA)상의 특별법원(FISC)에게 소위 필요한 명령권을 부여하여 정보기구가 화이자 특별법원의 명령을 받아 제3자 거래기록을 입수할 수 있도록 했고, 다른 여러 개별법에서 FBI에게 법원의 영장 없이 국가안보서신(NSLs)으로 제3자 거래기록을 입수할 수 있는 방법을 규정했다.

1998년에 개정된 해외정보감독법은 정보기구가 호텔이나 자동차 대여, 버스나 항공기 예매 기록 그리고 기타의 영업기록을 특별법원(FISC)의 허가 아래 입수할 수 있도록 권한을 부여했다. 이에 더해 9/11 테러 이후 미국 의회는 애국법(PATRIOT Act)으로 해외정보감독법의 위 조항을 확대 개정해 서적, 기록, 신문, 서류 그리고 물건 등 어떠한 **유형적 물건(tangible things)**에 대해서도 정보기구가 임의로 수집할 수 있는 권한을 부여했다.

이처럼 미국은 많은 논란을 거쳐 도서기록(library records) 임의제출 문제도 입법적으로 해결했다. 현행법은 해외정보감독법 제215조(FISA §215)의 규정에 따라서 정보기구는 화이자 특별법원(FISA Court)의 감독 아래 도서대출기록, 도서판매기록, 고서고객목록, 총포판매기록, 세금환급기록, 교육수강기록 그리고 환자 신원이 포함된 의료기록을 획득할 수 있도록 했다.[250]

한편 후술하겠지만 원래 국가안보서신은 일종의 행정소환장(administrative subpoena)이다. 국가안보서신은 원칙적으로 국제 테러사건과 비밀스러운 정보수집 활동에 한정하여 사용하도록 되어 있다. 바꿔 말하면 법에 규정되어 있지 않는 경우의 국가안보서신(NSLs)에 의한 제3자 거래기록 입수는 위법으로 무효라는 것을 의미한다. 개별법에서 적법성을 인정한 국가안보서신(NSLs)에 대한 이러한 법률규정에도 불구하고 2004년에 법원은 국가안보서신의 일부 내용은 헌법위반이라고 판결했고, 이에 의회의 후속 보완입법조치가 따랐다.[251] 그 논의를 구체적인 사례를 통해 살펴본다.

---

250) 대법원은 개인의 사생활이나 중요한 영업비밀 등이 외부로 유출되는 것을 막기 위해 제3자의 소송기록 열람을 제한한다. 사생활보호 위해 소송기록 열람 제한(2004-08-25) http://news.naver.com/tv/read.php?mode=LSS2D&section_id=&section_id2=&office_id=057&article_id=0000010079

4. 법원에서의 제3자 거래기록

1) 도-사건(Doe Case)

가. 사건의 개요

인터넷 접속회사를 운영하는 존 도(John Doe)는 어느 날 FBI로부터 고객의 거래기록을 임의로 제출해 달라는 요구인 국가안보서신(NSLs)을 받았다. 그가 받은 FBI의 국가안보서신은 ① 특정한 자료를 임의 제출해 줄 것, ② 법률자문을 포함해 국가안보서신을 받았다는 사실 자체를 누구에게도 누설하지 말 것, ③ 자료는 FBI가 지정한 사람에게 직접 제출할 것을 요구했다. 물론 FBI의 그러한 요구는 당시의 법률규정에 따라 통상적으로 이루어지던 것이었다.[252]

나. 쟁 점

그러나 도(Doe)는 국가안보서신은 헌법위반이라고 보고 FBI의 임의제출 요구를 거절했다. 오히려 도(Doe)는 국가안보서신의 규정에 반하여 변호사의 법률자문을 받고 소송을 제기했다. 쟁점은 국가안보서신이 부당한 압수·수색을 금지한 연방헌법 제4차 수정안을 위반한 것인가? 에 있었다.

다. 판결 및 이유

1심 법원은 불합리한 압수·수색을 금지한 연방헌법 제4차 수정안은 행정소환장(administrative subpoenas)에도 적용된다고 선고했다. 행정소환장이 물리적인 어떤 침해나 구체적인 수색을 포함하지 않는다고 해도 일련의 강압적 요소에 따른 자료제출의 과정이 불가피하다면 그것은 수색의 범주에 포함된다고 본 것이다.[253] 한편 FBI의 국가안보서신은 법률자문을 포함한 어느 누구와의 상의도 금지하는 요구 조건에서

---

251) 2005년 기준으로 정부는 155번의 특별법원(FISC)의 명령을 획득했고, 자국민과 관련된 9,254번의 국가안보서신(NSLs)을 발부했다. Dycus, *op. cit*, p. 558. Patriot Improvement Act of 2005, Pub. L. No. 109-177,120 Stat. 192(2006).

252) Title 18, United States Code (U.S.C), § 2709. 추후 이 조항이 Patriot Improvement Act of 2006으로 일부 내용이 개정된 것이다.

253) United States V. Baily(In re Subpoena Duces Tecum), 228 F. 3d 341, 348 (4th Cir 2000)도 같은 견해의 판결임.

명백히 알 수 있는 것처럼, 본질적으로 재검토 등 심사를 허용하지 않고 오로지 명령에 따를 것을 강요하고 있는 바, 그것은 헌법이 규정한 적법절차 위반이라고 판단했다.

요약하면 법원은 FBI의 국가안보서신을 규정한 연방법(18 U. S. C. §2709)은 강압적이고 비밀스러우며, 불합리한 정보생산을 허용한 것으로 수정헌법 제4조를 위배했고, 누설금지를 명한 연방법(18 U.S.C. §2709(c))은 언론 · 출판 · 집회 · 결사의 자유를 규정한 수정헌법 제1조를 위배하여 무효라고 판결했다.

2) 도(Doe) 사건의 경과 및 추가 입법

가. 경과

도(Doe) 사건은 국가안보서신(NSLs)의 헌법 합치성인 쟁점인 사건이었다. 논증의 과정을 살펴보면 국가정보 활동에 대한 법률적인 소양 함양 및 법적 쟁점 구축과 이해에 적지 않은 도움이 된다.

원래 최초의 도(Doe) 사건은 뉴욕 남부 지방법원(Southern District of New York)에서 진행된 사건으로 당시 애쉬크래프트 법무부 장관을 상대로 제기한 사건이었다 (Doe-I).[254] 한편 도(Doe)의 연관회사가 있는 코네티컷주에서도 같은 내용의 또 다른 소송이 신임 법무부 장관인 곤잘레스를 상대로 제기되었다(Doe-II).[255] 별개 사건인 Doe-I 사건과 Doe-II 사건은 모두 결론을 같이했다. 법무부는 동 사건들을 병합해 일괄 항소했다. 제2순회 재판소에서 도(Doe) 사건에 대한 항소심 재판이 진행되게 되었다.[256]

나. 입법적 해결

그러나 도(Doe) 사건의 항소심 재판 진행 중에 의회는 국가안보서신 문제를 '애국증진법(Patriot Improvement Act : PIA)'이라는 입법으로 해결했다.

① 개정법은 어떤 경우에도 수령 사실의 누설을 금지하도록 한 것은 위헌이라는 1심

---

254) United States District Court, Southern District of New York, 2004. 334 F. Supp. 2d 471.
255) Doe V.Gonzales, 386 F. Supp. 2d 66 (District of Connecticut. 2004).
256) Doe V. Gonzales, United States Court of Appeals for the Second Circuit, 2006. 449 F. 3d 415.

법원들의 판단을 존중하여 수령자의 법률자문을 허용했다.

② 다음으로 수령인에게 국가안보서신을 수령했다는 사실을 피용인 등 관계자에게 알려주는 등 공개하는 것이 '국가안보를 위태롭게 하지 않고, 대테러와 방첩 활동에 지장을 초래하지도 않으며, 외교 관계를 방해하거나 일반인에 대한 생명과 신체에 위험을 초래하지 않는다는 것'을 입증하여 공개불허를 배제할 사법심사를 청구할 수 있는 권한을 부여했다.

③ 마지막으로 국가안보서신은 만약 그 준수가 불합리하거나 강압적이며, 다른 법의 규정에 비춰 위법이라고 판단되면 연방법원에 사법심사를 청원할 수 있도록 했다 (§115-116).

V. 데이터 마이닝(Data mining)

1. 의의

데이터 마이닝은 대량의 데이터에서 어떤 규칙(rule)과 패턴(pattern)을 자동적으로 찾아내는 데이터베이스를 구축하고, 다시 그 데이터베이스에 추가 수집된 데이터를 더하여 새로운 데이터베이스를 구축하고 거기에서 필요로 하는 유의미한 정보를 지속적으로 추출하는 일련의 자동적 연쇄 작업 활동이다.

데이터 마이닝은 데이터베이스에서 지식을 발견한다는 의미로 'KDD (knowledge-discovery in databases)'라고 한다. 데이터 마이닝은 광범위한 데이터에서 유용한 패턴과 상호관계를 추출하기 위해 통계학적 방법 및 패턴인식 등 다양한 데이터 분석기법을 사용한다. 데이터 마이닝은 의미 있는 패턴 추출과 데이터 사이의 관계를 파악하기 위해 먼저 데이터 시험을 하게 된다. 데이터 시험은 다음과 같은 방법으로 진행된다.

① 데이터를 그룹으로 분류하는 계급 분류(classification hierarchies)
② 데이터 사이의 관련성을 나타내는 연관 규칙(associative rules) 확인
③ 데이터 간의 순서를 파악하는 순차 관계(sequential patterns) 확인
④ 데이터의 시간적 패턴(patterns within time series) 확인
⑤ 데이터 분류 및 구분(categorization and segmentation)

2. 데이터 마이닝의 실제

슈퍼컴퓨터를 통한 데이터 마이닝의 위력은 엄청나다. 통화를 감청해서 수신자와 발신자의 전화번호를 확인하고, 통화일시, 통화시간, 사용언어, 연결지역, 성별 등의 데이터를 광범위하게 수집한 후에 통화패턴을 구축하는 것은 테러리스트의 활동을 사전에 포착하기 위한, 대표적인 데이터 마이닝 기법이다.

이들 데이터 패턴은 별도로 입수한 제3자 거래기록상의 각종 데이터와 또다시 종합되어 데이터 마이닝을 거칠 수 있다. 그래서 통화와 금전거래, 여행기록, 도서 활동 및 일반 사회활동을 상호 간에 연결 지어 테러 등 어떤 활동의 특징적인 인자를 포착할 수 있다. 그리고 테러 조직이나 마약밀매조직 등 단체별로 자금 거래방법, 통화패턴 등 단체나 조직의 특성을 파악할 수 있게 된다. 또한, 여행기록과 이민국 등의 자료와 대조해서 개별적인 테러 분자를 확인하고 이들의 활동을 추적할 수도 있다.

법률적인 문제는 제7편 정보기구에 대한 감독과 책임 편에서 별도로 살펴보겠지만 적법성에 대한 많은 법률논쟁을 불러왔던 미국 국가안보국(NSA)의 '총체적(뒤에는 '테러'로 명칭을 변경함) 정보인식프로그램(The Total [terrorist] Information Awareness Program : TIA)'이 대표적이다.

총체적 정보인식 데이터 마이닝 프로그램은 국가안보에 대한 위협을 사전에 경고하고 정책 결단을 내리는 데 매우 유용한 것으로 평가받았다. 오늘날 각국의 정보기구들은 데이터 마이닝을 매우 유용한 정보수집 방법으로 사용한다. 특히 데이터 마이닝을 통한 유용한 패턴인식은 테러나 마약밀매조직 등 국가안보 위해 그룹의 **특정한 행동 양상**을 인식하고 대처하는 데 대단히 유용한 방법이 된다. 따라서 전술한 펜-레지스터를 "전자감시의 소매상"이라고 한다면 데이터 마이닝은 **"전자감시의 도매업"**이라고 할 수 있다.[257]

과학기술의 발달과 광범위한 자료의 축적이 가능해짐에 따라서 데이터 마이닝은 신용평가모형 개발, 사기탐지 시스템(Fraud Detection System) 구축, 장바구니 분석(Market Basket Analysis) 개발, 최적 포트폴리오 구축 등 경제 산업 분야에서도 광범위하게 응용되어 경제생활의 일부분이 되었다고 할 수 있다.

---

257) Dycus(2007), p.582

오늘날 데이터 마이닝은 사적 영역에서도 광범위하게 사용되어 거래에서의 기망적 요소 적발, 위험 평가 그리고 제품의 소매 판매 등에 널리 이용된다. 예를 들어 신용카드 회사는 고객의 거래형태에 대한 데이터 마이닝을 통해 특정한 소비자의 구매액 등 소비형태와 대금 지불 등 일정한 거래패턴을 구축한다. 그런데 어느 날부터인가 그에 상반되는 거래양상이 전개되면 미결제 등 부도의 위험성에 주목하며 거래를 제한하기도 한다.

3. 데이터 마이닝의 한계와 법률문제

데이터 마이닝은 엄청난 양의 데이터를 확보해서 이를 슈퍼컴퓨터 등을 이용하여 수행하는 기계적이고 자동적인 정보분석기법이다. 그러므로 데이터 마이닝의 원천적 한계는 가용한 충분한 데이터의 확보이다. 즉 광범위한 데이터의 수집에 데이터 마이닝의 성패가 달려 있다. 이처럼 데이터 마이닝은 자료에 의존하여 현상을 해석하고 가치 있는 일정한 패턴(양상)을 추출하는 것이기 때문에 데이터가 질적으로 현실을 충분히 반영해야 하지만 무엇보다도 양적으로 풍부한 자료가 확보되어야 한다. 충분하지 않은 자료를 가지고 정보를 추출한 모형을 개발하면 잘못된 모형을 구축하는 오류를 범할 수 있기 때문이다.

그런데 이 경우에 당사자의 동의 없는 데이터 확보가 헌법상 규정된 사생활의 비밀과 보호를 위반하는 것은 아닌가? 하는 문제가 제기된다. 또한, 처음부터의 오류자료 확보나 누군가에 의한 악의적인 데이터 조작 때문에 특정인이 불필요하게 감시를 받을 우려의 문제 그리고 추출된 분석정보의 남용 문제가 지적된다. 근본적으로는 당사자가 설령 임의적이나 자발적으로 신상 자료를 제공한 경우에도, 일반 당사자는 그러한 자료들이 데이터 마이닝이라는 가공할 만한 방법을 통해서, 전혀 생각하지도 못한 정보가 생산되고 이용될 것이라고는 상상하지 못할 것이라는 점이다.

그러므로 '프라이버시에 대한 합리적인 기대가능성(reasonable expectation of privacy)'의 문제가 제기될 수 있다.[258] 데이터 마이닝을 통해서는 파편 조각 같은 사소하고 미세한 데이터가 집적되어 한 사람에 대한 **전혀 새로운 초상화**를 그릴 수 있다.

---

258) Dycus(2007), p.584. "당신이라면 당신이 이용한 항공사가 당신에 대한 여행기록을 국가에 제공하리라고 생각하고, 그런 위험부담 하에 항공기를 이용하는가?"라는 질문을 생각해 볼 수 있을 것이다.

그런데 데이터 마이닝으로 형성된 새로운 전체의 모습은 분리된 개별적 요소들의 단순한 합산보다 어떤 경우에는 상상할 수 없게 그 의미나 내용이 커질 수 있다. 그것이 소위 **시너지 효과**(synergic effect)이다.

이처럼 어떤 사람에 대한 개별적인 데이터가 분류되고 분석되어 통합되면 최초의 데이터로는 전혀 예상하지 못하고, 알 수도 없었던 새로운 내용을 가진 사람을 창조할 수 있는 위험성을 민주주의 사회에서는 경시할 수 없다.259) 경우에 따라서는 남자를 여자로 창출하지 말라는 보장도 없다. 선량한 보통 사람을 국가 데이터 자료는 불성실한 전과자로 오인 판단할 수도 있는 것이다.

데이터 마이닝의 또 다른 위험성은 소위 거짓양성 또는 위양성(僞陽性, false positives)의 문제이다. 거짓양성은 기계의 한계에서 오는 문제이다. 예를 들어 어느 신용카드 사용자가 반복적인 기망적 거래를 계속함으로써 자료가 반복해서 축적되면 데이터 마이닝은 그러한 거래를 위험한 거래로 파악하지 못하고 오히려 유용한 거래패턴이라고 인식하는 것이다. 강심장의 반복적 불량행동을 하는 사람을 기계는 오히려 선한 사람으로 인식할 수 있는 것이다.

VI. 검문검색소(Checkpoint search) 운용

1. 개 관

2001년 9월 11일 모하메드 아타(Mohamed Atta)와 압둘 아지즈 오마리(Adul Aziz Omari)는 메인주 포틀랜드 공항에서 보스턴 로간 국제공항으로 향하는 아침 6시 비행기에 탑승했다. 그들은 보스턴 공항에서 로스앤젤레스로 향하는 점보 연결 비행기를 갈아탈 예정이었다.

로간 공항검색대의 '컴퓨터 활용 승객 사전검색 시스템(CAPPS: Computer Assisted Passenger Prescreening System)'은 아타(Atta)를 특별검색(Special Security : SS) 대상으로 선정해 아타의 수하물은 다음 비행기에 승적 되었다.

보스턴 로건 공항에서 아타와 오마리 등 8명의 동료가 만났다. 그들 모두는 공항검색

---

259) Daniel J. Solove, A Taxonomy of Privacy, 154 U. Pa. L. ReV. 477, 507 (2006).

요원들의 22구경 금속 검색 총에 의한 검색을 통과했다. 그들 중 일부는 박스용 칼과 호주머니용 다용도 나이프를 소지했다.

그동안에 4명의 다른 일행들은 댈러스 국제공항에서 로스앤젤레스행 비행기에 탑승했다. 그들 중 2명도 여권상의 사진이 일치하지 않았고, 영어가 미숙해 여행 동기가 의심되어 탑승 전 스크린 검색(CAPPS) 시스템에 의한 경고대상으로 선정되어 특별검색을 받았다. 그러나 그들에 대해서도 모두 항공기에 탑승한 후에 수하물만 늦게 싣는 조치만 취해졌다. 모두 금속 탐지기 자동검색을 무사히 통과했고 수동 검색과 폭발물 소지 검색도 통과했다. 2001년 납치 항공기를 유도 미사일로 이용한 초유의 9/11테러공격을 실행한 19명의 테러리스트는 모두 이렇게 공항 검문검색대를 유유하게 통과했다.

그들 중 7명은 검색대를 통과하면서 동일인 식별을 위한 신분증으로 버지니아주가 발급한 운전면허증을 사용했다. 그들은 버지니아주에서 100달러를 주고 시험 없이 운전면허증을 획득했다. 공항 검문검색대를 통과한 19명의 테러 분자들은 4대의 대륙횡단 여객기에 분산 탑승했다. 그들은 탑승한 비행기를 공중 납치하여 아침의 약 11,400갤런의 휘발유가 가득 찬 납치 비행기를 거대한 유도 미사일로 변환했다. 이처럼 2001년 9월 11일 아침 8시에 19명 테러 분자들은 미국이 비행기 공중납치를 포함한 모든 항공사고를 예방하기 위해 운용하던 제반 안전장치를 여유롭게 격퇴한 것이다.

2. 문제의 제기

오늘날 각국은 일반 대중이 이용하는 국가안보 시설에 대해 검문검색을 시행하고 있다. 사전적 의미의 검문검색(檢問檢索)은 검사하기 위해 따져 묻고 검사하여 찾아내는 것을 말한다. 이러한 검문검색을 위해서 특정한 지역에 필요한 시설을 갖추고 실제의 검문검색을 시행하는 지점을 체크 포인트, 즉 검문검색소라고 일컫는다. 대표적인 것이 위에서 본 공항 검문검색소이다.

또한, 각국은 자국으로 들어오는 외국인의 입국 심사를 위해 국경 검문검색소를 운용한다. 영장 없는 포괄적인 국경 검문검색은 국익을 위해 실행할 수 있는 자위권의 일환으로 인정된다.260) 미국 의회는 거의 모든 강제적 요소가 포함되는 공권력 행사에는 영장

---

260) City of Indianapolis V. Edmond, 531 U. S. 32, 38 (2000).

주의에 따르도록 한다. 그러나 일찍이 국경에서의 입국심사를 위한 검문검색은 **주권절대의 원칙상** 영장주의의 대원칙인 '상당한 이유라는 요구'가 필요 없이 실시할 수 있다는 전제하에 세관 관련 다수 입법을 통과시켰다.[261] 국경을 포함한 국가의 주요 안보시설에 대한 검문검색은 국가안보를 위한 방첩활동, 즉 국가정보 활동의 일환으로 이해한 것이다.

그런데 기소중지자를 검거하기 위한 것 등 개별적인 검문검색이 아닌 일반적인 국가적 차원의 검문검색 활동이 범죄인 적발을 위한 수사목적으로 일반적으로 할 수 있는 것인가에 대해서는 논란이 있다.

이러한 법적 논쟁의 이해는 법치 행정에 터 잡은 적법절차의 준수가 무엇인지를 이해할 수 있게 해 주는 것으로 매우 중요한 가치를 가진다. 이해가 쉽지 않을 수 있는 검문검색소에 대한 법률문제를 살펴본다.

3. 법률문제

1960년대에 빈번하게 일어난 하이재킹(highjacking 또는 skyjacking)은 각국으로 하여금 공항 검문검색의 필요성을 크게 요구했다. 미국의 경우에 그에 대한 법률논의는 다음과 같이 전개되었다. 검문검색은 처음에는 선별적인 방법으로 이루어졌다. 그런데 차별적 요소가 강한 선별적 검문검색은 검문검색의 법적 근거를 포함하여 그 정당한 이유가 무엇인가에 대한 의문이 제기되었다. 그에 대한 해답이 소위 '합리성의 균형(balancing rational)'이론이었다.

1) 합리성의 균형이론

합리성의 균형이론이란 당국은 검문검색을 위한 선택 대상이 항공기에 그대로 탑승하게 되면 초래될지도 모를, 위험성에 대한 가능성(probability)을 적절히 합리적으로 고려하여 검색 선별대상을 균형 있게 선별하여 짧은 시간의 정지와 수색(brief stop-and-risk)을 할 수 있다는 것을 말한다.[262]

---

261) Dycus(2007), p.589.
262) Terry V. Ohio, 392 U. S. I (1968). "잠시 검문이 있겠습니다."의 유래이다.

즉 승객의 안전을 확보하기 위한 검문검색이 합리적인 방법으로 승객의 불편을 최소화하는 방법으로 이루어진다면, 승객에 대한 서비스와 안전과의 균형을 이룬 것으로 온당하다는 것이다. 그러나 이러한 법리는 1973년 '**모든**' 탑승객들에게 금속검색대를 통과하게 하고 소지품에 대한 x-ray 검색을 하게 함으로써 그대로 유지될 수 없게 되었다.

2) 행정 · 규제목적 이론

이에 법원은 모든 탑승객에 대한 검문검색 실시의 법리를 기존의 합리성의 균형이론 대신에 '행정 · 규제목적 이론'으로 설명했다. 즉 항공 탑승자들 전체에 대한 포괄적이고 전면적인 영상검색은 국가행정 목적을 위한 일반적인 규제계획(regulatory scheme)에 의한 것으로 적법하다고 판결했다.[263]

3) 평가

오늘날 집단적이고 대량적으로 이루어지는 검문검색소의 법리는 행정·규제목적의 법리가 타당하다고 여겨진다. 여기에서 행정 목적을 위한 규제계획 이론이라고 하는 것은 대단히 중요한 의미가 있다. 판결의 설명을 보면 명백해진다.

법원은 일반인을 대상으로 한 전반적인 검문검색 계획의 본질은 "무기와 폭발물 또는 그것을 소지한 사람, 즉 범죄인을 적발하거나 체포하려는 목적이 아니다."라고 했다. 즉 예방적인 검문검색소의 설치 운용은 범죄 적발 목적이 아니라는 것이다. 그러면서 "**그것은 단지 그러한 위험한 물건을 소지한 사람의 탑승을 사전에 제지하는 것에 있다.**"라고 설명했다.

이러한 논리 구조에는 다음과 같은 고려가 담겨 있다. 검문검색이 범죄인이나 범죄활동 적발 목적으로 시행하는 것이라면, 검문검색의 대상자가 되는 전체 승객을 용의자로 보는 데서 출발하는 것으로서, 국민이 주인인 민주국가에서는 용납될 수 없는 사고인 것이다. 그러므로 검문검색 프로그램은 범인 검거가 아니라 사고의 사전 예방이라고 하는 행정적 필요성에 따른 것이어야 한다.

그러므로 검색대 인근에 있다고 해도 탑승하지 않는 사람은 검문검색을 할 수는 없다

---

263) United States V. Davis, 482 F. 2d 893, 897-904 (9th Cir. 1973).

는 결론이 된다.[264] 공항 검문검색의 이러한 법리가 지하철의 검문검색에도 적용될 것인지에 대해 다음의 맥웨이드 케이스를 통해서 살펴본다.

4. 맥웨이드 사건(MacWade V. Kelly Case)

1) 사건 개요

2005년 7월 21일 런던 지하철 테러공격이 있은 지 몇 시간 후, 마이클 블룸버그(Michael Bloomberg) 뉴욕 시장과 레이먼드 켈리(Raymond Kelly) 뉴욕 경찰위원회 의장은 새로운 정책을 발표했다. 뉴욕 경찰은 뉴욕 지하철 이용 승객에 대해 '**무작위 수하물 검색 프로그램**(A random container inspection program)'을 실시한다고 발표했다.

새로운 검색방침에 따라서 뉴욕 경찰은 지하철 탑승객들이 어떤 잘못된 일에 개재되었을 것이라는 의심이 없더라도 대상자를 무작위로 선정해서 지갑부터 배낭까지 소지품 등에 대한 검색을 시행했다. 경찰은 수색 장소에 무작위 선정 수색을 한다는 경고문을 부착했고, 몇몇 승강장에서는 그에 대한 사전 방송을 하여 고지도 했다. 그리고 임의로 선정된 대상자가 지하철 이용을 포기하고 돌아서면 수색을 거부하는 권한을 인정했다.

원고는 맥웨이드를 비롯한 5명의 평범한 뉴욕 거주자들로 아무런 전과가 없는 일반 시민들이었다. 다만 그들은 위 정책에 따라 불편한 검색을 당한 경험이 있는 사람들이었다. 예를 들어 32살의 맥웨이드는 브루클린 지역에 살면서 뉴욕 시내에 매일 지하철로 출퇴근을 하는 법에 충실한 선량한 샐러리맨이었다. 지하철을 이용하던 7월 22일 맥웨이드는 무작위 대상자로 선정되어 소지품에 대한 검색을 받았다. 그는 헌법상 권리가 침해되었다고 판단하여 일단의 뜻을 같이하는 사람들을 모아 금지명령 및 손해배상 소송에 이르렀다.

2) 법률쟁점

원고들의 주장은 다음과 같다.

---

264) Dycus(2007), p.590.

"어떠한 잘못도 저지르지 않은 선량한 시민이 공권력의 수색을 받지 않을 권리는 부당한 압수·수색을 금지하는 헌법에 기초한 헌법상의 기본적인 권리이다. 그러한 원칙은 미국의 자유사회를 형성하는 근본적인 보장책이다. 비록 테러공격이 공권력의 능동적·적극적인 법 집행을 요청했고, 테러 예방 활동을 위한 공격적인 공권력 활동이 일면의 정당성을 가지고 있지만 수백만 명의 선량한 일반 시민을 대상으로 의심을 없앨 수색(suspicion less searches)을 받도록 강요할 수는 없다. 그러므로 피고들은 부당한 압수·수색을 금지하는 연방 수정 헌법 제4조를 위반한 것이다."

한편 원고들은 재판에서 의심스러운 테러 용의자들은 유유히 돌아설 것이므로 동 프로그램의 사전 억지 효과는 제로(0)에 가깝다는 전문가의 증언도 제시했다. 이에 대해 피고 국가는 검문검색은 사전에 충분한 고지를 하고 수색을 거부하는 사람들은 얼마든지 돌아서서 갈 수 있고, 또한 동 프로그램은 테러리스트 체포나 위험물을 적발하기 위한 형사법적 목적이 아니라, 지하철을 대상으로 하는 일단의 테러 분자들의 지하철 **탑승을 좌절시키려는 예방적 행정규제**에 목적이 있다는 취지로 항변했다.

3) 법원의 판단

법원은 먼저 공권력이 실시하는 수색의 헌법 합치성의 기초는 전적으로 '합리성(reasonableness)'에 있다고 전제했다. 또한, 법원은 당국의 무작위 수하물 검색프로그램은 지하철에 대한 테러공격의 위험을 감소나 저지 또는 적발하는 것에 지향되어 있음도 인정했다. 즉 제반 증거에 의해 동 프로그램은 피고의 항변처럼 형사범상의 범인 체포나 증거확보가 목적이 아님을 인정했다. 그리고 뉴욕 지하철을 테러공격에서 예방하는 것은 매우 높은 국민적 요구가 있는 국가의 이익을 위한 것이라는 사실도 인정했다.

한편 수단과 방법의 적정성 판단에서도 법원은 뉴욕의 지하철 시스템에서 테러공격을 저지하기 위해 당국이 취한 무작위 수하물 검색프로그램은, 일반 시민의 프라이버시 권리를 최소한으로 침해하고자 한 것으로서 합리성도 인정된다고 판단했다. 법원은 이와 같은 제반 이유로 원고들의 위법확인청구를 기각하고 뉴욕 당국의 조치가 헌법 합치적이라고 판결했다.[265]

당연할 것으로 생각할 수도 있는 이러한 검문검색의 정당성에 대한 논쟁은 매우 흥미롭다. 한편, 본 소송이 뉴욕 당국의 승리로 귀결되자 9/11테러 공격을 당한 피해자 유가족과 일부 공무원, 의회 의원 그리고 비영리단체들로 구성된 워싱턴 법률재단 (Washington Legal Foundation : WLF)은 2006년 8월 11일 대대적인 환영 논평을 발표했다.[266]

제3항 한국의 기능적 정보수집 활동

적법절차의 원칙상 강제수사는 법률에 규정이 없으면 할 수 없는 강제수사 법정주의가 원칙이다. 또한, 영장주의의 원칙상 강제수사는 법관이 발부한 적법한 영장에 의하지 않으면 할 수 없는 것이 원칙이다.[267]

전기통신의 감청과 고성능의 사진기를 활용한 사진 촬영은 정보활동에도 널리 동원되는 방법이다. 우리의 경우에 통신 및 대화의 비밀과 자유에 대한 제한은 그 대상을 한정하고 엄격한 법적 절차를 거치도록 함으로써 통신비밀을 보호하고 통신의 자유를 신장함을 목적으로 제정된 통신비밀보호법이 있고[268] 사진 촬영의 적법성의 한계를 판단한 법원의 판례가 있는바, 이를 살펴본다.

I. 전기통신의 감청

1. 감청의 의의와 성질

---

265) MacWade V. Kelly, United Stated District Court, Southern District of New York, 2005, 2005 WL 3338573, aff'd 460 F. 3d 260 (2d Cir. 2006). 원고 패소로 끝난 이 사건은 '뉴욕 시민 자유연맹 (New York Civil Liberties Union : NYCLU)'가 원고를 적극적으로 지지하며 진행되었다. 그에 반대되는 입장을 가진 시민단체가 WLF였다.
266) WLF의 논평은 http://www.wlf.org/에서 확인할 수 있다.
267) 이재상, p. W201.
268) 통신비밀보호법(2021. 3. 16 시행, 법률 제17935호).

감청이란 수사·정보기관이 타인의 대화를 본인의 부지중에 청취하는 것을 말한다. 적법한 허가 없는 불법감청을 도청이라고 한다. 그러나 감청과 도청이 기술적인 방법에서 차이가 있는 것은 아니다. 통신비밀보호법은 감청을 "전기통신에 대해 당사자의 동의 없이 전자장치, 기계장치 등을 사용해 통신의 음향, 문언, 부호, 영상을 청취·공독하여 그 내용을 지득 또는 채록하거나 전기통신의 송·수신을 방해하는 것을 말한다."라고 정의한다(법 제2조 제7호). 전화도청(wiretapping)과 전자도청(electronic eavesdropping)을 모두 포함한다.

통신비밀보호법은 일정한 요건 아래에 법원의 허가를 얻은 때에만 전기통신의 감청을 할 수 있도록 하고 있다(법 제5조-6조). 이 같은 감청은 개인의 프라이버시에 대해 중대한 침해를 가져온다는 점에서 형사소송법 학계에서는 이를 강제수사에 해당한다고 본다.[269]

2. 범죄수사와 정보수집을 위한 통신제한조치

1) 범죄수사를 위한 통신제한조치

전기통신의 감청은 법정된 중범죄[270]를 계획 또는 실행하고 있거나 실행했다고 의심할 만한 충분한 이유가 있고, 다른 방법으로는 그 범죄의 실행을 저지하거나 범인의 체포 또는 증거의 수집이 어려운 때에만 허가할 수 있다(법 제5조). 검사는 범죄수사를 위해 통신제한조치를 받을 당사자의 쌍방 또는 일방의 주소지, 소재지를 관할하는 지방법원에 통신제한 조치를 허가해 줄 것을 청구한다(제6조 제1항 제3항). 통신제한조치청구는 필요한 통신제한조치의 종류·그 목적·대상·범위·기간·집행장소·방법 및 당해 통신제한조치가 제5조 제1항의 허가요건을 충족하는 사유 등의 청구이유를 기재한 서면(이하 "請求書"라 한다)으로 하여야 하며, 청구이유에 대한 소명자료를 첨부하여야 한다. 법원은 청구가 이유 있다고 인정할 때는 통신제한조치를 허가하고 허가서를 발부한다. 통신제한조치 기간은 2개월을 초과하지 못한다. 그러나 2개월의 범위 안에서 기간의 연장을 청구할 수 있다(제6조 제7항).

---

269) 이재상, p.208. 백형구 401, 신동운 137, 차용석 310, 배종대. 이상돈 214면.
270) 내란죄, 외환죄, 체포감금죄, 약취유인죄, 국가보안법위반죄, 군사기밀보호법위반죄, 국제상거래에 있어서 외국공무원에 대한 뇌물방지법 위반등 법으로 규정된 범죄에 한한다(법제5조).

2) 국가안보를 위한 통신제한조치

통신비밀보호법은 국내정보와 해외정보 구분 없이 정보수집 목적의 감청을 인정하고 있다. 정보수사기관의 장은 국가안전보장에 대한 위해를 방지하기 위한 정보수집이 필요한 때에는 범죄혐의와 무관하게 전기통신의 감청 등 통신제한 조치를 할 수 있다.[271] 그러나 국내정보와 해외정보에 따른 구분은 없지만, 내국인에 대한 절차와 비내국인에 대한 절차를 달리 규정하고 있다.

① 내국인에 대한 통신제한조치

통신의 일방 또는 쌍방당사자가 내국인일 때에는 고등법원 수석판사의 허가를 받아야 한다. 다만, 군용전기통신법 제2조의 규정에 의한 군용전기통신(작전수행을 위한 전기통신에 한한다)에 대하여는 그러하지 아니하다.[272]

② 비 내국인에 대한 통신제한조치

비 내국인에 대한 통신제한조치에는 법원의 영장주의가 적용되지 않는다. 즉 대한민국에 적대하는 국가, 반국가활동의 혐의가 있는 외국의 기관·단체와 외국인, 대한민국의 통치권이 사실상 미치지 아니하는 한반도 내의 집단이나 외국에 소재하는 그 산하단체의 구성원의 통신인 때 및 군용전기통신의 경우에는 대통령의 서면 승인으로 통신제한조치를 할 수 있다(제7조 제1항 제2호). 이처럼 법은 외국인에 대한 전자감시의 경우 법원의 영장이 아닌 대통령의 승인, 즉 행정명령에 의한 통신제한조치를 인정하고 있다.

③ 국가안보 목적 통신제한조치의 내용

국가안보 목적의 통신제한조치의 기간은 4월을 초과하지 못한다. 그 기간에 통신제

---

271) 정보수사기관의 장은 국가안전보장에 상당한 위험이 예상되는 경우 또는 「국민보호와 공공안전을 위한 테러방지법」 제2조 제6호의 대테러 활동에 필요한 경우에 한하여 그 위해를 방지하기 위하여 이에 관한 정보수집이 특히 필요한 때에는 통신제한조치를 할 수 있다(법 제7조 1항).
272) 법 제7조 제1항 제1호.

한조치의 목적이 달성되었을 경우에는 즉시 종료하여야 한다. 아직 목적을 달성하지 못하고 법이 정한 요건이 존속하는 경우에는 소명자료를 첨부하여 고등법원 수석판사의 허가 또는 대통령의 승인을 얻어 4월의 범위에서 통신제한조치 기간을 연장할 수 있다. 다만, 군용전기통신에 대한 통신제한조치는 전시·사변 또는 이에 준하는 국가비상사태에 있어서 적과 교전상태에 있는 때에는 작전이 종료될 때까지 대통령의 승인 없이도 기간을 연장할 수 있다.[273]

3) 긴급통신제한조치

통신비밀보호법은 법원의 허가나 대통령의 승인에 의한 감청 이외에 영장이나 대통령 승인 없는 긴급감청을 인정하고 있다. 즉 검사, 사법경찰관 또는 정보수사기관의 장은 국가안보를 위협하는 음모행위, 직접적인 사망이나 심각한 상해의 위험을 야기할 수 있는 범죄 또는 조직범죄 등 중대한 범죄의 계획이나 실행 등 긴박한 상황에 있고 법정요건을 구비한 자에 대하여 그러나 법정절차를 거칠 수 없는 긴급한 사유가 있는 때에는 법원의 허가 없이 통신제한조치를 할 수 있다(법 제8조 제1항). 사법경찰관이 긴급통신제한조치를 할 경우에는 미리 검사의 지휘를 받아야 한다. 다만, 특히 급속을 요하여 미리 지휘를 받을 수 없는 사유가 있는 경우에는 긴급통신제한조치의 집행착수 후 지체 없이 검사의 승인을 얻어야 한다(제3항).

Ⅱ. 사진촬영

수사나 정보수집 목적에 의한 사진촬영의 법적 성질에 대해서는 영장을 필요로 한다는 강제수사설과 영장이 필요하지 않다는 임의수사설이 대립하고 있다. 다수설은 초상권이 인정되는 이상 그의 의사에 반하거나, 또는 승낙을 받지 않고 사진 촬영하는 것은, 법이 예정한 강제처분은 아니라고 할지라도 형사소송법 제199조의 강제처분에 해당한다고 해석한다. 따라서 사진촬영은 성질상 사람의 형상을 오관(五官)의 작용에 의해 인식하는 검증에 해당하므로 영장주의가 적용된다고 주장한다. 다만 강제수사설도

---

273) 법 제7조 제2항.

엄격한 요건 아래에서 영장 없는 사진촬영을 허용하고 있다. 대법원은 강제수사에 해당하지만, 영장 없는 사진촬영에 요구되는 조건으로는 다음의 4가지를 든다.

① 범죄의 혐의가 명백할 것

② 증거로서의 필요성이 높을 것

③ 증거보전의 긴급성이 있을 것

④ 촬영 방법이 상당할 것

대법원은 "누구든지 자기의 얼굴 기타 모습을 함부로 촬영 당하지 않을 자유를 가지나, 이러한 자유도 국가권력의 행사로부터 무제한으로 보호되는 것이 아니고 국가의 안전보장, 질서유지, 공공복리를 위하여 필요한 경우에는 상당한 제한이 따르는 것이고, 수사기관이 범죄를 수사함에 있어서 현재 범행이 행하여지고 있거나 행하여진 직후이고, 증거보전의 필요성과 긴급성이 있으며, 일반적으로 허용되는 상당한 방법에 의해 촬영한 경우라면 사진촬영이 영장 없이 이루어졌다고 하여 이를 위법하다고 단정할 수 없다."라고 판시하였다.[274]

대법원판결은 수사를 전제로 한 사진촬영에 대한 법적 논의이지만 정보수집 기법의 하나로 사진촬영을 활용하는 때에 법적 문제가 제기될 것에 대비해 충분히 인식하고 있어야 할 사항이라고 할 것이다. 학설도 모두 수사 활동을 전제로 한 것이어서 정보활동의 경우에 바로 원용할 수 있는 것은 아니다. 하지만 대법원 판례의 정신과 통신비밀보호법상의 통신제한조치의 예외 조항에 비추어 국가안보가 개재된 경우에는, 범죄의 혐의가 전제되지 않아도 초상권의 본질적인 침해(예를 들어 특정인에 대한 장기적 무단촬영 등)가 아닌 이상 사진촬영은 허용된다고 할 것으로 사료된다.

---

274) 대법원 1999.9.3, 99 도 2317 판결.

제2장 정보분석

제1절 정보분석의 이해

제1항 정보분석의 개념과 이해

정보분석(intelligence analysis)은 절차적으로 보면 국가정보 생산을 위한 정보순환 과정의 불가결한 하나의 단계이다. 개념론적으로는 수집한 첩보를 체계적인 검증을 통해서 정책결정권자가 국가안보 정책에 활용할 수 있도록 필요한 국가정보를 생산하는 일련의 활동이다.

그러므로 정보분석은 정보와 정책이 만나는 하나의 수렴점이다. 정보분석을 통해서 국가안보와 관련된 중요한 사실이 새롭게 파악되거나 관계가 규명된다. 그리고 결과에 따른 파급효과를 예측 · 평가하며 필요한 대응 방안을 마련한다. 그러므로 일국의 국가정책이 성공을 거둘 수 있는가? 하는 것은 얼마나 해당 분야의 정보분석이 잘 이루어져 훌륭한 정보를 생산하는가에 달려 있다.

정보는 수집된 첩보를 바탕으로 생산되므로 정보분석은 단순하게 현 상황에 대한 조망이거나 예언적 분석이 아니다. 수집된 구체적인 첩보를 바탕으로 국가정책과 관련된 의미 있는 내용을 도출하는 과정이다. 이처럼 정보분석은 수집된 일차적인 첩보에서 국가정책과 관련된 중요한 내용을 추출하고 의미를 평가하는 과정으로서 기술적인 동시에 가치 지향적인 판단작업이다. 그러므로 또한 정보분석관의 지식과 경험, 이성과 직관 등이 총동원된 가치탐색의 과정이다.

한편 정보분석의 이해에서는 다양한 정보분석 기법과 생산보고서에 대한 개별적인 이해도 긴요하지만, 정보분석 과정, 정보분석 방법, 정보분석 담당자 그리고 정보생산물 보고상의 제반 문제점을 이해하는 것이 정보분석을 종합적으로 이해할 수 있는 길로서 매우 중요하다.

제2항 정보분석의 특성

I. 정보분석의 가치 지향성

정보분석 업무는 독특한 환경에서 행해진다. 정보분석의 객체인 첩보자료들은 위성사진, 전자도청 등과 같은 직접 증거, 외교관 보고서, 각종 비밀 정보보고서 등과 같은 목격과 전문증거, 외국 정상의 태도나 자세, 계획과 같은 복합자료 등 다양한 원천에서 유래한다. 정보분석의 취급 대상 주제도 산발적이거나 어느 경우에는 주제에 대한 자료가 전무한 경우도 있다. 또한, 상대 세력의 방첩 활동에 따른 장애로 인하여 직접적이고 구체적인 자료가 아니라 간접적이며 추상적인 내용이 대부분인 경우도 있는 등 전혀 간단치 않다. 따라서 항상 판단의 근거 자료가 부족하다고 할 수 있는 독특한 상황에서 정보분석 업무가 행해진다. 그렇다고 정보분석이 상황의 불완전을 이유로 중단될 수 있는 것도 아니다.

정보분석의 중요성을 강조하여 일찍이 미국 정보공동체 수장으로 CIA 국장을 지낸 리처드 헬름(Richard Helms, 1966-1973)은 정보수집과 비밀공작(covert action) 그리고 방첩공작 활동을 포함한 국가정보기구의 4대 임무 영역 중에서 정보분석을 정보활동의 대들보라고 평가했다.[275]

정확한 정보분석으로 민간부문 또는 군사부문의 정책결정자들이 결정해야 하는 현안 국가정책에 직접 연결될 유용한 정보가 제공되기 때문이다. 결국, 정보분석은 국가정책의 이면이라고 할 수 있다. 그러므로 단순한 1차원적인 사실관계의 전달을 넘어서서 필요한 경우에는 과거의 정보를 바탕으로 하고 더불어 미래의 추세도 예측하며 그에 따라 현재 상황에서 판단할 수 있는 명료하고도 적절한 가치를 담아 정책집행에 능률적으로 제공될 수 있는 유의미한 정보를 분석·생산하는 것에 정보분석의 참된 의의가 있다.[276]

---

275) Lowentha(2020), p.109. 원문 표현은 Analysis is the mainstay of process라고 했다.
276) *Id* p.110.

Ⅱ. 정보분석의 대상

정보분석 대상은 외교 · 국방정책 지원, 각종 조약 및 협약의 준수 여부 감시, 경제 · 과학 · 보건, 환경 정보, 초국가적 위협 문제 등 기능적으로 분류할 수도 있고, 각국의 지리적, 정치 · 경제적 여건에 따라 지역별, 권역별로 정보분석 대상을 나누어 볼 수도 있다. 한편 정보분석 대상에는 아래의 4가지가 있다.

1. 비밀(secret)

국가정보 기구의 역할은 상대세력에 대한 비밀자료를 수집하고 분석하여 국가안보 정책에 활용하는 데 있다. 분석 대상으로서의 비밀은 상대세력이 자신의 의도와 능력의 노출을 우려해 외부에 공개를 회피하고 은닉하려는 일련의 현안, 상황 그리고 정책 과정이다. 그러나 비밀은 각국의 정치체제와 국가가 처한 경제적 · 사회적 · 문화적 등 제반 상황에 따라 상대적이다. 예컨대 오늘날 중국 등 공산주의 국가를 포함한 각국은 냉전 시대에는 가장 중요한 비밀로 간주하였을 국방력에 대한 자료를 매년 국방백서라는 이름으로 공개한다.

2. 공개된 사실(known fact)

공개된 사실은 공개 출처를 통해 얻어지는 첩보로 무상의 첩보와는 다르다. 공개 첩보의 수집에도 상당한 노력이 필요하다. 각국의 기본적인 지리정보, 경제 수지, 백서나 청서 등[277] 문서화된 공식적인 국가정책, 경제 · 국방 · 사회 · 문화 · 환경 등에 대한 민간연구소와 국제 NGO 등의 자료들은 유용한 공개 첩보자료들로 중요한 정보분석 대상이 된다.

3. 허위정보(Disinformation)

허위정보 또는 기만정보가 정보분석의 대상이 되는 것은 과학적 진리 탐구를 목적으

---

277) 백서(白書)는 정부가 정치, 외교, 경제 따위의 각 분야에 대해 현상을 분석하고 미래를 전망하여 그 내용을 국민에게 알리기 위해 만든 보고서로 각국이 매년 발간하는 경제백서, 국방백서가 대표적이다. 영국의 경우는 의회나 추밀원의 보고서 표지가 청색으로 되어 있다고 해서 청서(青書)라고 한다.

로 하는 일반 학문적 분석과 차이점을 보여준다. 상대세력은 자국의 비밀정보 보호를 위해 고의로 허위정보를 누설하거나 이중 스파이 등을 통해 적극적으로 정보를 제공하는 등의 방법으로 정보분석관들에게 끊임없이 혼란을 초래하고자 한다. 그런데 역정보나 허위정보에 대한 예방 및 탐지 실패는 단순한 분석정보의 오류로 끝나지 않고 정보실패를 초래하고 궁극적으로 국가안보가 위태롭게 된다. 그러므로 정보분석관들은 아무리 신빙성 있게 보이는 첩보라도 상대세력의 기만 공작과 역정보의 가능성을 철저히 가려내야 한다.

4. 미스터리(Mystery)

미스터리는 수수께끼이다. 그것은 비밀정보나 공개정보의 수집·분석만으로는 규명해 낼 수 없는 의문 사항이나 현안이다. 상대세력의 비밀정보 중에서 특히 의도에 대한 부분이 미스터리에 싸여 있는 경우도 적지 않다. 사실 미스터리는 불확실성에 기인하는 사물이나 사태의 속성이다. 속성상 미스터리는 일회적으로 끝나는 것이 아니고 자꾸 변모하며 증폭되어 사회불안을 일으키고 국가안보의 저해 요소가 된다는 특성이 있다. CIA 초대 국장인 힐렌코에터(Roscoe H. Hillenkoetter)가 미국 국민의 불안감을 불식시키려는 목적으로, 미확인 비행물체(Unidentified Flying Object : UFO)에 대한 정보분석 활동을 전개했던 것은 유명하다.278)

Ⅲ. 효율적 정보분석 업무의 달성

1. 협조 분석

정보분석관의 지적 활동인 정보분석 업무는 물건의 자동판매기와는 다르다. 어떠한 조건을 대입하고 자료, 즉 수집한 첩보를 투입했다고 하여 필요로 하는 정보가 자동으로

---

278) CIA는 1953년 1월 일련의 과학자와 기술자를 포함한 특별 전담반을 구성해서 전 세계에 걸쳐 미확인 비행물체(Unidentified Flying Object)에 대한 추적과 연구를 했다. 분석에 대한 의회 보고에서 힐렌코에터(Roscoe H. Hillenkoetter) 국장은 UFO가 미국과 소련에 의한 것이 아니라는 사실만은 분명하고, 우리는 다만 공격을 기다릴 뿐이라고 말했다. 그러나 CIA의 비행접시에 대한 정보활동이 정당했는가에 대해서는 의회에서의 논쟁을 포함해서 논란이 적지 않았다. 상세는 Dolan, 189; Good, 287, 337; Ruppelt, Chapter. 16과 New York Times, February 28, 1960.

생성되지는 않는다. 그러나 정보분석 업무가 개선이나 발전할 수 없는 고착된 영역도 결코 아니다.

원래 정보기구는 같은 사무실 내에서도 누가 무엇을 하는지를 알려고 하지 말라는 불문율을 대변하는 칸막이 원칙, 즉 비밀 차단의 원칙을 운영방책으로 한다. 그러나 사안의 성격에 따라서는, 예를 들어 급박한 현안에 대한 국가 총체적인 대응이 필요한 경우나 통일된 이념과 목표를 지향해야 하는 일국의 장기정보전략[279]을 위한 분석업무 등과 같이 총체적인 업무수행이 필요한 경우에, 협동적 업무수행의 필요성은 정보기구 의 성격과 무관하게 요청된다.

정보분석 업무는 통상 모자이크를 조립하는 데 비유된다. 모자이크 조립 시 개별적인 한두 개의 조각으로 전체의 완성작품을 연상한다는 것은 불가능해 보인다. 특정 방향을 향해 조립이 진전되다가도 크기, 형태, 색깔을 달리하는 새로운 조각이 무수히 출현한 다. 물론 한 사람의 작업으로도 시간만 충분하다면 차곡차곡 연관 작업을 이어 나가 성공할 수도 있으나, 완성된 부분 부분의 덩어리를 몇 개 갖추고 있으면 전체의 모형을 신속하게 수월히 파악할 수 있음은 물론이다. 그러므로 부분 부분의 덩어리를 만든 사람끼리 협동의 필요성은 매우 크고 필요성이 요구된다. 이러한 협조 분석은 분석업무 가 분산되어 있는 동일 기관 내부에서뿐만 아니라, 복수의 정보기구가 있고 기관별로 소위 정보창고를 별개로 운용할 때도 정보의 공유문제와 연관되어 필요성이 요구된다. 이 경우에 효율적인 정보공유를 위한 해결책으로 제시되는 것이 통합센터를 창설하거 나 기동타격대(task force) 등 특별 전담기구를 운용하는 방식이다.[280] 오늘날 정보분 석 대상이 복잡한 양상으로 다양한 영역에서 전개되며 장기 전략정보의 생산이 강조되 는 정보환경에서 협조 분석의 필요성은 더욱 증대된다.

---

279) 미국의 경우 정보공동체 전체가 협동해 작성하는 장기전략 정보계획인, 후술할 국가정보예측보고서(NIEs) 가 대표적인 협조 분석의 예이다.
280) CIA의 게이츠(Roberts M. Gates, 1991~1993) 국장은 법에 근거하지는 않았지만, 그 필요성에 따라서 현안이었던 테러, 마약, 대량살상무기 확산금지 등에 대해 3개의 센터를 운용했다. 정보기구의 센터 운용방 식의 문제점 등에 대해서는 정보기구 편에서 다시 살펴본다.

2. 창조적 정보분석의 6대 원칙

정보분석관의 자질과 능력에 크게 의존할 수밖에 없는 정보분석 업무는, 분석관의 사고방식과 행동 특성에 따른 문제점 외에 창조적 분석업무를 위한 그 자체의 독특한 특성이 있다. 그러한 제반 특성을 감안한 분석업무의 효율을 도모하기 위해서는 다음과 같은 정보분석 관련 6대 원칙을 고려할 필요가 있다.[281]

1) 지연 판단의 원칙(Principle of deferred judgment)

정보에 대한 최종판단은 가능한 모든 아이디어 도출이 끝난 연후에 실행해야 양질의 정보분석을 할 수 있다는 원칙이다. 지연 판단의 원칙은 통상적으로 아이디어를 생각하고 동시적으로 평가하는 절차와 반대되는 것으로 정보분석에서 가장 중요하다고 간주된다.

2) 다량 양질의 원칙(Principle of quantity leads to quality)

양이 많으면 그 속에 질이 좋은 것도 있다는 것으로, 많은 아이디어 속에 최적의 아이디어가 창출될 수 있다는 원칙이다. 역으로 보면 정보분석에서는 최초의 아이디어가 오히려 가장 무용할 수도 있다는 것을 의미한다.

3) 타가수정(他家受精, Principle of cross-fertilization of ideas)의 원칙

자기 아이디어만을 고집하지 말고 다른 아이디어와 융합해 보면 더 좋은 아이디어가 도출된다는 아이디어 교류의 원칙이다. 창조적 판단을 위해서는 다양성이 균질성보다 유리하다는 것은 사회과학적으로 증명되어 있다.

4) 업무 안정감 비례의 원칙(Sense of Security)

업무의 창조성은 정보분석관이 업무에 대한 안정감, 자기 만족감, 직접 밀착 감독으로부터의 해방 등에서 이루어진다는 것이다. 통상적으로 조직의 생산성은 직업 만족도(Job security)에 비례하는 것과 같은 이치이다. 따라서 정보분석관이 업무 안정감을

---

281) Richards J. Heuer, Jr., *Psychology of Intelligence Analysis*, Chapter 6 Keeping an Open Mind.

이룰 수 있도록 도모하는 것은 정보 관리자가 유념해야 할 문제이다.

5) 경쟁분석의 원칙(Principle of Competitive Analysis)

정보분석의 창조성은 경쟁분석 속에서 더 높이 확보될 수 있다는 원칙이다. 그러므로 때로 모든 정보에 대해 동일한 접근권을 가진 별개의 정보분석 기구를 중첩적으로 운용하여, 분석결과를 상호 대비 평가하는 방식은 정보분석 업무의 창조성을 고양하는 좋은 방법이 된다.

6) 악역 활용(Devil's Advocate)의 원칙

특정한 주제에 대해 고의로 반대 의견을 개진하는 팀을 배치해서 상호 간에 경쟁을 유발함으로써 정보분석의 창조성을 고양할 수 있다는 원칙이다. 이 경우에 소위 심술쟁이나 악역 담당자는 끊임없이 경쟁적·비판적인 관점에서 상대방의 결론에 대해 부정적인 의견을 개진한다. 그러한 과정을 통해서 미진한 점이나 부족한 점을 발견하고 보완의 과정을 거쳐 최상의 정보를 생산할 수 있다.

Ⅳ. 정보분석의 실제

한국처럼 국가정보원에 의한 단일 정보기구 주도형에 의한 정보분석 보고서 작성의 경우는 불필요한 경쟁은 나타나지 않을 수 있다. 그러나 단일 기관 주도형의 정보분석은 사고의 경직성과 유연성 부족을 가져오고 업무의 매너리즘을 유발해 정확성을 도모하는 데는 한계가 초래된다. 반면에 다수의 정보기구가 존재하여 정보분석 결과가 서로 경합하고 결국 최종 합의(consensus)를 원칙으로 하는 경우에는 신중함과 객관적인 정보생산의 강점에도 불구하고 병폐도 유발된다. 토론과 협의를 거쳐 특히 예측보고서를 작성하는 경우에는 최종 정보분석 결과의 도출이 간단치 않다. 그렇다고 최종 보고서 생산방식이 합의를 위해 투표로 결정할 수 있는 것도 아니고 외톨이 입장의 의견이라고 내쳐지거나 무시될 수도 없다. 가능한 재분석, 재토론 등을 통해 합일점을 찾으려는 노력이 필요하다. 그러한 선의의 노력 과정에서 불합리한 병폐도 적지 않게 드러난다.282)

1. 상부상조 방식(Back-scratching and Log-rolling)

로그-롤링(log-rolling)은 등 긁어 주기(Back-scratching)와 통나무 굴리기에서 유래한 불가피한 협력이라는 뜻이다. 이것은 서로 주고받기식의 타협적인 입법행태에 대한 부정적인 의미로 사용되던 입법상의 용어가 정보공동체에 유입된 것이다. 즉 의견이 대립하는 정보기관들끼리 정보분석 결과를 교환 거래하는 것이다. 예를 들어 A기관이 우리 분석보고서 페이지 10쪽의 의견을 받아 주면, 나는 당신네 페이지 30쪽 의견을 받아 주겠다는 식으로, 진실과는 무관하게 정보기구 상호 간에 타협적인 교환을 통해 정보 분석물에 대한 서로의 지분을 확보하는 것이다.

2. 인질담보(false hostages)

협상을 위해 의도적으로 이의제기 거리를 만드는 것이다. 예를 들어 정보기관 A의 견해가 다른 정보기관 B에 의해 견제를 받는 경우에, 정보기관 A는 원래는 전혀 반대되는 생각을 하고 있지 않았던 B가 제시하는 다른 문제에 대한 견해에 대해 강력하게 이의를 제기하는 것이다. 실상은 A 자신의 견해를 인정받으려는 의도이다.

3. 각주 전쟁(footnote wars)

각주 전쟁에는 두 가지 의미가 있다. 대안분석의 활성화에 따라 정보공동체 내에서는 어느 정보기구나 대안적 의견을 제시할 수 있다. 대안 제시는 의무이기도 하다. 이 경우 누구의 의견이 본문이 되고 누구의 의견이 각주가 되는지는 실적이나 가치에 있어서 차이가 있기 때문에 전술한 상부상조 방식이나 인질담보 방법 등을 동원해 각주가 아닌 본문을 차지하기 위한 경쟁이 벌어진다.

더불어 처음에는 해당 문제에 대해서는 의식하지 않는 등으로 별다른 의견이 없었지만 무지를 호도하려는 방편 등으로 추가 의견을 개진한다. 그리고 그 의견을 본문이 아니라 각주에라도 올려 언급되게 함으로써 각주가 경쟁적으로 많아지는 현상을 가져온다. 모두 정보분석의 어두운 단면을 보여주는 것이다.

---

282) *Id.* pp.122-123.

한편 영국은 의견 합일이 되지 않는 경우 참가한 모든 정보기관의 분석의견을 그대로 나열해 정책담당자에게 제시한다. 대개 정책결정자들은 시간을 절약하고 자신의 의견을 다시 한번 되짚어보는 수고를 덜기 위해서라도, 간결하게 통일된 의견을 선호한다. 정책결정권자의 입장에서는 합일되지 않은 분석결과를 받아 보고 실망을 할 수도 있겠지만, 신중하게 최종 결론을 생각할 기회를 다시 한번 얻게 될 뿐만 아니라 잘못된 정보분석 보고에 의한 오판보다는 오히려 신중함을 기할 수 있는 현명한 방법이라고 할 수 있다.

4. 최소 공통분모 언어(lowest common denominator language)

책임 회피적인 중도 결론 도출 폐단이다. 예를 들어 어떤 사태의 발발 가능성에 대해 정보기관 A는 아주 높게 평가하고, 다른 정보기관 B는 발발 가능성을 낮게 보는 경우에, 중간의 공통분모를 찾아 두루뭉술하게 "발발 가능성이 낮지는 않다고 할 것이다."라고 애매하게 결론짓는 방법이다.

제3항 정보분석의 요건

정보분석은 국가안보 확립과 국가이익 달성이라는 가치 목적에 지향되어 있다. 구체적으로는 국가의 정책을 효율적으로 지원하여 정책 목적을 달성하게 된다. 그러므로 정보분석에는 다음과 같은 사항들이 고려되어야 한다.

I. 정보분석의 고려사항

1. 국가안보와 국가이익과의 연관성 파악

정보분석은 일시적인 집권 세력을 위한 정치적인 것이 되어서는 안 된다. 후술하지만 정보의 정치화는 정보실패의 한 요인이 되며, 결국 국가이익의 손실과 정보 및 정책에 대한 불신을 초래하게 된다.

2. 개별적 국가정책과의 연관성 파악

국가정보는 궁극적으로 국가정책을 통해 빛을 발하게 된다. 또한, 국가정책은 국가정보의 뒷받침을 받아야 실패의 위험을 예방하면서 효율을 높일 수 있다. 그러므로 국가정책을 고려하지 않는 정보분석은 국가정보로서의 가치를 상실하게 된다.

3. 정보수요자의 요구와 선호도와의 연관성

국가정보의 최종 사용처는 정책결정권자 등 정보수요자이다. 그러므로 국가정보는 최종 소비자인 정보수요자의 요구에 맞는 내용을 가져야 하고, 정책결정권자의 선호도에 따라서 정보분석의 우선순위가 결정된다.

Ⅱ. 정보분석의 요건

1. 적합성(Relevancy)

정보분석은 정보수요자의 지식과 이해를 넓혀 주고, 국가정책을 결정하는 데 도움을 주는 정보를 생산하는 것에 지향되어야 한다. 국가정책 수립과 집행에 적합성을 가진 정보는 다음의 적시성을 갖춤으로써 국가안보 확립과 국가이익 도모에 효율적으로 이바지하게 된다.

2. 적시성(Timeliness)

국가정보는 적시성을 갖춰야 한다. 그러므로 정보분석은 정보수요자의 정보 활용 시점에 맞춰 적시에 제공되도록 진행되어야 한다. 아무리 훌륭한 정보라도 필요한 시기에 정보수요자에게 전달되지 못한다면, 국가정책에 반영될 수 없고 결과적으로 무용의 정보가 된다. 그러나 시간에 맞추기 위해 정보분석이 부정확한 내용으로 이루어져서는 안 된다. 여기에서 다음의 정확성 요구가 나타난다.

3. 정확성(Accuracy)

정보는 필요한 국가정책의 수립과 집행을 뒷받침할 수 있도록 정확한 내용을 갖춰야 한다. 정확하지 않은 정보로는 아무리 국가정책과 관련된 내용으로 적합성과 적시성이 있다고 해도 정확한 국가정책을 수립할 수 없기 때문이다.

이상의 적합성·적시성·명확성을 정보분석의 3대 요건이라고 한다. 그 밖에도 정보분석은 정보수요자의 요청에 부합한 정제된 정보(tailored), 간결한 정보(brevity), 명료한 정보(clarity)를 생산하는 데 맞춰져야 한다는 요구도 있다.

제4항 정보분석의 특성과 제반 문제점

I. 정보분석 성격상의 특성과 문제점

국가정책을 위해 가치 지향적으로 전개되는 정보분석은 단순히 수집된 첩보자료의 나열이나 첩보 상의 사실 확인이 아니다. 자료를 이동하고 재배치하고 분류하고 유의미한 내용을 읽어 내고 죽어 있는 것 같은 자료에 의미를 부여하는 노력이 필요한 끝없는 지적 작업이다. 다시 말해 분석담당자들의 전문적인 가치 지향적 활동으로 궁극적으로 유의미한 하나의 작품을 완성하는 종합예술이다. 이와 같은 정보분석의 성격상, 정보분석 진행 절차 곳곳에서 정보분석관의 창의성과 부단하고 진지한 끈기 있는 노력이 요구된다. 그러면서도 한편으로 분석관의 모든 수고를 도로(徒勞)로 만들 수 있는 암초가 산재하고 있다.

1. 정보요구 관련 문제

정보판단을 정책요구 우선순위에 맞추는 것은 대단히 중요하다. 우선순위를 못 맞춘 정보분석은 아무리 훌륭해도 적절히 활용될 수 없을 뿐 아니라, 전혀 다른 분석결과가 도출될 위험성도 있을 수 있기 때문이다. 우선순위 요구는 정보절차의 첫 단추인 계획과 지시단계에서 정책부서의 공식적인 요구로 명확하게 이루어지는 것이 제일 바람직하다.[283]

2. 단기 전술정보와 장기 대책정보 생산의 문제

단기 전술정보 생산과 전략적인 장기대책 정보의 생산 문제는 정보분석 업무에서 계속된 긴장 관계를 유발한다. 실시간적으로 변화하는 현상을 중요시하는 첩보 수집부서의 근무자와 달리, 사실 대다수 정보분석관은 해당 분야의 전문성과 분석기술을 장기 대책 정보를 생산하는 방향으로 숙련되어 있다. 그러므로 계속된 단기 현용정보에 대한 분석 요구는 분석관 본인의 능력을 사장시킬 뿐만 아니라 분석 능력의 개발 및 발전의 기회도 박탈하게 되는 이중적 위험을 가지게 된다. 현상에 대한 단기 전술정보에 집중되게 하는 방식의 정보분석 운용은 분석관들을 진정한 국가 정보분석 전문가가 되게 하지 않는다. 오히려 그때그때의 현안에 대한 상황 보고자로 전락시키는 결과가 될 수 있음을 정보기구 운영책임자나 정책 수요자들은 상기해야 한다. 현재 미국 정보공동체는 지나치다 싶은 정도로 다양한 현용정보 분석보고서를 생산하여, 분석관들이 현용정보 분석을 위해 너무 많은 시간과 노력을 들이고 그로 인해 사안을 더 깊이 있게 장기적으로 분석하는 능력이 저해 받고 있다는 비판이 있다.

예를 들어 CIA 정보분석국(Directorate of Intelligence : DI)을 담당한 상원 처치 위원회(Church Committee)의 어느 보고서는 CIA가 현용정보 분석업무에 너무 집중하는 것을 **현행사건 증후군(Current Events Syndrome)**이라고 말하며 문제의 심각성을 지적했다. 이러한 현행사건 증후군은 국가정보기구가 국가위기 경보를 발령하는 업무와 장기적인 추세를 인지하는 능력에 대해서는 질적으로 부정적인 영향을 미쳤다고 한다. 현행사건 증후군에 매몰된 정보관계자들은 속성적으로 가장 최신의 단편적인 첩보에만 집착해서 정책담당자들의 관심을 끌 만한 정보생산에만 매진하고 정책입안자들의 관심을 크게 끌지 못하는 장기예측정보 생산을 소홀히 할 수 있다.[284]

3. 비상 요구 정보와 통상적 정보활동의 균형 문제

수립되고 예정된 국가정보 활동 계획에도 불구하고 비상 상황에 기인한 정보 수요가

---

283) Lowenthal(2020), p.110.
284) U. S. Senate, Select Committee to Study Governmental Operations with Respect to Intelligence Activities (이하 Church Committee), *Final Report, Book 1: Foreign and Military Intelligence*, 944th Congress. 2d Session., 1976, S. Rept. 94-755,272-73.

정보분석의 최우선 대상이 된다. 그 경우 정보수집과 분석을 위한 자원이 한정되어 있으므로 부득불 어떤 문제는 장기간 또는 전혀 정보분석의 대상이 되지 못할 위험이 있다. 속성상 정보기구는 각광을 받고 싶은 유혹 때문에 계속 비상 주제에만 관심과 노력을 집중하려는 속성이 있다. 그러므로 비상 요구 정보의 비상성은 그 사안이 아무리 급박하더라도 우선순위와 중요성을 비롯한 비상성(非常性) 부여를 위한 정상성, 즉 합리성을 갖춰야 한다.

4. 수집 정보 홍수의 문제-밀과 겉겨의 문제(Wheat V. Chaff Problem)

수집되는 첩보와 실제로 분석되는 정보의 불균형은 정보기관 내부적으로 가장 주의 하고 경계해야 할 문제이다. 수집 첩보의 100%를 정보분석 하는 것이 이상적이고 바람 직하겠지만, 현실적으로는 불가능하며 과연 어느 정도의 수집·분석 비율이 이상적인 지에 대한 기준은 없다. 그러나 첩보 수집과 정보분석의 지나친 불균형은 정보수집 활동을 무의미하게 할 뿐 아니라 정보 가치의 신빙성에도 의문을 제기할 수 있다.

5. 개별적 분석창고·분석통의 문제

복수 이상의 정보기구들로 정보공동체가 형성되어 있는 경우에 각 정보기관은 독특한 정보 시각과 분석기법 등 고유한 정보문화를 가진다. 그리고 다른 기관들이 넘보기 불가 능하거나 힘들게 자신들만의 독자적 정보 보관통을 가지고 있을 수 있다. 각 정보기관이 특정 분야에 관심과 우선순위를 가지고 있고, 기관 특유의 분석자원과 분석기법이 있어 서 나타나는 현상이다. 정보분석은 이러한 개별 정보기구의 특성을 유지 발전시키면서 도 전체적인 정보분석의 조화를 도모해야 한다는 과제가 있다.

6. 암시와 경고(I&W)의 문제

정책담당자에게 중대한 사태의 발생 가능성에 대해 사전적 경고를 건네주는 것은 전략적 경악을 회피하기 위해 존재하는 국가정보 기구의 가장 중요한 임무 중의 하나이 다. 원래 정보기구의 암시와 경보(Indications and warnings) 기능은 정보기구가 정책 전면에 나설 수 있는, 즉 주인공이 될 좋은 기회로 여겨진다. 그러나 암시와 경고는 기회가 아니라 무덤도 될 수도 있음을 알아야 한다.[285] 정보기구의 암시와 경고의 실패는 정보분석관의 잘못으로 귀결되기 때문이다. 문제는 이와 같은 암시와 경고의 중요성을 잘 인지하면서도 실제 상황에서 기준시점을 잘못 선택해서 정작 중요한 적시 경고 기회를 놓칠 수도 있다는 것이다.

역으로 책임 회피성에 기인해 기준시점을 낮추고 가능한 한 거의 모두에 대해 경고를 발하는 경향도 있을 수 있다. 암시와 경고를 남발하는 심리적 저변에는 책임회피를 하기 위한 것으로서 관료주의적 병폐 중의 하나로 밑져야 본전이라는 관념이 깔려있는 것이기도 하다. 그러나 상시적인 경고는 정작 중요한 사태에 대한 국민의 경각심을 마비시키고 정책 당국자들에게는 물론 국민에게도 정보기구에 대한 불신을 초래할 수 있다. 늑대소년의 예가 아니라고 하더라도 잦은 경고는 정작 중요한 시점의 경각심을 무디게 할 수 있는 위험성을 심각하게 고려해야 한다.

7. 수집 정보의 한계와 관련된 문제

상대방이 있는 정보업무의 특성상 현안인 어떤 주제에 대해 한정된 시간 내에 모든 관련 정보를 수집하는 것은 불가능하다. 따라서 해당 주제에 대해 수집 자료가 충분치 않은 경우가 많고 경우에 따라서는 자료가 거의 없는 일도 있다.

정보자료가 부족할 경우 일부 견해는 정보분석 업무는 사실 확정이 반드시 증거를 기초로 해야 하는 법적 과정은 아니므로 정보분석관 고유 판단에 맡겨야 한다는 의견을 제시한다. 반면에 또 다른 의견은 부족한 자료에 기초하여 상상으로 작성한 정보분석 보고서는 설득력이 있을 수 없고, 진정한 의미의 정보분석은 아닌 것으로서 정보실패로 귀결될 가능성도 클 뿐 아니라, 그러한 관행의 축적은 결국 정보판단의 정치화로 연결될 가능성이 있으므로 지양되어야 한다고 주장한다.[286]

이런 경우에 책임 회피책으로 정보분석관들은 문제의 핵심을 가로지르지 않고 주위를 맴도는 간접의견을 제시하거나, 그 간극을 자신들의 기존 경험 그리고 기교로 채운

---

285) Lowenthal(2020), p.177.
286) Lowenthal(2020), p.158.

독자적인 분석보고서를 생산할 수도 있다. 그러나 이때 정보분석관의 해결방안은 명백하게 단 한 가지이다. 즉 있는 사실 그대로를 정책담당자에게 진솔하게 전달함으로써 최종 정보소비자인 정책담당자가 진상을 알게 하는 것이다. 정보관계자가 정책담당자에게 알고 있는 사실을 전달하는 것만큼이나, 모르는 사실을 모른다고 전달하는 것도 똑같이 중요하다. 그것은 절대 쉽지 않은 용기이다. 정보기구가 만능이 아님을 인정하는 것이 되기 때문이다.

일찍이 콜린 파월(Colin Powell) 미 국무부 장관이 자신에게 보고하는 정보기관에 대해, **"당신이 아는 것을 말해 달라, 당신이 모르는 바도 말해 달라, 당신의 생각을 말해 달라"**[287] 라고 한 언급은 시사하는 바가 매우 크다.

그러면서 그는 첫 번째와 두 번째만 정보관계자들에게 책임이 있고, 세 번째 즉 정보관계자의 생각을 듣고 판단해 최종적으로 결정한 정책에 대해서는 정책담당자인 자신에게 책임이 있음을 확실히 했다.

Ⅱ. 정보분석 방법에 대한 시각

정보분석에 접근하는 시각에는 정보분석을 무색무취의 기술적인 내용으로 접근하는 기술학파적 관점과 미래에 대한 예측이라고 보는 사회·과학적 예측파, 정보분석은 전적으로 정책결정자의 선호에 맞춘 것이어야 한다고 주장하는 기회분석학파의 3가지 시각이 있다.

1. 기술학파

정보분석은 수집된 첩보에 대한 무색무취의 전문가적 견해를 정책결정자들에게 단지 전달하는 데 있다고 보는 견해이다. 따라서 정보분석관들의 역할은 수집된 첩보를 기술적·과학적으로 해석해 주고 그 의미를 정보수요자에게 전달해 주는 기술적인 역할을 하는 데 그쳐야 한다고 말한다.

---

287) *Id.* p. 159. 원문 표현은 "*Tell me what you know. Tell me what you don't know. Tell me what you think.*"이다.

2. 사회과학 예측학파

정보분석은 상황에 대한 단순한 서술을 넘어서서 사회과학적인 방법으로, 발생한 현안들의 인과관계를 규명함은 물론이고 미래에 대해 예측을 하는 것이라고 본다. 정보 분석의 아버지로 불리는 셔먼 켄트(Sherman Kent) 학파의 입장이다. 그들은 현상에 대한 국지적인 비밀첩보보다는 상대세력의 전체적인 역량 파악을 위해 공개출처정보 의 중요성을 강조한다. 정보분석에 대한 사회과학적 접근은 CIA 콜비(William Colby) 국장 체제에서 더욱 강조되었다. 콜비 국장은 모든 정보기관은 사회과학적 방법론과 과학적 기술을 적극적으로 수용해 불확실한 미래에 대해 과학적 예측 · 판단능력을 고양해야 한다고 말했다.288).

3. 기회분석학파

기회분석학파는 켄달 분석학파로 통용된다. 기회분석(Opportunity-Oriented analysis)은 구체적인 정책 방향에 추동된 분석 활동을 의미한다. 켄달(Kendall)은 정보분석은 구체적이고 현실적인 정책을 대상으로 이루어져야 한다고 주장했다. 그러 므로 정보분석은 추상적이 아니라 정보의 최종 수요자인 정책결정자의 의도와 선호에 따라 구체적인 정책을 지원하는 실천적인 방향으로 이루어져야 한다는 것이다. 따라서 정보분석관은 정책결정자들을 멀리해서는 안 되며 오히려 그들의 선호도를 파악하고 정보분석의 준거로 삼아야 한다고 말했다. 물론 정보의 기회분석은 현재의 구체적인 국가정책에 추동된 정보분석이 긴요하다는 것으로서 정보분석의 정치화나 정책의 수 단화를 의미하지는 않는다.

4. 맺음말

정보분석에 대한, 이 같은 견해 차이는 1970년대 CIA 정보국(Directorate of Intelligence) 내의 실천적 정보분석 과정에서 나타났다. 하나의 그룹은 정보의 객관적 인 중립성을 강조하며 객관적 분석(objective analysis)을 주창하는 전통주의자

---

288) 콜비(William Egan Colby)는 1973년 9월부터 1976년 1월까지 CIA 국장으로 재직하면서 CIA의 전략분 석기능 강화를 주창했다.

(traditionalists) 또는 셔먼 학파(disciples of Sherman Kent)였다.

다른 하나는 정보는 현재 상황에서 사용할 수 있어야 한다는 기치를 내세우며, 정보분석은 현상의 실용적인 기회에 맞춰(opportunity-oriented) 이루어져야 하는 것, 즉 실천분석 또는 실용분석(actionable analysis)이 중심이 되어야 한다는 기회분석학파 일명 켄달 학파(disciples of Kendall)였다. 기회분석학파는 지나치게 장기간의 전략 정보분석에 치중하는 CIA의 장기전략 정보분석 경향을 비판한 것으로 국가정보에서 국가경보 기능의 중요성을 강조했다.

하지만 예일 대학교 정치학과 교수였던 웨스터 필드는 논평에서 장래에는 양쪽의 입장이 모두 필요할 것이라고 말했다. 그리고 실천분석은 탁월한 견해이지만, 소수의 지지를 받을 것이라는 점에서 기회분석의 입장을 뛰어난 소수 견해(a distinct minority)라고 말했다.[289]

결론적으로 정보분석에 대한 이러한 시각 차이는 상호 배척적인 것이 아니다. 정보요구의 수준이나 정보가 필요한 상황에 따라 정보 수요는 다를 수 있기 때문이다. 특히 중요한 현안에 대한, 즉 전술정보를 위해서는 기회 분석학파의 입장이 타당하고 미래 장기적인 전략정보의 생산을 위해서는 사회과학 예측학파의 견해가 타당하다고 할 것이다.

---

289) Westerfield, H. Bradford, *"Inside Ivory Bunkers: CIA Analysts Resist Managers' 'Pandering'* -- Part I."* International Journal of Intelligence and Counterintelligence 9, no. 4 (Winter 1996/97): 407-424.

제2절 정보분석 기구와 정보분석관

제1항 정보분석 기구의 유형

국가정보기구에서 정보분석 부문의 존재는 필수적이다. 분석 없는 정보활동은 있을 수 없기 때문이다. 정보분석 기구 유형은 3가지로 나누어 볼 수 있다.

1. 분산형

각 정보기구가 교류 없이 자체적으로 분석 부서를 운영하면서 필요한 정보를 생산하는 방식이다. 제2차 세계대전의 긴박한 전쟁 상황에서 미국의 국무부, 육군과 해군이 각자 별도의 정보수집 및 분석기능을 가지고 원칙적으로 자체 부서의 정보 수요에 한정하여 정보분석 업무를 수행했던 것이 대표적이다. 소속 부처의 정책 수요에 신속히 대처할 수 있다는 장점이 있으나 국가 전체적인 정보, 즉 국가정보를 생산하는 데는 한계가 있는 분석모형이다.

2. 중앙 집중형

첩보의 수집과 정보의 분석을 철저히 이원화함에 따라 이루어지는 분석모형으로 최종적인 정보분석은 개별 정보기구의 첩보자료를 모두 취합하는 중앙 집중형의 별도 분석 부서에서 이루어지도록 하는 방식이다. 국가의 모든 정보자료를 활용할 수 있다는 장점이 있으나, 중앙 분석 부서의 독점적인 정보분석에 오류가 발생할 때도 시정할 기회를 얻지 못한다는 한계가 있다.

3. 혼합형 또는 경쟁적 분산형

분산형과 중앙 집중형의 절충형으로 개별 정보기구의 부문적 정보분석 기능도 장려하고 유지하면서 국가 장기예측 정보분석처럼 국가정보 전체를 망라해야 하는 사안에 대해서는 특별한 정보분석 부서가 그 임무를 맡도록 하는 방식이다. 분산형과 중앙

집중형의 절충형이라고 할 수 있다. 정보분석의 정확성을 도모할 수 있는 반면에 낭비적 요소가 많다는 비판이 있을 수 있다.

4. 마무리

앞의 세 가지 중에서 어느 모델이 가장 유용할 것인가에 대한 해답은 각국의 사정과 형편에 따라 다를 수밖에 없다. 명백한 사실은 다변화된 국제사회에서 장기적인 국제경쟁력을 갖추기 위한 고도의 국가정보를 생산하기 위해서는 정보분석의 다변화와 경쟁적 분석시스템의 운영은 시대적 조류라고 할 수 있다.

제2항 정보분석관

I. 정보분석관의 특성

1. 중요성

정보분석관은 정보분석의 핵을 이룬다. 아무리 뛰어난 수집 공작이나 기술적 수집 활동으로 양질의 첩보를 수집했더라도 소화할 수 있는 정보분석 능력이 없으면 수집된 첩보는 사장되거나 분석내용이 잘못될 수 있다. 유능한 정보분석관의 능력은 운동선수, 음악가와 마찬가지로 선천적인 경우가 적지 않다. 그래서 각국의 정보기구들은 정보분석관의 충원, 즉 리크루트(Recruit)를 특별한 절차를 통해 행하며 대단히 중요한 임무로 운용한다.[290]

2. 필요 능력

기본적으로 우수한 정보분석관이 갖추어야 할 소양으로는 국가이익과 국가정책에 대해 바르게 이해하는 국가관, 주관적 감정에 경도되지 않고 사물을 냉철하게 판단하는 객관적인 능력을 갖추어야 한다. 그리고 한 가지 이상의 분야에 대한 전문지식을 가져야 하며, 외국어 구사 능력과 분석정보를 글로 명료하게 표현할 수 있는 작문 능력 등

---

290) CIA의 정보요원 채용과정을 묘사한 영화 '리크루팅(Recruiting)'은 이를 생생히 보여 준다.

정보보고서 작성 기술이 중요하게 요청된다.

미국 정보공동체는 정보분석관을 채용할 때 특정 분야에 대한 전문지식 이외에 두 가지를 고려한다고 한다. 첫째는 재미있는 생각을 하는가와 둘째는 글을 잘 쓰는가이다.[291] 지식의 전문성 외에 창조성과 문장력을 매우 중요하게 평가하는 것이다. 미국은 초기 정보분석관의 인맥에 따라서 하버드대 출신의 랭글러(William L. Langler)와 예일대 출신의 셔먼 켄트(Sherman Kent)라는 양 거두가 중심을 이루며 특정 학연에 의해 분석관의 충원을 이루었다.[292]

각국은 정보분석관을 충원할 때 차별적 행태를 보이는 것도 사실이다. 미국 정보공동체에 아직도 흑인 분석 요원과 아랍계 분석 요원이 많지 않고, 인도 정보기구의 관리자급 이상에서 카스트 제도 등 종교적 계급에 따른 진입 장벽이 있는 것이 대표적인 예라고 할 수 있다. 한편 탈냉전 이후 국가정보 활동의 범위가 전통적인 군사안보 분야에서 경제적·사회적·문화적·환경적 등 광범위한 영역으로 확산함으로써 정보분석관의 전공 분야도 다양성을 갖게 되었다.

II. 정보분석관과 관련한 제반 문제

1. 정보분석관의 대체 가능성과 발굴의 문제

정보분석관은 수시로 교체하고 맞바꿀 수는 없다는 의미에서 불대체물이라고 할 수 있다. 그러나 국가비상사태가 발생하거나 정책 수요가 긴급히 수정된 경우 등 현안 내용에 따라서는 정보분석관들이 특별수요가 발생한 분야로 모두 동원되어야 할 때도 적지 않다. 이에 대한 대비나 고려는 정보분석 관리자와 담당자 모두가 유념해야 할 문제이다. 이것은 특정 현안이 발생한 경우에 우리 정보기구는 '중국 문제는 파악할 수 있지만, 인도 문제는 잘 모른다.'라고 말할 권리가 정보공동체에는 없다는 것을 의미한다.

원래 정보공동체는 만능플레이어로서 정책담당자들이 필요로 하는 모든 문제를 커

---

291) Lowenthal(2020), p.161
292) 미국 CIA의 전설적인 방첩 공작국장 앤젤톤의 고뇌를 묘사한 영화 "The Good Shepherd"에 앤젤톤 자신이 인맥에 의해 정보기관에 근무하게 되는 과정을 잘 보여 준다.

버할 수 있는 것으로 기대된다. 미국에서는 이 문제를 예비후보 정보분석관의 모집으로 해결한다. 자질이 있고 열망이 있는 정보분석관 후보들에게 대학 시절부터 장학금을 지급하면서 다방면에 대한 교육을 모두 이수하도록 육성하고 이들을 추후 특채하는 것이다.293)

2. 실천적 지식 부재와 교육 문제

1) 실천적 지식 부재의 문제

정보분석관들은 지식적인 관점 외에 실천적 경험은 그들의 업무가 책상집중형인 연유 등으로 인해 적을 수밖에 없다. 정책담당자들은 외국의 고위관료들과 통화하거나 국제회의에 참석하는 등으로 직접적인 접촉을 하고, 상대국 최고위층의 의중이나 사고 방식을 체험적으로 파악할 기회가 있다. 이에 비해 정책담당자들보다 그러한 기회가 더 필요하다고 여겨지는 정보분석관들은 그러한 기회를 얻기가 매우 어렵다. 정보분석 관들의 실천적인 경험 부족과 현실적으로 생생한 지식을 습득할 기회의 부족 현상은 전문적인 지식의 존재에도 불구하고 정보분석의 질을 크게 바꿀 수 있다.

예컨대 정보분석관들은 테러 지도자들이나 테러 요원들을 만날 기회가 전혀 없다. 그런 그들이 테러의 동기, 테러 분자들의 사고방식과 테러 이후의 행동을 학술적인 예측분석을 하는 것 말고 실천적 경험을 바탕으로 구체적 분석도 누구보다 잘 수행하리 라고 보장할 수는 없다. 1986년 4월 26일 러시아 체르노빌 원전 원자로 방사능 유출사 건 때의 정보분석 실패 사례에서도 정보분석관들의 실천적 경험 부족이 잘 드러난 다.294)

체르노빌 방사능 유출 사고 다음 날 오후에 스웨덴 정부는 보통보다 훨씬 높은 수치의

---

293) 전술한 바와 같이 냉전 시대 영국 MI6의 이중간첩으로 활약하며 조국을 배반한 케임브리지(Cambridge) 5인방은 모두 대학 재학시절부터 소련 KGB의 장학금을 받으며 육성되었다. 변절의 싹도 대학 재학 중에 이미 돋았던 것이다.

294) 체르노빌 대참사는 1986년 4월 26일 우크라이나 프리피야트(Pripyat)에 소재한 체르노빌 원자력 발전소 의 원자로가 폭발한 사고로 핵 역사상 최악의 사고였다. 핵 구름과 낙진이 러시아 서쪽 하늘을 뒤덮었고, 동서유럽과 북유럽, 그리고 동북미 대륙에도 핵 낙진의 영향을 미쳤다. 사고로 336,000명이 사고 지역을 떠나 다른 지역에 재정착했다. 2005년 국제원자력기구(IAEA)와 세계보건기구(WHO) 보고서에 따르면 근로 자 47명을 포함해 56명이 즉사했고, 핵진에 다량 노출된 660만 명의 러시아 사람 중 9,000여 명은 암 등 으로 사망 위험에 놓여 있는 것으로 보고되었다.

방사능이 측정되었다고 보고했다. 이 정보를 입수한 미국 정보당국의 책임자는 정보분석관에게 스웨덴 보고서에 대한 견해를 물었다. 당시 정보분석 담당자는 러시아를 포함한 스웨덴 주변국에서의 핵무기 이동이나 핵실험이 없음을 너무나 잘 알고 있었다. 그래서 그는 스웨덴은 자국의 대기 환경에 대해 항상 지나친 관심을 가지고 조그마한 방사능 수치 변동에도 예민해 왔다는 자신의 과거 경험을 바탕으로 별문제가 아니라고 보고했다. 그는 전공 분야인 소련 핵무기의 존재와 핵무기 실험에만 유념했을 뿐 경험하지 못했던 원자력 발전소에서 방사능이 유발된 것이리라고는 전혀 생각을 못 했던 것이다.295)

이처럼 현장 지식의 부재는 정보의 부정직을 초래하고, 자꾸만 잘못된 가정을 덧붙이게 하며, 진실성을 마비시킬 수 있다. 부단한 교육과 자기 노력, 기관 내 순환 근무, 민간부문과 다른 정부 기관에의 근무 경험에 의한 식견 증대와 경험 축적, 외부 전문가들과의 토론 등 교류 그리고 직접적으로는 특별한 분석자질을 가진 외부 전문가의 특채 등으로 경쟁력을 높이는 것이 필요하다.296)

2) 교육 문제

현실적으로 예산의 한계와 업무 수요의 증대 때문에, 정보분석관들을 재교육시키는 데 할애하는 시간은 거의 없다고 한다. 그러나 교육은 새로운 지식의 연마와 습득 외에 자신의 업무를 한 걸음 물러서서 전체적인 조망을 가지게 함으로써, 목적과 사명감을 되잡고 다시 한번 업무에 대한 열정을 불어넣는 좋은 계기가 된다. 게다가 정보분석관들은 현업에서 한 걸음 물러서서 정보수집에 대한 교육 등 고유분야 이외의 내용을 배우게 됨으로써 방대한 조직이 어떻게 유기적으로 기능하는지를 조망하여 업무능률을 도모할 수도 있다.

정보분석관 중에는 선천적으로 분석에 대한 특별한 재능을 가진 사람도 있는 게 사실이다. 그러나 분석 능력은 사후적으로 시행착오를 거쳐 배양될 수 있다는 사실과 재교육 없는 무한한 반복적인 업무수행은 비능률을 초래할 뿐 아니라 능력에 대한 과신과 타성

---

295) Lowenthal(2020), p.162.
296) Jack Davis, Improving CIA Analytic Performance: Analysts and the Policymaking Process (Sherman Kent Center), p.4.

에 젖은 경솔함으로 오판을 초래할 수도 있음을 직시해야 한다. 그러므로 신입 교육, 재교육, 보수 교육 등 다양한 교육은 바쁜 분석업무 와중에도 이루어져야 한다.

3. 관리의 문제

정보분석관 관리는 다른 정보업무 담당자들의 관리 문제와 비교하면 독특한 문제를 제기한다. 그중에서 가장 중요한 문제는 보직 관리와 승진 문제이다.

1) 보직 관리 문제

정보분석관에게 특정 분야에 대한 고도의 전문성이 요구되는 것은 틀림없는 사실이지만, 같은 문제에 대해서만 장기적으로, 보직 이동 없이 입사부터 퇴직까지 정보분석이라는 한 우물만 파게 하는 것은 소위 지적 정체(intellectual stagnation)를 야기하고 정보분석의 오류로 직결될 수 있기 때문에 분석관 관리는 현실적으로 대단히 중요한 문제이다.

해결책으로 순환근무제도를 생각할 수 있지만, 순환 근무 체계는 진부함을 탈피시키고 신선함을 느끼게 할 수 있다는 이점보다 자칫 고도의 전문가 양성에 대한 실패를 초래할 수도 있다. 정보분석관에 대한 관리는 팔방미인형 관리자 양성이 목적이 아니라, 고도의 업무전문가 양성을 전제로 한 능력관리의 문제이기 때문이다. 그러므로 정보책임자는 순환보직을 하는 경우에도 분석가의 주특기가 있는 특정 분야에 대해서는 전문지식 습득에 소요되는 최소한의 의무적인 근무 기간을 정해 놓고, 최소연한의 근무를 완수한 후에 보직 이동하도록 하는 방안을 생각해야 할 것이다.

2) 승진 문제

정보분석 파트는 업무의 성격상 계단적 승진구조를 가질 수 없는 분야이다. 일정한 경험을 쌓고 연한이 지나면 자연히 승급하는 다른 부서의 커리어 시스템과 달라서 정보분석 파트는 승급에 관한 직급체계가 한정되어 있기 때문이다.

그래서 처음에 일종의 애국심으로 비롯된 업무 열정이 점차 식어 갈 수 있고, 그에 더해 상대세력으로부터 끊임없는 회유와 유혹의 대상이 될 수 있다. 또한, 정보분석 파트는 승진 직위가 있다고 해도 무엇을 기준으로 승급의 요소로 삼을 것인가? 하는 쉽지 않은 문제를 가지고 있다.

통상 과거 사례에 있어서 분석의 정확성, 작문 실력, 외국어 실력, 외국 특정 지역에 대한 전문지식, 주된 업무에의 참여 횟수 등을 거론할 수 있으나 그것이 절대적인 기준이 될 수는 없다. 또한, 뛰어난 정보분석관이 반드시 훌륭한 관리자를 의미하지 않는다. 오히려 뛰어난 분석 능력이 훌륭한 조직 관리에는 방해가 될 수도 있다. 정보분석 업무는 개인의 주관적 창의력이 중요하고 따라서 뛰어난 정보분석관들은 집단과의 조화가 아닌 개인적인 단독형 업무수행 방식에 다년간 익숙해져 있을 수 있기 때문이다. 그러나 어쨌든 정보분석관들에 대한 관리 직위의 부여 등 승진 기회는 보장되어야 한다는 것이 공통된 의견이다. 예를 들어 CIA의 경우는 분석 능력만을 유일한 승진기준으로 삼고 최고 보직인 고위 분석 직위(Senior Analytical Service)를 두고 있다.[297]

4. 신뢰성 문제

양심을 바탕으로 신뢰성을 가져야 한다는 것은 정보분석관들이 지녀야 할 또 다른 특별한 특징으로 간주된다. 신뢰성은 업무에서 신념과 진실을 갖춘 성실함으로 나타나서 업무에 대한 진정한 능력으로 드러난다. 인간 본성의 핵심 요소로서의 신뢰성이 없는 정보분석관에 의한 정보분석은 분석 결과물이나 정보보고서에도 신빙성이 결여될 수 있다. 정보분석관의 신뢰성은 또한 열정과 애국심 과 연결되어 국가안보를 위한 최상의 정보생산으로 향하는 진지한 업무 추구 모습으로 나타나게 된다. 정보보고에서 신뢰성이 없는 보고의 예를 들어 본다.

어느 정보기구가 상대국의 미사일 제조 능력을 매년 평균 15기로 정보분석하고 있었다. 그런데 이듬해 연 60개 이상으로 상대세력의 미사일 제조 물량이 대폭 증대한 것으로 분석되었다. 그 이유가 상대세력 과학기술 장비의 확충 때문인지, 아니면 우리 측의 새로운 정보수집 기술의 획기적인 발전 때문인지, 아니면 애초부터 연간 15기라고 하는 미사일 생산 분석이 잘못된 것인지는 명확하지 않았다. 이러한 상황에서 증가한 분석결과가 어떻게 도출되었는지를 생략한 채, 상대세력의 미사일 제조 능력을 그냥

---

297) Lowenthal(2020), p.163.

비율로 400% 증가했다는 액면적인 분석결과만을 보고하는 경우 또는 보고받는 사람의 심기를 고려해 일회 보고가 아닌 여러 차례에 걸친 간략한 브리핑 보고를 악용하여 수치를 순차로 조금씩 늘리는 방식으로 충격을 완화해 보고하는 경우를 생각해 볼 수 있다.[298] 이러한 보고들은 물론 모두 신뢰성을 상실한 비양심적 정보분석이 된다.

Ⅲ. 정보분석관 오류의 3가지 유형

정보분석관들이 장시간 동안 같거나 비슷한 유형의 주제를 가지고 분석업무에 임함으로써 그들의 태도와 마음가짐에서 유발되는 오류에는 3가지가 있다.

1. 경상 이미지 오류

경상 이미지 오류는 상대방도 내 마음이나 태도와 같을 것이라는 관점에서 소위 거울에 반사되는 것과 같은 당연한 마음가짐(behaviors of mirror imaging)으로 생각함으로 나타나는 분석상의 잘못이다. 즉 전문가들인 정보분석관이 상대세력의 지도자나 집단도 자신과 같은 사고와 행동 그리고 동기와 목적을 가진 것으로 생각하고 분석에 임함으로써 발생하는 잘못을 말한다. 스탈린은 "당신이 어떤 결정을 할 때 당신의 마음을 다른 사람의 마음과 같은 사고에 두지 말라. 그렇지 않으면 엄청난 실패를 자초할 것이다."라고 말했다.[299]

통상적으로 분석관은 그러한 상황에서는 상대방도 나와 같은 생각이나 마음일 것이라는 것을 의식적·무의식적으로 당연히 전제하고 분석업무에 임할 수 있는 위험성이 있다. 그러나 이러한 경상 이미지에 기초한 정보분석은 결정적인 정보실패를 초래할 수 있다.

전형적인 예로, 미 정보당국의 1941년 일본의 진주만 공격 정보분석 실패가 회자된다. 미국 정보기관들은 당시 일본 공군과 해군 그리고 증가하는 교신 회수 등의 사전파악으로 일본군이 분명하게 어딘가를 공격하려고 한다는 사실을 사전에 짐작했다. 그러나

---

[298] Lowenthal(2020), p.165.
[299] '그들은 우리와 같아(They're just like us.)'라고 생각하는 것이다. 영국의 저널리스트 Simon Montefiore의 저서 『Stalin : The Court of the Red Tsar』.

정보분석관들은 미국이 일본의 입장이라면 강력한 국가, 즉 미국을 상대로 도발한다는 것은, 패망을 자초하는 것이라는 안일한 생각에서 일본의 예상 공격대상에서 미국을 제외했다. 하지만 일본은 미국 정보당국의 경상의 마음가짐에서 유래된 안이한 분석과는 정반대로 최강국 미국에 대한 공격을 감행했다.

다른 예로, 냉전 시대 미국의 정보·정책 당국자들은 소련 고위직 인사들을 온건 인물들인 비둘기파와 강경 인물들인 매파로 분류하느라 바빴다. 그러나 그것은 미국인 자신들에 의한 상식적인 분류일 뿐 당시 소련 인사들을 강경파와 온건파로 분류할 만한 어떠한 경험적인 근거나 사실도 없었다. 미국의 기대와는 달리 냉전 시대에 소련 크렘린에는 비둘기파는 없고, 오로지 강경파인 매파와 초강경파인 독수리파만 있었던 것으로 드러났다.

또한, 1980년대 미국은 이란 고위인사를 극단주의(extremists)와 온건주의(moderates)로 분류했다. 그러한 사고의 저변에는 개념적으로 극단주의자가 있으면 온건주의자가 있는 것이 보통이라는 사고의 경상(mirror imaging)에서 기인했다. 그러나 후일 자료에 의하면 팔레비 정권 붕괴 후 호메이니 체제에서는 극단주의자와 초극단주의자(ultra-extremists)만 있었지, 미국과의 관계 개선 등 국제 협조를 주창하는 온건론자는 존재하지 않았다.[300]

2. 고객 과신주의(clientism)의 오류

정보분석관이 경계해야 할 또 다른 중요한 문제 중의 하나로 고객 과신주의(clientism)가 있다. 클라이언티즘, 즉 고객 과신주의는 믿을 만한 첩보 출처에 대한 일종의 안심과 신뢰에 따라 나타나는 맹목적인 순응과 기존에 처리한 경험이 있거나 유사한 분석 주제에 대한 과잉신뢰이다. 정보분석관들이 출처와 경험에 대한 과신으로 어떤 주제에 대해 비판적인 시각으로 새롭게 접근하는 것을 소홀히 함으로써 나타나는 현상이다.

미국 국무부는 고객 과신주의(Clientism)를 정보분석관의 일종의 순진한 생각이라는 의미에서 사대주의(clientitis)의 일종이라고 설명한다.[301] 첩보출처와 경험이라고

---

300) Lowenthal(2020), p.166.

하는 양대 고객에 대한 과신은 정보분석관으로 하여금 당연히 그들의 분석을 거쳐야 할 내용을 분석하지 않고 전제 사실로 간주하여 정보분석 업무에 임할 위험성이 있을 수 있다.

게다가 지금까지 매우 높은 신뢰도를 보여 준 고정적 소스, 즉 원천에 대해서는 당연히 신뢰성을 전제하고 의심 없이 분석업무가 이루어질 수 있다. 예를 들어 청와대 보고서이기 때문이라거나 국방부 문서이기 때문에 더 나아가 미국 국가보고서이기 때문에 의심 없이 분석의 전제 사실로 삼아 업무에 임하는 것이 좋은 예이다. 그러나 정보의 세계에서, 이는 고객 과신주의, 즉 사대주의의 하나라는 비판을 면할 수 없고 정보의 실패로 귀납될 위험성을 내재하고 있다.

2003년 이라크 전쟁에서 미국 정보당국은 이라크 국가 의회(Iraqi National Congress)의 정보를 의심 없이 받아들였다. 그러나 추후 상원특별위원회의 2006년 9월 8일 조사보고서에 의하면, 이라크 국가 의회(INC)는 당시 수단과 방법을 가리지 않고 이라크 후세인 정권 축출을 위해 어떻게 해서든지 미국의 직접적인 군사 개입을 유도하려고 했다. 그래서 후세인 정권이 대량살상무기를 개발해 다량 보유하고 있다고 거짓으로 자백하는 이라크 정보기관 내의 다수의 변절자를 미국 정보당국에 제공하는 등 대량의 허위정보를 제공했던 것으로 판명되었다. 미국 정보기관은 이라크 국가 의회라는 고객에 대한 과신에 따라서 이라크 정보요원들이 제공하는 정보와 이라크 국가 의회(INC)가 제공하는 정보를 면밀한 분석 없이 의심 없이 받아들였다. 결국, 이라크의 대량살상무기 보유를 당연한 사실로 전제하고 이라크에서 계속 입수되는 추가 정보들도 그와 같은 전제 사실을 뒷받침하게 됨으로써(후술하는 겹층 쌓기의 오류), 이라크의 대량살상무기 보유는 회피할 수 없는 자명한 사실이 되었다.[302]

3. 겹층 쌓기의 오류(layering)

겹층 쌓기 또는 겹쳐 입기의 오류는 일단 잘못된 정보분석을 진실한 것으로 믿은

301) Lowentha(2020), p.164.
302) Report of the Select Committee on Intelligence on the use by the intelligence community of information provided by the Iraqi National Congress together with additional views, pp.113-114.

후에는 후속되는 정보분석이 아무리 반대되는 징후를 보여도 전제되는 분석결과를 뒷받침하는 방향으로만 분석업무를 하는 잘못을 말한다. 자기 오류를 인정하지 않으려는 인간 본성에서 유래된다고 할 수 있다. 최초의 정보분석오류는 경상 이미지나 고객 과신주의 등에서 발단되는 것이 통상적이다.

이라크 전쟁 준비에 대한 정보실패는 고객 과신주의의 예도 되지만 겹쳐 입기의 실패 사례도 된다. 2003년 3월 20일 미국이 이라크 전쟁을 일으킨 정당성의 하나로 이라크 내에 대량살상무기가 존재한다는 사실이었다. 그 정보는 미국 정보공동체의 정보분석 결과였다. 그 결과 이라크 대량살상무기의 존재는 너무나 당연한 명백한 전제 사실로 가정했다. 단지 대량살상 무기의 량에 대한 판단이 문제라고 생각하였다. 계속적인 정보분석은 그러한 전제 사실을 확인하고 재확인하는 방향으로 진행되었기 때문에 이라크 내에 대량살상무기가 존재한다는 것은 움직일 수 없는 진실이 되어 버렸다.303) 결국, 2003년 이라크 전쟁은 후세인뿐만 아니라 전쟁을 반대한 이라크 국민에게는 고객 과신주의에 겹치기 분석의 오류가 더해진 정보분석의 재앙이었다.

---

303) The Senate Intelligence Committee and the WMD Commission(Commission on the Intelligence Capabilities of the United States Regarding Weapons of Mass Destruction)의 공통된 조사결과였다. Lowenthal(2020), p.119.

제3절 정보분석 기법

제1항 정보분석 업무 개관

I. 개 요

정보분석의 거장 셔먼 켄트는 정보분석이 이루어지는 단계를 ① 실질적 문제의 대두
② 문제분석 ③ 자료수집 ④ 자료평가 ⑤ 가설설정 ⑥ 가설제시의 6단계로 분류했
다.[304] 현실적으로 정보분석은 상대세력과의 눈에 보이지 않는 지적 전쟁으로 정보분
석관의 일련의 눈부신 동태적인 지적 활동이다. 그러므로 주어진 시간이라는 제약과
한정된 첩보자료라는 제한 속에서 어떤 단계는 생략되고, 어떤 단계는 집중되며, 필요
에 따라서는 지나간 단계라도 또다시 재점검되는 등으로 정보분석 업무는 유기적 · 동
태적으로 진행된다.

II. 첩보 분석

첩보 분석은 단적으로 첩보에 대한 내용심사이다. 주어진 분석 주제와 관련되어 구체
적이고 특징적으로 전개된다. 다수의 첩보를 분석할 때는 각각의 내용을 대조하고 분류
하는 것이 필요하다. 먼저 대조(對照)란 첩보 자료를 서로 비교해 보는 것이다. 이러한
대조는 새롭게 수집된 자료 간의 비교뿐만이 아니라 기왕에 수집되었던 자료와의 비교
도 함께 되어야 한다. 대조를 통해 첩보 내용의 진위를 파악할 수도 있고 분석 주제와
관련된 문제의 핵심을 더욱 분명하게 파악할 수 있다. 다음으로 분류(分類)는 비슷한
내용을 가진 첩보끼리 같은 범주로 나누어 보는 것이다. 전체 첩보를 몇 개의 범주로
나누어 분류해 보면 분석 주제에 대한 전반적인 윤곽을 어느 정도 이해할 수 있게 된다.

---

304) Sherman Kent(1966), pp.159-179, Chapter 10.

Ⅲ. 추론의 방법(Type of Reasoning)

정보분석의 속성과 기법을 이해하기 위해서는 인간의 지적 추론 방법을 이해해야 한다. 추리 또는 추론에는 몇 가지 방법이 있다. 분석관은 추론을 통해서 가설을 설정하게 된다. 분석관은 주어진 전제 사실에서 시작하여 전문가적 지식을 적용한다. 그를 통해 사실에 대한 전문적 지식을 적용하여 발생할 수 있는 개연적 사실과 근거를 예측 (forecast)하게 된다. 그러나 정보분석관은 사실에 기초하지 않은 예언 (fortunetelling)을 해서는 안 된다. 정보분석에 적용되는 추론 방법에는 통상 4가지가 있다. 귀납법(induction), 연역법(deduction), 직관(intuition) 그리고 과학적 추론 방법이 그것이다.

1. 귀납법(Induction)

귀납법은 기지(旣知)의 지식이나 자료에서 일반적인 성질을 찾아내어 결론을 도출하는 방법이다. 아리스토텔레스의 정언적 삼단논법이 대표적인 귀납적 추론이다. ① 소크라테스, 플라톤, 아리스토텔레스는 사람이다. ② 그들은 모두 죽었다. ③ 그러므로 사람은 모두 죽는다. 완전한 경험적 모델추론이다.

귀납적 추론을 위해서는 가능한 다수의 사실 및 관찰 경험을 확보하는 것이 중요하다. 확보된 다수의 사실을 통해서 분석관은 일반화를 할 수 있고, 일반화를 통해서 사건의 전체 흐름 및 변화의 방향과 정도를 파악할 수 있다.

2. 연역법(Deduction)

연역법은 보편성을 갖는 대전제에 소전제인 구체적 사실을 적용하여 결론을 도출하는 추론이다. 많은 개별적인 사건 · 사고를 통해서 일반적인 결론을 도출하는 경험주의인 귀납법과 달리 연역법은 일반 보편적인 원칙을 대전제로 삼고 논리 추론으로 결론을 도출하는 합리주의이다. 예컨대 ① 모든 사람은 죽는다(대 전제). ② 소크라테스는 사람이다(소전제). ③ 그러므로 소크라테스는 죽는다는 결론에 도달하는 것이 연역법 추론이다.

정보분석에서 연역적 추론이 바람직하지 않다는 견해가 있다. 2006년 CIA 국장 인준 청문회에서 헤이든 국장 지명자(Gen. Michael V. Hayden)는 정보분석은 많은 첩보를 수집하여 일반적인 결론을 도출하는 적극적인 귀납적 추론방식으로 전개되어야 하는 것이지, 이미 결론을 가지고 있고 다만 그 결론은 뒷받침하는 데이터를 찾아내는 연역적 방식은 수동적·소극적인 것으로 바람직하지 않다고 말했다.[305]

3. 직관(Trained Intuition)

현실의 복잡한 분석 대상 과제가 귀납적 추론이나 연역적 추론으로 모두 해결될 수 있는 것은 아니다. 이 경우 정보분석관들은 고도로 숙련된 직관법을 사용하게 된다. 훈련된 직관이란 분석관의 순간적인 예리한 통찰적 인식이라고 할 수 있다. 그러므로 최종 결론에 이른 경과나 과정은 귀납적 또는 연역적 추론에서처럼 분명하지 않다. 대표적인 예가 전술한 바와 같이 1932년 당시 세계 최강이었던 독일의 암호체계인 에니그마(Enigma)를 해독한 폴란드 수학자 튜링의 직관적 추론을 들 수 있다. 그는 어떤 전제 사실 없이 자신만의 직관적인 예지력을 통해서 에니그마의 복잡한 비밀체계를 하나하나 격파했다.

훌륭한 정보분석가는 타고 난다는 사실은 직관적 추론 능력을 평가한 것이라고 할 수 있다. 정보분석에서 직관적 추론 능력의 존재를 인정하고 그 가치를 평가하는 다른 큰 의미는 경험이 일천한 미숙한 정보분석가도 전혀 예상하지 못한 탁월한 정보 분석물을 생산할 수 있음을 의미한다. 따라서 정보기구 관리자는 경험이 비록 중요하기는 하지만 정보분석은 반드시 직급이나 계급에 의해 이루어지는 것은 아니라는 사실을 직관력의 중요성에 비추어 유념해야 한다.

4. 과학적 추론(Scientific Method)

정보분석을 위한 추론에는 전술한 바와 같은 귀납적 추론과 연역적 추론 그리고 직관

---

305) Dana Priest and Walter Pincus (Washington Post Staff Writers), *Nominee Has Ability To Bear Bad News: Some Senators Unsure He Will Use It With Bush.* (May 19, 2006). http://www. washingtonpost. com/wp-dyn/content/article/2006/05/18/AR2006051802323_pf.html.

적 방법 이외에 과학적 추론기법도 사용된다. 거시적인 것을 추구하는 천문학자나 미시적인 현상을 추구하는 핵물리학자 같은 경우에 그들의 가설을 검증할 어떤 자료나 현상이 현재에는 없다. 그러나 그들은 직접 접근할 수 없는 현상을 측정하는 방식 대신에 측정될 수 있는 다른 현상이나 연관된 후속 가설에 대한 검증을 통해서 그들이 설정한 가설의 진정성을 간접적으로 확인한다.

예를 들어 물리학자와 화학자는 직관이나 영감 또는 초기의 실험 결과나 목격한 현상을 바탕으로 어떤 과학적 가설을 설정한다. 후속적 실험을 통해서 실험 결과가 맞으면 설정한 가설은 유효한 것으로 증명된 것으로 본다. 실험으로 가설이 증명되지 않으면 새로 실험하거나 가설을 다시 설정한다. 이처럼 과학적 추론기법은 직관과 실험적 검증이 함께 어울려 사용되는 제4의 추론기법이라고 할 수 있다. 사실 정보분석관들은 대상 목표에 대해 직접 접근할 수 없다는 근본적인 한계가 있다. 오로지 간접적인 첩보를 통해 대상 목표를 확인하게 된다. 그러므로 분석가는 수집된 첩보에서 과학자들의 과학적 추론 방법처럼 잠정적인 결론, 즉 가설을 설정하여 분석을 도모하게 된다.

Ⅳ. 정보분석의 가설이론

1. 가설(假說, hypothesis)의 의의

가설은 주어진 현상에 대한 잠정적인 결론이다. 가설은 기존의 경험적 진리와 개념을 바탕으로 산출해 내는 것이므로, 어떤 문제에 대한 가설의 제기는 가장 창조적인 인간의 지적 활동이다. 가설은 일정한 자료에 근거하여 논리적으로 유추하여 도출한 것이므로 아무런 근거도 없이 자의적으로 꾸며내는 억측과는 구별된다. 가설이 옳다는 사실이 논리적 또는 실험적으로 증명될 때 그 가설은 정설 또는 진실로 인정되거나 과학적 학설로 굳어지게 된다.

자연과학 분야에서 발전한 가설이론은 사람들이 자연과 사회에 대한 지식을 확대 발전시키는 데 중요한 역할을 했다. 천문학에서 이룩한 새로운 행성들의 발견과 물리학에서 이룩한 원자와 핵 구조의 해명, 여러 가지 입자들의 발견들은 모두 가설의 설정과 설정된 가설에 대한 사후의 증명으로 이루어진 것들이다. 수많은 과학 법칙도 처음에는 가설이었던 것이 실험과 증명으로 많은 사상(事象)에 대한 훌륭한 설명이 거듭됨에 따라서 사후에 확고한 법칙으로 확립된 것들이다. 한편 일상생활에서 현재는 진리로 통용되는 것 중에서도 철학적으로는 가설로 보아야 할 것들이 많다. 이미 알려진 기지(旣知)의 진리나 법칙도 미지의 새로운 영역에 대한 타당성 검토에서는 가설이기 때문이다.

그것은 정보분석에서도 동일하다. 지금까지는 사실이자 진리로 판단된 정보이지만, 새로운 상황에 대한 정보분석에서는 단지 하나의 첩보자료, 즉 새로운 정보분석의 참조 대상으로서 또 다른 분석이 있어야 하는 경우가 적지 않다. 가설이론은 한정된 첩보자료에서 필요한 정보, 즉 결론을 도출해야 하는 정보분석에서 필연적인 것으로서 상상력에 기초해 많은 가설을 설정할 수 있고, 설정된 가설을 바탕으로 다양한 정보분석 기법을 통해서 정보 결론을 도출할 수 있다.

예를 들어 정보분석 결과에 따라 "이러한 결론에 도달할 수 있다. 이러한 점을 알아낼 수 있다. 이러한 사실을 발견할 수 있다. 이와 같은 정황이 명백해진다."라는 등의 첩보 분석결과나 첩보 분석결과를 종합한 최종적인 정보생산물은 다름 아닌 현상에 대한 가설(hypothesis)이다.

그러한 가설이 나중에 확보된 역사 문서나 사실 자료 그리고 당사자의 증언으로 진실로 판명되게 된다. 그러나 그러한 진실은 나중의 문제이고 제한된 시간과 한정된 첩보 분석에서 정보분석관은 무수한 가설들을 상상할 수 있고, 그중에서 가장 타당한 가설을 정보분석 보고서로 생산하게 된다. 정보학에서 가설이론은 정보분석 방법론의 표준 매뉴얼로 소개되기도 하지만 가설이론은 가정적, 즉 추정적 진리를 유추해 내는 정보분석의 요체이다.[306)]

2. 가설이론 6단계

1단계 : 문제의 정확한 확인

정보분석 대상이 된 문제를 되짚어보는 것이다. 아무리 훌륭한 정보생산물이라고

---

306) 첩보분석에서의 가설이론의 상세한 내용에 대해서는 Richard J. Heuers, Jr, *Psychology of Intelligence Analysis*, Chapter 14.

하더라도 요구된 것에 관한 내용이 아니라면 동문서답으로 의미가 없다. 정보 분석물은 정책담당자의 질문에 대한 해답이 되어야 하기 때문이다. 잘못된 문제설정은 필연적으로 오류의 정보분석을 이끌게 될 것이므로 정확한 문제설정은 정보분석의 중요한 출발점이 된다.

2단계 : 문제에 대한 가설의 설정

주어진 문제에 대하여 상정할 수 있는 가설을 설정하는 것이다. 가설의 설정은 가능한 모든 가설을 망라하여 설정해야 한다. 설정할 수 있는 가설이 많으면 많을수록 좋다. 때에 따라서는 정보분석 후에 설정하는 가설이 상반된 내용의 가설이 될 수도 있다. 예를 들어 한쪽 가설은 테러 공격 위험이 없다는 내용인 데 비해서, 동일한 첩보를 분석해 도출된 다른 가설은 테러 공격 위험이 없다고 할 수 없다, 즉 있을 수도 있다는 결론이 될 수도 있다. 이러한 경우에 설정할 수 있는 가설을 모두 제시하여 검토하는 것이 중요하다. 명령체계 때문에 또는 기존의 분석 사례 때문에, 가능한 가설 일부가 포기되거나 탈락하여서는 안 된다.

3단계 : 가설 검증을 위한 첩보의 재수집

설정된 가설을 검증하기 위해서 새로운 첩보의 추가적인 수집이 필요한 경우도 적지 않다. 또한, 기존 첩보에 대한 대조와 분류 및 취합이 다시 이루어질 수도 있다. 이처럼 문제의식을 느끼고 추가 첩보를 입수하여 분석하는 과정에서 새로운 가설이 다시 설정될 수도 있다. 소위 대안적 가설의 설정이다. 추가 첩보 수집과 검증작업을 반복하는 과정에서 점점 사실관계가 분명해지고 또다시 유력한 가설이 설정된다.

4단계 : 설정 가설에 대한 평가

경합하는 가설에 대한 진실성 평가이다. 중요한 점은 이 경우에 어떠한 가설도 기정사실로 전제되거나 받아들여서는 안 된다는 점이다.

설정한 가설에 대한 평가는 적극적인 검증(verification)의 방식과 소극적인 위증(falsification)의 방식으로 전개된다. "검증"은 가설을 뒷받침하는 새로운 첩보가 수집되면 일단 진실로 받아들이는 것이다. 반면에 "위증"은 가설을 뒷받침할 새로운 첩보가 나타나지 않으면 거짓으로 판정하는 방식이다.

새로운 첩보 수집으로 가설을 검증하고자 할 때는 설정된 가설을 추가로 입증할 수 있는 첩보를 수집하는 방식이 아니라, 설정된 가설을 탄핵할 수 있는 첩보를 입수하여 당해 가설을 제외시켜 나가는 탄핵 방법을 사용하는 것이 진실접근에 더욱 유용하다. 실무에서도 정보분석관이 선호하는 가설부터 하나씩 위증해 나갈 때 정보분석의 정확도는 높아진다고 한다.

5단계 : 가설의 선택

위증과 검증과정을 거치고 남은 가설을 최종적으로 선택하게 된다. 가설의 선택은 아무리 회피하고 싶은 단계라도 정보분석관이 피할 수 없는 종착역에 다다른 것을 의미한다. 지금까지의 모든 절차는 최종 가설을 선택하기 위한 산고이다. 가설을 선택하는 데는 여러 가지 방법이 있다. 그중 한 가지 가설 선택방법이 알렉산더 조지(Alexander George) 방식이다.[307]

① 최선보다 차선이지만 충분히 만족할 만한 가설을 채택하는 방법,

② 기존의 입장에서 크게 변하지 않는 대안적 가설을 채택하는 점진주의 (incrementalism) 방법,

③ 분석관 사이에 최대의 지지와 합의가 도출된 가설을 선택하는 방법,

④ 과거의 성공과 실패 사례를 참조하여 선택하는 유추형 방법,

⑤ 좋은 대안과 나쁜 대안을 구분할 수 있는 일련의 기준과 원칙을 정하고 그에 따라 가설을 설정하는 방법,

국가정책의 수립과 집행에서 필요한 정보의 취사 선택 자체는 최종적으로 정책결정권자의 권한이지만, 정보분석관은 가급적이면 최종적인 한 개의 가설을 정보분석 결과로 제시하는 것이 바람직하다. 정보생산물이 여전히 여러 가지 가능성을 나타내는 것이

---

307) Alexander George, *Presidential Decision-making in Foreign Policy: The Effective Use of Information and Advice* (Boulder, Co.: Westview Press, 1980), p.2.

라면 정책결정권자는 과연 어떤 정보를 선택해야 하는지 또 다른 고민에 빠져 신속한 의사결정이 어렵게 될 것이기 때문이다. 그럴 뿐만 아니라 정보분석의 신뢰성이 의심받게 되어 향후 정책 결정 과정에서 정보 역할이 배제될 수도 있다.[308]

그럼에도 불구하고 단 한 가지의 가설설정에 이르지 못하는 경우도 존재한다. 이러한 경우에는 부득이 복수의 가설을 분석 결과물로 제시할 수밖에 없다. 그러나 그 경우에도 정보분석관은 무책임하게 정책결정자가 알아서 택일하라는 식의 평면 나열적인 제시에 그쳐서는 안 된다.

셔먼 켄트는 이 경우에 복수의 가설을 제시하면서도 발생확률을 구체적인 수치로 표시하여 최종 정보수요자의 정보 선택에 편의를 다해야 한다고 설명했다. 미국 정보공동체의 국가정보예측보고서 작성 업무를 다년간 담당한 셔먼 켄트 박사가 개발한 소위 'Kent 방정식' 또는 'Yale 방정식'은 수학과 구두 언어의 연계를 다음과 같이 구분했다.[309]

① 확실(100%, certainly)

② 거의 확실한(93%±6%, almost certainly)

③ 대체로 가능한(75%±12%, probably)

④ 반반의 가능성이 있는(50%±10%, chances about even)

⑤ 대체로 가능하지 않는(30%±10%, probably not)

⑥ 거의 확실하지 않는(7%±5%, almost certainly not)

⑦ 불가능한(0%~2%, impossible)

6단계 : 지속적인 점검

최종적으로 가설이 선택되었더라도 그것이 마지막이 아니다. 국가안보 현실은 부단히 변화하기 때문이다. 따라서 분석된 현안과 가설에 대해 지속적으로 모니터링하여

---

308) 의도적인 경쟁분석이나 대안분석이 아닌 한 정보분석 업무를 전문적 전담 업무로 하는 정보분석관은 어떤 경우에도 자신의 분석결과가 담긴 객관적인 분석 결과물은 최종 책임하에 생산하는 자세를 견지해야 함은 두말할 나위가 없다. 그렇지 않은 정보생산물은 책임회피를 위한 미봉책으로, 그것은 미완성의 정보분석물에 지나지 않는다.
309) Sherman Kent(1966), 국내 서적들은 그 내용을 잘못 소개하고 있다.

그에 따른 변화를 주시해야 한다. 상황이 변하고 새로운 첩보 수집이 다시 이루어지면 바로 새로운 첩보 단계를 진행해야 한다.

제2항 정보분석 방법론

I. 개 관

정보분석은 매우 모호한 상황에서 모호성을 감소시켜 나가는 방법이다. 그러한 모호함은 대개 매우 똑똑한 집단에 의해서 고의적으로 정보분석관들의 심리상태와 상반된 조건에서 생산되었다는 특징이 있다. 일찍이 알베르트 아인슈타인(Albert Einstein) 박사는 "하느님은 모호하고 미묘하지만 악의가 없다. 반면에 정보에서 상대방은 인간의 모습을 한 괴물로 사탄같이 교활하다."라고 말한 바가 있다. 사탄같이 교활한 악의적인 괴물을 상대로 진실을 추구해 나가야 하는 정보분석이 얼마나 어려울지를 가늠하게 해 준다. 상대세력은 자신의 의도를 감추고 있기 때문에 정보분석관들은 모호성, 오류성 그리고 부분적 단편 정보 등 제반 악조건 속에서도 인내심을 가지고 정보분석업무에 임해야 한다.

다양한 정보분석 기법은 이처럼 주관적·객관적인 장애를 극복하고 정보분석관에게 타당하고 객관성 있는 정보분석 결과의 도출을 위해 개발된 각종 방책이다. 정보분석을 위한 구체적인 방법론을 분석기술(Analytic tradecraft)이라고 하는데, 미국 정보공동체의 경우에 수많은 정보분석 방법은 셔먼 켄트에 의해 이미 개발되고 지평이 열렸다.

미국에서는 정보분석의 예술과 과학적 측면을 학문적이고 체계적으로 연구하는 것을 통상적으로 정보학(Intelligence Studies)이라고 하여 별도의 학문으로 연구한다.[310] 2005년 미국 정보학 연구센터(Center for the Study of Intelligence)에서 발간된 연구 결과에 의하면 지금까지 160가지가 넘는 정보분석 기법이 개발되었다.

---

310) 현재 합동군사 정보대학(Joint Military Intelligence College)과 머키허스트 대학(Mercyhurst College Institute for Intelligence Studies)이 정보분석을 연구하는 대표적인 교육기관이다.

Ⅱ. 개별 분석기법 개관

정보분석의 모든 개별적인 기법을 이해한다는 것은 불가능하고 불필요하다. 정보분석관은 상황에 따라서 다양한 방법을 동원하게 되고 또한 현재까지 정립된 이론이 아니더라도 최선의 분석결과를 생산하려는 노력에는 제한이 있을 수 없다. 그러므로 분석기법은 계속 탄생할 수 있는 것으로서 제반 분석기법을 동일 평면에서 같은 가치로 논할 수도 없으며, 각 분석기법이 상호 뚜렷하게 배타적인 관계에 있는 것도 아니다. 지금까지 가장 완벽한 단일의 정보분석기법은 정립되지 않았다. 미국 정보공동체에서는 현재도 새로운 분석기법을 창출하고 개발하는 노력을 계속하고 있다.

1. 분석기법의 형식적 분류

분석기법은 크게 질적분석기법과 양적분석기법으로 나누어 볼 수 있다.

1) 질적분석기법(Qualitative Analytic Techniques)

질적분석기법은 수집된 첩보자료가 적거나, 사례가 충분하지 않을 때 또는 변수들을 계량화하기 어려운 경우에 사용되는 정보분석 방법이다. 특히 수집한 첩보자료가 적을 때는 불가피하게 정보분석관의 추론에 의존하게 된다. 질적분석기법은 분석관이 논리적 사고를 통해 결론을 도출하는 방법이다. 계량화가 불가능한 추상적인 쟁점들 또는 행위자의 주관적 의도를 파악하는 데 적합하다.

예컨대 국가지도자가 우파인가 좌파인가 등 계량화하기 어려운 정치 성향을 파악하는 데 사용된다. 국가의 외교력, 경쟁력, 동맹 관계 등 가변적이고 불확실한 현상에 대한 분석은 양적인 측정은 불가능한 것이고 논리적인 사고를 통해서 연관성이나 상관성을 추론할 수밖에 없다. 정보분석에서 많이 활용되는 질적 분석기법에는 다음과 같은 방법이 있다.

① 브레인스토밍(Brain Storming) 기법311)

---

311) 다수의 관련자가 자신의 연상과 상상을 동원하여 주제와 관련한 견해를 자유롭게 발언하도록 하여 독창적이고 참신한 아이디어를 도출하는 집단사고 방법.

② 핵심 판단(Key Judgment) 기법[312]

③ 경쟁가설(Competing Hypothesis) 기법[313]

④ 인과고리(Causal Loop Diagram)기법[314]

⑤ 역할연기(Role Playing) 기법[315]

⑥ 분기분석(Divergent Analysis) 기법[316]

⑦ 목표지도작성(Objectives Mapping) 기법[317]

2) 양적분석기법(Quantitative Analytic Techniques)

계량분석이라고도 한다. 가설이나 명제를 검증하는 데 필요한 증거자료가 충분하고 수집된 첩보자료를 계량화할 수 있어서 수학 통계적인 방법을 사용하는 것이 가능한 경우의 분석기법이다. 계량분석은 사실이나 현상에 대한 가설을 검증함에 있어서 계량화된 통계 자료를 활용하기 때문에 더욱 객관성을 가지는 것으로 평가된다. 미국 정보공동체는 이미 1950년대부터 수학이나 통계학에서 개발된 다음과 같은 다양한 종류의 계량분석 기법을 활용했다.

① 베이지안 기법(Bayesian Method)

② 정세전망기법(Policon과 Factions)

③ 의사결정 나무기법(Decision Tree)

---

312) 다수의 가설을 설정하고 각각의 가설을 뒷받침할 증거를 평가하여 몇 개의 가설로 압축한 후에 남는 가설을 중심으로 핵심적인 내용을 추출하는 방법.
313) 모순되는 가설들에 대해 증거가 될 수 있는 첩보자료를 대조시켜 가장 유력한 가설을 선택하는 기법
314) 분석의 대상이 되는 어떤 현상에 영향을 미칠 것으로 예상하는 변수들 간의 인과관계에 따라서 발생 가능성을 도식화하는 분석기법.
315) 분석 주제에 대해 잘 알고 있는 다수의 전문가에게 각각의 협상 주체 역할을 담당하여 연기하도록 하여 그 진행 경과를 관찰하여 분석하는 기법.
316) 시간적 여유가 있는 경우 분석결과를 수차례에 걸쳐 재분석하여 최종 분석결과를 도출하는 방법.
317) 도식화가 가능한 분석 주제에 대해 분석도표를 작성하여 궁극적으로 목표지도를 생성하는 분석 방법.

2. 대표적 정보분석기법

1) 델피 기법(Delphi Method)[318]

델피 또는 델파이 기법은 여러 전문가의 전문적인 의견을 수집·종합하여 계량화하여 예측 모형을 도출하는 분석기법이다. 델피 기법의 핵심은 그 분야 전문가를 대상으로 반복적인 설문 조사로 합의된 내용을 도출하는 것이다. 합의된 내용이란 전문가들이 가장 많이 언급하거나 집중된 견해이다. 전문가들이 제시한 의견은 정리되어 다른 모든 전문가에게 제공되고 이를 바탕으로 자신의 의견을 다시 제시함으로써 최종 합의에 도달한다.

이것은 원래 1964년 미국의 랜드(RAND) 연구소가 공산품의 수요예측을 위해 사용했던 정보분석 방법이다. 랜드 연구소는 정확한 수치상의 통계를 제시하기 어려운 상황에서, 우선 전문가들의 의견을 종합 추산하여 향후의 전망을 예측했다. 절차는 먼저 해당 분야 전문가를 선정하고 개략적인 질문의 방향을 정하여 통제되고 피드백이 예상되는 1차 질문을 전문가들에게 행한다. 1차 질문에 따른 전문가들의 대답에 따라서 다시 2차 질문을 하는 등으로 3~4차례의 질문과 대답을 반복적으로 진행한다.

그 성격을 보면 의견의 지속적인 피드백을 통해서 전문가들에게서 지식을 수집하고 수집된 의사를 정련해 나가는 의사소통 기법이므로 결국 단체적 의사결정 기법이다. RAND 연구팀은 재래식 무기와 핵무기를 조화시킨 최적의 전략목표 체계를 도출하는 연구에서 전문가의 의견을 수집하는 델피기법을 적용했다.

대면 방법인 브레인스토밍과는 달리 서면으로 조사가 이루어지기 때문에, 어떤 전문가가 어떤 의견을 제시하였는지 알 수 없다는 점에서 익명성을 보장하고, 반복 및 환류의 과정을 거쳐 합의를 도출한다. 한 장소에 모이기 힘든 전문가를 동시에 참여시킬 수 있고, 익명성의 보장으로 자유로운 의견제시가 가능하며, 조사과정에서 대략적인 추세 확인 및 판단을 할 수 있다는 장점이 있다.[319]

---

318) Rowe and Wright (1999) : The Delphi technique as a forecasting tool: issues and analysis. International Journal of Forecasting, Volume 15, Issue 4, October 1999.
319) 최평길 지음, 국가정보학, 박영사(2012), pp.342-343.

2) 램프기법(Lockwood Analytical Method for Prediction : LAMP)[320]

록 우드 박사가 창안한 기법이다. 우드 박사는 미래란 국가행위자의 개인적 또는 국제적 규모의 자유의지의 유기적 총합이라고 설명한다. 그러므로 정보분석관은 국가행위자(national actors)를 잘 인식하는 바탕 위에서 주어진 현재 시점에서 미래가 어떻게 전개될 것인지에 대한 예측을 할 수 있다고 말한다. 램프기법은 특히 공개출처정보의 분석에 진가가 높다.

3) 베이지언 기법(Bayesian Method)[321]

베이지언 기법은 사건 발생의 개연성을 산술적 공식을 사용하여 구체적인 확률 수치로 나타내는 정보분석 기법이다. 어떤 주제에 대해 복수의 가설을 설정하여 일단 각 가설의 실현 가능성에 대해 확률 판단을 내린 다음 추가 정보가 입수되면 이를 베이지안 공식에 적용하여 각 가설의 확률변화 추이를 통계학적으로 추론하는 방법이다. 베이지언 확률의 이론적 근저에는 사건 발생 가능성이란 사람들이 주어진 전제가 진실하다고 믿는 확률 정도에 따라서 정해진다는 것에 기초한다. 그 당연한 귀결로 새로운 정보에 따라서 믿음이 바뀌면 사건 발생 가능 확률도 또다시 바뀌게 된다는 것이다. 사건 발생 가능성이 구체적인 확률 수치로 제시되므로 군사행동에 대한 경고 정보에 유익한 분석 모델이다. CIA는 베이지언 기법을 활용하여 1970년대 중동전쟁 발발 가능성과 중·소 국경분쟁 발발 가능성을 국제학술지에 보고한 바가 있다.

4) 팩션(FACTIONS)과 폴리콘(POLICON) 분석기법[322]

정세전망기법이라고도 한다. 폴리콘(Policon)과 팩션(Factions)은 주로 분석대상국의 주요 정책을 대상으로 하는 분석모델이다. 폴리콘은 정치적 갈등(Political

---

320) Dr. Jonathan S. Lockwood., The Application of Lamp to Open Source Intelligence., http://www. osint. org/osq/v1n2/lampandosa.htm.
321) 베이지안 공식은 R(한 가설이 다른 가설보다 더 정확할 수 있는 확률) = P(그 이전 첩보에 따른 사건 발생의 확률치)×L(분석관이 설정하는 개연성의 수치)이다. Jack Zlotnick, *Bayes' Theorem for intelligence Analysis, Insides CIA's Private World* (New Haven: Yale University Press, 1995), pp.255-263.
322) Stanley A. Feder, *Factions and Policon: New Ways to Analyze Politics*, Inside CIA's Private World (New Haven: Yale University Press, 1995), pp.274-292.

Conflict)의 약자로서 폴리콘이라는 회사가 개발한 정세전망 분석기법이다. CIA는 1982년부터 1986년까지 폴리콘 회사와 계약을 맺고 정보분석에 활용했다. 그 후 CIA 과학기술국이 폴리콘 모델을 응용하여 개량형인 팩션(Factions) 모델을 개발했다. CIA는 1982년 이래 이들 분석모델을 활용하여 30개국 이상을 대상으로 중요정책에 대한 분석을 시행하여 분석의 오류를 줄이고 예측력을 향상하는 효과를 거두었다.

5) 의사결정 나무기법(Decision Tree)

의사결정 나무기법은 의사결정 규칙을 나뭇가지가 뻗어 나가는 구조로 도표화 하여 분류(classification)와 예측(prediction)을 하는 분석 방법이다. 이것은 어느 집단의 의사결정에 영향을 미치는 요인들을 나뭇가지가 갈라지는 것처럼 분류해 봄으로써 어떤 요인이 중요한 역할을 하는지를 순서대로 골라내는 방법이다. 분류 또는 예측의 과정이 나무구조에 의한 추론 규칙에 따라서 표현되기 때문에 분석자가 그 과정을 쉽게 이해하고 설명할 수 있다는 장점이 있다.

Ⅲ. 정보분석 종합 모델

1. 개관

현실적인 정보분석은 앞서 본 추론과 가설이론의 바탕 위에서 위의 개별적인 다양한 분석기법을 종·횡으로 활용하게 된다. 또한, 후술할 대안분석이나 경쟁분석에서는 필연적으로 활용되지만, 객관적인 정보분석물의 생산을 위해 각국 정보기구는 그 타당성 검증을 위해 다양한 공격과 방어방법을 사용한다. 정보분석의 진실성 담보를 위한 대표적인 방법으로 악마의 변론(Devil's Advocacy), A팀 대 B팀(Team A/ Team B), 붉은 세포 연기(Red Cell exercises), 돌발적인 사건의 출현을 가정한 분석(Contingency What if Analysis), 시나리오 전개 기법(Scenario Development) 등이 선택적으로 또는 중첩적으로 활용된다.

1) 악마의 변론(Devil's Advocacy)

악마의 변호인에 의한 의도적인 악의의 변론이다. 악마의 변호인은 다른 정보분석관들이 모두가 찬성할 때 어떤 트집이라도 잡아서 반대의 목소리를 내는 역할을 담당하는 사람이다. 그 목적은 토론을 활성화해 재검토하고 다른 선택의 여지를 모색하기 위한 것이다. 미국 공동체에서는 어떤 안건에 대해 만장일치가 나오면 오히려 부결시키는 전통이 있다. 반대 의견이 0이라는 것은 그 결론이 합리적이라서가 아니라 집단적으로 정신 줄을 놓았을 가능성이 크다고 보기 때문이다. 이스라엘 모사드는 뮌헨 올림픽 참사와 제4차 중동전쟁에서 기습당한 이후로 10명의 정보분석관 중에서 9명이 같은 의견을 내더라도 1명은 의무적으로 반대하게 했다고 한다. 혹시나 모를 변수가 무시되는 일을 방지하기 위해서 일단 다시 검토하도록 한 것이다. 그러나 현실적으로 시간상의 제약으로 정보책임자나 고위 정책담당자들은 이 과정을 쉽게 무시하는 것이 현실이다.[323]

2) A팀 대 B팀(Team A/ Team B)

의도적으로 견해를 달리하는 A팀과 B팀이라는 두 팀을 만들어 정보판단 경쟁을 시키는 것이다. 미국 정보공동체는 정보기구 내부의 정보분석팀을 A팀으로 하고, 외부의 주로 강경 입장의 전문가들을 B팀으로 하여 상호 논증을 통해서 결론을 도출하도록 했다. 그 목적은 이러한 경쟁적인 과정을 통해서 정보의 정확성과 신뢰성을 증대시키기 위함이다. 미국 정보공동체는 냉전 시대인 1976년 구소련의 군사력과 독트린에 대한 정보를 조사하고자 A팀과 B팀을 만들었다. A팀은 정보공동체 분석관들로 구성했고 B팀은 구소련에 대해 매우 호전적인 시각을 가진 외부 전문가들로 구성했다. 각 팀은 모두 구소련이 수립한 전략적 체계에는 동의했지만, 핵심인 구소련의 핵무기 독트린과 전략적 의도에 대해서는 B팀은 A팀보다 훨씬 더 위협적인 시각에 근거를 둔 정보를 지지했다. 한편 미국 정보공동체의 경우에 정보실패가 논의되는 경우에 외부 전문가들로 구성되는 각종 위원회는 정보분석에서의 B팀의 역할을 하는 것으로 볼 수 있다.[324]

---

323) 전웅, 현대 국가정보학, p.179.
324) Lowenthal(2020), pp.180-184.

3) 붉은 세포 연기(Red Cell exercises)

정보분석에서 레드팀 또는 레드셀은 경쟁 세력의 역할을 대행하기 위해 구성된 분석관들을 의미한다. 레드셀은 자국의 전략 전술을 적국 등 경쟁 세력의 관점에서 그 합리성과 효율성을 테스트하기 위해 설계된다. 레드셀은 냉전 시기 소련이나 중국 등 공산주의 국가는 주로 붉은 깃발을 사용하는 것에서 유래했다. 물론 서방 국가는 블루팀 또는 블루셀이다. 2001년 9/11 테러 공격을 당한 이후에 CIA는 새로운 Red Cell을 구성하여 운용하는 것으로 알려져 있다. 레드셀의 역할을 통해서 정보분석관들은 자국 일방의 전략적인 사고방식에서 벗어나 적이나 경쟁 세력의 관점에서 그들이 어떻게 생각하고 어떤 후속 행동을 취할 것인지를 예측해 볼 수 있도록 했다. 따라서 레드팀은 의견일치가 아니라 끊임없이 의문을 가지게 하는 상상력을 자극하는 것이 목적이다.[325]

4) 돌발 사건을 가정한 분석(Contingency What if Analysis)

별로 발생할 것 같지 않은 사건에 대해 원인과 결과 등 제반 경과를 다시 한번 검토하여 분석하도록 해보는 과정이다. 그 목적은 다양한 시각에서 의문을 제기해 봄으로써 분석관이나 정책결정권자들이 현재 알고 있는 것만큼, 실제로 모르는 부분이 더 많을 수 있다는 사실을 인식하게 하는 것에 있다. "만약(what if) 분석기법"의 가치는 정보분석관이 기존의 사고방식이나 고정관념에서 벗어날 수 있게 하는 가장 쉬운 방법이라는 것이다. 전술한 악마의 변론은 상대의 논리가 바르다고 하더라도 무조건 반대하도록 하는 것이지만, "만약(what if) 분석기법"은 출발은 다소 엉뚱한 의문으로 시작하여, 추가적으로 제기되는 의문 사항을 모두 다 제기해 보도록 유도하는 데 중점을 둔다.

5) 시나리오 전개 기법(Scenario Development)

이것은 정보분석관이 도무지 알 수 없는 수수께끼 같은 난관에 부딪혔을 때 그 상황을 타개하기 위한 시나리오를 써보게 하는 기법이다. 단적으로 시나리오 작가가 되어, 수수께끼 같은 상황을 타개할 가능한 시나리오를 작성해 보는 방식이다. 불확실성이나 변수가 너무나 많은 경우에 장래 사건이 어떤 방향으로 전개될지를 추정해 보는 데

---

325) Roger(2006), p.320.

활용된다. 물론 시나리오는 단 한 가지만 있는 것은 아니다. 현실적으로는 먼저 전문가 집단이 브레인스토밍을 통해서 사건에 영향을 미칠 수 있는 다양한 변수를 도출하는 것으로 시작한다. 그리고 일단 상식적인 판단이나 일반적인 가정에 기초하여 사건의 전개 과정을 추정해 본다. 시나리오 분석기법은 정보분석이 항상 고도의 지적 추론이 아니라, 자칫 간과하기 쉬운 상식적인 관점에서 판단해 보도록 하는데 그 의미가 크다.

2. 정보분석의 종합모델

정확한 정보생산을 위해 현실 세계에서 동원되는 종합적 정보분석 방법을 대표적으로 다음과 같이 나누어 볼 수 있다.

1) 기회분석(Opportunity Analysis) 기법

기회분석은 구체적인 정책 방향에 추동된 분석 활동으로서, 일련의 정보분석을 통해 최종 가설을 도출한 경우에도, 상대세력의 동향에 유념하여 다양한 연관화와 비교기법 등을 통해서 설정된 기회(가설)들의 타당성을 다시 한번 점검하는 분석기법이다. 그런 연후에 최종적인 가설을 추론하게 된다.

2) 린치핀 분석(Linchpin Analysis)기법

린치핀 분석은 CIA 정보국 부국장(1993~1996)을 역임한 맥이친(Doug MacEachin)이 도입한 분석기법이다. 당시로서는 생소한 분석기법으로서 일반적인 학문적 용어에 대한 강력한 대체 분석용어로 전체 중에서 가장 중심적인 것이라는 의미로 린치핀(Linchpin)을 사용했다. 일명 **핵심 판단 기법**이라고도 한다. 린치핀은 고정 상수(常數)라는 의미로 사용되는데 분석 과정 자체의 정보 실수나 정책담당자들의 해석 상의 오류에서 오는 위험성을 감소시키는 역할을 하는 것을 고정 장치인 닻에 비유해 사용한 것이다.

린치핀 분석의 특징은 일종의 고정 상수를 기준으로 하는 것으로서 확실한 것이거나 아니면 명백히 불가능한 것을 탐구와 추론의 기준으로 설정하는 것이다. 추론의 결과 도출된 몇 개의 중요한 가설에서 가장 핵심적인 판단을 추출하여 그것을 바탕 또는 고정변수 수준의 기준으로 설정하여 주변적 분석을 전개해 나간다. 정보분석을 일단의 확실함 또는 불가능으로부터 출발함으로써 분석가들은 정보소비자에게 주어진 문제점은 전적으로 연구되었고, 현실에 기초해 이루어졌다는 것을 보여 줄 수 있는 강력한 효과를 가지게 된다.

3) 경쟁가설분석(Analysis of Competing Hypotheses : ACH)

(1) 의 의

경쟁가설분석은 CIA의 공작국과 정보국에서 다년간 봉직한 딕 호이어(Dick Heuer)가 개발한 정보분석 방법이다. 그것은 상호 간에 우열을 가리기 어려운 경합 관계에 있는 복수 이상의 가설을 동일 평면에서 동시에 같은 조건에서 평가하여 상대적 우월성을 확인하는 분석 방법이다. 그를 위해 잘 준비된 점검표인 행렬표, 즉 매트릭스(MatrIX)를 작성하여 차근차근 가설과 증거와의 일치 여부를 판단한다. 그러한 경쟁 속에서 비교우위의 가설을 추출한다. 주어진 첩보와 배치되는 내용의 가설들이 하나하나씩 배제된다. 선택된 가설에 대해서도 다시 한번 서로 배치되는 새로운 첩보가 없는지를 재검토하게 된다.

호이어는 경쟁가설 분석을 정보분석의 핵심이라고 말하며 경쟁가설 분석은 가장 명백한 진실을 제시하지는 못한다고 하더라도 경상 이미지 오류 등은 줄여 줄 수 있다고 단언했다. 그는 이러한 의미에서 **"첩보자료를 가장 잘 활용한 최고의 정보분석은 정보분석가가 최고라고 생각하는 가설에 대해 끊임없이 의심을 제시하며 도전하는 것이다."**라고 말했다.

호이어(Heuer)에 따르면 사람들이 첩보에서 무엇을 인식하고, 얼마나 쉽게 인식하고, 첩보를 처음 받아들인 후에 어떻게 처리하고 다루는지는 과거의 경험, 문화적 가치, 역할 요구, 조직적 규범 그리고 받아들여진 첩보의 특성 등에 크게 영향을 받는다. 그러므로 호이어는 일종의 선입견인 경험에 바탕을 두고 설정된 가설의 진실 확증을 위해서는 더 많은 새로운 첩보보다는 설정된 가설들에 대한 도전, 즉 가설 간의 경쟁이 훨씬 더 커다란 가치가 있다고 본다. 이에 그는 경상의 이미지(Mirror imaging) 오류를 정보분석관의 가장 커다란 인식의 덫(cognitive trap)으로 간주했다.

경쟁가설분석은 상대세력에 의한 기만작전이 없을 것이라고 쉽게 단정하는 일을 배제한다. 호이어는 상대세력의 훌륭한 기만작전은 언제나 진실처럼 보이기 때문에, 기만공작이 증명되지 않았다고 하여 상대세력에 의한 기만작전을 우려한 가설을 너무 빠르고 쉽게 배척하는 것은 지속하는 정보분석에 거의 틀림없는 오류를 초래할 것이라고 확언했다. 그러므로 상대세력에 의한 기만작전의 가능성은 없는 것으로 확인되거나 최소한 체계적인 조사 결과 그를 뒷받침할 증거가 발견되지 않을 때까지는 절대로 그 가설을 배척하지 말고 가능성으로 남겨두어야 하고 경쟁적 요소로 최후의 가설이 최종적으로 선택될 시점까지는 유지되어야 한다고 주장했다. 호이어(Heuer)는 경쟁가설분석(ACH) 단계를 다음과 같이 8단계로 나누었다.[326]

 (2) 경쟁가설 8단계
1단계 : 고려할 수 있는 가능한 가설들을 모두 확인한다.
2단계 : 각각의 가설을 지지 또는 배척하는 중요한 증거와 논쟁점 목록을 작성한다.
3단계 : 평가 기준인 매트릭스를 준비하고 증거와 논쟁점, 즉 진단 가치를 분석한다. 매트릭스는 증거가치를 서열 분류한 내용이다.
4단계 : 1차 분석 후 매트릭스를 다시 개량한다. 가설을 다시 설정하고 진단 가치가 없다고 인정된 증거와 논쟁점은 제외한다.
5단계 : 각각의 가설 중에서 상대적으로 우위가 인정되는 것으로 보이는 잠정적인 결론(가설)을 도출한다.
6단계 : 결론이 증거와 논쟁점에 대해 얼마나 민감했는지, 즉 제대로 잘 판단했는지를 되돌아본다.
7단계 : 최종 가설을 선택한다.
8단계 : 최종적으로 선택된 가설에 대해서도 현재의 기대와는 달리 미래 관측에서는 다른 경과를 보일지도 모를 이정표, 즉 경쟁가설을 확인한다. 즉 최후까지 비판적 시각에서 경쟁적인 대안을 갖춘다.

---

326) Heuer, Richards J. Jr. (1999), *Psychology of Intelligence Analysis*, Chapter 8: Analysis of Competing Hypotheses. History Staff, Center for the Study of Intelligence, Central Intelligence Agency.

이러한 과정을 통해서 경쟁가설 분석기법은 대안적인 해석이나 결론 도출에서 무엇을 고려했고, 무슨 이유로 어떤 가설을 배척하였는지가 증거를 바탕으로 하여 합리적으로 설명될 수 있다.

4) 경쟁분석(competitive analysis)

경쟁분석은 복수 이상의 정보기구에 의한 분석 결과물의 경합을 의미한다. 경쟁분석은 동일한 주제에 대해 복수 이상의 정보기구들이 또는 동일한 정보기구인 경우에도 복수 이상의 분석팀이 서로의 전문성과 책임을 다해서 서로 다른 분석물을 도출하여 비교하는 것을 말한다. 정보기구에서 경쟁분석이 중요성을 갖는 것은 단지 산술적·경쟁적으로 정보를 분석해 본다는 점에 있는 것이 아니다. 그것은 대개 하나의 정보분석 결과는 미진하다는 점에서 출발한다는 점에서 중요하다. 사실 다수의 정보기관이 존재하는 경우에, 동일한 주제에 대한 것이라도 각 정보기관의 강점 그리고 경험에 비춘 시각 차이 등으로 인하여 서로 다른 결론이 도출될 수 있음은 여러 가지 사례에서 나타났다.

미국의 경우에 공식적으로 모든 정보자료를 활용할 수 있는 중앙정보 분석기구로는 중앙정보국(CIA), 국방정보국(DIA) 그리고 작은 규모에도 불구하고 정보분석에 관한 한 독창성과 권위를 인정받는 국무부 정보조사국(INR)의 3곳이 있다. 중복이라는 비난이 있을 수 있어도 경쟁분석 또는 대안분석물의 생산을 위해서 복수 이상의 분석기구를 운영하는 것은, 결국 국가안보와 관련된 정책 결정에서 최종 정책책임자에게 더 정확한 정보분석 결과를 제공하자는 목적에 있다. 복수 이상의 종합분석기구 존재는 정보기구 상호 간에 정확한 분석 결과물 도출에 대한 경쟁을 주문한다는 의미가 있다.[327]

경쟁분석도 물론 아래의 대안분석에서와 같은 최종 정책결정자가 입맛에 맞는 정보분석만을 선별적으로 선호하는 체리-피킹(cherry-picking)에 따른 정보의 정치화 위험성 그리고 충성경쟁 등을 야기할 위험성, 정보분석이 충격을 유발하고 위험성을 과대평가하는 쪽으로 흐를 가능성을 유발할 수도 있다.

그와 관련하여 미국 정보공동체 내에서의 재미있는 실험 결과가 있다. 1976년 소련의 전략적 군사력과 전략이론에 대해 정보공동체 내의 온건한 분석가들로 구성된 A팀

---

327) Lowenthal(2020), p.169.

과 소련에 대해 강경한 시각을 가진 외부 전문가로 구성된 B팀을 구성하여 동시에 소련에 대한 동일 주제로 정보분석을 의뢰했다. 경쟁에 직면하자 오히려 상대적 온건파였던 A팀의 견해가 훨씬 강경해졌다. 2004년 미국정보개혁법은 국가정보국장(DNI)에게 아래의 대안분석과 함께, 경쟁분석을 확실히 담보할 장치를 갖출 것을 주문하고 있다.[328]

5) 대안분석(Alternative analysis)

(1) 개관

미국 중앙정보국(CIA)은 구소련이 붕괴한 이후 1990년 말부터 정보분석관들의 고정관념을 타파하기 위해 대안분석 기법을 활용했다. 1995년쯤 CIA 분석국에서는 분석기법 2000(Tradecraft 2000)이라는 이름의 연구회를 만들어 약 2주 동안 대안분석 기법에 관한 연구 및 토론을 활성화시켰다. 미국의 정보공동체는 1988년 인도의 핵실험을 사전에 파악하지 못한 것에 대해 엄청난 비판을 받았다. 이에 당시 중앙정보국장 조지 테닛은 진상조사위원회를 구성하여 인도 핵실험 관련 CIA의 정보분석 실패 요인을 검토했다. 이어서 1998년 럼스펠드 위원회(Rumsfeld Commission)에서도 CIA 정보분석의 문제점을 평가했다. 두 위원회 보고서는 정보분석관의 정보판단 오류를 벗어날 방법으로써 대안분석기법을 권고했다. 이에 CIA에서는 1999년 대안분석연구회(Alternative Analysis Workshops)를 구성하여 대안분석 기법을 연구·개발하는 동시에 정보분석관들을 대상으로 대안분석 기법을 교육하였다.[329]

(2) 대안분석의 의의와 평가

대안분석이란 동일한 주제에 대해 가설을 설정하는 경우에도 하나의 가설만이 아니라 항상 대안적 가설을 함께 도출하고 도출된 대안들을 서로 비교 분석하여 다시 한번 재평가하여 최종 가설을 도출하는 분석 방법이다. 그러면서 최종 결론에 대한 대안을

---

328) United States Senate Committee on Governmental Affairs., Summary of Intelligence Reform and Terrorism Prevention Act of 2004. *The DNI must ensure competitive analysis and that alternative views are brought to the attention of policymakers.*

329) Roger Z. George, 'FIXing the Problem of Analytical Mindsets: Alternative Analysis," (New York: Rowman & Littlefield Publishers, Inc., 2006), p.317.

또한 준비하는 분석 방법이다. 대안의 비교 평가단계에서 대안이 일정한 기준을 충족하지 못한다면 정책분석은 다시 처음으로 돌아가 새로운 대안을 탐색한다. 하지만 대안적 분석이 단순히 반대 질문이나 의견만을 제기하는 것이 결코 아니다. 그러나 사실 그동안 여러 가지 이유로 정보공동체에서는 대안분석이 잘 활용되지 않았다. 그 이유는 다음과 같았다.

첫째는 대안분석은 자칫 정치적 결론을 도출할 위험성이 더 크다는 이유에서이다. 즉 경험상 항상 강경파의 의견이 지배적일 수 있다는 점이다. 예를 들어 냉전 시대 특정 지역에서의 전쟁 발발 가능성에 대해 A팀과 B팀으로 나누어 정보를 분석한 결과, 전쟁이 발발하지 않으리라고 보는 경우보다, 전쟁이 발발한 경우의 책임이나 비난에 훨씬 예민해질 수밖에 없다는 등의 이유로 전쟁 발발 가능성이 있다는 방향으로 거의 결론지어지는 등 항상 강경파의 의견대로 결론이 도출되었다. 집단 순응사고 또는 관료주의적 책임회피 경향이 정보분석에도 동일한 위험으로 존재한다는 사실을 보여주는 것이다.

두 번째는, 대안적 분석은 정책담당자가 결론을 입맛대로 도출하는 유용한 수단인 소위 체리−피킹으로 남용될 수 있고, 결국 정보의 정치화에 직결되는 결과가 나올 위험성이 제기되었다. 세 번째는 제한된 시간과 한정된 가용자원 문제 때문에 대안분석을 할 여유가 없다는 점이다. 마지막으로 정보분석관들은 독자적인 신선함, 즉 초동업무를 선호하는데 일종의 지원업무 같은 대안분석에는 매력을 느끼지 못하고, 실제로 성의 없는 중복업무로 흐를 가능성이 있다는 점 등으로 대안분석은 선호되지 않았다.[330]

(3) 대안분석의 전망

그러나 오늘날 대안분석은 정보분석의 독단적인 오류를 막을 수 있고, 정보분석의 역량을 비교 형량적으로 사용할 수 있게 한다는 점에서 가치가 매우 높게 인정된다. 또한, 항상 대안을 확보함으로 인해서 비상시의 경우 처음부터 정보분석을 다시 해야 한다는 절차적 낭비도 줄여줄 수 있다.

---

330) Lowenthal(2020), pp.179-180.

2003년 이라크 전쟁 후에 치밀한 분석결과 전쟁의 근거였던 이라크에서의 대량살상 무기 발견 실패는 정보당국의 대안분석 실패가 큰 이유 중의 하나로 지적되었다. 당시 폴 포위츠 국방부 차관은 2003년 6월 27일 이라크 전쟁에서의 정보분석 실패를 다룬 미국 상원군사위원회(Senate Armed Services Committee : SASC)에서 다음과 같이 증언하여 대안분석의 필요성을 강조했다.

> "특정한 전제하에 사물을 바라보는 사람은, 그 전제에 의해 다른 사람은 볼 수 없는 자신만의 어떤 것을 볼 것이고, 결과적으로 다른 사람들이 볼 수 있는 또 다른 사실은 볼 수 없게 된다. 그 사람이 사물을 보고자 착용하는 렌즈는 그 사람의 시야에 영향을 미친다."[331]

이에 2004년 미국 정보개혁 및 테러방지법은 미국 정보공동체에게 경쟁분석(competitive analysis)과 대안분석(alternative analysis) 양자의 분석결과가 정책담당자들에게 제공될 수 있도록 확실한 절차를 마련할 것을 법으로 요구했다. 2005년 5월에 설립된 셔먼 켄트 정보분석학교(Sherman Kent School of Intelligence Analysis)에서도 대안분석 기법을 교육하고 있다.[332]

Ⅳ. 기술적 분석 기법

수집된 첩보 중에는 자국어로 작성된 문서나 서류처럼 바로 정보분석 할 수 있는 것도 있다. 반면에 첩보위성이나 항공에 의해 수집된 영상자료, 전자파나 자기파 같은 각종 전자신호나 감청 등에 의해 획득된 암호문 등은 바로 정보분석에 사용될 수는 없다. 기술적으로 수집된 첩보자료를 분석관들이 이용할 수 있도록 활용할 수 있는 데이터로 변형하는 작업을 정보(첩보)의 가공과 개발이라고 한다는 함은 정보의 순환에서 살펴본 바와 같다. 사실 가공과 개발은 암호문 해독이나 영상자료의 판독처럼 그 절차가 끝나면 1차적인 정보분석이 이루어진 것과 같은 효과가 따르게 되므로 내용에서

---

331) Senator Carl Levin (D-MI)., Report of an Inquiry into the Alternative Analysis of the Issue of an Iraq-al Qaeda Relationship (2004.10.21) p.13.
332) George(2006), p.317.

는 정보분석과 다를 바가 없다. 그래서 학자에 따라서는 이를 기술적 분석이라고 하여 정보분석의 한 유형으로 설명한다.[333] 첩보의 기술적 분석에 해당하는 첩보자료의 처리·가공에는 암호해독과 사진판독 그리고 원격측정신호분석 등이 있다. 그중에서 암호해독과 사진판독에 대해 살펴보도록 한다.

1. 암호해독

1) 암호의 의의와 개관

암호(暗號, cryptograph)는 통신의 내용을 감추기 위하여 사용하는 말 또는 그 기술을 말한다. 통신의 내용을 제3자가 판독할 수 없도록 변경된 상징을 암호라고 하고, 어떤 문서를 암호를 사용해서 제3자가 읽을 수 없도록 변환시키는 작업을 암호화(encryption)라고 한다. 따라서 암호화는 평문을 암호문으로 바꾸는 과정이다. 암호를 만들고 암호를 해독하는 학문을 암호학(cryptology)이라고 한다.[334]

암호는 로마 시대 이후부터 고안되어 사용되고 14세기 이탈리아에서 근대적인 암호가 개발되었다.[335] 역사상 권력자들은 늘 암호를 애용했으며, 세계적인 큰 사건 뒤에는 암호가 존재했다. 비밀과 책략이 세상을 지배하면서 암호 또한 인간을 따라다니는 동반자가 되었다. 오늘날은 무선통신의 발달과 슈퍼컴퓨터의 개발 등으로 암호화와 암호해석 기술이 획기적으로 발달했다. 암호는 주로 군사 목적이나 외교 통신 등에 사용되지만 사업용으로 이용되는 경우도 적지 않다.

---

333) Shulsky & Schmitt(2002), pp.41-52.
334) 암호학에서 사용되는 용어를 보면, 먼저 평문(plaint ext)은 암호화되기 전의 누구나 읽을 수 있는 문장을 말한다. 반면에 암호문(cipher text)은 암호화에 의해서 쉽게 읽을 수 없게 된 문장이다. 암호알고리즘은 어떤 규칙에 따라서 암호화를 수행하는 과정 또는 규칙 자체로 수학 함수를 말한다. 복호화(decryption)란 암호문을 평문으로 복구하는 것을 말한다.
335) 최초의 암호는 고대 그리스 스파르타 시대의 스키탈레 암호이다. 이것은 일정한 너비의 종이테이프를 원통에 감아서, 테이프 위에 통신문을 기입하는 방식이다. 사전 약속을 모르고 테이프를 그대로 풀면 기록내용을 전혀 판독할 수 없다. 통신문을 기록할 때 사용한 것과 동일한 지름을 가진 원통에 감아 보아야 내용을 읽을 수 있게 고안된 일종의 전자(轉字)방식의 암호였다. 예컨대,
　　　　　　안세이제입
　　　　　　녕요름임니
　　　　　　하제은스다.
를 간격을 잘 맞추어 세로로 읽으면 "안녕하세요 제 이름은 제임스입니다"가 된다.

2) 암호의 기초적 분류

암호는 크게 문자암호(cipher)와 어구암호(code)로 구분된다.

(1) 문자암호(文字暗號 : cipher)

문자암호란 원문을 일정한 규약을 사용하여 다른 문자나 부호로 바꾸어 놓은 것을 말한다. 문자암호에는 전자(轉字)방식과 환자(換字)방식이 있다.

가) 전자방식의 문자암호

어떤 키(key), 즉 규칙을 사용하여 글자 순서를 다양하게 바꾸는 것이다. 대표적인 전자암호로는 매트릭스에 열(列) 방향으로 문자들을 입력한 뒤에 행(行) 방향으로 암호문으로 출력하는 스키탈레 방식이 있다. 예컨대 평문 'Never trust Brutus, OK'를 전자방식으로 암호화하면 'NERTUS ERUBTO VTSRUK'라는 매우 복잡해 보이는 암호문이 탄생한다.

N	E	V
E	R	T
R	U	S
T	B	R
U	T	U
S	O	K

나) 환자방식(substitution)의 문자암호

환자방식은 다음 또는 다다음의 문자로 치환하는 방법이다. 환자방식의 암호는 로마 황제 카이사르에 의해 고안되었다. 이것은 알파벳 순서는 그대로 하면서 글자의 몇 번째 뒤, 또는 간단하게 바로 앞의 글자로 바꾸어 기록하는 방식이다. 그러므로 어떤 글자를 네 번째 뒤의 글자로 환자 한다는 약속이 되어 있다면, A는 D를, B라면 F가 되는 것이다. 이것을 시저 암호(Caesar cipher)라고 하는데, 시저 암호는 각 알파벳 문자를 자신의 세 번째 뒤 알파벳으로 바꾸는 암호방식이었다. 역사적으로 유명한 3차 치환 알고리즘의 예로는, 시저가 세 자리 앞의 알파벳 문자를 사용하여 만들어 낸,

"QHYHUWUXVWEUXWXV"라는 문장으로 그것은 "NEVERTRUSTBRUTUS, 즉 "브루투스를 믿지 말라(Never trust Brutus)"가 있다.

(2) 어구암호(語句暗號 : code)

어구암호(CODE)는 코드 북에 의한 약어(略語) 약속이다. 예를 들어 이라크 공격 작전을 "사막의 폭풍작전(Operation of Desert Storms)"이라고 명명하는 것이다.[336] 어구암호는 일상용어를 사전에 약속한 다른 어구로 바꾸어 쓰도록 한 것으로서 어구는 수천수만에 달하므로, 그것을 암호서(code book)에 수록하여 놓게 된다. 따라서 아무리 복잡한 어구 암호문도 암호서만 있으면 누구나 쉽게 암호를 해독할 수 있게 된다.

3) 암호분석

암호분석은 암호문을 원래의 형태로 전환시키는 활동이다. 암호해독에는 암호의 종류에 맞추어 부호해독과 문자암호 해독의 2가지가 있다. 암호가 치밀하게 체계를 갖추면서, 암호를 해독하려는 반격 전술 역시 고도화되었다. 두 차례에 걸친 세계대전의 판도는 겉보기에는 화력과 전략으로 판가름 났지만, 앞서 본 에니그마와 퍼플 사례에서 알 수 있듯이 실제로는 암호의 공방이 전황을 가르는 데 크게 기여했다. 부호해독은 코드 암호를 해독하는 것이다. 부호는 특정한 문자 등으로 사전에 약속한 상징이다. 그 약속을 담은 책이 부호 책(code book)이다. 부호의 수신자는 부호 책을 이용하여 수신한 부호의 원래 의미를 복원하게 된다. 예를 들어 '금요일'을 ABC로, '공격하다'를 TTT로 약속했으면, "금요일에 공격하라"는 지령을 "ABC TTT"라고 발령한다. 그러므로 코드북(code book)을 통해서 내용을 확인하는 것이 부호해독이 된다.

반면에 문자암호(cipher)는 일련의 규칙적 연산법인 알고리즘(algorithm)에 의해 문자 배열순서가 자동적으로 바뀌어 생산된 상징이다. 아주 단순하게는 알파벳상의 바로 다음에 오는 문자로 각 문자가 대체되는 1차 치환 알고리즘을 가지게 한다. 1차 치환 알고리즘을 적용하여 "LJMM TBEO"를 해독하면 "Kill Sadam"이 된다. 그러므로 암호해독은 알고리즘의 파악이 관건이 된다.

---

336) 어구암호, 즉 코드 네임에 대한 대표적인 저서는 William M. Arkin, *Code Names*가 있다.

이처럼 암호해독은 그 사전 약속이나 알고리즘을 파악하여 부호와 암호문을 푸는, 즉 깨뜨리는 지적과정이다. 따라서 부호해독은 부호 책의 확보가 관건이고, 암호해독은 특정한 공식과 알고리즘의 파악이 관건이다.

4) 암호해독 사실의 보안 유지

암호분석과 암호해독에 못지않거나 더 중요한 일은, 상대 세력에게 암호를 해독하고 있다는 사실 자체를 철저하게 보안 유지하는 것이다. 실제 정보활동에서 암호분석은 큰 노력과 비용에도 불구하고 정보수집을 위해 사용되는 여러 가지 방법과 비교하면 가장 취약한 분야 중의 하나이다.

왜냐하면, 상대세력은 암호체계가 침투되었다고 인지하면 바로 암호체계를 바꾸어 아측의 암호해독 노력을 물거품으로 만들거나, 더 나아가 전혀 눈치 못 채게 미세한 거짓 암호를 방출하는 등의 역공작을 취함으로써, 오히려 암호분석 노력이 아측의 정보 활동에 막대한 손해를 초래할 수도 있기 때문이다.[337] 이러한 사례들은 정보 원천 (source)에 대한 철저한 보호, 즉 보안이 얼마나 중요한지를 알게 해 주고 간접적으로는 국가보안 활동의 방향을 알 수 있게도 해 준다.

(1) 암호해독 사실을 철저히 보안 유지한 사례

① 영국 정보당국은 제2차 세계대전 중에 암호분석과 관련해 거둔 성과를 초극비의 비밀 사안으로 취급했다. 그 때문에 독일의 암호체계인 에니그마를 해독하는 작업에 수많은 사람이 관여했지만, 전후 30년 동안까지도 비밀을 유지했다. 그 결과 독일군은 제2차 세계대전 내내 에니그마 암호체계를 변경하지 않고 사용했고, 영국 정보당국은 계속 암호 수집과 해독 활동을 전개할 수 있었다.

② 영국은 제2차 세계대전 중에 독일군에 대한 통신감청으로 독일의 선박들이 지중해를 건너서 북아프리카의 롬멜(Erwin Rommel) 장군의 군단에 보급품을 전달하는 정확한 계획을 알고 있었다. 그러나 영국은 독일이 자국의 통신보안이 철저하게 지켜진다는 순수성에 의구심을 가지지 않게 하려고 조치를 취했다. 영국은

---

337) Shulsky & Schmitt(2002), pp.46~48.

보급로에 대한 공격을 하는 경우에, 반드시 정찰기로 독일 함정 위를 불규칙하게 정찰시키는척한 뒤에 간헐적으로 공격하는 작전을 취했다. 이것은 영국이 어떻게 독일의 보급로를 정확히 공격할 수 있었는지에 대한 이유와 근거처럼 보였다. 그 결과 독일군의 의심을 받지 않게 되어 독일군의 암호체계가 바뀌지 않게 하고 영국은 계속 독일의 통신을 감청할 수 있었다.

③ 처칠 수상은 영국의 코벤트리 시가지에 대한 독일의 대대적인 공습 사실을 통신감청 등을 통해 사전에 지득했다. 그러나 나치 공군의 암호를 영국이 해독하고 있다는 사실을 독일이 알게 되면 암호체계를 바꿀 것을 우려해 영국의 방공포대나 비상대책본부에 경계 발령을 하지 않았다.

(2) 해독 사실을 보안 유지하지 못한 사례

① 1942년 6월 7일 시카고 트리뷴(Chicago Tribune)지는 미국이 미드웨이 해전에서 승리한 원인을 보도하면서 미국이 일본의 암호체계인 퍼플(Purple)을 해독해 일본의 양동작전을 사전에 알게 돼서 승리하게 되었다는 취지로 보도했다. 이에 일본군은 미국 정보당국의 해독 여부를 확인했고, 1942년 8월 14일 도입한 지 6개월도 채 되지 않는 부호체계인 JN-25c를 JN-25d로 바꾸었다. 그 바람에 미국 정보당국은 새로운 암호체계를 해독하는 데 약 4개월이 추가로 소요되었다.

② 1927년 영국은 러시아의 통신암호를 낱낱이 해독하고 있었다. 영국은 런던 주재 소련 외교관들과 무역대표부 직원들의 간첩 활동은 물론이고 그들이 영국의 강성 노조원들을 사주하여 강경한 노조 투쟁을 유발하는 것을 파악했다. 계속 참고 있던 영국 행정부는 1927년 후반에 이르러 소련과의 외교 관계를 단절하면서 소련이 그동안 해온 외교상의 예의에 어긋나는 활동을 지적했다. 한편 행정부는 영국 의회에게 소련에 대해 외교단절을 취하게 된 근거를 보고할 수밖에 없었고, 영국이 소련의 암호체계를 판독해 입수한 증거들을 공개했다. 소련은 즉각 새로운 암호체계를 도입했고 영국은 한동안 소련의 암호체계를 판독할 수 없었다.[338]

---

338) Christopher Andrew, *Her Majesty's Secret Service: The Making of the British Intelligence Community* (New York : Viking, 1986), pp.331-332.

2. 사진판독

1) 영상판독

과학기술의 발달은 아주 뛰어난 스파이조차 침투가 불가능한 지역에 대해서도 정찰 항공위성이나 정찰항공 등으로 이민트(IMINT) 활동, 즉 영상정보 활동을 통해 자료 확보가 가능하게 했다. 사실 오늘날 마음만 먹으면 하늘의 눈을 통해서 세계 어느 곳이든 지 목표물에 대한 영상사진의 확보는 가능하다. 그러나 기술정보 활동으로 획득한 영상 정보는 전문가인 사진 판독관이 아니면 그 특징을 파악하여 필요한 정보를 생산하는 일은 쉽지 않다. 정보분석관들도 사진 판독관이 영상 사진 속에서 특징을 지적하고 명칭을 붙인 연후에야 실질적인 내용을 이해할 수 있는 경우가 대부분이다. 또한, 영상 사진판독은 과거의 경험이나 다른 영상 사진과의 대조를 통하여 그 내용을 알 수 있는 경우도 적지 않다.

대표적인 사례가 1962년 쿠바 미사일 위기 때 다윗의 별(Star of David)로 알려진 영상 사진판독이었다. 일반인의 눈에는 복잡한 도로들의 교차로처럼 보였지만, 숙련된 사진 판독관인 브루지오니(Dino Brugioni)는 소련 본토 미사일 기지에서 예전에 보았 던 영상 사진과 유사하다는 사실을 즉각적으로 인지했다. 그는 과거의 사진을 찾아내어 대조 분석하여 결국 소련이 쿠바에 새로운 미사일 기지를 건설하고 있다는 정보판단을 하기에 이르렀다.

2) 징후해석

영상정보의 가치는 영상 장비의 해상도(resolution)에 크게 좌우된다. 그러나 영상 정보는 해상도에 의한 단순한 영상, 즉 액면 그대로의 사진에서만 추출되는 것은 아니 다. 전문적인 사진 판독관은 촬영된 영상에서 상황과 대상물의 특징 또는 특색을 알 수 있는 징후(signature)를 정확히 파악하여 유용한 정보를 생산한다. 징후란 경험과 논리를 토대로 어떤 사물과 사태에서 겉으로 드러나는 낌새 또는 의도 등과 연관된 구체적인 특징을 말한다. 예를 들어 비행장 활주로를 확장하는 공사 현장 사진이 입수되 었다면, 상대국이 새로운 대형 항공기를 개발했거나 도입한 징후라고 이해할 수 있고 그에 집중한 첩보 수집을 전개할 수 있다. 징후 포착은 유사한 활동의 반복된 확인에 의해서도 이루어진다.

예를 들어 항공기와 미사일이 특정한 포장 상자에 쌓여서 운송된 사실이 밝혀지면 같은 크기의 포장 상자들은 속 안의 내용물이 직접 관찰되지 않았더라도 해당 비행기나 미사일을 담고 있는 것으로 간주할 수 있다. 미국 정보공동체는 포장 상자에 대한 영상 사진분석으로 징후를 획득하는 것을 포장 상자학(crateology)이라고 호칭한다.[339]

한편 징후를 사용하는 것은 아주 생산적일 수 있지만 잘못된 정보를 생산할 수도 있다는 점을 인식해야 한다. 아측의 사진 판독관이 어떤 징후에 의존하고 있는 사실을 상대세력이 알게 되면, 상대세력은 징후 판단이 어렵도록 소극적으로 작업을 중단하거나 방식을 바꾸는 것에 그치지 않고, 더 나아가 적극적으로 기만공작 활동에 역이용할 수도 있는 것이다.

---

339) Lowenthal(2020), pp.104-105. Shulsky & Schmitt(2002), pp.50-51.

제4절 정보분석 보고서의 생산

국가정보는 배포되고 정책적으로 활용될 수 있을 때만 그 가치가 존재한다. 결코 비밀은 생산 그 자체에 목적이 있는 것은 아니라는 점을 명심해야 한다. 이를 위해 정보분석의 최종 결과물인 정보보고서는 외형적으로 3가지 특징을 구비해야 한다. 먼저 정책결정자가 필요한 때 제때 사용할 수 있도록 적시성(timeliness)을 갖추어야 한다. 다음으로 분석물의 범위와 상세도를 결정하는 범위와 한도(scope)가 지정되어야 한다. 마지막으로 생산된 정보보고서는 언제 어떠한 방식으로 지속적으로 전달될 수 있는 주기성(periodicity)의 체계를 갖추어야 한다. 아래에서는 다양한 정보분석 보고서의 실제를 미국 정보공동체가 생산하는 문건을 토대로 살펴보고 생산된 보고서의 전달 즉 보고와 관련한 몇 가지 문제점을 차례로 살펴본다.

1. 적시성

정확하지만 뒤늦은 보고보다는 불완전하지만 적시의 보고가 더 중요하다. 시의 적절성은 좋은 정보의 제1조건이다. 나폴레옹은 1821년 5월 세인트헬레나 유배지에서 죽었는데, 그의 사망 소식이 파리에는 한 달이나 지난 6월에야 보고되었다. 그동안 정적들은 불안한 가운데 하루하루를 보냈다는 일화는 정보 적시성의 중요성을 잘 말해준다.

2. 적정·명료성

정보는 필요한 내용을 모두 담고 있으면서도 간결을 유지해야 한다. 단순한 역사적 사실의 반복이나 수치의 나열 때문에 여러 번 읽지 않고는 이해하기 어렵다면 아무리 내용이 우수하더라도 분석보고서로의 가치가 떨어질 수밖에 없다. 물론 불확실성에서 확실함을 추구하는 정보분석의 경우에는 언제나 위험성이 존재한다. 명료성의 요청은 한편으로는 그러한 위험성을 정보분석관들이 혼자만 감당하려고 해서는 안 된다는 것을 의미한다. 위험성 또한 정책담당자들과 공유해야 할 정보가치이다.[340]

3. 객관성

정보분석이 객관성이 결여되었다면 시의 적절하고 간결하고 명료하더라도 전제가 사라진 의미 없는 내용이 된다.[340] 객관성의 기준이 무엇인지를 일률적으로 정할 수는 없어도, 바이런 화이트 대법관의 음란물에 대한 견해처럼 음란물을 정의하기는 어려워도 누구나 그를 인식할 수 있는 것과 같이 무엇이 최선을 다한 객관적인 분석물인지는 어렵지 않게 판단할 수 있다. 미국의 경우 2004년 정보개혁 및 테러방지법(IRTPA)은 정보분석에서 시의성, 객관성 그리고 정치고려에서의 독립성을 정보공동체에 주문하고 있다.

제1항 정보분석의 형태와 정보보고서

정보분석 보고서는 정보의 형태에 따라 기본정보(Basic intelligence)보고서, 현용정보(current intelligence) 보고서, 판단정보(intelligence estimate)보고서의 3가지로 분류할 수 있다. 셔먼 켄트의 지적처럼 현용정보 보고서는 현재의 정보, 기본서술정보 보고서는 과거의 정보, 판단정보 보고서는 미래와 관련되어 있다.[342]

I. 기본정보 분석보고서

특정 국가의 국가적 조건과 특성을 전반적으로 알아보기 위한 정보생산물이다. 기본정보 보고는 공개적으로 이용할 수 있는 자료와 국가정보기구의 모든 관련 정보(all-source intelligence)에 기초하여 주어진 현황을 가능한 한 완전하게 설명한다. 그것은 특정한 시점에서 대상국의 지정학적 특성, 정치제도, 경제 제원, 환경, 보건, 국가기반시설 등 국가의 기본제원에 대한 정보를 말한다. 기본정보 보고서(Basic

---

340) Lowenthal, Mark M(8th edition(2020), p. 141.
341) 사회학에서는 특정 주제에 대한 정의를 요구받았으나 정의를 내리기가 쉽지 않고 큰 가치도 없는 경우에, 대법관 바이런 화이트(Byron White)가 "음란물(pornography)이 무엇인가?"라는 질문에 대해 "정의할 수는 없지만, 나는 보면 알 수 있다(I can't define it, but I know it when I see it.)"라는 대답이 명언으로 이야기된다.
342) Shulsky, op. cit, p. 57.

intelligence report)는 다음의 현용정보와 예측·판단정보의 기초가 된다.

II. 현용정보 분석보고서

대상 국가의 정치·경제·사회·문화의 제반 분야에서의 변모 양태를 지속해서 추적해 변화의 양과 질 및 효과 그리고 변화의 방향을 파악한 분석보고서다. 예컨대 현재 극도로 통제된 계획경제 체제에서 부분적 개방 경제체제로 전이할 것인가와 같이 변화의 방향을 파악하는 것은 변혁의 양과 규모 또는 효과 등을 파악하는 것보다 더욱 중요할 수 있다.

인물에 대한 현용정보는 중요 인물에 대한 기본정보를 바탕으로 그들의 성장과 다른 경쟁자들과의 상호관계를 추적하고 대상 인물이 과거에 발휘했던 리더십을 다각도로 살펴보아 앞으로 두각을 나타낼 인물과 그들의 성향을 발견한다.

정치에 대한 현용정보는 정치체제의 변모를 살펴보는 것이 중요하다. 특히 인접 국가의 정치체제 변화는 현재에는 직접적인 교류가 없는 경우라고 해도 정치·경제·사회적으로 직접적인 영향을 끼칠 수 있기 때문이다. 경제구조와 규모의 변화 모습 그리고 인구문제, 이민문제, 노동자 집단의 상황변화, 과학기술의 발전 등 제반 사회 변모도 현용정보 분석보고서의 내용이다.

상대국의 지리적 환경을 바탕으로 개발 등에 따라 변모하는 환경변화의 추적, 국제환경협약의 동향 파악, 국제환경운동 단체의 동향, 특정 지역의 환경오염 수준 변화의 파악도 현용정보 분석보고서의 중요한 내용이다.

III. 예측·판단정보 분석보고서

이것은 정보기구의 정보생산물 중 가장 야심찬 유형의 정보생산물로 현재 상황을 묘사하는 데 그치지 않고 변화 상황이 향후 어떻게 전개될 것인지를 예견하려는 정치한 지적 분석 결과물이다. 예측·판단정보의 주된 대상은 대상 국가의 전략적 능력, 전쟁 수행 의도와 잠재력, 특수 취약점을 분석해 상대세력의 가능한 행동 방책을 파악하는 것이다. 예측·판단정보 분석보고서는 신뢰할 수 있는 기본정보와 현용정보에 대한 종합과 면밀한 분석을 통해 이루어진다.

미국 정보공동체는 판단정보 분석을 정보 예측(intelligence estimates)이라고 한
다. 후술하는 바와 같이 국가정보예측보고서(National Intelligence Estimates :
NIEs)는 특정 주제에 관해 정보공동체가 집합적으로 결론지은 가장 권위 있는 정보분
석 평가를 담고 있다. 현재 판단 정보보고서는 여러 개별 정보기구에서 일하는 전문적인
상위 정보분석관들로 구성된 국가정보국장(DNI) 산하의 국가정보위원회(National
Intelligence Council : NIC)가 수행한다.

제2항 구체적인 정보분석보고서 검토

I. 유형별 정보분석보고서

정보분석의 최종 산출물인 정보분석보고서를 일별해 보는 것은 중요한 의미가 있다.
주지하다시피 정보수집은 그것 자체로 자기 완결적 의의가 있지 않다. 수집된 첩보를
분석하여 생산한 정보 분석물이 정보수요자에게 배포되어 활용되는 것에 진정한 가치
가 있다. 그러므로 정보분석 결과물의 배포방식과 형식인 정보분석 보고서를 살펴본다
는 것은 정보분석 담당자가 궁극적으로 해야 할 업무를 되짚어볼 기회를 얻게 되는
것이고, 정보요원에게는 그들의 정보수집 결과가 어떻게 소화되는지를 알 수 있도록
함으로써 무엇이 어떻게 필요하겠다는 판단을 하게 할 수 있다. 국가정보 기구는 국가정
책 수립과 집행을 뒷받침하기 위해 다양한 유형의 정보생산물을 만들어 낸다. 그래서
슐스키는 정보기구의 정보생산 배포기능을 언론매체와 유사한 기능을 수행하는 것이
라고 말했다.[343] 다양한 정보분석 보고서를 생산하여 광범위하게 배포하는 미국의
사례를 직접 살펴보는 것이 가장 효율적인 방법이며 빠른 이해를 도모할 수 있다.

1. 현용정보 분석보고서

1) 대통령 일일 브리핑(President's Daily Brief : PDB)

미국의 국가안보와 관련된 최고의 기밀과 미묘한 주제를 담은 일일 보고서로서 대통

---

343) Shulsky & Schmitt(2002), p.57.

령이 국가안보와 관련된 임무를 수행하기 위해 알 필요가 있는 가장 중요한 정보가 포함된다. 매일 업무가 시작될 무렵 10분 또는 15분 동안에 읽을 수 있도록 작성된다. 3가지에서 6가지 정도의 주제로 구성되어 국무부 또는 CIA에서 수집된 특별한 비밀정보들이 포함되고, 간혹 국방정보국(DIA)과 국가안보국(NSA) 정보가 포함된다. 1주에 6번 생산되는 것으로 전통적으로 CIA가 생산했으나 2004년 법 개정 이후 현재는 국가정보국장(DNI) 소관이다. 분량과 편제는 대통령 취향에 따라 달랐는데, 포드 대통령 때는 상당한 분량이었으나 지미 카터 대통령 이후 최대 15장을 넘지 않도록 했고, 최근에는 5~7장 정도로 구성된다고 한다.[344]

2) 고위정책 정보요약(Senior Executive Intelligence Brief : SEIB)

행정부 고위관료를 위한 **일일 정보신문이다.** 콜비(William Colby) CIA 국장의 아이디어로 창간된 정보일간지인 국가일일정보(National Intelligence Daily : NID) 보고서에서 유래한다. 활발한 활용을 위해 정보의 배포를 누구보다 강조했던 콜비 국장은 1960년대 중반부터 CIA의 일일 정보문건을 신문 형태로 발간해 정책부서가 쉽게 이용할 수 있도록 했다.

국가일일정보에 대한 그의 열정은 대단해서 매일 저녁 다음날 가판 발간 회의를 직접 주관했다고 한다. 독자는 수백 명의 행정부서 정책담당자들로 주 6회 생산된다. 국가정책에 영향을 줄 수 있는 다수의 I급 비밀정보가 수록된다. 예를 들어 1985년 5월 9일자 정보 기사를 보면 시리아에서의 쿠데타 시도를 보고하여, 시리아 카다피(Qaddafi) 정부 내 불만 세력과 리비아 구국 국가 전위조직에 의한 가다피 대통령 궁에 대한 공격 내용을 설명하고 있다.

3) 일일경제 정보요약(Daily Economic Intelligence Brief : DIEB)

주요 국내외 경제 현안에 대한 정보분석 보고서로 주 5회 생산된다. 경제부서 국장급 이상의 책임자에게 제공되는 정보보고서이다.

---

344) Richelson(2016), p.408.

4) 국무장관 조간 요약(Secretary's Morning Summary)

국무부 정보조사국(INR)이 생산하는 분석보고서로 주 7회 발간된다. 주요한 대외정책에 관한 내용을 담고 있다. 국무부 내의 한정된 부서에만 배포되고 요약본이 대통령, 국가안보회의(NIC) 그리고 주요 국가의 대사에게 배포된다.

5) 국방부 생산 현용정보 분석보고서

가. 군사정보 다이제스트(Military Intelligence Digest : MID)

잡지 형식의 현용정보보고서로 월요일부터 금요일까지 생산된다. 지역 안보, 핵무기 안전, 대량살상무기 확산문제, 전략과 자원 문제들을 다룬다. 1997년 1월 24일자 문건은 러시아의 치명적인 신경가스 생산계획인 암호명 폴리안트(FOLIANT) 계획을 분석했고, 1998년 2월 2일자는 이라크의 스커드 미사일 은폐 사실을 분석 보고했다.

나. 고위간부 하이라이트(Executive Highlights : EH)

세계 군사 위험지역과 위험 예상지역에 대한 정보분석 내용을 담고 있다. 국방부장관, 합참의장과 필요한 주요 정책결정권자에게 한정 배포된다.

다. 국방 테러 정보요약(Defense Intelligence Terrorism Summary)

군 고위 관계자와 군 시설에 대한 테러 위협, 세계 각 지역의 테러 전개 그리고 테러와의 전쟁을 직접 지휘하는 실전 지휘관의 경험을 바탕으로 작성한 정보문건이다. 워싱턴 관계자들에게는 인쇄물로 배포되고, 해외의 군지휘관에게는 전자메시지 형식으로 배포된다.

라. 신호정보 다이제스트(SIGINT Digest)

각종 신호 정보활동에서 발췌한 전 세계에 대한 매일 매일의 가장 중요한 신호정보 분석 결과물이다.

마. 세계영상보고서(World Imagery Report)

영상정보(IMMINT)를 분석해 생산한 비디오 형식의 분석 보고물이다.

바. 기 타

그 밖에도 공군 일간정보(Air Force Intelligence Daily), 외국 공군의 활동을 분석하는 우주 항공사령부 우주 정보 노트(USSPACECOM Space Intelligence Notes), 우주 항공사령부 정보보고서(USSPACECOM Intelligence Report) 등이 있다. 우주 항공사령부 정보보고서(IR)는 외국 인공위성의 궤도이탈 등 각국 인공위성의 계획, 발사 준비를 포함한 위성에 대한 제반 문제를 보고한다. 그밖에 국방정보국(DIA)은 국방부 정보연결망(Defense Intelligence Network : DIN)[345]을 통해서, 영상정보 활동으로 획득한 전 세계 위성영상을 30분 간격으로 업데이트하며 필요한 정책·정보 담당자들에게 텔레비전 중계를 해준다.[346]

2. 경고정보(Warning Intelligence) 분석보고서

국가정보기구가 수행하는 가장 중요한 기능 중의 하나는 적대적인 상대세력의 위협에 대해 시의적절한 경계를 발령해 주는 것이다. 미국 정보공동체는 경계 발령의 체계적 신속성을 위해 징후경보(Indications and Warnings : I & W)라는 자동 경계 발령 시스템을 구축하고 있다. 징후경보 시스템은 상대세력이 군사 공격 같은 위협적인 행동을 준비하기 위해 사전에 취할 가능성이 있거나 취할 필요성이 있는 조치를 분석하여 그 변화내용에 따라 자동적으로 경계경보가 발령되게 한다. 경고 정보는 국가안보와 대외정책에 갑작스럽거나 악영향을 줄 수 있는 사태의 확인과 발전 경과에 대한 정보이다. 그러므로 경고정보 분석보고서는 어떠한 정보분석 보고서보다 체계화되어 국가안보 문제에 대해 차질 없는 정책 수립을 할 수 있도록 기능해야 한다.

---

345) 이것을 전 세계 합동정보통신 시스템(Joint Worldwide Intelligence Communications System)이라고 하며, 이를 통해 세계 각 지역의 정보 현황, 군사 추세와 군사력 동태 등을 중계 방송한다.
346) Richelson(2016), p.418-419.

1) 경고경계목록(Warning Watch list)

향후 6개월간의 미국의 안보와 대외정책에 영향을 미칠 수 있는 잠재적인 위협에 대한 추적과 가능성을 분석해 발간하는 주간 보고서이다.

2) 경고메모(Warning Memorandum)

국가정보국장(DNI) 산하의 국가정보위원회(NIC)에서 생산하는 미국의 국가이익이 걸린 사안에 대한 정보보고 문건으로 생산 즉시 국가정보국장(DNI)에게 전달된다. 정보공동체 내의 공동의견 수렴을 위해 수 시간 내에 국가해외정보위원회(National Foreign Intelligence Board : NFIB)의 화상회의 등에 공여되어 정책담당자들에게 배포할지를 결정한다.[347]

3) 국방부 생산 경고정보분석문건

미국 정보공동체는 미국이 지정학적으로 비교적 분쟁지역이 산재한 지구의 각지에서 멀리 떨어진 곳에 있음에도 불구하고 만에 하나 있을지도 모를 국가적 위협에 대비해 다수의 경고정보를 생산하고 발령하고 있다.

① 주간 정보전망(The Weekly Intelligence Forecast)
② 주간 경고예측전망(The Weekly Warning Forecast Report)
③ 반기 경고전망(The Quarterly Warning Forecast)
④ 경고보고서(The Warning Report)
⑤ 워치콘 변동(The Watch Condition Change)보고
⑥ 연간 경고전망(The Annual Warning Forecast)

3. 예측 · 판단정보(Estimate and Analytical Intelligence) 보고서

국가정보기구가 정책공동체와 별도로 예측과 판단기능을 수행해야 하는지, 한다면 어느 정도까지 해야 하는지에 대해서는 정보와 정책과의 관계와 관련해 실무적인 논란

---

347) 국가경보의 잦은 발령은 소위 늑대소년 효과에 의해 경고의 목적을 반감시킬 수도 있다. 반면에 경고의 누락은 국가적 재앙을 초래할 수 있으므로 경고의 전달은 쉬운 문제가 아니다.

이 있다.[348] 정책과 정보의 양자 간에는 명확한 경계선이 있음을 분명히 하는 미국 정보공동체의 경우 예측·판단보고서의 생산은 정보공동체의 가장 야심찬 정보 생산 활동으로 간주된다. 이를 위해 다수의 정보기관에서 노련한 경험을 갖춘 상위급의 정보 분석관들로 구성된 국가정보위원회(National Intelligence Council)에서 국가의 제반 정보자료를 활용하여 장기간의 노력 끝에 작성한다. 이것은 예측보고서와 분석보고서 두 가지 유형으로 나눌 수 있다.

1) 예측보고서

① 국가정보예측(National Intelligence Estemates : NIEs) 보고서

미국의 안보 정책 및 대외정책에 영향을 줄 수 있는 각국의 정치, 경제, 군사 등의 제반 환경에 대한 장기예측 전망 분석보고이다. 장기 예측문건 작성은 정보기구가 수집과 분석판단에서 총체적인 역량을 구비하고 있지 않으면 불가능한 작업이다. 미국의 경우 국가정보예측(NIEs)은 법에 정해져 있는 생산물로 최고 권위를 가진다.[349] 국가정보국장(DNI) 산하의 국가정보위원회(NIC)에서 작성한다. 국가정보위원회(NIC) 구성원을 최고의 정보분석관을 의미하는 국가정보관(National Intelligence Officers : NIOs)이라고 호칭한다. 국가정보예측 보고서의 수요자는 대통령을 비롯해 의회, 국가안보회의(NSC), 행정부 내 고위정책담당자 등 다양한 사람들을 대상으로 한다.

주요한 국가정보예측보고서(NIEs)를 살펴보면, 1990년대의 소련의 군사력과 전술 핵무기 운용에 대한 예측보고인 NIE 11-3/8-89, (소련(11)의 핵 문제(3)를 다룬 것으로 89년 8월 발간이라는 뜻이다[350]), 향후 2년간의 소련체제의 전복 등 변경 가능성에 대한 예측보고인 NIE 11-1/8-89, 소련의 스텔스 기술의 현황과 대 스텔스 능력

---

348) 예를 들어 미국의 경우에는 정보 예측과 판단을 하는 것을 정보기구가 행하는 정보생산의 정점이라고 간주함에 반해, 1930년대 소련의 경우 스탈린은 정보를 바탕으로 한, 향후 예측판단은 자신이 수행하기를 원했기 때문에, 정보기관들은 스탈린에게 단지 해외에서 획득한 비밀첩보만 보고하도록 했고 해외상황에 관한 판단이나 평가를 하는 것을 금지했다. Shulsky & Schmitt(2002), p.61.

349) Richard A. Best, Jr, *The National Intelligence Director and Intelligence Analysis* (CRS Report for Congress), p.3.

350) 전통적으로 국가정보예측보고서의 타이틀은 2~3자리 아라비아 숫자에 의한 번호체계를 사용해, 앞의 숫자는 국가(예컨대 11은 소련, 13은 중국) 두 번째 숫자는 주제(예를 들어 1은 우주, 3은 핵문제)를 말하고 마지막 숫자는 생산연도를 의미한다.

에 대한 예측보고인 NIE 11-7-89, 1990년대의 소련 주축의 바르샤바 동맹국의 군사력추세 등에 대한 예측보고인 NIE11-34-89 등이 있고, 북한의 전쟁 도발 가능성과 핵무기개발 계획 그리고 정보공동체의 국제화학무기 협정을 모니터링 할 수 있는 능력 등에 대한 1993년도 예측보고서 등이 있다.

국가정보예측보고서는 토의를 거쳐 최종적으로 결정해 생산하는 문건으로, 때에 따라서는 정책 논리에 부합되게 결정된 부분도 있다. 대표적인 사례로 2002년 10월 생산된 이라크의 대량살상무기계획에 대한 보고서는 국방부의 대이라크 전쟁을 합리화하기 위한 정치적 분석이라는 비판을 받았다.[351]

② 특별예측(Special Estimates : SEs)보고서
통상의 국가정보예측(NIEs)보다는 단기간에 대한 예측보고서로 압축판 미래 예측보고서라고 일컫는다. 1994년 생산된 특별예측보고서에는 소련 정부의 러시아 무기와 무기기술능력 유출 통제 실패에 대한 분석을 담고 있었다.

③ 마약정보예측(Narcotics Intelligence Estimates)
미국 정보공동체에서 작성한 전 세계 마약 생산, 밀매 문제에 대한 추세와 전망에 대한 장기 예측보고서이다.

④ 국방부 국가정보예측보고(DoD-NIEs)
1969년도부터 국방정보국(DIA) 주도로 독자적인 국가정보예측보고서를 생산한다. 과학기술의 발전에 초점을 두고 무기의 진보 및 각국의 군사력 동향 등 군사문제에 대해 심층적인 내용을 많이 다룬다. 국방부 자체 정보만으로 생산한 예측보고서이다. 국방정보평가와 국방정보보고서의 2가지가 있다.

---

351) Richard A. Best, Jr., *The National Intelligence Director and Intelligence Analysis* (CRS Report for Congress), p.3.

가. 국방정보평가(Defense Intelligence Assessments)

미래의 전장(戰場)을 위한 소련의 재래무기 개량(1990)보고서, 향후 20년간 지상전에서 에너지 무기(Energy Weapons)의 직접 사용 문제(1990)에 대한 보고서, 동아프리카 사태의 미국 국가안보에의 영향(1990)에 대한 보고서, 발칸 반도의 불안정(1991) 등에 대한 보고서 등이 발견된다.

나. 국방정보보고서(Defense Intelligence Report)

향후 세계 군사 무기 동향 등에 대한 전망 보고서이다.

2) 연구 보고서

CIA, 국방정보국(DIA), 국무부 정보조사국(INR) 등 미국 3대 정보분석기관들이 학술적 수준의 연구 분석 결과물을 부정기적으로 생산한다. 이것은 세계 각지의 정치, 경제, 군사 그리고 사회문제를 조사·연구해 특정 기간의 총체적인 분석결과를 담고 있다.

① CIA 연구 보고서

CIA의 부정기 분석보고서로는 세계 마약연계(1987.3)보고서, 핵무기(1988. 12)보고서, 생화학무기(1989.4)보고서, 고르바초프 체제의 정치적 불안정(1989.4)에 대한 보고서가 있었다. 최근의 CIA 분석보고서로는 러시아의 핵무기 통제에 대한 우려와 러시아 마피아 조직과 금융기관의 연계 문제에 대한 보고서, 러시아 생화학무기 계획 등에 대한 보고서가 있다.

② 국무부 정보조사국(INR)연구 보고서

프랑스의 핵무기 전략과 핵 군사력(1987. 6. 30)에 대한 보고서, 러시아와 쿠바의 연계(1988)에 대한 보고서, 중국 내 위기 문제를 다룬 1989. 7. 27 보고서가 대표적이다.

③ 국방부 연구 보고서

미 해군정보기관의 중국의 우주기지국 원격조정장치 지구탐사능력에 대한 보고서

(1994.9), 국가별 미국 해군과 해상력에 대한 위협보고서(중국, 알제리, 이라크, 이란, 쿠바, 1993~1996) 그리고 미 공군 정보기관에 의한 중국의 항공 산업 디자인과 개발공정과 자원(1989)에 대한 보고서, 북한의 미 공군에 대한 위협보고서(1989), 중국군의 군사작전 연구(1994. 3) 보고서 등이 있다. 연구분석보고서는 국방정보국(DIA)의 통할 하에 이루어진다.

Ⅱ. 기타 주요 발간물

1. 정기간행물

미국 정보공동체는 주간이나 월간 그리고 반기별 정기간행물을 발간한다. CIA가 발간하는 정기간행물에는 ① 주간경제정보(Economic Intelligence Weekly), ② 월간 유럽 리뷰 (European Monthly Review), ③ 무기거래보고(Arms Trade Report), ④ 반기별 국제에너지 통계(International Energy Statistical Quarterly), ⑤ 테러리즘 리뷰(Terrorism Review), ⑥ 국제 마약 리뷰(International Narcotics Review), ⑦ 무기확산 다이제스트(Proliferation Digest) 등이 대표적이다.

국무부 정보조사국은 격주로 평화 전망(Peacekeeping Perspectives)과 정보분석국 저널(INR Journal)을 발간한다.

국방정보국(DIA)은 월간마약정보와 반기 정보추세 다이제스트(Monthly Digest of Drug Intelligence and Quarterly Intelligence Trends), 주간공군 정보(Air Force Intelligence Weekly)를 발간한다. 미국 우주사령부도 중국, 러시아, 인도의 인공위성 상태와 운용을 추적 연구해 USSPACECOM Defense Intelligence Space Order of Battle라는 정기간행물을 발간한다.

2. 전기(Biographies)기록

전기기록은 외국 정치가, 군인 등 주요 인사에 대한 신상명세서이다. 각국의 정보기관이 자국의 주요 인물들을 대상으로 작성하는 국내 존안자료 카드에 대비된다고 보면 된다. 예를 들어 CIA는 1977년 21명의 러시아 주요 인사에 대한 신상기록을 유지했다.

그중 후일 소련 외상이 된 셰바르드나제(Eduard Shevardnadze)의 신상기록은 다방면에 걸친 상세한 개인에 대한 분석 그리고 그의 향후 성장 전망에 관한 내용을 담고 있다. 1974년 CIA는 후일 이스라엘 총리가 된 라빈(Yitzhak Rabin)에 대한 전기기록도 작성했었다. 라빈에 대한 전기기록은 건국의 자손, 군사적 강경파, 정치적 온건파(Military Hawk / Political Dove), 대사로서의 장군(General as Ambassador) 등의 소주제로 분류해 그의 성향을 상세히 분석하고 있다.[352]

국방정보국(DIA)도 주요한 각국 군 지휘관에 대한 전기기록을 작성 관리하고, 각국의 장래성 있고 영향력 있는 초급장교 등을 대상으로 전기분석을 관리한다. 국방정보국(DIA)은 이미 1966년 파라과이의 1기갑 사단장인 안드레이 로드리게즈(Andres Rodriguez)에 대한 신상기록을 작성했고, 그는 추후 1989년 쿠데타를 일으켜 오랜 독재자 알프레드를 축출하고 정권을 장악했다.

또한, 러시아 변방 몰디브 지역의 장교로 당시 옐친 대통령을 공공연히 단점투성이(minus)라고 악평했던 초급장교 레베드(Aleksander Lebed)의 신상기록도 있다. 초급장교 레베드에 대한 객관적인 자료에 기초한 다방면에 걸친 상세한 정보분석을 담고 있었다. 레베드를 설득력 있는 연설가로 평가했는데 그는 추후 옐친 대통령의 안보보좌관으로 발탁되었다.

3. 글로벌 브리핑(Global Briefing)

글로벌 브리핑은 미국정보공동체의 최장기 미래예측보고서 중의 하나로 전 세계 상황에 대한 미래 예언서라고 할 수 있다. 1979년 창간되어 현재는 국가정보국장(DNI) 산하에 있는 국가정보위원회(NIC)가 생산하고 있다. 전 세계 미래에 대한 예측보고서인 글로벌 브리핑은 매 5년마다 향후 세계 제반 상황에 대한 15년 후의 변화를 분석한 미래예측보고서이다. 2004년에 생산한 2020년의 세계 미래 상황인 "세계미래 그려보기(Mapping the Global Future)"가 있었다. 미국 정보공동체는 2021년에는 Global Trends 2040을 생산했다.[353]

---

352) Richelson(2016), p.420.
353) https://www.dni.gov/index.php/gt2040-home/introduction.

제3항 정보분석 보고상의 쟁점

I. 최고 통수권자 일일 보고의 문제

최고 통수권자에 대한 정보 일일 보고는 그 성격상 주로 현용정보(current intelligence)에 대한 것이므로, 단기 현용정보가 정보분석에 미치는 나쁜 영향을 고스란히 남길 수 있다. 일일 보고는 정보를 국가 최고책임자에게 바로 전달하고 국정 최고책임자의 국가정책에 대한 사고와 의중 그리고 정보 수요를 직접 파악하여 정보공동체에 전달하는 중요한 매개체 역할을 할 수 있는 길임이 틀림없다. 또한, 국정 최고책임자를 정기적으로 만나고 정보를 제공하는 것은 권위를 바탕으로 확고한 정보활동을 가능하게 하여 정보기구 전체를 위해서도 좋은 자산이 되리라는 사실은 자명하다. 그러나 정보기구의 책임자는 최고 통수권자의 신임을 바탕으로 일시적인 정보기구의 경쟁력 강화를 위해 일일 보고에 정보기구의 역량을 지나치게 집중해서는 안 된다. 그것은 장기적·종합적인 정보분석에 전반적으로 부정적 영향을 미칠 수 있다는 사실을 직시해야 한다.[354]

II. 불확실성의 전달 문제

불확실한 정보분석 결과를 최고 통수권자 등 정보수요자에게 어떻게 전달할 것인가는 현실적으로 빈번하게 발생하는 대단히 중요한 문제이다. 정보분석 업무는 역사학자의 사후적 탐구 활동에 비유될 수 있다. 역사학자들은 어떤 이벤트에서 그것이 나타내는 의미를 하나하나 고증하여 파악해 들어가면서 차곡차곡 일관성 있는 전체를 찾으려고 노력한다. 정보분석은 이러한 고증적 노력 외에 사태와 현상의 상호 관련성에 관한 판단도 수행해야 한다.

예를 들어 경제 상태의 악화 원인을 정치 불안에서도 고려하는 것이다. 이처럼 불확실한 일을 확실하게 전달하기 위한 노력은 분석 활동의 기본을 이룬다. 그것은 역으로 정보분석 활동이 지속적인 창조적 방법으로 수행될 수 있게 도와준다. 장래 발생할지

---

354) Lowenthal(2020), p.155.

모를 일을 계속 생각해 봄으로써 장래의 상황을 쉽게 상상할 수 있게 되는 것이다.

통상 정보분석가들은 불확실성을 두 가지로 표현한다. 하나는 주관적 평가에 의한 애매한 어구의 사용이고, 다른 하나는 통계수치에 의한 불확실성 정도에 대한 표현이다. 주관적 불확실성을 나타내는 표현이란 '가능성이 있다, 엿보인다, 아마 그럴 수 있다' 등의 애매한 용어를 사용해 표현하는 것이다. 그러나 이런 용어를 사용한 정보보고서는 이를 받아 본 정책결정자가 또 다른 독자적인 기준으로 채워야만 최종적인 결심을 할 수 있으므로 사실은 무결정의 정보보고라 할 수 있다. 정책담당자가 애매한 표현의 정보 분석 결과물을 수령했을 때, 정책에 직접 반영할 수 있는 것은 아무것도 없기 때문이다.

다른 방법은 불확실한 정도를 앞서 본 예일 방정식 등에 따라 1~99%의 통계수치로 표현하는 것이다. 그 결과 목표 대상 각 사건의 확률을 승(곱)해 나감으로써 최종 발생확률이 계산된다. 예를 들어 개개 사건이 발생할 확률이 각각 70%라면 3개의 일이 한꺼번에 발생할 확률은 $0.70 \times 0.7 \times 0.7 = 34\%$가 된다. 사실관계에 대한 증거가 애매해 정보 판단이 지극히 어려운 경우, 럼스펠드 전 국방부 장관은 다음과 같이 명확한 지침을 전달했다.

> "당신 생각으로 정보분석이 어렵고 따라서 결론이 명백하지 않다고 판단될 때, 도출되는 정보분석은 추측이고 분석이며 가능성이고 추산이다. 즉 최선의 추측을 해서 보고해야 한다."[355]

그러므로 정보분석관은 최선의 추산을 한 후, 아는 것은 아는 대로 모르는 것은 모르는 대로, 사실인지 추산인지를 명백히 밝히어, 즉 자신의 한계를 분명히 해 정책결정자의 상황판단에 오류를 초래해서는 안 된다. 정보기구가 전지전능의 역할을 다하고 마치 그러한 능력이 있는 것으로 간주하는 것과 같은 잘못된 인식은 후진적 정보기구의 대표적인 병폐의 하나로 지적된다. 따라서 정보기구 관리에서 솔직하게 불확실성을 액면 그대로 전달하는 정보분석 결과물에 대한 통계작업도 정보분석 업무를 되돌아보게

---

355) Jack Davis, *op. cit*, 원어는 "If you think about it, what comes out of intelligence is not fIX ed, firm conclusions. What comes out are a speculation, an analysis, probabilities, possibilities, estimates. Best guesses."

하는 좋은 계기가 될 수 있다.[356)

Ⅲ. 예측 정보(estimates) 전달의 문제

오늘날 대부분 국가정보기구는 장기적 관점의 예측보고서를 생산하는 것이 중요한 임무 중의 하나로 되어 있다. 국가안보나 국가이익은 한순간의 일로 끝나는 문제는 아니기 때문이다. 그러나 정보기구에서 사용하는 예측(estimates)은 추산, 개산(槪算), 추정, 평가 등의 의미가 있는바, 2가지 중요한 의미가 있다. 첫 번째는 주요 문제가 장래 수년간 어떤 경과를 거칠 것인가를 예측하는 역량을 개발하고 발전시킨다는 의미가 있다. 두 번째는 국가 미래 예측보고서는 어느 일개 정보기구의 판단이 아닌 일국의 전 정보공동체의 종합된 역량을 나타낸다는 것이다.[357) 대표적인 미국 국가정보예측보고서는 국가정보국(ODNI)에서 최종적으로 검토하고 승인한다. 동 분석 회의에 참가함으로써 다른 정보기구들에 대한 판단 기회도 함께 갖게 된다.[358)

그러나 예측 정보라고 하여 미래를 어떤 통찰력에 기인해 예견·예언하는 것은 아니고, 과거의 선례, 주변의 변수, 입수된 증거 등을 종합 판단해 어떤 사태에 대한 장래의 경과를 합리적으로 추산한 것이다. 결국 예언이 아니라 사태의 예상 진행 경과에 관한 판단(judgment)이 핵심 내용이다. 정책공동체에 예측 정보분석 문건을 전달하는 경우에는 이러한 점을 항상 염두에 두어야 한다.

---

356) Lowenthal(2020), p.175.
357) *Id.* p.181. 영국과 오스트리아는 주로 평가(assessments)라는 용어를 사용한다.
358) Lowenthal(2020), p.182. 예측 정보문건의 중요성에도 불구하고 이에 대한 비판 또한 있다. 어떤 주제들은 예를 들어 냉전 시대 소련의 전략적 군사력에 대한 3권의 연간 보고서 등과 같은 경우, 내용에 큰 변화 없이 다년간 반복되어 예전의 예측문건의 내용을 그대로 벤치마킹했고, 어떤 주제가 언제 시작되어 언제 종료될지에 대한 기준이 명백하지 않음으로써 신규 의제의 진입이 어렵고, 기존 주제의 배제가 명백하지 않다는 것이다. 또한, 집단 판단의 경우 책임회피의 더 두드러진 경향 상 새로운 것에 대한 두려움과 새로운 과업을 회피하고 싶은 마음 등에서 현실 안주적으로 흐를 가능성이 있다. 그러므로 예측문건 작성의 책임 있는 담당자는 주제선정부터, 과거 분석결과와의 비교, 집단 순응사고에 따른 결론 여하, 개별 정보기구들의 개별 문건과의 차이점, 사용된 용어의 구체성과 적정성 그리고 시의 적절성에 대한 면밀한 검토와 비판적 시각에서의 판단 노력을 해야 한다.

제5절 정보분석 업무의 개선 방향

제1항 정보분석의 제반 문제점

I. 정보분석관에 대한 재이해

정보분석관에 대한 강조는 아무리 반복해도 지나치지 않는다. 정보분석은 분석 대상을 중심으로 수집된 정보자료에 의해서뿐만 아니라, 수행하는 정보분석관에 의해서도 결과가 크게 달라질 수 있기 때문이다.

아무리 훌륭한 분석기법이 창조되었더라도 분석기법을 적용할 전제가 되는 가설(Hypothesis)은 결국 사람인 정보분석관이 추론한 것이다. 분석기법은 하나의 수단에 지나지 않고 분석의 궁극적인 성패는 진정으로 성의를 다한 균형 잡힌 정보 마인드가 갖춰진 분석관의 열정에 의해 갈린다고 할 수 있다.

그러나 사람인 정보분석관도 야망이 있기에 그들의 정보분석 결과가 국가정책에 영향을 미치기를 바라는 게 인지상정이라고 할 수 있다. 정보분석에서는 간과하기 쉬운 분석가라고 하는 사람에 대한 정당한 평가와 이해가 정보분석 업무의 문제점 이해와 개선의 출발점이자 종착역이 된다.

II. 정보분석관 양성제도에 대한 반성

제리 쿠퍼는 냉전 시대에 미·소 양극 구조의 단순한 정보 소비 환경과 산업사회에서의 정보분석 기법이, 획기적인 과학기술의 진보를 이루고 정보 수요가 다변화된 오늘날에도 답습되고 있다고 비판했다. 그는 대부분 정보기관이 정보분석관을 양성하는 데 애용하는 도제 구조(guild structure)는 잘못된 것이라면서 전 근대적인 도제식 수련으로 이루어지는 정보분석관 양성은 폐지되어야 한다고 주장했다.[359]

사실 도제 구조는 선임자로부터 특정한 기술과 정보 접근방식 등 의식과 비법 등을 시행착오 없이 전수함으로써, 단기간에 실용적인 분석기술을 배울 수 있다는 장점이

---

359) Lowentha(2020), p.161.

있다. 그러나 그것은 개인의 창조성과 독창성을 마비시키고 가치 부여가 생명인 분석담당자를 단순기술자로 만들 위험이 있다. 그러므로 정보분석가의 체계적인 양성, 교육은 부단한 감독 관리와 함께 정보기구의 성패를 좌우할 중요한 문제이다. CIA의 켄트 분석연구소는 훌륭한 정보분석관 양성을 위한 좋은 모범으로 여겨진다.

Ⅲ. 정보의 정치화 문제

1. 개 관

정책을 지원하는 정보의 존재 이유에 비춰, 아무리 정보가 정책담당자 개인에 대한 봉사가 아니라고 하지만, 정치의 속성과 정치 성향을 겸유한 행정부 내 유력한 책임자의 개성이 국가안보 정책에 투영될 수밖에 없고 따라서 정보와 정치의 관계는 불가피한 긴장 관계가 끊임없이 조성된다.

정보분석관들이 고도의 전문성을 지니고 특정한 정치적 성향이나 선호도를 배제하고 순수 국가안보 목적을 위해 최선을 다한다고 해도, 궁극적 목적은 정책 수요자에게 전문적인 분석을 거쳐 각별한 가치가 투영된 국가정보를 제공하는 것이 사명인 것으로서 그만큼 정치와 밀접하고 일정한 연관 관계를 갖는 것은 국가 정치 구조상 불가피하다.

정보와 정책 상호 간의 반투성 유리판의 원칙에 의해 정책담당자들은 정보당국이 제공한 정보를 정책적 관점에 맞게 평가하고 정책을 수립 · 집행하는 것이 자유롭지만 정보관계자들은 그들의 정보판단에 기초해 정책 수립과 집행을 권유해서는 안 된다.[360] 그러므로 이러한 사정에서 책임 있는 정책담당자가 정보담당자에게 질문하고 증거에 대한 비판적인 견해를 개진하면서 다른 시각을 가져볼 것을 주문하는 것은 정책 수립과 집행에 대한 최종책임을 지는 정책결정권자의 당연한 의무이다.[361]

오늘날 정보학자들 다수의 견해도 정보와 정책 사이에 분명한 한계선이 설정된 이상,

---

[360] 예를 들어 1980년대 지구 서반구 지역을 담당하던 국무부 차관 아브람스(Elliot Abrams)는 니카라과에서 반군이 승산이 있는지에 대한 국무부 정보조사국(INR)의 비관적 정보분석 결과에 불만족하고, 자체 판단에 의해 가능성이 높은 긍정적 평가를 슐츠 국무부장관(George P. Shultz)에게 보고하고, 그에 의거 정책이 수립 · 집행되도록 했다.

[361] Jack Davis, *Tension in Analyst Policymaker Relations: Opinion, Facts, and Evidence*, Sherman Kent Center.

정보의 정치화 위험보다는 정보가 그를 이유로 정책의 과정에 초연한 자세를 견지하며 상호 협조가 잘되지 않는 데 많은 문제가 발생한다는 비판을 제기한다. 다음의 말은 이를 웅변한다.

> "만약 정보분석관이 어느 정도의 정치화의 위험성을 감내하지 않는다면, 그는 자기의 임무를 전혀 수행하지 않고 있는 것이다."[362]

이것은 정보의 정치화나 정보와 정책의 경계선인 반투성 막의 침투와는 전혀 다른 개념이다. 정보의 정치화를 경계하며 정보가 최선적으로 국가에 봉사하는 바른길은 결정적인 정보를 제공해 복잡한 정책분쟁을 해결하는 것이 아니고, 정책분쟁이 있을 수 있음을 정확히 알려주는 것이라는 견해는 경청할 만하다.

2. 정보의 정치화의 의의와 유형

1) 의 의

정보의 정치화는 정보기관이 가장 경계해야 할 부분이라고 설명하지만, 사실 정치화된 정보가 무엇을 의미하는지 개념 정립부터 용이하지 않다. 통상 정보의 정치화는 특정한 의도에 따라서 객관적인 정보를 왜곡시키거나 왜곡하여 사용하는 것을 의미한다. 정보생산물이 정치적으로 악용될 우려가 있는 경우는 정보분석물이 처음부터 특정 정책을 옹호하거나 저지하기 위해 작성되는 경우이다.[363] 그러나 정보분석물이 야망이 있는 정보분석관에 의해 과연 정치적 목적을 위해서 그렇게 된 것인지 아닌지를 판별한다는 것은 쉬운 일이 아니다.

2) 유 형

정보의 정치화에는 세 가지 유형이 있다.

첫 번째 유형은 정보담당자 자발적 협조형이다. 이것은 정보담당자가 정책담당자가

---

362) Lowenthal(2020), p.186. 원어는 "*If an intelligence analyst is not in some danger of being politicized, he is probably not doing his job.*"이다.
363) Richard A. Best, Jr., *The National Intelligence Director and Intelligence Analysis* (CRS Report for Congress).

선호하는 선택사항이나 내용에 부응하기 위해 정보분석관이 의도적으로 객관적 내용의 정보분석 결과를 변경하는 경우이다.[364] 정보기구에 의한 자발적인 정보의 정치화의 중요한 동기로는 개인적인 경력관리, 자리보전 및 기구팽창, 신임 확보 등이 깔려 있을 수 있다. 후진국적 정보기구에서는 소위 다른 국가기구와의 충성경쟁에서 유발될 수도 있다.

두 번째 유형은 정책담당자 주도형이다. 정책담당자는 정보관계자에게 특정한 주제에 대한 그들의 개인적 관심을 제시하면서 그 방향에 따른 정보 결과를 도출할 것을 암시할 수 있다. 미국의 경우를 보면 정보의 정치화로 인한 정보분석 실패의 대표적인 예로 이라크 대량살상무기(WMD) 정보판단의 오류가 거론된다. 사후에 진상을 조사한 의회 보고서에 의하면 딕 체니(Dick Cheney) 부통령은 이라크에 대한 보고를 받기 위해 전례 없이 여러 차례 CIA를 직접 방문했다. 비평가들은 이라크에 대한 강경 조치 의견을 가진 체니 부통령의 거듭된 정보기구 방문은 필경 정보분석에 (정치적)영향을 미쳤다고 본다.

한편 1988년 앨 고어(Al Gore's) 부통령은 자신의 정책 파트너였던 소련 총리 체르노미르딘(Viktor Chernomyrdin)에 대한 CIA의 수뢰 혐의 정보보고에 대해서, 미국의 대소정책 집행에 영향을 줄 수 있고 미확정의 문제라는 등의 이유로 정보 변경을 요구했다. 당시 정보분석가들은 통상과 달리 정보 고위 책임자가 수뢰 혐의 정보보고에 대한 증거 기준을 터무니없이 높여 도저히 정보판단을 할 수 없는 상황이었다고 푸념했다고 한다.

세 번째로 정보가 정치에 더욱 개입된 형태로는 정보가 집권당 등 특정 정당의 선거 승리를 위해 정치에 직접 활용되는 경우이다. 정치 기반이 미약한 후진형 독재국가에서 정보기구가 통치 수단으로 사용되는 경우가 대표적이다. 그러나 선진 민주국가에서도 여전히 나타난다. 예를 들어 냉전 기간의 미국 선거에도 소련과의 미사일 등 군비 불균형을 부풀린 정보를 정치 이슈화하여 선거에 승리한 사례가 있다.

한편 정보학자 그레고리 트레버턴(Gregory F. Treverton)은 정치화 형태를 직접적 압력, 조직방침(house line), 체리 따기(cherry picking), 질문 던지기 그리고 마인드

---

364) Lowenthal(2020), p.186.

세트 공유로 소개한다.

직접적 압력은 정책담당자가 특정한 정보 분석 결론에 이르도록 직접 개입하는 것이다. 조직방침은 특정한 주제에 대해 강력한 견해를 견지하고 반론을 단념하는 것이다. 체리 피킹은 정책부서가 정보 보고서 가운데 자신이 좋아하는 것만을 선택하는 것이다. 질문 던지기는 일정한 결론을 유도하기 위해 의도된 질문을 던지는 것이다. 마인드 세트(mindset)공유는 정책공동체와 정보공동체가 강력한 신념을 공유하는 것이다.[365]

3. 마무리

국가정보의 정치화는 경계해야 하지만 정보가 국가정책에 초연(aloofness)해서는 안 된다. 일찍이 리처드 하스(Richard Hass)가,

> "정보공동체는 소설을 만들어서는 안 된다. 결과를 도출해야 한다. 결과를 도출하기 위해서는 정책담당자들과 더 가까워져야 한다."[366]

라고 한 언급은 정보의 고고한 초연성을 경계한 말이라고 할 수 있다. 어쨌든 정보의 정치화 경계는 국가정보 기구가 법치주의의 이념 아래에 국민의 정보기구로 존속하기 위해 반드시 지향해야 할 과제이다. 정보의 정치화는 결국 정보의 객관성을 상실하고 건전한 정보분석 기능을 마비시켜 궁극적으로는 정보기구의 역량을 감소시키고 정보 실패 등을 초래하는 한 요인이 되어 국가안보를 위태롭게 할 수 있기 때문이다.

여기에서 정보의 정치화를 반대하며 맥이친(Doug MacEachin)이 말한 그 유명한 스카우터와 코치의 비유를 음미해 볼 필요가 있다. 맥이친은 원래 스카우터(정보분석가)의 임무는 상대방에 대한 정보를 수집하고 재구성해 코치에게 전달하여 최선의 게임 계획을 수립하는 데 있다. 스카우터는 게임도 시작하지 않았는데 최종 기록을 예상하는

---

365) 박동철 옮김(2010), 제6장, 정보분석의 정치화 문제(그레고리 트레버틴), pp.153-154.
366) Jack Davis, *Improving CIA Analytic Performance: Analysts and the Policymaking Process* (Sherman Kent Center) 4쪽. 원문은 다음과 같다. "You in the intelligence community must not produce literature. You must produce results. And, in order to produce results, you have to get much closer to the policymakers."

일을 하는 것은 아니다. 주어진 임무 자체의 충실한 수행이 업무의 왜곡을 막을 수 있다는 사실을 잘 지적해 준다. 한편 CIA에서 32년간 봉직한 존 헤들리(John H. Hedley)는 자신의 재직 기간 중에 CIA 분석관들이 내린 모든 판단에 동의할 수는 없었지만, 우리가 정직성을 굽혔다고 느낀 적은 한 번도 없었다고 자신했다.367)

제2항 정보분석 업무의 개선

I. 분석기구의 조직 개편과 정보분석물의 질 향상

1. 변모된 정보환경에의 대응

21세기 국제테러조직의 출현은 어려운 정보분석 과제를 제기했다. 조직의 운영에 과학적 장비를 많이 사용하지 않고 수시로 거점을 옮기는 작은 음모집단에 대한 정보수집과 분석기술은 어느 한 국가를 상대로 한 군사력을 분석 판단 하는 데 사용하는 전통적인 정보분석 기법과는 다르다.

이럴 때 정보분석관에게는 다년간의 정보분석 경험이 아니라, 그들 문화에 대한 이해, 언어에 대한 이해, 역사적 배경에 대한 이해가 필수적이다. 기존의 정태적이고 위계 질서적인 분석조직으로는 정보화 · 세계화의 새로운 도전에 능동적으로 대처하기 어렵다. 분석조직을 가변적 · 유동적인 연계망 형식으로 과감히 전환해야 한다는 주장이 제기된다.

2. 분석능력 향상

분석의 질 향상은 무척 중요하다. 정보의 궁극적인 목적은 정확한 분석결과물 생산에 있다. 그러나 분석은 과학이 아니다. 사람인 정보분석가에 의해 이루어지는 것이므로 정보분석가의 경험을 향상시키고, 정보공동체 밖의 전문가를 활용하며, 공개출처정보의 체계적 활용을 도모하는 것도 중요하다.

또한, 주 책임자인 정보분석관이 최종적인 정보분석 보고서를 작성하기 전에 정보공동체의 분석지원팀 등의 추가 의견을 취합하고 고려하는 등 분석 사안별로 역동적 연계

---

367) 로저 조지, 제임스 브루스 엮음, 박동철 옮김, 정보 분석의 혁신, 한울 아카데미(2010), p.93.

망을 활용하는 것도 필요하다. 미국 의회는 여러 번에 걸쳐 정보공동체 분석 능력의 취약점, 언어기술 능력 부족, 주제선정의 부적절성 등을 지적한 바가 있다.

미국 의회는 2004년 정보개혁법에 의해 정보분석 파트를 위해 예산을 상당히 증대하는 조치를 취했다. 대안분석 그리고 검증 독회팀(read team) 운영을 위한 기구 신설(동법 제1017조), 정보분석물이 시의적절하고 정치적 고려와 무관하게 객관적으로 이루어졌음을 담보할 개인이나 조직의 지정 운용(제1019조), 정보분석 관련 문제 처리를 위한 국가정보국장(DNI) 사무실 내의 담당 직원 지정 운용(제1020조) 등을 신설해 법률적으로 뒷받침했다. 그러나 정보분석능력 제고의 요체는 1차적으로 능력 있는 정보분석가의 양성과 발굴이고 다음으로 체계적인 훈련과 교육이다.

3. 정보공동체 외부의 전문가들 활용

국가체제와 정보기구에 대한 인식에 따라 국가별로 차이가 있을 수 있지만, 미국은 최선의 민주주의 국가정보 체계를 지향하고 최고의 국가안보 정책을 수립하고 국가이익을 도모하는 것을 목적으로 한다. 미국 정보공동체의 경우 재정적인 문제라는 한계와 보안 문제라는 부차적인 기술적 문제에도 불구하고, 외부 정보분석 전문가의 최고조의 활용은 꾸준히 강조되었다.[368] 이 같은 주장의 이론적 바탕에는 국가의 사활적인 이익이 걸린 문제에 대해서는 정보분석 전문가가 정보공동체 내의 사람이든 밖의 사람이든 무관하게 논의에 참여하여, 국민의 의무로서 국가이익을 극대화하는 데 일조해야 한다는 것이다.

4. 국가정보 사용의 체계적 편의성 도모

모든 생산 활동이 다 그렇지만 국가정보도 생산이 목적이 아니라 배포해서 소비하는 것에 목적이 있고 생명이 있다. 정보 수요에 대한 불필요한 제한은 사실 정보 배포가 없는 것과 같다고 할 수 있다. 상세는 후술하지만 미국의 경우 현재 전 세계 군 지휘관에게 효율적인 봉사를 하기 위해 합동배치 정보지원체계(Joint Deployable Intelligence

---

368) *Improving Intelligence Analysis, op. cit*, Chapter p.87.

Support System : JDISS)와 고어 부통령의 제안으로 창안된 미국 정보공동체의 내부 비밀통신망인 인텔링크(Intranet of the U.S. Intelligence Community : INTELINK)를 운용한다.[369]

국가정보를 필요한 때 용이하게 사용할 수 있는 체계를 갖추는 것은 국가정보가 필요한 때 어렵지 않게 요구할 수 있는 것과의 대칭으로 민주주의 국가정보 기구가 구축해야 할 기본적인 정보 운용 시스템이라고 할 수 있다.

Ⅱ. 미국의 정보분석 업무개선 사례

미증유의 본토에 대한 2001년 9/ 11 테러공격을 경험한 이후 9/11 특별진상조사위원회(National Commission on Terrorist Attacks Upon the United States)는 다양한 내용의 정보공동체 개편안을 권고했다. 이러한 권고를 바탕으로 입법된 2004년 정보개혁 및 테러 방지법상의 정보분석에 대한 규정은 우리에게도 시사하는 바가 크다.

정보개혁법은 국가정보국장(DNI) 직위를 창설하고, 그에게 정보공동체의 국가정보 수집 · 분석 · 생산 그리고 배포업무에 대한 목표와 우선순위를 확립할 것을 요구하여 정보분석 업무의 체계화를 법적으로 의무화했다.

그리고 국가정보국장에게 제반 국가기관들의 모든 정보를 정확하게 파악하여 확보하기 위해, 경쟁분석, 대안분석을 가능케 할 정책과 절차를 수립할 것을 요구하고 있다. 그러므로 경쟁분석과 대안분석은 법으로 요구되는 분석 방법이 되었다. 이를 구체화하여 정보개혁법은 법 발효 180일 이내에 국가정보국장(DNI)은 경쟁분석과 대안분석 절차를 확립하고 정보공동체 내의 대안분석을 실행할 개인이나 조직을 구축하고, 270일 이내에 그 실행 결과에 대한 보고서를 의회에 제출하도록 명령했다.

위와 같은 시간표에 따라 정보개혁법은, 국가정보국장(DNI)으로 하여금 국가정보국실(ODNI)에 정보분석과 관련해 조언을 해주고, 분쟁 시 중재와 필요한 권고를 하고, 정보활동에 필요한 지식과 기술 그리고 정치 오염화, 정보분석가의 편견 여부, 정보분

---

369) 이와 같은 정보공유 시스템에 대한 전문적인 소개는 Fredrick Thomas Martin, *TOP SECRET INTRANET*, 참조. 저자 마틴은 1960년부터 정보분석관 업무를 시작하여 국가안보국의 컴퓨터 과학전문가로 일했고, 현재는 CIA의 고문으로 일하는 INTELINK의 최고 권위자로 알려져 있다.

석에서 객관성 결여 등의 제반 문제점에 대해 질문과 조사를 담당할 책임자를 임명하도록 했다. 정보개혁법은 마지막으로 정보분석의 완전성(Analytic Integrity)을 달성하기 위해, 국가정보국장(DNI)으로 하여금 완성된 분석보고가 시의적절하고, 객관적이며 정치적 고려에서 독립되었고, 가용한 모든 정보자료를 활용했으며, 적정한 분석기법을 사용해 이루어졌는지를 확인할 개인이나 조직을 임명하도록 했다.

그에 따라 임명받은 개인이나 조직은 정기적으로 완성된 정보분석 보고서나 분석 산출물에 대해 상세한 검토를 해야 하고, 그 재검토에는 다른 무엇보다 주어진 정보분석 결과가 정보공동체 내의 가용한 정보 전부를 기초로 한 것인지, 즉 정보공유가 제대로 되어 분석된 것인지를 포함하여 분석에서 강조된 증거자료에 대해 질과 신뢰성을 적절히 평가하고 점검해야 한다.

한편 점검자는 불확실성도 숨김없이 명시하고, 강조된 증거와 가정 및 판단을 구분해 정보분석을 했는지를 점검하는 것을 업무수행의 기준으로 정해서, 매년 12월 1일 이전까지 의회 정보위원회에 검토 보고서를 제출하도록 의무화했다. 한편 미국 정보분석 개선을 위한 위원회 보고서는 더 나아가 현재의 국가정보위원회(NIC)의 폭을 넓혀 외부 분석전문가의 영입 등으로 국가평가센터(National Assessments Center)로 확대 개편할 것을 건의한 바도 있다.[370]

---

370) *Improving Intelligence Analysis, op. cit.*

제3장 비밀공작

제1절 비밀공작의 이해

제1항 비밀공작의 개념

I. 비밀공작의 의의

국가정보기구의 4대 임무 중의 하나인 비밀공작의 개념에 대해서 각국의 관행이나 입장이 반드시 일치하지는 않는다. 일반적으로 정보학 연구의 대상으로서의 비밀공작 (Covert Action)은 **'국가정보기구가 외교 · 국방정책의 목표를 달성하고자 외국 정부 등의 행태나 정치 · 경제 · 군사 및 사회적 사건과 환경에 영향을 주기 위해 취하는 제반 활동'** 이라고 정의할 수 있다.[371]

즉 비밀공작은 목표 국가 등의 정책에 직접적으로 영향을 미칠 의도로 어느 나라가 비밀리에 전개해 실행하는 군사 활동이나 기타 정치적 · 경제적인 공작 활동이다. 리처드 알드리히(Richard J. Aldrich)는 비밀공작의 의미를 정보기관에서 수행하는 비밀 정보 활동의 일부로서 "보이지 않는 손(the hidden hand)을 활용하여 세계를 변화시키는 영향력을 행사하는 공작"이라고 칭하였다.[372]

냉전 시기에 구소련을 비롯하여 대부분의 나라에서 비밀공작이나 그와 유사한 공작을 실행했지만, 미국은 치열한 토론과 법 규범적인 장치를 갖추면서 또한 의회의 지지와 감독을 받으면서 어느 나라보다 많이 비밀공작 활동을 전개했다. 그런 점에서 비밀공작은 본질적으로 미국적인 발상이라는 로이 갓슨(Roy Godson)의 주장은 설득력이 있다고 할 수 있다.[373]

미국 정보수권법은 비밀공작을 "정부의 역할이 분명하게 드러나거나 공개적으로 사실임이 인정되지 않는 가운데, 전통적이거나 외교 및 군사 활동, 방첩 활동 또는

---

371) Shulsky & Schmitt(2002), p.75.
372) Richard J. Aldrich, The Hidden Hand: Britain, America, and Cold War Secret Intelligence(London: John Muray, 2001), p.5.
373) Roy Godson, "Covert Action- An Introduction", New Brunswick(1981), p.2.

법 집행(law enforcement) 이외의 활동을 통해 외국의 정치, 경제, 군사 상황에 영향을 미치려는 미국 연방정부의 행위"라고 정의한다.[374]

1. 비밀공작의 효용

주권국가의 대외 문제는 기본적으로는 외교적으로 해결하는 것이 원칙이다. 다만 극단의 경우에만 선전포고하고 전쟁을 개시하여 무력사용으로 해결한다. 그러나 외교적 수단은 이해관계가 상반되는 상대방의 존재로 인해서 합의점을 도출하는 데 한계가 있다. 반면에 군사적 수단은 강력한 효과로 단기간에 결론지을 수 있다는 장점이 있지만, 인명과 재산 손상의 위험성은 물론 국제적인 비판과 손가락질을 받을 수 있다.

이때 현실적인 필요성으로 대두되는 제3의 옵션이 비밀공작이다. 이처럼 제3의 선택인 비밀공작은 어떤 형태로든지 타국에 영향을 미칠 정책실행이 필요한 경우에, 상대방 국가의 반발을 은밀하게 제압하고 국제사회의 비난을 완화하면서 원하는 결과를 얻으려는 목적으로 실행되는 정보기구의 활동이다. 비밀공작은 외교 · 국방 정책상의 목표 달성을 위해 외교부나 국방부가 아닌 국가정보기구가 직접 나서서 다양한 정보공작으로 외교 · 국방정책을 집행하는 것이다.

사실 그것을 공개적으로 외교부서가 시행하면 **외교정책**이 되고, 국방부서가 수행하면 **국방정책**이 된다. 이처럼 비밀공작은 통상의 정보 순환 과정에서의 정보업무의 일환으로서가 아니라, 고도의 정책 결정에 따라 국가정보기구가 그 정책적인 임무를 직접 맡아서 실행하는 것으로 정보공동체에 의한 국가정책의 직접 실행이라는 점에서 정책과 정보의 경계를 무너뜨린다.

2. 용어의 구분

국가정보기구의 비밀공작과 비밀활동(clandestine operation)은 구별된다. 오늘날 국가정보기구의 4대 임무로 정보수집, 정보분석, 비밀공작 그리고 방첩공작 활동이 있다는 것은 본서 제1편에서 살펴본 바 있다. 이 경우에 각국은 국가정보기구의 가장

---

374) Intelligence Authorization Act, Fiscal Year 1991, L. 102-88(50 USC 413b) - Presidential approval and reporting of covert actions.

기본적이고 일반적인 정보수집 활동에서도 고도의 비밀성을 유지하며 비밀스럽게 활동을 전개한다.

그런데 국가정보기구의 정보업무 가운데 정보분석 활동은 일반적으로 비밀활동의 범주에 포함하지 않는다. 물론 현재 무엇에 대한 분석업무를 수행하는지는 당연히 보안을 지켜야 한다. 그러나 정보분석 업무 이외의 정보수집이나 비밀공작 그리고 방첩공작의 업무에서는 그 활동을 은밀하게 전개하고 이들 모두를 국가정보기구의 비밀활동이라고 통칭한다. 그러므로 국가정보기구의 비밀활동에는 비밀정보수집 활동, 비밀 방첩공작(counterintelligence) 그리고 비밀공작이 모두 포함된다. 그러나 후술하는 바와 같이 비밀공작의 비밀성은 다른 비밀 정보활동에서의 비밀성과는 성격에서 차이가 있다.

한편 비밀공작은 일반적으로 정보의 핵심 기능으로 간주되는 정보수집과 정보생산 활동과는 분명히 구분된다. 둘 간의 차이는 비밀공작의 목적은 어떤 대상에 대한 지식을 습득하려는 것이 아니라 국가의 외교 안보 정책상의 목적을 직접적으로 달성하려는 점에서 확연히 드러난다.

Ⅱ. 각국의 개념 정의 비교

국가정보기구에 의한 외교·국방정책의 직접 실행을 의미하는 특별한 활동, 즉 비밀공작을 표현하는 용어는 국가별로 다르다.

1. 영국의 경우

영국 정보기구는 비밀공작에 해당하는 임무를 '특별정치활동(special political action : SPA)'이라고 칭한다. 영국이 '비밀'이라는 용어 대신 '특별(special)'이라는 용어를 사용하고 '공작(operation)'이 아니라 '활동(action)'이라는 용어를 사용하는 것은 중요한 의미가 있다. 국가정보기구에 의한 국가정책의 대집행(代執行)을 '비밀공작'이라는 용어로 표현하면 자칫 '정책(Policy)'이 아니라 비밀성(Secrecy)만이 두드러지게 강조될 위험성이 있다. 그래서 영국 정보공동체는 정책 집행적 특성을 강조하기 위해 비밀이라는 용어를 사용하지 않고 특별한 '활동'이라고 한다.[375] 한편 영국 정보기구의 특별정치활동(SAP)을 특수정치 '공작'이라고 표현하는 견해도 있지만,[376] 영국은 '비밀성'이나 '공작성'이 아니라 '정책성'을 강조하기 위한 목적이므로 본서는 특별정치활동이라 칭한다.

2. 이스라엘의 경우

이스라엘의 대표적 해외정보 기구인 모사드는 명칭 자체에 비밀공작 임무가 포함되어 있다. 모사드의 영어 명칭은 '정보와 특별임무를 위한 기구(The Institute for Intelligence and Special Tasks)'이다. 명칭에서의 '특별임무(special task)'가 비밀공작에 해당하는 임무이다. 모사드에서 비밀공작 업무를 담당하는 구체적인 부서는 '메차다(Metsada)'로 알려진 특별공작부(Special Operations Division)이다. 메차다는 고도의 민감한 암살 활동, 생산파괴 행위, 준 군사작전 그리고 심리전을 담당하는 것으로 알려져 있다.[377]

3. 러시아의 경우

미국의 비밀공작에 가장 가까운 소련 정보공동체의 용어는 '적극조치(Active Measures, aktivnye meropriiatiia)'이다. 적극조치는 외국에서 일어나는 사건들과 외국의 행태에 영향을 미치기 위해 공연성 또는 비밀성을 불문하고 사용되는 제반 조치를 말한다. 그러므로 미국의 비밀공작보다 포괄적인 의미가 있다.[378] 적극조치에는 외교나 모스크바 방송(Radio Moscow)과 같은 공식적인 매체를 사용하여 소련 정부가 외국을 상대로 벌이는 정치 활동과 외국의 공산당이나 세계평화협의회 같은 소련의 전위조직을 통해 수행하는 소련 공산당의 정치 활동을 모두 포함하기 때문이다. 여기에서 소련이 적극적인 조치 또는 적극적인 수단이라고 표현하는 것은 공개성이나 비밀성

---

375) Lowenthal(2020), p.229.
376) 국가정보포럼(2006), p.111.
377) *Mossad, The Institute for Intelligence and Special Tasks*, http://www.fas.org/irp/world/ israel/ mossad/.
378) Shulsky & Schmitt(2002), p.76.

이라는 수단성에서가 아니라 전 세계 각국에의 '정치적 영향력의 행사'라는 방향과 그 목적에 초점이 맞춰진 것임을 알 수 있다. 한편 KGB는 그들의 적극조치를 '냉정한 일들(dry affairs)'이라고 은유적으로 묘사하기도 한다.[379]

4. 미국의 경우

미국은 1947년 국가안보법(National Security Act of 1947) 제503조에 '비밀활동에 대한 대통령의 승인과 보고(Presidential Approval and Reporting of Covert Actions)'라는 타이틀로 비밀공작(covert action)이라는 용어를 처음 사용했다. 그러나 당시의 비밀공작은 정보기구의 일반적인 비밀스러운 활동을 지칭하는 것으로서 본 장의 비밀공작과는 다른 의미였다.

당시 미국 의회는 새롭게 창설된 평화시의 상설적인 국가정보기구인 CIA가 오늘날과 같은 정책 대집행(代執行) 활동으로서의 비밀공작을 수행할 것을 예상하지는 못했다. 그래서 CIA의 비밀스러운 활동 전부를 '공작적 활동(Operational Activities)', '특별 공작(Special Operations)' '직접 활동(Direct Activities)', '비밀공작 활동(Clandestine Operation)' 또는 비밀공작(Covert Action)으로 혼용했다.[380]

그러나 1947년 CIA가 창설된 초창기에도 오늘날 비밀공작에 해당하는 활동의 근거가 국가안보법 제4조 제4호의 '기타 대통령이 명령하는 업무'에서 발생하는 것으로 보고 비밀공작을 '**제5의 기능(fifth function)**'이라고 호칭했다.[381]

미국 국가안전보장회의(NSC)는 1947년 12월 NSC 지침 제4와 1948년 6월 NSC 지침 제 10/2를 통해 CIA에 이탈리아 선거에 비밀리에 개입하여 공산당 세력을 저지하는 임무를 공식적으로 승인했다. NSC 지침 제10/2는더 나아가 CIA에 미국의 안보와 세계평화를 위하여 비밀공작을 담당하는 새로운 부서(new covert operational branch)를 창설하도록 지시했다. CIA에 비밀공작업무를 담당하는 정책조정실(Office of Policy Coordination)이 창설되었다.[382]

---

379) Leo D. Carl, *International Dictionary of Intelligence* (McLean: International Defense Consultant Services, In., 1990), p.63.
380) Dycus(2007), p.373.
381) *Id*. U.S.C §403-4d(4).

그 후 1955년 3월 12일 발령된 국가안전보장회의 지침 제5412-1호(National Security Council Directive 5412-1)에서 선전활동, 정치공작, 경제전쟁, 예방적 직접 조치, 도피 조치, 반공산주의 활동 지원 등을 포괄하는 내용으로 '비밀활동(covert activities)'이라는 용어를 사용했다.[383] 여기에서 말하는 비밀활동이나 제5의 기능이 오늘날 말하는 고유한 의미의 비밀공작(covert action 또는 covert operation)에 해당하는 것이다.

한편 미국은 비밀공작을 '**제3의 옵션(third option)**' 또는 '**제3의 대안**'이라고도 한다. 외국에서 결정적인 국가이익이 걸려 있는 경우에 아무런 조치 없이 가만히 기다리거나 평화적인 외교활동으로 해결하려고 하는 것을 제1의 옵션(The first option)이라 하고, 군대를 파견하는 것을, 제2의 옵션(The second option)이라고 하는 것에 비해, 제3의 옵션은 비밀스러운 중간 수준의 조치를 의미한다.[384] 오늘날 미국 정보공동체는 비밀공작 대신에 그 법률용어로 '**특별활동(special activities)**'이라는 용어를 주로 사용한다. 특별활동은 1974년 휴즈-라이언 개정안(Hughes-Ryan Amendment)에 처음으로 규정되었고,[385] 1981년 12월 4일의 레이건 대통령 명령 제12,333호에서 그 내용을 분명히 했다.[386]

한편 미국은 CIA와 국방부 가운데 어디서 비밀공작의 주도권을 가져야 할지를 두고 논쟁이 지속되었다. 9/11 보고서는 비밀공작은 국방부 산하의 특수작전사령부(SOCOM)[387]가 수행하는 것이 효율적이라는 견해를 제시했다.[388] 하지만 부시 대통령은 2005년 6월 CIA에 국가비밀부(National Clandestine Service)를 신설하고 여기에서 비밀공작 임무를 총괄하도록 했다.[389]

어떠한 용어로 불리든지 간에, 미국에서 비밀공작은 미국의 대외정책 목표를 위해

---

382) Jeffreys Jones(1989). pp.51-56.
383) Dycus(2007), p.378.
384) Lowenthal(2020), p.229.
385) Shulsky & Schmitt(2002), p.76.
386) Executive Order 12333, 1.4(d) 참조. 엄밀히 말하면 휴즈-라이언 개정안은 비밀공작을 규정한 것이라기보다는 비밀공작에 대한 통제를 위한 것이 주된 목적이다.
387) The United States Special Operations Command. 플로리다주 맥딜 공군기지에 본부를 두고 미군의 모든 특수부대를 총괄하는 펜타곤의 통합전투사령부이다. 사령관은 대장 계급이다.
388) 9/11 Commission Report(2004), p.254.
389) Lowenthal(2020), pp.242-243.

사용되는 많은 수단 중 하나이다. 그런데 후술하는 바와 같이 비밀공작은 그 자체의 독특한 성격과 현란한 과거로 인해 많은 관심을 끌어왔다. 그런데 비밀성 때문에 민주적인 정부 운영과 관련해 특별한 문제점을 제기했다. 그런데 비밀공작이라는 명칭은 사용되는 수단의 비밀스러운 성격은 강조하는 반면에, 비밀공작이 추구하는 목표가 바로 그 나라 대외정책의 목표이며, 목표이어야 한다고 할 것임에도 대외적으로 그 점을 분명하게 밝히지 못하고 있다는 점에서 '불행한 용어'라는 견해는 일리가 있다.390)

5. 한국의 경우

오늘날 한국 정보학계에서도 비밀공작을 대체로 대외정책 목표를 달성하기 위한 정책 수단(policy tool)으로 이해하고 있는 것은 명백하다.391) 그것을 표현하는 용어도 비밀공작 또는 비밀공작 활동이라고 호칭한다. 문제는 비밀공작을 '정보기관만이 수행할 수 있는 고유의 활동 또는 특징적 활동'이라고 하면서 비밀공작이 '자국민'을 대상으로 사용될 수도 있으며, 심지어는 비밀공작은 대부분의 경우에 '비합법적인 활동'이라고 이해하는 견해가 있다.392) 대단히 위험하고 잘못된 견해라고 하지 않을 수 없다.

상세한 것은 비밀공작의 특징 편에서 설명하겠지만, 국가 정보학을 학습하면서 무엇보다 주의할 점은 국가의 공적 조직인 국가정보기구의 활동은 원칙적으로 헌법을 정점으로 한 법에 근거한 '적법한 활동'이어야 한다는 점이다. 국가정보기구의 국내적인 활동은 그 어떤 경우에도 법치 행정의 원칙과 적법절차의 원칙이 그대로 적용된다. 또한, 민주적 법치주의 국가의 공조직인 정보기구의 대외적인 활동도 원칙적으로 적법한 활동일 것을 전제로 한다. 물론, 국가안보와 국가이익 목적을 위한 아국의 해외정보 활동이 정보활동 대상 국가의 실정법에 따라서 어떻게 평가될 것인가는 전혀 별개의 문제인 것이다.

전술한 바와 같이 "전통적"이거나 "방첩 활동", "외교적, 군사적 활동" 그리고 "법

---

390) 아브람 N. 슐스키 & 개리 J. 슈미트 지음, 신유섭 옮김, 국가정보의 이해- 소리없는 전쟁, 명인문화사 (2007), pp.158-159.
391) 국가정보포럼(2006), p.112, 김윤덕, *op. cit*, p.170도 "비밀공작은 외교정책의 목적을 실현하는 하나의 수단이다."라고 설명해 본 장에서 말하는 비밀공작의 국가정책 대집행(代執行)의 예외적인 임무로 이해하고 있다.
392) 정영철, *op. cit*, pp.152-154.

집행 활동"을 통해서 대상 국가의 정치, 경제, 군사 상황에 영향을 미치려는 활동은 일단 비밀공작에서 제외된다. 그러므로 예컨대 이중 공작원들은 적국의 인간정보 수집을 저지하기 위해서 활용되지만, 더 나아가서는 적국을 속여서 행동을 변화시킬 수 있는 조작된 정보를 전달하기 위해 활용되기도 하므로 방첩 활동에서의 역공작은 비밀공작에 해당할 수 있다는 일부의 견해는 잘못이다.[393]

　　방첩 활동에 비밀 공작적 성격이 일부 있다고 할지라도 개념 정의적으로는 그러한 활동은 방첩공작일 뿐이다. 물론 현실적으로는 방첩공작과 비밀공작이 융합적으로 동원될 것임은 현실 세계의 변화무쌍함과 상대국 정보기구 역시 다양한 역공을 펼칠 것임에 비추어 당연하다. 더욱이 비밀공작은 원래 '일반 행정부처가 실행해야 하는 국가정책'을 정보기구가 대(代)집행하는 것이라고 하는 비밀공작의 속성상으로도 방첩 활동은 정보기구 본연의 임무이므로 방첩 연관 정보활동은 비밀공작이라고 할 수는 없다.[394]

제2항 비밀공작의 필요성과 법적 근거

I. 비밀공작의 필요성

　　비밀공작은 사실은 **정책과 정보의 분리**라는 민주주의 정보기구의 대원칙을 정면으로 위배하고 정보의 정치화를 초래할 위험성을 가지고 있다. 또한, 대부분의 비밀공작이 사실상 다른 나라에 대한 **'은밀한 내정간섭(Covert intervention)'**이라는 점에서 무력 사용과 부당한 내정간섭을 금지하는 UN 헌장의 정신에도 정면으로 배치된다.[395] 이처

---

393) 전웅(2015), pp.221-222. 저자는 "이중간첩을 활용하여 적대국에 기만정보를 제공하는 행위는 일종의 비밀공작이라고 볼 수 있다. 물론 그러한 기만책을 효과적으로 전개하여 적의 정보활동을 무력화 시키는 행위는 방첩의 범주에 속한다." 라고 하면서,...,, "그런 점에서 정보기관이 수행하는 비밀활동 중에는 비밀공작과 방첩의 개념이나 범주가 명확하지 않고 중첩되기도 한다."라고 설명한다. 물론 후단의 설명은 온당하지만, 비밀공작이 '방첩 활동'은 제외하고 또한 처음부터 정보기구의 임무인 것은 비밀공작의 대상이 아님을 간과한 것으로 보인다. 신유섭 옮김(2007), pp.157-158.

394) 1991년 이전까지 비밀공작에 대한 개념 규정이 어떻게 진화됐는가에 대한 개관은 Americo R. Cinquegrana, "Dancing in the Dark: Accepting the Invitation to Struggle in the context of 'Covert Operation,' the Iran-Contra Affair and the Intelligence Oversight Progress," Houston Journal of International Law 11, no. 1(Fall 1988), pp.177-209.

395) United Nations Charter, Article 2 (4) 및 Article 33 (1).

럼 비밀공작은 대상 국가의 국내법 위반은 물론이고 주권평등과 불간섭의 대원칙을 천명한 UN 헌장에도 배치되는 것으로서, 국제법 위반의 논란을 비롯해 여러 가지 측면에서 많은 문제점을 가지고 있다. 그뿐만 아니라 비밀공작은 개입 사실이 노출되면 국제적인 비난 여론은 물론이고 대상 국가와의 외교단절도 초래할 수 있는 커다란 정치적 부담도 안고 있다.

이러한 여러 가지 문제점과 위험성에도 불구하고, 아국의 국가안보와 국가이익을 위해서 무작정 기다리는 등 방치만 할 수 없으므로 주권국가로서는 유리한 환경을 조성하기 위해 어떠한 조치를 강구할 것인지 고려할 상황이 있을 수 있다. 그러한 경우에도 통상 정상적인 외교협상을 진행하거나 국제사회의 여론에 호소하거나 대상 국가에 영향력 있는 강대국과의 협조 등으로 정책목표를 달성하는 방안을 고려하게 될 것이다. 그러나 위와 같은 방법은 효과가 발생하기 위해서는 장기간이 소요되고 결과도 미진하거나 예측하기 어려울 수 있다.

이처럼 특정 국가의 정치, 경제, 국방 등의 문제에 대해 직·간접적인 영향을 미칠 필요성이 필연적으로 있는 경우에, 통상적인 외교 경로를 통한 대외정책 실행으로는 효과를 기대하기 어렵고, 직접적인 군사작전 전개까지에는 정당성이나 근거에서 미흡하다고 판단될 때 비밀공작은 불가피한 선택으로 간주된다.

또한, 대상 국가의 정권을 교체하는 것과 같은 일처럼 공개적으로 추진하기 어려운 일도 있다. 한편 비밀공작은 일반적으로 지루하게 오래 걸리는 외교교섭이나 군사개입보다 상대적으로 적은 비용이 소모된다는 이점도 있다.

결국, 비밀공작은 정책담당자가 목표한 외교·국방 목적달성을 도모하기 위해서는 비밀공작을 동원하는 것이 가장 바람직하겠다고 판단한 정책적 고려 때문에 이루어지는 **정책 대행 수단**이다. 그러므로 비밀공작은 현실적인 실행 주체는 국가정보기구이지만 속성적으로 정책담당자의 목적과 방향에 일치해야 하며 결코 국가정책을 앞서 나가서는 안 된다는 내재적 한계를 갖는다.[396]

---

396) Lowenthal(2020), pp.241-242.

Ⅱ. 비밀공작에 대한 법적 논란

비밀공작에 대한 법적인 논란은 크게 2가지가 있다. 첫 번째는 비밀공작이 첩보를 수집하고 분석하는 기구와 같은 기구에서 수행되어야만 하는가 아니면 별도의 행정조직에 의해 수행되어야 하는가의 논쟁이고, 두 번째는 비밀공작이 공조직인 국가정보기구 정보활동의 일부분으로 간주될 수 있는 것인가라고 하는 정보활동의 본질에 대한 문제이다.

1. 비밀공작 수행 주체의 문제

1) 독립 비밀공작기구 필요설

비밀공작업무는 국가정보기구와 별도의 국가기구에서 수행하는 것이 바람직하다는 견해다. 이 견해는 비밀공작이 아무리 정보기구의 임무로 주어졌더라도 국가정보기구의 본연의 임무는 정보수집과 정보분석 활동이므로, 비밀공작을 국가정보기구의 전형적인, 즉 본질적인 임무라고 보기는 어렵다는 견해다.

정보수집 활동과 비밀공작이라는 기능을 통합 수행하는 것이, 작전 수행상 편리하다고 할지라도 수행하는 임무의 본질이 다르므로 통합수행은 바람직하지 못하고 비밀공작은 별도의 독립된 기구에서 수행되어야 한다는 견해이다. 그 이론적인 근저에는 (비밀공작을 통해) 대상국에 대한 공작을 실행하고, 다른 한편으로는 정책실행 결과, 즉 비밀공작 결과를, 동일 기구가 정보를 수집하여 분석·평가하는 것은 결과분석의 객관성을 저해할 수도 있다는 관점에서 주장된다.

2) 정보기구 역할 가능설

비록 정책을 지원하는 정보수집 활동과 정책을 직접 집행하는 비밀공작이 성격상으로는 근본적으로 차이가 있기는 하지만, 정보관과 공작관 사이에 유기적인 협조가 있어야만 필요한 정보를 제때 전달받아 의도한 목적을 달성할 수 있다는 점에서, 정보수집 부서와 정보분석 부서 그리고 비밀공작 부서가 수행하는 기능을 하나로 통합해서 비밀공작이 단일 수장(首長)에 의해 통제되어야 실효성을 이룰 수 있다는 견해이다.

3) 결 어

오늘날 이러한 논쟁을 유발했던 영국과 미국을 비롯한 대부분 국가는 비밀공작 임무 수행을 단일기구형, 즉 통합기구 형태로 운영한다. 그 같은 결론은 결국 구체적인 운영 상의 시행착오에서 귀결된 것이었다.

먼저 영국의 경우를 보면 제2차 세계대전 중 통상적인 해외정보수집 활동을 수행하 는 비밀정보부(MI6) 외에 처칠 수상에게 '유럽을 화염에 휩싸이게 하는' 비밀공작 임무 를 부여받은 **'특수전사위원회(Special Operations Executive)'**라는 비밀공작기구를 병 행해서 운영했다. 그러나 두 기구가 제한된 정보자원을 놓고 경쟁함으로써 업무의 효율 은 이루지 못하고 긴장 관계만 형성했다.[397]

CIA도 유사한 경험을 가졌다. 기구 출범 1년 후인 1948년 비밀공작을 전담 수행하기 위해 CIA 내에 **정책조종실(Office of Policy Coordination)**이라는 특별부서를 설치했 다. 비록 행정상으로는 CIA 내의 조직이지만 정책조종실은 국무부와 국방부의 직접적 인 지휘와 통제를 받았고 부서장도 국무부 장관이 임명했다. 국가정보기구에 의해 국가 정책이 대신 집행되는 것임을 조직상으로도 명백히 밝혔다. 따라서 정책조종실은 CIA 내에서 비밀 방첩공작을 통해 첩보를 수집하고 있던 특별공작실(Office of Special Operation)과도 구분되는 부서였다. 그러나 이와 같은 이중적인 조직 구도는 제대로 운용될 수 없는 것으로 판명되었고, 1952년에 이르러 기획국(Directorate for Plan s)[398]으로 통합되었다. 같은 목표물에 대한 첩보 · 공작 활동도 서로 모르게 관점과 방향을 달리하여 중복해서 접근하기도 해서 정작 필요한 때에는 오히려 협조도 이루어 지지 못했다는 실천적인 경험도 했다. 앞의 사례 등에 비추어 보거나, 실제로 비밀공작 은 풍부하고 정확한 정보 없이는 효과를 극대화할 수 없다는 관점에서도, 정책지원과 정책집행이라는 이질적인 요소가 있지만 같은 기구 내에서 정보지원을 통해 공작을 수행하게 되는 통합구조형이 온당하다고 할 수 있다.[399]

---

397) Christopher Andrew, *Her Majesty's Secret Service: The Making of the British Intelligence Community* (New York: Viking , 1986) pp.476~477.
398) 후일 공작국(Directorate of Operation)으로 명칭이 변경되었다가 2007년 국가비밀부(National Clandestine Service)가 되었다.
399) Shulsky & Schmitt(2002), p. 95.

2. 비밀공작의 정보 적격의 문제-비밀공작 근거에 대한 법률논쟁

비밀공작 실행을 위한 조직구성과는 별개로 비밀공작이 과연 국가정보기구의 본질에 부합하는 고유한 임무이냐고 하는 근본적인 논쟁이 있었다. 이러한 논쟁은 1947년 CIA 출범 후 평시 정보기구의 임무를 점검하는 과정에서 제기된 문제로 비밀공작 임무가 과연 1947년의 국가안보법이 예상한 CIA의 임무라고 할 수 있느냐는 의문에서 촉발되었다.

주지하다시피 CIA의 창설 근거법인 1947년 국가안보법은, 정보업무 수행에 있어서 CIA에 무제한의 권한(open-ended authority)을 준 것으로 여겨진다. 문제는 동 법 제정 당시에는 정보기구의 통일적 운용 문제와 평화시에도 정보 능력을 고양하기 위한 것에 주안을 두었을 뿐, CIA의 특별한 임무나 다른 행정부처와의 관계 등에 대해서는 고려와 논의가 없었다는 것이다.

여기에서 1947년의 국가안보법에 과연 비밀공작에 대한 근거가 있느냐는 논쟁이 제기되었다. 이 흥미로운 논쟁의 결론은 놀랍게도 원래 미국 의회는 비밀공작을 CIA의 임무로 고려하지 않았고, 평시의 국가정보기구인 CIA가 비밀공작 업무가 필요하리라고는 상상하지 않았다는 것이다.[400]

1) 소극설

당시 청문회 기록 등을 근거로 의회는 CIA가 비밀공작 임무를 수행하게 되리라고는 생각하지 않았다는 것이 다수 의원의 견해라고 주장했다. 물론 당시에도 공작적 활동(operational activities)이나 특별활동(special operations) 그리고 직접 활동(direct activities) 등과 같은 용어가 사용되었다.

하지만 그런 것들은 특별히 비밀스럽게 정보 수집한다는 정보기구 고유의 업무수행을 강조해서 표현한 것일 뿐, 정보기구에 의한 정책의 직접 실행이라는 점에서 독특하게 이해되는 오늘날의 비밀공작 임무를 지칭한 것은 아니라고 설명한다. 정보기구가 행정부처의 정책을 대신 집행한다는 의미의 비밀공작은 사실 국가안보법 어디에도 규정되어 있지 않다. 소극설은 법치 행정의 원칙상 비밀공작이 CIA의 소관 임무가 되려면

---

400) Dycus(2007), pp.372-373.

법에 근거를 두어야 하는데 그 근거가 없으므로, 결국 비밀공작 임무는 정보기구의 임무가 아니라고 주장한다.

2) 적극설

적극설은 비밀공작의 근거를 기타 조항에서 구하는 견해다. 1947년 국가안보법은 소위 말하는 제5의 기능이라고 해서 CIA에게 대통령 등의 지시로 국가안보에 영향을 미칠 정보수집과 그와 관련된 기타 임무를 수행하도록 규정하고 있다.[401] 1947년 국가안보법은 제4항에서 국가안보와 관련된 문제에 대해 대통령의 '포괄지시권'을 명백히 규정하고 있고, 그러므로 CIA는 대통령의 명령을 받아서 당연히 비밀공작을 포함한 어떤 행위도 할 수 있다는 견해다.[402]

3) 결 론

이러한 논의는 국가정보기구의 운용에 있어서 비밀공작(covert action)에 대해서도 법적 근거가 필요하다는 전제에서, 정보기구의 권한 남용이 문제가 될 때마다 수시로 이어져 왔던 흥미로운 역사적 논쟁이었다. 그러나 비밀공작이 역사적으로 미국 정보공동체의 주요한 임무로 이해되는 데는 이론이 없다.

비밀공작은 공식적인 외교활동과 전쟁과의 중간영역의 활동이라고 하지만, 후술할 비밀공작의 다양한 유형에서 알 수 있듯이 때에 따라서는 외교활동과 전쟁과의 구분이 모호한 경우가 허다하다. 달리 말하면 비밀공작은 국방부 같은 일반 행정부의 집행부서가 해야 하는 게 원칙이므로 헌법상의 기구인 국무회의에서 논의되고 결정되어야 할 행정부의 국가정책 집행업무이지, 은밀성을 속성으로 하는 정보기구의 업무는 아니라는 것이다.

극단적인 예로 사실상의 군사 활동인 준군사활동(Paramilitary) 같은 경우는 정보기구의 내부 결정으로 선전포고 없이 외국을 상대로 전쟁을 수행하는 것과 같은 이치가

---

401) "Perform such other functions and duties related to intelligence affecting the national security as the President or the Director of National Intelligence may direct." 50 U.S.C. §403-4a(d)(4).
402) 1947 memorandum from the CIA General Counsel 그리고 1962 memorandum from the CIA General Counsel. Dycus(2007), p.373.

되므로 헌법 체계에서 결코 있어서는 안 될 내용이다. 결국, 국가의 외교나 국방정책을 집행하는 수단인 비밀공작은 정책 수립과 집행에 기초가 되는 첩보를 수집하는 업무인 정보활동과 커다란 차이가 있으며, 비밀공작을 국가정보기구 정보활동의 당연한 일부분으로 간주하는 것은 잘못이라고 할 수 있다.

이러한 논의는 국가정보에 대한 정확한 이해를 위해 매우 유익하고 필요한 논쟁이다. 그저 필요하니까 할 수 있다는 전체주의 국가의 비이성적 논의와는 궤를 달리하는 것이기 때문이다. 그럼에도 불구하고 미국 정보공동체는 국정의 최고 책임자인 대통령의 **'기타 지시권'**에 근거해서 국가정보기구가 비밀공작 임무를 수행할 수 있는 것으로 이해했고, 의회 차원에서도 더 이상의 이의제기는 없었다. 가능성이라는 관점에서 탈피하여 국가안보와 관련하여 더 중요한 문제는 오히려 비밀공작 활동에 대한 의회의 통제와 감독 문제로 보았다. 실제로 미국 정보기구의 1960년대 정보활동에 대한 철저한 감사 노력을 다했던 처치 위원회(Church Committee) 보고서는 다음과 같은 권고를 했다.

비밀공작 활동 중에서도 정치적으로 위험하고 고비용이 들어가는 비밀공작은 국가안보회의(NSC)를 관장하는 해당 의회 위원회의 승인을 받아야 한다. 다만 저(低)위험 활동은 CIA 내부 결정으로 실행할 수 있다. 그러므로 의회는 비밀공작의 절차를 정할 수 있고 의회가 제정한 절차는 존중되어야 한다는 권고를 발령했다.[403] 이러한 권고에 대해 엄청난 반론도 있었다. 비밀공작 활동은 실행계획 자체가 비밀성과 신속성을 속성으로 하므로 비밀공작 업무를 의회의 통제에 둔다는 것은 사실상 비밀공작을 하지 말라는 것과 같다는 비판이었다.

그러나 미국 연방대법원도 Little V. Barreme 사건에서 "대통령이라 하더라도 국민의 대표기관인 의회에서 통과된 법을 무시할 어떤 권한도 없다."[404]라고 판시하여, 비밀공작에 대한 대통령의 권한은 헌법 내재적인 것이 아니라 의회 입법에 의해 부여된 것으로 따라서 의회의 통제하에 있음을 명백히 밝혔다.

---

403) Dycus(2007), pp.373~374. 즉 의회의 세세한 통제라면 비밀공작의 실효성을 이룰 수 없다는 전제하에, 의회가 상황에 따라서 어떤 경우에는 준군사작전이 아니라 군사작전을 하라 라든가 또는 고도의 비밀성이 요구되는 내용임에도 임무 진행 중에 수시로 관련 내용에 대한 보고를 요구하고 또 임무지시도 할 수 있다는 것인가라는 반론이 제기된다. 그에 대해 오늘날의 대답은 "그렇다."이다.

404) 미연방대법원 6 U. S. 170 (1804) 판결. "The President of the United States does not have 'inherent authority' or 'inherent powers' which allow him to ignore a law passed by Congress."

이것이 바로 국가정보기구 임무에 대한 입법부와 사법부 통제의 시발점이었고 후술할 로간법 제정의 근거가 되었다. 오늘날 미국 정보공동체에서는 역설적으로 비밀공작의 권한에 대한 의구심으로 시작했던 의회의 논의가 국가정보기구의 비밀공작의 정당한 권한에 대한 최고의 권위로 원용되고 있다.

한국의 정보기구 편에서 살펴보겠지만 우리의 국가정보원법에는 비밀공작에 대한 직접 규정도 없고, 대통령에 의한 기타 임무부여 조항도 발견되지 않는다. 그러나 실무적으로는 정책업무 대집행에 해당하는 적지 않은 비밀공작 임무가 수행되는 것으로 알려져 있다. 법치주의와 관련해 커다란 맹점이라고 하지 않을 수 없다. 어쨌든 이러한 비밀공작의 정보 적격 논쟁과 무관하게 오늘날 민주주의 국가의 국가정보기구에서도 비밀공작은 정보수집, 정보분석 그리고 방첩공작과 함께 국가안보를 위한 4대 임무 중의 하나로 인정된다.

제3항 비밀공작의 특징과 전개

I. 비밀공작의 특성

1. 비밀공작은 '정보기구'에 의한 국가 정책의 직접 집행이다.

비밀공작은 국가정보기구에 의한 활동이다. 일반 행정부서인 외교·국방정책 담당 부서에도 비밀스러운 업무수행이 적지 않다. 예를 들어 일부 비밀 외교활동은 외국 정부와 관료들의 행태에 영향을 미치려는 의도와 행동으로 추진되기도 한다. 양국 간의 무기 지원이나 경제지원 등의 어떤 협약을 제3의 다른 나라와 당사국 국민에게 비밀로 유지하는 것이 중요한 경우에는 비밀외교로 진행되기도 한다. 적성국이나 무장단체와의 비밀 교섭이 대표적인 예이다.

그러나 행정부처가 공식 경로를 통해서 수행하는 정책의 집행은 설사 비밀스럽게 진행되는 것이라도 비밀공작은 아니다. 행정부처는 비밀공작기관이 아니다. 미국은 이 점을 분명히 하여 비밀공작을 규율하고 있는 많은 법에서 **'전통적'**, **'외교적'** 또는 **'군사적'**인 활동과 **'방첩 활동'** 및 **'법 집행 활동'**을 비밀공작의 범주에서 제외하고 있다.405)

이 경우에 일반 행정부처가 비밀공작 주체가 될 수 없는 점에 대해 오해하면 안 된다. 일반 행정부처의 경우에는 비합법적인 활동은 할 수 없는 반면에, 정보기관은 합법적 활동이든 비합법적 활동이든 모두 수행할 수 있으므로 비밀공작을 국가정보기구가 수행한다는 견해406)는 잘못이다. 일반 행정부처의 업무수행은 일반 행정행위일 뿐 본 장에서 말하는 비밀공작이 아예 아니다. 한편 후술할 FBI의 코인텔프로처럼 법집행 기관도 국내 범죄조직에 침투하기 위해 비밀 공작적 활동을 하기도 하지만, 그러한 법 집행기구의 국내 활동도 본 장에서 논의하는 비밀공작에 속하는 개념은 물론 아니다.

2. 비밀공작은 국가정책 '집행업무'이다

정보와 정책 사이의 '반투성 막'에 대하여 살펴본 바와 같이 자유민주주의 법치국가에서는 정보와 정책은 엄연히 구분된다. 통상적으로 국가정보기구의 창설이유이자 핵심 기능은 상대국에 대한 정보수집과 정보생산이다. 그런데 비밀공작은 정보수집이나 정보생산에 그치지 않고 아예 상대 국가에 적극적으로 영향력을 미치려는 활동이라는 점에서 명백히 구분된다. 즉 비밀공작은 대상 국가에 대한 지식의 습득(첩보수집)에 그치지 않고 외교 · 국방 정책상의 목적을 직접적으로 달성하는 데에 초점이 있다는 점이 가장 큰 특징이 있다.

이처럼 국가의 대외정책을 집행하는 수단인 비밀공작은, 정책 작성에 기초가 되는 첩보를 수집하는 다른 정보 활동들과 너무 차이가 있다. 따라서 비밀공작을 정보활동 일부로 간주하는 것은 잘못이라는 견해가 꾸준히 있었다. 이러한 관점에서 비밀공작은 외교활동이나 경제원조, 최혜국 대우, 공개적으로 이루어지는 선전 활동, 교환 프로그램, 평화봉사단과 같은 유형의 프로그램, 공적 외교, 군사원조 그리고 군사력의 사용 또는 군사력을 이용한 위협 등과 같은 한 국가가 자국의 이해를 증진시키기 위해서 동원하는 많은 외교 수단 가운데 하나로 구분하는 것이 더 적합할 것이라는 견해도 있다. 407)

---

405) Shulsky & Schmitt(2002), p.76.
406) 문정인 편저(2006), p.153. 문정인외 편저 전계서는 법치주의를 전제로 한 국가정보기구를 설명하고 적 법성을 지향하는 입장이지만, 다수의 집필자가 참가한 공저(共著)의 한계로 적지 않은 곳에서 전체적인 방향과 상반되는 집필자 개인의 경험이나 의견이 나타나는 경우도 많이 보인다.

3. 비밀공작은 국가정보기구 본연의 고유 임무는 아니다.

대부분 국가에서 국가정보기구의 창설목적과 국가정보기구의 존재 이유는, 정보수집과 정보분석을 통해서 국가정보를 생산해 정보수요자에게 배포하는 데 있다. 이러한 의미에서 비밀공작 임무는 국가정보기구의 본연의 임무는 결코 아니다. 내용적으로 1항의 설명과 모순되는 것과 같은 본 설명은 속성적으로는 비밀공작을 국가정보기구만이 수행할 수 있는 일이 아니라는 점을 강조한 것이다.

국가정보기구는 관련 정보뿐만 아니라, 여러 가지 미묘한 정책을 수행하는 데 필요한 전문인력과 물적자산이 있고, 다양한 국가정보를 쉽게 취합해서 활용할 수 있다. 그래서 국가정보기구가 국가행정의 어떠한 임무나 역할도 어느 부처보다도 효율적으로 그리고 능력 있게 수행할 수 있는 조직이다. 따라서 국가정보기구는 정보업무 외에도 법 집행업무, 외교업무, 통일업무, 한정된 범위의 국방업무, 심지어는 과학기술 개발업무와 국가 재정업무 등 모든 국가행정 분야를 수행 할 수 있고 역량도 있다. 그러나 이것은 전 세계 정보역사를 돌이켜보면 정보기구의 권한 남용 문제를 초래해 국가의 기본질서를 어지럽게 했다.

이러한 경험에 대한 반성으로 민주주의 체제 또는 국민을 위한 국가정보기구를 지향하는 대다수 국가는 체제를 불문하고 국가정보기구의 임무와 역할을 국가안보 문제로 구체적으로 한정하고 있다. 그러므로 비밀공작 업무도 예외적인 사항에서 비상시적인 임무로 국가정보기구에 할당된 것이지, 결코 국가정보기구만이 할 수 있는 고유한 업무는 아니라는 점을 명심해야 한다.

4. 비밀공작 활동은 원칙적으로 정당성을 가진다.

국가정보기구에 의한 비밀공작은 일반 행정부처의 국가 정책 업무의 연장선상이지만 특별한 이유와 환경으로 국가정보기구에 의해 대집행(代執行) 되는 것이다. 이것은 당연한 논리적 귀결로서 비밀공작업무도 합법성을 전제로 한 정당성을 가지는 국가 사무이

---

407) 그래서 OPC의 최초 운영지침을 마련하는 데 관여했던 국무부의 고위 관료인 케난(George Kennan)은 비밀공작이 외교정책을 위해 사용되는 수단이라고 주장했다. 이후로 비밀공작은 국무부와 군 조직들이 특별히 관심을 두는 활동이 되었다. Darling, The Central Intelligence Agency p.277.

다. 법치 행정에 귀속되는 일반 행정부처가 초법적인 활동을 할 수 없고, 그 업무가 국가정보기구로 이전되었다고 해서 법적 근거와 성격이 달라지지 않기 때문이다.

문제는 비밀공작의 구체적인 내용을 이루는 대부분 행위가 단순한 고무, 선전과 태업유도 등을 넘어서서 심지어는 살인, 쿠데타 유도, 준군사작전 등 국내법적으로는 거의 모두 불법적인 활동이라는 점에서 합법성에 의문이 제기된다. 이러한 연유 등으로 "비밀공작은 대부분 비합법적인 활동일 경우가 많고, 합법적인 활동일 경우에는 일반 행정부처에서도 충분히 수행 가능하므로 굳이 비밀 정보기관이 그 역할을 담당할 필요가 없다."라는 의견도 있다.[408) 그러나 이것은 비밀공작을 현상으로 파악하고 법 이론은 고려하지 못한 잘못된 견해이다.

UN의 목적인 세계평화와 안정 그리고 인권의 보호와 증진에 대한 가장 커다란 위협인 전쟁에 대해서도 국제법의 아버지 그로티우스(Grotius)는 그의 저서 『전쟁과 평화의 법』에서 전쟁의 정당한 원인으로 자기 방위, 재산의 회복, 처벌의 세 가지 이유를 들었다. 반면에 풍요한 토지를 얻기 위한 전쟁, 다른 사람에게 속한 토지를 박탈하기 위한 전쟁, 그 의사에 반하여 타인을 지배하기 위한 전쟁을 부정한 전쟁이라고 하여 **정전론(正戰論)**을 주창한 바가 있다.

국제형사재판소(International Criminal Court)의 세계관할권이 인정되는 범죄[409) 중의 하나인 전쟁범죄도 정당한 사유가 있으면 적법행위로 간주되는 것이 국제법 질서이다. 더 나아가 2003년 미국의 이라크 공격도 법적 논란은 계속되지만 예방적 선제공격이론(preemption theory)에 따라서 법 이론적인 적법성을 구축한 토대 위에서 실행되었던 것이다.

비밀공작은 상대국 입장에서 보면 주권을 무시하고 내정에 직접 간섭하는 행위로 간주될 수 있고, 대상 국가의 제반 실정법을 위반하는 등 명백하게 불법적 활동으로 간주될 수 있는 내용이 대부분이다. 그렇다고 해도 비밀공작은 크게는 정당한 전쟁의

---

408) 문정인 편저(2006), p.153.
409) 국제형사재판소(國際刑事裁判所, ICC)는 2002년 7월 1일 설립된 국제범죄를 범한 개인을 심리·처벌하는 국제 상설 재판소로 ① 집단살해범죄(The crime of genocide), ② 반인륜범죄(Crimes against humanity), ③ 전쟁범죄(War crimes), ④ 침략범죄(The crime of aggression)를 인류에 대한 가장 커다란 죄악으로 보고 4대 관할로 하고 있다. Rome Statute of the International Criminal Court, Article 5(Crimes within the jurisdiction of the Court) 제1호 참조.

이론이나 자위권의 발동 등의 적법한 논리 위에서 출발하는 국가 정책의 집행임을 간과해서는 안 된다.

비밀공작에 따른 형식적인 불법 활동에도 그 내면에는 실질적인 위법성조각사유410)나 국가안보와 국가이익을 도모한다는 정당화 사유가 있어서, 결과적으로 적법행위라는 논리 구조 위에서 비밀공작이 전개되는 것임을 명심해야 한다. 그러므로 평화시의 법적으로 정당한 근거 없는 비밀공작 활동은 그야말로 사실상의 불법 활동으로, 오늘날의 국제법 질서는 불법행위자 개인까지도 국제형사사법 재판소의 재판관할에 복속되도록 규정되어 있다는 점을 주지해야 한다.411)

이런 연유로 합법성을 내재하는 비밀공작과 구별하여, 처음부터 수단과 방법을 가리지 않고 어떤 목적달성을 위해 불법적 · 반인륜적인 수단과 방법을 동원해서 이루어지는 공작 활동을 **흑색공작(black operation)**이라고 한다. 그리고 그 업무 담당자를 **흑색공작관(black operator)**이라고 호칭한다.412) 오늘날 평화시에는 흑색 공작이 금지되는 것은 자명하다.

5. 비밀정보 활동과 비밀공작은 '보안'에서 차이가 있다.

국가정보기구의 일반적인 정보보안이 '활동 그 자체의 비밀성 유지'에 목적이 있는데, 비해 비밀공작에서의 보안의 중점은 공작의 배후세력(sponsor), 즉 행위 주체가 누구인지를 모르게 은폐하는 데 중점이 있는 비밀활동이라는 점에서 차이가 크다. 선전, 암살, 파괴 공작, 준군사작전의 전개 등 비밀공작의 내용은 어차피 알려질 수밖에 없는 활동으로 활동 자체를 은폐하기는 어렵다.

그러나 비밀공작에서는 과연 누가 그런 일을 했는가? 라고 하는 배후실행자의 정체

---

410) 형법상 범죄가 되기 위해서는 ① 구성요건 해당성, ② 위법성, ③ 책임성이라는 범죄 구성의 3요소를 갖추어야 한다. 위법성조각사유는 예를 들어 정당방위(나를 죽이려고 하므로 피치 못하게 방어적 공격으로 상대방을 죽음에 이르게 한 경우 등), 긴급피난, 자력구제처럼 불법적 결과를 정당화시키는 사유를 말한다. 국제법적으로도 위법인 암살의 경우에도 더 커다란 법익인 수천수만의 자국민의 생명과 안전을 위해 불가피한 경우에는 위법성 조각 이론으로 정당성이 인정될 수도 있는 것이다.

411) 이것이 미국 law school에서 국제법 등의 시험문제로, 현재의 집권자인 김일성에 대한 국제재판의 가능성을 묻는 문제가 자주 출제되는 이유이다.

412) Black Operation, Stephen Gray and Don Van Natta. Thirteen With the C.I.A. Sought by Italy in a Kidnapping The New York Times. 25 June 2005.

(Identity of Sponsor)를 은폐하는 것이 대단히 중요하다. 이 점에서 일반 첩보 수집 정보활동이 언제 어떤 방식으로 어떤 내용의 첩보를 수집했는지를 총체적으로 보안을 유지해야 하는 것과 차이가 있다.

6. 비밀공작은 외국이나 해외세력을 대상으로 한다

비밀공작은 정보기구에 의한 대외적인 국가 정책의 집행이다. 그러므로 비밀공작은 결코 자국민을 대상으로 실행되어서는 안 된다. 비밀공작에 대해 가장 실전적인 경험과 법 이론적인 논쟁을 거쳐 오늘날의 법 이론이 확립된 미국 정보공동체의 개념 정의를 다시 살펴본다. 미국 관련법은 비밀공작을 다음과 같이 개념 정의하고 있다.[413]

> '정부의 역할이 분명하게 드러나거나 공개적으로 사실임이 인정되지 않는 가운데, 전통적이거나 방첩 활동과 외교 및 군사 활동 또는 법 집행 이외의 활동을 통해서, 외국 세력의 정치 · 경제 · 군사 상황에 영향을 미치려는 미국 연방정부의 행위'

이처럼 비밀공작은 명백하게 외국을 대상으로 하는 행위이다. 설령 그 효과가 국내에 유입되는 경우가 있더라도 그것은 부수적인 현상이다. 그러므로 비밀공작은 반드시 해외세력을 대상으로 한 활동만을 의미하지 않고 내국인을 상대로 할 수도 있다는 견해는 본 장에서의 비밀공작과 국가정보기구의 일반적인 비밀활동(clandestine operation)을 혼동하고 있는 것이다. 한편 비밀공작은 결코 정보기관의 역할 가운데 가장 특징적이고 고유한 업무도 절대 아니다. 국가안보 환경에 따른 일시적 · 잠정적인 정책 대집행 업무일 뿐이라는 점도 유념해야 한다.

7. 민주법치국가정보기구가 비밀공작 임무를 수행하기 위해서는 원칙적으로 법에 근거 규정이 있어야 한다.

비밀공작 업무는 국가정보기구 본연의 임무는 아니다. 다만 구조적으로 국가정보기구가 다른 정부 부처와 비교해 비밀공작 임무를 수행하기에 적합하고, 다른 방법에

---

413) Intelligence Authorization Act, Fiscal Year 1991, L. 102-88 (50. U.S.C. 413b).

비해 정부의 국제 · 외교적 책임을 회피하기가 상대적으로 쉽다는 점에서 국가정보기구가 수행하는 예외적인 현상이다. 비밀공작의 본질은 기본적으로는 국가 행정부의 집행업무이다. 이러한 연유로 국가정보기구가 비밀공작 업무를 수행하기 위해서는 법치 행정의 당연한 원칙상 법이나 대통령 명령 등 정보기구 내규 등 자체 규정보다는 상위의 법적 근거를 가져야 한다.

Ⅱ. 비밀공작의 추이

과학기술문명의 진화에 발맞추어 사이버 세계가 새로운 정보영역을 형성하고 인공지능(AI)과 드론은 새로운 정보기법으로 활용되고 있다. 특히 사이버 세계를 통해서도 선전공작, 정치공작, 경제공작, 파괴적 노조 활동 등이 모두 가능한 것이 현실이다. 이것이 제기하는 문제는 미국의 경우에는 많은 정보 사례를 통해서 정보공동체에 대한 감독과 통제 절차를 확립했는데, 비밀공작에 대한 기존의 감독과 통제 장치를 무력화할 위험성이 제기된다는 것이다.

미국의 경우에 사이버 능력은 전반적으로 펜타곤 국가안보국(NSA)의 관할이다. 그런데 NSA는 정보기구임과 동시에 현장전투 부대의 역할을 하기도 한다. 그런데 후술하는 바와 같이 비밀공작은 정규 전투와는 다르다. 미국에는 물론 사이버 전투사령부(Cyber Command)도 존재한다. 여하튼 미국 정보공동체(IC)의 일원인 NSA의 능력이 현장 전투력에 동원된다고 하는 경우에는 또한 국방정책과 비밀공작의 경계를 모호하게 한다는 문제가 제기된다.

제2절 비밀공작의 목적과 유형

I. 비밀공작의 목적

비밀공작은 어느 한 국가가 대상 국가를 상대로 대외정책의 목적을 공작적 방법으로 달성하려는 비밀활동이다. 그러므로 비밀공작의 목적이란 다름 아닌 필요한 대외정책 목적이다. 통상 비밀공작으로 달성하기 위한 대외정책 목적은 다음의 3가지로 분류된다.

1. 대상국의 정책 결정 과정에 영향력 행사

대부분의 비밀공작은 대상국가의 정책 결정이 공작 수행국가에 유리한 방향으로 결정될 수 있도록 유도하는 데 목적이 있다. 즉 공작대상이 되는 정부의 정책에 영향을 미치거나 대상국가의 정책변경을 유도할 환경을 조성하기 위해 이루어진다. 통상 대상 국가의 정책 결정은 정치체제에 따라서 다르기는 하지만 최종적으로 정책을 결정하는 주체, 정책을 뒷받침할 수 있는 법률의 제정, 이를 지지하거나 비판하는 국민 여론에 많은 영향을 받는다. 그러므로 비밀공작을 수행하는 정보기관은 대상국가의 정책형성에 가장 영향력을 미칠 수 있는 목표물을 파악해 그를 상대로 다양한 수단을 동원하게 된다. 예컨대 대상국가의 대통령 등 정책결정권자, 국회의원, 여론주도층, 언론기관, 시민단체 등 그 나라의 정책 결정에 영향력을 행사할 수 있는 인물들과 단체들이 공작 대상이 된다.

2. 대상국의 정치체제 변화 모색

전통적으로 적대국가 또는 대립국가의 정치체제 변화는 비밀공작의 중요한 목표이다. 정치체제의 변화를 달성하지는 못하더라도 집권 세력의 변경 또는 특정인의 집권 저지는 비밀공작의 중요한 목표가 된다. 아국에 적대적인 국가의 출현은 국가안보와 국가이익에 직접적인 위해요소가 될 수 있는 까닭에 목표국가 정치체계의 변화 모색은 비밀공작의 중요한 목표이다. 그러나 공작대상 국가의 정권을 수성하거나 바꾸는 비밀 공작은 매우 어려운 일이다. 후술하지만 CIA는 냉전 시대에 세계 곳곳에서 공산주의의 발호를 저지하기 위해 그리고 우호적인 국제 정치환경을 조성하기 위해서 대상국의 정치체제 변화를 도모하려고 수많은 비밀공작을 전개했다. 정치체제의 변화를 도모하기 위한 구체적인 방법으로 선전공작, 정치공작, 경제공작, 테러공작, 정부 전복 공작 그리고 준군사공작 등 거의 모든 비밀공작의 유형이 동시 또는 순차로 동원되었다.

3. 전시에 적국의 전략 및 전술에 영향력 도모

비밀공작은 전시에도 적국을 대상으로 이루어진다. 전시의 비밀공작은 적국 지휘부의 전략과 전술을 교란해 전쟁 국면을 유리하게 이끌 목적으로 전개된다. 적국의 전략과 전술을 교란하기 위한 비밀공작은 기만 공작, 위장 공작 또는 심리전 공작이 동원된다. 기만 공작이나 위장 공작은 적국이 공격하려고 하는 목표를 교란하거나, 역으로 자국의 공격 목표를 적국이 혼동하도록 하는 것이다.

심리공작은 적국 군인과 일반인의 사기를 저하하고 내부적인 분열을 유도하기 위해 적국의 지휘부, 군인, 일반 국민을 상대로 광범위하게 전개된다. 국가정보기관은 이러한 기만 공작이나 위장 공작 그리고 심리공작에서도 전문성을 가지기 때문에, 전쟁에서도 전투·작전부대를 대신하거나 전투부대와 함께 비밀공작을 수행한다.[414]

Ⅱ. 비밀공작의 유형

비밀공작은 활동의 주체를 모르게 하거나 때로는 활동의 존재 자체를 모르게 하면서 대상 국가에 영향을 미칠 의도로 행해지는 공작 활동임을 살펴보았다. 이러한 비밀공작은 실제 공작책임자의 독창적인 상상력에 의해 전개되는 것으로서, 무수히 많은 비밀공작을 수행한 미국 정보기구들도 비밀공작의 표준유형(Standard typology)을 정립하지 않았다.[415] 비밀공작은 그 속성상 특정한 정책 목적을 달성하기 위해 상황에 제일 적합한 그 어떤 방법도 동원할 수 있는 것으로 정보역량의 창의적인 활용 지대라고 할 수 있다. 그만큼 다양한 내용의 비밀공작을 범주적으로 체계화하기가 어렵다는 의미도 된다.

---

414) 정보의 군사화(The militarization of Intelligence)에 대해서는, Gregory F. Treverton, *Reshaping National Intelligence for an age of Information*, pp. 62-92
415) Shulsky & Schmitt(2002), p.77.

슐스키(Shulsky)의 지적처럼 비밀공작은 지금까지도 체계적인 범주화 (categorization)가 되어 있지 않은 영역이다. 슐스키는 비밀공작을, ① 우호 정부에 대한 비밀 지원, ② 외국 정부의 인식에 대한 영향, ③ 외국의 사회 인식에 대한 영향, ④ 우호적 정치세력에 대한 지원, ⑤ 정치적 사태에 폭력 수단을 통한 영향력 행사 등과 같이 구체적인 목표 위주로 분류한 후에 다양한 행위 방법을 설명하기도 한다. 한편 다이쿠스(Dycus)와 트레버턴(Treverton)은 비밀공작을 가장 단순하게 ① 선전 공작, ② 준군사 비밀공작 그리고 ③ 정치공작의 세 가지로 분류한다.

한편 로웬탈(Mark M. Lowenthal)은 위장부인의 정도와 폭력 수준을 기준으로 비밀공작의 사다리(Covert Action Ladder)로 도식화된 비밀공작 분류를 시도하여 ① 선전공작, ② 정치공작, ③ 경제공작, ④ 쿠데타(Coups) 그리고 ⑤준군사 공작의 5단계로 크게 나눴다.[416]

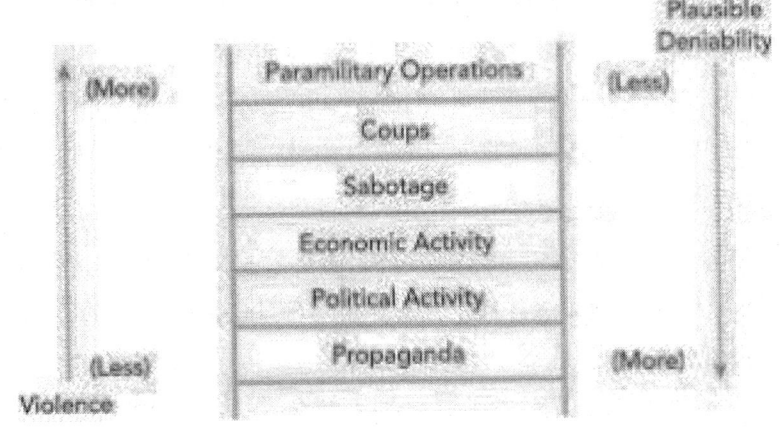

이처럼 비밀공작 유형의 범주화에 다양한 견해가 있지만, 본서에서는 다양한 수단과 방법을 포괄하고, 위장부인의 정도(Plausible Deniability)와 폭력 가담의 정도에 따라 적절히 분류한 로웬탈의 5단계 분류법에 따르기로 한다.

다만 이들 유형 분류는 명백히 구별될 수 있는 것은 아니고, 현실적으로는 설정된 비밀공작의 목표 달성을 위해 상호 간 순차적으로 또는 보완적으로 병행되어 사용된다.

---

416) Lowenthal(2020), p.236.

5가지 유형에 각 공작 수준에 따라 내용과 범위가 다른 지원 및 선전공작, 기만 정보 유출 공작, 가장 업체 운영 공작, 전복 및 테러, 암살 등의 다양한 개별방법이 동원된다.

1. 선전공작(propaganda)

1) 개 념

라디오, TV, 신문, 전단, 인터넷 등 각종 언론매체를 이용해 특별한 정치적 목적을 위해 만들어진 조작된 정보를 공작대상 국가에 유포하여 대상국의 여론을 공작 활동 국가에 유리하게 조정하려는 공작 활동이다. 선전공작은 비밀공작의 유형 중에서 가장 오래된 정치적 기술이다. 선전공작은 모든 비밀공작의 기본이 되는 활동으로서 정치공작, 준군사공작 등 다른 비밀공작을 효과적으로 전개할 수 있는 기반이 된다. 사회학적으로 선전은 지지자와 동조자 또는 동맹자를 획득한다는 뚜렷한 목적을 가지고 자기의 사상이나 교리, 원리를 전수하기 위한 계획적이고 조직적인 활동이다. 그리고 일반 대중에게 자기의 주장은 정당하며 합리적이지만 상대방의 주장은 부당하고 오류가 가득한 것으로 믿도록 하는 노력이며, 따라서 자기편에는 유리하지만, 적에게는 불리한 행동을 하도록 유도하는 노력이다.[417] 선전공작의 내용물인 기사는 일반적인 의견이거나 지금까지 그 나라에는 통제되어 잘 알려지지 않는 사실 정보일 수도 있고 역정보일 수도 있다. 출처가 분명하지 않은 사실 정보를 신속하게 널리 유포시키는 것도 선전공작의 주요한 내용이 된다.[418]

2) 종 류

선전공작은 출처의 정확성에 따라서 백색선전, 흑색선전 그리고 회색선전의 3가지로 분류된다. 주의할 점은 이것은 어디까지나 출처의 정확성에 기인한 형식적인 분류이다. 내용의 진위를 기준으로 한 것이 아니므로 출처 불명의 흑색선전에도 진실한 내용을 담은 선전내용이 있을 수 있고, 출처가 명백한 백색선전으로도 거짓 정보를 흘릴 수 있다.

---

417) Ladislas Farago, War of Wits, Chapter 5; Propaganda Activity, 1980. 김윤덕, *op. cit*, p.75.
418) Shulsky & Schmitt(2002), p.84.

가. 백색선전(White propaganda)

어느 방송, 어느 신문인지 선전 활동의 출처를 굳이 숨기거나 가장하지 않고 사실 그대로의 상태에서 선전 활동을 하는 것이다. 정부의 공보계획에 발행되는 공식 자료들을 해외에서 자국을 선전하기 위해 배포하는 것이 대표적인 예이다. 대상국의 언론인, 교수를 매수하는 등의 방법으로 대상국의 언론에 기고하게 하는 것도 출처가 분명한 대상국 언론을 활용한 백색선전이다. 또한, 국영 홍보 방송에서 자국의 입장을 선전하고 상대방의 입장을 비판하는 예는 어렵지 않게 볼 수 있다. 원래 백색선전(白色宣傳)은 공공연한 심리전이었다. 한국의 경우 비무장지대에서의 남측과 북측의 상호 간의 심리전은 서로 그 출처를 너무도 잘 아는 관계에서 진행되는 백색선전이다. 백색선전은 출처가 분명하므로 상대방 국민에게 일단 신뢰성을 높일 수 있다는 장점이 있다.

나. 회색선전(Gray Propaganda)

출처를 완전히 숨기지는 않았더라도 출처를 여전히 공개하지 않고, 또한 공개된 출처라도 그 출처에서 선전되는 것인지 불투명하게 하는 가운데 전개하는 선전공작이다. 예를 들어 CIA가 운영했던 라디오 자유 유럽(Radio Free Europe)이나 라디오 자유(Radio Liberty) 등에 의한 선전 활동이 이에 해당한다. 이들 기관은 실제 운영자가 CIA인데도 민간방송사로 위장하고 누군가 내부에서 전달하는 것처럼 전달하는 형태를 취한다. 그렇게 해서 냉전 시대에 동유럽 공산주의 국가의 국민에게 자유 서방세계의 소식과 공산주의 세계에서 벌어지는 비밀정보를 전달했다. 대상국의 정치적 망명자를 방송 요원으로 채용함으로써 철의 장막 뒤의 소식을 일반 국민에게 소상하게 전달하기도 했다.

미국 정부는 그들 방송이 외형상 미국 정부와 관련이 없는 것으로 위장하기 위해 방송 운영을 CIA에 위탁했다. 한편 소련은 방송으로 인한 동유럽, 그리고 본토인들의 사상적 오염을 차단하기 위해 거액의 예산을 들여 전파 차단 노력을 했다. CIA는 출처를 가장하기 위해 설립과정에서도 민간기관인 것처럼 위장했고, 설립 기부금을 모금하는 형식을 갖췄다. 그러나 그들 방송국이 당시 미국 정부 특히 CIA와 직접적으로 연결되어 있다는 점이 분명하게 인지되지는 않았더라도 방송에 보도되는 내용 등을 통해 두 방송국이 모두 미국에 의해 운영된다는 점은 분명했다.

다. 흑색선전(Black Propaganda)

뉴스 출처를 철저히 은폐하는 방식으로 전개하는 선전 활동이다. 주로 허위 정보나 폭로 정보 등을 제공할 때 사용한다. 예를 들어 과테말라에서 반군을 지원한 CIA는 위장 과테말라 국영방송사를 운영했다. CIA는 1954년 과테말라 국영방송국의 아나운서 목소리를 기술적으로 모방하고, 과테말라 국영방송국과 인접한 지역에서 같은 채널을 이용해서 아쿄프 구즈만 정권 전복을 위해 정부 정책을 비난하고 실정에 관한 내용을 보도했다. 세심하지 않은 청취자들은 사실 같은 시간대에 CIA가 운영하는 반군의 선전 방송을 듣고 있었는데도 정부 방송을 듣는 것으로 생각했다. CIA는 동 방송에 정부 주요 인사의 목소리를 흉내 내는 사람을 출연시켜 정부 인사가 방송하는 것으로 가장하기도 했다.[419]

3) 선전 활동의 방법

위와 같은 선전 활동에는 다양한 방법이 동원된다. 유력한 언론인들을 매수해서 언론을 수단으로 그 나라의 정책에 영향을 미치게 할 수도 있다. 이렇게 자신들이 원하는 기사를 써 줄 수 있는 집필진을 '언론 공작자산'이라고 하는데 주로 매수된 주재국의 저널리스트들이다. 일회적으로 대상국의 언론인, 학자 그리고 정치인들을 매수하고 필요한 정보자료를 제공하여 자국에 유리한 기사 및 사설을 기고하도록 유도한다. 때에 따라서는 해당 언론사에 광고 형태로 보조금을 지급해 지속해서 유리한 언론 기조의 형성을 다지기도 한다. 더 나아가 방송국을 직접 운영해 언론 공세를 펼치는 방법도 있다. 미국은 2004년 북한인권법에 따른 자유의 소리, 이라크, 이란, 쿠바에 대한 선무 방송을 위해 언론사의 설립을 법으로 규정하고 있다.[420]

---

419) Holt, *Secret Intelligence and Public Policy*, p.150.
420) 졸고, Han, H. (2007) "Newly arising issues on the limitation of intervention law and refugees under the North Korean Human Rights Act of 2004", Atoms for Peace: An International Journal, Vol. 1, No. 4, pp. 355-422.

출처를 밝히지 않는 선전 활동과 관련된 기법으로 선전 활동을 위한 전위그룹을 활용하는 방법도 있다. 전위 단체들은 외형적으로는 대상 국가에 광범위한 지지 기반을 갖추고 있지만 실제로는 공작 국가의 통제를 받는 조직이다. 영국 비밀정보부(MI6)는 제2차 세계대전 중에 당시 미국 내에서는 가장 규모가 크고 활동력이 강한 고립단체인 '미국 최고(American First)'에 대항하기 위해 미국 내의 식자층을 중심으로 다수의 전위그룹을 조직해 운용했다.[421] 그 단체는 미국의 순수성과 민주주의를 보존하기 위해 미국은 유럽에서의 전쟁에 개입하지 말아야 한다는 이념을 주창했다.

한편 선전공작의 대상 국가가 극단의 폐쇄사회로 위와 같은 방법이 여의치 않으면 열기구 또는 항공기를 이용해 외부소식을 알리는 전단을 살포하기도 하고 국경 근처에 방송중계 기지를 설치해 운영하기도 한다.

4) 선전공작의 부작용

언론 선전공작의 부작용으로 역류(blow back)의 문제가 있다. 역류는 정보기구에 의해 고의로 외국 상대국에 살포한 잘못된 내용의 언론 기사가 역으로 국내에 유입되는 것이다. 보통 자국 언론사가 비밀공작의 일환으로 선전한 내용인 줄을 모르고 '외국의 시각'이라는 관점에서 추적 기사화해 국내에 보도하고 저간의 정확한 사정을 모르면 심각한 정치적인 논쟁을 불러일으킬 수 있다.

이러한 역류의 부작용이 발생하였을 때 정부가 즉각 해명하고 정정 보도를 요청하는 것은, 잘못을 공개적으로 시인하는 것일 뿐 아니라 비밀공작의 효과를 기대할 수 없게 만들 수도 있다. 하지만 역류는 선전공작의 불가피한 부작용이라고 하더라도, 언제 어떤 방식으로 사실을 해명하는 것이 필요한가라는 문제는 여전히 제기된다. 상세는 후술한다.

2. 정치공작(political action)

정치공작은 상대국의 정치에 비밀리에 개입하여 자국에 유리한 정치적 상황을 조성

---

421) Ignatius, "How Churchill's Agents Secretly Manipulated the U. S. before Pearl Harbor." Mahl, *Desperate Deception*, p. 34.

하기 위해 실행되는 비밀공작이다. 정치지도자의 매수, 특정 집단이나 NGO에 대한 자금지원 등으로 유리한 정치적 환경을 조성해 대상국의 정책 방향에 영향을 미치는 공작이다.[422] 자국에 우호적인 세력에게 비밀리에 재정지원을 하고, 대상국 내에서 진행되는 선거에서 특정 후보의 당선을 지원하거나 정권 담당자의 장기 집권을 돕거나 축출하기 위해 특정 정당 또는 특정 후보를 은밀하게 금전적으로 지원하기도 한다.

정보기관이 현재 적대국과의 관계 개선을 위한 비밀 접촉 통로로 이용되는 것도 정치 공작 활동의 하나이다.[423] 정치공작은 지속적인 효과를 유지하기 위해 공작 국가의 개입 사실을 숨기는 것이 매우 긴요하다. 이를 위해 공작관(Case officer)과 최종 대상 공작원(agent) 간의 직접 접촉을 차단하는 것이 보통이다. 이를 **중간 차단(cut-out)**이라고 하며 지원 등 연결고리를 단절함으로써 개입 사실을 감출 수 있다.

1964년 칠레 대통령 선거에서 CIA는 공산주의자인 아옌데(Salvador Allende) 후보를 낙선시키고 경쟁 후보인 친미 기독교 민주당 후보를 지원했다. 이때 CIA는 먼저 미국 내의 어느 부호(cut-out I)에게 정치자금을 송금하고, 그는 제3국의 정당이나 단체 등 연락자(cut-out II)에게 정치자금을 송금했다. 그리고 제3국의 연락자가 CIA가 후원하는 최종 수혜자인 칠레의 정치 후보에게 국제연대라는 명분으로 정치자금을 송금했다. CIA는 이런 방식으로 여러 단계의 차단장치를 거쳐 CIA의 개입 사실을 은폐했다.[424]

정치공작이라는 개념은 고정된 것이 아니다. 동일한 정치체제 아래에서도 기존 정부를 전복하거나, 공산주의 정권을 축출하고 자본주의를 지향하는 지도자를 옹립하는 등으로 기존 정치체제 질서 자체를 변경하려는 공작 활동도 광의의 정치공작에 포함된다. 이처럼 개념을 고정하기가 쉽지 않은 정치공작의 개념만큼이나 정치공작은 정형화할 수 없는 다양한 창의적 방법으로 전개된다. 통상적인 방법으로는 영향공작, 지원공작 등이 동원된다.

---

422) Dycus(2007), p.369.
423) 이스라엘 모사드가 중동평화 협상이라는 큰 틀 속에서 적대국인 요르단과 국교 정상화를 위해 비밀리에 접촉 활동을 한 사례가 대표적이다. 한국의 국가안전기획부가 중국·소련 등 공산주의 국가와의 관계 개선을 위한 북방정책의 추진을 위해 오랫동안 공산권 국가들과 비밀 접촉을 해 왔던 사실이나, 현재 국가정보원이 남북관계에서 수행하고 있는 각종 역할도 법적 근거는 별론으로 하고 정치공작 활동의 일환으로 전개되는 것이라고 할 수 있다.
424) Shulsky & Schmitt(2002), p.88.

1) 영향공작

영향공작은 대상 국가의 정책이 아국에게 유리하게 결정되도록 영향을 미치려는 공작 활동이다. 굳이 대상 국가의 정치세력 판도에 영향을 미치려는 것이 아닐 수도 있다. 영향공작을 위해서는 대상국의 영향력 있는 인사를 활용하는 것이 가장 중요하다. 대상 국가의 대통령, 총리, 장관, 국회의원, 주요 언론인, 대기업 간부, 군 장성 그리고 그 가족 등은 국가 정책의 결정과 여론 형성에 중요한 영향력을 끼칠 수 있을 것이므로 영향공작의 중요한 대상이 된다.

자신의 지위나 정치·사회적 영향력을 이용해 국가 정책이나 일반 여론을 정보기관이 원하는 바대로 어느 정도 이끌 수 있는 공작원을 소위 '영향력 공작원(influence agent)'이라고 호칭하며 가장 고급수준의 공작원으로 평가된다.

그러나 영향력 공작원이라고 해도 자국 정부의 현재 정책 방향에 비우호적이거나 적대적인 나라에 유리한 정책을 공개적으로 옹호하는 데는 한계가 있다. 그들은 다만 동료들이나 부하들에게 그가 내부적으로 지원하는 나라에 도움이 되는 태도를 자연스럽게 취하는 방향으로 정치 상황을 인식하도록 유도하는 노력을 계속하게 된다.

영향공작의 예를 들면 1930년대와 1940년대에 소련 정보기구는 워싱턴 미국 정부 내에 영향력 공작원을 다수 확보하고 있었다. 그 중의 대표적인 사람이 재무부 차관인 화이트(Harry Dexter White)였다. 화이트는 1945년 2월 스탈린과 루스벨트, 처칠 간의 얄타(Yalta) 회담을 준비하면서 미국 재무부의 제안서 작성을 주도했다. 그 제안서는 35년 기한의 대규모 저리 차관을 소련까지 확대해서 적용하고, 독일로부터 받는 전쟁 배상 비용 200억 달러의 절반을 소련에게 지원하는 것을 골자로 하는 내용으로 대부분 소련의 입장에 부합했다. 더 나아가 화이트는 제2의 전쟁 예방 목적이라는 소련의 입장과 같이하면서, 독일의 화학, 전기 그리고 야금 관련 산업을 완전히 와해시켜야 한다고 주장했다.[425] 모두 소련을 도와주려는 의도였다.

영향공작의 다른 사례로는 1976년 KGB로부터 자금을 지원받아 프랑스 정치인들을

---

425) Shulsky & Schmitt(2002), p.80. 그러나 재무부 화이트의 이러한 친소적 노력은 국무부의 반대 때문에 부분적으로 좌절되어 결국 소련에 대한 대규모 원조는 이루어지지 않았고, 독일의 산업이 해체되지는 않았다. 그러나 미국 루스벨트 대통령은 영국 처칠의 반대에도 불구하고 화이트의 기안처럼 소련에 대한 전쟁 배상액에 대해서는 동의했다.

주요 독자로 하는 신세시스(Synthesis)라고 불리는 정치 소식지를 발행한 피에르 파테(Pierre-Charles Pathe)의 경우다. 정치 소식지 신세시스는 프랑스 하원의원의 약 70%가 구독했을 정도로 프랑스 정치 엘리트 상당수를 독자로 했다. 파테는 주요 정치지도자들의 사생활은 물론이고 파리에서 고위층 간에 이루어지는 정치에 관한 많은 정보를 바탕으로 프랑스 정치인들의 정책 판단에 영향을 미쳤다. 예를 들어 프랑스와 미국 등과의 이해가 일치하지 않는 측면은 부각하고 소련과 그 동맹국들의 입장은 변론하는 방식이었다. 그러나 그는 1979년 파리교외에서 KGB 공작관과 은밀하게 접선하던 도중에 현장에서 체포되어 소련을 위해 간첩 활동을 한 혐의로 5년 형을 선고받았다.426) 소련을 위한 영향력 공작원으로 활약했던 것이다.

세계 각국의 정보기관들이 미국의 군사·경제원조 획득과 자국에 유리한 정책을 유도하기 위해 미국 행정부, 의회, 언론기관 등에 끊임없이 로비 활동을 하는 것도 정치공작, 그중에서도 특히 영향공작의 하나라고 할 수 있다.427)

2) 지원공작

대상 국가의 정부, 정당, 노동조합, 시민단체, 언론기관 및 기타 필요한 사람들에게 다양한 지원을 통하여 필요한 관계를 유지하거나 창설하는 것이다. 지원은 통상 정보적 지원과 비정보적 지원으로 구분된다. 비정보적 지원의 대표적인 예가 원조이다. 우호적인 정부에 대한 지원은 해당 정부가 계속 집권을 유지할 수 있도록 도와주는 것이다. 미국 의회는 1974년 해외원조 자금이 특정한 목적, 예를 들어 경찰훈련, 군사용도 등으로 전용되는 것을 금지했다.428) 남미 독재정권들이 미국의 원조를 경찰 훈련비로 전용해서 무자비한 인권탄압에 활용하는 것을 방지하기 위한 목적이었다.

정보적 지원은 제공되는 정보를 받은 대상국이 스스로 달성할 수 없는 목표를 달성할 수 있도록 도와주는 것으로 정보제공 행위도 당연히 비밀스럽게 진행된다. 원칙적으로 우호적인 정부에 정보를 제공하지만, 우호적이지 않은 정부에 대해서도 제공하는 국가

---

426) *Id*, p.81.
427) 1960년대부터 1970년대 초까지 대만이 자국의 이익을 위해 동원할 수 있는 미국 의원 수는 전체의원의 3분의 1을 상회하는 250여 명에 달했다..
428) Shulsky & Schmitt(2002), p.78.

와 받는 국가 양자의 이해관계에 부합되는 조처를 하도록 유도하거나 취할 수 있게 하려고 특정 정보를 전달하기도 한다.

예컨대 1983년 미국은 미국과 매우 적대적인 이란 호메이니(Ayatollah Khomeini) 정부에게 '이란에서 활약하고 있는 소련의 첩보원들과 협력자들에 대한 정보'를 비밀리에 건네주었다. 당시 호메이니 정부는 이란 내의 공산당의 발호를 저지하고 공산 세력을 제거하려고 노력하고 있었다. 호메이니 정부는 CIA에서 건네받은 이 정보를 바탕으로 소련 첩보원을 비롯해 약 200명의 공산당원을 처형했고 공산당인 투데당(Tudeh)은 해산되었다. 결과적으로 CIA는 반미 호메이니 정부를 활용해서 이란에서의 KGB 조직을 와해시켰고 이란에 대한 소련의 영향력은 크게 손상되었다.[429]

기만 정보를 지원해 실질적으로 내부 정책 목적을 달성하려는 경우도 적지 않다. 또한, 정치공작의 수행을 위해 선거자금을 지원하는 방법으로 외국의 선거에 개입하는 것도 좋은 지원공작이다. 미국 CIA는 1964년 칠레 선거에 유권자 1인당 1달러에 해당하는 300만 달러를 지원한 바도 있고 오랫동안 일본 자민당에 선거자금을 제공했다.

한편 정보기구는 국외 망명 지도자의 생계비나 활동비를 지원하기도 한다. 과거의 호의에 대한 감사를 표시하는 형식의 이러한 지원을 통해서, 비슷한 위치에 있는 다른 사람들에게 신뢰감을 주어서 협조를 유도할 수 있을 뿐만 아니라, 장래 본국에 복귀해 주요 직책을 담당하면 아측에 우호적인 정책을 기대할 수 있다는 효과가 있다.

외국 주요 지도급 인사에 대한 신변경호를 지원하는 것도 정치공작 상의 지원공작의 일환으로 전개된다. 국내의 불안한 정세 속에서 우호적인 정치지도자의 신변에 대한 안전 확보는 지속적인 우호 정책을 유지하기 위한 좋은 방책이기 때문이다. 신변경호는 직접 수행할 수도 있지만, 해당국 경호 요원에 대한 훈련과 장비 지원으로도 이루어진다. 신변 경호를 통해 가일층 우호 관계를 다질 수도 있고 개인적인 친분 관계도 도모할 수 있다.

냉전 시대에 미국은 외국 주요 인사들에 대한 VIP 경호 지원했고 소련도 카스트로, 가다피, 사담 후세인 등 친 소련 지도자로 서방측의 제거 대상자들에 대해 요인경호를

---

429) Id. pp.81-82. CIA가 이란에 건넨 정보는 테헤란 주재 소련 외교관으로, 1982년 영국에 망명한 쿠지츠킨(Vladimir A. Kuzichkin)의 정보를 바탕으로 한 것이었지만, 정교히 조작된 기만 정보(disinformation)도 상당히 혼재되어 있었다.

적극적으로 지원했다. 대상국의 인사나 조직에 대한 행정적 조언, 기술, 장비 및 훈련을 지원하는 것도 중요한 정치지원 공작이다.

제2차 세계대전 후 미국 CIA는 한국을 비롯해 많은 우방국에 대한 정보기관의 설립을 지원했고 요원들에 대한 훈련과 장비를 지원했다. 그러한 지원을 통해 미국은 공산주의의 확산을 막고자 했고, 정보기관과의 유대 강화로 외국 정보기관의 활동을 파악하며 정보를 공유하는 데도 도움이 되었다.

3. 경제공작(economic action)

경제공작은 외국의 경제정책을 아국에게 유리하게 변경시키는 공작이다. 경제공작은 이미 아측에 유리한 기존의 경제정책에 변화를 초래하지 않게 하거나 더욱 유리한 방향으로 경제정책을 변경하려고 할 때 사용된다. 전통적으로 강대국들이 외국의 토지개혁, 석유 등 천연자원과 국가 기간산업의 국유화를 추진하거나 세제, 무역 거래, 투자 관련법 등을 민족주의 지도자 등이 나타나 아국에게 불리하게 변경하려고 할 때 은밀히 개입하는 공작을 펼쳤다.

통상 민주국가나 전체주의 국가든 어느 체제의 정치지도자도 양호한 경제 상태는 정권 안정을 위한 커다란 중심 목표점으로 항상 긴장할 수밖에 없다. 한 나라의 경제안정은 국민의 일상생활에 직접적인 영향을 미치고, 바로 정치안정과 정권 유지에 직결되기 때문이다. 식품, 의류, 연료 등 기초적인 생활필수품의 확보와 가격안정, 충분한 양의 안정적인 수급 문제는 책임 있는 정부의 기본적인 의무로서 대단히 중요한 일차적 경제 요소이다. 경제 불안이 정치 불안으로 이어지는 것은 자연스러운 경과이다.

경제공작은 궁극적으로는 적대적 집권 세력에 대한 정권교체 등 정부 전복의 목적으로도 활용될 수 있는 공작 활동이다. 경제공작의 극단적인 예는 대상국의 경제기반을 붕괴시켜 경제 혼란을 야기하는 것이다. 역사적으로 경제기반을 붕괴시킴으로써 경제적 혼란과 사회불안을 극대화하고 궁극적으로 정치적 불만과 폭동을 유발하여 정권교체나 체제 변화를 도모한 사례는 적지 않았다.[430] 파업을 부추기거나 전기 공급망,

---

430) 이러한 설명은 정치공작, 경제공작, 와해 공작 등의 구분을 어렵게 하거나 이해에 혼돈을 유발할 수도 있으나, 전술한 바와 같이 비밀공작의 목적은 상대국의 대외정책에 영향력을 끼치려는 제반 활동이기 때문에 비밀공작의 분류에도 불구하고 다양한 방향에서 서로 혼재되고 중첩되어 활용될 수 있는 것이다. 그러므로

유류 창고를 폭파하거나 위조지폐를 발행해 경제 교란을 시도하는 것 등이 대표적인 경제공작 수법이다.

그 밖의 경제공작 방법으로는 대상 국가의 중요한 농작물에 병충해를 유발하거나 화재 등 여러 가지 재해를 초래해 생산량에 막대한 소실 활동을 전개하기도 한다. 또 원유에 물을 가득 섞어 가짜 휘발유를 대량 공급하여 사회적 혼란을 초래할 수도 있다. 경제공작에는 선전공작 활동이 병행되면 매우 효과적이다. 예를 들어 생필품 부족에 대한 대대적인 선전을 하면 사재기 현상이 극성을 부리고 결국 최종적으로 정치 불안으로 연결될 수도 있다.

레이건 행정부에서 추진되었던 별들의 전쟁 계획으로 알려진 전략방위구상 (Strategic Defense Initiative : SDI)은 냉전 시대의 대표적인 경제공작 활동 중의 하나이다. 미국은 전략방위구상 계획을 발표하면서 이미 실험에 성공했다고 발표해 소련이 이에 대응하기 위해 막대한 예산을 소비하도록 유도했다. 그 결과 소련의 붕괴가 5년 정도 앞당겨졌다고 한다. 그러나 1993년도에 밝혀진 바에 따르면 미국은 실험 결과를 과장하여 발표했었다.[431]

경제 관련 활동은 전통적으로 국가안보의 영역으로 간주되지 않았기 때문에 정보기관의 비밀공작 가운데 중요성이 크게 주목받지 않았다. 전통적으로 정보기관들은 외국의 경제 및 과학기술 능력을 평가하기 위한 정보수집과 무기 및 군사기술 개발을 위한 군사·과학기술 정보수집 등에 치중했었다. 미국은, 경제정보 수집 활동은 국가정보기구 본연의 임무가 아니라는 법 이론적인 논쟁 위에서 경제정보 수집 활동은 자제했다고 하지만, 전통적으로 적대 국가에 대해 다양한 경제공작을 전개했던 것으로 드러났다.

그러나 냉전 종식 이후 냉전 기간에 중요시되던 정치공작이나 와해 공작이 현격히 줄어들었고, 경제 및 과학기술 능력이 국가안보에 미치는 영향이 급속히 확대되었다. 즉 전략적 자산이 하드파워에서 소프트파워로 전이된 것이다. 그에 따라서 각국의 정보기구들은 경쟁적으로 경제정보 쪽으로 활동 방향을 전환했고, 경제공작이 국가안보와

비밀공작의 분류는 학문상의 이해 편의를 위한 기술적인 분류이고, 실제 현실에서는 창조 가능한 모든 방법을 동원해 정도에 맞춰 때로는 단순한 선전, 정치적·경제적 영향력 강화 더 나아가서는 전복 및 와해 등으로 이어질 수도 있다.

431) Holt, *op.cit*, p.142. 소련 외무부 장관 베스메르티니크(Alexandr Bessmertnykh)도 미국의 전략방위구상(SDI)으로 인해 소련의 몰락이 촉진되었다고 시인했다.

국가이익 수호를 위한 중요한 비밀공작 분야로 주목받았다. 특히 대형 국제 거래나 국제 입찰시 유리한 조건으로 계약을 성사시키거나 경쟁국의 계약 성사를 방해하는 등의 비밀공작에 정보기구가 개입하는 경우가 많이 늘어났다. 또한, 오늘날과 같은 정보화 시대에는 대상 국가의 컴퓨터 시스템을 교란해 경제거래에 마비와 혼란을 초래하는 것이 새로운 경제공작 수법으로 동원되기도 했다. 해킹 기술을 이용해 특정 국가나 단체의 거래 내역에 혼선을 초래하고 은행예금을 인출시키는 것도 새로운 경제공작 수법이다.

미국은 수년간 쿠바의 카스트로 정권에 대해 다양한 경제공작 활동을 전개했다. 그러나 1970년 칠레의 아옌데(Allende) 정권에 대한 비슷한 경제공작은 비교적 성공을 거두었지만, 쿠바는 달랐다. 그동안 쿠바 국민은 카스트로의 철저한 통제로 경제적 고통에 익숙해져 있었다. 결국, 미국의 경제공작 활동은 쿠바 경제를 피폐하게 하는 외에 정치적 효과로는 연결되지 않아서 별다른 성과를 거두지는 못했다는 평가이다. 경제공작은 철저한 공산주의나 전체주의 국가보다는 개방화에 젖어 있는 어느 정도 민주화된 국가에서 효과가 있다고 할 수 있다.[432]

4. 쿠데타(Coups) 공작

쿠데타는 비밀공작을 수행하는 국가정보기구가 직접 또는 대상 국가의 반군 등 대리인을 통해 현 정부를 전복하려는 목적에서 전개되는 비밀공작 활동이다. 쿠데타 공작은 정치체제를 불문하고 적대관계에 있는 현 집권 세력을 무력화시키고 궁극적으로 우호적인 정권으로의 교체를 위해 실행되는 공작 활동으로, 명백하게 정부 전복을 목적으로 수행되는 비밀공작 활동이다. 쿠데타 공작은 전복공작 또는 모략 및 와해 공작으로 소개되기도 한다.

정부 전복 목적의 쿠데타 공작에는 앞서 본, 선전공작, 정치공작, 경제공작의 여러 가지 방법 중에서 정부 전복 목적에 적합한 다양한 방법이 동원된다. 반정부 세력이나 게릴라 집단 등 현 정부에 반대하는 세력을 지원해 정부 전복을 도모하는 것이 가장 많이 사용되는 방법이다. 타도 대상 정부에 대한 외부적인 정치·경제적 압력행사 방법

---

432) Lowenthal(2020), p.235.

도 사용되고 기만 정보의 유포도 사용된다.

냉전 시대에 CIA의 쿠데타 공작의 성공으로 공산주의 영향력도 배제하고 안정적인 석유공급권도 확보한 대표적인 예가 영국과 미국 정보기구 합동의 '**오퍼레이션 아작 (Operation Ajax - 공식적으로는 TP-AJAX)**'이었다. 아작 공작은 원래 1953년 이란 쿠데타의 암호명이었다. 아이젠하워(Eisenhower) 대통령의 총지휘 아래 CIA 공작국 책임자 루스벨트(Kermit Roosevelt)가 실행했다. 그것은 민주적으로 선출되어 석유산업의 국유화를 도모하던 민선의 모사데크(Mohammed Mosaddeq) 이란 수상을 축출하려 한 쿠데타 공작이었다.

영국과 미국 정보기구들은 팔레비 국왕과 모사데크 수상 측근인 슈워츠코프 장군을 통해 모사데크 정권에 대한 쿠데타 공작을 추진해 이란 고위 관료, 언론인들에게 광범위하게 뇌물을 살포해 반정부 여론을 조성했다. 결국, 팔레비 국왕파 군대가 모사데크파 군대를 제압함으로써 모사데크 정권은 전복되고 팔레비 왕의 친미 전제 군주정이 시작되었다. 1954년 9월 공작이 종료되고 CIA가 추천한 자하디가 수상이 되었다. 자하디 수상은 모사데크 정권이 국유화하려고 한 영국-이란 석유회사(ALOC) 대신에 영국과 미국이 각 40%의 지분을 갖는 다국적 컨소시엄의 국영 이란회사를 설립했다. 이란 정부는 최종 이득금의 50%를 배분받기로 했다. 영국과 미국은 비밀공작으로 이란의 정권교체에 성공했다.

영국과 미국은 또한 중동에서의 안정적인 원유선을 확보했다. 그러나 아작 공작의 역사적인 평가에 대해서는 의문이 제기되었다. 외형상 성공한 것으로 보이는 비밀공작은 과연 성공한 것인가라는 쟁점이다. 2000년 미국 최초의 여성 국무부 장관을 역임한 클린턴 행정부의 올브라이트(Madeleine Albright)는 당시에는 성공작이라고 평가받았던 아작 공작은 이란에서의 민주주의의 퇴보를 가져왔던 것으로 미국 대외정책의 실패라고 실토했다. [433)]

한편 미국 정보공동체에 대변혁의 바람을 가져온 후술할 이란콘트라 사건도 대표적인 쿠데타 공작의 실례이다. 쿠데타 공작은 국제 테러 조직을 후원하는 방식으로도

---

433) The United States, Iran and Operation 'Ajax': inverting interpretative orthodoxy. Middle Eastern Studies, July, 2003. Marsh, Steve.

전개되기도 한다. 오늘날 테러 조직에 대한 지원을 보면 가장 낮은 단계의 지원으로는 훈련시설을 제공한다거나 피난처를 제공하는 것이다. 반면에 가장 높은 수준의 지원으로는 자금이나 무기, 위조여권을 제공하거나 테러공격 대상이 되는 국가로 무기 폭발물을 운송하는데, 외교행낭을 사용하도록 허용하는 등의 적극적인 지원이 포함된다. 한편 쿠데타 공작의 가장 중요한 요체는 개입 흔적을 남기지 않는 것에 있다. 외교 분쟁과 내정간섭에 대한 국제적 비난 여론에 직면하는 것을 예방하기 위해서이다.

그러나 쿠데타 공작은 여러 가지 문제를 제기한다. 특정 국가 내의 반군을 지원하는 것이 내정간섭을 금지하는 국제법 위반은 아닌지, 그 나라의 정권을 전복하려는 테러 집단을 지원하는 것은 테러의 교사(敎唆)로 지원국가도 테러국가가 되는 것은 아닌지, 미국의 경우 사병의 – 외국 반군은 아국의 입장에서는 공적 군대가 될 수 없음 – 사용을 금지하는 법률을 위배하는 것은, 아닌지의 해결되지 않은 법률문제에 더하여 다양한 정치적 이슈를 제공한다.

특히 정치 비밀공작의 경우는 경우에 따라서는 상대국 정부 또는 반군이 자행하는 국제법적으로 용인되기 어려운 반인도적 인권유린 행위를 묵인하고 조장하는 경우가 수반되기도 해서 국제법 위반 문제도 뒤따른다.434)

5. 준군사공작(paramilitary operation)

1) 비밀공작으로서의 준군사공작의 이해

준군사공작은 폭력의 정도에서 비밀공작과 정규 군사행동, 즉 전쟁과의 경계선상에 있는 정보기구에 의한 군사적 수준의 공작 활동이다. 적대적인 정부의 전복도 준군사공작의 목적 중의 하나가 될 수 있지만, 목적이 반드시 정부 전복에만 있지는 않다. 오히려 현행 체제를 옹립하기 위해서도 특별 기동대가 파견되기도 한다. 또한, 억류된 자국민을 구출하기 위해 외교협상으로는 도저히 해결 전망이 보이지 않을 때, 평화적인 외교협상을 병행하면서 비밀리에 양동작전으로 준 군사 구출 작전을 전개해 성공한 예는 다수 있다.

---

434) Dycus(2007), p.369.

군사작전을 방불케 하면서 전개되어 성공한 대표적인 구출 작전은 1976년 7월 3일 이스라엘 모사드의 특공대가 감행한 엔테베 작전435)이 있었다. 실패한 구출 작전으로는 독수리 발톱공작(Operation Eagle Claw)436)이 대표적이다.

비밀공작에서 말하는 준군사공작을 정확히 개념 정의한다면, 국가정보기구가 주어진 국가 정책 목표를 달성하기 위해서 정식전쟁이 아닌 방법으로 수행하는 전쟁에 준하는 비밀공작 활동이다. 자국의 자원자를 포함한 비정규군 단독으로 또는 공작대상 국가의 지원 세력 등으로 구성된 군대 등과 연합하여 정규전에 준하는 화력이 동원된다.

심리전 또는 정치·경제적 압박이나 내부 쿠데타 작전은 우회적인 방법으로 정책목표를 달성하려는 것이다. 그에 비해 준군사공작은 화력을 직접 동원해 상대 국가를 일시적으로 또는 영구히 무력화시켜 정책 목적을 실행하는 것으로 정보기구에 의한 물리적인 비밀전쟁이라고 할 수 있다.

2) 정규전과의 차별

한 가지 주의할 점은 준군사공작은 외형적으로는 정규군의 군사력을 사용하지 않는다는 것이다.437) 왜냐하면, 정규군을 동원한다는 것은 법 기술적으로 '전쟁'을 의미하기 때문이다. 물론 소련 등 일부 국가는 전쟁을 선포하지 않고 정규군을 동원해 사실상의 전쟁을 수행한 역사적 사례도 적지 않기는 하다.

밝혀진 바에 의하면 6.25 전쟁 때 한국전에 참전한 소련군 조종사는 정규군 조종사였고, 소련은 아프가니스탄 전쟁 때에도 전쟁 선포 없이 정규군을 동원했다. 그러므로 국가정보기구에 의한 완칙적인 준군사공작은 특수전을 목적으로 조직된 일국의 통일된 제복의 정규 특수전 부대를 동원하는 것과도 명백히 구분된다.438) 미국은 현재 특수

---

435) 1976년 6월 27일 이스라엘 관광객 약 80명을 태운 에어 프랑스기가 팔레스타인 게릴라에 의해 공중 납치되어 우간다 엔테베 공항으로 가게 되자, 7월 3일 이스라엘 모사드와 특공대가 40분간의 치밀한 기습공격으로 전원 구출했다(이종찬, 안기부, 한국형 모사드가 이상이다. 신동아, 1994. 10. p. 378).

436) 카터 행정부 당시인 1980년 4월 24일 테헤란 억류 미국 대사관원 구출을 위해, 작전에 반대하여 국무부 장관이 사임하는 갈등을 빚은 끝에 전개된 미국 CIA의 인질 구출 준군사공작이었다. 그러나 사막 위에서 재급유 중이던 C-130 수송기와 작전용 헬리콥터가 사막의 폭풍으로 충돌해 작전 인력 부족 등으로 예정 시간을 넘기고 결국 작전 추진 사실이 이란에 알려져 실패했다.

437) 준군사공작이 '대상국 정부를 전복할 목적'으로 '군사력을 이용하는 공작'이라고 소개하는 일부 국내 교과서는 '정부 전복'과 '정규군 사용'이라는 두 가지 점을 오해하게 할 위험성이 있어 보인다.

438) Lowentha(2020), p.237.

전사령부(Special Operations Command : SOCOM)를 운용하고 있고, 영국도 공군(Special Air Service : SAS)과 해군의 특수부대(Special Boat Service : SBS)가 있다.

그러나 국방부 체계 내의 이들 단독부대에 의한 해외에서의 작전 수행은 정규 전쟁이지 법률적 의미의 준군사공작은 아니다. 현재 전쟁법은 국제법적으로 확립되어 있다. 전술한 바와 같이 UN 헌장은 정당한 이유 없는 무력 사용을 금지하고 있고, 국제 전쟁 규범의 대 원칙상 전쟁 개시를 위한 전의(戰意)의 표시, 즉 전쟁 선포는 명료한 형태로 이루어져야 한다.[439]

정규 전쟁과 준군사공작의 실제적인 가장 커다란 차이는 포로의 대우에서도 나타난다. 정식으로 전쟁 개시된 전쟁 포로는 국제법적으로 범죄자가 아닌, 그냥 포로, 즉 피체포자로 정당한 사법상의 권리가 주어진다. 반면에 비밀공작인 준군사공작은 정식 전쟁이 아니고 공작 국가 자체가 공작 사실 자체를 부인하는 태도이므로 요원이 체포된 경우에도 그는 범죄자이지 전쟁포로는 아니다.

어쨌든 준군사공작은 정규 전쟁은 아니지만, 상대방에 대한 비밀스러운 군사 공격, 군사훈련 지원, 무기 지원 등의 방법에 따른 국방정책의 간접수행이다. 비밀리에 군사 원조, 교관을 파견해 상대국 저항 세력의 병력에 대한 전문적인 군사훈련을 시키는 것도 준군사공작의 일환으로 전개되기도 한다. 후술하는 바와 같이 베트남 전쟁 시에 전쟁 당사국이 아닌 라오스 등지에서의 CIA에 의한 광범위한 비밀작전 등은 전시에 전개된 준군사 전의 대표적인 예이다.

2001년 미국의 대아프가니스탄 전쟁의 경우를 보면, 체포되어도 전쟁포로의 권리를 주장할 수 없지만, 산악지대 등 전장을 누비는 CIA 요원의 역할은 실제 전투원과 거의 유사하다. 그러나 준군사작전을 수행하는 CIA 요원들의 주된 임무는 어디까지나 훈련 지원, 정보지원, 탈레반 등 토착군을 상대로 한 현지 상황에 적합한 전투 지휘력 제공에 있다. 그리고 그들 정보요원은 CIA 공작국 특별활동부(Directorate of Operation's Special Activities Division) 소속이다.

준군사작전은 다양한 형태를 취하게 되는데, 단지 전쟁 수행의 실질적인 주체가 누구

---

439) 전쟁에 대한 헤이그 조약 제1조와 제2조 각 참조

인지 모르게 할 뿐, 경우에 따라서는 정식전쟁과 같은 규모의 군사작전인 경우도 있다. 베트남 전쟁 시 CIA가 라오스에서 전개한 비밀공작 등은 사실 정규전이었다. 그러나 어떤 경우에도 실제 전쟁에 준하는 무력 사용의 경우는 먼저 국내법상의 전쟁 개시요건을 갖추었는가 하는 헌법적 문제가 해소되어야 한다.[440] 또한, 무기 제공의 경우에는 국내법의 규정은 물론이고 무기 확산금지 등 국제협약의 위배 문제도 제기될 수 있다.

게다가 미국의 경우에는 공작 대상국의 지원 병력을 사용하는 것이 사적인 군대, 즉 사병(私兵) 모집과 사병 사용을 금지하는 헌법상의 원칙에 반하는 것이 아니냐는 풀기 어려운 문제도 있다. 이처럼 실제로 눈에 보이는 직접적인 화력 등 폭력사용으로 파괴력이 제일 크다고 할 수 있는 준군사공작은 비밀공작 가운데서도 국제법적으로도 제일 커다란 논쟁으로 남아 있다.

3) 준군사공작의 지원체계

정식전쟁이 아닌 준 군사작전의 경우는 군 수송기를 동원해 병력이나 화력을 운송하기가 부담스럽고 힘들다는 문제 등으로 비밀스러운 무기, 군 훈련 교관 등의 지원통로가 필요하다. 이를 위해 정보기구는 자체적인 항공 회사를 운영하기도 하고 비밀 누설의 우려가 크기는 하지만 불가피하게 항공 회사와 비밀 운송협정을 체결해 노선을 독점적으로 이용하는 예도 있다.

CIA는 베트남 전쟁 시에 항공 회사 에어 아메리카(Air America)를 직접 운용했다.[441] CIA는 2차 인도차이나 전쟁[442] 때도 에어 아메리카(AA)를 운용해 전투 요원의 충당을 위해서 남 중국지역의 소수민족인 몽(Hmong) 부족 출신을 용병으로 라오스에

---

440) 미국 헌법상 전쟁선포권은 의회에 있다. 헌법 제8조는 다음과 같다. "The Congress shall have power ; [11] to declare War, grant Letters of Marque and Reprisal, and make Rules concerning Captures on Land and Water. 반면에 대한민국 헌법 제73조는 "대통령은 조약을 체결·비준하고 외교 사절을 신임·접수 또는 파견하며, 선전포고(宣戰布告)와 강화를 한다."라고 전쟁선포권을 대통령에게 부여하고 있다.

441) Dycus(2007), p.370.

442) 1950년대 후반에 시작되어 1975년까지 지속된 베트남 전쟁은 미국이 지원한 남부 베트남군을 한 축으로 하고 남베트남의 국가해방 전선(베트콩)과 북베트남 공산주의 연합세력 사이의 전쟁이다. 중국과 소련의 전폭 지원을 받은 북베트남 공산군은 남베트남에 대해 전면 공격을 개시했다. 1972년 1월 미국과 월맹 간의 비밀 회담이 계기가 되어 1973년 1월 파리에서 미국·베트남·베트콩(남베트남의 공산당)·월맹 간에 휴전 협정이 조인되었다. 그러나 같은 해 4월 공산군은 협정을 위반하고 공격을 재개해 1975년 4월 30일, 월맹 군이 사이공을 점령하여 30년에 걸쳤던 베트남 전쟁은 막을 내렸다.

대량 수송했다. 또한, 사우스 에어 항공은 CIA가 니카라과와 반군을 지원할 때 운영한 운송회사였다.

준군사공작은 물리적으로 동원되는 병력이나 화력 그리고 실제 전개되는 작전 내용에 비추어, 발생 사실 그 자체를 비밀로 유지하는 것은 불가능하다. 그러나 아무리 속이 들여다보이더라도 공작을 하는 국가의 정부는 공개적으로 준군사공작을 시인하지 않는다는 점에서 여전히 비밀공작의 범주에 남게 된다.[443]

4) 준군사공작의 일환으로의 암살

준군사공작에는 납치와 암살 공작이 포함되기도 한다. 암살 공작에 대해서는 각국의 견해가 다를 수 있다. 암살은 '집행공작(executive action)', '극단적인 편견의 종식(terminating with extreme prejudice)' 또는 '무력화(neutralize)'라고도 한다. 손에 피 같은 수분을 묻히는 일로 '지저분한 일(Wet affairs)'이라고도 하고 '말살(liquidation)'이라고도 한다.

암살은 전향자에 대한 응징이나 경고 목적 또는 활용이 완료된 공작요원을 비밀 유지를 위해 제거하는 때도 있지만, 정치적으로 적대적인 인물을 제거함으로써 대상국의 정치 상황을 자국에 유리하게 만들 목적으로 수행되기도 한다. 냉전 시대에 KGB 등 소련 정보기구는 수 없는 암살을 자행했으며 소련 정보기구에서 명령에 따른 암살은 정규적인 정당한 직무였다. KGB가 정적이자 배신자를 암살한 대표적 사건이 1940년 멕시코에서의 트로츠키(Leon Trotsky) 암살사건이다.[444] 트로츠키는 스탈린과의 권력 투쟁에서 패배한 뒤 소련에서 쫓겨나 멕시코로 피신했으나, 스탈린이 사주했다고 여겨지는 KGB 암살자에 의해 얼음도끼로 살해당했다. CIA가 암살을 실행한 예도 적지 않다. 밝혀진 국가 정상급만도 콩고의 루뭄바(Lumumba)와 도미니카 공화국의 트루히요(Trujillo) 대통령에 대한 암살이 있었다. 그리고 심지어 마피아 조직을 동원하는

---

443) Shulsky & Schmitt(2002), p.89.
444) 세계혁명 없이 사회주의의 달성은 불가능하다는 트로츠키 사상을 따로 트로츠키주의라고 한다. 그는 붉은 군대의 창립자였다. 레닌 사후 스탈린과 견해 차이로 권력투쟁을 했다. 트로츠키는 영원한 연속혁명론으로 세계 사회주의 혁명을 계속 진전시킬 것을 주장했지만, 스탈린은 소비에트 연방을 튼튼한 사회주의 국가로 먼저 만든 후에, 공산혁명을 확산시켜야 한다고 주장하여 대립했다.

등 수차례에 걸친 쿠바 카스트로(Castro)에 대한 암살 기도가 있었다.

CIA의 암살 활동 등에 대해 1970년대 중반 처치위원회에서 그 문제점이 상세하게 조사되고 보고되었다. 처치위원회는 암살은 평화시에 문명국가의 국가정보기구가 해서는 안 될 일이라고 결론지었다. 포드(Gerald Ford) 대통령은 대통령 명령 제11,905호로 '정치적 암살에 개입하거나 개입하려는 음모를 꾸미는 것'을 금지했다. 포드 대통령의 암살금지 명령은 카터 대통령과 레이건 대통령에 의해서도 그대로 이어져, 현재까지 미국 정보공동체의 중요한 법규범의 하나인 레이건 대통령 명령 제12,333호에 유지되고 있다.[445] 이처럼 미국은 정치적 동기의 암살을 법적으로 금지하고 있다.

그러나 정당방위나 긴급피난 등에 의한 암살은 여전히 유효할 뿐만 아니라, 법규에서 금지되는 암살은 '정치적'이라는 수식어로 한정되어 있다. 또한, 암살은 평시에만 금지된다. 따라서 테러와의 전쟁이 선포되어 테러 집단과는 현재도 전쟁 중이므로, 오사마 빈 라덴 등 테러 집단 지도자에 대해서는 비록 정치적인 이유라고 해도 암살 공작이 유효하다고 논의된다. 대표적인 것으로 CIA가 2003년 전쟁터가 아닌 예멘 사막지대에서 자동차로 이동하던 알카에다 조직원이 탑승한 자동차를 헬 파이어 미사일을 발사해 암살한 사례가 있다.[446]

---

445) Executive Order 12,333호(1981.12.4) §2.11(48 Fed. Reg 59947).
446) Loch K. Johnson, James J. Wirtz, Strategic Intelligence : Windows Into a Secret World, Roxbury Publishing co, 2004, p.258.

제3절 비밀공작의 결정 과정

제1항 비밀공작의 계획 수립

I. 타당성 검토

정보기구에 의한 국가정책의 대집행인 비밀공작의 이론적 근저에는 국가의 사활적 이익이 위협받는 상황에서 정책결정권자가 사태를 그대로 내버려 둘 수는 없는 노릇으로, 소극적인 외교에 의존하는 제1의 옵션(The First Option)과 군사력을 동원하는 제2의 옵션(The Second Option)의 중용(中庸)으로 제3의 대안(The Third Option)으로 고려될 수 있다는 정당성이다.

따라서 비밀공작 계획을 수립에서 가장 중요한 것은 필요성 내지는 타당성을 검토하는 것이다. 비밀공작은 정책결정권자가 특별한 정책목표 달성을 위해서 외교나 군사적 방법보다 비밀공작이 더 일리가 있다는 합리성에 관한 판단이 섰을 때 타당성과 정당성이 확보된다. 그러므로 비밀공작의 계획은 정책담당자가 백척간두에 처한 국가안보와 국가이익의 수호를 위해서는 비밀공작이 실행 가능한 수단이고 가장 타당한 방법이라는 정책적 결정이 선행되어야 한다.

II. 수행 능력 검토

비밀공작에 대한 타당성 검토가 이루어진 경우에도 동원될 비밀공작의 내용에 대한 국가정보기구의 수행 능력을 점검해야 한다. 수행 능력은 현장공작 능력 외에 비용, 즉 예산의 문제도 포함된다. 비밀공작을 위한 준비에는 기동성을 갖춘 최신장비, 치밀한 운송 수단, 거짓 서류, 정치하게 꾸며진 역사적 기록문건 그리고 해외 공작원을 포함한 인적자산, 즉 유능한 공작관이 필요하다.

또한, 소위 비밀 공작지원 체계(The operational support structure)를 뜻하는 '플럼빙(plumbing)', 즉 제3의 감시공작원 확보 그리고 비밀 수수소, 공작 장비와 자금에 대한 기술적 지원체계 등 후방 연계 병참 지원 시스템도 구축되어 있는지도 정밀하게

점검해야 한다. 수행 능력은 공작 능력 이외에 비용 대비 효과를 고려한 효율의 문제도 포함된다.[447]

Ⅲ. 위험도 점검

현재의 국가적 위기를 극복할 수 있는 방책으로, 비슷한 비용으로 유사한 결과를 이룰 수 있는 공개적 대안이 있다면 비밀공작은 지양되고 공개적 대안이 사용되어야 한다. 이것을 **비밀공작 보충성의 원칙**이라고 한다. 되도록 위험성이 높은 비밀공작은 보충적으로 동원되어야 하기 때문이다.

통상 비밀공작의 위험도는 2가지 관점에서 측정된다. 위험도 평가는 지원의 방법과 내용 등 개별적인 사항에 대해서도 이루어진다. 하나는 노출에 따른 위험 점검이다. 다른 하나는 공작 실패에 대한 위험도 평가이다.

CIA 국장으로 재임 기간에(1973~1976) 정보기구의 활동에 대해 대대적인 자체 점검을 시행한 콜비(William E. Colby) 국장은 단기 · 장기의 차이는 있지만, 비밀공작이 어쨌든 때가 되면 노출된다는 사실을 비밀공작 책임자들은 깨달아야 한다고 말했다.[448] 이것은 한참 뒤에 비밀공작을 지연 공개하는 일도 국가에게 당혹감을 줄 수 있고, 적지 않는 정치적 부담을 유발하게 되므로 역사적 평가에 의한 성공 여부도 조망해야 한다는 것을 의미한다. 하지만 어떤 경우에도 비밀공작 개요는 일반적으로 알려지게 되더라도 세세한 내용 중 일부는 비밀로 유지되어야 후속하는 비밀공작 수행에의 방해 여지를 예방할 수 있다는 사실도 숙지해야 한다. 두 번째 위험 점검은 공작 실패에 대한 위험도 평가이다. 비밀공작의 실패는 속성상 외교적 문제나 국제적 비난 외에 직접적인 생명의 손실과 국내 정치적 위험부담도 따른다. 이러한 두 가지 관점에서의 위험도 평가를 마친 후 그래도 마땅한 외교적 · 군사적 대안이 없으면 비밀공작은 실행된다.

향후의 정치적인 위험까지도 예측하고 실행했던 고위험 부담의 좋은 사례는 1980년대 아프가니스탄에서 CIA가 무자헤딘(Mujaheddin) 반군에게 미사일을 지원한 일이

---

447) Lowentha(2020), p.230-231.
448) *Id.*

었다. 당시 미국은 소련이 일으킨 아프가니스탄 전쟁을 제2의 월남 전쟁으로 만들어 소련군을 진퇴양난으로 몰아넣고 막대한 군비 지출을 하게 해 소련의 경제를 어려움에 빠뜨리려고 계획했다. 그래서 소련의 아프가니스탄 침공에 대항하는 무자헤딘 반군을 지원하기로 했다. 당시 지원 결정 시에도 추후 무자헤딘 세력이 반미세력이 될 수도 있다는 우려는 있었다. 지원의 내용 중 중요한 문제는 산악지대에서 소련의 헬리콥터를 효과적으로 격추할 수 있는 스팅어 미사일(Stingers)을 무자헤딘에게 제공할지였다. 일부 정책당국자들은 추후 스팅어 미사일이 미국 헬리콥터를 향할 위험성도 있다면서 지원 반대 견해를 밝혔다. 그러나 레이건 행정부는 결정적으로 전황을 바꾸게 된 스팅어 미사일의 공급을 결정하고, 결국 격렬한 저항에 부딪힌 소련군은 아프가니스탄에서 철수했다. 물론 그 후 탈레반과 연계된 무자헤딘은 수중에 남은 스팅어 미사일로 미국 헬리콥터를 공격했다. 그러나 정보 · 정책당국자들은 당시에도 이런 위험성을 예견했지만, 그와 같은 위험도는 소련이 아프가니스탄에서 승리하는 것보다는 훨씬 적은 위험이라고 판단했던 것이다.

Ⅳ. 유사 공작 점검

다각적인 검토를 마친 후에도 비밀공작 수행에 대한 궁극적인 책임이 있는 정책 · 정보담당자들은 다시 한번 전례를 검토하고 수행 능력과 정치 · 외교적 파장을 점검해야 한다. 정보공동체는 정책에의 봉사가 목적이지만 그들의 비밀공작 수행 능력을 과대평가하고 자랑하고 싶어 하는 경향으로 적극적일 수 있다. 또한, 조직의 존재 가치와 이유를 과시하고자 하는 관료주의적 야망도 있고, 정보공동체만의 독특한 전문기술을 선보이고 싶은 욕망도 있다.

그러나 비밀공작은 전쟁과 평화의 한계선상의 문제이다. 그러므로 비밀공작 계획 수립은 정책담당자들과의 협조 아래에서 냉철한 능력 판단과 함께 과거의 전례와 그 전례가 현재까지도 지속하는 파장도 되살펴 보는 등으로 매우 신중하게 최종 결정되어야 한다.

제2항 비밀공작의 결정과 수행

이름만큼이나 제각각인 각국에 있어서 비밀공작이 최종적으로 어떻게 결정되는지는, 정치체제와 정보기구 내에서의 비밀공작의 중요성, 정보기구의 각국에서의 실제적인 기능과 역할 등에 따라서 다르다. 오늘날 정보업무를 법의 지배하에 놓이게 하는데 대표적으로 기여한 미국 정보공동체에서도 비밀공작의 절차가 법으로 정형화된 것은 1970년대 이란-콘트라 사건을 경험한 이후였다.

본 파트의 비밀공작 결정방법은 오늘날 미국의 절차를 전제로 한 것이다. 그러나 단순히 미국의 절차라는 의미뿐만이 아니라 이란-콘트라 사건이라는 미증유의 자의적인 비밀공작에 대한 처절한 반성에 따라 의회의 감독으로 마련된 법치 통제의 비밀공작 절차에 대한 이해를 의미하는 것이라고 할 수 있다.

I. 대통령의 재가

비밀공작의 승인은 공식적인 요식행위이다. 대통령은 비밀공작 계획을 보고받은 후 비밀공작이 국가안보에 긴요하고, 대외정책의 대체 수단으로의 필요성을 확인한 후에 공작 수행을 승인하는 명령지에 서명한다. 이것을 미국 정보공동체의 전문용어로 대통령 승인 또는 대통령 재가를 뜻하는 프레지덴셜 파인딩(presidential finding)이라고 말한다. 법적으로 프레지덴셜 파인딩은 대통령 명령(executive order)으로 법규범의 일종이다. 이처럼 비밀공작은 최종적으로 행정부의 수반으로서 대통령의 재가로서 승인된다.

미국의 경우 대통령의 승인은 법률에 근거한 법률적 의무로서 반드시 서면으로 해야 한다.449) 그만큼 최종 결정권자인 대통령이 해당 비밀공작의 의의와 필요성 등을 정확히 인지하고 승인했음을 확실히 하는 것이다. 이란-콘트라 사건에서 레이건 대통령도

---

449) Intelligence Authorization Act, Fiscal Year 1991, L. 102-88 (50. U.S.C. 413b). The President must authorize any covert action through a written presidential finding, explaining why the activity is "necessary to support identifiable foreign policy objectives of the United States and is important to the national security of the United States."

모르게 일개 중령이 다수의 국가가 연계된 비밀공작을 주도했다는 반성에서 법 개정을 통해 확립된 제도이다. 하지만 서면 재가는 비밀공작이 노출된 경우에도 국가책임은 면하기 위한 법 이론인 전통적인 '그럴듯한 부인'의 원칙을 폐지하는 결과가 되어 논란이 적지 않다.

한편 대통령이 승인한 서면 재가서는 정보공동체의 공작실행 책임 부서에 전달되고 동시에 통지서(Memo of Notification)라는 형식으로 상원과 하원의 정보위원회 그리고 국방과 외교 등 소관위원회에 제한적으로 통보된다.

Ⅱ. 의회의 역할

미국의 경우 정보공동체를 감독하는 의회 정보위원회는 비밀공작 과정에서 필수기관이다. 의회는 공작 예산의 최종승인자로서 또는 대통령과 별개의 국민을 대표한 정책 결정권자로서 비밀공작을 당연히 보고받을 권한이 있는 것으로 인정된다.[450] 의회는 예산심의 절차를 통해 해당 비밀공작을 개괄적으로는 먼저 인지할 수도 있다. 왜냐하면, 정보공동체는 의회에 예산을 요청할 때 1년간의 비밀공작 활동 계획을 함께 제출해야 하기 때문이다.

그러나 의회는 예산 승인을 거부하는 방법으로 공작추진에 제동을 걸 수는 있지만, 공작 자체에 대한 승인이나 공작의 종류를 변경시켜 예산을 승인할 권한은 없다. 의회의 예산 연계 승인 거부 외에도 반군과 테러 지원국에 대한 무기나 훈련지원을 금지하는 법, 암살을 금지하는 대통령 명령에 위반된 비밀공작 등에 대해서는 의회는 당연히 법적으로 승인을 거부한다.

Ⅲ. 비밀공작의 수행

이러한 여러 가지 절차와 장치를 거친 후에 실제 비밀공작의 수행은 해당 정보기구 주도하에 이루어진다.

---

450) Lowenthal(2020). p.232.

Ⅳ. 비고

그러나 경험적으로 비밀공작에 대해 위와 같이 잘 마련된 것처럼 보이는 공식적인 승인 절차는 매우 취약성을 가진 가변적인 것이라고 할 수 있다. 왜냐하면, 비밀공작은 그 성격이나 명칭만큼 급박한 현장 상황에 맞게 비밀스럽게 전개되는 이유로, 통제를 전제로 한 제반 절차가 비밀공작의 전 과정에 개입하는 것은 실패를 유발할 수 있는 등으로 적절하지 않다는 현실의 반영 때문이다.

한편 미국의 경우에 2004년 국가정보국장(DNI) 직위의 창설로 비밀공작 감독과 관련하여 새로운 질문들이 제기되었다. 현재 DNI는 대통령의 고위 정보자문관이기 때문에 그 업무에 비밀공작이 당연히 포함된다. 하지만 비밀공작을 현실적으로 수행하는 책임은 여전히 CIA에 존재한다.

2004년 정보법은 CIA국장(DCIA)이 국가정보국장(DNI)에게 보고를 하게끔 규정했으나 이 정보보고가 어디까지 다루어야 하는지를 구체적으로 규정하지는 않았다. 물론 DNI가 CIA의 현실 공작적 측면에 대한 통제권을 행사하지 못한다는 점은 명백하다. 따라서 비밀공작에 대한 CIA와 DNI의 관계를 명확하게 설정하지 않으면 비밀공작을 둘러싸고 불화가 있을 수 있다는 예측이 있다.[451]

---

451) Lowenthal(2020), p.234.

제4절 비밀공작 실제 사례와 정보공동체의 발전

사례 공부는 정보학 학습에서 매우 유용하다. 실제로 전개되었던 역사적인 사실들은 가장 간단하게 정보 전개의 실제를 이해하는 중요한 자료로 커다란 도움을 주는 것이 사실이다. 그러나 대개 요약된 사실관계에 바탕을 둔 현상적인 사실만을 다루는 경우도 적지 않고, 자칫 방법과 수법에 대한 이해와 학습으로 전도될 위험도 있는 것도 사실이다. 이에 조금 상세히 기술한다.

본편의 비밀공작과 다음 편의 방첩공작 편은 사례학습의 보고(寶庫)가 된다. 그러나 정보 사례학습의 참뜻은 그 사례에서 동원된 방법이나 수법에 주안이 있는 것이 아니다. 교훈이나 제도개혁 내용 그리고 사례를 둘러싸고 있었던 치열한 법률논쟁을 살펴봄으로써 실질적 이해를 도모함에 있다.

본편에서는 비밀공작의 다양한 실제 사례를 살펴보고 특히 미국 정보공동체 변혁에 커다란 동기를 부여했던 이란콘트라 사건에 대해서 상세히 살펴보도록 한다. 한편 비밀공작이라는 비밀성에 따라서 대한민국을 포함해 정보기구들은 통상 비밀공작 자료를 공개하지 않는다. 그러나 15년 자동 일몰법에 의해 미국 정보공동체는 비밀공작 문서라도 비밀이 재분류가 되지 않는 한 자동적으로 공개를 한다. 그 결과 국가정보기구의 활동에 관한 다양한 연구가 되어 있다. 본서가 미국의 비밀공작을 주로 소개할 수밖에 없는 이유이지만, 미국의 비밀공작은 가장 다양한 방법으로 전개된 내용으로 가치 있는 자료들이라고 할 수 있다.

비밀공작 사례의 속성은 통상의 사고를 뛰어넘는다는 데 있다. 또 다른 속성은 은밀성과 현장성이라는 이유로 기획과 승인한 내용과 현장에서 벌어진 내용과는 차이가 있을 수 있고, 실제 벌어진 일들에 대해서는 여전히 의문과 의혹이 제기되는 경우가 적지 않다. 그러나 그러한 미확인 비밀공작에서도 정보 마인드는 배양될 수 있고, 아국에서 또는 아국을 상대로 벌어지도록 기획되는 상대 세력에 의한 비밀공작은 다음 편에서 살펴보는 방첩공작의 대상이다. 그러므로 비밀공작의 범위와 유형 그리고 상황을 반전하는 다양한 비밀공작을 이해하는 것은 방첩공작에 대한 이해를 높이는 데도 큰 도움이 된다.

제1항 비밀공작의 실제 개관

I. 냉전 시대의 비밀공작

제2차 세계대전이 끝난 1945년부터 소비에트 공화국이 해체된 1991년까지를 냉전 시대라고 한다. 이 시기는 미국 주축의 민주주의 이념 블록과 소련 주축의 공산주의 이념 블록이 무수한 이념분쟁을 일으켰고, 때로는 일촉즉발 전쟁의 긴장 속에서 정치, 경제, 사회, 문화, 군사 그리고 과학 기술개발에 따른 우주 경쟁 등 제반 분야에서 무한경쟁을 벌였다.

20세기 초반 세계를 지배하던 3가지 주요 이념으로는 미국 · 영국 · 프랑스를 중심으로 한 자본주의 이념, 독일 · 이탈리아 · 일본을 중심으로 한 전체주의 이념 그리고 소련을 중심으로 한 공산주의 이념이 있었다. 미국을 중심으로 한 자본주의 세력과 소련 중심의 공산주의 세력은 이념적으로 양립이 어려웠다. 하지만 미국과 소련은 제2차 세계대전의 와중에 독일 · 이탈리아 · 일본 등 전체주의 세력을 공동의 적으로 삼아 함께 전쟁을 치르면서 일시적으로 협력했었다.

그러나 제2차 세계대전이 끝나고 전체주의 세력이 몰락하면서 자본주의 진영과 공산주의 진영은 본격적인 이념과 체제 경쟁의 무대로 돌입하고 그 결과 냉전 시대가 도래했다. 냉전 시대에는 정보 분야와 군사 분야뿐만이 아니라, 정치 · 산업기술 분야에서 미국의 CIA와 소비에트 공화국의 KGB 사이에 치열한 스파이 전쟁이 전개되었고, 쌍방 진영의 비밀공작이 전개되었다.

냉전이라는 용어는 윌슨 대통령 때부터 루스벨트 대통령에 이르기까지 경제문제 보좌관으로 일한 바르크(Bernard Mannes Baruch)가 1947년 트루먼 대통령을 보좌하면서 제2차 세계대전 당시의 동지였던 미국과 소련의 긴장 고조를 표현한 용어이다. 그러나 냉전의 영향은 미국과 소련에 한정되지 않고 유럽, 한국을 비롯한 극동, 중동, 아프리카, 남미에 이르기까지 이념경쟁의 차가운 기운은 전 세계적으로 휘몰아쳤다. 그리고 CIA를 중심으로 한 비밀공작도 한국을 비롯한 거의 세계 전역에서 수행되었다.

냉전 시대에 전개된 비밀공작은 타국에 대한 정치적 조언과 자문, 유력한 개인에 대한 비밀자금지원, 정당 단체에 대한 자금지원, 노동자 단체 · 사기업 등의 지원, 비밀

선전 활동, 군사훈련 지원, 시장교란 등 경제공작 활동, 테러 지원, 정부 전복 활동 그리고 암살에 이르기까지 다양한 방법으로 전개되었다. 냉전 시대 비밀공작의 거두인 미국과 소련은 그들의 개입 여부를 명백하지 않게 하며 세계 곳곳에서 외국의 경제 · 정치 · 군사정책에 영향을 미치기 위해 전개되었다. 목적도 다양했다. 현 체제를 전복하고 우호적인 정부를 옹립하려는 목적, 반대로 우호적인 현 정부를 전복하려는 반군에 대한 타격목적, 선거전에 개입하여 향후 정국에 영향력을 도모하려는 목적, 특정 정당과 노동자 단체 · 시민단체에 대한 지원, 원유 등 천연자원의 안정적 공급, 신무기 개발에 대한 타격, 심지어 향후 잠재적으로 정치 거두가 되어 외교적으로 부담이 될 인물 제거 등 다양한 목적으로 이루어졌다.

II. 냉전 시대 이후 비밀공작의 동향

1. 새로운 비밀공작 표적의 등장

1991년 소비에트 공화국의 붕괴로 냉전이 소멸하면서 더는 치열한 이념전쟁은 전개되지 않았다. 그러나 오늘날 비밀공작을 요청하는 중요한 화두는 초국가적 위협의 증가이다. 물론 미국은 1990년 니카라과와 대통령 선거에서 공산주의를 표방하는 산디니스타(Sandinista)에 반대하는 정치세력 지원임을 명백히 밝히면서 비밀공작을 병행하기도 했다. 즉 냉전 시대 이후에도 민주주의가 위협을 당하는 나라에서는 이념 수호목적의 비밀공작을 수행했고, 도미노 이론에 따른 민주 체제의 연쇄 붕괴를 막기 위해 여전히 이념 수호 목적의 비밀공작도 전개될 것이 예상된다.

미국은 오늘날 대량살상무기(WMD) 확산 저지 및 시설물 파괴 공작 그리고 국제 테러와 마약 세력에 대한 공작 활동을 전개하고 있다. 국제 테러 문제는 영속적인 영토를 바탕으로 전개되는 공산주의 이념의 확장 문제와는 또 다른 특별히 복잡하고 어려운 쟁점을 제공한다. 예를 들어 국제 테러 조직은 신속한 이동성을 바탕으로 하여, 테러 계획은 레바논이나 시리아에서 만들고, 자금은 스위스 비밀계좌를 통해서 조달하며, 테러 실행은 런던, 파리, 뉴욕 등지에서 감행할 수 있다. 테러는 이처럼 세계를 누비며 비정형적인 공격 특성이 있다.

국제 마약 문제 또한 국경을 초월한 제왕적 통솔력, 세계 곳곳의 생산시설과 운반시설, 세계 도처에의 수송 등 한 국가에 집중할 수 없는 많은 어려움을 제시한다. 테러 · 마약 · 국제범죄 조직의 지하 세력 구축도 전통적 방식의 비밀공작으로는 대처에 어려움을 초래한다. 이와 같은 새로운 표적과 정보획득의 새로운 기술 요구는, 현재의 비밀공작이 미국의 경우에 전통적 주체인 CIA 단일 정보기구를 넘어서서, 정보공동체 내의 공동 비밀공작 수행을 요구한다.

2. 비밀공작 방법의 다양화

미국 본토에 대한 9/11 테러공격은 비밀공작에 새로운 국면을 가져왔다. 물론 냉전시대에 동원되었던 모든 비밀공작 방법은 여전히 유효하다. 그에 더하여 후술하는 바와 같은 변칙인도와 알카에다와 탈레반 수괴를 대상으로 한 목표 살인(targeted killing)을 위해 드론(drone)이라고 하는 과학 병기가 광범위하게 동원되고 있다. 2009년 12월 CIA는 오바마 대통령에게 현재 진행 중인 14개 비밀공작 목록을 보고했다. 대표적인 것들이다.

① 60개 이상 국가에서 비밀스럽고 치명적인 공작의 수행

② 이란 핵무기 개발의 지연이나 저지 공작

③ 북한의 핵 능력 진전방해 공작

④ 대량살상무기 확산 저지 공작

⑤ 이라크에서의 치명적인 살상 공작

⑥ 수단 다르푸르(Darfur)에서의 대량 살상(Genocide) 저지 공작

⑦ 터키에서의 크루드 노동당(PKK) 발호의 저지 공작

⑧ 마약 밀매 타격 공작

⑨ 선전공작의 수행

⑩ 변칙인도와 구금 그리고 강압 심문기법

제2항 세계에서의 비밀공작452)

I. 이란에서의 비밀공작

레이건과 부시 행정부 시절의 미국 CIA는 이란에서 두 가지 목적이 있었다. 하나는 이란에 대한 소련의 영향력 확대를 저지하는 것이었고 다른 하나는 철저한 반미주의인 호메이니(Khomeini) 체제의 몰락을 유도하는 것이었다. 이를 위해 CIA는 이란에 대해 다양한 비밀공작을 전개했다.

CIA는 터키에서 약 6,000명에서 8,000명 규모로 이란 망명 군대를 양성했다. 이란 망명 부대는 호메이니 체제에서 초대 국방부 장관을 지낸 마다니(madani)가 인솔했다. 아리아나(Bahram Aryana) 장군이 이끄는 약 2,000명의 부대 역시 CIA가 지원하고 운영했다. 이들 비정규 반 호메이니 군대는 소련이 이란을 침공할 때는 소련군의 측면을 공격해서 소련의 공격을 저지하고, 이란 내부에서 호메이니 체제에 반대하여 내란이나 군부 반란이 발생할 때는 그들 반 호메이니 정권 핵심 세력을 지지하는 것을 중요한 임무로 했다. CIA는 프랑스와 이집트에 있는 이란 망명 그룹도 지원했다. 이집트에는 선전공작의 일환으로 반 호메이니 소식을 전하는 방송국을 운영했고, 1986년 9월에는 이 방송을 수신할 수 있는 초소형 방송 장비를 이란 내의 친미 지하방송사에 지원했다.

한편 CIA는 이란-이라크 전쟁453) 당시 이라크에 이란의 병력배치에 대한 상세한 정보를 제공하여 이라크가 이란의 원유저장 창고를 정확히 타격할 수 있도록 비밀리에 지원했다. 1985년부터는 정기적으로 적시의 위성 정보를 이라크에 제공했다. 그리고

---

452) 본 파트의 비밀공작 사료는 CIA 공개자료와 미국의 다양한 비밀공작 사례를 체계적으로 가장 잘 연구한 것으로 평가받는 Richelson(2016), pp.468-485에 많이 의존했다.

453) 이란-이라크 전쟁(Iran-Iraq War)은 1980년 9월 22일 이라크가 이란에 대해 선제공격을 가함으로써 발발한 전쟁이다. 직접적 원인은 1975년 양국 간에 체결된 국경협정을 이란이 혁명 후 파기하고, 이라크를 압박해 아랍 수로와 3개 도서에 대해 부당한 국경 경계선을 주장하며 장악하는 행동에 나섬으로써 국경분쟁이 빈발했다. 게다가 양국 간에는 이라크 국민은 아랍 민족인 반면에 이란 국민은 페르시아 민족이라는 인종적·문화적 차이가 있고, 모두 회교국이지만 이라크는 수니파를, 이란은 시아파를 신봉하는 등 종교적 갈등이 내재했다. 이라크는 군사적으로 열세였지만 이란이 혁명의 후유증으로 내부적 불안을 겪고 있는 틈을 타서 기습적으로 선제공격을 감행했다. 1988년 8월 22일 UN 정전결의안에 따라 정전했으며, 이라크가 점령한 이란 영토의 전면 반환과 예전대로 샤트 알 아랍 수로의 중앙선을 국경으로 하는 것을 조건으로 양국은 1990년 국교를 회복했다.

1986년 12월, CIA는 마하 3의 속력과 고공비행을 자랑하면서도 정밀함을 갖춘 SR-71 블랙버드가 촬영한 생생한 영상자료를 이라크에 제공해 이란을 기습적으로 공습하도록 했다. 그런데 후일 판명된 바에 의하면 CIA가 제공한 영상자료는 변조된 것으로, 미국은 이라크로 하여금 고의로 이란 국경 부근의 소련군 진지에 대한 오폭을 유도했던 것으로 드러났다. 이것은 이란 국경에 대한 소련군의 주둔 비용을 증가시켜 소비에트 공화국을 해체하려는 레이건 행정부의 원대한 목적이었던 것이다. 결국, 이란을 상대로 한 이라크의 군사 공작 뒤에 숨은 미국의 소련을 향한 제2의 비밀공작이라는 의문이 제기되었다.[454) 비밀공작은 그 명칭만큼이나 진짜 목적 등 그 진실은 묻혀있다.

Ⅱ. 이라크에서의 비밀공작

이라크는 쿠웨이트가 이란-이라크 전쟁의 와중에 이라크의 유전에서 원유를 절취하고 국제 원유시장에 물량을 과잉 공급해서 유가를 하락시킴으로써 전후 이라크 경제를 파탄으로 몰아넣었다고 비난했다.

결국, 사담 후세인 이라크 대통령은 1990년 8월 2일 쿠웨이트를 전격적으로 침공해 점령하고 쿠웨이트를 이라크의 19번째 주로 삼았다. 당시 쿠웨이트는 대표적인 중동의 친미 정권으로 미국에는 매우 중요한 맹방이었다. 이라크의 쿠웨이트 침공을 계기로 사담 후세인 이라크 대통령은 미국의 끊임없는 암살 대상이 되었다. 이라크의 쿠웨이트 침공 직후 CIA는 사우디아라비아에서 쿠웨이트 군인에 대한 군사훈련을 지원했다. 더불어 이라크 내의 분열을 유도하기 위해 후세인 정권에 대한 저항 세력으로 이라크 정부군과 전직 공무원 등으로 구성된 이라크 민족 화해 연합(Iraqi National Accord)을 지원했다.

1991년 1월에 부시 대통령의 승인으로 CIA는 후세인 이라크에 대한 대대적인 선전 공작을 전개했다. 후세인 대통령의 폭정과 사생활, 쿠웨이트 내에서의 이라크군의 과장된 패퇴 사실, 이라크 내의 민주 정부 수립 등을 집중적으로 방송했다. 같은 해 5월

---

454) Stephen Engelberg, "*Iran and Iraq Got 'Doctored' Data, U.S. Officials Say,*" New York Times, January 12, 1987. Richelson(2016), pp.476-478. 레이건 행정부의 소위 전략방위구상(SDI)의 과장 선전 및 아프가니스탄 전쟁의 월남전 화도 모두 원대한 소련 붕괴 전략의 일환이었다.

CIA는 부시 대통령의 승인을 받아 쿠르드족을 쿠데타의 선봉으로 하고, 이라크 내의 후세인에 대한 불만 세력을 만들어 후세인에 대한 암살을 유도하기 위한 적극적인 경제 제재를 내용으로 하는 비밀공작도 전개했다.

1992년 3월에는 이라크 경제 혼란을 초래하기 위한 다량의 위조지폐 디나르 (dinars)를 대대적으로 공급했다. 소액권 위주로 공급한 위조화폐는 급격히 통용되어 인근 요르단, 이란, 터키까지 유통되었고 이라크 경제에 심각한 인플레이션을 초래했다.[455] CIA는 1992년 6월 비엔나에서 결성된 망명 이라크 국가 의회(Iraqi National Congress)를 적극적으로 지원했다. 이라크 국가 의회(INC)는 CIA의 지원을 받아 바그다드 내의 비밀기지에 텔레비전과 라디오 방송국을 개설하여 반 후세인 방송도 하고, 체제 반대 내용을 담은 다량의 소책자를 제작하여 이라크 주요 도시에 흑색선전 전단지를 대량으로 살포했다. 1994년에는 후세인의 아들을 내세워 허위내용을 이슈화하는 일간지 바빌(babil)을 창간하여 배포했다. 이러한 다양한 허위 선전공작으로 CIA는 사담 후세인을 이라크 전역에 대한 통치를 불가능하게 하고 단지 바그다드의 시장에 지나지 않는 인물로 격하시키려고 노력했다. 한편 이라크 국가 의회는 CIA에 이라크의 핵무기나 생화학무기 등에 대해 치밀하게 조작되어 믿지 않을 수 없는 다량의 허위정보를 제공하여 2003년 미국의 이라크 침공을 유도했다. 이라크 국가 의회(INC)의 CIA에 대한 유도 공작이라고 할 수 있다.

1996년 클린턴 대통령은 후세인 제거를 위한 군사훈련, 무기 공급, 이라크 내 반정부 정보기구에 대한 지원과 선전 활동 등을 내용으로 하는 CIA의 비밀공작을 다시 승인했다. 일부 의회 의원들을 중심으로 사담 후세인을 반인륜범죄를 근거로 해서 특별 전범재판소에 회부하기 위한 공작자금이 제안되기도 했다. 1998년에는 의회 차원에서 사담 후세인 체제 전복을 목적으로 한 이라크 해방법(Iraq Liberation Act of 1998)의 제정이 추진되어 상원에서는 만장일치로 통과되었고, 클린턴(Bill Clinton) 대통령은 1998년 10월 31일 서명했다.

이라크 해방법(Iraq Liberation Act of 1998)[456]은 이라크 사담 후세인 체제 전복을

---

455) *Youssef M. Ibrahim*, "Fake-Money Flood is Aimed at Crippling Iraq's Economy," *New York Times*, May 27, 1992.
456) Public Law 105-338 또는 22 U.S.C. § 2151.

목적으로 이라크 문제를 대상으로 제정한 연방법으로 전형적인 '개입 입법 (Intervention law)'에 해당한다. 그러한 개입 입법은 국제법적으로는 미묘하고 많은 법적인 쟁점을 야기한다.457) 이라크 해방법은 저항단체에 대한 물질적 · 군사적 지원과 훈련, 자유 유럽방송 운영 등을 규정하고 있다. 1999년 2월 4일 클린턴 대통령은 미국 정부가 공식 지원할 반이라크 단체로 전술한 이라크 국민의회, 쿠르드 민주정당 (Kurdistan Democratic Party) 등 7개 단체를 지정해 법에 근거한 공개적인 지원을 했다. 결국, 기존의 비밀공작이 공개공작 활동(overt action)으로 전환되었다고 할 수 있다. 한편 동 법은 대통령에게 사담 후세인 등 이라크 세력에 대한 특별 전범재판 추진을 고려할 것을 요청했다. 중요성을 고려해 원문을 그대로 옮겨 본다.

"The Congress urges the President to call upon the United Nations to establish an international criminal tribunal for the purpose of indicting, prosecuting, and imprisoning Saddam Hussein and other Iraqi officials who are responsible for crimes against humanity, genocide, and other criminal violations of international law."

중대한 인권침해를 범한 세계 각국의 지도자에 대해 국제적 특별 재판소를 설치해 역사적으로 처벌하자는 이러한 논리는 국제법적으로 김정은 등 북한 지도자에게도 그대로 적용될 수 있는 논의이다.

Ⅲ. 리비아에서의 비밀공작

1986년 4월 5일 미군이 주로 애용하던 서베를린의 라 벨레(La Belle) 디스코텍에서 한 명의 터키 여자와 2명의 미국 군인이 사망하고, 50명의 미군을 포함하여 230명이 부상한 폭발 사고가 발생했다. 베를린 디스코텍 테러 폭발 공격으로 불리는 이 사고는 리비아가 주도한 것으로 판명되었다. 미국은 제한적인 보복 공격, 즉 준군사작전으로

---

457) 개입 입법에 대한 상세한 소개는 필자의 논문 Han, H. (2007) "Newly arising issues on the limitation of intervention law and refugees under the North Korean Human Rights Act of 2004", Atoms for Peace: An International Journal, Vol. 1, No. 4, pp.355-422.

리비아 수도 트리폴리(Tripoli)와 제2의 도시 벤가지(benghhazi)를 공습했다. 이에 맞서 리비아는 1988년 12월 21일 승객 270명을 탑승하고 영국에서 미국 케네디 공항을 향하던 팬암 항공(Pan Am)기를 공중 폭파하여 승객을 전사케 했다. 1989년 9월 19일에는 콩고에서 차드로 향하던 프랑스 여객기 772호를 공중 폭격시켜 탑승자 171명을 전사시켰다.

팬암기 폭발 사고에 대해서는 3년간의 국제합동 조사에서 FBI는 15,000명의 증인을 조사하여 리비아 정보기구 책임자 알-메그라이(Ali al-Megrahi) 외 살인 용의자 4명의 혐의를 밝혀내고 이들을 기소했다.[458) 이러한 리비아와의 공방 와중에 미국 레이건 정부는 준군사작전 폭격 외에도 CIA를 중심으로 다수의 비밀공작을 전개했다.

1985년 레이건 대통령이 승인한 비밀공작 계획에는 가다피를 유혹해 외국과의 모험적인 경쟁 또는 영웅적인 테러 활동에 관여케 하여 그의 힘을 과시하게 함으로써, 역으로 그러한 모험에 불안을 느낀 일부 군부 세력 등 반 정권 세력을 규합해 가다피 체제 전복을 도모하도록 하는 것이 포함되어 있었다.

암호명 튤립으로 명명된 CIA의 또 다른 비밀공작은 대표적인 해외 반 가다피 세력인 '리비아 해방을 위한 국가전위대(National Front for the Salvation of Libya)'를 규합하여 정부 전복을 도모하는 것이었다. 1988년도부터는 차드에 주둔 중인 예전의 이라크 군인들로 구성된 약 600여 명의 군사부대를 훈련하고 무기를 공급해 리비아에 대한 무력 공격 등 쿠데타 계획을 시도했다.

Ⅳ. 칠레에서의 비밀공작

1. 개 관

1960년대부터 1970년대 초까지 미국은 칠레의 정책에 영향을 미칠 목적으로 다수

---

458) 한편 2003년에 이르러 리비아는 서방세계와의 관계 개선인 소위 서방-리비아 데탕트를 도모해, 대량살상 무기(WMD) 계획을 포기하고 팬암 772기 폭파에 대한 배상금으로 30억 달러를 지불했다. 이에 미국은 2006년 5월 리비아를 테러 지원국 명단에서 제외하고 국교를 정상화했다. 이러한 타협에 의한 국제분쟁방식을 국제정치학에서는 리비아 모델(Libya Model)이라고 하여 분쟁 해결의 모범으로 간주된다. James Goodbye & Donald Gross, *"Step by step : The 'Libya model' could help disarm North Korea,"* International Herald Tribune, September. 3. 2004.

의 비밀공작을 전개했다. 비밀공작의 주된 목적은 국민적 정치지도자로 부상 중인 아옌데(Salvador Allende)의 국내외 신용을 깎아내리고, 그의 정권 쟁취를 저지하는 것이었다. 아옌데는 마르크스주의에 심취한 공산주의자였다. 당시 남미에서의 공산 세력 확산 저지는 미국 대외정책 중 가장 큰 임무 중 하나였다. CIA는 통상적인 방송 선전공작은 물론이고 악성 유인물을 이용한 선전 활동, 영향력 있는 언론사에 대한 재정지원으로 여론 조작과 아옌데 및 공산주의자들에 대한 비방 보도, 특정 정당에 대한 선거 지원 등의 방법을 총동원했다.

2. 쿠데타 비밀공작

아옌데의 집권을 막기 위해 다양한 비밀공작으로 전개하며 선거에 개입했지만, 민선 아옌데의 승리를 막지는 못했다. 아옌데는 과반수의 국민적 지지를 얻어 대통령 선거에서 넉넉하게 승리했다. 그래서 2차로 계획된 것이 아옌데 대통령 취임을 저지하기 위한 쿠데타 선동 비밀공작이었다. CIA는 먼저 선거에서 승리한 아옌데의 대통령 취임을 이제 군부도 인정해야 한다고 주장하며, 친 아옌데 성향을 보인 육군 참모총장 슈나이더(Rene Schneider)를 납치하는 작전을 계획했다. CIA는 또한 최루가스, 휴대 병기 등 각종 무기를 제공해 쿠데타를 도모할 계획이었으나, 최종적으로 쿠데타 성공 가능성이 크지 않다고 보고 실행 3일 전에 계획을 취소했다.[459] 그러나 CIA는 1973년 9월 11일 피노체트(Pinochet) 장군의 쿠데타를 지원해 결국 아옌데를 실각시켰다. 이후 정권을 장악한 피노체트는 좌익과 정적에 대한 무자비한 인권 유린을 자행했다.

3. 비 고

1970년대 CIA가 칠레에서 감행한 비밀공작은 공식 보고서로 작성되어 국가안보기록보관소(National Security Achieve)에 보관되어 있다.[460] 동 공식 보고서에 의하면 1970년 9월 15일 백악관에서 닉슨(NIXon) 대통령, 헨리 키신저(Henry

---

459) Dycus(2007), p.382.
460) Chile Documentation Project. No V. 13, 2000, *at http://www.gwu.edu/* ~nsarchiv/latin_america/ chile.htm.

Kissinger) 안보 담당 보좌관 그리고 중앙정보국장(DCI) 리처드 헬름(Richard Helms) 3인이 회동했다. 그 자리에서 닉슨 대통령은 어떤 위험을 불사해서라도 아옌데가 대통령이 되는 것을 막으라고 CIA에 특별 지시했다. 그리고 비밀공작 통제·감독기구인 40 위원회(40 Committee)와 국방부 장관과 국무부 장관 및 칠레 대사에게도 비밀공작을 통보하지 말라고 지시했다.461) 보고서에 의하면 CIA의 칠레 현지인 비밀 스파이 요원들도 칠레 민간인을 상대로 다수의 인권 유린 행위를 자행했다.

미국이 칠레에서 아옌데 대통령 실각을 도모한 쿠데타 비밀공작은 닉슨 대통령의 CIA 국장에 대한 비밀공작 지시가 과연 국가안보 목적의 헌법 합치적인 지시인지와 비밀공작에 대한 내부적 감독·통제장치가 얼마나 취약한지를 잘 보여주었다. 칠레의 비밀공작 사례는 아무리 훌륭한 통제장치가 있다고 해도 은밀성을 속성으로 하는 비밀공작의 경우에는 최선의 통제장치는 법규나 제도가 아니라 담당자의 의식임을 보여준 것이었다. 인간이 중심에 있는 것이다. 또한, 칠레 비밀공작 경험은 오늘날까지도 무수한 인권유린 행위를 자행한 칠레 현지 협력 자산에 의한 불법행위를 방지할 장치는 무엇이고, 현지 자산에 대한 최종 고용자(CIA)와 고용 국가(미국)의 손해배상 책임은 없는 것인가 등의 여러 가지 어려운 법률문제를 제기했다.

V. 쿠바에서의 비밀공작 - 피그만 공작(Bay of Pigs)

1. 전 개

피델 카스트로(Fidel Alejandro Castro Ruz)는 쿠바의 하바나 법과대학을 졸업한 변호사 출신이다. 카스트로는 아르헨티나 의과대학 출신으로, 소위 혁명의 프리랜서로 불리는 체 게바라와 함께 1959년 혁명군을 이끌고 부패한 친미 바티스타(Batista) 정권을 전복한 후 쿠바를 장악했다.

카스트로는 총리에 취임한 후 토지개혁을 단행해 미국인 등 외지인이 소유하고 있던 커피 산업을 전격적으로 국유화 조치했다. 또한, 외국 자본을 몰수하는 등 급진적인 사회개혁을 단행했다. 그리고 그 해 제1차 아바나 선언을 발표하여 라틴 아메리카

---

461) Dycus(2007), p.384.

해방을 제창했다. 급기야 1961년 1월 미국과 국교를 단절했다.

이러한 일련의 조치는 미국 경제에 적지 않은 타격을 주었을 뿐만 아니라, 카스트로는 사회주의 이념을 신봉하고 있었으므로 미국으로서는, 턱 밑의 가시가 될 존재를 용납할 수 없다는 판단을 내렸다.

2. 비밀공작의 진행 경과

1961년의 피그만 침공 작전(Bay of Pigs Invasion)은 플로리다주에 정착하고 있던 일단의 쿠바 망명자들과 현지 쿠바인들을 주축으로 반 카스트로 무장단체를 결성하여, 미국이 기획하고 자금을 지원해서 피델 카스트로 정권을 전복하기 위한 준군사작전의 비밀 쿠데타 공작이었다.

피그만(Bay of Pigs)은 쿠바 연안의 작전 상륙지로서 미국은 그 이름을 따 피그만 침공 작전이라 호칭했다. 1961년 3월 17일 아이젠하워(Eisenhower) 대통령은 알렌 덜레스(Allen Dulles) CIA 국장의 건의를 수용하여 비밀공작을 승인했다.[462] 아이젠하워 대통령은 반 카스트로 게릴라 단체를 지원하는 것이 미국의 대외정책임을 천명했다. 한편 CIA는 중미 과테말라 훈련기지에서 반 카스트로 무장단체에 대한 훈련도 병행했다. 그러나 1961년 2월 17일 케네디 대통령(John F. Kennedy)의 취임으로 미국의 직접 군사 지원 계획이 변경되었다. 국제사회의 비난을 우려한 케네디 정부가 직접 지원을 취소한 것이다. 게다가 피그만 공작은 KGB에 의해 정탐되었고 그 정보는 카스트로 정부에 넘겨졌다.

1961년 4월 17일 4대의 수송기에 탑승한 1,511명의 쿠바 망명 무장 군인이 피그만에 상륙했다. 이들은 상륙지점에서의 미국에 의한 보급망 지원과 현지 쿠바 주민들의 지원과 안내를 기대했다. 그러나 오히려 쿠바군이 중무장한 러시아제 탱크로 이들을 급습했다. 죽어가는 가운데도 케네디 정부의 어떤 군사 지원도 없었다. 당시 망명자로

---

462) 피그만 비밀작전은 CIA 방첩 국장 제임스 앤젤톤 등 몇 명만이 알고 있는 특별보안의 비밀작전이었다. 그러나 정보 내용이 사전에 쿠바에 유출됨으로써 쿠바 망명 반군은 힘 한번 써 보지 못하고 쓰러져 갔다. 그 후 많은 조사가 있었으나 정보 유출 책임은 밝혀지지 않았다. 그러나 피그만 작전의 정보누설을 다룬 영화 '굿 셰퍼드(The Good Shepherd)'는 방첩 국장 앤젤톤과 CIA 알렌 덜레스 국장이 앤젤톤의 집에서의 대화를 우연히 엿들은, 앤젤톤의 아들이 그와 결혼을 약속한 FBI의 첩자이면서 KGB 협조자이기도 한 여자 친구에게 내용을 발설하고, 그것이 쿠바에 전달된 것으로 묘사하고 있다.

작전에 참전한 프랑퀴(Carlos Franqui)는 "상륙은 피로 물들었다. 많은 동료가 죽어 나갔다. 탱크를 상대로 한 공격은 (우리가 예상한) 게릴라전이 아니었다."라며 처참했던 실상을 전달했다.

비밀공작 실패 책임으로 작전을 총괄 계획한 덜레스 CIA 국장과 부국장 카벨(Charles Cabell), 실무 총책임자 비셀(Richard Bissell) 3인이 사임했다. 그러나 KGB가 정보를 입수하리라고는 생각을 못 한 공작적인 측면에서의 작전 실패의 주된 원인은 CIA의 무능력에 의한 현지 정보에 대한 오판이 있었고, 쿠바와 소련 정보기관과의 대결에서 CIA가 완패한 데 기인한 것으로 판단되었다.

예를 들어 CIA는 현지 주민들의 반군에 대한 전폭적인 지지가 있을 것으로 정보 분석했지만, 당시 쿠바 내 분위기는 CIA의 판단과는 전혀 다르게 미국 자본주의 세력을 타파하려는 카스트로 정권에 대해 우호적이었다. 정보실패의 대표적인 이유 중의 하나인 현지에 대한 정보수집 활동, 즉 여론 동향 파악이 전혀 이루어지지 않았던 것이다. 또한, 쿠바 주민들은 미국이 생각하는 포악한 독재자 카스트로를 좋아하지 않을 것이라는 경상 이미지(Mirror image) 오류, 집단사고의 오류도 있었던 것이다. 그럴 뿐만 아니라 CIA는 상륙작전 실패로 퇴각해야 할 상황인 경우에도 쉽게 퇴각로를 확보할 수 있을 것으로 판단했다. 그러나 산은 너무 머리 떨어져 있었고 늪지대로 도주가 쉽지 않은 등 지형 조건에 관한 판단도 잘못했다. 사전 정보수집과 분석이 총체적으로 잘못되었다.

추후 밝혀졌지만, 당시 소련에서 잘 훈련 받은 쿠바 정보요원들은 대부분의 저항 세력에 침투해 현지인들이 대대적으로 지원할 것이라는 등의 거짓 기만 정보를 흘렸던 것으로 밝혀졌다. 따라서 CIA가 쿠바 반정부 세력과 망명자들에게서 획득한 정보는 오염된 역정보였다. 어쨌든 피그만 공작은 성공하지 못하고 미국 비밀공작 역사상 대표적인 실패 사례로 남았다.[463]

---

463) 그러나 비밀공작은 정확한 실체를 모르게 하는 것이 요체라고 하는 측면에서, 그리고 정치지도자들에게 정보기구의 비밀공작이 얼마나 미묘한 국제·정치적 파장을 가져올 수 있는 중요한 것으로, 비전문가인 정치인의 조언은 바람직하지만, 훈수는 온당치 않다는 것을 깨닫게 해주었다는 측면에서는 피그만 공작도 하나의 성공사례로 평가받을 수 있다는 역설적인 견해도 있다. 약 40년이 지난 2000년 4월 29일 워싱턴 포스터지는, 일반적으로 알려진 사실과 달리 당시 CIA는 소련의 KGB가 쿠바 공격계획, 즉 미국의 피그만 공격계획을 파악하고 있음을 알고도 케네디 대통령에게 보고하지 않았다고 보도했다. 실제로 모스크바 방송(Radio Moscow)은 1961년 4월 13일 영어방송으로 1주일 이내에 돈으로 매수한 망명 범죄자들을 이용한

피그만 비밀공작은 오히려 카스트로를 더 대중적으로 인기 있는 지도자로 만들어 주었고, 미국과 쿠바의 관계는 극도로 경색되었다. 반면에 쿠바와 소련을 긴밀한 관계가 되었고, 결국 쿠바가 소련에 군사기지를 공여했다. 그에 따라 피그만 공작 실패 이듬해인 1962년 10월에 일어난 쿠바 미사일 위기(Cuban Missile Crisis)로 인해 미국과의 관계는 가일층 악화하여 쿠바는 미국과 초강경 적대관계를 형성하며 오늘날까지 이르고 있다.[464]

Ⅵ. 1971년 인도 · 파키스탄 전쟁에서의 비밀공작
(Indo-Pakistani War of 1971)

1971년 3월 26일 파키스탄으로부터의 방글라데시 독립은 현대사에서 가장 성공적인 원대한 비밀공작의 결과로 평가된다. 방글라데시 독립 비밀공작은 인도의 해외정보기관인 조사분석청(Research and Analysis Wing)에 의해 계획되고 실행되었다. 파키스탄이 인도를 상대로 전쟁 준비 중이라는 정보를 입수한 인도는 러(RAW)를 활용해 선제 비밀공작을 할 것을 결정했다. 비밀공작의 목적은 당시의 동파키스탄이었던 방글라데시 지역을 독립시켜 파키스탄과의 협력 공격위험을 예방하려는 것이었다.

이에 조사분석청(RAW)은 방글라데시 내의 무키 바히니(Mukti Bahini)를 활용해 게릴라 준군사작전을 전개하기로 하고 게릴라 군사훈련 기지를 건설했다. 무키 바히니는 '자유 전사(freedom fighters : FF)'라는 이름으로 활약한 방글라데시 지역의 게릴라 단체였다. 조사분석청(Raw)의 훈련과 지원을 받은 자유 전사(FF)의 각종 파괴 공작으로 파키스탄군은 결국 방글라데시 지역에서 철수하고 방글라데시는 독립을 달성했다.

'CIA가 부화한 음모'에 의한 쿠바 공격이 있을 것이라고 보도했고 공격은 방송 4일 후에 있었다. 또한, 영국 정보기관도 쿠바 일반 대중은 카스트로 지지자들로 쿠바 반군을 지원할 세력은 없을 것임을 CIA에 알려주었다고 한다. 그러나 CIA의 알 수 없는 또 다른 계산으로 피그만 비밀공작은 그대로 단행되었고 작전상 대 실패로 귀결되었다는 주장도 있다. Thousand days: John F Kennedy in the White House, Arthur Schlesinger Jr 1965.

464) 쿠바 미사일 위기는 1962년 10월 14일, 미국 측의 첩보기 록히드 U-2에 의해 쿠바에서 건설 중이던 소련의 SS-4 준중거리 탄도미사일(MRBM) 기지의 사진과 건설 현장으로 부품을 운반하던 선박의 사진이 촬영되면서 시작된 미국과 소련과의 대립이다. 일명 '카리브해 위기(Caribbean Crisis)' 또는 '10월 위기(October Crisis)'라고도 하는데 전 세계를 핵전쟁의 위기로 몰아가던 사태였다. 상세는 Kennedy, Robert F, *Thirteen Days : A Memoir of the Cuban Missile Crisis*, New York : 1969.

Ⅶ. 아프가니스탄에서의 비밀공작

　9/11 테러공격의 여파로 부시 대통령은 주범인 오사마 빈라덴이 이전의 주둔지인 수단에서 쫓겨나 머무르고 있던 아프가니스탄이 비밀공작의 주요 대상으로 부각되었다. 비단 오사마 빈라덴 뿐만이 아니라 빈라덴의 인도를 거부한 탈레반 정권에 대한 공작도 병행되었다. 미국은 2009년과 2010년에 각 200차례 이상의 드론 공격을 단행했다. 2011년에는 300회에 달했고 2012년에는 506회까지 치솟았다. 2012년 7월 드론 공격으로 3명의 탈레반 지도자를 살해했다. 무인 드론 공격에 더하여 미국은 탈레반 지도자의 섬멸을 위해 아프가니스탄 지상군도 강화했다. CIA는 대테러 추격팀 (Counterterrorism Pursuit Teams)으로 명명된 3,000명의 반군 세력을 규합하여 지원했다. 이들은 총 6개의 팀으로 구분되어 활동하는 것으로 알려졌다. 파키스탄 군부는 이를 아프가니스탄 전역에서 특수작전 수행을 위한 C·I·A 훈련 아프간 병력 (C·I·A-trained Afghan militias)이라고 호칭했다.

Ⅷ. 파키스탄에서의 비밀공작

　CIA는 1999년부터 파키스탄 내에서 오사마 빈 라덴 일당을 체포하고 사살하는 임무를 부여받은 파키스탄 정보부(Inter-Services Intelligence) 요원들을 훈련하고 장비를 공급했다. 2008년 시작한 알카에다와 탈레반을 목표로 한 드론 공격은 일상화되다시피 하여 2009년까지 약 20명의 알카에다 지도자 가운데 9명을 사살했다. 2014년 초에는 마울비 나지르(Maulvi Nazir)를 비롯한 5명의 알카에다 지도자들을 드론 공격으로 사살했다.

　하지만 파키스탄에서 비밀공작의 대표는 오사마 빈 라덴 암살 공작이라고 할 것이다. 작전명 넵튠 스피어(Operation Neptune Spear)로 알려진 2011년 5월 2일에 실행된 오사마 빈라덴 사살 작전이 그것이다. 빈라덴의 CIA 암호명은 제로니모였다. CIA가 작전을 주도했다. 미 해군의 최정예 대테러 특수부대인 데브그루(DEVGRU: 미 해군 특수전 개발단. 구 SEAL 6팀) 대원 25명이 블랙호크 헬리콥터 4대에 탑승해 은둔지에 침투했다. DEVGRU는 약 40분간의 교전 끝에 빈라덴을 사살했다.

현장은 실시간적으로 생생하게 백악관에 송출되었다. 요원들은 시신을 항공모함 칼빈슨호로 옮겨와 추에 매달아 바다에 수장했다. 육지의 장지가 성역이 되는 것을 원초적으로 차단한 것이다. 한편 미 의회 조사국 CRS 보고서에 따르면 미국은 2001년 9/11 테러 이후, 오사마 빈라덴을 잡기 위해 10년간 430조 원을 썼으며, 간접비용을 포함하면 1000조 원을 넘게 썼다고 한다.

Ⅸ. 그레이스톤(GRESTONE - CIA operation)

2001년 10월 17일 조지 부시 대통령은 글로벌 대테러 공작인 암호명 그레이스톤 (Greystone: GST)을 승인했다. 그레이스톤은 중앙정보국(CIA)의 글로벌 대테러 프로그램 특수정보 공작 음어이다. 아프가니스탄에서의 사전 군사작전과 드론 공격을 포함한 중동에서의 비밀 행동도 담고 있다. 납치, 제압과 구금, 비밀 수용소(black sites), 강화 심문기법의 사용 등이 망라된 프로그램이었다. CIA가 글로벌 금융자금 흐름을 신속하게 파악하는 역량 강화도 포함되어 있다.

전 세계에서 체포된 테러 용의자는 아프가니스탄, 알제리, 파키스탄, 우즈베키스탄, 모로코, 이집트, 요르단 등지로 이송되었다. 이들 국가는 고문이 허용되는 나라들이다. 고문이 허용되는 국가로의 신병 인도를 소위 변칙인도라고 하는 바, 가장 유명한 사례는 2003년 2월 CIA가 이탈리아에서 이탈리아 사법체계를 무시하고 감행한 오사마 나스르(Hassan Osama Nasr)의 체포였다.[465] 그는 이탈리아에서 체포되어 심각한 고문이 자행되는 이집트로 인도되었다.

GST는 2005년 12월 워싱턴 포스트 폭로기사로 드러났다. 워싱턴 포스트는 GST에는 알카에다 테러 용의자를 체포하고, 미국 항공기로 이들을 수송하고, 외국의 여러 비밀 감옥을 유지하고, 불법으로 간주되는 특별한 심문 방법을 사용하는 프로그램을 포함하고 있다고 보도했다. 2009년에는 법무부 법률고문실이 2004년 작성한 문서를

---

465) "CIA agents guilty of Italy kidnap". BBC News(November 4, 2009); Italy convicts abducted Egypt cleric Abu Omar(BBC News, 6 December 2013); "Jama'a al-Islamiya rejects Assem Abdel Magued"(Egypt Independent. 5 December 2013; THE COUNCIL OF THE EUROPEAN UNION, COUNCIL DECISION of 21 December 2005; Wilkinson, T. and G. Miller. (2005). "Italy Says It Didn't Know of CIA Plan".

기밀 해제하는 과정에서 우연히 확인되어 사실로 드러났다. 그레이스톤의 공작 전모는 마크 앰빈더(Marc Ambinder)와 D.B. 그래디(Grady)의 2013년 공저인『정부의 심연: 그 비밀의 내부(Deep State, Inside the Government Secrecy Industry)』로 공개되었다.[466]

X. 비밀공작 '신의 분노(Operation Wrath of God)'

1. 개 관

신의 분노 비밀공작은 이스라엘이 거국적으로 실행한 검은 9월단 테러리스트를 대상으로 한 비밀암살 공작이다. 당시 철의 여제 골다 메이어 수상의 지휘하에 이스라엘 해외정보기구인 모사드(Mossad)가 움직였다.

1972년 독일 뮌헨에서 개최된 하계 올림픽 경기에서 팔레스타인 검은 9월단은 11명의 이스라엘 선수를 살해했다. 뮌헨 대학살(Munich massacre)이다. 팔레스타인 검은 9월단은 아라파트 추종 조직이었다. 이 사건은 전 세계에 생방송으로 중계되어 테러의 공포를 생생하게 보여준 것으로 유명하다. 검은 9월단 5명은 현장에서 살해되었다. 생포된 3명은 이스라엘의 강력한 반대에도 불구하고 팔레스타인 해방인민전선이 공중납치한 독일 루프트한자 항공기와의 교환조건으로 서독 정부가 풀어주었다. 이스라엘은 분노했다.

철의 여제로 불리는 골다 메이어(Golda Meir) 이스라엘 수상은 국방부 장관 등 극소수로 **위원회 X**(Committee X)를 구성했다. 메이어는 워싱턴 정보연락관을 지낸 야리프(Aharon Yariv)를 비밀공작의 보좌관으로 임명해 미국과의 협조망을 공고히 하고, 모사드 국장 자미르(Zvi Zamir)와 함께 신의 분노 작전을 총괄기획하도록 했다. 위원회 X는 미래의 테러공격을 예방하기 위해서도 뮌헨 대학살에 개입된 사람은 모조리 제거하는 것이 가장 타당하다고 결론지었다.

---

466) Marc Ambinder & D.B. Grady, Deep State, Inside the Government Secrecy Industry, 2013, p.166-167.

2. 비밀공작의 전개

모사드는 먼저 팔레스타인 해방기구(PLO) 내의 비밀협조자(두더지)와 우방 정보기구의 협조를 받아 암살목록을 작성했다. 암살목록은 오늘날까지도 비밀로 가려져있다. 검은 9월단과 팔레스타인 해방기구의 강경 인물들을 중심으로 약 20~25명으로 압축되었다고 한다. 이후 모사드 요원들은 전 유럽을 무대로 팔레스타인 테러 조직원들을 추적해 하나하나 제거하는 요인암살 비밀공작을 전개했다. 뮌헨 대학살 관련자와 추종자에 대한 직접 암살과 동시에, 추후의 테러를 예방하기 위해서 다양한 공작기법을 동원했다.

그중 하나가 심리전(Psychological warfare)이었다. 암살 대상자에 대해 부고장을 보내거나 매우 정밀한 신상정보를 담은 서신을 발송하여 극도의 공포심을 유발했다. 팔레스타인 중간 관료들에게도 모사드가 파악하고 있는 상세한 신상정보와 함께 팔레스타인 지휘부의 폭력적 정책에 개입하지 말라는 비밀경고 서한을 보냈다. 암살 협박의 공포에 질린 이들의 행동을 크게 제한하는 심리적 효과를 노린 것이다. 또한, 수신인이 서신을 개봉하는 즉시 폭발하는 서신 폭탄(letter bombs)[467] 작전도 전개했다. 주지하다시피 서신 폭탄 테러 공격은 그 후 중동 테러단체가 인간 자폭테러와 함께 애용하는 수법이 되었다.

여제 골다 메이어(Golda Meir)가 1972년 승인한 이 암살 공작은 20년 이상 지속되었다. 그 기간에 수십 명(Dozens)의 팔레스타인과 아랍 테러 용의자들이 암살된 것으로 알려졌다.[468] 신의 분노 작전의 기획 단계에서 가장 중요한 요점은 후술하는 바와 같은 그럴듯한 변명(Plausible deniability)으로 암살 공작과 이스라엘의 직접적인 연관성을 차단하는 것이었다. 그래서 실행자들은 모두 모사드의 조직원 신분을 벗어나 민간인으로 가장했고, 취직 이력 등 그에 걸맞는 별도의 역사기록을 갖추었다. 철의 여제 골다 메이어 그녀는 이렇게 말했다.

---

467) 서신 폭탄을 의미하는 'letter bomb'은 정보계에서는 'mail bomb'이나 'parcel bomb', 또는 'post bomb' 그리고 'letter bomb'이라고도 한다.
468) 첩보영화인 '뮌헨(Munchen)'이 모사드의 신의 분노 작전을 잘 묘사하고 있다.

"나는 못생겨서 시집을 못 갔고 이스라엘과 결혼했다. 독신이었기 때문에 오로지 이스라엘을 위해서 일할 수 있었다!"

참고로 신의 분노 공작은 전직 모사드 부국장을 역임한 킴체(David Kimche)가 밝힌 바와 같이 단지 테러리스트들의 암살만이 아니라 팔레스타인 강경 군부에 전반적인 암살 공포 분위기를 조성하여 경각심을 주려는데 있었다. [469]

제3항 한국전쟁 관련 비밀공작

I. 한국전쟁에서의 비밀공작

1. 한국전 비밀공작 개관

1950년 한국전쟁은 이후의 월남전쟁과 함께 미국 정보공동체의 비밀공작 역량을 마음껏 실험하는 동시에 그 능력을 배가할 좋은 기회였다. 역사적으로 전쟁 기간은 순수한 군사작전에 앞서서 적에 대한 다양한 정보 파악은 물론이고 우호 세력 확보, 적군에 혼돈을 초래할 별개 작전 수행 등 다양한 사전 정지작업이 필요했다. 이것을 정보기관에서 수행하게 되므로 전투적 내용을 포함한 비밀공작의 살아 있는 실험 기회라고 할 수 있다. 현재까지 한국전에서 가장 잘 알려지지 않은 부분이 바로 남과 북측의 간첩 활동을 포함한 비밀공작 부분이다. [470]

특히 한국전 당시에 북한 측의 정보작전은 현재까지도 거의 알려지지 않고 있는데, KGB의 지원으로 상당히 성공적으로 수행되어 한국군은 물론이고 남한 측의 정보작전에 적지 않은 타격을 준 것으로 알려졌다. 국제 전쟁 규범은 전쟁 중이라도 민간시설과 민간인에 대한 전투 등 침해행위는 금지하고 있어서, 민간영역에 대한 상당한 부분은

---

469) Reeve, Simon., One Day in September: The Full Story of the 1972 Munich Olympics Massacre and the Israeli Revenge Operation "Wrath of God". New York City: Arcade Publishing, 2006 p. 159. 영어원문은 다음과 같다. "*The aim was not so much revenge but mainly to make them [the militant Palestinians] frightened. We wanted to make them look over their shoulders and feel that we are upon them. And therefore we tried not to do things by just shooting a guy in the street - that's easy … fairly.*"

470) Ed Evanhoe., DARKMOON: Eighth Army Special Operations in the Korean War, http://www.kimsoft.com/korea/darkmoon.htm. p.2.

정보기관이 주도하는 비밀공작 형태로 전개된다.

전래적인 세계 전쟁사의 경우와 달리 한국전쟁 당시의 남한 측 스파이는 대부분이 젊은 고등학생들로 북쪽 출신의 민족주의자들이었다. 스파이 요원 중에는 심지어 학생 자원 군인으로 호명된 13살 소년도 있었다.471) 이들은 반 김일성의 민족주의자들로서, 많은 경우에는 젊은 학생 스파이가 23,000여 명에 달했다. 이들 학생 스파이는 공중, 해상 그리고 휴전선 등을 통한 침투를 통해 북한에 대한 정보를 수집하는 기본 임무 외에도 각종 게릴라전을 주도하고, 수중 폭파 작전, 요인암살 등의 임무를 수행했다.

1950년 11월, 30만 명의 중공군이 참전해 전세가 재차 역전되기 시작할 때 미군 제8군 사령관 워커(Walton Walker)는 중공군의 공격 대열이 어디를 향하고 있는가를 파악하기 위해 비밀공작을 전개했다. 비밀공작의 초동 임무는 적진에 스파이를 파견해 일단 중공군의 존재와 규모를 파악하는 것이었다. 단순 정보전달 임무라는 이유와 스파이 공작 병기 부족 등으로 학생 스파이는 과학장비인 라디오 등 무선통신이 아닌 컬러 담배를 지참하고 적진에 파견되었다.

남한 학생 스파이들은 **담배 연기(smoke signals)팀**으로 명명되어 다수의 색깔을 나타내는 컬러 소화탄을 지참한 채 C-47 수송기에 몸을 싣고 매일 저녁 12시에 적진에 투하되었다. 침투지에서 중국군이 발견되면 빨간색 신호를, 북한군이 있으면 노란색 신호를, 적군이 없거나 소규모이면 초록색 신호 색깔의 불을 지폈고, 아군 비행기가 이들이 보내는 신호 색깔을 포착해 작전에 대비했다. 약 25% 정도의 컬러 신호 획득이 가능해서 중국군의 공격에 대비해 전쟁을 유리하게 끌고 갔다고 한다.

한편 '담배 연기 점프 임무(smoke jumps mission)'라고 명명된 스파이 작전에는 특별선발된 여성들이 동원되었다. 당시 한국 여성 스파이는 토끼(rabbits)로 명명되었다. 이들은 미모를 갖춘 매력적인 젊은 연기인 중에서 선발되었는데, 이승만 대통령의 부인 프란체스카(Francesca) 여사가 직접 연기자 중에서 선발했다. 이 젊은 여성 스파이들의 활약은 미 공군 특별 공중 임무팀(SAM : special air mission)의 전설이 되었다.472) 공중 임무팀의 지휘관이었던 아더홀트(Aderholt)는 여성 스파이팀이 활약한

---

471) 'Student volunteers Army'라고 하고 이들은 Blue Boy, Big Boy, Donkeys 같은 별칭을 가졌다.
472) Michael E. Haas, In the Devil's Shadow : U. N. special operations during the Korean War, p.24

당시 상황을 다음과 같이 설명했다.

"여성 토끼들은 한국인으로부터 공급되었다. 우리는 수백 명의 자원을 받았다. 영부인이 직접 이들을 선발했다. 그들은 영화배우 등 연기자들로 미모를 갖추었다. 그들은 겨울철 바깥 기온이 영하 40~50도에 달하는 심야에 적진으로 공중 투하했다. 그들은 단지 솜으로 누빈 신발과 옷을 입었는데, 일부 여성들은 몸이 너무 가벼워 지상 착지가 쉽지 않았다. 여성 토끼들은 적진에 성공적으로 착륙하면 착륙지 가까운 군부대의 북한군 또는 중국군 장교들에게 수단과 방법을 가리지 않고 접근해 환심을 얻은 후에, 부대 규모와 위치, 공격계획 등을 파악했다. 상황 파악을 마치면 그녀들은 남한과 북한의 접전지로 도망쳐 비밀 암호를 제시하고 아군진영으로 넘어와 획득 정보를 알려주는 임무를 수행했다. 배우 출신 스파이들의 활동은 작전 전개에 대단히 유용했다."

또한, 지휘관 아더홀트(Ader-holt)는 다음과 같이 회고했다.

"어느 여성 토끼가 긴급히 연락해 아군은 전혀 예상하지 못했던 정보를 제공했다. 그것은 미 2사단을 상대로 한 대규모 중공군의 공격이었다. 정보에 따라 아군은 취약지를 즉시 강화하고 전략을 가다듬어 성공적으로 중공군의 공격을 격퇴했다. 부대원 모두가 열광적으로 기뻐했다. 여성 스파이는 중공군 중령과 잠자리를 함께 하면서, 모든 작전계획을 입수했다. 여성 스파이들은 한 걸음 더 나아가 고위 소련군 장교의 납치 작전에도 활용되었다."[473]

한편 전쟁이 막바지에 달한 1953년 1월 25일 97명으로 구성된 청룡(Green Dragon) 요원들은 김일성 반대 민중 세력을 규합하기 위한 임무를 띠고 평양 40마일 동쪽에 미군 수송기 C-119를 이용·침투하여 후방 교란 준군사작전을 전개했다. 하지만 이들 대부분이 현지에서 전사했다.[474]

---

473) *Id*, p.26.
474) *Id*. 한편 마이클 하스의 자료는 3쪽부터 11쪽에, 1950년부터 1954년 2월 22일의 마지막 공작까지 그들의 공작 활동 내용을 날짜별로 기술하고 있다.

2. 초창기 한국에서의 CIA와 직속 부대의 비밀공작

1) 한국전 초창기 CIA의 활동

CIA는 북한의 남한 공격에 대한 많은 징후와 정보에도 불구하고 6 · 25 전쟁을 예측하지 못했고, 맥아더 사령관(Douglas MacArthur)이 이끄는 미국 극동사령부(US Far East Command : FEC)도 전쟁 발발 징후정보를 귀담아듣지 않았다. 한국전이 발발하자 공산주의 팽창에 불안감과 혐오감을 가졌던 트루먼 대통령은 CIA에 비상 예산을 편성해 임무를 부여했고, 한국전 발발을 예상하지 못한 책임을 물어 초대 중앙정보국장 힐렌코에터(Hillenkoetter)를 면직시켰다.

후임자 스미스(Walter Smith) CIA 국장은 그의 친구 토프테(Hans Tofte)를 CIA 극동 특별책임자로 임명했다. 토프테는 무한정으로 예산을 사용할 수 있었고, 극동지역에 암호명 'Documents Research Section V'라고 명명한 그만의 정보 왕국을 건설했다.475) 토프테는 부산항에 가까운 영도 섬에 스파이 요원 비밀 훈련기지를 건설하고 탈북자 한철민을 책임자로 임명했다. 모집된 한국 첩보원들은 월경기법, 공중낙하, 요인암살, 적진 침투, 후방 잔류 생존기법 그리고 간첩 업무 등 다양한 정보기법을 교육받았다.

토프테는 영도기지를 유명한 'Y'unit 부대로 명명했다. 'Y'유닛은 약 1,200명의 요원으로 이루어졌는데, 북한의 후방을 4개 지역으로 구분해 4개 담당 작전 그룹으로 나누었다. 황룡 유닛(Yellow Dragon)은 강원 북부와 함경남도 남부를, 청룡 유닛(Blue Dragon)은 함경남도 중심부, 백호 유닛(White Tiger)은 함경남도 북부와 함경북도 마지막으로 올빼미 부대는 러시아와 접경지대인 함경북도 북단에서의 작전을 담당했다.476)

---

475) 한국전 초창기 CIA 책임자로 작은 정보 왕국을 건설했던 토프테(Hans Tofte)는 1951년 한국 담당에서 물러나고 1966. 9. 15일 CIA에서 파면되었다. 한국 지부 운영에 대한 CIA의 자체 감사에서 엄청난 공금 횡령 사실이 드러났다. 전모가 드러난 발단은 그가 한국전쟁에서의 비밀공작 업적을 자랑하기 위해 만든 북한을 상대로 한 게릴라전 영화였다. 그것은 CIA의 대표적인 비밀공작 교재로 사용되었다. 그런데 피교육생 중 한 학생이 영화 속의 모든 장면이 낮에 이루어진 것을 보고 어떻게 적진 침투나 소형정 상륙 등이 대낮에 이루어질 수 있느냐는 질문을 하자, 의구심을 가진 교관 등의 제보로 조사가 시작되었고 결국 날조된 필름이었음이 밝혀졌다. 그는 파면된 후 CIA와 헬름(Helms) 국장을 상대로 CIA가 자기 부인 소유 보석 등 30,000달러를 훔쳤다는 등 다양한 소송을 제기했다. 그는 1987년도에 사망했는데 CIA의 수많은 비밀문서를 몰래 보관하며 수시로 언론에 공표해 CIA를 괴롭혔다. 그가 절취한 한국전 관련 비밀문서는 회수되지 못했다고 한다. *Id.*

함경남도 북부와 함경북도를 담당한 백호 여단(White Tiger Brigade) 104명은 1951년 4월 29일 동해안 선을 따라 북쪽으로 침투했다. 당시 3개 조로 나누어 김인식, 이남수, 최재부가 이끌었는데, 북한 측의 역습을 당해 김인식 등 40여 명은 사살되고, 최재부가 남은 요원 60여 명을 이끌고 침투에 성공해 포섭한 북한 주민 40여 명으로 함경도에 연락망을 구축하고 다양한 작전을 전개했다. 체포한 북한 장교로부터 북측이 CIA 게릴라에 대한 전면적인 공습을 계획하고 있다는 정보를 입수하고, 30명의 특공대로 선제공격해 수백 명의 적군을 사살하고 60여 정의 총을 입수했다. 함경도 갑산에서 북한군 지휘부 작전 회합이 있다는 정보를 입수해 남한 영도기지에 무전 연락으로 공군 공습을 요청해서 미군의 공습을 끌어내 회합에 참석한 대다수 북한 지휘관이 몰살되기도 했다.

최재부는 북한 정보당국의 최대 골머리였다고 한다. 그러나 최재부는 부대 퇴각시 사망했고 나머지 수십 명의 부대원도 대대적인 반격에 나선 북한군에 의해 11월 5일 몰살했다.[477] 김명련이 이끈 청룡여단(Blue Dragon)도 백호 여단과 비슷한 작전을 수행했고, 특히 1951년 9월 14일 적진에서 적의 기갑부대를 습격해 82명을 사살했다.

2) 기타 비밀공작

1953년 7월 정전협정에 따라 군사작전이 사실상 금지됨에 따라 CIA 영도기지는 폐쇄되었다. 영도기지의 폐쇄에도 불구하고 적 후방에서 교란작전을 수행하기 위한 CIA 비밀공작은 계속되었고, 대표적 CIA 작전함이었던 해마(sea horse)와 해룡(sea dragon)에 의한 해상 작전이 주요 작전으로 전개되었다.

박영조, 김성만, 김곡율이 함선을 지휘했다. 주요 정보요원으로는 이천성, 이춘원, 조봉만, 감하백, 김동희, 김덕홍, 유동욱 등이 활약해 중국선 나포, 상해와 진남포 사이의 수중 연결선 절단, 북한 후방지에서 선무활동 및 반정부세력 규합 등의 공작을 수행했다.

한편 CIA는 북측을 상대로 한 비밀공작 수행에 사용하는 물자를 수송하기 위해 '한국

---

476) Lee Wha Rang, *Supra note* 31.
477) *Id.*

노동조합(Korean Labor Organization : KLP)'을 운용했다. 조합원들은 육체노동에 의한 공작이나 군사 장비 보급 외에 작전 중 사망한 요원들의 시체 운반도 담당했다. 주로 탈북자와 거제도 포로수용소에서 심층 면접을 거쳐 반공산주의 사상이 투철한 사람을 채용했다. 한국노동조합은 존재 자체가 비밀이었고, 조합원들은 군이나 경찰의 간섭과 제한을 받지 않는 특수 신분으로 취급되었으며 사법재판도 인민재판(kangaroo courts)으로 이루어졌다. 그러나 1954년 한국 언론에 보도되면서 비로소 한국의 공권력 범주에 들어왔다. CIA는 한국노동조합원들은 정식 전투 요원이 아니고 전투 지원 요원들로 소모품이라는 인식을 하고 있었다. 그래서 그들이 적에 체포되거나 부상해도 별도의 구출이나 구호 작전을 하지 않는 등 다수의 인권남용이 행해졌던 것으로 알려졌다.

제4항 언론인에 의해 폭로된 확인되지 않는 비밀공작

I. 개 관

미국의 조사 전문 저널리스트 겸 작가인 세이모우 허쉬(Seymour Hersh)는 1년에 48회 발행되는 잡지 『뉴요커(The New Yorker)』에 군과 안보 문제에 관한 폭로성 기사를 정기적으로 게재하는 것으로 유명한 언론인이다. 그는 1969년 '메일 라이 대학살(My Lai Massacre)'이라는 제목으로 1968년 3월 16일 월남전 당시 미군이 메일 라이에서 자행한 여자와 어린이 347명에 대한 학살사건을 보도해 미국 내 월남전 반대 여론을 형성하는 데 주도적인 역할을 했다. 이 보도 기사로 허쉬는 1970년 퓰리처상을 수상했다. 허쉬는 2004년 이라크 아부 그라이브(Abu Ghraib) 수용소 내에서의 성추문 등 잔학행위도 보도했다. 그 기사들은 모두 사실로 판명되었다. 그러한 공로로 그는 뛰어난 활약을 보인 언론인에게 수여하는 조지 폴크상(George Polk Awards)을 15번이나 수상했다.

1974년 허쉬는 CIA가 암호명 제니퍼(Jennifer)로 추진하던, 태평양에 침몰한 소련 잠수함(K-129) 인양계획을 보도하려 했다. 소련 핵잠수함은 1968년 원인불명으로 침몰했었다. 국가안보 등의 이유로 이 보도는 일시 유예되었다가 이듬해인 1975년 로스앤젤레스 타임지에 보도되었다. CIA는 가장 복잡하고 어려웠던 심해저에서의 소련 핵잠수함 인양에 부분적으로 성공해 소련의 암호문과 암호해독기 그리고 2기의 핵 어뢰 등을 확보한 것으로 알려졌다. 한편 2006년 허쉬는 이라크 침공 당시 미국의 이란에서의 제한적 핵무기 사용계획에 대한 작전을 보도하기도 했다. 세이모우 허쉬는 정보의 세계에서 셜록 홈스 같았다.

Ⅱ. 대한항공기 격추사건

이런 세이모우 허쉬가 다양한 내용의 CIA와 미군 정보기관 등에 의해 전개된 비밀공작 기사 등을 취합하여 1986년 『목표는 파괴되었다(The Target is Destroyed)』라는 책을 발간했다. 책에서 허쉬는 1983년 9월 1일 소련군이 발사한 미사일에 의해 대한항공 007편(KE007)이 격추된 것은 소련의 무능함과 미국 정보공작 합작품의 결과라고 주장했다.[478] 그 비행기에는 조지아 출신의 미 하원의원 맥도널드(Lawrence McDonald)를 포함해 269명의 승객이 타고 있었는데 그들은 사할린섬 서부에서 격추된 대한항공 여객기와 함께 전사했다.

사고 직후 소련은 민간 항공기인 줄 전혀 몰랐고 미국 측의 고의 유도로 소련영공을 침범한 비행물체를 자위적 방어 차원에서 정당하게 공격했다고 주장했다. 책에서 내린 허쉬의 결론은 미국 측의 고의 유도라는 소련의 주장과 일치한다. 1978년에도 소련영공을 침범한 대한항공 902편을 소련이 미사일로 공격해 2명이 사망하고 107명의 승객과 승무원이 비상 착륙한 전례가 있었다.

어쨌든 허쉬는 대한항공 007 격추사건은 미 정보당국이 전개한 비밀공작의 하나로 이 작전은 국제적으로 소련을 크게 당황하게 만들고, 소련 당국의 영공과 영해의 방공망의 기민성을 시험하기 위한 것이었다고 주장했다. 물론 이러한 허쉬의 주장은 미국 대통령 레이건이 즉각 발표한 비난 성명에 나타난 바와 같이 미국의 공식 입장과는 크게 다르고 정확히 소련의 주장에 일치하기는 한다.

당시 레이건 대통령은 소련의 공격은 민간 항공기에 대한 계획된 공격으로 소련의

---

478) "…Soviet incompetence and United State intelligence operations…"

조치를 '대학살(massacre)'이라고 규정하고 '야만적 행동'이라고 맹비난했다. 미국은 후속 조치로 모든 소련 승객들에 대한 미국 여행을 금지했고, 예정된 몇몇 회담을 파기해 소련을 재정적으로 크게 압박했다.

철저한 반공주의자였던 레이건은 1982년 6월 8일 영국 의회의 연설에서 소비에트 공화국을 **'악의 제국(Evil Empire)'**이라고 호칭하며 '역사의 재'로 사라질 것이라고 선언 했다. 1983년 3월 3일 연설에서는 "공산주의가 현재는 그 마지막 장을 집필하고 있지 만, 공산주의는 인류 역사에서 또 다른 비극과 기괴한 한 장(章)으로 결국은 붕괴할 것"이라고 말했다.

나중에 해제된 미국의 정보기록에 의하면, 레이건 행정부 초기 몇 달 동안에 미 국방 부는 소련을 상대로 '심리공작(Psychological Operations : PSYOPS)' 훈련을 전개하 고 있었다. 이 훈련은 대한항공 피격 약 5개월 전인 1983년 4월과 5월경에 미국 해군이 소련 해군기지 약 450마일 지점까지 접근하는 해상 훈련과 미국 비행기가 소련영공의 취약점과 대응의 신속성을 알아보려고 일부러 영공을 침범하는 작전인 **'족제비 임무 (ferret missions)'**를 포함하고 있었다.

미국이 전개한 심리공작(PSYOPS)은 목표 상대방의 감정, 동기, 객관적 추론 그리고 반응 행동에 영향을 끼쳐보기 위한 군사력과 경찰력의 사용기법을 말한다. 목표 상대방 은 정부, 조직, 단체 그리고 개인일 수도 있다. 이 작전에는 때때로 흑색공작(Black operations)과 허위깃발(False flag) 기법을 사용하기도 한다. 흑색공작은 윤리적으 로 법적으로 문젯거리가 되는 수단과 방법을 가리지 않는 불법적인 공작 활동이다. 한편 허위깃발 또는 오인 깃발은 쉽게 말하면 자신의 실체를 숨기기 위해 다른 나라, 다른 조직, 다른 단체의 깃발이나 상징을 사용하여 마치 어떤 작전이나 행동이 오인당한 국가, 조직, 단체에 의해 행해진 것으로 오도하는 내용의 비밀공작 기법을 말한다.

Ⅲ. 소비에트 공화국의 역심리공작 주장

대한항공 추락 사고에 대한 허쉬의 주장은 거의 소련의 주장과 일치하는 것으로 해당 자료들은 모두 소련 측에서 의도적으로 유출한 것이라는 주장이 설득력 있게 제기되었다. 왜냐하면, 당시 소련은 미그기를 대한항공 측면에 발진시켜 육안으로도 대한민국 민간항공이라는 국적 확인이 가능했음에도 유도착륙 없이 미사일 공격을 했으므로 소련으로서는 전혀 변명의 여지가 없다는 것이다.

또 다른 주장으로는 미국의 심리공작을 잘 파악하고 있던 소련이 미국을 곤경에 빠뜨리기 위한 초강수로 민간 여객기 공격을 감행한 것으로서, 소련이 미국에 전개한 역심리 공작일 수도 있다는 주장도 제기되었다. 소련은 자신들이 속아 넘어가는 척하면서 미국 정보당국이 유도한 민간 항공기를 공격하여, 미국의 대외정책에 영향을 미치려는 의도에서 소비에트 공화국의 강성 리더들이 주도한 소련 측의 역공 비밀공작이라는 주장이다. 약육강식의 국제무대에서 비밀공작이 어떻게 전개될 수 있는지에 대한 좋은 교훈이라고 할 수 있다.

제5항 이란-콘트라(Iran-Contra Affair, 1980s)[479) 사건

I. 개 관

1986년 11월 3일 레바논의 수도 베이루트의 일간지 알 쉬라아(Al-Shiraa)는, 레바논에 억류 중이던 미국인 인질 석방을 위해 미국이 이스라엘을 중개자로 내세워 적대관계에 있던 이란에 비밀리에 무기를 판매했다고 보도했다.

언론 보도 약 한 달 전인 10월 니카라과 정부군이 자국의 영공을 비행하던 미국 민간항공 화물기 한 대를 격추했다. 생포된 화물기 생존자는 조사 결과 CIA에 의해 고용되어 니카라과 반군을 지원하기 위한 군수물자를 싣고 가던 것으로 밝혀졌다. 그 사건 발생한 달 뒤 알 쉬라아(Al-Shiraa) 신문이 미국산 무기의 이란 유출을 폭로한 것이다. 그 폭로로 이란-콘트라 사건이 드러나기 시작했다.

이란콘트라 사건은 1987년 발생한 레이건 행정부의 정치적 추문으로 이란 게이트(Irangate)로 잘 알려진 사건이다. 사건은 국가안보보좌관 맥팔레인(Robert

---

479) 본 파트 중 사실관계 등에 대한 상당 부분은, 이란 - 콘트라 사건에 대한 의회보고서인 Daniel K. Inouye & Lee H. Hamilton, *Report of the Congressional Committees Investigating the Iran-Contra Affair : with the minority view,* (Abridged ed. 1988)와 타워위원회 보고서인, John Tower & Edmund Muskie & Brent Scowcroft., The Tower Commission Report: The full text of the President's Special Review Board(1987)에 의존했다.

McFarlane)과 해군 장군 포인덱스터(John Poindexter)[480]그리고 실무 총책임자 올리버 노스 중령(Oliver North) 및 CIA가 주축이 되어 적대국으로 지정되어 있던 이란에 무기를 불법으로 판매해 불법 공작자금을 조성하고, 이란에게 받은 무기판매 대금은 니카라과 산디니스타(Sandinista) 정부를 전복하려는 니카라과 반군(Contra)에게 운용자금으로 지원한 이중의 비밀공작이다.

이러한 사실이 언론에 보도되자 당국은 관련 서류를 광범위하게 파기했다. 당시 미국은 반군에 대한 지원을 법으로 금지하고 있었다. 그러므로 이란콘트라 사건은 적대국과의 불법 무기 거래 및 정통성 있는 주권국가 정부를 전복하려는 반군에 대한 지원 등 이중으로 법을 위반한 국제 커넥션이다.

이를 정당화할 변명은 이란에 무기 제공이라는 선심을 보여 이란에 억류되어 있던 미국인 인질 석방을 위함이라는 인도주의 차원과 니카라과 독재자 산디니스타(Sandinista)에 맞서는 니카라과 반군을 지원함으로써, 독재자 타도와 공산주의 확산 방지라는 2가지 목적을 한꺼번에 이루기 위함이라는 것이었다.

이란콘트라 비밀공작 사건이 정보학에서 주목을 받은 것은 그것이 비밀공작이라거나 단순한 정보기구 독직 사건이라는 이유에서가 아니다. 미국 의회는 1970년대 중반 월남전에서의 정보추문과 워터게이트 사건을 조사한 처치 위원회(Church Committee)의 권고를 바탕으로 다수의 정보개혁조치를 취했고, 1980년 정보감독법(Intelligence Oversight Act of 1980)을 제정해 비밀공작 업무를 포함한 정보공동체 업무에 대한 이중 삼중의 통제장치를 마련했다.

그런데도 이란콘트라 사건이라는 충격적인 정보공동체 독직 사건이 다시 발생했던 것이다. 형식적인 법 규정과 제도가 얼마나 무용한지를 보여주었다는 것이 더 큰 충격이었다. 결국, 이 사건으로 미국의 정보공동체는 또 한 차례 개혁의 회오리에 직면하게 되었다.

---

480) 포인덱스터는 1985. 12. 4일 맥팔레인 후임으로 국가안보좌관(National Security Adviser)으로 임명된다.

Ⅱ. 이란-콘트라 배경상황의 전개

1. 중동의 테러 인질 상황

1979년 11월 4일 이란 군부가 사주한 것으로 여겨지는 극렬 무장단체가 테헤란 주재 미국 대사관원 66명을 인질로 잡은 사건이 발생했다. 1984년 3월 16일에는 무장 이슬람 조직이자 공식적인 레바논 정당인 헤즈볼라(Hezbollah)에 의해 베이루트 CIA 총책임자인 버클리(William Buckley)[481] 등 미국인 3명이 납치되어 레바논에 억류되었다. 그해 5월 8일에는 위어(Benjamin Weir) 신부가 1985년 1월 8일에는 젠코 로마 추기경(Re V. Lawrence Martin Jenco)이 납치된 것을 비롯해 수시로 미국인에 대한 납치사태가 벌어졌다.

백악관 국가안보회의(NSC)는 미국 시민에 대한 테러 대처를 위해 강경 일변도의 이란에 대한 대외 정책을 재검토해야 한다는 분위기가 제기되었다. 한편 맥팔레인 보좌관은 1985년 7월 초순 이스라엘 외무부 데이비드 킴체 국장(David Kimche)으로부터 이란이 미국인 인질 문제에 대해 미국과 무기 거래 등 정치적 흥정을 하고 싶어한다는 연락을 받았다.[482]

2. 니카라과 상황

1979년까지 니카라과는 친미의 소모사 정권이 나라를 장악하고 있었다. 그러나 민족해방전선(FSLN)의 혁명으로 소모사 정권은 붕괴하였다. 미국의 식민 통치에 반대하는 사회주의자 및 강경 민족주의자인 산디니스타 좌익정부가 집권했다. 미국은 쿠바의 공산화 이후 남미 각국에서 친미적인 정부에 대항하는 혁명 세력의 활동이 왕성해지면서 남미 전체가 공산화될지도 모른다는 위기감을 느끼던 차였다. 이에 레이건 행정부의 CIA는 산디니스타 정부 출범 초기부터 반미 정부 전복 목적의 쿠데타 공작을 시작해 반군(Contra) 결성을 지원했다. 콘트라는 주로 소모사 정권에서 국경수비대에

---

481) CIA는 조직의 중요 인물인 중동 책임자인 버클리가 납치되자, 미국은 헤즈볼라의 정신적 지도자인 파들 알라(Muhammad Hussein Fadl-Allāh)에 대한 차량폭탄 테러 보복 공격을 감행해 81명이 사망했으나 구출에는 실패했다. 이 사건으로 헤즈볼라의 테러가 더욱 강성화되었다.
482) Daniel K. Inouye & Lee H. Hamilton, *op. cit*, xVIII.

근무하던 전직 장교들로 니카라과에서는 대중적 지지를 받지 못했던 인물들이었다. CIA는 반국 훈련 비밀캠프를 미국의 경제적 원조에 전적으로 의존하던 인근 온두라스에 설치했다.

니카라과 반군 운용에는 많은 자금이 필요했다. 하지만 반군에 대한 지원을 전면적으로 금하는 볼랜드 수정법(Boland Act II) 때문에 CIA는 법을 위반하지 않고는 반정부세력에게 운영자금을 대줄 수 없었다. 온두라스에 위치한 니카라과 반군은 국경을 수시로 넘어가 산디니스타 좌익정부에게 민심 이반과 충격을 주기 위해 정부군으로 가장해 농장과 마을을 습격하고 남녀와 아이들까지 살해하는 등 잔학행위를 자행했다. 그래서 니카라과 콘트라는 온갖 만행을 저지르는 범죄 집단과 다를 바 없는 무장 사병 범죄단체라는 비난을 받았다.

그러나 CIA는 언론공작(propaganda)으로 니카라과 반군을 '자유의 투사'라고 미화하며 남미 일대에 대대적인 선전공작을 전개했다. 하지만 민주당이 다수였던 미국 의회는 산디니스타 정부와의 외교적 해결을 선호했다. 공화당 레이건 행정부의 니카라과에 대한 군사개입 정책을 반대했다. 그러나 레이건 행정부는 공공연히 콘트라에 대한 지원을 역설했고, 의회의 감시를 벗어나 콘트라를 도울 방법을 찾았다. 한편 1990년 2월에 치러진 니카라과 대통령 선거에서 마침내 친미·보수 세력을 대표하는 차모로 정권이 들어섰다. 니카라과 반군은 더는 존재의의를 잃게 되고 미국의 지원이 중단되어 해체되었다.

3. 이란의 상황

1980년도의 이란과 니카라과 두 나라는 미국 대외 정책의 두 뿔로 묘사될 정도로 미국에는 가장 커다란 골칫거리였다.[483] 1979년 친미 팔레비 정권을 타도하고 반미 호메이니 정권이 들어선 후 미국과 이란의 관계는 급속하게 악화하였다. 미국은 이란을 국제 테러 지원국으로 지정하고 맹비난했다. 이란은 미국의 수출통제 국가목록에 올라 이란에 대한 무기 수출은 법으로 금지되었다.

한편 전술한 바와 같이 1984년 CIA 베이루트 지부장인 윌리엄 버클리를 포함한

---

483) Dycus(2007), p.411.

3명의 미국인이 납치되었고, 1985년엔 AP 통신의 중동지역 지부장 테리 앤더슨을 포함한 4명의 미국인이 추가로 납치되는 등 중동지역에서의 미국인들을 상대로 한 납치사태가 끊이지 않았다.

당시 레이건 정부는 테러리스트와는 어떠한 거래도 하지 않는다는 것을 대외정책으로 천명하고 있었다. 그런데 중동지역 CIA 활동과 테러 조직 인맥에 관한 핵심 정보를 가진 버클리는 중요한 인물로 이슬람 테러 조직의 수중에 남겨 놓을 수 없었다. 결국, CIA는 조직의 핵심 요원인 버클리를 구출하기 위해 아랍 민족주의자들의 배후에 있는 이란에 무기를 수출하고 이란의 영향력으로 인질을 구해내는 '인질과 무기를 교환하는 흥정'을 하기로 했다.

4. 비밀 거래의 내용과 여파

1) 비밀 거래의 내용

레이건 행정부 국가안전보장회의(NSC) 참모인 노스 중령이 맥팔레인 국가안보보좌관과 국가안보회의 위원인 해군 중장 포인덱스터, CIA 케이시(Casey) 국장의 승인을 받아 구체적인 비밀작업을 진행했다. 레이건 대통령이 연루되었는지는 확인되지 않았다. 노스 중령은 CIA 중동 총책임자인 버클리를 비롯한 미국인 인질 석방 주선을 대가로 테러 집단의 후원자인 이란에 그들이 원하는 대전차 토(Tow) 미사일과 전투기를 간접 판매하는 방식으로 제공하기로 했다.

간접 무기판매 방식은 먼저 이스라엘이 보유 중이던 토(Tow) 대전차 미사일과 호크(HAWK) 대공 미사일 등을 이란에 수출하고, 미국은 이스라엘의 결손 분을 외형상 합법적으로 군사 지원하는 방식이었다. 1985년 8월 20일 이스라엘 보유 96기가 제공된 것을 시작으로 5,000개가 넘는 토 미사일, 1,000개 이상의 호크 미사일과 전투기 등 상당량의 무기가 계속 지원되었다. 이란은 일부 무기를 사전에 성능 실험하고 자신들이 원하는 규격이 아니라고 거절하기도 했다.

무기판매 대금은 니카라과의 공산정권에 대항하는 니카라과 반군(Contra)에 군사 지원금으로 제공되었다. 그러나 니카라과 반군에 대한 지원금이 계속 불어나자 1986

년 1월에 이르러는, 미국이 이란에 미사일 수백 기를 직접 판매하기도 했다. 그것은 CIA가 국방부로부터 토 미사일 4,000기를 구매해 이란으로부터 대금을 받는 즉시 무기를 이란에 수송하는 것이다.

여전히 거래 중재에 대한 이스라엘의 역할이 중요했지만, 미국과 이란과의 직접 대화는 미국 대외 정책의 중대한 변화라고 할 수 있다.[484] 노스 중령은 이란에 대한 무기 판매 대금과 후술하는 마약 거래대금, 우방국으로부터 강청한 후원금으로 조성된 자금을 니카라과 반군에 제공하는 비밀임무를 수행했다.

2) 비밀 거래의 한계와 중동전쟁

가. 인질 석방

1985년 8월 20일의 첫 무기 거래 후 그해 9월 4일 위어 신부가 석방되었다. 노스 중령은 의회에서 그해 10월 3일 CIA 버클리가 석방될 것이라는 정보를 입수했다고 증언했다.[485] 1986년 7월 26일에는 젠코 추기경이 석방되는 등 그동안에도 몇 사람의 미국인 인질 석방은 있었다. 그러나 1985년 9월부터 1986년 10월 사이에 프랭크 리드 (Frank Reed)를 비롯해 3명의 미국인이 추가 납치되었다. 일각에서는, 중동에는 이슬람의 다양한 무장 테러 조직이 있기 때문이기도 하지만, 내부적으로는 중동의 테러 조직들이 미국인 인질 석방 교섭을 모르지 않는데도 석방된 미국인을 대용·보충하기 위한 기획납치라고 분석했다.

나. 중동전쟁

한편 미국으로부터 최신의 무기를 지원받은 이란은 역시 미국으로부터 무기를 지원받은 이라크와 치열한 전쟁을 벌였다. 국경분쟁이 발단되어 1980년 9월 이라크의 선제공격으로 시작된 이란-이라크 전쟁은 1988년 8월 22일 UN 정전결의안에 따라 휴전되었지만, 사망자가 이라크는 30만여 명, 이란은 70만여 명, 부상자는 양국 모두 사망자

---

484) John Tower(197), pp.34-39.
485) 이슬람 지하드(Islamic Jihad) 조직은 버클리를 처형할 것이라고 했다. 그러나 추후 알려진 바에 따르면 버클리는 1985년 6월 3일 헤즈볼라에게 이미 처형되었다.

의 두 배 수준에 이르는 엄청난 비극이었다.

당시 이라크는 이란이 비밀리에 미국으로부터 무기를 대량 구매했는지를 모르고 이슬람 혁명 직후의 이란 군사력을 낮게 평가했다. 미국에서 구입한 현대적 군사 무기 등 자국이 압도적으로 우세할 것이라는 군사력 우위를 믿고, 단지 6일 전쟁 계획으로 이란을 침공했다. 그러나 이란은 미국으로부터 비밀리에 사들인 F-4 팬텀, F-14 등의 최신 공군기와 토우, 호크 미사일 등으로 역습해 이라크군에 막대한 피해를 주었다. 전쟁은 밀고 밀리는 8년간의 소모전으로 전개되었다. 이란-이라크 전쟁으로 중동은 더 커다란 불안정에 휩싸이게 되었다.

이란과의 전쟁을 마친 이라크는 이란-이라크 전쟁 당시 쿠웨이트가 이라크 유전을 절취하고 국제원유 시장에 원유를 과잉 공급해 유가를 하락시켜, 이라크 경제를 어렵게 만들었다는 등의 이유로 쿠웨이트를 기습적으로 침공했다.

이라크의 쿠웨이트 침공에 대한 국제사회의 응징으로 UN 연합군이 쿠웨이트에서 이라크를 축출하는 전쟁인 걸프 전쟁이 이어졌다. 그리고 2003년 테러와의 전쟁의 일환으로 전개된 이라크 전쟁에 이르기까지 중동, 특히 이라크는 연이은 전쟁에 휩싸이게 되었다. 이러한 중동에서의 제반 전쟁의 이면에는 정치 · 외교 · 군사적으로 복잡하게 전개된 CIA에 의한 비밀공작이 있었다.

Ⅲ. 이란-콘트라 사건에 대한 조사와 법원의 판단

1. 타워 위원회와 의회 조사위원회의 조사

이란-콘트라 사건이 언론에 보도된 즉시 법무부에 의한 조사가 진행되었다. 일부 사실을 바로 밝혀냈지만, 추가 조사를 위해 레이건 대통령은 행정부 자체적으로 전 상원의원 존 타워(John Tower)를 위원장으로 하는 타워위원회(Tower commission)를 구성해 진상을 조사토록 했다. 의회는 이와 별도로 1987년 1월 6일 상 · 하원 합동으로 조사위원회를 구성했다.

2. 추가 조사내용 등

조사에 의하면 니카라과 반군은 정부군을 가장하고 민간인을 상대로 각종 만행을 자행한 외에도 남미 마약 집단과 연계해 마약밀매 수익을 활동자금으로 사용했다. 한편 CIA가 운영하는 항공회사가 니카라과 반군이 거래한 마약 수송에 동원되어 미국 내에 마약을 운송했고, 마약 수송 후에는 니카라과 반군에 무기를 밀반입하는 데 다시 그 항공편이 이용되었다. 마약밀거래와 마약 수송 비행기의 운송은 모두 백악관 국가안보회의 노스 중령과 CIA의 묵인 아래 이루어졌다. 이처럼 CIA의 이란콘트라 비밀공작은 실제의 현장에서는 비단 불법 무기 거래뿐만 아니라 흑색선전, 마약밀매, 돈세탁, 조직범죄, 게릴라전까지 동원된 흑색공작(Black Operation) 활동으로 연결되었다.

레이건 행정부는 처음에 니카라과 반군에 대한 공작자금 예산으로 CIA의 비밀 예산인 우발위험준비금(contingency fund)을 사용했다. 물론 1983년 의회는 CIA의 우발위험준비금은 반군지원금으로 사용하지 못하도록 했으나 구체적인 통제장치는 없었다. 1984년에 이르러 준비금이 고갈되자 이번에는 국방부의 특수부대 예산을 사용했다. 특수부대 예산은 국방부 장관 승인만으로 사용할 수 있는 예산이었다. 그러나 니카라과 반군지원금은 계속 필요했다. 하지만 이란에서 받은 무기 거래대금으로는 부족했다. 은 한정되어, 실무 총책임자인 노스 중령은 10여 개국에 비공식적으로 지원금을 요청했고, 그들 국가에는 추후 미국의 대외 지원을 증대하는 방법으로 보상했다.[486] 1984년 6월부터 1986년 초까지 세계 우방국으로부터 3,400만 달러를 조성했다. 노스 중령은 이스라엘, 사우디아라비아, 타이완, 한국, 남아프리카 공화국, 과테말라, 포르투갈, 터키 그리고 사이프러스를 상대로 니카라과 반군지원금을 조달하려 했다.

의회 조사보고서에 드러난 한국과 대만(대만은 Country 3, 한국이 Country 5로 인용된다)에 관한 내용을 보면, 1984년 노스 중령의 부탁을 받은 예비역 육군 소장 싱라웁(John K. Singlaub)이 직접 한국과 대만을 방문해 정보기관 책임자에게 자신은 현재 민간인 신분이지만 그 역할을 분명히 밝히고 미국의 정보기관 공작금에 대한 지원금을 요청하면서 은행 계좌번호를 적은 명함을 건넸다. 당시 전두환 전 대통령은 그를 신임하지 않았다. 또한, 정보수장을 지낸 감각으로 미국의 불법적인 공작금 지원을

---

486) Dycus(2007), p.416.

완곡히 거절했다. 전두환 전 대통령은 한국은 미국을 돕기 위해 그럴 의향은 충분히 있지만, 정식적인 백악관 담당자의 공식 서신과 정부계좌로의 송금이 아니면 지원이 어렵다고 완곡하게 거절했다. 결국, 한국 정부는 노스 중령이 추진한 무상지원금을 제공하지 않았다.[487] 그러나 대만 정부는 백악관 국가안보회의 담당자(노스 중령으로 추정)의 확인 전화를 받고, 1985년 미국 정부 공식계좌가 아닌 일반 은행 비밀계좌에 인도지원금이라는 명목으로 2차례에 걸쳐 200만 달러를 송금했다.

3. 법률문제

법적으로 미국 정부의 니카라과 반군에 대한 지원은, 반군에 대한 모든 직·간접적 지원을 금지한 볼랜드 수정안(Boland II)을 위반한 것임은 명백했다. 볼랜드 수정안은 CIA나 국방부 또는 정보활동에 관여하는 어떤 기관이나 조직이 그들이 가지고 있거나 조달한 자금을 콘트라(반군)에게 제공하는 것을 금지하는 것이었다.[488]

그러나 미국의 이란에 대한 무기판매는 상황이 약간 달랐다. 이란 정부는 반군은 아니었기 때문이다. 물론 이란과의 거래도 적대국과 무기 거래 그리고 테러 집단이나 지원국과는 어떤 흥정도 하지 않는다는 행정부의 공식적인 대외정책에 반하는 것이기는 하지만, 이란에 대한 무기 판매가 법률을 위배한 것인가에 관해서는 치열한 법률 논쟁이 있었다. 당시 이란은 국무부에 의해 테러 지원국[489]으로 규정되어 있어서 문제가 더 복잡했다.

이 법률 논쟁을 살펴보기로 한다. 레이건 대통령이 이란에 무기를 판매한 것이 적법하다는 견해는 첫째, 대통령은 국군 통수권자(Commander in Chief)로 국가안보와 국민의 안전을 지킬 헌법상의 고유한 의무가 있다는 것이다. 그러므로 이란에의 무기판매는 레바논에 억류된 미국 시민의 안전한 송환을 위한 대통령의 고유한 헌법상의 의무수행으로 헌법 합치적이라는 것이다. 둘째로는 대통령은 국가안보법에 근거해 비밀공작의

---

487) Daniel K. Inouye & Lee H. Hamilton, *op. cit*, p.54.
488) 볼랜드 수정안은 산디니스타 정권에 대한 미국 내 반감과 오히려 콘트라에 대한 지지여론이 높아지면서 1986년에는 분위기가 바뀌어 1회에 한하기는 했지만, 의회는 반군에 대한 1억 달러의 원조자금을 승인했다. 그러나 1983년에서 1986년의 기간에는 반군에 대한 어떤 형태의 지원도 법으로 금지되어 있었다. Dycus(2007), pp.411~412
489) 국무부장관 슐츠(Schultz)는 이란을 1985년과 1986년 2년간 국제테러조직 지원국가로 지정했다.

합법적 수행 권한을 가지고 있고 따라서 비밀공작의 수단으로 무기를 판매할 수 있다는 주장이다. 본 건에 있어서 대부분의 무기는 미국이 적대국인 이란에게 직접 판매하지 않고 이스라엘의 비축품을 이란에 공급한 것이다. 따라서 미국 행정부는 무기수출통제법(Arms Export Control Act : AECA)에 의해 의회의 동의를 받아 이스라엘에 무기를 공급한 것으로서, 이란과의 직접적인 거래는 아니기 때문에 비난의 강도가 다를 수 있다는 측면에서 보면 일리가 있는 주장이기는 하다. 엄격한 무기통제법이 있지만, 대통령은 경제법(Economy Act), 국가안보법 등 다른 특별법과 예외 조항에 근거해 무기 이전을 승인할 수 있다는 견해이다.

이러한 법적 근거 논쟁에도 불구하고, 레이건 대통령의 업무수행 방식은 많은 비난을 받았다. 비난의 중점은 자신들이 만든 규정도 지키지 않고, 대통령은 몰랐다는 행정부의 주장대로라면, 일부 참모가 국정의 최고 결정권자인 대통령도 속인 결과가 되기 때문이다. 왜냐하면, 레이건 대통령은 국가안보 결정(National Security Decision Directive : NSDD) 제159호를 발령해 모든 비밀공작은 서면에 의하도록 했고, CIA 외의 조직이 비밀공작을 수행할 때는 사전에 대통령의 특별지정을 받도록 하고 있었기 때문이다. 결국, 타워위원회 지적과 같이 행정부는 자신들이 만든 자체 규칙도 지키지 않았고, 이란과 니카라과에 대한 대외정책도 스스로 위배한 이중의 잘못을 저질렀다는 사실은 부인할 수 없었다.

4. 타워위원회와 의회 조사위원회의 조사와 판단

이란콘트라 사건에 관한 행정부와 의회 양 조사위원회의 판단은 기본적으로 같았다. 즉 이 사건은 적어도 국가안보 체계에 대한 법적 · 제도적 장치의 문제 때문은 아니라는 것이다.[490] 타워위원회(Tower Commission)는 대통령의 정보공동체 관리 방식을 비판하면서 비록 국가정보 운용 시스템상의 문제점도 일부 발견되기는 하지만, 이것이 어떤 국가안보회의(NSC) 시스템 개혁으로 해결될 문제는 아니고 핵심은 "인간실패 (human failure)"라고 결론지었다.[491] 1987년 1월에 구성된 의회 조사위원회는 40

---

490) Dycus(2007), p.404.
491) John Tower(1987), pp.1-4.

일간의 청문회 조사를 포함해 10개월간 조사 활동을 하면서 30만 건의 서류를 검토하고 500명의 증인신문을 했다. 의회 조사위원회의 최종보고서는 이란콘트라 사건은 법률의 부재나 통제 시스템의 부재 때문이 아니라 법을 준수해야 할 담당자, 즉 **"인간실패 (human failure)"**라고 결론지었다. 원문을 옮겨 본다.

> *"[T]he Iran-Contra Affairs resulted from the failure of individuals to observe the law, not from deficiencies in existing law or in our system of governance."* [492]

의회 조사위원회는 보고서 제6장에서 민주사회에서의 비밀공작의 의의 그리고 법의 지배원칙에 대해 상세히 언급했다. 그러면서 당시 행정부 담당자들은 국가안보 분야에서는 법의 지배를 제한하는 것이 당연시되는 경향이 있다면서 그에 대한 재검토를 요구했다. 결론적으로 국가안보 문제라고 법에 규정된 외부기관에의 통보 절차를 무시하거나 내부적으로도 정밀히 감독하거나 통제하지 않고, 소위 비선조직에 의해 일이 진행되었을 때 그 폐해가 얼마나 크게 나타날 수 있는지를 잘 보여주었다고 지적했다. [493]

5. 특별검사의 조사와 법원의 판단

이란콘트라 사건은 외형적으로도 실정법 위반 사례가 명백해 보였다. 따라서 행정적인 그리고 의회 차원의 조사와 별도로 담당자에 대한 형사책임 문제를 다루기 위해 1987년 특별검사제(Office of the Independent Counsel)가 도입되었다. 레이건 대통령은 전임 연방판사였던 로렌스 왈시(Lawrence Walsh)를 특별검사로 지명했다. 왈시 특별검사는 15개월간 조사했고, 1988년 3월 16일 국가안보회의 포인덱스터 장군과 올리버 노스 중령 그리고 공모자 등 모두 14명을 볼랜드 수정안과 대통령 명령 제12,333호를 근거로 외교 관계 범죄, 위증, 문서손괴 등의 정보 관련 범죄 위반 그리고 횡령 등 금전 관련 범죄혐의로 기소했다. [494] 법원은 통치행위라도 적법절차를 지키지

---

492) Report of the Congressional Committees Investigating the Iran-Contra Affairs(Iran-Contra Report), S. Rep. No. 100-216/H. R. Rep. No. 100-433, 423Whr (1987).
493) Dycus(2007), p.405.
494) Id. p.419. 특별검사 월시는 최종보고서에서 레이건 대통령이 위법행위를 한 것은 아니며 부통령 부시도

않으면 위헌이라며 노스 중령 등 관련자에게 유죄판결을 내렸다. 그러나 1992년 부시 대통령은 관련자 모두를 사면했다.[495]

Ⅳ. 정보공동체에 대한 제도개혁-1991 감독개혁

1. 개 관

이란콘트라 사건을 조사하면서 의회는 정보공동체가 정보감독법을 위배하여 비밀공작에 대해 의회에 아무런 통보를 하지 않은 잘못을 지적했다. 1980년 정보감독법(Oversight Act of 1980)은 1975년 처치위원회의 권고에 따라 정보업무에 대한 철저한 감독법이라는 평가를 받으며 제정되었는데, 이 법에 따르면 정보공동체는 비밀공작을 포함한 정보활동에 대해 '적절한 시점(timely manner)'에 의회에 통보하도록 규정되어 있었다.

분노한 미국 의회는 정보공동체의 업무에 대해 다시 한번 의회의 감독을 강화하는 다수의 입법을 도입하려고 했다. 그래서 '적당한 때' 또는 적절한 시점이라는 모호한 규정 대신에 의회 일부 강경 개혁론자들은 통보 시간을 구체적으로 한정해 대통령에게 '비밀공작 실행 48시간 내'에 의회에 통지하도록 규정하려고 했다. 이에 대해 1989년 10월 30일 부시 대통령은 구체적인 시간의 한정에 반대하면서 의회에 다음과 같은 내용의 서신을 전달하며 의원들을 위무했다.[496]

잘못한 증거는 없지만, 17개월 동안 2~3명의 행정부 관계자만이 알고 있었다는 타워위원회와 의회의 청문회 결론과 달리, 레이건 행정부 전체가 비밀외교 정책에 대해 알고 있었으며 노스 등 국가안보회의 인물들은 희생양에 불과하다고 주장했다.

495) 사면 결정은 당시 부통령이던 부시 자신의 관련 여부에 대한 의문을 불러일으켰다. 많은 사람이 노스 중령은 레이건 대통령을 대신해서 희생양이 되었다고 믿었지만, 대통령이 개입되었다는 증거가 없었다. 한편 부시 대통령(George H. W. Bush)은 관련자 6명을 사면했다. 일부는 행정부 내 다른 직책을 부여받았다. 이란콘트라 사건의 핵심인 존 네그로폰테(John Negroponte)는 유엔 대사, 이라크 대사를 거쳐 2005년 2월 17일 정보개혁 및 테러방지법으로 신설된 국가정보국의 초대 국장(DNI)으로 임명되었다. 또한 국가안보보좌관으로 위증과 증거인멸 등 죄로 기소되었던 포인덱스터는 국방부 정보인식국(Information Awareness Office) 국장으로 발탁되었고, CIA 부국장이었던 게이츠(Robert Gates)는 부시 대통령하에서 CIA 국장(1991~1993)으로 발탁되었다. 그러나 개인적 전횡의 중심에 있던 노스 중령은 더는 공직은 맡지 못하고 후일 라디오 토크쇼의 진행자로 변신해 언론인으로 성공을 거두었고, 상원의원에 출마하기도 했다. 이러한 조치에 대해 여러 비난도 적지 않았지만 모두 의회의 승인을 받아 공직에 취임했던 것으로 특정 분야에서는 도덕성의 문제보다 전문성을 중시하는 미국 공직사회의 단면을 보여준다.

496) Letter from President Bush to Intelligence Committees (Oct. 30. 1989), reprinted in H.R. Rep. No. 102-166, p.27(1991).

"미국 대통령으로 국가안보와 정보기관의 업무수행에 대한 의회의 우려를 잘 아는 나는, 가령 법에 의회에의 통보가 규정되지 아니한 사안에 대해서도 반드시 수일 안에 통보하도록 하겠다. 제때 통보하지 못하는 기간은 헌법에 규정된 대통령의 책무에 따른 불가피한 조치로 이해해 주기 바란다."

결국, 48시간의 시간 제한을 두는 새로운 법의 제정은 이루어지지는 않았다. 1990년에 이르러 이란콘트라 사건은 이미 여론의 관심에서 멀어지고, 그 대신 부시 대통령이 이라크를 상대로 수행하는 사막의 방패 작전(Operation Desert Shield)과 사막의 폭풍 작전(Operation Desert Storm)이 국가안보와 국익을 위한 더 큰 관심의 대상이 되었다. 미국 의회는 이란콘트라 사건을 계기로 정보공동체에 대한 전반적인 의회 통제권을 획기적으로 강화하려고 했으나 성공하지 못했다. 다만 부분적인 몇 개의 정보공동체 개혁이 이루어졌다. 매년 정보기구에 대한 예산 승인을 법으로 하기로 하고 1980년 정보감독법상의 감독조항이 1991년 회계년도 정보승인법에 의해 일부 개정되었다. 또한, 중앙정보국법을 개정해 실질적인 권한이 있는 감찰감 직위를 신설했다. 한편 클린턴 행정부는 별도의 정보공동체에 대한 자체 제도개선을 했다. 차례로 살펴본다.

2. 1991년 회계연도 정보승인법
(Intelligence Authorization Act of, Fiscal Year 1991)

1) 의 의

정보승인법은 미국 의회가 행정부가 제출하는 테러와의 전쟁에 관한 예산을 포함한 미국 정보공동체의 활동에 필요한 모든 정보예산을 심사해 매년 법률로 제정하는 예산안 승인법이다. 1991년 처음으로 제정된 이 법은 미합중국 헌법 제1조 제8항에 근거해 의회가 공적 예산에 대한 수시 규제를 담을 수 있다는 이유로 정보공동체 예산에 대해 매년 법으로 승인하도록 한 것이다.

2) 내 용

가. 정보활동에 대한 감독 규정

대통령은 의회 정보위원에 예상되는 정보기관의 중요한 활동을 포함한 제반 활동 상황을 '충분히 그리고 실시간적으로(fully and currently)' 통보하도록 하고,[497] 정보기관의 불법적인 활동에 대해서는 즉각 상·하원의 정보위원회에 보고하도록 했다.[498] 한편 대통령은 즉각적인 조치가 필요하고 서면으로 승인할 시간이 허락되지 않는 예외적인 경우를 제외하고는, 모든 비밀공작에 대해 담당 부서, 담당자, 계약자, 대리인 그리고 의회가 승인한 예산 외의 제3자에 의한 예산 조달 문제 등을 명시하여 서면으로 재가하도록 했다.

예외적인 대통령의 구두 승인의 경우에도 48시간 이내에 사후 서면 승인을 반드시 받도록 해 대통령이 정보공동체가 수행하는 모든 비밀공작의 존재와 자금조달을 포함해, 대통령이 그 내용을 모르는 비밀공작이 없도록 했다.[499]

나. 예산에 대한 제한

1991년 정보승인법은 비밀공작의 운용자금에 대해 기존의 법을 더욱 명백히 하여, 정보기구는 대통령이 서면 재가 방식으로 승인 절차를 완료하지 않으면 예산을 사용할 수 없도록 했고[500] 의회가 승인한 예산이 아닌 제3자에 의한 기금 등을 비밀공작 자금으로 사용하려는 경우에는 그 작전의 종류와 상황을 명시해 의회 관련 위원회에 내용을 보고하도록 했다.[501] 여기에서 우방국의 지원 등 해외의 3자 지원금에 대해 왜 의회가 예민한 반응을 보이는지 생각해 볼 필요가 있다. 가장 큰 이유는 행정부의 우회적인 자금조달은 헌법상 예산권을 의회에 준 정신을 형훼화할 수 있는 위험성 때문이라고 할 수 있다.

---

497) Intelligence Authorization Act of, Fiscal Year 1991, §501(a)(1).
498) *Id* § 501(b).
499) *Id* § 503(a)
500) *Id* § 603(c)
501) *Id* § 603(d)

3. 내부 감독기관으로서의 감찰관 직위 창설

미국 의회는 CIA 내부에 상설하는 감찰감의 실질화가 정보업무 통제에 긴요하다고 판단했다. 이에 의회는 1989년 기존의 중앙정부국법을 개정해 법적 근거를 명백히 갖추고 상원의 인준을 받아 대통령이 임명하는 CIA 내부의 독립적인 감찰감 (Inspectors General : IG) 직위를 신설했다.[502]

신설된 감찰감은 CIA에 근무하면서 독립적으로 정기 또는 수시로 CIA에 대한 회계 감사, 업무조사와 검열을 실시해 중앙정보국장(DCI, 현재는 DNI)과 의회 정보위원회 에 그 문제점과 결함을 '충분히 그리고 실시간적(Fully and Currently)'으로 보고하도 록 했다. 감찰감은 CIA 외의 다른 연방 정보기관에 대한 소환권은 없지만, 참모 등 독자적인 인적자원을 가지고 법적 근거에 입각해 CIA 직원에 대한 조사권을 행사하고, CIA 직원은 이에 협조해야만 하고 불응 시는 벌금과 심지어 파면까지 받도록 규정하고 있다.[503]

CIA는 이 개정안의 통과를 강력하게 반대했으나 미국 의회는 결국 법을 제정하여 감찰관 직위를 창설했다. 이러한 직위는 소위 행정부처 내의 의회 파견공무원제도라고 도 할 수 있다.

4. 행정부 자체 제도개선 노력

1993년 클린턴 대통령은 대통령 명령 제12,863호를 발령해 백악관 내에 해외정보 자문위원회(President's Foreign Intelligence Advisory Board : PFIAB)를 신설했 다. 16명으로 구성된 이 위원회는 정부 밖의 외부 인사들로 구성되어 미국 정보공동체 의 제반 활동의 목표, 활동 상황과 관리 내용 그리고 조종내용 등에 대한 판단을 대통령 에게 직접 보고하도록 했다.[504]

해외정보자문위원회의 실효성을 확보하기 위해서, 클린턴 대통령은 16명의 자문위 원 중에서 선임한 4명 내외의 위원으로 별도의 대통령을 위한 상설 정보감독위원회

---

502) 50 U.S.C. §403q(a) (3) & (4).
503) 50 U.S.C. §403q(e) (2),(5).
504) Executive. Order No. 12863, 58Fed. Reg. 48,411 (Sept. 15, 1993)

(intelligence Oversight Board : IOB)를 구성해, 불법적인 것으로 판단되고 대통령 명령에 위반하는 것으로 생각되는 정보공동체의 업무 활동에 대한 조사를 한 후에 이를 해외정보자문위원회를 통해 대통령에게 보고하도록 했다.[505]

V. 마무리

이란콘트라 사건은 미국 행정부 또는 그 안의 비밀스러운 조직의 일부 세력들이 마음만 먹으면 얼마든지 비밀공작을 자행할 수 있고 그렇게 해 왔다는 것을 보여주는 하나의 사례였다. 그동안 CIA는 세계 도처에서 반군훈련, 무기 밀매, 고문, 마약밀매, 암살, 테러 등 불법적인 활동을 자행하는 것으로 의심은 되어 왔지만, 겉으로 드러나지는 않았다. 그러나 이란-콘트라 사건을 통해 CIA의 비밀활동이 적나라하게 드러났다.

이란콘트라 사건은 불법무기거래, 돈세탁, 마약밀매, 제3국으로부터의 공작금 조달, 합법 정부에 대한 쿠데타 시도 등 복잡한 비밀공작이 얽히고설킨 국제적으로 미묘한 사건으로 실질적으로 미국의 국가안보를 위해 CIA가 주도한 비밀공작의 일환이었다. 그러나 노스 중령의 전횡이 있었고, 니카라과나 이란의 현지 실행 무장단체에 대해서는 미국도 통제 불능의 상황으로 치달으면서 마약밀매, 테러리즘, 살인까지 포함하는 추악한 스캔들로 변질되었다.[506] 한편 이란콘트라 사건은 의회의 예산통제 권한도 '인간의 실패'에 따라 무력해질 수 있음을 단적으로 보여준 사례이다.

그러나 각종 의회 보고서에도 나타나 있지만, 비밀공작 그중에서도 준군사작전은 전쟁과 평화의 한계 선상에 있지만 민주주의 국가에서도 정보기구의 비밀공작 활동의 불가피성은 인정된다.[507]

진상을 조사한 미국 의회도 여론의 뜨거운 눈총을 받는 적지 않은 불미스러운 추문에도 불구하고 CIA를 비롯한 미국 정보공동체의 놀라운 역량과 국가를 위한 헌신적 봉사

---

505) *Id.* §2.2. 한편 정보감독위원회(IOB)는 1996년, 1984년 이후 과테말라에서 미국시민에 대한 고문, 실종과 사망 등을 조사한 최초의 조사보고서를 공표했다. http://www.us.net/cip/iob.htm.

506) 레이건 행정부는 이란콘트라 사건으로 큰 상처를 입었지만 엄청난 충격에 비해 노스 중령 등 주범들은 큰 피해를 입지 않았다. 또한, 레이건 대통령은 비난을 받았지만 남은 임기를 채웠고, 역사적으로 가장 큰 사랑과 존경을 받는 대통령으로 기억되었다. 국민은 레이건 대통령이 강경 외교 노선으로 공산주의 소련과 싸움에서 승리한 것을 기억했다. 당시 부통령이었던 부시는 후에 대통령이 되었다.

507) Daniel K. Inouye & Lee H. Hamilton, *op. cit*, pp.333-336.

를 높이 평가했다. 이것은 통제와 감독과 업무 효율화를 위한 촉진과 격려는 별개의 문제라는 것을 잘 보여주는 냉정한 대처라고 할 수 있다. 미국 의회는 강도 높은 제도개혁은 요구하면서도 업무의 폐지나 기구의 존폐문제를 거론하는 등 한계선을 넘지는 않았다.

제5절 비밀공작의 한계 및 과제

제1항 비밀공작의 한계

오늘날 자유민주 공화국에서 비밀공작이 법과 규정을 준수하고, 의회와 행정부의 적정한 감독 아래에서 이루어져야 한다는 점에서는 더는 이론이 없다. 그럼에도 불구하고 비밀공작에는 비밀성과 공격성과 침해성이라는 속성적인 특성으로 인해 다음과 같은 문제들이 여전히 논의된다.

I. 정당성의 문제−법적 근거의 문제

비밀공작이 여러 가지 외교 · 국방정책 수단 중 주요한 대안 중의 하나라고 하는 것은 이미 살펴보았다. 정보 분야에서 미국 정보기관에 대한 맞수이자 선배로서 또 다른 비밀공작의 강국인 소련은 '적극 조치(active measure)'라는 사실상의 행위개념으로 공개적 그리고 비공개적인 정보기법을 적절히 섞어가며 소련의 대외적인 국가정책 목표를 달성하는 방편으로 널리 활용했다.[508]

주지하다시피 민주주의 국가의 통상적인 국가정책은 합법성을 중요시하고 절차를 중시한다. 여기에서 외교적 · 국제법적으로 적지 않은 문제를 초래할 수 있는 정책집행 대안으로서의 비밀공작을 민주주의 국가의 정당한 정책집행 방법으로 사용할 수 있을 것인가 하는 정당성의 논의가 전개되었다. 이러한 논의는 결국 이상주의자와 실용주의자 간의 논쟁이라고 할 수 있다.

1. 비밀공작의 적법성 논쟁

1) 불법성설

이상주의자들은 비밀공작은 본질적으로 주권국가에 대한 내정간섭으로, 일국의 타국에 대한 간섭은 국제법적으로 용인되지 않으므로 불법이라는 입장이다. 즉 첫 번째

---

508) Shulsky & Schmitt(2002), p.76.

선택인 외교정책과 두 번째 선택인 국방정책의 대안으로 여겨지는 소위 세 번째 선택으로 불리는 비밀공작은 본질적으로 주권국가의 정체성을 부인하는 것으로서, 우호 선린을 지향하는 국제사회에서 개별주권 국가의 국제적인 행동의 준거로서는 받아들일 수는 없다는 것이다. 이러한 견해는 내정간섭을 초래하는 비밀공작은 주권국가의 평등을 선언하고, 자결권을 존중하며 우호 선린관계를 유지함이 세계평화를 위한 길임을 밝히고 있는 UN 헌장과 국제규범에 명백히 반하는 불법행위로 결코 정당성을 인정받을 수 없다고 설파한다.[509]

2) 합법성설

이에 비해 실용주의자들 또는 현실론자들은 이상론자들의 견해를 넉넉히 이해한다. 그러면서도 그들은 국가안보를 위한 정책 수단으로 비밀공작은 불가피할 뿐만 아니라, 때에 따라서는 정규 전쟁을 회피한 차선책으로 선택됨으로써 역으로 세계평화에 이바지하는 것이라고 주장한다. 그러므로 비밀공작은 법 이론적인 근거에서가 아니라 현실적인 필요성에서 자체 정당성을 가지는 필요한 수단으로, 비밀공작의 적법성은 실정법적으로 규정만 되면 인정된다는 견해이다.[510] 또한 역사적으로도 비밀공작은 다수 국가에 의해 무수히 사용되었고 각국이 용인하는 관행으로 이미 국제법상의 관습이 되었다고 주장한다.

3) 결 어

주권평등의 대원칙 아래에 세계평화와 안전 및 인권 보호와 증진을 목적으로 선언한 유엔헌장에도 자위권에 기초한 주권국가의 특정한 조치는 개별국가의 내재적 권리임을 인정하고 있다.[511] 또한, 국제법적으로도 전쟁이라는 최악의 수단을 특별한 상황에서는 최선의 정책 수단으로 인정하고 있음을 감안하면 비밀공작의 정당성을 부인하기는 어렵다고 할 것이다. 문제는 후술하는 암살 등의 경우처럼 비밀공작에 포함된 개별

---

509) 유엔헌장, 제1조 제2호(목적) *"To develop friendly relations among nations based on respect for the principle of equal rights and self-determination of peoples... to strengthen universal peace."* 라고 천명하고 제2조 제1호는 주권평등의 원칙(principle of the sovereign equality)을 선언하고 있다.
510) Lowenthal(2020), p.165.
511) UN Charter 제51조.

공작적 행위가 국제법적으로 용납되는가를 살펴보는 것이 더 필요하고 현실적인 접근 방법이라고 할 것이다.

역사적으로 소련이 공산주의 종주국으로 전 세계에 걸쳐 전쟁을 포함한 악명 높은 적극적 조치를 실행할 때 그에 맞선 트루먼 대통령과 아이젠하워 대통령 당시의 미국 정보공동체의 노력은 악에 대한 대항으로 그 정당성이 오히려 높이 평가되었던 것을 역사는 기억한다. 결국, 비밀공작은 필요 상황과 동원된 수단과 방법에 따라서 개별행위의 적법성이나 정당성 논쟁은 있을 수 있지만, 그것 때문에 정책 수단으로서의 필요성 자체를 부인할 수는 없다고 할 것이다.

2. 적법성이 논의된 비밀공작(United States V. Lopez-Lima)[512]

1) 사실관계

1964년 2월 18일 쿠바 난민으로 플로리다주에 거주하고 있던 로페즈(Lopez-Lima)는 플로리다에서 미국 비행기를 공중 납치해 쿠바로 다시 망명했다. 그리고 23년이 지난 1987년 로페즈는 다시 미국으로 건너왔고, 비행기 납치 전력을 모르던 미국 국무부는 쿠바 내 정보수집을 위한 협조를 받기 위해 로페즈에게 접근했다. 접촉과정에서 국무부는 로페즈의 23년 전 비행기 납치 범행 사실을 알게 되었다. 로페즈는 체포되었고 재판에 회부되었다.

법정에서 로페즈는 자신이 실행한 23년 전의 비행기 납치 사건은 당시 CIA의 사주로 피델 카스트로 정권에 대한 비밀공작의 하나로 실시되었던 것이라고 주장했다. 미국 비행기를 납치해 쿠바에 투항함으로써 쿠바 재망명에 대한 근거를 댈 수 있고, 쿠바 정부의 높은 신뢰를 받아 고위 간부들에게 접근하기 위해 CIA 지시로 이루어진 것이라고 주장했다.

2) 법원에서의 쟁점

먼저 비밀공작의 존재 여부가 문제가 되었고, 존재한다고 할 때도 동원된 비밀공작이 정당한 것인지 그리고 로페즈의 주장이 합리적이어서 CIA의 비밀공작에 대한 비밀정

---

512) United States District Court, Southern District of Florida, 1990. 738 F. Supp. 1404.

보를 법정에 증거로 현출하는 것이 가능한지가 쟁점이 되었다. 로페즈는 또한 23년 전 비행기 공중납치 작전에 대한 CIA의 실제 권한과 명령을 신뢰했고, 자신은 미국의 국익을 위한 목적으로 행했던 것으로 범행 고의가 없음을 주장했다.

3) 법원의 판단

로페즈의 변호인인 펠드만(Jeffrey D. Feldman)은 먼저 비밀공작의 존재를 입증하기 위해 관련 증거가 법정에 현출되어야 한다고 주장했다. 그러나 미국 정부는 국가안보 관련 공권력 방위권의 근거인 국가특권에 기초해 관련 자료가 법정에 현출되는 것은 국가 비밀을 누설할 위험성이 있다고 거절했다. 또한, 비밀공작의 무관련성을 주장하며 관련 자료제출에 반대했다.

이에 대해 법원은 피고인 측이 주장하는 증거 현출의 필요성을 결정하려면, 먼저 비행기 공중납치와 같은 불법 지시 권한이 CIA에 있는지가 먼저 해결되어야 한다고 설명했다. 또한, CIA가 민간인 비행기 공중납치와 같은 그런 불법적인 일을 할 수 있다고 하는 경우에도, 이 사건에서 피고인이 과연 그것을 합리적으로 신뢰하고 본건 범행에 이르렀는지를 판단해야 한다고 설명했다.

한편 CIA는 자신들이 수행하는 정보활동과 관련한 어떤 대통령의 명령도 국내법을 위배하는 것을 정당화시키지 않는다는 사실을 명백하게 천명한 대통령 명령 제12,333호를 근거로 그런 일을 하지 않는다고 주장했다. CIA는 어떠한 경우에도 국내법에 위반되는 정보활동은 하지 않고, 비밀공작의 경우에도 마찬가지로 자신들은 국내법에 저촉되지 않는 한도에서만 비밀공작을 수행한다고 주장한 것이다. 그러면서 국내법에 저촉되는 미국 내에서의 비행기 공중납치를 이용한 비밀공작은 법적으로 할 수도 없고 하지도 않는다고 항변했다.

그러나 법원은 국가정보 활동이 반드시 적법한 범위에서 이루어질 것을 규정한 레이건 대통령 명령 제12,333호는 1981년에 발령된 것으로, 이 사건 범행 시인 1964년 관행과는 무관하다고 판단했다. 또한, 레이건 대통령 명령이 기존에 법을 잘 준수하고 있는 CIA 업무 관행을 단순히 확인한 것으로도 판단되지는 않으며, 정보기구의 과거 업무 관행 등을 조사한 처치 위원회(Church Committee) 보고서 등을 종합하면, CIA

가 국가안보 목적으로 법을 초월해 정보활동을 한 것이 다수 확인된다고도 판단했다. 그러면서 본건 쿠바에의 비행기 공중납치도 명백히 법에 저촉된 것이지만 CIA에 의해 실행된 불법 비밀공작 활동이 아니라고 할 수는 없다고 판단했다.

한편 법원은 피고인 로페즈가, CIA 첩보원이라고 하면서 자기에게 접근해 비행기 납치를 사주한 사람이라고 지목한 사람이, 당시 CIA의 요원이라는 사실도 확인했다. 그리고 피고인 로페즈가 합리적인 신뢰 하에 본건 범행에 이르렀다고 최종 판단했다. 그래서 비밀정보를 포함한 CIA의 관련 정보를 법원에 현출할 것을 명령했다.[513]

법원의 판결에서도 알 수 있듯이 민주주의 국가에서도 비밀공작의 필요성과 정당성 은 인정된다. 그러나 비밀공작은 적법한 범위에서 이루어져야 한다는 것 또한 요구되고 있다. 물론 여기에서 적법성의 요구는 국가안보나 국가이익과 같은 정당화 사유뿐만 아니라 개별적인 행위의 위법성 조각 사유를 포함한 법률적인 개념이라는 것은 당연한 사실이다.

Ⅱ. 비밀성과 책임의 조화 문제

비밀성이 비밀공작의 중요한 특성 중의 하나임을 부인하는 견해는 없다. 따라서 많은 법률 논쟁에도 불구하고 비밀공작이 정보기관의 임무가 된 것은 정보기구가 다른 행정 부처에 비해 비밀을 유지하기에 적합한 구조로 되어 있다는 것도 한 가지 이유가 된다. 그러나 비밀성은 비밀공작의 양보할 수 없는 절대 명제는 아니다. 보다 구체적으로 설명하면 비밀성 유지는 사안별로 달라질 수 있고 중점적으로 지켜져야 할 비밀의 대상 이 무엇인지도 사안별로 다르다.

카터 행정부 당시 테헤란 미국 대사관 인질 사건이 발생했을 때, 테헤란에 있는 캐나 다 대사관으로 피신한 6명의 미국인을 본국으로 비밀리에 송환하기 위한 CIA의 비밀 구출 작전이 있었다. 이 작전은 이란 당국의 재공격에 대비하고 신변안전을 위해 비밀을 철저하게 유지하는 것이 커다란 관건이었다. 비밀공작 존재 자체를 비밀로 유지하는 것이 성패의 요체였다.

---

513) Dycus(2007), p.379.

그러나 오늘날은 과거에 비밀공작으로 행해지던 것을 공개적인 방법으로 하기도 한다. 또 비밀공작의 존재 자체는 공개적인 비밀로 각국이 모두 알고 있으면서, 다만 구체적으로 어떤 일이 어떻게 진행되는지를 모를 뿐이다.

소련이 아프가니스탄을 침공했을 때, 미국이 소련에 저항하는 무자헤딘에게 무기를 지원한다는 사실은 국제사회에는 공공연한 비밀이었다. 비록 작전 자체의 존재는 전 세계에 알려진 비밀이었지만, 다만 미국이 어떤 방식으로 어떤 무기를 공급하는지는 비밀에 부쳐져야 할 핵심이었다. 이처럼 비밀공작에서는 모든 내용을 비밀로 할 수는 없지만, 필요한 수준의 비밀은 꼭 유지하는 것이, 공작의 성패를 좌우한다. 그것이 외교적 파장을 최소화하는 길이기도 하다.

그러나 자유민주주의 국가인 미국에서 비밀공작과 관련해 논의된 가장 중요한 쟁점은 비밀성의 문제보다는 법적 · 정치적 책임 소재의 문제였다.[514] 그래서 비밀공작의 비밀성을 유지하면서도 책임성을 가장 효율적으로 담보할 방법을 모색했다. 해답은 다른 시각을 가진 타 부처 전문가들을 포함한 내부의 충분한 토론이 관건이라고 결론지어졌다. 그런 이유로 국방부와 국무부 관계자는 정책 주무 부서로서 비밀공작의 기획 단계부터 관여했다.

내부의 충분한 토론이 필요한 또 다른 이유는 타 행정부처의 업무를 미리 숙지하여, 특정한 대외정책에 대해 연유를 모르고 상반된 목소리를 낼 위험성을 미리 없앨 수 있기 때문이다. 요체는 비밀공작이 국가정책의 대행 업무임을 유관 부처는 충분히 이해해야 한다는 것이다. 그러므로 비밀공작의 비밀성만을 이유로 정책부서와의 협조를 게을리한다는 것은 본말이 전도된 것이라고 할 수 있다. 대외관계에 불협화음을 초래할 수 있기 때문이다.

---

514) *Id*, p.382.

Ⅲ. 위장부인 또는 그럴듯한 부인(Plausible Denial)의 원칙

1. 의의와 필요성

1) 의 의

위장부인은 일국의 정부는 물론 대형 조직에서 제기된 어떤 법적 책임에 대해 최종 책임자의 법적 그리고 도덕적 책임을 회피하기 위해 여러 가지 이유를 대며 직접적인 연관성을 부인하면서 책임을 회피하는 기술적인 수단이다. 그 활동이 세상에 알려졌을 때 명령계통의 정점에 있는 고위 간부들이 그러한 공작 사실 자체를 부인하거나, 우리의 조직은 원칙적으로 그러한 활동은 하지 않는다고 부인하거나, 최소한 최고 책임자는 전혀 몰랐다고 부인함으로써 최고 책임자와 조직의 책임을 면하려고 하는 것이 좋은 사례이다. 위장부인은 느슨하고 비공식적 명령계통의 존재를 나타내는 용어이기도 하다. 암살을 위장부인하는 방법으로는 다른 나라의 공격인 것처럼 가장하는 국적 위장 작전(false flag)이 있다.

2) 필요성

비밀공작은 활동 자체보다는 후원자의 정체 은폐가 중요하다. 따라서 만약에 비밀이 누설되어 어느 나라에 의해 수행되었는지를 알게 된 경우에도, 그 나라 어느 수준의 책임자까지 알고 있었는지, 즉 관여되었는지는 외교적 파장에 큰 차이가 있을 수 있다. 그 때문에 단계별로 은폐할 수 있는 장치가 중요하다. 그 은폐를 위한 대표적 장치가 바로 그럴듯한 부인 이론이다.

한편 위장부인은 고위공직자가 책임을 회피하기 위한 수단으로도 사용되었다. 이를 위해 필요한 경우에 연관성 부인을 합리화할 만한 조직구조를 창설하기도 한다. 미국의 경우 비밀공작의 가장 중요한 핵심은 어떠한 변명으로 미국과의 연계를 차단할 수 있는가 하는 문제였다. 국제법적으로 주권국가의 내정을 간섭하려 했다는 **'추악한 일(dirty action)'**을 미국이 행했다는 오욕을 쓰고 싶지는 않았던 것이다. 만약 공작행위가 적발된 경우에도 그를 부인하는 미국의 설명이 그럴듯해서 미국의 연계 사실이 드러나지 않아야 하는 것을 최우선순위로 했고 그것을 위한 이론이 소위 '그럴듯한 부인'의 법리였다.

3) 법적 문제 제기

그럴듯한 부인의 법리는 여러 가지 법적인 쟁점과 운영상의 맹점을 초래한다. 무엇보다 위장부인은 권한 남용의 열린 창이 될 수 있다. 즉 소위 꼬리를 자르기 위해 실행부서가 독자적으로 행한 일이라고 주장하게 되는데, 극단의 경우에는 실행부서가 무엇이든 사실적으로 독자적으로 해도 제어할 수 없게 된다는 위험에 빠진다. 반면에 권한이 없는 형식적인 위장부인은 실체가 없는 단지 책임을 전가하기 위한 변명과 수단에 지나지 않고 고위 간부와 실제로 행동한 부하직원의 관계만 애매하게 만들 수 있다는 비판이 제기된다. 또한, 위장부인이 성공한다고 해도 확고하게 국정의 책임을 담당해야 하는 정부가 명령계통이 무질서하게 운영되고 있다는 것을 자인하게 된다는 비판도 있을 수 있다.

원래 실천적으로는 위장부인의 법리가 통상의 정보체계와는 이질적인 비밀공작을 국가정보기구에게 임무를 부여하는 데 결정적으로 기여했던 것이 사실이다. 국가정보기구는 비밀공작이 알려진 경우에도 그를 부인하는 데 가장 적합한 구조로 되어 있는 체계이고 조직원들의 충성심도 높다고 보기 때문이다.

한편 위장부인은 법적으로는 또 다른 문제를 제기한다. 비밀공작의 성패에 대한 책임을 따진다면 국정 최고 책임자인 대통령의 탄핵까지 유발할 수 있는 경우에도 대통령은 그럴듯한 부인의 법리로 법적인 탄핵 책임을 과연 면할 수 있느냐는 문제가 제기된다. 즉 결과적으로 그럴듯하게 부인을 잘해서 대외관계에서 국가의 책임이 면제되면 해당 실행자의 책임도 그럴듯한 부인의 법리에 의해 면책되는가 하는 쉽지 않은 문제이다.

사안별로 결론은 다를 수 있다고 판단되고, 여전히 정책 실패에 대한 정치적 책임을 모면할 수는 없다고 할 것이다. 미국에서의 위장부인에 대한 법률적인 통제의 경과는 후술하는 바와 같지만, 결론적으로 처치 위원회(Church Committee) 보고서도 대외관계에서 미국의 개입을 부인하기 위한 위장부인의 법리를 국내 정책 결정 과정에까지 그대로 적용해 헌법상의 책임을 면할 수는 없다고 했다.[515]

---

515) Dycus(2007), p.375.

2. 위장부인의 실제

비밀공작은 국가정책 목적 달성을 위한 특별한 비밀활동으로 외국의 외교·군사·경제 또는 사회적 환경 등에 영향을 주고자 행해지는 제반 활동으로서, 수행국가의 관여가 비밀이거나 불투명하게 보여야 외교적 파장을 최소화하고 국제적 비난을 회피할 수 있다. 그러므로 가령 추후 어느 국가의 개입 사실이 밝혀진 경우에도 최소한 대통령 등 국가의 정상은 그러한 작전 자체의 존재 및 실행 사실을 그럴듯하게 부인할 필요가 있다. 물론 그럴듯한 부인을 위한 제일 좋은 방법은 아무런 서류 근거와 공작 흔적을 남기지 않는 것이다.

그러나 그것은 불가능하므로 가사 구두 승인을 한 경우에도 승인 자체를 부인하거나 작전의 승인 사실은 인정하는 경우라도 대통령인 내가 바라던 방법이나 방향은 아니었다는 식으로 주장해서 정치적·외교적 분쟁에 휩싸이지 않는 것이 좋은 방법이다. 이처럼 위장부인은 비밀성과 더불어 비밀공작에 있어서 절대적으로 필요한 요소이다. 이런 이유로 CIA 리처드 헬름(Richard Helms) 국장은 '그럴듯한 부인'은 비밀공작의 절대적인 필수 요건이라고 말했다. 516)

1) 위장부인 실패 사례

실제로 비밀성을 유지하지 못하고 그럴듯하게 부인도 하지 못해 비밀공작에 치명적 위험을 초래한 사례로 전술한 바 있는 아이젠하워 대통령의 소련 상공에의 정찰비행기 U-2 운용 시인 사실이 있다. 제2차 세계대전 이후 소련 상공에의 정탐 활동 여부에 대한 언론의 계속된 질문에 아이젠하워 대통령은 그럴듯하게 부인하지 못하고, 고도 비행에 의한 소련의 영공침입 및 정탐 사실을 언론에 공개적으로 시인하기에 이르렀다.

그 결과 1960년 5월 소련은 장거리 지대공 미사일을 발사해 U-2기를 격추했고 미국과의 예정된 정상회담도 취소했다. 당시 소련의 제1 서기장 흐루시초프는 자서전에서 그해 봄에 예정되어 있던 파리 4강 정상회담을 취소한 것은, 미국의 정찰 비행 자체보다는 아이젠하워가 그에 대한 책임을 인정한 것 때문이었다고 술회했다.517) 최고 국정

---

516) 헬름(1966-1973) 국장. 원문은 "*Plausible deniability was an absolute requirement for a covert action.*"이다.

책임자의 그럴듯한 부인이 얼마나 중요한지를 보여주는 좋은 사례이다.518)

2) 위장부인 성공사례-프랑스 레인보우 워리어 호사건

레인보우 워리어(Rainbow Warrior) 호는 국제환경기구인 그린피스가 운영한 선박이다. 1970년부터 1980년 초까지 각국의 바다표범 포획, 고래 어획 그리고 핵실험을 감시하는 활동의 선봉에서 활약했다. 1985년 7월 10일 뉴질랜드 오클랜드에 정박 중이던 레인보우 호는 일단의 사람들에 의해 침몰되었다. 추후 그들은 프랑스 대외안보총국(DGSE) 소속 정보요원들로 밝혀졌다.

당시 레인보우 호는 프랑스가 자국 속령인 폴리네시아 무루로아(Mururoa) 섬에서 실시하려던 핵실험에 항의하고 핵실험의 여파를 측정하며, 국제법 위반 여부를 모니터링하기 위해 뉴질랜드로 항해했다. 캐나다에 소재한 그린피스 사무실을 감시하던 프랑스 대외안보총국은 이 사실을 미리 알고 레인보우 호를 폭발시킬 비밀공작을 실행했다. 폭발 사고 후 프랑스 정보요원 마파트(Alain Mafart)와 프리에우(Dominique Prieur)가 현장에서 뉴질랜드 당국에 체포되어 비밀공작에 대한 프랑스의 관여와 직접 행위자가 누구인지는 명백해졌다.

그러나 프랑스 정부는 그것은 국방부 소속 대외안보총국이 독자적으로 행한 일로, 감독 책임자인 국방부 장관 찰스 에르누(Charles Hernu) 외의 관여는 없었다고 못 박았다. 또한, 자체조사 결과 레인보우 호 침몰 작전에 프랑스 정보기관과 영국 비밀정보부(M16)가 공조한 것인지도 모른다고 프랑스 언론에 암시했다.519) 레인보우 호 침몰 후 3개월이 지나서 에르누 국방부 장관은 국제적인 비난 여론을 못 이기고 사임했다. 그러나 국제사회의 비난의 초점이었던 미테랑(Mitterrand) 대통령은 사태에서 무난히 회피했다.520)

---

518) Shulsky & Schmitt(2002), p.93.
518) 어처구니없게도 당시 아이젠하워 대통령이 U-2 정탐 정찰기 운용 사실을 시인한 것은 소련과의 외교정상 회담에서 자신이 확실하게 군부와 정보기구를 장악하고 있다는 사실을 과시하기 위한 것이었다.
519) The Times(2005. 11. 28), French tried to blame Britain for sinking Greenpeace flagship, http://www.timesonline.co.uk/tol/news/world/europe/article597487.ece
520) Mark W. Janis &John E. Noyes, *op. cit.* pp.274-282. 동 사건은 프랑스와 뉴질랜드와의 외교 문제로 비화되어 국제사법재판소에 회부되었다. 프랑스 정부는 뉴질랜드에 사과 조로 650만 달러를 배상했고, 두 명의 프랑스 정보요원을 뉴질랜드 법정에서 선고받은 3년 형을 프랑스에서 복역하도록 하는 조건으로

하지만 레인보우 호 침몰 20주년인 2005년에 당시 미테랑 대통령이 비밀공작을 직접 승인했음이 밝혀졌다. 또한, 프랑스는 국제적 비난을 무마하고 영연방 국가인 뉴질랜드에 대한 영국의 영향력을 활용하려고 일부러 영국 비밀정보부(M16)의 개입 의혹을 언론에 암시했던 것으로 밝혀졌다.[521] 침몰 사건에 영국을 함께 끌어들여 국제적 비난에 대한 무마 여론을 동원하려 한 프랑스 정보당국의 또 다른 간접 비밀공작이라고 할 수 있다.

3. 위장부인 법리의 변화

이처럼 많은 논란을 유발한 '그럴듯한 부인권'은 미국의 경우에는 1974년 휴-라이언법(Hughes-Ryan Act)[522]에 의해 종료되었다고 간주된다.[523] 휴-라이언법은 비밀공작을 대통령이 서면 승인하도록 요구하고 대통령은 비밀공작이 국가안보를 위해 필요했다는 사실에 대한 설명과 작전의 범위를 명시해 의회 상·하원 정보위원회에 보고서를 제출할 것을 명시하고 있기 때문이다.[524]

또한, 1980년의 정보감독법(Intelligence Oversight Act)은 의회에 모든 비밀공작을 보고할 것을 요구하고 있다. 그러나 이러한 입법에도 불구하고 적절한 시점 등과 같은 입법용어의 애매함으로 인하여 여전히 정보기구에 재량과 회피의 여지를 남겨두고 있고, 비밀공작을 상세히 통보받은 의회에 오히려 곤란한 문제를 제기하기도 한다. 예를 들어 비밀공작을 통보받은 경우에도 의회는 실제 공작을 제지할 권한은 없고, 성공을 기원하며 오히려 누설하지 말아야 할 의무만 부가되는 경우도 적지 않게 발생한다.

인도받았다. 그러나 국가의 영웅이었던 이들은 프랑스 인도 후 바로 자유의 몸이 되었다.
521) The Times(2005. 11. 28), French tried to blame Britain for sinking Greenpeace flagship.
522) Hughes-Ryan Amendment to the Foreign Assistance Act. Pub. L. No. 93-559, §32,88 Stat.1804.
523) Dycus(2007), p.376.
524) 법 규정 원문은 다음과 같다. *"The President finds that each such operation is important to the national security and reports, in a timely fashion, a description and scope of such operation to the appropriate committees of the Congress."*

Ⅳ. 역류의 문제

1. 개념과 연혁

비밀공작의 하나인 선전공작과 관련한 문제로는 '역류 또는 역풍(blow-back)'의 문제가 있다. 역류는 언론 선전공작의 부작용으로, 비밀정보 요원이 정보공작의 하나로 외국에서 퍼뜨린 거짓 악선전이 본국에 유입되는 현상을 말한다. 즉 정보기구가 선전공작 목적을 위해 고의로 대상 국가에 살포한 허위 · 조작의 잘못된 내용의 언론 기사가 액면 그대로 국내로 유입되는 것이다.

역류는 비밀공작의 결과가 자국에 나타나는 대표적인 부작용이다. 선전공작에서 역류는 불가피한 현상으로 인정되기도 하는데 외국 방송 보도를 인용해 재방송할 때 우연히 발생하기도 한다. 원래 역류는 자동화기 소총의 유탄 현상에 빗대어 CIA가 창안한 조어(造語)이다. 1953년 이란 쿠데타에 대한 보고서에서 역류라는 용어가 처음으로 사용되었다.[525] 냉전 시대와 비교해 오늘날은 24시간 내내 방송하는 국제 방송 채널의 증가와 인터넷 등 정보통신 분야의 획기적 발달로 그 가능성이 더욱 증대되었다.

2. 법률 쟁점

역류와 관련한 논쟁의 핵심은 역류의 경우 해당 국가 당국은 작전을 포기하더라도 언론사에 사건의 진상을 말해 줘서 진실 보도를 통한 공익목적 달성을 도모해 줄 책임이 있는가 하는 문제이다. 아직 본격적인 논쟁으로 발전하지는 않았지만, 행정법적인 이익형량의 원칙에 의해 개별적으로 해결해야 할 문제로 판단된다. 즉 작전의 성공확률이 높고 중요성도 커서 해당 언론사에 진실 고백을 유보하고 작전을 유지함으로써 얻을 수 있는 국가안보 이득이, 언론에 진상을 밝힘으로써 얻을 수 있는 국가안보 이익보다 크다면 진실 고백을 유보해야 할 것이고, 반대의 경우라면 선전공작을 포기하는 경우가 생기더라도 언론에 진상을 알려줄 책임이 있다고 할 것이다.

이러한 이치는 아래에서 보는 바와 같이 오늘날 비밀공작의 상당수는 공개공작으로

---

525) "Clandestine Service History: *Overthrow of Premier Mossadeq of Iran*,(November 1952-August 1953)".

도 가능하다는 것이 실천적으로 입증되었기 때문에 군이 외교적 부작용이 많은 허위·기만 선전공작을 유지할 이유가 없다는 점에서도 수긍이 간다. 또한, 여러 가지 역류현상에 대해 침묵만 하는 것은, 궁극적으로 대내적인 정부 불신과 대외적인 국가 불신을 초래할 수 있으므로 선별적인 해명은 정치·외교적인 요청이라고도 할 수 있다.

Ⅴ. 비밀공작의 수단으로서의 암살(Assassination)

1. 암살의 연혁

17세기와 18세기 유럽 각국은 암살을 대외정책의 중요한 정책 수단의 하나로 사용했다. 또한, 소비에트 정보기구는 살인을 '축축하고 지저분한 사건(wet affairs)'이라 칭하며 정보기구의 정당한 업무로 활용했다. 이스라엘 정보기구도 이스라엘 밖에서의 살인을 정보활동의 하나로 사용했다.[526] 암살은 통상 정치적 이유로 상대방을 살해하는 것으로 법적으로는 명백한 살인이다. 다만 통상의 살인과 다른 점은 동기에 있어서 개인적인 것보다는 이념적·정치적 또는 군사적 이유인 경우가 많다는 것이다. 암살과 동의어로는 '목표 살인(targeted killing)' 또는 '법외 집행(extrajudicial execution)'이라는 용어가 있다. 모두 통상의 법적인 살인(murder)과는 다른 뉘앙스를 주기 위한 표현이다.

역사적으로 암살은 매우 오래된 무력 외교 수단의 하나였다. 기원전 44년 카이사르의 왕위찬탈을 저지하기 위해 친구인 브루투스(BC 85~BC 42)가 저지른 카이사르 암살이 있었다. 식민 제국주의 열강의 영토전쟁 와중인 1914년 6월 28일, 세르비아의 한 청년이 사라예보에서 오스트리아 합스부르크 왕가의 페르디난트 황태자 부처를 암살한 것은, 단 한 발의 총성으로 제1차 세계대전을 유발했다. 1865년 부스(John Wilkes Booth)가 저지른 링컨(Abraham Lincoln) 대통령 암살, 1881년 제임스 가필드(James Garfield) 미국 대통령 암살, 1901년 맥킨리(William McKinley) 미국 대통령 암살, 1963년 오스왈드(Lee Harvey Oswald)가 저지른 케네디(John F. Kennedy) 대통령 암살로 미국은 저명한 4명의 대통령을 잃었다. 1948년 고드세

---

526) Lowenthal(2020), p.247.

(Nathuram Godse)가 인도의 정치적 · 정신적 지도자였던 간디(Mahatma Gandhi)를 암살했고, 1984년 인디라 간디 인도 수상, 그리고 1995년 11월 4일 이스라엘 수상 라빈(Yitzhak Rabin)도 암살의 희생양이 되었다. 2008년에는 파키스탄의 유력한 정치가로 무샤라프 군부 통치에 반대하는 부토 여사가 총선을 며칠 남겨두고 암살당해, 파키스탄의 내부의 혼란은 물론이고 국제사회에 위기를 초래하기도 했다.

우리의 경우에도 1974년 8월 15일 광복절 기념식이 열린 국립중앙극장 단상에서 박정희 대통령에 대한 암살이 시도되어 대통령 암살은 미수에 그쳤지만, 국가안보의 또 다른 상징인 육영수 여사가 조총련계 문세광에게 저격당했다.

실패로 끝났지만 유명한 암살 모의로는, 1944년 7월 20일 독일군 장교 슈타우펜베르크(Claus von Stauffenberg) 등이 진행한 히틀러(Adolf Hitler) 암살 기도가 있었다.[527] 쿠바 카스트로(Fidel Castro) 대통령에 대해서는 수많은 암살 기도가 있었고, 1981년 힌클리(John Hinckley)가 저지른 레이건(Ronald Regan) 대통령 암살 기도, 1981년 알리(Mehmet Ali)가 저지른 교황 존 폴 II세 암살 기도도 있었다. 1986년 레이건 대통령이 승인한 작전명 엘도라도 협곡(Operation El Dorado Canyon)에 의한 리비아 대통령 가다피(Muammar Gaddafi) 암살 기도,[528] 1991년의 병영 폭파 공격을 시발로 한 이라크 대통령 사담 후세인에 대한 집요한 암살 기도도 유명하다.

2. 법률 논쟁

현재까지 각국 정보기구는 대외적인 활동에서 암살을 유용한 정보활동 중의 하나로 사용하고 있는 것으로 알려져 있다. 그렇지만 평시에도 암살을 유효한 정보공작 활동의 하나로 인정할 것인가에 대해서는 법적인 논란이 있다.

---

527) 슈타우펜베르크는 제2차 세계대전 중 군부 내 반체제 인사 등을 규합해 세계대전을 초래한 히틀러를 재앙의 핵으로 보고 암살 모의를 진행했으나 실행에 옮기지 못하다가 1944년 6월에 비밀경찰 게슈타포(Gestapo)에 적발되어 5,000여 명이 체포되었고 200명이 사형당했다. 한편 영국 정보기관도 제2차 세계대전 중 히틀러를 암살하려고 했으나 실행을 포기했다고 1998년 공개했다. 이유는 히틀러가 워낙 기묘한 인물이었기 때문에 동맹국에도 좋은 자산으로 제거하기에는 아깝다고 판단했다는 것이다. Lowenthal(2020), p.246. 2009년 영화 오퍼레이션 발키리가 묘사한다.

528) 암살을 위한 공중폭격에서도 가다피 대통령은 화를 모면했으나 입양 딸 한나(Hanna)가 사망함으로써 가다피는 더 강경해지고, 팬암 여객기 등 민간 항공기에 대한 보복 공격을 감행했다.

1) 절대적 금지설

국가가 특정한 개인을 제거의 대상으로 간주하고 이를 실행하는 것은 도덕적으로도 옳지 않은 것으로 암살은 어떤 경우에도 금지되어야 한다는 견해이다.

2) 상대적 금지설

인간의 존엄성에 대한 근본적인 파괴인 암살이 정당하다고 할 수는 없지만, 암살이 특별한 경우에는 최선의 선택으로 피해를 최소화할 수 있는 첩경이고, 오히려 도덕적으로도 정당한 것으로 받아들여질 수 있다는 입장이다. 예를 들어 히틀러를 제2차 세계대전 전에 제거했거나, 오사마 빈 라덴(Osama bin Laden)을 9/11 테러공격 이전에만 제거했다면, 그들이 저지른 대량 살상을 막고 수많은 선량한 생명을 구했을 것이므로, 그들에 대한 암살은 자위 수단을 인정한 국제법적으로는 물론 도덕적으로도 정당한 방법이라고 주장한다.

3) 결 어

2001년 9월 11일 미국에서 일어난 테러공격을 계기로 정보활동의 한 수단으로의 암살 방법은 새로운 조명을 받고 또다시 논쟁거리가 된 것이 사실이다. 물론 절대적 금지론자들은 아무리 흉악하고 대량 학살을 저지른 범죄자라도 암살을 금지해야 한다고 주장한다. 그들은 어떤 상황에서도 암살은 국가 공권력을 이용한 자의적 타격이고 사실적인 보복에 지나지 않는 야만 행위로, 암살은 **'공권력에 의한 살인 행위'**에 지나지 않는다고 비판한다.

그러나 암살을 전면 금지하는 것도 피 암살자의 속성에 따라서는 상상할 수 없는 대량 학살을 유발할 수 있어 현실을 도외시한 경솔한 주장이라는 비난을 면할 수 없다. 그러므로 현존하는 명백히 돌이킬 수 없는 피해를 회피하기 위한 수단으로서의 암살은 평시라고 해도 형법상의 정당방위나 자구행위의 이론에 의해서도 정당화될 수 있다고 사료된다.

한편 평화시에 불법적 살인은 국제법적으로 금지되어 있다. 그러나 전쟁 시에는 군대는 적군을 상대로 한 합법적 살해를 전제로 한 교전 행위를 실행하는 것으로서 암살은 정당한 교전 수단이기도 하다. 하지만 전시나 평시라고 해도 예외적 경우 이외의 암살은 국제법적으로 금지되었다는 것이 통설이다.[529]

그러므로 암살은 원칙 금지, 예외 인정이라는 결론이 도출된다고 할 수 있다. 명심해야 할 사항은 이상과 같은 암살의 합법성에 대한 논의는 해외에서의 외국인을 상대로 한 경우를 말하는 것이다. 한국을 포함한 각국은 각종의 국내 입법으로 위법성 조각사유가 없는 살인 행위를 중범죄로 처벌하고 있다.[530]

3. 암살에 대한 법적 규제

1) 경 과

암살에 대한 법적 규제 문제도 주로 미국을 중심으로 논의되었다. 1975년 미국 정보공동체의 정보업무의 총체적인 오·남용 사례를 조사하기 위해 구성된 의회 처치 위원회(Church Committee)는 정보공동체가 1960년대부터 1970년대 사이에 피델 카스트로 쿠바 대통령에 대한 암살 시도 등 다수의 암살 시도에 개입했다는 사실을 확인했다.

이에 따라 처치위원회는 1976년부터 미국은 공식적으로 미국 당국이 직접 행하는 것이든, 외국인 등 제3자를 통한 방법이든 평화시에 암살 사용을 공식적으로 금지할 것을 권고했고, 그 결과 미국은 1981년 레이건 대통령이 대통령 명령 제12,333호[531]를 발령하여 암살을 국가정책 실행의 한 방법으로 사용하는 것을 명백히 금지했다. 명령은 누구도 미국 정부를 위해 암살 모의나 실행에 가담되지 않을 것임을 명시했다. 간접적 암살 참가도 금지했다. 원문을 옮겨 본다.

> 2.11 Prohibition on Assassination. No person employed by or acting on behalf of the United States Government shall engage in, or conspire to engage.

---

529) Dycus(2007), p.282.
530) 한국은 형법 제250조에 살인죄의 기본적 구성요건을 규정하고 있다. 제1항의 보통 살인죄는 사형, 무기 또는 5년 이상의 징역형에 처하도록 하고 있다.
531) Executive Order No. 12,333. 46Fed. Reg. 59,941 (1981). 이것은 평화시에 암살을 금지했던 전임 포드 대통령과 카터 대통령의 명령을 구체화한 것이다. Dycus, op. cit, p.280-283.

2.12 Indirect Participation. No agency of the Intelligence Community shall participate in or request any person to undertake activities forbidden by this Order.

한편 위의 대통령 명령에 대한 보충 의견을 발표한 국방부 법률 자문 변호사 팍스 (Hays Parks)는 암살금지의 범위를 다음과 같이 명백히 밝혔다. ① 전쟁 시의 공개적 무력 폭격이나 은밀한 방법에 의한 암살, ② 미국의 국가안보에 급박한 위협을 초래할 위험이 있는 인물에 대한 저격은 대통령 명령 제12,333호가 규제하고 금지하는 암살이 아니라고 했다.

2) 암살금지의 현대적 해석

레이건 대통령 명령 1,2333호는 평시 암살을 금지하고 있지만, 테러와의 전쟁을 선포하기 전인 1998년에도 아프가니스탄에서 알카에다(Al Qaeda) 지도자 오사마 빈 라덴(Osama bin Laden) 암살을 위한 미사일 공격을 감행했다.

클린턴 행정부는 미사일 공격의 목적은 오사마 빈라덴과 그의 경호원을 살해하기 위한 것, 즉 암살 시도라는 사실을 명백히 밝혔다.[532] 그럼에도 행정부 당국자는 오사마 빈라덴을 특정 목표로 한 암살 시도는 암살을 금지하는 오랜 행정부 입장에 반하는 것은 아니라고 주장했다. 국가안보회의 자문 변호사에 의해 작성된 의견서는 미국은 테러 조직의 인프라를 공격할 수 있는 당연한 권리를 가지고 있는데, 특정한 영토개념이 없이 이동을 주요 요소로 하는 테러 조직의 특성상 오사마 빈 라덴은 테러 조직 인프라의 정점이라는 것이다. 더욱이 테러와의 전쟁 중인 오늘날은 테러 분자들은 합법적인 전투 대상으로 인식되어 있다.[533]

---

532) Lowenthal(2020), p.247.
533) *Id*, p.247.

Ⅵ. 결과 평가 문제-성공한 비밀공작은 과연 성공한 것일까?

1. 문제점

비밀공작에 대해서는 다양한 각도에서 많은 쟁점이 논의되지만, 마지막으로 남은 어려운 문제 중의 하나가 비밀공작의 성공과 실패의 판단 문제이다. 비밀공작의 수행 주체를 정보기관으로 할 것인가, 국방부로 할 것인가를 포함해 비밀공작이 정보업무에 포함되는 것인가의 논쟁은 앞서 살펴보았다.[534)]

통상 행정부 업무수행에 대해서는 자체적인 심사분석을 비롯해 감사원 감사, 국회의 국정감사 등을 통해 성공 여부를 전제로 한 문제점 등에 대해 평가가 뒤따르게 됨이 일반적이다. 그러나 비밀공작의 경우는 그러한 일반적 평가 절차나 방법이 매우 한정적이고 적당하지 않다는 특성이 있다.

더 큰 문제는 비밀공작은 국가의 운명은 물론이고 경우에 따라서는 세계의 역사를 뒤바꿀 수도 있는 문제로서 역사적으로 누가 어떻게 성공 여부를 평가할 수 있겠느냐는 해결하기 어려운 문제가 뒤따른다. 유한한 정권을 위한 단기 정략적인 비밀공작에서뿐만 아니라 작전상으로 대성공으로 보이는 비밀공작이 추후에 진상이 밝혀지고 뒤따르는 부작용 등으로 오히려 하지 않은 것보다 못했다고 비판받는 경우가 적지 않았다. 사례를 살펴보면서 이해의 편의를 도모한다.

2. 비밀공작 성공평가의 상대성

1953년 8월 19일 미국과 영국 정보당국은 전술한 바 있는 아작(Operation Ajax) 비밀공작을 감행해 이란 군부를 지원하여, 당시 집권 세력인 민족주의자자로 외세를 배격하고 원유산업을 국유화하려는 민선 수상 모사덱(Mohammed Mosaddeq)을 실각시키고 친 서방 팔레비 체제를 출범시켰다. 그러나 부패한 팔레비 정권에 염증을 느낀 이란 국민은 약 26년이 지난 1979년 이번에는 아작 비밀공작에 의해 들어섰던 친 서방의 팔레비 정권을 축출시키고, 신정(神政)체제를 시행한 호메이니(Khomeini Regime)를 받아들였다.

---

534) Shulsky & Schmitt(2002), pp.5-7.

그때부터 반미를 기치로 내세운 호메이니 정권의 정체성은 오늘날까지도 계속되어, 이란은 중동에서 반 서구적인 대표 정권이 되었다. 산술적으로도 아작 비밀공작은 26년의 친서방체제보다 더 긴 약 30년의 반서방 체제의 이란 정권을 탄생시키는 데 기여했고, 미국과의 대척 문제로 이슬람 민족의 자결권을 주창하며 추진하는 이란의 핵 문제 등은 오늘날까지도 세계평화와 안녕을 위협하는 국제 · 외교적인 대표적인 문제로 남아 있다. 과연 당시에는 맵시 있게 성공했다고 평가받았던 비밀공작 아작(Operation Ajax)은 성공한 것인가? 라는 점은 현재까지 여전히 문제가 되고 있다.

또 다른 예를 보면 오늘날 인류의 또 하나의 비극으로 남아 있는 아프가니스탄의 사례도 비슷한 의문을 제기한다. 소련의 아프가니스탄 침공 시 중동지역에서의 소련의 영향력 확대를 우려한 미국과 NATO는 CIA를 중심으로 무장 게릴라 단체인 무자헤딘(Mujaheddin)에 군사무기를 지원하는 비밀공작을 전개했다. 그 결과 미국과 나토는 공산주의 영향력 확대를 도모했던 소련을 아프가니스탄에서 별다른 성과 없이 퇴각시키는 데는 성공했다. 더 나아가 아프가니스탄에서의 소련군의 소모전은 경제적 위기를 가중시켜 소련의 조기 멸망을 이끄는 데도 일조를 했다고 평가받는다.[535]

그러나 아프가니스탄은 오늘에 이르기까지 내전에 휩싸여 있고 이슬람 원리주의자들인 탈레반(Taliban) 통치에 따른 지구상 최악의 **'여성의 지옥'** 더 나아가 미국을 최고 목표의 공격대상으로 하는 국제 테러 조직인 알카에다를 지원하며 세계 곳곳에서 세계평화와 안전을 위협하고 있다. 그렇다면 과연 CIA가 전개한 무자헤딘 반군지원 비밀공작은 과연 성공한 것으로 볼 수 있는가?

제2항 비밀공작의 향후 과제

I. 비밀공작의 전망

1991년 소련의 멸망에 따른 냉전의 종식 후, 크게는 정보기구가 더 이상 필요한지와 작게는 비밀공작이 계속 필요한지에 대해 의문이 제기되었었다. 일부에서는 냉전의 종식과 함께 비밀공작의 필요성은 감소했고, 비밀공작으로 얻을 수 있는 실익보다 부작

---

535) Lowenthal(2020), p.250.

용이 더 크기 때문에 비밀공작은 더 이상 국가정보기구의 임무로 유지되어서는 안 된다는 주장을 하기도 했다.[536)

반면에 일부에서는 대외정책을 수행하는 데 있어서 외교적인 활동이나 공개설득, 국제협력 또는 예외적인 경우의 무력시위 등 정식 국방정책으로 문제를 해결하는 것이 바람직하지만 냉전의 종식에도 불구하고 외교·국방정책을 통해 해결할 수 없는 문제들이 남아 있기 때문에 정보기구에 의한 비밀공작의 수행은 여전히 필요하며 중요하다고 주장한다.

결론적으로 냉전 시대 이후에 그 필요가 감소할 것 같았던 비밀공작은 오늘날 대량살상무기확산 저지, 테러 조직과 마약 거래와 국제조직범죄에 대한 대응, 인종 분규 등으로 그 중요성이 오히려 더해지고 있다. 지금도 아프가니스탄, 중동 등지에서는 오사마 빈라덴 검거를 위한 비밀공작을 비롯해 세계 곳곳에서 미국과 러시아의 다양한 비밀공작이 행해지는 것으로 알려졌다.

오늘날은 이러한 영토적으로 한정된 특정한 어느 하나의 국가에 의한 문제가 아닌 초국가적(transnational) 그리고 다국가적(multinational) 위협이 증대함에 따라서 신속한 기동성, 첨단과학 장비 활용에 의한 대응, 가상 사이버테러 등 가상공간을 활용한 기법 등으로 비밀공작 수행을 훨씬 힘들게 한다.

현재 미국 정보공동체의 주요한 비밀공작은 테러 조직 붕괴, 마약 선적 저지, 무기거래대금 송금 차단 등에 중점이 있다. 이러한 요청은 화력 등 현장 물리력이 아닌 첨단과학을 이용한 비밀공작 활동을 요청한다. 예를 들어 컴퓨터 전쟁은 이들 3가지 유형의 범죄조직 흐름을 파악하고 신속히 대응하는 데 좋은 작전 방법이다. 또한, 그것은 하나의 개별국가만을 목적으로 하지 않고 동시다발적으로 많은 초국가적 위협을 상대로 전개된다.

신무기 개발 등 대량살상무기확산방지를 위한 비밀공작을 살펴보면 북한, 이라크, 이란 등은 꾸준하게 무기 개발에 열성을 다하는 나라들이다. 다만 첨단과학 기술력이 상대적으로 부족하기 때문에 이들 국가의 군사 연구개발은 해외 선진국에서 분야별로

---

536) Godson, Roy, ed. Intelligence Requirements for the 1990s : Collection, Analysis, Counterintelligence, and Covert Action(Lexington MA: Lexington Books, 1989). p.271.

필요 장비들을 개별적으로 구입해 비밀리에 이를 종합함으로써 신무기를 개발하는 것으로 알려져 있다.

CIA는 이에 대해 세계 각국을 상대로 거래 자체를 금지하는 외교·경제정책을 취할 뿐만 아니라, 거래를 저지하지 못한 경우에도 그들 국가의 거래 물품에 불량부품 등이 공급되게 함으로써 연구개발이 계속 실패되게 유도하고 결국 좌절시키는 등의 비밀공작 활동을 했다.[537] CIA는 리비아나 이란으로부터 비밀공작 목표 국가에 원유 수출이 이루어질 때는, 그 거래에 비밀리에 개입해서 원유에 다량의 물을 투입하는 등의 방법으로 양측에 불신을 초래하고 국제사회에서 신용을 떨어뜨리는 등의 비밀공작도 수행했다.[538]

안보위협이 급박하지만, 국가안보를 보장할 수 있는 외교나 국방정책의 대안이 한정된 나라일 경우에는 더욱 비밀공작 수법을 동원할 수 밖에 없다. 미국 조지타운 대학의 교수로 국가전략정보센터(National Strategy Information Center) 소장인 정보전문가 고드슨(Roy Godson)의 지적처럼 비밀공작은 모든 문제를 해결할 수 있는 '마술 탄환(magic bullet)'은 물론 아니다.[539]

그러나 냉전의 종식에도 불구하고 더욱 다양한 특정하기 어려운 위협 주체, 즉 초국가적 위협이 등장했다. 그에 따라 국가 간의 안보·이익 경쟁을 전제로 하는 국제사회에서 향후에도 우주·해양 등을 무대로 한 새로운 대결의 장에서도 기존의 통상적인 국가정책으로는 해결할 수 없는 새로운 유형의 도전은 계속될 것이다. 그 결과 비밀공작의 필요성은 여전히 지속될 것으로 전망된다. 또한, 국제사회가 모두 침략전쟁은 부인하는 데는 일치하지만, 상대방이 있는 전쟁은 한 나라의 의지만으로 회피될 수 있는 것도 아니다.

평화시의 무력 사용에 대해서도 UN 헌장은 다음의 3가지 경우에 그를 허용하고 있다고 해석된다.[540] 첫 번째가 외국의 무력 사용과 적대적 행위에 대한 정당한 반격, 두 번째가 목전에 도래한 급박한 무력 사용에 대비한 선제 자위 공격[541] 마지막으로

---

537) Richelson(2016), pp.350-356.
538) Id.
539) Roy Godson, "*Covert Action : Neither Exceptional Tool nor Magic Bullet,*" p.167.
540) The Charter of United Nations article 2(4).
541) "Preemptive self defense against an imminent use of force" 상세는 필자의 The Impact of

계속되는 위험에 대한 자위 수단으로 무력을 사용할 수 있다고 본다. 그러므로 평화시에도 예기치 않은 전쟁 발발의 위험은 한 나라의 의지와는 무관하게 있을 수 있고 그를 회피하기 위한 외교 · 국방정책과 함께 비밀공작의 강구는 국가안보와 이익을 수호하기 위한 필수적인 요구라고 할 것이다. 따라서 냉전의 종식과 더불어 국가정보기구 비밀공작의 수요가 사라졌거나 적어졌다는 견해는 경험적으로나 이론적으로 잘못이라 하지 않을 수 없고, 오히려 비밀공작에 대한 탄탄한 법적 근거를 갖추는 노력이 시급하다고 할 것이다.

Ⅱ. 비밀공작 이외의 정보기관에 의한 정책의 직접 실행

1. 정보의 현장 정책 활동

국가정보기구는 대통령의 명령에 따라 비밀공작이 아닌 방식으로 정책을 직접 실행하기도 한다. 그러나 그것은 정확하게 말하면 국가정보기구의 본연의 임무는 아니다. 다만 제반 정보를 가지고 있어서 구체적인 일을 수행하는 데 신뢰감을 줄 수 있고 효율적으로 행할 수 있다는 이점 때문에 정보기구의 책임자를 특사 등 대통령 대리인으로 임명해 업무를 수행하게 하는 것이라고 할 수 있다. 그러나 현실에서는 그러한 임무수행을 비밀공작으로 오인하는 때도 적지 않으므로 이론적으로는 구분해서 이해할 필요가 있다.

한 가지 사례를 살펴본다. 1990년 초 부시 행정부는 파키스탄과 인도 간의 핵 분쟁 가능성을 크게 걱정했다. 1990년 5월 인도는 특수타격부대를 포함한 20만 명의 병력을 파키스탄과의 캐시미르(Kashmir) 국경 분쟁지역으로 파견했다. 미국 정보공동체의 정보분석 결과는, 파키스탄이 1971년 인도에 방글라데시(당시 동파키스탄)를 빼앗겼던 치욕적인 패전에 대한 보복 기회로 삼아 전쟁을 불사하기로 계획하고, 핵무기를 조립했고 일부는 이미 전폭기에 탑재되었을 가능성이 있다고 결론지었다.

미국 정보당국의 또 다른 정보에 따르면 파키스탄의 핵무기 사용 권한을 당시 온건론

Terrorism on the Development of International Human Rights—hints from the Legal Cases and the Terrorist Surveillance Program of the United States of America (중앙법학, 2008). p.8.

자인 부토(Bhutto) 수상이 가지고 있지 않고, 대통령 칸(Ghulam Ishaq Khan)과 강경파 벡(Mirza Aslam Beg) 장군에게 있다고 판단했다. CIA 정보분석 결과에 따르면 이들은 인도군에게 또 한 번의 수모를 당하느니, 뉴델리 등에 대한 핵 공격을 시도할 가능성이 매우 크다고 정보판단되었다. 그러면 파키스탄으로부터 핵 공격을 당한 인도 또한 상응한 핵 공격을 할 것으로 판단되고, 결국 세계는 핵전쟁의 공포에 휩싸일 수 있다고 결론지어졌다.

중앙정보국장 로버트 게이츠(Robert Gates)와 정보평가를 종합한 CIA 부국장 커(Richard J. Kerr)도 양측의 오판으로 파키스탄과 인도의 대립은 핵전쟁으로 치달을 가능성이 있다고 최종적으로 결론지었다. 이런 다급한 위기의 와중에 부시 대통령은 게이츠 국장에게 대통령 친서를 휴대케 하고 대통령 특사 자격으로 직접 파키스탄으로 가서 칸(Khan) 대통령과 벡(Beg) 장군을 만나고, 이어서 인도로 가서 싱(Singh) 수상을 만나 중재할 것을 지시했다.

게이트는 자신이 그때 그곳에 간 것은 외교관은 아니지만, 정보공동체 총책임자로 양측의 동태를 모두 정확히 파악한 훈련된 정보공무원으로, 인도와 파키스탄이 상호 간에 실제는 핵전쟁까지는 의도하지도 않으면서 점차 핵전쟁의 와중으로 접어드는 상황임을 이해할 수 있도록 올바르게 설명해 핵전쟁을 저지하기 위한 특수임무라고 말했다.

게이츠 국장을 면담하고 상황을 파악한 파키스탄 칸(Khan) 대통령은 캐시미르에 주둔한 파키스탄의 특수부대인 '자유 투사(freedom fighter)'는 활동을 멈출 것이라는 비밀 언질을 주었다. 게이츠 국장은 파키스탄 칸 대통령의 언질을 받고 바로 인도로 날아가 인도 수상을 만나 칸 대통령의 언질을 전했다. 인도도 분쟁 캐시미르 접경지역의 인도군 책임자에게 경계를 해제할 것을 명령했다. 핵전쟁 위기는 더는 고조되지 않았다. 그 후 미국 정보공동체는 양측 중요 책임자들이 정기적으로 회합을 가지고 상호 신뢰 구축에 합의했다는 것을 파악했다.

짧은 시간이었지만 정보공동체는 정확한 정보수집과 분석 그리고 판단을 바탕으로 정보공동체의 수장(首長)이 직접 움직이는 '행동 정보'로 활약했다. 그리고 인도와 파키스탄 양측에 정확히 그들 자신도 모르는 위험 가중 현상에 대한 정보를 제공하고 올바른 정책 결정을 하도록 유도함으로써 통상의 정책담당자로서는 하기 어려운 임무를 수행했던 것이다. 그 결과 세계는 쿠바 미사일 위기 후 최대의 핵전쟁 위험을 피할 수 있었다.[542] 비밀공작은 결코 만능이 아니라고 했듯이 이처럼 비밀공작 이외의 방법으로도, 대통령의 구체적 업무지시로 국가정보기구에 의한 국가정책 집행이 이루어질 수도 있다.

2. 현행법 규정-한국의 가능성과 필요성

다양하고 급변하는 국제정세 속에서 유연성 있는 국가정책의 수행을 위해, 기존의 고정된 정부조직법상의 기구 외에 최고통치권자의 특별임무를 부여받은 사자(使者)에 의한 소위 특사 등의 필요성은 넉넉히 인정된다. 그것은 세계 각국의 공통된 현상이기도 하다. 물론 그러한 특별임무 대리인 제도는 법정된 기존의 공조직의 임무를 대행하는 것으로 민주 법치주의 국가에서는 당연히 국민의 대표인 국회에서 제정된 법에 의해 그 범위와 내용이 법정되어야 하는 것은 물론이다. 그러므로 국가정보원법에 대통령의 기타 업무 지시권 같은 포괄 조항이라도 있다면 그에 의해서도 앞서 본 바와 같은 행동 정보로의 활동이 가능할 것이다. 한편 대한민국은 정부 대표에 대한 관련법으로 1962. 5. 31 제정한 '정부대표 및 특별사절의 임명과 권한에 관한 법률 (약칭: 정부대표법)'이 있다.[543] 정부대표법은 특정한 목적을 위해 대외적으로 대한민국을 대표하고 특정 임무를 대행하는 기관으로 두 가지 종류를 두고 있다. 하나는 정부 대표이고 다른 하나는 특별사절이다(제1조). 한편 정부대표법과 다른 법률에 의하지 않고는 제1조에 규정된 정부 대표 행위와 특별사절 임무를 할 수 없다(제2조).

정부 대표와 특별사절의 임명에 대한 정부대표법의 규정에도 불구하고 실제의 임명 절차가 정확히 법의 규정에 따라 이루어지고 있는지는 의문이다. 한편 정부대표법은 정부 대표와 특별사절은 외국 정부와 국제기구와 교섭하는 등의 경우로 그 대상을 명백히 한정하고 있다. 외국의 무장반군 세력이나 민간 NGO, 국영상사와의 교섭이나 정부 인식과 관심을 전달하기 위해서는 정부 대표와 특별사절을 활용할 수 없음이 명백하다.

---

542) Roger Z. George & Robert D. Kline., *Intelligence and the National Security Strategist*, pp.443-444
543) [법률 제17160호, 2020. 3. 31 시행].

문재인 정부 시절의 국정원장의 행태를 반추해 보면 정책과 정보에 대한 장벽을 완전히 허물고 정보기구를 외교부나 통일부 같은 정책부서로 사용함으로써 결과적으로 정보 정치화의 극대화를 초래했다는 비판을 면하기 어려워 보인다.

Ⅲ. 비밀공작의 형태 변화–개방공작(Overt Action)

비밀공작에 대한 법적 규제와 감독의 통제는 비밀공작의 수행 양태에 대한 변화뿐만 아니라 구체적인 사안에서 비밀공작의 적격성, 즉 반드시 비밀스럽게 비밀공작으로 할 필요가 있는가라는 점을 되돌아보게 했다. 그 결과 예전 같으면 의심 없이 당연히 비밀공작으로 추진될 일들이 공개적으로 진행되는 경우가 증가했다. 공개성을 근저로 하는 민주주의 체제에서 국민의 정보기구 그리고 국가의 정보기구를 지향하는 입장에서는 바람직한 방향이라고 할 수 있을 것이다.

예를 들어 아프가니스탄과 니카라과 반군에 대한 지원 문제가 공개적으로 미국 의회에서 토론되었다. 공개토론의 핵심은 미국의 대외정책상 반군조직에 원조하는 것이 타당한가에 있었다. 토론이 언론에 보도되자, 미국 정보공동체는 비밀공작으로 은밀하게 반군을 지원하려던 계획을 포기하고 대외원조법을 한시적으로 개정해서라도 소련이 1988년 제네바 합의에 따라 아프가니스탄에서 철수하지 않으면 미국은 아프가니스탄 반군을 지원하겠다고 공언했다.

당시 아프가니스탄 반군인 무자헤딘은 무장 게릴라 조직으로, 이들에 대한 미국의 지원은 법으로 금지되어 어려웠지만, 미국은 소련의 팽창을 막고 국익을 수호하기 위해 법을 개정해서라도 무자헤딘 게릴라 조직을 지원하는 것이 타당하다는 다수결에 의해 그 같은 공개적인 논의를 벌여 지원을 결정했던 것이다. 또한, 예전 같으면 당연히 비밀공작으로 전개되었을 언론 선전공작에서도 미국은 1998년의 이라크 해방법(Iraq Liberation Act : ILA)544)에 '유럽 자유의 소리(Radio Free Europe : RFE),' 2004년의 북한인권법에 '아시아 자유의 소리(Radio Free Asia : RFA)' 방송국 설립을 명시했다.545) 은밀하게 선전공작의 일환으로 자금을 지원하던 예전의 방식을 포기하고 새로

---

544) Pub. L. 105-338(10/31/98).
545) 필자 전게논문 Han, H. (2007) "Newly arising issues on the limitation of intervention law and

창설된 독립적인 연방기구인 '국제방송위원회(Board for International Broadcasting : BIB)'를 통해 자금을 공개적으로 제공하는 방식으로 전환한 것이다.546)

또한, 재임 중 전 세계에 민주주의의 확산을 정책 목적의 하나로 삼고 민주주의 자체를 인류의 기본인권의 하나로 UN 총회에서의 결의를 끌어낸 레이건 대통령은, 예전 같으면 민주주의 확산과 공산주의 저지를 정보기구에 의한 비밀공작의 하나로 행했을 것을, 1983년 연방기금으로 공개적으로 설립한'민주주의진흥기금(National Endowment for Democracy : NED)'으로 하여금 민주주의 확산 운동으로 전개하도록 했다. 오늘날 민주주의 진흥기금(NED)은 미국이 설립한 단체라는 사실이 전 세계에 잘 알려져 있다.

민주주의 진흥기금은 정보기구의 비밀공작을 대신해 민주주의가 취약하거나 존재하지 않는 외국에서 민주화를 증진하거나 민주적인 삶에 이바지하는 노조, 기업연합회, 언론, 정당 등을 대상으로 어용 시비 없이 공개적으로 활발하게 지원 활동을 하고 있다.547) 이러한 노력은 독일에도 국제적 활동을 위한 좋은 모델로 도입되었다. 이처럼 다양한 형태의 공개적인 조직에 의한 활동은 국가정보기구 비밀공작의 일부를 대체한 것으로 인정되고, 결국 비밀공작도 무작정 비밀의 세계에서만 머무를 필요가 없다는 것을 보여준 것으로 이해된다.548)

---

    refugees under the North Korean Human Rights Act of 2004", Atoms for Peace: An International Journal, Vol. 1, No. 4, pp.355-422.
546) Shulsky & Schmitt(2002), p.94.
547) David Lowe, "Idea to reality: A Brief History of the National Endowment for Democracy," provides an account of the legislative history of NED's creation., www.ned.org/about/about.html.
548) Shulsky & Schmitt(2002), p.95.

Ⅳ. 마무리

이상의 논의를 통해 보면 CIA 정보연구센터(Center for the Study of Intelligence)의 부소장을 역임하며 비밀공작을 연구한 제임스 베리(James A. Barry)가 제시한 미국 국민의 지지를 받기 위한 비밀공작의 조건은 시사하는 바가 크다. 제임스 베리는 1993년 대외정책조사처가 발행한 세계문제를 취급하는 저널에 '**비밀공작은 정당화될 수 있다(Covert Action Can Be Just)**'는 논문에서 비밀공작을 정당화하기 위한 5가지의 요건을 제시했다.

첫째, 비밀공작은 행정부의 관련 정책부처의 사전 심의를 거치고 의회 관계자들이 완전히 인지한 가운데 대통령에 의해 명백히 승인되어야 한다(사전 승인의 원칙).

둘째, 비밀공작의 의도와 목표가 정확히 나타나야 하고, 합리적이고 정당해야 한다(정당성의 원칙).

셋째, 비밀공작은 목표 달성을 위한 다른 효과적인 수단이 없을 때만 추진해야 한다(보충성의 원칙).

넷째, 비밀공작은 성공할 수 있다는 근거가 있어야 한다(타당성의 원칙).

다섯째, 비밀공작은 선택된 수단과 방법들이 공작목표에 부합되어야 한다(수단과 목적의 비례의 원칙).549)

---

549) Barry, James A. Covert Action Can Be Just, ORBIS, A Journal of World Affairs. Vol. 37, No. 3, Summer 1993. Greenwich, CT : Foreign Policy Research Institute/JAI Press Inc. 1993. p.135.

제4장 방첩공작

제1절 개 관

제1항 방첩공작의 의의

I. 개 관

방첩공작은 정보수집, 정보분석, 비밀공작과 함께 국가정보기구의 4대 임무이다. 오늘날 대부분 국가는 어떤 형태이든지 국가정보기구를 가지고 있다. 정권수호 또는 국내통치용으로 기획되어 있지 않은 한 각국 정보기구의 주된 목표는 경쟁세력에 대한 정보를 수집하고 분석하여 국가정책을 뒷받침할 국가정보를 생산하여 제공하고, 예외적으로 필요한 경우 비밀공작 임무를 수행하는 것이다. 즉 각국 정보기구의 존재 목표는 상대방 국가를 포함한 해외세력으로 지향되어 있다. 아국이 해외를 지향하는 만큼, 역으로 아국으로 향해 있는 해외 정보기구에 대한 탐색과 저지 활동이 필요하다. 그것이 방첩이다.

이 경우에 방첩 대상인 해외세력 또는 적대세력은 국가일 수도 있고, 국제 무장단체와 같은 초국가적 위협 주체일 수도 있다. 초국가적 위협 주체에는 테러 조직뿐만 아니라 마약밀매 조직, 자금세탁 조직, 밀수 조직, 컴퓨터와 통신 시스템을 왜곡하려는 세력과 같은 범죄조직이나 무장단체 등이 포함된다. 무장단체는 자국이나 우방국 등에서 범죄적 또는 군사적 수단이나 은밀한 정보활동, 비밀공작 등으로 기존의 정부를 전복하려는 세력이다. 물론 이러한 해외세력에 의한 정보활동에의 대처는 총체적인 외사(foreign affair) 문제가 될 수 있지만, 궁극적으로는 각국의 입법정책에 따라 외사를 국가정보기구의 임무로 할 것인지 아니면 법집행기구의 임무로 할 것인지가 결정된다.

국가정보기구는 해외세력을 상대로 정보활동을 전개함으로써 궁극적으로 아국의 국가안보를 공고히 하고 국가이익을 수호하며, 필요한 경우 비밀공작으로 상대국가의 대외정책에 영향을 미칠 수 있다. 그러므로 정보는 국제사회에서 상대적으로 우월한 경쟁력을 확보할 수 있는 지름길을 알려주는 역할을 하게 된다. 각국 정보기구의 상대국가에 대한 정보활동은 치열한 생존을 위한 무한경쟁의 시대에 있어서 국가운영의 매우 중요한 나침반이 된다. 왜냐하면, 상대세력에 대한 정보활동이라는 것은 결국, **상대세력이 과연 무엇을 알고 있는지를 아는 것이고, 상대세력이 무엇을 모르고 있는지를 아는 것이며, 상대세력이 주어진 문제에 대하여 어떻게 하려고 하는지를 아는 것**으로서, 그러한 사전 지식이 있는 국가로서는 경쟁세력의 의도와 능력을 훤히 파악하면서 원하는 국가정책을 전개할 수 있을 것이기 때문이다.

Ⅱ. 방첩의 개념

1. 방첩(Counterintelligence) 논의

1) 서 언

용어적 정의로 방첩은 적대세력의 간첩 활동을 방어하는 것이고, 상대세력의 첩보활동에 대항(counter)하는 정보활동이다. 상대세력의 정보활동이 칼이라면 그것에 대항하는 방첩은 방패라고 할 수 있다.

방첩은 수동적으로는 상대세력이 "목표 국가가 과연 무엇을 알고 있는지?, 무엇을 모르고 있는지? 그리고 주어진 문제에 대해 어떻게 행동하려고 하는지? 어떤 능력이 있는지"를 알려고 하는 제반 활동을 방지하는 활동이다.

더 적극적으로는 상대세력의 정보활동을 역이용해 상대세력이 다른 이해, 즉 오판하도록 기만하고, 때에 따라서는 더 큰 목적을 위해 상대세력의 의도를 알면서도 방치하는 등의 활동이다. 그러므로 방첩은 사실 상대 세력의 정보활동에 대항하는 또 다른 정보활동으로 일반적인 정보활동의 동전의 양면이라고 할 수 있다. 이러한 관점에서 방첩에 대한 다양한 정의가 있다.

2) 방첩에 대한 이해

가. 방첩에 대한 슐스키의 정의

슐스키는 방첩에 대해 광의로는 아국에서 수행되는 상대세력 정보기구들의 정보활동으로부터 아국 정보의 순수성을 보호하기 위해서 취해지는 제반 조치들과 그러한 목적을 위해 수집되고 분석되는 첩보(information)라고 정의했다. 그리고 협의로는 적국이 유리하게 활용할 수 있는 지식을 획득하지 못하도록 하는 활동이라고 설명했다.[550] 이처럼 슐스키는 방첩은 적대국 정보기구의 아국에 대한 정보활동을 방어하는 활동이고 지식(첩보)이라고 정의했다. 슐스키가 방첩을 **스파이 대(對) 스파이(Spy versus Spy)**[551]라고 하는 이유가 여기에 있다.

나. 미국 국가정보국(ODNI)의 정의

미국 국가정보국(ODNI)은 "방첩(Counterintelligence)은 미국에 대한 외국 정보 기관의 위협을 확인하고 처리하는 업무라고 정의했다. 그러므로 방첩은 외국 정보기관의 침투로부터 국가의 비밀과 자산을 보호하는 방어적 임무와 그들의 임무를 분쇄하기 위해 상대가 무엇을 계획하는지를 파악하는 적극적 임무를 포괄한다."라고 했다.[552] 방첩을 외국 정보기구의 아국에 대한 정보활동에 맞서는 소극적 그리고 적극적인 활동으로 정의한 것이다.

다. 레이건 대통령 명령 제12,333호 상의 방첩의 이해

주체와 관련해 방첩의 개념을 조금 넓게 정의한 것으로는 레이건 대통령 명령 제12,333호가 있다. 레이건 대통령 명령은 방첩을 "외국 정부나 그 기관, 해외세력이나 조직, 개인 또는 국제 테러 조직들에 의해서 또는 그들을 대신해서 수행되는 첩보 활동과 각종 파괴 활동 또는 암살로부터 아국의 대상을 보호하기 위한 정보의 수집과 조치를 포함한다."라고 정의했다(대통령 명령 제12,333호 제3조4(a)). 통상적인 외국의 정보 기구뿐만 아니라 조직, 개인 그리고 국제 테러 조직이 아국을 상대로 전개하는 정보활동을 방어하기 위한 제반 활동을 방첩이라고 정의한 것이다. 다만 특이한 것은 레이건 대통령 명령 제12,333호는 보안을 방첩 활동에서 제외하고 있다.[553]

---

550) Shulsky & Schmitt(2002), Chapter 5, p. 99.
551) Id.
552) Office of the National Counterintelligence Executive (NCIX)., http://www.ncIX.gov/ whatsnew/index.html.
553) Richelson(2016), p. 438.

라. 대한민국의 방첩개념

우리의 경우에는 방첩업무규정에서 '방첩' 개념, 방첩의 대상인 '외국등의 정보활동' 그리고 우리의 '방첩기관'을 개념 정의하고 있다.[554]

먼저 "방첩이란 국가안보와 국익에 반하는 북한, 외국 및 외국인 · 외국단체 · 초국가행위자 또는 이와 연계된 내국인(이하 "외국등"이라 한다)의 정보활동을 찾아내고 그 정보활동을 확인 · 견제 · 차단하기 위하여 하는 정보의 수집 · 작성 및 배포 등을 포함한 모든 대응활동을 말한다. 이 경우에 대한민국 방첩공동체의 대상이 되는 "외국등의 정보활동"이란 '외국등의 정보 수집활동과 그 밖의 활동으로서 대한민국의 국가안보와 국익에 영향을 미칠 수 있는 모든 활동'을 말한다. 한편 방첩에 관한 업무를 수행하는 대한민국 방첩공동체를 형성하는 "방첩기관"에는, 국가정보원을 필두로, 법무부, 관세청, 경찰청, 해양경찰청 그리고 국군방첩사령부가 있다.

그러므로 우리의 경우에는 방첩을 통상적인 외국의 정보기구뿐만 아니라 북한, 외국인 · 외국단체 · 초국가행위자 또는 이와 연계된 내국인 조직이 대한민국을 상대로 우리의 국가안보와 국익에 영향을 미칠 수 있는 모든 활동에 대응하는 방첩기관의 제반대응 활동이다.

2. 방첩개념에 대한 정리

이상의 논의결과에 따르면 오늘날 보편적으로 사용되는 방첩(CI)은 국가정보기관이 적대세력이나 경쟁국 정보기구의 아국에 대한 각종의 정보활동을 효과적으로 분쇄하는 활동이고 그에 관한 지식, 즉 정보 그 자체라고 할 수 있다.

전통적으로는 방첩을 외국의 인간 정보(HUMINT)에 대한 방위, 즉 대간첩(counter-espionage)활동으로 이해하는 것이 보통이었다. 그러나 오늘날 상대세력에 의한 정보활동은 인간 정보뿐만이 아니라 공개출처정보, 과학기술정보 등 실로 다양한 방법으로 이루어지고 있다. 그러므로 오늘날의 방첩은 **대(對, Counter) 정보활동**을 의미하는 것으로 대간첩을 포괄하는 용어이다.

그러므로 방첩개념을 다음과 같이 정의할 수 있을 것이다. "방첩은 국가안보를 수호

---

554) 방첩업무규정 [시행 2022. 11. 29.] [대통령령 제33006호, 2022. 11. 29.], 제2조.

하고 국가이익을 도모하기 위한 국가정보기구의 노력으로, 정보활동의 위협이 사회치안을 넘어서서 국가안보를 위협하는 수준에 이르는 해외 적대세력과 그 대리인 및 추종세력에 의한 아국에 대한 제반 정보활동을 방어하는 데 필요한 지식이고 활동이며 조직이다."

결국, 방첩은 정보의 또 다른 이름으로 셔먼 켄트가 지적한 것처럼 정보가 3가지 의미를 포함하고 있듯이, 적대세력의 아국을 향한 정보활동에 대한 정확한 지식이며 강건한 활동이고, 능동적이며 유연성을 가진 조직체라고 할 수 있다.

제2항 방첩의 범위와 유형

I. 외사(外事) 문제와 방첩

인간이 고립된 존재가 아닌 사회적 동물인 것처럼, 국가도 고립된 주체가 아닌 대외관계 속에서 수많은 관계를 형성하며 존립과 발전을 이루게 된다. 국가의 대외관계성은 교통과 통신의 발달 그리고 국제무역의 획기적인 증대와 인적 교류의 증가에 따라 중요성을 더하고 있다. 이러한 연유로 국가로 존속하는 한, 외국 또는 외국인과 관계되는 문제, 즉 외사(foreign affair)는 필연적이다. 여기에서 방첩과 외사에 대한 관계성에 대해 약간의 논의가 있다. 즉 방첩을 외사의 하부개념으로 볼 것인지, 외사와 방첩을 전혀 별개의 독립된 문제로 볼 것인지, 아니면 외사 방첩을 하나의 분야로 포괄해 볼 것인지의 문제이다.555)

외사와 방첩을 포괄하게 되면 '외사 · 방첩은 외국인 또는 외국인과 연계된 내국인에 의한 국가안전 및 이익저해 행위를 견제하며 차단하고 와해하기 위해 관계기관에서 수행하는 제반 대응 활동'이라고 할 수 있다.

그러나 오늘날 세계 공동체를 지향하는 국제 공동체 시대에서 국가 운용의 또 다른 정당한 주체성을 가진 외국인 모두를 국가정보기구의 방첩 대상으로 한다는 것은, 인권의 보편성을 지향하는 세계인권선언과 UN 헌장, 그리고 직접적으로는 제반 차별철폐 국제조약의 기본이념에도 부합되지 않는다고 할 수 있다.

---

555) 최윤도, 외사. 방첩론, (문정인 편저, 국가정보론), p.186.

그러므로 외사를 모두 정보기구의 영역이라고 간주할 수는 없다는 결론이 도출된다. 따라서 방첩은 광범위한 외사 문제 중 특별한 한 영역이라고 할 수 있다. 먼저 방첩은 주체적으로 보면 외사 문제 중에서도 상대 세력의 정보기구나 대리인 등에 의한 정보활동에 대항하는 활동이다. 다만 앞서 개념 정의에서 살펴본 바와 같이 오늘날의 경향은 국제테러 조직 등 초국가적 위협 주체들에 의한 파괴 활동을 포함한 정보활동은 이를 방첩 대상으로 간주하는 것이 일반적이다. 그것은 오늘날 국제테러 조직에 의한 공격 위협은 전통적인 국가 수준의 군사 공격 강도를 훨씬 초과하는 위험성을 가지고 있기 때문이다.

한편 방첩은 내용적으로는 국가안보를 위협할 수준에 이르는 상대 세력의 활동에 대항하는 것이다. 그러므로 외국인 개인은 물론이고 마약밀매조직이나 국제 조직범죄에 의한 위협이라고 해도 국가안보를 위협할 수준이 아니라면 일반적인 외사의 문제는 될 수 있지만, 원칙적으로는 고유한 의미의 국가정보기구에 의한 방첩 대상은 아니라는 결론이 도출된다. 국가안보위협에 미치지 못한 해외세력 등에 의한 아국에 대한 위협은 사회 안전에 대한 위협, 즉 단순한 치안위협으로 일반 경찰이나 검찰 등 법집행기구의 임무인 것이 원칙이다.

그러나 오늘날 국제 조직범죄나 마약밀매조직에 의한 위협은 비록 그것이 상대 세력 정보기구와 연결되어 있지 않고 국가안보를 위협하는 수준이 아니어도, 그 잠재적인 위협과 해외정보 활동에 의하지 않고는 실체를 정확하게 파악할 수 없다. 이런 이유로 또는 단순한 사후적인 국내적 치안 유지 활동만으로는 위협을 효율적으로 방지할 수 없다는 현실적인 이유로 '마약과 조직범죄'를 초국가적인 위협의 대표적인 유형이라고 하여 방첩 활동의 대상으로서 국가정보기구의 중요한 과제로 설정하는 것이, 세계적인 추세이다. 우리도 그렇다.[556]

한편 우방 국가 정보기구의 아국에 대한 정보활동도 당연히 방첩 대상이 된다. 사실 정보 영역론 편에서 살펴보는 바와 같이 경제 분야에서는 우방국가에 의한 첩보 수집 활동이 더욱 빈번하고 위험하다고 할 수 있다.

---

556) 국가정보원법 제4조 제1항 제3호. "국가안보와 국익에 반하는 북한, 외국 및 외국인·외국단체·초국가행위자 또는 이와 연계된 내국인의 활동을 확인·견제·차단하고, 국민의 안전을 보호하기 위하여 취하는 대응조치".

Ⅱ. 방첩의 유형 및 내용

1. 방첩의 유형

상대국가의 정보활동에 대항하는 방첩 활동(CI)은 통상 다음의 3가지 유형으로 나누어진다.

1) 방첩 수집 활동(Collection)

방첩 수집 활동은 자국을 상대로 하는 상대세력 정보기구 등의 정보수집 활동과 능력에 대한 정보를 획득하는 것이다. 이것은 방첩 공작 준비를 위한 예방 활동으로서, 정보수집 목적이 상대세력에 대한 방첩 활동으로 지향되어 있다는 점 외에 통상의 일반적인 국가 정보활동과 차이가 나지 않는다.

2) 방첩 방어 활동(Defensive)

방첩 방어 활동은 소위 소극적 방첩 활동으로 보안이라고도 한다. 그것은 비밀로 분류된 자국 정보가 누설되지 않고 보호되도록 다양한 통제 방법을 동원해 상대세력의 접근을 봉쇄하는 등의 조치를 하는 것으로 국가정보기구에 의한 수동적인 활동이다.

3) 방첩 공격 활동(Offensive)

방첩 공격 활동은 적극적 방첩 활동으로 전형적인 방첩공작이다. 이것은 능력 있는 국가 방첩 정보기구 활동의 백미라고 할 수 있다. 상대세력의 정보활동을 파악한 후, 그것을 역이용해 그 의도를 봉쇄하는 것은 물론이고 상대세력의 정보를 취득하여 공작을 사전에 무력화시키기도 하는 적극적인 활동이다.

2. 방첩 활동의 내용

1) 내용 일반

아국의 정보활동의 순수성을 보호하고 국가안보를 공고히 하기 위해 상대 세력의 정보활동에 대항하는 방첩 활동은 수동적 방어와 적극적 대응의 두 가지 활동으로 나타나게 된다. 통상 다음과 같은 내용이 포함된다.

전례에 비춰 보면 상대세력의 정보활동은 대상(target) 국가 정보기구의 인적정보 역량 및 취약점, 정보 관심 분야, 정보 취약 분야, 침투 가능성 및 협조자 확보 가능성을 파악하려고 하는 것들이었다. 예를 들어 미국 정보기구 내에의 침투 가능성과 취약성을 파악하려고 호시탐탐 기회를 엿보는 소련은 미국 정보기구 내의 정보 책임자의 인적정보를 출신지 별로 파악했다. 그리고 폴란드계와 불가리아계 출신 정보요원들을 접촉하려고 많은 노력을 했다.[557]

2) 구체적인 내용

이상의 일반적인 사항 외에도 다음 사항들은 정보활동의 전례에 나타난 내용으로 상대 세력 정보기구들이 호시탐탐 파악하려고 하는 사항들이다. 그러므로 이런 것들은 역으로 상대 세력에 의한 정보활동에 대항해 아국이 방첩 활동을 하는 데 있어서 대비해야 할 내용이라고 할 것이다.[558]

① 정보기구나 보안기구의 활동과 비밀정보와 보안 활동에 대한 정보수집
② 대상 국가 정보기구 내의 변절자 또는 변절 가능 위험성에 대한 평가
③ 정보기구와 보안기구의 조직 파악, 인적 사항 및 성향 그리고 활동에 대한 조사와 분석
④ 적대적 활동에 대한 방해 작업과 무력화를 위한 제반 활동
⑤ 역기망(counterdeception)과 역불법정보 수집기법
⑥ 상대 세력에 대한 추가 정보수집 활동

특히 마지막 활동은 그 자체로서도 의미가 있지만, 적대세력의 추가적인 의도를 확인하고, 상대세력의 향후 스파이 활동을 좌절시킬 수도 있다는 중요한 의미가 있다. 국가 정보기구의 방첩공작은 자국의 국가안보를 공고히 하고 국가정책의 수립과 집행을 유리하게 해 국가이익을 극대화하기 위한 것이다. 그러므로 상대세력의 정보활동을

---

557) Lowenthal(2020), pp.202-203.
558) *Id.*

불가능하게 저지하는 활동, 즉 방첩공작은 가치를 가늠할 수 없는 대단히 중요한 일이라고 하지 않을 수 없다.

Ⅲ. 방첩 활동의 전개

세계 각국은 통상의 정보기구와 별도로 방첩기구를 운영한다. 또한, 다양한 기구에 방첩 임무가 산재하여 있는 것이 보통이다. 미국의 경우에는 방첩 임무에 대한 총괄 책임이 국가정보국장(DNI) 산하의 국가방첩집행관(NCIX)에게 주어져 있다. 실행 책임은 연방수사국(FBI)에 있다. FBI는 법집행기구이면서 방첩 정보기구로 미국 정보공동체의 정식 구성원이다.

반면에 영국은 방첩 기구로 국내 정보를 담당하는 MI5, 즉 보안부(Security Service : SS)를 두고 있다. MI5는 소환, 체포, 수색 권한은 없어 법집행기구는 아니다. 또한, 런던 경찰국으로 알려진 스코틀랜드 야드(Scotland Yard) 역시 대테러업무를 수행하는 대표적인 방첩 기구이다.

한국의 경우에는 검찰·경찰 등 법집행기구는 일반적인 방첩을 포함해 외사 문제를 담당한다. 그러나 전문적인 방첩 활동은 국가정보원과 국군방첩사령부559)가 담당한다. 한 가지 유념할 것은 방첩 활동은 상대세력 정보기구 등의 국내 활동에 대항하여 전개되는 치열한 정보활동으로 대개 국내에서 그 활동이 이루어진다. 하지만 활동이 국내로 한정되는 것은 아니고 업무의 성격상 당연히 그리고 필연적으로 해외 활동으로 이어지는 경우가 많다.

---

559) 군 방첩기구의 부침은 심했다. 국군방첩사령부(國軍防諜司令部)는 1950년 설립된 특무부대를 시초, 1960년 방첩부대, 1968년 육군보안사령부, 1977년 국군보안사령부를 거쳐 1991년 설립된 국군기무사령부가 문재인 정부에 의해 2018년 9월 1일 해편되어 군사안보지원사령부로 격하되었다가, 2022년 11월 1일 설립 취지인 방첩 역할에 부합하는 국군방첩사령부라는 부활한 전문 방첩기관이다. 방첩사령부의 뜻은 간첩을 방지하는 사령부로, 약칭은 방첩사(防諜司)이다. 방첩사는 해외정보를 담당하는 국방정보본부와 함께 대표적인 군 정보기관이다.

제2절 보안(Security)–수동적 방첩 활동
(Defensive Counterintelligence Operation)

제1항 개 관

벤저민 프랭클린(Benjamin Franklin)은 비밀을 지키기 어려운 인간 능력의 속성을 다음과 같이 말했다.

> "3명이라고 해도 2명이 죽은 경우에만 비밀은 지켜질 수 있다(Three may keep a secret, if two of them are dead.)"

비밀을 지키기가 얼마나 어려운 일인가를 잘 지적해 주고 있다. 수동적 방첩 활동으로의 보안은 비밀을 지키는 것이다. 간단히 말해 수동적 방첩 활동은 해외 또는 적대세력에게 침투당할 수 있는 자기 조직을 되돌아보는 것이다.

보안은 상대세력의 침투로부터 정보공동체의 순수성을 보호하기 위한 노력으로, 방첩의 소극적 또는 수동적인 부분이다. 보안은 적대세력의 아국 정보에의 접근을 단순히 차단하는 것으로, '담장(wall) 건설'에 비유된다. 보안을 소극적 또는 수동적이라고 하는 이유는 상대 세력의 적대적 정보활동에 대항해 다양한 장치와 시스템을 통해서 그들이 원하는 정보에 대한 접근을 어렵게 하는 등 방어에 치중한 것일 뿐 방어를 넘어선 반격 대책을 포함하지는 않기 때문이다.

이처럼 보안이란 상대세력 정보기구 등이 아국의 비밀정보를 수집하는 활동으로부터 정보의 순수성을 지키려는 제반 활동 및 장치이다. 보안은 상대세력 정보기구의 아국 비밀정보에 대한 접근을 차단하는 것과 정보 이용을 차단하는 것을 포괄한다. 또한, 인간정보(HUMINT) 활동에 대한 대응과 기술정보수집 활동에 대한 대응을 모두 포함한다. 상대방의 접근을 차단하는 보안은 현실적 필요성에 따른 실무적 용어로 경쟁 정보가 있는 한, 어떤 조직에서도 필요하다.

보안의 용례는 실로 다양하다. 위협의 정도와 초래되었을 때의 손해에 비례하여 오늘날 중요하게 사용되는 보안의 용례를 살펴보면, 정보기술(Information Technology : IT) 분야에서는 컴퓨터 보안, 데이터 보안, 자재 보안, 정보보안, 네트워크 보안이라는 용어가 사용된다. 실생활의 영역에서는 가정을 포함한 제반 시설물 등의 보호를 의미하는 물리적 보안(physical security)을 비롯해 쇼핑센터 보안, 공항 보안, 음식물 보안 등이 사용되고, 금융계에서는 금융보안이 사용된다. 정치적 분야에서는 인간 보안 (Human Security), 국가안보를 의미하는 국가보안(National Security) 그리고 UN 등 국제기구 등의 순수성 보호를 위한 국제보안(International Security)이라는 용어가 사용된다. 이처럼 보안의 개념은 사용 주체와 목적에 따라 다양하다. 국가안보 측면에서의 보안은 두 가지 활동으로 정의할 수 있다. 하나는 국가안보와 국가이익에 대한 외부의 각종 침탈행위로부터 사람을 보호하고 예방하는 인적 보안이다. 다른 하나는 문서, 시설, 지역, 자재, 통신 등을 보호하고 예방하는 물리적 보안이다.

한편 보안의 개념을 이해하려면 안전한 상태를 유지하려는 것에 대한 단계별 외부위협의 내용과 그에 대한 대처가 무엇인지를 파악하는 것이 필요하다. 보안은 실제의 위협에 대해서뿐만 아니라 잠재적 위협에 대해서도 긴요하다. 위협에 대한 이해 없이 무조건적으로 제한 조치, 즉 보안 조치를 한다는 것은 아무런 보안이 이루어지지 않는 것과 같다고 할 것이기 때문이다. 사실 비밀로 여겨지는 것이 전반적으로 줄어들 때 비밀은 더욱더 효과적으로 보호될 수 있다는 것은 금언이다.[560] 보안의 개념을 구성하는 단계별 내용은 다음과 같다.[561]

① 위험(Danger) : 손해나 손실을 야기할 수 있는 문제이다.

② 위협(Threat) : 위협은 위험을 야기할 수 있는 방법이다.

③ 취약성(Vulnerability) : 활용당할 가능성을 말한다.

④ 활용·착취(Exploit) : 위험도 100%인 상태로 위협이 실행되었거나 실행 중인 상태이다.

⑤ 역공(Countermeasure) : 위협을 저지하는 활동이다.

---

560) Secrecy: Report of the Commission on Protecting and Reducing Government Secrecy (Washington, D.C: Government Printing Office, 1997). http://www.gpoaccess.gov/int/report.html.

561) Monahan, Torin, "Surveillance and Security: Technological Politics and Power in Everyday Life"., New York : Routledge(2006).

⑥ 종심방어(Defense in depth) : 겹층의 방어선을 유지하는 것이다.562)

⑦ 보증(Assurance) : 보안 보증은 소위 말하는 '보안 필(畢)'을 이룬 상태로 보안장치가 예견된 수준으로 잘 작동되고 있음을 말한다.

외부위협으로부터 안전한 상태를 의미하는 보안은 기본적으로 이와 같은 7단계의 내적 개념으로 형성되어 있다. 한편 보안은 단순히 적대세력의 정보활동에 대한 효율적 방지에만 목적이 있는 것이 아니다. 보안의 목적 중의 하나가 적대세력의 아국에 대한 정보활동을 차단하는 것이다. 상대세력의 정보활동은 보안을 뚫고 이루어지는 것이므로 정보활동과 보안은 밀접히 연결되어 있다. 그러므로 보안방책을 수립하고 집행하는 과정에서 적대세력의 정보활동에 대한 지식을 습득하게 되고, 이러한 실천적 지식과 경험은 역으로 아측의 정보활동 및 보안 활동에 효율성을 다지는 데 이바지하게 된다.

제2항 보안의 종류

I. 문서보안

문서보안이란 문서의 생산, 수발, 보관과정에서 외부 침입으로부터 보호하기 위해 취해지는 모든 수단과 방법을 말한다. 문서란 좁은 의미로는 문자 또는 이에 대신할 수 있는 일정한 부호를 사용해 사람의 관념 또는 의사가 표현된 서류를 말한다. 넓은 의미로는 좁은 의미의 문서 외에 그림이나 암호, 지도나 사진, 테이프, 전자기록 등을 포함한다. 문서는 어떠한 주제에 관해 내용을 확실하게 하고 반복해 사용할 수 있다는 이점이 있지만, 분실 또는 도난의 위험성이 있고, 문서를 복사하거나 사진 촬영하여 누설하면 유출 여부 자체를 알기 어려울 뿐만 아니라, 문서를 획득한 상대방은 아측의 의도와 능력에 대한 확실한 정보를 문서 기재를 통해서 획득하게 된다는 위험성이 있다.

문서와 서류에 대한 상대국의 첩보 활동을 막는 가장 중요한 수동적인 보호 장치는, 일정한 기준을 정해 단순하게 접근을 차단하는 것이다. 즉 정보를 가치에 따라 분류하여

---

562) 종심방어는 군사 전술 용어로 다층의 방어선을 구축해 적의 공격을 둔화시키는 과정을 통해 전선을 유지하고, 공격해 오는 적을 차례차례 소모시키는 전술이다. 전방 방어부대는 효과적인 지연전을 펼치고 그사이에 후방의 전열을 재정비하고 다시 전선으로 배치된다. 또한, 후방에는 기동 예비대를 두어 적의 공격능력이 소모된 시점에서 역습을 가해 반격에 나설 기동예비대를 배치한다.

접근하기 어렵게 보호막으로 차단하는 것이다. 문서에 대한 이러한 차단장치를 통상 '문서보안'이라고 일컫는다. 문서보안을 위한 첫 단계는 중요성을 파악해 어떤 정보가 보호막 안에 위치해야 하는지를 결정하는 것이다. 그것이 소위 **'비밀분류'**이다. 문서보안은 비밀분류에서 시작한다.

일반적으로 문서는 작성 주체에 따라 공문서와 사문서로 분류된다. 소극적 방첩, 즉 보안 대상으로서의 문서는 원칙적으로 공문서를 의미한다. 공문서란 공적인 목적을 위해 공공기관 또는 공무원이 그 직무상의 권한 내에서 작성하는 문서이다. 법규문서와 훈령이나 예규, 지시 등에 의한 문서 및 공고문과 각종 민원 문서 등이 공문서이다. 그러나 사문서라도 공적인 목적을 위해 공공기관에 보관하고 있는 문서, 즉 '공무소의 문서'는 역시 보안의 대상이 된다.563)

1. 비밀분류 및 접근

비밀분류의 가장 일반적인 방법은 정보 내용의 민감성에 따라 분류하는 것이다. 기준을 정하여 중요 내용의 정보는 고급 비밀로, 그렇지 않은 정보는 하급 비밀로 분류하는 것이다. 대표적으로 미국은 일찍이 1912년부터 정보에 대한 비밀분류를 시작했다. 두 차례의 세계대전을 거치면서 문서에 대한 비밀분류의 필요성과 중요성을 절감하여 트루먼(Harry Truman) 대통령이 1951년 전 정부 부처에 걸쳐 비밀분류 시스템을 처음으로 확립했다.

현재의 미국 비밀분류 체계는 1995년 4월 17일 클린턴 대통령 명령 제12,985호564)에 따른 것으로 비밀분류의 기준과 규칙 및 감독 절차를 규정했고 정보보안감독청(Information Security Oversight Office : ISOO)을 창설했다. 정보보안감독청(ISOO)은 정부와 유관 산업계의 비밀분류 계획을 감독하며 대통령에게 연례보고서를 제출한다.565)

---

563) 형법 제225조 해석상 당연한 귀결이다.
564) 비밀분류된 국가안보정보(Classified National Security Information).
565) 정보보안감독청(ISOO)은 미국의 비밀분류 프로그램을 감독하는 기구이다. 비밀분류와 비밀해제 계획을 담은 연례보고서를 발간한다. 정부 차원의 보안 분류 시스템과 국가 산업 보안프로그램 정책 및 감독에 대해 대통령에게 책임이 있다. ISOO는 국가안보회의(NSC)로부터 지침을 받는다. https://www.archives.gov/isoo.

한편 민감성에 의해서 비밀분류된 정보는 비밀취급 인가에 의해 접근에 차등을 두는 것이다. 또한, 비밀구역 획정으로 접근 자체를 금지함으로써 총체적으로 문서 정보를 보호하는 방법이 취해지기도 한다. 소위 말하는 구획이다. 그러나 해당 비밀등급에 대한 접근권을 가졌다고 해서 당연히 비밀정보를 열람할 수 있는 것은 아니다. 필요성이 전제되어야 한다.

1) 민감성에 의한 비밀분류

민감성은 정보가 상대국에 노출되었을 경우 국가안보에 초래될 손해의 정도를 말한다. 정보 내용이 민감하다고 판단될수록 더욱 조심스럽게 보호되고 접근권도 제한된다. 미국은 클린턴 대통령 명령 제12,958호에 의해 노출되었을 경우 특별하게 중대한 손해 또는 치명적 손상이 초래될 정보는 1급 비밀(Top secret),[566] 심각한 손해가 초래될 정보는 비밀(Secret),[567] 단순한 손해가 초래될 정보는 기밀(Confidential)[568]로 분류해 보호한다. 우리나라 보안업무규정 제4조는 비밀을 다음과 같이 분류한다. 내용의 민감성에 의한 비밀분류라고 할 수 있는데 여전히 매우 모호한 개념이다.[569]

- I급 비밀: 누설되는 경우 대한민국과 외교 관계가 단절되고 전쟁을 일으키며, 국가의 방위계획 · 정보활동 및 국가방위에 반드시 필요한 과학과 기술의 개발을 위태롭게 하는 등의 우려가 있는 비밀
- II급 비밀: 누설되는 경우 국가안전보장에 막대한 지장을 초래할 우려가 있는 비밀
- III급 비밀: 누설되는 경우 국가안전보장에 해를 끼칠 우려가 있는 비밀

2) 비밀 구획(compartments)

민감성에 의한 비밀분류는 생산된 정보 자체에 대한 등급 분류이다. 그러나 정보에 대한 접근을 어렵게 하려고, 민감성에 의한 분류와 더불어 또 다른 많은 제한 조치들이 별도로 행해진다. 예를 들어 기술적 정보수집에의 대응과 권한이 없는 노출로부터 중요

---

566) Exceptionally grave damages.
567) Serious damage.
568) Damages.
569) 보안업무규정 [시행 2021. 1. 1.] [대통령령 제31354호, 2020. 12. 31]

한 연구시설이나 군사시설을 보호하거나 정보 원천을 보호하기 위한 통제구역, 즉 비밀구획을 설정하는 것이 그것이다.

비밀 구획의 주안은 후술할 물리적 보안과 연결되지만, 접근 자체가 차단되는 비밀구획에 보존된 문서나 장비 그리고 시설은 부여받은 비밀등급 분류와 무관하게 최고비밀보다 더 엄중한 보호가 행해지기 때문에 중요한 문서보안 방법이 된다. 그러나 이러한 비밀 구획은 후술하는 비밀의 과다 분류와 함께 비밀분류의 참된 뜻을 저해할수도 있다는 위험성이 제기된다.[570]

그러므로 문서보안에 대한 감독 통제기구는 다양하게 비밀분류가 확산되어 가는문서보안에 대한 과정을 체계화하고 정식 비밀분류 체계에 포함하려는 노력을 주기적으로 다해야 한다. 미국 정보보안감독청(ISOO)은 기본 3단계 비밀분류 외에 문서에대한 접근을 차단하는 것으로 간주되는 특별프로그램들의 수는 가능한 한 최소한으로유지되도록 하고, 그러한 비밀접근 차단 프로그램을 행정부 내의 감독 절차에 편입시키도록 하고 있다.[571]

3) 비밀접근의 필요성

민감성에 의해 비밀분류된 정보에 대해서는 해당 비밀등급에 상응하는 비밀 취급을인가받았을 때 한 해 해당 비밀에 접근할 수 있다. 그러나 비밀에의 접근은 해당 비밀취급 인가권이 있다고 해서 해당 정보나 비밀구역에 당연히 접근할 수 있는 것은 절대로아니다. 비밀에 접근하기 위해서는 공식적인 업무수행을 위한 실제적인 필요성이 있어야 한다. 비밀을 **'알 필요성(Need to know)'**의 문제이다. 그러나 현실적으로 알 필요성의문제는 비밀등급 분류보다 엄격하게 준수되지 않는다. 특별히 그 필요성을 판단할 기준이 마땅치 않기 때문이다.

1985년 미국 국방부 보안정책검토위원회 조사에 의하면 통상 해당 비밀에 대한 취급인가권자가 알고 싶다고 하면 그 필요성이 인정된 것으로 간주되었고, 필요성 인정을위한 별도의 요구는 없었다. 그러나 정보의 역사는 지위의 고하를 막론하고 비밀정보를

---

570) Shulsky & Schmitt(2002), p.100.
571) *Id.*

누설해 국가안보에 막대한 손해를 초래한 경험을 일깨워 준다. 더 이상의 가치 있는 제도적 장치가 확보되지 않는다면 비밀 통제를 관리하는 1차적 담당자가 만약의 경우에 대비해야 한다. 그 방법은 정보에 접근하는 모든 사람에 대한 정확한 일시와 장소 그리고 어떤 형태든지 접근의 필요성, 체류 시간 등을 포함한 비밀접근 기록을 명백히 유지하는 것이다.

4) 비 판

한편 이러한 접근 차단을 기본으로 하는 비밀 취급 인가제도에 대해서는 적지 않은 비판이 있다. 즉 비밀을 만들어 보호하기만 하고 활용에 어려움이 있다면 주객이 전도되었다는 주장이 있다. 또한, 전술한 것처럼 비밀은 전반적으로 줄어들었을 때만 효과적으로 보호될 수 있고 오히려 보안의식을 강화할 것이라는 주장도 제기된다. 특히 정보분석관의 경우에는 종합적인 정보 판단을 위해서 다양한 비밀에 대한 신속한 접근이 필요한데, 복잡한 비밀분류 체계의 운용은 비밀의 신속한 활용에 커다란 장애가 된다는 비판도 제기된다. 또한, 비밀보호 시스템을 개발하고 관리하는 데 소요되는 직접 운용 비용은 물론이고 금고, 사무직원, 비밀인가 취급을 위한 부서 운영, 비밀분류와 해제, 재분류 비용과 같은 간접비용 등 총체적 유지관리 비용의 문제도 심각히 고려되어야 한다.

비밀분류와 비밀자료의 효율적 사용의 균형의 문제는 민주적인 정보기구의 영원한 과제 중의 하나이다. 가장 중요한 기준 중의 하나는 어떤 상황에서도 정보기구의 과오와 비리를 은폐하는 수단으로 순수성이 유지되어야 할 비밀분류 체계를 남용해서는 안 된다는 점이다. 그러므로 문서보안의 핵심과제는 주기적인 내외부의 점검이다. 감독과 확인 없이 비밀은 안전하지 못하다.

2. 비밀분류의 현실

1) 개 관

민감성에 따른 비밀분류에 의하면 각국이 비밀로 분류할 정보는 노출 시에 국가안보에 특별히 중대한 손해를 야기하거나, 심각한 손해를 야기할 내용의 정보는 말할 것도 없고 일반적인 손해를 야기할 것으로 판단되는 거의 모든 정보가 비밀로 분류될 것이다. 그러나 비밀분류의 현실은 결코 획일적이지 않으며 그리 간단하지 않다. 과연 어떤 정보가 국가안보를 위해 공중 일반의 토론과 접근에서 제외되어야 할 정보일까?

이러한 근본적인 질문에 대한 답변을 얻으려면, 일반 시민이 국가의 주인인 민주국가에서는 국가의 건전한 경쟁력을 위해 자유로운 정보의 흐름이 원칙이고, 그 흐름을 제한하는 비밀분류는 예외라는 사실을 대전제로 인식해야 한다.

그러나 역사적으로 공개사회의 대명사로 간주되는 미국을 비롯한 지구상 그 어느 나라도 '공개 원칙, 제한 예외'라는 위의 철칙이 오히려 거꾸로 되어 '제한원칙, 공개예외'로 이루어졌던 것이 사실이다. 사실 정당이든, 기업체이든, 운동팀이든 상대방과 경쟁해야 하는 모든 조직은 자체 경쟁력을 강화하고 유지하기 위해 상대방의 의도나 능력을 포함한 제반 전력 등에 대한 정보를 알려고 한다.

그에 비해 자기 조직에 대한 그러한 내용은 어떻게 하든지 보호하고 누설되지 않게 하려는 속성이 있다. 이러한 관점에서 민주적 정보기구를 지향하는 국가정보기구의 문서보안에서 항상 문제 되는 것이 비밀의 과도 분류에 따른 공개성과 민주성에 대한 위협과 비밀의 과소 분류에 따른 국가안보에 대한 위험성의 초래 사이의 균형과 조화의 문제였다. 이하에서 살펴본다.

2) 비밀의 과도 분류(Overclassification)

정보공동체가 비밀을 과다하게 분류하고 비밀등급도 기준보다 고도로 책정한다는 불평은 많은 국가의 공통된 불평이다.[572] 그러한 불평은 정보공동체 외부에서뿐만 아니라 비밀정보를 사용해야 하는 정보기구 내의 직원들도 제기하는 문제이기도 하다. 비밀의 과도 분류에 따른 부작용은 적지 않다. 정보 이용의 불편이라는 기본적인 손해 외에, 일반 국민에게 정보공개를 꺼림으로써 중요한 국가안보 문제에 대한 국민의 이해와 인식능력을 저하시키고, 국민 안보의식을 오히려 무디게 할 수 있다는 근본적인 위험성이 있다.

---

572) 정보공개가 원칙이고 제한이 예외임을 항상 강조하는 미국의 경우, 그리고 미국보다 더 엄격하게 법으로 정보공개를 강제하는 영국도 예외가 아니다.

또한, 비밀분류 시스템 그 자체에 대한 불신을 초래할 수 있고, 그 때문에 비밀분류에 대한 규제규칙을 대수롭지 않게 생각하고 실수를 일삼게 할 수 있다. 심지어 정치인은 인기를 위해 지득한 비밀정보에 대한 고의적 발설도 마다하지 않을 수도 있다.[573] 즉 정보에 대한 사회 전체적 인식의 수준을 정보 과다 책정으로 오히려 떨어뜨릴 수 있는 것이다. 비밀의 과다 분류 이면에는 다음과 같은 진정으로 바람직하지 않은 의도가 있을 수 있다는 점도 경계해야 한다.

정보를 과다 분류하는 대부분의 이면에는 정부의 실책이나 부끄러운 일을 숨기고 국민으로부터의 비난을 모면하기 위한 경우가 적지 않았다는 것이다. 정보의 비밀분류 를 공무원의 책임회피를 위한 방패막이로 악용한 것이다. 비밀공작에서의 보안 유지가 작전상 필요하다는 실질적인 이유 때문에서가 아니라, 단지 외교적인 이유로 비밀로 유지하려고 하는 경우가 있는 것과 비슷한 이치라고 할 수 있다. 물론 다른 나라에 공개할 수 없는 부끄러운 내용을 공개하지 못하도록 비밀분류해 그 내용을 감추는 것이 필요한 때도 있다.

그러나 어떤 상황에서도 정부 특히 정보기관의 약점이나 추문을 감추기 위한 정보의 과다 분류는 변명이 될 수 없다. 그러한 경우에는 보안의 순수성을 훼손하고 국가안보를 위태롭게 할 수 있는 비밀의 과다 분류라는 방법을 취할 것이 아니라, 솔직한 고백 등 또 다른 방법을 강구해 국가안보에 봉사하기 위한 정보 비밀분류의 순수성이 손상되 지 않도록 해야 할 것이다.

3) 비밀의 과소 분류(Underclassification)

비밀 과소 분류의 문제는 대부분의 국가 정보기구와는 사정이 멀다고 할 수 있고, 사실 미국과 같은 지나친 공개주의 국가에서 야기되는 문제라고 할 수 있다. 비밀 과소 분류는 비밀이 비록 국가이익과는 관련이 있지만, 국가안보와는 직접적인 연계가 없다 고 판단해, 비밀분류가 되지 않는 재정문제에 대한 정보, 기술정보에 대한 정보, 개인에 대한 인적정보의 경우 등에 발생한다. 그런데 이 같은 개별 파트별 정보는 그 자체로는

---

573) 2007년 국가정보원장의 수장이던 김만복 전 국정원장이 대북 접촉 관련 정보를 정치권과의 접촉 와중에 서 규칙을 무시하며 스스로 발설한 사례가 대표적이다.

국가안보 가치가 희박하지만 그러한 정보들이 총체적으로 결합하면 상대 세력에게는 아주 유용한 정보가 될 수도 있다.

비밀 과소 분류는 정보가 외국에서 개발된 내용이어서 정보 분류를 하지 않은 경우에도 발생한다. 비밀 과소 분류에 의해 세계평화에 위협이 초래된 사례로 핵 개발 관련 분야가 있다. 오늘날 핵무기 제조기술과 관련해 핵 물질과 핵을 이용한 일부 무기에 대한 무수히 많은 정보가 공개자료로 존재한다. 그런데 뛰어난 재능을 가진 학생이나 연구자들은 이러한 공개자료로 핵무기 제조공정을 연구해 실제로 시제품들도 만들었다고 한다. 일부 전문가들은 그들이 만든 핵무기 개발계획 공정은 실행 가능한 내용이라고 평가한 바도 있다.[574]

또 다른 예로 암호연구 분야가 손꼽힌다. 암호 분야에 대한 공개자료의 폭주로 1982년 이래 미국의 암호연구는 성황을 이루었고 더불어 많은 어려운 논란을 야기했다. 암호연구의 자유시장에 대한 논란의 핵심은, 암호 분야에 대한 비밀의 과소 분류가 궁극적으로는 국가안보를 저해할 수 있다는 것이다. 게다가 직접 해독할 수 없는 또는 장시간이 소요되는 암호장치를 사용한 테러 조직이나 마약밀매조직 등에 대한 범죄수사, 즉 법집행에도 막대한 지장을 초래하고 부정한 자금거래를 차단하는 데 적지 않은 애로를 가져온다는 것이다.

암호시장의 개방화, 즉 암호 분야에 대한 비밀의 과소 분류는 암호장치의 획기적인 발달을 가져왔지만, 정보기구와 법집행기관의 업무에 지장을 초래한 것이다.[575] 그러나 반면에 대부분의 컴퓨터 장치에 암호장치를 설치함으로써 외국의 경제스파이 활동을 어렵게 해 결과적으로 국가안보에 이바지한다는 반론도 만만치는 않다.

4) 비밀분류에서의 이익형량의 문제
국가를 포함해 어떤 조직에 대한 사항을 비밀로 분류해서 보호하려고 하는 것은, 그와 관련된 어떤 정보이든지 상대방에게 알려진다면 경쟁력에 손해를 가져온다고

---

574) *Id.* p.103. Underclassification 참조.
575) 암호 소프트웨어 개발업체들은 의무적으로 제3의 기관에 암호해독 장치(Escrow key)를 공여하도록 하자는 제안도 있다. 그러면 해당 소프트웨어를 이용한 관련 범죄 발생 시 법집행기관은 영장을 발부받아 이 키를 확보하고 그를 이용해 손쉽게 암호를 해독해서 수사에 효율을 다한다는 것이다.

보기 때문이다. 그것은 그 조직이 자본주의에 속하거나 민주주의에 속한다고 해서 달라지는 것이 아니다. 결국, 어떤 내용을 비밀로 분류해 공중의 접근을 차단할 것인가의 문제는 경쟁력의 문제이지 체제나 이념의 문제가 아니라는 결론이 도출된다. 그런데 경쟁력의 문제는 국가의 경우, 국가안보에 심각한 손해를 초래하지 않으면서도 정부에 대한 국민의 신뢰를 오히려 증대하는 것과 같은 실질적인 국가경쟁력의 확보가 중요하다. 예를 본다.

오늘날 미국을 비롯해 러시아도 1989년 이후 매년 국방비 지출을 공개하고 있다. 아직 중국이나 북한은 국방예산 규모를 비밀로 유지하고 있다. 이것은 비밀성을 권력 유지의 기본 틀로 하는 폐쇄적 공산주의 국가에서는 공개에 따른 손해의 문제가 다른 국가에 비해 더 크기 때문이 아니다. 그보다는 그들 공산국가는 국방예산의 비공개가 체제 유지를 위한 중요한 수단적 필요성에서 국방예산 정보도 비밀로 분류하는 것이라고 할 수 있다.

만약 러시아가 국방예산의 규모를 공표하지 않았다면 미국 정보공동체는 그 규모를 파악하기 위한 정보수집 활동을 필연적으로 전개했을 것이다.[576] 역으로 만약 세계 최고이자 최대의 국방력 보유국인 미국이 국방예산의 규모를 공개하지 않았다면 어떠했을까? 경쟁국가인 러시아, 중국은 말할 것도 없고 때로 미국의 군사 공격의 위협에 직면하는 북한, 이란 등의 국가와 심지어 전략 방위체계를 함께 하는 한국, 일본, 영국, 프랑스 등 우방 국가도 미국의 국방예산 규모를 파악하기 위한 별도의 정보활동을 전개했을 것이다.

그러므로 미국이 만약 국방예산을 공개하지 않았더라면, 미국의 국방예산에 이해관계가 있는 다수 국가의 정보역량을 그 방향으로 제한하게 됨으로써, 미국은 상대적으로 경쟁국에 대해 정보경쟁력을 확보할 수 있는 좋은 수단이 되었을 수도 있다. 그런데도 미국은 국방예산을 비밀로 분류해 보호하지 않고 공개함으로써 다른 나라들이 미국의 국방력을 파악하는 정보활동 수고를 덜어주었다. 그뿐만 아니라 더 나아가 상대국가나

---

576) 2020년 기준 국방비 지출에 대한 예측 순서는 다음과 같았다. 미국($778 billion), 중국($252 billion, 추측), 인도($72.9 billion), 러시아($61.7 billion), 영국($59.2 billion), 사우디아라비아($57.5 billion, 추측), 독일($52.8 billion), 프랑스($52.7 billion), 일본($49.1 billion), 한국($45.7 billion), https://worldpopulationreview.com/country-rankings/military-spending-by-country.

잠재 적국들이 미국의 국방예산을 파악함으로써 미국 국가안보에 발생할지도 모를 손해를 자발적으로 감수하고 있다.

여기에서 국가경쟁력과 국가안보의 상관성 속에서 정보의 비밀분류에 대한 참뜻을 이해할 수 있다. 미국이 그렇게 하는 이유는 민주국가는 당연히 국방예산을 공개해야 한다는 어떤 원칙이 있기 때문임은 물론 아니다. 그것은 미국의 국내적·정치적 고려에 따른 공개성을 지향한다는 정책적 결정일 뿐이다. 즉 미국 시민들이 국방 현실을 소상하게 앎으로써 그들의 시민적 권리와 의무를 적절히 행사하도록 도와주어야 한다는 국가 행정에 대한 민주적 통제의 원칙에 따른 정치적 결정의 산물이다.[577]

이처럼 국가 비밀분류에서 문제의 핵심은 공개성을 원칙으로 하는 민주주의의 요청에 따른 국가 투명성에 의한 경쟁력 증대의 문제와 비밀로 유지함으로써 국가안보에 대한 잠재적 손해를 방지할 수 있다는 상호균형과 이익형량의 문제라고 할 수 있다. 정치체제를 불문하고 불측의 손해를 방지하기 위해서는 비밀성 확보가 가장 손쉽고 좋은 방법임에도 불구하고, 일반 국민의 폭넓은 지지를 얻어 건전한 경쟁력을 가진 막강한 국가를 건설하기 위해서 공개는 비밀보다 더 좋은 국가정책이 될 수 있음을 정보역사는 일깨워 주었다.

정보의 세계에서 그와 같은 대표적인 사례로 레이건 행정부의 리비아 가다피 정부에 대한 비밀정보 원천 공개사례가 있다. 비밀공작 편에서 살펴본 바와 같이 1986년 레이건 행정부는 리비아 정부가 독일 주둔 미군을 목표로 삼아 독일 맥주 디스코텍을 폭발물로 공격한 것에 대해 보복하기로 했다. 그래서 미국은 리비아 가다피 대통령을 직접 목표로 삼아 공중폭격을 단행했다. 레이건 행정부는 그 공격의 정당성을 알려 국민의 지지를 확보하려고 했다. 그래서 시리아의 케이블 통신망을 통해 리비아의 소행이라는 것을 명백히 알았고, 응징 공격을 했다는 사실을 소상히 밝힘으로써 국민의 이해를 구했다. 그 결과 정당성을 확보해 레이건 정부는 더 강력해졌다. 물론 미국이 설치했던 가다피에 대한 케이블 통신망이라는 정보 획득원을 리비아에 노출해 더는 케이블 통신망이라는 직접적인 정보 원천을 활용할 수 없는 손해를 감수했다. 비밀분류 현실에서의 국가이익에 대한 비교형량의 좋은 사례이다.

---

577) Shulsky & Schmitt(2002), p.102.

Ⅱ. 인적 보안(Personal Security)

1. 의 의

인적 보안은 상대 세력 정보기구가 관심을 가지고 수집하려는 아측의 정보에, 접근하거나 관리할 사람에 대한 안전조치를 확보하는 것이다. 이것은 통상적으로 해당 정보에 접근할 권한을 갖는 직위의 사람을 고용하기 전에 이루어진다. 이것은 그들에 대한 보안 적격성을 심사하는 것과 또한 현재 비밀에 접근할 수 있는 사람들의 순수성이 그대로 유지되고 있는지를 점검하는 것이다.

이처럼 인적 보안이란 사람을 관리하는 문제이다. 그것은 자국의 비밀에 접근할 업무를 수행할 사람으로 성실하고 충성심이 있는 사람을 선정하는 것을 시작으로 그들이 근무하는 내내 그러한 자세를 견지하도록 감독하며 보호하는 제반 관리 방책이다.

인적 보안의 개념에서 알 수 있듯이 인적 보안의 제일 중점적인 객체는 국가정보기구에 근무하거나 근무할 사람들이다. 정보를 다루는 정보요원들이 가장 중요하고도 기본적인 1차 대상이 된다. 따라서 국가정보기구에 근무할 사람들을 심사하는 과정에서 그들이 과연 국가안보 문제에 대해 비밀을 유지할 의사와 능력 그리고 국가와 조직에 대한 충성심이 있는지를 판단해야 한다. 이러한 판단을 함에 핵심적으로 고려되는 요인이 성격과 충성심이다. 성격에 관해 판단을 내릴 때는 당사자 개인의 정신적 안정성과 어떤 이유에서든 적대적인 정보기구의 협박이나 회유에 취약할 것인가 하는 두 가지 점을 필히 고려해야 한다.[578]

2. 인적 보안의 현실과 방법

1) 인적 보안의 현실

통상 한국의 경우 인적 보안은 정보공동체 외의 정부 기관 등의 사람들을 대상으로 한 취업할 때의 신원 파악, 취직 이후의 동향 파악 그리고 그들에 대한 보안 교육에 중점을 두는 경향이 있다.[579] 즉 인적 보안을 정보기관 내부의 인적자원에 대한 관리의

---

578) Shulsky & Schmitt(2002), p.105.
579) 국가정보포럼(2006), pp.137-139.

문제보다는, 정보기관 외부의 사람들을 주된 대상으로 전개하는 것이다. 그래서 정보기관의 주요 임무 중 하나가 반체제적 성향의 공직자를 적발해 인사상의 불이익을 주는 것을 중요한 인적 보안의 요체로 생각했다. 그리고 그를 통해 정보기구가 공직사회의 기강을 잡는 수단으로 사용해 온 것이 사실이다. 현행 보안업무 규정이 정보기관 자신에 관한 내용보다도 다른 국가기관의 보안 활동에 대한 간섭과 통제를 주요한 업무 내용으로 규정하고 있는 것도, 인적 보안에 접근하는 사고방식을 엿보게 할 수 있다.[580]

2) 인적 보안의 중점

그러나 인적자산에 대한 보안, 즉 인적 보안의 취지는 일반 공직자 등의 보안의식을 강화하는 데 있지 않다. 보안이 문제가 되는 것은 적대세력의 정보기관으로부터 국가비밀 체계와 자료의 침투를 방지하고자 하는 데 있는 것이다.

그러므로 적대세력의 정보기구가 누구에게 주된 관심을 가질 것인가가 가장 중요한 인적 보안 관리의 기준이 되어야 한다. 상대국 인적자산에 대한 적대세력 정보기관의 주요한 관심사는, 상대국 정보기관 요원이나 주요 정보에 접근할 가능성이 있는 사람들에 대한 포섭과 회유에 당연히 집중되어 있다.

적극적 방첩 활동인 이중간첩 또는 기만 공작이 주로 상대국 정보요원을 대상으로 한 문제였다는 사실은 수많은 정보 역사가 보여 주고 있다. 결국, 정보기구의 인적자산, 즉 정보요원이 인적 보안의 핵심으로 등장한다. 그러므로 중요한 국가정보를 취급하는 정보기구 정보요원의 채용과 채용된 정보요원이 일관된 마음으로 변절하지 않고 조직을 위해 근무에 임하는지를 파악하고 그러한 순수성을 지원하는 것이 인적 보안의 요체이다. 바꿔 말하면 국가정보기구 내부의 인적자산 보호 장치를 확실히 하는 것이 인적 보안의 중심 과제이다.

이 문제는 달리 살펴보면 과연, **"누가 스파이가 되고, 적대세력은 누구를 대상으로 스파이 활동을 하는가?"**라는 질문을 생각해 보면 쉽게 이해가 된다. 비록 아측의 입장에서는 국토개발계획, 경제정책, 치안정책, 인권정책, 외교정책 등을 담당하는 정책담당자들도 매우 중요하다. 하지만 상대세력의 관점에서는 그러한 사람들은 부차적인

---

580) 보안업무규정, 제4장 신원조사, 제5장 보안조사, 제6장 중앙행정기관등의 보안감사 등 참조.

것으로 한정된 정보자산 아래에서 그러한 사람들에게까지 정보활동의 마수를 뻗칠 여력이 없다고 할 수 있다.

1980년대 제반 분야에서 미국의 막대한 지원을 받은 이스라엘은 미국 해군 정보장교 조나단 폴라드(Jonathan Pollard)를 포섭해서 자국의 기술발전을 위한 미 해군의 각종 정보를 취득했다. 그리고 1990년 미국과 중국이 소비에트 공화국을 상대로 전략적 동맹 관계 시점에 있었지만, 중국이 미국으로부터 핵무기 비밀정보를 탈취해 간 것은 주지의 사실이다. 즉 눈앞에 있는 아측 정보요원들에 대한 인적 보안이 제대로 이루어지지 않았기 때문에 중요한 정보가 상대세력으로 흘러 들어갔던 것이다. 또한, 후술하는 바와 같이 소련이 CIA 요원 알드리히 에이메스(Aldrich Ames)를 포섭해 9년간 미국에 대한 각종 정보를 염탐하고, 그를 통해 획득한 정보로 수많은 미국 정보요원들의 목숨을 앗아간 사례는 정보기관 내부의 인적 보안의 문제가 얼마나 중요한지를 잘 깨닫게 해주는 사례이다. 정보기구 인적 보안의 요체는 외부보다는 내부, 하급자보다는 상급자에게로 지향되어 있어야 한다. 그것이 정보 현실이다.

3) 인적 보안의 방법

중요한 인적 보안의 방법은 먼저 어떤 경우에 인적 보안에 실패하는가?, 즉 왜 변절하는가? 를 따져 보는 것이 급선무이다. 일반적인 신원조사, 동향 파악, 보안교육, 보안서약 등의 방법으로는 결코 적절한 인적 보안을 도모할 수 없다.

미국을 배반하고 상대국의 스파이로 변신해 막대한 타격을 가한 전직 미국 정보요원들인 에이메스, 로버츠 한센(Robert Hanssen), 로날드 펠톤(Ronald Pelton) 등은 모두 금전적 욕망으로 조국을 배반한 사례들이다. 반면에 소련 스파이는 자국의 부패하고 무자비한 정치체제에 환멸을 느껴, 즉 이념적인 문제로 전향하는 경우가 많았다. 또한, 스파이들은 상급자와 동료에 대한 복수심, 자신과 가족들에 대한 협박을 못 이겨 이중 스파이로 변신하기도 했다. 정보학자 로웬탈은 돈, 이념, 회유와 협박 그리고 정체성을 변절의 4대 요인으로 꼽았다.[581]

이러한 변절 이유가 바로 인적 보안에 대한 문제의식을 가다듬고 그 대처방안을 마련

---

581) Lowenthal(2020), pp.205-206.

하는 기준이 되어야 한다. 따라서 정보공동체는 마땅히 지위 고하를 막론하고 필요한 스크린 장치의 대상이 되도록 하고, 제반 감시·감독 장치를 예외 없이 철저하게 운영해서 적대세력의 침투 위험성을 사전에 차단하는 노력을 다해야 한다. 이것이 때로는 그 효용에 의문이 들기는 하지만 많은 나라의 정보기구가 요원들을 상대로 주기적으로 거짓말 탐지기 검사를 하는 이유이다.

가. 인격과 충성심 판단

먼저 정보요원을 신규 채용할 때는 응시자의 인격과 충성심에 관한 판단이 일차적으로 문제가 된다. 인격에 대한 문제는 현재의 정신적 안정감뿐만 아니라 적대세력 정보기관의 협박과 회유에 대해서도 문제가 없을 것인지도 고려해야 한다. 가족, 친구, 친지, 전직 직장동료들과의 관계 등이 모두 충성심 및 정신적 안정감을 판단하기 위한 관심의 대상이다. 실무적으로 그러한 요소는 정보기관 요원에 대해서뿐만 아니라 공직 지원자들에 대해서도 신원조회라는 이름으로 스크린 된다. 그러나 신원조회, 즉 성장배경 등에 대한 뒷조사는 당사자 본인에 대한 충성심이나 인격에 대한 판단자료로는 그다지 적합하지 않은 것으로 평가받고 있다.[582] 이처럼 정보기관 근무를 지원하는 지원자 중에서 전문성을 가지고 투철한 사명감과 애국심을 지녔으며 앞으로도 변절의 위험성이 없는 자를 선발하고, 현재의 정보기관 근무자 중에서는 충성심이 의심스러운 직원은 비밀을 다루는 업무에서 제외하고 적절히 관리하는 문제가 인적 보안의 핵심이다. 문제는 사실 그러한 판단을 위한 마땅한 구체적인 방법이 없다는 것이다.

나. 거짓말 탐지기 활용

미국 정보공동체의 경우에 효용에 대한 논쟁은 있지만, 정보요원을 신규 채용할 때와 일정 기간마다 거짓말 탐지기 조사를 활용한다. 대표적으로 CIA는 인적 보안에서 거짓말 탐지기 조사에 상당한 역점을 두어, 고용을 원하는 신입직원은 누구나 거짓말 탐지기 검사를 받아야 한다. 또한, 모든 직원도 계속 근무의 조건으로 주기적으로 거짓말 탐지기 조사를 받는 것이 의무화되어 있다. CIA에서는 이를 **상자에 처박히기**(being put

---

582) Shulsky & Schmitt(2002), p.105.

on the box)라고 한다.

CIA 외에도, 국방정보국(DIA), 국가정찰실(NRO), 국가안보국(NSA) 요원들에 대해 거짓말 탐지기를 활용하고 있고, 그동안 사용을 거부했던 FBI는 2001년 조직원이었던 이중 스파이 한센(Robert Hanssen) 사건 여파 이후 거짓말 탐지기를 인적 보안을 위해 사용하고 있다.[583] 또한, CIA는 영국의 대표적인 신호정보기구인 정부통신본부(GCHQ)에서 일하던 프라임(Geoffrey Prime)이 이중 스파이 혐의로 체포된 후에, 협동적인 업무가 많은 영국 정부통신본부에게도 거짓말 탐지기를 사용할 것을 요구했다.[584]

물론 거짓말 탐지기의 전체적인 정확성에 대해서는 아직도 논란이 있다. 특히 특정한 질문이 가능한 범죄 수사에서는 거짓말 탐지기 조사가 유용하지만 일반적이고 포괄적인 질문일 수밖에 없는 정보요원에 대한 질문에는 효용이 별로 없다는 비판이 제기되고 있다. 실제로 1952년부터 1985년까지 중국을 위해 활동한 CIA의 이중 스파이 우-타이친(金無怠 Larry Wurtai Chin)과 에이메스는 모두 거짓말 탐지기 검사를 무사히 통과했다. 특히 에이메스는 소련을 위해 스파이 활동을 한 1985년 4월부터 FBI에 검거된 1994년 2월까지 사이에 1986년과 1991년 시행된 두 차례의 CIA 거짓말 탐지기 검사를 무사통과했다.[585]

그러나 거짓말 탐지기 검사가 인적 보안 스크린 장치로 완벽하지는 않지만 특별한 성공사례도 있었던 것으로 알려졌다. 무엇보다 해당 당사자에 대해 심리적으로 압박감을 재고하는 기능을 보여서 정보요원에게 경각심을 주고 충성심을 다시 한번 일깨워 주는 재충전의 기회도 제공할 수 있다는 것이다. 현재까지 거짓말 탐지기 검사 외에 다른 마땅한 구체적인 방법이 없는 것도 인적 보안의 중요한 방법으로 거짓말 탐지기를 사용하게 하는 한 요인이다. 하지만 충성심의 변화, 즉 변절을 평가하는 데는 다른 상황 요소에 대한 면밀한 판단 역시 긴요하다.

---

583) Lowenthal(2020), pp.204-205.
584) Shulsky & Schmitt(2002), p.107.
585) Id.

다. 기타사항

특별히 특정한 정보요원의 행동 패턴의 변화와 생활양식의 변화는 주목해야 한다는 사실을 다수의 이중 스파이 사례가 보여준다. 갑자기 술을 많이 마신다거나, 신경안정제 심지어 마약을 하기 시작하는 것 같은 징후가 보인다거나, 수입보다 과다 소비지출을 한다거나, 부채가 많이 늘어나는 것 같은 상황변화는 변절하였거나 변절 가능성이 있는 좋은 징후로 간주된다. 징후가 측정되었으면 그러한 문제가 얼마나 오랫동안 지속되었는가? 그동안 담당 직무는 어떤 것이었나? 적대국 리에종과의 접촉은 어떠했는가? 등을 파악하는 직원 체크, 즉 자체 보안 점검이 1차적으로 실시되어야 한다.

한편 미국 정보공동체는 에이메스와 한센 사건 이후에 금융기관들로부터 직원들에 대한 주기적인 금융보고서를 제시받고 있다.[586] 한센의 경우에는 재산의 증가는 없었지만, FBI가 에이메스를 용의자로 단정하고 검거하게 된 직접적인 이유는 그가 월급에 안 맞게 새집을 장만하고, 새 차를 구매했으며, 유명상표의 옷을 입는 등 갑자기 소비생활에 커다란 변화가 있다는 사실을 주목했기 때문이다. 하지만 당시 CIA는 직원들에 대한 금융보고서 제출제도가 없어서 사전에 의심스러운 자산의 변동을 알지 못했다. 물론 오랜 정보요원 생활로 비밀 유지가 습관으로 체득된 정보요원의 경우에 검은 자금을 제3의 비밀금고에 유지할 것이라는 사실도 어렵지 않게 유추할 수 있다. 그럼에도 불구하고 주기적인 금융조회 제도는 인적 보안의 적절한 통제 수단의 하나가 될 수 있다.

Ⅲ. 물리적 보안(Physical security)

물리적 보안은 어떤 시설이나 정보 원천 또는 물리적 매체에 보관된 정보에 접근하는 것을 사실적으로 방해하거나 방지하는 조치를 말한다. 쉽게 말하면 필요한 시설에 다양한 형태의 자물쇠를 잠그는 것이다. 상대 세력은 표적 국가의 정보 시스템 등 정보자산에 침투하여 거기에 있는 정보를 활용하는 소위 착취를 목적으로 활동할 수도 있지만, 여의찮은 경우에는 화재를 유발하거나 아예 공격을 단행해 파괴하는 방법을 동원할

---

586) Lowenthal(2020), p.204.

수도 있다. 물리적 보안이란 이 같은 제반 물리적인 위협으로부터 시설의 안전을 도모하는 보안 방법이다.

국가안보를 위해서 안보에 관한 업무를 수행하는 사람을 보호하는 것(인적보안)이나 중요한 내용이 수록된 문서를 잘 관리하는 것(문서보안)도 중요하지만, 중요한 물리적 시설 그 자체를 보호하는 것도 매우 중요하다. 이를 위해 허가받지 않은 사람의 제한을 접근하는 것이 필요하다. 이에 제한지역, 제한구역, 통제구역을 설정하거나, 자연방벽이나 인공방벽 또는 경비견을 이용한 동물 방벽 그리고 경보장치나 CCTV 등을 이용한 방벽 구축 등이 활용된다.

물리적 보안에는 비밀안전 규정에 충실히 따르게 하고, 주기적으로 새로운 접근 암호를 사용하는 등 보안을 더욱 강화하고, 만약의 경우에는 인적 · 물리적 비상경보 장치가 잘 작동되도록 지원하고 새롭게 구축하는 활동도 포함된다.

유념해야 할 것은 물리적 보안은 비밀의 구체적인 내용물을 보호하는 것뿐만이 아니라는 점이다. 그것은 어떤 것이 비밀로 분류되었다는 사실 그 자체나 비밀 보호를 위한 어떠한 시설과 장치가 있다는 사실 그 자체, 심지어는 어느 지역이 비밀 보호구역이라는 사실 그 자체가 물리적 보안의 중요한 대상이 된다.

어떤 사실 그 자체에(여기에서는 공사한다는 사실) 대한 물리적 보안에 실패했던 아쉬운 사례로는 소련 주재 미국 대사관 건물 침투사건이 있었다. 1970년대 모스크바 미국 대사관 굴뚝에서 다수의 소련 안테나가 발견되었고, 1980년대에는 동 대사관에서 사용하는 전자타자기 상당수가 도청되고 있었다. 나중에 밝혀진 사실이었지만, 소련은 미국이 대사관 자리를 옮길 계획을 사전에 파악한 후에, 미국 측의 원만한 공사 진행을 도와준다고 나섰다. 그리고는 부지 정비작업 명목으로 건축 대들보와 기둥 공사를 해주면서 건축되는 미국 대사관 건물 전체가 안테나로 작동되도록 만들었고, 건물 내의 기기에 대한 침투가 가능하도록 사전 정지작업을 해놓았던 것이다.[587] **'어떤 건축을 한다는 사실 자체'**가 얼마나 중요한 물리적 보안의 요체인지를 잘 이해할 수 있게 해준다.

---

587) "For the Record, testimony of former Defense Secretary James Schlesinger,," Washington Post, 1987/7/1. Abram N. Shulsky, *op. cit*, p.108. 미국은 현재까지도 소련이 어떻게 기초공사를 하면서 건축물 전체에 대한 감시장치를 갖출 수 있었는지 그 건축기술을 파악하지 못하고 있다고 한다.

보통 물리적 보안의 방법으로는 시설에 대한 사실상의 접근 장애물을 설치하는 '방벽'과 출입을 규제하는 '보호구역'을 설정하는 방법이 있다. 그런데 각국 정보기구의 숙달된 정보요원들은 공식적인 방문이나 견학의 경우에도 보안 시설에 신속하고 눈에 띄지 않게 고성능의 도청 장비를 설치하는 기법에 능숙하다. 그러므로 보호구역에 대한 주기적인 보안 점검은 물론이고, 해당 지역에 들어오는 것과 해당 지역에서 없어지거나 새로 발견되는 장비들을 통제하는 것도 물리적 보안에서는 매우 중요한 보안 기법이 된다.

Ⅳ. 기술 보안

정보활동 영역에서의 기술 보안 문제는 기술적 방식으로 전개되는 보안이다. 여기에는 유선의 전선과 무선전파를 이용한 각종 커뮤니케이션의 도청 방지를 목적으로 한 통신보안이 있다. 그리고 컴퓨터의 기억장치로부터 데이터를 유출해 가는 행위를 저지하기 위한 컴퓨터 자체에 대한 컴퓨터 보안과 유출된 데이터에 대한 데이터 보안, 컴퓨터 상호 간의 네트워크 보안, 더 나아가 상대 세력이 아측으로부터 발산되는 전자파로 비밀을 탐지하려는 것을 방지하는 전자파 보안(Emanations Security) 등이 있다. 이러한 기술 보안 분야는 결국 상대 세력의 기술적 정보활동에 대처하는 기술적 보안방책의 문제이다.

미래에 인공지능(AI)과 양자컴퓨터가 본격적으로 정보보안 영역에 도입되면 보안의 핵심은 과학기술 진보와 응용 수준에 결정적으로 의존하게 될 것이다. 그러므로 미래 보안의 핵심은 과학기술일 것으로 정보기구가 최첨단 과학 기술정보 수집능력을 배가해야 하는 이유이다.

제3항 한국의 보안

Ⅰ. 현행 보안업무규정

한국의 보안 문제에 대한 제반 법적인 문제점은 제8편 한국의 정보기구 편에서 다시 한번 검토하기로 하고, 우선 대한민국의 보안규정과 절차를 간략히 살펴본다. 국가정보원법 제3조 제2항에 근거한 보안업무규정(대통령령 제31354호)은 국가 보안업무 수행에 필요한 사항을 규정하고 있다.

1. 비밀의 분류

보안업무규정은 '비밀이란 그 내용이 누설되는 경우 국가안전보장에 유해로운 결과를 초래할 우려가 있는 국가기밀로서 이 영에 의해 비밀로 분류된 것'이라고 정의하고 있다(제2조 제1호). 분류된 비밀에 대한 보안책임은 국가정보기구 외에도 국가안전보장에 관련되는 인원 · 문서 · 자재 · 시설 및 지역을 관리하는 자와 관계기관의 장에게 있다(제3조). 보안업무규정은 비밀을 중요성과 가치의 정도에 따라 I급 비밀 · II급 비밀 및 III급 비밀로 구분하고 있다(제4조).

2. 암호자재의 제한

현재 자유경쟁 시장이 되어 있는 미국과 달리 암호자재는 국가정보원장(이하 '국정원장'이라 한다)이 제작하여 필요한 기관에 공급하도록 하고 있다. 다만 국정원장이 필요하다고 인정할 때는 암호자재의 사용 기관으로 하여금 국정원장이 인가하는 암호체계의 범위 안에서 암호자재를 제작할 수 있다(제7조).

그러나 법률규정이 아닌 보안업무 규정만으로 "암호 창출업"이라는 헌법상의 직업 선택의 자유가 전제되는 일반인들의 암호자재 제작과 사용을 규율할 근거가 될 수 있을지에 대해서는 논란이 있을 수 있다.

3. 비밀에의 접근제한

보안업무규정은 비밀은 해당 등급의 비밀취급 인가를 받은 사람만 취급할 수 있으며, 암호자재는 해당 등급의 비밀 소통용 암호자재취급 인가를 받은 사람만 취급할 수 있는 비밀 취급의 원칙을 규정하고 있다(제8조). 또한, 비밀의 열람은, 해당 등급의 비밀취급 인가를 받은 사람 중 그 비밀과 업무상 직접 관계가 있는 사람만 열람할 수 있도록 하여 실제적인 접근을 위한 필요성을 규정하고 있다(제24조 제1항). 한편 비밀취급 인가를 받지 아니한 사람에게 비밀을 열람하거나 취급하게 할 때에는 국가정보원장이 정하는 바에 따라 소속기관의 장(비밀이 군사와 관련된 사항인 경우에는 국방부장관)이 미리 열람자의 인적사항과 열람하려는 비밀의 내용 등을 확인하고 열람 시 비밀 보호에 필요한 자체 보안대책을 마련하는 등의 보안조치를 하여야 한다. 다만, Ⅰ급비밀의 보안조치에 관하여는 국가정보원장과 미리 협의하여야 한다.(제 2항).

4. 비밀 접근권자

현행 보안업무규정은 Ⅰ급 비밀 취급인가권자로, 대통령, 국무총리, 감사원장, 국가인권위원회위원장, 고위공직자범죄수사처장, 각 부ㆍ처의 장, 국무조정실장, 방송통신위원회 위원장, 공정거래위원회 위원장, 금융위원회 위원장, 국민권익위원회 위원장, 개인정보 보호위원회 위원장 및 원자력안전위원회 위원장, 대통령 비서실장, 국가안보실장, 대통령 경호처장, 국가정보원장, 검찰총장, 합동참모의장, 각군 참모총장, 지상작전사령관 및 육군제2작전사령관, 국방부 장관이 지정하는 각 군 부대장으로 하고 있다(제9조 제1항).

5. 비밀의 적정 분류원칙과 관리

비밀은 적절히 보호할 수 있는 최저등급으로 분류하되, 과도하거나 과소하게 분류해서는 안 된다(제12조 제1항). 비밀은 그 자체의 내용과 가치의 정도에 따라 분류하여야 하며, 다른 비밀과 관련하여 분류해서도 안 된다(제2항). 비밀분류에 통일성과 적절성을 확보하기 위하여 세부 분류지침을 작성하여 시행하여야 하는데 현재 세부 분류지침은 공개하지 않고 있다(제13조). 비밀취급 인가를 받은 사람은 인가받은 비밀 및 그 이하 등급 비밀의 분류권을 가진다(제11조 제1항). 이 경우에 비밀 취급인가를 가졌다고 해고 비밀은 그 비밀과 업무상 직접 관계가 있는 사람만 열람할 수 있다(제24조 제1항).

분류된 비밀에는 비밀 보호기간 및 보존기간을 명시한 예고문을 기재하여야 하고(제

14조), 비밀을 효율적으로 보호하기 위하여 재분류할 수 있다(제15조 제1항), 특별한 경우에는 예고기간 이전의 비밀 파기도 가능하다(제15조 제2항). 비밀은 암호화되지 아니한 상태로 정보통신 수단을 이용하여 접수하거나 발송해서는 안 되고(제2항), 모든 비밀을 접수하거나 발송할 때에는 접수증을 사용해야 한다(제3항). 대통령이나 국정원 장이 요청한다고 해도 마찬가지이다.

비밀의 작성 · 분류 · 접수 · 발송 및 취급 등에 필요한 모든 관리사항을 기록하기 위하여 비밀관리기록부를 두어야 한다. 다만, Ⅰ급비밀관리기록부는 다른 비밀과 달리 작성하여 갖추어 두어야 하며, 암호자재는 암호자재 관리기록부로 관리해야 한다(제 22조 제1항). 원칙적으로 비밀의 일부 또는 전부나 암호자재에 대해서는 모사(模寫) · 타자(打字) · 인쇄 · 조각 · 녹음 · 촬영 · 인화(印畵) · 확대 등 그 원형을 재현(再現)하 는 행위를 할 수 없다(제23조 제1항). 그러나 Ⅰ급비밀이라도 생산자의 허가를 받은 경우에는 예외적으로 비밀을 복제나 복사할 수 있다(제23조 단서). 비밀을 복제하거나 복사한 경우에는 그 원본과 동일한 비밀등급과 예고문을 기재하고, 사본 번호를 반드시 매겨야 한다(제4항).

한편 보안업무규정은, 국가안전보장을 위하여 국민에게 긴급히 알려야 할 필요가 있다고 판단될 때나 비밀을 공개함으로써 국가안전보장 또는 국가이익에 현저한 도움 이 된다고 판단될 때에는 보안심사위원회의 심의를 거쳐 비밀을 공개할 수 있는 제도를 마련해 일반 공중의 접근을 허용하고 있다(제25조).

6. 국가보안시설 및 국가보호장비 보호

국정원장은 파괴 또는 기능이 침해되거나 비밀이 누설될 경우 전략적 · 군사적으로 막대한 손해가 발생하거나 국가안전보장에 연쇄적 혼란을 일으킬 우려가 있는 시설 및 항공기 · 선박 등 중요 장비를 각각 국가보안시설 및 국가보호장비로 지정할 수 있다 (제32조 제1항).

각급기관의 장과 관리기관 등의 장은 국가안전보장에 관련되는 인원 · 문서 · 자 재 · 시설의 보호를 위하여 필요한 장소에 일정한 범위의 보호지역을 설정할 수 있다(제 34조 제1항). 설정된 보호지역은 그 중요도에 따라 제한지역, 제한구역 및 통제구역으로 나눈다(제2항). 보호지역에 접근하거나 출입하려는 사람은 사전에 승인을 받아야하고(제3항), 보호지역을 관리하는 사람은 승인을 받지 않은 사람의 보호지역 접근이나 출입을 제한하거나 금지할 수 있다(제 4항).[588] 한편 국정원장은 보안사고를 예방하기 위하여 국가보안시설, 국가보호장비 및 보호지역에 대하여 보안측정을 한다(제35조 제1항). 이 경우에 보안측정은 국정원장이 직권으로 하거나 관계기관 장의 요청에 따라 한다(제2항).

7. 인적 보안의 중점으로서 신원조사

보안업무규정은 제3장에 국가보안을 위해 국가에 대한 충성심 · 성실성 및 신뢰성을 조사하기 위해 신원조사 제도를 마련하고, 국정원장을 실시권자로 하고 있다. 즉 신원조사의 책임자는 국정원장이다(제36조). 이에 국정원장은 공무원 임용예정자, 비밀취급 인가 예정자, 국가보안시설 · 보호장비를 관리하는 기관 등의 장, 그 밖에 다른 법령에서 정하는 사람이나 각급기관의 장이 국가안전보장을 위하여 필요하다고 인정하는 사람들에 대한 충성심 · 신뢰성 등을 확인하기 위하여 신원조사를 한다(제1항, 제3항).

그러나 신원조사 제도의 취지가 인적 보안의 본래 취지인 정보요원을 대상으로 하고 있지는 않고, 모든 공무원 임용예정자를 대상으로 하고 있다. 인적 보안의 본래적 의의와 함께 그리고 국가정보기구의 자산을 지나치게 허비하는 것은 아닌지 하는 관점에서 재검토되어야 할 것으로 사료된다.

8. 보안조사와 보안감사

현행 보안업무규정 제5장(보안조사)은 국정원장에게 국가보안 사고에 대한 책무를 규정하고 있다. 제38조가 정한 보안사고는, 비밀의 누설 또는 분실(1호), 국가보안시설 · 국가보호장비의 파괴 또는 기능 침해(2호), 승인을 받지 않은 보호지역 접근 또는

---

588) 통상 구획은 다음과 같이 구분했는바 현행 보안규정에는 그 개념규정이 없다.
ㅇ 제한지역: 비밀 또는 정부 재산의 보호를 위하여 울타리 또는 경호원에 의하여 일반인의 출입 감시가 요구되는 지역
ㅇ 제한구역: 비밀 또는 주요시설 및 자재에 대한 비인가자의 접근을 방지하기 위하여 그 출입에 안내가 요구되는 구역
ㅇ 통제구역: 비인가자의 출입이 금지되는 보안상 극히 중요한 구역

출입(3호), 그 밖에 국정원장이 정하는 사고(4호)이다. 국정원장은 보안사고 조사의 결과를 해당 기관의 장에게 통보하고(제 제38조의2 제 1항), 보안사고 조사결과를 통보받은 기관의 장은 조사결과와 관련하여 필요한 조치를 하고, 조치결과를 국가정보원장에게 통보해야 한다(제2항).

한편 보안규정 제6장은 보안감사를 규정하고 있다. 일반보안감사(제39조)와 정보통신보안감사(제40조)의 실시권자는 중앙행정기관등의 장으로 자체 감사를 원칙으로 하고 있다. 보안감사에는 연 1회 실시하는 정기감사와 필요에 따라 수시로 하는 수시감사가 있다(제41조 제2항). 보안감사 책임자인 중앙행정기관의 장은 일반보안감사와 정보통신보안감사의 결과와 재발 방지 및 개선을 위하여 행한 필요한 조치와 그 조치결과를 국정원장에게 통보해야 한다(제42조).

II. 평 가

국가보안을 위한 다수의 현행 보안규정에도 불구하고 외국의 특정 세력이 구체적이고 치밀한 목표를 가지고 접근하는 경우에, 대한민국 국가안보에 대한 비밀이 모두 지켜지리라고 생각할 수는 없다. 이것은 형식적인 제도에 집착해 보안과 방첩 업무 본연의 본질을 오해해서는 절대로 안 된다는 것을 의미한다. 오히려 국민의 폭넓고 능동적인 정보 보안업무에 대한 협조를 위해 현재까지의 보안업무 방식과 경험에 대한 면밀한 심사평가를 통해 불필요한 제도와 정보공동체 본연의 업무를 혼동시킬 수 있는 일반적이고 포괄적 업무는 지양하고, 정보기구에 불필요하고 부담을 주는 제도를 과감히 폐기하거나 해당 기관에 전적으로 책임을 넘겨주고 3년 또는 5년 등의 주기적 통합분석으로 실질적인 책임을 높이는 방향으로의 업무개선 노력이 시급하다고 사료된다.

역사적인 경험을 살펴보면 중대한 보안사고는 거의 모두 정보기구에서 발생했다. 일반 부처의 비밀과 달리 정보공동체 자체의 비밀이 그 중요성에 있어서 상대국의 주요한 관심 대상일 뿐 아니라, 정보기구가 보관하는 하나의 비밀 획득으로 연계 정보파악이 가능한 것이 중요한 이유 중의 하나이다.

형식적인 보안감사 등은 오히려 그때만 피하고 보자는 보안 불감증을 초래할 수도 있음을 직시해야 한다. 또한, 지나치게 광범위하고 복잡한 보안 제도는 불필요한 규제의 남발로 필연적으로 민주성과 공개성을 지향하는 개방사회와는 인권 문제 등으로 긴장 관계를 초래할 수도 있다. 이러한 문제의식이 정보공동체의 보안 관련 업무에 대한 혁신을 가져와야 한다는 논의의 출발점이 된다.

【현행 보안 관계 법령】

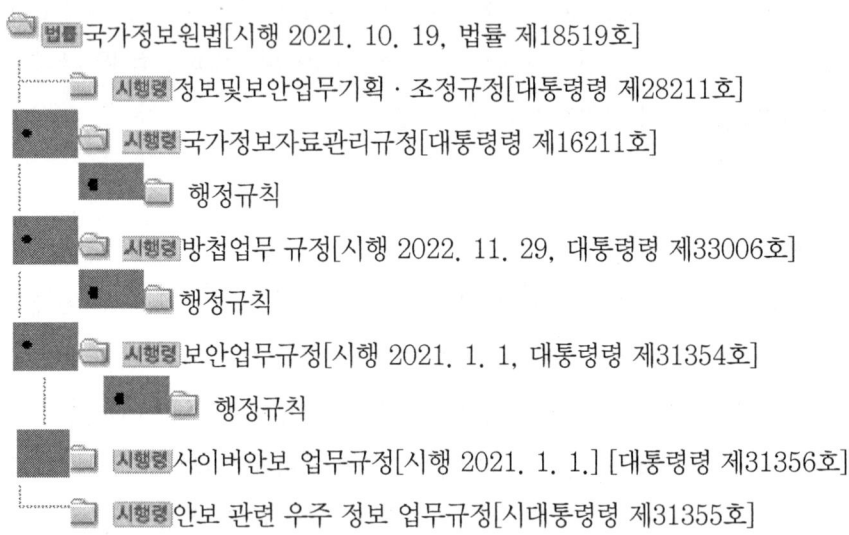

법률 국가정보원법[시행 2021. 10. 19. 법률 제18519호]

시행령 정보및보안업무기획 · 조정규정[대통령령 제28211호]

시행령 국가정보자료관리규정[대통령령 제16211호]

행정규칙

시행령 방첩업무 규정[시행 2022. 11. 29. 대통령령 제33006호]

행정규칙

시행령 보안업무규정[시행 2021. 1. 1. 대통령령 제31354호]

행정규칙

시행령 사이버안보 업무규정[시행 2021. 1. 1.] [대통령령 제31356호]

시행령 안보 관련 우주 정보 업무규정[시대통령령 제31355호]

제3절 방첩 공작
(Offensive Counterintelligence Operations) :
적극적 능동적 방첩 활동

제1항 개 관

민간인 출신으로는 최초로 약 8년간 CIA 국장을 역임한 알렌 덜레스(Allen Welsh Dulles, 1953-1961)는 해외 적대세력이 아국에서 하는 정보활동과 침투 시도 등의 정보 공격에 대한 최선의 방어는 적극적 조치라고 강조했다. 해외세력의 정보활동에 대한 대처로서 수동적인 보안 외에 능동적이며 선제적이고 적극적인 역공작의 중요성을 강조한 것이다.

해외 적대세력의 정보활동에 대항하는 적극적 조치가 바로 능동적 방첩이다. 능동적 방첩은 해외 적대세력의 간첩 활동을 적발하거나 우방국을 포함해 아측의 정보활동에 대한 해외세력의 물리적 공격을 저지해 제반 손실을 예방하고 그러한 공격을 역이용해 아측에 유리한 국면을 조성하는 것을 의미한다.

방첩 공작은 적대적 정보기관의 활동을 붕괴시키거나 무력화시키는 것을 목적으로 이루어지는 제반 공작 활동과 그에 필요한 정보의 수집·분석 활동이다. 적극적·능동적 방첩에서의 방첩 활동은 이처럼 해외세력의 정보활동에 대한 단순한 대응을 넘어선다. 오히려 적극적으로 적대적인 정보활동을 무력화시키고, 상대 세력 내부의 동요를 야기해 신임받는 요원들에 대한 불신임을 유도하거나 상대 세력 정보기구의 정보 원천을 무력화시키는 일들이 포함된다.

적극적 방첩에서 상대 세력의 정보요원들이 범죄행위를 한 경우에는 법 집행기관과의 협조로 체포 등의 사법 조치를 취하기도 한다. 외교관 면책특권이 있는 공직을 가장한 외국 정보기구 요원이면 '달갑지 않은 손님(*persona non grata*)'으로 추방하기도 한다. 그러나 적극적 조치로의 방첩의 관점에서는 체포보다는 또 다른 공작으로 그 상황을 유리하게 역이용하는 전략이 유용하다.

한편 방첩 공작의 상대방에 대한 정확한 이해는 매우 중요하다. 1970년대 헨리 키신저(Henry Kissinger) 전 국무부 장관은 "세상에 친구인 정보기구는 없다. 단지 우방의 정보기구가 있을 뿐이다."라고 말했다. 그것은 우방 정보기구는 언제든지 특정 분야에서 적대세력이 될 수 있는 것으로서 냉혹한 경쟁적 정보 세계의 현실을 잘 지적해 준 말이다. 특히 방첩 공작의 경우에는 더욱 그러하다. 정보활동에서는 적국이나 적대국이라는 용어를 사용하기도 하지만 우방국 상호 간의 첩보 활동도 적대국 사이의 정보활동 못지않게 치열하게 전개되는 것이 현실이다. 그것이 경제정보와 관련된 문제일 경우에는 적국과 우방의 구분이 더욱 애매해지는 것은 정보 영역론에서 본다. 본서에서는 초국가적위협세력을 포함해 이를 모두 해외세력이나 경쟁세력 또는 상대세력이라고 호칭하기로 한다.

역사적으로 구소련의 KGB 그리고 오늘날 러시아의 해외정보부(SVR)와 연방보안부(FSB), 중국의 정보기구는 물론이고 일본, 이스라엘, 프랑스, 영국 그리고 한국의 정보기구가 CIA를 비롯해 FBI, 국가안보국(NSA) 등 미국 정보공동체에 침투했거나 침투를 시도한 사례는 비일비재하다. 그래서 방첩공작은 스파이 대 스파이, 더 나아가서는 정보기구 대 정보기구의 대결로 모략과 지략에 있어서 밑도 끝도 없는 경연장이라고 할 수 있다. 아측 방첩공작의 실패는 상대 세력 정보활동의 성공을 뜻하게 되고 그것은 아측의 국가안보에 위협을 초래하고 국가이익에 막대한 손해를 가져올 수 있는 것이므로 정형이 없는 적극적 방첩공작의 성패는 때에 따라서는 국가의 명운을 좌우한다고 할 수 있다.

이러한 중요성이 있는 적극적 방첩공작은 방첩정보의 수집에서 시작된다. 아측을 겨냥한 상대 세력의 정보활동에 대한 정보, 즉 방첩정보를 수집하여, 이를 분석해 상대 세력이 아측 정보기구에 침투하는 것을 차단하고 무력화시키는 것이 "방첩 방어"이다. 더 나아가 상대 세력 공작원을 회유하거나 매수해 이중 공작원으로 전환시켜 상대 세력에는 허위 정보가 유입되도록 하고, 아측의 정보 세력을 상대국 정보기구에 침투시키고 궁극적으로는 상대세력을 교란하고 기만함으로써 상대세력의 정보활동을 무력화시키는 것을 "역용 공작"이라고 한다. 다만 기만 공작을 방첩공작으로 볼 것인가에 대해서는 후술하는 바와 같이 정보학자 간에 이견이 있다. 방첩공작은 이처럼 통상적으로는 수집, 방어, 무력화 및 공격의 3단계로 이루어진다.

적극적 방첩공작 영역은 진정한 스파이 대(對) 스파이(Spy ver. Spy)의 대결이다. 후술하는 실전 사례에서 잘 알 수 있듯이 즉 방첩공작은 사태의 종결일 것으로 생각되는 상상의 끝 지점에서, 새로운 역공작이 다시 펼쳐지는 무한 경쟁의 영역이라고 할 수 있다.

제2항 방첩정보의 수집

Ⅰ. 개관

방첩공작에서의 정보수집은 자국을 겨냥한 해외세력의 아측에 대한 정보수집의 의도와 능력에 대한 정보를 파악하는 활동이다. 적대세력의 아국에 대한 정보활동을 저지하고 첩보 유출을 막는 가장 직접적인 방법은 인적 또는 기술적 수단을 이용하여 상대세력 정보기관이 아국에 대해 수행하고 있는 정보활동 정보를 직접 수집해 그에 대비하는 것이다. 상대세력의 아측을 향한 정보활동에 관한 정보를 특별히 방첩정보(Counterintelligence Information)라고 한다.

방첩정보 수집은 사실은 일반 정보수집 활동과 유사하다. 다만 수집 대상이 정부 지도자들이나 군대 또는 공공기관이나 연구소 등 일반 정부기관이 아니라 상대세력 정보기구와 그 정보기구들의 현실적인 정보활동에 대한 것이라는 점에서 차이가 있을 뿐이다.[589]

방첩정보, 즉 상대국 정보기구나 보안기구의 아국 정보기구에 대한 침투 활동 등에 대한 정보 역시 다양한 방법으로 획득할 수 있다. 방첩정보의 상당 부분은 먼저 공개자료를 통해 확보된다. 예를 들어 우방이나 적대국과 교환하는 국가문서, 연간 보고서, 수사 기록에 대한 보도, 의회 활동 내용, 언론 보도, 학술지 내용을 잘 파악하면 그 나라의 정보기구가 아측 정보기구에 대해 어떠한 관심이 있을 수 있는지와 있었는지를 상당 부분 파악할 수 있다. 상대세력이 어떤 정보에 관심을 가지고 그것을 어떻게 활용하려 했는지를 파악하는 것은, 상대세력의 침투 의도와 능력을 확인하는 데도 매우 좋은 근거 자료가 된다.

---

589) Shulsky & Schmitt(2002), p.110.

러시아 언론의 자국 인공 감시 시스템에 대한 언론 보도, 독일 출판사의 독일 연방정보국(BND)에 관한 연구책자, 캐나다 정부의 자국 정보기구 활동에 대한 연례보고, 미국 정보공동체의 수많은 자체 보고서 및 의회 활동 문건 등이 각국 방첩공작의 유용한 공개자료로 활용되었다는 것은 널리 알려진 사실이다. 그러므로 공개자료만 자세히 검토해도 상당한 방첩정보를 획득할 수 있다. 그러나 공개정보에 의한 방첩정보를 수집하는 데는 일정한 한계가 따른다. 그러므로 구체적인 인간정보(HUMINT) 활동과 기술정보(THECHINT) 기법에 의한 방첩정보 수집은 대단히 중요하다.

Ⅱ. 방첩 인간정보(HUMINT)

방첩 인간정보 활동은 크게 3가지로 나누어 볼 수 있다. 첫 번째는 방첩 활동에 대해 전문적으로 교육받고 훈련받은 아측 요원들이 상대국 또는 상대국의 정보에 접근할 수 있는 지역에 파견되어 직접 상대세력의 방첩정보를 수집하는 것이다. 성패의 상당 부분은 개인의 방첩 역량에 의존하게 된다.

두 번째는 상대세력의 전향자 또는 변절자를 확보하는 것이다. 상대세력의 많은 정보를 알고 있는 고위급 정보와 정책 책임자들은 매우 중요한 방첩공작 자산이 된다. 다만 이 경우에는 전향으로 인하여, 특별한 경우를 제외하고는 소지한 정보 외에는 더 이상의 추가정보를 획득할 수 없다는 1회성 단점이 있다.

세 번째는 이중 스파이를 활용한 방첩정보의 계속적인 생산이다. 재정적·이념적 또는 어떤 약점에 의한 협박으로 아무런 일 없었던 듯이 예전과 같이 계속 근무하도록 하고, 아측의 통제를 받으면서, 아측에 자국의 비밀을 지속적으로 제공하게 하는 것이다. 이에 이중 스파이는 외부에서 컨트롤러로 마치 다른 집 내부사정을 살펴보는 것과 같다는 평가를 받는다. 이중 스파이의 활용은 방첩 공작에서 가장 중요하고 최신의 정보를 획득할 수 있는 방법이다. 후술하는 여러 사례에서 보는 바와 같이 각국 정보기관은 이중 스파이의 확보와 관리를 위해 심혈을 기울였고 그것을 막는 것이 또 다른 치열한 방첩공작이다.

1. 정보요원의 활약

아국의 정보요원이 외국에 입국하는 가장 좋은 방법은 공직을 가장해 외교관 신분 등으로 일정 기간 파견 나가는 것이다. 또 정보요원들은 국제회의, 박람회 등에 일행을 가장하여 주요 관계자와 동행하게 된다. 언론인을 가장하기도 하고 무역상으로 가장하는 등 상대국에 장시간 그리고 주기적으로 활동할 적당한 근거를 제시하기 좋은 신분으로 입국하게 된다. 입국 동기에 대한 적당한 근거를 대고 또한, 정보 원천에 대해 접근할 때를 대비해 그 필요성에 대해 변명을 할 수 있는 것이 방첩정보 요원의 성패를 좌우한다.

역으로 아국의 입장에서는 외교관 신분으로 오든, 일시 국제회의, 박람회, 학술회의 참석차 참가하든 그 참석자 중에서 누가 해외세력의 정보요원일 것인가를 정확히 파악하는 것이 방첩정보 수집의 첫 단추가 된다. 그래야 상대세력의 정보활동을 저지하는 방첩 활동을 전개할 수 있기 때문이다. 국제회의에 외교관들과 함께 입국한 정보관계자들의 동향을 파악함으로써, 즉 그들이 주로 어디로 가고, 누구를 만나고 어떠한 동선을 가졌는지 자세히 파악해, 이미 잠복해 있던 상대세력 공작원들과 접선을 하는 행적 통로 및 소위 수수소(dead drops)를 파악해 스파이를 검거할 수 있었던 것은 많은 사례가 보여 준다.

그러므로 상대세력 정보기구 정보요원들에 대해 그들이 활동하는 곳이면 어디에서든지 감시 작전 활동을 펼치는 것이 방첩정보를 수집하는 첩경이 된다. 물론 이러한 모든 경우에 그들이 감시받고 있다는 낌새조차 주지 않는 것이 방첩 방어의 성패를 좌우한다. 그러나 감시활동은 간단한 일이 아니다. 상대세력 정보요원들은 감시활동을 저지하는 정보기법(tradecraft)을 전문적으로 습득한 사람들로 단순하게 감시를 피할 수 있게 훈련받았을 뿐만 아니라 '스치면서 건네기(brush pass)' 교묘한 수수소를 이용해 '직접 만나지 않고 주고받기'와 같은 다양한 기법을 구사할 것이기 때문이다.[590]

이러한 동선 파악 감시활동은 끈기를 요하고 적지 않은 비용과 시간이 들어가는 정보활동으로 누구를 목표로 할 것인지를 엄선하는 데서 시작된다. 노련한 방첩 정보요원들은 누가 진정한 외교관이고 누가 사업가이고, 누가 영사관 직원이며, 누가 언론관계자이고 그중에 누가 정보요원인지를 파악할 능력을 갖춰야 한다. 간단한 아이디어로는

---

590) Shulsky & Schmitt(2002), p.109.

먼저 누가 외교적 활동, 즉 주제발표, 질문에 대한 대답 등을 많이 하는지, 누가 단순히 옆에서 자국 외교관의 그러한 활동을 지켜보는지를 파악하는 것만으로도 누가 진정한 외교관이고, 누가 외교관 공직을 가장한 사람인지를 파악할 수 있다. 또한, 계속적인 업무 관계의 경우에는 누가 누구의 후임자인지를 파악함으로써 후임 정보요원을 파악할 수도 있다.

우방국의 정보는 연락사무소나 합동훈련의 와중에서도 어렵지 않게 획득할 수 있다. 미국이 프랑스와의 유기적 연락사무소, 즉 리에종(liaison) 활동을 통해서 정보를 수집한 페어웰(Farewell) 사건은 우방과의 긴밀한 협조로 얼마나 엄청난 방첩정보를 획득할 수 있는가를 보여주는 좋은 사례이다.

2. 전향자 확보

전향자 또는 변절자(traitor)는 정치적 용어이다. 그것은 한 나라나 정치단체에 대한 절개나 지조를 지키지 않고 그 마음을 바꿔 충성심을 다른 곳으로 향하는 사람을 말한다. 배반자, 배신자라고도 하고 조국을 육체적으로 떠난 경우에는 망명자(defector)라고도 한다. 소련과 같은 폐쇄적인 사회의 정보기구 내의 정보요원을 포섭하고 그를 관리하는 것은 여간 어려운 일이 아니다. 따라서 냉전 시대에 미국과 서방 정보기구들은 방첩정보를 획득하기 위해 KGB에 적극적으로 이중 스파이를 심기보다는 KGB로부터의 전향자를 확보하는 방법을 많이 취했다. 소련처럼 폐쇄 국가가 아니라도 타국 정보기구에 대해 처음부터 스파이를 침투시킨다거나 이중 스파이를 확보한다는 것은, 준비 기간을 포함해 장시간이 필요할 뿐 아니라 관리 또한 대단히 어려운 일이다.

그래서 미국을 비롯한 대부분 국가도 방첩정보 획득을 위해 상대국 방첩부서 담당자 등 내부 변절자를 기대하는 것이 통상적이었다. 후술하는 바와 같이 진정성에 논란은 있지만, 대표적인 변절자가 유르첸코(Vitaliy Yurcehnko)이다. 그는 원래 유능한 KGB 요원으로 미국과 캐나다 담당 방첩부서 부책임자였다. 1985년부터 미국에 협조하기 시작한 그의 정보 덕분에 미국은 이중 스파이였던 국가안보국(NSA) 요원 로날드 펠톤(Ronald Pelton)[591]과 전 CIA 요원 에드워드 하워드(Edward Lee Howard)[592]

---

591) 국가안보국(NSA) 요원 로날드 펠톤(Ronald Pelton)은 미 공군 정보요원 출신으로 소련에 NSA가 수집한

를 검거할 수 있었다.[593]

그러나 수동적으로 전향자를 기다리는 방법으로는 한계가 있다. 그러므로 각국 정보기구는 많은 어려움에도 불구하고 상대 세력의 변절자를 유발하거나 이중 스파이 발굴에 끊임없는 노력을 다하고 있다.

3. 이중 스파이(Double Agents)

1) 개 관

이중 스파이는 원래 전문 방첩 용어이다. 이중 스파이는 한 나라의 정식 정보요원으로 정보수집 임무를 충실하게 수행하는 것처럼 가장하면서, 사실은 대상(target) 국가 정보기구의 통제를 받으며 위장된 정보수집 활동을 하는 정보원이다. 즉 상대세력 정보기구 소속 직원으로 조직의 통제를 받으면서, 원래의 목표물인 대상(target) 세력을 상대로 첩보 활동을 하는 것처럼 하지만, 사실상은 대상 국가나 상대편 조직에 충성하는 변심한 정보요원을 말한다.

그러므로 이중 스파이는 '**통제국가, 즉 자기 나라에 침투하고 있는 대상 국가의 스파이**'인 셈이다. 이중 스파이는 자국에 충성하는 요원이었으나 여러 가지 이유로 대상 국가로 전향하여 적대세력을 위해 정보활동을 하는 경우이다. 대부분은 한번 체포당해 가족 등에 대한 살해 위협이 전향의 가장 커다란 이유로 알려져 있다. 또한, 금전적 또는

정보를 판매했다. 그는 간첩 혐의로 1986년 기소되었다. 그가 넘긴 정보 중 중요한 것 중의 하나가 미국 해군과 국가안보국이 소련의 수중 케이블에 설치한 도청 장치 시설이었다.

592) 에드워드 하워드는 CIA 공작관(Case officer)이었다. 1980년부터 CIA 근무를 시작한 그는 CIA 방첩부서에서 함께 근무한 메리(Mary)와 결혼했다. 그러나 하워드는 거짓말 탐지기 조사결과 과거 마약 사용전력에 대해 거짓말한 것이 밝혀져 1983년에 면직되었다. 이에 앙심을 품은 하워드는 그 직후부터 부인을 통해 입수한 CIA의 비밀 정보를 소련에 넘기기 시작했다. CIA는 1985년부터 조직에 이상 징후가 나타남을 인지하고 내부 스파이 색출작업에 나섰다. CIA는 결국 유르첸코의 도움으로 하워드를 적발했다. 하워드는 CIA에서 습득한 공작기술을 바탕으로 FBI 정보망에 침투해 비밀 정보를 탈취하기도 했다. 한편 그가 부인을 통해 어느 정도의 CIA 정보를 획득했는지는 밝혀지지 않았다. 그는 2002년 의문의 죽음을 당했다. David Wise, The Spy Who Got Away : The Inside Story of Edward Lee Howard (New York: Random House, 1988) pp.17-21.

593) 그러나 여기서 다시 한번 방첩공작의 무궁무진한 변화를 경험하게 된다. 25년 KGB 근무경력의 유르첸코는 미국에서 근무했던 서방세계의 추억이 계기가 되어 소련을 변절했다고 변절 이유를 밝혔다. 아무튼, 그의 도움으로 미국은 펠튼과 하워드 등 미국을 괴롭혔던 정보기관 내의 이중 스파이를 적발했다. 그러나 같은 해 겨울 유르첸코는 FBI의 신변 보호 감시가 허술한 틈을 타서, 워싱턴 소재 러시아 대사관 인근 레스토랑 화장실 창살을 뚫고 소련으로 도망했다. 당국은 그의 1차 변절은 CIA 내의 덜 중요한 이중 스파이를 미국에 알려 줌으로써 당시 러시아를 위한 특급 이중 스파이였던 에이메즈(Ames)를 보호하기 위한 위장 전향으로 보고 있다. Shulsky & Schmitt(2002), pp.110-111. 물론 다른 견해도 있음을 후술한다.

이념적 문제로 대상국에 협조하는 경우도 많다. 더 나아가서는 자발적인 협조에 의해 이중 스파이가 되는 경우도 있다.

통상 상대세력 정보기구에 심어져 있는 협조자에는 두 가지 유형이 있다. 정보요원이 되기 전부터, 예를 들어 대학교 때부터 침투목적으로 발굴되어 처음부터 정보기관에 근무하는 경우와 같은 시원적(始源的) 이중 스파이가 있고, 이념이나 금전 문제 또는 약점 때문에 회유와 협박을 당해 전향한 후발적 이중 스파이가 있다. 킴 필비(Kim Philby) 등 소위 케임브리지 스파이 링(Ring) 멤버가 시원적 또는 원시적 이중 스파이의 대표적인 경우이고, 에이메스와 한센 그리고 러시아의 페어 웰(Farewell) 등이 후발적 이중 스파이의 대표적인 경우이다.

일반적으로 전향자 또는 변절자는 일회적으로 상대 세력의 정보를 제공하는 것으로 그치는 데 반해, 이중 스파이는 아측의 허위 정보를 상대세력에 전달하고 상대세력의 정보를 확보하며, 상대세력의 정보요원을 식별할 수 있게 해주는 활동을 지속적으로 한다는 강점이 있다. 한편 이중 스파이에서 더 진화된 삼중 스파이도 있다. 삼중 스파이(triple agent)는 원소속 국가나 조직에 대해 이중 스파이인 것처럼 가장하지만, 사실은 아직도 원래의 통제국가나 조직에 충성을 다하고 있는 정보요원을 말한다. 삼중 스파이는 실질적인 내용은 별것이 아니지만, 외형상 중대한 것처럼 보이는 자국의 정보를 제공함으로써 대상 국가나 조직의 신임을 크게 받게 된다. 예를 들어 가장 간단하게 자발적 협조자의 경우에 마치 조국을 배반한 것처럼 접근해 상대세력을 위해 스파이 활동을 하는 것으로 가장하지만(이중 스파이), 실제는 아직도 원 국가, 즉 아측 입장에서는 상대세력에 대한 충성심을 저버리지 않고 더 고도의 정보수집이나 정보 교란을 위해 위장 전향하는 경우이다. 삼중 스파이는 이처럼 적대국의 정보기구를 위해 첩보 활동을 수행하기를 자청하지만, 아직 자국의 정보기구에 실질적으로 충성하고 있는 가장 요원인 것으로, '유인책(dangles)' 공작원이라고도 한다.594)

이중 스파이와 삼중 스파이 두 가지 유형의 중간에 속하는 것으로 해외세력 정보기구와 접촉한 후에 포섭 시도를 받자, 그러한 포섭 시도를 자국의 관계 당국에 정식으로 보고한 후에, 관계 당국에 의해 포섭 기도에 동의하는 것으로 가장해 상대세력을 위해서

---

594) Lowenthal(2020), p.458.

활동하는 스파이를 통제된 이중 스파이라고 한다. 삼중 스파이는 그 누구도 모르게 자신의 심리상태에 따른 것이라는 점에서 통제된 이중 스파이와 삼중 스파이는 차이가 있다.

한편 이중 스파이를 인정할 것인가는 고도의 판단이 필요한 부분이다. 역사는 물론 삼중 스파이도 보여주고 있다. 삼중 스파이가 단지 이론에 그치는 것이 아니다. 정보요원도 상황에 따라 자체 판단에 따라 행동할 수밖에 없는 독립적 개체로서의 인간인 이상, 밝혀지지 않는 순간적 활동반경에 따라서는 삼중, 사중, 오중 스파이도 있었을 것이라고 정보의 역사는 짐작하고 있다. 그러므로 정보기구 내의 스파이를 색출했다고 해서 바로 체포에 들어가지 않는 것처럼, 애당초부터 아국의 스파이 자격으로 침투한 경우가 아닌 전향한 이중 스파이를 받아줄 것인가는 판단하기 대단히 어려운 문제이다.

2) 이중 스파이의 효용

방첩 공작 목적을 가장 효율적으로 달성하는 방법은 직접 상대국 정보기구의 내부에서 정보를 획득하는 방법이다. 여기에서 각국의 정보기구가 이중 스파이에 집착하는 연유가 있다. 이러한 사고의 연장선에서 역으로 이중 스파이를 통해 제일 기본적으로 확보하는 것이 아국 정보기구 내의 이중 스파이, 즉 변절자에 대한 정보이다. 방첩조직의 순수성을 유지하기 위한 기초적인 초석이다.

또한, 이중 스파이를 통해서 상대세력의 방첩 조직과 해당 기구 내에서 이중 스파이에 대한 운영을 담당하고 있는 공작관들의 신원을 확인하는 등 상대세력의 방첩 기술을 포함한 방첩 능력을 파악하게 된다. 따라서 상대세력은 공작원들에게 어떻게 지시를 하달하고, 획득한 정보를 어떤 접선으로 취거(取去)하는지, 선호하는 접선 장소와 일시가 있는지, 적발되는 것을 막기 위해 주의하는 점들이 무엇인지 등을 파악한다. 결국, 상대세력의 정보기술을 파악하는 것이다.

상대세력 정보기구의 정보역량과 정보요원들의 일반적인 활동 유형을 파악하는 것은, 방첩 활동에 종사하는 사람들에게 상대세력의 방첩공작을 전반적으로 식별할 수 있는 능력을 향상시키는 데 큰 도움을 준다.

이중 스파이를 통해서는 상대국에 제공하는 정보에 대해 진실과 허위를 적절히 혼합해 제공함으로써 상대국의 정보분석 능력도 시험해 볼 수 있다. 또한, 이중 스파이가 상대세력 정보기구로부터 특별하게 제작된 전파 송신기나 침투 기기와 같은 특별 장비를 받게 되면 그 장비를 시험해 볼 기회도 얻게 되고, 그것을 이용한 기술적 방법에 의한 정보수집 망을 확보하게도 된다.

또한, 상대세력의 정보획득 우선순위를 파악할 수도 있다. 상대세력 정보획득 우선순위를 파악한다는 것은 매우 중요한 의미가 있다. 먼저 각별하게 아측의 보안을 그 분야에 집중할 수 있을 뿐만 아니라, 아주 중요해 보이는 분야에 정보획득 우선순위가 없다면 상대세력은 이미 해당 첩보를 획득할 수 있는 훌륭한 첩보원(source)을 확보하고 있다는 반증이라고 판단할 수 있다.

이중 스파이는 아국 정보망의 순수성을 지킬 수 있는 중요한 방첩정보를 수집할 수 있다는 점에서뿐만 아니라, 일정한 한도에서 상대세력 정보기구에 대한 통제력을 행사할 수 있다는 점에서도 가치가 매우 크다. 즉 상대세력은 특정한 첩보에 접근할 수 있는 루트를 가지고 있다고 믿게 됨으로써 더는 그러한 임무를 수행할 다른 정보요원을 충원하지도 정보원(source)을 개발하지도 않을 것이므로 상대세력의 정보활동을 편향되게 이끌 수도 있게 된다.

3) 이중 스파이의 관리

가. 이중 스파이 관리 개관

이중 스파이에 대해 주기적으로 신뢰성을 판단하는 문제는 자칫 오염된 정보에 의한 아측 방첩조직의 치명적 손상을 막기 위해 대단히 중요한 일이다. 원래의 국가나 조직을 배반한 것처럼 이중 스파이는 언제라도 변절의 가능성을 내포하고 있다고 보아야 한다. 즉 한쪽을 배반한 경험이 있는 사람은 동일한 목적을 달성할 수만 있다면, 특히 그것이 금전 문제라면 쉽게 다시 배반할 수 있기 때문이다. 따라서 이중 스파이의 신뢰성 유지문제는 이중 스파이 관리에 있어서 대단히 어렵고 중요한 문제이다. 그러므로 이중 스파이 담당 공작관은 미세한 변동도 면밀히 파악하려 치밀하게 관리하는 노력이 필요하다.

한편 이중 스파이는 그들에 대한 신뢰를 유지하기 위해 그들을 다루는 사람들에게 주기적으로 어느 정도 진실한 첩보를 전달해야 한다. 아측의 이중 스파이 담당 공작관은 이러한 진실정보 전달 문제도 유념해야 한다. 신뢰성을 유지하기 위해 상대 세력에 제공하는 진실한 첩보를 속칭 '닭 모이(chicken feed)'라고 한다. 변변하지 않은 닭 모이 정보는 외형적으로는 비밀로 분류된 민감한 정보처럼 보이지만 실제로는 그다지 중요한 정보는 아니다. 이 경우 닭 모이 정보, 즉 유인정보도 다른 진실정보와의 관계에서 역사적 긴밀성이 치밀하게 구성되어야 한다.

나. 이중 스파이 관리에서 비교형량의 문제

이중 스파이를 유지하기 위해 닭 모이 정보를 제공하는 데는, 제공하는 정보의 가치와의 관계에서 이중 스파이를 계속 유지하는 것이 유용할지에 대한 비교형량의 문제가 뒤따르게 된다. 다시 말하면 상대세력을 대상으로 방첩 활동을 수행하는 기구의 공작 담당자는 이득과 피해 사이의 균형을 자세히 비교 판단해야 한다. 그것은 이중 스파이가 본국의 신뢰를 계속 유지 받음으로써 얻을 수 있는 이득과, 아무리 사소하거나 중복된 것이라도 제공하는 아측의 진실한 정보로 인해 아측 정보 전선에 초래될 피해 사이의 균형을 말한다.

더불어 이중 스파이 관리자는 이중 스파이가 이미 다른 채널을 통해 제공받고 있는 수준의 정보만을 제공한다면 계속 유지할 필요성도 재고(再考)해야 한다. 예컨대 CIA의 에이메스와 FBI의 한센은 서로의 존재를 전혀 모르는 상태로 각각 소련을 위해 이중 스파이로 활약하면서 두 사람의 스파이 활동은 상당 부분 중복되었다. 하지만 KGB는 그들이 제공하는 정보에 대해 교차 검토(cross check)를 해봄으로써 그들이 보내는 정보의 신뢰성을 지속적으로 확인했다. 이러한 한도에서는 정보의 진실성을 교차 체크하고 지속적인 충성심의 점검을 위해 중복된 정보 확보 루트도 중요하다.

한편 이중 스파이를 통해 제공하는 닭 모이 정보는 상대세력에게 이중 스파이를 계속 자국의 유능한 정보요원으로 신뢰하도록 하는 것과 동시에 이중 스파이가 계속 상대세력으로부터 능력을 인정받아 상대세력 정보기구에서 주요한 직위에 남아 있을 수 있도록 빼어난 성과를 만들어 주는 효과도 겨냥하게 된다.

그러나 어쨌든 아국의 진실정보가 상대세력에 계속 제공되어야 한다는 위험성이 있다. 그 때문에 이중 스파이 담당자는 언제까지 이중 스파이를 유지해야 할지에 대한 현실적 판단의 문제에 반드시 직면하게 된다. 그러나 이것은 어떤 명확한 해답을 제공할 수 없는 실천적인 문제로 이중 스파이 담당자의 직감과 영감 그리고 과거 경험의 종합적인 판단으로 결정하게 된다. 다만 대전제는 전술한 바처럼 이중 스파이를 유지했을 때 얻을 수 있는 이득과 그를 버렸을 때 초래될 손해의 비교형량에 의해 결정될 것이다.

소련의 경우 이중 스파이로 적발되면 대개 극형에 처했다. KGB 본부나 전 세계 지부에서 CIA 등 서방세계를 위해 이중 스파이를 한 사람 중에서 에이메스의 밀고로 처형된 KGB 요원만 후술하는 바와 같이 약 25명에 이른다.

이중 스파이 관리자는 해당 정보 루트가 지속적으로 매우 중요하다고 판단되는 경우에는 기존의 선임 이중 스파이 외에 별도의 후임 이중 스파이를 개발하기도 한다. 이 경우 선임 이중 스파이는 후임 이중 스파이의 진실성 입증의 문제에 결정적으로 도움을 주는 역할을 하게 된다. 또한, 후임 이중 스파이가 안전하게 첩보 활동을 할 수 있도록 지원하는 역할 및 감독하는 역할도 수행하게 된다.

Ⅲ. 방첩 기술정보

인간정보 수집기법 외에 기술정보 수집에 의해서도 방첩정보를 획득할 수 있음은 물론이다. CIA와 국가안보국(NSA)은 1943년부터 1957년까지 영국 정보기구와 합동해 전개했던 암호명 '베노나(VENONA)'의 신호정보수집 작전을 1995년 처음으로 공개했다. 베노나 작전의 주된 임무 중의 하나는 미국과 영국 정보공동체 내에서 암약하는 소련을 위한 이중 스파이를 색출하는 것이었다. 이중 스파이들의 통신 등 신호정보를 지속적으로 수집해 그들 이중 스파이가 소련과 주고받은 교신에 대한 단초를 잡았다.

그들 중에는 히스(Alger Hiss), 로젠버그(Julius Rosenberg), 케임브리지 스파이 링의 일원인 맥린(Donald Maclean)과 가이 버기스(Guy Burgess) 그리고 핵 기술 정보를 소련에 제공한 푸크스(Klaus Fuchs) 등이 있었다. 해독 가능한 대부분의 통신은 1942년부터 1945년에 도청한 것들로 미국은 1946년부터 본격적으로 암호해독을 시작해 베노나 프로젝트가 중단된 1980년대까지 해독 작업을 계속하여 방대한 첩보를 수집했다.[595]

변절자나 이중 스파이를 파악하려는 기술정보 수집 활동은 통신의 흐름과 양을 면밀히 파악하는 방법을 취한다. 해당 당사자가 누구인지는 특정하지 못해도 현재 어느 국가가 아국을 상대로 스파이 활동을 하고 있는지를 파악할 수 있다. 또한, 통신의 흐름과 양을 파악해 비상시에 상대세력에 대한 직접 공격이나 침투할 때 필요한 정보·보안 시설의 정확한 위치를 파악할 수도 있다. 한편 해외세력의 정찰위성에서 방출되는 신호정보를 획득해 그들 정찰위성이 아국의 어떤 목표를 지향하는지를 파악할 수도 있다.

그러나 전반적으로 위성영상 정보는 적대세력의 아측 정보기구에 대한 방첩 활동을 탐지함에 있어서는 인간정보나 신호정보와 비교하면 가치가 덜한 것으로 평가된다.[596] 어쨌든 영상정보는 방첩 공작에 필요한 시설 등의 정확한 위치를 파악하는 데 매우 유용하다는 것은 사실이다. 미국 정보공동체가 정찰위성을 통해 러시아 참모부 정보총국(GRU)의 극비 감청시설이었던 '로 - 이'로-이어(Low Ear)'를 파악해 방첩공작에 활용했던 것은 좋은 본보기가 된다.

제3항 방첩공작의 평가와 예측

방첩공작의 평가와 예측은 상대 세력의 아측 정보기구에 대한 정보활동의 낌새를 알아차리는 징후평가를 포함해 변절자 평가, 획득한 방첩정보 평가, 이중 스파이의 충성심 평가, 기만작전의 성공평가 등 아측 방첩공작의 순수성을 유지하기 위한 제반 사항에 대한 측정을 말한다.

방첩공작의 궁극적인 목적은 상대 세력의 각종 침투로부터 아국 정보체계의 순수성을 유지하기 위한 것이다. 따라서 방첩공작은 일상적인 정보수집 및 분석과는 또 다른 복잡하고 미묘한 문제를 제기한다. 예컨대 방첩정보에서는 하나의 정보 원천에 의존해 방첩공작의 순수성을 판단할 수 없는 이유 중의 하나가 방첩공작 세계에서는 이중 스파이, 기망 그리고 역기망은 미묘하게 서로 연관되어 있을 수 있기 때문이다. 왜냐하면,

---

595) Richelson(2016), p.449; Lowentha(2020), pp.211-212.
596) Richelson(2016), p.448.

상대세력의 정보기구도 미세한 낌새의 연결을 통해 정보침투가 과연 성공하고 있는지를 다각도로 판단하고 있을 것이기 때문이다. 그러므로 서로 절연된 것과 같은 다양한 정보활동의 상호 연계 관계를 파악하며 효과적인 방첩공작을 전개하기 위해서는 제반 상황의 흐름 자체에 대한 고도의 특별한 분석 능력이 요구된다.

기본적으로는 흘러들어오는 정보가 조작되거나 오염된 것은 아닌지의 문제에서부터, 수집된 방첩 첩보에 대해서가 아니라 수집 과정에서의 의심스러운 정황 자체에 대한 분석·평가가 중요하기도 하다. 그래서 방첩공작에서의 평가는 과학적인 다양한 분석기법이 개발된 일반적인 정보분석과 달리, 때로는 분석관 또는 공작관의 직관력에 심각하게 의존하기도 한다. 물론 가장 확실하고 제일 좋은 방법은 상대 세력에 심어져 있는 확실한 상선(上線, high level source)을 통해 진위를 확인하는 것이다.

그러므로 정확한 방첩정보 분석을 위해서는 지속적인 방첩 활동이 필요하고, 그를 통해 입수한 방첩정보로 중요한 방첩공작에 대한 평가와 예측을 할 수 있게 된다. 정보기구를 상대세력의 침투와 기만 활동으로부터 보호하는 방첩정보 업무를 수행하기 위해서는, 해당 정보기구의 기록보관소 역할을 기본으로 하면서, 다수 사례 사이의 연관성을 분석하는 특별방첩 분석국이 필요하다는 견해도 유력하게 제기된다.[597]

I. 징후 판단

방첩공작은 먼저 징후 판단에서 필요성이 제기된다. 전항에서 본 바와 같은 거짓말 탐지기 조사, 금융보고서 분석 등을 통해서 정보요원들의 충성심 변동 등을 파악할 수 있다. 이러한 정보기구 자체의 내적 요인에 따른 징후 외에도 방첩 공작관이 주목해야 할 외적인 징후는 다양하게 나타난다.

예를 들어 외국에 구축한 정보연계망에 갑자기 손상이 초래된다거나, 상대국의 군사 훈련 양태나 전력 배치에 변동이 나타나거나, 철저한 보안 아래에 전개되었던 아측의 공작 활동이 실패한다거나, 더욱이 그 실패가 주기적으로 반복되어 나타난다면, 필경 아국에 대한 상대세력의 침투가 있음을 말해 주는 징후라고 할 수 있다. 그러한 침투는

---

597) Shulsky & Schmitt(2002), p.126.

이중 스파이나 변절자 등 인적정보 부분만이 아니라 통신보안 시스템 등 기술적 정보수집 부분이 파괴되었음을 암시할 수도 있고 아니면 양자가 함께 결부되었을 수도 있다.

1960년부터 1980년 사이에 미국 해군 장교들은 비밀리에 항해하고 있는 자국 군함의 진로 전방에 정확하게 출현하는 소련의 해군 함정에 매우 놀랐다. 그러한 현상에 대해 어느 미국 제독은 소련은 마치 우리의 항해 계획 사본을 가지고 있는 것처럼 정확했다고 회고했다. 1985년 미국 해군 내의 이중 스파이 존 월커(John Walker)가 검거됨으로써 해답을 얻었다. 월커는 일반정보와 통신 암호해독 정보 등을 소련에 제공함으로써 소련은 미 해군함의 교신내용을 정확히 해독하며 미 군함의 진행경로를 탐지했던 것이다.[598]

FBI 요원으로 KGB를 위한 이중 스파이가 되었던 한센이 궁극적으로 체포될 수 있었던 이유가 있었다. 그것은 그가 제공한 미국의 정보에 따라서 소련의 정보 전열에 변동이 생긴 것을 CIA가 포착하고 미국의 정보가 흘러 들어가고 있음을 감지한 것이 결정적이었다. 이러한 징후 판단은 경험과 직감에 터 잡은 고도의 방첩 분석전문가의 시각에서만 파악될 수 있는 것이라고 할 수 있다.

전술한 바와 같이 분명히 상대세력의 공작 활동이나 첩보 수집 활동이 집중될 분야로 생각되는 중요한 부분인데도 도무지 상대세력이 관심을 보이지 않는다면, 필경 그쪽 분야에 대한 침투가 이미 있어서 정보수집이 완료되었음을 암시하는 것이라고 추론할 수 있을 것이다. 그것은 또한 역으로 상대국에 대한 특정 분야에 대한 정보파악이 일응 완료된 경우라고 해도 상대세력의 의심을 최소화하고 방첩공작 원천을 유지하기 위해서는, 그 분야에 대해서도 일정 정도 주기적인 정보 관심을 제시함으로써 상대세력으로부터 의심을 피할 필요가 있다는 사실을 말해 주는 것이 된다.

Ⅱ. 변절 평가

상대세력의 정보요원으로 활동하던 변절자의 신빙성을 평가하고, 그로부터 정보나 자료를 입수하여 궁극적으로 올바른 방첩정보를 획득하는 일은 방첩공작의 중요한

---

598) John Barron, Breaking the Ring (Boston: Houghton Mifflin, 1987): Shulsky & Schmitt(2002), p. 126.

임무이다. 물론 일반 정치적 망명의 경우에도 상대세력의 정치 상황을 포함한 정보를 파악한다. 하지만 역사적으로 보면 정치적 망명자의 경우에는 자신의 고초를 드러내기 위해 아는 바를 과장해서 진술하는 경우가 많았다.

어쨌든 방첩공작 기구는 변절자를 통해 상대국 정보기구의 구조, 기능, 정보요원 현황, 그들의 구체적인 임무, 현재의 공작 활동 내용, 보고 체계, 공작 책임자들에 대한 신상정보 등 제반 방첩정보를 획득하게 된다. 물론 상대세력 정보기구 전향자로부터 획득한 정보도, 정도의 차이는 있지만, 신뢰성의 문제는 여전히 뒤따른다. 그러므로 상대세력의 변절자를 담당하는 방첩 책임자는 전향자의 진술이 어디까지가 진실이고, 어디서부터 추측과 과장에 따른 진술인지를 명확히 판단해야 한다. 왜냐하면, 대개 변절자는 최후의 보장책으로 가장 중요한 마지막 카드를 유보할 수 있기 때문이다.[599]

한편 상대 세력이 자국의 중요한 인물의 변절 사실을 파악하기 전에 변절자로부터 신속하게 많은 정보를 알아내는 것은 대단히 중요하다. 자국 요원이 변절한 것을 알면 상대세력의 음해공작이 시작될 것이므로 변절자 진술의 신빙성 판단에 더욱 혼선이 초래될 위험성이 있고, 변절자가 제공하는 정보에 대한 진위를 판단하기 어려운 경우에는 오히려 대단히 힘든 상황이 발생할 수 있다. 예컨대 변절자의 진술에 비추어 침투된 것으로 판단되는 라인을 통한 아측의 정보수집 활동은 막대한 비용에 대한 손해를 감수하고서라도 중단해야 할 것이다. 그런데 이 같은 라인 폐쇄가 또한 상대세력에게 의심을 불러일으키고, 상대세력에게는 새로운 방첩 대비가 필요하다는 것을 뜻하는 무언의 암시로 작용할 수 있고, 아측 정보요원의 희생을 초래할 수도 있다.

역사적인 실례로 1962년 KGB의 거물 아나토리 골리친(Anatoliy Golitsyn)의 전향 사건이 있다. KGB 거물 골리친이 CIA에 전향함으로써 미국과 서방세계는 많은 중요한 정보를 획득하게 되었다. 골리친과 비슷한 시기에 KGB의 또 다른 거물인 노젠코(Nosenko)가 등장했다. 그런데 골리친과 노젠코 사이의 정보에 약간의 차이가 있었다. 이에 전향자가 제공하는 방첩정보의 진실성 확증의 일반적인 어려움과 함께, CIA 방첩공작 총책임자 제임스 앤젤톤이 노젠코보다 골리친의 진실성을 더 믿으면서도 끊임없

---

599) Ralph Blumenthal, "Moscow Moves Rapidly in Defections to the U.S.," New York Times(1985.11.7); Richelson(2016), p.347.

이 골리친을 의심한 것과 결부되어, CIA 내에서도 변절자로 의심되는 요원들에 대한 광범위한 정화작업이 이어졌다.

적지 않은 유능한 CIA 정보요원이 희생당했고, 기왕의 KGB의 전향자들도 신뢰성을 의심받게 되는 등 많은 방첩정보의 진실 판단에 혼란이 초래되었다. 결국 소련을 상대로 한 CIA의 비밀첩보 수집 공작 라인이 상당 기간 중단되었다.[600] 아마도 KGB가 CIA를 골탕 먹이기 위해서 자국의 거물급인 골리친과 노젠코를 활용한 커다란 차원의 방첩 역공작을 전개한 것일지도 모를 일이다.

Ⅲ. 방첩 정보분석 및 대처

1. 방첩 정보분석 개관

상대방에 대한 효율적인 방첩공작을 위해서는 일반 정보수집 활동이건 방첩정보 수집에 의한 것이건 광범위하게 수집한 첩보를 면밀하게 분석하여 생산한 방첩정보에 따라야 한다. 그래서 상대 세력 정보기구의 인적 구성 및 지휘 라인, 조직, 과거의 공작내용, 해당 국가에서의 다른 국가 정보기구들의 활동, 군정보기구를 포함한 정보기구 현황, 국내 보안기구의 활동 등에 대한 철저한 분석이 이루어져야 한다. 이러한 사전정보 판단 아래에서만 방첩공작이나 상대방의 침투에 대한 응대와 무력화 대응을 효율적으로 수행할 수 있다.

예를 들어 CIA가 방첩공작 대비용으로 각국의 정보기구에 대해 파악하고 있는 현황 중에서 이스라엘에 대한 방첩 준비 자료는 방첩공작 준비의 치밀성을 잘 보여준다. CIA가 이스라엘을 상대로 방첩공작에 대비해 준비한 내용에는 상대 세력의 지향점과 아측의 방어책에 대한 해답을 동시에 알 수 있는 살아 있는 내용이 담겨있었다. CIA는 효과적인 방첩공작을 위해 우방국과 적대국 모두를 대상으로 방첩 센터(Counterintelligence Center)에서 지속적으로 최신의 조사 분석보고서를 만들고 업데이트했다.[601]

---

600) Richelson(2016), pp.450-451.
601) *Id.* p.339. 현재는 2004년 법 개정에 의해 신설된 국가방첩집행관실(ONCIX)에서 담당할 것으로 추정된다. 후술할 미국의 방첩조직 참조

미국의 국가별 방첩공작 조사와 분석보고서는 적게는 50쪽에서 100여 쪽에 이른다. 해당 국가 정보기구의 기원, 구조, 기능, 공작 수준, 책임자의 성향 및 지도방침, 상위 통제권자 등의 내용이 모두 망라되어 있다. 비밀 해제된,[602] CIA가 1977년 3월에 준비한 47쪽에 이르는 '이스라엘 정보 보안기구(Israel : Foreign Intelligence and Security Service)'를 살펴보면, 먼저 제1장에 이스라엘 정보기구의 탄생 배경을 비롯해 목적과 구조, 정치적 측면, 전문성 정도를 평가하고 있다. 이어서 차례로 모사드, 샤박, 그리고 아만 등의 각종 정보기구에 대한 기능, 조직, 운용방법, 행정 내용으로 자금원과 월급 수준을 기술하고 있고, 마지막 장에는 주요한 정보기구 인물을 소개하고 있다.

이것은 이스라엘도 유사시에는 CIA 방첩공작의 대상이 된다는 사실을 보여주는 것이다. 그럴 뿐만 아니라 인적사항과 취향을 포함한 이스라엘 정보기구에 대한 상세한 내용을 지속적으로 파악하고 있다는 사실 그리고 방첩공작을 위한 기초 준비가 어떠해야 하는지를 생생하게 알려주는 내용이다. 한편 CIA 외에도 국방정보국(DIA)도 각국을 상대로 군사적 측면을 강조한 방첩공작을 위한 사전 준비 공작보고서를 발간한다. 거기에는 현재는 계급이 낮지만, 전도가 양양한 초급장교에 대한 신상도 포함되어 있다.

기관별 방첩 준비서는 상호 교환 체크로 서로가 부족한 부분에 대한 보완이 이루어져야 한다. 미국의 경우는 공식적으로 그러한 업무를 국가방첩집행관(NCI)이 담당한다. 물론 방첩공작에서 정답이란 있을 수 없다. 그러나 어떠한 방법을 사용하더라도 우방국을 포함한 상대 세력 정보기구 총책임자의 성향 등 정보 책임자에 대한 인적사항 파악부터 정보기구의 조직과 역할을 알아내어야 한다. 그리고 국가 내에서의 정보기구에 대한 평가 및 기능을 포함한 총체적인 정보 저력을 파악함으로써 방첩공작을 위한 토대를 구축할 수 있다.

여기에서 각국 정보기구 수장을 비롯한 책임자들의 언행 등 일거수일투족이 중요한 연유가 있다. 아무튼, CIA의 각국에 대한 방첩공작 준비보고서를 보면 CIA가 방첩공작을 하기 전에 얼마나 치밀하게 준비하는지를 잘 알 수 있다.

---

602) Israel : Foreign Intelligence and Security Service. *Id* p.341.

2. 대 처

방첩정보 분석의 특징 중의 하나는 일반 정보분석 결과와는 달리 상대세력 정보활동의 구체적인 내용을 제시하지 않는다. 그리고 변절자나 이중 스파이에 대한 즉각적인 체포 등의 조치를 할 수 있도록 명확하게 분석 결과를 제시하는 것도 아니라는 사실이다. 예를 들어 단지 아측의 방첩 전선에 이상 징후가 지속적으로 나타나고 있고, 누군가에 의해 침투되었을 가능성이 크다는 정도를 지적하는 수준인 경우가 적지 않다. 그래서 여러 가지 예측징후로 이중 스파이의 가능성을 인지한 때도 구체적으로 침투한 이중 스파이를 적발하는 것은, 많은 시간과 노력이 소모되는 별도의 방첩 활동이 필요하게 된다.

KGB를 위한 이중 스파이였던, 에이메스의 경우에 CIA는 조직 내에 이상 징후를 인지하고 내부 조사에 착수했다. 처음에 CIA는 통신보안망 점검에 주력했다. 이때 CIA의 내부 침투 조직을 무력화하려는 방첩공작을 KGB도 당연히 인지하고 치밀한 방해 공작에 들어갔을 것이다. KGB는 중요한 이중 첩보망인 에이메스를 보호하기 위해 론트리(Lonetree) 사건[603], 모스크바 내 미 대사관 도청사건, 유르첸코(Vitaly Yurcheonko) 사건 등 덜 중요한 다수의 정보원을 노출하면서 CIA의 집중력과 판단력을 흐리게 했다.

그러나 후술하는 바와 같이 일련의 이중간첩을 색출하고 전열을 재정비했는데도 계속해서 CIA의 방첩 전선에 이상 징후가 나타나자, CIA는 결국 사건을 방첩 전문기구인 FBI에 넘기고 FBI는 새로운 시각에서 에이메스에 혐의를 집중하였다. 다름이 아니라 에이메스가 재규어 승용차를 소유하는 등 정보요원의 통상적인 신분을 넘는 부유한 생활을 하는 데 착안했다. 에이메스의 CIA 동료가 에이메스가 언제부터인가 월급에 비해 윤택한 생활을 하는 것 같다는 정보가 좋은 단초가 되었다.[604] 방첩정보 분석과 방첩정보 평가의 어려움을 보여 준다.

---

603) 미국 해병 정보부대 출신의 론트리는 1980년대 초부터 모스크바 주재 미국 보안요원으로 근무하면서 소련에 기밀문서를 판매한 혐의로 체포되었다. 그는 KGB가 통제하는 러시아 여인과 관계를 갖게 되면서 KGB에 포섭되었다. 그가 소련에 제공한 기밀문서 중에는 모스크바와 비엔나에서의 미국 대사관 건물 신축 설계도면과 모스크바 내의 CIA 비밀공작원 명단이 있었다. 그러나 KGB를 위한 이중 스파이 론트리는 더 중요한 이중 스파이인 에이메스를 보호하기 위해 KGB가 명단을 유출시킴으로써 CIA의 방첩 활동이 그에게 집중되었고, 결국 검거되었다. Neil A. Lewis Lonetree, *"US Marine Convicted of Spying Appeals: Top Military Court Hears Appeal of Marine Convicted of Spying"*, The New York Times (May 13, 1991).

604) Shulsky & Schmitt(2002), p.112.

제4항 적극적 방첩 공작의 전개

I. 방어와 무력화

상대 세력의 침투 공작에 대해서는 다양한 방법으로 대응할 수 있다. 그중에서도 상대 세력의 아측을 향한 방첩공작을 무력화하는 가장 좋은 방법이 이중 스파이라는 점은 앞서 살펴본 바와 같다. 예컨대 공작침투는 정보를 획득한다는 목적 외에 상대방의 정보망을 혼란에 빠지게 하거나 상당 기간 작동이 어렵게 조직에 커다란 혼란과 손상을 가하는 효과가 있다.[605] 이 경우에 현재 진행 중인 정보활동을 직접 알 수 있는 이중 스파이를 통하면 그 손해를 상당히 예방할 수 있다. 그러나 이중 스파이나 변절자의 운용에는 많은 어려움이 따른다. 구체적으로 이중 스파이를 통해서 상대세력의 활동을 무력화하는 방법에는 3가지가 있다.

1. 직접적 방첩공작에 의한 무력화

적극적 방첩공작의 가장 기초적인 단계는 아측의 방첩 역량을 높여 상대세력 정보활동을 철저히 감시하고 아측의 방첩 역량으로 상대방을 무력화시키는 것이다. 그 같은 감시와 무력화를 위해 아국의 정보망이 상대세력에 미리 침투하는 일이 필요하게 된다. 반대 추론상 오늘날 언제 어떤 수단과 방법으로 어느 상대세력이 아국을 향해 침투 공작 활동을 전개할지는 아무도 모른다.

전통적으로 미국 방첩공작의 목표 국가는 중국, 러시아, 일본, 프랑스, 이스라엘 등 경제정보 강대국들이었다. 그러나 이들 경제정보 강대국 외에 1980년 동구의 작은 나라로 미국과 우방 관계를 지속하던 폴란드가 있었다. 폴란드 정보기구(SB)는 실리콘 밸리의 기술자인 하퍼(James D. Harper)에게 25만 달러를 건네고 비밀로 분류되어 있던 미국 대륙간 탄도미사일과 전략 미사일에 대한 각종 정보를 입수하고 있었다. 그러나 하퍼는 폴란드 정보기구(SB)에 이미 침투하고 있던 CIA 요원의 활약으로 검거 되었다.[606] 검거 시 하퍼는 약 200파운드에 달하는 많은 분량의 서류를 확보해 폴란드

---

605) Richelson(2016), p.343.
606) "Partners in Espionage," Security Awareness Bulletin(1984.8), pp.1-8.

에 넘겨줄 준비를 하고 있었다.

여기서 눈여겨봐야 할 사항은 미국이 우방국가로 간주하던 폴란드 정보기구에 이미 정보요원을 깊숙이 침투시키고 있었다는 사실이다. 미국 정보기구의 저력이기도 하지만 방첩공작의 흥미로운 광폭성을 보여주는 일이다. 또한, 동구의 작은 나라인 폴란드가 많은 지원을 받고 있던 미국으로부터 폴란드에게는 별로 필요할 것 같지도 않은 대륙간 탄도미사일 등에 대한 정보를 입수하려고 했다는 것도 주권 국가 방첩공작의 흥미로운 단면이다. 이것들은 모두 방첩공작이 상상을 초월해 이루어지고 또한 이루어져야 한다는 점을 보여주는 것으로 방첩 공작 담당자들은 잘 인식해야 할 문제들이라고할 것이다.

2. 우방국을 통한 무력화

상대세력의 방첩공작을 무력화하는 또 다른 방법은 확보한 방첩정보를 제3국에 전달해 제3국이 조치하도록 하는 것이다. 제3국에서 방첩공작을 적극적으로 전개할 수 없는 국제법적인 한계에 따른 방법이기도 하다. 그것은 또한 제3국이 우방국인 경우는 정보공유를 통해 지속적으로 좋은 관계를 유지하기 위해서도 필요한 일이다. 더욱이 제3국의 힘을 빌림으로써 그 점을 모르는 적대 세력에게는 아측의 정보 원천을 계속 유지할 수 있다는 이점도 도모하게 된다.

1985년 미국은 KGB 요원으로 미국에 지속적으로 정보를 제공하는 보크하네 (Bokhane)로부터, 그리스 정보기관 내의 변절자 3명이 소련에 정보를 제공해 준다는 첩보를 입수했다. CIA는 이 정보를 그리스 정보기관에 통보해 주었다. 그리스는 자국의 전자장치, 암호문, 특수 주파수 청취 라디오 등의 첨단 기술과 국가정보를 소련에 제공해 주던 3명의 그리스 정보요원을 검거했다.[607]

전통적으로 CIA는 한국을 비롯한 우방국에게 국제범죄 정보를 비롯해 CIA가 파악하고 있는 정보를 제공해 주었다. 또한, 미국은 영국과의 정보교환으로 다수의 성공사례를 이끌었다. 물론 해외 주둔 군사 시설이 많은 미국의 처지에서는 해외 각처의 미군 시설에 대한 상대국 등의 정보공작에도 철저히 대응해야 한다. 그래서 세계 곳곳의

---

607) "Greece Charges Three as Spies After U. S. Tip, "Washington Post(1985.9.17).

정보를 많이 소지하고 있는 것이 사실이다. 이와 관련하여 국가 간 정보공유 문제는 정보기구론에서 다시 살펴본다.

3. 비우호 국가를 통한 방첩공작의 전개

　방첩정보 제공에 의해 간접적으로 전개하는 상대세력에 대한 무력화 공작은 비단 우방국 사이에서만 이루어지지 않는다. 정보의 역사는 생존을 건 치열한 정보전쟁을 치르는 국가 상호 간에도 정보교류를 한 경우가 적지 않음을 보여준다. 예를 들어 미국은 미국이 지지하던 이란 사하 정권을 몰락시키고 정권을 쟁취한 국수주의 호메이니의 신정체제에 극도로 적대감을 가지고 있었다. 그래서 미국이 호메이니옹의 신정체제를 전복시키기 위해 집요한 국·내외적 방해 공작을 전개했던 것은 주지의 사실이다. 한편 호메이니 체제는 공산주의 이념도 못마땅하게 생각하고 있었다. 그래서 이란 내의 공산 세력 저지 문제도 매우 커다란 관심사였던 미국과 공산주의 대처 문제에서는 이해를 같이했다.

　미국으로서는 호메이니 신정체제가 공산주의에 전도되어 이란에 공산정권이 출현한다는 사실은 중동의 정치·경제 질서를 총체적으로 재편하는 문제였다. 그리고 이것은 매우 중요한 미국의 국가안보문제였다. 그래서 1983년 미국은 호메이니 체제의 비밀 안보기구인 '사바마(SAVAMA)'에게 이란 공산당인 튜데(Tudeh)당과 비밀 거래를 하고 있던 KGB 정보요원과 협조자들의 명단을 제공했다. 그 정보의 진실성에 대해서도 논란이 있었지만 18명의 소련 외교관이 추방되었고, 200여 명의 이란 공산주의자들이 처형되고 이란 공산당 지도자가 투옥되어 결국 이란에서의 공산 세력은 괴멸되었다.[608] 적을 통해 또 다른 적을 제압한 소위 이이제이(以夷制夷) 전법이었다.

　하지만 이러한 사례는 한국처럼 정부를 참칭하거나 국가를 변란할 것을 목적으로 하는 국내외의 결사 또는 집단으로서 지휘통솔 체제를 갖춘 반국가단체(국가보안법 제2조)와 어떠한 형태로든지 교류와 협력을 부인하는 국가보안법 체계가 있는 국가에서는 방첩공작 목적이라고 해도 미묘한 법적인 쟁점이 발생할 수 있다. 아직 국내 정보학

---

608) Bob Woodward and Dan Morgan, "Soviet Threat Toward Iran Overstated, Casey Concluded," Washington Post, (1987.1.13.). ; T. Richelson(2016), pp.457-458.

과 형법학계에서는 논해지고 있지 않지만 방첩공작의 세계에서 대법원이 반국가단체로 판결한 북한 정보기구와 한국의 정보기구가 합동 방첩공작을 전개했을 때 같은 경우를 상정해 볼 수 있다.

그러나 그것은 실정법상의 간첩행위나 국가보안법 위반 행위로 볼 것은 아니고 위법성조각사유로서의 정당업무나 긴급피난 그리고 더 커다랗게는 통치행위의 이론에 의해 면책되어야 할 것으로 사료된다. 물론 국가안보 차원의 효율적인 방첩 업무를 위해서는 범죄구성요건 해당성 자체가 없도록 하는 일이 긴요하다. 그러한 한도에서 우방과 적국이 없는 정보 세계에 대한 입법의 불비라고 할 수 있고, 어쨌든 정치한 이론구성은 사안별로 이루어져야 한다.

Ⅱ. 기만 (Deception)

1. 기만의 의의

기만은 상대 세력이 아국의 정치, 군사 또는 경제 분야 등에 대해 행하고 있는 정보분석을 상황을 교묘하게 조작해 정보 판단을 오도하고 결국 오판에 이르게 하는 제반 시도이다. 그를 위해 거짓 정보, 반 진실 또는 교묘한 허위 자료를 제공하고 거짓 상황을 연출할 뿐만 아니라 상대세력의 사고와 감정을 조정하는 것까지를 포괄해 아측에 대해 총체적으로 잘못 판단하게 하는 제반 활동이다.

방첩공작의 하나로 상대세력의 공격에 대해 상대세력의 공작원을 포섭해 활용하는 역용 공작이 있다. 역용 공작은 일응은 적극적인 조치이기는 하다. 하지만 그것은 상대세력의 아측을 상대로 한 방첩공작에 대해 상대세력의 의도를 일시적으로 좌절시키는 것, 즉 일회적이라는 점에서 그 한계가 있다.

그런데 정보기구의 대결에서는 상대세력의 정보분석 능력을 총체적으로 그리고 지속적으로 잘못된 판단을 내리도록 하는 것이 필요하다. 상대세력의 제반 활동을 장기간에 걸쳐 야심적으로 무력화할 수 있는 길이기 때문이다.[609] 그를 위한 방안이 기만이다. 기만은 다양한 방법을 동원해 상대세력이 아국의 정치 · 군사 · 경제 · 사회 등 제반

---

609) Shulsky & Schmitt(2002), p.117.

분야에 대해 장기적으로 그리고 총체적으로 오류의 정보 판단을 하도록 상황을 오판하게 만드는 것이다. 그것은 상대세력으로 하여금 장기간에 걸쳐 기만 활동을 전개하는 아국의 이해관계에 부합하도록 유도하는 길이기도 하다.

방첩공작에서 기만이 특별히 주목되는 이유기 있다. 그것은 통상적인 방첩공작이 이중 스파이 등을 통해 상대세력의 정보활동과 방첩공작에 대한 방첩정보를 수집하고 그에 효율적으로 대처하려는 데 비해, 상대세력의 정보망을 전반적으로 심각하게 오염시켜 정상적인 정보분석 능력에 심대한 타격을 가하는 것이라는 점에서 특징이 있기 때문이다.

불특정의 광범위한 내용을 포괄하는 기만과 역기만을 방첩공작의 한 가지 작용으로 포함시킬 것인가에 대해서는 논란이 있다. 기만은 상대세력의 정보 '정책'을 대상으로 한 것이라는 점에서 방첩공작의 영역으로 간주하지 않는 학자도 있다. 저명한 정보학자 리첼슨(Richelson)은 방첩 활동을, ① 공개 또는 은밀한 방법에 의한 상대세력 정보활동과 방첩공작에 대한 파악, ② 변절 평가, ③ 상대 세력 정보기구와 방첩조직에 관한 연구와 조사, ④ 현재 구체적으로 진행 중인 상대 세력 정보활동과 방첩공작에 대한 저지 및 무력화를 위한 활동의 4가지의 경우로 한정해, 기만 공작을 방첩공작으로 간주하지 않는다.[610]

기만 활동은 상대세력의 현재 특정한 정보활동 등에 대한 대처는 아니다. 하지만 아국의 진실정보에 접근하려는 상대국의 의도를 좌절시켜 방첩 라인의 순수성을 지키고 적대세력의 정보활동의 근본적인 목표를 좌절시키려는 점에서 방첩공작의 일환이라고 할 것이다. 따라서 기만 공작에서의 유력한 수단으로도 이중 스파이가 또다시 동원될 수 있음은 물론이다. 밀림 속의 생존의 법칙이라고 할 수 있는 방첩공작은 준비단계부터 종결단계가 명확하지 않고 항상 새롭게 다시 전개될 수 있다. 기만이나 후술하는 역기만은 방첩 기구가 그를 인지하든 인식하지 못하든 지속적으로 전개되고 있다고 보아야 할 것이다.

---

610) Richelson(2016), p.438.

2. 기만의 효과와 전개

기만은 상대 세력 정보활동의 근본목표를 좌절시키는 행위로서 당연히 상대세력의 정보실패로 귀결된다. 그러나 기만과 정보실패가 상호 연관된 관계이기는 하지만 동전의 양면처럼 반드시 수반되는 관계는 아니다. 통상적으로 아측의 기만 공작 성공은 상대세력의 정보실패로 귀결된다. 그러나 정보 환경론에서 상세히 살펴보는 바와 같이 정보실패는 상대세력의 기만 때문만이 아니라 원천적인 정보분석 능력 미비 등 다른 여러 가지 요인에 의해서도 초래될 수 있다.

한편 전쟁 시의 기만에는 전술적 기만과 전략적 기만의 두 가지가 있다. 통상 양동작전 또는 성동격서는 전술상, 즉 개별 책략으로서의 기만이다. 전쟁 전체를 유리하게 끌고 가려고 하고 결국은 제2차 세계대전을 연합국의 승리로 이끈 전략적 기만에는 후술하는 영국 보안부(M15)가 수행한 '이중 체크 시스템(Double-Cross System에)' 공작, 즉 배신 공작이 대표적이다. 독일은 노르망디 상륙작전, 소위 암호명 대(大)군주작전(Operation Overlord)에서 끝까지 연합국의 상륙지점과 실행날짜(D-day)에 대해 연합군이 보내는 기만 정보에 집착했고 결국 참패를 당했다.[611]

평화시에도 기만 작전은 전개된다. 서구세계를 감쪽같이 속인 구소련의 유명한 기만 작전에 코드명 '신뢰(Trust)'가 있었다. 트러스트는 외형상 공산주의 체제에 반대하고 공산주의 정치체제에의 저항을 강령으로 삼은 반공산주의자들에 의한 반정부 저항단체로 1921년부터 1927년까지 약 7년간 운용되었다. 그러나 사실 트러스트는 인권 옹호를 가장해 KGB의 전신인 체카(Cheka)가 조작해서 운영한 소련 정보기구의 관변 단체였다. 소련 정보기구는 그 정을 모른 채 안심하고 트러스트와 접촉하는 서구 민주성향의 소련 내 단체들을 소상하게 파악할 수 있었고, 더 나아가 그들 단체를 통해 서방세계와의 연계망을 구축했다. 그런 후에 정을 모르는 그들 단체를 통해 서방세계에 소련에 대한 많은 오염정보를 제공했고, 서방세계의 많은 정보를 수집할 수 있었다. 물론 소련 내의 영향력 있는 반체제 조직의 책임자들은 하나하나 제거되었다.

비슷한 방식의 기만 공작은 폴란드에서도 전개되었다. 예를 들면 영국과 미국의 정보

---

611) Michael Howard, British Intelligence in the Second World War: Strategic Deception (London : Her Majesty's Stationery Office, 1990), Shulsky & Schmitt(2002), p.117.

기구까지도 적극적으로 지원했던 폴란드 저항단체(WiN)와 자유해방전선(Freedom and Independence)도 사실은 소련과 폴란드 보안청의 교묘한 통제를 받고 있던 어용 단체들이었다. 소련과 폴란드는 이들 관변 위장 NGO를 통해 서방세계에 폴란드와 소련에 대한 잘못된 정보가 전달되도록 했고, 자국의 반체제 인사를 파악해 비밀리에 그들을 하나하나 제거했다.

또 다른 기만 공작의 사례로 소련은 1950년대와 1960년대에 미국의 탐지위성과 정찰비행기에 실제보다 더 많은 공격용 전술 핵무기가 있는 것으로 촬영되도록 기만 활동을 전개했다. 소련 공화국의 핵무기를 운반하는 대륙간 탄도미사일(ICBM)을 수송 하는 바이슨(Bison) 비행편대의 규모를 교묘하게 중첩되게 함으로써 과장된 숫자를 만들었다. 그래서 미국으로 하여금 과잉투자를 하도록 유도하여 결과적으로 다른 분야 에 집중하지 못하도록 했다.

더 나아가 이러한 과잉 기만 전략을 미국의 기술정보 수집 활동을 대상으로도 전개했 다. 예를 들어 미국의 정찰위성이 지날 시점에 허위 물체들을 진열하거나 대열을 평상시 와 달리 바꿈으로써 미국이 소련의 상시 공격 전력을 과대평가하게 했다. 그리고 그에 대응해 미국으로 하여금 격납고에 있을 대륙간 탄도미사일을 언제나 발진 가능한 상태 로 비상 유지 관리하게 한 것이다. 주지하다시피 대륙간 탄도미사일 등 전략무기를 실전 대형으로 배치하고 관리하기 위해서는 위성망과의 연결, 지휘부와의 비상 연락망 유지 등을 비롯해 단순히 무기를 격납고에 보존하는 것에 비해 엄청난 유지비용이 들게 된다.

제2차 세계대전 중에 영국이 독일을 상대로 전개한 전술적 기만 사례인 '민스 미트 (Mince Meat)'공작도 기만 공작으로 유명하다. 제2차 세계대전 중 연합군 측 정보기구 는 독일군에게 연합군의 공격목표가 사실은 북아프리카가 아니라 그리스라고 믿게 하는 전략이 필요했다. 독일군 주력부대를 그리스 쪽으로 이동시켜 아프리카 쪽 방어선을 허술하게 만들고 북아프리카를 기습적으로 탈환하려는 작전이었다. 그 내용은 이렇다.

영국 비밀정보부(MI6)는 MI6 요원으로 가장한 윌리엄 마틴의 시체에 영국군 제복을 입힌 후에 1943년 5월 독일 진영과 가까운 펠바시 근처의 스페인 남서해안에 그의 시체를 떠올렸다. 시체의 팔에는 튀니지의 알렉산더 장군 앞으로 보내는 영국 참모본부서신이 들어 있는 서류 가방이 잡혀 있었다. 그 서류는 연합군이 사르지아와 그리스를 거쳐 남부 유럽을 타고 넘어가 독일로 진격한다는 내용이 적혀 있었다. 비슷한 시기에 영국군 장교로 가장한 사람이 탄 비행기의 추락 잔해에서도 비슷한 내용의 서류가 발견되게 했다. 결국, 독일 국방군 사령부는 서류 내용이 정확하다고 판단했고, 히틀러는 기갑부대를 즉시 그리스로 파견했다.[612]

3. 성공적 기만의 전제와 피드백

1) 진실정보의 차단과 보호

기만 공작이 성공하기 위해서는 먼저 해당 정보의 궁극적 진실을 감추고 최대한의 보안을 유지하는 것이 필요하다. 그를 위해 거짓 정보를 의도적으로 노출하는 방법이 사용된다. 예를 들어 상대국이 아국의 전투기 위치를 파악하고자 할 경우에 진짜의 특정 지점의 전투기는 숨기고, 허위 지점의 전투기는 노출함으로써 상대국의 위치와 댓수 파악 노력에 혼선을 초래하는 것이다. 특정한 요원이 이중 스파이라는 사실을 이미 파악하고 있는 경우에는, 진실한 정보서류는 별도로 금고에 보관하고, 정을 모르는 이중 스파이를 통해 오히려 오염된 정보를 전달하도록 유도하는 것은 기만 공작의 기본적인 책략이다.

또한, 상대 세력에 의한 아국에 대한 정보수집의 인적·기술적 채널을 파악하는 것도 말할 나위 없이 중요하다. 이쪽이 기만과 이중 스파이를 사용할 수 있듯이 상대세력도 똑같은, 또는 더 고도의 책략이 있을 수 있다는 사실도 염두에 두어야 한다. 치밀한 사전 준비가 없는 섣부른 기만 작전은 상대세력에게 오히려 역공 기회를 만들어 줄 수 있을 뿐이다. 상대세력의 기술적 정보수집 방법을 무력화하고 기망하는 것도 물론 필요하다.

대표적인 사례를 보면, 1948년 일본이 진주만 공격을 감행하면서 미국 기술정보 수집망을 교란한 작전이 있다. 진주만 공격 시 일본군은 전자신호가 노출될 수 있는 라디오나 무전망을 사용하지 않았다. 오히려 일본 내의 남아 있는 함대에는 미국이

---

612) Kenneth Allen, *Spy and Mystery Stories*, 1999.

청취할 수 있게 소련 영해상의 함대들과 무수한 무전 연락을 계속 주고받게 함으로써, 미국으로 하여금 일본군 함대가 일본에 계속 주둔하면서 훈련에 임하는 것으로 오판하게 만들었다.613)

2) 반응 평가

기만 공작에 대한 상대세력의 반응을 수시로 평가하는 것은 필수적인 일로 대단히 중요하다. 기만 공작 수행 시 주의할 점으로 다음의 3가지가 지적된다.

① 상대 세력은 정말로 진실정보는 모르고 있을까?
② 허위 오염정보가 상대방에 잘 전달되고 있을까?
③ 상대방은 아측이 제공한 오염정보가 가리키는 바대로, 따라서 아국이 유도한 대로의 결론을 도출했을까?

이상의 3가지를 충족한다면 기만 작전은 1차적으로는 성공한 것이고 다음 단계로 돌입할 수 있다. 그러한 연유로 진실정보가 상대세력으로 유입되는 것을 차단하는 일이 긴요하게 되고, 오염정보의 지속적인 전달이 중요하게 된다. 그것을 확인하기 위해 자체 점검이 선행되어야 한다.

제2차 세계대전 중 영국군은 독일 정보기구에 침투하고 있던 영국 정보기구의 기만 작전 성공과 독일의 정보탐지 능력을 시험해 보려고 했다. 그래서 영국해협에 가짜의 대량 병기를 탑재하고 전투함으로 가장한 3척의 배를 출동시켰다. 물론 그에 대한 계획 정보는 이미 독일군 측에 흘려졌다. 그러나 예상과 달리 독일군의 공중공습은 없었다. 결국, 영국 정보기구는 독일 정보기구와 연결되는 실효적인 정보망이 구축되고 있지 않았다고 결론지었다.

이상의 3가지의 의문에 근거해 상대세력이 아측의 기만에 따른 상황을 어떻게 평가하는지를 파악하는 것은 대단히 중요한 문제이다. 만약 상대방이 오염정보에 경각심을 보이지 않거나, 그 오염정보를 기만자가 바라는 대로 분석 평가하고 있지 않다면 더 많은 추가적인 정보 투입이 필요하게 된다. 물론 이 추가정보는 이미 투입된 오염정보와

---

613) Shulsky & Schmitt(2002), p.119.

일관성을 유지하면서 어느 정도의 진실정보도 가미되어야 함은 물론이다.

만약 상대방이 아측이 예상한 대로의 반응을 보이기 시작했다면, 이제는 그 상황을 보충해 주고 이유를 설명해 주며 그 내용을 보강해 주는 추가정보를 제공해야 한다. 만약 상대방이 오염정보에 혼재된 어느 정도의 진실한 정보에서 그리고 상대방을 믿게 하려고 추가로 제공된 진실정보에서, 아국이 의도하는 바대로 상황을 파악한 것이 확실하게 되면 이제 정보제공은 멈추어도 될 것이다.

상대세력의 기만 정보에 대한 반응을 평가하는 방법에는 여러 가지가 있다. 쉽게 파악할 수 있는 1차적인 방법은 상대세력에 대한 행동관찰이다. 예를 들면 일본군의 진주만 공습 시, 하와이 주둔 미국 공군이 아무런 동요 없이 평상적인 활동을 보이는 것을 관찰하고, 일본군은 자국 해군의 허위 무전통신 등 기술적 기망 전술이 성공하고 있음을 알 수 있었다.

한편 전시에는 제반 반응이 신속하게 전개되므로 그에 대한 평가도 빠르게 진행된다. 그러나 평시에 그리고 장시간이 필요한 전술적 기망의 경우에는 피드백 역시 장시간이 소요될 수도 있다. 대통령도 교체되고 심지어 정보기구 내 책임자도 몇 차례 교체될 정도의 장시간이 소요될 수도 있음을 방첩 담당자는 잘 인식해야 한다. 특히 중국 정보기구의 특성으로 알려졌지만, 일정한 기만 공작에 대한 장시간이 소요되는 소위 만만디 지연반응은 그 자체가 공작 국가의 조급증을 유발하는 또 다른 좋은 역기만 작전이 될 수도 있다. 더 큰 문제는 이러한 연유로 상대세력은 계속 방첩공작을 전개하고 있는데도 정책담당자는 물론 정보 책임자도 자칫 정보전쟁이 없는 평화시인 것처럼 느낄 수 있다는 점에 방첩공작의 어려움과 위험성이 있다.

3) 자기기만(Self-Deception)

자기기만이란 원래 심리학적인 용어로 어떤 현상에 대한 반대증거와 논리적 주장의 중요성과 심각성 그리고 타당성 등을 부인하거나 그 부인을 스스로 합리화하는 인간의 내적 심리 활동이다. 근거 없이 기만 작전의 내용에 감탄하면서 기만 공작이 성공할 수밖에 없고, 성공하고 있다고 오인하는 자기 오류도 자기기만의 일종이다. 인간은 원래 자기 믿음에 대한 감상적 애정이 있기 때문에 불합리하다고 보이는 경우에도 누구나 자기기만에 아주 쉽게 빠질 수 있다.

생물학적 진화론자 트리버스(Robert Trivers)는 심지어 자기기만으로 사회가 진보했다고 주장한다.[614] 왜냐하면, 자기기만에 대한 본능적 욕구는 각자에게 자기만이 가지고자 하는 선택적 이득을 주게 된다. 만약 어떤 사람이 자기기만의 믿음 때문에 자기 이익의 전제가 되는 거짓말을 믿고 행동하면, 그것은 결과적으로 반면교사의 효과로, 다수의 다른 사람들은 진실에 따라 행동하게 만들어 준다. 이것이 결국 사회발전의 동력이 된다는 것이다.

기만 공작에서 기만자가 제공한 기만 상황에 따라 상대세력이 받아들이고 따라 주기를 바라는 오도된 전망은 기만자가 의도하는 대로 상대세력이 행동하기 때문에 그려지는 전망이다. 물론 그러한 전망은 피기만자, 즉 상대세력이 이미 원하고 있는 속내의 진실과 유사하게 아주 그럴듯하면 더욱 효과적이다. 이 경우에 쉽게 자기기만을 이끌 수 있기 때문이다. 즉 기만 공작은 기만 정보에 의해 연출되는 전망이 상대세력이 이미 내심적으로 생각하고, 의욕하는 상황으로 전개될 수 있다면 상대세력에게 더욱 큰 심적 믿음과 안정감을 줄 수 있게 되고 작전은 성공할 확률이 높게 된다.

전술한 제2차 세계대전 중인 1944년 6월 6일 연합국에 의해 전개된 노르망디 상륙작전에서 히틀러는 연합국으로부터 정보가 흘러들어오기 전부터 지형적으로 최단 거리인 칼레(Calais)가 연합군 상륙작전이 전개된다면 최적지일 것으로 판단하고 있었다. 그런데 거기에 더하여 입수되는 정보들도 대부분 칼레 지역에의 상륙작전을 보고하는 것으로 몇몇 진실정보에도 불구하고 히틀러는 스스로 결정하고 있는 자기기만에서 헤어나지 못하고 있었다. 한편 노르망디에 대한 연합군의 구체적인 작전이 개시되어 연합군 공수부대의 낙하가 노르망디에 계속되고 있었다. 하지만 히틀러는 심지어 그것도 자신이 이제까지의 상륙 예정 지점으로 추측하고 있던 칼레 지역에 상륙하기 위해 독일군의 시선을 노르망디로 분산시키고자 하는 기만 차원의 또 다른 양동작전일 것으로 의심했다. 이에 히틀러 독일은 그렇지 않아도 부족한 방어 전력을 서둘러 노르망디 지구로 집중하게 될 경우, 예상되는 칼레 지역에 대한 연합군의 상륙을 저지할 길이 없다는 전술적 판단을 공고히 했다. 그 결과 최악의 오판, 즉 자기기만의 오판을 범했고

---

614) Robert Trivers, http://en.wikipedia.org/w/index.php?title=Robert_Trivers&oldid=171685293.

제2차 세계대전에서의 패망으로 이어졌다.

그러므로 기만 공작에서는 가공된 정보나 신호는 아주 새로운 상황을 연출하려고 하기보다는, 피기만자의 기왕의 심증이나 판단을 단지 강화해 주는 내용일 경우에 효과적일 때가 많다는 것을 잘 인식할 필요가 있다. 이처럼 기만 공작 담당자는 탄탄한 심리학적 지식의 토대 위에서 역사적으로 유명한 다수의 기만 작전을 심층적으로 분석해 볼 필요가 있다.

Ⅲ. 기만에의 대응(Counter-deception)-역기만

1. 역기만의 의의

고도로 훈련된 전문적인 상대가 있는 방첩공작에서 아측의 정보공작은 모두 성공하고, 상대세력의 모든 정보활동을 저지한다는 것은 대단히 어려운 일임은 정보 역사가 잘 보여준다. 기만과 역기만은 일방통로가 아니기 때문이다.

기만에의 대응, 즉 역기만이란 상대 세력의 기만 공작을 인지하고 그에 대한 적절한 대응책을 강구함으로써 상대세력의 기만 공작을 저지하거나, 그 효과를 최소화하고, 더 나아가 그것을 역이용해 아측의 공작에 유리한 상황으로 이용하는 공작 활동이다. 후술하는 바와 같이 제2차 세계대전 중 영국 정보기구 공작에서 최고의 성공작이라고 간주되는 방첩공작 중에 '이중 체크 시스템(Double-Cross System)'이 있었다. 그것은 독일 정보기구 전체를 상대로 한 지속적인 기만 공작을 펼친 활동이었다. 그러나 영국 정보기관 역시 독일이 네덜란드에서 영국을 상대로 전개한 역기만 공작에 상당한 정보요원의 손실을 감수해야 했다.

영국의 기만 공작에 대해 1941년부터 전개된 독일의 역기만 공작은 영국 비밀정보부(M16)를 위해서 일하던 영국 첩보원 1명을 체포한 것에서부터 시작되었다. 당시 영국은 네덜란드에서 독일에 타격을 주기 위한 비밀공작의 일환으로 유럽을 화염에 휩싸이게 하는 비밀업무를 수행하도록 처칠 수상으로부터 특명을 하달받고 창설된 '특수전위원회(Special Operations Executives : SOE)'를 구성하여 파업과 태업을 조장하고 비밀지하조직을 통한 게릴라전을 전개하도록 유도하기 위해 지속적으로 공작원들을 네덜란드에 우회 파견했다. 그런데 독일은 체포한 1명의 영국 정보요원을 활용해, 영국에서 계속 파견되어 오는 정보요원들의 도착 장소를 미리 파악하거나, 적극적으로 착륙장소를 오도하는 등의 역기만 공작을 했다. 그 결과 다수의 영국 정보요원을 지속적으로 포섭하거나 제거했다. 독일은 1명의 체포 정보원으로 또 다른 정보요원을 체포해 협조자를 확보했고, 암호통신 라디오 방송에도 그들을 활용한 심리방송으로 영국에 상당한 타격을 가했다. 독일이 영국을 상대로 한 역기만 공작은, 독일이 활용하던 2명의 영국 정보원이 도주해서 독일의 역기만이 드러난 1944년까지 진행되었다.615) 독일은 그들의 역기만 공작을 '북극(Nordpol : North Pole)'과 '대 영국작전(Englandspiel : the match against England)'이라고 호칭했다.616)

이상에서 알 수 있듯이 기만 공작이나 역기만 공작의 경우에 기만당하고 있다는 사실을 인식하는 것은 대비를 위한 첫걸음이 된다. 그러나 현실은 자기기만의 이론은 물론이고 실패를 인정하고 싶지 않은 인간의 본능에서 자신이 기망 당하고 있다는 사실을 인식하는 데 상당히 인색할 수 있다.617)

2. 기만의 인식

상대세력에 의해 역기만 당하지 않기 위한 가장 좋은 방법은 먼저 아측의 기만 공작이 상대세력에 의해 이미 인지되고 있다는 사실 그 자체를 인식하는 것이다. 아측의 기만 공작이 침투당하고 있다는 인식은 징후파악을 비롯한 다른 방첩정보를 통해 확인될 것이다. 그러나 의존하는 채널이 소수인 경우에 그리고 상대세력이 역기만 공작에 의해 은밀하게 조정하는 경우에는, 상당한 타격이 올 때까지도 역 기만당하고 있다는 사실을 인식하지 못하는 경우가 적지 않다.

현재까지 기만과 역기만 여부가 명백히 판명되지 않은 사례도 적지 않다. 비밀공작

---

615) H. J. Giskes, London Calling North Pole(London:William Kimber,1953); Shulsky & Schmitt(2002), p.121.

616) Id.

617) 전술한 독일의 역기만 작전인 북극 방첩공작에서 체포된 영국 정보요원들은, 사전에 약속한 대로의 보안점검을 포함한 교신을 영국본부에 전달했다. 그들은 자신이 위험에 처하고 있다는 사실을 원래 약속한 것처럼 5번째 글자마다 의도적으로 오타를 쳐 넣었다. 그러나 영국본부의 분석관들은 자신들의 기만 공작활동이 독일군에 의해 침투되리라고는 상상도 하지 못하고, 그러한 보안점검에 대해 주의를 기울이지 않았다. 기만 당하고 있다는 생각에 대한 심리적인 거부감이 얼마나 강한지를 잘 보여준 사례이다.

편에서도 언급한 바 있지만, 미국과 소련의 치열한 군비경쟁에서 레이건 대통령은 별들의 전쟁계획으로 잘 알려진 '전략방위구상(戰略防衛構想, Strategic Defence Initiative : SDI)'계획을 추진했다. 전략방위구상(SDI)은 1983년 3월 23일 로널드 레이건 대통령이 발표한 미국 본토 방위구상이다. 그것은 지상기지와 우주기지의 양측에서 세계 각지에서 미국 본토를 향해 발사되는 제반 미사일을 발사 초기 단계에서부터 자동으로 추적해 최 상공에서 요격함으로써 미국 본토에의 도달 자체를 불가능하게 하는 전략구상이다.

그런데 레이건 행정부는 1984년 실험결과를 과장해 발표했다. 전략방위 구상은 수비에 치중한 방어전략이지 공격전략은 아니라고 레이건 대통령은 강조했지만, 그것 또한 소련에는 기만전술로 받아들여졌다. 그 결과 소련은 군사적 대응전략에 막대한 예산을 사용하게 되었고, 소련 외무부 장관 알렉산더 베스메르트니크(Alexander Bessmertnykh)가 시인했듯이 최소한 5년 이상 소련 공화국의 붕괴가 앞당겨졌다고 한다. 이러한 미국의 전략방위 구상의 결과는 대개 미국 측의 비밀공작이나 경제정보 공작의 성공으로 알려져 있다.

그러나 방첩 공작 파트의 분석은 여기에서 한 걸음 더 나아가게 된다. 레이건 행정부의 전략방위 구상 지지자들은 그 계획으로 소련의 몰락을 앞당겨 냉전을 조기에 종식시켰다고 주장한다. 그에 비해 전략방위 구상이 비현실적이고 지나치게 큰 비용이 들어 투자 대비 효능을 의심하는 일부 반대론자들은, 구소련 붕괴는 소련 사회 개혁조치에 따른 별개의 정치 · 사회적 문제였다고 주장한다. 게다가 미국의 전략방위 구상으로 엄청난 타격을 받은 것처럼 가장하는 소련의 역기만 공작에 오히려 미국이 당해, 무모한 전략방위 구상에서 헤어 나오지도 못하고 미국은 천문학적인 돈을 계속 낭비했다는 것이다.

당시 레이건 대통령의 소련 파트너는 고르바초프(Gorbachev) 공산당 서기장이었다. 고르바초프는 의도적으로 미국의 전략방위 구상계획이 미국의 일방적인 군사 우위를 가져오는 일이고, 우주 외계에 공격 시설 설치를 금지하는 내용으로 미국이 비준한 외계공간조약(The Outer Space Treaty of 1967) 등 국제법에도 위반하는 것이라는 등의 심각한 우려의 제스처를 보냈다. 그런데 그러한 제스처는 의도적으로, 소련은 이미 여러 정보 채널을 통해 미국의 전략방위 구상이 실현 불가능한 것임을 잘 파악하고 있었음에도 불구하고, 레이건 행정부로 하여금 소련이 극도로 우려하는 과장 제스처라는 것이다. 그럼으로써 미국을 전략방위 구상에 집착하게 하고 결국 미국으로 하여금 막대한 예산을 지속적으로 낭비하게 유도해 미국을 경제적으로 곤경에 이르게 하기 위한 소련의 역기만 공작이라는 것이다. 그들은 고르바초프가 전략방위 구상에 집착하는 레이건 대통령을 심리적으로 도와서, 그로 하여금 소련의 우려를 진실한 것으로 믿게 만들어 결국 실현 불가능한 전략방위 구상의 진흙탕에 미국을 잡아두기 위한 것이라는 언급을 근거로 제시한다.[618] 이것이 방첩공작의 세계이다.

3. 기술정보수집 활동에서 기만의 회피

인공위성 촬영이나 정찰비행 등에 의한 기술정보 수집의 경우에도 상대세력의 위장 전술로 기만을 당하는 경우가 있다는 것은 이미 살펴본 바가 있다. 예를 들어 소련은 1977년 CIA를 은퇴한 캄피레스(William Kampiles)로부터 단돈 3,000달러에 KH-11[619] 정찰위성의 매뉴얼을 구입해 미국의 정찰 탐지 활동에 아주 효율적으로 대처했다.[620]

기술적 기만에 대한 역기만으로 '기습획득(unexpected collection)'이 있다. 항로궤적이 고정 입력된 인공위성의 경우에는 이동촬영이 불가능하지만, 별도의 항공 정찰대를 불시에 동원해 상대세력이 전혀 예상하지 못한 시점과 장소에 대한 기습적인 촬영을 통해서 상대세력의 가장 여부를 확인하는 것이다.

한편 적지 않은 비용과 노력이 소요되지만, 상대세력의 도청이나 청취 여부에 무관하

---

618) 고르바초프 진술의 영문 원문은 다음과 같다. ["But I think that I am even helping the president [Reagan] with SDI. After all, your people say that if Gorbachev attacks SDI and space weapons so much, it means the idea deserves more respect. They even say that if it were not for me, no one would listen to the idea at all. And some even claim that I want to drag the United States into unnecessary expenditures with this."] http://www.cnn.com/SPECIALS/cold.war/ episodes/ 22/documents/reykjavik/.

619) 미국 정찰위성인 The KH-11의 암호명은 다양하다. 통상'Key Hole'이라고 불렀다. 확인되지 않았지만 KH-11은 놀라운 해상력을 가지고 있는 허블 우주 망원경이 장착된 것으로 여겨지고 있다. 현재 KH-11은 'Improved Crystal'이라는 별명을 가진 KH-12로 대체되고 있는데, 가장 큰 차이는 동영상 촬영이 가능한 것이라고 한다. 이 KH-11/12 위성 체제도 록히드마틴 사의 미래 디지털 영상우주선(Future Imagery Architecture)으로 대체될 것이라고 한다.

620) Shulsky & Schmitt(2002), p.123.

게 기만과 역기만 공작으로 상대세력이 청취하고 도청할 수 있도록 의도된 정보나 신호를 계속 보내는 방법이 동원되기도 한다. 예를 들어 히틀러를 기망한 노르망디 상륙작전의 경우, 연합국은 히틀러가 굳게 믿고 있던 칼레 지역에 실제는 아주 소규모의 군대를 파견하면서 엄청난 양의 무선통신과 라디오 잡담 등의 무선통신을 칼레 지역에 집중되도록 함으로써 독일군을 오도시켰다. 연합국은 허위 통신 중계를 위해 약 22개소의 가짜 중계 본부를 설치하는 등 엄청나게 많은 공을 들였다.[621]

4. 정보기구의 내분

기만 공작, 역기만 공작은 단순하게 상대세력의 정보활동을 저지하는 등의 방첩공작을 위해서만 활용되지 않는다. 속고 있는지, 속이고 있는지 자체를 판단하기 어려운 그 혼란스러운 상황을 십분 활용해 상대 세력 방첩공작 기구 내의 내분을 유발하기 위한 소리 없는 폭탄을 내부에 투하할 수도 있다. 소위 '**혼란스러운 다수의 영상들(Wilderness of mirrors)**'을 유발하고 상대 세력 정보기구 자체에 일대 혼란을 초래하는 것이다.

예를 들어 일단 상대 세력 정보기구로부터 한 명의 변절자를 확보한 후에 매파와 비둘기파의 논쟁을 유발할 수 있는 주제에 대한 그럴듯한 거짓 정보를 제공한다. 그 후 양자에 대한 일정한 보완정보를 주기적으로 제공하면 필경 정보기구 내에는 대처방안에 대한 의견이 양분되게 된다. 물론 목적은 정보기구 지휘부 사이의 강·온 대처방안에 대한 치열한 의견대립을 이끌어 내분을 만드는 데 있다.

KGB가 구사한 이러한 혼란 전술은 냉전 시대 CIA에 최대의 분란을 초래했다. CIA 방첩 국장 앤젤톤 사건이 그것이다. 1960년부터 1970년 초반까지 냉전의 와중에 CIA 내부에는 소련을 상대로 한, 일반 정보수집 활동, 비밀공작 활동, 방첩공작에 있어서 끊임없는 강·온 의견대립이 치열하게 전개되었다. 강경파의 한 축에는 CIA 창설의 실질적인 공로자이자 미국 정보공동체 방첩공작의 총책임자로, 냉전 시대 KGB가 최대의 장애로 여겼던 전설적인 인물이었던 제임스 앤젤톤(James Angelton)이 있었다.

1941년 예일대학을 졸업하고 하버드 법과대학을 수료한 앤젤톤은 1943년 그의 아

---

621) Cruickshank, *Deception in World War II*, p 182. Shulsky & Schmitt(2002), p.222.

버지가 근무했던 미군 정보기관인 해군 전략첩보국(OSS)에 특채되어 정보기구 근무를 시작했다. 당시 전략국 책임자는 후일 CIA 창설의 일등 공신인 도너반(William Joseph Donovan)이었는데, 그의 강력한 후원으로 엔젤톤은 방첩공작에 대한 교육을 받기 위해 영국 비밀정보부(M16)에 파견되었다. 앤젤톤은 영국 비밀정보부에서, 이미 KGB의 이중간첩으로 암약하고 있던 킴 필비의 훈육을 받았다. 당시 영국 비밀정보부는 울트라(ULTER)라는 이름의 독일 암호체계 해독 프로그램을 운영해 제2차 세계대전에서 독일을 상대로 엄청난 성공을 거두었는데, 앤젤톤은 그곳에서 암호해독 기법을 체득했다. 울트라 체험을 포함한 영국 비밀정보부에서의 다양한 공작경험으로 앤젤톤은 1947년 창설된 CIA의 초대 방첩국 총책임자로 임명되었고, 그의 CIA 경력 전부를 방첩공작 책임자로 활동하면서 냉전 시대 KGB에게는 가장 두려운 전설적인 인물이 되었다. 그러나 엔젤톤은 그를 정보의 세계로 안내해 주었던 영국 비밀정보부 킴 필비가 후일 소위 케임브리지 스파이 링의 일원으로 희대의 KGB 이중 스파이였다는 사실이 밝혀지자 엄청난 정신적 타격을 받았다.

엔젤톤은 그 후 더욱 주변을 의심하며 공산주의를 매우 혐오하게 되었다. 이에 KGB는 앤젤톤을 축으로 하는 강경파와의 의견대립을 유발해 내분을 일으키기 위한 고도의 기만 공작에 돌입한 것으로 여겨졌다.

서로 다른 정보를 제공하는 KGB 요원으로 CIA로 전향한 이중 스파이 골리친(Golitsyn)과 노젠코(Nosenko)의 동시적 등장이 그것이었다. 모두 비중 있는 이중 스파이인 이들을 취급하는 데 앤젤톤은 항상 소련을 더욱 의심하는 내용인골리친의 정보를 보다 더 신뢰했다. 그리고 모든 사안을 부정적인 측면에서 바라보는 의견 때문에 앤젤톤은 CIA는 물론이고 행정부와 의회에서도 고립되어 갔다. 앤젤톤은 심지어 키신저 국무장관도 KGB와 연결되었다고 판단했다.

그러나 그는 결국 1974년 12월 온건파의 견제에 밀려 콜비(William Colby) CIA 국장으로부터 퇴직을 권유받고 CIA를 떠나게 되었다. 당시의 CIA 내부의 치열한 논쟁은 거울도 정확히 그 영상을 표시해 주지 못할 정도로 어렵다는 취지에서, 데이비드 마틴은 '**혼란스러운 다수의 영상들(wilderness of mirrors)**'이라는 용어를 사용하고 그 제목을 단 책을 출간했다. [622] 결국, 방첩공작의 최고수였던 앤젤톤 그 자신이 KGB

기만 작전의 최대 피해 당사자가 되었던 것이다.

앤젤톤은 CIA 방첩 국장으로 재직하며 적지 않은 유명 인물들을 KGB의 스파이나 매수된 사람들로 지목했다. 앤젤톤에 의해 KGB에 매수된 사람으로 지목된 사람으로는 전술한 헨리 키신저(Henry Kissinger)를 비롯해 영국 총리 윌슨(Harold Wilson), 캐나다 총리 피어슨(Lester Pearson) 그리고 그의 후임 총리 투르데우(Pierre Trudeau), 스웨덴 수상 팔메(Olof Palme), 그리고 서독 사회민주당 당수를 지낸 브란트 재무장관(Willy Brandt)[623] 등이 있다.

한편 앤젤톤은 케임브리지 스파이 링 사건의 주범인 킴 필비 사건 이후 CIA에 침투된 것으로 믿어지고 있던 '**제5의 인물**'에 대한 추적에 많은 노력을 기울였으나 끝내 적발하지 못했다. 앤젤톤이 윌리엄 콜비 국장으로부터 사임을 요구받고 CIA를 떠난 후 워싱턴에는 KGB 첩자를 뜻하는 '제5의 인물' 논쟁이 격화되었다. KGB가 두려워한 최고수 방첩 국장인 앤젤톤의 사직 여파는 대단해 당시 그의 해직을 이끌어낸 CIA 콜비 국장이 KGB 첩자라는 소문이 돌았다.[624] 그러나 사실은 앤젤톤 그 자신이 '제5의 인물'이라는 주장도 뒤따랐다.

그러나 현재까지도 명확하게 '제5의 인물'이 누구인지는 밝혀지지 않았다. 기만 공작과 역기만 공작이 난무하는 방첩공작에서 진실 판단이 얼마나 어려운지를 잘 보여주는 사례이다.[625]

---

622) David Martin (New York: Harper and Row, 1980).
623) 브란트 재무장관은 후일 그의 비서가 동독의 스파이로 밝혀짐에 따라 사임했다.
624) David Wise, Molehunt: The Secret Search for the Traitors That Shattered the CIA(New York: Random House, 1992).; Shulsky & Schmitt(2002), pp.125-126.
625) 앤젤톤(Angleton)을 형용사화한 '앤젤톤 같은(Angletonian)'이라는 용어는 무엇인가를 묘사할 때 '음모의, 지나치게 편집증적인, 기묘한, 섬뜩한, 불가사의한' 등의 의미로 사용된다.

제4절 방첩공작 사례

제1항 개 관

방첩공작은 프로 대 프로, 정보기구 대 정보기구 그러므로 거인 대 거인의 각축장이다. 정보의 거의 모든 파트가 대개 용어 그 자체가 주는 비밀성과 역동감을 어느 정도 암시한다. 그러나 방첩공작은 별도의 작은 정보 분야라고 할 만큼 최고의 지력이 충돌하여 많은 쟁점과 어려움을 동시에 제시하는 영역이다.

정보기구의 일반적인 정보활동은 상대세력과의 경쟁력을 유지하거나 우월성을 확보하기 위해 대상국가를 상대로 외교, 국방, 경제 등의 제반 분야에 대한 필요한 정보를 수집하고 분석하는 활동이다. 쉽게 표현하면 비록 대상국의 방첩망을 뚫어야 한다는 장애는 있지만 직접 상대세력 정보기구를 상대하는 활동은 아니다. 따라서 프로 정보기구와 아마추어의 대결이라고 비유할 수도 있다.

이에 비해 방첩공작은 상대세력 정보기구의 아국 정보망에 대한 침투에 대한 아측 정보기구의 대응이거나 아측 정보기구의 공격인 것으로, 수동적인 방어, 적극적인 정보원 구축, 역공, 재역공 등 모든 지략과 지혜가 총동원되어 상대세력 정보기구의 침투 음모와 시도는 분쇄하고 아국 정보망의 순수성을 유지하며 더 나아가 상대세력 정보기구의 내부를 오염시키는 것이다. 따라서 방첩공작은 스파이 대 스파이 또는 정보기구 대 정보기구의 진정한 대결로 전문가 대 전문가의 격전장이다. 방첩공작을 상상력, 창조력, 의지력, 결단력과 추진력 등 정보기구 역량이 총동원되는 정보의 소왕국이라고 하는 이유이다.

이처럼 방첩공작 분야는 다양하고 복잡하며 국가 정보기관과 정보기관이 직접 대결하는 결전의 장으로서, 공작 담당자들의 경험과 지략이 총동원되어 고도의 심리전으로 전개되기도 한다. 그리고 정확한 상황 판단력과 결단력에 기초해서 먼저 움직인 상대세력의 작용에 대항해 순간순간의 신축적 응전이 이루어지는 실천적인 무한경쟁의 장이다. 그러므로 방첩공작을 개념적으로만 이해해서는 방첩의 실상을 파악한다는 것은 거의 불가능하다고 할 수 있다. 비밀공작도 그렇지만 방첩공작을 제대로 그리고 비교적 알기 쉽게 이해하기 위해서는, 역사적인 정보 사례에 관한 연구와 검토는 필수적이라고 할 수 있다. 사례 연구는 방첩공작 마인드 함양의 보고라고 할 수 있다. 주의 깊게 읽을 필요가 있다.

제2항 방첩공작 사례

I. 알드리히 에이메스 사건

1. 개 관

알드리히 에이메스(Aldrich Hazen Ames)는 31년 경력의 CIA 방첩국 요원으로 소련 담당 공작관 겸 분석관이었다. CIA 요원이던 그는 어느 순간부터 소련을 위해 이중 스파이 활동을 한 혐의로 체포되어 1994년 기소되었다. 에이메스는 1962년 낮은 직급으로 CIA에 입사했으나, 입사 후 야간대학을 수료하는 등 자기 개발에 충실해 1969년에는 충성심이 요청되는 CIA 공작관이 되었다. 공작관으로 터키의 앙카라 등지에서 KGB 요원 포섭 공작을 담당했다.

첫 번째 부인 낸시와는 성격 차이 등으로 잦은 부부 싸움을 하고 사이가 멀어졌다. 그 후 멕시코 주미 대사관에서 근무하면서 콜롬비아 대사관 여직원 로자리오 듀퓌(Rosario Dupuy)와 정분 관계를 맺었다. 다시 미국 CIA 본부로 돌아와 부인 낸시와 이혼했다. 부인 낸시가 재산 대부분을 가져갔다. 한편 두 번째 부인인 듀퓌는 낭비벽이 심해 에이메스는 많은 돈이 필요했다. 금전적 압박을 받던 그는 1985년 자발적으로 워싱턴의 소련 대사관과 접촉했다. 마침내 돈을 받고 KGB와 비밀 거래를 시작했다. KGB를 위한 이중 스파이가 된 것이다.

2. 소련을 위한 이중 스파이 활동

에이메스는 CIA의 유럽 지역 방첩 지부를 맡아 소련의 정보활동을 분석하는 책임을 맡았고, 직무상 KGB와 소련군부에 심겨 있는 정보요원들 100여 명과 연락하며 그들을 관리했다. 그는 약 100명에 이르는 소련 내 이중 스파이와 CIA의 대(對)소련 정보요원 신상정보를 상당한 돈을 받고 소련에 넘겨주었다.

유럽 여러 곳의 대(對)소련 CIA 정보요원들이 외딴 거리 등에서 이유 없이 계속해서 죽어 나갔고 미국의 정보망에 심각한 타격이 초래되었다. 수사결과 소련은 그에게 약 460만 달러를 지불한 것으로 추정되었다. 그중 약 250만 달러는 사치벽이 심한 콜롬비아 출신의 두 번째 부인 듀퓌와의 결혼생활 비용과 에이메스 자신의 음주벽 등으로 탕진한 것으로 드러났다. 210만 달러는 은퇴 후 러시아에서의 생활을 위해 러시아 은행에 예치해 두었던 것으로 드러났다.

3. 에이메스에 의한 정보 원천의 소실

1980년대 중반까지 소련 참모부 정보총국(GRU) 소속의 육군 소장 드미트리 폴리야코프(Dmitri Polyakov)는 CIA를 위한 소련 내의 최고위급 이중 스파이였다. 폴리야코프의 CIA 암호명은 '탑 햇(Top Hat)', '버번(Bourbon)' 그리고 '로움(Roam)'의 3가지였다. 1950년대 UN 근무를 하며 미국 생활을 한 폴리야코프는 1961년 UN 근무를 다시 하게 되면서 자발적으로 미국으로 전향했다.

그는 소련 크렘린의 타락과 부패상에 염증을 느꼈다. 또한, 중병으로 미국에서만 치료가 가능했던 그의 3살 아들을 돌보는 것을 KGB가 허락하지 않고 결국 아들이 사망하게 되자 본격적으로 미국을 위한 이중 스파이가 되었다. 폴리야코프는 25년간 KGB 내에서 미국을 위한 이중 스파이로 수많은 귀중한 정보를 미국에 건네주었다. CIA 울시 전 국장(James Woolsey)의 표현에 따르면 그는 별명처럼 모자(Hat)가 아니라 '왕관의 보석'이었다.

폴리야코프는 소련과 중국 불화의 시초를 미국에 신속히 알려주어 결과적으로 닉슨 대통령이 1972년 중국과 외교 관계를 정상화하는 외교정책을 결단하게 했다. 그리고 소련의 대전차 미사일에 대한 구체적인 데이터를 제공해 걸프전 당시 이라크가 소련 미사일을 사용했을 때 쿠웨이트 군과 미국의 피해를 막을 수 있게 했다. 그 밖에도 소련의 미사일과 핵전략, 생화학무기에 대한 정보를 CIA에 제공했다. 그러나 CIA 왕관이 보석이었던 그도 에이메스에게 신상이 노출되어 결국 에이메스의 밀고로 1988년 형장의 이슬로 사라졌다.

그 밖에도 소련의 스텔스 기술 및 미그 전투기의 전자 안내장치에 대한 정보를 제공했던 톨카체프(Adolf Tolkachev), KGB의 X국 소속으로 크렘린 내부의 권력 암투와 소련의 대외정책 정보 그리고 소련이 미국에서 획득하려는 첨단 과학정보를 알려주었던 마티노프(Valery Martynov), 소련의 군사 전문가 겸 정보분석관으로 군축에 대한 소련의 실질적인 입장에 대한 정보를 제공한 발디미르 포타쇼프(Vladimir Potashov), 북태평양 방위조약에 대한 정보를 KGB에 넘긴 CIA의 변절자들에 대한 정보를 미국에 알려준 바실리예프(Vladimir Vasilyev), 모스크바 내에서 벌어진 KGB의 내부 스파이 색출 활동 및 그 기법을 CIA에 사전에 알려 준 보론초프(Srgey Vorontsov), KGB가 독일 내 미군 및 그 가족을 암살하고 그 만행을 독일 테러 집단의 소행으로 가장하려는 비밀공작 계획을 미국에 알려준 바레니크(Gennadt Varenik), 뉴욕에서 암약하는 KGB 정보요원들의 명단을 미국에 넘겨준 페도렌코(Sergey Fedorenko), 영국 비밀정보부(MI6)를 위한 KGB 이중 스파이 고디브스키(Oleg Gordievsky) 대령 등이 모두 에이메스의 밀고로 처형당한 25명에 속하는 KGB 정보요원들이었다

4. 징후 예측 및 CIA의 대응

CIA는 1985년과 1986년 사이에 소련과 동유럽에서 활약하던 다수의 정보 원천(intelligence source)이 파괴되자 조직에 심각한 문제가 있음을 인지했다. 1985년부터 CIA의 네트워크인 소련 내 자산들이 하나하나 사라져 정보활동이 위험수위에 달하기 시작했다. CIA는 처음에 KGB가 통신을 도청했거나, 기왕에 체포된 정보요원에 의한 누설로 판단했다. 그래서 초창기의 조사는 소련에 의한 컴퓨터 바이러스와 암호체계의 문제점에 집중했다. 물론 CIA가 이상 징후를 예측하게 된 데는 KGB가 에이메스가 제공한 정보에 의해 일망타진을 말하는 소위 **'한 번에 낚아 올리기'**를 단행한 것이 커다란 이유 중의 하나였다.[626)]

그러나 1990년대까지 아무런 구체적인 단서를 발견하지 못한 CIA는 심각한 내부

---

626) KGB는 은밀하게 우연을 가장해 한 명 한 명 제거하지 않고, 에이메스를 결과적으로 위험에 빠뜨리게 한, 소위 일망타진을 후회했지만, 소련 정치지도자들의 불안감을 해소시키기 위해 그러한 조치를 취할 수밖에 없었다고 한다. U. S. Senate Select Committee on Intelligence, An Assessment, p.25.

보안 문제가 제기되었다는 사실만을 인지한 채, 신규 소련 스파이 발굴 업무를 중단했다. 더욱이 1980년대 말 발생한 전술한 이란콘트라 사건의 여파로 모든 국내외적 비판의 한가운데에 놓여 있던 CIA는 비밀공작이나 방첩공작을 더는 진행하기 어려운 입장이었다.

1986년과 1991년 사이에 KGB를 위한 이중 스파이 활동의 정점에 있던 에이메스는 두 차례에 걸친 정기적인 거짓말 탐지기 조사도 무사히 통과했다는 사실은 앞서 본 바와 같다. 결국, 자체조사로는 한계에 직면한 CIA는 조직 내 이중 스파이 침투사건을 전문적인 최고 방첩기구로 전통적으로 방첩 수사에 경험이 축적된 FBI에 정식으로 수사를 의뢰했다.

5. 소련의 방해 공작

KGB는 CIA의 움직임을 포착하고 전술한 바와 같이 치밀한 역(逆) 방해 공작에 들어갔다. 주소련 미국 대사관 보안요원 론트리(Lonetree) 사건, 모스크바 내 미 대사관 도청사건, 후술하는 바와 같이 여전히 진실성에 논란이 있는 유르첸코(Vitaly Yurcheonko) 사건에 이르기까지 자신들의 최대 중요한 첩보망인 에이메스를 보호하기 위해 덜 중요한 정보원을 노출시키면서까지 CIA의 집중력과 판단력을 흐리게 했다.

6. 검 거

단서는 의외의 곳에서 비롯되었다. FBI 특별수사팀은 전술한 바와 같이 에이메스 부부의 신분에 걸맞지 않은 사치에 주목했고, 약 10개월간의 집중적인 전자감시와 비밀 가택수색 등을 통해서 다수의 물증을 확보했다. 그 결과 에이메스가 이중 스파이임을 확인했고 구체적인 접선 장소인 수수소(dead drop)도 확인했다. 그러나 FBI는 에이메스를 바로 검거하지 않았다. CIA 내의 또 다른 협조자를 파악하기 위해 FBI는 별도의 방첩 공작을 전개했다.

1993년 10월 13일 FBI는 에이메스가 콜롬비아 보고타에서 소련 요원과 접선하고 싶다는 표식을 수수소에 남긴 것을 인지했다. 뒤를 미행한 FBI 요원들은 에이메스가 콜롬비아 보고타에서 소련 측 공작관과 접선하는 것을 확인하고 에이메스의 소련 공작관(Handler)이 누구인지도 확인했다. FBI는 이후에도 지속적인 감시를 했다. 1994년 에이메스가 업무 목적을 이유로 모스크바 방문이 예정되자, 그의 영구 탈출을 우려해 마침내 에이메스에 대한 체포가 승인되었다. 결국, FBI는 1994년 2월 21일 KGB의 후계자인 러시아 연방보안부(FSB)에 넘겨주려 한 다량의 미국 측 정보서류와 함께 31년 CIA 근무경력의 베테랑 에이메스와 부인 듀퓌를 체포했다.

에이메스는 25명의 CIA 인간정보 요원의 생명을 앗아가게 했고 CIA의 연락망에 타격을 가한 것만으로도 사형에 처할 수 있었다. 그러나 유죄인정협상(plea bargaining)에서 범행을 순수하게 시인하고, 일부 정보누설에 대해 CIA가 대비를 할 수 있게 한 점 등이 참작되어 가석방이 없는 무기징역형을, 그리고 부인은 5년 형을 선고받았다. 5년 형을 마친 부인은 콜롬비아로 돌아갔다. 소련으로부터 모두 460만 달러를 받은 에이메스는 현재까지 미국 휴민트(humint) 정보 역사상 가장 많은 대가를 받은 스파이로 알려졌다.

II. 로버트 한센(Robert Hanssen) 사건

1. 개 관

로버트 한센은 FBI 요원으로 소비에트 공화국과 러시아를 위해 미국 스파이 역사상 최장기간인 21년 동안 암약한 이중 스파이이다. 그는 2001년 2월 18일 체포되었고, 본인도 유죄를 인정해 가석방 없는 무기징역형을 선고받았다. 그의 이중 스파이 활동은 미국 정보공동체 역사상 가장 최악의 재앙으로 일컬어진다. 한센은 일리노이주 시카고에서 경찰관의 아들로 태어나 일리노이주 크녹스 대학에서 화학과 러시아를 전공했다. 추후 경영학으로 전공을 바꿔 MBA도 취득했다. 졸업 후 회계사무실에 취직했다가 시카고 경찰국의 감찰부서에 특채되었고 1976년 FBI로 전직했다. 한센은 1981년부터 소비에트 공화국을 위해 이중 스파이 활동을 한 것으로 밝혀졌다. 한편 전술한 에이메스는 1985년부터 1994년까지 약 10년간 이중 스파이 활동을 해서 상당 기간 한센의 이중 스파이 활약 기간과 중복되었다. 양자는 KGB의 정보 진실성 체크에 큰 도움을 주었다.

2. 신뢰성 점검-이중 스파이의 이중 체크

한센은 KGB에 참모부 정보총국(GRU) 소속 장성 드미트리 폴리야코프(Dmitri Polyakov)가 미국에 소련의 기밀을 제공하는 이중 스파이임을 알려주었다. 전술한 에이메스의 정보와 일치하는 내용이었다. 1985년에는 FBI를 위해 활동하는 KGB의 이중 스파이 요원의 명단을 넘겨주었다. KGB 요원으로 러시아 국영 통신사인 타스(TASS) 통신원으로 가장해 비밀 활동한 보리스 유친(Boris Yuzhin)이 대표적이다. 1978년부터 FBI를 위해 일한 유친은 FBI에 전 세계에서 미국과 캐나다를 상대로 고급 인력을 발굴하는 소련의 상급 정보조직인 '그룹 노스(Group North)'의 존재도 알려주었었다. 한센은 KGB에 마티노프(Valery Matynov), 모토린(Sergei Motorin)에 대한 정보도 넘겨주었다. 이들에 대한 정보는 역시 에이메스가 KGB에 제공한 정보와 일치했다.

결국, KGB의 입장에서는 전혀 별개의 통로를 통해 들어오는 한센과 에이메스의 정보가 일치하는 것을 확인하고 그들 이중 스파이의 진정성을 중복 체크를 하며 관리할 수 있었다. 한센은 이중 스파이에 대한 정보제공 외에도 미국 정보기관이 도청시설을 구축하고 있던 러시아 대사관 주변의 터널 정보, 소련의 핵무기 공격 시 고위 공무원들을 대피시키기 위해 미국이 준비하고 있는 대피 터널 정보와 미국 정보공동체가 소련의 각종 신호정보를 수집하는 흔적·계측정보(MASINT)에 대한 정보, 러시아를 위한 이중 스파이로 가장하며 러시아에 오염정보를 제공하는 소위 삼중 스파이 명단 등도 제공한 것으로 알려져 있다.

3. 검거 공작

한센은 그의 소련 측 공작관에게도 철저히 자신의 인상과 신분을 숨겼다. 그래서 서류 등 물리적 정보와 대가교환의 경우에도 교차 접선을 위한 완벽한 방법을 택해 비밀 수수소만을 활용했다. 방첩 전문기관인 FBI에 몸담고 있었던 그는 미국 최고의 방첩 기술도 파악하고 있었으므로 KGB 공작관과 접촉을 할 때도 특별한 암호 방법에 의한 사전약속을 하면서 수시로 숫자를 바꾸는 비밀 계산체계를 이용했다. 어느 달에 주어진 숫자가 6이라고 하면 그의 소련 공작관과 교환되는 정보는 일시를 포함해 모든 수치에 6을 더하는 방법이다. 예를 들어 2007년 '3월 6일 오후 2시'에 만나기로 정보를 교환했다면, 실제 접선 일시는 '9월 12일 오후 8시'가 되는 방식이었다.

한센은 처음에는 그의 부인 보니(Bonnie)도 철저히 속이다가, 애인에게 편지를 쓰는 것으로 오인하고 추궁하는 부인에게 별로 중요하지 않은 정보를 소련에 2만 달러를 받고 파는 것이라고 고백했다. 한편 독실한 가톨릭 신자였던 보니는 남편에게 신앙고백을 권유했다. 그러자 그 자신이 가톨릭 수호조직인 오푸스 데이(Opus Dei)의 멤버였던 한센은 부인에게 발각된 자신의 이중 스파이 행적 일부를 오푸스 데이 조직의 지도자였던 부키아렐리(Robert P. Bucciarelli) 신부에게 신앙고백을 하기도 했다. 그러나 한센의 부인은 남편의 행적을 수사기관에 신고한다든가 하는 더 이상의 조치는 하지 않았다.

한센의 행적이 꼬리가 잡힌 것은 오히려 이복동생으로 FBI에 함께 근무하는 와욱(Mark Wauck)이 이복형 한센의 집에 있는 상당한 현금을 목격하고 한센에 대한 조사를 FBI에 건의함으로써 이루어졌다. 전술한 바와 같이 에이메스는 1994년에 체포되었지만 에이메스가 체포된 후에도 지속적으로 미국의 정보 전선이 파괴되는 이상 징후가 나타났다. 그러자 1994년 FBI와 CIA는 두 번째 밀고자 검거를 위해 두더지(밀고자) 합동 수색 팀(joint mole-hunting team)을 구성해 수사를 전개했다.

4. 냉전 이후의 방첩공작

한센은 소비에트 공화국의 해체 이후에도 KGB의 후신인 러시아 해외정보부(SVR)와 계속 거래를 했다. 한센은 앞서 본 KGB 내의 이중 스파이 명단 외에도 미국 정보공동체 내의 1급 비밀을 포함한 암호명, 대단히 중요한 가치를 가지는 것으로 평가되는 특별한 스파이 공작기기 운용방법, FBI의 방첩 활동 기법과 수단, 비상시의 미국 주요 인물들의 대피 장소 등 다방면에 걸친 정보를 제공했다. FBI와 CIA는 일단 용의선상에 오른 한센에 대해 24시간 밀착감시에 들어갔고, 마침내 2001년 2월 18일 버지니아주 폭스톤 공원 내의 엘리스라 불리는 비밀 접선 장소에서 소련 측 공작관이 남기고 간 자금과 지령서를 집어 들던 한센을 현장에서 물적 증거와 함께 체포했다. 한센은 FBI에 근무하는 것을 십분 활용해 1997년과 1999년에는 FBI 컴퓨터망에 접속해 자신이 조사대상인지를 확인해 가며 이중 스파이 활동을 한 것으로 밝혀졌다. 한센은 FBI에서 배운 치밀한 보안으로 2001년까지 21년 동안 소련과 러시아를 위해 이중 스파이 활동을 하면서 약 140만 달러의 현금과 많은 다이아몬드를 받은 것으로 알려졌다. 한센은 유죄협상을 통해 사형은 모면하고 가석방 없는 종신형을 선고받고 현재 콜로라도 플로렌스 교도소에서 독방수감 생활을 하고 있다.627)

이중 스파이 한센 사건 이후 FBI는 한센이 약 28,000명의 FBI 방첩 요원의 명예와 자긍심에 먹칠을 했다고 자성했다. 그러고는 전직 FBI 국장과 CIA 국장을 역임한 윌리엄 웹스터(Webster)를 책임자로 하여 FBI의 인적·물적 보안프로그램에 대한 전면적인 재검토 작업에 착수했다. 한편 한센이 21년 동안 소련과 러시아를 위해 이중 스파이 활동을 할 수 있었던 것은, 방첩 기관인 FBI가 자기 조직에 대한 의심보다는 에이메스 등의 사례에 비춰 CIA 등 다른 정보기구 내의 변절자에 대해서만 집중했다는 비판이 있다. 이것 역시 FBI의 자기최면에 빠진 관료주의 병폐 중의 하나라고 할 수 있다. 2001년까지 지속된 이중 스파이 한센 사건은 비록 냉전은 종결되었지만, 1991년 소련이 멸망한 이후에도 치열한 방첩공작 전쟁은 계속되고 있었다는 교훈을 가르쳐 주고 있다.

Ⅲ. 이중간첩 킴 필비 사건

1. 개 요

정보의 세계에서 킴 필비(Kim Philby, 1912. 1. 1-1988. 5. 11)는 가장 불투명한 존재로 알려진 사람이다. 그는 영국 비밀정보부(MI6)의 간부급 인물로 스탈린 통치하의 비밀 정치경찰 겸 첩보 기관이었던 소련의 엔크레베데(內務人民委員部, NKVD)와 후임인 크레게베(국가보안위원회, KGB)를 위해 활약한 사람으로, 그의 정보요원 경력 전부를 KGB를 위한 이중 스파이 활동에 바친 인물이다.

킴 필비는 전술한 바와 같이 영국으로서는 치욕적인 간첩단이었던 소위 케임브리지 5인방의 한 사람이다.628) 케임브리지 5인방 중에서 필비의 이중 스파이 활동이 다수의

---

627) "Robert Philip Hanssen Archived June 14, 2009, at the Wayback Machine." Federal Bureau of Prisons(January 5, 2010); Havill, Adrian. *The Spy Who Stayed Out in the Cold.* Paperback ed. St. Martin's Pr. 2002.

영국과 미국 정보요원을 죽음에 이르게 해 양국 정보기구에 가장 큰 타격을 준 것으로 평가된다. 필비는 인도에서 외교관이자 영국군 장교였던 존 필비의 아들로 태어나 인도에서 유년 시절을 보냈다. 그는 1931년 케임브리지 대학에서 역사와 경제학을 공부하면서 학창시절에 이미 공산주의에 심취해 '사회주의 사회'라는 동아리에서 활약했고, 세계 공산주의 연맹의 멤버가 되었다. 공산주의 활동을 하면서 필비는 '히틀러'라는 잡지의 편집장으로 일했다. 필비는 1933년 세계 공산주의 연맹의 난민 봉사활동을 하려고 스위스 비엔나에 갔다가 그곳에서 역시 유대계 공산주의자인 부인을 만났다. 1937년에는 타임스지 특파원 자격으로 스페인 내전을 취재하며 프랑코의 입장을 잘 대변해 준 공로로 1938년에는 프랑코로부터 훈장을 받기도 했다.

1940년 필비는 영국의 비밀정보부(M16)에 특채되어 D부(Section D) 소속으로 케임브리지 5인방 멤버인 버기스(Guy Burgess)와 일하게 되었다. 필비는 필력에 힘입어 1941년 스페인, 포르투갈, 지브롤터와 아프리카를 상대로 한 흑색선전 방첩부서의 책임자가 되었다. 그리고 아주 유능한 정보요원으로 평가받으며 주어진 임무를 성공적으로 수행했다.

그때 오늘날 CIA의 방첩공작부서의 구축자가 된 암호명 '대부(The God Father)'였던 방첩공작의 전설적인 인물인 CIA 앤젤톤(James Jesus Angleton)의 지도 책임자가 되어 앤젤톤에게 각종 방첩공작 기법을 교육시켰다. 모든 임무를 성공적으로 마친 킴 필비는 1944년 영국 비밀정보부 내의 방첩공작 부서 중 최고 선망의 대상인 자리로, 가장 상대하기 어려운 소련을 상대하며 방첩공작을 전개하는 제4부(Section IX) 책임자가 되어 친정인 소련을 향한 이중적 공작을 시작했다.

2. 간첩 활동과 이중 스파이 보호

킴 필비는 1945년 8월 영국 비밀정보부 부서 책임자로부터 임무를 부여받았다. 임무는 영국 정보기구에 암약 중인 이중 스파이의 명단을 제공하겠다면서 영국으로 전향하려고 하는 KGB 요원 폴코프(Constantine Volkov)를 인수하라는 내용이었다. 필비는

---

628) 나머지 인물들은 맥린(Donald Macelean), 가이 버기스(Guy Burgess), 블런트(Anthony Blunt), 그리고 논란은 있지만 카이른크로스(John Cairncross)이다.

명령을 하달받고 이스탄불로 날아갔다. 그러나 필비는 이중 스파이 명단에 자신의 이름도 있을 수도 있다는 우려로, KGB의 변절자 폴코프를 오히려 KGB가 낚아채 가도록 사막의 폭풍을 이유로 비행기의 이·착륙을 지연시켰다. 필비는 결국 자신의 신분 탄로를 막고 KGB가 폴코프를 중간에서 납치해 처형할 수 있게 했던 것이다. 필비는 적당한 변명을 대고 다시 영국으로 돌아와 임무를 계속했다. 원래 KGB를 변절하려고 했던 폴코프는 필비가 소련을 위한 이중간첩이라는 사실을 모르고, 영국 비밀정보부(MI6) 내의 이중 스파이 명단을 제공하고 영국을 위해 일하겠다는 변절 제안을 했었다.

필비는 1949년부터는 영국 대사관 1급 서기관 신분으로 영국 비밀정보부의 대표자로 워싱턴에 파견되어 FBI와 CIA의 영국 측 연락담당자, 즉 리에종으로 일했다. 케임브리지 5인방에 대한 영국과 미국 정보기구의 협력내용을 파악하기 위해 연락책임자를 자청한 것으로 이해되었다. 그래서 필비는 미 육군의 암호해독과 신호정보 획득의 산실로 엘링턴에 소재하는 오늘날 국가안보국(NSA)의 전신인 신호정보국(Signal Intelligence Service)을 주기적으로 방문했다. 그리고 소련을 향한 광범위한 신호정보 획득 프로젝트인 미국의 베노나 공작에 대해 논의하고 많은 정보를 수집했다.

한편 1950년 영국 비밀정보부 소속으로 케임브리지 5인방 멤버인 가이 버기스(Guy Burgess)가 2등 서기관 신분으로 공직 가장하고 워싱턴의 영국 대사관 근무를 시작했고, 그보다 먼저 맥린도 워싱턴의 영국 대사관 근무를 하게 되었다. 두 사람은 모두 소련을 위한 적극적인 이중 스파이로 워싱턴에서도 소련에 지속적으로 정보를 제공했다.

필비는 이중 스파이 색출을 위한 광범위한 도청망인 '베노나' 시스템에 의해 제공되는 정보를 바탕으로 하여 미국과 영국의 정보기구 내에서 소련을 위해 암약하고 있는 이중 스파이의 암호명을 확인할 수 있었다. 예를 들어 영국 비밀정보부 소속의 어느 정보요원이 KGB를 위한 이중간첩으로 암호명 '호머(Homer)'로 활약하고 있다는 사실 등 다수의 KGB를 위한 이중 스파이의 암호명을 알게 되었다. 물론 필비가 보호해야 할 대상들이었다.

미국은 1949년 영국 정부에 베노나 작전에 의해, 핵무기 제조기술이 영국 대사관 소속 암호명 호머(Homer)라는 이중 스파이에 의해서 소련에 건네졌다는 사실을 통보했다. 당시 워싱턴 영국 대사관 1등 서기관으로 CIA와 연락책임자였던 필비는 영국본부로부터 이중 스파이 호머의 색출 과업을 하명 받았다. 이중 스파이 호머는 다름 아닌 케임브리지 5인방으로 한국전쟁 정보도 소련 측에 많이 넘겨준 워싱턴 영국 대사관의 2등 서기관으로 공직 가장해 근무하고 있던 **도널드 맥린**(Donald Maclean)이었다.

베노나 프로젝트에 의해 이중 스파이 동지인 버기스와 맥린에 대한 검거 위험을 인지하게 된 필비는 결국 그들 모두를 소련으로 도망칠 수 있게 해주었다. 모두 필비 자신을 보호하기 위한 그의 공작이었지만, 1952년부터는 필비도 용의선상에서 자유롭지 못했고, 필비에 대해서도 영국 당국의 조사가 시작되었다. 그러나 영국 비밀정보부는 1955년 발행된 버기스-맥린 사건에 대한 백서에서 '제3의 인물'에 대한 의문을 남기면서도 필비가 영국을 배반했다는 증거가 없다며 무혐의 판정을 내렸다.

그러나 비밀정보부는 필비가 변절자 버기스와 여러 차례 교류했고, 감독책임을 다하지 못했다는 이유로 파면했고, 필비는 수년간 방첩 전문기관인 보안부(MI5)와 비밀정보부(M16)의 조사를 받았다. 하지만 필비는 철저하게 위장해 최종적으로 무혐의 판정을 받았다. 필비는 1956년에 다시 비밀정보부에 특채되어 이집트 나세르(Nasser) 대통령의 수에즈 운하 국유화 조치를 저지하기 위한 프랑스와 이스라엘의 합동의 무수케티(Operation Musketeer) 작전에 영국 측 정보요원으로 참여했다. 이후 필비는 베이루트에 영국 옵서버 지와 경제 주간 전문지인 '이코노미스트(The Economist)' 소속 특파원으로 비공직 가장해 파견되었다. 그곳에서 필비는 CIA와 M16을 위한 연락장교 일을 하면서 미국의 소련을 향한 원자 폭탄 저장고 비밀정보를 소련에 알려주었다. 그 정보에 격분한 스탈린이 1948년 베를린 장벽을 완전히 차단했고, 동북아에서는 북한의 김일성 군대로 하여금 소련과 미국의 군사협정을 위반해 가면서 6·25 전쟁을 도발하도록 했고, 결국 한국전쟁으로 이어졌다.[629]

3. 사태의 전개

킴 필비의 최종 신분확인 과정은 기망과 역기망의 연속이었다. 필비가 영국 주간지 이코노미스트 특파원 신분으로 가장해 중동 베이루트에 근무하면서, 접촉하던 유대계 영국인 여성인 플로라 솔로몬(Flora Solomon)과 깊은 인연을 가졌다. 그리고 그는

---

629) Kim Philby, http://en.wikipedia.org/w/index.php?title=Kim_Philby&oldid=173441532.

그녀에게 가볍게 자신의 신분을 소련 첩보원이라고 알려 주었다. 당시 중동은 서구에 대해 극도로 반감이 커지고 있던 지역으로 소련인 신분이라고 말하면 그녀를 통해 중동에 대한 정보수집이 쉬우리라 판단했던 것으로 보인다. 한편 솔로몬은 텔아비브의 한 칵테일 파티 장소에서, 언론인 필비가 사실은 소련 정보원으로서 중동에 대해 동정심을 가지고 기사를 쓴다는 등으로 필비에 대한 우호적인 촌평을 했다.

그러나 파티 참석자 중에 영국 보안부(MI5)가 심어 놓은 또 다른 두더지(첩자)에 의해 대화가 포착되어 런던 본부에 전달되었다. 방첩 전문기관인 보안부는 수사관을 급파해 솔로몬을 비밀조사했고, 필비가 그녀에게 소련 첩보원이라고 말한 사실을 확인했다. 더 나아가 필비가 그녀도 정보원으로 발탁하려 했다는 진술을 확보하고 필비에 대한 밀착감시를 시작했다. 보안부(M15)와 비밀정보부(M16)는 필비에 대한 추가 조사와 감시를 비밀정보 내의 필비의 절친한 친구인 엘리오트(Nicolas Elliott)에게 맡겼다.

영국 비밀정보부는 자신들의 정보가 명백하게 소련에 누설되고 있는 정황을 감지하고 있었으므로 조직 내에 분명하게 이중 스파이가 있다고 강하게 추측을 하고 있는 상황이었다. 그러한 와중에 1962년 12월 케임브리지 5인방을 담당하는 KGB 최고 책임 공작관인 유리 모딘(Yuri Modin)은 필비에게 모종의 조사가 진행 중인 것 같다는 낌새를 알려주며 조심할 것을 경고했다.

필비는 친구인 엘리오트의 조사에서 혐의를 강력하게 부인했고, 1963년 1월 마지막 주에 2차 조사가 예정되어 있었는데 홀연히 사라졌다. 베이루트에서 소련 화물선을 이용해 모스크바로 도주한 것이다. 1963년 1월 23일 소련 정부는 정치적 이유로 필비의 망명을 허용한다고 발표했다. 1963년 7월 1일 영국 정부는 필비가 1946년 이래 '제3의 인물'이라는 암호명으로 암약한 영국 정보기구 내의 최장수 이중 스파이였음을 공식적으로 인정했다.

한편 모스크바에서 필비는 약 10년 전에 그의 주선으로 이미 도망을 와 살고 있던 케임브리지 5인방의 일원인 맥린을 만났다. 그 후 맥린의 미국인 부인인 멜린다(Melinda)와 눈이 맞아 재혼했다. 필비는 알코올 중독에 시달렸으나 KGB는 필비를 신임 정보요원들에 대한 서구 정보기구에 대한 전문교관으로 십분 활용했다. 필비는 1968년 『My Silent War』라는 자서전을 출간했고, 1988년 76세로 사망했다. 소련은 필비의 공헌을 높이 기려 장례를 성대하게 치러주었고, 그는 소련 정부로부터 국가 최고 훈장을 받았다.

4. 감지 및 탈출

케임브리지 5인방의 일원인 킴 필비의 이야기는 방첩공작의 모든 모습을 적나라하게 보여준다. 특히 기만과 역기망 등 음모를 밝히고 또한 음모를 감추려는 CIA와 FBI, 영국 보안부(MI5)와 비밀정보부(MI6) 그리고 KGB 등 세계 최고 정보기구 사이의 눈에 보이지 않는 지략과 모략 전쟁을 실감 나게 해준다.

그 과정을 조금 더 상술하면, 1949년 소련을 상대로 활약한 FBI 방첩 전문 요원 람피어(Robert Lamphere)는 베노나 프로젝트에 의해 입수한 통신의 암호해독을 통해 1944년부터 1946년 사이에 워싱턴 소재 영국 대사관에서 KGB에 다수의 비밀 암호 메시지가 전달된 사실을 확인했다. 람피어는 암호명이 호머(Homer)인 요원이 영국 대사관에서 KGB로 지속적인 통신을 하고 있음을 확인했다. 람피어의 치밀한 분석을 통해서 혐의자로 영국 대사관 근무자 중에서 최종적으로 3~4명으로 압축했고, 압축된 용의자 중의 한 사람이 케임브리지 5인방의 일원인 맥린이었다. 한편 FBI 람피어의 수사 착수 후에 영국은 정보 공조를 위해 미국과 리에종 관계를 구축했고, CIA – FBI – NSA와의 영국 측 연락장교로 의도된 공교로움으로 판단되지만, 스스로 지원한 킴 필비가 임명되었다.

미국 정보기구로부터 공식적으로 제공받은 정보에 의해 필비 자신도 처음으로 암호명 호모가 맥린임을 확인하고, 그 사실을 비밀연락망을 이용해 KGB에 통보하고 필요한 대책에 착수하도록 했다. 필비와 함께 영국 대사관에 파견 근무하던 버기스도 중요한 용의자였고 그도 스스로의 대처 방안을 강구했다. 당시 필비와 버기스는 그들의 소련 측 공작관인 유리 모딘의 귀띔으로 그들에게 닥쳐오는 위험성과 서로의 신분을 어느 정도 눈치채고 있었다.

필비는 버기스를 먼저 영국본부로 전근 조치하면서 자신이 나서지 않고 본부로 전근 가는 버기스로 하여금, 자연스럽게 맥린에게 위험을 귀띔해 주도록 한 후에 맥린으로 하여금 소련으로 도망치도록 사주했다. 필비의 입장에서는 맥린을 희생양으로 꼬리를 자를 기회로 활용하려고 한 것이고, 여의치 않으면 2단계로 버기스의 공작책임으로 미루려고 한 것이었다. 물론 치밀한 필비는 버기스를 영국으로 전근 조치하면서, 버기스에게 이런 이중 스파이 일이 영국 정보기구에는 치욕적인 일들로서 자신은 어떤 경우에도 영국을 변절하지 않을 것임을 의도적으로 명백히 말하며, 버기스와도 일정하게 선을 그어 두었다.

이 같은 모든 공작의 정점에는 케임브리지 5인방에 대한 공작 총책임자인 KGB 유리 모딘이 있었다. 어쨌든 버기스의 용의주도한 귀띔으로 맥린은 가까스로 소련으로 도망할 수 있었다. 또한, 유리 모딘은 이중 스파이 중 맥린 한 사람의 희생으로 사태를 수습하고, 버기스는 영국본부에 남기고 유리 모딘 자신이 직접 맥린을 소련으로 안내하려고 했다. 그러나 KGB 본부는 갑자기 소련에의 호송 임무를 유리 모딘이 아닌 버기스가 하도록 해서 결국 맥린과 버기스 두 사람을 함께 소련으로 망명시켰다. 물론 모두 킴 필비의 작품이었다. 이러한 정황으로 미루어 필비는 KGB 내에서 유리 모딘보다 더 윗선과 연결되고 있었다는 사실을 추측하게 해준다. 맥린 한 사람만으로의 꼬리 자르기로는 불안하다고 느낀 필비가 버기스까지 소련으로 도피시킨 것으로 보인다. 그것은 자신의 철저한 신변안전을 위한 자위공작(自衛工作) 조치였던 것으로 판단되었다.

수사를 진행 중이던 FBI와 영국 보안부는 원래 1951년 5월 28일 월요일에 맥린의 신병을 확보할 계획이었다. 그러나 그 전주 금요일인 맥린의 38번째 생일날 맥린과 버기스는 킴 필비의 치밀한 유도 계획에 의해 유린 모딘의 안내로 모두 소련으로 망명해 버렸던 것이다.

그 무렵 KGB의 중요한 고위 정보요원이었던 골리친(Golitsyn)이 조국 소련을 변절하고 CIA에 협조하고 있었다. 골리친은 다수의 서방측 이중 스파이 명단을 CIA에 제공했다. 그중에는 킴 필비를 지칭한 것으로 추후에 판단된 제3의 인물도 있었다. 골리친은 KGB의 전략계획부서의 중요 책임자였는데 1961년 겨울에 헬싱키를 거쳐 부인 그리고 딸과 함께 CIA로 망명한 후 암호명 '대부(The father)'로 잘 알려진 CIA 방첩 국장이었던 앤젤톤의 직접 조사를 받았다.

골리친의 전향으로 KGB 해외 정보망은 심각한 타격을 받았고, 소련의 정보요원 접선 등 중요한 모임은 잠정적으로 취소되었다. 그래서 1962년 11월 KGB는 골리친을 비롯한 변절자 고우젠코(Igor Gouzenko), 코크로프(Nikolay Khokhlov) 그리고 슈타신스키(Bogdan Stashinsky)에 대한 암살 명령을 하달했다. 한편 골리친이 제공한 영국 정보기구 내의 이중 스파이 중에는 이름은 특정되지 않았지만, 케임브리지 5인방을 비롯해 영국 공군에서 근무한 존 바살(John Vassal), 독일에서 활약한 이중 스파이 알렉산너 코파치키(Alexsander Kopatzky) 등도 있었다.

한편 킴 필비를 말하며 빼놓을 수 없는 또 한 사람으로 필비의 KGB 공작관 유리 모딘이 있다. 유리 모딘(Yuri Modin)은 KGB의 후신인 해외정보부(SVR)에도 계속 근무한 인물로, 1944년부터 1955년까지 케임브리지 5인방[630]을 치밀하게 조작 · 운용한 모략의 대부로 알려진 KGB의 탁월한 공작관이었다. 킴 필비를 조종한 유리 모딘도 킴 필비에 대해 다음과 같이 말했다.

> "그(필비)는 결코 자신의 진실에 대해 말하지 않았다. 조국 영국에게나 함께 산 여자에게나, 그의 진정함을 알려고 그렇게 노력한 KGB에게도 마찬가지였다. 간첩 활동에서의 뛰어난 그의 업적은 죽을 때까지 철저하게 감춰졌던 그의 삶 그 자체였다. 그러나 KGB를 위해 평생을 이중 스파이 활동을 한 필비는 궁극적으로 우리 모두를 바보로 만들었다. 특히 아직도 모르고 있는 KGB에게는 더욱 그러했다."[631]

정보의 전설이 된 필비의 여파는 대단해서 CIA와 MI6는 소련 내 첩보원 침투 작전을 수년간 중단했다.

---

630) 케임브리지 5인방(Cambridge Five)은 때로 케임브리지 4인방(Cambridge Four)으로도 불린다. 논란이 있는 제5의 인물 때문이다. 케임브리지 5인방은 영국 정보기관 요원들로 소련을 위해 일한 5명의 케임브리지 대학 출신의 이중 스파이들이다. 그들은 소련의 정보를 나치 독일에도 전달한 것으로 의심받는다. 현재까지 확인된 인물들은 암호명 스탠리(Stanley)의 킴 필비, 암호명 호머(Homer)의 도널드 맥린, 암호명 힉스(Hicks)의 가이 버기스, 암호명 존슨(Johnson)의 앤서니 브룬트이다. 처음에는 케임브리지 스파이 링(Cambridge Spy Ring)으로 알려졌다. 모두 엘리트 토론 그룹인 '케임브리지 사도(Cambridge Apostles)'의 멤버로 반지를 착용했던 까닭에 붙여진 이름이다. 마지막 제5의 인물로는 존 카이르크로스가 유력하게 거론된다. 그러나 현재까지 공식적으로 확인된 바는 없다.

631) 영문 원문은 다음과 같다. 『He never revealed his true self. Neither the British, nor the women he lived with, nor ourselves [the KGB] ever managed to pierce the amour of mystery that clad him. His great achievement in espionage was his life's work, and it fully occupied him until the day he died. But in the end I suspect that Philby made a mockery of everyone, particularly ourselves.』 Desmond Bristow, *"A Game of Moles,"* (Little Brown & Company, London, 1993

Ⅳ. 영국의 배반 시스템 (Double-cross) 공작

1. 개 관

영국 정보기구의 기만 공작 '배반 시스템(Double-Cross System, 또는 XX System, 이하 배반 공작)'은 제2차 세계대전 중 영국 정보공동체의 저력을 보여 주는 고도의 그리고 방대한 전략의 방첩공작이다. 배반 공작의 중심에 있는 인물이 스페인 출신의 푸욜(Juan Pujol)로, 그는 제2차 세계대전의 전설적인 스파이였다. 푸욜의 영국 측 암호명은 가르보(Garbo)였다.

1941년 푸욜은 원래 나치 독일에 맞서는 영국 스파이를 자원하여, 스페인의 수도 마드리드의 영국 대사관 문을 두드렸다. 푸욜은 스페인 내전을 겪으면서, 전체주의에 환멸을 느껴 영국을 위해 일하고 싶다고 했지만, 영국 정보기관은 받아주지 않았다. 굴하지 않고 우회의 길을 택한 푸욜은 영국 정보기관에 대한 강력한 반감을 표하는 방법으로 독일의 호감을 얻어, 극히 싫어한 나치 독일군 정보기구인 아브베르의 스파이가 됐고 코드명 아라벨(Arabel)을 부여받았다. 독일은 영어에 능통한 푸욜에게 영국을 상대로 이중 스파이 임무를 부여했다.

이에 푸욜은 독일 정보기관에 이중 스파이 활동을 약속하고 1942년 4월 영국 비밀정보부(SIS)와 접촉했다. 그러나 영국 비밀정보부와 접촉한 푸욜은 영국으로의 전향 의사를 밝히면서 자신의 처음 인생 계획대로 영국을 위해 일할 것을 다짐했다. 즉 삼중 스파이가 되기로 한 것이다.

푸욜은 영국의 배반 시스템(XX System)에 배속되었다. 푸욜은 외형상으로는 독일을 위한 이중 스파이였지만 실체는 영국을 위한 삼중 스파이로 본격적으로 활약했다. 이렇게 자발적으로 포섭된 푸욜 등을 통해 독일 정보요원을 대규모로 영국을 위한 이중 스파이로 만든 기만 공작이 바로 '배반 시스템' 또는 '더블 엑스(XX) 시스템'이었다. 영국은 푸욜을 통해 히틀러의 나치즘에 환멸을 느끼는 독일 정보기구 요원들을 매수하여 독일 정보기구 내에 거대한 이중 스파이 조직을 구축했다.632)

---

632) 이상은 Pujol, Juan, with Nigel West [Rupert Allason], Operation Garbo(Random House, New York, 1985)에 의한 분석이고, Abram N. Shulsky & Gary J. Schmitt는 전게서에서 제2차 세계대전 초기에 독일에서 영국으로 입국하던 중 체포된 한 독일 정보원을 시발로 배반 체제(Double Cross

2. 독일 요원 이중 스파이의 확보

영국의 이중 스파이 확보 방법은 다음과 같았다. 일차로 영국에 포섭된 독일 요원이 중요했다. 그가 독일에 영국에 파견할 요원이 접선할 안전한 지역을 독일 정보당국에 알려주면 독일은 암약할 정보요원을 그곳에 파견했다. 물론 영국정보 기관원이 그 장소에 나갔고, 독일 요원은 현장에서 바로 체포되어 포섭되었다. 나치 체제에 반감이나 의구심이 있는 독일 요원들을 금전 지원 등으로 어떻게든 회유하여 영국을 위한 이중 스파이로 전향시켜 독일 첩보망 전체에 대해 통제를 할 수 있었다.[633] 독일 정보기구 내의 영국을 위한 이중 스파이 조직은 제2차 세계대전이 끝날 때까지 유지되었다. 배반 공작의 총책임자는 영국 보안부(M15) 소속으로 전설이 된 존 마스터맨(John Masterman)이었다. 배반 공작 운용의 주요 목표는 다음과 같았다.[634]

① 독일 스파이 시스템의 철저한 파악
② 영국에 잠입하는 독일 신입 스파이 파악 및 회유
③ 독일 정보기구의 인물 정보 및 스파이 기술에 대한 지식획득
④ 독일 암호문과 암호자재에 대한 비밀정보 획득
⑤ 독일군의 제반 작전에 대한 의도와 계획파악
⑥ 독일 정보기구에 대한 오염
⑦ 영국 측 의도의 철저한 기망

영국은 배반 공작의 지속을 위해 이중 스파이 푸욜 등을 통해 여러 경로로 진실한 정보도 다수 독일 당국에 제공했다. 다만 일부는 편지에 찍힌 발송일은 작전 전이지만, 우편물 도착을 임무 완료 후로 지연시키는 방법을 취함으로써 진실한 정보제공에 따른 영국군의 피해를 최소화했다. 치밀한 기만으로 정확한 정보를 제공함으로써 독일 정보 당국에서의 푸욜의 신뢰는 반석에 올라섰다. 물론 이러한 배반 공작의 와중에도 전술한 바와 같이 독일에 의한 영국에 대한 또 다른 기만 공작인 **'작전 북극'**이 있었다는 것은 전술한 바 있다.

System)가 구축되었다고 설명한다. Shulsky & Schmitt(2002), pp.112-113.
633) Shulsky & Schmitt(2002), p.112.
634) *Id.*

3. 노르망디 상륙작전과 배반 공작

이 같은 배반 공작을 통해 영국은 독일의 암호체계에 대한 정보를 획득해 독일 신호정보의 획득 공작인 울트라(Ultra) 공작을 전개했다. 그 결과 진실정보와 잘못된 정보에 대한 독일의 반응을 정확하게 파악할 수 있었다. 영국은 어떤 보고서가 베를린의 최고위층에 전달되었는지, 또한 그 정보가 얼마나 신임을 받고 있는지도 파악했다. 이러한 정보 판단은 1944년 6월 6일 노르망디 상륙작전, 즉 암호명 '대 군주 작전(Operation Overlord)'을 성공적으로 이끈 하부 공작인 암호명 '공작 강건(Operation Fortitude)'을 완수할 수 있게 했고, 결국 히틀러의 독일 군대가 결정적인 오판을 하도록 유도할 수 있었다.

1944년 1월 연합국이 독일군이 점령하고 있던 프랑스를 재탈환하기 위해 공격을 준비하고 있다는 정보를 확보한 독일은, 푸욜에게 연합국의 상륙 일시와 장소에 대한 정확한 정보수집 지령을 내렸다. 영국은 푸욜의 정보가 히틀러에게 최상의 신임을 받고 있다는 사실을 배반 공작으로 지속적으로 확인했다. 물론 영국 보안부(M15)는 다른 독일 정보기구를 위한 별도의 이중 스파이 채널을 통해서도 영국의 의도와 작전에 대한 여러 가능성을 암시한 오염정보를 히틀러에게 중첩적으로 전달되게 했다. 영국 배반 공작은 그러한 오염정보가 최고위층에게까지 잘 전달되는지, 그리고 독일 최고위층이 그 정보를 어떻게 믿고 대응하는지까지도 소상하게 파악했다. 그래서 배반 공작을 예술의 경지라고 한다.

최상의 신뢰를 받고 있던 푸욜을 통해서 영국은 독일 군부로 하여금 상륙작전의 일시와 장소를 오판하게 만드는 데 성공했다. 연합국은 1944년 6월 6일의 상륙지점으로 노르망디를 잡고 있었지만, 푸욜은 히틀러에게 최종적으로 연합국의 상륙 예정 지점은 노르망디 북쪽에 위치하여 도버 해협을 바라다볼 수 있는 북프랑스 칼레(Calais)라고 보고했다.

푸욜의 보고에 따라 독일은 칼레에 대규모 병력인 21개의 사단을 배치했다. 한편 노르망디 상륙 성공 후에도 푸욜을 비롯한 다수의 이중 스파이는 노르망디 상륙은 칼레를 치기 위한 속임수라고 타전했고, 결국 8월까지도 독일은 기만에서 깨어나지 못하고 칼레 지역에서 병력을 빼지 않았다. 배반 공작은 제2차 세계대전의 판도를 기울게 한 대(大) 방첩공작 작전이었다.[635]

V. 기타 각국의 이중 스파이 운용 사례

다양한 보안 조치와 적발 노력에도 불구하고 이중 스파이를 예방하고 적발한다는 것은 쉽지 않다. 그들은 모두 그 분야의 전문가로 상대의 활동을 파악하며 적절히 대처해 나갈 역량을 가지고 있기 때문이다. 따라서 대부분의 이중 스파이 적발은 대개 또 다른 변절자를 통해 조직 내의 정보를 제공받아 해결된다.

KGB가 미국 정보공동체에 심어 두었던 대표적인 이중 스파이를 활동 기간이 오랜 순서대로 살펴보면, CIA의 에이메스가 약 9년, 국방정보국(DIA)의 몬테스가 약 15년, 미 해군 정보기관의 워커링(Walker ring)이 약 17년, 미 육군 정보기관 내의 콘라드 그룹(Conrard group)이 약 18년 그리고 FBI의 한센이 약 21년간 이중 스파이로 소련을 위해 암약했다.[636]

한편 미국은 냉전 시대에 소련의 군 정보기관인 참모부 정보총국(GRU)에 침투해 중요한 성공을 거두었다. 1950년대 말에서 1960년대 초 참모부 정보총국 포포프(Peter Popov)와 펜코프스키(Oleg Penkovsky)는 CIA를 위한 이중간첩이 되어 서로의 존재를 모른 채 참모부 정보총국 내부사정과 미국과 유럽에서 활약하는 소련 정보요원에 대한 다수의 정보를 제공했다. 미국은 계속해서 전술한 정보총국 내의 거물 폴리아코프로부터도 중요한 정보를 제공받았다. 방첩 공작의 신빙성을 위해 이중 삼중의 연결망을 확보하고 있었던 것이다.

CIA는 KGB에서도 다수의 변절자를 파악했다. CIA에의 변절 후 수개월 후 다시 소련으로 재변절했던 인물이지만 유르첸코(Vitaly Yurchenko)의 정보를 바탕으로, CIA 내의 이중 스파이 하워드(Edward Haward)와 국가안보국(NSA)의 로날드 펠톤(Ronald Pelton), 해군정보국 소속의 존 월커(John Walker)를 적발할 수 있었다. 한편 소비에트 공화국 분열 분위기와 더불어 다수의 KGB 요원들이 미국으로 전향했다. 1990년 KGB의 벨기에 책임자 체르핀스키(Igor Cherpinski), 1991년 일라리오노프(Sergei Illarionov)가 미국으로 변절해 KGB의 유럽 망에 대한 소상한 정보를 제공했

635) Nigel West, Garbo (London : Weidenfeld and Nicolson, 1985). Shulsky & Schmitt(2002), p.113.
636) The National Counterintelligence Strategy of the United States, Office of the National Counterintelligence Executive (March 2005) p.4.

던 인물들이다.

냉전 시대에도 미국은 소련뿐만 아니라 독일. 니카라과, 리비아, 인도, 파키스탄 등 여러 나라의 정보기구에 침투했고 이중 스파이도 운용했다.[637] 먼저 리비아이다. 가다피 체제의 리비아 정보기구 요원인 마지드 기아카(Majid Giaka)는 리비아가 주도한 미국 국적기 1988년 팬암 103호기의 공중폭파에 대한 소상한 정보를 미국에 제공했다. 그래서 미국의 리비아 폭파 공격을 정당화시켜 주었고 국제법적으로 손해배상 책임도 물을 수 있게 해주었다.

CIA는 인도의 대표적인 해외정보기관인 조사분석청(Research and Analysis Wing)에도 침투하여 타밀 폭동 사태를 포함한 다수의 정보를 획득했다. 미국은 러(RAW)의 고위 책임자인 우니크리슈난(K. V. Unnikrishnan)을 미국 항공사 여승무원과의 추문을 촬영한 사진으로 협박해 다수의 정보를 제공받았다.[638]

CIA는 니카라과와 쿠바, 중국으로부터의 변절자도 다수 확보했다. 중국의 사례를 보면 1986년 중국 국가안전부 대외국 총 책임자 유 첸샨은 CIA에 중국의 해외정보 활동에 대한 광범위한 정보를 제공했다. 그가 제공한 명단에는 중국 정보기구 요원뿐 아니라 중국을 위해 일하는 각국의 이중 스파이도 포함되어 있었다. 그의 도움으로 CIA는 CIA 내에서 중국을 위해 수년 동안 암약한 이중 스파이 우 타이(Larry Wu-Tai)를 검거할 수 있었다.[639]

이중 스파이가 지구를 구한 것으로 평가받는 사례도 있다. 소련 참모부 정보총국 소속으로 암호명 '영웅(Hero)'이었던 펜코프스키(Oleg Penkovsky)가 **지구를 구한 이중 스파이**의 호칭을 받았다. 그의 정보제공으로 인류멸망의 위험을 초래할 핵전쟁으로 비화할 것이 명백한 제3차 세계대전을 저지했다고 평가되기 때문이다. 그는 1950년 말부터 1960년대 초까지 서방세계에 소련에 대한 대단히 중요한 정보를 넘겨주었다. 그중에는 1960년의 베를린 장벽위기와 1961년의 쿠바 미사일 위기 당시의 소련 권부 내의 소상한 정보를 CIA에 전달해 미국이 소련의 의도와 능력에 관한 정확한 판단을 하게 했다. 그 결과 사태가 최악으로 전개되지 않고 해결되게 함으로써 소련과 미국의

---

637) Richelson(2016), pp.443-450.
638) Iderjit Badhwar, 'Spy-Catching," India Today(1987/9/20). Richelson(2016), p.447.
639) Richelson(2016), p.448.

직접적인 무력충돌을 피하게 해 세계를 구한 스파이로 평가받게 되었다.[640]

　미국은 쿠바와 팔레스타인 해방기구의 정보기구에도 침투해 다수의 이중 스파이를 확보했다. 그러나 1987년 8월 12일 워싱턴포스트지는 쿠바 정보총국(DGI) 소속으로 미국으로 망명한 쿠바의 전향 정보요원의 말을 빌려, CIA가 운용하는 쿠바 정보조직 내 다수의 이중 스파이들은 사실 쿠바 정보총국에 의해 철저히 통제되면서 CIA에 역정보와 거짓 정보를 제공하고 있는, 즉 삼중 스파이라고 보도했다. 미국 보도 이후 쿠바 방송국도 즉시 그 사실을 구체적 내용과 함께 확인함으로써 CIA가 기만당한 것은 어느 정도 사실로 인정되었다.[641] 방첩 공작이 얼마나 어려운 책무인지 다시 한번 깨닫게 해주는 것이다.

　1970년대 초 미국은 당시 미국과 미국 시민을 상대로 한 가장 악명 높은 중동 아시아의 테러 조직인 팔레스타인 해방기구(PLO)에 침투하려는 노력을 전개했다. 드디어 CIA는 PLO 정보 총책임자로 테러에 반대하는 온건론자인 알리 하산 살라메(Ali Hassan Salameh)를 포섭해 팔레스타인 해방기구의 테러 활동과 하부 조직 등에 대한 상당한 정보를 획득했다. 원래 살라메는 야세르 아라파트(Yaser Arafat)가 조직한 검은 9월단 멤버로 테러리스트였다. 당시 살라메는 팔레스타인 해방기구 조직 자체를 변절한 것은 아니고, 팔레스타인 해방기구가 국제사회의 책임 있는 일원으로 인정받으려면 테러와 같은 극단적인 행동은 피해야 한다고 생각하던 사람이었다. 또한, 궁극적으로 CIA의 도움을 받아 중동지역에서 팔레스타인 해방기구의 정치적인 위상을 확보할 수 있을 것으로 생각하고 CIA에 협조했던 인물이다.[642]

　이러한 사례는 방첩 공작은 기만과 역기만 외에도 정치적 협상에 의해서도 상대세력의 정보를 입수할 수도 있음을 보여준다. 주지하다시피 검은 9월단은 1972년 독일 뮌헨 올림픽에서 이스라엘 선수들에 대해 테러를 자행하고 그 내용이 전 세계에 생방송됨으로써 자신들의 존재를 전 세계에 널리 알렸다. 그리고 이스라엘 비밀조직에 의한 신의 분노 비밀공작이 시작되게 만들었다.[643]

---

640) The Spy Who Saved the World, by Jerrold L. Schecter and Peter S. Deriabin, pp. 445 & 35.
641) Michale Wines and Ronald J. Ostrow, "Cuban Defector Claims Double Agents Duped U. S.," Washington Post, 1987/8/12.; Shulsky & Schmitt(2002), p. 220.
642) "How MOSSAD got the Red Prince", The Montreal Gazette,(3 October 2013).
643) 모사드 비밀요원들이 검은 9월단 소속의 테러리스트들을 암살한 내용을 담은 영화가 '뮌헨'이다. 영화는

Ⅵ. 이중 스파이 유르첸코의 진실 판단 사건

CIA가 변절자의 신뢰성 판단에 최악의 실수를 한 경우로 지적되는 사례로 전술한 유르첸코(Vitaly Yurcheonko) 사건이 있다. 25년 KGB 경력의 유르첸코는 1985년 8월 1일 로마에 있는 미국 대사관에 망명신청을 했다. 1975년 8월부터 1980년 8월까지 워싱턴 근무를 했던 유르첸코는 공산주의 이념에 염증을 느껴 전향한다면서 CIA에 미국 내의 이중 스파이의 정보를 제공했다.

그러나 같은 해 겨울, FBI의 신변 보호 감시가 허술한 틈을 타서 워싱턴에 있는 러시아 대사관 인근의 레스토랑(오늘날 'Five Guys' 레스토랑) 화장실 창살을 뚫고 다시 소련으로 도망쳤다. 처음에 소련은 그를 처형했다고 보도했지만, 그는 수일 후 모스크바에서 자신은 CIA에 납치되었고 강제로 마약을 복용 당하는 조사를 받았다고 기자회견을 했다. 그리고는 모스크바 시내를 유유히 활보했다.[644] 전향자의 재전향 사례인 것이다.

그러나 방첩공작 분석 평가는 여기에서 그치는 것이 아니다. CIA는 유르첸코의 변절 이유를 면밀하게 다시 평가했다. CIA의 변절자로부터의 정보수집능력, 즉 방첩 대처능력을 평가해 보기 위해 KGB가 의도적으로 기획했다는 가설에서부터, CIA의 업무에 혼선을 초래하고 내분을 유발하기 위해서였다는 의견도 제시되었다. 또는 역으로 CIA의 정보활동 방향에 대한 정보를 수집하며, 향후 CIA가 KGB 전향 스파이를 받아들이는 것을 꺼리도록 하려는 이유를 만들려는 목적도 있을 수 있다는 등의 다양한 분석과 평가가 제기되었다.

그중에서도 가장 설득력 있는 변절 동기는 당시 KGB에 최고 가치를 가지는 CIA 내의 이중 스파이였던 에이메스를 보호하기 위해서라는 분석이었다. 에이메스보다

이스라엘의 철혈 여성 총리인 골다 메이어(Golda Meir)의 법을 초월한 이스라엘 국민의 심정을 대변한 보복 의지를 보여 준다. 메이어는 1975년 자서전 『나의 인생 My Life』을 출간했다. 그녀는 자서전에서 "내 얼굴이 못난 것이 다행이었다. 나는 못났기 때문에 기도했고, 못났기 때문에 열심히 공부했다." 그리고 "나의 약함은 이 나라에 도움이 되었다. 우리의 실망은 하느님의 부르심이었다."라고 고백했다. 골다 메이어는 수상 자리에 있는 12년 동안 아무도 모르게 백혈병과 사투를 벌였던 것으로 밝혀졌다.

644) Celestin Bohlen, "Did Yurchenko Fool the CIA?", *Washington Post*, 1985.11.15. Richelson(2016), pp.451-452.

중요성에서 떨어지는 CIA 내 변절자와 미국 내에서 암약하고 있는 가치가 떨어지는 일부 KGB 요원에 대한 정보를 제공했는데, 그 정보가 진실이기는 하지만 중요도가 떨어지는 소위 닭 모이 정보로 에이메스에 대한 혐의 추궁에 혼선을 초래하기 위한 목적이었다고 보는 것이었다.

당시 레이건 대통령을 비롯한 의회와 행정부 다수의 관리도 유르첸코의 전향을 역사적인 사실로 평가했다는 점에서,[645] 미국 정보공동체는 유르첸코의 전향을 처음에는 진실로 받아들였던 것으로 보인다. 물론 일부 견해는 유르첸코는 처음에 진정으로 미국으로 망명했다가 짧은 기간이지만 대부분의 소련의 전향자들이 겪고 있는 것처럼 조국 러시아에 대한 향수병과 16살의 소련 내 아들 때문에 다시 소련으로 재망명한 것으로 보는 견해도 유력하다.[646]

1993년 로버트 게이츠(Robert Gates) CIA 국장은 유르첸코가 다시 소련으로 망명했지만, 그는 진정한 변절자였다고 말했다. 게이츠 국장은 유르첸코가 제공한 정보는 미국의 방첩공작에서 많은 것이 진실이고 중요했다고 평가했다. 그리고 그가 제공한 정보의 참신성과 유용성 때문에 소련 정보기구가 적지 않은 타격을 입은 것 등에 비춰보면 유르첸코는 진실한(bona fide) 변절자였다고 평가했다. FBI 국장 윌리엄 웹스터의 견해도 같았다. 웹스터 국장은 유르첸코가 제공한 정보로 KGB를 위해 미국에서 암약한 이중 스파이 에드워드 리 호워드 그리고 로날드 펠튼을 검거할 수 있었다고 술회했다.[647] 그러나 이러한 CIA 게이츠 국장이나 FBI 웹스터 국장의 공개된 진술도 소련으로 하여금 유르첸코의 진실성을 의심하게 하고 결국 그의 처형을 유도하기 위한 고도의 심리전일 수도 있는 것이다. 방첩 공작 영역에서 정보평가가 얼마나 힘들고 공작 활동의 끝이 어디까지인지를 잘 보여주는 사례라고 할 수 있다.

645) Bob Woodward, "CIA Takes Serious Look at Theory that Yurchenko was Double Agent," *Washington Post*, 1985.11.12. Richelson(2016), pp.451-452.
646) *Id*. p.451.
647) "Gates Call 85 Defector Bona Fide," *Washington Post*, 1993.1.16.

Ⅶ. 우-타이 친 사건 등

1. 우-타이 친과 로버트 김 사건

우-타이 친(金無怠, Larry Wu-tai Chin)은 중국인 통역관으로 한국전쟁 당시 미 육군 정보기구에 발탁되었던 인물이다. 한국전 종료 후에 전쟁에서의 공로를 인정받은 그는 CIA의 외국정보 방송국에서 근무를 시작했다. 그의 임무는 CIA가 기술정보 수집, 비밀공작 등을 포함한 제반 정보수집 활동을 통해 획득한 중국 등 아시아 관련 정보를 검토하고 분석하며 번역하는 일이었다. 그래서 그는 CIA의 중국에 대한 정보의 상당 부분을 파악했다. 그는 그렇게 지득한 정보를 1985년까지 중국에 치밀한 방법으로 전달해 주었다. 그는 스파이 활동의 대가로 받은 돈으로 호사스러운 생활을 했던 것으로 알려졌는데, 당시에는 그런 정황이 모두 무시되었다고 한다. 교묘한 자금 세탁기술을 익힌 그는 몇 채의 주택을 볼티모어와 메릴랜드 등의 저렴한 주택가에 구입한 후에 월세를 받고 도박에서 거금을 획득하는 등의 방법으로 자금원을 숨길 수 있었다.

행적에 대한 의문을 제시한 몇몇 내부제보는 그와 함께 도박하기도 한 친구와 동료들에 의해 무시되었다. 오히려 그는 1980년 CIA에 대한 장기간의 공로를 인정받아 표창을 받았다. 결국, FBI에 의해 검거되어 1986년 무기 징역형을 선고받았다. 그는 자신의 이중 스파이 활동은 미국과 중국의 화해를 위한 노력이었다고 최후 진술했다. 최후진술 후 교도소에 도착했을 때 그는 쓰레기봉투를 뒤집어쓰고 자살한 채로 발견되었다.

우-타이 친은 이중 스파이 활동으로 백만장자가 된 5명의 스파이[648] 중 한 사람이다. 우-타이 친 방첩공작 사건에서 주목할 만한 것은 방첩공작 분야에서도 나타나는 중국의 소위 만만디 전술이다. 그것은 1952년 친(Chin)이 처음 한국전에서 미국을 위한 통역관으로 일할 때부터 중국이 이미 장기적인 이중 스파이로 양성한 것으로 의심되고 있다는 점에서 만만디로 평가되는 것이다.[649]

---

648) 이중 스파이로 백만장자가 된 나머지 3명은 에이메스, 한센, 월커 그리고 NATO의 비밀정보를 제공했던 콘라드(Clyde Conrad)이다. *See*, Clyde Lee Conrad, http://en.wikipedia.org/wiki/ Clyde_ Lee_Conrad.

649) Richelson(2016), p.448. 중국의 만만디 스파이 사건은 최근에도 있었다. 중국계 미국인 치막(Chi Mak, 67세)은 1970년 중국에서 스파이 교육을 받고 1985년 미국 시민권을 취득한 후에 엔지니어로 평범한 삶을 살았다. 미국 당국의 신원조회를 통과하는 등 20년 넘게 미국인으로 살아왔다. 그러다가 2000년부터 중국을 위해 스파이 활동을 하며 미국 해군의 신형 함정 등의 설계도면 등 군사기밀을 중국으로 유

2. 로버트 김 사건

CIA는 미 해군정보실(Office of Naval Intelligence : ONI) 정보분석관이었던 로버트 김(Robert S. Kim) 사건을 한국 정보기구에 의한 정보침투 사건으로 간주하고 방첩 공작의 하나로 지목하고 있다.[650]

간략히 객관적 사실 위주로 로버트 김 사건을 개관해 보면, 1996년 9월 24일 미국의 수도 워싱턴 DC에서 한국계 미국인 로버트 김(한국명 金釆坤, 63)이 주미 한국대사관의 해군 무관인 백동일(白東一) 대령에게 미국 군사기밀을 제공한 혐의(간첩죄)로 FBI에 체포되었다. 당시 로버트 김은 미 해군정보실(ONI)에서 정보분석을 하는 컴퓨터 전문 문관으로 19년째 근무하고 있었다. 미국 16개 정보공동체의 정식 일원인 해군정보실은 세계 각처에서 수집한 군사 첩보를 취합하고 분석하는 곳이다. 로버트 김은 해군 무관 백동일 대령에게 북한 주민과 북한군의 동요 여부, 국제사회가 보내 준 식량이 북한군에게 유입되는지 여부, 휴전선 부근의 북한군 배치 실태, 북한이 해외로 수출하거나 수입하는 무기 현황, 북한 해군의 동향, 주민의 탈북실태, 동해안 침투 북한 잠수함 행적, 컴퓨터 시스템 관련 정보 등 약 50건의 정보를 제공했다.

미국은 백동일 대령을 달갑지 않은 손님으로 여겨 한국으로 추방했고, 한국 국방부에 백씨를 진급시키지 말 것과 주한미군과 접촉할 수 없는 부서에 근무하도록 할 것을 요구했다. 그러나 한국 국방부는 그를 제독(준장)으로 진급시키지는 않았지만, 대령 신분으로 원래는 장군 제독이 맡는 해군 첩보부대장에 임명했다. 그 후 그는 정보 병과의 최고위직인 병과장(兵科長)을 끝으로 2001년 예편했다. 한편 로버트 김은 미국 법정에서 10년형을 선고받았다.[651]

출했다. 마침내 2005년 FBI는 치막과 그의 부인, 동생과 아들 등 5명의 스파이 패밀리를 체포했다. FBI는 치막을 2003년부터 수사대상에 올린 후 계속 추적하다가 2005년 10월 28일 로스앤젤레스 공항에서 중국으로 출국하려는 그를, 기밀이 담긴 CD-ROM과 함께 체포했다. FBI, "FIVE FAMILY MEMBERS FACE NEW CHARGES OF CONSPIRING TO EXPORT U.S. DEFENSE ARTICLES TO CHINA AND LYING TO FEDERAL INVESTIGATORS", *available at* http://losangeles.fbi.gov/pressrel/2006/ la102506.htm., 조선일보 '20년을 숨죽인 中 스파이', 2008. 4.5, A18면.

650) Richelson(2016), p.456.

651) Former U.S. official Robert Kim to publish letters to homeland as book(2016), https://en.yna.co.kr/view/AEN20160911001000320.

Ⅷ. 통제된 이중 스파이 공작-기만과 역기만

1959년 소련 해군 침투공작조 지휘관인 아타마노프(Nikolai Federovich Artamanov) 대위가 스웨덴에 전향했다. 그는 CIA 스웨덴 지부를 통해서 미국으로 송환됐다. 그리고 해군정보실(ONI)에 이중 스파이 정보요원으로 발탁되어 샤드린(Nicholas Shadrine)이라는 이름으로 해군의 과학기술 정보센터 통역자로 근무했다. 그는 미국에 소련의 정보수집원으로 활용하는 위장 여행자들의 명단, 소련의 핵전략, 소련의 잠수함 파괴기술 등 소련의 첩보 수집 및 군사정보를 제공했다.

샤드린은 1966년에 국방정보국(DIA)으로 배속되었는데, 거기에서 그를 회유하려는 어느 소련 정보원의 접근을 받았다. 샤드린은 그 사실을 FBI에 알렸다. 그러나 FBI는 샤드린에게 그 사람의 제안을 받아들여 진심으로는 여전히 미국을 위해 일하면서도, 소련을 위해 전향한 것처럼 하라는 소위 통제된 이중 스파이 역할을 할 것을 지시받았다. 그래서 샤드린은 KGB에 CIA의 오염정보를 제공하기 시작했다. 몇 년 동안 소련을 위해 이중 스파이로 활약한 샤드린은 1975년 12월 20일 KGB 공작관을 직접 만나기 위해 비엔나로 출장을 떠났다.

그 후 그의 소식은 끝났다. 그의 행방불명은 소련의 방첩공작으로 간주되지만, 미국의 역기만 방첩공작은 여기에서부터 다시 시작된다. 나중에 알려진 사실이지만 처음 샤드린에게 접근해 소련을 위해 일해 달라고 제의한 KGB 스파이는 이고르(Igor)였다. 그러나 사실 이고르는 이미 CIA를 위해 활동하는 KGB 내의 이중 스파이였다. CIA가 이고르를 시켜 샤드린으로 하여금 소련을 위해 삼중 스파이가 되라고 회유했던 것이다. 결국, 샤드린은 통제되기는 했지만 소련을 위한 삼중 스파이가 된 것은 이고르의 실적을 만들어 주기 위한 일로 여겨졌다.

이고르에게 CIA 내에 이중 스파이망을 구축한 공로를 만들어 주어, KGB의 이고르에 대한 신임을 공고히 하고 이고르를 KGB의 미국 담당 책임자로 승진시키기 위한 것이었다는 것이다. 더 나아가 이고르는 사실 샤드린이 위장된 이중 스파이 활동을 하고 있다고 일정한 정보와 함께 KGB에 밀고해, 결국 샤드린은 처형당하게 하고 자신의 신뢰는 더욱 공고하게 할 수 있었다.[652]

CIA 비밀해제 문서에는 그 이후의 내용은 언급되지 않는다. 그러나 진실이 묻혀버린 방첩공작에서도 가능한 다양한 가설을 설정해 본다는 것은 방첩공작 능력을 배양하기 위해서 뿐만이 아니라, 상대 세력의 그와 같은 다양한 침투를 예방할 수 있다는 점에서 의의와 필요성이 크다. 샤드린의 이중 스파이 방첩공작에서도 여전히 여러 가지 가능성을 유추할 수 있다. 위와 같이 샤드린을 KGB에 전향시킨 것으로 이고르는 실적을 올리고, 그러나 그의 활동으로 CIA에게 더욱 필요한 고위 이중 스파이, 즉 이고르를 보호하기 위해 덜 중요한 이중 스파이 샤드린은 과감히 희생시킨 고도의 방첩공작의 하나라고 분석하는 상상력을 실무자들은 주목해야 한다. 이처럼 방첩공작은 진실이 끝나는 것처럼 보이는 지점과 시점에서 비로소 공작이 다시 시작된다는 것을 명심해야 한다. 이러한 특질은 전술한 비밀공작과는 또 다른 방첩공작의 우울한 특색들을 잘 느끼게 해 준다. 뒤에서 살펴보는 바와 같이 **'아무것도 단정하지 말고, 누구 말도 믿지 말라'**는 것이 방첩공작 10계명 중의 하나라는 사실을 숙지해야 할 것이다.

---

652) Richelson(2016), pp.457-458.

제5절 대표적 방첩체계

제1항 미국의 방첩체계

미국은 방첩공작에 대해서도 명백한 근거법을 가지고 있다. 그동안 여러 차례의 개정을 거쳐 제도적 보완을 한 지금의 2002년 방첩공작 증진법(Counter intelligence Enhancement Act of 2002)[653]이 그것이다.

I. 국가방첩집행관(NCIX)

방첩공작 증진법은 국가정보국장(DNI) 산하에 국가방첩집행관(National Counter-intelligence Executive : NCIX) 직위를 창설했다. 국가방첩집행관은 법무부 장관, 국방부 장관 그리고 CIA 국장의 의견을 청취하여 국가정보국장이 임명한다.

주지하다시피 미국은 16개의 정보기구가 정보공동체를 형성한다. CIA를 위시한 그들 16개의 개별 정보기구들은 모두 특유한 방첩공작 기능을 가지고 있다. 국가방첩집행관은 미국의 방첩정책에 대한 기획과 다양한 방첩활동의 조정을 위해 창설된 조직이다. 국가방첩집행관은 방첩활동의 총책임자로 개별 정보기구들과 관련 기관들의 방첩활동을 조정 · 감독하며 전(全)국가적 차원의 방첩업무 평가와 기획 업무를 담당한다. 그리고 방첩정보 분석에서도 활동의 우선순위를 부여하며 방첩정책에 대해 전국가적 차원의 최종적인 방향을 설정하고 추진하는 역할을 수행한다.

II. 국가방첩집행관실(ONCIX)

국가정보국장 직속의 국가방첩집행관은 방첩 활동의 총책임자이다. 실행 기구로 미국 16개 정보공동체 정보기구의 고위 방첩 책임자들과 전문가들로 구성된 국가방첩집행관실(Office of the National Counterintelligence Executive : ONCIX)이 있다. 국가방첩집행관은 미국의 국가안보를 위해 매년 미국 정보공동체 16개 정보기구의 방첩공작에 대한 전략적 목표 · 조직 · 실행계획 그리고 예산상의 우선순위를 확정해 국가정보국장을 거쳐 대통령의 최종 재가를 받는다.

---

653) 50 U.S.C§402b, Pub. L. No. 107-306, § 902, 116 Stat. 2383, 2432-33 (2002).

국가방첩집행관실(ONCIX)은 국가방첩집행관을 도와서 해외세력 방첩공작의 위협에 대한 평가와 분석적 방첩 활동 보고서, 미국의 연간 방첩 활동 전략 수립, 방첩정보 수집과 조사를 한다. 그리고 방첩공작을 위한 우선순위, 방첩 활동 전략에 기초한 예산 배정, 중요한 스파이 활동에 대한 손해 평가, 방첩 활동의 인식과 예견, 방첩 교육에 대한 기본정책을 개발하고 정보기구 사이의 방첩 업무를 조종하며 매년 미국의 방첩 전략계획을 수립한다.

　　국가방첩집행관실은 16개 정보기구의 방첩 업무 담당자들로부터 보고받은 정보를 취합하여 연례적으로 외국정보기구에 대한 위협 평가보고서와 방첩 분서 보고서를 작성한다. 그리고 미국 방첩 전략을 입안하며 각 개별 방첩기구의 방첩정보 수집과 방첩수사에 대한 우선순위를 지정하고, 이러한 전략과 우선순위에 부합하게 방첩 자원을 조정하는 임무를 수행한다. 또한, 국가방첩집행관실은 방첩 피해가 발생했을 때 방첩 피해 평가보고서를 작성하고 방첩 교육 정책을 기획한다. 민간 부문에 대해서도 외국 정보기구에 의한 위협 정보를 제공하고, 공공과 민간 부문에 걸쳐 방첩 보안 의식 제고를 위한 교육도 수행한다.

[국가방첩집행관실 조직도]

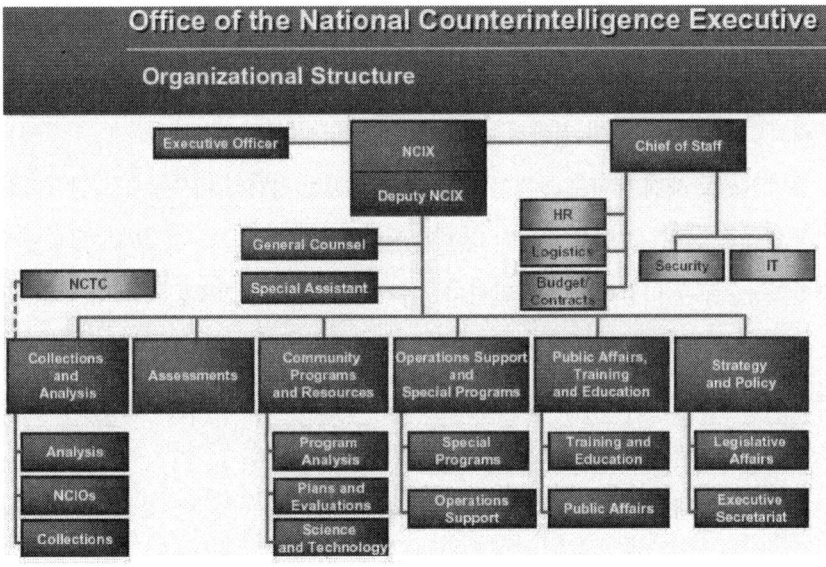

Ⅲ. 국가방첩정책위원회(NCPB)

국가방첩집행관 산하에는 위원회 조직으로 국가방첩집행관이 의장이 되는 국가방첩정책위원회(National Counterintelligence Policy Board)가 있다. 국가방첩정책위원회는 정책부처와 정보기관의 고위 간부들로 구성되어, 국가방첩집행관실이 수립한 연간 방첩 활동 전략계획을 심의하고 의결한다. 회의는 국가방첩집행관이 주재한다. 국가방첩정책위원회의 구성원은 FBI를 포함한 법무부 대표, 합동참모본부를 포함한 국방부 대표, 국무부 대표, 에너지부 대표, CIA 대표 그리고 국토안보부 대표이다.[654]

Ⅳ. 미국의 전략적 방첩활동(Strategic Counterintelligence)

1. 개관

미국 정보공동체에서 방첩 활동의 개념은 법에 규정된 바와 같이 2가지 내용을 축으로 한다. 하나는 방첩공작으로 '수집된 정보(information gathered)'를 말하고, 다른 하나는 방첩공작으로 '수행되는 활동(activities conducted)' 그 자체를 말한다. 이러한 방첩정보와 방첩활동은 미국에 해를 끼치려는, 즉 미국의 국가안보에 위협이 되는 국가, 테러그룹 및 단체들을 상대로 행해지는데, 그러한 위협세력에 대한 확인, 평가, 무력화 그리고 역이용이 전략적 방첩활동의 핵심이다.

통상적으로 세계 대다수 국가는 보안 활동을 방첩 전략의 대부분으로 생각하지만, 미국 방첩공동체는 보안은 수동적 장치에 지나지 않는다고 보고, 적대적 활동에 대한 방첩활동으로는 미흡하다고 판단한다. 여기에 전략적 방첩활동의 의의가 있다.

그것은 기다리는 것이 아니고 적극적으로 적대적 상대방과 직접 맞부딪치거나 접촉하는 정보활동, 즉 방첩공작의 중요성과 필요성을 제기하고 앞서 본 바와 같은 별도 조직을 운영한다. 미국의 전략적 방첩 활동은 국가안보정책 목적을 달성하기 위한 수단으로서 적대세력과 잠재적 위협 세력에 대해 한발 앞선 방첩정보 수집과 방첩공작을 전개한다.

---

654) The National Counterintelligence Strategy of the United Stated of America, 2007.

2. 미국 국가방첩전략 목표(2020-2022)

국가방첩집행관(NCIX)은 방첩공작증진법에 기초하여 4대 국가방첩전략을 설정하고, 매년 해당 연도의 방첩전략을 구체적으로 수립하고 집행한다. 미국이 설정하고 있는 2020-2022 국가방첩전략 목표는 다음과 같다.[655]

① 국가 중요 인프라시설 보호(Protect the Nation's Critical Infrastructur)

② 미국의 주요 공급망에 대한 위협의 격퇴(Reduce Threats to Key U.S. Supply Chains)

③ 경제 착취에의 대응(Counter the Exploitation of the U.S. Economy)

④ 해외세력으로부터의 미국 민주주의의 수호(Defend American Democracy against Foreign Influence)

⑤ 해외세력 사이버 공격에의 맞대응(Counter Foreign Intelligence Cyber and Technical Operations)

3. 평가

특별히 미국의 방첩공작 전략은 거시적으로 미국의 국가이익 최우선을 목표로 하고 있음을 알 수 있다. 또한, 정보공동체의 방첩활동이 바로 미국 민주주의 수호라고 하는 국가 정체성의 방어와 직결되어 있음을 드러낸 것도 부러운 일이다. 더불어 국가정보가 경제계 등 사적 영역과의 긴밀한 유대관계, 필요한 경우 사적 영역에 대한 정보의 제공 등을 수행하고 있음을 보여준다. 한편 미국의 방첩 전략은 미국의 핵무기 비밀과 군사무기 및 최첨단 과학기술에 목말라하는 나라들 예를 들어 중국, 이란에 대해 국·내외에서 그 위협을 저지하기 위한 선제적 방첩공작 계획이라고 평가받는다.[656]

---

655) THE NATIONAL COUNTERINTELLIGENCE STRATEGY OF THE UNITED STATES OF AMERICA 2020-2022, https://www.dni.gov/index.php/ncsc-features/2741.

656) David Morgan, *U.S. Adopts Preemptive Counterintelligence Strategy,* http://www.washingtonpost.com/wp-dyn/articles/A10397-2005Mar5.html.

제2항 한국의 방첩체계

방첩업무 규정(대통령령 제33006호, 2022. 11. 29 시행)을 통해서 대한민국의 방첩체계를 개관한다. 아래의 조직 가운데 방첩정보공유센터, 국가방첩전략회의, 국가방첩전략실무회의는 의무적으로 설치해야 하는 조직이다. 그러나 지역방첩협의회는 필요에 따라 설치할 수 있는 임의조직이다. 방첩업무 규정은 그 중요성에 비추어 추후 법으로 근거를 확실히 해야 할 것으로 보인다.

Ⅰ. 방첩과 방첩기관

"방첩(防諜)"이란 국가안보와 국익에 반하는 북한, 외국 및 외국인 · 외국단체 · 초국가행위자 또는 이와 연계된 내국인(이하 "외국등"이라 한다)의 정보활동을 찾아내고 그 정보활동을 확인 · 견제 · 차단하기 위하여 하는 정보의 수집 · 작성 및 배포 등을 포함한 모든 대응활동이다(제2조, 제1호). 방첩기관에는 국가정보원, 법무부, 관세청, 경찰청, 해양경찰청, 국군방첩사령부가 있다(동 제3호).

Ⅱ. 방첩정보공유센터

방첩기관 사이 그리고 방첩기관과 관계기관 사이의 방첩 관련 정보의 원활한 공유와 방첩업무의 효율적인 수행을 위한 기관으로 국가정보원장 소속의 방첩정보공유센터를 둔다(제4조의2).

Ⅲ. 국가방첩전략회의와 국가방첩전략실무회의

국가방첩전략의 수립 등 국가 방첩업무에 관한 중요 사항을 심의하기 위하여 국가정보원장 소속으로 국가방첩전략회의를 둔다(제10조). 전략회의는 의장 1명을 포함한 25명 이내의 위원으로 구성한다(제2항). 전략회의의 의장은 국가정보원장이다.[657]

---

657) 위원은, 기획재정부, 과학기술정보통신부, 외교부, 통일부, 법무부, 행정안전부, 산업통상자원부, 중소벤처기업부, 국가안보실 및 국무조정실의 차관급 공무원, 서울특별시 행정부시장 중 서울특별시장이 지정하는

국가방첩전략회의를 효율적으로 운영하기 위하여 전략회의 산하에 국가방첩전략실무
회의를 둔다(제11조).

Ⅳ. 지역방첩협의회

한편 국가정보원장은 필요한 경우 방첩기관의 장과 협의하여 특별시 · 광역시 · 특
별자치시 · 도 또는 특별자치도별로 방첩업무를 협의하기 위한 지역방첩협의회를 구
성 · 운영할 수 있다(제12조).

행정부시장, 인사혁신처, 관세청, 방위사업청, 경찰청 및 해양경찰청의 차장, 국방정보본부의 본부장 및 국
군방첩사령부의 사령관, 전략회의 의장이 지명하는 국가정보원 소속 공무원 마지막으로 전략회의의 의장
이 관계기관의 장과 협의하여 지명하는 관계기관 소속 공무원이다.

제6절 방첩공작의 전개 및 향후 과제

제1항 방첩공작의 전개

방첩 활동은 상대 세력 정보기구의 정보활동에 대한 대응이다. 냉전체제의 종식에도 불구하고 러시아의 미국에 대한 이중 스파이 활동이 지속적으로 이루어졌다는 것은 실제 사례에서 살펴보았다. 또한, 과학 통신기술과 교통수단의 발달 등 세계화 과정에서 생겨난 초국가적 위협요소의 출현으로 각국의 정보활동은 냉전 시대보다 더욱 다양화되고 다변화되었다. 그로 인해 그에 대응하는 방첩공작의 필요성은 계속적으로 요구되고 있다.[658]

그러므로 국가정보기구의 방첩공작에 대한 전문성 제고와 적극적 대비는 국가안보와 국가이익을 위해 국가간 그리고 국가와 비국가간의 경쟁이 치열하는 한 그 필요성은 계속되고 중단 없이 이루어져야 한다.

여기에서 CIA 방첩공작부서 총책임자를 역임한 제임스 올슨(James Olson)이 주창한 실천적인 방첩공작 활동 10계명을 소개한다.[659] 올슨은 냉전의 종식이 비밀공작(covert action)이나 방첩 공작의 수요를 마감했다고 생각한다면 순진한 생각이라고 했다. 오히려 첨단 과학통신망과 수송수단의 발달로 전 지구가 더 가까워지고, 기동화·점조직화되어 방첩공작의 필요성이 더욱 요구된다고 진단했다. 그뿐만 아니라 더 많은 새로운 기법을 요구한다고 강조하면서 다음과 같은 방첩 공작 10계명을 제시했다.

첫 번째 계명, 공격적이 되라(Be Offensive).

수동적이고 방어적인 방첩공작은 반드시 실패한다. 상대방 저 너머를 가야 한다.

---

658) 세계화 과정에서 발생한 새로운 위협요소에 대해 홀덴 로우즈(Holden-Rhodes)와 룹샤(Lupsha)는 그것들을 **회색지대현상(Gray Area Phenomean : GAP)**이라고 지칭하고, 초국가행위자들 또는 비정부 조직이나 단체 등에 의한 민족국가들의 안정에 대한 위협이라고 정의한다. 최운도, *op. cit,* p.200.

659) Roger Z. George & Robert D. Kline., Intelligence and the National Security Strategist, pp. 251-258. ; James M. Olson, *A Never-Ending Necessity*: The Ten Commandments of Counterintelligence(*Studies in Intelligence*, Fall-Winter, No. 11, 2001). 제임스 올슨은 CIA 출범부터 1974년까지 CIA의 전설적 방첩국장이었던 앤젤톤의 지도를 받았고, 1991년부터 CIA 방첩공작 총책임자가 되었다. 그는 방첩공작의 기본 규칙은 변할 수 없고 꼼꼼하게 지켜져야 할 것이기 때문에 계율의 형태로 만들어야 한다고 주장했다. 그는 방첩공작 10계명이 전래적으로 전해온 것은 아니고 자신의 경험에 터 잡아 만든 것이라고 부연했다.

적극적인 이중 스파이 공작은 필수적이다. 침투 공작은 방첩공작 성공의 열쇠이다. 우방은 있지만 우호적 정보활동은 없다. 모든 외국 정보기구 활동은 잠재적으로 상대방이 된다.

두 번째 계명, 자부심을 가져라(Honor Your Professionals).

방첩공작은 대중적 인기를 끌 수도 없다. 성공도 실패로 평가받을 수 있다. 끊임없이 나쁜 소식만 들려오는 업무이다. 스파이를 잡으면 왜 그리 늦게 잡았느냐고 하고, 못 잡으면 무능력으로 비판받는다. 하지만 사명감으로 업무에 자부심을 느껴야 한다.

세 번째 계명, 거리를 누벼라(Own the Street).

현장에 답이 있다. 방첩공작에서 현장은 가장 기본적인 중요성을 가졌으나 실제는 잘 따르지 않는다. 미국 방첩부서도 세계 각국의 수도 및 주요 지점을 외면했음을 반성을 해야 한다. 다른 정보기구와 맞부딪칠 현장을 외면하고 편한 방법으로 가려 해서는 안 된다.

네 번째 계명, 역사를 이해하라(Know Your History).

유능한 방첩 공작관은 과거의 성공과 실패사례를 면밀히 검토하고 연구하면서 간접 경험을 쌓아야 한다. 그것만으로도 방첩공작에서 유발될 수많은 어려움의 상당 부분을 대비할 수 있다. 특히 과거의 성공사례보다 실패사례에 관한 공부는 실수를 반복하지 않게 가르쳐 주는 산 스승이다. 많은 사례를 공부하는 것은 방첩공작부서 근무자의 의무라고 할 것이다.

다섯 번째 계명, 철저히 분석하라(Do Not Ignore Analysis).

현장 활동을 중시하는 방첩공작에서는 자칫 분석을 이단아로 취급하는 경향이 있다. 그러나 미국의 경우에 한때 현장 활동자에게 분석기법을 교육해 자체 분석에 따라 행동을 하게 한 경험도 있었다. 그러나 좋은 성공을 거두지 못하고 도리어 방첩공작 분야의 체계적인 분석 능력을 약화시켰다는 비난이 있었다는 점을 잊지 말아야 한다.

여섯 번째 계명, 편협하지 말라(Do Not Be Parochial)

정보기관 상호 간의 존중과 협조는 대단히 중요하다. 우월성을 앞세운 일방성은 편협성에 불과하다. 한때 CIA와 FBI는 대화 자체가 없었다고 한다. 동료 기관들의 업무도 똑같이 헌신적이고 전문적으로 심혈을 다해 애국심에 기초해 행해진다는 사실을 인식하고 존중하고 협조해야 한다.

일곱 번째 계명, 끊임없이 학습하라(Train Your People)

방첩공작은 논리와 상식으로 자동적으로 행할 수 있는 업무가 아니다. 특별한 관점과 분석을 끊임없이 요구한다. 방첩공작 특별 분야에 대한 끝없는 학습이 필요한 것이다.

여덟 번째 계명, 밀리지 말라(Do Not Be Shoved Aside)

방첩공작에 대해서는 평가가 엇갈린다. 성공은 드러나지 않고 실패는 널리 알려진다. 많은 시기도 뒤따른다. 스스로 골칫거리를 조직에 안기기도 한다. 업무의 성격상 자신의 것은 극도로 노출을 꺼리면서 남의 것만을 많이 알아내려는 의도와 자세는 이기적으로 평가받아 다른 사람이나 다른 기관의 협조를 기대하기 어렵다. 이런 상황에도 어떻게든 그들을 설득하거나 그들의 상사와 직접 접촉하거나 하는 등의 방법으로라도 나서야 한다. 결코, 소외되어 업무를 중단해서는 안 된다. 더불어 접근이 거부된 사례, 협조 거부 등의 장애는 잘 기록해 두어, 사태가 발생했을 때 대비해야 한다. 이러한 적극적인 노력 없는 방첩공작은 결국 비난받게 되고, 어떠한 변명도 통할 수 없다.

아홉 번째 계명, 한곳에 오래 머무르지 말라(Do Not Stay Too Long)

방첩공작은 생명까지 걸린 대단히 위험한 일이다. 분별 있고 생산적인 방첩공작 성공을 위해 환기와 신선한 사고의 전환이 필요하다. 방첩공작부서 공작관도 주기적으로 현장 방첩공작에 투입되어야 한다. 더불어 약 2~3년간의 국내와 외국의 순환 근무는 절대적으로 필요하다. 해외 필드에서의 실전경험은 요원들을 새롭게 충전시키고 세련되고 무엇보다 세계 방첩공작의 조류에서 뒤떨어지지 않게 해 줄 것이다. 그러나 이것이 물론 보직을 수시로 변경하라는 취지는 아니다. 방첩공작에 50년이 걸릴 수도 있다.

한 사람의 방첩공작 전문가는 결코 한순간에 만들어지지 않는다.

열 번째 계명, 절대로 포기하지 말라(Never Give Up)

방첩 공작 10계명 중 가장 중요한 계명이다. 검거하는 데 10년이 걸린 KGB 이중 스파이 에이메스에 대해, 만약에 9년째 되는 해에 조사를 포기했다면, 상대국에 대한 감시활동의 결과 6개월째에 이르러 비로소 단서가 포착되기 시작했는데 감시활동을 5개월 만에 멈췄다면 어떻게 되겠는가? 상대도 아측의 동태를 살펴보며 지루하게 기다린다. 중국 정보기구는 기다림에 단련되어 있고, 상대 세력이 움직일 때까지 기다리는 것은 의무라고 한다. FBI와 미 국방부 산하 정보기관들도 1960년과 1970년대의 방첩 공작 사건을 지금도 계속 추적 중이다. 방첩 공작 게임의 다른 이름은 '**고집**'이다.

제2항 방첩공작의 문제점과 전망

I. 방첩공작과 관련한 문제점

1. 의심의 문제

방첩공작에는 많은 어려움과 문제점이 따른다. 기본적으로 어느 조직이나, 조직 보호의 본능이 있고 그것은 일정한 정도 내부직원에 대한 맹목적인 신뢰로 이어지게 된다. 어찌 보면 조직을 통솔하고 유기적으로 운용하기 위한 불가피한 신뢰라고 할 수 있다. 그러나 방첩공작은 그러한 조직원에 대한 최소한의 신뢰마저 주지 않고 믿지 않을 것을 요구한다는 점에서 인간적으로도 어려움이 따른다. 매일 함께 근무하고, 생활하며 대화하는 상대방을 의심한다는 것은 서로에게 괴로운 일이다. 그러나 앞서 본 에이메스 사건이나 한센 사건 그리고 여전히 회색 인간으로 지칭되는 킴 필비 사건에서 볼 수 있듯이 조직 내부의 조그마한 상호 신뢰감 때문에 그들은 장기간 이중 스파이로 활약할 수 있었던 것이다.

2. 협조의 문제

또 다른 문제는 정보·수사기관 상호 간의 알력과 경쟁의 문제이다. 앞서 본 FBI 한센 사건에서, FBI는 이번에도 이중 스파이는 CIA 내부에 있을 것으로 선입견을 가지고 조사를 진행했다. 그래서 적발이 매우 지연되었다. FBI와 CIA의 알력은 잘 알려진 사실이었다. 그러나 이번에는 FBI 방첩 공작부서에 근무하는 한센이 소련을 위한 이중 스파이였다. 현재 CIA와 FBI는 국가정보국장(DNI)의 조정을 받는 국가방첩집행관의 지도로 실질적 협력관계를 구축한다고 한다.

3. 손해 평가의 문제

방첩공작에서 매우 중요하지만, 또 다른 어려운 문제가 상대 세력의 침투 공작으로 인한 손해를 평가하는 문제이다. 일단은 검거된 스파이의 이중 활동으로 상대 세력에 넘겨진 정보를 가지고 판단한다. 여기에서 문제는 검거된 스파이가 얼마나 솔직하게 자신의 활동을 밝혀주는가에 달려 있다. 검거된 스파이는 최대한 유리한 국면을 확보하기 위해, 자신이 제공한 정보의 질이나 양을 최소화하려는 본능이 있다. 또한, 아직 전달되지는 않았지만 전달하려고 확보한 중요한 정보가 있음을 들어 협상을 요구할 수도 있다. 기소 전 유죄협상이 보편화된 미국은 변호인과의 협상으로 그러한 유보증거를 신속히 되찾고 그로 인해 전달된 정보의 양이나 질을 판단하기도 한다.[660]

방첩공작의 손실평가에서 유념해야 할 점은 기본적으로 스파이의 가능성 주장 진술에도 불구하고, 그가 실제적으로 접근한 정보를 기준으로 행해야 한다는 것이다. 무한정한 확대는 또 다른 손해를 확산하고 손해평가 자체를 불가능하게 할 수 있다. 상호 간의 신뢰성 평가를 위해서, 동일 기간에 복수로 이중 스파이를 운용하기도 한다는 것은 앞서 살펴본 바와 같다. 에이메스와 한센은 상당 부분 같은 기간 동안 소련을 위한 이중 스파이로 활동하면서 소련에 해외 근무 CIA와 FBI 요원명단, KGB 내의 두더지 명단 등 중첩되는 정보를 제공했다.

이 같은 경우에는 명백한 기준은 없지만 상호 공통되는 정보제공 분야에 대해서는

---

660)Lowenthal(2020), pp.215-216.

함께 제공된 정보는 확실한 확정적 손해로 공통 평가하고, 나머지 부분은 개별적으로 유발된 손해로 평가해야 할 것이다. 중요한 것은 그러한 사후 적발 내용으로 기왕의 스파이 부분에 대해서도 재조사와 손해평가가 다시 행해져야 한다는 것이다. 왜냐하면, 처음 손해평가 시에는 공통부분을 확인할 수 없어 어떠한 손해도 명백한 확정손해로 평가하기 어려웠을 것이기 때문이다.

미국은 이중간첩 등으로 인한 방첩 공작에서의 손해평가의 총책임을 앞서 본 국가방첩집행관실(ONCIX)이 담당하고 있다. 미국도 과거에는 보안 문제 때문에 손해평가가 제대로 이루어지지 않았다고 한다. 그러나 이중간첩이나 변절자 등으로 국가안보 비밀이 상대방에 노출된 경우 손해평가는 절대적으로 필요하다는 것을 천명하고 있다.[661] 미국의 경우 국가방첩집행관실(ONCIX)은 상대 세력에 의한 손해평가를 위해 16개 방첩공동체에 대한 집중적 접근을 통해 실기(失機)하지 않고 철저한 손해사정을 함과 동시에 책임소재도 규명할 책임과 권한을 가지고 있다.

4. 방첩공작 활동자의 형사처벌 쟁점

적발된 이중 스파이의 형사처벌 문제도 쉽지 않다. 물론 방첩공작의 경우에, 상대 세력의 이중 스파이를 적발했다고 해서 바로 그를 체포해 처벌로 연결시키지는 않는다. 이중 스파이 활동을 감시하며 역기만 공작을 위한 좋은 기회로 활용할 수 있기 때문이다. FBI가 에이메스의 적발과 검거에서 그러했던 것처럼 오히려 이중 스파이의 활약과 접촉 상대자를 지속적으로 살펴보면서 그럴듯한 오염정보가 자연스럽게 상대 세력에게 흘러 들어가게 하는 방법에서부터 더 적극적으로는 다시 회유해 삼중 스파이(triple agents)로 활용할 수도 있다.

그러나 어쨌든 그에 대해 마침내 형사처벌의 문제에 도달하게 되면 민주 법치국가의 경우에는 적지 않은 문제점이 있을 수 있다. 이중 스파이도 최고형을 면하기 위해 공개법정에서 자신이 알고 있는 내부추문과 국가 위신을 손상할 수 있는 비밀정보의 발설로 협박하기도 한다.

---

661) The National Counterintelligence Strategy of the United States, Office of the National Counterintelligence Executive, March 2005, p.9.

미국에서는 통상 이중 스파이의 이와 같은 협박을, 타협 목적이 아니라 전형적인 이득취득 목적을 뜻하는 블랙 메일(blackmail)에 대비한 완곡어로 협상을 위한 정부 기밀 폭로와 협박을 뜻하는 그레이 메일(graymail)이라고 호칭한다. 미국 의회는 이에 대한 문제점을 인식하고 그 대비책으로 1980년 그레이 메일 법(Graymail Law)이라고 불리는 비밀정보절차법(Classified Intelligence Procedures Act of 1980)을 제정했다. 662)

그리고 유리한 형을 선고하지 않으면 민감한 정보를 공개법정에서 공개하겠다는 협박으로 검찰 측이 기소를 주저하며 범행을 축소하거나 유죄인정협상에서 불평등한 거래가 이루어지는 등으로 재판이 왜곡되지 않도록, 판사가 비공개 장소에서 증거를 열람하고 심리할 수 있도록 했다. 663)

Ⅱ. 방첩공작의 전망

통상 냉전 시대의 종식과 더불어 방첩공작은 그 역할과 의미가 많이 퇴색했다는 주장들이 공공연히 제기되었던 것이 사실이다. 그러나 러시아나 중국의 스파이 활동 그리고 미국의 러시아나 중국에 대한 스파이 활동은 냉전 이후에도 절대로 종결되지 않았다는 사실을 여러 가지 실제 사례가 보여주고 있다. 그것은 국가정보가 지탱하는 국가안보라는 개념이 국가이익의 문제와 결부되어 시대 상황에 따라 수시로 변화할 수 있는 신축적인 개념이기 때문이다.

냉전 이후에도 러시아는 앞서 본 에이메스와 한센 등 미국에 치명적인 손실을 초래한 이중 스파이를 계속 운용했고, 미국 역시 2003년 러시아에 의해 처형된 차포로치스키(Alexsander Zaporozhsky) 사건을 통해 알 수 있듯이, 대(對) 러시아 방첩공작을 계속했다. 현재에도 러시아와 중국은 미국을 상대로 계속 정보수집 활동을 할 뿐만 아니라, 전통적 우군인 영국, 캐나다, 오스트레일리아는 말할 것도 없고, 프랑스, 이스라엘, 북한, 이란, 쿠바 그리고 이라크 등도 미국을 상대로 적극적인 정보활동을 전개하

---

662) Pub. L. 96-456, 94 Stat. 2025. Lowenthal(2020), p.215.
663) Brian Z. Tamanaha, A Critical Review Of the Classified Information Procedures Act, 13 Am. J. Cr. L. 277(1986).

는 나라들로 미국은 주목하고 있다.[664]

미국 정보공동체는 2002년 의회 보고에서 중국, 프랑스, 인디아, 이스라엘, 일본 그리고 대만을 미국 내에서 가장 활발하게 첩보 수집을 하는 국가들로 지목했다. 그들 국가의 정보수집 관심 내용은 군사력, 미국의 대외정책, 신기술 등 전문 기술능력, 그리고 국책사업계획 등 다양하다고 한다. 2001년 미국 국방정보국 소속 정보분석관 몬테스(Ana Belen Montes)는 쿠바에 17년간 정보를 판매한 혐의로 체포되었다. 당국은 쿠바에 넘겨진 정보들은 러시아와 공유되었을 것으로 판단하고 있다.[665] 그러므로 미국 정보공동체의 입장에서는 위협 정도와 분야에 따라서 이들 국가에 대한 방첩공작이 당연히 전개될 것이다.

우리나라의 경우는 알려진 정보가 없어서 현재 정보당국이 어느 나라를 주요한 방첩 활동의 상대국으로 이해하고 대응책을 강구하는지 판단하기 어렵다. 다만 분단국가라는 특수성으로 인해서 여타 외국에 대한 방첩 활동보다 북한을 상대로 한 방첩 활동인 대공(對共) 활동에 국가 방첩 역량의 대부분을 투입하고 있을 것으로 짐작된다.[666]

그러나 한국은 첨단 IC 산업의 중추 국가 중의 하나로 한국을 통해 세계 정상의 선진 과학기술을 알아낼 수 있다는 이점과 주한미군을 통해 미국의 최신무기와 전력 운용 상황 등 다양한 군사정보 등을 파악할 수 있다는 이점이 있다. 그로 인해 한국이 세계 주요국가 정보기구의 상당한 관심의 중심에 있을 것으로 사료된다. 한국은 비단 첨단 정보통신 기술 외의 제반 산업 분야에서도 세계를 선도하는 최첨단의 기술을 보유하고 있다. 또한, 동남아 국가를 포함한 많은 나라에서 한국에 근로자들을 파견하고 있다.

이러한 제반 정황은 한국의 방첩에 대한 각성을 요구하는 요인들이라고 할 수 있다. 그러므로 현재와 같은 이념적인 대치상태가 지속되는 한, 한국 정보기구의 입장에서 방첩공작의 1차적인 상대방은 북한이 되리라는 사실은 자명하다. 하지만 더 나아가 중국, 러시아는 물론 미국, 일본, 영국, 프랑스, 대만 등도 한국에서의 첩보 활동을 적극적으로 전개하리라 예상되는 국가들로, 마땅히 한국 정보기관의 방첩 대상 국가들

---

664) Richelson(2016), p.439.
665) '미국 시민에 의한 스파이 활동(Espionage against the United States by American Citizens)' http://www.ncIX.gov/archives/docs/espionageAgainstUSbyCitizens.pdf. 본보고서는 주로 망명 시민 권자들에 의한 다양한 형태의 고국을 위한 스파이 활동을 기술하고 있다.
666) 국가정보포럼(2006), p.134.

이라고 하지 않을 수 없다.

　그 밖의 국가들도 자국민들이 한국에 사업차 또는 근로자나 유학생 등으로 진출해 있는 인구수나 교역량 등 정치 · 경제 · 외교적 관계의 긴밀도에 비례하여 한국에 대한 정보수집의 열망이 뒤따르리라는 사실은 자명해 보인다. 결국, 현재 세계의 적지 않은 나라가 한국을 상대로 한 첩보 활동을 할 것으로 예상된다. 거기에 더해 국제테러 조직과 국제마약범죄 조직, 불법자금세탁 조직 등도 한국의 위상 증진과 더불어 많은 관심이 있을 것이라는 예상을 할 수 있다.

　한국은 정보의 세계에서도 관심의 중심국이고 따라서 다양한 해외세력의 정보활동에 대처하는 효율적인 방첩공작의 역량을 구축하는 것은 아무리 강조해도 지나치지 않을 것이라고 할 것이다. 그러나 우리의 국가정보기구가 북한은 말할 것도 없고 중국이나 러시아 등 다른 나라의 정보기구를 상대로 한 방첩공작의 성과가 보도된 것은 들려오지 않는다. 대표적 정보학자인 마크 로웬탈이 **"치열한 방첩공작과 대 간첩공작의 필요성이 냉전의 종식과 함께 끝났다고 생각하면 순진한 생각이다."**라고 단언한 것을 상기할 필요가 있다.[667]

---

[667] Lowenthal(2020), p.225. "Thus, it would be **naïve** to believe that the need for rigorous counterintelligence and counterespionage ceased with the end of the cold war."

제4편 정보영역론

제1장 경제안보

제1절 경제정보의 이해

제1항 국가정보기구와 경제정보

1991년 냉전의 종식으로 공산주의는 자본주의에 무릎을 꿇었다. 그러나 인류의 경쟁은 멈추지 않았다. 군사력 위주의 국방안보 대신에 경제안보가 더욱 중요성을 더하고 있는 것이 현실이다. 미국 역사상 최초로 6대 FBI 국장과 14대 CIA 국장을 모두 수행한 웹스터(William Webster)는 "경제적 힘이 세계적 영향력과 권력의 핵심이다. 앞으로의 국제분쟁은 점점 더 경제문제 때문에 일어날 것이다. 따라서 정확한 경제정보가 매우 필요하다. 정책당국에 그러한 정보를 제공하는 일은 말할 것도 없이 정보기관의 일이다."라고 설파했다.[668]

경제사학자 앨빈 토플러(Alvin Toffler I)도 "21세기는 정보전쟁과 경제간첩의 시대로 기록될 것이다. 정보경쟁은 리더가 되기 위해서가 아니라 시대에 뒤떨어지지 않기 위해 필수적이다. 산업스파이는 21세기 가장 큰 사업 중의 하나이며, 절대로 사라지지 않을 것이다."라고 역설했다.[669]

인류의 역사는 원래 경쟁의 역사였고 많은 경우에 경쟁은 신기술을 포함한 경제문제로 인한 것이었다. 그것은 시대를 초월한 불변의 진리이다. 경제적 우월을 확보하려고 하는 것은 개인, 조직, 국가의 자연스러운 속성이었다. 인류의 역사는 결정적인 진보의 국면에서 경제력에 의해 지배되었다. 군사안보가 주를 이룬 것 같은 냉전 시대에도 경제전쟁은 병행되었고, 오늘날 국제관계에서 눈에 보이지 않는 경제전쟁은 현실이다. 이에 주권국가의 수문장인 각국 정보기구가 경제정보 활동을 한다는 사실은 공개된 비밀이다.

한편 1945년 이래 지구촌의 한 이웃화라는 글로벌화를 가져왔다. 지구의 글로벌화

---

668) Hugo Cornwall, The Industrial Espionage Handbook(London : Century, 1991), p.109.
669) Alvin Toffler and the Economico-Social Evolution, https://papers.ssrn.com/ sol3/ papers. cfm? abstract_id=3001953.

는 상업과 금융 분야에 국한된 문제가 아니다. 문화적·정치적·사회적 측면을 모두 포함하는 현대세계의 모습이다. 글로벌화는 국가안보 쟁점에 커다란 변화를 가져왔다. 특히 경제안보가 주권국가의 초미의 관심사가 되었다. 각국은 과학 · 기술 경쟁력을 확보하기 위해 가장 손쉬운 방법으로 경제간첩을 마다하지 않는다. 반사적 필요성으로 경제방첩이 대단히 중요해졌다. 방첩활동은 정보활동의 동전의 양면과 같기 때문이다.

가장 실감이 나는 경제와 국가안보의 상관관계에 관한 역사적 사례는 소비에트 공화국 해체 사태이다. 소비에트 공화국은 군사력이 약해서 해체된 것이 아니다. 경제실패가 소비에트 공화국 멸망의 근본적인 원인이었다. 진정한 국가안보는 군사력에서가 아니라 탄탄한 경제력 위에 기초한다는 사실을 웅변한다. 이러한 현실에서 그리고 장래에도 지속적으로 동일한 상황이 전개될 우려에서 그를 예방할 수 있는, 법적 시스템과 정책적 측면을 살펴보는 것은 국가이익을 확보하고 궁극적으로는 국가안보를 수호한다는 중차대한 의미를 가진다.

그런데 우리의 수사 · 정보기구는 아직도 해외의 전문 세력에 의한 종합적이고 체계적인 산업스파이 활동에 대하여는 전체적으로 그 문제점과 심각성을 인지하지 못하고 있다는 느낌을 지울 수 없다. 그러나 후술하는 바와 같이 오늘날 경제안보의 중요성과 위기감은 해외 각국의 국가정보기구가 전문적인 능력을 바탕으로 본격적으로 산업간첩을 전개한다는 것에 소위 **"제대로 된 위기감"**이 있는 것이다. 예컨대 삼성, LG, SK, 현대자동차 등 최첨단 기술을 보유한 국내기업을 상대로 하여, 소련 · 중국 · 일본 · 프랑스 · 영국 · 이스라엘 · 인도 등의 정보기구가 그리고 미국의 CIA, 국가안보국(NSA), 국방정보국(DIA), 국가정찰실(NRO), 국가지구공간정보국(NGA) 등 전문적 국가정보기구가 최첨단 장비와 고도의 전문적인 인력을 동원하여 산업간첩을 전개하지 않는다는 보장은 결코 없다. 그 같은 경우의 피해는 엄청나다고 하지 않을 수 없다. 이에 그 파괴력이 내부 피용자 등에 의한 기술유출과는 비교가 되지 않는, 해외 국가정보기구들에 의한 산업간첩의 중요성을 인식하는 바탕 위에서 경제와 정보에 대한 논의를 전개한다.

I. 경제정보 활동의 역사

1. 개 관

개인이나 사회나 국가가 발전과 번영을 위해서 남이 가지고 있는 새롭고 중요한 기술과 영업 정보를 훔치려는 욕구는 예나 지금이나 다름이 없다. 그것의 실례는 수천 년 전으로 거슬러 올라간다. 각국이 외국의 선진문물과 제도를 습득하여 국가나 사회의 발전을 도모하려고 한 노력은 오랜 역사를 가진다. 그러한 노력은 평시나 전시에나 할 것 없이 기회가 있으면 전개되었다. 모방은 가장 빠른 기술개발의 한 방법이라는 것을 역사는 알고 있었다.

1) 동양의 사례

중국은 약 4천 6백 년 전부터 비단 제조기술을 습득하여 황제의 의복에 비단을 사용했다. 물론 인류의 의복 재료로 마, 베, 면 등도 오래전부터 사용되었으나 천연 섬유 중 비단은 섬유의 제왕으로 그 제조 기법은 중국만이 간직한 채 오랫동안 비밀로 감추어져 있었다. 그러던 중국의 비단 제조기술은 AD 552년 2명의 경교도 승려가 뽕나무 씨앗과 누에를 지팡이 속에 숨겨 로마 비잔틴 왕국에 가지고 감으로써 비잔틴 왕국의 비단 산업이 시작되었다. 그 뒤 9세기 초에는 이탈리아 시칠리가 비단 직조의 중심지가 되었고 각국 방적기술의 발달과 의복문화에 획기적인 변화를 초래했다.[670] 중국의 비단 직조기술 비밀은 BC 200년 중국에서의 이주민이 누에고치를 몰래 숨겨와 한반도에도 유입되었다.

종이도 그렇다. 일찍이 중국에서 발명된 종이인 이른바 '채후지(蔡侯紙)'는 오늘날 우리가 쓰고 있는 식물성 섬유지의 원조이다. 이 제지기술이 유럽에 전파된 계기는 사라센 제국의 동진을 막기 위해 고구려 출신인 당나라 고선지 장군이 이끈 751년 탈라스 전쟁 때문이었다. 이 전쟁에서 지하드 이븐 살리흐 이슬람 군총사령관이 이끈 이슬람 연합군의 당나라군 포로 중에 제지 기술자들이 있었고, 이들 제지 기술자들에 의해 당시 이슬람국의 수도였던 사마르칸트에 제지소가 세워져 종이를 만들었다.[671]

---

670) 박성현, "과학, 그 위대한 호기심(과학은 어떻게 인류의 발전에 기여했는가)", 궁리 출판, 2002.

당나라 포로들은 아마와 대마 조각을 혼합한 중국의 제지기술을 선보이고 생명을 부지했다. 이후 종이는 이슬람 제국 여러 곳에서 양산되었고, 다시 유럽으로 전파되었다.

제지술과 더불어 유럽의 근대 문명을 여는 실마리가 됐던 화약술의 전파도 12~13세기 아라비아해를 왕래하며 중동에 거점을 마련했던 남송 상인들이 전했다는 설이 유력하다. 더욱이 몽골제국 시대 아랍권을 지배했던 일칸국(1258~1411)은 군주들이 중원의 원나라 황제와 혈족 관계였기 때문에 중국 궁정에서 중국인 관료와 기술자들을 데려와, 그들로부터 중국의 대표적 발명품인 인쇄술과 나침반, 화약 등의 기술도 전수받아 그 기술들이 아랍과 유럽에 전래된 것이다. 한국도 고려 말인 1363년 문익점이 중국의 목화씨와 재배기술을 비밀리에 절취하여 한반도 방적 문화에 혁명을 가져왔으며, 고려 말 우왕 2년 원나라에서 온 상인 이원에게서 습득한 최무선의 화약제조 기술은 한반도의 군사안보를 한 차원 높이는데 결정적인 기여를 했다.

2) 유럽의 사례

서구 유럽에서도 사정은 마찬가지였다. 철 사용법은 고대에 발견됐지만, 기술적 한계로 인해서 수천 년 동안 무기, 경첩 등 극히 제한적인 용도로 쓰이는 값비싼 금속이었다. 영국이 해가 지지 않는 대영제국으로 군림할 수 있었던 것에는 이러한 제철 기술에 대한 산업스파이 활동이 있었기에 가능했다. 17세기 영국의 대장장이 폴리(Foley)가 수작업으로 하나하나 못을 제작하는 한계를 극복하기 위해 바이올린을 켜는 떠돌이 악사로 가장하고, 기계로 철근을 절단하여 못을 제작하는 최고의 제철 기술을 가진 스웨덴의 주물공장에 위장 취업했다. 폴리는 각고의 노력 끝에 제철 기술을 완벽하게 습득하여 영국에 전파함으로써 대영제국의 기틀을 다지게 되었고, 제철 기술은 산업혁명(Industrial Revolution)의 활화산이 되었다.[672]

제철 기술 습득 경쟁은 여기서 머물지 않았다. 프랑스 혁명 100주년을 기념하여 1889년 파리 세계박람회 때 세워진 312m 높이의 에펠 탑은 파리 시민들을 충격과 환희 속으로 몰아넣었다. 에펠 탑은 당시 지구상에서 가장 높은 건축물로 기록됐다.[673]

---

671) 한겨레, "아랍군에 잡힌 제지 기술자들, 조선 도공처럼", 노형석, http://www.hani.co.kr/ arti/ culture/ culture_general/106884.html.
672) 새뮤얼 스마일즈(김유신 역), 자조론(새뮤얼 스마일즈의) Self-help, (21세기 북스).

폴리의 노력으로 철강 산업에 눈을 뜬 영국은 1708년 코크스 제철법과 1784년의 헨리 코트의 퍼들법 등 선진 주조법을 개발하여 당시까지는 독보적인 철강 왕국이었다. 하지만 에펠 탑에 사용된 철근은 강철이 지닐 수 없는 강도와 유연성을 지닌 퍼들 철(Puddle Iron), 소위 연철로서 그 제조 기법은 당시까지는 철강 왕국 영국의 비법이었다. 이 제철 비법을 프랑스는 산업스파이 활동으로 빼내었던 것이다.

영국에서 제철 기술은 일급비밀에 속했다. 그러나 프랑스 정부와 학교는 귀족, 상류층 출신 엘리트들을 적극적으로 지원하여, 이들은 출신을 감추고 영국 공장에 단순 노동자로 취직했다. 많은 노력으로 영국의 제철 비법을 터득하여 프랑스는 1850년을 기점으로 영국을 앞지르게 됐다.

한편 프랑스의 뒤에는 독일이 있었다. 독일의 대표적인 철강회사 크룹(Krupp)이 그였다. 1870년 발발한 프로이센 · 프랑스 전쟁(보불전쟁)은 프랑스와 독일 철강 기술의 경연장이었다. 전쟁의 결과는 철혈 재상 비스마르크가 이끄는 독일의 승리였다. 세계적인 명성을 얻고 있던 크룹의 철강으로 무장된 대포 앞에 프랑스 군대는 맥없이 무너졌다. 산업화의 후발 주자인 독일이 위장 기술자들을 영국과 프랑스 제철소에 보내는 또 다른 산업스파이로, 가장 우수한 철강 제조 기술력을 가진 철강 대국으로 이미 올라섰던 것이다. 이러한 독일 철강 산업의 기술력이 결국 두 차례의 세계대전으로 이어진 것이다.[674]

3) 미국의 사례

한편 1700년대 말 영국이 산업혁명의 기폭제가 되었던 직조기술 유출을 막으려고 방직기가 수출은 물론이고 기술자의 출국을 금지하며 자국의 면방업을 독점적으로 보호하는 정책을 펼치자, 면방업의 발전이 절실했던 신생국가 미국은 신식 방직기 제작에 포상금을 내걸고 기술개발을 시도했다. 이에 영국의 방직기술자 사무엘 슐레이터

---

673) 에펠 탑 이전의 최고 기록은 미국 초대 대통령 조지 워싱턴을 기념해 1884년 워싱턴 한복판에 세워진 166m 높이의 오벨리스크 석탑이었으나 에펠 탑은 그 2배에 달했다. 에펠 탑에는 7,300톤의 철과 290만 개의 리벳이 사용되었다. 1만8000개의 철 조각을 격자 구조로 정교하게 쌓아 올린 에펠 탑은 철의 대량생산 시대를 알려주는 것이었다. *Id.*

674) 한경 비즈니스, "철강산업, '전쟁과 평화' 중심에 서다", (장승규), http://www.kbizweek.com/cp/view.asp?vol_no=604&art_no=21&sec_cd=1002.

(Samuel Slater)가 산업혁명의 기폭제가 되었던 직조 기계 디자인과 공장설립 기법을 훔친 후에, 농부의 아들로 가장하여 1789년 미국으로 건너와 방직기를 복제했다.

미국의 직조기술 획득 노력은 계속되어 로웰(Francis Cabot Lowell)은 1810-1812년 36세의 나이로 영국을 방문해 스코틀랜드에서 직조기술을 연구했다. 그는 낮에 공장을 견학하고는 기억한 내용을 밤에 도면으로 작성하여 설계도를 만들었다. 일설에는 로웰이 도면뿐만이 아니라 날카로운 베틀 기계를 몰래 품에 안고 영국을 탈출했다고 한다.[675] 로웰은 1813년 다시 미국으로 건너와 매사추세츠 월담에 보스턴 제조 컴퍼니(Boston Manufacturing Company)를 설립하여 미국 방직기술 발전에 크게 기여했다.

4) 제정 러시아의 경험

한편 국가 최고 통수권자가 직접 나서서 선진문물을 받아들여 강국을 건설하려는 노력을 다한 사람으로는, 제정 러시아의 근대 발전의 원동력을 제공한 것으로 평가받는 '스파이 왕' 피터 대제(Peter the Great, 1672-1725)가 있다. 피터 대제는 네덜란드 조선소에 4개월간 목수로 위장 취업해 선박 제조에 대한 경험을 쌓았다. 또한, 영국으로 건너가서는 공장, 병기창과 박물관을 두루 살피고, 의회의 회의를 참가하는 등 선진문물에 대한 식견을 높이고 러시아에서 일할 전문가들도 직접 채용해 제정 러시아의 공업을 획기적으로 발달시켰고, 그에 기초를 다져 끊임없이 대외 영토 확장 정책을 전개했다.[676]

5) 평 가

세계사에서 이러한 역사적 사례들은, 후술할 오늘날의 여러 나라가 자국의 국가이익을 위해 전개하는 경제정보 활동의 효과를 훨씬 능가하는 역사적인 경제정보 활동의 전범이라고 평가할 수 있는 것들이다. 다만 선진문물과 제도에 대한 습득이 대개는 의식 있는 개인에 의한 열정과 선진문물에 대한 놀라움에서 비롯된 것으로, 국가가 특별하게 어떤 전문적인 기구를 만들어 조직적으로 접근한 것이 아니라는 점에서만

---

675) 월 스트리트 저널리스트 피알카(John Fialka)는 그의 책 "War by Other Means: Economic Espionage in America"에서 로웰이 직접 베틀 기계를 품에 안고 들어왔다고 소개한다.

676) 브리태니커 학습백과 『표트르 대제(Pyotr Veliky/Peter the Great)』.

차이가 있다고 할 수 있다. 여하튼 이러한 노력으로 인하여 오늘날 기술개발에 기반을 둔 세계 경제의 발전이 전 지구적으로 두루 이루어진 것은 부인할 수 없는 사실이다. 기술의 순환은 지식의 전파와 마찬가지로 또 다른 신기술 개발의 원동력이기 때문이다.

한편 국가 차원 정보기구의 조직적인 경제정보 활동이나 기업 등 사조직에 의한 경제정보 수집은 국가 간의 교류가 빈번해지고 교통통신이 발달한 19세기 중엽부터 더욱 활발하게 전개되었다.[677] 후술하는 바와 같이 법적인 논의와 경제정보 활동에 대한 접근방법에 약간의 차이가 있기는 하지만, 경제정보 활동은 각국 국가정보기구의 중요한 임무로 인정되고 있다.

2. 경제정보 활동에 대한 두 가지 접근

자급자족의 원시 농경사회와 봉건 중세사회를 지나 기술개발을 발전의 초석으로 하는 근대사회 이후, 대부분 국가는 국가발전과 존립을 위해 과학과 기술혁신을 경쟁적으로 도모했다. 또한, 각국은 지속적으로 개발하거나 습득한 기술을 상업화하고 부를 창출하는 방법으로 국가 경제의 부흥을 도모하여 국가 간의 경쟁에서도 뒤처지지 않는 노력을 기울였다. 즉 천연부존 자원을 많이 가진 나라를 제외하고는 대부분 국가는 과학·기술개발이 국가 존립과 발전의 전제가 되었다. 그러나 이러한 과학·기술의 개발에 대한 접근은 국가별로 근본적인 차이가 있었다. 이러한 차이점이 오늘날 국가정보기구에 의한 산업간첩에 대한 법적 논쟁의 뿌리라고 할 수 있다.

사실 융성한 부국을 만들기 위해 남의 나라 기술을 훔치는 산업스파이는 국가지도자에게는 매우 흥미로운 유혹이고 국민의 복지를 위해서도 매력적인 일이다. 특히 전쟁시에 적대국의 군사과학 기술을 습득해 역이용한다는 것은 승리를 위해서도 매우 중요한 가치가 있다. 제1차 세계대전 중에 연합국이 독일과 그 동맹국의 무기제조 기술 비밀 획득에 전력을 다했던 것은 잘 알려진 사실이다.

탄탄한 정보기구를 가지고 있었던 영국과 러시아는 전쟁의 와중에도 독일로부터의 군사 무기제조 기술을 빼내는 데에 노력을 다했다. 원래 군사 무기제조 기술은 일국의 산업발전에 커다란 도움이 된다. 특별히 제1차 세계대전 중에 연합국이 독일로부터

---

677) 염돈재, 국가정보기관과 산업정보,(문정인 편저, 국가정보론), p.219.

빼 온 군사기술 중에서 독가스 무기제조 기술은 적지 않은 나라에 전파되어 1차 세계대전 중에 이미 여러 나라에 의해 사용되었다.[678]

1) 유럽의 접근방법

유럽은 전통적으로 산업기술 습득 노력을 국가 차원에서 지원하고 적극적으로 장려했다. 따라서 오늘날과 유사한 산업간첩은 오래전부터 알게 모르게 전개되었다. 산업간첩을 국가 차원에서 지원한 최초의 증거로는 1474년의 베네치아 공화국의 법이 있다.[679] 베네치아 도시국가 지도자는 다른 나라에서는 이미 개발되어 널리 사용되고 있지만, 아직 베네치아에는 소개되지 않은 기술들이 세상에는 널려 있다는 것을 깨닫고, 만약 베네치아 사람들이 그러한 나라의 기술을 습득한 후 이를 베네치아로 가져오면 부강한 나라로 만들 수 있다고 생각했다. 생각이 이에 미친 베네치아 공화국은 스파이 활동을 촉진하기 위해 수단을 불문하고 확보한 기술에 대하여는 그 사람에게 독점권을 부여하는 법을 제정했다.

선진 기술을 확보해 국가 경쟁력을 높이려는 이 법에 따라서, 베네치아는 만약 어떤 사람이 다른 나라로부터 기계를 가져오거나 공정(process)을 습득해 오면 국가는 수십 년 동안 다른 사람은 배제하고 오로지 해당 사람에게 기계사용과 공정권을 부여했다. 이를 통해 베네치아는 더욱 융성하고 새로운 국가적 기술을 보유할 수 있었다. 이것이 베네치아 상인들에 의해 개발된 오늘날 특허권과 저작권의 기원으로 알려진 것인데, 최초로 국가 차원에서 법률로 보호했지만, 권리의 성격 자체 즉 궁극적인 소유 주체가 국가인지 훔쳐 온 개인인지에 대해서는 여전히 명확하지 않았다.

유럽 상거래의 중심이 대서양 중심으로 전개됨에 따라서 프랑스의 플로렌스와 기타 도시국가에도 비슷한 형태의 기술권리 보호제도가 나타났다. 그 후 이러한 특허권과

---

678) Hedieh Nasheri, *Economic Espionage and Industrial Spying*, Cambridge University Press(2005), p.12

679) 베네치아 공화국은 이탈리아 북부의 도시 베네치아에 있던 도시국가이다. 8세기부터 1797년까지 약 1,000년 동안 독자적인 공화정 정부 형태를 갖추고 독립 도시국가로 존재했다. 소금과 생선뿐인 척박한 석호의 섬에서 베네치아는 무역 중개와 상업의 해양강국으로 지중해 무역을 독점했다. 뛰어난 상술과 항해술로 베네치아는 동로마 제국으로부터 특혜를 얻었고 십자군 원정을 통해 그 세력을 유럽으로 뻗쳤다. 이후 에스파니아와 포르투갈이 아메리카 대륙을 발견하여 부와 무역의 주도권이 대서양으로 넘어가 동방과의 교역이 지중해가 아니라 대서양을 통해서 이루어짐으로써 무역에 의존하는 베네치아는 쇠퇴의 길을 걸었다. Republic of Venice, http://en.wikipedia.org/wiki/Republic_of_Venice.

저작권 등 발명품에 대한 소위 독점적인 지적 재산권의 보호제도는 프랑스, 영국, 독일 등의 전역으로 퍼져 나갔다. 모두 국가가 타국에서의 산업기술의 절취를 적극적으로 지원하고 장려한다는 점에서는 차이가 없었다. 다만 획득한 기술권리에 대하여 법에 규정된 성격에는 차이가 있다. 원래 전제 군주정의 프랑스는, 개인의 발명품이라고 하더라도 그에 대한 특허와 저작권은 왕이 허여하는 특전(royal favors)으로 간주하여 언제라도 국가가 가로채 갈 수 있는 것으로 생각했었다. 프랑스는 18세기 프랑스 혁명을 거쳐 시민의식이 고무됨으로써 비로소 지적 재산권은 창조적인 혁신과 창작을 장려하기 위한 것으로, 국가는 다만 인증해줄 뿐이고, 발명자의 자연권(natural rights)이라는 주장이 나타났다. 한편 영국은 지적 재산권이 임의적 왕권의 대상은 아니지만, 17세기 초반에 이미 특허권과 저작권을 발명과 표현, 그리고 창작을 고무하기 위해 국가가 보호하는 적극적인 법적 권리로 인정했다.[680]

여하튼 유럽 국가들은 기술개발과 창작물에 대한 권리는 원래부터 왕권 또는 국권에 복종하는 것이지만, 기술개발을 촉진하기 위해서 법이라는 수단을 통해 은혜적으로 일반 시민들에게 일정 기간 허여되는 시혜적 특권으로 간주하는 경향이 강했다. 이것은 바꾸어 말하면 기술개발에 대하여 어떠한 방향에서건 국가의 간섭 위험성이 높다는 것을 의미한다.

2) 미국의 접근방법

반면에 미국의 접근방법은 조금 달랐다. 미국의 제정헌법 창설자들은 지적 재산권이 왕의 소유라거나 또는 국가가 관리하는 것이라는 프랑스식의 관념을 배격하고, 영국식 접근을 선호했지만 한 걸음 더 나아갔다. 헌법제정의회에서 이미 권리자 서로 간의 충돌을 막고자 특허권과 저작권에 대해 입법을 했고, 최초로 노아 웹스터(Noah Webster)의 출판물에 대한 저작권을 법으로 절대적으로 보호했다. 쉽게 말하면 지적 재산권에 대한 미국의 접근은, 그것은 국가의 권리가 아니라, 일반 시민의 권리라는 것으로 그 생각의 끝에는 지적 재산권이 전적으로 사유 재산권임을 전제하고 있는 것이라 할 수 있다.[681] 그러므로 자유로운 무한 경쟁을 원칙으로 하는 사적 영역에서의

---

680) Hedieh Nasheri(2005), p.12.

기술개발에 국가가 지원하고 그 획득 활동에 개입할 여지는 생각할 수 없는 일이었다.

Ⅱ. 용어 개념의 구분

1. 서 언

각국 국가정보기구는 사실 정치적 협상의 산물로서 개별국가마다 정보기구의 역할과 기능 그리고 성격에 차이가 있다. 따라서 사용하는 정보용어에서도 일정 부분 차이가 있기는 하다. 개념에 있어서 가장 많은 혼선이 있는 용어 가운데 하나가 경제간첩(economic espionage)이다.[682]

각국 정보기구의 경제 분야에서의 활동에 대한 상당 부분의 오해와 혼선은 기본적으로는 용어의 개념을 명백히 밝힘으로써 해소될 수 있다. 더 나아가 국가정보기구가 해야 할 경제정보 활동 분야가 뚜렷해질 수 있다. 용어의 개념 정립과 통일이 필요한 또 다른 이유는 필요한 모든 정보를 자국의 정보기구가 독자적으로 수집할 수 없는 현실에서 국가 간의 정보공유(intelligence sharing)는 정보수집 활동의 좋은 대안이 된다. 그것은 서로 간에 강점이 있는 정보활동으로 수집한 정보와 또한, 아측에는 필요성이 없지만 타방에는 필요성이 있는 정보를 서로의 수요를 참작하며 교환하는, 정보에 대한 경제행위라고 할 수 있다.

그런데 이러한 정보공유를 위한 업무협조를 하는 경우에 국제적인 기준에 맞춘 용어의 사용은 필수적이다. 미국 정보공동체와의 정보공유를 예로 들어 보자. 암살을 법적으로는 금지하고 있는 미국 정보기구에, 공식적인 자리에서 특별한 조건을 충족하지 않는데 암살에 대한 협조를 구한다거나, 경제간첩(Economic Espionage)은 국가정보기구가 할 수 있지만, 산업간첩은 국가정보기구가 할 일이 아니라고 판단하는 미국 정보공동체에 산업간첩(Industrial Espionage : IE)에 대한 정보 공조를 요청한다면 매우 당혹스러운 상황이 될 것이다. 따라서 정보용어에 관한 내용을 각국이 실정에 맞게 채워 넣는 것과 국제적 기준의 정보용어를 이해하고 구사하는 것은 전혀 다른

---

681) *Id.* pp.12-13.
682) Samuel Porteous, "Economic Espionage (Ⅱ)", Commentary, no 46(July 1994), p.1.

문제라고 할 수 있다.

한편 산업은 일국 경제의 구성요소로서, 사실 경제와 산업을 같은 반열에서 비교하는 것이 타당하지 않다. 그러나 현재 국가 정보기구에 의한 경제나 산업 관련 정보활동에 대해 기본적인 용어가 정의되어 있지 않을 뿐만 아니라 사용에서도 다수의 혼선이 있다.[683] 전체적으로는 경제, 경제정보, 경제간첩(스파이)이라는 용어보다는 산업, 산업정보, 산업간첩(스파이)이라는 용어를 애용하며 산업간첩을 정보기구의 주요한 업무로 이해하고 있는 것으로 생각된다.[684]

그러나 경제 분야에서의 국가정보기구의 임무와 역할에 관하여 오랫동안 법적 논쟁을 전개한 미국과 캐나다의 경우에 경제간첩(Economic Espionage)과 산업간첩(Industrial Espionage) 사이에는 커다란 차이가 있다. 그래서 미국은 1996년 처음으로 경제활동 분야에 있어서 다양한 침해적 활동으로부터 거래비밀(trade secrets)을 보호하기 위한 법률을 제정했다. 그것이 미국 의회가 헌법상의 직업선택의 자유와의 관계에서 많은 논란 끝에 제정한 경제간첩법(Economic Espionage Act of 1996 : EEA)이다. 먼저 경제와 산업의 구별에 대해 살펴본다.

2. 경제 · 경제정보와 산업 · 산업 정보

1) 경제와 경제정보

가. 경제-경제체제-생산성

경제(economy)는 재화(goods)와 용역(service)을 생산 · 분배 · 소비하는 활동, 즉 산업활동 및 그와 직접 관련되는 질서와 행위의 총체를 말한다.[685] 경제라는 용어는

---

683) 문정인편저(2006), pp.216-219)는 정보기구에 의한 경제. 산업정보수집활동의 중요성을 인식하면서 용어의 개념정의에서부터 노력했다. 동 서술에 따르면 산업정보 활동을 중요한 업무로 설정하고 있는 국가정보원의 경우에도 산업정보가 무엇을 의미하는지에 대하여 정의를 공개한 바가 없다고 한다.

684) 예컨대, 국가정보포럼 "국가정보학"은 서술이 없고, 문정인 외 공저 "국가정보론"에서는 "국가정보기관과 산업정보"라는 제목으로, 김윤덕 저 "국가정보론"에서도 산업정보활동이라는 제목으로 서술한다. 산업기밀센터를 설치 운영하는 국가정보원은 산업스파이라는 용어를 사용한다. 국군방첩사령부는 방산 스파이라는 용어를 사용한다. https://www.dcc.mil.kr/dssckr/459/subview.do.

685) 사람이 살아나가기 위해서는 생존재료인 재화가 필요하고 또한 필요한 서비스를 받아야 한다. 생존재료인 재화 중에는 공기처럼 인간의 욕망에 비해 무한정으로 존재하여 매매나 점유의 대상이 되지 않는 자유재와 욕망에 비해 양이 한정되어 있어 매매나 점유의 대상이 되는 경제재가 있다. 경제란 바로 이러한 경제재를 획득(생산)하고, 생산물을 분배 · 소비하는 과정을 말한다.

그리스의 오이코노모스(oikonomos)에서 유래한다. 오이코노모스는 집·가정을 의미하는 오이코스(oikos)와 경영·관리를 의미하는 네메인(nemein)의 합성어이다. 따라서 경제는 '**가정사를 관리하는 것**'을 의미한다. 오이코노모스에서 외연을 확충한 오이코놈(oikonom)이 파생되었는데 그것은 가정사나 가족의 관리만이 아니라 검약, 지시, 행정, 정리정돈, 공공 세입 등의 개념을 내포한다. 문헌상 경제라는 용어는 1440년 최초로 나타나는데 그것은 검약 정신이 투철한 '**수도원에서의 생활의 관리**'라는 의미로 사용되었다. 오늘날도 경제는 검약과 행정이라는 의미를 내포하고 경제체제라고 하는 의미에서의 경제는 19세기에 이르러 현재와 같은 용어로 의미와 외연이 발전되었다.

경제는 또한 어느 한 국가의 재화와 용역의 생산·분배·교환과 소비와 관련된 인간 활동의 체제, 즉 경제체제를 의미하기도 한다. 원래 경제체제(economic regime)는 특정한 경제 질서와 경제의식이 지배하고 특정한 기술을 행사하는 경제생활상의 조직을 말한다. 그래서 독일의 경제학자로 경제체제의 개념을 정립한 좀바르트(Werner Sombart)는 경제체제는 사람이 경제행위를 하는 데 있어서 사회적으로 지켜야 할 규율인 ⓐ경제질서, ⓑ경제의식, ⓒ기술의 3가지 요인이 조합되어 각국의 정치·문화 전통·사회 환경에 따라 다양한 유형의 경제체제가 생긴다고 설명했다. 좀바르트는 인류의 역사를 경제체제를 중심으로 전자본주의적 경제체제, 자본주의적 경제체제, 사회주의적 경제체제로 구분했다. 한편 헤겔의 변증법과 포이에르바하의 유물론을 접목하여 변증법적 유물론을 고안하여 "공산당 선언"을 발표하여 각국의 공산주의 혁명에 불을 지폈던 칼 막스(Karl Heinrich Marx, 1818-1883)는 경제체제를 기준으로 하여 인류의 역사를 ① 원시공산사회, ② 고대노예사회, ③ 중세봉건사회, ④ 자본주의 사회, 그리고 마지막 발전단계로 ⑤ 공산사회주의 사회로 구분했다.

한편 일국의 경제는 기술혁신, 문명의 역사 그리고 사회 제반 조직 및 지정학적 위치와 생태학적 조건과 결부되어 있다. 지정학적·생태학적 위치는 산업활동에 필요한 부존자원뿐만 아니라 생산활동의 형태에도 영향을 미치기 때문이다. 경제는 또한 생산성을 지칭하기도 한다.

나. 경제정보에 대한 이해

이처럼 경제, 경제체제 그리고 생산성이라는 다의적인 내용을 가지는 '경제'에 대한 제반 지식이 바로 경제정보(Economic Intelligence)이다. 그러므로 경제정보(EI)는 산업기술 정보를 포함하여 경제정책과 경제정책의 수행과 관리, 부존자원 등 환경 지리적 정보와 그 계획정보 그리고 경제체제에 대한 정보와 생산성에 대한 정보 등 한 나라의 경제활동과 관련한 제반 지식을 의미한다.

가) 미국 중앙정보국(CIA)의 경제정보에 대한 이해

CIA는 1995년 발간한 "정보에 대한 길라잡이(A Consumer's Guide to Intelligence)"라는 안내서에서 경제정보를 "외국의 경제자원, 경제활동, 재화와 용역의 생산·분배와 소비를 포함한 경제정책, 노동력, 금융, 조세, 상거래 활동과 대외 경제체제 등에 대한 제반 정보"라고 정의했다.

나) 미국 대외관계위원회의 경제정보에 대한 정의

미국 대외관계위원회(The Council on Foreign Relation)는 "정보의 세련화(Making Intelligence Smarter)"라는 연구 보고서에서 경제정보를 "무역정책, 외환 보유고, 천연부존자원과 농업 생산품의 가용 정도 그리고 경제정책과 실제 활동의 제반 측면에 대한 정보"라고 정의했다.[686]

다) 포티우스의 경제정보에 대한 정의

한편 캐나다 보안정보부(Canadian Security Intelligence Service : CSIS) 소속으로 경제문제 전략 분석가인 포티우스(Samuel Porteous)는 경제정보를, "정책 또는 기술적 데이터를 포함하는 상업적 경제첩보, 재정정보, 독점적인 상업 및 정부 첩보 등으로, 외국기관이 입수할 경우 그 국가의 생산성이나 경쟁력을 직접 또는 간접적으로 도울 수 있는 정보"라고 정의했다.[687]

---

686) 공식 인터넷 사이트, http://www.cfr.org/.
687) Samuel Porteous(1994), p.2.

라) 결 어

결국. 경제정보라고 함은 산업 기술적 자료, 과학기술 연구자료, 국가의 금융과 재정에 대한 정보, 사기업 또는 국가의 경제활동 정보를 포함한 경제정책이나 상업적 연관 경제자료 그리고 경제체제 및 일국의 부존자원 등 경제재에 관한 지식으로 그러한 정보를 획득한 국가가 대상 국가에 대해 상대적으로 생산성과 경쟁성을 제고하는 데 기여할 수 있는 경제문제에 관한 제반 정보를 말한다고 할 수 있다. 그러므로 경제정보는 일국이 경쟁국과의 관계에서 경제적 경쟁력을 확보하는데 기본적 요소가 된다.

2) 산업과 산업정보

가. 산업의 정의

산업(industry)은 인간이 생계를 유지하기 위해 일상적으로 종사하는 생산적 활동을 말한다. 산업은 물적 재화의 생산과 서비스를 생산하는 활동을 포함한다. 모든 종류의 산업을 체계적으로 분류한 산업 3단계 분류법에 따르면, 농림어업 부문에 속하는 업종의 산업은 1차 산업, 광공업 부문에 속하는 것은 2차 산업, 기타 서비스 부문에 속하는 업종은 3차 산업에 속한다.

산업활동의 발전은 국가 경제발전의 원동력이다. 산업활동이 활발하면 고용이 증가하고 실질소득이 상승한다. 소득이 상승하여 구매력이 증가하면 산업활동이 다시 자극을 받게 된다. 이처럼 산업의 생산(공급)과 시장(수요)이 상호 간에 작용하면서 순조롭게 확대해 나가기 위해서는 경제 제도나 경제정책이 정비되어 있어야 하는데, 그것이 경제구조나 경제시스템 등 경제체제로 나타난다.

어떠한 경제구조에서 어떤 산업이 최고의 생산성을 내고 국민을 윤택하게 만들어 줄 것인가의 문제는 바로 산업의 생산성과 연결된 것으로서, 산업은 각국 경제의 중요한 핵심 요소이다. 따라서 산업과 경제체제, 즉 경제는 불가분의 관계를 갖는다. 산업은 경제활동의 중요한 구성요소로서, 어떠한 형태이든지 산업이 없는 나라가 있을 수 없고, 산업은 각국의 경제체제에서 성립하고 발전해 나간다. 한편 산업은 독창적인 신기술 개발 이외에 개발한 기술의 훌륭한 경영을 통해서도 발전하고 이득을 창출하게 된다. 그러므로 기업에 대한 경영정보는 중요한 산업정보의 일부분이 된다.

나. 산업정보의 이해

산업정보는 일국의 산업에 대한 제반 정보이다. 각국의 1차 산업, 2차 산업, 3차 산업의 내용, 분포와 구조, 생산성, 기술력, 미래 전망, 산업의 경영계획과 실적 등이 모두 중요한 산업정보이다. 결국은 해당 산업을 영위하는 기업비밀(corporation secrets)이 모두 산업정보가 된다.

3) 경제정보와 산업정보의 비교

이상의 설명을 통해 알 수 있듯이, 경제정보는 곧 산업정보를 포괄한다. 예컨대 정보 학적 관점에서 경제정보와 산업정보를 분명히 이해할 수 있는 예를 들어본다. 사회주의 계획경제 체제를 가지고 있는 나라가 있다고 하자. 그런데 그 나라의 최고 정책결정권자 가 어떤 연유에서인지 계획경제체제를 포기하고 다가오는 새해부터는 자본주의 시장 경제 체제를 도입하려고 한다고 할 때, 이러한 정보는 '경제정보'는 되지만 원칙적으로 산업 자체에 대한 '산업정보'는 아니다. 그러나 그 내용은 경제체제의 변동에 대한 정보 로서 그것은 필경 그 나라 산업구성에 변동을 초래할 것이고, 다른 나라들로서는 정치 · 경제 · 국방의 관점에서 매우 중요한 국가 경제정보가 된다. 결국, 산업정보의 내용이 경제정보의 주요한 일부분으로 포섭되어 있는 것이다.

또 다른 예를 들어 본다(다만 WTO 체제에서의 불공정 거래요소는 논외로 한다). 중화학공업으로 국가발전을 이룩한 어느 나라가 새해부터는 최첨단 전자산업을 국가 경제의 핵심으로 삼아 자국의 10개 대표기업을 선정하여 국가가 보유하고 있는 일정한 기술을 분배하고 그 기술을 바탕으로 최첨단 기술개발을 독려하고 국가장려금을 지급 하며, 해당 기술발전의 한도에서는 통제체제를 유지하려 한다고 하자. 이 경우에는 산업정보와 경제정보가 혼재되어 있다.

이러한 상황에서 그 전체적인 내용을 산업정보라고 할 수는 없다. 해당 국가에 대한 '새로운 경제정보'라고 명명해야 경제체제의 변동과 산업의 변화를 모두 포함할 수 있는 적절한 명칭이 될 것이다. 그것은 산업구조의 변화(중공업에서 최첨단 전자산업)도 있지만, 일정 한도에서의 경제체제의 변동(시장경제에서 일정한 계획경제 체제)도 발 생한 것이 명백한데, 그것을 '새로운 산업정보'라고 명명하는 것은 분명히 무엇인가 부족한 일컬음인 것이다.

결국, 산업정보는 경제정보의 중요한 구성요소임은 분명하지만, 정보활동 대상 (target) 국가의 경제 현상을 파악하는 정보로는 내용적으로 한계가 있는 개념이다. 그러나 해당 국가의 기업과 국제시장에서 경쟁 관계에 있는 사경제 주체로서의 개별기업들은, 해당 국가 경제체제의 변동이나 보조금 지원 등 경제정책의 내용보다는, 과연 그 나라 기업들이 어떠한 새로운 기술력을 가졌고 어떠한 신제품을, 얼마의 가격에, 그리고 얼마나 빨리, 언제쯤 시장에 새롭게 내놓을 것인가 하는 산업정보가 더 중요할 것이다. 후술하겠지만 **산업 스파이**를 일명 **기업 스파이**라고 하는 이유가 바로 여기에 있다.

3. 경제간첩(Economic espionage)과 산업간첩(Industrial espionage)

1) 경제간첩

경제간첩 또는 경제스파이는 상대국가의 제반 '경제정보'를 은밀하고 불법적인 방법으로 수집하는 활동이다. 전형적인 경제간첩의 예를 본다. 1995년 일본은 CIA가 일본과 미국의 자동차 협상에 대한 경제회담 내용을 도청했다고 항의했다. 추후 밝혀진 바에 따르면 CIA는 일본의 고급 승용차에 대한 관세율에 대하여 무역협상하면서 일본의 자동차회사 중역과 정부 관료들을 상대로 도청했다. CIA는 도청 정보를 당시 미국 측 협상 대표였던 무역대표부(U.S. Trade Representative : USTR)의 미키 칸토(Mickey Kantor)에게 건네주어 협상을 유리하게 이끌어 갈 수 있도록 했다는 것이다.

이러한 경제간첩은 미국이 외국과의 무역, 금융, 환경 등 중요한 경제협상을 하면서 CIA가 전개하는 전형적인 경제정보 활동이다. 여기에서 주목할 것은 이러한 경제간첩은 은밀하고 불법적인 방법을 동원했지만, 미국의 주장에 따르는 한, 결코 미국의 사경제 주체 예컨대 본 사안의 경우는 제너럴 모터스라거나 크라이슬러 같은 자동차회사를 위한 것이 아니라는 것이다. CIA가 경제간첩으로 획득한 정보는 단지 국가 간의 무역협상에서 유리한 고지를 점하여 미국의 국가이익을 도모하기 위한 것이었다.

오늘날에도 미국은 신호 전문 정보기구인 국가안보국(NSA)이 외국의 경제 통신과 관련하여 획득한 경제정보나 CIA가 인간정보(HUMINT) 활동으로 수집한 경제정보는 미국이 외국과 양자 또는 다자협상을 할 때나 외국에 대한 경제정책을 수립하고 집행할 때 경제정책 결정권자에게 제공되어 중요한 정책 자료로 사용되고 있다.[688] 분명히 이러한 추세는 세계화의 추세와 경제안보가 국가안보에서 차지하는 비중이 증대됨에 따라서 더욱 빈번해지고 강화될 것이다. 국가정보기구는 이처럼 외국에 대해 필요한 경제정보를 비밀스럽게 그리고 대상 국가의 입장에서는 불법적인 방법으로 수집한다.

국가정보기구의 외국에 대한 은밀하고 불법적인 경제정보 수집 활동을 경제간첩 또는 경제스파이 활동이라고 하는 것이다. 즉 경제간첩은 국가 또는 그 대행자가 은밀하게, 강제 또는 기망 등 불법적인 방법으로 외국의 경제정보와 경제첩보 활동에 대한 정보를 수집하는 것이다. 간첩은 원래 다른 나라의 국가안보에 결정적으로 중요한 비밀 정보를 입수하려는 조직적인 노력이다. 그러한 간첩 노력이 다른 나라의 경제 분야에 집중되는 것이 바로 경제간첩인 것이다.

2) 산업간첩

산업간첩은 기업간첩(Corporate Espionage)이라고도 한다. 쉽게 말해 산업간첩은 국가안보 목적(National Security Purpose)이 아니라 상업적 목적(Commercial Purpose)으로 수행되는 국가나 사경제 주체의 경제간첩 행위를 말한다. 산업간첩은 원칙적으로 사경제 주체가 자신들의 경쟁적 우위를 확보하기 위해 불법적이거나 은밀한 방법으로 정보를 수집하는 활동이다. 여기에서 원칙적이라는 의미는 후술하는 바와 같이 국가에 따라서는 산업간첩에 국가가 적극적으로 나서기도 한다는 점을 고려한 것이다.

정보의 세계에서 국제적으로 사용되는 의미로서의 산업간첩은, 합법적인 방법인 공개출처 정보에 의존하는 스파이 활동은 전적으로 제외된다. 예컨대 일단의 청년 학생 과학도들이 각종 학술지와 인터넷상의 공개자료를 이용해 원자 폭탄의 시제품 제작원

---

688) Sean Gregory, Economic Intelligence in the Post-Cold War Era : Issues for Reform, pp.4-5 (1997.2.10).

리를 터득한 것과 같이 공개출처정보에 의해 고도의 첨단 기술을 개발한 것은 일종의 발명이고 창작인 것이지 산업간첩이 아니다.

산업간첩은 기업 비밀을 훔친다거나 뇌물을 공여하거나 관련자를 협박해 경제정보를 획득하거나, 또는 불법적인 영상촬영이나 도청 등 기술적 방법으로 경제정보를 획득하는 경제정보 수집 활동이다. 그러므로 산업간첩은 개념 정의적으로 합법적 방법에 따른 자료수집은 제외된다. 법적으로는 국가안보 목적은 불법적인 활동의 경우에도 위법성을 조각할 정당한 사유가 될 수 있지만, 상업적 목적은 위법성을 조각할 정당한 근거가 될 수 없기 때문이다. 후술하지만 합법적으로 산업정보를 수집하는 것은 경쟁정보에 해당한다.

산업간첩이 국가를 상대로 하여 이루어질 수 있음도 물론이다. 예컨대 해외 대형건설 사업에 국가가 참여하는 경우에 상대국가나 경쟁업체는 대상 국가의 입찰서에 대해 산업간첩을 할 수 있다. 오늘날 산업간첩은 컴퓨터와 첨단 자동차기술과 같은 기술 집약적 산업에서 은밀하지만 매우 활발하게 이루어진다고 한다. 사실 기업정보를 포함하여 수많은 정보를 공개적으로 활용할 수 있는 경우는 많이 있다. 그러나 공개자료에는 한계가 있고 기업의 존망이 걸린 영역에서 기업들은 가장 좋은 방법으로 경쟁기업의 산업기밀을 빼돌리는 방법, 즉 산업간첩에 유혹되기 쉽다. 개발비와 시간을 절약하고 단숨에 최고의 회사로 도약할 수 있는 첩경이기 때문이다.

산업간첩으로 획득하는 정보에는 고객 명단, 공급자의 조건, 연구자료, 시제품 계획 등 상대 기업의 중요한 비밀이 포함된다. 그러나 산업간첩의 대상이 단순하게 산업정보만으로 한정되는 것은 아니다. 앞서 본 경제정보도 산업간첩의 대상이 된다. 경제정보에는 산업정보가 포함되어 있을 뿐만이 아니라 산업기술이 그 나라의 경제계획에서 차지하는 비중이나 향후의 경제계획을 명백하게 인지할 수 있으므로 해당 산업에 관한 기술을 포함한 제반 경제정보를 함께 습득할 수 있다면 그것이야말로 더할 나위 없이 좋은 일로서 효율적으로 산업간첩을 수행한 것이 된다. 또한, 경쟁기업의 독점적 기술이나 특유의 거래 비밀은 전통적으로 산업간첩의 최우선적인 목표물이 된다.

한편 산업간첩에 관여하는 기업은 자국의 정보기관과 협조하거나 해외에서 자국 정부를 대신하여 활동하기도 한다. 오늘날 정보의 세계에서 산업간첩 또는 기업 간첩의 개념은 더욱 확장되었다. 단순하게 경쟁기업의 거래 비밀을 불법적인 방법을 동원하여 빼내는 것을 넘어서서 경쟁기업에 대하여 파업이나 생산파괴 활동을 유도하는 것 그리고 컴퓨터 조작 등을 통한 바이러스 감염이나 오 · 작동 프로그램의 실행 등으로 경쟁기업의 산업활동에 심각한 타격을 초래하는 것이 모두 산업간첩의 개념에 포함된다.[689]

3) 경제간첩 활동에 의한 상업적 이득의 발생 성격

그러나 국가안보 목적의 경제간첩과 상업목적의 산업간첩에 대한 구분이 항상 명백한 것만은 아니다. 때로는 국가안보 목적의 경제간첩으로도 사적 영역에서 이득을 취하는 일이 발생하기 때문이다. 사실 이러한 논의는 후술할 경제정보 활동의 법적 문제점에서 살펴보겠지만 미국 이외의 국가에서는 해당하지 않는다고 할 수도 있다. 대외적인 미국 정보정책의 기본은 국가정보기구가 사경제 주체의 이익을 위해 정보활동을 하지 못한다는 것이다.[690]

그러나 사실 오늘날 경제간첩을 하는 대다수 국가의 정보기구들은 경제간첩과 산업간첩 사이에 명백한 선을 획정하지 못하고 있다. 그것은 결국은 해당 국가의 정책의 문제이기도 하기 때문이다. 미국은 국가정보기구에 의한 경제스파이 활동으로 인한 사경제 주체들의 이득 획득을 두 가지 측면에서 설명한다. 하나는 부차적 또는 간접적 이득론이고, 두 번째는 기회균등론이다.

가. 부차적 이득론

국가안보 목적으로 국가정보기구가 수행한 경제간첩으로 인해 사적 영역에 이득이 돌아간다고 해도 그러한 이득은 국가안보 확보에 따른 반사적 이득일 뿐이라는 것이다. 다음의 역사적인 예를 살펴본다.

과테말라가 자국의 과일 산업 보호를 위하여 대외 폐쇄적 보호조치를 취하려고 할 때, 미국은 과테말라를 상대로 한 경제간첩을 바탕으로 경제 비밀공작을 전개했다. 졸지에 권리를 침해당한 미국 과일 회사들의 권리를 원상으로 회복시키기 위함이었다.

---

689) Barry, Marc and Penenberg, Adam L. *Spooked: Espionage in Corporate America*. Perseus Books Group, December 5, 2000.
690) Hedieh Nasheri(2005), p.13.

앞서 살펴본 이란에서의 아작(Ajax) 비밀공작에서는 미국과 영국은 자국 원유회사의 영업권을 보호하기 위해 경제 비밀공작을 전개하여 모사덱(Mohammed Mossadegh) 민선 대통령을 축출했다. 그리하여 결과적으로 사경제 주체인 영국 원유회사는 기존의 권리를 유지했고, 미국의 원유회사는 새롭게 이득을 취하게 되었다. 다른 사례로는, 국민의 압도적인 지지를 받고 새롭게 출범한 칠레의 민선 대통령 아옌데(Salvador Allende)가 국가 기간산업의 국영화를 통해 칠레의 독점적 전화 통신회사인 칠레토 회사의 지분 약 70%를 가지고 있던 미국 ITT(International Telephone & Telegraph) 사의 재산권이 국유화될 위험성을 포함해 칠레에서의 미국민의 사유 재산권이 위태롭게 되자, CIA는 쿠데타 공작 등으로 합법적인 아옌데 정부를 축출했다. ITT와 다른 미국인들은 CIA의 경제간첩 행위로 그들의 사유 재산권을 유지할 수 있었다.

이상에서 알 수 있듯이 국가정보기구에 의한 경제간첩이 국가안보를 위한다는 원래의 목적을 넘어서서 사경제 주체에게 막대한 이득을 가져다준 사례, 즉 상업적 목적이 뒤따른 사례는 적지 않다. 이러한 현상에 대해 전 CIA 정보분석관 출신으로 보스턴 대학교 교수인 헐닉(Atthur Hulnick)은 국가정보기구 활동의 주된 목적은 어디까지나 미국의 국가안보를 위한 것이었고, 사경제 주체가 이득을 취한 것은 부차적인 문제로 반사적 이익일 뿐이라고 설명한다.691)

나. 기회 균등론

이것은 주로 사경제 주체가 국가정보기구의 경제간첩에 의해 직접적으로 이득을 취하게 되는 경우에 그것을 정당화하기 위해 사용되는 논리로, **"경제활동에서의 페어플레이"** 확보라고 할 수 있다. 경쟁하는 경제주체 사이에도 기회는 서로 공평하게 가져야 하는 것으로, 그를 위해 상업적 이득이 해당 사기업에 돌아가는 경우에도, 공평성 확보를 위해 국가정보기구는 일정한 경제간첩을 할 수 있다는 것을 말한다. 그러므로 국가정보기구는 기회의 균등이 위태롭게 될 때는 정당하게 경제간첩을 할 수 있다는 논리이다.

예를 들어 1993년 CIA는 브라질의 14억 달러에 달하는 레이더 기지 건설 공사에

---

691) Sean Gregory(1997), p.5. 그러나 2000년에 비밀 해제된 CIA 문서에 의하면, ITT사는 CIA와 함께 아옌데 정부를 전복시키기 위한 군사 쿠데타를 단행하여, 아옌데 반대 세력에게 막대한 자금을 지원했다. 그러므로 IIT의 이득을 단순하게 2차적인 반사 이득이라고 보기는 어려워 보인다.

프랑스가 브라질 정부에 뇌물을 주고 거의 독점적으로 낙찰을 받게 되었다는 경제정보를 확보했다. CIA는 이 정보를 바로 외교 정책결정권자인 국무부에 통보했고,[692] 국무부는 브라질에 공식적으로 항의했다.

결과적으로 건설공사는 미국 회사인 라덴(Ratheon)사가 낙찰받았다. 또 다른 예로는, 1990년 인도네시아 정부의 통신망 건설 공사에 미국의 AT&T 사와 일본 컨소시엄 회사 사이에 입찰 경쟁이 전개되었다. CIA는 일본 정부가 인도네시아에 대한 또 다른 경제 원조를 해주는 조건으로 일본회사의 컨소시엄에 공사가 주어질 것이라는 경제정보를 획득했다. 동 경제정보는 부시 행정부에 바로 전달되었다. 미국은 강력하게 인도네시아에 재고를 요구했다. 결국, 동 공사는 미국과 일본 경쟁업체에 양분되었다.

미국은 이처럼 국제 경제시장에서도 뇌물이나 특혜가 아니라 공정한 참가의 기회는 보장되어야 한다고 주장하면서, 자국 기업에 대한 그러한 기회균등의 확보를 위하는 한도에서 정당한 경제간첩을 할 수 있다고 주장한다. CIA는 이러한 경제간첩으로 1994년 한 해에만 전 세계 곳곳에서 유사한 사례를 51건 적발하여 280억 달러에 달하는 손해를 막았다.[693]

이상의 사례에서는 국가정보기구의 경제간첩으로 인한 경제적인 이득이 모두 사경제 주체에 1차적으로 바로 귀속되었다. 즉 원래의 경제간첩의 모습이 아니라 상업적 목적이라는 전형적인 산업간첩의 모습을 보여 주는 것이다. 그러나 이러한 경우에도 미국은 국가정보기구는 결코 사경제 주체를 대리하여 활동한 것은 아니라고 주장한다. 국가정보기구는 결코 라덴 사나 AT&T 관계자를 만나지도 않았고 그들 사경제 주체들과 스파이 활동의 필요성이나 계획에 대해 논의하지도 않았다는 것이다. 다만 국가정보기구가 경제활동에서의 기회균등 원칙 위배를 경고하기 위해 수집된 경제정보를 정책결정권자에게 전달했고, 결국 국가안보에 위협을 가져올 수 있는 반칙을 방지하고 페어 플레이 원칙을 달성하게 했을 뿐이라는 것이다.[694]

---

692) 이것이 "정보는 정책을 보좌하여 빛을 발한다." 는 원칙을 충실히 이행한 것으로, 미국 정보공동체의 원칙적인 정보전달 절차이다. Sean Gregory(1997), p.6.
693) 전 CIA국장 울시(Woolsey)는 "우리는 이런 일에 매우 유능하다(we are good at it)."고 자평했다.
694) Sean Gregory(1997), p.6.

4) 경제간첩과 산업간첩의 비교

이상의 설명에서 알 수 있듯이 경제간첩과 산업간첩은 획득한 정보를 사용하는 목적과 주체에 차이가 있는 것이지, 수집 활동의 객체에 차이가 있는 것은 아니다. 일부에서 이해하고 있는 것처럼 경제간첩은 경제정보에 대한 스파이 활동이고, 산업간첩은 산업정보에 대한 스파이 활동이 아니라는 것이다.

국제 표준의 정보적 정의는 무엇을 대상으로 하는가에 대한 객체적 문제에 있어서는, 경제간첩이나 산업간첩은 모두 경제정보를 대상으로 한다고 할 수 있다. 그러나 경제간첩과 산업간첩이 근본적으로 구별되는 것은, 경제간첩은 국가정보기구가 수행하는 경제정보 수집 활동으로 그것은 국가안보 목적을 위한 것인 반면에, 산업간첩 활동은 국가정보기구나 사경제 주체 모두가 할 수 있는 간첩활동으로, 상업적 용도(commercial purpose)를 목적으로 한다는 점에 있다.

물론 국가정보기구에 의해 수행된 산업간첩에서의 정보가 해당 국가의 경제정책에도 반영되어 사용될 수 있고, 또한 경제간첩의 경우에도 수집 정보를 상업적 목적으로 활용하는 것이 얼마든지 가능하다는 점에서 혼동이 있을 수 있지만 경제간첩과 산업간첩 사이에는 분명한 차이가 있고, 국제적 기준으로는 원칙적으로 위와 같은 차이를 인정하는 개념 아래에서 용어가 사용되고 있다.

미국 하원의원 빌 리처드슨(Bill Richardson)은 앞서 일본과의 무역협상에서의 문제에 대해 1995년 11월 4일 CNN과 가진 인터뷰에서, 경제간첩(EE)과 산업간첩(IE)을 다음과 같이 명쾌하게 설명했다.[695]

"세심한 주의가 필요하지만 (EE와 IE 양자의 구별에) 별로 어려운 문제는 없다. 무역협상에서 일본의 입장이 무엇인지를 알아내는 것(경제간첩 활동)은 우리에게는 정당한 일로서 우리의 정보기구들은 그러한 일에 매우 유능하다. 그러나 예컨대 미국 국민의 세금을 사용하여 국가가 일본 자동차회사로부터 획득한 국가 비밀정보를 제너럴 모터스에게 주겠는가(산업간첩 활동)? 경계를 잘 설정하여야 한다."

---

695) 리처드슨은 에너지부장관, 유엔 대사, 그리고 클린턴 행정부에서 대북한 특사를 지냈다. 최근까지 뉴멕시코주 주지사를 역임했고, 2007년 미국 민주당 대통령 후보로도 나섰다.

용어 사용의 국제적인 기준의 관점에서는 이처럼 경제간첩과 산업간첩에 명백한 차이가 있다. 그러나 그러한 차이에도 불구하고 각국이 자국의 정보기구로 하여금 어떠한 입장을 견지하도록 할 것인가는 개별국가의 정책적인 문제이다. 즉 사경제 영역에의 상업적 이득을 확보해 주기 위한 산업간첩도 그것이 제반 상황에 비추어 궁극적으로 국가안보 수호를 근본 미션으로 하는 국가정보기구의 임무로 합당하다고 간주되면, 산업간첩이라고 못할 바가 없는 것이다. 다만 미국은, 실상은 알 수 없지만, 국가 정책적으로 국가정보기구가 상업적 목적으로 다른 나라의 과학 · 산업기술에 대한 스파이 활동을 하지 않음을 원칙으로 함을 천명한 것뿐이다.

4. 경쟁정보(競爭情報)

경제간첩 그리고 산업간첩과 구별해야 할 개념으로, 기업의 생존과 번영을 위해 전개하는 경쟁정보(Competitive Intelligence : CI)가 있다. 경쟁정보(CI)는 조직의 안정적인 경영과 운영을 위하여 필요한 생산품, 국내 점유율, 영업계획과 활동 등의 자료를 수집하는 활동임과 동시에 그렇게 하여 획득한 정보를 말한다. 정보학에서 정보의 개념이 다의적이듯이 경쟁정보(CI)는 과정, 즉 활동으로서의 의미와 생산된 정보 그 자체라는 이중의 의미를 가진다.

정보화 시대에 영리를 목적으로 하는 기업이나 비영리를 목적으로 하는 단체를 막론하고 경쟁 관계에 있는 상대가 존재하는 경우에는 생존과 번영을 위해 경쟁자에 대한 정보파악은 필수적이라고 할 수 있다. 경쟁정보(CI)는 속성상 경쟁적 관계에 있는 상대방에 대한 영업비밀과 관련된 정보일 수밖에 없다. 그런데 후술할 미국의 경제간첩법에서 보듯이 미국은 산업과 과학기술을 포함하여 거래비밀(trade secrets) 절취를 포함한 간첩 활동 즉, 산업간첩을 형사처벌 대상으로 하고 있다. 정도의 차이는 있지만, 적지 않은 국가가 거래비밀을 보호하는 민 · 형사 법규를 가지고 있다. 여기에 경쟁정보(CI) 활동과 경제간첩(EE) 또는 산업간첩(IE)과의 구별 필요성이 있다.

결론적으로 경쟁정보(CI)는 위법적인 활동이 아니다. 경쟁정보(CI)는 기업에 보장된 정당한 윤리적 법적 활동이다. 기업이 기업을 경영하기 위해 정당한 활동의 일환으로 전개하는 정보활동이다. 오늘날 유수의 다국적 기업은 대부분 전직 국가정보 요원을 채용하여 경쟁정보(CI) 부서를 운영한다. 현대의 기업이나 조직의 관리자에게 있어, 생존과 번영을 위한 장기전략 수립과 전략적 쟁점 분석을 위해 경쟁정보(CI)는 기업이나 조직의 핵심적인 가치가 되었다.

경쟁정보(CI)가 기업이 생존과 번영에 대한 불측의 충격을 회피하기 위한 중대한 요소가 됨에 따라 산업간첩에서 사용되는 수법으로도 전개된다. 게다가 글로벌 경제전쟁이 가속화됨에 따라서 기업들은 시장에서의 위치를 확고히 하고, 시장점유율을 높이기 위해 경쟁정보(CI)에 더욱 의존하게 된다.[696] 따라서 **"사업은 전쟁이다(business is war).”**라는 전제로 기업의 혁신을 위해서는 경쟁정보(CI) 활동을 넘어서 산업간첩도 오히려 정당화되어야 한다는 주장도 있다.[697]

여하튼 적법과 합법이라는 그 구별의 미묘함에도 불구하고 경쟁기업의 민감한 정보나 기업의 노하우(know-how) 획득에 있어서 경쟁정보(CI)는 합법적이며 윤리적이지만, 산업간첩은 비윤리적이며 불법적이라는 점에는 이견이 없다. 이론적으로 경쟁정보(CI)와 산업간첩(IE)을 구별할 수 있는 가장 확실한 기준은 직접적인 영리목적, 즉 상업적 목적이냐 아니냐에 달려 있다고 할 수 있다.

제2항 적극적인 경제정보 활동의 배경과 특색

I. 국가 경제정보 활동의 배경

오늘날 각국의 정보기구가 공·사 영역에 걸친 경제정보 활동을 한다는 것은 공개적인 비밀이다. 정보기구 수장의 취임사에 전통적인 군사안보 위주의 정보활동에서 경제안보를 위한 정보활동을 전개하겠다고 다짐하는 경우가 적지 않을 정도로, 정보기구의 수장들이 대놓고 경제정보 활동, 즉 경제스파이 활동을 조직 운영의 기치로 내거는 경우도 흔치 않은 일이다.[698] 각국이 국가정보기구를 내세워 경제정보 활동을 적극적

---

696) Galvin, R. W. (1997). "Competitive intelligence at Motorola" Competitive Intelligence Review, 8 (1): 3-6.; The economic espionage act of 1996 versus competitive intelligence" Competitive Intelligence Review, 8 (3): 25-28.; Collins A & Schultz, N. (1996) "A review of ethics for competitive intelligence activities" Competitive Intelligence Review, 7 (2): 56-66.

697) Bonthous, J. (1993) "Understanding intelligence across culture" Competitive Intelligence Review, 3 (1): 12-19.

698) 대표적으로 한국의 김대중 대통령 정부는 공개적으로 경제방첩공작 활동을 포함한 경제정보 활동을

으로 전개하려는 이유는 크게 4가지다.

첫 번째는 국가안보 개념의 변화이다. 두 번째는 세계화에 따른 무한 경쟁 시대로의 돌입이다. 세 번째로는 전쟁에서 2등은 의미가 없듯이 기술력 경쟁에서 최고가 아니면 의미가 없는데, 과학기술 경쟁력의 지속적인 확보는 연구투자만으로는 한계가 있다는 것도 중요한 이유가 된다. 마지막으로, 각국의 치열한 경제정보 활동에 대한 반사적 필요성으로 경제 방첩공작이 대단히 중요해졌다. 주지하다시피 방첩활동과 정보활동은 동전의 양면과 같다. 경제 방첩공작은 경제정보 수집능력을 고양하고, 경제정보 활동을 촉진하는 이중의 역할을 한다.

1. 냉전의 종식과 국가안보 개념의 변화

냉전 시대 각국의 정보기구는 군사안보 분야에 역량을 집중했다. 그러나 냉전 종식 이후 사정은 많이 달라졌다. 냉전의 종식으로 전쟁의 위험은 대폭 감소하여 국가안보에 있어서 군사적 수준의 위협요소는 감소하였고 군사안보가 차지하는 비중도 적어졌다. 국가권력의 구성요소에도 변화를 가져와 정치와 군사, 비밀정보 등 경성권력(hard power)이 약화된 반면에, 경제, 기술, 문화 등 연성권력(soft power)의 중요성이 상대적으로 커졌다.699) 이것은 국가외교 정책에서 군사력이나 경제제재를 통한 위협적 방식 대신에 문화와 이념과 사고의 동질성에 기초한 유연한 외교역량을 요청하는 것을 의미한다.

또한, 현대전에서의 고도 전자장비무기 및 전자전 등에 대처하기 위한 국방체제는

국가정보 활동의 우선순위에 배치했다고 미국 정보공동체는 평가하고 있다. 보도에 따르면 김대중 전 대통령은 국가정보기구가 그동안 과도하게 정치정보에 집착하고 경제정보를 소홀히 한 결과가 1997년의 대한민국 경제가 붕괴한 주요한 이유라는 견해를 가졌다는 것이다. 따라서 김전대통령은 정보기관에게 한국의 기업이 무리한 기업확장을 위해 한국 본사에는 계상되지 않고 해외에서 차입한 차입금의 규모를 조사하여 제때에 보고하라고 지시했다고 한다. B. Raman, *"Economic Intelligence"*, Institute for Topical Studies, South Asia Analysis Group (1999.2.5), p.5. 물론 그것이 정보기구 본연의 임무인지는 불투명하다.

699) 연성권력은 원래 국제관계 이론에서 일국이 타 국가에 문화나 이념 같은 수단으로 영향력을 행사하는 것을 묘사하기 위해 사용된 용어로, 1990년 하버드 대학교 조셉 니(Joseph Nye) 교수가 창안한 용어였다. 그는 국제사회에서, 매우 위협적인 수단인 군사행동이나 경제제재와 같은 강성권력 대신에 서로 간의 미묘한 문화 차이나 가치나 이념의 차이를 인정하면서 상대방의 행동을 내 편으로 유연하게 이끄는 힘을 연성권력이라고 묘사했다. Keohane, Robert and Joseph Nye, "Power, Interdependence and the Information Age" from *Conflict After the Cold War*.

재래식 무기의 화력만으로는 그 목적을 도모할 수 없다. 최첨단의 과학·기술의 뒷받침은 물론이고 국가 경제력의 뒷받침이 없이는 기술면에서나 장비의 효율적인 운용에서 현대전에 맞는 총체적 국방력을 유지할 수 없게 되었다.

이러한 결과로 경제안보는 군사안보와 함께 국가안보의 쌍두마차가 되었다. 소련이 핵무기가 없었거나 군사력이 약해 멸망한 것이 아니라는 것은 경제안보의 중요성을 잘 보여 준 사례이다. 총체적 안보 또는 포괄적 안보개념이다.[700]

한편 냉전 이후에도 세계는 여전히 이념전쟁에 빠져 민주주의와 독재 논쟁은 진행 중이다.[701] 다수의 역사학자는 세계는 냉전 종식에도 불구하고 민주와 독재 논쟁이나 여전히 끊이지 않는 국제적 분쟁처럼 경쟁은 계속된다고 평가한다. 각국이 벌이는 경제 경쟁은 이미 또 다른 냉전 현상의 하나라고 할 수 있다. 이렇게 안보개념이 다원화되고 경제적 경쟁력이 국가안보의 핵심으로 등장하면서, 냉전 종료 이후 한동안 방황하던 정보기구는 냉전 시대의 군사·외교정보수집역량 위주에서 경제정보 분야로 역량을 이동할 수밖에 없게 되었다.

2. 세계화(globalization)

세계화는 과학기술의 발달로 인한 국제사회의 자연스러운 흐름이다. 객관적 현상으로의 세계화는 "교통 통신 정보" 혁명의 가속화와 냉전 종식으로 이데올로기의 장벽이 제거되면서 인간의 활동이 영토 국가의 경계를 넘어서서 전 지구촌으로 확대되어 가는 것을 의미한다. 세계화 현상이 가장 두드러진 영역이 경제 분야이다. 각종 생산, 금융 등 핵심적인 경제행위가 전 지구촌을 바탕으로 이른바 "국경이 없는 경제(borderless economy)"에 돌입했고 교역과 노동의 이동 등도 지구적 차원으로 확대되고 있다. 선진 국이 두뇌 유출(Brain Drain)을 시도하고 후진국은 그를 막으려는 노력은 제도·조약·국제회의 등에서 나타난다.

---

700) 문정인 편저(2006), p.221
701) 탈냉전 시대에도 자유민주주의는 공산주의보다 역사가 오랜 독재주의(autocracy)와 세계 곳곳에서 이념전쟁을 벌이고 있다. 민주주의의 꽃을 크게 피웠다는 미국에서조차 "반자유주의적(illiberal) 민주주의"보다는 "자유주의적 독재체제"가 낫다는 식으로 독재의 뿌리는 깊고 오래다. 독재체제는 자유민주주의 이념을 부정한다. 독재는 강한 정부가 사회질서 유지에 유리하다고 굳게 믿고, 어리석은 다수의 군중에 권력을 주는 민주주의는 위험한 발상이라는 확신을 가지고 있는 이념이다.

그러므로 각국이 경제경쟁력을 배양하고 발전을 지속하기 위해서는 세계화에 발맞추어야 한다. 그뿐만 아니라 낡은 사고의 틀과 관행을 깨뜨리고 세계화 시대에 맞는 사고와 기준을 지킬 것까지 요구하고 있다. 즉 의식의 선진화이다.

오늘날 세계화는 선택의 문제가 아니다. 각국은 '세계화'를 하나의 의무로 받아들이고 있다. 세계화는 속성적으로 국경을 초월한 경제활동으로 전개된다. 국경 없는 경제활동의 제도적 뒷받침이 세계무역기구(World Trade Organization : WTO)의 출범이다. 세계 경제교류의 증진을 목적으로 1995년 출범한 WTO 체제 하에서는 관세 등 기존의 무역장벽이 모두 해제되어 국가의 존재가 더는 자국 기업의 보호막이 될 수 없다. 오로지 국제 경쟁력을 갖춘 기업만이 존속할 수 있게 되었다. 그런데 국제 경쟁력은 기술연구 투자로 이루어지는 것이 원칙이지만 사활이 걸린 자국의 경제경쟁력 확보를 위해 각국은 빠르게 효과를 볼 수 있는 손쉬운 길로 경제정보 수집의 유혹에서 벗어나기가 쉽지 않다.

3. 과학 · 기술 경쟁력 증진과 정보화

각국은 과학 · 기술 경쟁력을 확보하기 위한 손쉬운 방법의 하나로 경제스파이 활동을 마다하지 않는다. 첨단 과학기술의 개발에는 엄청난 투자가 들어가며 또한 실패의 위험도 매우 크다. 이로 인해 최첨단 산업에 국가의 개입은 불가피하고 적극적인 기술정보수집의 측면에서든 소극적으로 개발 기술의 누출 방지, 즉 보안의 측면에서든 국가정보기구의 관여는 필수적이기도 하다.

과학기술의 발전은 원칙적으로 연구개발 투자나 기업 간의 합법적인 기술이전 거래 등 상거래 방식이나 국가 간의 과학기술 협력을 통하여 이루어지는 것이 바람직하기는 하다. 그러나 기술개발을 위한 각국의 국력에는 분명한 차이가 있고 기술 선진국은 절대로 성장 동력적 산업기술을 이전해 주지 않는다. 또한, 냉혹한 국제사회에서 과학기술 협력에는 대가관계가 따를 수밖에 없다. 그러므로 특단의 방법이 없는 한 과학기술 후진국은 영속적으로 뒤처질 수밖에 없다는 결론에 이른다. 이를 타파하려는 방법의 하나가 경제스파이 활동이다.

한편 통신 · 과학기술과 초음속 항공 등 교통통신의 발전, 정보화의 확산은 국가 간의 정보유통 속도를 더욱 빠르게 했고 다양한 범주의 정보를 신속하게 수집할 수 있게 했다. 이러한 환경변화 역시 경제정보 활동의 외연을 넓혀 주었고, 정보기관에 적극적인 경제정보 활동을 요청했다. 단적으로 6대 FBI 국장(1978-1987)과 14대 CIA 국장(1987-1991)을 모두 수행한 윌리엄 웹스터(William Hedgcock Webster)는 다음과 같이 말했다.

> "경제적 힘이 세계적 영향력과 권력의 핵심이다. 앞으로의 국제분쟁은 점점 더 경제문제 때문에 일어날 것이다. 따라서 정확한 경제정보가 매우 필요하다. 그러한 정보를 제공하는 일은 말할 것도 없이 정보기관의 일이다."[702]

4. 경제방첩의 필요성

냉전 시대에도 국가정보기구는 비밀공작의 일환으로 다양한 형태의 경제공작을 광범위하게 전개했다. 그러므로 각국은 상대세력의 적극적인 경제공작에 대한 맞대응으로 경제방첩 역량을 제고하는 데 진력했다. 경제방첩은 경제정보 활동의 동전의 양면과 같은 것으로 국가정보기구의 영원한 숙명이다. 그런데 경제 방첩공작은 상대세력에 대한 경제첩보 없이는 효율적으로 전개할 수 없다. 상대세력의 누가, 어떠한 경제간첩 행위를, 무슨 목적으로, 어떤 방법을 동원하여 전개하는지를 정확히 탐지하기 위해서는 상대세력 경제스파이 활동에 대한 의도와 능력 파악이 전제되어야 하기 때문이다. 사실 경제 방첩공작은 새로운 현상이 아니다.[703] 다만 경제안보의 중요성이 획기적으로 강조되는 시점에서 각국 정보기구는 더욱 세련되고 세심하게 아국 경제안보 전선의 안전성을 되돌아보아야 한다는 것을 강조할 뿐이다.

---

702) Hugo Cornwall, The Industrial Espionage Handbook(London : Century, 1991), p.109.
703) Roger Z. George & Robert D. Kline, *"Intelligence and the National Security Strategis,"* p.238 (Chapter 17: Economic Espionage, Randall M. Fort).

Ⅱ. 경제정보 활동의 특색

1. 경제간첩 목표물의 다양화

통상 경제간첩이 목표로 삼는 기업의 민감한 거래비밀 정보는 5가지로 분류된다. 재정정보, 조직정보, 시장정보, 기술정보 그리고 과학정보이다. 상세는 후술하겠지만 거래비밀 보호의 중요성을 인식한 미국은 1996년 경제간첩법(Economic Espionage Act of)을 제정했다. 미국 의회는 기업경영 정보를 사적 영역의 문제로 간주하기에는 그 중요성이 너무 높다는 것을 잘 인지하고 실질적 · 잠재적으로 경제적 가치를 가진 것으로서 영업주가 합리적인 조치를 다하여 보호하려는 거래비밀(trade secret)을 훔치는 행위를 불법으로 처벌하기로 한 것이다. 법은 국가가 보호할 필요가 있는 거래비밀을 다음과 같이 정의했다.

> "모든 형식과 형태의 재정, 사업, 과학, 기술, 경제 또는 공학 정보로, 패턴, 계획, 편찬물, 프로그램 장치, 공정, 디자인, 시제품, 방법, 기술, 전 과정과 개별 절차, 프로그램, 규약들로 이들이 유형물이건 무형물이건, 저장되거나 편집되거나 물리적, 전자적, 도표화, 사진의 방법 또는 필기의 방법으로 기억된 것을 모두 포함한다.[704]

기업경영과 관련한 거의 모든 내용을 거래비밀로 보호하고 있다. 한편 경제간첩법(EEA)에 의해 처벌된 사례에서 나타난 거래비밀로는 다음과 같은 것들이 있었다. 회사 접근 통제카드 정보, 사업정보, 가격정보와 판매예측 정보, 금융정보, 컴퓨터 비밀번호, 시료, 시제품, 디자인 명세, 고객정보, 기술설계 계획과 도면, 공정도, 청사진,

---

704) EEA § 1839.(Definitions 3) the term 'trade secret' means all forms and types of financial, business, scientific, technical, economic, or engineering information, including patterns, plans, compilations, program devices, formulas, designs, prototypes, methods, techniques, processes, procedures, programs, or codes, whether tangible or intangible, and whether or how stored, compiled, or memorialized physically, electronically, graphically, photographically, or in writing if -

(A) the owner thereof has taken reasonable measures to keep such information secret; and
(B) the information derives independent economic value, actual or potential, from not being generally known to, and not being readily ascertainable through proper means by, the public; and

영업도표, 비밀서류, 소프트웨어, 실행 방법론, 기술 기록, 생물 의학 연구, 판매예측 등이다. 미국 법원은 이들을 모두 거래비밀로 인정하고 그에 대한 침범행위를 유죄로 인정했다.[705]

미국 법원은 통상의 종이 형태의 문서뿐만이 아니라, 기업의 거래비밀이 보관된 이메일, 컴퓨터 디스크 파일, 비디오, 초안, 전자 통화 등도 모두 서류라고 판결했다. 역으로 산업기술 정보뿐만이 아니라 기업의 경영과 관련한 제반 경영기법과 자료가 모두 경제간첩의 목표임을 간접적으로 확인할 수 있다. 과학기술의 진보와 경영기법의 진화에 따라 산업기밀은 물론이고 거래비밀은 더욱 다양해질 것이다. 그만큼 경제간첩 목표물의 다양성을 보여주는 것이라고 할 수 있다.

2. 경제정보 활동 주체의 다양성

경제정보 활동의 주체는 크게 개별기업과 국가의 2가지로 구별할 수 있다.

1) 개별기업

개별기업은 규모에 무관하게 고의적이든 아니든 산업간첩의 유혹에 항상 노출된다. 성장을 거듭하는 기업은 고도성장을 계속 이어가기 위해서 그리고 영업 손실로 기업폐쇄에 직면한 기업은 경쟁력 확보를 위한 최후의 비상수단으로 산업간첩의 유혹에 솔깃하게 된다.[706] 법원 기록에 나타난 내용에 따르면 대개의 산업간첩 사안에서 거래비밀을 획득한 기업은 획득한 거래비밀 정보를 곧바로 자사의 경영에 반영해 활용했다. 한편 피해 기업은 경제시장에서 직접적으로 경쟁력 상실과 신뢰 손상 등의 치명적 손실을 입은 것으로 나타났다. 사실 예나 지금이나 기업으로서는 산업간첩은 비용을 절감하고 시간을 단축하여 경쟁기업을 바로 따라잡아 경쟁우위나 경쟁력을 확보할 수 있는 첩경으로서, 어렵기는 하지만 한편으로는 가장 손쉬운 방법이었다. 그러므로 이득을 최고의 가치로 생각하는 사경제 주체는 어렵지 않게 산업간첩을 고려하게 된다.

---

705) Dave Drab, *Economic Espionage and Trade Secret Theft: Defending against the pickpockets of the new millennium*, p.4.
706) 2003년 한해 미국의 재판에서 나타난 자료를 보면 약 49개 사안 중 2개의 사안만이 국가개입이 있었고 나머지는 개별기업에 의한 산업스파이 사건이었다. *Id.*

2) 국 가

냉전이 종식된 오늘날 어느 나라 국가정보기구도 경제간첩을 하는 것은 명백하다고 할 수 있다. 다만 경제간첩으로 획득한 경제정보를 어떻게 사용하는가의 방식에서는 국가별로 차이가 있을 수 있다. 그러나 각국 정보기구에 의한 경제간첩 가능성은 충분하다고 생각하면서도 대처와 경각심이 가장 허술한 부분도 바로 해외세력 국가정보기구에 의한 경제간첩 활동이다.

대다수 기업은 외국 정보기관에 의한 자사에 대한 경제간첩에 대해 아주 낮은 인식도를 가지고 있다. 그것은 그러한 전문 정보기구에 의한 스파이 활동은 고도의 수법을 동원하여 전개되어 거의 적발되지도 않으며, 한편 절취한 거래비밀을 즉각 경영에 반영해 시장에서 어느 정도 파악이 가능한, 경쟁회사에 의한 산업산첩의 경우와 달리, 국가기관에 의한 경제간첩은 국가정책에 반영하거나 천천히 다른 기업에 공여하여 국가의 경쟁력으로 나타난다는 등의 이유로 피해 사실 자체를 모르기 때문일 수도 있다.

한편 각국은 경제간첩을 위해 정보기구 산하에 다양한 별개의 조직을 갖추는 경우도 적지 않다. 예컨대 일본의 오카모드와 세리야와시리츠는 일본 정부의 공적 기금으로 설립된 "물리화학연구소(Institute of Physical and Chemical Research: RIKEN)"를 위해 미국 제약회사의 시약을 절취했다. 공소장은 리켄(RIKEN)을 일본 정부의 도구라고 지칭했다.[707] 경제정보 활동을 하는 각국의 정보기구는 다양한 형태의 외곽 조직을 운영한다는 것을 잘 보여 준다. 우리나라는 최첨단과학기술을 보유하고 또한 사법절차를 통해 적지 않은 경제간첩을 처벌한 전례가 있는 나라이다. 그러나 현재까지 적발된 내용은 주로 전직 고용인, 즉 내부 피용자에 의한 원시적인 산업간첩이었다.

한국의 경우 미국 CIA나 국가안보국(NSA)은 말할 것도 없고 중국의 여러 정보기관, 일본, 인도, 러시아 정보기관 그리고 경제간첩 활동에 빛나는 전통이 있는 프랑스 정보기관 등에 의한 경제간첩이 있을 것임을 짐작하기는 어렵지 않다. 그러나 이들 국가 정보기관이 연관된 사안으로 보도된 내용은 아직 없다. FBI 캘리포니아 실리콘밸리 지부 특별 정보요원인 도널드 프리치빌라(Donald Przybyla)는 현재 실리콘밸리에만

---

707) Sam Vaknin, "An instrumentality of the government of Japan: the Industrious Spies Industrial Espionage in the Digital Age" p.3.

최소한 20여 개국 정보요원들이 활동하고 있다고 말했음을 기억해야 한다.[708]

3. 경제환경 변화와 보호 대상의 다변화

오늘날 어떤 기업이라도 새로운 수입을 창출하고 경쟁 시장에서 유리한 입장에 서기 위해 축적된 기업 지식과 경험 그리고 전문성을 활용하고 계속 발전시켜 나가고자 한다. 이를 위해 특유의 경영기법, 전략 등 거래비밀을 유지하고 보호하는 것은 기업의 성패에 직결된다. 오늘날 기업의 물리적 자산과 인프라시설 이외에 거래비밀에 대한 정보보호 문제는 통신 시설의 발달, 고용의 유동성, 다국적 기업의 번성 등 세계화에 따라 그 중요성을 더하고 있다. 이러한 상황변화는 정보보호의 중요성을 더했을 뿐 아니라 그 보호의 어려움도 가중시키고 있다.

경제간첩의 희생이 된 기업은 경쟁적 이점을 상실하고, 시장점유율을 잠식당하며, 이윤의 감소가 초래되고, 주주의 신뢰상실로 주가가 하락하며, 따라서 기업가치가 떨어지는 심대한 타격을 입게 된다. 그러므로 지적 자산을 포함한 거래비밀을 보호하기 위한 전략계획은 글로벌 경제시장에서 지속적으로 경쟁적 이점을 유지하며 존립·발전하기 위한 필수요건이다.

4. 경제간첩 방법과 추이의 변화

경제간첩 활동의 욕구와 동기는 역사적으로 동일하고 결코 한 번도 변화된 적이 없었다. 오히려 다양한 정보수집 활동의 발달은 과거에 비해 마음만 먹으면 언제든지 교묘한 방법으로 실행할 수 있게 되어 행동은 훨씬 쉬워졌고 대가는 훨씬 높아졌으며, 적발 위험성은 낮아졌다. 경제정보가 중단될 수 없는 이유이다.

한편 경제정보 활동이 앞으로도 증가할 수밖에 없는 또 다른 요인은, 평생직장 개념의 퇴색으로 피용자는 마음만 먹으면 더 좋은 조건의 회사로 얼마든지 쉽게 자리를 옮길 수 있는 직장 이동성이 커졌고, 게다가 기술발전으로 각종 자료의 데이터화 등으로 운반하기 위한 다양한 보관방법이 생겨났기 때문이다.

---

708) *Id.* p.5.

5. 막대한 피해액과 산정의 어려움

산업간첩 피해회사의 손해액은 상상을 초월할 수 있다. 그러나 피해액 산정은 결코 간단한 일이 아니다. 일반적으로는 그 기술로 인해 경쟁력 있는 영업 기간에 획득했을 이익을 상실했다고 할 수 있을 것이다. 그런데 영업 기간 역시, 상대적이다.[709] 한편 천문학적으로 예상되는 경제피해에도 불구하고, 피해자는 여러 가지 이유로 피해 사실조차 밝히지 못하는 경우가 허다할 뿐 아니라 피해 사실은 공개하더라도 피해 액수를 정확히 공개하는 것은 쉽지 않은 결단이다.

주주와 고객들로부터의 신뢰상실 우려 때문에 피해 사실을 공개적으로 드러내기도 어려울 뿐만이 아니라 경영상의 책임 문제로 침해당한 방법이나 모든 피해 액수를 액면 그대로 밝히기도 쉽지 않다. 결국, 경쟁자는 이러한 공개성에 부정적일 수밖에 없는 상황을 또다시 이용하게 된다. 그리하여 산업간첩 방법으로, 컴퓨터망 침해로 인한 피해사례도 있을 것으로 예상되지만, 어느 은행, 어느 기업체가 컴퓨터 시스템 침입에 의해 자사의 핵심 비밀이 누출되었다고 진솔하게 공개한 것을 기억하지 못한다.[710]

원래 기업경영자들은 자신들의 기업 경영상 취약점을 나타내 줄 수 있는 산업간첩 피해 사실을 고객이나 주주에게 알리고 싶지 않은 것이다. 그러한 사실을 알렸다가 또 다른 정보공개와 정식적인 형사 절차가 진행될 경우에는 기업경영에 더 많은 어려움이 초래될 것을 우려하여 대부분 기업은 기업의 존망 자체가 걸린 산업간첩 내용이 아니면 공개를 꺼리는 것이 일반적이다. 물론 이 같은 기업들의 소극적인 방어적 태도가 해외세력에 의한 또 다른 산업간첩을 유발할 수 있다는 것은 이미 언급한 바 있다.

---

709) 원칙적으로는 현재의 경제적 가치 및 가용 가능기간 내 영업이득의 손실이 될 것인 바, 가용가능 기간을 산정하는 것은 쉬운 일이 아니며, 나라마다 평가기준이 다른 것으로 정확하다고 할 수도 없다.
710) Sam Vaknin, The Industrious Spies, http://www.americanchronicle.com/articles/viewArticle. asp? articleID=21083.

제2절 경제정보 활동의 한계

제1항 경제정보와 국가안보
(Economic Intelligence & National Security)

I. 경제정보 활동의 국가 안보화

각국 정보기구의 경제정보 활동은 새로운 것이 아니다. 미국 CIA는 1947년 출범 후 경쟁국가들의 경제력, 세계의 경제추세 등 미국 정부의 무역협상을 뒷받침하는 각종 경제정보를 수집하여 정책당국에 유용한 정보를 제공했다.[711] 냉전 시대에 군사 산업 분야에 대한 각국의 산업간첩은 오늘날에 비해 더 치열하게 전개되었다. 미국 같은 경우에는 냉전의 종식과 더불어 더는 경제정보 활동을 하지 말 것을 요구받기도 했다. 그 이유는 이념전쟁이 종식되어 더 이상 군수산업 분야 등에서 특별하게 비밀스러운 경제정보 수요가 없어졌고, 대부분 경제정보는 공개출처정보에서 얻을 수 있다는 사실과 또한, 국가정보기구의 역량을 더 긴박히 필요한 국가안보의 다른 분야에 전념하라는 취지였다.

그런데 냉전 시대의 종식과 더불어 대부분 나라는 국력을 고양하고 국가안전을 도모하는 방편으로 국방력보다는 경제력에 더 많이 의존하고 있는 것이 사실이다. 혹자는 1991년 소비에트 공화국의 멸망은 냉전의 종식이 아니라 새로운 경쟁환경에의 진입이라고도 한다. 즉 국가 간의 경쟁 무대가 국가 자연환경을 고려한 지정학(地政學, geo-politics)에 머무는 것이 아니라, 국가 간 경제환경과 경제 질서에 따라 형성된 새로운 세계지도인 지경학(地經學, geo-economics) 속에서 새로운 경제전쟁이 벌어지게 된 시작이라는 것이다.[712]

---

711) Prof. Diane C. Snyder, Rethinking the Missions and Priorities of the Intelligence Community, Lucas Cadena (January 6, 1997), p.13

712) 지식정보의 중요성에 기초한 지지학(地知學, geo-knowledge)의 시각에서 세계지도를 그려볼 수도 있다는 견해도 있다. 과학·기술·정보·지식의 중요성이 부각되면서 진정한 강국은 전통적인 군사력 등이 아니라 지식 경쟁력이 제일 중요한 경쟁력의 요소라는 관점에서 제기되는 주장이다. 21세기의 핵심적 권력 자원은 국방력이 아닌 정보지식으로, 국가의 지식수준이 국제무대에서 군사·외교·경제·문화 등 세계 질서 전반에 큰 영향을 미친다는 것이다. Peter Burke, A Social History of Knowledge : From Gutenberg to Diderot(Cambridge: Polity, 2002).

그러므로 각국은 냉전 종식과 더불어 과거 국방력을 국력의 축으로 하여 이념대립을 벌이던 것에서 경제력을 국력의 축으로 도모하는 것에 중점을 두게 되었다. 즉 경제안보를 국가안보의 중심적 가치로 본다는 말이다. 그러나 경제안보가 어떻게 하여 국방안보를 대체하여 국가안보의 핵심가치로 되었다는 것인지에 대하여는 확실한 이해가 필요하다.

국가정보기구는 기본적으로 국가안전보장 업무를 수행하기 위하여 조직된 국가기구이다. 그러므로 경제안보가 아무리 중요하다고 해도 그것이 국가안보 문제와 연결되는 문제가 아니라면 국가정보기구가 나서서 관여할 여지는 없게 된다. 국가정보기구가 비밀활동능력이 있다거나 정보수집 및 처리능력이 있다거나 국가정보기구라는 기존자원의 활용을 위하여 국가정보기구가 경제정보 활동을 한다는 것은 결코 정당한 이유가 될 수 없다.[713]

그러한 이유라면 누누이 지적하는 바와 같이 국가정보기구는 국가행정의 거의 모든 일을 어느 국가기구보다도 잘 수행하도록 체계적으로 조직화되어 있는 기구로서, 결국 국가의 전 사무를 담당할 수 있다는 결론에 이를 수 있다.

민주주의 국가에서 국가정보기구가 경제문제를 담당할 수 있게 되는 것은 먼저 경제문제가 국가안보 문제화되었다고 할 때 가능한 것이고, 다음 단계로 그러한 국민의 합치적 의견을 바탕으로 법적인 근거가 주어진 경우에야 비로소 경제정보 문제를 국가정보기구가 담당할 수 있게 된다. 오늘날 경제문제가 국가안보 문제화되었다는 근거로는 보통 다음의 2가지가 그 이유로 설명된다.

1. 경제력은 국력의 초석

첫 번째는 냉전 이후에 경제력이 국방력을 대신하여 국력의 초석이 되었다는 것에서 경제문제가 국가안보 문제화된 이유를 찾을 수 있다. 미국 해군정보관을 역임하고 켄터키 대학의 정치과학 교수를 지낸 윌리엄 워너(William Warner)는 냉전의 종식으로 군사적 위협이 소멸된 것은 아니지만 국방력이 강력한 국력의 기준이 되던 상황은 완화되었다고 말했다. 그것은 냉전 이후(Post-cold war)의 소위 "새로운 세계 질서(new world order)" 속에서 국력의 여러 가지 요소 중에서도 경제력이 국력의 핵심가치로

---

713) 문정인편저(2006), pp.244-254.

자리 잡게 되었고, 그에 따라 경제안보가 바로 국가안보의 초석이 되었다는 것을 뜻한다. 그래서 새로운 세계 질서 속에서는 국가안보가 순수한 군사력에 의해서가 아니라 경제의 역동성에 더 의존하게 되었다.[714] 경제안보의 국가안보화는 경제용어에도 그대로 나타나 예컨대 산업이 "체포 또는, 포위되었다"[715]라든가, "시장이 점령당해 굴복했다"[716]처럼 군사적 냄새가 물씬 풍기는 용어들이 경제용어로 사용되는 것이 현실이다.[717]

2. 경제력은 민주주의 유지의 기틀

자유민주주의 국가에서 민주주의는 국가안보의 핵심가치로 국가정보기구나 법집행기구들이 간첩을 색출하는 등으로 전력을 다하여 지키려는 국가이념이다. 오늘날 국제법적으로는 민주주의 자체가 인류의 기본권으로 설정되어 있다. 그리하여 UN은 2007년 11월 8일 총회 의결을 거쳐 매년 9월 15일을 세계 민주주의의 날(International Day of Democracy)로 선포했다.[718]

오늘날 민주주의에 대한 가장 커다란 위험은 더는 공산주의가 아니다. 냉전 이후의 새로운 세계 질서 속에서 민주주의에 대한 가장 커다란 위협은 경제의 실패였고 그에 따른 독재의 출현이 민주주의에 대한 강력한 위협이다.

이처럼 경제력의 피폐는 "민주주의에의 위험(danger to democracy)"을 초래하는 것이기 때문에 경제의 안전성 확보, 즉 경제안보는 가장 중요한 국가안보 문제 중의 하나가 되었다. 일찍이 빌 클린턴 대통령은 1994년 미국의 정보공동체에 대한 백악관 서신에서 경제복지를 민주주의에 대한 위협과 동일한 반열에서 언급하면서 자신은 미국의 정보공동체로부터 미국의 경제 이익을 수호하기 위한 (정보적)지원을 받을 것을 기대한다고 천명했다.

---

714) Warner William T. "International Technology Transfer and Economic Espionage", "International Journal of Intelligence and counterintelligence", Volume 7, No. 2(Summer 1994), p.143-160.
715) Industries are "under siege."
716) Markets are "captured and surrendered."
717) Sean Gregory(1997), p.6.
718) GA/10655, SIXty-second General Assembly Plenary 46th Meeting (AM)(2007.11.8).

"미국 정보공동체는 민주주의와 경제복지에 대한 위험을 적절하게 예견하기 위하여, 세계 도처에서 미국의 이득이 중대하게 걸려 있으나 공개적인 정보활동이 여의치 않은 경우에 마땅히 정치적·경제적·사회적 그리고 군사적 전개 과정을 추적해야 한다."

냉전 시대에 민주주의에 대한 가장 커다란 위협은 공산주의였고 민주주의 국가의 국가정보기구가 민주주의에 대한 직접적인 위협인 공산주의와 사활을 건 전면적인 격전을 치렀던 것은 비밀공작 편과 방첩공작 편에서 살펴보았다.

냉전이 종식된 이후에는 세계는 이념전쟁 대신에 경제의 건전성 확보가 국가 존립의 핵심문제로 대두되어 민주주의에 대한 또 다른 위협인 독재의 출현을 막는 방패가 되었다. 결국, 경제의 위기, 즉 경제안보 문제는 민주주의를 위협하는 것으로 중요한 국가안보 문제가 되었고, 따라서 경제정보는 국가안보 문제를 소임으로 하는 국가정보기구의 임무가 된 것이다.

3. 결 어

정보학에서는 냉전 시대 소련의 핵무기 같은 군사적 위협을 제1의 위협명령(the first order threat)이라고 하고 냉전 이후에 새롭게 등장한 테러, 국제조직범죄, 정보전 그리고 경제안보에 대한 위협을 제2의 위협명령(the second-order threat)이라고 한다. 그러나 사실 제2의 위협명령에 속하는 경제문제는 소련의 핵 발진이 세계평화를 위협하고 목표 국가에 직접적으로 위협을 가하는 것 같은 내용의 실감나는 직접적인 위협이 되지는 않는다.

예컨대 핵무기 못지않은 위협일 수도 있는 내용인 세계석유수출기구(OPEC)가 원유 생산량을 절감했다고 하여 어느 나라가 당장에 멸망하지는 않는다. 그러나 1997년 말 느닷없이 찾아와 금융권에서만 15만 명이 일자리를 잃었고 구조조정의 한파 속에 실업자가 100만 명을 넘어섰던 경험이 있는 한국을 비롯한 동남아 각국의 IMF 위기는 국가의 존망을 좌우하는 절체절명의 위기였다.[719]

---

719) 한국의 소위 IMF 사태를 포함하여 1997년 남동아시아에서의 외환 대란에 대하여, 말레이시아 마하티르 모하메드(Dr. Mahatir Mohammad) 수상과 중국 총리 리 펑(Li Peng)은 외부의 고의적 세력에 의해 외환

그것은 또한, 세계 경제의 발전에도 커다란 장애 요소로 작용했다. 더욱 구체적인 사례를 보면 1994년과 1995년 멕시코 페소(Peso) 위기 당시 멕시코 경제시장과 직접적인 이해관계가 있던 미국은 여러 지원경로를 통하여 세계 금융 역사상 최고액수인 380억 달러를 지원하지 않을 수 없었다. 인근 멕시코 경제위기는 이후 수년간 미국 경기의 후퇴를 초래했고 1995년 미국 달러에 약 10%의 가치하락을 초래했다. 이처럼 냉전 이후의 새로운 세계 질서 속에서는 지구상의 어느 나라 어느 지역이나 또한, 특정 산업에서의 경제적·정치적 상황의 변동은 전 세계적인 연관성을 가지며 급속하게 전 세계로 퍼져 나간다. 심지어 어떤 경제적 뜬소문도 세계 경제를 뒤흔들 수 있는 위력을 갖기도 한다. 이러한 경우에 확고한 경제력과 경제의 안정성, 즉 경제안보가 확보되지 않는 나라는 경제 강대국 등에 국가멸망보다 더 가혹한 경제적 예속을 당하게 될 수 있게 된다.

가장 실감이 나는 경제와 국가안보의 상관관계에 대한 역사적인 예로는 구소비에트 공화국 사태가 있다. 누누이 지적한 바와 같이 구소비에트 공화국은 군사력이 약하거나 다른 나라로부터 군사적 위협을 받아 해체된 것이 아니다. 경제실패가 소비에트 공화국 멸망의 근본적인 원인이다. 소비에트 공화국이 해체의 길을 걸을 때도 소비에트 공화국은 엄청난 핵무기와 강력한 붉은 군대를 가지고 있었다. 진정한 국가안보는 군사력에서가 아니라 탄탄한 경제적 기반 위에 기초한다는 것을 알 수 있다. 결국, 냉전 이후의 새로운 세계 질서가 형성된 오늘날 강력한 경제의 힘과 역동성이 국가안보의 밑바탕임은 명백하다. 그 자연스러운 결론의 연장선에서 결국 해외에서의 경제간첩 등 각국이 경제경쟁력을 높여 경제의 안전성을 도모하는 경제안보의 문제는 중요한 국가안보의 핵심가치가 되었고, 따라서 국가안보 문제를 주요 미션으로 하고 있는 국가정보기구의 주된 업무로 부상한 것이다.

대란이 발생했을 수도 있다고 의심했다. 하지만 미국과 서구국가들은 이러한 견해를 일축했다. 그러나 미국 정보공동체는 중국과 러시아로부터의 주식시장과 금융시장에서의 공격에 대비했고, 행정부에 1997년 동아시아 경제위기에 대한 체계적인 분석적 연구를 통해 필요한 교훈을 받을 것을 조언했다고 한다. B. Raman, *"Economic Intelligence"*, Institute for Topical Studies, South Asia Analysis Group (1999.2.5). http://www.saag.org/papers/paper50.html.

II. 산업간첩의 주요 목표정보 및 기술 내용

1. 개 관

오늘날 미국이 전 세계 산업간첩의 대상이 되고 있다는 것은 공공연한 사실이다. 전통적인 경제간첩 강국인 러시아, 프랑스, 일본, 중국 이외에도 독일, 스위스, 예전의 유고슬라비아, 한국, 이스라엘, 네덜란드, 벨기에 등의 정보기구가 산업간첩 활동을 이유로 미국 방첩기구에 적발된 사례가 있는 나라들이다.

이처럼 미국이 세계 각국 정보기구들의 목표가 되는 이유는 간단하다. 미국은 최첨단 과학기술을 가진 세계 대표적인 과학·기술 국가이기 때문이다. 결국, 세계 어떤 나라라도 최첨단의 과학기술을 가지고 있다면 새로운 과학·기술력에 대한 비밀정보를 획득하려고 하는 것은 산업간첩의 속성이기 때문에 미국이 마땅히 전 세계 스파이 전문기관들의 대상이 된다고 할 수 있다.

위 윌리엄 워너(Warner, William T)는 미국의 과학·기술이 세계 표준으로 항상 제일 앞서 나가고 경영기법에서도 국제기준이 되어 있어서 미국의 적국이건 우방 국가이건 경제 도약을 위해 미국의 기술을 사용하고자 한다고 잘 지적한 바가 있다.[720] 워너는 이에 더하여 미국 사회의 원칙적인 공개성으로 인해 과학·기술에 대한 수많은 유용한 정보가 매년 공개되고 있어 어느 나라보다 정보 접근이 용이하다는 점도 미국이 수많은 산업간첩 활동자들의 표적이 되는 이유라고도 했다. 또한, 시민의 자유 보호를 최우선으로 하는 미국 헌법의 무죄 추정의 원칙으로, 산업간첩에 대해서도 섣부른 추정만으로는 형사처벌을 하지 못하는 민주주의 사회체제의 속성에 기인하는 바도 크다고 할 수 있다.[721]

2. 미국의 국가중대기술목록

미국이 어떤 것을 국가 선도기술로 개발 발전시키려고 하는지는 미국 상무부가 발간하는 국가중대기술목록(National Critical Technologies : NCTL)과 국방부가 발간

---

720) Warner William T. "International Technology Transfer and Economic Espionage", International Journal of Intelligence and counterintelligence Volume 7, No. 2(Summer 1994), p.143-160.
721) Sean Gregory(1997), p.8.

하는 국방중요기술목록(Militarily Critical Technologies List : MCTL)에 잘 나타난다. 미국은 1990년부터 국방예산법(Defense Appropriations Act)에 의해 국가중대기술목록(NCTL) 제도를 확립하여 기술 개발과 발전을 지향하는 다수의 중요한 기술목록을 생성한다. 국가중대기술목록에 기초해 국방부, 상무부, 미 항공우주국은 물론이고 다른 많은 사적 영역의 기술목록도 생성되었다.

또한, 최첨단의 국방 무기 개발에 역점을 둔 국방부의 국방중대기술목록(MCTL)도 수출행정법(Export Administration Act of 1970)에 의해 의무적으로 작성하게 되어 있다.[722] 결국, 미국의 국가중대기술목록과 국방중대기술목록에 포함되어 있는 과학기술은 미국이 장래에 가장 역점을 두는 산업 · 과학 · 안보 · 기술영역을 일목요연하게 잘 나타내는 것이다.

국가중대기술은 군사부문과 민간부문 모두에 적용될 수 있는 것이 대부분이다. 따라서 이들에 대한 타국에의 정보 유출은 미국의 경제시장에서만이 아니라 국가안보에 위협을 초래할 수 있는 문제가 된다.[723] 그래서 클린턴 대통령은 1996년 경제간첩법에 서명하면서 경제간첩과 거래비밀의 절취는 미국의 국가안보와 경제복지를 위협한다고 말했다.[724]

제2항 국가정보기구의 경제정보 활동의 한계에 대한 논의

I. 개 관

오늘날 미국의 경우에 경제정책 담당자들이 필요로 하는 약 95%에 달하는 경제정보는 각국의 경제 백서, 국제기구들의 자료, 국제회의 자료, 논문 · 학술자료, 매스컴 보도 등 수 많은 공개 출처 정보를 통해 활용할 수 있다고 한다.[725]

---

722) (7) The term "national critical technology" means a technology that appears on the list of national critical technologies contained in the most recent biennial report on national critical technologies submitted to Congress by the President pursuant to section 603(d) of the National Science and Technology Policy, Organization, and Priorities Act of 1976 (42 U.S.C. 6683(d)).

723) *Operations Security INTELLIGENCE THREAT HANDBOOK*, p.3.

724) Sean Gregory(1997), p.10. "Economic espionage and trade theft threaten our Nation's national security and economic well-being."

725) Prof. Diane C. Snyder, *op. cit*, p.3.

경제 정책담당자들은 정보기구의 도움이 없더라도 그들의 전문적 식견과 현실적 경험 그리고 상대국 고위 경제정책 파트너 등을 통해, 때로는 정보공동체가 접근할 수 없는 정보원(intelligence source) 등을 통해 매우 유용한 경제정보를 획득할 수 있음도 물론이다. 그러므로 경제정책 담당자들이 경제정책의 집행과 수립에 필요한 경제정보를 자급할 수 있다면 정보공동체가 경제정보 획득과 지원에 개입할 여지는 없다. 그것은 미국 CIA가 인터넷 홈 페이지에서 자신들의 고유한 업무를,

> "우리는 결코 정책을 만들지 않는다. 심지어 필요한 정책이라도 권고도 하지 않는다. 그러한 일들은 행정 각 부처, 즉 국무부나 국방부 등의 업무이다. 우리는 그들 행정부처 책임자들이 정책 수립과 집행을 함에 차질이 없도록 좋은 정보를 제공한다."

라고 천명한 것에서 명백히 잘 드러난다.[726] 다만 남아 있는 부족한 5%의 경제정보가 경제정책 수립과 집행에 중요하다. 그러나 그것을 공개출처 정보에서는 획득할 수 없는 경우에 국가정보기구의 역할이 기대되고 정보기구에 의한 정보가 빛을 발하는 것이다. 이러한 경우에 국가정보기구에 의해 제공되는 양질의 정확한 정보는 너무나도 중요하여, 앞선 95%의 일반정보의 가치를 압도할 수 있다. 그러므로 국가정보기구는 남이 할 수 없는 영역에서의 활약이 기대되는 것이지, 남들도 할 수 있는 영역에서 활약할 것이 기대되지는 않는다.

앞서 본 바와 같이 세계 정보경쟁의 축이 경제 분야와 산업 신기술 분야로 이동되어 적지 않은 나라들이 산업간첩 활동을 전개한다. 그러나 산업간첩은 각국의 경제경쟁력을 위협하고 국내 일자리를 빼앗아 갈 뿐 아니라, 유수 기업을 하루아침에 도산에 이르게도 하여 세계 경제의 불안요소가 되게 한다. 따라서 기업소유의 거래기밀 보호와 중요 산업기술 보호는 경제안보의 중심 문제가 되었고 국가안보와 직결되는 문제로 간주된다는 것은 앞서 본 바와 같다.[727]

---

726) CIA, *"Our Mission"* https://www.cia.gov/kids-page/6-12th-grade/who-we-are-what-we-do/our-mission.html.

727) The National Counterintelligence Center, *"Annual Report to Congress on Foreign Economic, Collection and Industrial Espionage"* (1999), p.13.

비록 미국 정보공동체는 경제간첩법을 제정하기 전에도 각국 정보기구로부터의 불법적인 경제정보수집 활동을 저지하기 위해 끊임없이 노력해 왔지만, 하나의 경제정보 성공으로 국가의 장래가 뒤바뀔 수 있는 그 현실적 파괴력 때문에 경제정보 전쟁은 더욱 치열히 전개될 것이 명백하다. 미국이 그동안 법률 부재로 인한 기준설정의 어려움으로 정보활동에 의한 산업정보 보호의 한계를 절감하고 1996년 경제간첩법을 제정한 것도 그런 이유에서였다.

기술경쟁에서 뒤처질 수 없다는 절박감과 원가 절감의 유혹 때문에 일부 국가에서 산업간첩 행위를 국책과제로 선정하는 것을 이해 못 할 바는 아니다. 그러나 사실 이처럼 중요한 경제정보 활동, 더 직설적으로는 산업간첩에는 복잡한 법률문제가 제기된다. 다만 여기에서는 각국의 활발한 경제간첩 행위는 소탐대실의 문제로, 궁극적으로는 세계 경제에 불안을 초래할 수 있고 그러므로 국제법적인 기준을 제정할 필요가 있다는 원론적인 논의는 제외한다. 먼저 경제정보 활동의 기능을 살펴보고 여러 가지 법률적 쟁점을 검토한다.

Ⅱ. 경제정보 활동의 기능

일국의 경제정책이 그 나라가 알 수 있는 경제정보를 바탕으로 수립되는 것은 역사적으로 전통을 가진 국가의 합법적 활동이다. 그리하여 경제정책에 제공하기 위한 해외 경제정보 수집 활동은 오늘날 대부분 국가정보기구의 가장 중요한 임무 중의 하나이다. 전통적으로 각국의 정보공동체가 경제활동과 관련하여 전개하는 경제정보 활동 분야는 크게 3분야로 대별된다.

1. 정책담당자들에 대한 비밀 경제정보의 제공

정보공동체는 경제정책 담당 행정부처를 위하여, 쌍방 또는 다자간의 경제협상 내용, 경제추세의 확인, 국가 또는 개별 기업체 등 경쟁 상대자의 의도, 방대한 이질적 정보자료의 체계적 분석, 실제 국제경제의 안정성에 영향을 미치는 정치적 요소의 분석, 대상 국가 경제 상황의 모니터링, 각국의 수출장려금 등 보조금 실태 현황, 로비 · 뇌물 현황, 수입규제 현황 등 다양한 정보를 제공한다. 미국의 경우 재무부, 상무부, 무역대표부, 국무부, 국가안보회의, 국가경제회의 등은 정보공동체가 제공하는 위와 같은 경제정보의 실질적인 수혜자들이다.

2. 최첨단 과학 · 산업기술의 모니터

정보공동체는 세계 최첨단 과학 · 산업기술의 발달과정을 모니터링한다. 특히 자국의 국가안보에 영향을 미칠 수 있는 상대국가의 과학기술 수준을 점검하는 것은 냉전시대에 비유한다면 경제 분야에서 국방비밀정보를 확보하는 노력과 마찬가지라고 할 수 있다. 대표적으로 미국의 경우는 지속적으로 타국의 컴퓨터 개발과 발전, 반도체 산업의 전개 과정, 이동통신망의 발달 등에 대하여 모니터링하고 유사시 경제정보 공작의 가장 중요한 분야로 상정한다. 그러므로 컴퓨터, 반도체, 이동통신망 등에서 세계 첨단을 걷고 있는 한국의 경우에는 모두 해당하는 분야로 미국 정보공동체의 정보공작을 포함한 경제정보 활동의 주요한 표적이 된다고 보아야 할 것이다.

3. 경제 방첩공작 활동

마지막으로 각국의 정보공동체는 전문성을 바탕으로 자국 내에서의 타국의 경제간첩 행위에 대해 경제 방첩(economic counterintelligence)공작을 수행한다. 특정한 사기업을 대상으로 최첨단 정보 기술력과 인적 전문성을 가진 다른 나라의 국가정보기구가 산업간첩을 전개하는 경우에, 해당 사기업 독자적으로 전문 정보기구의 침투를 방지한다는 것은 역부족일 수밖에 없다.

미국 정보공동체는 외국 정보기관에 의한 경제간첩 활동을 인지하고 무력화시키며 경우에 따라서 그러한 산업간첩을 역이용하는 등의 적극적 방첩공작에 대해서 많은 경험과 상당한 저력을 가지고 있다. 그리하여 전통적으로 미국에 대하여 적대적 경제정보 활동을 전개한 러시아, 중국의 경제간첩에 대해서뿐만 아니라, 일본, 프랑스, 이스라엘, 한국 등의 경제간첩을 적발하여 무력화시킨 사례는 뒤에서 살펴보는 바와 같이 적지 않다.

Ⅲ. 국가정보기구의 경제정보 수집 활동의 법률문제

1. 쟁 점

국가정보기구에 의한 경제정보 수집 활동과 관련해서는 주목해야 할 법률논쟁이 있다. 국가가 경제정보를 수집하여 이를 직접 사기업체에 제공하는 것이 국가기구인 정보기구의 역할로 정당한 것인가의 문제가 그것이다. 다만 주의하여야 할 점은 이러한 논의는 결코, 경제정보 일반에 대한 문제는 아니고, 다른 나라와 해외 다른 기업의 최첨단 과학·산업기술 비밀을 획득하여 이를 자국의 사경제 주체에게 제공하는 경우에 한정한 논의이다. 즉 국가가 수집한 경제정보를 사적 영역에 제공하는 것이 타당한가의 문제이다. 이에 대하여 랜달 포트(Randall M. Fort)는 그의 논문 **"경제간첩 (Economic Espionage)"에서 미국의 정보공동체로 하여금 미국 기업들을 대신하여 산업 스파이 활동을 하게 하는 것은 결단코 가장 나쁜 아이디어"**라고 단언한 바가 있다.[728]

2. 논의의 전개

이러한 논의는 앞서 본 바와 같이 특허권과 저작권 등 지적 재산권의 성격에 관해 프랑스와 미국의 2가지 접근방법에 기인하는 것으로서, 현재까지 미국 내의 특유한 논쟁으로 여겨지는 사례라고 할 수 있다. 그러나 민주주의 정보기구, 그래서 누구보다 강력한 힘을 발휘하기 위한 국가정보기구가 되기 위해서는 매우 유용한 논의라고 할 수 있다. 즉 미국 내의 논쟁에 불문하고 정보의 세계를 총체적으로 이해하고 올바른 정보관을 바탕으로 한 국제 경쟁력을 갖춘 일국의 정보기구 그리고 그러한 정보기구에서 일하는 정보 맨이 되기 위해서는 이해할 필요가 있는 중요한 논쟁이다. 정보공동체가 외국의 사기업을 상대로 경제정보를 수집하고 이를 직접 사경제 주체에게 제공할 수 있는가라는 문제에 대해서는 다음과 같이 견해가 대립된다.

---

728) Roger Z. George & Robert D. Kline., Intelligence and the National Security Strategist: Chapter 17, Randall M. Fort, Economic Espionage, p.237.

1) 부정론

정보공동체가 외국의 사기업을 상대로 경제정보를 수집하고 수집한 경제정보를 기업, 즉 사경제 주체에게 제공하는 것과 같은 그러한 일은 하지 말아야 한다는 입장이다. 그 논거는 다음과 같다.

가. 위협이 아닌 도전의 문제

그것은 먼저 설령 다른 나라의 경제간첩 행위로 인해서 사기업체의 기업 경쟁력이 약화한다고 하더라도 일국의 경제체제에 있어서 사경제 주체의 경쟁력 약화는 국가안보에 대한 '위협'은 아니며, 따라서 국가안보 문제를 취급해야 하는 국가정보기구의 임무는 아니라는 것이다. 그들은 국가안보에 대한 '위협'이라고 함은 소련의 핵무기 위협처럼, 전쟁 관련 당사국 누구도 승자가 될 수 없는 소위 제로섬 게임에 이르게 되는 국가에 대한 어떤 물리적 형태의 파괴적인 위협을 말한다고 정의한다.[729]

그런데 기업체의 경쟁력 상실은 경영혁신을 통해 회복될 수 있는 해당 기업에 대한 어떤 '도전(challenge)'의 문제이지 제로섬을 유발하여 국가가 파멸의 길로 가게 되는 '위협'의 문제는 아니라는 것이다. 즉 해당 피해 기업은 살아남거나 더 많은 이윤을 남기기 위해서는 다시 최첨단 기술을 개발하여 경쟁력을 확보해야 하는 새로운 기회의 출발점이라는 것이다.

부정론자들의 견해는 더 확장되어 경제경쟁력은 국가 간의 문제에 있어서도 양 국가를 함께 파멸의 길로 이끄는 제로섬 게임도 아니라는 것이다. 물론 거기에도 승자와 패자는 있지만, 승리의 효과를 어느 한 측만 독점하는 것이 아니고 그 효과는 국가가 서로 양분할 수 있다고 본다. 예컨대 가격 인하와 새로운 혁신제품 개발로 국경을 넘어 결국 양측이 성공을 공유하게 된다는 것에 경제경쟁력 전쟁의 특성이 있다는 것이다.

예를 들어 일본 정보기구의 지원을 받은 혼다 자동차회사가 미국 포드 자동차회사의 첨단 기술을 절취하여 미국 자동차보다 품질도 우수하고 가격 경쟁력도 월등한 신제품 자동차를 출시해 선풍적인 인기를 끌고, 결국 그 파장으로 미국 포드 자동차회사가 도산에 직면하게 되는 경우를 가정한다. 일본의 산업간첩으로 포드의 최첨단 자동차

---

729) *Id*, p.240.

산업기술이 절취당하여 도산에 직면했지만, 내부적 작동 기제는 승자와 패자를 확연히 구별 지을 수 있을 만큼 그렇게 간단하지 않다.

그 이유는 다음과 같다. 물론 도산에 직면한 경쟁기업인 미국 포드 자동차회사는 명백한 패자이다. 그러나 그러한 최첨단의 뛰어난 성능의 차를 저렴한 가격에 구매하는 미국 시민은 승자가 된다. 혼다 측에 부품을 납품하는 미국 하청회사도 승자이다. 혼다 자동차를 미국에서 광고하는 미국 광고업체도 승자이다. 더욱이 혼다 측은 미국 내의 자동차 판매증가로 판매망은 물론이고 생산설비를 신축 또는 증축할 수도 있어, 이것 또한 미국 경제의 이점으로 작용할 것이다.

혼다 주식에 투자한 미국 시민은 당연히 승자이다. 실질적으로 다른 미국 자동차회사도 원가 절감과 또 다른 신기술 개발을 의욕하게 되어, 결과적으로 미래의 승자가 될 기회를 얻게 된다. 이것은 냉전 시대에 명백히 소련의 핵 위협, 그리고 극단적인 전쟁 때문에 나타나는 어떤 물리적 손상과는 개념을 달리하는 것으로 '위협'과 '도전'의 차이를 분명히 보여 준다고 할 수 있다.

나. 자국 기업 개념의 모호성

부정론자들은 또한 국가정보기구가 획득한 경제정보를 사경제 주체에 직접 제공하는 데에는 또 다른 실질적으로 곤란한 문제가 뒤따르기 때문에 국가 도덕적으로도 국가정보기구가 상업적 목적의 산업간첩을 해서는 안 된다고 주장한다. 그 문제는 궁극적으로 글로벌 경제시대에서 과연 **'자국 기업'**이란 무엇을 의미하는가에서 출발한다. 오늘날과 같은 글로벌 경제체제에서 수많은 다국적 기업이 세계 경제를 주도하는 현실에서 '한국기업' '일본기업' 그리고 '미국기업'은 과연 무엇을 의미하는가라는 질문에서 출발한다.

미국 상무부는 자산 대부분이 미국 내에 있고 주식의 상당 부분을 미국 시민이 보유한 기업을 미국 기업이라고 정의한다.[730] 그러나 이것도 결국 분명하지 않은 개념이다. 주식의 상당 부분은 미국 시민이 보유하지만, 자산의 상당 부분은 해외에 있을 수 있는 기업도 허다하고, 무엇보다 상당 부분이라는 개념이 주식 또는 자산의 보유량이 과반수

---

730) *Id*, p.241.

이면 되는 50%까지인지, 60% - 70% 이상은 되어야 하는지 개념적으로 명백히 할 수 없다는 한계가 따른다. 결국, 오늘날 다국적 기업과 광범위하고 다양한 국제거래 그리고 이득을 따라 무수히 변동 투자가 이루어지는 국제자본의 흐름에서 국영기업이나 준국영기업을 제외하고 순수한 혈통의 자국 기업을 분별한다는 것은 간단한 일이 아니다.

다. 경제정보 분배 기준의 불명확

이러한, 타국기업의 구분 곤란은 결국 어느 기업을 대상으로 국가가 수집한 경제정보를 제공할 것인지의 문제에 있어서도 명백한 기준설정을 곤란하게 한다. 그런데 경험론적으로 이득이 따르는 분야에 있어서 사전의 명백한 기준설정의 실패는 필연적으로 부패와 남용을 낳게 된다. 기준이 없으므로 선별과 선택의 문제가 따르기 때문이다. 또한, 부패와 남용의 문제는 결국 국가 도덕성의 타락으로 이어지는 것이므로 국가정보기구가 수집한 경제정보는 사경제 주체에 제공하는 등으로 국가가 관여해서는 안 되는 문제라고 부정론자들은 주장한다. 이들 견해에 따르면 어느 기업에게 줄 것인지 하는 **'누구에게의 문제'**에 더하여 또한 **'어떤 정보'**를 **'어디까지'** 그리고 **'언제까지'** 제공해야 하는가? 하는 문제도 따른다. 한 번 정보를 제공하면 관련 정보를 지속적으로 제공해야 하는 문제도 따르기 때문이다.

라. 효용성의 한계

국가정보를 사경제 주체에 제공하지 말아야 하는 또 다른 이유는 효용성과 남용의 문제에도 있다. 부정론자에 따르면 대개 사경제 주체에 대한 국가기관의 경제정보 제공은 당연히 그 효용성이 전제된다고 생각하지만, 이것은 착각이라는 것이다. 현재까지도 실제로 그 효용이 입증되거나 시험 된 예는 없다고 한다.[731] 사실 손쉬운 산업간첩은 기업의 혁신과 창의력을 감퇴시킬 수있는 너무나 큰 위험성이 있는 것이다. 1993년 워싱턴포스트지는 국가 정보공동체가 사경제 주체와 경제정보를 공유하는 것은 국가가 특정한 대기업에게 불공정한 특혜를 주는 것으로 필연적으로 외국과의 외교 관계에는 오히려 악영향을 줄 것이라고 보도했다.[732]

---

731) *Id*, p. 244.

마. 법률규정의 불비

부정론자들은 실정법에 기초한 적법성의 검토에서도 부정적일 수밖에 없다고 주장한다. 첫 번째로 현행법상 어디에도 국가정보공동체가 비정부 단체에 국가의 자산인 국가정보를 제공할 법적 근거가 없고, 두 번째는 정보공동체가 수집하는 그러한 경제정보는 필연코 거래비밀(trade secret)일 것인데 미국의 경우는 경제간첩법으로 거래비밀의 취득을 범죄로 규정하고 있으므로 결국 국가가 위법을 행하지 않는 한 법률적으로 불가능하다는 것이다.733) 셋째는 미국 정부를 상대로 하는 세계 각지의 기업 그리고 국가들에 의한 수많은 법적 쟁송이 예상될 것으로 이것은 법 정책적으로도 바람직하지 않음을 보여 주는 결론이 될 것이라는 것이다.

이러한 제반 논거를 주장으로 부정론자들은 국가 공권력의 사경제 영역에의 직접 개입은 자유경쟁을 근간으로 하는 WTO 체제의 이념에도 반하는 것으로 결국 적은 이득을 바라다가 큰 손실을 자초할 것이라는 견해를 밝히고 있다. 그리하여 일찍이 전 CIA 로버트 게이츠(Robert Gates) 국장은, **"우리 요원들은 조국을 위해 목숨을 바칠 준비는 되어 있지만, 포드 회사를 위해 생명을 바치려고 하지는 않는다."**라고 말했던 것이다.734)

2) 긍정론

국가정보기구의 산업간첩, 즉 상업적 목적의 경제정보 수집 활동이 가능하고도 필요하다는 견해이다. 긍정론자들은 국가 경제정보의 사경제 영역에의 배포는 법적인 문제가 아니라 그야말로 경제적인 문제일 뿐이라는 것이다. 부정론자들이 제기하는 여러 가지 문제들은 일단 고려할 가치는 있는 기준과 내용이지만 그러한 장애 때문에 국가안보의 초석이 될 경제정보를 사경제 주체에 양도할 수 없다는 것은 본말이 전도된 주장이라는 것이다. 한편 어느 나라도 이와 같은 긍정론적인 입장을 공개적으로 드러내 놓지는

---

732) "The Idea of a CIA Linkup Spooks Some Area Executives", *The Washington Post*, March 9, 1993.

733) 사실 미국 경제간첩법(Economic Espionage Act of 1996) 제정에 있어서도 일반 시민들의 직업선택권 침해문제와 CIA 등이 사실상 경제간첩 활동을 하는 현실이 커다란 장애로 논의되었던 쟁점들이다. 그러나 미국의 경우 국가정보기구의 경제간첩 활동은 해외에서의 활동을 원칙으로 하는 것이기 때문에 그러한 논의에서 상대적으로 자유로울 수 있었다.

734) Speech by Robert M. Gates to the Economic Club of Detroit, MI, April 13. 1992.

않지만, 현실적으로 대부분 국가정보기구가 사실상 취하는 입장으로 다수설적 견해라고 할 수 있다.

3) 절충론

가. 의 의

국가 정보기구가 수집한 경제정보를 전적으로 사경제 주체에 제공하는 것은 문제가 있을 수 있으므로 국가가 사경제 주체와 정보를 공유하여 경제활동을 하는 방법, 즉 회사를 직접 운영하는 방법을 택하는 것이 바람직하다는 견해이다. 즉 부정론자들의 견해에도 일리가 있지만, 국가정보기구가 획득한 최첨단의 과학·산업기술들을 사장시킨다는 것은 바람직하지 않고 더욱 큰 문제이기 때문에 어떻게든 그러한 경제정보를 활용하여 국가 경쟁력을 제고해야 한다는 현실적인 입장에서 제기되는 주장이다.

나. 비 판

그러나 국가가 어떤 사경제 주체와 어떤 종류의 경제정보를 공유하여 경제활동을 할 것인가의 문제는 더욱 간단치 않다. 이 경우에는 국민의 세금으로 운영되는 국가기관이 직접 경제운영 주체가 되게 되므로, 지속적인 발전을 위해 해당 사경제 주체와 경쟁관계에 있는 특정 기업의 기술적 자료와 특별한 사업계획이나 계약서 등 영업적으로 가치가 있는 경제정보를 입수하여 제공해야 하는 문제도 발생하게 된다. 그러므로 일회적인 정보제공도 문제인데 지속적으로 특정 기업에만 정보를 제공한다는 것은 더욱 큰 문제라고 할 수 있다.

한편 정보기구의 속성상 정보 원천과 정보 방법의 비밀성 유지는 정보조직의 생명과 같은 것인바, 사경제 주체에 특정한 구체적 정보를 제공하고 영업을 함께 할 경우에는 정보 원천에 대한 비밀성 유지에 어려움을 겪게 되고, 반면에 추상적인 내용의 정보는 효용성이 문제될 것이라는 피할 수 없는 현실적 어려움이 있다. 또한, 어떠한 형태로든지 국가와 사경제 주체의 연결은 필연적으로 기업체들이 정보기구의 감시대상으로 전락할 위험성도 있다.[735]

---

735) *Id*, p.245.

4) 결 어

오늘날 다양한 형태로 나타나는 경제 위협요소는 결국에는 국가안보와 직결되는 결코 간과할 수 없는 문제이다. 정보공동체가 수집한 자료를 바탕으로 국가의 경제정책이 수립되는 것은 지극히 당연하고, 일국의 경제정책은 결국 사경제 주체를 그 전제로 한다. 오늘날 국가안보에 있어서 비중 있는 사경제 주체의 영향력은 단순한 기업 하나의 문제로 그치는 것은 아니다.

현실적으로도 여러 가지 국가정보가 다양한 형태로 사경제 주체와 연결되는 것은 경제계의 현실에서는 이미 적지 않게 발생하는 일이다. 그러므로 조금 더 나아가 국가가 국책적 관점에서 사경제 주체에게 국가의 경제정보를 직접 제공하는 것은 필요하고 당연한 일이다. 이미 일본과 프랑스는 냉전 시대부터 국가가 앞장서서 사경제 주체 보호 프로그램을 작동했음은 주지의 사실이다.

앞서 본 부정설의 제반 근거는 이론적으로 하나하나가 설득력이 있어 보이나, 국가 경쟁력 약화는 국가안보에 치명적인 위협을 가져오는 것으로 사경제 주체의 경제경쟁력 약화는 국가 경쟁력을 약화시키는 가장 커다란 요소라는 사실을 간과한 것으로 판단된다. 부정설은 논리적인 흥미로움에도 불구하고 결국 기술적이고 미시적인 문제에 집착하여 경제정보의 성격 전체를 보지 못한 것으로, 국가안보 문제에서는 단 1%의 허점도 허용될 수 없다는 국가경영의 근본 원칙을 무시하는 주장이라는 비판을 면할 수 없을 것으로 생각된다.

Ⅳ. 경제정보의 정책에의 반영

1. 경제정보의 활용

정보의 고유목적이 그러하듯이 경제정보는 경제정책 담당자들에게 경제정책을 수립하고 집행하는 데 도움을 주는 것에 목적이 있다. 경제정보의 수요자는 대통령과 국회 경제담당위원회 소속의원, 외교통상부, 기획재정부, 교육과학기술부, 지식경제부, 국토해양부 등의 경제 및 산업 유관부서 담당자들이 된다.

원래 경제정보는 다양한 방법으로 경제정책 담당자들에게 도움을 줄 수 있다. 전술한 바와 같이 해외의 대형 공사 수주에서 은밀하게 오고 가는 뇌물정보나 특혜정보 그리고 상대방의 가격 등 입찰 정보나 공사를 발주하는 국가의 결심 등은 매우 중요한 경제정보가 된다. 또한, 세계의 무역 흐름, 각국의 외환 보유고 상황, 경제정책의 기조, 경제체제의 변동 여부, 최첨단 과학·기술개발 동향 등은 경제정책을 수립하고 집행하는 경제정책담당자들에게 여러 측면에서 도움을 줄 수 있다. 다른 나라로부터 은밀하게 수집된 비밀 경제정보를 바탕으로 금리를 인상할 것인가? 외국과의 무역협상에서 개방과 반개방 또는 거부 등 어떠한 입장을 취할 것인가? 국제 경제조약에 대해 찬성할 것인가 반대할 것인가? 등은 국책적 관점에서 매우 유용하게 사용될 수 있다.

앞서 본 바와 같이 미국 정보공동체와 경제정책공동체는 어떤 특정한 산업기밀 유출을 방지한 것이 아니라 이러한 국가적 경제정책 차원에서의 긴밀한 협조를 다 하는 것만으로도 매년 수십억 달러의 손실을 예방했다는 평가를 받고 있다.[736] 위 캐나다의 경제정보 분석관인 새뮤얼 포티우스에 따르면, 이와 같은 형태의 비밀 경제정보를 경제정책 담당자들이나 정보를 필요로 하는 다른 정책담당자에게 제공하는 일은 전통적으로 서구 정보기구들의 기본적인 서비스 활동이라고 한다.[737]

2. 경제정보의 원활한 소통구조

문제는 의사소통구조이다. 아무리 많은 경제정보라고 해도 이미 경제정책 부서가 획득하고 있는 정보를 수집하여 제공한다는 것은 낭비이고, 반면에 아무리 중요하고 훌륭한 경제정보라고 해도 그러한 정보를 제때 필요한 사람이 활용할 수 없다면 그것은 정보로서는 이미 가치를 상실한 죽은 정보가 된다. 그러므로 실질적으로 살아있는 경제정보가 되려면 국가정보기구는 실제로 경제정책을 직접 운용하는 정책담당자들이 필요로 하고 요구하는 정보를 수집하고 제공하여야 한다. **"필요한 요구에 따른 정보제공"** 또는 명백히 필요한 것으로 **"요구하기 전에 수집 및 제공"** 할 수 있는 능력을 갖추는 것이 사실상 국가정보기구의 유능함을 결정짓는 잣대라고 할 수 있다.

미국의 경제부흥을 위해 국가정보기구를 가장 잘 활용했다는 평가를 받는 클린턴

---

736) Prof. Diane C. Snyder, *op. cit*, p.15.
737) Sean Gregory(1997), p.15.

대통령은 1994년 그의 연설에서, "경제정보는 미국 경제정책 담당자들이 세계의 경제 추세를 이해하는 데 중요한 역할을 다할 것이다. 경제정보는 미국의 제반 무역협상을 도와줄 수 있고, 또한 해외 정보기구에 의해 자행되는 미국회사를 상대로 한 위협을 적발하고, 세계 도처에서의 불공정한 거래 관행을 적발하여 경제정책 담당자들이 경제 거래에 있어서 기회의 균등을 확보할 수 있도록 도와주어야 한다."라고 경제정보 활동에 대한 미국 정보기구의 역할과 기능에 대해 대통령으로서의 확고한 주문을 했다.

미국 클린턴 행정부는 이러한 관점에서 백악관에 국가경제위원회(National Economy Council : NEC)를 설치했다. 그래서 CIA의 고위 경제정보 분석관으로 하여금 정기적으로 국가경제위원회의 고위관료와 국무부, 재무부, 상무부, 무역대표부 등 경제정책 책임자들에게 정례 브리핑을 하도록 했다. CIA의 경제정보 브리핑이 어떻게 유용할 수 있고 필요한지는 국가경제위원회의 부국장 커터(Bowman Cutter)의 다음 언급에서 잘 나타난다.[738]

> "사실 나는 내가 알고 싶은 (경제)정보의 대부분을 영문판 닛케이(Nikkei) 잡지나 금융 타임지(Financial Times)에서 얻을 수 있다. 문제는 그것을 읽을 시간이 없다는 것이다. 만약 정보기구가 나에게 핵심을 제공하고, 은밀하게 수집된 정보로 타당성을 뒷받침해 준다면 환상적(terrific)일 것이다."

국가 경제정보의 방향과 전달의 필요성을 잘 알 수 있게 해주는 언급이다. 미국은 현재도 이와 같은 개인 브리핑 제도를 계속 활용한다. 미국은 또한 경제정보 제공을 위해 주요 정책부서에 정보기관의 연락 사무실을 운영하는 것으로도 알려져 있다. 부처의 정보를 수집하기 위한 것이 아니라 의무적으로 정책 실무자들에게 적시에 필요한 정보를 제공하기 위한 연락사무소인 것이다.

그러나 이러한 다양한 채널에도 불구하고 미국 주요 경제정책 부처 담당자들은 정보공동체로부터의 경제정보 제공에 대해 전반적으로 부족하다고 불만족을 표시했다고 한다.[739] 이것은 경제정보도 비밀분류 체계상 비밀로 분류되면 접근을 하기 위해 방첩

---

738) *Id.*
739) 1997년 11월 25일 아스핀-브라운 위원회(Aspin-Brown Commission)가 익명을 조건으로, 전화로 재무부, 상무부, 무역대표부 등 미국 경제정책 담당자들을 상대로 조사한 내용이다. *Id.*, p.16.

공작 편에서 살펴본 것처럼 먼저 비밀취급인가권을 가져야 하고, 그 다음으로는 비밀에 접근할 필요성(need to know)이 있어야 한다는 현실적인 한계 때문이기도 하다. 결국, 보안체계의 문제가 역동성 있는 경제정보 활용의 문제에도 커다란 장애로 등장했던 것이다.

이에 클린턴 대통령은 경제정보 전달과 협조의 문제에서 경제정책 담당자들의 이러한 불만을 직시하고 이를 해소하기 위하여 구체적인 절차는 잘 알려지지 않았지만, 국가경제위원회(NEC)에 경제정보의 수집 · 생산 · 배포와 경제정보 생산자와 수요자 간의 긴밀한 협조 관계를 도출하며, 경제정보를 보다 자유롭고 적극적으로 활용할 수 있도록 보안체계를 혁파할 것을 특별 주문했었다.[740]

---

740) Sean Gregory(1997), pp.16-17.

제3절 경제정보수집방법

제1항 개 관

국가정보기구는 필요한 경제정보를 제3편 제1장에서 설명한 바와 같은 다양한 정보수집 방법에 따라서 수집할 수 있다. 그러므로 인간정보(HUMINT), 기술정보(TECHINT), 흔적·계측정보(MASINT), 공개출처정보(OSINT) 방법은 경제정보수집에도 그대로 적용된다. 사실 대상국가의 제반 공개자료, 기업체의 다양한 이벤트, 행동 내용과 추세들을 계속 관찰하는 등 공개정보에 의존해서도 대부분의 훌륭한 경제정보를 획득할 수 있다.

그러나 공개출처에 의한 수집만으로는 특정한 기술정보나 사업전략 등 세부정보를 획득하기 어렵다. 그러므로 직·간접의 다양한 첩보 수집 기술이 동원된다. 대표적인 것이 인간정보에 의한 정보수집방법이다. 또한, 신호정보(SIGINT)에 의한 방법은 물론이고 기술적 첩보 수집의 총아인 인공위성이나 정찰항공을 통한 영상정보(IMINT) 등의 최첨단 기술정보(TECHINT) 수집기법이 동원된다. 신호정보 수집방법인 통신정보(COMINT), 원격측정정보(TELINT), 전자정보(ELINT)가 동원될 수 있음도 물론이다.

한편 경제정보 수집으로 특유한 것은, 예컨대 기업인수합병과 같이 외형상 합법적인 법적 방법을 동원한 경제정보 수집이 있다. 이러한 법합치적(法合治的) 경제정보 수집은 성격상으로는 인간정보의 한 가지로 볼 수 있으나, 단순한 인간 활동 이외의 외부적인 법률적 절차 등이 가미되어야 하므로 항을 달리하여 살펴본다. 이러한 다양한 방법을 통해 경제정보를 수집하면서도 수집은 1회적으로 그치지 않고 계속적으로 진행된다. 미국 FBI에 따르면, 불법적인 방법으로 미국의 경제정보 획득을 노리는 해외세력은 스파이망을 세 가지 방법으로 구축한다.[741]

첫 번째는, 미국 유수의 회사나 연구소에서 일하는 같은 동포나 동질의 민족적 배경을 가진 취약한 사람들을 1차적 포섭대상으로 삼는다. 두 번째로는 경영 책임자나 감독관청의 관료 등에 대한 뇌물을 주거나, 자료를 절취하거나 통신감청 등의 방법을 동원한

---

[741] FBI, http://www.fbi.gov/hq/ci/economic.htm.

다. 세 번째는 외형상 건전한 것으로 위장한 거래 파트너 회사를 설립하여 경제정보 수집 활동을 벌인다. 통상 기업의 거래비밀은 컴퓨터 파일, 공식 · 비공식 서류, 작업일지, 초안, 뉴스 레터, 연간 보고서, 업무 약속 일지 등에 담겨있을 수 있다.

이러한 다양한 형태의 자료 속에 거래비밀이 존재할 가능성 때문에 현실 세계에서는 재떨이나 쓰레기통에서 수집되는 거래비밀도 적지 않다. 또한, 매수한 피용자의 머릿속에 기억되어 있는 거래비밀은 두말할 나위도 없이 좋은 자료이다. 개별기업이나 각국 정보기구들은 거래비밀이 다양한 형태로 존재하는 만큼 다양한 합법, 비합법의 획득 수단을 동원해 경제정보를 수집한다.

기업과 국가의 연계 활동, 공개출처정보 수집, 휴민트(HUMINT)와 인공위성을 포함한 테킨트(TECHINT)의 결합 등 실제 정보의 세계에서 이루어지는 경제정보 수집기법은 냉전 시대 국가 간의 군사정보를 획득하는 방법만큼이나 치열하다. 한편 냉전 시대의 정보수집의 맹장으로 고도의 정보수집 기술을 체득한 경험이 있고 게다가 첨단 장비로 무장한 전직 KGB 요원들이 오늘날 적지 않게 서유럽 여러 나라나 유수한 다국적 기업에 스카우트되어 경제스파이 분야에서 맹활약한다고 한다. 더욱이 정보의 세계에서도 우방에 의한 경제스파이 활동은 공개됨이 없이 외교적 통로로 원만히 해결하려는 관행으로 인해서 경제정보 활동은 한 번 실패한 경우에도 반복되어 발생한다는 독특한 특성이 있다.

제2항 공개출처정보(OSINT) 활동

I. 의의와 방법

1. 개 관

일반 대중에게 널리 공개된 자료나 국제회의 같은 기회를 통하여 경제정보를 수집하는 방법이다. 다른 분야에 대한 정보수집과 마찬가지로 경제정보의 상당 부분은 공개출처에 의해 획득할 수 있다. 전술한 바와 같이 미국의 경우에는 약 95% 정도의 경제정보를 공개출처 정보에서 활용하는 것이 가능하다고 한다. 과학 · 기술 잡지, 신문 · 정기 경제 간행물, 서적과 논문, 연감, 정부간행물, 국제 경제기구의 보고서 및 발간물 등에는 일국의 경제정책 수립과 집행 그리고 새로운 과학·기술의 추세를 알 수 있는 유용한 내용의 경제정보가 널려 있다.

기업체의 사보, 업종별 협회의 간행물, 결산보고서, 시장 조사보고서, 각종 통계자료, 업계의 인명록 및 인터넷 사이트 등은 경쟁기업이 상대기업의 윤곽을 파악하고 심층적인 내용을 알 수 있는 좋은 정보자료가 된다. 또한, 경제문제에 대한 국제 학술회의, 산업 경제 박람회, 연구소 등의 견학기회도 유용한 정보수집 기회가 된다. 물론 이러한 경우에 전문적인 정보요원이 최첨단의 정보수집기법으로 단순한 견학 등으로는 확보할 수 없는 더욱 세밀한 정보를 확보할 수 있다. 예컨대 견학은 가능하지만 사진 촬영 등은 금지된 장소에서도 고도의 장비와 번개 같은 능력을 갖춘 정보요원은 감쪽같이 영상을 촬영하는 등의 방법으로 공개출처의 기회를 최대한 활용할 수 있다.

2. 공개자료 검토

거의 모든 경제스파이 활동은 공개자료 검토를 기본으로 출발한다. 상세한 명세는 아니더라도 공개자료를 통해서 기술 추세를 파악하는 것만으로도 이미 훌륭히 정보활동의 방향성을 잡을 수 있기 때문에 경제정보 수집에 있어서 언론 보도와 정기간행물 등 공개자료의 체계적인 검토와 분석은 대단히 중요하다.

3. 인터넷 검색

인터넷의 체계적인 검색만으로도 상당한 거래비밀을 획득할 수 있다. 각 기업은 인터넷 사이트에 기업 광고와 선전을 위하여 기업거래의 상당한 내용을 공표하고 있다. 가격목록, 생산품 현황, 연구개발 소개, 피용자 자격요건 등은 그것 자체로도 아주 훌륭한 거래비밀이 된다. 더 나아가 그러한 공개된 검색자료를 체계적으로 조합하면 해당 기업의 심층적인 거래비밀에 한 걸음 더 접근할 수 있다. 이러한 연유로 오늘날 적지 않은 기업은 오히려 인터넷을 역이용하여 그들의 가격진실, 연구소 위치, 연구범위 등 상대방이 관심을 가지는 분야에 대해 진실을 숨기거나 오히려 역정보를 흘리기도 한다.[742]

4. 국제회의 참석과 연구소 등 시설견학

국제회의, 세미나, 전시회, 박람회 등은 합법적으로 영업비밀을 획득할 좋은 기회이다. 경쟁기업이나 대상 국가의 현재의 기술력뿐만 아니라 미래의 예상 기술력이나 추세를 파악할 수 있다. 또한, 오늘날 대부분 회사가 홍보를 위해 회사견학 프로그램을 운용하기도 한다. 이러한 특별 견학의 기회를 영업비밀 획득을 위한 좋은 기회로 활용할 수 있다. 또한, 특별 방문단에 대해서는 대부분 기업이 통상의 견학 프로그램 이외에 더욱 심층적인 내용을 소개해 주기도 하는바, 이를 잘 활용하면 심층적인 거래비밀에 접근할 수 있다. 미국의 에너지부는 소속 연구소에 대한 해외 각국으로부터의 견학 프로그램을 운용하면서 그에 대한 엄밀한 보안 조치 또한 병행한다고 함은 후술하는 바와 같다.

5. 비고

전술한 바와 같이 공개출처 정보에 의한 경제정보 수집은 전문적인 지식과 경험을 가진 사기업 영역에서나 경제정책 담당 부서가 일상의 업무로 훨씬 더 전문성을 가지고 또한 그들이 필요한 정보를 선별적으로 획득할 수 있다.

이러한 경우에 국가정보기구의 관여는 지속적인 추세 연구를 위한 학문적인 목적 이외에 정책부서 경제정보 수요자에게 특별히 중요하지 않을 수 있다. 그것은 바꾸어 말하면 국가정보기구는 그들이 강점을 가진 특유한 정보수집 기법으로 일반적인 공개출처 정보로는 수집할 수 없는, 나머지 5%의 경제정보를 획득하는 노력에 전력을 다해야 함을 의미한다.

Ⅱ. 회색자료(Gray literature)의 수집

한편 원칙적으로는 공개출처정보의 성격을 가졌지만, 통상적인 방법으로는 획득하기 어려운 출처 불명 또는 출처 미공개자료를 정보용어로 '그레이 리터리처'라고 한다. 이러한 회색자료(GL)[743]를 획득한 후에 그것의 분석을 통해서는 일반 공개출처 자료

---

742) *Id*, p.5.

에서는 얻을 수 없는 고도의 경제정보를 확보할 수 있다.744)

통상 회색자료는 경제정보 세계에서 온전한 비밀문건은 아니지만 그 성격상 유통과 회람이 한정되어 특정한 사람만이 이용할 수 있게 제한하는 등 가용성에 한계가 있는 자료를 말한다. 회색자료는 정보공동체, 도서관 사서, 의학 연구자들이 주로 사용하는 언어로 공식 출판물 등 통상의 방법으로는 획득하기 어려운 최신의 그리고 그것이 만약 과학·기술적인 것이라면 일반 공개자료에는 없는 원본의 복잡한 기술 데이터를 포함한 내용을 담은 자료를 일컫는 용어이다.

1995년 1월 18일 미국의 "회색자료 실무그룹 회의(Interagency Gray Literature Working Group)"는 회색자료를 국·내외 공개자료로서 그러나 일반적인 배포선을 따라서는 획득할 수 없고 특별한 통로를 통해서만 얻을 수 있는 자료라고 정의했다. 대표적 예로 일반인에게는 배포가 되지 않는 정부나 과학단체의 기술 보고서, 전문 워킹그룹이나 의회 위원회 보고서, 정책이나 심사평가 분석 결과가 농축된 백서 등이 그에 속한다.745) 회색자료 획득에 의한 경제정보 수집의 경우에는 특히, 적시성과 관련해서 일반 민간 수준에서의 수집에는 한계가 있을 수 있고, 따라서 국가정보기구의 전문적인 정보활동이 필요하게 된다.

---

743) "Grey Literature"는 정보 전문용어로 현재까지 마땅히 한글로 번역된 용어가 없는 듯하다. 직역하면 회색문학이지만 그레이 리터리처는 서적 이외에 각종 서류, 필름, 비디오 데이프 등도 포함될 수 있으므로 본서에서는 회색자료(資料)라고 칭한다. See Gray literature, http://www.greynet.org/. 웹스터 사전의 용어적 정의는 다음과 같다. "written material (as a report) that is not published commercially or is not generally accessible."

744) Id.

745) Debachere, M. C. Problems in obtaining grey literature. IFL4 Journal, 21(2) 1995, p.94-98. Information World, What is grey literature?(1996) http://info.learned.co.uk/li/n ewswire/I196/wiII96.htm.

제3항 인간정보(HUMINT) 수집 활동

사람을 중심으로 한 경제정보 수집은 예전이나 오늘날이나 그 중요성에서 별반 차이가 없다. 경제정보 수집은 전통적 방법인 전문 스파이 요원에 의한 활동 등 다양한 인적 스파이를 통해 이루어진다. 직접적인 정보요원은 아니지만, 인적 방법에 의한 경제정보 수집은 정책담당자 매수에서부터, 피용자로의 위장 침투, 외국인 학생과 외국 피용인 매수, 외국 여행 가이드와 여행객을 가장한 시설 관람시의 정보수집, 번역가, 우호 NGO, 로비스트, 언론인을 가장한 시설에의 접근 등으로 광범위하게 이루어질 수 있다. 또한, 연구개발 사업에의 참여, 동업, 프랜차이즈 형성, 친목 모임, 국제 교환프로그램, 수ㆍ출입 회사에서의 비밀수집 등은 이제는 고전이 되었다.

한편 인간정보 수집에 의한 경제정보 수집에 있어서 회사 관계자나 국가 정보요원이 직접 참여하는 경우도 있지만 많은 경우에, 만약에 발생할지도 모를 외교 분쟁이나 법률 쟁송 문제 등의 이유로 회사 중역이나 정보기구 책임자는 기업이나 국가와의 스파이 활동 연관 관계를 절연할 필요성이 절실하다.

그러므로 비밀공작에서 설명한 바와 같은 '그럴듯한 부인(plausible deniability)'은 경제정보 활동에서도 그대로 적용되며 어떤 정보가 필요하다고 암시하는 것만으로도 해당 직무를 수행하는 사람은 알아서 수단과 방법을 가리지 않고 정보수집에 들어간다. 물론 아래의 인간정보에 의한 경제정보 수집도 적은 부분에 지나지 않고, 이들을 혼합하거나 병행 사용하거나 극단적인 경우에는 연구소나 기밀자료에 대한 훼손이나 파괴 공작을 병행할 수도 있다. 경제정보 전쟁이라고 일컬어지는 이유이다. 경제정보 수집의 실전적인 다양한 내용은 각국 산업스파이 현황에서도 잘 알 수 있다.

1. 산업 정보원(Industrial mole)의 활용

목표 기업체 내의 신망 받는 피용인을 비밀리에 연락책으로 채용하여 해당 기술을 수집하는 방법이다. 민감한 정보에 접근할 수 있는 컴퓨터 기사, 비서, 기술자, 유지보수 인력 등은 훌륭한 정보망이다. 직장 내에서 이들의 낮은 신분과 저 임금 등의 처우는 좋은 회유 조건이 된다. 외국 기업이나 정부에 고용되어 일하는 자국민의 동포애를 활용하여 정보를 수집하는 것도 애용되는 정보수집 중의 하나이다. 특히 중국의 경우에는 외국에 고용된 자국민을 활용하는 것을 매우 적절히 사용하는 나라로 미국 내 주요 기업의 중국민 분포를 인적 관계와 계보를 포함해 상세하게 준비하고 있다고 한다.

2. 자원봉사자

공무원이나 기업체 직원 중에서 자발적으로 해당 기술정보를 팔려고 하는 사람들을 적극적으로 활용하는 경제정보 수집방법이다. 낮은 신분과 저 임금 이외에 마약 복용자, 알코올 중독자, 승진이 걸린 사람, 가족 문제나 건강 등의 문제로 심한 스트레스를 겪고 있는 사람, 많은 부채가 있는 사람이 금전적 대가를 바라고 적극적 정보제공 자원가로 나설 수 있다.

3. 피용자 스카우트

경쟁업체의 전문 피용자를 더 좋은 조건을 제시하며 은밀하게 스카우트하는 것이다. 스카우트된 피용자는 현장에 바로 투입될 수 있어 경쟁업체의 비밀을 훔칠 수 있는 매우 효율적인 방법으로 평가된다. 뇌물, 개인적 약점, 협박, 미인계 등에 의해 회유되어 스카우트되기도 한다. 또한, 더는 기술개발에 적극적인 기여를 못 해 부당한 대우를 받거나 같은 실적이 있음에도 성별이나 출신 등의 이유로 회사 내에서 차별대우를 받는 등 여러 가지 연유로 직장에 불만을 가진 피용자는 좋은 스카우트 대상이 된다. 그 대상자는 회사 관리자 등 중역뿐 아니라, 연구자, 기술자, 수리 보수 기술자, 여비서 등이 모두 포함된다. 통상 직책이 낮은 사람일수록 오히려 최고의 기밀은 아니지만, 의심받지 않고 회장실 출입 등 다양한 영업비밀 보관 장소에 쉽게 접근할 수 있으므로 중요한 비밀을 절취하여 자료를 제공할 수 있다.

4. 전문 사설 요원의 활용

개인의 사설탐정처럼, 기업을 위한 전직 스파이 경력의 전문 사설 경제정보 요원은 기업을 위해 중요한 역할을 할 수 있다. 이들은 "더 긴요한 정보, 더 많은 대가"의 유혹으로 아주 쉽게 불법적인 방법 동원을 마다하지 않는다.

전술한 바와 같이 법적으로 산업간첩은 불법이지만 경쟁정보(CI)는 기업이나 조직 운영의 합법적인 방법이다. 그래서 현재 미국에는 "경쟁정보 전문가 공동체(Society of Competitive Intelligence Professionals: SCIP)"라는 비영리 단체가 조직되어 전 세계 회원을 상대로 기업 정보를 생산하고 관리하는 데 관심이 있는 사람들이면, 누구나 회원으로 받아들여 그들에게 경제정보 수집에 있어서의 법적·도덕적 수집기법, 경쟁회사의 능력이나 취약점 파악 비법 그리고 기업의 향후 목적 등에 대한 정보분석 기법을 교육하고 연계망을 구축해 주는 합법적인 업무를 수행하여 많은 경제정보 수집 전문가를 배출하고 있다.

1986년 창설된 경쟁정보 전문가 공동체는 50개 이상의 나라에서 참가하는 개인과 다수 국가 유관 단체와의 파트너십을 가지고 전 세계에 50개 지부를 운용하고 있다.[746] 그러나 합법적인 경쟁정보(CI) 활동을 목적으로 교육받은 피교육자들은 경제정보 수집의 일선에서는 경쟁정보의 범위를 넘어서서 산업간첩을 할 수도 있을 것임은 불문가지인 것으로, 결국 일종의 사설 경제 전문 스파이 교육이라고도 할 수 있다. 그러나 여하튼 현재 경쟁정보 전문가 공동체(SCIP)는 합법적인 단체로서 국가정보기구나 대기업은 전문적인 경제 전문 스파이 활동에 대한 지식을 습득하기 위해 활용할 필요가 있다고 보인다.

5. 가장취업

전문 과학기술 분야에서는, 기술개발 단계에서부터 취업하게 하여 체계적으로 경쟁회사의 기밀을 획득하는 방법이다. 가장 간단하면서도 확실한 방법이다. 이들은 소위 원초적 산업두더지(mole)로 경쟁기업에서 장기간 활약하게 된다. 미국 정보기구가 미국 유수의 명문대학에서 공부하면서 돈에 쪼들리는 중국 유학생을 학생 단계에서부터 포섭하여 중국으로 돌려보낸 후 중국의 중요한 기업에 취직하게 한 후 기업 정보를 획득하는 장기적 전략은 정보의 세계에서는 잘 알려져 있다.

---

746) 인터넷 주소임. http://www.scip.org/2_overview.php.

6. 과학자 · 사업가의 매수

국제회의 및 국제박람회에서는 직접적인 경제정보 수집 이외에도 참석한 외국의 과학자나 사업가 등 해당 분야 전문가의 잠재적인 역량과 비전을 파악함으로써 향후 그들의 동태를 전망할 수 있는 기초 자료를 확보할 수 있다. 선례를 보면 전문 국가정보요원은 자국의 국제회의에 참여한 외국 과학자, 공무원, 회사 중역 등에게 상황에 따라 강압적인 방법을 사용하거나, 뇌물, 미인계 등으로 약점을 확보해 그들이 자기 나라로 귀국한 후에도 지속적인 정보망으로 활용하기도 한다. 정보기구에 약점이 잡혀 매수된 그들을 상대로 또 다른 국제회의나 박람회에의 참여를 주선하는 등으로 국제적으로 계속 위상을 쌓아가게 하면서 지속적으로 추가적인 경제정보를 획득하기도 한다.

7. 유학생이나 관광객을 활용하는 방법

미국 정보당국은 중국의 경우 유학생 대부분이 어떠한 형태로든지 1가지 이상의 중국 정보기구의 정보 임무를 부여받는 것으로 추측한다.[747] 또한, 중국 관광객 중의 일부는 정보요원임에도 관광객으로 가장하여 미국의 주요한 과학/ 시설이나 연구소 등을 견학하며 정보활동을 하는 것으로 예측한다.

8. 수색공작 – 쓰레기통 뒤지기

목표물에 비밀리에 접근하여 필요한 자료를 샅샅이 뒤져서 경제정보를 확보하는 것이다. 예컨대 고위 비즈니스맨의 사무실이나 그들이 투숙한 호텔이나 자동차, 회의가 끝난 후 참가하는 회의 장소 등에 비밀리에 잠입하여 서류철 · 메모 · 지갑 · 컴퓨터 등을 수색해 필요한 경제정보를 수집한다. 이 수색공작 방법은 국제기구의 본부가 많고 기업모임이 자주 열리는 프랑스가 애용했다. 정보의 세계에서는 프랑스 국토감시총국(DST)이 자국을 방문한 사업가들이 투숙하는 호텔 등에 침입해 객실을 샅샅이 뒤져 정보를 수집하는 것을 빗대어 '쓰레기통 잠수(Dumpster diving)'라고 불렀다.

프랑스 국토감시총국은 소위 "버려진 자산(abandoned property)"에서 상당한 경

---

747) 미국 정부는 중국, 일본, 한국이 유학생을 정보수집원으로 사용하는 것으로 보고 있다. 참고, *Operations Security INTELLIGENCE THREAT HANDBOOK*, p.6.

제정보를 획득했다. 오늘날 고고학이 수천 년 전에 버려지거나 공식적으로 매몰된 유적지 유물을 취합하고 체계적으로 종합하여 당시의 물리적인 제조 기술뿐 아니라 정치, 경제, 사회생활상을 파악해 내듯이 소위 쓰레기통 뒤지기는 적지 않은 거래비밀 획득 통로가 되거나 최소한 어떠한 거래비밀을 알아낼 수 있겠구나 하는 추측을 가능하게 해주는 출발의 단서로써 활용될 수 있다.

한편 법적인 관점에서 따져 보면, 비즈니스맨이 메모지 등을 외부의 쓰레기통에 투기한 경우라면 점유를 상실한 것으로 그것의 취득은 아무런 문제가 없다. 그러나 점유지배의 실효성 이론에 따라 쓰레기통 용기가 제한구역 내 또는 자신의 객실에 현재하고 있는 경우에는 아직 비즈니스맨의 점유를 통한 피해회사의 적법한 소유물이라고 할 수 있다.[748]

9. 강·절도

기업사무실에 은밀하게 침입하여 각종 서류나 컴퓨터 데이터 보관기구, 정보를 포함하고 있는 설비 등을 훔치거나 강탈하는 것도 많이 애용되는 경제정보 획득방법이다. 대상물의 물리적인 이동에 의해 절취나 강취 사실이 바로 알려지지만, 침투를 당한 대상기업으로서는 설비를 다시 해야 하고, 피해 현황과 영향을 측정 평가해야 하는 등 손실이 적지 않을 뿐만 아니라 거기에 노력을 허비하게 됨에 따라서, 경쟁상대에게 추월을 허용할 시간적 기회를 주게 되어 단순한 정보획득 이상의 손실을 가할 수 있다는 이점을 가지기 때문이다.

예컨대 반도체 공정의 기계 설비 일부가 절취나 강취되었다고 가정하면 이해가 쉽다. 물론 절취의 경우에도 장소적 이동 없이 사진 촬영, 스캔, 복사 등의 방법으로 내용물만을 취거하는 방법이 행해지기도 한다.

10. 범죄단체 활용

오늘날 국제범죄 조직 일부는 개별국가를 넘어서는 막강한 정보 능력을 갖추고 있는

---

748) *Id*, p.6.

것으로 평가된다. 개별기업은 경쟁력 확보 등 경영목적으로, 그리고 국가정보기구는 기본적으로 국가경제정책을 뒷받침하기 위해 경제정보를 수집하는 것과는 달리, 범죄 단체는 오로지 금전적 대가를 받고 활동한다. 오늘날 국제범죄단체에 의한 경제정보 수집의 위협은 경제와 산업계에 실천적으로 중대한 위협요소가 된다. 국가정보기구는 또한 범죄단체를 직접 활용하기도 하는데 특히 일본의 야쿠자 조직이 일본의 국익을 위해서라는 이유로 일본 정보기구나 종합상사 정보실과 협업하며 경제정보 수집에 적극적인 것으로 알려져 있다.

제4항 기술정보수집활동(TECHINT)

오늘날과 같은 고도 글로벌 경쟁 시장의 시대에 산업간첩으로부터 자유로운 경제영역은 없다고 볼 수 있다. 다양한 첨단장비를 보유한 국가정보기구는 경제정보 수집활동에 있어서도 군사정보를 수집하는 방법 이상의 기술적인 방법을 동원한다. 상대적으로 보안에 취약한 민간 컴퓨터 시스템에 침투하는 것은 어렵지 않은 일이고, 암호체계 해독, 무전망 침입, 원거리 통신도청 등 다양한 기술정보 획득방법을 동원해 경제정보를 쉽게 수집할 수 있다. 또한, 프랑스 대외안보총국(DGSE)의 사례에서 볼 수 있듯이 정보요원이 고성능의 기술 장비를 가지고 정보를 수집하는 등 인간정보와 기술정보 활동이 병행되기도 한다.

이처럼 최첨단 전자감시 시스템을 구비한, 국가정보기구에 의한 경제정보 수집은 점증하고 있다. 사실 오늘날은 미국 전미 풋볼경기 같은 경우에도 코치들이 상대방의 작전을 전자적으로 획득해 암호해독 후 쿼터백에게 메시지를 전달하는 방식으로 경기에 임할 정도로 신호정보 획득은 일상에서도 광범위하게 펼쳐져 있다. 대기업도 상당한 차원의 기술 장비를 구입해 운용한다고 한다. 하지만 그 운용방법이나 기술적 노하우에는 한계가 있어서 전문적인 국가정보기구의 정보활동 앞에서는 속수무책일 수밖에 없다.

이에 대표적으로 산업간첩 피해를 본 미국 코닝 사(Corning, Inc)의 부책임자 라이

즈백(James E. Riesback)은 국가정보기구는 일회적이 아니라 기업의 안전한 해외통신망 확보를 위해 지속적인 파트너로 도와주어야 한다고 의회 정보위원회에서 역설했었다. 추후의 진전은 알 수 없으나 동인의 그러한 주장은 많은 의원의 공감을 받아 기업들의 안전한 정보 전용통신망인 정보의 초고속도로, 즉 고속통신회선(information super-highway)[749]의 필요성이 제기되었다.[750]

1. 통신 도청(Eavesdropping)

프랑스 해외 정보기구인 대외안보총국(DGSE) 전 책임자로 프랑스의 산업간첩을 한 차원 높인 것으로 평가받는 피에르 마리옹(Pierre Marion) 국장은 경제간첩 활동에 있어서의 미국의 신호정보(SIGINT) 능력을 원자폭탄이라고 불렀다.[751] 그에 따르면 경제간첩에서 국가별 수준 차이가 있다면 신호정보 획득능력이라고 한다. 자동으로 감청 목적물을 선정하고 감청한 후에 암호문도 자동 해독하는 신호정보 획득방법은 기업이나 상대국가에게 커다란 위협이다. 오늘날은 냉전 시대 적대국 사이에 정치·군사적 통화를 감청하여 정보를 획득하던 방법 그대로가 대서양·태평양상에서 전개되고 있다고 보면 된다.

도청 장비의 획기적인 발전으로 인해서 특히 사기업체의 통신정보는 국가정보기구에 의해 아주 쉽게 도청된다. 보안이 상대적으로 취약한 사적 영역의 통신망은 고도의 장비를 구비하고 전문적인 기술을 보유한 국가정보기구가 어렵지 않은 노력으로 쉽게 침투할 수 있다. 게다가 상당한 양의 중요한 정보가 보안이 확보되지 않는 유·무선 그리고 팩스 통신으로 이루어지는 기업 관행 등으로 대개의 외국 정보기구들은 시스템 침입이나 통신감청 등의 방법으로 쉽게 정보를 획득한다. 게다가 최첨단 정보 장비와 소형 비디오, 고성능 녹음기 등 도청장치의 발달은 전자감시 장치에 의한 경제간첩을

---

749) 원래 정보의 고속통신회선(information superhighway)이라는 용어는 비디오 예술가인 한국의 백남준이 1974년 최초로 사용한 용어였다. 백남준은 록펠러 재단 기념회에서 "고속도로를 개통하면 사람들이 고성능 차를 개발하듯이, 고속 통신망을 개통하면 무엇인가 일어나게 되어 있다."라고 말했다. 한편 국가적 차원에서는 미국의 앨 고어 부통령이 가정과 사무실, 그리고 쇼핑센터 등을 안전하게 묶어 고속통신회선화하는 국가적 통신망 사업을 추진했었다.
750) Samuel Porteous(1994), p.7.
751) Id.

용이하게 하면서 경제정보 수집을 더욱 성행하게 만드는 요인이 된다. 한편 전화 통신 산업을 국유로 운영하는 국가의 정보기구는 외국 기업체나 정부 기관 등으로부터 자국 내로 송신되는 자료 대부분을 국가정보통신망을 이용하여 감청하기도 한다. 통신 감청의 빈번함은 중요한 국제학술 발표모임이나 의학 또는 과학기술의 회의장에는 비밀 도청장치가 반드시 서너 개 이상 장착되어 있는 것에서도 드러난다.

2. 컴퓨터 네트워크 침투

컴퓨터 정보 네트워크가 보편적인 업무수행 방식이 되었고 반면에 컴퓨터 네트워크는 외부에서도 어렵지 않게 연결될 수 있기 때문에 컴퓨터 네트워크에 침입하여 필요한 정보를 획득하거나 심지어는 네트워크 자체를 파괴하는 정보활동도 전개된다. 따라서 네트워크 보안은 커다란 이슈다. 독점적 데이터나 경제정보 수집에 있어 컴퓨터망 침입에 의한 방법은 대단히 유용한 방법이다. 대다수의 사기업 컴퓨터망은 보안이 취약해 고도의 전문성을 갖춘 국가정보기구가 접근하기는 어렵지 않고, 일단 대상 컴퓨터망에 연결하면 국가 후원 사업 같은 경우에는 자연스럽게 상대국가의 기밀 사항도 획득할 수 있는 이중의 효과도 거둘 수 있다. 오늘날 정보기구들은 공개적이건 비공개적이건 합법적이건 비합법적이건 그들의 일상 업무로 컴퓨터 데이터수집을 기본으로 한다.

미국은 전 세계 약 121개국 이상이 미국을 대상으로 한 컴퓨터 경제정보 수집능력을 가진 것으로 평가한다.[752] 사실 공개출처정보로 단순한 인터넷 검색을 넘어서서 특정 기업의 컴퓨터 시스템에 침입하여 정보를 획득하는 컴퓨터 해킹은 경제정보 수집을 위해서는 절대로 놓칠 수 없는 경제스파이 활동으로 평가된다.

2002년 FBI의 후원으로 미국 "컴퓨터 보안연구소(Computer Security Institute : CSI)"[753]가 미국 대기업 등을 상대로 실시한 컴퓨터 범죄와 보안조사 결과에 의하면

---

752) Charles Washington, the Department of Energy's Office of Counterintelligence., *Operations Security INTELLIGENCE THREAT HANDBOOK*, p.7.
753) 컴퓨터 보안연구소(CSI)는 1974년에 창설된 세계 각국에 수천 명의 회원을 가지고 있는 정보보안 문제에 대한 연구와 정보교환을 목적으로 하는 국제 조직이다. 매년 FBI와 공동으로 컴퓨터 범죄와 보안측정을 한다. CSI 과정을 수료한 사람은 컴퓨터 보안 과정 이수증과 함께 컴퓨터 보안 뉴스를 전하는 월간지인 "컴퓨터 보안경고(Computer Security Alert)"라는 잡지와 반기 간행물로 실제 보안 활동과 방법 및 연구조사 내용을 세밀히 담은 컴퓨터보안저널(Computer Security Journal)을 받는다. *See,* http://www.gocsi.com/.

응답 회사의 90%가 1년 이내의 기간 동안 컴퓨터 시스템 공격을 당한 경험이 있고, 74%가 인터넷이 가장 빈번한 공격 통로라고 응답하고, 80%가 그 공격으로 재정적 손실을 입었음을 시인했다. 재정손실을 분류하면 응답한 26개사의 독점정보 손실액이 1억 7천만 달러였고, 응답한 25개 기업의 피해 손실액은 약 1억1천만 달러라고 응답했다.

한편 미국의 대표적인 신호정보기구인 국가안보국(NSA)은 1980년대에 이미 소프트웨어 사용은행들도 감쪽같이 몰랐던 트랩도어(trap door)[754]를 활용하여 세계은행(World Bank)을 비롯한 유수한 국제은행의 비밀정보를 수집했던 것으로 드러났다.[755]

3. 사이버 절도(Cyberspace Theft)

하루에도 수십억 통의 이메일 등 전자통신이 이루어지는데, 사이버상에서의 통신절취는 가장 많이 애용되는 산업간첩의 하나이다. 컴퓨터 자료 전송, 이메일 내용을 중간에서 가로채는 방법에 따른 경제정보 획득은 인간정보보다 위험성이 덜하고 저렴한 공작비용으로 높은 효과를 얻을 수 있는 고효율의 경제정보 획득 활동이라고 할 수 있다.

4. 영상정보(Satellite Imagery)

오늘날 정찰위성 등의 영상정보는 엄청난 고해상도를 자랑한다. 또한, 상업용 위성의 출현으로 각국이나 사기업도 어렵지 않게 필요한 영상자료를 확보할 수 있다. 영상정보를 통해서 상대방은 전혀 모르는 가운데 경쟁기업은 현재 무엇을 하는지는 물론이고, 그들의 새로운 시설 장비의 규모나 위치를 파악할 수도 있고 그들의 통신망을 추적할 수도 있다.

이처럼 최첨단 위성 정보 시스템을 활용한 영상정보도 연구소의 위치, 시제품의 양이

---

754) 트랩도어(trapdoor)는 최초로 프로그램을 만들 때부터, 접근이 가능하도록 프로그래머에 의하여 소프트웨어에 장착된 비밀의 통로이다. 어떤 컴퓨터 프로그램이나 온라인 서비스에도 접근하는 비밀스러운 방법이다. 예를 들어 CNN 방송사에서 사용하는 모든 컴퓨터 소프트웨어에는 CNN 관계자만이 접근할 수 있는 트랩도어(프로그램)가 장착되는 것과 같은 방식이다.

755) 1992년 미 의회 법사위원회는 국가안보국(NSA)이 관여한 트랩도어가 1980년도에 불법적으로 판매되었음을 확인했다고 한다.

나 생산 규모 등을 파악하는 데 적절히 활용된다. 이 같은 기술정보 수집 활동은 종래에는 투자비용이나 운용능력 때문에 일부 국가만이 운영할 수 있는 것이었으나, 오늘날은 인공위성 정보를 획득한 후에 그 영상정보를 고가에 판매하는 상업적 기업이 출현하여 여러 나라가 활발히 활용할 수 있게 되었다. 또한, 재정난에 직면했던 구소련은 획득한 위성 정보에 대해 구매자의 요청에 따라서 분야를 특정해 소위 맞춤형으로 영상정보를 제공하는 등 다양한 방법으로 인공위성 정보를 제공하기도 한다.

5. 전자정보(ELINT)

전자기기를 사용하는 항공기 · 자동차 · 선박과 전자기를 발산하는 각종 첨단장비에 대한 전자파를 측정하여 기계의 성능과 효과 등에 대한 경제정보를 파악할 수도 있다. 다음과 같은 사례가 있다.

1998년 4월 프랑스 대외안보총국(DGSE) 소속 요원 4명이 일단의 전자 장비를 지참하고 시애틀에서 있을 예정인 보잉사의 공개되지 않는 최신형 보잉 747-400의 시험비행을 모니터링하기 위해 미국으로 건너왔다. 프랑스의 에어버스(Airbus)는 세계 여객기 시장에서 보잉사와 경합을 벌이고 있었다.

모니터링 팀의 목적은 신형 보잉 747-400의 2인 조종사를 가능하게 하는 최신의 자동항법 시스템과 엔진 성능 등을 파악하는 것이었다. 모니터링 팀이 도착하기 전에 시애틀 에어버스 책임자인 필프레이(Georges Pilfrey)는 시험예정 비행지대 일대에 대한 사전 답사를 마치고 시험비행을 관측하기 좋게 계곡을 가로질러 있는 민가를 6개월 기한으로 임대했다. 필요한 나머지 장비는 워싱턴의 프랑스 대사관 무관부에서 이미 구입을 완료해 모니터링 팀에게 건네주었다.

모니터링 팀은 거주지 뒤뜰에 신형 보잉기의 시험비행 경로를 따라서 휴대용 위성 접시, 최첨단의 주파수 탐지기, 2대의 컴퓨터를 장착했다. 컴퓨터 1대는 탐지한 모든 전자신호를 자동적으로 기록하고 다른 컴퓨터는 기록된 데이터를 수치화하는 장치였다. 모니터링 팀 일부는 전자 측정 이외에 보잉 사 실험 비행 팀에 은밀하게 조금 더 가깝게 접근해 극초단파 송신기(Microwave transmitter) 장치로 시험비행에서 보잉 사 관계자들이 주고받는 대화를 도청했다. 모니터링 팀의 결과는 에어버스사에 바로

건네졌고 2년이 채 지나지 않아 프랑스는 동일한 항법 성능을 갖춘 최신의 A 340을 생산했다.[756)]

불행하게도 당시 보잉사는 실험 비행 중에 방출되는 전자신호를 암호화하지는 않았다. 이처럼 전자파를 통해서도 기계의 성능, 연료소모량, 압축강도 등을 파악할 수 있는 소중한 수치를 확보할 수 있어서 오늘날은 시험생산 중에 발산되는 전자파를 암호화하거나 변형되게 하는 기술도 도입되었다. 그러나 아무리 변형해도 그 역시 측정이 가능한 것이라고 알려져 있다.

제5항 법합치적(法合治的) 경제정보수집

경제정보 수집 활동을 내용적인 측면에서 보면 불법적인 방법이 주로 동원되지만, 법을 적극적으로 활용하거나 오히려 법적인 장치를 가장하는 등의 법합치적 방법에 의해서도 많이 전개된다.

1. 유령면접(phantom interview)

기업체 직원 채용을 위한 면접기회를 경제정보 획득에 활용하는 방법이다. 유령면접에는 다양한 방법이 있다. 경쟁회사의 공식적인 면접담당자를 포섭하는 것은 고전으로 불법적인 방법이다. 예컨대 경쟁회사의 영업비밀 획득을 바라는 어느 회사(A)가 경쟁회사(B)의 전문직 채용 시 외부 면접위원을 포섭하여 경쟁회사(B)의 고용 의도를 파악한 후에 이 정보를 의뢰한 상대방 회사에 전달하는 것이다. 더 나아가 매수된 면접위원은 충분히 합격할 자질과 능력이 되는 유능한 지원자를 고의로 탈락시키고 탈락자를 나중에 경쟁회사인 A사에 취직되게 하여 경쟁적 우수인력을 빼가기도 한다. 또한, 고임금의 허위 구직광고를 제시하여 그에 관심을 보이고 찾아온 경쟁회사 전문기술자 등에 대한 심층 면접을 통해 경쟁회사의 영업비밀을 캐내는 방법도 사용된다. 유령면접에 의한 경제정보 획득은 밝혀지기 어렵지만 지속되고 있다.

---

756) Peter Schweizer(1993), pp.122-123.

2. 기업합작과 인수합병

상법상의 인수합병 등의 법적인 절차에 따른 기업결합을 경제정보 수집을 위한 방편으로 사용하는 것이다. 자사보다 한 차원 높은 기술을 가진 상대기업의 기술력을 획득하기 위한 목적으로 하는 외형상으로는 정당한 상행위이다.

예컨대 한국의 자동차나 컴퓨터 기업 등에 대해 막대한 자본력을 내세운 중국 기업들이 공세적으로 인수합병을 한 예는 적지 않다. 기업합작을 할 의도는 애당초부터 없으면서 기업합작에 수반되는 자산평가 단계에서 상당한 영업비밀을 알아내는 것이다. 기업합작 시나리오는 목표기업을 향한 교묘한 경제정보 수집방법이다. 기업합작을 진행하다가 중도에 포기된 경우의 적지 않은 사례가 애당초부터 거래비밀만을 파악하려는 의도에서 계획된 것이 적지 않았다. 물론 경쟁기업의 뛰어난 거래비밀을 획득하기 위해 실제로 경쟁기업을 인수 · 합병해버리는 방법도 많이 활용되는 방법이다.

3. NGO 단체, 간판회사(Front Companies) 이용방법

국가정보기구나 사기업체가 NGO 단체나 적법한 기업을 전위기업으로 설립하여 경제정보를 수집하는 방법이다. 주지하다시피 에어로 플롯은 러시아의 전위 기업체였고, 에어 프랑스는 프랑스 국가정보기구에 적극적으로 협조했다. 신화사 통신은 직접 중국의 정보기구로 분류되어 다양한 경제정보를 수집한다.

이들 정보기구의 전위기업은 경직된 국가 공조직에 비해 유연성을 가지고 필요한 정보를 수집할 수 있을 뿐 아니라, 만약의 경우에도 전적으로 사적 단체임을 주장하기가 용이하므로 특히 정부 관련성을 부인하기 위해 전통적으로 중국, 러시아, 일본, 프랑스 등이 애용한 방법이다.

4. 자료공개소송

미국은 알 권리 보장을 위해 정보자유법(Freedom of Information Act : FOIA)을 제정하여 시행하고 있다. 정보자유법(FOIA)은 공개주의에 투철하여 공권력에 대한 일반 시민의 감시를 통해서 투명성을 확보하려는 노력이다.

그런데 일본과 프랑스의 국가정보기구들은 매우 적극적으로 미국의 정보자유법 (FOIA)을 악용하여 수많은 정보공개 소송을 제기했다. 그래서 재판과정을 통해 적지 않은 과학기술정보와 거래비밀 등을 획득할 수 있었다.

예컨대 1986년 일본의 미츠비시 그룹은 항공우주산업에 뛰어들기로 한 후에 정보자 유법(FOIA)에 따라서 미국의 국가항공우주국(National Aeronautics and Space Administration : NASA)을 상대로 자료 공개청구를 제기하여 소송과정에서 적지 않은 우주산업 정보와 데이터 자료를 획득했다. 기록에 따르면 일본은 1987년 한 해에 만 5천 번의 공개청구 소송을 제기했다.[757] 외국의 제약회사나 화학회사 등도 미국의 자료공개 절차 및 정보자유법(FOIA)을 적극적으로 활용하여 상당한 경제정보를 합법 치적으로 획득했던 것으로 알려졌다.

미국 시민의 알 권리를 신장하려고 했던 법의 취지에서 벗어나 산업간첩 수단으로 악용되는 이러한 폐단을 뒤늦게 깨달은 미국은, 유타주 출신의 상원의원 해치(Orrin Hatch)의 제안으로 "미국의 국내 산업에 대한 정보를 획득하기 위하여 정보자유법 (FOIA)을 이용하는 외국의 요청"은 산업간첩의 일종으로 보고 외국인은 원칙적으로 동법을 활용할 수 없도록 했다.[758]

그러나 외국 정보기구나 외국회사가 미국인을 대리인으로 내세워 공개청구를 하는 것은 여전히 가능하고 사실상 그것을 분별하는 것은 어렵기 때문에 정보자유법(FOIA) 을 활용한 산업간첩은 현재도 각광을 받는 방법이다. 미국 이외에도 예컨대, 유럽연합 같은 경우에도 독점금지를 원칙으로 하는 개별법들이 있다. 그러한 법을 합법적으로 이용해서 시장에서 독점적 지위를 누리는 기업에 대한 소송을 제기하여 경제정보를 수집할 수 있음도 물론이다.

이처럼 적지 않은 기업소송이 오로지 소송절차를 통해 경쟁기업의 영업비밀을 확보 하기 위해 활용되기도 함을 이해해야 한다. 국가정보기구에 제반 국제관계법에 정통한 법률가가 다수 포진해야 하는 이유이다.

---

757) Peter Schweizer(1993), pp.44-45.
758) *Id*, p.44.

제6항 경제정보에 대한 방첩

I. 기업의 거래비밀 보호 개관

기업이 경쟁력을 지속적으로 확보하고 번성하기 위해 거래비밀을 각종 위험으로부터 보호하는 것은 새로운 기술을 개발하는 것 이상으로 중요하다. 오늘날 기업의 거래비밀 보안 문제는 국가 경쟁력의 문제이기도 하다. 그래서 미국은 논란이 많은 경제간첩법을 제정하여 보호하기까지 한다. 한편 사법절차 등 사후적 구제 차원의 보호로는 거래비밀 보호는 어렵다. 공적 제도도 중요하지만, 기업 거래비밀 보호의 출발은 기업의 자체 보안체계 구축에서 시작해야 한다.

기업은 먼저 여러 가지 사례 등을 통하여 산업간첩의 수단과 방법, 전개 과정 등 일반인의 상상을 초월하는 산업스파이의 실상을 정확히 인식해야 한다. 그 바탕 위에서 자사 거래비밀의 법적 · 경제적 · 사회적 중요성을 이해하고 기업의 자체 정보조직을 구축할 필요가 있다. 기업 내부의 자체 정보 · 보안 팀은 존재 자체로 기업관계자에게 경각심을 불러일으켜 줄 수 있다. 더 나아가 국가정보기구와의 유기적인 연결통로로 기업의 산업기술을 보호하여 경쟁력을 유지하고, 신경쟁력을 창출하는 데 이바지할 수도 있다. 기업의 정보 · 보안 팀은 확인-관리-보호라는 전통적인 3가지 보안 저장고를 가지고 활동한다.

기업의 정보 자산을 절도, 파괴, 화재 등과 같은 각종 물리적인 위협으로부터 보호하는 방법, 즉 물리적 보안은 보안의 기본이다. 정보획득에 실패한 상대방은 극단적으로는 파괴 공작으로 나올 수도 있다. 한편, 다양한 전자통신의 발달은 IT 보안의 중요성을 강조한다. IT 보안은 정보시스템 연결망을 권한이 없는 사람이 컴퓨터 네트워크에 무단 접근하려고 하는 것을 저지하거나 상대세력의 의도적인 방해나 파괴로부터 보호하는 방법으로 하드웨어적 방법이나 소프트웨어적 보안 조치를 총칭하는 개념이다.

물론 보호 대상인 거래비밀에 대한 정확한 이해는 선행조건이다. 그다음에는 확인한 거래비밀의 관리 활동에 들어가게 된다. 그리고 마지막으로 해당 거래비밀을 보호하는 3단계 공식절차를 진행하게 된다. 그러나 기업들의 자체 보안 시스템은 고도의 전문적 기술(spy tradecrafts)을 가지고 있고 또한 실전 경험이 축적된 일국의 국가정보기관의 공세에는 개별기업의 힘으로는 대처에 한계가 있을 수밖에 없음도 인식해야 한다.

1. 거래비밀의 확인(Identify)

기업의 거래비밀을 보호하기 위해서는 먼저 그것이 인식되어야 한다. 막연히 모든 기업비밀을 보호하겠다는 희망은 보안 영역을 불투명하게 할 뿐으로 결과적으로 아무런 거래비밀도 보호받지 못하게 하는 결과를 초래할 수 있다.

그러므로 기업의 보안 팀은 먼저 회사의 거래비밀과 관련이 있는 다른 모든 조직 예컨대 인력개발부(HR) 연구개발부서(R&D), 재정·기술·시장팀 등과의 유기적인 협력관계를 구축해서 회사의 거래비밀을 명백히 확인해야 한다.

거래비밀의 이해는 물리적·경제적인 이해뿐만이 아니라 법적인 이해도 필수적이다. 미국의 경제간첩법은 보호 가치 있는 거래비밀이란 기업 스스로가 합리적인 조치를 취하여 보호의 노력을 기울인 것으로 한정한다. 요건이 맞지 않으면 보호 대상이 아니다. 거래비밀의 인식은 법적 보호를 받기 위한 첫걸음이다.

2. 거래비밀의 관리(Manage)

전자시대라고 일컬어지는 오늘날에도 적지 않은 기업과 관공서의 직원들은 관행적으로 비밀자료도 개인 책상에 놓거나 일괄해서 캐비닛에 보관한다. 조금 진보한 보안방책으로 암호장치를 사용해 자료를 보관한다거나 출입금지 보안구역을 설정하여 비밀 접근을 어렵게 하는 보안방책 정도가 대부분이다. 이러한 보안을 고전적 총괄 보안방책이라고 한다. 동일한 등급이면 필요성의 우선순위에도 불구하고 모두 동일한 보안수준을 적용하는 것이기 때문이다.

그러나 거래비밀의 관리는 일괄적인 차단의 원칙을 적용하는 것에 있는 것은 아니다. 현실적으로 국가나 기업이나 같은 비밀등급 자료라고 해도 사용 빈도나 목적의 중요성에서는 차이가 있을 수 있다. 무단 접근을 차단하고 제어하면서도 필요한 경우에는 비밀을 손쉽게 활용할 수 있게 해주는 것이 중요하다. 비밀은 단지 보안 유지가 목적이 아니기 때문이다. 기업의 경제활동은 마치 생명 활동과 같은 것이므로 기업의 거래비밀은 보존이 아니라 활용이 중요한 것이다.

그러므로 현대적 기업의 보안팀은, 거래비밀의 철저한 관리를 다 하려면, 개별 거래비밀이 누구에 의해서 어떻게 어떠한 방법으로 사용되는지에 따라서 특화한 관리기법을 개발 적용하는 것을 염두에 두어야 한다. 사용처에 대한 정확한 이해 없이 실용적인 보호 방법이 나올 수는 없기 때문이다. 보호는 사용을 전제로 하는 것인데 아무리 보호가 잘 되어도 사용상 능률이 없으면 효율적 보호로 평가받을 수는 없는 노릇이다. 더불어 산업스파이의 동기, 기술, 그리고 영향을 회사 직원에게 교육시켜 중요성과 심각성을 인식시키는 것은 보안의 시발점이자 종착역이다. 일단 보안 관리기법이 채택되면 전 기업에 직책에 예외 없이 동일하게 적용하는 것도 매우 중요하다. 그리고 그것을 점검하는 것은 반드시 필요하다. 회장이라도 보안절차를 따르도록 해야 한다.

3. 거래비밀의 보호(Protect)

거래비밀의 보호는 수동적인 관리의 차원을 넘어서서 거래비밀에 대한 침투 등 위협 상황에 대처하는 보다 적극적인 활동이다. 거래비밀에 대한 관리의 문제와도 연결되지만 특히, 관리를 위한 비밀등급 분류 이외에 예컨대 거래비밀 취급자의 발설 한계, 업무 인수인계시의 거래비밀에 대한 조치, 회사를 떠나는 피용자의 경우에 지참할 수 있는 자료 등의 범위, 거래비밀 취급자의 준수 서약서 등 명확하게 정의된 거래비밀 프로그램의 시행도 법적으로 중요하다.

뒤에서 보는 바와 같이 미국 정보공동체가 처음으로 소련 이외의 산업스파이 활동으로 적발하여 처벌한 1980년의 IBM사의 크라운 주얼(Crown Jewels) 사건은 거래비밀 프로그램이 얼마나 중요한지를 잘 보여 준다. IBM 기술 개발부에 근무하던 카뎃(cadet)이 회사를 사직하고 떠나 때, 회사 보안관계자는 동인이 취급했던 자료인수 및 확인 등 아무런 조치를 취하지 않음으로써 결국 카뎃은 빅 블루(Big Blue : IBM의 별칭)의 핵심비밀(Crown jewels)이었던 신형 IBM 3380의 공정도 일부를 몰래 가지고 나갈 수 있었다.

거래비밀 프로그램의 시행은 현실적인 법적 가치가 있다. 앞서 언급한 바와 같이 미국의 경제간첩법은 기업 자체의 거래비밀에 대한 보호 노력이 깃들어 있을 것을 요구한다. 그러므로 보호의 방책으로 거래비밀 준수 프로그램의 명백한 확정과 시행은 거래비밀 법적 분쟁에서도 유리한 입장에 서게 해줄 수 있다. 또한, 회사 구성원에게는 행동의 기준점을 제시해 줌으로써 활동반경을 사전에 정립할 수 있게 해주고 또한 경각심을 강화하게도 만들어 주며, 어느 것이 해서는 안 될 일인지를 사전에 알 수 있게 해줌으로써 자발적인 협조를 도출할 수 있게 해준다. 그것은 궁극적으로 기업 구성원에게 보안에 대한 필요성과 일체감을 형성하게 하여 선 순환적으로 기업 경쟁력 강화에 직결될 수도 있게 해준다.

다수의 기업이 보안 부서를 운영하면서도 지출하는 비용에 비해 성과를 거두지 못하고 계속된 취약점을 노출하는 것은 막강한 국가정보기구에 의한 산업간첩이라는 불가항력적인 요소도 있지만 정작 산업스파이의 실상을 정확히 이해하지 못하고 수동적 시스템 구축에 급급한 것도 커다란 이유라고 한다.

공격이 최선의 방어라는 금언은 산업스파이 분야에서도 여전히 타당함을 많은 사례가 보여 준다. 경제정보 보안 문제에 있어서도 기업의 인적 자산에 대한 재인식이 전제되어야 한다. "우리 기업은 아니겠지"라고 하는 막연한 믿음을 버려야 한다. 최첨단의 과학 · 기술을 가진 어느 기업도 순서 없이 막강한 적대세력에 의한 산업간첩의 위협에 노출될 수 있다는 것을 제대로 인식할 때 비로소 거래비밀 보호를 위한 보안의 수준이 결정되고 필요한 프로그램이 개발 · 작동되어 기업의 핵심적인 거래비밀을 보호할 수 있게 된다.

Ⅱ. 경제방첩공작

1. 보안 객체의 성격 변화

오늘날 각국의 군사시설 · 국가통신망 시설을 비롯한 사회기반시설 등에는 각종 첨단기기가 사용된다. 컴퓨터 장치를 비롯한 각종 전자 장비의 사용 없이는 국가의 운용이 불가능할 정도이다. 이것은 역설적으로 해외세력에 의한 국가 컴퓨터 장치에 대한 단 몇 가지의 침투 공작만으로도, 국가안보에 전쟁 이상의 위협을 초래할 수 있다는 말이 된다. 그래서 최첨단 기기를 비롯한 경제비밀을 사용하는 특정한 분야에서는 경제정보가 국가안보와 직결된다.

미국 의회 소속으로 정부의 회계감사·평가·조사업무를 수행하는 정부회계청
(Government Accountability Office : GAO)의 1997년 조사에 의하면, 예전 같으면
외국기업은 어떤 형태로든 진출이 불가능했을 미국 국가 방위체계 계약자 중에서 54개
회사의 모기업이 해외기업이었다. 그들은 미국 국가 방위체계 계약에서 약 54억 달러에
달하는 657개의 비밀계약 당사자가 되었다. 그들이나 그들의 하청업체가 취급하는
일의 범위나 구체적인 기술적 내용 등은 단순한 경제정보 이상이 될 것임은 명약관화하
다. 더욱이 문제는 그에 그치는 것이 아니다. 그들 외국기업은 국가 방위 분야 등 국가안
보의 핵심기둥으로 참가한 이후에도 유지보수 등을 통해 불가결하게 국가 기간사업에
지속적으로 참여한다. 조사결과에 따르면 그들은 미국의 전 세계 전쟁지휘를 총괄하는
펜타곤 세계방위사령부 통제실의 운영기기를 관장했고, B-2 폭격기와 F-117 등과 같은
미 공군의 최첨단 전투기의 통제장치 공급 및 유지보수를 담당했다.

그러나 우리의 경우에 군납 등 군과 관련된 기업보안의 중점은 과연 어디에 있는가?
예컨대 군 관련 사업을 하는 기업의 경우에는 최첨단 기기산업은 말할 것도 없고, 콩나
물·두부·어묵 등의 식품회사부터 간단한 건설회사, 무역대리점까지 소위 군이 요구
하는 보안조건을 충족해야 하고, 계속 영업을 위해서는 주기적으로 보안측정을 받아야
하는 등으로 국가정보기구의 보안성 체크 업무는 차고도 넘치는 것으로 보인다. 국군방
첩사령부 인터넷 홈페이지의 방산보안 주요임무로 보안대책검토, 보안측정, 방산(관
련)업체 보안관계관 소집교육 3가지를 소개한다. 과연 충분하고 이들이 그렇게 중요한
가? 보안업무는 어느 하나 사소한 것이 없고 조그마한 사고 하나가 대형 사고를 유발할
수 있다는, 누구나 말할 수 있는 논리로 정당성을 주장할 수 있겠지만, 적지 않은 국가정
보 역량을 과거의 도식적이고 수동적인 업무에 허비하고 있다고 할 수 있다.[759]

그러나 1차적 보안은 원칙적으로 기업의 자체 보안역량을 강화하는 것으로 지향되어
야 한다. 국가가 보안업무를 유지한다고 하더라도 지금까지 보안사고가 없는 업종과
업체에 대하여는 과감한 면제 프로그램을 시행하는 등 국가보안업무 담당 기관은 더욱
필요한 보안에의 집중과 선택을 통해서 실로 무엇이 필요한 보안인지를 객관적으로

---

759) 국군방첩사령부 방산보안에 대하여는, https://www.dcc.mil.kr/dssckr/459/subview.do.

평가해 보안역량을 한군데로 모아야 할 것이다.

더 나아가서는 오늘날의 경제정보 전쟁은 결코 소극적·수동적인 보안업무로 비밀을 지킬 수도 없다. 앞서 본, 성격이 변화된 내용의 기업참여에 대한 보안 점검은 필연코 매우 전문적인 기술적·경제적·외교적 지식과 정교한 보안 기술을 필요로 한다. 보안업무 책임자의 의식개혁과 과감한 보안업무 혁신으로 한정된 정보 자산을 필요한 분야에 집중하는 노력을 경주해야 할 것이다.

2. 경제방첩공작의 필요성

방첩공작 편에서 살펴본 바와 같이 보안은 수동적 방첩활동이다. 한편 기본적으로는 사기업 영역에서 기업의 자체적 필요성에 의해 조직화된 보안활동이 어느 정도는 이루어진다. 오늘날 다양한 전문적 교육기관 단체 등이 출현하여 보안 문제에 관한 한 어찌 보면 경직적인 국가정보·보안기구의 능력과 방법을 능가한다고 할 수 있다. 그러나 해외세력에 의한 산업간첩에 대한 적발과 현실적인 대처는 수동적인 보안으로 해결할 수 있는 문제가 아니다.

사경제 주체가 외국의 정보기구에 맞서기에는 역부족이라는 문제를 떠나서도, 사법권이 없는 사경제 주체는 산업간첩을 적발한 때도 현행범인이 아닌 한 체포할 수 없는 등 법적으로도 대처에 한계가 있을 수밖에 없다. 또한, 해외세력의 산업간첩을 역이용하는 공작은 전문적인 국가정보기구가 아니면 불가능하다. 여기에 적극적인 경제방첩 공작의 필요성과 중요성이 있다.

미국의 경우 CIA는 FBI와 함께 해외세력이 미국 기업을 대상으로 심어 놓은 산업간첩 정보원을 적발하는 노력을 지속했고, 미국의 중요한 사업가가 해외에 출장을 가는 경우에 그들에 대한 외국 정보기구의 산업간첩을 저지하는 임무도 비밀리에 수행했다.[760] 미국 정보공동체는 해외세력이 미국회사를 상대로 산업간첩을 할 것이라는 정보를 파악하면 이를 즉각 해당 기업에 통보하고, 최소한 그들이 노리는 취약점을 어떻게 보완하고 대처할 것인지 권고함은 물론이고 필요한 경우에는 인적 물적 지원도 해준다.

---

760) Sean Gregory(1997), p.21.

예컨대 CIA는 1993년 5월 프랑스 파리에서 개최될 예정인 항공우주 박람회에서 프랑스 대외안보총국(DGSE)이 미국의 보잉사를 상대로 산업간첩을 전개할 것이라는 정보를 입수하고 이를 보잉사에 구체적으로 통보하여 결국 보잉사는 박람회 참가를 포기했다. 이처럼 미국 정보공동체의 경제방첩은 소극적인 인원 · 자재 · 구역에 대한 보안이 아니라 적극적인 적발과 격퇴 활동에 중점이 있는바 시사하는 바가 적지 않다. 아래에서 미국 FBI가 사경제 주체와 함께 전개한 사례 등 실제 미국 정보기구의 광범위한 방첩공작 사례를 살펴본다.

3. 경제방첩공작 실전사례

1) IBM 사의 기술유출 사건

가. 사건의 개요

1980년 11월 20일 아이티 출신으로 IBM 기술부 소속이었던 컴퓨터 과학 · 기술자 레이먼드 카뎃(Raymond Cadet)이 사직했다. 그는 자신이 경영책임을 지는 조그마한 컴퓨터 회사로 전직했다. 당시 IBM은 세계 컴퓨터 시장의 2/3 이상을 점유하고 있었다. 카뎃은 처음에 IBM에 입사할 때에 영업비밀을 준수하겠다는 서약서를 작성했다. 그러나 정작 떠날 때는, 간단히 가지고 가는 어떤 정보가 있나요? 라는 형식적인 질문 이외에 아무런 보안 점검이 없었다. 그는 회사를 떠나기 전날에 회사의 신형 컴퓨터(IBM 3380) 공정도가 있는 비밀의 방에 몰래 들어가, "Adirondack Workbook"이라고 불리는 공정도를 가지고 나왔다. 공정도는 페이지마다 'IBM 전용'이라고 명시되어 있었다. 신형 컴퓨터에 대한 공정도는 그 중요성으로 인해 빅 블루 즉, IBM의 핵심가치(Big Blue's Crown Jewels)라고 불리던 것이었다. 그때까지도 카뎃은 공정서를 어떻게 사용할 것이라는 구체적인 생각은 없었다.

한편 미국 전자산업의 메카인 캘리포니아 실리콘밸리(Silicon Valley)에는 컴퓨터 제조 · 연구회사 이외에도 중개 · 상담 · 인력소개 등 컴퓨터와 관련한 다양한 사업체와 신형 기술, 그리고 인사 정보를 취급하는 회사가 산재해 있다. 그중의 한 회사를 운영하던 이란계 출신의 배리 사파이에(Barry Saffaie)는 IBM 소속의 유능한 과학기술자 카뎃이 최근 전직했다는 정보를 입수했고, 더 나아가 카뎃이 IBM사의 신형 컴퓨터에 대한 공정도를 지참했다는 사실도 알게 되었다. 이에 사파이에는 카뎃을 회유하여 그동안 자기와 거래하던 일본 히타치사에 IBM의 신기술 공정도를 거액을 받고 매도했다. 히타치사가 건네받은 공정도는 그 자체만으로도 IBM을 따라잡기 위한 연구개발(R&D)과 시간을 반 이상으로 줄일 수 있는 가치로 평가되었다. 그러나 카뎃이 지참한 공정도는 일부가 누락된 것이어서 히타치 사는 신속한 공정 단축을 위해서는 신형 IBM 3380 컴퓨터의 완제품이나 누락된 서류를 더 필요로 했다.

사실 히타치사는 1980년 7월부터 IBM이 어떤 최신형 컴퓨터를 생산하려고 한다는 개괄적인 정보는 입수하고 있었던 터이다. 그래서 히타치사는 약 20년 이상 실리콘밸리에 진출하려는 다양한 컴퓨터 산업에 대한 기술평가와 영업성에 대한 컨설팅 회사를 운영하는 전직 IBM 과학 엔지니어 출신의 팔레이(Paley)에게 접근하고 있었다. 히타치사는 팔레이에게 IBM 3380 컴퓨터라는 구체적인 사양의 획득에 대해 거액을 제시하면서 정식출시 전에 시제품 모델을 입수해 줄 것을 요청중이었다. 히타치사와 계속 접촉을 하던 중에 팔레이는 히타치사가 IBM의 비밀분류된 공정도를 어떤 경로를 통해서든지 가지고 있다는 사실과 IBM 내부에 히타치사에게 지속적으로 기술정보를 제공하는 연결자가 있다는 사실을 알게 되었다. 이에 팔레이는 오히려 그 사실을 IBM 근무 당시에 자신의 직속 상사였던 IBM의 에반스(Evans)에게 알려주었다. 팔레이는 이중 스파이 역할을 한 것이다.

나. FBI의 방첩공작 전개

1980년대 초반까지도 미국 정보공동체는 미국에 대한 국가 차원의 산업간첩은 소련만이 하는 것으로만 생각했다고 한다. 즉 KGB가 소련군 무기의 현대화를 위하여, 군사적 목적을 위해 산업간첩을 전개하고 있을 뿐, 일본이나 프랑스 등 우방 국가 정보기구가 미국을 상대로 산업간첩을 전개하리라고는 상상하지 않았다고 한다. 그와 똑같은 인식을 하던 FBI 캘리포니아 지부 한 수사관은 1980년 초반 실리콘밸리에 대한 탐문결과 어느 나라 국가정보기구인지는 잘 알 수 없지만, 산업간첩이 난무하고 있다는 사실을 알게 되었다. 또한, 실리콘밸리에는 세계 유수의 기업이 연결된, 절취한 컴퓨터 칩(chip)에 대한 불법적인 암시장(black market)과 제조공정이나 과학기술을 거래하는 반(半) 불법적인 회색시장(gray market)[761]이 광범위하게 형성되어 있고, KGB 요원으로 보이는 러시아 사람의 출현이 빈번함도 확인했다. 실리콘밸리 사람들은 다들 알고 있는 간첩·절도 등의 일을 정작 정보당국만 몰랐던 것이다.

한편 미국은 당시 정치적으로는 1981년 출범하는 레이건 대통령이 소련의 미국에 대한 간첩 활동에 대한 방첩역량의 제고를 강력하게 주문하고 있던 터였다. 이에 FBI 캘리포니아 지부는 본부의 승인을 받아 정보요원 켄트 탐슨(Kent Thompson)을 특별책임자로 하여 실리콘 밸리 방첩의 문제점과 기술유출을 방지할 방첩계획 마련과 함께 구체적인 사건에 대한 조사를 시작했다. 탐슨은 사안의 성격상 법집행 차원의 공개수사가 아닌 가장 업체를 설립하는 등으로 정보공작이 필요함을 본부에 건의했다. 나중에 CIA 국장도 역임한 FBI 국장 웹스터(Webster)는 탐슨의 계획이 타당하다고 보고 정보공작 계획을 승인했다.

특별 조사관 탐슨은 미국의 가장 큰 컴퓨터 회사로 미국을 대표하는 IBM을 1차적인 보호 대상으로 삼았고 IBM도 적극적인 협조를 약속했다. 그러나 탐슨도 처음에는 정보수집을 위해 허위로 설립한 회사에서 소극적으로 내방객을 기다리면서 대표적인 위협은 소련으로만 생각했고, 주로 보안 세미나 개최, 외국 정보요원의 식별과 접근에 대한 대처방법 등에 대한 보안교육에 그치고 있었다.

1981년 7월 21일에 이르러 탐슨은 FBI 출신으로 한국전쟁에도 참전한 경험이 있는 IBM의 특별 보안담당자 칼라한(Richard Callahan)과 비밀리에 컴퓨터 암시장과 회색시장에 참여하는 IBM 관계자에 대한 현황 파악을 위해 IBM의 내부 인적정보를 제공받고 현장을 확인하는 등 적극적인 합동 공작을 전개하기로 협약을 체결했다. 그 협약에 따라 펜겜(PENGEM)[762]공작을 시작했다. 물론 펜겜 공작의 주된 목적도 KGB 요원과 그 접촉선을 적발하는 데 있었다.

한편 위 실리콘 밸리 컨설턴트인 팔레이로부터 히타치사의 산업간첩 정보를 전달받은 IBM 칼라한은 팔레이와 함께 거래를 가장하여 일본으로 건너가서 히타치 관계자를

---

761) Gray market은 기술력의 거래시장이라는 의미 이외에도 품귀 물품에 대한 고가 거래시장이나, 거래 자체가 금지된 것은 아니지만 지정된 거래선을 위반하는 등 거래조건을 위배하여 거래하는 시장을 가리키기도 한다. Grey market, http://www.thegrayblog.com/.
762) 작전명 PENGEM은 "Penetrating grey markets - 즉, 회색시장에의 침투"의 약어임.

만나 그들의 의도와 공정도 입수사실을 직접 확인했다. 칼라한은 히타치사와 거래를 진척시키며 정확한 내용을 더 파악할 필요가 있다고 판단했다. 칼라한과 팔레이는 일본을 떠나면서 진짜로 IBM 3380 시제품이나 더 필요한 정보를 사고 싶으면 잘 검토한 후에 최종 거래금액에 대한 히타치 본사 최고 경영진의 확정적인 의사표시가 담긴 계약서를 보안이 담보된 확실한 방법으로 전송해 줄 것을 요청했다. 최고 책임자의 확실한 물증을 잡기 위함이었다.

이에 히타치사는 구매 의사와 액수를 기재하고 최고 경영자의 의사가 담긴 문서를 일본 영사관의 외교행낭을 통해 미국 실리콘밸리의 팔레이에게 전달했다. 미국에 돌아온 칼라한은 일본 히타치사와 몇 차례 더 비밀서신을 교환했다. 히타치사는 여전히 일본국의 외교행낭 루트를 사용했다. 이에 칼라한은 단순한 히타치 개별 사기업이 아닌 일본 정부의 조직적인 뒷받침이 있는 산업간첩 사건임을 인지하고 이를 FBI에 통보했다. 이후부터 FBI는 히타치사 관계자와의 접촉의 전 과정을 비밀리에 영상 촬영하고 도청했다. 결국, 최종적으로 출시 전의 신형 IBM 3380을 전달하는 비밀 접선 장소에 FBI 요원이 급습하여 증거물과 함께 관련자를 검거했다.

다. 사건의 의의

1981년 일본 히타치사의 IBM 3380에 대한 산업간첩 적발사건은 미국 정보공동체가 미국의 우방국가가 미국을 상대로 산업간첩을 하고 있음을 처음으로 확인한 사건이었다.[763] 사건 진행 중에도 그때까지 소련 이외의 국가 특히 우방국가에 의한 산업간첩은 상상하지 못했던 FBI는 소련 KGB가 아닌 일본 정부의 조직적인 뒷받침에 매우 당황해 했다고 한다.

그러나 어려웠던 조사과정에 비하여 판결은 1만 달러의 벌금과 이미 히타치사는 머릿속으로 다 알고 있는 "공정도에 대한 사용금지 명령" 등 매우 가벼운 형량에 그쳤다. 또한, 일본도 국가 차원의 공식적인 사과를 거부하고 오히려 FBI의 불법적인 수사를 비판했다. 더 나아가 히타치사는 유럽에 있는 자신들의 거래선을 부추기고 자금을 지원하여 IBM을 상대로 유럽 법원에 반독점금지법을 위반했음을 이유로 소송을 제기했다.

---

763) Peter Schweizer(1993), pp.46-65.

물론 지루한 소송과정에서의 자료열람 등의 방법으로 IBM의 영업비밀을 더 획득하려는 전략이었다. 여하튼 1년이 지나지 않아 히타치사는 IBM 3380을 따라잡은 신형 컴퓨터를 시장에 출시했다.

이 사건은 산업보안의 방향과 필요한 내용 그리고 적극적 방첩공작으로 차질 없이 사건에 대처해 관련자를 검거함으로써 사건의 전모를 파악할 수 있었던 사건으로 평가된다. 또한, 실리콘 밸리에서의 손쉽게 설립이 가능한 가장 회사를 통해서도 많은 나라, 사업가, 비밀 유출 시도자를 접촉할 수 있었음에 비추어 산업간첩이 생각보다 일상에 가깝게 있음을 깨우쳐준 사례라고 할 수 있다.

2) 페어웰(Farewell) 사건
가. 개 관

러시아의 경제정보 활동에 대한 정보기구 실상이 미국에게 어느 정도 알려진 것은 1980년대이다. 1981년 7월 프랑스 미테랑 대통령은 캐나다 오타와 정상회담에서 만난 신임 레이건 대통령에게 미국 내에서 경제정보 수집을 총괄하는 인물로 KGB의 페어웰(Farewell)에 대해서 CIA가 모르고 있는 일을 귀띔하여 주었다. 페어웰은 당시 KGB 소속으로 서방세계의 첨단 과학기술을 절취할 목적으로 창설된 T국의 총책임자로 실제 이름은 발디미르 페트로프(Vladimir Vetrov) 대령이었다. 페트로프 대령은 1965년 KGB T국의 전 세계 신경망으로 과학과 기술에 대한 서방의 선진 첩보를 수집하는 것을 주목적으로 하는Line X 소속으로 프랑스에 파견되었다. 뛰어난 성과로 5년 후 소련으로 귀국한 페트로프는 T국의 총책임자가 되어 전 세계 Line X를 통해서 들어오는 모든 경제정보를 평가하고 이를 소련 기업 등 수요자에게 전달하는 임무를 총괄하게 되었다.

그러나 그는 이념 문제로 KGB를 변절하고 이중 스파이가 되어 KGB가 서방국가에서 획득한 각종 과학기술 자료를 프랑스에 넘겨주는 일을 하고 있었다. 그를 스카우트한 프랑스 정보기구는 서구세계 정보기구로는 유일하게 해외세력으로부터 침투당한 일이 없다고 알려진 국토감시총국(Directorate of Territorial Surveillance : DST)이었다. 페어웰은 국토감시총국이 부여한 암호명이다.

원래 페어웰은 1965년 KGB 요원으로 외교관으로 공직을 가장해 프랑스의 선진 과학기술을 입수할 책무를 맡고 5년간 프랑스에 체류하던 중 교통사고를 당했다. 그때 친절하게 그를 도와준 프랑스의 명망 있는 사업가와의 인연을 가지게 되어 5년 후 소련으로 귀국한 후에도 그와 연락 관계를 가졌다.

KGB 본부에서 근무하던 페어웰은 공산주의 체제의 독재와 정보기구가 인권탄압기구로 악용되는 현실에 회의를 느끼고 1980년 위 사업가에게 프랑스를 위해 일하고 싶다는 자신의 심경의 일단을 알렸다. 동 사업가의 소개로 프랑스 국토감시총국과 연결되었고 그는 KGB 내의 순수한 자발적 협조자로 계속 임무를 수행했다. 그는 공산주의에 근본적으로 염증을 느껴 아무런 금전 대가 없이 전적으로 이념 문제를 이유로 조국 소비에트를 배반한 인물이었다.[764)]

나. KGB의 산업간첩 내용과 여파

페어웰은 1981년부터 1982년 초기까지 프랑스 국토감시총국에 KGB가 입수하고 있던 약 4,000여 건의 과학과 기술에 관련된 비밀서류와 KGB 경제첩보 수집 선인 Line X 소속으로 전 세계에서 활약하고 있는 KGB 정보요원 250명에 대한 명단을 넘겨주었다. 그 자료는 약 16개국에서 소련이 입수한 최신 과학 기술정보가 모두 포함되어 있었다. 정보 중에는 KGB뿐만이 아니라 참모부 정보총국(GRU), 현재도 러시아에 존재하는 소련 최고 과학자 단체인 소비에트 공화국 과학아카데미(RAN)와 다른 여러 기구의 산업스파이 계획서도 포함되어 있었다. 거기에는 개별 산업스파이 활동의 목표 그 동안의 성과, 불충분한 요소 등이 상세히 분류되어 있었다. 또한, 16개국의 100여개 정보수집 원천도 있었다. 당시 페어웰이 프랑스 국토감시총국에 건네준 자료 중에는 2,000건의 I급 비밀이 포함되어 있는데 그중 61.5%가 미국에서 수집된 경제정보였다고 한다.

---

764) 페어웰을 심문했던 KGB 요원은 유르첸코(Vitaly Yurchenko)였다. 유르첸코는 이중간첩 알드리치 에이메스 사건과 관련된 KGB 요원으로, 처음에 CIA로 전향하면서 자기는 페어웰을 심문하며 그와 시간을 함께 하면서 그의 영향을 받아 서구세계를 더욱 동경하게 되어 소련을 변절하게 되었다고 말했다. 그러나 유르첸코는 레스토랑 창살을 뚫고 다시 워싱턴에 있는 소련 대사관을 통해 소련으로 재망명했던 인물이다. 그래서 그는 CIA 내의 이중간첩으로, KGB에게 가장 소중했던 에이메스(Ames)를 보호하기 위한 계획된 변절이었다는 견해가 있다고 했음은 앞서 본 바와 같다. 제3편 제4장 참조

다. 미국의 경제방첩공작765)

가) 다양한 기만공작

한편 미테랑 대통령으로부터 페어웰의 존재를 들은 레이건 대통령은 그 내용을 CIA
에 전달하고 프랑스 정보기구와의 협조로 내용을 파악한 CIA는 이를 활용한 역용작전
에 돌입했다. CIA는 국방부 정보기구 그리고 FBI와 합동체제를 구축하고 대응 방첩공
작에 들어갔다. 미국은 페어웰의 정보와 다른 정보를 종합하여 추가적인 KGB의 의도를
명백하게 파악한 후에 KGB의 Line X 산업간첩을 그대로 방치하면서 그들이 원하는
다양한 기계의 성능을 조작하거나 설계도면을 바꾸어 오 · 작동을 유발하는 기계를
제작했다.

관련 산업체들도 오 · 작동 기계 제작에 적극적으로 협조했다. 그래서 소련의 첨단
군수 무기에 장착되는 엉터리 컴퓨터칩 등 다양한 불량품, 미세한 내용을 담은 엉터리
화학 공장 설치도면 등이 소련의 산업간첩 목표가 되어 소련으로 자연스럽게 유입되어
소련의 무기와 필요한 기계에 장착되고 설치되었다.

또한, 미국 스텔스기에 대한 거짓 정보, 미국의 과장된 우주방어계획(SDI), 전술
비행기 그리고 우주왕복선에 대한 허위 또는 과장된 성능 등의 다양한 정보가 Line
X를 따라서 소련 정보당국에 자연스럽게 유입되도록 했다. 그리하여 미국은 또 다시
소련이 미국을 상대로 예컨대 허위의 스텔스기와 전투기에 대한 정보입수의 노력을
하도록 하고, 그를 입수한 소련으로 하여금 또 다시 많은 비용과 시간을 들여 성공할
수 없는 연구와 개발을 하게 만들었다.

나) 천연가스 폭파공작

CIA가 전개한 페어웰 사건 방첩공작의 결정판은 소련의 국책 천연가스 사업 마비공
작이었다. CIA는 소련이 경제부흥을 위해 시베리아 유렌코 유정에서 생산하는 천연가
스를 동유럽 등 서방세계에 판매하려는 계획의 붕괴 공작에 착수했다. 시베리아 유렌코
유정에서 발굴된 천연가스가 서방세계로 수송되기 위해서는 시베리아를 가로지르는

---

765) CIA를 비롯한 미국 정보공동체의 소련에 대한 응징의 대응공작은 후일 미국의 과학기술 주간잡지인 주간
항공과 우주기술(*Aviation Week & Space Technology: AW&ST*)에 게재되었다. See,
http://www.aviationweek.com/aw/.

대장정의 송유관이 필요했다.

장거리 송유관은 일정한 압축력을 가지고 수송되어야 하는데 소련은 천연가스의 장거리 전달에 필요한 각종 압축장치와 저장장치에 대한 첨단 기술이 없었다. 그래서 필요한 신기술을 KGB의 산업간첩으로 획득할 계획을 세우고 있었다. 이러한 계획은 페어웰이 프랑스에 전달한 비밀문건에 나타나는 내용으로, KGB는 천연가스 송유에 대해 세계 최고의 기술을 보유하고 있는 캐나다를 상대로 첨단 과학기술 간첩공작을 전개할 예정이었다.

CIA는 작전명 **"트로이 목마(Trojan Horse)"**라는 이름 아래 역공작을 실시했다. KGB가 타깃으로 삼은 캐나다 소프트웨어사의 소프트웨어를 비밀리에 조작해 놓았던 것이다. 한편 KGB 전문요원도 어렵지 않게 캐나다의 소프트웨어를 복사했다. 즉 CIA가 누구도 모르게 미세하게 수치를 조작하여 오·작동을 일으킬 수 있도록 조작해 놓은 캐나다 회사의 소프트웨어를 KGB 역시 비밀리에 입수한 것이다. 물론 캐나다 소프트웨어 회사는 아무런 눈치도 채지 못하고 세계 최고의 정보기구에게 두 번의 보안사고를 당한 것이다.

산업간첩으로 입수한 정보에 따라 기계 설비를 마친 소련은 1982년 천연가스를 송유했다. 결과는 CIA가 미세 조종한 수치에 따라 압력이 최고조에 달할 때 엄청난 규모의 대형 천연가스 대폭발이었다. 소련은 허위 과학기술을 수집했음을 뒤늦게 깨달았다. 당시 우주왕복선에서 시베리아에서의 이 폭파 광경을 목격한 우주비행사의 말에 따르면 지구가 폭발하는 것과 같은 장관의 엄청난 폭발이었다고 한다. 이 폭발사고는 천연가스 수출로 경제부흥을 꾀했던 소련 경제에 심각한 타격을 가져왔고, 미국의 소련에 대한 다른 경제방첩 공작의 효과와 맞물려서 구소비에트 공화국 붕괴의 결정적인 요인이 되었다.[766]

다) 비 고

소련은 CIA의 페어웰 방첩공작 사건으로 그 밖에도 여러 가지 대가를 치렀다. 미국

---

766) Gordon Brook-Shepherd, The Storm Birds, Widenfield & Nicolson, New York, 1989, Chapter 17 : "Farewell" A French Connection. Paul M. Joyal, *Industrial Espionage Today and Information Wars of Tomorrow.*

정보공동체의 치밀한 방첩공작에 따라 소련이 큰 비용과 노력을 기울여 개발한 우주왕복선 모델은 사실은 미국 우주항공국(NASA)이 폐기했던 수준 이하의 모델이었다. 당시 DCI 케이시(Casey) 국장은 이 모든 계획을 레이건 대통령에게 보고하여 시행했고, 미테랑의 정보제공으로 적지 않게 당황했던 레이건 대통령은 정보공동체의 뛰어난 활약에 각별한 애정을 보였다고 한다.

한편 미국 정보공동체의 이러한 방첩공작은 정보기구의 모범적인 업무 공조 사례로도 꼽힌다. 국내문제는 FBI가 책임지고 해외문제는 CIA가 담당하며, 철저한 기관 간의 업무협조를 도모하여 전혀 적발되지 않고 완벽하게 소련을 기망했던 것이다.[767] 한편 이 사건의 여파로 전 세계에 걸쳐 약 150명의 러시아 정보기구 산업스파이가 축출되었고, 프랑스에서만 47명이 추방되어 KGB Line X는 상당한 기간 업무 불능에 처해졌으며 소련 경제의 부흥을 위해 첨단 과학기술 개발에 목말라 하던 소련 경제 발전에 적지 않은 장애가 초래되었다고 한다. 이러한 미국 정보공동체의 철저한 기만 공작에 의해서 소련의 과학기술 수집능력은 철저히 붕괴되었고 일부는 그 후에도 복구되지 않았다고 한다.

한편 페어웰은 소련 당국에 적발되어 1983년 처형된 것으로 알려졌다. 페어웰 사건에서의 방첩공작은 추후 소비에트 공화국의 붕괴로 이어진 것으로 평가된 레이건 행정부의 전략방위구상계획(Strategic Defense Initiative : SDI)으로 이어진다. 미국 정보공동체는 이미 경험으로 어떻게 소련을 기만할 수 있는지를 잘 알고 있었던 것이다.[768]

우리는 이 사건을 통해서도 사경제 영역에서의 보안과 방첩활동의 진수가 어떻게 전개되어야 하는지를 알 수 있다. 보안은 비밀을 안전하게 잘 활용할 수 있도록 함이 요체이다. 또한, 보안 그 자체가 중요하다고 하지만 필요에 따라서는 소위 **"느슨한 보안"** 이나 **"헝클어진 보안"**으로 더 큰 목적을 위해 활용되는 것에 의의가 있음을 알 수 있다. 이러한 역사적인 사례를 통하여 국가정보기구의 경제스파이 활동이 지향할 바를 정확하게 파악하고 이해해야 할 것이다.

---

767) Gus W. Weiss, The Farewell Dossier : Duping the Soviets. CIA에서 공개자료로 찾아 볼 수 있음.
768) 상세는 Viktor Suvorov, Inside soviet military intelligence : To the memory of Oleg Vladimirovich Penkovsky.

제4절 각국의 경제정보 활동

미국 정보공동체는 냉전 시대에는 국가정보기구는 오직 군사안보에 대한 정보수집에 집중하고, 산업간첩은 사경제 주체 사이의 일이거나 다만 국가 차원에서는 소비에트 공화국의 정보기구들이 미국과의 군비경쟁을 위해 전개하는 것으로 생각했다. 그러나 앞서 본 경제정보 역사가 말하듯이 경쟁이 존재하는 한 인간사회에서의 새로운 기술이나 앞선 제도에 대한 기대와 욕구는 본능적인 것이었다. 이러한 이유로 현재의 경제 강국들은 미국의 기대와 달리 냉전 시대에도 치열한 산업간첩 활동을 했다. 산업스파이의 세계에서는 거래비밀 정보는 현금보다 훨씬 우월한 가치를 가진다. 경쟁적 우위를 확보하면서 계속적인 이윤을 창출할 수 있기 때문이다. 전직 미국 국가정보위원회(National Intelligence Council)[769] 부의장을 역임한 메이어(Herb Meyer)는 냉전 시대의 산업간첩에 대해 다음과 같이 평가했다.

> "지난 40년 동안 미국의 전 국가적 노력은 냉전의 경쟁에서 소비에트 공화국의 승리를 저지하는 것이었다. 역사는 미국이 이를 위해 천문학적인 돈을 투자했을 뿐만 아니라 전 국가적 역량과 에너지를 투입한 것을 평가할 것이다. 영국은 우리에는 미치지 못하지만 비슷한 역할을 했다. 그러나 우리의 우방들은 두 가지 일을 동시에 했다. 한 가지는 그들의 이익을 위해서 우리를 도운 일이다. 다른 하나는 우리를 상대로 경제적으로 경쟁을 한 것이다. 그들은 우리가 다른 곳(소련)에 관심을 돌리고 있는 사이에 그들의 많은 에너지를 우리를 상대로 한 경제정보 수집에 기울이고 있었다."[770]

경제인 출신이자 프랑스 대외안보총국(DGSE) 책임자로 프랑스의 현대적 산업간첩의 기틀을 마련한 것으로 평가받는 피에르 마리옹(Pierre Marion) 국장도 다음과 같이 말했다.

---

769) 미국 정보공동체의 최고 권위를 가진 정보분석 결정기구로, 유관부처 상급 정보분석관으로 구성된다. 2004년 정보개혁및테러방지법에 근거하고 현재 국가정보국(ODNI) 소속이다.
770) Peter Schweizer(1993), p.9.

"우방은 군사문제와 외교문제에 대한 것이지 경제문제 등 다른 분야에서는 얼마든지 경쟁자가 된다. 냉전 시대에도 경제경쟁은 존재했다. 오늘날은 정치·군사경쟁이 다만 더욱 경제경쟁으로 옮겨간 것뿐이다. 경제문제에서는 우리는 모두 경쟁자이다."[771]

마리용 국장의 언급은 산업스파이 활동의 냉정한 현주소를 잘 말해준다. 한편 미국의 보안전문가인 조얄(Paul M. Joyal)은 페어웰(Farewell) 사건을 예로 들면서, 미국도 국가정보기구와 전통적으로 친하지 않은 것 같은 사적 영역에 대해서도 국가정보 서비스를 해주어야 한다고 강조했다. 더 나아가 사기업체를 대신하여 외국기업을 상대로 사적 영역의 경제정보도 수집해야 한다고 역설했다.[772] 물론 앞서 살펴본 바와 같이 미국의 전통적인 입장과는 전면 배치되는 견해이지만 각국의 산업스파이가 활개치는 현장에서의 경험을 토대로 한 언급으로 경제정보에 대한 중요성을 강조한 것이라고 할 수 있다. 그는 프랑스, 독일, 일본과 중국의 산업간첩 경험은 한 나라의 과학기술력을 증진하고 경제 경쟁력을 높이는 데 국가정보기구가 얼마나 잘 기여할 수 있는지를 보여주었다면서 일국의 경제발전을 위해서는 민과 관의 협력이 중요함을 강조했다.

오늘날 미국은 국가정보기구에 의한 경제정보 수집을 하는 대표적인 국가들로 영국·일본·이스라엘·프랑스·독일·한국·스웨덴·러시아·중국을 거론한다. 한편 산업간첩이나 그에 대한 방첩공작 자료도 적지 않게 비밀 분류되어 있고, 따라서 비밀자료도 적극적으로 정보공개하는 미국의 경우에도 현재까지 공개된 정보들은 거의 1991년 이전 냉전 시대의 실상을 보여 주는 자료이다. 그러므로 오늘날의 경제전쟁 실상이 알려지는 약 20년 후의 자료들은 또 다른 감탄을 유발할 것이다. 그동안 공개된 자료를 통해 국가별 경제정보 활동의 실상을 간략히 살펴본다..[773]

---

771) *Id.*

772) Paul M. Joyal, *"Industrial Espionage Today and Information Wars of Tomorrow"*

773) 본 파트의 실제 사례 상당 부분은 NBC 뉴스의 자문관이고, 뉴욕 타임스, 월 스트리트 저널의 필진으로 워싱턴 정치가의 책임 있는 언론인 출신인 Peter Schweizer의 "Friendly Spies"의 원서에서 직접 인용했다. 동인의 저서는 다큐멘터리 소설 형식으로 되어 있는 듯하지만, 실제 인물의 이름을 그대로 적시하고 광범위한 사실 자료에 기초한 보고서로 수많은 정보관계자와 기업가 등 관련자의 인터뷰 이외에 매 차트별로 학계의 권위 있는 보고서 등을 인용해 권위를 인정받는다. 미국 상원정보위원장을 역임한 보렌(David Boren)은 그 내용을 격찬했고, 미국의 입법 방향에 적지 않은 영향을 미쳤다. 행정부의 경제정책, 그리고 정보공동체의 정보기구들의 경제정보 활동 방향에도 커다란 반향을 불러일으켰다. 한국에는 황건 옮김 "국제산업스파이"로 출간된 바 있다고 하나 현재는 절판되었다.

제1항 구소련 및 러시아의 산업스파이 활동

I. 개 관

냉전 기간에도 소비에트 공화국의 KGB는 경제정보 수집이 중요한 임무였다. KGB는 이미 1970년대에 조직역량의 상당한 부분을 군사나 정치외교 분야 이외에 경제정보 분야에 집중했다. 특히 1970년대 소련 정보기구들은 서구로부터 산업기술과 과학기술에 대한 정보를 수집하기 위해 혼신을 다했고 실질적인 성과를 거두었다. 그러나 미국은 자국의 산업 분야에 대한 소련의 간첩 활동을 잘 파악하지 못하고 있었던 것으로 보였다. 앞서 본 바와 같이 1981년 프랑스 미테랑 대통령이 레이건 대통령에게 페어웰에 대해 언급해 주자 미국 정보공동체가 뒤늦게 반격 방첩공작에 나선 것이 그 실상을 잘 보여주고 있다.

그 이전까지 닉슨 대통령과 키신저 전 국무부 장관은 소위 데탕트(détente)[774] 무드를 조성하며 소련과 군비경쟁이 아니라 경제교류 등 적극적인 대화로 동·서 긴장 관계를 완화하려고 했다. 그런데 닉슨이나 포드 대통령 시절에 과학·경제정보 보좌관을 역임한 와이스(Weiss)가 언급한 바와 같이 소련은 평화공존의 데탕트 분위기를 소련 경제 부흥을 도모할 좋은 기회로 생각하고 대화에 응했다. 그러나 그 이면에는 산업간첩에 대한 내밀한 욕구가 잠재되어 있었던 것이다.[775]

소련은 동·서 화해 분위기 속에서 부족한 곡물을 보충할 수 있기를 원했고, 소련의 국제적 신용을 회복하고, 서구의 첨단기술을 확보할 수 있기를 기대했던 것이다. 사실 소련은 세계 최초의 우주선 발사 성공에서 보여 주듯이 과학·수학 등 순수학문 분야에서는 세계 어느 나라 과학자보다 우수한 인재가 많았다. 그러나 창의력이 부족한 통제사회의 특성이기도 하지만 그러한 기술을 상업화하고 유지 발전시키는 노하우 등 관리적 측면의 기술은 절대로 부족했다. 이에 소련은 1960년대에 정보기구 조직을 재편하여

---

774) 데탕트(détente)는 프랑스 용어로 "완화" 또는 "편안함"을 의미한다. 데탕트는 1960년대 말부터 사용되기 시작하여 1970년대 국제 정치 관계에 널리 사용되었다. 원래 정식전쟁까지는 가지 않았지만 악의적 경쟁 관계가 있던 국가 사이의 해빙 분위기에 적용되는 말이었다. 1970년대는 기본적으로 냉전 시대의 종식을 가져올 수 있는 것으로 간주되었던 소비에트 공화국과 미국의 긴장 완화에 독보적으로 사용되는 용어였다.

775) Gus W. Weiss, The Farewell Dossier : Duping the Soviets.

본격적으로 과학과 기술정보 수집에 역량을 집중했다.

Ⅱ. 적극적 경제정보 수집

구소련의 체계적인 경제간첩은 조직을 새롭게 정비하는 것으로 시작했다. KGB는 최선임국(局)으로 서구의 첨단 과학·기술 연구개발 프로그램에 대한 정보를 수집하는 T국을 창설했다. T국 산하의 집행부서로 세계 도처에 신경망이 퍼져있는 집행부서가 Line X라고 했음은 앞서 본 바 있다.

이들 기관에는 참모부 정보총국(GRU), 소비에트 공화국 과학아카데미(RAN), 대외 관계위원회의 유관 관계자도 배속되었다. 1960년대 말부터 시작된 데탕트 분위기는 서구 각국이 소련에 대한 경계심을 늦추는 좋은 환경을 조성했고 새롭게 무장된 T국의 신경망 Line X는 과학장비로 무장한 최신 스파이 기법을 동원하여 서구 유수 기업의 정보를 어렵지 않게 획득했다. 소련의 정보기구들은 데탕트라는 정치적 변화환경을 산업간첩 활동에 최대한 활용했던 것이다.

소련은 또한 1970년대 닉슨 정부가 해외물자 수출에 특별한 제한을 두는 등의 수출통제 정책이 없었던 점도 적절히 활용하여 기술개발에 필요한 물품을 수입한 후에 분해하여 연구하는 방법으로도 기술정보를 획득했다. 또한, 1972년부터 미국 기업과 연구소에 대규모 방문단을 파견하여 견학기회를 통해서도 상당한 경제정보를 수집했다. 예컨대 100명의 대규모 농산물 대표단의 3분의 1은 Line X 소속의 정보요원이었다고 할 정도였다. 보잉사를 견학 방문할 때는 신발에 접착제를 뿌려 항공기의 특수 금속 재질을 획득하기도 했다.

1973년에는 미·소간의 화해 분위기에 맞추어 록히드사와 보잉사에 대량의 비행기 구입의사를 밝히면서 소련 내에 부품과 정비공장 등의 '항공도시 건설'을 제안하기도 했다. 한편 소련은 필요한 장비 구입을 위해서는 고가이기만 하면 낙찰해주는 서구식 경쟁 입찰 제도를 악용하여 과감한 청약입찰로 필요한 기술자료도 대량으로 확보했다. 소련의 경제정보에 대한 중요성의 인식은 1990년대에도 지속되어 1990년 9월 16일자 소련 공산당 기관지 프라우다(Pravda)[776]는 경제정보에 대한 중요성을 재차 강조하면서 KGB의 암호해독 능력을 상업적 이슈에 집중해야 한다고 강조했다. 프라우다는 계속하여 "국가의 상업적 비밀을 지키는 것은 매우 시급한 일이다. 국가정보기구는 행정부처나 기업 등을 위해 가능한 모든 형태의 도움과 상담을 해주어야 한다."라고 강조했다.[777]

한편 남미 쿠바에 있는 로우르데스(Lourdes) 소련기지는 첨단기술의 신호정보 (SIGINT) 시설을 이용하여 미국 본토의 경제정보를 수집할 수 있는 아주 훌륭한 지리적 통로였다.[778] 소련은 로우르데스 기지를 통해 미국의 국가기관 이외에도 사기업 등에 대한 광범위한 신호정보 활동을 전개하여 1970년 미국의 곡물회사를 상대로 한 곡물 수입 협상에서 곡물회사 내부의 대화 자료에 나타난 원가를 바탕으로 하여 유리한 가격 조건으로 협상할 수 있었다.

1997년에 이르러 KGB의 후신인 러시아 해외정보부(SVR)는 경제정보 수집만을 전담하는 특별한 조직을 창설한 것으로 알려졌다.[779] 한편 미국은 소련이 데탕트 분위 기를 산업간첩에 악용한다는 것을 1980년대에 들어서야 깨달았다. 레이건 대통령은 구소비에트 공화국을 "악의 제국(Empire of Evil)"으로 명명하고 강경한 입장으로 돌아섰고 전술한 바와 같이 미국 정보공동체의 대대적인 반격 방첩공작을 전개함에 따라서, 역설적으로 소련은 미국을 상대로 산업간첩 활동을 했다가 엄청난 국가 경제적 손실을 당하고 결국, 패망의 길로 들어섰던 것이다. 경제안보가 국방안보를 능가하는 가치를 가진 국가안보의 핵심임을 생생하게 보여준 사례이다.

---

776) 프라우다(*Pravda*, Правда)는 '진실(Truth)'이라는 의미이다. 1912년에 발간을 시작하여 1991년 소비에트 연방 공화국 해체까지 발행된 소련 공산당 기관지였다.

777) Pravda, 1990/9/16, "In the Holy of Holies of Security - A Journalist has Crossed the Threshold of the Eighth's Main Directorate of the USSR KGB for the First Time." 영어원문은 다음과 같다. "Today, with regard to the changes in the world, new tasks face the cryptographers of the KGB : The amount of work in military directions is being reduced while the work on commercial issues is growing…… Our secret service will offer all types of aid and consultations to appropriate organizations at all stages in the design, creation, introduction, and use of such cryptographic codes."

778) Roger Z. George & Robert D. Kline., Intelligence and the National Security Strategist Randall M. Fort., Economic Espionage, p.238

779) Sean Gregory(1997), p.18.

제2항 프랑스의 산업스파이 활동

I. 프랑스 산업스파이의 실제

1. 프랑스의 산업스파이 활동 개관

미국과 소련과 비교하면 이념 논쟁에서 여유가 있었던 프랑스는 미국과 소련이 군사 · 외교정보에 심혈을 기울이던 냉전 시대부터 이미 산업간첩에 전념했다. 프랑스는 전통적으로 공세적으로 경제정보 수집에 역량을 집중했다.

1) 서 언

프랑스 정보기구에게 산업간첩은 매우 중요한 기본적인 임무로 그들은 무역회담 등에서의 상대국의 경제정책 정보뿐만이 아니라 다양한 방법으로 과학 · 기술정보, 대형 공사의 입찰 정보를 획득했다. 거의 모든 파리 주요한 호텔은 도청과 침투와 획득 등 수색공작이 이루어지고 더 나아가 안내 데스크와 룸서비스 종사자 중에도 정보요원들이 있다고 보면 된다. 프랑스 대외안보총국은 프랑스 역내나 미국뿐만 아니라 독일 · 일본 · 인도 그리고 대한민국에서도 프랑스 회사를 도와주기 위한 산업간첩을 적극적으로 전개했다.

프랑스 정보기구에게 경제정보 수집은 일상적인 일로서 전 대외안보총국장 마리용은 **"경제간첩은 삶이다(Economic espionage is a fact of life)"**라고 말했다. 마리용 국장은 원래 에어 프랑스 CEO 출신의 기업가로 누구보다 기업경영은 전쟁 이상이라고 생각했던 인물이다.

그래서 오늘날에도 프랑스를 방문하는 고위 정치 · 경제 관료뿐 아니라, 사업가, 과학자, 엔지니어 등도 모두 수색공작과 도청의 표적이 된다. 그래서 마리용국장은 "만약 우리가 이러한 일(기업을 위한 산업간첩)을 하지 않는다면, 우리는 정보 임무를 하지 않는 것과 같다."라고 직설적으로 말했다.[780]

---

780) *Id.*

2) 실제 활동 개관

프랑스 정보기구들은 산업간첩에서 소위 수색공작을 기본으로 전개했다. 예를 들면 1964년 미 국무부 차관 볼(George Ball)은 프랑스와의 케네디 라운드 무역회담을 위하여 국제영화제로 유명한 프랑스의 칸느(Cannes)를 방문했다.

볼차관은 프랑스가 주선한 호텔에 투숙했다. 그는 회담에 임하는 미국의 입장을 담은 전략문건과 대통령 존슨이 최종적으로 결정해야 할 내용을 담은 문건을 지참하고 있었다. 새벽녘 긴 여정으로 피곤에 지친 그가 곤한 잠에 빠졌을 때 방문이 열리고 어느 여성이 잠입하여 그의 양복 호주머니에서 일단의 서류들을 빼내었다. 동녀는 1층에서 기다리고 있던 프랑스 정보요원 로이 대령(Marcel le Roy)에게 빼내온 서류를 전달하여 필요한 부분을 영상 촬영하도록 한 후에 다시 원위치시켰다. 다음날 회담에서 프랑스는 원하는 방향으로 유리하게 무역회담을 이끌어 갔음은 물론이다.[781]

추후 알려진 바에 따르면 그 공작 아이디어는 당시 프랑스 총리 데스탱의 것이라고 한다. 서류를 전달받은 로이 대령은 대외안보총국(DGSE) 제7부 책임자였고, 볼(Ball)이 투숙할 방의 문에는 미리 기름칠하여 놓아 개·폐시 소음이 발생하지 않도록 조치했다. 이러한 수색공작은 파리 내의 호텔에 투숙하는 저명한 기업인이나 정책담당자들을 상대하는 경우에는 기본적으로 전개되는 것으로 보면 된다. 프랑스는 자국을 방문하는 고위 경제 관료나 각국 정상에 대한 도청도 기본적으로 정보기구가 할 일로 간주하고 있다. 사례를 본다.

1969년 새로 취임한 미국 닉슨 대통령이 프랑스와의 무역협상을 위해 대규모 미국 대표단을 이끌고 파리를 방문했다. 일행 중에는 닉슨 대통령 비서실장을 지낸 할데만(H.R. Haldeman)이 있었다. 만찬과 각종 리셉션 등의 공식 일정이 진행되었다. 만찬 자리에서 그의 양복을 건네받은 서비스맨은 소형 도청기를 양복에 장착했다. 물론 그는 서비스맨을 가장한 정보요원이었다. 할데만은 회담이 이미 시작된 며칠이 지나서야 자신이 도청당하고 있다는 사실을 알았다.[782]

---

781) Peter Schweizer(1993), pp.96-97.
782) *Id*, p. 98. 할데만은 닉슨 대통령 비서실장으로 워터게이트 호텔의 민주당 캠프에 도청장치를 장착하여, 결국 낙마한 닉슨 게이트(또는 워터게이트Watergate scandal) 주역 중의 한 사람이다. 워터게이트 사건의 도청의 아이디어는 이때 얻은 것일 수도 있다.

프랑스 정보기구는 더욱 조직적으로 미국 대통령을 상대로 전자적 도청, 즉 전자정보 (ELINT) 활동을 전개하기도 했다. 1982년 레이건 대통령과 그 일행이 미테랑 대통령과의 경제문제를 포함한 다양한 주제에 대한 정상회담을 위해 프랑스를 방문하여 최고급 프랑스 파리 호텔에 투숙했다. 미국 CIA는 자국 대통령이 투숙할 호텔에 대해 철저하게 사전보안 검색을 시행했고 그것도 미진하여 2개 층 전체를 독점적으로 사용했다. 그러나 프랑스 대외안보총국(DGSE) 제7부 소속 요원들은 미국 대표단이 회담 장소로 사용할 파리 호텔 방의 유리창에 보안에 걸리지 않는 특수한 진동 레이저를 장착했다. 그리고 길 건너 맞은편 호텔에서 진동 레이저를 통한 유리창의 미세한 진동을 획득해 이를 특수 컴퓨터 장치를 통해서 다시 음성 대화로 바꾸어 무역회담에 임하는 미국 대표단의 대화 내용을 거의 파악했다.

한편 에어 프랑스 경영인 출신의 위 마리용 국장은 정식 외교행낭 수색, 투숙객에 대한 콜걸 접근, 에어 프랑스 비즈니스석 이상에의 도청장치 설치 그리고 경제정보 수집 대상 기업에 대한 프랑스계 출신들을 상대로 한 광범위한 소위 자발적 협조자를 포함한 산업 두더지를 산업간첩에 활용했다. 에어 프랑스는 심지어 정상적인 항공기 비행 중에도 의도적으로 항로를 이탈해 독일의 화학 공장, 바르샤바 조약기구의 군사시설 위를 비행함으로써 탑승한 자국의 정보요원들이 독일의 보안 지역에 대해 영상촬영을 할 수 있도록 협조하기도 했다.

또한, 자국의 고위 사업가를 국가정보기구의 파트타임 요원, 즉 명예 협조자 (Honorary Correspondents : HC)로 활용해 거래비밀을 수집하는 데 활용하기도 했다. 1970년대 소위 명예 협조 아르바이트 기업 정보요원은 미국, 독일, 일본 등 주요 국가를 상대로 이미 약 2,500여명에 달했다고 한다.[783] 명예 협조자들에게는 프랑스 정보기구가 획득한 산업정보가 먼저 제공되는 이점을 부여함으로써 적지 않은 기업가들이 주저 없이 협조했다.

대외안보총국은 1990년대 포드 우주 항공사를 인수한 로랄 우주 항공사의 운영체계, 휴즈 항공사의 인공위성 이용 원거리 통신기술, 미국 TRW사의 군 원거리 통신기술,[784] 통신회사인 GTE 사의 마이크로파 기술을 위한 원거리 통신기술, 록히드사의

---

783) *Id.* pp. 106-107.

군 전략적 중계용 통신 위성체계인 밀 스타(Military Strategic/tactical and relay system : MILSTAR) 기술을 획득했다.

프랑스 개별기업도 활발하게 산업간첩을 전개했다. 예를 들어 미국의 3M사는 프랑스 회사 고바인(St. Gobain)의 지속적인 침투대상이었다. 고바인사는 3M의 연마재와 세라믹 절단기에 대한 기술자료를 취득했는데, 프랑스 정보기구의 직접적인 지원을 받았다. 프랑스 컴퓨터 제조회사인 벌(Bull)사도 IBM을 상대로 하여 신형 휴대용 컴퓨터에 대한 정보를 획득했다.

미국의 코닝사(Corning, Inc)도 프랑스의 산업스파이 활동으로 회사 최고 기밀이었던 광섬유 기술을 절취당했다. 프랑스 대외안보총국의 산업간첩은 이러한 기술적인 측면 이외에도 입찰서, 재정 및 금융정보, 거래와 공급선, 소비자 정보 등 광범위한 기업비밀을 함께 수집했다.

2. 프랑스 산업스파이 활동의 현대화

1) 프랑스 경제정보수집의 체계화

가. 미테랑 대통령의 마리용 부장에 대한 기대

프랑스는 냉전 시대에도 이미 양차 세계대전으로 피폐해졌던 프랑스의 부흥을 위해 산업간첩을 시행했지만 산업간첩의 광폭화와 체계화는 1981년 미테랑 대통령 정부에 들어서였다. 미테랑 대통령은 에어 프랑스 CEO 출신이자 대외기밀방첩부의 명예협력자(HC)로 일한 경험이 있는 비즈니스맨 출신의 피에르 마리용(Pierre Marion)을 대외기밀방첩부(External Documentation and Counterespionage Service: SDECE)초대 부장으로 임명했다. 임명장 수여식에서 미테랑 대통령은 3가지를 당부했다. 첫 번째는 소비에트 블록에 대한 역량 강화, 두 번째는 국내 침투 소비에트 첩자의 적극적 색출, 세 번째는 프랑스의 산업부흥을 위해 경제·기술·산업정보 역량의 강화였다.[785]

---

784) TRW사는 신용정보 제공과 주요 자동차 부품회사와 함께 다수의 국방 관련 사업을 하는 회사로 알려져 있다. 2002/12월부터 미 국방성의 주요 사업을 수행하고 있다.

785) Id, p. 109.

나. 대외기밀방첩부 마리용 부장의 경제정보 체계 혁신

마리용은 부장으로 취임한 후에 조직에 대한 진단을 시행했다. 그는 대외기밀방첩부에 경제정보 전담부서로 제7부(Service 7)가 있고, 제7부는 이미 산업정보 수집에 상당한 노력을 하고 있다는 것을 자신의 실전경험을 통해 잘 알고 있었다. 하지만, 프랑스 정보기구는 경제간첩을 차별성이 없이 일반적인 군사 · 외교정보 수집과 유사하게 전개하고 있는바, 이러한 세련되지 않은 방법을 세련되게 할 필요가 있다고 판단했다. 또한, 프랑스의 정보역량을 더욱 경제정보에 집중하고, 요원들이 경제 지식을 포함하여 전문화되어야 하며, 무엇보다 컴퓨터화를 통해 체계화되어야 한다고 판단했다. 또한, 경제정보를 총괄 조종하는 기능이 매우 취약하다고 판단했다. 이에 마리용 부장은 1981년 10월 대외기밀방첩부에 경제정보를 기획 · 예측하고 평가하는 특별프로젝트 팀을 구성했다.

그 팀의 임무는 경제정보를 기획 · 조정하면서 어느 산업 분야의 어떤 내용에 대해 세계 어느 기업을 상대로 산업간첩을 할지를 구체적으로 결정하는 것이었다. 마리용 부장은 그 책임을 룩(Arsene Lux)에게 맡겼다. 룩은 1차적으로 미국을 포함한 서구회사와 연구소 중 어디를 타깃으로 할 것인지에 대한 대상 선정작업에 착수했다. 그 작업은 대단히 방대한 내용으로 해외연락관을 통한 광범위한 정보수집으로 이루어졌고 산업에 대한 평가와 미래예측도 병행했다.

그렇게 작성된 명단은 특별 관리대상의 **핫 리스트**(Hot-List)로 불렸다. 특별 프로젝트 팀의 룩은 목표기업 선정과 함께 새로 창설될 경제 전담부서에 독자적인 경제공작이 필요함과 함께 다음의 4가지 사항을 건의했다.

① 프랑스를 방문하는 기업인에 대한 전자감시와 수색공작(bag operation)을 동원한 지속적인 점검과 파리 유명 호텔관계자를 상대로 한 명예 협조자(HC) 확보,

② 일반적인 정치성 경제정보가 아닌 경제 · 기술적 정보획득,

③ 프랑스 기업의 해외 재산에 대한 정보,

④ 해외기업 정보에 대한 체계적인 데이터베이스화 및 경제활동을 지속적으로 추적할 컴퓨터 망 구축,

마리용 부장은 이 건의를 바탕으로 명칭은 그대로 7부로 하면서 본부에 약 35-40명으로 구성된 복잡한 특별 경제정보 조직을 신설했다. 동 팀은 다른 부서 예컨대 국방·외교·정치정보 수집부서의 정보 원천(source)에도 제한 없이 접근할 수 있도록 했고, 상부의 승인 없이 독자적으로 경제공작을 할 수 있는 권한을 부여받았다.

다. 대외안보총국의 창설

대외안보총국에 대하여는 정보기구편에서 다시 검토하겠지만, 1982년 4월 4일 마리용 부장은 마침내 기존의 정치·군사 문제와 방첩전문 정보기구 역할에 치중했던 대외기밀방첩부(SDECE)[786]를 대외안보총국(DGSE)으로 변경 창설하여 경제정보를 최고 역점 과제로 하는 정보기구 개편을 단행했다. 그리고 초대 국장으로 취임했다.

새 경제팀은 파리에 소재하는 유수한 호텔의 수색공작을 더욱 강화하여 프런트 데스크와 청소팀에 정보요원을 배치하여 상호 교신하는 조기경보 체제를 구축했다. 그래서 투숙객이 방을 비우면 청소를 가장하여 침투한 후에 필요한 서류를 복사하고 촬영하는 활동을 일상화했다.

또한, 적지 않은 돈을 투자하여 세계 유수의 기업에 근무하는 중간 간부급의 내부 협조자를 확보했다. 국내정보 전담 중앙정보총국(RG) 그리고 1982년도에 창설된 신호정보에 강점이 있는 국토감시총국(DST)과의 유기적인 협조체제도 구축하여 전술한 바와 같이 레이건 대통령에 대해서도 전자도청을 감행했고, 해외에서 걸려오는 기업 관련 통신은 전화·전신·팩스·이메일 등 모두를 전면적으로 도청하고 암호문 해독도 병행하여 추적했다.

2) 구체적인 사례

새롭게 발족한 마리용 국장 체제의 새 경제정보조직의 최초의 성과는 인도에서의 전투기 발주에서 미국을 제치고 사업자로 선정된 것이 손꼽힌다. 1982년 인도는 20억 달러 규모의 전투기 구매계획을 추진해 미국과 소련, 프랑스 등과 구매 협상을 진행했

---

786) 대외기밀방첩부(*External Documentation and Counter-Espionage Service* : SDECE)는 1944년도에 창설되어 1982년 대외안보총국(DGSE)으로 변화한 대표적인 프랑스의 해외정보기구이다.

다. 마리용 국장의 새 경제팀은 정치정보 수집팀이 1981년 중반부터 이미 인도 수상 관저에 근무하는 일반 공무원을 매수하여 인도 정부 내의 정치 동향에 대해 광범위하게 수집한 정보를 활용했다.

최종 입찰서 제출이 임박할 무렵에 마리용 국장의 새 경제팀은 뉴델리 무관을 통해서 수상 관저의 첩자와 연결했고 최종 순간에 미국과 러시아의 입찰 액수를 파악했다. 그리고 프랑스의 입찰서를 제출했다. 결과는 프랑스의 낙찰이었다. 치밀하게 전개된 이 경제공작은 사업 완료 시점인 1985년 1월에 적발되어 - 미국의 광범위한 사후 신호정보 활동으로 추정됨 - 인도 수상 관저, 대통령 궁 그리고 국방부에 근무하는 약 15명의 프랑스에의 협조자가 체포되었다. 프랑스 무관과 2명의 사업가는 프랑스 본국의 송환 지시로 사전에 도피했다.

마리용 경제팀의 유사한 사례는 한국에서도 전개되었다고 한다. 1980년대에 한국은 2기의 핵발전소 건설공사를 발주했다. 프랑스와 미국이 낙찰 경쟁을 벌였다. 마리용 경제팀은 사업 책임자로 입찰가격을 알 수 있는 위치의 어느 한국 고위 공무원에게 백만 달러와 파리 고급주택지인 엘리제궁 주변의 아파트를 대가로 입찰 정보를 건네받 았고 결국 프랑스가 최종낙찰자가 되었다.[787]

한편 마리용 국장이 이끄는 대외안보총국은 유럽연합(EU)의 출범에도 크게 기여했 다. 대외안보총국은 1957년 3월 25일 단일 유럽을 지향하는 유럽공동체(EC)의 추진에 회의적이던 마가렛 대처(Margaret Thatcher) 영국 수상의 회유 공작에 착수했다. 프랑스 정보기구에 자발적 협조자가 된 익명의 영국 정보관계자와의 긴밀한 협조로 대처 내각의 정책을 바꾸게 하였다. 결국, 영국도 단일 유럽이 영국의 경제발전에 도움 이 될 것이라는 그 필요성을 인정하여 오늘날의 유럽연합(EU) 출범의 초기 멤버로 동참했다.[788]

---

787) Peter Schweizer(1993), p.112. 당시 주미대사 워커(Richard Walker)는 추후에 이러한 사실을 미국 정 보기구를 통해서 들었다고 한다.

788) *Id.* pp.118-119. 한편 유럽공동체(EC)는 발전되어 단일시장 · 단일통화 · 단일헌법 등 유럽의 정치 통합을 실현하기 위해서 1993년 11월 1일의 마스트리흐트(Maastricht Treaty) 조약에 의해 유럽연합(European Union)으로 발전했다.

3) 프렌체론

냉전 시대 다른 나라들이 미처 산업간첩에 눈을 뜨지 못하고 있을 때 다양한 방법으로 경제정보 수집 활동을 전개한 프랑스는 일찍부터 최첨단의 기술정보수집 방법도 동원했다. 미국을 비롯한 영연방국가들의 애쉴론(Echelon) 체제에 대항하여 발진한 전자적 감시체계인 프렌체론(Frenchelon)이 그것이다. 프렌체론 역시 애쉴론과 마찬가지로 지구상에서의 광범위한 신호정보 획득 체계로서 프랑스 신호정보(French Signal Intelligence)의 약어이다.

프랑스 당국은 현재까지도 공식적으로 프렌체론의 운용을 인정하지 않고 있다. 그러나 프렌체론의 존재는 군사정보에 정통한 다수 저널리스트의 기사를 통해 널리 알려졌다. 프렌체론은 프랑스 대외안보총국(DGSE)의 기술국이 운영을 담당한다고 한다. 남동 프랑스 살랏 지역에 가장 커다란 기지국이 있고 과거 프랑스 연방을 주축으로 해외 기지국이 있는 것으로 알려져 있다.[789]

Ⅱ. 실패한 산업스파이 활동

프랑스 정보기구의 실패한 산업간첩에서도 경제스파이에 대한 교훈을 얻을 수 있다. 대표적인 것이 블랙 메일, 즉 협박용으로 사용하기 위해 스위스 비밀금고의 거래자 명단을 확보하려다가 스위스의 역방첩공작에 기습을 당한 일이다.

1980년 4월초 당시 프랑스 해외정보기구인 대외기밀방첩부는 스위스 UBS 은행 관계자로 스위스와 국경지대인 프랑스 영내에 거주하고 있는 스트로에린(Herr Stroehlin)을 통해서 스위스 비밀 구좌의 거래명세를 획득할 공작에 착수했다. 프랑스 정보기관은 스위스 비밀금고 거래자를 파악한 후에 그를 근거로 사업가들을 협박해 회사 기밀을 획득하려고 했다.

스위스에 비해 프랑스 국경지대의 집값이 저렴해 적지 않은 사람들이 프랑스에서 출·퇴근하고 있었다. 프랑스 정보요원들은 세관의 협조를 얻어 이탈리아산 고가 수입 차인 알파 로메오(Alfa Romeo)를 동인의 집 앞에 주차시켜 놓고는 새벽에 급습해 동인

---

789) Jerome Thorel (June 30, 2000). "Frenchelon - France has nothing to envy in Echelon"

을 무관세 고가 차량 절도 혐의로 연행하여 추궁했다. 형식적인 세관 경찰의 조사를 하는 척하면서, 더 나아가 정보 차원의 조사가 필요하다며 어느 정보관이 접근했다. 그는 범죄를 추궁하는 경찰 수사에 대해서는 선처 받을 수 있도록 해주겠다면서, 스트로에린에게 UBS 비밀구좌의 고객명단과 보관액수를 알려달라고 회유했다.

궁지에 몰린 스트로에린은 자신은 금고에 대한 직접적인 접근권은 없지만, 접근권이 있는 동료인 랄프(Herr Ralf)와 접촉해 어떻게든 알아주겠다고 응답하고 풀려났다. 며칠 후 스트로에린은 랄프가 적지 않은 대가를 요구한다고 방첩부 요원에게 알렸고, 계속 그를 미행하던 프랑스 요원은 스트로에린이 노력하는 사실을 확인하고 20만 프랑을 지불하기로 약속했다.

최종 약속장소는 스위스와 프랑스 국경지대 바셀 역의 기차 정거장 1층 식당으로 정했다. 4월 15일 프랑스 세관 경찰과 대외기밀방첩부 요원은 돈을 지참했고 비밀정보를 제공해 줄 랄프도 장소에 나타났다. 하지만 스트로에린은 나타나지 않았다. 잠시 후 그들이 돈과 자료를 건네주는 현장에 30명의 스위스 경찰이 급습하여 관련자 모두를 체포하고 돈과 자료를 압수했다.

사실 헤르 랄프(Herr Ralf)는 스위스 은행의 실제 총책임자인 랄프 엘스너(Ralf Elsner)였다. 프랑스 정보요원으로부터 회유 받은 스트로에린은 풀려난 후에 자신이 처한 상황을 즉시 회사 책임자인 랄프 엘스너에게 알렸고 랄프는 스위스 보안당국의 협조를 받아 역공작에 착수했던 것이다.[790]

Ⅲ. 획득한 산업정보의 이용문제

1. 개 관

전통적으로 프랑스는 대외안보총국(DGSE) 등 국가정보기구가 수집한 경제정보를 행정부 경제정책 주무부서에 건네주면 경제정책부처의 소관부서가 어느 기업에 해당 정보를 건네줄지를 결정했다.[791] 요체는, 국가정보기구는 사경제 주체에게 하는 경제

---

790) Id. pp.107-109.
791) Peter Schweizer(1993), p.102.

정보의 배포에는 전혀 관여하지 않는다는 것이다. 그 이유는 정보를 수집하는 부서가 정보를 배포하는 일까지 함께 수행하게 되면 불가피하게 유착, 즉 요구에 의한 정보수집이라는 문제 이외에도 필경 정보기구가 선호하는 경제정보수집에 편중될 위험성이 있기 때문이다.

그러나 행정부처에 의한 경제정보 배포도 정보당국이 정책부서에 제때 넘겨주지 않는 등의 비협조로 잘 이루어지지 않았다는 평가가 따랐다. 그래서 프랑스는 경제정보 수집에는 열심이었지만 다른 경쟁국에 비해서 수집한 다양한 경제정보를 국가가 종합적·체계적으로 관리하는 데 소홀하다고 판단했다.

2. 제도개선에의 착수

1) 안보·경제경쟁력강화위원회

1993년 프랑스 총리 직속으로 13인의 위원으로 구성된 ≪안보·경제경쟁력강화위원회(Commission for Security and Economic Competitiveness)≫를 구성했다. 위원장은 군 항공기 제조회사 최고 경영자인 앙리 마테(Henri Marte)가 맡았다. 위원은 국토감시총국(DST)의 파우트라트(Reme Pautrat) 국장을 비롯하여 유관 부처 공무원과 사업가, 실제 연구소를 운영하는 실천적 경험을 가진 교수 등으로 구성되었다. 위원회 임무는 다른 나라는 수집한 경제정보를 어떻게 효율적으로 활용하는지를 연구하는 것이었다.

주요 관심 국가는 일본·스웨덴·독일·영국 그리고 미국이었다.[792] 위원회는 프랑스만이 가지고 있는 바람직한 요소도 적지 않지만, 프랑스가 효율적으로 경제정책을 이끌어 가는 데 필요하고 충분하게 다양한 경제정보 수집 활동과 정보 원천을 종합적으로 운용하는 것과 목표 집중력이 부족하다고 결론지었다.[793]

위원회는 기존처럼 프랑스 국영기업 그리고 일부 전략적 기업에 대해서만 정보기구가 수집한 경제정보를 제공해 사업화하는 한정된 접근방식에서 벗어나서, 중소기업이나 새로 창업하는 기업까지 아울러 경제정보의 혜택을 받게 하고 국제시장에서 프랑스

---

792) Paul M. Joyal, "Industrial Espionage Today and Information Wars of Tomorrow" http://csrc.nist.gov/nissc/1996/, p.3.
793) *Id.* p.3.

기업의 경쟁력을 확보하는 것이 필요하다고 판단했다.

2) 사적 영역에의 국가개입에 대한 반대의 목소리

이러한 정부의 노력에 대한 반대도 물론 있었다. 프랑스 경영사업조직인 CNOF 소속 일부 회원들은 경제문제와 개별기업의 경쟁력은 국가가 개입하고 간섭해서 발전할 분야가 아니라고 주장하면서 정부의 주도적인 역할을 반대했다. 그들의 우려는 사적 경제문제를 총리 직속으로 구성된 공조직, 따라서 국가에 의해 직접 조종되는 방식으로 운용하는 것은 또 다른 계획경제 체제이고 기업의 창조적 노력을 부인하는 반생산적인 것이며, 더 나아가 국제시장에서 불신과 의혹을 받을 수 있다는 것이었다. 그러나 위원 대다수의 판단은 탈냉전 이후 각국이 치열하게 산업간첩을 벌이는 상황에서 개별기업의 창의성만으로 과학과 기술발전을 도모하고 최첨단 산업을 발전하는 것에는 한계가 있으므로, 반대론자들의 주장은 경제가 사실상 전쟁이 된 상황을 모르는 순진한 주장이라고 보았고, 국가의 경제정보 활동은 바람직하다고 결론지었다.

3. 강구된 개선안

1) DECA-type 교육프로그램의 도입

프랑스 정부가 경제정보의 효율적인 사용을 위해 채택한 구체적인 정책의 하나가 1993년 국토감시총국에 의한 DECA-type 교육프로그램이다. 그것은 FBI의 데카(DECA) 프로그램과 유사한 것이다. 요체는 자국 기업이 직면할 수 있는 산업간첩에 대한 주기적인 교육으로 대응력을 일깨우는 프로그램이다.

예를 들면, 미국 노스캐롤라이나(North Carolina) 연구소가 프랑스 페리에사의 광천수 물에서 벤젠이 검출되었다는 충격적인 내용을 발표한 일이 있었다. 그 결과 프랑스의 대표적인 천연 탄산수인 페리에(Perrier)는 시장에서 고전을 면치 못했다. 하지만 DECA-type 교육프로그램으로 체계적인 교육을 받은 페리에는 이를 코카콜라(Coca-Cola)사가 배후 조종하는 것으로 판단하고 현명하게 대처함으로써 기업경영의 위기를 잘 넘겼다.

초창기에는 단순히 그 사실을 부인하던 페리에는 벤젠이 검출된 물은 벤젠을 취급하던 근로자가 생산한 라인과는 완전히 별개의 다른 작업장에서 일하다가 발생한 단순한 실수였다고 진솔하게 해명하고, 그러나 만약을 대비하여 당시 생산된 세계 전역의 약 1억 6천만 병을 모두 회수하는 과감한 조치를 취했다. 상당한 경영손실은 있었지만 페리에는 건재하여 현재까지 이른다.

한편 사경제 주체에 대한 국토감시총국의 교육지원과 별개로 프랑스 대외안보총국(DGSE)도 사기업 지원업무를 수행했다. 프랑스 시라크(Chirac) 정부는 정보기구와 기업 사이에 연락사무소를 설치하여 업무가 중복되지 않도록 경제정보를 교환하며 공조하여 사기업에 부담이 되지 않도록 했다. 동 위원회는 프랑스 정부가 프랑스 기업의 전 세계 투자기회 확대를 위한다는 명목으로 프랑스 해외 대사관 등에서 운영되어 오던 "경제확장이후(Post Economic Expansion)"라는 외곽 지원조직이 비효율적이고 구체적인 성과가 없다고 폐지하고, 업무 일부는 총리 직속의 국가경제정보센터에 편입시켰다.

2) 국가경제정보센터의 신설

안보 · 경제 경쟁력강화 위원회의 연구 결과에 따라서 프랑스는 마침내 1995년 10월 31일 프랑스 300여개 회사를 도와주기 위해 정보기구와는 별개로 총리실 소속으로 **국가경제정보센터**를 신설했다. 국가경제정보센터는 프랑스 모든 정보기구의 산업정보와 경제 · 외교 분야의 민감한 정보를 한 곳에 융합한 후에 재분류하여 300여개 유관 사업자에게 배포하는 업무를 하는 곳이다. 센터의 임무는 "과학기술 정보의 배포(Diffusion of Technological Information)"라고 명백히 설정되어 있다. 프랑스 국가경제정보센터에서 정보를 이용할 수 있는 기업가들은 사인(私人) 신분이지만 비밀 분류된 국가정보자료를 구독할 수 있도록 한 것이다.[794]

4. 평 가

경제정보에 대한 이와 같은 독특한 프랑스식 방책은 사업가와 기업이 세계 경제시장에서 실질적으로 공생하는 좋은 모범으로 많은 프랑스 기업이 바라던 소망을 이룬 것으

---

794) *Id.* p.4.

로 평가된다. 이처럼 프랑스는 공적 영역과 사적 영역의 정보를 융합했다. 다양한 민간인 수요자가 어렵지 않게 국가 경제정보에 접근할 수 있게 했다. 그 결과 경제정보활용의 자유시장을 이루어 궁극적으로 국제시장에서 프랑스의 경제 경쟁력을 도모할수 있는 적극적 방식을 취했다. 국가 공복인 공무원도 비밀정보에 접근한다는 것이쉬운 일이 아닌데 일반 사인에게 비밀정보에 접근을 허락한다는 것은 발상의 획기적인전환이라고 할 수 있을 것이다.

프랑스 정부의 경제정보 활용 방식은 그때그때의 단편적인 기술정보 조각을 수집하여 1회적으로 배포하는 방식이 아니었다. 자국민이 필요로 하는 해당 정보를 경쟁적으로 활용할 수 있게 함으로써 더욱 창의적인 기술이 창출될 수 있도록 한 것이다. 그리고국가의 경제정보를 적절히 배분함으로써 장기적 국가 전략적 경제안보의 관점에서도유리하게 유도했다.

경제정보에 대한 이와 같은 적극적인 노력으로 프랑스는 국제 경제시장에서 첨단과학기술 정보를 수집하고 배포하여 프랑스 기업이 활용할 수 있도록 함에 있어서 모범을 보였고, 각국에는 경제정보가 국가안보를 위해 얼마나 중요한 자산인지를 충분히일깨워 주는 사례라고 할 수 있다.

프랑스 정부의 사경제 주체에 대한 다양한 경제정보 지원 노력은 1995년 9월 11일프랑스 재무성이 발간한 ≪사경제를 지원하는 미국방식(The American System to Support Private Business)≫에 잘 나타난다. 이 보고서에는 해외에서 미국 기업을지원하는 미국 상무부 등 미국 정부의 다양한 노력을 소개하면서 프랑스 정보기관이운영하는 비밀의【전쟁실(war room)】도 소개했고, 1994년 중국에서 비밀정보를 활용하여 프랑스 레이덴(Raytheon)사가 계약을 성사할 수 있도록 한 일화도 소개하고 있다.[795]

반증으로 미국 정보기구도 앞서 본 논쟁에서의 부인과 달리 분명히 산업간첩을 하고있고 수집한 기술정보를 사적 영역에도 제공하고 있음을 추론할 수 있다. 한편 캐나다보안정보부 정보분석관인 포티우스는 그의 논문 "경제 이득의 고찰: 정보활동의 증대(Looking out for Economic Interests : An Increased Role for Intelligence)"라는

---

795) *Id.* p.4.

글에서, 프랑스 정보기구는 세계 경제시장에서의 단 몇 차례의 경제간첩으로 프랑스 전체 정보기구의 1년치 운영비 이상의 이득을 남긴다고 분석했다.[796]

제3항 일본의 산업스파이 활동

I. 개 관

냉전 시대에 이념 논쟁과 정치체제 경쟁에서 누구보다 자유로웠던 일본은 일찍부터 조직적으로 경제정보를 수집하고 이를 잘 활용하여 경제 강국이 된 나라로 평가된다. 미국 정보공동체는 일본은 냉전 시대에도 안보에 가장 위협적이었던 중국이나 소련에 대한 안보정보 수집보다도 미국과 서구를 상대로 한 경제정보 수집에 더욱 치중했다고 평가했다. 1987년의 일본에 대한 CIA 분석 보고서[797]에 따르면 일본 정보기구의 정보 우선 순위는 4가지로 대별된다.

① 원유와 식품을 포함한 원재료에 대한 정보

② 미국과 유럽의 기술 · 과학 정보

③ 아시아와 태평양 지역에 대한 미국과 유럽의 무역, 재정, 군사정책을 포함한 정책 결정

④ 소비에트 공화국, 중국, 북한에 대한 국내외 정세 정보

CIA는 결론적으로 1980년대 일본국이 수집하는 국가정보의 약 80%는 미국과 유럽의 첨단 과학기술정보라고 판단했다. 일본 종합상사의 국가를 초월한 경제정보수집 역할은 일본국 발전의 원동력으로 평가된다. 일본은 오늘날에도 다양한 목적으로 선진 기술이 있는 나라면 미국을 비롯해서 어디든지 달려가서 직접 대상기업을 상대로 하여 광범위하게 경제정보를 수집하는 것으로 알려졌다.

---

796) Samuel Porteous(1994), "*Looking out for Economic Interests: An Increased Role for Intelligence*", Washington Quarterly, (autumn, 1996).

797) CIA보고서 "*Japan: Foreign Intelligence and Security Services*", Peter Schweizer(1993), p.71.

Ⅱ. 일본의 커튼

일본은 다른 나라에 비해 상대적으로 적은 국가정보기구를 운용한다. 대부분의 경제정보 수집은 대외무역산업성(Ministry for International Trade and Industry : MITI)의 기획과 조정을 받으며, 미츠비시, 히타치, 마츠시다 등 사기업체에 의해 행해진다고 미국은 판단한다.[798] 미국은 일본의 사기업체는 자체적으로 구축한 대형 정보조직을 가지고 정치, 경제 등의 정보를 광범위하게 수집하는 것으로 판단했다. 준정부기구로 알려진 일본무역진흥기구(Japan External Trade Organization : JETRO) 또한, 직접 경제정보를 수집하거나 산업간첩 활동을 지원하는 정보조직으로 알려져 있다. 물론 일본의 공식 정보기구도 일본에 주재하는 미국 기업체 직원의 매수, 일본 유학생을 이용한 대학과 연구소 내 자료수집을 위해 상당한 인간정보(HUMIN) 요원을 운용한다.

프랑스 대외안보총국 국장을 역임한 위 마리용에 따르면 일본 기업은 전 세계를 여행하면서 수단을 가리지 않고 어떤 내용이라도 산업정보만을 입수하는 업무를 담당하는 직원들이 있다고 한다.[799] 또한 대외무역산업성(MITI)은 1956년부터 1년에 최소한 1만 명의 사업가를 미국과 서구에 보내어 기술자료를 수집해 왔다. 그 현상을 연구한 포비스(William H. Forbis)에 따르면 총비용이 25억 달러 정도 소요되는데 이것은 미국의 기업이 연구개발 비용에 투자하는 것의 10분의 1에도 못 미치는 것이지만 그러나 일본은 적은 비용을 사용하는 이 방법으로 서구의 첨단기술을 광범위하게 획득한다고 평가했다.

일본은 또한 정밀기계 제품에 대한 구매를 가장한 사절단을 파견하여 외국 회사와 유명한 연구소의 견학기회를 이용하여 사진 촬영 등으로 대상회사의 설비와 기술 비밀을 획득하는 방식도 많이 사용했다. 한편, 대외무역산업성은 1962년 10월 일본 기업을 상대로 산업간첩과 방첩기법을 체계적으로 교육하는 산업보호연구원(Institute for Industrial Protection)을 설립했다. 소위 닌자 학교로 불리는 산업스파이 양성학교이다. 여기에서 교육받은 사람들이 미국과 정밀기계 산업이 발달한 스위스 등 서구로

---

798) *Operations Security* INTELLIGENCE THREAT HANDBOOK, p.7.
799) Peter Schweizer(1993), p.72.

퍼져나가 그 무렵에만 약 1만여 명의 일본 산업스파이가 전 세계에서 활동했다.

산업보호연구원은 정보요원 출신으로 전 주일 터키대사를 역임한 70세의 쿠리하라(Tadashi Kurihara)가 이끌었다. 그는 2차 세계대전 당시 일본군에서 정보원으로 활약한 암호 해독가 등 9명의 전문 영역별로 스태프를 구축했다. 수강생들은 20대 후반의 영특한 기업 중역들로 회사가 선발하여 교육비용을 지불했다. 4달 과정의 스파이 교육을 통해 각종 스파이 기법과 전화도청, 장갑을 낀 상태에서도 만지기만 하면 손이 검게 변하는 서류에 비밀 코팅하는 등의 다양한 기기 사용법 등을 교육받았다. 그들은 비즈니스맨이지만 정보요원의 능력을 갖추어 향후 30년 이상 일본 산업간첩을 실질적으로 주도하도록 양성된 것으로 추측되고, 따라서 오늘날까지도 그 명맥이 이어질 것으로 생각된다.

일본의 기업체들은 또한 정보수집의 합법적인 접근방법으로 미국의 정보자유법(Freedom of Information Act : FOIA)을 잘 활용하여, 다양한 소송을 제기하여 미국 정보공동체와 기업체의 자료를 확보하고 획득한 자료를 체계적으로 분석하여 추세를 예측하는 법합치적 경제정보 수집기법도 많이 동원했다.

예컨대 미츠비시 광학회사는 미국의 포이아(FOIA)법을 적절히 활용하여 자료를 획득하고, 또한 자료공개가 거부되어 부족한 부분 등은 미국 항공우주국(NASA)을 상대로 소송을 제기해 H-2 추진 로켓과 ERS-1 인공위성 개발에 성공했다. 동일한 방법으로 미츠비시 중공업·닛산·도시바 등 일본의 미래산업 우주 장비 컨소시엄은 미국의 첨단 우주기술을 습득해 2000년 기준으로 세계 우주 장비 시장의 약 20%를 점할 목표를 설정했다고 한다.

한편 일본의 국가정보기구는 후술하는 바와 같이 일본 내에 있는 미국 기업의 본사와의 통화나 해외유관 기업 등과의 통신은 거의 모두 모니터링하는 것으로 알려졌다. 현재에도 일본이 정부조직이나 사기업체 등을 통해서 전 세계에서 획득하는 모든 정보의 85-90%는 기업이나 국가의 독점적 데이터(proprietary data)[800] 등을 포함한 경제정보이다.[801]

---

800) 기업의 독점적 소유자료(proprietary data)는 직접 개발한 자료뿐 아니라, 제3자에게서 제출받아 소유하게 된 자료로, 공개되면 제출자에게 심각한 영향을 줄 수 있는 민감한 경영 자료이다. 생산공정과 관련한 거래비밀·생산 및 유통비용·거래조건·개별가격, 고객과 공급자 명단이 모두 이에 속한다.

한편 일본 정보기구도 프랑스 정보기구와 마찬가지로 동경의 호텔에 투숙하는 각국의 무역대표단이나 사업가에 대한 전화도청 그리고 수색공작 활동을 적극적으로 전개하여 경제정보를 수집한다.[802] 피터 슈바이처는 경제영역에서의 일본의 정보수집 능력을 연극무대에서 커튼 없이도 기묘하게 무대장치를 변경하는 일본의 연극무대 기술에 빗대어 '**환상적인 기술**'이라고 평가했다.

Ⅲ. 민관의 유기적 협조

일본 산업간첩의 특징은 관과 민의 유기적인 협조이다. 또한, 경쟁업종의 개별기업도 일본의 경제적 이득을 위해서는 정보 공조를 매우 잘한다는 것이다. 한편 공식적으로는 국가의 어느 정보기구가 경제정보 책임을 맡고 있는지, 어느 국가정보기구가 경제정보 수집을 하는지가 명백하지 않다는 점이다.

일본 대외 경제정보 수집은 국가 공조직으로는 대외무역산업성(MITI)과 반관(半官) 조직인 일본무역진흥기구(JETRO)가 주도한다. 1982년도에 이미 전 세계에 펴져 있는 대외무역산업성과 일본무역진흥기구의 세계지부에서 도쿄 본사로 하루 평균 50만 통의 메시지가 전달되었다고 할 정도이다.

또한, 사기업의 종합상사 정보실은 이 두 조직과 긴밀히 협조하며 국가지원을 받아 각종 경제정보를 수집한다. 미츠비시(Mitsubishi), 미츠이(Mitsubishi), 수미토모(Sumitomo) 그리고 닛쇼-이와이(Nissho-Iwai)사는 그들의 자체적인 능력과 정보협력으로 국제 경제정보 시장의 초강력 거목으로 부상했다. 일본의 종합무역상사는 경제정보 수집과 활용을 매우 잘하는 조직으로 그들은 경제정보 수집·분석 그리고 배포를 위한 전문적인 조직과 인력을 갖추고 경제전쟁의 선봉에서 일본 경제의 견인차 역할을 했다.

일본의 산업간첩을 연구한 메이어(David G. Major)는 일본 종합상사의 경제정보 활동을 "진공청소기로 통계자료, 각종 서류, 안내문, 잡지, 산업 보고서, 과학기술회의 보고서, 심지어는 식사 장소나 골프장에서의 잡담까지도 무제한 빨아들이는 괴물처럼 경제정보수집에 혈안이 되어 있다고 묘사했다.[803]

---

801) *Operations Security INTELLIGENCE THREAT HANDBOOK*, p.7.
802) Peter Schweizer(1993), pp.84-85.

이렇게 수집된 생자료들은 일본 본사로 전송되어 유기적인 분석을 거쳐 경제정보로 탄생한다. 정보생산물은 즉각 전략적 결정을 하는 정부의 주요 인사에게 배포된다. 특히 전략기획 업무 종사자는 이 정보를 바로 바로 받아 본다고 한다. 1976년 일본 정부는 대외무역산업성이 주축이 되어 공식적으로 2억 5천만 달러를 투자해 만들었던 반도체 공정의 집적회로에 빗대어 "초고밀도집적회로(Very Large Scale Integration : VLSI)"라는 이름의 정부-산업합작 프로그램을 발족시켰다. 공표된 VLSI의 목표는 컴퓨터 산업의 한 차원 높은 개발을 위하여 필요한 기술과 제조공정의 연구 · 개발을 표방했다.

참가 기업은 히타치 · 후지츠 · 미츠비시 · NEC와 도시바 5대 기업이었다. 대외무역산업성의 연구소가 총괄 기획실로 역할을 하며 제4세대 컴퓨터 개발을 위해 5대 대기업의 해외 연결망과 제트로의 해외지부를 통해 실리콘밸리를 포함한 세계 최첨단 컴퓨터 기업의 첨단 과학기술에 대한 대대적인 정보수집 활동을 한 것으로 알려졌다. 즉 표방은 연구 · 개발이었지만 뒤떨어진 첨단 컴퓨터 기술을 따라잡기 위해 산업간첩을 전략으로 채택한 것이었다. 그래서 1979년에 사업 비자로 미국을 방문한 기업인 수는 135,000명으로 1970년 65,000명의 2배에 달했고 이들 중에는 전술한 일본의 스파이 학교에서 체계적으로 교육을 받은 기업인이 다수 포진되어 매우 공세적으로 산업간첩을 한 것으로 여겨진다.

한편 각국의 정보기구 편에서 살펴보겠지만, 제트로(JETRO)는 전 세계에 약 270개의 사무소를 운영하고 도쿄 본부에는 경제전문가 등 약 1,200명의 정보분석가가 일하는 전 세계적 정보기구이다. [804] 웬만한 국가정보기구를 능가하는 방대한 조직이다. 일본은 제트로의 목적이 무역을 증진하기 위한 것이라고 주장하지만 제트로와 함께 일한 경험이 있는 로버트 엔젤 박사(Dr. Robert C. Angel)는 제트로의 업무는 처음부

---

803) David G. Major, "Economic Intelligence and the Future of U.S. National Competitiveness", Presentation to the Annual Convention of the American Society for Industrial Security, August 1993. 원문은 다음과 같다. "Indeed, every branch office of every trading company operates like a vacuum cleaner, sucking in information, statistics, documents, brochures, articles from technical and current events magazines, reports delivered at industrial and scientific conferences attended by one or another Japanese executive, and even gossip picked up at dinner parties or on the golf course."
804) Professor Chalmers Johnson of the University of California at San Diego.

터 끝까지가 전 세계의 경제·정치문제 정보의 수집과 배포라고 말했다.[805]

일본의 종합무역상사와 일본 정보기구의 정보 공조 실상은 앞서 본 바와 같이 1981년 히타치(Hitachi)사가 크라운 주얼이라고 불렸던 신형 IBM 3380의 작업계획서를 입수한 사건을 FBI가 수사하는 과정에서 잘 나타났다. 사기업인 히타치사는 산업간첩을 위한 문서의 수발을 일본 외무성의 공식 외교행낭인 샌프란시스코 일본 대사관 비밀 통신망을 이용하여 실리콘밸리에 있는 히타치 직원에게 송부했음이 직인으로 명백히 드러났다. 또한, 일본 영사관 직원이 적극적으로 개입한 역할이 밝혀짐으로써 실리콘밸리에서는 공공연한 비밀이었던 일본 정보기구의 사기업체에의 조직적인 지원 활동이 세상에 드러났다.

한편 일본은 공식적인 국가정보조직인 수상 직속의 내각정보조사실을 통해서 경제정보에 대한 기획·조정업무를 수행한다. 대외무역산업성의 경제정보 업무도 내조(Naizo, 내각정보조정실의 약칭)의 조정을 받는다. 한편 방위청 소속 전문 신호정보기구인 초베츠(Chobetsu)는 최첨단의 신호정보 장비를 사용하여 중국·북한·구소련과 현재의 러시아 등을 상대로 광범위한 군사·정치정보를 감청한다. 하지만 대만과 한국 그리고 미국 기업을 상대로 해서도 광범위한 신호정보 활동을 하는 것으로 알려져 있다. 또한, 니폰 전신·전화회사는 일본의 국익을 위해 자위대 정보본부에 해외기업으로부터의 통신 감청에 적극적으로 협조하는 것으로 알려져 있다.

Ⅳ. 구체적 사례

미국 정보공동체가 파악하는 일본의 산업간첩의 몇 가지 사례를 살펴본다. 사실 정보의 세계에서는 가장 성공한 정보공작 사례는 특성상 외부에 결코 알려질 수 없다는 특징이 있다. FBI가 최초의 국가적 차원의 해외세력 산업간첩을 적발한 사례라고 밝힌 전술한 히타치 사건에 대해서도 일본국의 반응은 대수롭지 않은 일중의 하나라는 태도를 보인 것은, 일본은 그동안에도 이미 다른 성공사례들이 다반사로 있었음을 암시해 주는 것이라고 할 수 있다.

---

805) Peter Schweizer(1993), p.81.

미국 IBM은 다년간 각국의 산업간첩 목표였다. 특히 일본의 히타치(Hitachi)와 도시바(Toshiba)사는 컴퓨터 왕국인 IBM으로부터 경영 자료를 절취한 것으로 관련자가 기소되어 형사처벌까지 받았다. 히타치사와 도시바사는 산업간첩으로 신형 휴대용 컴퓨터 시스템과 디자인에 대한 소프트웨어도 입수했다. IBM은 비단 개별기업뿐만이 아니라 외국 정보기구들로부터도 첨단 컴퓨터 정보수집의 표적이 되었었다.[806]

그 밖에도 일본 후지츠(Fujitsu)사는 미국 허니웰(Honeywell Corporation)사의 단수 렌즈 반사 자동집중기술을 획득했고, 코닥(Kodak)사의 일회용 35밀리미터 카메라 기술을 절취했다가 제소당하기도 했다. 후지츠사는 1977년과 1986년 사이에 미국의 최첨단 반도체 회사인 페어차일드(Fairchild)사에 내부 첩자 망을 구축해 약 160,000쪽에 이르는 연구 결과와 회사의 미래 청사진 서류 1부를 빼돌려 샌프란시스코 일본 영사관을 통해 외교행낭으로 후지츠 본사에 송달하는 등으로 최첨단 반도체 비밀을 절취했다.[807]

일본은 산업간첩을 일반 시민을 상대로 전개하기도 했다. 예컨대 1989년 일본인 모리모토는 캘리포니아에 거주하는 프랑스인 메사 가족의 방 한 칸을 전세 얻었다. 메사 가족은 평균적인 미국 생활을 영위하는 사람이었다. 모리모토는 사실은 자동차 회사인 닛산 회사가 미국 자동차 시장 개척을 위해 평균적인 미국인의 금융 상태와 생활습관에 대한 앙케이트 조사 임무를 부여받은 사설 정보전문요원이었다. 모리모토는 메사 가족이 집을 비우면 방에 침입해 통장기록 등 여러 가지 기록을 사진 촬영하고 관측을 통해 가족의 여가활동·선호도, 그리고 습관 등에 대한 탐문 조사를 했다. 그러던 어느 날 일찍 귀가한 메사 가족에 의해 물증과 함께 적발되어 퇴거당했다. 생존경쟁이 걸린 기업의 치열한 경제전쟁의 단면을 보여주는 것으로 산업간첩은 경쟁의 요소가 있는 이상 결코 종료될 수 없으며, 언제 어떤 형태로 전개될지 모른다는 사실을 잘 일깨워 준다.

1984년 DCI 윌리엄 케이시(William Casey) 국장은 일본 컴퓨터 회사의 미국 내 산업간첩은 미국의 국가안보에 직접적인 위협요소가 되고 있다고 말했다. 왜냐하면,

---

806) 1992년 4월 29일 미 하원 법사위원회에서의 IBM부회장 마셜 펠츠의 진술이다(House Judiciary Committee, Hearing on the threat of Foreign Espionage to U.S. Corporations of 1992).
807) Peter Schweizer(1993), pp.68-69.

단순한 컴퓨터 기술에 대한 산업간첩을 넘어서서 컴퓨터와 연결된 미국의 방위정책 등 국가안보 정보도 획득하고 있다는 판단이었다. 각국이 각국의 최고 산업기술을 국가 차원에서 관리하는 일은 적지 않고 그 경우 해당 기술을 국가가 어떤 목적으로 활용할 것이라는 것도 어느 정도 파악할 수 있어 일국의 산업정보는 국가 안보정보와도 바로 연결될 수 있는 것이 현실이다.

케이시 국장은 NEC와 후지츠사 그리고 히타치사의 산업정보 약탈 행위는 미국 컴퓨터 산업의 기반을 흔든다고 경고하고 미국 반도체 회사와 컴퓨터 회사에게 위 일본회사와의 사업 관계를 절연할 것을 경고했다.[808]

1982년 상급 공무원들만이 회람할 수 있는 이라크와 이란 전쟁에 대한 내용을 담은 CIA의 비밀 문건인 국가정보데일리(National Intelligence Daily : NID)가 워싱턴에 있는 미츠비시 사무실에서 도쿄 본사로 송부된 사건이 적발되었다. 문건이 유출된 책임과 관련하여 다수의 미국 관료가 사직하는 일도 벌어졌다. 전 CIA 부국장이었던 클라인(Ray Cline)은 일본회사의 무차별적이고 적극적인 경제정보수집에 대해서 **"일본 기업은 산업간첩에 대하여 어떤 의무감을 가지고 있고, 외국의 과학 · 기술을 절취하는 것이 마치 그들의 권리인 것으로 생각하는 것 같다"**고 말했다.[809]

제4항 이스라엘의 산업스파이 활동

I. 산업스파이 활동의 전개

1. 개 관

미국의 안보문제 컨설턴트인 라몬트(James Lamont)는 **"경제간첩을 말하면 가장 먼저 이스라엘이 떠오른다."**라고 말했다. 또한, 미국 법무부 보안담당 국장 출신의 존 다비트(John Davitt)는 **"이스라엘 정보기구는, 시간의 반은 주변 아랍 국가에 대한 정보활동에, 나머지 반은 미국에 대한 정보활동에 사용하고 있다."**라고 말했다. 이처럼 국가정보기구에 의한 경제정보 수집에 있어서 빼놓을 수 없는 나라가 이스라엘이다. 1979년

---

808) Operations Security *INTELLIGENCE THREAT HANDBOOK*, p.10.
809) Peter Schweizer(1993), p.67.

3월 CIA는 ≪이스라엘 : 해외정보기구와 보안 서비스≫라는 제하에 이스라엘 정보기구에 대한 47쪽 분량의 정보보고서를 생산했다. 이스라엘의 정보기구 체계, 역할, 주요 타깃, 인적·물적 규모 등 이스라엘 정보기구의 정보역량, 국내에서의 활동 등 제반 사항에 대한 소상한 내용의 자료이다. 물론 CIA의 역량을 과시하는 것이기도 하다.

보고서에 따르면 이스라엘 정보활동의 제1순위는 시리아와 이라크 등 주변의 아랍 국가였다. 두 번째와 세 번째의 타깃은 미국의 정책과 결정에 대한 비밀첩보의 수집이었다. 이스라엘은 아주 다양한 루트를 이용하여 적극적으로 미국의 경제정보를 획득하는 것으로 미국은 판단한다. 최우선적으로 이스라엘의 군수산업에 응용할 수 있는 국방기술, 선진 컴퓨터 응용프로그램 등이다.

2. 이스라엘 경제간첩 활동의 첨병 라캄

1) 라캄의 창설

전통적으로 이스라엘 정보기구에 있어서 경제간첩을 수행하는 주체는 두 군데였다. 하나는 해외 정보기구인 모사드(MOSSAD)[810]이고, 다른 하나는 국방부 산하의 라캄(Bureau of Scientific Relations : LAKAM)이었다. 라캄은 명칭 자체에서 알 수 있듯이 과학기술 정보만을 전문적으로 다루는 정보기구로 이스라엘 독립 후 창설되었다.

라캄은 후일 이스라엘의 대통령을 역임한 시몬 페레스(Shimon Peres)[811]가 국방부 차관 시절인 1957년에 이스라엘의 핵 개발 관련 문제를 위한 국방부 산하의 조그마한 비밀조직으로 창설했다. 당시까지 이스라엘의 군수산업을 포함한 산업과 기술 간첩활동은 군 정보기구인 아만(Aman)이 담당했다. 라캄은 아만의 임무와 핵 관련 정보입수 임무를 한 차원 높여 철저하고도 체계적으로 수행할 목적으로 창설되었다. 창설 이후에도 존재 자체가 극소수에게만 알려져 있었다. 초기에는 국방부 내에 '특수임무실

---

810) 모사드(MOSSAD)는 '조직(Institute)'이라는 의미이다.
811) 페레스는 1994년 라빈 전 총리, 그리고 야세르 아라파트 팔레스타인 지도자와 함께 중동 분쟁 해결 노력에 대한 공로를 인정받아 노벨 평화상을 받았다. 페레스는 2007년 이스라엘 다수당인 카디마(Kadima) 당의 대통령 후보로 지명되어 2007년 7월 15일 대통령에 취임했다. 그는 이스라엘 대통령으로는 최초로 2007년 11월 13일 무슬림(Muslim)국가인 터키의 국회에서 연설하기도 했다.

(Office of Special Assignment)'이라는 이름으로 출범했다. 1960년대 중반 라캄으로 명칭을 변경하고 이스라엘 국방부 본부와는 별도로 칼레바(Calebach) 거리의 비밀 건물로 본부를 옮겼다.

2) 라캄의 본격적 산업간첩

이후 라캄의 과학기술정보 수집 임무는 핵 관련 정보 이외에도 이스라엘의 경제발전을 위한 과학기술 정보수집 일반으로 확대되었다. 뒤에서 보는 바와 같이 미국 내에서의 산업간첩의 대부분은 라캄에 의해 수행되었다. 그 이유는 이스라엘의 대표적인 해외정보기구인 모사드는 중동문제와 관련하여 CIA와의 업무 공조가 필수적인데, 만약의 경우에 모사드가 미국에서 경제정보를 한 것이 적발되면 CIA와의 관계가 악화되어 신뢰가 전제되어야 하는 정보공유에 어려움이 따를 수 있다는 모사드의 자체적인 판단이 있었다.

더 중요한 것은 라캄은 존재 자체가 비밀로 되어 있어서 그것이 이스라엘 정부 내의 공식기구인지도 불투명하기 때문에 설령 미국에서의 경제간첩이 적발된다고 해도 소위 '그럴듯한 부인'을 하기가 용이하고, 따라서 미국과의 외교 분쟁을 막을 수 있다는 계산에서였다.[812]

1967년의 6일 전쟁[813]은 라캄을 크게 변모시켰다. 프랑스 드골 대통령은 이스라엘의 선제침공을 비난하며 이스라엘에 대한 무기금수조치를 단행했다. 라캄은 이제 핵무기 개발 정보수집이라는 단선적 목적에서 경제·과학 기술정보 수집을 가속화하여 이스라엘의 군수산업 전반을 자급자족형으로 발전시킬 책무를 부여받았다. 한편 이스

---

812) Peter Schweizer(1993), p.217.
813) 6일 전쟁(The SIX-Day War)은 일명 『1967년 아랍-이스라엘 전쟁』, 『제3차 아랍-이스라엘 전쟁』 또는 단순히 『6일 전쟁』으로 불린다. 전쟁은 이스라엘을 한 축으로 하고, 이집트·요르단, 시리아를 다른 축으로 한 아랍 연합과의 전투였다. 이라크와 사우디아라비아, 알제리는 아랍군에 무기와 장비를 제공했다. 직접적인 전쟁의 발단은 이집트가 제공했다. 1967년 5월 이집트 나세르 대통령은 1956년부터 자국령인 시나이반도에 주둔하며 중동의 평화유지 완충 역할을 하던 UN 특별군의 철수를 요청했다. 유엔군이 떠나며 이스라엘과 시리아의 긴장이 고조되자 이집트는 즉시 탱크 1,000대와 10만 명의 군대를 시나이반도에 배치했다. 또한, 아랍 세계의 단일화된 의견임을 이유로 이스라엘이 홍해(red sea)에 접근할 수 있는 약 13㎞의 티란 해협(Straits of Tiran)을 전격 봉쇄했다. 홍해는 인도양 그리고 대서양과 연결되는 통로로 이스라엘에 전략물자가 공급되던 통로였다. 봉쇄당한 이스라엘은 1967년 6월 5일 이집트와 요르단 등 아랍 연맹의 자위권의 발동을 주장하면서 시나이반도의 이집트 공군기지, 서예루살렘과 네탄야를 기습 공격했다. 그 해 6월 10일에 종료된 단 6일간의 전쟁에서 이스라엘은 시나이반도, 가자 지구, 웨스트 뱅크, 동예루살렘과 골란 고원을 점령했다. 그 역학관계는 오늘날까지 중동지역의 지정학(地政学, geopolitics) 변수가 되었다.

라엘의 국영 군수산업은 라캄 요원들이 선진 군수산업에서의 구매나 견학을 함에 있어서 좋은 가장(cover) 창구가 되었다.

라캄 요원들은 잘 꾸며진 역사적 서류들과 함께 언제든지 이스라엘 국영 군수산업의 직원으로 가장했다. 요원들은 더 적극적으로 펜타곤과 미국 군수산업체와의 계약 체결을 주선하고 성사시켰다. 그 중요성으로 인하여 라캄 책임자는 언제라도 수상과 독대할 수 있고, 오직 수상과 소속 부서장인 국방부 장관에게만 책임을 졌다.

3) 라캄에 대한 평가와 라캄의 위기

미국 정보공동체는 미국과 서구를 상대로 한 산업간첩에 있어서 작지만, 전문적인 라캄 만큼 효과적이고 효율적으로 성공을 거둔 정보기구가 없다고 평가했다.[814] 라캄은 작은 조직에도 불구하고 미국뿐 아니라 일본·프랑스·독일·이탈리아·영국·스위스에 과학 관계 연락사무소를 설치하고 각국의 최첨단 산업에 대해 집중적으로 정보를 수집했다.

결과적으로 라캄은 이스라엘 군수산업에 획기적인 발전을 가져왔다. 1980년대에 이미 로스앤젤레스와 뉴욕에 2개의 위장회사를 설치했고, 35명의 정식요원과 수십 명의 정보원을 활용했다. 라캄의 산업스파이 활동으로 인한 1차적인 수익자는 우주항공, 화학공업, 전자산업 등의 국영기업체들이었다.

한편 후술하는 바와 같이 중국이 자국계의 화교를 경제정보수집에 널리 활용하는 것에 비해, FBI의 분석에 따르면 이스라엘 정보기구는 비밀정보에의 접근성 문제 등 극히 예외적인 경우를 제외하고는 그들에게 협조하는 정부 또는 기업의 내부 정보원으로 유대인이 아니라 오히려 비 유대계(non-jews) 사람을 활용했다. 이유는 만약의 경우 그들이 적발되는 경우에도 미국 사회에서의 유대인에 대한 비난을 피할 수 있을 것이라는 이유라고 한다. 전술한 CIA 보고서에 따르면 이스라엘은 과학·경제 교환 프로그램을 매우 적절히 활용하여 적지 않은 경제정보를 수집하고 경제적으로 어려운 처지에 있는 기업인이나 공직자를 매수하며 상당한 수준의 비밀 경제공작을 국내·외에서 전개했다.

---

814) Peter Schweizer(1993), p.213.

라캄은 초대 책임자 블룸버그(Binyamin Blumberg)의 지도로 후술하는 프랑스 미라지 전투기에 대한 기술 습득 성공 등 탄탄한 기초를 만들고 그 책임을 1981년의 샤론(Sharon) 국방부 장관 체제에서 라피 아이탄(Rafi Eitan)이 넘겨받았다. 지휘권을 넘겨받은 아이탄은 라캄이 그 동안의 우수한 성공에도 불구하고, 경제정보 분야를 세련되지 아니하고, 소위 화력 위주로 전개하는 투박함을 보였고, 전문성도 없어 보이고 업무의 체계화가 부족함을 지적하며 일대 개혁을 단행했다. 아이탄은 일선에서의 세련된 경제공작의 중요성을 극히 강조했다. 더 많은 고급두뇌의 경제 · 과학 전문가를 채용하고 활동을 집약하며 세련된 경제공작을 전개하여 1986년 라캄이 공식적으로 해산될 때까지 재직하면서 라캄의 경제스파이 역량을 질적인 측면에서 10배 이상 증진시켰다는 평가를 받았다. 아이탄의 성공전략 중의 하나가 보안과 방첩의 측면에서 소위 "강성 타깃(hard target)"인 미국 위주에서 **"연성 타깃(soft target)"**인 유럽 등으로 다변화한 것에 있었다.

한편 후술하는 미국 해군 정보원 조나단 폴라드(Jonathan Jay Pollard) 간첩사건이 발각되어 미국의 강력한 항의로 이스라엘 정부는 1986년 라캄의 해산을 공식적으로는 선언했다. 그러나 미국은 이스라엘 산업발전의 초석을 이룬 라캄을 해산했다는 이스라엘의 말을 액면 그대로 받아들이지 않는다. 미국은 라캄은 현재에도 비밀리에 활동하며 오늘날 해외에서의 경제 · 과학정보수집 활동이 이스라엘 공군본부에 보고되고 있는 것으로 파악하고 있다.

이스라엘은 오늘날에도 미국과 서구 유럽, 그리고 그들이 필요로 하는 대상국가는 지구상 어디에라도 쫓아가 정치 · 경제 · 사회 · 문화 · 군에 걸친 다양한 인맥을 십분 활용하여, 미국의 독특한 견제를 받으며 인간정보(HUMINT) 기술을 이용하고 첨단 신호정보(SIGINT) 기술을 활용하며 컴퓨터 시스템 침입 등의 방법을 사용해 필요한 정보를 획득하고 있다고 평가된다.[815]

---

815) Operations Security *INTELLIGENCE THREAT HANDBOOK*, p.8.

Ⅱ. 실제 사례

1. 조나단 폴라드 사건

조나단 폴라드(Jonathan Jay Pollard)는 1954년 미국 인디애나에서 태어나 스탠퍼드 대학교를 졸업한 유대계 미국인이다. 그는 1979년부터 미국 해군 정보실에서 민간인 분석관으로 근무했다. 조나단 폴라드는 1986년 이스라엘을 위해 간첩을 한 죄로 가석방 없는 무기징역형을 선고받고 수감되었다. 이스라엘은 1998년까지도 개인 소행임을 주장하며 이스라엘군이 자료를 건네받은 사실은 인정하면서도 이스라엘 정부의 관여를 부인했다. 처음 폴라드와 접촉한 사람은 이스라엘 사업가 스테른(Steven Steren)이었다. 스테른이 폴라드를 만났을 때 폴라드는 업무에 대하여 불평을 했고, 스테른은 미국에서 만난 자신의 친구로 이스라엘 공군 대령으로 알고 있는 셀라(Aviem Sella)에게 폴라드를 소개해 주었다. 스테른이 셀라의 정확한 신분을 알고 있었는지는 불분명한데 셀라는 사실 라캄의 공작관(case officer)이었다. 폴라드는 결국 셀라에게 포섭되었다.[816]

폴라드는 라캄으로부터 매월 2,500달러의 공작금을 지급받았다. 폴라드가 정확하게 이스라엘에 어떠한 정보를 건네주었는지는 현재까지도 밝혀지지 않고 있다. 폴라드는 주로 이스라엘에 대한 이라크의 미사일 공격 위협에 대한 정보자료를 건넸다고 진술하지만, 이스라엘에 건네진 수십만 쪽의 서류에는 각종 군수산업의 현황 기술자료, 미국의 대테러정책, 중동의 군사정책, 미국의 무기 정책 등도 망라된 것으로 알려져 있다. 특히 그중에는 10권 분량의 글로벌 전자감시 네트워크의 핵심기술인 라디오-신호 표기법(Radio-Signal Notations)에 대한 기술자료도 포함되어 있었다. 더 나아가 라캄 본부 내 폴라드의 비밀 공작관은 폴라드는 알 수 없는, 때로는 1급 비밀문건의 목록을 제시하며 추가 자료를 확보할 것도 지시했다.

FBI 조사에서도 이스라엘 공작관이 수집을 요구한 그러한 자료는 폴라드의 수준에서는 파악하거나 집근할 수 없는 자료들이었다고 했다. 물론 라캄의 광범위한 정보수집 능력을 보여주는 것이기는 하지만, FBI 입장에서는 라캄이 명백히 국방부 내 최고위급

---

816) Peter Schweizer(1993), p.222.

선에 별도의 연락선이 있는 것으로 간주하고 그를 Mr. X라고 명명한 뒤 다년간 색출을 위한 방첩공작 활동을 전개했다.

그러나 현재까지도 Mr. X의 신원이 밝혀지지 않았다.[817] 추후 용의자 X는 미국 해군의 물자 조달책임을 지면서 맥도널드 더글러스(McDonnell Douglas) 사나 유니시스(Unisys)사 등에 다량의 펜타곤 비밀자료를 건넸고, 또한 라캄에도 군 비밀자료를 건넨 해군 차관보 멜빈 파이슬리(Melvyn Paisly)가 지목되었지만 확인되지는 않았다. 이스라엘 정부는 1998년까지 폴라드에 대한 국가 차원의 관련 혐의를 부인했다. 1998년에 이르러 네탄 야후 수상은 폴라드가 이스라엘의 스파이였음을 비로소 인정하고 선처를 요구했다. 하지만 클린턴 대통령은 이를 거절했다. 2005년 9월 14일에도 이스라엘 정부 차원의 선처요구가 있었으나 이번에도 부시 대통령이 거절했다. 장기 구속되어 있는 폴라드가 석방되지 않은 것은 미지의 인물인 Mr. X 때문일 것이라는 추측이다.[818]

2. 이스라엘 전투기 산업의 개발과 발전

라캄이 초기에 거둔 가장 커다란 성과는 미국이 아닌 스위스에서 이루어졌다. 라캄은 스위스에 소재하는 프랑스 미라주(Mirage) 전투기의 엔진제조 회사에 침투했다. 앞서 본 것처럼 6일 전쟁 후 프랑스는 이스라엘의 선제침공을 비난하며 이스라엘에 대한 무기 수출을 전면 금지했다. 이에 이스라엘은 이예 자체 전투기 개발에 착수했다. 목표를 프랑스 미라주기로 삼았다. 라캄은 스위스 핵심 엔지니어인 알프레드 프라우엔크네흐트(Alfred Frauenknecht)가 몇 번 승급에서 누락하여 회사에 불만을 품었고, 또한 정부(情婦)와의 이중 살림으로 경제적으로 쪼들린다는 첩보를 입수하고 그에게 접근하여 포섭에 성공했다.

그는 라캄 공작원으로 포섭되었다. 그는 미라주 전투기에 대한 청사진과 엔진 설계도면 등 다량의 서류를 건네주었고 같은 회사에 근무하는 조카까지 포섭했다. 프라우엔크

---

817) *Id*, p.223.
818) Richard A. Best, Jr. & Clyde Mark, "Jonathan Pollard: Background and Considerations for Presidential Clemency", CRS Report for Congress (2001. 1.31), Black, Edwin, *Why Jonathan Pollard is Still in Prison?*

네흐트는 1971년 4월 23일 체포되었으나 이스라엘은 6개월 후 프랑스의 미라주기를 본뜬 이스라엘 최초의 전투기 네셔(Nesher)를 생산했다.[819] 이것은 단지 시작일 뿐으로, 이스라엘은 1975년 4월 29일에는 주력 전투기인 크펄(Kfir)을 생산했다. 그것은 1982년 시작한 오늘날의 주력기인 라비(Lavi)의 생산으로 이어졌다. 라캄의 활약으로 이루어진 전투기 산업의 발전은 오늘날 이스라엘의 주력 수출상품 중의 하나가 되었다. 부존자원이 부족한 이스라엘은 무기 수출이 중요한 국가산업이다.

3. 핵무기 개발

앞서 본 바와 같이 이스라엘 샤론 국방부 장관 체제의 출범과 함께 장기 재직 중이던 블룸버그(Blumberg)의 뒤를 이어 1981년 라캄의 최고 책임자가 된 아이탄(Eitan)은 1968년 9월 미국 펜실베이니아주 아폴로 시에 소재한 핵 물질 장비회사인 뉴멕(Nuclear Materials and Equipment Corporation : NUMEC)에 일행 4명과 함께 몇 차례 방문했다. 당시 FBI의 연구소 방문 관련 서류에는 "라피 아이탄(Rafi Eitan), 화학자, 국방부, 이스라엘, 출생 : 11/23/26"이라고 되어 있었다.

한편 1960년대 말 미국 원자력에너지위원회의 정례조사 결과 원자폭탄 6개를 제조할 수 있는 분량인 농축 우라늄 20파운드가 절취된 사실이 밝혀졌다. FBI 수사결과 뉴멕(NUMEC)의 창설자 중의 한 사람으로 핵심적인 핵 과학자인 샤피로(Zalman Shapiro)가 내부 공모자로서 아이탄을 포함한 이스라엘 정보요원들과 연결된 것으로 판단했다.

그러나 아이탄에 대한 더 이상의 수사는 진행되지 않았다. 현재 이스라엘은 공식적으로는 시인도 부인도 하지 않고 있지만, 이스라엘은 세계 원자력기구가 인정하는 세계 8대 핵무기 보유국가 중의 하나이다. 그러나 핵확산금지조약(Nuclear Non-Proliferation Treaty : NPT)에는 가입하지 않고 있다. 이스라엘은 1979년 남아프리카와 함께 핵실험을 한 것으로 여겨지고, 미국 정찰위성의 영상신호 정보에 따르면 현재 약 75-200기의 핵탄두를 보유하고 있는 것으로 평가된다.[820]

---

819) 네셔는 대거(Dagger)라는 이름으로 아르헨티나에 대량 판매되어 영국과의 포클랜드 전투에서 아르헨티나 군의 주축기로도 활약했다.
820) 이스라엘 핵무기의 전개에 대한 상세한 내용은, Warner D. Farr, The Third Temple's Holy of

4. 기 타

이스라엘의 미국 내 협조 요원 중 최고로 평가받은 사람은 캘리포니아 컴퓨터 회사 기술자 출신의 스미스(Richard K. Smyth)였다. 그는 처음 회사 내에서 이스라엘을 위한 협조자로 활약하다가 1973년에는 라캄의 자금 지원 아래 개인회사를 설립하여 무려 15년 동안 미국의 첨단 컴퓨터 기술, 고체 로켓 연료제조 기술, 항공전자공학(avionics)기술, 그리고 펜타곤의 각종 고급 비밀자료를 건네주었다. 이스라엘은 스미스를 통해 입수한 항공전자 공학기술을 바탕으로 프랑스 미라주 전투기를 복제하여 생산한 주력전투기인 크펄(Kfir)기의 비행 통제 시스템을 획기적으로 개선하여 1981년부터는 미라주기보다 성능이 우수한 것으로 평가받는 라비(Lavi) 전투기를 생산할 수 있었다. 라캄은 또한 1983년 미국의 벡터 사(Vector Corporation)를 상대로 대인·대전차용 공중투하 폭탄인 클러스터 폭탄(cluster bombs)의 제조기술 획득 공작에 착수했다.

그해 미국 의회는 클러스터 폭탄이 핵폭탄 제조기술로 전용될 위험이 있다는 이유로 이스라엘에 대한 수출을 금지시켰다. 그러나 아이탄의 지시에 의해 라캄은 1982년부터 이미 미국의 클러스터 폭탄 제조회사 및 연관 회사 등을 광범위하게 파악하고 있었다. 타깃으로 선정된 회사 중의 하나가 펜실베이니아에 있는 폭탄 조립회사인 이리(Erie) 사였다. 라캄은 미국 의회의 의결 전에 이미 이리 사에 대한 여러 차례의 공장 견학과 회사 내부에 협조망을 구축하여 청사진과 주요부품을 빼돌려, 1986년에 독자적으로 클러스터 폭탄을 생산했다.

한편 라캄이 미국 국무부가 이스라엘의 중동에서의 중요성을 인정하여 외교 분쟁을 극히 꺼리고 있는 정황을 십분 활용하여 레콘 광학(Recon Optical) 기술을 절취한 사건도 유명하다. 라캄은 1960년대 이래 이스라엘 정부와 계속 거래를 하던 항공정찰 카메라 전문 제조회사인 약 1,150명 규모의 소규모의 레콘 광학과 거래 관계를 유지했다. 라캄은 1984년 4년 계약으로 4천만 달러의 대규모 구매계약을 체결했다. 레콘 광학 내부에는 이미 라캄의 협조자가 심겨 있었다. 레콘 광학으로서는 이스라엘은 대형

Holies: Israel's Nuclear Weapons.

구매고객으로 그들의 회사방문을 극진히 대접했다. 레콘 본사를 방문한 이스라엘 구매자들은 그해 5월에 내용을 밝히지 않는 14박스 분량의 물품을 무단으로 반출하려고 했다. 레콘 광학 보안담당자들의 저지로 반출에는 실패했지만 박스 안에는 광학기술 설계 자료와 향후 비밀 획득 계획 등의 문건이 담겨 있었다. 동 자료들은 이스라엘의 방위산업체로 동종 사업에 종사하는 엘 옵(El-Op) 사에게 건네질 것으로 예정되어 있었다. 레콘 광학측은 엄청난 물량의 계약이 파기될지도 모를 불안감으로 망설였으나 결국 FBI에 연락했다. 그러나 이스라엘 정부와의 연결고리가 드러나자 이스라엘과 중동 정책으로 불화를 우려했던 미국 국무부 측의 우려로 민사사건 이외에 형사사건에 대한 수사는 진행되지 않았다.[821]

제5항 독일의 산업간첩

I. 독일의 경제정보수집

1. 개 관

독일 정보기구는 나치의 멸망과 함께 흥정 끝에 목숨을 부지한 겔렌 장군의 겔렌 조직을 바탕으로 한다. 나치의 정보장교 겔렌은 나치 패망 이후에도 다수의 비밀을 CIA에 제공하고 목숨을 부지했다. 겔렌이 건네준 정보를 보고 그의 정보 자질을 높이 평가한 CIA는 패망한 독일에 겔렌(Gehlen)을 책임자로 하는 연방정보국(Federal Intelligence Service : BND)을 창설했다.

탁월한 정보 전문가였던 겔렌이 지휘한 독일 연방정보국(BND)은 냉전 시기에 동유럽, 즉 소비에트 블록의 동향을 가장 정확히 추적하고 파악하는 서방의 정보기구로 명성을 날렸다. 그런데 미국 CIA의 통제를 받으며 소비에트 블록에 대한 군사·외교정보의 수집에 전념할 것으로 생각되었던 겔렌 조직 후예의 연방정보국은 냉전 시대에도 이미 경제스파이 활동에 전념하고 있었다.

연방정보국은 독일 정부가 무슨 정보가 필요한지만 결정해 주면 어떻게든 확보한다

---

821) FBI 담당자는, 이스라엘이 아니라 소련이나 중국이었다면 사정이 180도 달라졌을 것인데, 우방 이스라엘의 문제이기 때문에 국무부는 손을 털기를 원했다고 실토했다. Peter Schweizer(1993), p.237.

는 평가를 받을 정도였다. 그러기에 프랑스 대외안보총국장 출신의 마리용은 **"나는 취임하면서 바로 독일은 다양한 방법으로 조직적이고 치밀하게 방대한 양의 경제 · 기술 그리고 산업정보를 수집하는 것을 알았다."**라고 말했다.

2. 경제정보 활동의 활성화

유럽에서 미국 정보공동체의 통제를 받으며 소련 · 동독을 포함한 막강한 소비에트 블록을 상대로 하여 군사 · 외교 정보전쟁에 전념하던 겔렌이 지휘하는 연방정보국이 냉전 시대에 이미 경제정보 수집에 전념하게 된 것에는 이유가 있었다. 제2차 세계대전의 패망으로 독일은 미국 · 영국 · 프랑스 · 소비에트 공화국 등 연합국에게 군사적 · 경제적으로 철저한 통제 아래에 놓였다. 독일은 그 후 1954년 10월 파리협정으로 서독의 주권을 회복하기는 했다.

그러나 영국과 프랑스 그리고 미국은 독일에 주둔하는 연합군의 안전을 위한 목적이라는 이유로 파리협정에서 서독으로 유입되는 우편물과 전화 · 통신 등을 광범위하게 감청할 수 있는 권한을 유보했다. 그런데 겔렌의 연방정보국은 추후 연합국이 이 감청 권한을 남용하여 국제 경제시장에서 독일에 대한 경제적 지위의 우월을 확보하는 데 악용하고 있음을 알게 되었다.

예컨대 프랑스의 대외기밀방첩부(SDECE)는 드골 대통령의 명령에 따라 오닉스(ONIX)라는 이름으로 이 감청권을 남용해 독일 기업을 상대로 광범위하게 산업간첩을 했다. 그렇게 획득한 과학 · 기술정보를 2차 세계대전 중에 레지스탕스 활동 등 조국 프랑스를 위해 애국적 투쟁을 했던 슐름버거(Schlumberger) 등의 사기업체에 제공했다. 1967년 서독 수상 게오르그 키신저(Kurt Georg Kiesinger)는 이러한 사실들을 전해 듣고 연방정보국장 겔렌의 건의를 받아들여 다른 나라의 산업간첩을 저지하고 서독의 경제 중흥을 위해 공격적인 경제정보 활동을 하도록 지시했다. 그에 따라 연방정보국에 특별방첩조직이 신설되었고, 국영 전신 · 전화회사의 도움을 받아 서독 내의 거의 모든 외국기업에 대한 광범위한 감청을 했다. 외국 정보기구의 동향도 면밀히 파악하는 등으로 경제정보 활동을 적극적으로 전개했다.

이후 독일의 연방정보국도 다른 나라 정보기구와 마찬가지로 수색공작 · 도청 · 미행 · 내부 고용인 매수 · 미인계 · 자발적 협력자 확보 · 블랙 메일에 의한 기밀 강취 등 가용한 모든 방법을 동원하여 광범위한 산업스파이 활동을 전개했다. 그러나 오늘날 독일 연방정보국의 경제스파이 기법으로 특히 높은 평가를 받는 것은 독일의 창조적인 생각으로 일찍부터 전개한 컴퓨터 네트워크 침입, 즉 국가 차원의 컴퓨터 해킹방법이다.

Ⅱ. 경제정보 수집의 현대화

1. 라합 프로그램의 창설

독일의 산업스파이 활동이 다른 나라의 그것과 비교하여 특별한 것은 바로 국가적 차원에서의 컴퓨터 네트워크 침입에 의한 경제정보 능력에 있어서 앞서 나간다는 점이다. 독일은 컴퓨터 해킹(hacking)과 신호정보(SIGINT) 수집기법으로 독일 기업체에 건네진 외국 경쟁기업의 정보자료를 빼내는 것으로 유명하다.

해킹을 이용한 산업간첩은 1985년 연방정보국 블룸(Blum) 국장 시절에 개발되었다. 주책임은 연방정보국의 컴퓨터 보안책임자로 8년간 독일 내의 컴퓨터 해킹조직을 추적하던 스토에셀(Christian Stoessel)이 맡았다. 그는 햄버거 컴퓨터 해커 조직이라고도 알려졌던 독일의 컴퓨터 해커조직인 ≪대 혼동(Chaos Computer Club : CCC)≫을 알게 되었고, 해커기술을 경제정보 획득 수단으로 매우 유용하게 활용할 수 있을 것으로 판단했다.

미국이 추후에 입수한 스토에셀이 작성한 상세하고 방대한 구상은 18페이지 보고서로 작성되어 있었는데 정보대상에 대해서는 언급이 없었다고 한다. 그러나 미국 정보공동체는 당시 소련이나 동유럽은 그에 필적할 만한 컴퓨터 네트워크가 존재하지 않았기 때문에 주된 타깃은 미국과 서유럽일 것으로 평가했다.

이 계획은 라합 프로그램(Rahab Program)[822]으로 명명되어 1988년 11월 17일 시험 승인이 났다. 연방정보국은 원래 I부는 인간정보, II부는 신호 · 전자정보 활동을 전담했는데 라합 공작 담당부서는 유사시 우방국의 항의에 대비하여 소위 '그럴듯한

---

[822] 원래 라합(Rahab)은 요르단 강변의 약속의 땅이라고 알려진 여리고(Jericho)에 살던 창녀의 이름이다. 그녀의 도움으로 유대민족은 여리고 땅에 안착할 수 있었다. 히브리어로 라합은 '방대한(broad)' 또는 '커다란(large)'이라는 의미이다.

부인'의 일환으로 본부 건물과 별개로 프랑크푸르트 외곽에 자리를 잡았다. 연방정보국의 I부와 II부의 컴퓨터에 정통한 유능한 인력이 차출되었고, 66명의 인원 중 약 40명은 헌법수호청·군·정부연구소, 사기업 관계자 그리고 해커 전문가들로 충원되었다고 한다.

2. 라합 프로그램의 가동

1989년 영국과 미국의 유수기업을 상대로 한 최초의 작동에서 라합 프로그램 소속 전문가들은 정확하게 목표물의 패스워드와 특별보안 체계를 차례차례 격파하고 침투에 성공했다. 본격적으로 1989년 5월부터는 라합 프로그램은 공식적으로 예산이 배정되는 연방정보국의 주요한 공작 기구가 되었다. 그리고 국가안보, 필수 상거래, 독일인의 경제복지와 관련된 제반 전자정보를 수집하도록 임무가 매겨졌다. 라합 요원들은 소련, 일본, 프랑스, 미국, 이탈리아 그리고 영국을 상대로 사기업은 물론이고 국가의 기간 컴퓨터망에도 침투하는 것으로 알려졌다.[823] 1990년 소비에트 공화국이 멸망 당시 보안이 소홀해진 틈을 이용하여 라합 요원들은 소련과 동유럽 국가의 사기업 정보망은 물론이고 국가기간 컴퓨터망에 신속하게 침입하여 소련의 의도와 다수의 국가기밀을 확보한 것으로 알려졌다. 1991년 소련의 멸망과 함께 라합 프로그램은 재구축되어 보다 강화된 경제·기술 그리고 기업을 타깃으로 정보수집 활동을 전개했다.

라합 요원들에 따르면 사경제 대상들은 (국가에 비해) 손쉽지만 더 큰 이윤이 남는다고 한다. 1990년대 라합이 집중한 경제 분야는 화학, 컴퓨터, 전자산업, 광학기술, 항공 전자공학과 전자통신 분야였다. 한편 라합 요원들은 대상 컴퓨터 네트워크에 침입한 후에 추후의 용이한 침투를 위하여 소위 로드맵(road map)을 확보해 놓는 기법을 사용했다. 1991년 3월에 이르러 난공불락으로 알려졌던 국제은행간통신협회(Society for Worldwide Interbank Financial Telecommunication : SWIFT) 네트워크 침투에도 성공했다.[824]

---

823) Operations Security *INTELLIGENCE THREAT HANDBOOK*, p.8.
824) 국제은행간통신협회는 전 세계 금융기관들 사이에 메시지를 안전하고 신뢰성 있게 교환할 수 있도록 하기 위해 창설된 세계금융통신네트워크이다. 1973년에 창설되어 벨기에의 라 휼페(La Hulpe)에 본부를 두고 있다. 오늘날 해외 자금 이체 시 사용되는 은행식별코드인 소위 스위프트 코드(SWIFT codes)가 국제은행

라합 요원들은 그곳에도 로드맵을 장착하여 라합은 최소한 3번 이상 국제은행간통신협회에 침투한 것으로 알려졌다. 그 의미는 대단하여, 미국 정보공동체는 독일은 이로써 다른 국가정보기구는 알지 못하는 세계 주요 회사 기밀, 전 세계 금융거래 전모와 거래정보 등을 파악했을 거라고 믿고 있다. 독일은 국가가 지원하는 국가적 해킹시스템에 의해 다른 나라 정보기구는 알 수 없는 또 다른 정보의 신천지를 파악하고 있을 것이라는 것이다. 정보계에서는 이것을 **사이버 세계에서의 정찰위성**에 비견한다. 독일 정보기구가 일찍이 정보활동의 새로운 미래를 본 것이라고 평가받는 이유이다.[825]

제6항 중국의 산업스파이 활동

I. 개 관

2005년 6월 호주 시드니 총영사관에서 정무영사(정보기관 파견공무원)로 일했던 천융린(陳用林, 37)이 호주 정부에 망명을 요청했다. 그는 4년간 중국 정보요원으로 근무한 것을 실토하면서 호주에만 현재 약 1,000명의 중국 첩보원이 활동하고 있다고 폭로했다.[826] 호주 정부는 천융린의 정보를 바탕으로 광범위한 조사를 하고 대책 마련에 부심했다.[827] 중국은 현재 국가안전부(MSS) 산하의 610 사무실과 공안부(MPS) 산하의 26국이 해외 경제정보공작의 지휘부로 알려져 있다. 중국은 이들을 거점으로 미국, 캐나다, 호주를 1차 목표로 삼고 광범위한 경제첩보망을 구축했다고 한다. 중국은 매수를 통한 이중 스파이 그리고 일회용 첩보원도 광범위하게 활용한다고 한다. 중국이 경제스파이 강국으로 부상한 데에는 엄청난 인적 자원이 크게 기여했다.

오늘날 미국의 경우 50개 주 시골 어디를 가도 중국인을 보는 것은 어렵지 않다. 또한, 거의 전 세계에 중국인이 퍼져 화교촌을 형성하고 있다. 그러므로 운용과 조직의 긴장도 등에서 정도의 차이는 있지만, 중국은 전 세계적 인적 첩보망을 갖춘 지구상의 유일한 국가라고 할 수 있다. 또한, 화교 · 학자 · 유학생 · 특파원 등이 모두 문화 우월

간통신협회에 의해 관리된다. http://www.swift.com/index.cfm?item_id=43232.
825) Peter Schweizer(1993), pp.162-163.
826) 중앙일보 2005/6/27 "중국은 지금 스파이 전쟁 중"
827) Jeremy Reimer, Report : Chinese conduct "aggressive and large-scale" espionage against US (No V. 18, 2007).

주의에 기초해 중화주의(中華主義)로 뭉쳐 있어서 비교적 용이하게 정보망을 유지할 수 있는 것도 큰 강점이다. 오늘날 중국은 경제적 대부흥을 위해 전통적인 정치·외교·군사정보 이외에 선진 과학·기술 등 경제정보수집에 대해서도 어느 나라보다 적극적이다. 중국의 미국 내에서의 광범위한 군사·첨단과학기술 정보수집 등에 대응하여 FBI는 2005년 전국 56개 지부에 산업정보 보호를 위한 방첩본부를 신설하고 중국 유학생과 방문학자들을 대상으로 활동할 특수요원 170여명을 보강했다. 중국의 산업 스파이 활동의 심각성을 잘 보여주는 것이다.

전통적으로 미국은 미국 내 중국 유학생을 스파이로 포섭한 뒤 중국으로 들여보내 스파이로 활용해 왔다. 유학 생활 중 생활고에 시달리는 중국 유학생은 금전적 회유에 쉽게 넘어가 미국 첩보원으로 일하는 경우가 적지 않았다. 그러나 중국의 경제가 어느 정도 발전하고 윤택한 유학생이 많은 오늘날은 상황이 많이 바뀌고 있다. 또 신용의 측면에서 믿기 어렵다는 중국인을 이중 스파이로 관리하기도 대단히 어렵다고 한다.

II. 적극적 활동과 예측

2003년 4월 적발된 여자 스파이 진문영(陳文英)은 원래 FBI를 위한 첩자로서 미국을 위해 중국 정보를 수집하다가, 중국 당국에 적발된 후 역이용되어 중국 정부를 위해 미국 정보를 수집한 대표적인 이중 산업스파이였다. 한편 아시안 월스트리트저널은 1991년 중국 정보기구가 전 세계를 상대로 공개적으로 누구라도 경제정보를 가지고 오면 이윤분배 등을 제의하는 유혹 광고를 게재한 사실을 보도했다.[828] 중국이 얼마나 첨단 경제정보 수집에 집착하는지를 잘 보여주는 일이다. 한편 중국은 서유럽에서는 누구라도 중국에 경제정보를 매도할 수 있는 연락 전화번호를 안내하는 광고도 게재했다.[829] 첨단 과학·기술 정보수집을 위한 중국 정보기구의 대담하고 광범위한 노력을 잘 보여주고 있다. 중국은 오늘날에는 컴퓨터 네트워크 침입에 의한 경제정보 수집에도

---

828) 광고문은 다음과 같다. 『Do you have advanced/privileged information of any type of project/contract that is going to be carried out in your country? We hold commission/agency agreements with many large European companies and could introduce them to your project/contract. Any commission received would be shared with yourselves.』

829) Sam Vaknin, The Industrious Spies Industrial Espionage in the Digital Age, http://samvak.tripod.com/pp144.html.

각별한 노력을 하고 있다고 한다.

2007년 11월 미국-중국 경제보안심사위원회(US-China Economics and Security Review Commission : USCC)는 의회에 제출한 보고서에서 중국이 미국의 산업을 대상으로 공세적이고 대규모의 산업간첩(aggressive and large-scale industrial espionage campaign)을 전개하고 있다고 설명하면서 중국의 사이버 공격에 대한 대비를 촉구했다.[830]

한편 미국 이외에도 영국·독일의 보안당국은 자국 정부와 기업을 대상으로 한 중국의 컴퓨터 네트워크 침입을 조사했다. 중국의 산업스파이 활동이 다양한 방법으로 전 세계적으로 적극적으로 전개되고 있음을 심각하게 보여주는 것이다. 한국은 주한미군이 주둔하며 미국의 최첨단 무기가 배치되어 있다. 더욱이 한국기업의 최첨단 산업기술은 중국의 정보수집 대상 1급 지역으로 분류되어 있다고 한다. 결국, 지리적으로 가까운 한국은 중국 정보기구의 무차별적인 산업정보수집의 적지라고 보아야 할 것이다.

Ⅲ. 중국의 전 세계 경제간첩 실상

중국 국가안전부는 전 세계 곳곳에서 간첩활동을 전개한다. 특히 경제발전을 위해 산업간첩에 열을 올려온 것으로 드러났다. 휴민트 활동에 유학생과 군 정보역량도 총동원하여 오늘날에는 사이버 세계의 무법자로 사이버 경제간첩의 선봉자로 암약한다. 중국의 국가이익을 위한 전 세계에 산재하는 최신 기술, 상업 비밀, 군사비밀은 중국 정보기구들의 무차별적인 대상이다. 중국의 활동을 보면 국익이 있는 곳에 정보요원이 간다는 진정한 의미를 알게 해 준다.

1. 인도(India)에서의 경제간첩

인도의 조사분석청(Research and Analysis Wing: RAW)은 중국 당국이 인도 국경 인근의 네팔에 외형적으로는 학습센터를 건립하여 인도를 상대로 지속적인 스파이

---

830) 2007 REPORT TO CONGRESS of the U.S.-CHINA ECONOMIC AND SECURITY REVIEW COMMISSION ONE HUNDRED TENTH CONGRESS (No Ⅴ. 2007), *available at.* http://www.uscc.gov /annual_report/ 2007/ report_to_congress.pdf.

활동을 하는 것으로 파악하고 있다.831) 인도 당국은 2011년 8월 허름한 저인망 어선으로 위장하여 최신 스파이 장비를 장착하고 인도 안다만(Little Andaman) 해역에서 인도의 민감한 정보를 상대로 스파이 활동을 하던 중국 선박을 적발했다.832)

2. 대만(Taiwan)에서의 경제간첩

2009년 입법원장을 역임함 왕 진핑(Wang Jin-ping, 王金平)은 2007년 이래 중국에 약 100여 건의 민감한 정보를 판매해오다가 적발되었다. 군사정보 요원으로 현직 대령이었던 로 취-쳉(Lo Chi-cheng, 羅奇正)은 2007년부터 중국을 위한 이중 스파이로 암약했다. 그는 2010년 10월 대만의 쿠니앙 정거장에서 정보를 건네주다가 체포되었고, 무기징역형을 선고받았다.833) 한편 천수이벤 총통시절 전자통신과 감청국 국장을 역임한 Lo Hsieh-che(羅賢哲) 장군이 2011년 초에 체포되었다. 동인은 2004년부터 중국을 위해 일해 온 것으로 밝혀졌다. 동인은 그동안 암약한 이중간첩 가운데 최고위직으로 대만의 최악의 정보 참사로 간주된다.834)

3. 벨기에(Belgium)에서의 경제간첩

중국은 연성 타깃인 벨기에를 통해서 강성 타깃인 NATO와 유럽연합(EU)에 우회 침투하기 위한 경제간첩을 지속했던 것으로도 드러났다.835) 루벤 대학교(The Katholieke Universiteit Leuven)가 중국은 '루벤대학 중국인 유학생과 학자연합'이라는 전위 연구소를 내세워 유럽 전역을 대상으로 산업간첩을 해온 거점으로 활용했던 것이 드러났다.836)

---

831) Times of India, China using Nepal study centres for spying, 1 October 2009.
832) Chinese ship caught spying on India". Zee News. 31 August 2011.
833) Colonel sentenced to life plus 27 years for spying, *available at*, http://www.taipeitimes.com/News/ front/archives/2011/04/29/2003501956.
834) United Daily News (11 February 2011), "The lost military soul", Focus Taiwan; "Taiwan general Lo Hsien-che held on China spy charges", 9 February 2011, BBC News.
835) "Belgium accuses Chinese government of cyber-espionage". Sophos. 7 May 2008.
836) 'Chinese Students' and Scholars' Association of Leuven,' Chinese Students Running Industrial 'Spy Network' Across Europe: Report". Agence France-Presse via Spacedaily.com. 11 May 2005.

4. 프랑스(France)에서의 경제간첩

중국이 프랑스에서 간첩활동을 하다가 남겨진 족적만도 수십 건이 되는 것으로 알려졌다. 중국 베이징 출신의 여장 남성 경극 배우였던 스페이푸(Shi Pei Pu, 时佩璞) 사례,[837] 세계 굴지의 프랑스 자동차 부품 제조회사인 발레오(Valeo)사에 인턴 여사원으로 침투하여 산업간첩을 해오다가 적발된 중국의 마타하리로 불리기도 한 22세 미모의 리리황(Li Li Whuang, 李李) 사건이 대표적이다.[838]

5. 독일(Germany)에서의 경제간첩

독일은 중국의 경제간첩 규모가 경제적으로 매년 약 200억~500억 유로(euros)에 달할 것으로 판단한다.[839] 중국은 대기업만큼의 충분한 보안설비를 갖추지 않는 독일 중소기업을 대상으로 해왔다.[840] 방첩 전문가 왈터 오퍼만(Walter Opfermann)에 따르면 중국은 교묘한 통화 해킹과 트로이 목마 이메일(Trojan emails)로 민감한 경제정보를 수집하고 극히 복잡 미묘한 전자적 공격능력도 구축하여 독일의 기간시설에도 침투해 왔던 것으로 드러났다.[841]

6. 러시아(Russia)에서의 경제간첩

2007년 12월 러시아 연방 우주국(RSA) 산하의 Tsniimash-Export[842]의 책임자인 이고르 레세틴(Igor Reshetin)과 3명의 연구원이 러시아 방첩기구인 연방보안부(FSB)에 체포되어 징역 11년 5개월을 선고받았다. 그들은 중국에 군과 민 겸용의 최신 미사일 기술 등을 넘긴 혐의였다. 전문가들은 그동안 절취한 기술로 중국은 최신 미사일

---

837) Wadler, Joyce. "Shi Pei Pu, Singer, Spy and 'M. Butterfly,' Dies at 70", The New York Times, July 1, 2009.

838) Mata Hari chez Valeo". Le Nouvel Observateur. 19 May 2005.

839) 약 207조원. Press Trust of India (13 March 2012). "The Economic Times". The Times Of India.

840) Weiss, Richard (3 April 2012). "Chinese Espionage Targets Small German Companies, Die Welt Says". Bloomberg News.

841) Connolly, Kate (2009. 7. 22). "Germany accuses China of industrial espionage". The Guardian (London).

842) The Central Research Institute of Machine Building (Центральный научно-исследовательский институт машиностроения)를 지칭한다.

을 개발하고 우주개발계획을 한 차원 높일 수 있었던 것으로 판단했다.[843] 한편 2010년 9월 러시아 연방보안부(FSB)는 발틱 국가 기술대학(Baltic State Technical University)에서 근무하는 2명의 러시아 과학자를 체포했다. 그들은 중국 하얼빈공정대학(Harbin Engineering University)을 경유하여 중국 당국에 최신 기밀을 제공한 혐의를 받았다.[844]

7. 캐나다(Canada)에서의 경제간첩

캐나다 당국은 캐나다에 상주하는 중국 스파이가 약1,000명 이상일 것으로 파악하고 있다.[845] 캐나다 보안부(Canadian Security Intelligence Service) 책임자 리차드 파덴(Richard Fadden)은 중국계의 시·군 정치인들이 다양한 경로로 중국 스파이들과 연결되어있다고 밝혔다.[846] 2012년 캐나다 저널리스트로 중국 신화사 통신에 기사를 제공하던 마크 보리(Mark Bourrie)는 신화사 통신의 오타와 기지국 책임자인 Dacheng Zhang으로부터 캐나다 의회에 언론 접근권을 활용하여 침투하여 달라이 라마(Dalai Lama)에 대한 캐나다의 입장과 그 정보를 알아내달라는 요청을 받았다고 폭로했다.[847]

8. 미국(United States)에서의 경제간첩

1) 개요

중국의 미국 내에서의 간첩활동은 오랜 역사를 가진다. 중국은 심지어 6.25 전쟁에서의 자국 포로를 미국 정보공동체에 침투할 원대한 계획으로 움직이기도 했다. 지난 십수 년 동안 중국 정보공동체는 군사·정치·경제정보의 획득에 진력하였고 그 결과 오늘날 중국은 군사력으로도 미국에 필적할 수준이 된 것으로 보인다. 중국 정보기구의

---

843) Reshetin sentenced to 11.5 years for passing technology to China". RIA Novosti. 2010. 12.3.
844) Taranova, Alexandra (2010. 9.22). "2 Scientists Held in Murky Spy Case". The Moscow Times.
845) CBC News, Defectors say China running 1000 spies in Canada,15 June 2005, http://www.cbc.ca/_canada/story/2005/06/15/spies050615.html(last visited, 2014. 11. 25).
846) "Claims of divided loyalty anger Canadians". Sydney Morning Herald. 28 June 2010.
847) The Canadian Press (22 August 2012). "Reporter says Chinese news agency asked him to spy". Canadian Broadcasting Corporation.

주된 타깃은 기본적으로 미국의 핵실험실과 경제기반시설에 대한 것이었다. 중국의 군수산업 기반을 확보하는 것과 중국 경제의 경쟁력 확보라는 두 가지 목적이었다.[848] 국가안전부(MSS)는 중국군의 현대화를 위해 미국 해군의 매우 복잡한 무기와 운영체계에서부터 공군의 스텔스 폭격기에 이르기까지 광범위하게 군사기술 정보를 수집했다. 이를 위해 미국 방첩기구에의 침투도 지속적으로 추진했다. 그 목적은 미국의 중국에 대한 정보공작을 사전에 파악하고 그 의도를 저지하기 위함이었다. 미국 정보공동체는 미국을 향한 중국의 무차별적인 경제 또는 산업간첩에 비추어 보면 기술력이 있는 인접 국가나 정보력이 약한 국가들은 중국의 정보 장악력에 '밥'일 것이라고 판단한다. 하물며 중국의 신속하고 조직적인 경제간첩 역량에 비추어 중국의 조직적인 경제간첩에 대해 일반 사기업이나 연구단체 등이 맞대응하며 보안을 수호하기는 매우 어렵다고 판단한다.[849]

중국의 광범위한 경제간첩에 대한 그동안의 학문적인 차원에서의 대응적 제안이 몇 가지가 있었다. 대표적인 것이 모호한 목적의 중국인의 입국통제, 근로 계약시의 엄격한 제재와 불이익을 담은 "기밀누설 금지─기밀유지 협약" 체결, 비밀접근권을 가급적 제한하는 것 등이었다.[850] 또한 학계도 이구동성으로 스파이의 엄벌, 향상된 컴퓨터 보안체계와 통신망 비화(秘話)시스템의 개발과 보급, 사경제 주체의 주체적 참가 등 국가 차원의 방첩역량의 제고를 역설했다.[851]

2008년 이래로 매년 중국이 배후에 있는 7건 이상의 산업간첩이 처벌되고 있다. 약 2,000명은 추방 등으로 중국으로 돌아갔다. 대부분의 산업간첩 사건은 수출통제 물품에 집중되었다. 그리고 국가기밀보다는 사기업체의 거래비밀이 주된 대상이었다. 이에 FBI는 9/11 테러공격 이후 과도하게 테러 대책에 치우쳤던, 방첩 역량의 일부를

---

848) Kan, Shirley A. "China: Suspected Acquisition of U.S. Nuclear Weapon Secrets." CRS Report For Congress. 2006. *available at.* http://www.fas.org/sgp/crs/nuke/RL30143.pdf.

849) Newman, Alex. "China's Growing Spy Threat" The Diplomat Blogs (2011), http://thediplomat.com/ 2011/09/19/chinas-growing-spy-threat/5/(last visited).

850) Pacini, Carl J., Raymond Placid, and Christine Wright-Isak. "Fighting Economic Espionage with State Trade Secret Laws." International Journal of Law and Management 50, no. 3 (2008): 121-35, http://search.proquest.com/docview/196367950?accountid=8289.

851) Carl J. Pacini, Raymond Placid, Christine Wright-Isak, (2008) "Fighting economic espionage with state trade secret laws", International Journal of Law and Management, Vol. 50 Iss 3, pp.121-135.

경제방첩에 집중하는 것으로 방첩 전략을 수정하기도 했다. 특히 2010년 9월에 FBI에 체포된 지안 홍웨이(Xian Hongwei)와 리리(Li Li)와 연결된 일련의 인물들은 F-35 합동 타격 전투기(F-35 Joint Strike Fighter)를 생산하는 BAE Systems 사에 침투하여 우주항공 관련 마이크로 칩을 절취한 것으로 드러나 미국 당국은 커다란 충격을 받았다. 과학자들은 중국은 그들이 미국을 상대로 절취한 마이크로 칩으로 중국의 신형 전투기인 J-20 제5 세대 전투기의 개발에 활용했을 것으로 추측한다.[852]

산업간첩 주체의 추이를 보면 초창기에는 미국으로 건너와 생활하던 1세대 중국인이 직접 산업간첩의 주역이었다. 이후 미국에서 출생한 중국계 미국 시민권자가 그 자리를 대신했다. 이처럼 중국 정보당국은 중국인 또는 중국계처럼 민족적 혈통을 중시하며 조국애와 충성심을 바탕으로 협조자들을 포섭한다. 서구의 이중 스파이와 달리 중국 정보당국에의 협조자는 이면의 경제적 대가는 잘 알려지지는 않았지만, 금전이 아니라, 협박이나 조국에 대한 동포애를 바탕으로 한 이념적 동질성에 근거한 것으로 FBI는 판단하고 있다. 그런 연유 등으로 아직 3, 4세대 중국계 미국인 스파이는 잘 발견되지 않았다. 물론 예외도 있었다. 2010년 적발된 중국과는 아무런 연고도 없는 글렌 더피 슈라이버(Glenn Duffie Shriver)가 그 사례이다.[853]

2) 미국 정보공동체가 파악하는 중국의 경제간첩 기법과 사례

(가) 모자이크 또는 천개의 모래 알곡(a thousand grains of sand) 기법

중국의 접근방법은 관련된 모든 정보를 탁월한 한 사람의 정보요원이 통째로 빼오는 서구식 접근방법과 다르다. 중국 정보당국은 높은 직책, 저명인사 등 고차원의 1-2명의 정보원천(high-level sources)이 아니라 저차원의 평범한 일반 시민 가운데 가능한 많은 정보협조자를 발굴한다. 그들은 정보의 중요성을 가리지 않고 자기 차원에서 할 수 있는 수준과 내용의 첩보를 수단과 방법을 가리지 않고 수집하여 건네주기만 하면

---

852) 2010년에는 현재까지 최고의 처벌 수치인 11명의 중국 산업간첩이 처벌되었다. 그들의 산업간첩 목표는 실로 광범위했다. 11건의 산업간첩 사건 가운데 10건은 신기술 획득에 집중되었다. 그 가운데 5건은 수출이 통제되는 암호해독장치, 이동통신 기계 부품, 아날로그-디지털 컨버터 (ADC), 우주왕복선에 사용되는 마이크로 칩, 방사선 경화 반도체(radiation-hardened semiconductors) 등이었다. 이들 기술은 중국 산업의 초현대화에 광범위하게 활용될 수 있는 기술들이다.

853) Mata Hari chez Valeo". Le Nouvel Observateur. 19 May 2005; Sean Noonan, Chinese Espionage and French Trade Secrets, STARFOUR Global intelligence, January 20, 2011.

된다.

종합적인 취합과 분석은 중국 정보 당국의 별도 부서에서 치밀하게 이루어진다. 미세한 점이 명작으로 둔갑한다. 이를 인해전술식 저인망 정보수집 또는 '천개의 모래 알곡(a thousand grains of sand) 기법'이라고 한다. 이런 정보수집 기법은 세계 최고의 인구를 자랑하는 중국의 인구학적 조건과도 맞아떨어진다.[854] 전 세계 어디에도 뻗쳐 있는 수많은 중국 화교들 그리고 중국계 시민들은 정보의 무한자원이 된다. 더욱이 중국 정보당국이 점이나 모래알을 연결하여 보물을 캐내는 정보분석능력은 그 무서움을 더한다.

모자이크 기법 또는 수천 개의 모래 알곡 기법은 적발과 평가 그리고 분쇄가 매우 어렵다는 이점 이외에 또 다른 이점도 있다. 개별 행위가 적발되더라도 형사처벌 대상이 아닌 경우가 대부분이라는 것이다. 대상이 점에 불과할 정도로 대수롭지 않은 것이기 때문에 그 엄격한 미국 경제간첩법 상의 거래비밀이나 국가기밀 그런 것에는 한참 못 미치는 내용이 태반이기 때문이다. 하물며 우리의 관련법으로는 아무런 혐의도 아닐 것이다. 결국, 행위자들은 처벌의 위험부담을 피하면서 또한 정보수집활동을 할 수 있는 것이다.

이처럼 중국의 정보수집 기법은 매우 단순한 경우가 많지만 그로 인해서 일반 기업인들은 주의를 게을리하게 되고 당연히 어떻게 당하는지 자체를 모르는 경우가 허다하다. 무역박람회 등 전시장에 대한 스캐닝, 웹사이트의 상호연결, 공항터미널과 여객기에 도청장치 설치, 규제 감독기관의 자료 정밀검토, 공장 사진 촬영, 데이터마이닝, 랩톱컴퓨터 절취, 쓰레기통 뒤지기 등 중국은 그 어느 나라보다 기본에 충실한 것이다.[855]

(나) 구체적인 경제간첩 사례(Spy cases)

중국 국가안전부는 미국 정보공동체에 가장 성공적으로 침투한 정보기구로 알려져 있다.[856]예컨대 중국계 미국 시민권자로 펜타곤과의 무기거래 회사인 Power

---

854) "A Tradecraft Primer: Structured Analytic Techniques for Improving Intelligence Analysis,"U.S. Government, *available at,* https://edge.apus.edu/access/content/group/186440/TradecraftPrimer- Struct ured Analytic Techniques for Improving Intel Analysis-Apr 2009.pdf.
855) Pacini *et al*(2008), *op. cit,* pp. 121-135.

제4편 정보영역론 | 761

Paragon사에 근무하던 치막(Chi Mak, 麥大志)이 정기적으로 뇌물을 받고 수출 통제품인 최신 통신 기밀을 넘겨주다가 적발되었다.[857] 치막은 우주 기반 전자요격 시스템, 우주 발사 자기부상 플랫폼, 차세대 미국 구축함 정보 등 미군의 최신 군사기술정보를 수집해온 것으로 밝혀졌다. 치막의 형과 여동생도 가담한 가족형 스파이로 그들은 3개의 암호화된 CD를 가지고 홍콩으로 도주하려다가 FBI에 체포되었다. 2008년 3월 24일 치막은 24년 6개월의 징역형을 선고받았다.[858]

2006년에는 한국인 기업인인 Ko-Suen Moo가 중국의 비밀 정보요원이라는 이유로 체포되었다. Ko-Suen Moo는 군사 장비를 중국으로 보내려고 했다는 혐의였다. 장비에는 F-16 전투기 엔진, AGM-129A 크루즈 미사일, UH-60 Black Hawk 헬리콥터 엔진, AIM-120 공대공미사일이 포함되어 있었다.[859] 2010년 7월 13일 FBI는 매사추세츠 웨스트보로우에서 Kexue Huang(45)을 경제간첩법 위반으로 체포했다. 중국계 영주권자(LPR)인 Huang은 인디애나주 카멜 Dow AgroSciences LLC (Dow)에 근무하면서 중국에 기업거래 비밀과 지적 재산권을 넘겨 온 것으로 알려졌다.[860] FBI는 2013년 3월 후아 준 자오(Hua Jun Zhao)를 밀워키 의과대학 연구소에서 암 연구에 대한 최신 기밀을 절취하여 중국 저장 대학(Zhejiang University)에 건네려 한 혐의로 체포했다.[861] 동인은 2006년 포스닥 신분으로 미국으로 건너와 위스콘신 대학의 연구원으로 근무 중이었다. 자오는 마샬 앤더슨 박사 밑에서 암 환자에 대한 약리 연구를 수행 중이었다.[862]

---

856) Leonard, Tom (30 May 2008). "Chinese spies stole US trade secretary data". The Daily Telegraph (London); FBI — Dongfan "Greg" Chung, *available at,* http://www.fbi.gov/news/podcasts/gotcha/ dongfan-greg-chung.mp3/view.

857) Engineer Guilty in Military Secrets Case". The New York Times (Associated Press). 2007-05-10.

858) Joby Warrick and Carrie Johnson (April 3, 2008). "Chinese Spy 'Slept' In U.S. for 2 Decades". Washington Post.

859) "China broadens espionage operations", USA Today, May 2006.

860) http://www.fbi.gov/indianapolis/press-releases/2010/ip083110a.htm(last visited, 2014. 11. 12).

861) Wisconsin Researcher Accused of Economic Spying for China, *available at.* http://www.bloomberg.com/news/2013-04-02/wisconsin-cancer-researcher-accused-of-economic- spying-for-china.html.

862) Chinese Scientist to be Sentenced for Theft of Research Drug. http://www.jsonline.com/news/crime/chinese-scientist-to-be-sentenced-for-theft-of-research-drug-b9969693z1-218486261.html.

적발과 처벌의 어려움도 보여주는 사례도 많다. 대표적으로 2013년 3월 16일 FBI는 우주항공국(NASA) 랭글리 연구센터에 근무하던 보 지앙을 체포했다. 보 지앙은 우주항공국의 기밀자료를 컴퓨터에 담고 중국으로 도주하려고 했다.[863] 법정에서의 유죄 입증은 쉽지 않았고 증거불충분으로 석방되었다.[864] 그러나 2013년 5월 2일 연방 대배심 조사에서의 거짓 진술로 유죄를 선고받았다. 여전히 중국을 위한 산업간첩으로 간주되었기 때문이다. 중국과의 연계성 입증을 더욱 어렵게 하는 추세임을 보여주는 사례이다.[865]

9. 호주(Australia)에서의 경제간첩

중국 유학생 후지안(Fujian)은 호주에 난민 신청을 하면서 자신은 장학금을 조건으로 중국 국가안전부로부터 호주의 대학 연구소와 기업 비밀을 제공할 것을 지시받고 유학 생활을 해왔다고 진술했다. 정보에는 반정부 중국 유학생 그룹에 대한 내용도 있었다.[866] 중국 당국은 정부 각 기관에 접속이 가능한 호주 의회 이메일을 도용하여 쥴리아 길라드(Julia Gillard) 총리, 케빈 러드(Kevin Rudd)외무부 장관, 사테판 스미드(Stephen Smith)국방부 장관의 이메일을 지속적으로 절취해 온 것으로 알려졌다.[867]

---

863) Howard, Jacqueline (18 March 2013). "Bo Jiang, Former NASA Contractor, Arrested By FBI On Plane To China". Huffington Post.

864) Dujardin, Peter (21 March 2013). "Attorney: Former NASA contractor subject of 'witch hunt'". Daily Press.

865) "Chinese scientist freed after felony case collapses". 3 May 2013.

866) Refugee Review Tribunal of Australia (8 June 2012).

867) Benson, Simon (29 March 2011). "China spies suspected of hacking Julia Gillard's emails". The Daily Telegraph.

제7항 한국의 산업스파이 활동

I. 경제정보수집 활동의 개관과 전개

전 CIA 부(副)국장 레이 클라인(Ray Cline)은 한국은 스파이 활동으로 엄청난 경제적 이득을 얻은 나라라고 말했다.[868] 미국 정보공동체는 한국의 사기업체는 물론이고 정보기구도 미국을 직접 상대로 각종 경제자료와 독점적 데이터 확보를 위한 경제정보 수집 활동을 적극적으로 전개하는 것으로 보고 있다. 더욱이 사기업체에 의한 산업정보 수집의 경우에도 그 배후에는 적지 않은 경우 한국 정보당국의 기획에 의한 것이라고 보고 있다.

전직 CIA 국장 윌리엄 콜비는 한국 중앙정보부의 정보수집 능력을 규모에 비하여 이스라엘의 모사드를 능가하는 것으로 평가했다. 미국 정보공동체는 1965년의 소위 박동선 사건도 당시 중앙정보부가 공작금으로 26만 달러를 지원한 것으로, 한국 국가정보기구가 개입한 산업스파이 사례로 보고, 한국을 이미 산업스파이 활동의 요주의 국가 중의 하나로 지목했다.[869]

미국 국방정보국(DIA)도 한국이 사기업체의 경제정보 이외에도 미국과 일본의 국가연구소 등에 의해 운영되는 컴퓨터 자료를 절취하는 정보활동을 전개했다고 하며 주로 컴퓨터 시스템과 우주항공 기술 분야, 핵무기 개발 분야에 대한 산업정보 활동에 집중했다고 했다.[870] 미국 정보공동체는 한국정보기관은 미국에 거주하는 한국인을 이용하여 그들이 미국의 군사·과학·기술정보를 가지고 오면 대가를 지불하는 방식으로 정보를 수집하는 것으로 파악하고 있다.[871]

그 예로 소위 다이아몬드(Diamonds) 사건으로 불리는 일진회사의 제너럴 일렉트릭 사(GE) 제련 기술자 엘리어트(Joe Elliott)의 고액 스카우트 미수 사건을 거론한다. 미국 정보공동체는 1989년 제너럴 일렉트릭 사의 다이아몬드 제련 기술자를 고액의 연봉으로 회유하려고 시도했던 일진 다이아몬드회사 사건의 배후에는 1981년 샌프란

---

868) Peter Schweizer(1993), p.176.
869) *Id.* p.191. 전 중앙정보국장으로 미국으로 망명한 김형욱이 그 사실을 FBI에 시인하면서 자금은 외교통로를 통해 미국으로 건너왔다고 증언하여 한국 정부의 개입을 의심하던 미국의 인식을 확고하게 해주었다.
870) Operations Security *INTELLIGENCE THREAT HANDBOOK*, p.8.
871) Peter Schweizer(1993), p.180.

시스코에 이주해 온 리(Rhee)라는 인물이 있는데 리(Rhee)가 바로 한국 정보기관과 주기적으로 산업정보를 거래하는 전문적인 기술 도매인이라는 것이다.

한국에서 이민 온 리(Rhee)는 처음에 미국에 정착할 때에는 샌프란시스코 차이나타운을 전전하며 돈에 매우 쪼들렸고 그 후 한국과 무역 거래 사업을 했지만 여의치 않았으며 특별한 직업이 없던 인물인데, 어느 날부터 좋은 옷차림에 고급 레스토랑을 이용하며 돈이 떨어지지 않는 것처럼 생활했다고 한다. 그러한 그의 생활 모습을 FBI가 주시했다. 뒤를 미행한 FBI는 그가 한국 정보기관에 정보를 넘겨주며 대가를 받고 있다는 사실을 파악했다.

한편 리(Rhee)로부터 고액의 스카우트 회유를 받은 엘리어트(Joe Elliott)는 그 사실을 지체없이 제너럴 일렉트릭 본사에 알렸다. 이에 보안책임자 맥케이(Gordon McKay)는 엘리어트에게 거짓으로 접촉에 응하라고 하면서 최종 면접 장소에 나가라고 했다. 결국, 면접 장소에 FBI 요원들이 들이닥쳐 한국 일진의 관계자 등이 검거되었다. 1993년 8월 한국의 일진회사는 보스턴 연방법원에서 제너럴 일렉트릭 사의 인조 다이아몬드 제조기술을 절취하려 했다는 이유로 유죄선고를 받았다.

II. 경제정보수집 활동의 기틀

1. 개 관

미국 정보공동체는 한국 정보기구의 경제스파이 활동의 기틀과 전형은 전두환 전 대통령과 그에 의하여 임명된 유학성 전 국가안전기획부장에 의해 다져졌고 구체적으로는 소위 '소조(笑鳥, The Laughing Bird)' 공작에 의해 이루어진 것으로 보고 있다. 그 내용을 간략히 본다.[872]

2. 경제위기와 정보기구

1979년 10월 26일 박정희 전(前) 대통령 사망으로 한국경제는 전반적으로 침체 상태로 인플레이션이 30%에 달했다. 국제원유 시장에서 원유 가격이 폭등하여 당시까

---

872) Peter Schweizer(1993), pp.202-210.

지 매년 30억 달러 정도였던 원유 지출비용이 2배에 달했다. 그러나 국제시장에 비친 한국은 데모가 일상화되어 좌경화가 우려되는 위험 국가 상태로 인식되고, 경제의 취약성과 정치적 불안정으로 인해서 해외 투자자의 발걸음이 끊겼고 국제 금융시장에서 자금을 조달하는 것이 매우 어려워졌다. 외국인들은 한국에 대한 신규투자나 투자금 연장에 대해 관망하는 자세를 취했다. 한편 1980년 전두환 전 대통령 취임 당시 경제기획원은 그 해에만 시급히 77억 달러의 긴급자금이 필요하다고 보고했다.

1980년 9월 한국경제의 미래를 결정할 두 명의 중요한 경제인이 한국을 비밀리에 방문했다. 한 사람은 체이스 맨해튼 은행의 최고 책임자 록펠러(David Rockfeller)였고 다른 사람은 시티은행의 스펜서(Spencer)였다. 이들의 방한 목적은 한국의 경제 실상을 직접 확인하고 대부금의 연장 여부를 결정하는 것이었다. 필연코 이들이 대부금의 연장을 거부하면 거의 모든 외국 투자자들도 따라서 빠져나갈 것은 명백했다. 이들의 마음을 회유하고 좋은 조건으로 다시 대부금을 연장하라는 임무가 전두환 전대통령에 의해 당시의 중앙정보부(KCIA)에 시달되었다. 그들이 한국 체류 중에 미행과 도청 등 하루 24시간 일거수일투족을 정확하게 파악하며 그들의 의심을 사전에 대비하는 등으로 모든 의문점을 해소해 주고 국내·외에서의 제반 정보 파악 및 대처로 결국 대부금 재연장을 성사시켰다. 이에 안심한 다른 외국자본의 재투자와 신규투자를 이끌어내 1980년대 한국의 경제위기를 극복했다고 미국 정보공동체는 평가했다.

3. 경제정보 활동의 본격화

1) 조직 개편

1980년 9월 1일 취임한 전두환 전 대통령은 각별히 경제정보가 한국의 국력을 신장하고 독립을 담보할 수 있는 초석이라고 역설했다. 그리고 유학성(俞學聖) 장군을 신임 정보부장에 임명했다. 새로 한국 정보기관의 수장으로 취임한 유학성 부장은 한국의 국가안보 문제는 북한과의 전쟁 방지와 경제력 강화의 2가지에 있다고 강조했다. 그는 취임 후 먼저 중앙정보부 내의 약 300명의 무능하고 부패한 정보요원들을 퇴출시켰다. 대부분 박정희 전 대통령과의 정치적 이해관계에 따라 임명되었던 사람들이었다. 그 대신 유능한 군인, 경제학자, 과학자 그리고 정부 고급공무원을 특별 채용했다. 1980년

9월 정보부 내부에 다른 부처를 포함한 7명의 위원으로 구성된 개혁위원회를 설치했고 한국의 경제발전에 기여할 기술정보 활동의 강화를 강조한 보고서를 작성했다.

특별히 4개 항의 개혁이 강조되었다. 첫 번째가 국내 담당 부서를 축소하고 그 정보 자산을 특별임무의 6국과 해외 담당 7국에 재배치하며, 두 번째로 새로 부여될 임무를 기획 · 조종할 부서를 창설하고(현재의 기획 · 조정실로 짐작됨), 세 번째로 지금까지 해외거주자를 잠재적인 위협으로 보던 시각에서 벗어나 그들을 같은 동포로 우호 세력 화하며, 네 번째로 미국과 일본에서의 경제정보 강화와 정보 자산의 확대와 통합운영이 었다. 1981년 1월 중앙정보부(KCIA)는 경제정보 활동이 대폭 강화된 국가안전기획부 (ANSP)로 확대 개편되었다.

2) 산업스파이 활동

국가안전기획부로의 체제 개편 후 처음으로 시작된 미국과 일본에서의 산업스파이 공작이 유학성 부장에 의하여 직접 명명된 웃는 새 즉, "소조(笑鳥, The Laughing Bird)" 공작이었다. 소조 공작은 특히 일본에서 재일동포들의 적극적인 협조를 받으며 전개되어 다양한 산업기술을 확보했다고 평가받고 있다. 대표적 사례로 일본의 대외무 역산업성 소속의 과학 · 기술국(Agency for Industrial Science and Technology)이 적극적으로 추진하던 극비의 새로운 에너지 연구개발인 선-샤인프로젝트(Sunshine Project)의 공정을 확보한 것이라고 한다.

또한, 1984년 이바라키현 츠쿠바 시에 있는 특별 연구소에 대해 일과 후 청소용역 일을 수주받아 요원들이 직접 청소를 하면서 연구실에 접근하여 다수의 정보를 수집했 고, 결국 레이저를 이용한 특수제조 공법을 입수했다고 한다. 또한, 1986년 인도네시아 가 발주한 유조선과 선박 수리 입찰에서 한국 조선사의 경쟁사였던 미츠비시 중공업 등의 입찰내용을 입수하여 경쟁을 물리치고 한국 조선사가 낙찰받게 했다. 미국의 실리 콘밸리 그리고 여러 연구소에서도 다양한 경제정보 수집 활동을 전개했다.

한편 리처드 워커(Richard Walker) 전 주미대사에 따르면 국가안전기획부는 1984 년 레이건 대통령이 방한했을 때 숙소를 도청하려 했으나 미국 보안팀에 의해 무산된 일도 있었다. 미국 정보공동체는 그 이외에도 한국 정보기구의 다양한 성공적인 사례가 있었을 것으로 추측한다.

한편 미국은 김대중 전 대통령도 경제정보와 외국의 산업스파이에 대한 방첩에 중점을 두었다고 평가한다. 예컨대 김대중 전 대통령은 한국의 정보기구들이 경제정보를 간과하고 지나치게 정치정보에 치중한 것이 1997년 한국경제의 붕괴를 가져왔다는 견해를 수시로 피력했다고 한다. 그래서 정보기구에게, 한국기업들이 해외에서 무리하게 사업을 확장하는 등으로 국내에는 반영되지 않은 해외차입금 규모를 조사하여 보고하라고 지시했다는 것은 앞서 본 바와 같다.[873]

4. 마무리

사실 오늘날 각국이 경제정보 활동을 하는 기법은 거의 유사해졌다. 수색공작·미행·감청·미인계·서류절취나 복사 등의 수법은 이미 고전이 되었고 널리 알려진 일들이다. 주요 비즈니스맨이나 경제정책 담당자들의 해외 출장 시에는 의당 일어날 수 있는 일상적인 내용이다. 다만 어느 나라가 더 세련되고 매끄럽게 수행하는가 하는 스파이 기술의 문제가 되었다.

대부분 국가에서 국가이익을 위해 외국기업을 상대로 하는 경제정보 활동은 다양한 법리로 합법성이 인정된다. 앞으로 특히 경제 분야에서 우리 정보기구의 뛰어난 업적이나 실패한 사례가 많이 공개되어 그러한 임무를 수행한 사람들에 대한 정당한 역사적인 평가와 함께 성공사례는 발전시키고, 실패사례는 다시 연구하여 오늘날의 치열한 경제스파이 활동에 전력을 재정비해야 할 것이다.

---

873) B. Raman, *"Economic Intelligence"*, Institute for Topical Studies, South Asia Analysis Group(1999.2.5). http://www.saag.org/papers/paper50.html.

제5절 미국의 경제정보 활동

제1항 경제간첩에 대한 미국의 시각

1. 개 관

오늘날 해외의 여러 나라가 미국의 산업을 상대로 경제정보수집을 하는 것은 공공연한 사실이다. 미국은 외국 정보기구가 직접 미국의 독점적인 최첨단 기술에 대한 과학기술 정보 등 다양한 산업정보, 국가 경제정책 정보를 포함한 경제정보를 수집하는 것을 잘 알고 있다. 전술한 바와 같이 프랑스 · 일본 · 러시아 · 독일 · 중국 등이 계속하여 미국을 상대로 한 경제정보 수집을 위해 민관 연계 시스템을 갖추며 조직적으로 활동할 뿐 아니라, 중동이나 라틴아메리카 국가들도 미국 산업계를 상대로 산업정보 수집에 열중하는 것으로 보고 있다.[874]

사실 오늘날 정보수집 환경은 과거와 비교해 많이 변화되었다. 공개자료를 통해 전 분야에 대한 기본적인 자료정보는 누구라도 쉽게 획득할 수 있다. 또한, 상업목적의 전문적인 정보수집과 판매 회사도 활동하고 있다. 구글 어스 등 전 세계 상업용 위성이 촬영한 위성영상은 상업적으로 거래되고 있다. 소련은 그들의 영상정보 수집 자료와 전자 장비의 판매에 적극적으로 나서기도 한다. 게다가 CNN 같은 전 세계 방송망은 세계 곳곳의 살아있는 경제 소식을 실시간으로 제공한다. 따라서 특별한 경제정보 수집 체계가 없더라도 방송 청취만으로도 바로바로 경제 동향에 대응하며 정책에 활용할 수 있는 환경을 제공하고 있다.

그 때문에 각국은 많은 투자 없이도 과거에는 불가능했던 실시간적인 최신 경제정보를 손쉽게 획득할 수 있다. 그러나 전술한 바와 같이 공개출처정보는 추세파악 등에는 매우 유용하지만 속성상 한계가 있을 수밖에 없다. 오히려 공개출처 정보에 의해 알게 된 어떤 내용은 더욱 커다란 호기심을 유발하여 불가분 추가적인 경제간첩 활동을 해야 하게 하기도 한다.

미국은 외국 정보기구들과 기업들이 정보활동의 대상으로 삼는 미국의 주요 목표물

---

874) Paul M. Joyal, *"Industrial Espionage Today and Information Wars of Tomorrow"* p.8.

은 우주 · 항공, 약제와 의학 기술개발, 컴퓨터 소프트웨어, 화학 공정, 전자 은행 업무, 광학 기술, 첨단 포장 기술 및 원거리 통신 분야 등 다방면에 걸쳐 있고, 과학 · 기술정보 이외에도 기업 협상에서의 의도 및 입장, 비용 및 가격 구조, 시장계획, 재정운영 계획, 계약 입찰내용, 고객 명단 및 신제품 및 서비스 계획 등 기업활동 전반에 관한 것으로 보고 있다.

또한, 미국 에너지부(DOE)의 미국 전역에 있는 국가 실험실과 연구실 또한 국제적으로 항상 앞선 기술 시제품으로 인하여 주요 국가 정보기구의 중요한 목표물이 되고 있다. 미국은 민주주의의 대원칙인 공개주의를 원칙으로 삼고 있고 세계 최대의 연구개발(R&D) 투자 국가로 과학기술 개발을 선도하는 관계로 세계 여러 나라의 산업정보 각축장이 되는 것은 당연해 보인다. 오늘날 일본 · 프랑스 · 러시아 · 중국 등은 최고의 정보역량을 동원하여 미국의 첨단 과학기술을 탐지하기 위한 국가 차원의 새로운 계획을 가동했다고 한다.

2. 산업스파이에 대한 미국의 인식 변화

1) 산업스파이에 대한 미국의 기본적 인식과 이유

그러함에도 미국은 민주주의 국가로 자유경쟁이 국가경영의 대원칙이라는 입자에서, 국가공권력의 사기업 및 산업간첩 활동에 대한 개입에 대하여 찬반양론이 대립하였다. 미국의 산업정보에 대한 기본 입장은 로버트 게이츠(Robert Gates) 전 CIA 국장이 말했듯이, 미국 정보기구는 사적 영역인 산업정보에는 개입하지 않는다는 것이 원칙이라는 것이다. 그 결과 전통적으로 미국의 경우 개별기업의 기업정보와 기술의 보호는 해당 기업 자체의 업무로 간주되었다.

또한, 대부분의 미국 기업들도 산업간첩으로 경제정보를 수집하지는 않고 있다고 주장해 왔다. 더 나아가 국가정보기구가 개별기업에 산업정보를 제공하는 것은 국가정보기구가 할 일은 못 되고, 국가정보기구는 오로지 거시적 관점의 경제정책 정보를 생산하는 데 그쳐야 한다는 것이다. 그래서 정보기구는 금리와 환율, 관세 문제와 무역 협상에서의 유리한 입장에 서기 위해 상대국가에 대한 경제정책 정보의 수집과 같이 경제정책 담당자들이 경제정책을 수립하고 집행하는 데 필요한 경제정보를 수집 · 분석·배포해야 한다고 주장한다.

또한, 세계 경제에서 떠오르는 시장과 성장 동력이 떨어지는 시장을 파악해 기업가·금융가들의 산업투자나 금융투자의 위험성 평가에 도움을 주고 더 나아가서는 상대국가에도 필요한 정보를 제공하는 일이 정보기구가 할 일이라는 입장을 보인다.[875] 이러한 커다란 스케일에서의 경제정보 활동을 강조하는 이면에는 미국은 거의 모든 산업·과학기술 분야에서 세계 최첨단 기술 보유국가로서 애당초부터 다른 나라 또는 외국기업을 상대로 산업간첩으로 획득할 가치가 있는 대상이 없을 뿐만이 아니라, 미국 기업들은 설령 기술을 탈취당하거나 산업간첩을 당했다고 하더라도 상대세력에 의한 산업간첩보다 더 빠르게 기술진보를 이룰 수 있다는 자신감이 바탕에 깔려 있기 때문이라고할 수 있다.

2) 인식의 변화와 전개

그러나 이처럼 정부와 사적 영역을 엄격하게 구분하는 미국의 전통은 유럽 국가 국가정보기구가 산업정보를 기업들과 공유하는 방법으로 총체적 국가경쟁력 제고를 위한 노력에 많이 못 미친다는 비난이 이어졌다. 그러므로 책임 있는 정책담당자들은 이미 인식을바꾸고 있었다. 일찍이 카터 행정부에서 CIA 국장(1977-1981)을 역임한 터너(Stansfield Turner)는 미국 안보에 대한 중대한 위협은 경제부문에 있다고 지적하면서,만약 경제력이 군사력과 함께 국가안보의 결정적인 요소로 인식된다면 경제 비밀을 훔치고 사용하는 일을 왜 마다해야만 하는가? 라면서 국가정보기구에 의한 산업간첩의 정당성을 주장했다. 그러나 냉전 시대에 동인의 견해는 커다란 반향을 불러오지는 못했다.

1980년대 국가안보국(NSA) 부국장을 역임한 딜리(Walter Deeley)는 외국 정보기구가 기업체에 침투하여 사업 비밀을 절취한 경우 그들 기업체 중역들에게 임시 비밀인가를 발령하여 그러한 상황을 설명해 주는 비밀계획(hush-hush program)을 시행하여 후속 피해를 예방하고 보안의식을 높이도록 하여 좋은 반응을 얻었다. 그는 기업체간부들에게 산업간첩의 실상과 실제 비밀 유출 내용을 보여주는 것보다 더 좋은 보안방법은 없다고 단언한다. 그런 방식은 정보기구와 기업의 밀접한 협력의 중요성과 길을

---

875) Sean Gregory(1997), p.2.

제시한 것으로 평가받았다.[876]

냉전이 종료된 1992년 3월 CIA 국장 게이츠(Gates)는 의회 증언에서 외국 정보기구들이 정치정보에서 경제정보 수집으로 방향을 선회하고 미국이 주요 목표물이 되었다고 말하면서 경제방첩 활동에 대한 것이기는 하지만 경제정보 정책 선회를 역설했다.[877] 부시 대통령도 미국은 우리의 기술을 훔치려는 국가의 의도를 분쇄하여야 하고, 그렇지 않으면 공정한 규칙에 의한 경제활동을 거부해야 한다고 역설했다. 빌 클린턴 대통령도 경제정보 활동의 적극성을 주문하고 백악관에 국가경제안보위원회(NEC)을 설치하며 독려했다.

물론 국가정보기구에 의한 직접적인 산업스파이를 주문한 것은 아니지만 이처럼 영향력 있는 인물들의 경제정보에 대한 의견이 일선에는 어떻게 반영이 되었을지는 단정하기 쉽지 않아 보인다. 전술한 바와 같이 미국 기업은 평균적으로 전 세계 연구투자비의 약 25%를 사용하는 등 과학·기술 분야의 선도를 자랑하는 나라로서, 미국의 연구 활동은 전 세계 주요 국가들의 중요한 산업스파이의 목표가 될 속성을 가졌다고 할 수밖에 없다. 결국, 미국은 해외 각국 국가정보기구로부터 끊임없이 위협을 받을 수밖에 없는 구도인 것이다.

그러므로 미국 정보기구의 입장에서는 미국 사기업이 전문적인 외국 정보기구와 정보 대결을 벌이는 것은 불공정한 게임이고 따라서 미국의 정보기구가 직접 경제 방첩 뿐 아니라 적극적으로 산업간첩에도 나서야 하며 그것이 미국의 국가안보 전략이 되어야 한다는 주장은 더욱 힘을 얻을 수밖에 없다고 보인다.

---

876) Jay Peterzell, *When 'Friends' Become Moles!* Time magazine(1990.5.28).
877) 동인의 1992년 3월 의회증언 원문임 "*Some foreign intelligence services have turned from politics to economics and the United States is the prime target*"

제2항 미국의 산업스파이 활동

I. 개 관

오늘날 미국 정보기구가 사적 영역인 산업정보에는 개입하지 않는다는 것이 정책이라는 미국의 말을 액면 그대로 믿는 국가는 거의 없어 보인다. 더욱이 각국의 산업스파이 활동 강화로 미국의 경제 경쟁력이 뒤처지고 정치적 동지가 경제적 경쟁자로 간주되는 국제사회 현실에서 미국 정보공동체가 정설이라고 할 수도 없는 법 이론적 입장만을 따를 수는 없을 것이기 때문이다.[878] 사실 미국 정보기구가 직접 산업간첩 활동을 했던 사례는 여러 군데에서 발견된다.

1996년 프랑스 르몽드(Le Mond) 지는 프랑스의 세계무역기구(World Trade Organization : WTO)에 대한 입법 정보를 획득하려고 자국에서 다양한 산업스파이 활동을 한 혐의를 받은 다수의 CIA 공작관들이 추방당한 사실을 보도했다. 또한, 저명한 저널리스트 드레이퓨(Robert Dreyfuss)에 의하면 사업가 신분으로 일본에 체류 중인 다수의 비공직가장 CIA 공작관들이 일본뿐만이 아니라 한국과 중국 등에서 경제 간첩 활동을 했다고 전했다.[879] 뉴욕타임즈도 1995년 다수 국가의 자동차 수입 경쟁에서 미국 정보기구가 일본 관료들의 통화를 도청한 후에 이를 미국 기업 협상가에게 알려 주어 미국 기업이 사업경쟁에서 이기게 했다고 보도했고, 빌 클린턴 대통령 시절 브라질과 사우디아라비아에서의 수십억 달러의 항공구매 입찰에서 미국 항공회사는 CIA가 프랑스 경쟁회사에서 얻은 정보를 활용하여 사업권을 획득했었음은 앞서 본 바와 같다.

물론 미국은 기업들의 이득은 2차적이고 반사적인 것이라고 주장하지만 궁극적으로는 미국의 사기업이 이득을 차지하게 되는 것으로 다른 나라들의 산업간첩과 결과에서 아무런 차이가 없는 내용이다.

그리하여 드레이퓨(Robert Dreyfuss)는 "Mother Jones"이라는 책에서 미국이 산업간첩을 하지 않는다는 그동안의 정보정책을 포기하고 CIA는 산업간첩을 포함하여

---

878) The New York Times, June 23, 1992, Our Thieving Allies (Peter Schweizer).
879) Sam Vaknin, *The Industrious Spies*. http://www.robertdreyfuss.com/.

적극적으로 경제정보를 수집해 주요 기업에 직접 제공한다고 했다고 전했다. 그는 클린턴 행정부 어느 관료의 말을 빌려 CIA가 외국 각국의 기술 수준을 잘 파악하는 등 대상 국가들의 경제정보를 효율적으로 수집 관리하고 기업과 정보공동체가 정기적으로 회합을 하며 정보교류를 활발히 한다고 주장했다.

Ⅱ. 산업정보의 수집과 제공

미국 상무부는 고객지원센터를 운영하면서 국제경쟁에서 미국 기업이 불공정한 취급을 받았을 경우 신고해 줄 것을 권유한다. 후술할 FBI의 데카프로그램이나 개량된 국가안보인식대응시스템도 결국은 산업정보를 사기업에 전달하는 창구이다.

한편 미국은 누구도 그 정확한 성능을 예측하지 못하는 애쉴론(ECHELON)을 운용한다. 2005년 EU 의회에 비로소 알려진 이 정보통신망은 미국, 영국, 뉴질랜드, 오스트리아와 캐나다가 운용하는 전 지구의 통신을 상대로 하는 최첨단의 전 지구적 전자적 신호정보 획득 정보망으로 하루에 수십억 통의 전화 통신, 이메일, 팩스, 인터넷 통신, 위성통신을 자동 감청하며 군사·정치·외교정보만이 아니라 광범위한 상업 정보가 무차별적으로 획득되는 지구의 그물망으로 알려졌다.

프랑스가, 애쉴론이 사실은 산업간첩에 악용되고 있다고 항의하자 2000년 3월 17일 전 CIA 국장 울시(James Woolsey)는 월 스트리트 저널에, 만약 애쉴론에 의한 경제정보 수집이 있다고 해도 그것은 유럽기업에 의한 뇌물 등 범죄행위에 집중되지 기술에 집중하는 것은 아니라고 말하고, 유럽 기술은 미국이 훔칠 만한 가치가 있지 않다고 말해 논란을 더욱 부채질했다.

그러나 프랑스가 애쉴론이 산업간첩을 했다고 주장하는 첨단 과학기술 중에는 독일 기업 에네콘(Enercon)의 기어 없이 바람을 이용한 터빈 동력장치 기술, 벨기에 회사가 개발한 특수 대화기술장치 등도 있었다고 한다.[880] 동 벨기에 회사는 언어 분야 연구의 개척자로, 언어 연구 분야를 실리콘 밸리에 빗댄 랭귀지 밸리(language valley)의 선구 기업으로 대화와 언어기술에 탁월한 기술력을 가졌던 것으로 여겨졌다. 그러나

---

880) 그 기술적 내용에 대한 상세한 이해는 http://www.vantage.com/.

산업간첩 때문이라고는 단정할 수는 없지만 벨기에 회사는 도산했고, 현재 그 기술은 컴퓨터 소프트웨어 회사인 미국의 뉘앙스(Nuance Communications)사가 인수하여 글자 및 문법 철자 점검, 그리고 언어조사 기법 등의 기술을 확보하고 있다.[881]

한편 미국은 사우디아라비아가 발주한 여객항공기 입찰에서 보잉사를 제치고 유럽 연합 컨소시엄인 에어버스 산업(Airbus Industries)이 낙찰받을 뻔한 사업을 애쉴론 으로 획득한 유럽연합 컨소시엄의 사우디 관리에의 뇌물제공 정보를 제시하여, 그 낙찰 을 무효화시키고 결국 경쟁업체였던 보잉사가 최종낙찰자가 되도록 했다. 이러한 사실 은 영연방 5개국 정보망인 애쉴론에 의해 획득된 경제정보가 사기업 영역으로 전달된다 는 것을 의미한다고 할 수 있다.[882]

그러나 사실 경제스파이 활동에서 더 무서운 미국의 저력은 어떤 형태로든지 각국의 산업스파이 활동을 훤히 꿰뚫고 있다는 점이다. 미국은 각국이 최고 보안을 유지하고 있는 각종 관련 서류나 공작 내용을 사후에라도 반드시 입수하고 분석하여 정보 실상을 파악하고 있는 것으로 판단된다. 예컨대 서독의 라합 프로그램을 비롯하여 러시아 · 프 랑스 · 서독 · 일본 등이 모두 초 비밀로 유지하고 있던 그들 국가의 경제정보 활동에 대한 계획이나 내용 등 실상들이 미국에서는 공개 자료화되어 허다히 많은 칼럼과 연구 논문이 발표되고 있다는 것도 실상은 미국 정보공동체의 탁월한 경제정보 역량이 뒷받 침된 결과라고 할 수 있다.

Ⅲ. 경제정보 수집에 대한 대처와 서비스

미국은 이처럼 외국 정보기구에 의한 산업간첩이 미래 미국의 생존과 국가안보에 심각한 위협을 야기한다고 판단하고 정보공동체 16개 정보기구를 통해 광범위하게 외국정보기구의 경제정보 활동 실상에 대한 정보를 수집하고 있다.[883] 경제정보만 하더라도 중앙정보국(CIA)은 물론이고 연방수사국(FBI), 국방정보국(DIA) 에너지부 (DOE) 방첩실 등이 각자의 전문성을 바탕으로 상호협력하며 정보수집, 위협요소 분석,

---

881) Lernout & Hauspie, http://en.wikipedia.org/wiki/Lernout_%26_Hauspie.
882) Hedeeh Nasheri(2005), p.24
883) *Operations Security INTELLIGENCE THREAT HANDBOOK*. p.1.

대응책 마련, 보안교육을 시행하고 있다.

특히 FBI는 외국 정보기구에 의한 산업간첩은 미국의 국가안보를 심각하게 저해하는 요인으로 단정하고 외국의 산업스파이 활동을 국가 방첩활동 대상인 국가안보위협목록(National Security Threat List issues)에 포함시키고 방첩활동 예산사용에 우선순위를 부여했다.[884) 아래에서 간략히 개관한다.

1. FBI(연방수사국)

FBI는 방첩수사의 제1차 책임기관으로 행정부처에 각국의 산업스파이 활동에 대한 비밀활동 정보를 제공하는 등으로 정책적 지원을 한다. FBI는 일찍부터 간첩 · 방첩 · 대테러인식개발시스템 일명 데카(DECA)[885) 프로그램을 운용했다. 이는 각국의 산업간첩에 대한 대응 활동의 하나이다. FBI는 프로그램에 따른 경제방첩 경험을 바탕으로 하여, 특히 국방군수분야 사업체에게 산업간첩의 실상과 그에 대한 대처요령을 설명해 주고 외국정보기구의 미국 기업에 대한 산업간첩 정보를 사기업체에 주기적으로 제공했다.

데카(DECA) 업무 담당자는 FBI의 미국 내 56개 지부에 배치되어 있고, 소재지 기업들의 요구에 맞추어 외국의 산업스파이 활동에 관한 비밀정보도 제공하는 서비스를 한다. 1990년도부터는 그 대상을 일반 미국 시민, 기업체 그리고 단체에까지 확대하고 이메일(email) 전송으로도 기업인에 대한 테러 위협을 포함한 위해요소를 실시간으로 서비스하는 국가안보쟁점대응인식체계(ASCIR)[886)로 확대하여 운용하고 있다고 한다.

2. 국무부

미국 국무부도 사기업체를 위한 해외안보자문회의(Overseas Security Advisory Council : OSAC)를 운용한다. 오삭(OSAC)은 1995년부터 1400개 이상의 미국 업체

---

884) *Id.* FBI의 국가안보위협목록((NSTL)은 2가지 요소로 분류된다. 하나는 테러 · 대량살상무기확산, 간첩활동 등과 같이 위협요소 자체에 의한 분류이다. 이 분류는 적대국이나 우방 국가를 불문하고 어느 나라 어느 지역도 연관될 수 있다. 그중 경제간첩이 미국안보에 대한 4번째 위협요소로 분류되어 있다. 두 번째는 지구상의 어느 나라가 미국의 국가안보를 위협하는가에 대한 국가별 분류이다.

885) Development of Espionage, Counterintelligence and Counterterrorism Awareness program.

886) Awareness of National Security Issues and Response.

와 제휴하여 주요 해외 거점도시에서 해외 경제정보 문제를 상담하기 시작했다. 국무부는 미국 기업의 대외경쟁력을 보호하기 위하여 외국의 경제 현황과 기술 수준 등에 대한 시의적절한 경제정보를 제공한다.[887]

3. 에너지부 방첩국

에너지부 방첩국(DOE-Counterintelligence Division)은 과학 기술적 전문성에 기초하여 다른 정부 부처나 미국 정부와의 국가사업 계약 기업에게 외국정보기구에 의한 산업정보수집 위협을 분석하고 위협을 인지하는 방법에 대해 교육한다. 또한, 기업체들에 외국 산업간첩을 구체적으로 분석한 자료를 배포하여 자체 교육 및 보안에 활용할 수 있도록 지원한다. 에너지부는 미국의 국가 차원의 사업내용과 연구소 시설에 대한 외국 국가정보기구의 스파이 활동을 분석하여 뉴스 레터나 게시물로 만들어 미국 정보공동체와 에너지부와 공동연구 개발 사업을 하는 기업체에 제공해 사고 예방 활동을 한다.[888]

그러한 기본적인 업무 이외에 미국의 중요한 실험실과 연구소를 다수 관장하고 있는 에너지부는 자체 방첩 활동을 매우 중요하게 간주한다. 그런데 1999년 7월 21일 리처드슨(Richardson) 신임 에너지부 장관은 보안을 포함한 에너지부의 방첩 활동이 거의 휴지상태라고 비판하며 강력한 안보 교육과 훈련을 명령했다. 그는 안보와 긴급 상황에 대비한 상급부서를 신설하고, 감독 강화, 핵 물질 목록 관리책임 강화, 사이버 안보 강화 등 새로운 수준의 방첩 활동을 포함하는 에너지부 역사상 가장 큰 혁명적 조직 개편을 단행했다. 리처드슨은 에너지부 독립감찰관이 실시한 핵 관련 시설인 로스 알모스 국가실험실(Los Alamos National Laboratory)에 대한 산업간첩 조사결과도 공표했다. 그리고 알모스 국가 실험실의 잠정적인 운행중단 사실도 있었음을 솔직하게 시인했다. 조사과정에서 드러난 책임성 부재와 다른 정보공동체와의 의사소통 절연문제 등 에너지부의 방첩과 안보에 대한 총체적 관리의 문제점을 적나라하게 고백했다.

그런 연후에 리처드슨 장관은 상원 정보특별위원회에 에너지부의 민감한 정보보호

---

887) *Operations Security Intelligence Threat Handbook*, p.10. http://www.osac.gov/.
888) http://intellit.muskingum.edu/alpha_folder/U_folder/usdoe.html.

를 위한 새로운 대응책을 보고하고 에너지부는 향후 연구소 방문객을 위한 별도의 정보실을 운용한다고 발표했다. 그래서 외국 방문객들의 에너지부 시설에 대한 방문행적을 정밀하게 추적하며 그 족적에 대한 상세한 내용을 분석하여 방문자에 대한 체계적인 정보수집 활동을 시행하도록 했다.

제3항 미국 경제간첩법

Ⅰ. 개 관

1. 입법 배경

미국은 1996년 10월 11일 경제간첩법(Economic Espionage Act of 1996: EEA)을 제정했다.[889] 경제간첩법은 같은 해 11월부터 시행에 들어갔다. 경제간첩법은 거래비밀(trade secret)[890]을 절취하거나 오용한 행위 등을 산업간첩으로 분류하여 최대 15년의 징역형에 처할 수 있도록 했다.

미국의 경제적 손실이 점증하는 현실이 간과할 수 없는 국가안보 문제로 이슈화되자 거래비밀 침탈행위를 연방 중범죄로 입법한 것이다. 워싱턴에 소재하는 미국에서 가장 오래된 비영리 조직으로 정책문제를 전문적으로 연구하는 싱크 탱크인 브루킹스 연구소(Brookings Institute)의 분석에 따르면 기업가치의 50%에서 많게는 85%까지가 기업상표나 위신 그리고 거래비밀 같은 무형의 자산이라고 한다.[891] 그러나 이렇게 막중한 비중을 차지하는 기업의 거래비밀에 대해 그동안 국가 차원에서는 적절한 보호 방책이 없었다는 것이다.

입법을 추진할 당시에 FBI는 세계 23개 국가가 미국을 상대로 적극적으로 경제정보 활동을 한 혐의에 대해 수사하고 있었다. 1996년 진행된 2차례의 의회 합동청문회에서

---

889) Pub. L. 104-29418; U.S.C. §1831-1839.
890) 『Trade secret』은 기업비밀, 영업비밀(일본), 상업비밀(중국), 무역비밀, 산업기밀 등 다양하게 불린다. 한국에서는 주로 영업비밀과 기업비밀로 많이 호칭된다. 그러나 기업비밀이나 영업비밀은 코카콜라의 비법처럼 어떤 생산품을 제조하는 기업만이 알고 있는 생산품에 대한 일련의 제조비법을 의미하는 협소한 의미이다. 따라서 경제간첩법에서 의미하는 다양한 의미를 다 반영하지 못하는 것으로 생각된다. 상업비밀이 더 가까울 수도 있다고 생각되지만 국가와의 관계에 대한 것을 반영 못할 수 있다고 보인다. 본서에서는 문면 그대로 "거래비밀"로 호칭한다.
891) Hedieh Nasheri(2005), p.129. http://www.brookings.edu/about.aspx.

FBI 프리(Louis J. Freeh) 국장은 현장 수사와 경제방첩 경험을 토대로 해외세력에 대한 대처에 절실하다며 경제간첩법 제정을 강력하게 주장했다. 그는 공명영상기(MRI)의 발명기술을 보유하고 있는 미국 회사를 상대로 자국 정보기구의 지원을 받은 어느 독일과 일본회사가 조직적으로 스파이 활동을 하여 위기를 맞았던 사례를 증언했고, 미국의 잘 나가던 컴퓨터 회사를 운영하던 어느 컴퓨터 회사 사장은 회사 내에서 암약하던 중국의 첩자에 의해 소프트웨어 제조 비밀이 누설되어 결국 회사 문을 닫게 된 사례도 증언했다. 또한, IBM사 관계자도 다수의 피해사례를 증언했다.[892] 미국의 경제간첩법은 결과적으로 미국 산업계의 로비와 FBI의 강력한 지지로 의회에서 입법에 성공했다.

2. 경제간첩법에 대한 우려

그러나 공개와 자유경쟁을 기본원리로 하는 미국 사회에서 경제간첩법의 제정에는 많은 논란이 뒤따랐다. 논란의 핵심은 경제간첩법은 기업전략과 기술시장 그리고 연구개발과 협상 분야에서 미국 사기업에게 경쟁적 이점을 제공하기 위해, 결국 국가나 기업이나 개인에 의한 다양한 형태의 산업정보 수집 활동을 금지하는 것인데, 그것은 오히려 다양한 정보가 있어야 하는 기업의 발목을 잡는 일일 수 있고, 공정한 경쟁마저 저해하고 따라서 산업발전을 저해할 수도 있는 것으로, 이른바 소탐대실이 될 수 있다는 것이었다. 또한, 비밀의 보호만 강조하다 보면 기업 내부의 창조적인 아이디어의 교환이나 거래비밀 활용으로만 가능한 건전한 의사소통을 저해할 수 있다는 지적도 있었다.

따라서 개별 조문 하나하나마다 법적 · 윤리적 논쟁이 뒤따랐다. 다만 유념할 것은 경제간첩법도 어느 개인이 자신의 개인적 지식과 경험 그리고 기술을 상업화하는 것을 막으려는 목적으로 입법된 것은 아니라는 것이다. 또한, 피용인이 회사를 떠나 비록 전직 회사에서의 경험에 기초한 것이라고 하더라도 일반적인 지식과 기술을 바탕으로 새롭게 사업을 시작하는 것을 금지하려는 것도 아니라는 점이다. 여하튼 미국 경제간첩법은 해외세력에 의한 산업간첩을 철저히 막고, 기업 스파이가 무단으로 거래비밀을 이용하여 자신의 예전 고용주를 상대로 하여 불법적으로 이득을 취하려는 불공정한

---

892) U.S. Congress, House Report No. 104-788(1996), p.5.

행위를 저지하려는 데 본래의 목적이 있다.[893)]

Ⅱ. 보호객체 - 거래비밀 (Trade secret)

경제간첩법의 보호법익은 기업의 거래비밀이다. 거래비밀은 해당 기업과 관련된 제반 정보로서 패턴 · 계획 · 편집 · 프로그램 장치 · 공식 · 디자인 · 견본 · 방법 · 기법 · 공정 · 절차 · 프로그램 또는 코드를 포함한 모든 형태나 유형의 금융적, 사업적, 과학적, 기술적, 경제적 또는 공학적 정보를 총칭한다. 그리하여 거래비밀은 통상적으로는, ① 비밀분류된 독점적인 정보, ② 경제정책 정보, ③ 무역 정보, ④ 독점적 기술, ⑤ 중요한 기술을 모두 포함한다. 존재 형태와 관련해서는 형태를 불문한다. 거래비밀이 유형적인 형태이든지 무형적이든지, 저장되는지 저장되지 않는 것인지도 불문한다. 저장되는 경우에도 물리적 · 전자적 · 도식적 · 회화적 또는 문서 등의 방식으로 저장되거나 편집되거나 기억되는 방식으로 저장되는지 여부도 불문한다.

그러나 경제간첩법에 의하여 합당한 거래비밀로 보호받기 위해서는 최소한 현재의 거래비밀 소유자가 그 보호를 위해 스스로 합리적인 조치(reasonable measure)를 취해 왔어야 한다. 또한, 거래비밀은 독립적인 경제적 가치를 가진 것이어야 한다. 거래비밀은 소유자에 의해서 비밀로 보호되려고 한 것에 대해서만 보호 대상이 되는 것이므로 해당 기업이 광고나 인터넷상으로, 주기적으로 광고한 내용은 경제적 가치가 높다고 하더라도 거래비밀로 보호되지는 못한다.

한편 최종 결과물이 거래비밀이 되지 못하는 경우라고 하더라도 그 결과에 이르는 과정에 관한 내용이 거래비밀이 될 수도 있다. 예컨대 제조품의 가격은 당연히 공개대상으로 거래비밀이 아니다. 그러나 해당 기업이 가격을 결정하기 위해 준비한 다양한 가격산정 공식은 거래비밀이 된다. 고객 명단은 상황에 따라 거래비밀이 될 수도 있고 안 될 수도 있다. 일반적으로 접근 가능한 고객 명단은 거래비밀이 못 된다. 그러나 기업이 고객의 연령 · 성별 · 취향은 물론이고 예전의 거래내용 등을 다각도로 분석하여 작성한 어떤 성향이 담긴 각별한 고객 명단은 거래비밀이 된다고 볼 것이다.[894)]

---

893) *Id.* p.133.
894) Hedieh Nasheri(2005), p.135.

한편 거래비밀이 반드시 해당 기업 내부에서 창조된 것에 한정되지는 않는다. 기업 외부에서 형성된 거래비밀도 대상이 된다. 예컨대 기업이 컨설턴트에게 의뢰하여 의뢰한 내용대로 해당 컨설턴트 사무실에서 만들어진 것은 의뢰 기업의 거래비밀이 된다.[895]

Ⅲ. 범죄행위의 3가지 유형

경제간첩법(EEA)이 보호법익으로 규정한 거래비밀을 침해하는 행위 유형은 크게 나누어 3가지이다. 각각의 행위 유형에 속하는 침해행위를 합하면 개별적인 침해행위는 도합 23가지에 달한다. 경제활동과 관련된 것으로 소유자가 보호를 위하여 합리적인 조치를 취해 왔고, 독립적인 경제적 가치를 가진 것에 대한 것이라고 하면 거래비밀에 대한 거의 모든 형태의 침해적 행동이 경제간첩 범죄유형에 속한다고 할 수 있다.

1. 형사범죄적 방법에 의한 침해행위

경제간첩법은 거래비밀에 대한 ① 절취행위, ② 은폐행위, ③ 기망·술책·속임수에 의한 취거행위 등과 같은 범죄적 방법에 의한 침해행위를 경제간첩 범죄유형으로 명시했다.

2. 기술적 방법에 의한 침해행위

거래비밀에 대한 ① 복사, ② 복제, ③ 스케치, ④ 입안, ⑤ 사진 촬영, ⑥다운로드, ⑦ 업로드, ⑧ 변경, ⑨ 파괴, ⑩ 사진 복사, ⑪ 모사, ⑫ 전송, ⑬ 배달, ⑭ 송부, ⑮ 우편, ⑯ 통신, ⑰ 전달 행위 등과 같이 통상적으로는 불법적인 행위가 아닌 경우라고 할 때도, 주관적 구성요건, 즉 다른 용도로 사용하려는 의도와 소유자에게 손해를 가하려는 의도 같은 악의에 기초한 행위인 경우에는 이러한 행위 또한 경제간첩법의 범죄행위 유형이 된다.

---

895) *Id.*

3. 기타방법에 의한 침해행위

마지막으로 거래비밀에 대한 ① 수령, ② 구매 또는 동일한 내용이 절취 · 전용 당했거나 이미 취득되었거나 권한 없이 변경되었다는 정을 알고서도 ③ 보유하는 행위는 형식적으로는 적법한 상거래인지를 불문하고 경제간첩법에 위배되는 범죄행위 유형이 된다.

Ⅳ. 경제간첩 범죄의 종류 및 관할

경제간첩법은 경제간첩 범죄를 2가지로 분류했다. 하나는 외국세력이 개입하는『경제간첩범죄』이고 다른 하나는 일반인에 의한 단순한『거래비밀절도죄』이다. 양자는 범죄구성요건과 형량에서 차이가 있다.

1. 경제간첩범죄(Economic espionage, §1831)

경제간첩법을 제정한 실질적인 목적이다. 경제간첩법은 외국세력을 이롭게 하기 위한 기업 비밀 절취행위를 1차적인 형사 범죄로 명정했다.[896] 법은 내 · 외국인을 막론하고 누구든지 외국 정부, 외국 대행기관, 또는 외국 행위자를 이롭게 할 의도나 그 정(情)을 알면서 거래비밀에 대하여 앞서 본 3가지 유형의 범죄행위를 하는 것을 경제간첩범죄로 규정하고 최대 개인은 50만 달러 이하의 벌금 또는 15년 이하의 징역, 조직은 1,000만 달러 이하의 벌금에 처하도록 했다. 공모자나 방조자도 처벌한다.

경제간첩법은 가담한 회사나 조직에 대해서는 1000만 달러 이하의 벌금에 처하도록 했다. 법을 자세히 살펴보면 알 수 있지만, 외국세력에 대한 경제간첩범죄는 "외국세력을 이롭게 하기 위한 것"이라는 일반적인 인식이면 족하도록 되어 있다. 더 나아가 외국세력에게 어떤 이득을 주려는 의도는 요건이 아니다. 또한, 거래비밀을 해외세력에게 건네주는 행위 그 자체로 이미 외국세력을 이롭게 하기 위한 것이라는 요건은 의제된다고 할 수 있다.

---

896) *Id,* §1831(a) - the theft of trade secrets to benefit foreign powers

2. 거래비밀절도죄(Theft of trade secrets. §1832)

경제간첩법은 외국세력이 개입되지 않은 경우에도 일반인에 의한 상업 또는 경제목적의 거래비밀 절취행위를 산업간첩 범죄로 규정했다.[897] 이에는 3가지 요건이 필요하다. 먼저 주간(州間) 또는 외국과의 상거래에 의해 또는 그들을 위해 생산되거나 배치된 생산품에 관련되어 있거나 포함되어 있는 거래비밀을 대상으로 한다. 그러므로 자기 소유를 위한다거나 상거래가 아닌 활용 목적인 생산품과 관련된 내용의 거래비밀인 경우에는 해당되지 않는다.

두 번째로, 침해행위는 위와 같은 주간 또는 상거래 물품에 대한 거래비밀을 전용(轉用)할 의도와 소유자의 이익이 아닌 사람을 위한 경제적 이득을 주려는 의도를 가져야 한다. 세 번째로, 침해행위가 당해 거래비밀의 소유자에게 손해를 끼칠 의도이거나 그러한 정을 알면서 이루어져야 한다. 이러한 세 가지 요건이 구비된 거래비밀에 대한 앞서 본 유형의 여러 가지 침해행위를 하는 것을 거래비밀절도죄(Theft of trade secrets)로 규정했다.

이처럼 거래비밀절도죄에는 전항의 경제간첩범죄와 달리 2가지의 주관적인 요건이 필요하다. 첫 번째는, 행위자는 먼저 거래비밀 소유자 이외의 사람에게 "경제적 이득"을 주기 위해 거래비밀을 무단으로 전용하려는 의도가 필요하고, 두 번째로 행위자는 거래비밀 소유자에게 손해를 가하려는 의도가 필요하다.

원래 이러한 경제적 이익에 대한 영득의사와 소유자에 대한 손해를 가할 의사라는 주관적인 의도는 일반적인 민사거래나 상거래에서는 필요한 요건이 아니다.[898] 경제간첩법은 거래비밀절도죄에 대해서는 10년 이하의 징역(벌금 없음)형에 처하도록 해 경제간첩범죄의 형량보다 가볍다. 경제간첩법은 회사 등 가담한 조직에 대해서도 500만 달러 이하의 벌금에 처하도록 했다. 공모자나 방조자도 처벌받는다.

3. 범죄관할

미국 경제간첩법(EEA)의 범죄관할권은 대단히 방대하다. 경제간첩법은 범죄자가

---

897) *Id*. §1832 - theft for commercial or economic purposes
898) Hedieh Nasheri(2005), p.133.

미국인이거나, 피해자가 미국인인 경우 그리고 위반행위가 미국에 직접적이며 실질적인 효과를 초래했거나, 초래할 의도로 행한 경우에는 미국 영토 외에서의 행위에 대해서도 처벌하도록 했다.[899)

형법의 적용원칙과 관련하여 경제간첩범죄에 대하여는 외국인도 처벌하도록 한 것으로, 일종의 보호주의를 채택하고 있다. 그러므로 미국의 시민은 외국에서의 외국회사에 대한 외국인의 이익을 위하여 행한 산업간첩 행위도 미국의 경제간첩법으로 처벌될 수 있다.[900) 예를 들면 외국에 거주하는 미국 시민이나 시민권자 또는 영주권자(Lawful Permanent Residence : LPR)가 외국 현지에서 중국 정부를 위하여 러시아의 거래비밀을 절취한 경우에도 경쟁적 요소로 인하여 위반행위가 미국에 직접적이며 실질적인 효과를 초래했거나, 초래할 의도로 행한 경우에는 처벌할 수 있는 것이다. 이처럼 미국의 영역을 벗어난 국제적 거래비밀 침해행위에도 경제간첩법을 적용할 수 있도록 한 것은 오늘날 외국 정보기구에 의해서 뿐만이 아니라 광역화되어 가는 국제적 거래비밀 침해 조직에 의한 국제범죄에 대해서도 효율적으로 대처하고 처벌할 수 있도록 수사 · 정보기관에 광범위한 권한을 부여한 것이다.[901)

V. 경제간첩법에 의한 처벌 사례

1. 데니슨 사 사건(Avery Dennison Corporation) - 최초사건

이 사건은 1996년 경제간첩법 제정 후 최초로 기소된 사건이다. 1999년 4월 대만 기업인 2명이 미국 데니슨 사의 자동(self)고착 레벨과 같은 압력 민감성 물질을 제조하는 거래비밀을 절취한 혐의로 기소되었다. 그들 중 한 사람은 유사한 업종의 대만 굴지의 회사 대표이사인 핀 옌 양(Pin Yen Yan)이었고 다른 사람은 그의 딸 샐리였다. 이들은 데니슨 사의 내부 직원을 포섭하여 레벨의 자동고착 원리 등 거래비밀을 빼돌렸다.

FBI는 1997년 9월 5일 데니슨 사의 피용인인 텐 홍 리(Ten Hong Lee) 박사를 회사

---

899) *Id.* § 1837 - The offender is a U.S. citizen; The victim is a U.S. citizen ; The offence was intended to have, or had, a direct substantial effect in the U.S.

900) Howard, Liz. "Criminal Penaities for Theft of Biological Materials," *BioPharm*, vol. 15 (1 June 2002). Hedieh Nasheri(2005), p.139.

901) *Id.* p.140.

기밀이 담겨있는 파일을 무단으로 검색한 혐의로 체포했다. 체포된 동인은 그를 사주한 대만의 "포-필라(Four Pillars)" 그룹에 대한 수사에 협조하기로 했다. 텐 홍 리 박사는 대만의 "포-필라" 회사로부터 8년간 약 16만 달러를 지급받고 있었다. 텐 홍 리 박사의 정보 제공에 의해 동태를 계속 추적하던 FBI는 업무 협조차 중국으로 출국하려던, 회사 대표인 양(Yang)과 그의 딸로 미국 시민권자이며 화학자인 샐리를 클리블랜드 공항에서 체포했다.

동 사건의 발단은 포-필라 회사 직원 중에 미국에 이민하여서 데니슨 사에 취업하고 싶어 하는 내부 고용인의 제보에 의한 것이었다. 한편 포-필라 그룹이 빼돌린 거래비밀은 데니슨 사가 약 6,000만 달러의 연구 개발비용을 투자한 것이었다. 이 사건은 대만회사의 대만인, 즉 외국인이 관여한 사건으로 따라서 이들은 단순하게 거래비밀절도죄(§1832)가 아니라, 경제간첩범죄(§1831)와 그 공범으로 처벌되었다. FBI는 대만 정보기구 지원 활동으로 판단하고 있다.

2. 알츠하이머 치료제 사건

2001년 5월 8일 경제간첩법으로 기소된 일본인 오카모토(Takashi Okamoto)와 세리자와(Hiroaki Serizawa)에 대한 대배심 평결이 있었다. 당시 세리자와는 미국 캔자스시에 거주했고 러너 연구소에서 근무했던 오카모토는 일본에 거주하고 있었다. 두 사람은 미국 유학 시절부터 친구 사이로 오카모토는 1999년 7월 26일까지 알츠하이머병의 원인과 치료제를 개발 중이던 클리블랜드 클리닉 러너 연구소(Cleveland Clinic Lerner Research Institute : CCF)에 근무했다. 세리자와는 캔자스 대학병원에 근무했다. 둘은 서로 교류를 계속했다.

한편 러너 연구소는 국가적 지원을 받아 치매의 주된 원인인 알츠하이머 환자에 대한 치료제 개발을 연구하고 있었다. 당시 미국 내에만 약 400만 명의 알츠하이머 환자가 있었다. 두 사람과 밝혀지지 않은 제3의 인물이 공모하여 러너 연구소가 개발한 디옥시리보핵산(DNA) 유전물질, 알츠하이머 치료 시약, 공정도 등 특급 거래비밀을 일본의 리켄(Riken) 사로 빼돌리기로 공모했다.

일본의 리켄 사는 인간 두뇌 과학 연구를 목적으로 94% 이상의 자금을 일본 정부

과학기술성에서 지원받아 1997년도에 설립된 준(隼) 정부조직이었다. 오카모토는 4 박스 분량의 DNA와 치료 시약 공정도를 확보한 이외에 제3의 인물을 중심으로 러너 연구소의 공정 설비를 다양한 방법으로 파괴까지 했다. FBI는 일본으로 도피한 오카모토 등을 2001년 5월 경제간첩법으로 부재자 기소하고 일본 당국에 신병 인도를 요청했다. 하지만 일본 동경 고등법원은 신병 인도를 거부하는 결정을 내렸다.[902] 경제간첩에 대한 경각심은 충분히 불러일으켰다.

3. 브리스톨 메이어 사의 암 치료제 사건

1997년 7월 대만 굴지의 옌풍제지회사 기술 이사인 카이-로 휴(Kai-Lo Hsu)와 대만 국립 퉁 대학교의 체스터 호(Chester Ho) 교수가 필라델피아의 한 호텔에서 체포되었다. 이들은 미국 의약품 제조회사인 브리스톨 메이어(Bristol-Myers)사의 거래비밀을 절취한 혐의로 유죄선고를 받았다. 휴(Hsu)가 근무 중이던 대만의 옌풍제지회사는 제약 사업으로 업무를 확장하려고 준비 중이었다.

업무영역 확장에 따라 휴(Hsu)는 암 치료 등 첨단 제약기술을 보유한 택솔(Taxol)사가 연구·개발비용으로 8억 달러에 의뢰하여 브리스톨 메이어(Bristol-Myers) 사가 개발한 새로운 암 치료제에 대한 원천기술을 절취하려고 했다. 다른 공모자인 제시카가 거래비밀의 구매를 가장한 FBI 비밀첩보원과 매도 협상을 하려고 접촉했다가 적발되었다. 경제간첩범죄(§1831)에 해당된다.

4. 최초의 경제간첩범죄(§ 1831) 유죄 확정판결 사례

2010년 2월, 전직 보잉사 엔지니어 Dongfan "Greg" Chung이 그동안 FBI가 기소한 여러 사건 가운데 최초로 법원으로부터 15년형을 선고받았다. 중국 태생인 Chung은 미국 우주왕복선 프로그램 및 Delta IV 로켓과 관련된 보잉사의 영업비밀을 다수 훔친 혐의로 캘리포니아 중부 지방법원에 기소되었었다.

그는 약 30년 동안 중국 정보기구에 미국의 항공우주 기술 비밀을 제공했다. 그에게

---

902) https://www.japantimes.co.jp/opinion/2004/04/02/editorials/lessons-from-the-okamoto-case/.

는 중국에 이익을 준 이유로 경제간첩법 제§1831조가 적용되었다. 그는 사실 중국의 정보요원으로 활동한 것으로 35만 건 이상의 민감한 비밀 서류를 자택 크롤링 공간에 숨기고 있었다. 법정 최고형인 징역 15년 형은 그의 나이가 74세인 것을 감안하면 종신형으로 여겨졌다.

판결선고에서 코맥 카니(Cormac Carney) 판사는 국가안보에는 "가격표를 붙일 수 없다"며 정 씨에 대해 중형을 선고하는 것은" 중국에게 더는 스파이를 이곳 미국에 보내지 말라는 신호를 보내는 것"이라고 말했다. 유죄 판결은 2012년 4월, 미국 제9 순회 항소 법원에서 확정되었다. 이후 Cung은 Butner의 연방 교도소에 수감 중 2020년 84세로 코로나바이러스 합병증으로 사망했다.

VI. 비 고

경제간첩법은 모든 경제영역에서 기업 규모와 무관하게 공정경쟁 원칙이 지켜져야 한다는 국가적 철학에서 제정된 것으로 미국의 경제 현실을 반영한 미국 고유의 법이라고 평가받는다.[903] 소위 상거래에 있어서 "공평한 경쟁의 장(Level playing field)"이 지켜져야 한다는 신념으로 다른 나라들은 이러한 법이 없거나 오히려 산업스파이 활동이 국가정보기구의 임무로 주어지기도 한다.

하지만 사실 산업간첩과 합법적인 경쟁정보(CI) 활동은 행위자 내심의 주관적 요소 이외에 객관적으로 명확하게 구분하기는 쉽지 않다. 전술한 바와 같이 경쟁정보(CI)는 기업에 인정된 합법적인 자료수집 활동으로 오늘날 그에 대한 전문 교육기관이 있는 등 활성화되어 있는 정보시장이다. 기업의 생존과 번영을 위해서 어떤 기업이 경쟁기업의 기업비밀을 정탐해서 경쟁적 우위를 확보하려고 하는 것은 인간의 생존본능에 비유될 수 있는 기업의 자연권이라고도 할 수 있다. 국가도 역시 동일하다. 경제적 경쟁력을 도저히 자체적으로는 도모할 수 없고 따라서 경제적 독립을 달성하기 불가능한 어느 한 국가가 경제발전을 도모하기 위해 경제정보를 수집하는 것은 본능적 권리라고 할 수 있는 것이다.

---

903) *Economic Espionage Act of 1996.*

1999년에 경쟁정보전문가협회(Society of Competitive Intelligence Professionals)는 경제간첩법 아래에서의 합법적인 경쟁정보에 대한 가이드 라인을 발표했다.[904] 한편 2000년 3월 29일자 National Law Journal은 정책 분석과 사례연구를 통해서 경제간첩법(EEA)이 "합법적인 경쟁정보(CI)"에 미치는 영향은 무시할 수 있을 것"이라는 내용을 보고하기도 했다.[905]

경제간첩법(EEA)은 FBI가 미국 영내에서 경제정보를 수집하는 외국 정보기구 등 해외세력에 대해서 형사법적으로 대응할 수 있는 광폭의 권한을 부여한 것이라고 보면 된다. 그 목적은 기업의 연구개발 노력이 단 한 번의 산업간첩으로 물거품 되는 일이 없도록 하려는 정의의 목적이 있다.

한편 경제간첩법(EEA)은 업무통제와 감독 장치로 행정부에게 외국의 경제정보 수집과 산업스파이 활동의 내용에 대해 의무적으로 미국 의회에 연례보고서를 제출할 것을 법정화했다. 그에 따른 의회에 대한 보고서 제출 의무는 국가정보국(ODNI) 소속의 국가방첩집행부(NCIX)가 담당한다. 국가방첩집행부는 정보공동체의 개별 정보기구의 방첩 결과를 취합하여 의회에 연례보고한다.

---

904) Richard Horowitz, Esq, SCIP policy analysis: Competitive Intelligence and the Economic Espionage Act(2001), https://doi.org/10.1002/(SICI)1520-6386(199933)10:3⟨84::AID-CIR12⟩3.0.CO;2-E.

905) Industry Spying Still Flourishes; Criminalizing Trade Secret Theft Hasn't Led to Mass Proseuctions," National Law Journal, March 29, 2000.

제6절 한국의 경제정보

제1항 경제정보 현실과 체계

I. 경제정보 환경

1. 개 관

사실 경제정보 활동에서는 미행·도청·수색·미인계 동원·고의 사고 등 인간정보(HUMINT)의 가용한 방법은 이미 모두 알려져, 각국 정보기구 간에 차이가 거의 없다고 할 수 있다. 다만 얼마나 세련되게 전개하는가 하는 소위 스파이 기법이 문제가 될 뿐이다. 그러나 특별히 유념해야 할 분야가 컴퓨터 네트워크 침입에 의한 경제정보 수집과 그에 대한 사이버 경제방첩의 중요성이다.

기본적으로 비밀리에 전개되는 외국의 산업스파이 현황을 정확히 파악하기는 속성상 쉽지 않은 일이다. 일단 기업들은 막강한 외국 정보기구에 의한 침투 사실 자체를 알기 어렵고, 또한 정확한 피해 내용을 파악하기도 어렵다. 파악했다고 해도 대외적 신용도 등을 고려하여 침투 사실 그 자체를 시인하지 못하는 것이 현실이다. 또한, 그 사실이 밝혀질 때도 평면적으로는 그것이 1회적인 것처럼 보이지만 로드맵을 장치하는 등으로 심지어는 법적 분규가 진행 중인 과정에서도 산업간첩은 계속 이루어질 정도로 지속적이라는 특성이 있다. 산업간첩은 그 경제적 가치로 인하여 아무리 법적 처벌을 동원한다고 하더라도 처벌에도 불구하고 점점 더 증대되고 있다. 특히 컴퓨터 네트워크 침입에 의한 산업간첩은 심각하다고 할 수 있다.

오늘날 뛰어난 컴퓨터 해커들은 여러 대기업으로부터 산업정보 획득을 조건으로 거액의 유혹을 받는다. 베를린 장벽이 무너져 내린 후, 동독 정보기관에서 근무하다 퇴출당한 정보요원에 대해서나 구소비에트 공화국 멸망 후 방출된 KGB 전문요원에 대한 스카우트 시장이 형성되었었다. 요즘은 그 이상으로, 컴퓨터 해커 스카우트 시장이 상시적으로 형성되어 있다. 고도의 컴퓨터 시스템 침입 기술을 가진 이들은 어디에서 나타나 어느 곳에서 무엇을 알아내었는지 흔적을 남기지 않는다. 컴퓨터 네트워크 침입에 의한 정보수집은 물리적 국경을 넘을 필요가 없다는 편리함이 있다. 또한, 목표물에 대한 침투에 있어서 신체 상해나 생명의 위험이 있는 지리적 접근도 필요 없다는 절대적인 이점도 있다. 더불어서 한번 침투하면 다량의 정보를 짧은 시간 내에 획득할 수 있다는 효율적인 이점이 있다. 컴퓨터 시스템 침입자에 의한 자료탈취는 비단 그에 그치는 것이 아니고 악성 바이러스 감염으로 시스템을 파괴하여 사업 자체에 치명상을 가할 수도 있다. 이것은 국가기간망에 대한 것도 마찬가지이다. 자료 획득에 실패하는 경우 경쟁업체에서 대안으로 고의의 공격적 방법을 택할 수도 있는 것이다.

컴퓨터 네트워크 침입에 대한 대비는 현재까지 컴퓨터 보안 이외에 특별한 대안은 없다고 하는바, 인터넷의 급속한 확산과 그 편리성으로 컴퓨터 침입에 의한 산업정보 획득 시도는 줄기차게 이어질 것이다. 따라서 통합적인 국제 규범의 정립이 시급하다. 이 분야에 미리부터 눈뜨지 못한 기업이나 국가의 경우 기술력의 문제가 아니라 보안 문제 때문에 결과적으로 경쟁회사 등 해외세력을 대신하여 기술을 개발해 주고, 자신은 무대 뒤로 사라지는 경우가 적지 않았음을 인식해야 한다. 그에 대한 대책은 개별기업에 의한 연구개발(R&D) 투자만으로는 이루어질 수는 없다. 국가 특히 국가정보기구는 특별히 관심을 가지고 지속적으로 대처방책을 개발해 나가야 할 분야라 할 것이다.

오늘날 국가정보기구에 의한 산업스파이라고 하면 애쉴론과 프렌체론 등 미국 · 영국과 프랑스의 슈퍼컴퓨터를 동원한 전자적 자동감청기법, 독일의 금융 컴퓨터망 침입기법, 중국의 인해전술 기법, 일본의 민관합작 기법, 그리고 한국과 이스라엘의 맨파워에 의한 휴민트 기법이 특징적으로 상상된다.

각국의 방첩 활동이 강화되고 민간영역의 보안수준도 높아지게 됨에 따라 경제정보 수집 활동은 결국 세련된 인간정보 수집기법과 최첨단의 과학장비에 의한 기술정보 수집기법(TECHINT)의 적절한 조화가 필요하다. 더욱 중요하개는 법적 제도적 지원 장치가 필수이다.

2. 산업스파이에 대한 인식의 제고

오늘 자국 내에서의 산업간첩에 대한 제1순위는 외국의 전문 정보기구에 의한 산업 간첩 색출에 주안을 두는 적극적 방첩 활동이어야 함을 명심해야 한다. 소극적인 보안만으로 기업 거래비밀 보호의 목적이 이루어질 수 없음을 다수의 사례가 보여주고 있다. 외국 유수의 정보기구에 의한 산업간첩을 적발하는 것은 기업체 피용자에 의한 단선적인 산업간첩을 적발하는 것에 비해 어렵지만 여러 가지 효과가 있다. 물론 그러한 일들이 성과를 이루기 위해서는 애국심에 기초한 열정이 없으면 불가능한 일임은 말할 것도 없다. 다만 경제안보가 국가안보화되었다고 하는 경우에도, 법적으로 산업스파이가 국가정보원의 본래의 임무가 될 수 있는 것인지? 에 대해서는 그동안 논란이 있었다. 다행히 현행 국가정보원법은 '산업경제정보 유출, 해외연계 경제 질서 교란 및 방위산업 침해에 대한 방첩'을 명시적으로 직무 범위에 포함하고 있다(제4조 제1항 제1호 나목).

Ⅱ. 경제정보 공동체

1. 국가정보원

국가정보원(NIS)은 2003년 10월부터 세계 각국이 국가경쟁력 우위 확보를 위한 첨단기술 개발에 주력하는 한편, 상대국가의 산업정보를 획득하기 위해 수단과 방법을 가리지 않고 치열한 경제전쟁을 벌이고 있는 것을 감안하여, 산업기밀보호센터(NISC, National Industrial Security Center)를 창설했다.

센터는 우리나라의 기업체와 연구소 등이 보유하고 있는 첨단기술과 경영상 정보가 해외로 불법 유출되는 것을 차단하기 위해 산업스파이 색출 활동과 함께 산업보안 교육 및 보안 컨설팅 등 예방 활동을 수행하고 있다.[906]

산업기밀보호센터는 그 주요임무로 ① 첨단기술 해외유출 차단활동, ② 방산기술 · 전략물자 불법 수출 차단활동, ③ 외국의 경제질서 교란 차단활동, ④ 산업보안 교육/컨설팅 및 설명회 개최, ⑤ 지식재산권 침해 관련 대응 활동, ⑥산업스파이 신고상담소 운영을 설정하고 있다.

하지만 차단, 대응, 교육과 설명회 등으로는 산업간첩의 욕망을 제어할 수는 없어 보인다. 수사와 체벌, 추방, 이익 몰수, 막대한 벌금 등 실효적인 장치가 없으면 미국의 경제간첩법 실제 사례에서 살펴보았듯이 천문학적인 이득을 획득하는 최단 코스인 데다가 상대국의 국가안보에 치명상을 가할 수도 있는 산업간첩을 억지할 수 없을 것임은 불문가지이다.

---

906) https://www.nis.go.kr/ID/1_7_2.do.

2. 국군방첩사령부

국군방첩사령부는 국가방위에 필수적인 군수품을 다루는 방산업체에 대한 방첩(防諜) 임무를 담당한다(국군방첩사령부령 제1조). 관련 임무 및 계획은 정보업무 법령에 따라 국가정보원과 정기적으로 협업하는 동시에 관리와 감독을 받으며, 별도의 정보예산과 업무 자산 또한 국정원에게서 지원받는다. 국군방첩사령부는 군 내부 범죄에 대해서도 자체 수사권이 있다.

국군방첩사령부는 방산기밀보호와 국내외 방위산업에 관한 정보수집과 처리를 통해 국익 보호 및 국가안보태세 확립에 기여함을 천명하면서 방위산업보안, 방위산업비리예방, 방위산업 육성을 그 업무로 소개한다.[907]

경제정보 관련 업무는 방위사업법(2022. 5. 4. 시행, 법률 제18805호)에 기초해 방위산업 육성과 군수품 조달에 있어서의 보안업무에 중점이 있을 것으로 예상된다. 그래서 전통적으로 수행했던 ① 방위산업체와 방산관련업체에 대한 보안측정, ② 외국인을 포함한 관련 당사자에 대한 비밀취급 인가업무, ③ 방위산업 보안감사 업무, ④ 방위산업체에 대한 보안교육 업무도 유지할 것으로 사료된다. 하지만 국가정보원의 경우가 그렇듯 특히 수사권도 있는 국군방첩사령부도 소극적인 보안업무에 중점이 있어 세계 추세와는 거리가 있어 보인다.

제2항 경제정보 법정책과 미래비전

I. 현실

현행법 체계는 형법, 군사기밀보호법(법률 제19076호), 특허법(법률 제19007호), 컴퓨터프로그램보호법(법률 제6357호), 반도체집적회로의배치설계에관한법률(법률 제13150호) 등 개별적인 법률에 의해서 간접적으로 거래비밀을 보호한다. 거래비밀을 직접 보호대상으로 하는 대표적인 법률에는 영업비밀을 대상으로 하는『부정경쟁방지및영업비밀보호에관한법률(이하 "부정경쟁방지법, 법률 제18548호)』과 산업기밀을 대상으로 하는『산업기술의유출방지및보호에관한법률(법률 제17163호이하 "산

---

907) https://www.dcc.mil.kr/dssckr/459/subview.do.

업기술보호법")』의 2가지가 있다.

부정경쟁방지법은 특허청이 주무부서로서 기업의 특허와 관련된 사항을 보호하고 배상에 관한 사항을 주로 결정한다. 반면에 산업기술보호법은 국가정보원이 관장하며, 국가가 보호해야 할 산업기술을 지정하고 승인하는 등 사기업체의 산업기밀을 보호하기 위해서 국가가 직접 관여할 수 있는 장치를 마련하고 있다.

II. 산업 스파이 대처에 대한 한계와 비판

하지만 미국의 경제간첩법에 비견하면 한국의 영업비밀보호법과 산업기술보호법은 경제간첩 행위나 산업간첩 행위를 처벌하기 위한 입법은 아닌 것임을 알 수 있다. 산업기술이나 영업비밀을 포함한 거래비밀 침해는 불법·부정한 방법으로만 이루어지는 것도 아니고, 자국 영토 내에서만 이루어지는 것도 아니다.

토렌(Toren)이 적절하게 지적한 바와 같이, 예컨대 회사의 피용인은 회사 컴퓨터에서 거래비밀을 디스켓에 다운로드 받아서, 그것을 집에 있는 컴퓨터로 이전하고, 향후에 언제든지 외국의 여행지에서라도 인터넷에 업로드(upload)하면 거래비밀은 단 몇분 이내에 전 세계로 퍼져 나간다. 수일 내로 회사는 소중한 거래비밀에 대한 통제력을 철저하게 상실하게 된다.[908]

이 경우에 회사 피용인이 외국 지사에서 정당히 근무 중에 다운로드 받은 것을 다른 나라에 놀러 갔다가, 대가관계를 바라지 않고 호기심에서 또는 과실로 호텔 컴퓨터를 사용하여 인터넷에 업로드했다거나, 처음 회사 거래비밀을 다운로드 받은 후 수년이 지나 시효문제가 해결된 상태에서 그때까지도 그 회사만의 독보적인 기술이 거래시장에서 유지된 경우에 대해서도 마찬가지 경과를 거친 경우에는 어떻게 될 것인지 등 범행 장소, 범행 시간의 의문은 계속 이어진다.

그러므로 한국의 관련 입법은 외국정보기구나 해외범죄조직에 의한 본격적인 산업 스파이 활동에 대처하기 위한 것으로는 역부족으로 보인다. 주로 피용자 등 회사 내부의

---

908) U.S Congress, Senate Report No. 104-359 (1996), (available in WL 497065), Toren, Peter J.G. "Internet: A Safe Haven for Anonymous Information Thieves?" *St John's Journal of Legal Commentary*, vol. 11(1996).

관계자 등을 침해의 주된 주체로 상정하고 있고 오히려 사경제 주체에 적지 않은 부담을 줄 위험성이 있는 것으로 사료된다.

또한, 국가 정보기구의 활동도 주로 소극적인 보안 활동과 신고 및 승인업무 수행, 외국에 대한 실태조사, 피해구제, 민관 협력체계 등의 구축에 지나치게 경도되어 있다. 그리하여 특히 산업기술보호법은 기업의 자율성을 저해한 새로운 규제 입법의 하나라는 비판이 제기될 수도 있을 것으로도 보인다. 형사처벌에 대한 관할도 한정되어 있고, 외국에 대한 산업기술 등의 제공 경우에도 이득 목적이나 산업기술을 외국에서 사용하거나 사용되게 할 목적 등 별도의 주관적 요건을 필요로 하고 있다. 형사처벌을 위한 영업비밀이나 산업기술 취득 행위를 절취 · 기망 · 협박 그 밖의 부정한 방법으로 한정하고 있다. 단 9개 조문(§1831－§1839)에 지나지 않는 미국 산업간첩법의 주된 목적이 해외 적대세력의 산업간첩에 대한 적극적인 방첩에 역점을 두어 국내산업을 보호하고, 국가안보의 핵심으로 부상한 경제안보를 수호하기 위한 것임과 비교하면[909] 우리의 관련법은 해외세력에 의한 산업간첩에 대한 대처에는 역부족일 것으로 보인다.

Ⅲ. 선진적 선제적 법정책

오늘날 국가정보기구에 의한 경제정보 활동의 요체는 국 · 내외 관련 정보수집 및 적극적 방첩공작 활동이다. 한편 국가정보기구는 가급적 국가 정책적인 업무에의 직접적인 관여는 자제해야 한다. 국가정책에의 직접 개입은 선호하는 정책에 한정되고 집중된 정보업무를 불가피하게 만들어 국가정보기구를 단기 전술 기관화할 위험성이 너무나도 크기 때문이다.

한편 오늘날 경제전쟁 형태로 전개되는 각국 정보기구의 경제정보 활동에 대해 수동적 보안업무나 보안교육 또는 실태조사 등으로 대응할 수는 없다. 이상의 여러 가지 이유로 국가정보기구에 필요한 경제정보 활동에 대한 명백한 근거를 부여하는 것은 매우 중요하다. 그 방법은 위헌 논의까지 야기될 수 있는 개별법에의 임무 산입, 그래서 소위 미션 크립(Mission Creep)의 논란을 불러일으킬 수 있는 산발적인 방법은 지양하

---

909) Hedieh Nasheri(2005), p.140.

고 국가정보기구의 업무를 체계화한 통일입법, 가칭 경제자유수호법 등에 의하는 것이 바람직하고 당연하다고 할 것이다. 이에 경제정보 활동에 대한 미국 정보학계의 검토 내용은 국가정보기구의 경제정보 활동 방향을 설정하고 추후 입법에도 좋은 참고가 될 것으로 사료된다. 숀 그레고리(Sean Gregory)는 그의 논문에서 냉전 이후(post-cold war era) 경제정보 활동의 중요성을 강조하면서 다음과 같은 의견을 개진했다.910)

먼저 경제정보 활동에서도 CIA의 중심적인 역할을 강조하면서 **공세적 경제정보정책**(aggressive economic intelligence policy)이 필요하다고 역설했다. 그를 위해 CIA의 인간정보(HUMINT), 국가정찰실(NRO)의 영상정보(IMINT) 그리고 국가안보국의 신호정보(SIGINT) 활동이 모두 유기적인 공조를 이루며 국가 경제정보 활동을 뒷받침해야 한다고 강조했다.

또한, 경제방첩공작 활동의 강화는 해외세력에 대한 경고메시지가 될 것이며 국가의 경제정책을 뒷받침하는 공세적인 경제정보 활동이 되어야 한다는 점도 강조했다. 그러려면 정보기구의 경제정보 분석물이 낭비되는 일이 없이 적시에 적절하게 정보수요자에게 배포되어야 하고, 경제정책 담당자들의 요구가 정보공동체에 제대로 반영될 수 있는 통로가 구축될 것도 주문했다. 한편 사적 정보영역이 매우 발달되어 있는 미국에서나 가능한 일이지만 국가정보기구와 사기업체, 행정부처와의 협력도 강화하여 다양한 시각에서의 정보분석이 이루어질 수 있도록 할 것과, 정보공동체에 더 많은 경제전문가 영입을 권고했다.

Ⅳ. 맺는말

경제안보 문제가 국가안보 문제의 핵심으로 부각된 오늘날 세계 주요한 국가정보기구의 경제정보 활동은 해외에서의 공세적 경제정보와 국내에서의 적극적 경제방첩의 2가지로 압축될 수 있다. 경제정보에 있어서도 국가정보기구는 거리에 나가 현장을 장악할 것을 요청받고 있다. 한편 개별 사기업도 각 기업의 특성에 맞는 전문적인 정보부

---

910) Sean Gregory, Economic Intelligence in the Post-War Era: Issues for Reform, pp.28-30.

서의 운영이 중요하다. 예를 들어 일본의 종합상사도 그렇고 독일의 필립스 회사 (Phillips Company)는 수백 명의 변호사와 기술 전문가로 구성된 사내 정보부서에서 전 세계 현장에서 종사하는 사람들에 의해 수집된 첩보 자료를 검토하고 분석하여 유용한 정보분석물을 생산하여 필립스의 전략사업 계획에 반영하는 것이 사내의 주요한 일상 업무로 자리매김했다고 한다. 그래서 사내 법률과 정보팀에 의한 정보분석과 대응으로 기업의 의사결정에서뿐만 아니라, 예를 들어 특허와 관련한 기술적 법률분쟁에서 우위를 점하여 경영효율을 도모한다고 한다. 메이어(Herbert E. Meyer)는 1987년 그의 책 "진짜-세계의 정보(Real-World Intelligence : Organized Information for Executives)"에서 전 세계 산업 분야에서 정보가 회사 중역들에게 중요한 관리 수단이 되어 가고 있다고 언급했다. 오늘날 경제정보 없는 기업 생존전략을 상상할 수 없다.

메이어는 수 세기에 걸쳐 성공적인 사업가는 경제정보를 잘 수집하고 활용했음을 설파하면서, 14세기에 이미 체계화된 정보를 사용하여 경쟁자를 물리치고 성공한 유럽 국제은행의 예를 든다. 동 회사는 간결하게 잘 정리된 정치적 통찰과 민감한 상업 정보를 수록한 필사본의 회보를 매일 만들어 주요 간부에게 배포해 영업에 활용하도록 하여 경쟁은행을 모두 물리치고 우뚝 섰던 것이다.

한편 오늘날 유수 기업의 추세는 정보를 사업관리의 주요한 수단으로 활용한다. 결론적으로 경제정보의 문제는 경제정보수집을 위한 협의체나 새로운 기구나 조직을 만드는 데에 있는 것이 아니다. 국가정보기구 중심의 총체적인 시스템을 갖춘 후에 가상세계에서나 현실 세계에서 거리를 누비는 적극적인 활동을 하는 것이다. 방어에서 공격으로 그리고 보안에서 활용이 경제정보의 방향성이 되어야 한다.

제2장 국가정보와 테러

제1절 테러란 무엇인가?

제1항 개 관

I. 테러와 테러리즘

1. 테러 개관

테러가 전 세계 일반인의 대중적인 관심을 이끈 것은 2001년 9월 11일 미국의 국제무역센터 건물 등에 대한 알카에다의 공격 때문이라고 할 수 있다. 국제 테러조직 알카에다는 아침에 이륙하여 연료가 가득한 민간 여객항공기를 공중에서 납치한 후에, 다수의 일반 승객이 탑승한 비행기를 미사일처럼 이용하여 뉴욕 무역센터 110층 건물에 돌진한 기상천외한 공격을 선보였다.

물론 불특정 다수인에게 공포심을 유발한다는 의미의 테러는 인류의 역사와 함께한 오랜 것이기는 하다. BC 1세기경의 고대 지중해를 중심으로 한 세계 공용어로 통했던 라틴어에 이미 공포, 두려움, 임박한 위험에 대한 전율을 뜻하는 말인 테러(terror)가 있었던 것이 이를 잘 말해 준다.[911]

라틴어의 테러는 인도-유럽어족에 근원을 둔 것으로 '끔찍한', '단념하게 하는', '대혼란'이라는 의미를 지닌 "테르(TER)"에서 유래한 말이었다.[912] 그것은 또한 다음 단계에서는 무엇이 일어날지 모르는 것에 기인하는 점증하는 불안과 공포를 뜻한다. 이처럼 테러는 급박한 위험에 압도당한 공포 상태, 무언가 끔찍하고 소름끼치는 것 또는 그러한 상태를 유발하는 행위 자체를 의미한다.

---

911) Babylon, Latin-English Online Dictionary, "terror".
912) Jeff Aronson, "When I use a word Terrorist", BMJ, Volume 324, 9 February 2002, p.355.

2. 테러리즘(terrorism)

테러리즘은 테러라는 용어가 주는 커다란 공포 또는 경악감이라는 심리적인 상태를 이용하여 정치, 종교, 사상적 목적을 위해 다양한 폭력적 수단을 통해서, 공격의 대상이 된 조직이나 국가들에 어떤 행동을 강요하거나 혹은 어떤 행동을 중단하게끔 하는 행위 자체 또는 그러한 주의나 주장을 말한다.

즉 어떤 정치적 목적을 달성하기 위해 직접적인 공포 수단을 이용하는 주의나 정책이 테러리즘이다. 테러행위를 하는 사람이 테러분자(Terrorists)이다. 테러분자들은 자신들이 믿는 이념의 큰 뜻을 이루기 위해서 민간인이나 관련되지 않은 사람의 희생도 어쩔 수 없다는 가치 판단을 내리며, 자신 혹은 자신들의 동조자들의 생명 또한 희생되어도 좋다고 생각한다.

현재 사용하는 테러리즘이라는 용어는 1789년 발발한 프랑스 혁명 중에 격한 정치적 집단이었던 자코뱅 당(Jacobin Club)이 단 한 달 사이에 약 1,800명을 처형하는 등 약 4만 명의 목숨을 앗아갔던 소위 공포정치(Reign of Terror, 1793-1794)를 묘사하는 용어에 기인한다.

사실 냉전 시대[913]에는 세계의 관심이 지구의 운명을 좌지우지하는 초강대국인 소련과 미국이 양축이 된 군비경쟁이 주목의 중점이어서 테러리즘은 큰 주목을 받지 못했다. 그러나 21세기 가장 중요한 사건의 하나로 기록된 1991년 소비에트 공화국의 붕괴는 전 세계의 경제와 정치적 환경을 커다랗게 변화시켰다. 일부에서는 소비에트 공화국의 붕괴로 더 이상 지구에서 군사적 분쟁은 없을 것으로 예상했으나, 예상과는 반대로 지구 곳곳에서 크고 작은 지역분쟁과 인종·종교적 분쟁은 끊임없이 발생했다. 그중에 특정한 종교적 이념에 기초한 국제 테러조직의 출현은 궁극적으로 UN 헌장의 이념인 세계 평화와 안전을 심각하게 위협하는 21세기의 새로운 위협요소로 대두되었다.

---

913) 냉전은 1940년대 중반부터 1990년대 초까지 미국과 소련의 군사력 경쟁을 필두로, 이념, 철학, 스파이 활동, 산업, 경제, 우주과학기술 등 제반 분야에서의 국제분쟁, 긴장 그리고 치열한 경쟁을 전개한 이념적 전쟁기간을 말한다. 원래 냉전(Cold War)이라는 용어는 1947년 미국인 버나드 바우츠(Bernard Baruch)와 월터 리프만(Walter Lippmann)이 2차 세계대전 중 동맹자였던 미국과 소련의 긴장 고조를 묘사해 사용한 용어였다. 미국과 소련 간에 직접적인 교전은 단 한 번도 없었지만 반세기 동안 양자를 중심으로 동맹국들로 나뉘어 군비경쟁, 그리고 수많은 정치적 분쟁이 지구 전역에서 끊이지 않았다. Cold War, http://en.wikipedia.org/wiki/Cold_War.

Ⅱ. 주요 테러사건 경과

정치적·종교적·사상적 목적을 달성하려고 한다는 의미에서 사실 테러도 국제관계에서 분쟁 해결의 한 가지 수단으로 간주된다. 그래서 무력적으로 자신들의 의도를 관철하려는 방향으로 분쟁을 해결하려는 테러는 냉전 시대부터 꾸준히 전개되었다.

미국 국무부는 지구상에서 전개된 일련의 테러행위를 잘 소개하고 있다.[914] 1972년 7월 21일 과격 아일랜드군(Provisional Irish Republican Army : IRA)에 의한 북아일랜드에서의 피의 금요일 사건(Bloody Friday), 1972년 독일 하계 뮌헨 올림픽에서의 팔레스타인 해방기구의 검은 9월단에 의한 "뮌헨 대학살(Munich massacre)"로 불리는 11명의 이스라엘 선수들에 대한 사살 테러공격[915], 1993년 세계무역센터 지하주차장에서의 아랍 테러조직에 의한 폭탄공격, 약 250명의 시민이 사망하고 750명이 부상당한 1993년 인도 뭄바이의 폭탄공격(Mumbai bombings), 일본의 자생 테러 종교 단체인 옴 진리교(Aum Shinrikyo)의 신도가 1995년 3월 20일 동경 지하철에 사린 독가스를 투척해 승객 12명이 사망하고 50여명이 부상한 동경 사린가스 테러공격, 1998년 8월 7일 케냐와 탄자니아 소재 주미 대사관에 대한 알카에다 폭탄공격,[916] 약 300여 명의 목숨을 앗아간 1999년 러시아 모스크바 아파트 테러공격, 미증유의 2001년 9월 11일의 미국 본토에 대한 테러공격, 2005년 7월 7일 영국에서 제31차 G8 선진 정상회담이 개최 중이고 영국 런던이 2012년 하계올림픽 개최지로 선정되던 때에 발생한 알카에다가 자행하여 52명의 생명을 앗아가고, 약 700명을 부상당하게 한 런던 시내에서의 자살폭탄 테러공격, 그리고 2006년 7월 11일 209명의 목숨을 앗아간 인도 수도 뭄바이 열차 폭파 테러사건 등 테러 공격은 세계 도처에서 빈번했다.

또한, 테러계획 중 실패한 것으로는 1993년 세계무역회관에 대한 테러음모, 2001년 9월 11일 테러공격의 사실상 모범이라고 할 수 있는 비행기 납치 테러공격 음모인 보징카 공작(Operation Bojinka)[917], 한편 2005년도의 런던 7.7 테러공격[918] 등도

---

914) "International Terrorist Incidents, 2001".
915) 이스라엘이 이에 대한 응징으로 유럽 전역을 찾아다니면서 관련자를 암살한 비밀공작 신의 분노(Operation Wrath of God)공작 활동을 전개했음은 앞서 본 바 있다.
916) 당시에도 알카에다(Al Qaeda) 조직은 오사마 빈 라덴(Osama bin Laden)이 이끌었다. 오사마 빈 라덴과 알카에다가 처음으로 외부에 알려졌다.
917) 보징카 음모는 1995년에 계획된 일련의 대규모 여객기 납치 공중폭파 및 그를 이용한 건물 공습테러 계

있었다. 한편 영국은 미국과 대외정책을 공조한다는 이유로 미국 못지않게 이슬람 세력에 의한 테러공격의 주된 타깃이 되고 있다.

2007년 6월 29일 런던 시내 극장가 웨스트엔드에 주차된 벤츠 차량 두 대에서 잇달아 폭발물 장치가 발견돼 런던시 전체가 테러 불안에 빠지기도 했다. 당시 런던 웨스트엔드 헤이마켓 거리의 "타이거 타이거" 나이트클럽 밖에 세워둔 차량 두 대 안에 각각 60ℓ 휘발유와 가스 실린더, 다량의 못으로 만들어진 폭발물이 발견되었다. 스코틀랜드 야드(Scotland Yard) 런던 경찰청 대테러대책반과 영국 보안부(MI5)에 따르면 그것은 수백 명의 목숨을 앗아갈 뻔한 "대형 폭탄"으로 모두 엄청난 폭발력을 지녔으며 강력한 휘발유 냄새를 맡은 주차요원의 신고로 적발되었다. 폭발물 차량이 발견된 인근 나이트클럽에는 최대 1천700명이 있었다. 런던에서 폭탄이 발견되기 수 시간 전에 이슬람 테러범들이 사용하는 인터넷 사이트에는 "오늘 나는 말한다, 알라의 이름으로 기뻐하라. 런던은 폭파될 것이다"라는 메시지가 올라왔었다고 더 타임스지는 전했다.919)

Ⅲ. 테러와 국가안보

1. 개 관

냉전 이후의 테러는 더 빈번하게 발생하고 있으며 규모는 대형화되어가고 내용은 과격해졌다. 그러나 사실 이러한 테러가 국가의 존망을 위태롭게 할 국가안보 문제화되었는지는 일률적으로 논할 수 있는 문제는 아니다. 그 이유는 테러가 불특정 국가를 대상으로 한다고 하는 특성이 있음에도 불구하고 오늘날의 주요한 테러는 이념적·종교적 문제를 밑바탕으로 하는 연유로 특정 국가 그리고 그 추종세력을 대상으로 전개되는 특성이 있기 때문이다. 즉 오늘날 결과적으로 과격한 대부분의 테러공격은 이슬람

획이었다. 3가지 다발적 계획이 있었다. 첫 번째는 1995년 1월 15일의 여객기 공중 납치 후 버지니아 랭글리 소재 CIA 본부 건물 폭발계획을 시작으로 1월 21일의 11대의 여객기 공중폭발계획, 1월 22일 교황 요한 바오로 2세 탑승 비행기 공중폭발 등의 교황 암살 계획이었다. 그러나 보징카 계획은 실행 1주일 전인 1월 6일과 7일 음모자들이 검거되어 실패로 돌아갔으나, 2001년 9/11 테러 공격에 응용된 것으로 CIA는 판단하고 있다.

918) 2005년 7월 7일 런던 시내 지하철과 버스에서 자살폭탄 테러로 52명이 사망하고 700명이 넘는 사람이 부상했었다.

919) 참고, 英 차량 폭탄 이어 화염차량 공항 돌진[연합뉴스2007.07.01] http://media.paran.com/snews/newsview.php? dirnews=1466755&year=2007.

종교에 바탕을 둔 국제테러 조직에 의해 전개되는 것으로 그들은 이슬람교가 전 세계 모두로부터 반감을 보이기를 원하는 것은 아니고, 기본적으로는 미국의 이스라엘 정책에 대한 비판을 전제로 전개된다는 한계가 있는 것이기 때문에, 결코, 세계 모든 나라에게 테러의 위협이 동일한 수준인 것은 아니다.

2. 테러문제의 국가안보 문제화

오늘날 초국가적안보위협이라고 일컬어지는 테러 · 마약 · 국제조직범죄, 환경파괴 등의 위협 정도는 개별국가마다 일률적이지는 않다. 물론 초국가적 위협이 경우에 따라서는 냉전 시대 미약한 군사력을 가졌던 어느 개별국가에 의한 위협보다 강도가 강할 수 있음도 물론이다. 그러므로 테러문제를 비롯하여 후술할 마약 등의 문제는 과연 국가안보 문제화에 대한 국민의 통일된 인식이 있는지가 논의의 출발점이 된다. 왜냐하면, 추상적인 막강한 위험성을 부인하는 사람은 없지만, 국가정보기구는 어디까지나 구체적인 국가안보 문제에 대한 임무를 부여받은 공적기관이기 때문이다. 이것이 제6편 정보환경론에서 살펴볼 소위 **"국가쟁점의 안보쟁점화"**라는 논의이다.

냉전 이후 부각된 안보와 관련한 국가 쟁점은 테러 이외에도 허다히 많다. 전통적인 군사안보는 물론이고 탈냉전 후 국가안보의 가치를 확보한 정치 · 경제 · 사회 · 생태 안보 이외에도 안보라는 용어는 식량안보, 자원안보, 인간안보, 지역안보, 협력안보, 국제안보, 문화안보 등으로 다양하다. 이러한 다수의 안보 쟁점 중에서 냉전 시대의 군사안보와 비견될, 현실적인 위협을 주는 진정한 국가안보가 무엇인지의 결정은 합리적인 논의를 거쳐서 국민적 공감대를 확보한 후에야 비로소 각국의 국가안보 영역으로 편입되어야 하는 것이 요체이다.

물론 그러한 문제들이 국가안보 목록에 등재된 경우에도 여러 가지 국가안보 문제 상호 간에도 여전히 중요도와 우선순위가 있는 것이므로 합리적인 추진이 되도록 견제와 감시를 병행하는 노력은 여전히 필요하다. 이처럼 테러를 비롯한 소위 초국가적인 안보위협의 문제는 개별국가마다 위협의 정도가 일률적이지 아니하고 개별국가의 상황에 따라서 위험도가 달리 측정된다. 따라서 그에 대한 대처가 다르게 전개되고 있는 것을 직시할 필요가 있다. 섣부른 테러와의 전쟁은 종교적 신념을 기본 바탕으로 하는 국제테러조직으로 하여금 진짜 테러공격을 유발하게 할 수도 있기 때문이다.

3. 미국의 경우

현재 전 세계의 가장 강력한 테러조직의 하나인 알카에다의 최대의 목표가 되어, 그들과 힘겨운 테러와의 전쟁을 치르고 있는 미국은 테러를 냉전 이후 소련의 위협을 능가하는 국가안보에 대한 가장 중요한 위협요소 중의 하나로 판단하고 있다. 그것은 미국이 테러문제를 국가안보 문제로 간주한다는 것을 의미하고, 따라서 미국은 오늘날 테러의 예방과 대처를 국가정책의 최우선 과제로 선정하고 있다. 미국은 수많은 사상자를 내는 테러공격을 미국 내ㆍ외에서 적지 않게 받는 것이 엄연한 현실이기 때문이다. 1985년 테러분자 아부 니달(Abu Nidal)에 의한 로마공항에서의 테러공격으로 미국인 등 19명이 살해된 직후에 레이건 대통령은 그해 12월 테러행위로는 절대 그들이 바라는 목적을 달성할 수 없다는 것을 천명하면서 대통령 명령 NSDD-207호[920]를 발령하여 포괄적인 대테러정책을 확립할 것을 정보공동체에 지시했다.

또한, 1993년 세계무역센터 건물에 대한 테러공격 이후에 클린턴 대통령도 1994년도에 이르러 핵무기와 생ㆍ화학무기 등 소위 대량살상무기의 확산은 미국의 국가안보에 치명적인 위협[921]을 가할 것으로서 대량살상무기의 국제적 확산 저지를 포함한 테러 위협에 대한 대처를 지시하는 내용의 대통령 명령 제12,938호[922]를 발령했다. 한편 2001년 9월 11일의 세계무역센터와 펜타곤 건물에 대한 테러공격 후 부시 대통령은 국가비상사태와 "**테러와의 전쟁(war on terror)**[923]"을 선포했다. 미국은 현재 전 세계 테러조직과 전쟁을 수행하고 있는 중이다. 이처럼 미국은 테러문제를 국가안보의 당면한 과제로 하여 테러리즘이 초국가적 안보쟁점(transnational security issues)

---

920) 일부는 현재도 비밀분류되어 있음. Dycus(2007), p.466.

921) 원문을 본다. "Unusual and extraordinary threat to national security."

922) 클린턴 대통령 명령(Executive Order) 제12, 938호. 59 Fed. Reg. 58,099(NoⅤ. 14, 1994)

923) 그러나 전 미국 국가안보좌관을 역임한 브레진스키(Brzezinski)는 테러와의 전쟁은 잘못된 용어라고 말했다. 그는 테러리즘은 사람을 죽이는 기술에 지나지 않는데, 테러와의 전쟁은 따라서 적국 누구를 상대로 하는 전쟁인지를 말해 주지 않는다는 것이다. 그러한 용어는 마치 제2차 세계대전을 "나치(Nazis)"와의 전쟁이 아니라 "공습ㆍ기습(Blitz)"과의 전쟁이라고 말하는 것과 같이 잘못된 것이라고 지적했다. Brzezinski, Remarks, New American Strategies for Security and Peace Conference, 2003.10.28.

이 된 것이다. 각국도 국가의 안전을 위협하는 문제는 이러한 합리적인 논의 경과를 거쳐서 비로서 국가안보 쟁점이 된다는 사실을 유념해야 할 것이다. 국가안보 쟁점이 되면 그것은 이제 국가정보기구가 관여할 문제가 되었음을 의미하기 때문이다.

4. 검토 방향

그러므로 테러의 발생빈도, 위협횟수, 테러 위협의 직접 상대방인지 여부, 정책을 공유하는 우방국에 대한 테러 위협 정도, 대외정책의 테러에 대한 위험도 등에 대한 계량적으로 측정한 산술적인 자료에 의한 충분한 논의는 초국가적 쟁점을 국가안보 쟁점화하기 위한 기초적인 출발점이 된다. 사실 이러한 자료들은 미국 등 선진 민주주의 국가의 경우 입법을 위한 기본적인 논의이자 기초자료라고 할 수 있다. 이러한 테러의 국가안보에 대한 위협의 독특한 성격을 염두에 두면서 본 장에서는 먼저 테러의 개념 정의에 대한 연혁을 살펴보고, 그 다음으로 개념으로서의 테러 인식 인자를 살펴본다. 또한, 현재까지 입법이나 대처 방법에서 제일 앞선 것으로 평가받는 미국의 테러문제에 대한 전개 과정을 살펴보고 테러가 현대 인권문제에 제기한 문제를 살펴보도록 한다.

마지막으로 테러 현상에 제기되는 제반 법적인 문제를 살펴보는 것은 사안을 체계적 그리고 종합적으로 이해하는 데 필수적이고, 법률논의를 통해서 진정으로 테러문제에 필요한 관련 대책을 수립하는 데 도움이 될 수 있을 것이다.

제2항 테러 개념의 역사적 전개

I. 테러 개념 개관

간단할 것 같은 테러 개념 정의도 쉽지 않다. 국제적으로 통일적 개념이 도출되지도 않고 있다. 테러 개념에 대해 극단적으로 상반된 견해대립도 있다. 물론 그 저변에는 종교적인 이해대립이 전제되어 있기 때문이기도 하다. 테러의 개념을 살펴보기 전에 먼저 이해하여야 할 몇 가지 개념들이 있다. 사실 테러의 형태는 방법을 기준으로, 농산물 등 식품을 이용한 아그로 테러리즘 즉, 농·수산물 테러(Agro terrorism), 박테리아, 바이러스 등과 같은 세균을 이용한 바이오 테러리즘 즉, 생·화학 테러

(Bioterrorism), 핵무기나 방사선 무기를 이용한 뉴클리어 테러리즘 또는 핵무기 테러(Nuclear terrorism)가 있고, 테러의 이념적 기초와 사상을 기준으로는, 기독교 테러(Christian terrorism),[924] 공산주의 테러(Communist terrorism), 환경결정론자들에 의한 환경 테러(eco-terrorism), 이슬람 테러(Islamist terrorism, 또는 Islamic terrorism), 일국의 마약 정책을 바꾸려는 의도를 가진 마약 조직 등에 의한 마약 테러(Narcoterrorism)도 있다.

Ⅱ. 테러 전위조직과 자생 테러원(源)

테러조직의 운영 및 구성과 관련하여 테러의 전위조직과 자생 테러원의 문제도 중요하다. 테러조직은 자신들의 활동을 뒷받침하기 위하여 합법적인 조직을 갖추는 경우가 적지 않다. 그것이 테러단체의 전위조직이다. 테러의 전위조직은 실제로는 테러단체를 지원하기 위한 것이라는 목적을 숨기면서 테러 활동에 대한 합리적인 논리를 제공하거나 테러 자금을 지원하는 역할을 한다. 통상 수입·수출의 무역회사가 가장 애용되는 형태의 전위조직이다. 예컨대 1986년 소말리아에 세워진 알 바라카트(Al Barakaat)사는 연간 매출이 약 1억 4천만 달러에 달하는 조직이었고, 국제자선기금(Benevolence International Foundation)은 알카에다 테러조직에 자금을 송금하는 창구였다.

한편 오늘날 테러의 적발과 추적을 더욱 어렵게 하는 교란 요인 중의 하나가 소위 테러조직에 대한 자발적 협력자 문제이다. '외로운 늑대(lone-wolf)'로 알려진 이들 자생 테러원은 테러단체의 활동을 동경하여 편무적으로 테러조직의 활동을 지원하기 위해 자발적으로 협조하는 자들을 일컫는다.[925] 테러조직의 지휘체계와 무관하게 그들을 외곽에서 지원하는 이들 자생 테러분자를 외로운 늑대, 유령 조직원(phantom cell), 무(無)지도자 저항자(Leaderless resistance) 또는 비밀조직 요원(covert cell)

---

924) 소위 백인우월주의 극렬 단체인 쿠 클럭스 클랜(Ku Klux Klan : KKK단)은 반유대주의, 인종차별주의, 반가톨릭주의, 동성애 반대주의에 기초한 비밀결사단체로서 기독교 근본주의에 입각한 기독교도 테러조직의 하나로 알려져 있다. Ku Klux Klan, http://en.wikipedia.org/wiki/Ku_Klux_Klan.
925) 백인 우월주의자인 알렉스 커티스(Alex Curties)와 탐 메츠거(Tom Mertzger)에 의해, 그들의 행위에 대한 자생적 동조자들을 선동하기 위해 1990년대에 사용된 용어이다.

등으로 호칭한다.

이들 자발적 테러동조자들은 수사기관에 검거되었을 때 **"할 말이 없다(I have nothing to say)."**라는 오직 5단어만을 말한다고 한다. 미국의 정보·수사당국은 족적을 추적하기가 난감한 이러한 자생 테러 동조세력인 외로운 늑대를 정규 테러조직원보다 더 심각한 위협요소로 보고 있다. 168명의 목숨을 앗아가고 약 80명의 부상자를 만들었던 1995년 4월 19일의 오클라호마 폭탄 테러를 실행한 제임스 맥베이(Timothy James McVeigh)가 대표적인 외로운 늑대였다.

Ⅲ. 테러의 역사적 유형

1. 적색테러(Red Terror)

적색테러는 일반적으로 극렬 공산주의자들에 의한 테러를 말한다. 역사적으로 1918년에서 1922년 사이에 소비에트 러시아의 혁명 공산주의 세력인 볼셰비키 공산혁명 세력에 의해 행해졌던 정적들에 대한 대규모 체포, 국외추방, 그리고 처형 등을 적색테러라고 일컫는다. 그러한 억압은 사법적 절차 없이 KGB의 전신인 비밀경찰 체카에 의하여 무자비하게 행해졌다. 일부에서는 적색테러를 프랑스 혁명 자코뱅 당에 의한 마지막 6주 동안의 "공포의 정치(Reign of Terror)"를 지칭하는 용어로도 사용한다.

2. 대 테러 또는 공포의 테러(Great Terror)

대 테러 또는 공포의 테러는 1930년대 소비에트 공화국의 독재자 조셉 스탈린(Joseph Stalin)에 의해 자행된 정적들에 대한 무자비한 대규모 숙청과 처형 등 스탈린의 피의 억압통치 기간에 자행된 테러를 지칭한다. 1937년과 1938년 사이에 비밀경찰 조직 내무인민위원부(NKVD)에 의해 강제로 유치된 사람은 1,548,367명이었고 그중 681,692명이 처형당했다. 수감자들이 사법절차 없이 갇혀 있던 비밀 수용소가 바로 굴락(Gulag)으로, 구소비에트 공화국의 비밀 정치수용소는 솔제니친의 저서 "수용소 군도(Arkhipelag Gulag)"를 통해 서방에 널리 알려졌다.[926]

---

926) Vadim Rogovin, "1937 : Stalin's Year of Terror." Mehring books, 1996.

3. 백색테러(White Terror)

백색테러는 행위 주체가 극우 또는 우익인 것으로 좌익에 의한 테러인 "적색테러"에 대항하는 테러이다. 백색테러는 또한 혁명 그룹에 대한 역 테러의 형태로 급진 혁명세력 등의 억압에 대한 보수주의의 반발과 대응으로 행해지는 테러를 말하기도 한다. 프랑스 혁명 중인 1795년 급진 혁명파에 대한 왕당파의 대대적인 보복이 백색테러의 역사적 기원이다. 한편 20세기에 세계 도처에서는 공산세력의 발호를 방지하려고 사회주의자 와 공산주의자에 대한 백색테러가 적지 않았다. 역사적으로 유명한 사건이 1927년 4월에 시작된 중국 내전 중 장개석이 이끄는 국민당 정부에 의한 공산주의자와 그들의 동조세력 등에 대한 중국의 백색테러였다. 그중에 "피의 이중십자가(Bloody Double Cross)" 또는 "상하이 대학살"로 불리는 상하이의 백색테러가 대표적이다.

제2절 테러에 대한 개념 정의

제1항 개 관

약 3,000여 명의 목숨을 앗아간 2001년 9월 11일 알카에다 조직에 의한 미국 본토의 국제무역센터에 대한 테러공격 이후 누구나 현상으로서의 테러를 이해하기는 어렵지 않게 되었다. 테러는 국제법적으로 민간인에 대한 공격을 금지하는 전쟁과는 달리, 의도적으로 민간인에 대하여 무참하게 공격을 자행한다. 또한, 피해자나 목적물 그 자체를 목표로 하는 살인이나 방화 등 일반적인 폭력행사와 달리 선량한 일반 시민에 대한 폭력을 통하여 정부 지도자 등 다른 목표물에게 위협을 가하고 정책을 변경하도록 하며, 국가에 대한 증오를 선량한 개인이나 단체에 대한 공격으로 나타내는 등 그 비정형성과 윤리·도덕을 무시한 과격성 등 출발점에서부터 전통적 개념의 폭력과는 성격을 달리하고 있다.

그래서 테러에 대한 개념 정의는 오늘날까지 논쟁적이다. 왜냐하면, 일반 폭력과는 상궤를 벗어난 현상에 대해서도 폭력을 사용하는 집단은 죽음을 불사하고 정당하다는 확고한 신념 아래에서 이루어지는 것이 다반사이기 때문이다. 전술한 비밀공작이나 방첩공작 편에서 살펴본 바와 같이, 사실 어느 국가나 조직도 어떤 정치적 목적을 달성하기 위하여 어느 정도 폭력적 방법을 사용하는 것은 일반적인 현상이었다. 다만 그러한 폭력사용은 더 커다란 대의를 위한 불가피한 폭력행사로 일반 시민을 대상으로 하는 것은 아니라고 하는 점에서 정당성이 유추되는, 즉 위법성조각사유를 갖춘 불법적 합법이라는 것이었다.

그러나 테러는 어떤 정치적 목적을 위한 공포감 조성을 위해서 무고한 일반 시민을 대상으로 과격한 폭력을 사용하고, 그렇게 하여 형성된 공포심으로 정책 담당자 등에게 정책을 수정하여 그들의 목적을 들어 주도록 한다는 것에 근본적인 차이가 있다. 그럼에도 테러조직도 자신들의 폭력사용은 심지어 신의 이름을 빌어 정당한 것이라고 주장하고 상대방의 악에 대한 정당한 대응, 즉 불가피한 테러라고 주장하고 있다는 점에서 개념 정의에 원천적인 어려움이 있다.

미국은 2001년 이전에도 전 세계 도처에서 자국 시민과 재산에 대한 테러공격을 받았던 터로써, 그동안 테러행위에 대한 현상을 연구하며 개념 정의를 위한 노력을 해왔다. 그러나 그동안의 꾸준한 연구에도 불구하고 현재까지도 테러를 단일개념으로 정의하기는 어렵고 하나하나 그 구성요소를 설명하는 것이 빠른 방법이라는 것이 대다수 연구자의 견해였다.[927]

그러나 통상적으로 테러문제는 국제 테러조직에 의한 행동으로, 국경을 초월하여 나타나는 문제이므로, 따라서 그에 대한 국제법적인 개념 정의는 대단히 긴요하다. 왜냐하면, 2002년 7월 1일 출범한 국제형사재판소(ICC)의 출범은 테러리스트에 대한 국제법적 처벌, 즉 세계관할권의 길을 일부 열어 놓았다고 볼 수 있기 때문이다.

현재까지는 국제법적으로는 침략전쟁(war of aggression)범죄, 반인륜범죄 (crime against humanity), 전쟁법규를 위반하는 전쟁범죄(war crime) 대량학살 (Genocide)의 4가지 범죄에 대하여만 초국가적 관할권이 인정되지만, 테러리즘은 위 4대 범죄에 못지않은 중대범죄에 해당될 경우도 예상되고, 따라서 국제형사재판소의 세계관할권의 범주에 해당될 수도 있기 때문에 결코 개념 정의를 포기할 수 없는 일이다.[928]

국제법적으로 통일된 '테러행위'에 대한 개념 정의의 가장 어려운 점은 테러에 있어서도 폭력사용의 적법성을 어느 경우에 허용할 수 있는가에 대한 문제이다. 피해자로서는 모든 폭력적 테러행위가 불법이라고 말할 수 있지만, 테러 가해자로서는 자신들의 행위는 정당한 범위 내의 폭력사용이라는, 극단적으로 상반된 견해가 지속해서 충돌하는 것이 현실이다.

테러에 대한 정의가 얼마나 논쟁적인가 하는 것을 잘 보여주고 있는 것이, 미국에 의해 대표적인 국제 테러조직의 대명사로 지목되고 있는 알카에다(Al Qaeda) 조직은 자신들은 자유의 투사이고 역으로 미국을 테러의 원흉으로 보고 있다는 점이다. 이처럼 쉽지 않은 테러의 개념 정의에 대한 논의를 살펴보는 것은 테러에 대한 제반 문제점을

---

927) Dycus(2007), p.465.
928) 명백하게 테러와 마약 문제를 ICC의 별도 관할로 하자는 논의도 있다.

인식하고 추후 입법이나 현실적 사법 처리는 물론 행정규제를 함에서도 좋은 판단기준으로 기능할 수 있을 것이다.

제2항 테러에 대한 개념 정의의 효과

테러에 대한 정의가 어렵다는 것은 앞서 본 바 있지만, 그 저변에는 국가 간의 첨예한 이해가 개재되어 있기 때문이기도 하다. 테러를 어떻게 개념 정의하는가에 따라서는 국제법적으로 특정국가 자체가 테러 국가로 지목되거나 배제될 수 있는 실천적 의미가 있기 때문이다. 혹자는 **'한 국가의 테러분자는 다른 국가에는 평화의 전사'**라고 말하기도 했다. 테러에 대한 통합적 개념 정의의 어려움은 그동안 일관된 국제적 협조를 어렵게 만든 커다란 원인이 되었다. 그러므로 테러에 대해 국제법적으로 인정되는 개념 정의가 정립된다면 폭력을 반대하는 세계 모든 나라들에 의해 테러 격퇴에 대한 전폭적인 지지를 받아 통일적인 대처를 할 수 있을 것이고, 따라서 테러는 지구상에서 발붙이기 어렵게 될 것이다.

한편 개별국가에 의한 테러에 대한 개념 정의는 더욱 현실적인 의미를 지니게 된다. 현재 미국은 테러를 가장 중요한 국가안보 위협요소로 간주하고 있음은 알카에다 조직에 의한 2001년 9월 11일의 테러공격 후에 국가비상사태를 선포한 것만 보아도 잘 알 수 있다. 현재 미국의 경우에는 테러조직으로 간주되면 후술하는 바와 같이 여러 가지 실정법상의 불이익을 받게 되기 때문에 테러에 대한 개념 정의는 실정법 적용에서도 중요한 의미가 있다.

테러에 대한 수사는 일반형사절차가 아닌 정보기관의 전자감시활동과 은밀한 물리적 수색 등을 허용하는 내용을 규정한 해외정보감독법(Foreign Intelligence Surveillance Act)에 따르게 된다. 그러므로 어떤 단체가 테러단체로 인정된다는 것은 그것 자체로 엄청난 불이익이 따르고, 후술하는 사건에서 살펴보겠지만 실천적인 법률 문제를 제기한다.

후술하는 바와 같이 미국은 AEDPA법(Anti-Terrorism and Effective Death

Penalty Act of 1996)[929]에 따라서 국무부 장관이 테러단체를 지정할 권한을 가지고 있다. 미국 국무부에 의해 테러단체로 지목되면 그 불이익은 엄청나다. 미국에 예치되어 있는 자산이 동결될 수 있고 미국의 협조 요청으로 우방국 내의 자산도 동결될 수 있다. 해당 단체의 대표자 등 관련자들은 미국 입국이 금지되고, 게다가 미국 시민을 포함하여 미국의 재판 관할권 내에 있는 사람이 만약 그 단체를 지원하면 15년 형까지 처할 수 있다. 더 나아가 해당 단체의 실제 활동으로 사상의 결과가 발생하면 종신형에 처할 수도 있다.[930] 한편 주지하다시피 미국은 현재에도 테러와의 전쟁을 진행하고 있다. 테러단체로 지목된 테러 집단은 미국과의 한판 전쟁을 치러야 한다는 의미도 된다.

제3항 테러에 대한 정의

테러리즘을 개념 정의하려는 시각들은 폭력의 범위를 얼마나 넓게 정의할 것인가와 테러에 동원된 폭력행사의 정당화 사유로 정치적 동기를 인정할 것인가의 문제에서 근본적인 차이를 보인다. 사실 어느 정도의 폭력사용이 분쟁 해결의 한 방법으로 인정되는 국제사회에서 어떠한 형태의 폭력도 정당화될 수 없다는 관점에서, 테러를 모든 정치, 종교, 사상적 목적을 달성하기 위한 제반 폭력으로 규정하는 시각은 윤리적·역사적 그리고 현실적인 정당성의 관점에서도 타당성을 얻기 어렵다. 그러한 주장은 소위 약자가 강자에 대한 대항수단으로, 가진 것이 오직 폭력밖에 없을 수 있다는 현실적인 입장을 완전히 배제한 견해라는 비판을 받는다.

오늘날까지 테러의 가장 큰 피해국의 하나인 미국의 공식적인 연구결과에 따른 테러에 대한 일반적인 정의는 **"테러는 정치적 또는 사회적 목적달성을 위해서, 어떤 개인 또는 재산에 대하여 불법적인 폭력을 사용하거나 위협을 하는 것"**이다.[931] 아래에서는 테러의

---

929) 8 U.S.C. §1189.
930) 18 U.S.C. §2339A.
931) Public Report of the Vice President's Task Force on Combating Terrorism 1, 21 (1986). 원문을 그대로 옮겨본다. "It is the unlawful use of threat of violence against persons or property to further political or social objects."

개념 정의에 대한 국제법적인 노력을 살펴본다.

I. 유엔(United Nations)의 노력

국제연합은 지구를 대재앙으로 몰아넣었던 제2차 세계대전을 경험하고 세계 평화와 안전 그리고 인권보장과 증진을 목적[932]으로 인류의 염원을 담아 출범한 인류의 조직으로 세계 평화와 안전 및 인권보장과 증진에 반하는 테러에 대한 대응정책은 그 의무라고도 할 수 있다. 그러므로 테러에 대한 국제적 개념 정의는 유엔 총회의 결의를 통해 이루어지는 것이 가장 바람직하다. 비록 유엔 총회 결의가 안전보장이사회 결의와 달리 구속력은 없지만[933] 유엔은 지구상 가장 큰 국제조직으로 유엔 총회는 전 회원국으로 구성되고, 또한 유엔 총회 결의는 국제법적 해석의 기준으로 작용되기 때문이다.

이러한 연유로 유엔의 전신인 국제연맹(League of Nations)에서부터 테러에 대한 논의가 진행되었다. 비록 최종적인 결의에는 실패했지만, 국제연맹은 테러를 "어느 국가에 대한 직접적인 행위로 개인이나 일반공중 등에게 공포심을 불러일으키기 위해 계산되거나 의도된 모든 범죄행위"라고 이해했다.[934] 그 후 약 57년이 지나 유엔은 1994년 12월 9일 "테러 근절을 위한 조치(Measures to eliminate international terrorism)" 결의안을 채택했다.[935] 결의안은 테러에 대한 직접적 개념 정의는 피했지만, 테러를, "일반공중이나 특정 단체 또는 특별한 사람들에게 정치적 목적 등으로 공포 분위기를 조성하기 위해 계산되거나 의도된 범죄적 행위로 정치적 · 철학적 · 이념적 · 인종적 · 종교적 또는 그 어떠한 구실을 달더라도 어떤 상황에서도 정당화될 수 없는 행위"라고 이해했다.

한편 유엔은 다수의 결의안에서 폭력적 점령에 반대하여 자결권(self-determination)에 기초한 무장투쟁은 테러가 아니라는 입장을 보였다.[936] 그 후 약

---

933) 유엔헌장 제25조.
934) 1937년 국제연맹 총회 League of Nations Convention (1937)에서의 잠정적 개념 정의 원문임 "All criminal acts directed against a State and intended or calculated to create a state of terror in the minds of particular persons or a group of persons or the general public."
935) General Assembly, A/RES/49/60, 9 December 1994, 84th plenary meeting.
936) Declaration on Principles of International Law Concerning Friendly Relations among Co-

10년간의 논의 후에 유엔은 2005년 여름 국제테러에 대한 개념 정의를 포함하여 국제회의[937])에 대한 결의를 거의 준비했다. 초안은 테러에 대한 최소한의 개념 요소로 일반시민과 비전투원을 상대로 하고, 고의적인 살해행위는 어떤 경우에도 정당화되거나 합법화될 수 없다고 서술하고 있다.[938])

『The targeting and deliberate killing of civilians and non-combatants cannot be justified or legitimized by any cause or grievance.』

이러한 개념 정의에 대해 미국의 유엔대사 존 볼튼(John Bolton)이 "killing"과 "of" 사이에 "테러분자에 의한(by terrorists)"이라는 단어가 반드시 삽입되어야 한다고 주장했다. 반면에 일부 이슬람 국가는 "(영토)점령에 대한 저항(resistance to occupation)"은 테러가 아님을 명시해야 한다고 주장했다.

분명히 미국은 주권국가에 의한 무력행사는 테러에서 제외하고 영토개념이 없는 테러조직에 의한 지구상에서의 제반 전투적 공격행위를 테러로 명백히 밝힘으로써 미국이 테러의 원흉이라는 이슬람 일부 국가들의 견해를 국제법적으로 봉쇄하려는 견해였다. 반면에 이슬람 국가들은 미국과 이스라엘의 무력 영토 강탈로 불가피하게 투쟁하고 있는 팔레스타인의 무력저항은 테러가 아닌 것으로서 오히려 정당함을 인정해야 한다는 것을 염두에 둔 주장이었다. 이번에도 그때그때 발생한 테러 현상에 대한 문제점 지적 이외에 통일적인 개념 정의는 다음으로 미루어졌다.[939]) 결국, 유엔에서도 현재까지 테러에 대한 통일적 개념 정의는 이루어지지 않았지만, 2005년 3월 17일 유엔의 테러 연구를 위한 전문위원회에서는 테러행위는 "일반 시민을 위협하거나 정부 또는 국제기구를 강요하여 어떤 행동을 하거나 하지 못하게 할 목적으로 죽음 또는 중대한 신체적 손상을 초래할 의도로 행하여지는 일련의 행동들"이라고 정의했다.[940])

---

operating States in Accordance with the Charter of the United Nations Oct.24, 1970, G.A. Res. 2625.

937) 준비된 국제회의 명칭은 "Comprehensive Convention on International Terrorism"이었다.

938) Advanced United Version, Aug. 5, 2005, *available at*, www.un.org/ga/59/hlpm_reⅤ.2.pdf.

939) Draft Outcome Document, Sept. 13, 2005. www.un.org/summit2005/Draft_Outcome130905.pdf.

940) "Any act intended to cause death or serious bodily harm to civilians or non-combatants with the purpose of intimidating a population or compelling a government or an

Ⅱ. 유럽연합(EU)의 테러에 대한 정의

미국 다음으로 테러에 대한 우려가 큰 곳이 유럽지역이다. 그동안의 각종 테러 이외에도 앞서 본 가장 최근의 2007년 6월 29일의 런던에서의 대규모 테러 위협이 이를 잘 보여준다. 그에 발맞추어 유럽연합도 꾸준히 테러에 관한 이론적 연구와 실천적 대응을 강구했다. 이에 유럽연합위원회 회원국들은 일치된 의견으로 2002년 6월 13일 테러에 대한 개념을 정의하고 유럽연합 차원에서 테러에 효과적으로 대응하기 위한 기구를 창설할 것을 결의했다.

그 제1조에 테러를 "일반인에게 공포심을 조성하여 어느 나라나 국제기구로 하여금 부당하게 어떤 행동을 하게 하거나 어떤 행동을 못하게 하려는 의도에서 본질적으로 폭발물, 수류탄, 로켓, 자동 화력 그리고 폭탄 우편물 등을 사용하여 사람과 재산에 위해를 가하는 제반 행위"라고 정의했다.[941] 테러에 대한 개념정의를 정치적 동기 등의 문제는 거론하지 않고 대상(민간인)과 사용된 폭력적 방법에 중점을 두어 실용적으로 개념 정의했음을 알 수 있다.[942]

Ⅲ. 이슬람 세계의 견해

테러문제에 대하여 서구사회와 첨예한 대립을 하는 이슬람 세계의 테러에 대한 견해를 이해하는 것도 필요하다. 주지하다시피 이스라엘과 팔레스타인은 서로를 테러리스트라고 비난한다.[943] 1998년 4월 22일 아랍 국가들은 카이로에서 테러 금지를 위한 아랍국제회의(Arab Convention on the Suppression of Terrorism)를 개최했다. 회의에 참석한 아랍 국가들은 테러 그 자체는 비난하면서도 "아랍 국가의 이익에 반하는 행위가 바로 테러행위이고, 아랍지역 이외 그리고 아랍인들 이외의 사람들에 대한 것은 테러가 아니다"라는 견해를 피력했다.[944] 더 나아가 아랍 국가의 영토의 순수성을 보존

---

international organization to do or abstain from doing any act."

941) *Framework Decision on Combating Terrorism* (2002), The Fight against Terrorism, Committee on citizen's freedom and rights, justice and home affair, *available at*, http://www.europarl. europa.eu/comparl/libe/elsj/zoom_in/40_en.htm

942) Dycus(2007), pp.470-471.

943) Todd S. Purdum, What Do You Mean, 'Terrorist"?, N.Y.Times, Apr. 7.2002

하려는 노력이면 무장투쟁을 포함한 어떤 행위라도 테러행위가 아니라고도 선언했다.[945]

이러한 아랍 국가들의 견해에 따르면 약 3,000명의 목숨을 앗아간 2001년 9월 11일의 미국에 대한 알카에다의 공격도 팔레스타인의 영토정책에 저항하여 행한 것으로서 테러행위는 아니라는 결론에 도달하게 된다.

그 후 이슬람 국가들은 2002년 4월 말레이시아 수도 쿠알라룸푸르에서 이슬람 국제회의를 개최했다. 회의를 주재한 말레이시아 마하티르(Mahathir Mohamad) 수상은 회의 마지막 선언에서 테러를 단순히, "민간인에 대한 모든 공격(all attacks on civilians)"으로 하자고 제안했다. 그러나 일부 참석 국가들이 팔레스타인이 국제사회에서 독립 국가를 이루기 위하여 자신의 고귀한 영토를 회복하려는 노력을 훼손하여서는 안 된다면서 "팔레스타인 사람들에 의한 공격은 비록, 민간인에 대한 것이라고 해도 제외해야 한다."[946]라고 주장하여 결국 통일적인 개념 정의에 도달하지 못했다.[947]

Ⅳ. 미국의 견해

오늘날 전 세계 테러조직의 가장 커다란 목표가 되어 있는 미국은 여러 개별법에 테러에 대한 정의가 산재되어 있다. 대표적으로 연방 형법(Federal Criminal Code)[948]은 "일반 시민을 협박하거나 강요할 의도로 행해지고 그러한 협박과 강요로 정부 정책에 영향을 미치려고 하고, 대량 파괴, 암살, 또는 납치 등의 방법으로 정부의 활동에

---

944) 원문을 보면, "……offenses committed against the interests of Arab states are terrorist offense, while offenses committed elsewhere or against other peoples or interests are not."
945) Dycus, *op. cit*, p.471.
946) "~terrorism consists only of attacks on civilians perpetrated by non-Palestinians."
947) Chi. Trib, Terrorism Issue Splits Muslim Conferees (2002.4.2.).
948) United States Code, Chapter 113B of Part I of Title 18. Section 2331 of Chapter 113b.
   (1) the term "international terrorism" means activities that—
   (A) involve violent acts or acts dangerous to human life that are a violation of the criminal laws of the United States or of any State, or that would be a criminal violation if committed within the jurisdiction of the United States or of any State;
   (B) appear to be intended—
      (i) to intimidate or coerce a civilian population;
      (ii) to influence the policy of a government by intimidation or coercion; or
      (iii) to affect the conduct of a government by mass destruction, assassination, or kidnapping

영향을 끼치려는 행동으로 미국의 영토 관할 내·외에서 행해진 어떤 폭력을 포함하는 활동 또는 미국 연방 또는 주 형법을 위반하는 생명을 위협하는 제반 행동"이라고 규정하고 있다.

현 자유법(FREEDOM ACT)의 전신인 애국법(USA PATRIOT Act)[949]도 연방 형법의 테러 개념 정의에 기초하여 미국 내의 테러에 대한 개념 정의를 하고 있다. 법은 테러를 (1) 미국 연방 또는 주(州) 형사법을 위반한 인간의 생명에 대한 위험한 행동을 포함하고, (2) 미국의 영토관할권 내에서 이루어진 것으로, 일반 시민을 협박하거나 강요하고 그를 통해 정부의 정책에 영향을 미치려고 하거나, 대량살상, 암살 또는 납치 등으로 정부의 활동에 영향을 끼치려는 의도하에 행해진 어떤 활동이라고 정의하고 있다.

양자는 모두 행위요소 즉 대량살상 등 행위 방법에 따른 객관적 구성요건요소와 **정부 정책 변경 의도**라는 주관적 구성요건요소를 포함하여 테러를 정의하고 있음을 알 수 있다. 한편 미국의 테러문제에 대하여 총책임을 부여받은 국가테러대응센터(National Counter Terrorism Center)는 테러를, "미리 계획되고, 준 국가 또는 비밀조직에 의하여 행해지고, 상당 부분 종교, 철학 또는 문화적으로서의 상징적 동기를 포함하여 정치적 동기로서 비전투원들을 대상으로 행해지는 폭력행사"라고 정의했다.

제4항 테러의 개념 요소

이상의 논의에서 알 수 있는 것처럼 결국 테러에 대한 개념 정의는 각국의 정치적인 이해관계와 입장에 따라 확연한 차이가 있음을 알 수 있다. 그리하여 테러 개념에 관한 연구는 연혁적으로 국가의 보조 아래에 국책과제로 이루어짐으로써 자국 중심적으로

---

949) Public Law 107-56, §802(5), 115 Stat. 560 (2001). 애국법(Patriot Act)은 2001년의 테러방지법에 대한 적정한 지원수단을 제공하기 위해 제정되었다. 부시 대통령은 2001. 10.26일 서명했다. 동 법상의 테러에 대한 정의는 다음과 같다. "activities that (A) involve acts dangerous to human life that are a violation of the criminal laws of the U.S. or of any state, that (B) appear to be intended (i) to intimidate or coerce a civilian population, (ii) to influence the policy of a government by intimidation or coercion, or (iii) to affect the conduct of a government by mass destruction, assassination, or kidnapping, and (C) occur primarily within the territorial jurisdiction of the U.S."

형성되었음도 사실이다. 결국, 현재까지 테러에 대한 개념 정의는 그 많은 노력에도 불구하고 제이슨 부르케(Jason Burke)의 주장처럼 모두 주관적인 것이라는 비판을 받고 있다.[950]

미 육군의 테러에 연구에 따르면 테러에 대한 개념 정의는 약 109개에 달하고, 테러를 정의하기 위해 요구되는 공통된 개념 요소는 약 22개에 달했다고 한다. 테러문제 전문가로 불리는 월터 라퀘어(Walter Laqueur)는 테러에 대한 정의에서 일반적으로 합의된 내용은 "테러는 폭력과 위협을 포함한다"라는 점을 인식하는 정도라고 말하기도 했다. 이러한 연유 등으로 테러에 대한 용이한 이해를 위해서는 오히려 그 구성요소를 하나하나 살펴봄으로써 연역적인 방법으로 개념을 도출하고 이해를 하는 것이 편리하다는 주장이 유력하게 제기된다. 통상 일반적으로 인정되는 테러의 구성인자로는 5개 요소가 있다.

① 피해자(victims)

테러의 피해자는 민간인이나 비전투원이다. 테러의 가장 큰 특징 중의 하나가 고의로 일반 시민을 직접 대상으로 자행된다는 점이다. 일반적 범죄는 피해자 그 자체가 목적이지만 테러의 경우에는 무고한 일반 시민을 대상으로 한다. 그들이 테러조직에 대한 위해가 되기 때문에서가 아니라, 단지 상징물, 수단 또는 소위 말하는 **'더러운 존재(corrupt being)'**로 테러조직의 목적달성을 위해 정조준된 것에 지나지 않는다. 이처럼 테러는 고귀한 인간 그 자체를 수단으로 삼는다는 점에서 전 인류의 공통된 이념인 세계인권선언의 정신을 무색하게 하는 용납될 수 없는 범죄라는 공통된 비판을 받게 된다.

② 목표물(target)

형식적인 직접 목표물은 피해자들이지만 테러에 있어 무고한 피해자들은 단지 위협적 메시지를 전달하기 위한 통로에 불과하고, 궁극적인 목표물은 정부 지도자들이다.

---

950) Jason Burke는 소설 "Al-Qaeda: Casting a Shadow of Terror."의 저자이다. 그는 테러는 결국 전략으로, 그러므로 테러와는 전투는 가능하지만 전술적 전쟁은 가능하지 않다는 의미에서 테러와의 전쟁(war on terrorism)이라는 용어는 부적절하다고 주장한다(Al Qaeda, ch.2, p.22). 앞서 본 브레진스키 전 백악관 국가안보 보좌관도 같은 견해이다.

③ 의도(intent)

테러는 어떤 명백한 의도를 가지고 있다. 그 의도는 1차적으로 일반 시민을 협박하거나 위협하여 그 커다란 공포를 확산시키는 것이다. 이런 이유로 테러공격은 가급적 일반 대중에게 엄청난 심리적 공포감을 오랫동안 주기 위하여 그들의 힘을 과시하고 국가의 근본을 파괴할 수 있다는 점도 과시하기 위해 국가의 상징물 등에 집중된다.

④ 수단(means)

테러는 그 수단으로서 인간 폭탄 등 다양한 방법의 극렬한 폭력사용과 그러한 폭력을 사용하겠다는 협박을 요소로 한다. 테러는 공포를 최대한으로 조장하고 자신들의 행위를 가급적 널리 알리려 한다. 따라서 폭발물, 독가스, 인간 자살폭탄 등 상상을 초월한 비전통적 군사 무기를 사용한다. 테러조직은 가장 극적인 효과를 달성하기 위해 다양한 방법으로의 폭력적 방법을 동원하는데, 공중 비행기 납치, 차량돌진 폭파, 자살테러 공격, 폭발물 우편송부, 유도된 비행기 미사일, 유도된 기차 폭탄, 유도된 쾌속정 돌진 등의 방법을 동원한다.

한편 일반적인 자살테러 폭탄은 테러조직의 충성스러운 멤버에 의해 투사의 이름으로 자발적으로 행해짐에 반하여, 1990년대 폭력적 아이리시 공화국군에 의하여 사용되었던, 강요된 대리 폭탄도 그 경악스러움에 간과할 수 없는 테러공격 방법의 하나이다. 대리 폭탄은 무고한 일반 시민을 강요하여 몸에 제거할 수 없는 폭탄을 장착하거나 폭탄이 장착된 차량에 탈출할 수 없이 고정시킨 후에 목표물에 돌진하도록 협박함으로써 일반인에 의한 대규모 폭발을 유발하는 또 다른 인간 자살폭탄이다.

테러조직이 점점 더 국제화됨에 따라 오늘날 가장 커다란 문제는 테러조직에 의한 대량살상무기(weapons of mass destruction : WMD)[951]의 사용 위험성이다. 미국이 대량살상무기의 테러조직에의 유입 또는 테러원조 가능 국가에서의 대량살상무기의 보유와 개발을 저지하는 등 대량살상무기확산 금지를 최우선적인 대외정책의 하나로 추구하는 근본적인 이유이기도 하다.

---

951) 대량살상무기(WMD)는 민간인과 군인들에 대한 구별 없이 무차별적으로 대량의 인명 살상을 가져오는 무기를 말한다. 통상 핵무기(nuclear), 생·화학무기(biological, chemical : NBC) 방사선적 무기(radiological weapons) 등을 일컫는다.

⑤ 동기(motivation)

테러는 테러조직의 정치적 목적을 관철하기 위한 행위로 고도의 정치적 전략이다. 테러는 일반적인 폭력과 달리 분명한 어떤 동기를 요소로 한다. 그 동기가 이념적·종교적 그리고 민족적 이유를 내포한 정치적 동기인 것이다.

한편 일부 국가에서는 테러의 개념구성 요소의 하나로 불법 또는 위법이 필요하다고 주장한다. 즉 국제법적으로 국가가 인정하는 합법적인 (테러)행위와 개인 또는 단체에 의한 폭력사용은 구별하여, 전자는 소위 말하는 "합법적 위법(실정법적으로는 법 위반이지만 자연법적으로는 합법하다는 주장임)"이라는 주장이다. 따라서 동 주장은 합법성을 가진 정통적 국가는 테러의 주체가 될 수 없다는 것으로서 그러한 논리적인 귀결로 국가테러의 개념을 부인한다. 이는 결국 방어권의 문제로 귀결되어 영토침해 등 선제공격에 대한 보복으로서의 공격은 위법적인 방법이 동원될 수 있을지라도 자위권의 행사로 용인되는 권리행사로서 테러는 아니라는 것이다.

그러나 오늘날 국가도 테러의 주체가 된다는 것이 다수의 입장이다. 또한, 국가는 테러행위를 직접적으로 수행할 수 있을 뿐만 아니라 테러조직에 대한 자금지원, 장소제공, 전문요원 등 인력제공 등으로 공범적 차원에서 주체적 역할을 하는 경우가 적지 않다. 사실 합법적·정통적 국가의 테러 주체성을 부인하는 견해가 말하는 합법성과 정통성이란 것도, 어떤 이념을 전제로 한 주관적 견해일 뿐 아니라 또한 테러는 무고한 일반 시민을 도구나 수단으로 사용한다는 점에서 인륜에 반하는 범죄행위라는 점을 경시한 견해라고 할 수 있다.

그러므로 본서에서는 합법적 국가에 의해 승인된 폭력사용은 테러가 아니라는 주장에는 따르지 않기로 한다. 결국, 정치적·이념적 문제를 떠나 기본적 천부인권의 관점에서 접근하여 테러는 인간의 고귀한 생명을 그들의 정치적인 목적달성을 위해 공포를 전달하기 위한 배달 수단으로 사용하는 반인륜적 행위로 생명권, 자유권 등 기본적 인권에 대한 중대한 위협으로 이해한다.

제3절 테러에 대한 대응

제1항 개 관

현대 문명국가에서 테러는 범죄행위로 간주한다. 대테러법을 가지고 있는 경우에는 테러행위 그 자체를 하나의 범죄로 보거나, 그렇지 아니한 경우에도 테러의 구성요소인 폭력적 방법을 범죄로 간주한다. 테러는 대부분의 문명국가에 반테러 또는 테러 방지라고 하는 새로운 과제를 제시했다. 그를 위하여 법 개정과 수사와 정보조직의 개편, 테러행위자 재판에 대한 특별 절차규정의 마련, 출입국관리법상의 입국 규제 및 본국 강제송환 제도, 전자감시를 위시한 정보활동 강화, 특별 신문방법의 허용, 특별 구금시설과 절차, 변칙인도(extraordinary rendition)와 선제공격(preemptive doctrine) 이론의 창안 등 실로 다양하고 극적인 논쟁거리를 제시했다. 이 경우에 테러가 일국의 사법체계에 가져온 특징적인 변화의 하나는 정보와 수사를 유기적으로 융합하는 방향을 선도했다는 점이다. 더불어 국가간의 정보교류를 포함한 사법공조의 필요성을 크게 증대시켰다. 초국가적 위협인 테러에 대해 단일주체 위주의 단일한 대응으로는 역부족이기 때문이다.

한편 테러에 대한 대응은 정확한 정보획득에서 시작된다. 그러므로 테러 주체, 테러의 수단과 방법, 활동자금의 조성 및 활동 반경 등에 대한 자료는 국가정보기구의 기본적인 정보 포착대상이다. 더 나아가 테러단체의 이념과 주의, 구성원 수, 훈련장소 등을 파악하는 것도 중요하다. 물론 가장 중요한 것이 현재 계획 중인 테러공격의 계획과 대상일 것임은 두말할 필요가 없다. 인간정보(HUMINT)에 의한 비밀감시 및 정보수집 활동은 물론이고, 신호정보(SIGINT), 영상정보(IMINT)를 이용한 기술정보 (TECHINT) 등 가용한 모든 정보수집 기법을 동원한다. 그러나 미 육군 대테러 훈련 개요서가 적절하게 설명하고 있듯이 테러분자가 전자감시에 노출되기 시작하는 때에는, 이미 공작을 상당히 진행한 상태로, 벌써 늦은 상황이라는 지적을 새겨둘 필요가 있다.[952]

한편 테러에 대한 구체적인 대처는 국가마다 차이가 있다. 테러에 대한 가장 강력하고 앞선 체제를 갖춘 것으로 평가받는 미국의 경우를 살펴본다.

제2항 국가테러대응센터(NCTC)

I. 연 혁

공중 납치한 민간 항공기를 유도된 미사일로 사용한 2001년 9/11일 테러공격에 대해 사후처리를 하면서 미국은 테러공격에 대해 사전예방정보 활동과 사후 복구 및 수사 활동을 체계적으로 총괄할 기구가 부재함을 절감했다.

9/11 진상조사위원회는 정보기관 상호 간의 정보교류 따라서 종합적인 분석정보 도출의 실패에 있었다고 판단하고, 미국의 경우 2001년 9월 11일 이전의 정보체계 수준으로는 어떠한 대처를 했다고 해도 알카에다의 테러공격을 저지하기에는 역부족 이었을 것이라고 결론지었다.[953] 9/11위원회는 부시 행정부에게 테러문제에 대한 종합적인 사전·사후의 대처기구 창설을 권고했다.

부시 대통령은 2003년 5월 1일 대통령 명령 제13,354호를 발령하여 테러위협정보 센터(Terrorist Threat Intelligence Center : TTIC)를 CIA 내에 창설했다. 신설된 테러위협정보센터는 테러 위협에 대한 포괄적이고 사실적 자료에 근거한 정보를 제공 하기 위한 관계부처 합동기구이다. 국토안보부, FBI 대테러국, CIA 대테러센터, 국방 부 등 정부 부처 테러역량을 한 자리에 종합한 기구였다.

2004년 12월 미국 의회는 대통령 명령에 근거하여 운영되던 테러위협정보센터를 정보개혁과테러방지법(IRTPA)[954]에 명문화하여 법적 기구로 격상하고, 이를 신설된

---

952) FBI는 정의에 대한 보상 프로그램(Rewards for Justice program)을 운영하여 현상범들에 대한 정보제 공을 받고 있다. 상세는 http://www.fbi.gov/terrorinfo/counterrorism/waronterrorhome.htm.

953) 2004년 미국 정보개혁법의 모태가 된 9/11위원회 보고서는 분석업무의 종합편제를 권고했다. 동 보고서 는 미국 정보기능의 철저한 패배는 점의 연결(connecting the dots)의 실패에 있었다고 판단했다. 즉 FBI 나 CIA의 개별적인 정보판단으로는 미국에 대한 테러 가능성은 보이지만 그것이 본토에 대한 것인지, 해외 미국자산에 대한 것인지, 시기는 언제인지, 방법은 무엇인지를 알지 못했던 것이라고 한다. 정보기관의 모 든 정보를 종합하는 활동, 즉 미세한 점의 연결(connecting the dots)만 했더라도 테러분자들의 개별검거 나 결과적 집합차단(같은 비행기에의 동승방지) 등으로 9/11 공격도 충분히 예방이 가능했다고 판단했다. 상세는 정보환경론의 정보실패편 참조.

954) Intelligence Reform and Terrorism Prevention Act(P.L. 108-408 §§ 7211-7214).

국가정보국장(DNI) 산하에 배속했다. CIA에 위치했던 테러위협정보센터가 2004년 8월 국가테러대응센터(National Counterterrorism Center)[955]로 소속 변경되어 창설되었다.

국가테러대응센터는 미국 정보공동체를 통괄하는 국가정보국실(ODNI)에 위치하여 CIA를 비롯한 정보기구로부터의 테러 자료를 신속하게 취합하고 분석하여 국·내외 테러 위협을 근절하기 위해 활동하는 대테러 총괄조직이다.

Ⅱ. 기능과 목적

국가테러대응센터는 테러 업무의 실무에 관한한 미국 정보공동체 최고의 기구로 다른 정보기구의 모든 관련 정보를 수합하고 전략적 행동업무를 점검한다. 테러 정보를 분석하고, 그 정보를 체계적으로 축적하며, 대 테러 활동을 체계적으로 지원하고, 대통령, 국가안보회의(NSC) 그리고 2001년 9월 20일 창설된 국토안보위원회(Homeland Security Council : HSC)의 지시를 받아 테러문제에 대한 전략적 행동계획을 수립한다.

그러한 활동을 통해서 미국 정보공동체에 테러에 대한 대처 정보를 신속히 제공하고 테러조직과 구성원, 전 세계 테러 사건 등을 분석하고 국내외의 테러에 대한 제반 대응책을 지원한다. 그리고 대통령과 의회 등 정책결정권자들을 위해 정보공동체 각 기관의 대테러 활동상황에 대한 평가보고서를 작성하는 임무를 수행한다. 한편, 국가테러대응센터(NCTC) 책임자는 상원의 인준 하에 대통령이 임명하고 다른 정보기관의 책임자가 겸임하지 못하도록 했다.

Ⅲ. 정보기구의 운용 - 센터 방식의 문제점

여기에서 통상 특별한 사안이 발생했을 때 유관부처 관계자를 규합하여 특별임무 팀으로 운용하는 센터 운용방식에 대하여 간략히 살펴본다. 물론 위의 논의에서 알 수 있는 바와 같이 국가정보국(DNI) 산하의 국가테러대응센터는 센터라는 용어에도

---

955) http://www.nctc.gov/. 국가 대량살상무기 확산금지센터(National Counterproliferation Center), 국가정보센터(National Intelligence Centers)도 모두 법적 기구이다.

불구하고 기존 CIA의 테러위협정보센터의 한계를 인식하고 별개의 독립부서로 창설되었다는 점에서 임시적인 센터조직은 아니다.

먼저 임시적인 센터조직은 유관부처의 업무협조 차원에서 그리고 별도의 입법 조치 없이 신속하게 조직할 수 있다는 이점이 있다. 그러므로 유관부처가 협조 차원에서 모인 한도 내에서는 정보의 체계적 공유도 도모할 수 있다. 이처럼 센터 방식의 큰 강점으로는 융통성과 기민성을 들 수 있다. 그러나 기동적이고 부처 혼재적인 센터 방식에는 여러 가지 비판이 따른다.

먼저 센터 방식은 내재적으로 각 유관부처의 특정한 임무를 통합하는 기능적 방식이 될 수밖에 없는데, 따라서 기술적 분석은 가능하지만, 정치적 쟁점을 포함한 전체를 망라한 심층적인 내용 분석에는 한계가 있다.[956] 예컨대 대량살상무기 확산문제를 보면 어떤 특정한 국가에 대한 전개 과정의 분석만으로는 결코, 충분하지 않다. 대량살상무기 확산계획을 추동한 내적, 지역적, 정치적 요소를 고려하여 개발 완료 후의 전개 양상까지 분석해야 완성된 정보분석을 다하는 것인데, 그러한 정치적·정책적 임무가 주된 것이 아니고 기능적 분석에 치중할 수밖에 없는 센터 방식으로는 한계가 따른다. 즉 센터 방식은 속성적으로 장기 전략적 분석이 아니라 단기 전술적 분석에 치중할 수밖에 없다는 것이다.

또 다른 비판은, 비록 센터가 여러 정보기구의 각 구성 부분을 한 장소에 위치하여 융통성과 기민성을 확보하고자 함에 있으나 특정 부처가 권한, 예산 등의 자원을 확충하기 위한 기관 관료주의의 방편으로 남용될 수도 있다는 지적이다. 현실적으로 거의 모든 센터가 CIA에 편재됨으로 인해 제기된 비난이기도 했다.

법에 근거하지 않은 센터 운영의 경우 제기되는 또 하나 문제점은 존속기간의 문제점이다. 원 기구의 기능을 일정 기간 비정상화할 수 있는 한시적인 기구로서의 센터를 과연 언제까지 운용할 것인가라는 문제는, 조직 관리의 측면에서 보면 매우 중요한 일이기 때문이다. 모범적인 해결책은 없겠지만 5년의 일몰 규정 등이 제안된 바가 있었다.

---

956) Lowenthal(2020), p.125

Ⅳ. 각국의 테러 대응 부대 등

오늘날 대부분 국가는 테러공격에 대한 효율적인 대응과 진압을 위해 특수부대를 운영한다. 특별한 안보·정보기구 이외에 직접 테러 대응 활동에 개입하여 테러조직에 대한 제압 전쟁을 수행할 전투부대를 사전에 조직하고 다양한 테러공격에 대한 효율적인 대처를 훈련하고 있다. 테러 대응 특수부대는 예방적 활동 이외에 인질 구출, 테러공격에 대한 진압 등의 준군사적인 임무를 수행한다. 부대에는 공격 전문팀, 전문 저격수, 폭발물 해체 전문가 등이 포함된다.

오늘날 대표적인 대테러 조직은 FBI의 인질구조부대(Hostage Rescue Team : HRT)와 특별기동대(Special Weapons And Tactics : SWAT), 미국해병대의 대테러대대(Anti-Terrorism Battalion)와 정찰대(Force Recon), 프랑스의 국가헌병 치안개입부대(National Gendarmes Intervention Group : GIGN), 영국의 특별공군단(Special Air Service Regiment : SAS), 독일의 국경경비대(Border Guards, Group 9 : GSG 9) 등이 있다.

오늘날 많은 나라가 테러진압 부대의 모델로 독일의 GSG 9를 따른다고 한다. GSG 9은 1972년 팔레스타인해방기구의 검은 9월단에 의한 뮌헨 하계올림픽 진행 중에 11명의 이스라엘 선수들에 대한 테러공격, 소위 **뮌헨 대학살** 이후인 1973년 4월 17일 독일 연방 경찰 내의 테러 진압부대로 창설되었다. 한국의 경우에는 경찰청과 별도로 707 특수임무대대가 있다. 약어로 707 특임대는 육군 특수전사령부 소속의 국가 대테러부대이다. 독일의 GSG-9과 미국의 델타 포스 및 그린베레, 영국의 SAS, 프랑스의 GIGN, FBI의 HRT 대원들이 707 특임대와 교환 훈련을 하는 것으로 알려져 있을 정도로 명성을 인정받고 있다.[957]

그런데 군 병력의 실전적인 운영과 관련해서는 유념할 점이 있다. 전투 현장에의 군 병력 사용은 전쟁 선포를 전제로 하는 것이 국제 전쟁법이다. 테러와의 전쟁 선포는 일반적인 수식이지 국제 전쟁법 상의 특정 국가를 대상으로 하는 전쟁 선포는 아니다. 따라서 테러 진압에 군부대를 동원하는 것은 평화시의 군 병력에 의한 치안의 상시적인

---

957) 707th Special Mission Unit, http://en.wikipedia.org/wiki/707th_Special_Mission_Unit (Dec. 13, 2007).

유지문제와 유사한 헌법 쟁점이 따를 수 있다.

군 병력이 경찰권을 행사할 수 있는 법체계를 가진 나라를 제외하고는 순수한 테러 진압 목적이라고 하더라도 모든 명령체계와 책임이 군 조직에 전속된 군 병력의 평화시에의 활용에는 문민 통치 원칙이라는 헌법상의 기본원리와 배치될 가능성이 농후하다. 군부대 동원의 경우에도 그를 국가 법집행기구나 국가정보기구에 배속시켜 운영하는 것이 필요한 이유이다.[958)

제3항 테러단체 지정

I. 테러단체 지정 개관

미국 국무부는 법무부 장관과의 협의 또는 요청에 의해 테러단체를 지정할 권한을 가지고 있다. 국무부는 현재 테러 추방 목록(Terrorist Exclusion List : TEL)을 작성하여 관리한다. 국무부의 테러 추방 목록에 따라서 국토안보부는 지정된 테러단체와 교류가 있는 사람에 대하여는 그 사실만으로도 입국을 거부하거나, 입국 연후에도 추방할 수 있는 권한을 가지고 있다.[959)

II. 테러단체 지정 기준

미국 국무부는 어떤 조직이 ① 죽음 또는 심각한 신체적인 상해를 초래하는 의도를 나타내는 상황에서의 폭력적 테러 행동을 실제로 행하거나, 그를 선동하거나, ② 테러 활동을 준비 또는 계획하거나, ③ 테러 활동의 잠재적 목표물에 대한 정보를 수집하거나, ④ 테러 활동을 용이하게 하기 위해 물질적 지원을 한 사실이 인정되면 테러단체로 지정할 수 있다.[960)

---

958) 미국은 FBI에, 영국은 MI5와 Scotland Yard에, 이스라엘은 모사드에 군 병력을 배속시켜 문민 통제를 받도록 한다. 평시에의 군 병력 운용문제에 대한 상세는 Dycus(2007), pp.944-945.

959) 미 국무부 *Terrorist Exclusion List*, https://www.state.gov/terrorist-exclusion-list/.

960) Section 411 of the USA PATRIOT ACT of 2001 (8 U.S.C. § 1182)S.

Ⅲ. 테러단체 지정 절차

국무부 장관은 법무부 장관과 협의하여, 또는 법무부 장관의 요청을 받아 전항 기재의 요건이 있는 단체를 테러단체로 지정하게 된다. 그래서 테러단체를 지정할 필요성이 발생하면, 국무부는 법무부 그리고 정보공동체와 긴밀하게 협력하여 공개 또는 비공개된 모든 정보를 활용하여 법적 요건에 맞춘 상세한 행정기록을 작성한다. 완성된 행정기록은 국무부 장관에게 보고되고 국무부 장관의 결정에 따라 테러단체로 지정된다. 지정사실은 연방관보에 고지된다. 2023년 기준으로 56개 단체가 미국 국무부에 의해 테러단체로 지정되어 있다.

Ⅳ. 테러단체 지정의 효과

1. 지정의 효과

테러 추방 목록(TEL)에 오르는 테러단체 지정의 효과는 무시무시(dire)하다는 평가를 받는다.[961] 미국 내의 자산동결은 기본적이고 지정된 테러단체를 지원했거나 그 일원으로 활동한 개인에 대해서는 기한 없이 미국 입국이 거부된다. 이미 입국한 사람은 추방된다. 그러한 조치에 대하여는 난민신청은 물론이고 사법적인 구제도 제한된다.[962] 미국 시민은 어떠한 명목으로라도 국무부가 지정한 테러단체에 기부금 또는 기여금을 제공할 수 없다. 테러로 지정된 단체에 대해서는 수사·정보기구에 의하여 특별하게 강화된 감시가 취해진다. 테러단체 지정 사실은 상시 공지되고 유관단체에는 통보하여, 테러지정 단체를 고립화하는 조치가 행해지게 된다.

2. 테러단체 지정과 관련한 법적 분쟁 사례

1) 관할권 다툼 사례 - United State Ⅴ. Yousef 사건

형사법은 원칙적으로 속지주의와 속인주의의 이념에 따라 자국 영토 내에서 발생했

---

961) 테러단체 지정의 상세한 효과와 법적인 문제점은 Dycus, *op. cit*, pp.465-476.
962) 의도적으로 난민을 신청해 미국 내 체류 기간을 연장받거나 심지어는 실제로 난민으로 인정받는 것은 많이 일어나는 현상이다.

거나, 자국민의 경우에는 외국에서 행한 범죄에 대하여도 처벌함을 원칙으로 한다. 다만 일정한 범죄에 대하여는 지구상의 어디에서 누가 범했는지를 불문하고 처벌할 수 있다. 이것을 세계주의라고 한다.

그렇다면 외국인이 외국에서 범한 테러범죄에 대해 자국에서 처벌할 수 있을까 하는 의문이 있다. 즉 테러범죄의 세계관할권(universal jurisdiction)문제다. 이와 관련한 대표적인 법적 분쟁 사례가 람지 유세프(Ramzi Yousef) 사건이다.

유세프와 일단의 피고들은 1993년 미국 밖 남동아시아에서 벌어졌던 여객기 폭파 음모에 가담한 혐의로 미국 체류 중에 체포되어 재판을 받게 되었다. 그러나 그들은 범행을 부인할 뿐만 아니라 미국은 사법관할권이 없다고 주장했다. 설사 자신이 미국이 주장하는 테러범행에 가담했다고 하더라도 국제법상 테러범죄는 세계관할권이 인정 되는 범죄가 아니라고 주장했다.

이에 대해 미국 법원은 피고인들의 주장을 받아들였다. 미국 법원은 국제법상 문명국 가들에 의해 "국가의 법(Law of Nations)" 즉 국제법에 위배된 것으로 합의되거나 국제 관습으로 인정된 특정한 범죄에 대해서는 세계관할권 또는 영역외 관할권 (extraterritorial jurisdiction)의 원칙이 인정됨을 인정했다. 그러나 현재까지 세계 관할권이 인정되는 범죄는 국제관습법상의 해적범죄, 노예범죄, 전쟁범죄, 대량학살 (Genocide)범죄 그리고 반인륜범죄뿐이라고 판시했다.

그러면서 법원은 테러범죄는 비록 대부분 국가가 비난하지만, 아직 그에 대한 개념 정의에 대해서도 일치된 견해가 없고, 더 나아가 **"어느 사람이 보는 테러리스트는 다른 사람에게는 평화의 전사"**[963] 가 되는 등으로 극단적인 견해 차이도 있다는 이유로 테러 범죄는 아직 세계 관할권이 인정되지 않는다는 피고들의 주장을 받아들였다.[964]

2) 테러단체 지정 사실의 통보문제

한편 미국의 경우 외국의 어느 단체를 테러단체로 지목하는 것은, 국무부도 테러방지 법과 애국법(자유법으로 명칭 변경)에 따라서 행해야 한다는 의미에서는 기속적이지

---

963) One man's terrorist is another man's freedom fighter.
964) United State V. Yousef, United States Court of Appeals, Second Circuit, 327 F.3d 56 (2003).

만, 테러단체로 지정할 것인지의 결정은 국무부가 입수한 비밀정보 등에 따라 자체판단에 의하므로 자유재량적 행위이다.

이 경우에 지정된 테러단체에는 지정 사실을 통보하고 또한 이의의 기회를 주어야 하느냐는 중요한 법적인 문제가 따른다. 이에 대한 판결이 유명한 이란의 무자헤딘 단체(이하 "무자헤딘" 사건이라 약칭한다)에 대한 사건이다.965)

미국 국무부는 1999년과 2001년 테러방지법966)에 근거해 무자헤딘을 국제테러 조직으로 지정했다. 이에 무자헤딘은 테러방지법은 미국 수정헌법 제5조상의 적법절차 규정을 위배한 것으로서 위헌이라고 주장하며 테러단체 지정 철회를 요구했다. 왜냐하면, 법은 엄청난 불이익이 따르는 테러단체로 지정함에 있어서, 피지정인에게 아무런 항변기회도 주지 않고, 알 수 없는 비밀 증거를 근거로 결정할 수 있게 하고, 따라서 피고로서는 효과적인 방어를 할 수 없게 된다는 것이다. 또한, 무자헤딘은 동법은 테러단체로 지정되면 단체 간의, 또는 개인의 단체에 대한 물질적 지원은 물론이고 지원의견 표명도 처벌하도록 하고 있는 바, 이는 미국 수정헌법 제1조가 보장하고 있는 언론의 자유와 결사의 자유를 위배하는 것이라고 주장했다.

그러나 법원은 미국과 직접적인 법률적 연관 관계가 없거나 미국 내 재산이나 사무실이 없는 외국단체는 미국 헌법상의 권리를 주장할 권한이 없고, 따라서 사전에 테러단체로의 지정 사실에 대한 통지를 받거나 청문의 기회를 가질 권한이 없다고 판결했다. 또한, 어떤 위해를 가할지 모를 테러단체에 대한 지원 등을 금지하는 것은 합리적인 제한으로서 그에 대하여도 피고인은 헌법상의 권리 자체가 존재하지 않는다고 설명했다. 그러므로 국무부의 무자헤딘 조직에 대한 테러단체 지정은 실정법 위반도 아니고 원고의 어떤 헌법상의 권리를 침해한 것도 아니라고 판결했다.

그러나 우리가 여기에서 주목해야 할 점이 있다. 판결의 반대해석을 통해 유추할 수 있지만, 만약에 그 단체나 조직이 미국과 실질적 연관, 즉 국내에 연락처가 있거나 재산이 있고, 일정 기간 미국 내에서 활동했다는 등으로 미국과 법적인 연관 관계가 있었다면 그러한 단체는 미국 헌법상의 적법절차(due process of law) 규정에 따라서

---

965) Peoples's Mojahedin Organization of Iran V. Department of State, United States Court of Appeals, District of Columbia Circuit, 327 F. 3d 1238 (2003).
966) 8 U.S.C. §1189.

상당한 권리 제한이 따르는 테러단체 지정의 경우는 사전 고지를 받을 수 있고, 이의신청 등의 법적 권리가 보장되어야 한다는 것을 반증할 수 있다는 점이다.[967]

이러한 이해는 향후 한국의 경우 그리고 테러단체 지정과 유사한 사례에서도 헌법적 분쟁 방지를 위해 유념해야 할 내용으로 사료된다.

제4항 한국의 테러대책 현황과 비전

Ⅰ. 국민보호와 공공안전을 위한 테러방지법

1. 법 제정 경과

2001년 미국 9/11 테러공격을 전 세계는 생생히 목도했다. 인류는 경악했고 대한민국에서도 테러방지법의 제정 목소리가 분출했다. 국가정보원은 2004년 테러방지법을 법안 발의했다. 하지만 다수 시민단체는 물론이고 국가인권위원회도 인권침해 가능성 우려와 무엇보다 국가정보원의 권한 강화를 우려하며 제정 반대 목소리를 높였다. 특히 국가정보원이 준비한 2004년 초안에 담겼던, 군 병력 동원과 외국인 추방조치가 반인권적이라는 각계의 비판 때문에 제대로 된 토론도 거치지 못하고 국회 계류 중에 자동 폐지되었다. 그러다가 마침내 2016년에『국민보호와 공공안전을 위한 테러방지법』약칭, 【테러방지법】이 제정되었다.[968] 법제처는 법 제정이유를 다음과 같이 적절하게 밝혔다.

> "2001년 9ㆍ11테러 이후 국제사회가 지속적으로 테러와의 전쟁을 치르고 있으며, 유엔은 9ㆍ11테러 이후 테러 근절을 위해 국제공조를 결의하고 테러방지를 위한 국제협약 가입과 법령 제정 등을 권고해 OECD 34개 국가 대부분이 테러방지를 위한 법률을 제정하였음에도 불구하고 아직 우리나라에서는 국가 대테러활동 수행에 기본이 되는 법적 근거조차 마련하지 못하고 있는 실정임. 이는 테러로부터 국민을 안전하게 보호하기 위해 모든 역량을 집중해야 하는 국가가 그 책임을 다하지 못하는 결과를 낳게 될 것이고, 국민은 테러의 위협으로부터 안전을 도모하

---

967) Dycus(2007), .473.
968) 법률 제14071호, 2016. 3. 3.

기 어려운 상황을 맞이하게 될 것임. 이에 테러방지를 위한 국가 등의 책무와 필요한 사항을 명확히 규정하여 국가의 안보 및 공공의 안전은 물론 국민의 생명과 신체 및 재산을 보호하려는 것임."[969]

2. 법의 주요 내용

테러방지법은 먼저, 법은 테러의 예방 및 대응 활동 등에 관하여 필요한 사항과 테러로 인한 피해보전 등을 규정함으로써 테러로부터 국민의 생명과 재산을 보호하고 국가 및 공공의 안전을 확보하는 것을 목적으로 함을 밝히고 있다(제1조). 법의 주요한 내용은 다음과 같다.

① 대테러활동의 개념을 테러의 예방 및 대응을 위하여 필요한 제반 활동으로 정의하고 테러의 개념을 국내 관련법에서 범죄로 규정한 행위를 중심으로 적시했다(제2조).[970]

② 대테러활동에 관한 정책의 중요 사항을 심의·의결하기 위하여 국무총리를 위원장으로 하여 국가테러대책위원회를 창설했다(제5조).

③ 대테러활동과 관련하여 임무 분담 및 협조 사항을 실무 조정하고, 테러경보를 발령하는 등의 업무를 수행하기 위하여 국무총리 소속으로 대테러센터를 두었다(제6조).

④ 관계기관의 대테러활동으로 인한 국민의 기본권 침해 방지를 위해 대책위원회 소속으로 대테러 인권보호관 1명을 둔다(제7조).

⑤ 국가정보원장은 테러위험인물에 대한 금융거래 정지 요청 및 통신이용 관련 정보를 수집할 수 있다(제9조).[971]

⑥ 관계기관의 장은 테러를 선전·선동하는 글 또는 그림, 상징적 표현이나 테러에

---

969) https://www.law.go.kr/LSW/lsInfoP.do?lsiSeq=181624&ancYd=20160303&ancNo =14071 &efYd= 20160303&nwJoYnInfo=N&efGubun=Y&chrClsCd=010202&ancYnChk=0#0000
970) 대테러활동"이란 테러 관련 정보의 수집, 테러위험인물의 관리, 테러에 이용될 수 있는 위험물질 등 테러수단의 안전관리, 인원·시설·장비의 보호, 국제행사의 안전확보, 테러위협에의 대응 및 무력진압 등 테러예방과 대응에 관한 제반 활동을 말한다(제2조 제6호).
971) 다만 2018년 법 개정으로, 국가정보원장은 테러위험인물에 대한 개인정보(「개인정보 보호법」상 민감정보를 포함한다)와 위치정보를 「개인정보 보호법」 제2조의 개인정보처리자와 「위치정보의 보호 및 이용 등에 관한 법률」 제5조제7항에 따른 개인위치정보사업자 및 같은 법 제5조의2제3항에 따른 사물위치정보사업자에게 요구할 수 있다.

이용될 수 있는 폭발물 등 위험물 제조법이 인터넷 등을 통해 유포될 경우 긴급 삭제 등 협조를 요청할 수 있다(제12조).

⑦ 관계기관의 장은 외국인테러전투원으로 출국하려 한다고 의심할만한 상당한 이유가 있는 내·외국인에 대하여 일시 출국금지를 법무부장관에게 요청할 수 있다(제13조).

⑧ 테러계획 또는 실행 사실을 신고하여 예방할 수 있게 한 자 등에 대해 국가의 보호의무를 규정하고, 포상금을 지급할 수 있도록 하고, 피해를 입은 자에 대하여 국가 또는 지방자치단체는 치료 및 복구에 필요한 비용의 전부 또는 일부를 지원할 수 있도록 하는 한편 의료지원금, 특별위로금 등을 지급할 수 있다(제14조부터 제16조까지).[972]

⑨ 테러단체를 구성하거나 구성원으로 가입 등 테러 관련 범죄를 처벌할 수 있도록 하고, 타인으로 하여금 형사처분을 받게 할 목적으로 이 법의 죄에 대하여 무고 또는 위증을 하거나 증거를 날조·인멸·은닉한 자는 가중처벌하며, 대한민국 영역 밖에서 이 같은 죄를 범한 외국인에게도 국내법을 적용한다(제17조부터 제19조까지).[973]

Ⅱ. 분석과 평가

오늘날 국제 테러문제는 정보수집방법과 정보분석기법에 있어서 기존의 정보활동과는 근본적으로 다른 내용을 요구하고 있다. 또한, 테러문제는 국가별로 그 문제의 심각성에 있어서 차이가 있다. 그러므로 대한민국의 경우 지금까지 정보공동체가 확보하거나 향후 예상하는 테러문제에 대한 구체적 자료들을 바탕으로 과연 테러문제가 대한민국에 있어서도 국가안보문제로까지 승화했는지에 대한 심도 있는 논의를 거친 후에, 우리의 실정에 가장 합당한 효율적인 대테러 정보-수사 일원화 조직 구축이 핵심이다. 요약하면 사전 예방적 기능을 다 할 수 있는 경량화와 기동성을 갖춘 실천적

---

972) 2020년 법을 개정하여, 다만, 「여권법」 제17조 제1항 단서에 따른 외교부장관의 허가를 받지 아니하고 방문 및 체류가 금지된 국가 또는 지역을 방문·체류한 사람에 대해서는 특별위로금을 지급하지 아니한다. 스스로 자초한 위험으로 인한 피해까지 국가가 보상할 인내는 없는 것으로 한 것이다.

973) 예비 또는 음모죄를 신설하여, 예비 또는 음모한 사람은 3년 이하의 징역에 처한다.

조직이 필요하다. 테러는 추상적 위험이 아니라 바로 터지는 현실이기 때문이다. 물론 그럴 때도 별도 기구로 할지 국가정보원에 병치시킬지 등 소속에 대한 논의 또한 이루어져야 할 것이다. 왜냐하면, 테러문제는 앞서 본 바와 같이 사후 사고처리가 아니라 경고와 예방이 중심이 되어야 하고, 유사시의 경우에는 군사력 사용의 필요성이 요구되고 있음도 부인할 수 없는 문제이기 때문이다.[974]

실례로 미국은 이미 살펴본 바와 같이 실제로 정보집행기구를 가지고 있고, 많은 테러 정보를 직접 수집하는 CIA 산하에 대 테러센터를 설치하지 않았다. 정보조율·조종기구로서 산하에 정보 실행기구가 없고 다만 전 정보공동체의 관련 정보를 제한 없이 활용할 수 있고, 전문가들을 파견받아 기존의 정보기구들과는 별개로 국가정보국장(DNI) 산하에 상원 인준 하에 독립적으로 임명된 책임자가 운영하는 국가테러대응센터(NCTC)를 부치시켰다. 그러면서도 테러센터는 대통령에게 직접 보고할 수 있는 신속한 체제를 갖추어 예방적 목적의 기능을 수행할 수 있도록 했다.

---

974) Lowenthal(2020), p.238

제4절 테러와 현대인권

제1항 테러와 인권 개관

테러의 영향은 직접적인 영향과 간접적인 영향의 두 가지로 대별된다. 전자는 테러행위 그 자체가 인간을 수단과 도구로 사용한다는 면에서 연유하는 것이다. 테러는 인간의 자유·생명 등 천부적 인권을 근본적으로 유린하는 인간성에 대한 도전범죄인 것이다. 한편 그러한 반인륜적인 테러에 대한 대응을 모색하려고 동원되는 방법 중에도 역시 중대한 반 인권적 사례가 발생할 수 있음을 이해할 필요가 있다. 이것이 테러가 인권에 미치는 또 다른 영향이다.

아무리 국가안보가 소중하다고 하여도 국가 그 자체가 목적이라는 국가 절대주권론이나 국가목적론 등은 주권재민을 근간으로 하는 현대 민주주의에서는 받아들이기 어려운 이론이다. 국가안보와 인권 보호의 한계설정이 필요하다. 이러한 연유로 오늘날 미국의 법원에는 테러와 관련한 법적 분쟁이 끊이지 않고 있다. 물론 법적 분쟁 중에는 테러문제를 법적 분쟁의 장으로 끌어들이면서 국제사회에 자신들의 정당성을 주장하고 홍보한다는 전략적 측면도 있다.

그리고 자신들에 대한 일방적인 비난의 관심을 쌍방 대립구조로 가져간다는 전술도 엿보인다. 더불어 소송의 와중에 또 다른 테러를 계획할 수 있는 전략적 측면과 증거에 의한 재판을 기본 책무로 하는 소송절차를 통하여 끊임없는 정보의 공개를 요구하고, 결과적으로 최소한 진술서라도 확보함으로써 정보기구의 테러에 대한 파악 정도를 넘볼 기회를 가지려는 전술적 측면도 있음을 알 수 있다. 이념 갈등의 극단주의로 인류는 두 차례의 세계대전이라는 엄청난 비극을 경험했다. 종교와 이념문제가 개재된 테러문제는 현상적인 테러 피해 사실 이상의 심대한 위험성이 있음을 직시해야 한다. 이에 세계인권선언(UDHR)[975]은 그 서문에서 "기본적 인권에 대한 무시와 경시는 인류의 양심을 유린한 야만적 행동을 초래했음을 기억하고~" 라고 선언한다.

하지만 인간성 상실의 테러행위에 대한 비난이 또 다른 인간경시의 위험을 초래할

---

975) "Universal Declaration of Human Rights", G.A. res, 217 A (III), U.N. Doc, A/810 (1948).

수 있는 법의 원칙을 무시하거나 초월한 공권력 행사의 면죄부가 될 수는 없다고 할 것이다. 즉 테러와의 전쟁이 세계 평화와 안전 그리고 인권의 보장을 근본 목적으로 하는 국제법의 기본 틀인 UN 헌장의 정신을 벗어날 수 있는 면허증이 될 수는 없는 것이다. 여기에서는 여러 가지 법적 논쟁 중 테러공격 위협을 벗어나기 위한 선제공격이론과 테러분자들에 대한 조사 방법의 하나로 전개되는 것으로 알려진 변칙인도 등에 대해서 살펴보도록 한다.

제2항 예방적 선제공격이론(Preemptive doctrine)

I. 경과와 의의

부시 대통령은 2001년 9월 11일 미국 본토에 대한 테러공격을 당한 후, "미국은 향후 테러공격을 직접 자행한 테러조직과 그들을 지원한 국가를 구별하지 않고 동등하게 취급하겠다. 지구상 모든 나라는 테러조직과 함께할 것인지 아니면 미국과 함께 갈 것인지를 결정해야 한다."라고 미국의 테러에 대한 강력한 대응의 일단을 공표했다.[976]

이후 미국의 대테러 대책으로 등장한 것이 선제공격론이다. 이에 선제공격이론은 일명 **부시 독트린**으로도 불린다. 선제공격론은 미국의 2003년 이라크와의 전쟁에 대한 이론적 근거이다. 그것은 2002년 9월 20일 발간된 미국의 국가안보전략(The National Security Strategy of the United States of America) 문건에 의해 공식화된 개념이다.[977]

미국의 국가안보전략이 개념 정의한 선제공격은 '테러조직 등 적대세력의 공격이 임박했음을 나타내는 부인할 수 없는 증거나, 예상에 근거하여 그 공격을 사전에 봉쇄하기 위한 한발 앞선 공격'을 의미한다. 전략문건은 "우리는 불량국가(rogue states)들이나 그들이 후원하는 테러조직이 미국이나 미국의 동맹국들에 대량살상무기를 사용하

---

976) 원문을 본다. "The U.S. would make no distinction between the terrorists who committed these acts and those who harbor them." "Every nation, in every region, now has a decision to make. Either you are with us, or you are with the terrorists."
977) 류재갑 교수는 선제공격(preemptive attack)과 예방공격(preventive attack) 등을 모두 포함하여 선행자위(先行自衛) 전쟁이라는 용어를 사용한다. "21세기 미국의 신국가안보정책과 군사전략 : 선제공격 독트린의 역사적 · 전략적 함의"(국가전략 2005년 제 11권 3호). 그러나 국제법적으로 선제공격과 예방공격 양자에는 법적인 차이가 있다.

기 전에 이를 차단할 준비를 해야 한다."라고 강조했다. 그러면서 현행 국제법상의 원칙으로도 자위적 공격은 반드시 어떤 공격을 받은 연후에나 비로소 반격할 수 있는 것은 아니고, 임박한 공격의 위험(imminent danger of attack)을 나타내는 세력에 대해서는 합법적으로 선제공격할 수 있다고 자위권 발동으로서의 선제공격의 의의를 옹호한다.978)

한편 선제공격은 예방공격과는 명백히 구분된다. 예방공격은 적대세력의 침공이 아직 임박하지는 않지만, 침공을 당했을 경우에는 회복할 수 없는 심대한 타격이 예상된 다는 판단으로, 아직까지 임박한 징후는 없지만 단지 예방적인 차원에서 미리, 공격을 해두는 것을 말하기 때문이다. 양자 간에는 이러한 미묘한 차이가 있지만, 그러나 국제 정치학적으로는 선제공격과 예방공격이 모두 일방주의(unilateralism) 또는 제국주 의적 과잉대응이라는 비난이 있다.

그러나 국제법적인 측면에서는 **"상대 공격의 임박성"**을 기준으로 보면 양자는 동일한 성격이 아니고 법적인 논쟁의 여지가 남아 있다. 오늘날 어떤 경우에도 예방공격은 인정될 수 없다고 함이 일반 국제법의 원칙이다. 다만 선제공격의 국제법적 인정 여부에 대하여는 논란이 있고 미국 부시 행정부는 선제공격의 국제법적 정당성을 강력히 주장 하고 실천하고 있는 것이다.

Ⅱ. 부시 행정부의 선제공격론에 관한 법률 논쟁

1. UN 헌장 아래에서의 선제공격

UN 헌장은 1945년 6월 26일 샌프란시스코에서 서명되어 1945년 10월 24일부터 발효되었다. UN 헌장은 지구상 최고·최대의 국제조직인 UN을 창설한 국제조약으로 국제법의 전범(典範)으로 세계평화와 안전 그리고 인권보장과 증진을 달성하기 위해 회원국 모두가 준수하여야 할 책무를 부여한 규범이다.

오늘날 지구상 대부분 국가는 UN 헌장을 비준했다. 따라서 국제법적인 문제는 UN

---

978) 『The National Security Strategy of the United States of America』*available at*, www.whitehouse.gov/nsc/nss.html.

헌장의 틀 속에서 해결되는 것을 원칙으로 한다. 그래서 부시 행정부도 선제공격 독트린의 국제법적인 근거로 평화에 대한 위협에 대한 예방과 제거를 규정한 UN 헌장 제1조[979]와, 무력공격에 대한 개별적 그리고 집단적 자위권을 규정한 UN 헌장 제51조[980]를 근거로 제시했다.

그러나 자세히 살펴보면 UN 헌장 제1조는 유엔의 일반적인 목적을 규정한 것으로 구체적 분규에 대한 행위준칙을 규정한 조항은 아니다. 결국, 선제공격이론은 대체적으로 UN 헌장 제51조를 근거로 하고 있다고 할 수 있다.

그러나 UN 헌장 법문에서 알 수 있듯이 51조는, "만약 어떤 무장공격이 **발생하면**(if an armed attack occurs)"이라고 되어 있을 뿐, "공격이 명백하게 임박한 경우나 **일어날 경우**(an armed attack will occur or even immediately seems likely to occur)"에 대비해 자위적 공격권을 규정하지 아니했음은 명백하다. 따라서 많은 비평가는 부시 행정부의 선제공격이론은 일방적인 주관적 판단에 의한 **"전쟁의 일반화"**를 초래할 위험이 있고, 국제법적 분쟁을 평화적인 방법으로 해결할 것을 촉구한 UN 헌장 제2조에 위배된다고 주장한다.[981]

한편 UN 체제에서 무력사용은 원칙적으로 안전보장이사회의 결의가 전제조건이다. 물론 오늘날 UN 안전보장이사회는 그 무능력과 국가 이기주의, 그리고 정치 지향성으로 인해 많은 비판이 있지만, UN 헌장상 어느 국가에 대한 무력사용, 즉 전쟁을 수행하는 경우에는 그 중대함을 인식하여 5대 상임이사국 전원을 포함한 안전보장이사회의 결의를 통하도록 하고 있다.[982] 그것이 인류가 2차례의 세계대전을 겪으면서 도출해낸 자의적 전쟁 수행을 방지하기 위한 지혜로운 역사적 장치인 것이다. 결국, 선제공격이론은 이러한 제도적 장치도 지키지 못하고 오히려 그러한 장치를 무력화시킬 수 있는 논리라는 비판이 제기되었다.

---

979) Article 1: "To maintain international peace and security, and to that end: to take effective collective measures for the prevention and removal of threats to the peace."

980) Article 51: "Nothing in the present Charter shall impair the inherent right of individual or collective self-defense if an armed attack occurs against a Member of the United Nations, until the Security Council has taken measures necessary to maintain international peace and security."

981) Article 2: "All Members shall settle their international disputes by peaceful means in such a manner that international peace and security, and justice, are not endangered."

982) United Nations Charter Ⅶ.

한편 이러한 부시 독트린은 이미 선제공격 전쟁을 감행한 이라크에 대해서 뿐만이 아니라 부시 대통령이 소위 악의 축(Axis of Evil)[983] 국가라고 언급한 이란과 북한에 대해서도 선제적 군사공격을 할 수 있다는 논리로 작용될 수 있다.

그러나 국제법은 그 보편성을 생명으로 하듯이 만약 미국이 예방공격의 일환으로 선제공격이론에 의존한다면 다른 나라들도 그들의 침략공격을 정당화할 논거로 선제공격이론을 주장할 수 있음도 자명하다. 이러한 전쟁 그리고 대응 그리고 맞대응의 순환은 현실적인 필요성에도 불구하고 분명히 UN 헌장의 정신을 근본적으로 잠식할 위험성이 있다고 할 수 있음을 간과해서는 안 된다.

2. 법원에서의 선제공격이론

2003년 2월 일단의 군인들과 그들의 부모 그리고 미국 의회 의원들은 부시 대통령을 상대로 부시 행정부가 선제공격이론에 기초하여 이라크와의 전쟁을 수행하려고 하는 것을 금지하는 소송을 제기했다.[984] 원고들은 부시 행정부의 이라크 전쟁 준비는 침략전쟁(offensive war)으로 위헌이라고 주장했다.

한편 2002년 11월 의회는 부시 행정부의 이라크에 대한 무력사용을 승인하는 결의안을 채택했다.[985] 그러나 원고들은 비록 미국 의회가 부시 행정부로 하여금 이라크에 대한 무력을 사용할 수 있음을 결의했지만, 그것도 국제법의 일반원칙을 준수하는 전제에서 무력을 사용하라는 결의라고 강조했다. 그러므로 부시 행정부가 선제공격이론에 입각하여 현재 진행 중인 이라크와의 전쟁은 전쟁 요건을 결여한 것으로 국내 · 외 법적으로 잘못된 것이라고 주장했다.

이러한 원고들의 주장에 대해 법원은 이라크와의 전쟁이 아직 시작되지도 않았고,

---

983) 2002년 1월 29일 부시대통령은 악의 축 3나라에 대하여 다음과 같이 언급했다.
　　North Korea is a regime arming with missiles and weapons of mass destruction, while starving its citizens. Iran aggressively pursues these weapons and exports terror, while an unelected few repress the Iranian people's hope for freedom. Iraq continues to flaunt its hostility toward America and to support terror…. States like these, and their terrorist allies, constitute an axis of evil, arming to threaten the peace of the world." See, President Delivers State of the Union Address, *available at*, http://www.whitehouse.gov/news/releases/ 2002/01/20020129-11.html.
984) *Doe V. Bush*, 323 F. 3d 133(1st Cir 2003).
985) Pub.L. No.107-243, 116 Stat. 1498.

상황상 전쟁이 다른 해결방법으로 진전될 수도 있으며 UN의 무력사용 결의 등도 있을 수 있다는 점 등 여러 가지 정황을 근거로 하여 현 상황에서 법적 판단을 할 정도로 사안이 성숙하지 않았다면서, **"사건의 성숙이론(ripeness grounds)"**을 이유로 원고들의 청구를 배척했다.[986]

그러나 동 사건에서 법원도 법의 지배 원리와 합리적 경과의 이론 그리고 테러 등 국제분쟁 해결을 위한 평화적인 해결의 노력은 국제사회와의 협력 아래에서 이루어질 수 있음을 강조하면서 전쟁 선포도 법적 통제의 대상이 될 수 있음을 암시했다는 점에서 판결의 의미는 크다고 보인다.

제3항 변칙인도(irregular rendition)

I. 개 관

변칙인도 또는 비상인도(extraordinary rendition)는 테러용의자 조사를 위한 새로운 기법이다. 그것은 테러용의자에 대한 사법적 관할권 밖으로의 이동을 묘사하기 위하여 사용된 용어이다. 테러와의 전쟁 중에 세계 각지에서 체포된 테러 용의자 등을 헌법상 고문 등이 금지된 국내로 바로 이송하지 않고 고문이 허용되는 국가로 일단 인도하는 것을 말한다.[987] 물론 고문을 통해 테러에 대한 정보를 획득하기 위한 것이 주된 목적이다.

변칙인도는 CIA 등 미국의 정보 · 수사기관 등이 1990년대부터 사용해 온 방법으로 알려졌다. 테러용의자를 고문이 금지된 미국 본토로 바로 이송하지 않고 미국의 사법관할권 밖으로 이송함으로써 스스로 제한을 자초하지 아니하고, 미국에서는 금지된 다양한 고문 등이 가능한 국가의 통제로 신병을 인도하여 필요한 정보를 획득하려는 취지인 것이었다. 변칙인도는 비단 미국뿐 아니라 다른 국가의 정보기구들도 이용했다. 실제로 제3국으로 인도된 대부분 테러용의자는 상당한 고문에 직면했던 것으로 밝혀졌다. 더욱이 2001년 9월 11일 이후에는 변칙인도가 정보획득 프로그램으로 체계화되어

---

986) 판결은 2003년 3월 13일 선고되었는데 이라크 전쟁은 그 1주일 후에 시작되었다.
987) Dycus(2007), op. cit., p.456.

변칙인도가 더욱 애용되어 약 150여 명의 테러용의자가 변칙인도의 대상이 되었다.[988]

테러용의자가 인도를 당하는 피인도 국가들은 요르단, 이집트, 아프가니스탄 그리고 시리아 등이었다. 모두 고문이 허용되는 국가들이다. 전직 CIA 요원이었던 로버트 바이어(Robert Baer)의 진술은 변칙인도의 실상을 잘 말해준다. 그는 정보의 세계에서는 공공연하게 다음과 같은 말이 있다고 설명했다.

> "테러용의자에 대하여 만약 중요한 심문을 원하면 요르단으로, 고문을 원하며 시리아로 그리고 만약 다시 보고 싶지 않은 사람이라면 이집트로 보내라"[989]

그러나 이러한 변칙인도는 명백하게 특정한 나라 국민의 인권을 보호한다는 이름으로 또 다른 인권침해를 자행하는 것으로, 국제법적으로 금지하는 고문을 문명국가가 앞장서서 자행하고 있는 불법적인 행위라는 비판을 면할 수 없다. 대표적인 국제인권기구인 휴먼 라이츠워치는 명료한 표현으로 변칙인도를 통렬하게 비판했다. 휴먼 라이츠워치는 변칙인도는 다름 아닌 **고문의 외주 발주, 즉 "고문의 아웃 소싱(outsourcing of torture)"**이라고 비판했다.[990] 현재 고문금지는 국제법적 일반원칙일 뿐만이 아니라 더 나아가 특히 난민의 권리로서 고문에 직면할 위험이 있는 국가에는 난민들을 되돌려 보내서는 안 된다는 것이 추방금지(nonrefoulement)의 이름으로 요청되어 있다. 그래서 오늘날 추방금지는 고문금지의 자연스러운 이론적 연장으로서 국제법의 일반원칙으로 확립되어 있다.[991] 이러한 연유로 동북 중국지역의 북한 탈주민에 대한 중국 당국의 북한에의 강제추방은 탈북자들이 정치적인 난민인지를 불구하고 크게 비판받고 있고 마땅히 금지되어야 하는 인권유린인 것이다.[992]

---

988) Extraordinary Rendition, *available at*, http://www.aclu.org/safefree/extraordinaryrendition/ 22203 res20051206.html.

989) 영어원문은 다음과 같다. "If you want a serious interrogation, you send a prisoner to Jordan. If you want them to be tortured, you send them to Syria. If you want someone to disappear – never to see them again – you send them to Egypt."

990) http://hrw.org/english/docs/2005/03/10/usint10294.htm.

991) Srephen H. Legomsky, Immigration and Refugee Law and Policy, p.937.

992) 필자의 논문, Han, H. (2007) 'Newly arising issues on the limitation of intervention law and refugees under the North Korean Human Rights Act of 2004', Atoms for Peace: *An International Journal*, Vol. 1, No. 4, pp.393-396.

한편 국제사면위원회(Amnesty International)도 변칙인도는 국제법 그리고 미국의 국내법 규정에도 명백히 위배하는 불법행위라고 그 금지를 요청했다.[993] 주지하다시피 UN의 고문 금지에 관한 국제조약(United Nations Convention Against Torture : CAT)은 고문과 다른 어떤 형태의 비인간적 그리고 비인도적 처우를 금지하고 있다. 미국은 1992년 고문금지 국제협약을 비준했다. 미국은 국내법으로 파라(FARRA)법(Foreign Affairs Reform and Restructuring Act of 1998)을 제정하여 고문에 직면할 위험성이 있는 국가에 어떤 사람도 추방하거나 인도하지 않는다는 것이, 미국의 대외정책임을 명백히 밝히고 있다. 결국, 미국이 주도적으로 애용했던 변칙인도는 국제법적으로나 국내법적으로 불법인 것으로, 테러와의 전쟁으로 심화된 문명국가에 의한 대표적인 인권유린 수단이이라는 평가를 면할 수 없다고 보인다.

Ⅱ. 법원에서의 변칙인도 - (Arar V. Ashcroft) 사건

1. 사건 경과

변칙인도는 다만 정치적인 관심거리가 된 것이 아니라 구체적인 법적 쟁송이 되어 법원의 판단을 거치게 되었다. 2004년 1월 캐나다 시민인 마허 아라(Maher Arar)는 자신은 미국 공권력에 의한 변칙인도의 피해자라면서 미국 법무부 장관 애시크로프트(Ashcroft) 등을 상대로 소송을 제기했다[994]

시리아 출생으로 캐나다 시민권자인 원고 마허 아라는 2002년 9월 26일 업무차 아프가니스탄을 방문했다. 아프가니스탄에서 일을 마치고 그는 가족이 있는 캐나다로 가던 중, 탑승한 비행기가 중간 경유지인 미국 뉴욕의 케네디 국제공항에 잠시 체류하게 되었다. 중간 체류 중에 아라는 CIA 요원들에 의해 알카에다 조직원으로 지목받고 체포되어 케네디 공항 유치장에 수용되었다.

---

993) Amnesty International USA's Recommendation concerning Extraordinary Rendition, *available at* , http://takeaction.amnestyusa.org/site/c.goJTIOOvElH/b.1387629/k.F4A8/Extraordinary_Renditions_US_outsourcing_Torture.htm.

994) *Arar V. Ashcroft*, United States District Court, Eastern District of New York, 414 F. Supp. 2d 250 (2006).

아라는 영장 없이 체포되었고 13일간 변호사의 접견이 금지된 채 구금되어 아프가니스탄에서의 알카에다 테러조직원들과의 접촉 등에 대하여 강도 높은 조사를 받았다. 소득이 없자 CIA는 2002년 10월 9일 아라를 요르단 당국에 인도했다. 이후 요르단은 아라를 다시 시리아에 인치했다. 물론 미국은 요르단이나 시리아는 고문이 횡행하는 국가들임을 잘 알고 있다고 원고 아라는 주장했다. 시리아에 인치된 아라는 시리아 유치장에서의 10개월 동안 하루 18시간 동안의 조사를 받으면서 육체적 정신적으로 무참한 고문을 당했다고 주장했다.

이러한 경과를 거친 원고 아라는 자신은 미국에 의한 변칙인도의 피해자로서 미국 공권력은 자신의 불법 구금에 대한 직접적인 가해자로서, 적법절차를 무시하고 영장제도의 원칙을 위배했고 고문을 가한 것이라고 주장했다.

원고 아라의 변호를 맡은 헌법권리센터(Center for Constitutional Rights)는 법무부 장관 애시크로프트(Ashcroft), FBI 국장 로버트 뮐러(Robert Mueller), 국토안보부 장관 탐 릿지(Tom Ridge) 등을 상대로 이 사건 소송을 제기했다.

변호인은 피고들은 영장제도를 포함한 헌법의 적법 절차상의 제반 권리, 고문금지조약 등에서 보장된 고문을 당할 위험이 있는 나라에 인도 또는 추방되지 않고, 자유의지에 따라 자신이 갈 국가를 선택할 국가 선택권 등 국내법과 국제법상의 일반원칙을 위배했다고 주장하면서 징벌적 손해배상과 미국 정부 당국의 행위에 대한 위법선언을 청구했다.

2. 미국 정부의 주장

미국 정부는 먼저 이 건 소송이 공개재판으로 진행되면 미국의 정보 원천이 노출될 수 있으며 미국의 대외정책 그리고 국가안보에 중대한 위협을 초래할 수 있다며 법원에 비공개 재판을 요구했다. 그리고 증거판단에서도 후술할 "국가비밀특권(State Secrets Privilege)"을 주장하며 원고의 청구가 이유 없다고 주장했다. 부시 행정부는 원고 아라에 대한 미국 정부의 시리아에의 인도는 이민법 등 관계법에 따른 적법한 것으로 각 담당 기관의 업무 범위에 따른 정당한 행위였다고 주장했다. 2006년 8월 19일 알베르토 곤잘레스(Alberto Gonzales) 법무부 장관은 우리는 원고 아라가 (시리아)에서 고문을 당했는지는 전혀 모른다. 분명히 원고 아라는 정부 당국이 테러단체로 지정한 단체와 접촉했고 또한 테러리스트에 등재된 인물로 미국은 이민법의 관계규정에 따라서 원고를 추방한 것이므로 원고가 주장하는 변칙인도는 전혀 아니라고 주장했다.[995]

3. 법원의 판단

2006년 2월 16일 블루클린 지방법원 데이비드 트라거(David Trager) 판사는 법적 판단이 아닌 국가안보상의 이유를 근거로 원고 아라의 청구를 기각했다. 항소심 법원도 미국 시민이 아닌 원고의 미국 공권력에 대한 위법선언 청구는 당사자적격이 없다고 판결했다. 그리고 변칙인도와 적법절차 위배 주장 그리고 고문을 당했다는 등의 원고의 여러 주장에 대해서는 증거가 충분하지 않다는 사유를 들어 원고의 청구를 기각했다.[996]

4. 그 후 경과

마허 아라(Maher Arar)는 34살의 무선기술자였다. 아프가니스탄에서 출발한 마허 아라는 중간 기착지인 미국 케네디 공항에서 캐나다 집에 전화를 걸어 부인 모니아 매지그(Monia Mazigh)에게 몇 시간 후에는 집에 도착할 것이라고 연락했다. 그러나 도착 시각에 맞춰 공항에 나간 부인은 남편을 발견하지 못했고, 이후 연락이 갑자기 끊긴 남편의 행방을 백방으로 수소문하며 찾아다녔다. 부인은 캐나다 대사관에 남편의 실종신고를 했고 적극적인 노력을 요청했다. 소극적인 대사관 직원들에게 수많은 항의도 했다. 여하튼 캐나다 정부도 자국 시민권자에 대한 일단의 수색에 착수하고 여러 가지 탐문을 했다. 언제부터 캐나다 정부가 그 사실을 지득했는지는 정확하게 알려지지 않았지만 결국, 남편 아라는 약 11개월이 지난 2003년 10월에 집으로 돌아왔다.

한편 캐나다 정부는 2004년 2월 5일 자국민인 아라에 대하여 부인의 신고를 받고 정부가 과연 실질적으로 어떠한 보호 노력을 했는지를 조사하기 위한 위원회를 구성하여 진상조사에 착수했다.[997] 조사결과 아라의 행적이 캐나다의 국가안보에 위협을

---

995) 한편 미국의 이민법 Immigration and Nationality Laws of the United States은 Chapter Ⅲ의 section 237에 많은 추방 근거 규정을 마련하고 있다. 그에 따르면 테러 활동에 가담한 자도 추방의 대상이 된다(an alien who was engaged in terrorist activities is deportable as the security and related grounds). *See* INA 237(a)(4)(B).

996) United States District Court, Eastern District of New York, 2006, 414 F. Supp. 2d 250.

997) 공식 명칭은 "마허아라에대한캐나다정부의활동에대한캐나다조사위원회(Canadian Commission Of Inquiry Into the Actions of Canadian Officials In Relation to Maher Arar)"이다. 위원회는 캐나다 정부의 노력과 행적에 관해 조사하고 보고서를 제출하는 임무를 수행했다. 하지만 미국은 조사 활동에 대한

줄 내용은 없었고, 한편 캐나다 당국이 미국에게 아라에 대한 일정한 정보를 제공한 것은 사실로서, 미국은 캐나다 정부가 제공한 부정확하고 불공정한 잘못된 정보에 기초하여 그를 테러분자로 단정했음을 확인했다. 결과적으로 캐나다 정부 당국의 자국민 보호 의무를 다하지 못했음을 인정했다.998)

한편 2007년 1월 26일 캐나다 정부는 자국민을 제대로 보호하지 못한 책임을 통감한다면서 아라에게 캐나다 정부의 공식적인 사과를 표명하고 그의 고난에 대한 배상으로 C$10.5 million 달러와 소송 비용에 대한 보상으로 100만 캐나다 달러를 지급했다.999) 한편 캐나다 정부는 2006년 10월 6일 부시 대통령에게 자국민의 시리아에의 인도 등에 대해 정식 항의 서신을 전달했다.

5. 평 가

비록 법원은 증거불충분 등을 이유로 원고 아라의 청구를 기각했지만, 미국 정부도 변칙인도는 그야말로 국제법과 미국 실정법에 대한 변칙적인 위반으로 불법적임을 시인하고 있다는 점에서는 인식을 같이하고 있다. 진상은 정확히 밝혀지지 않았지만 이러한 사례를 통해 보면 자칫 테러와의 전쟁에서의 잘못된 활동은 오히려 불법 시비를 야기하여 귀중한 전력을 분산시킬 수도 있고 국가 간에 외교분쟁도 초래할 수 있음을 유념해야 한다. 오늘날 국제관계가 개재된 사안에 대한 정보 · 수사에 대하여는 국제법적인 이해가 매우 긴요함을 이 사건도 잘 보여주고 있다.

제4항 강화심문기법(Enhanced interrogation techniques)

강화심문기법은 자백을 거부하는 테러용의자에 대한 조사를 위해서 부시 행정부가 공식적으로 채택했던 강도 높은 심문방법을 말한다.1000) 예컨대 신체압박자세, 저체온

참가와 협조를 거부했다.
998) http://www.maherarar.ca/.
999) 캐나다 수상 스테판 하퍼(Stephen Harper)는 캐나다 정부를 대표해 아라(Arar)에게 공식 사과했고 금전 배상을 했다.
1000) 대체절차라고도 한다. McCoy, Alfred (2007). A Question of Torture: CIA Interrogation, from

증유도, 물잠수 등의 기법을 포함한다. 목적의 타당성에도 불구하고 적법성에 대한 논쟁이 뒤따랐다. 논쟁의 핵심은 강화심문기법이 단적으로 고문이 아닌가? 라는 점이었다.

비판가들은 강화심문기법을 비윤리적, 불법적인 것으로 고문의 다른 이름이라고 주장했다.[1001] 그러나 강화심문기법이 즉흥적이거나 맹목적인 목적 지향성에 의해 채택된 것이 아니었다. 부시 행정부는 국·내외법적인 제한을 고려하면서 최고정책회의에서 충분한 논의를 거쳐 채택했다. 채택과정은 다음과 같다.

2002년 초 중요한 테러용의자인 아부 주바이다흐(Abu Zubaydah)를 체포한 CIA 비밀부의 책임자 호세 로드리게즈(Jose Rodriguez)는 CIA 본부에 대체심문절차의 사용 가능성을 요청했다. CIA 비밀부가 문의한 혹독한 심문기법을 사용할 수 있는가? 의 문제는 부통령 딕 체니가 주재하고 콜린 파웰 국무부 장관, 조지 테닛 CIA 국장, 콘도리자 라이스 국가안보좌관, 도널즈 럼스펠드 국방부 장관, 애쉬 크래프트 법부부 장관이 참석한 정책회의에 상정되었다.

정책회의에서 콘도리자 라이스 국가안보좌관은 미군 특수부대, 특히 공군조종사들이 적군에 체포되어 고문당했을 때의 예방훈련으로 군에서 시행하는 **세레 프로그램(SERE program)**의 적법성을 말하면서, 테러용의자에게도 세레 프로그램의 한도 내에서의 심문의 정당성과 적법성을 옹호했다. 이에 참석자들도 모두 동의했고 강화심문기법이 정보공동체의 적법하고 정당한 심문기법으로 채택되었다.[1002]

---

the Cold War to the War on Terror. Henry Holt & Co, pp. 16-17.

1001) Moore, Molly,"Council of Europe Report Gives Details on CIA Prisons" Washington Post Foreign Service, June 9, 2007.

1002) Fox News, "As Bush Adviser, Rice Gave OK to Waterboard"(4/22/2009). 세레(SERE)는 생존, 회피, 저항, 도피(Survival Evasion Resistance Escape)의 철자 약어이다. CIA는 세레 프로그램 담당자인 제임스 미첼(Mitchell)과 부르스 젠센(Jessen)의 도움을 받아 자체적인 강화심문기법을 개발했다. 세레 프로그램은 한국의 6.25 전쟁 당시 체포된 미군 병사들이 심리일탈 고문까지 받는 것에 자극받아서 군인들이 혹독한 고문에도 저항할 수 있는 기법을 체득하도록 하는 미군의 공식적인 훈련이다. 훈련은 물잠수, 수면박탈, 육체적 고통, 고립, 괴성과 강력한 불빛 체험, 신체압박유도자세, 정신유도실험, 극한 온도체험, 저산소증과 저체온증 유발, 20시간 연속심문 등을 포함한다. CIA는 한국전쟁에서 북한, 소련, 중국이 자국 포로들을 상대로 심리일탈을 유도하여 자백을 받아내는 약학적 심리적 고문방법에 분노하여 MK-ULTRA 프로젝트를 가동했다. MK-ULTRA는 심리통제(mind-control)와 화학적 심문조사(chemical interrogation research program)의 암호명으로 베트남 전쟁에서의 공작 비리를 조사한 처치위원회(Church Committee)의 조사에서 밝혀졌다. 그러나 1973년 당시 CIA 국장 리처드 헬름(Helms)이 파일의 파괴를 지시하여 그 능력과 범위가 정확히 확인되지 않았었다. *Supra* note 6. pp. 225-226. Jane Meyer, The Dark Side: The Inside Story of How the War on Terror Turned Into a War on American Ideals Doubleday Publishing, July 15, 2008.

하지만 추후에 내용이 알려지자 국내외의 반응은 부시 행정부의 논의와 달리 이를 고문이라고 평가했다. 이에 미국 의회는 2008년 2월 13일 국방부 야전 매뉴얼에 있는 심문기법 가운데 일부는 테러용의자에게는 적용되지 않는다는 구금인 처우법 (Detainee Treatment Act)을 통과시켰다. 하지만 부시 대통령은 테러를 방지하는데 매우 중요한 수단을 박탈하는 것은 부당하고, 미국 군인도 겪는 수준으로 부당하다고 할 수 없다면서 거부권을 행사했다. [1003]

한편 오바마 대통령은 대통령직 인수 기간 중에 법률, 정보, 안보보좌관으로 하여금 CIA의 강화심문기법에 대해 보고서를 제출하도록 했다. 보고서의 결론은 이제 시기적으로 강화심문기법을 변경하더라도 테러에 대한 대처능력에 심대한 타격은 가져오지 않을 것이라는 내용이었다. 이에 오바마 대통령은 2009년 1월 22일 오직 국방부 야전교범에 있는 19개의 심문기법만을 사용할 수 있다는 내용의 대통령 명령을 발령했다. [1004]

결론적으로 강화심문기법에 대한 많은 인권법적 논쟁에도 불구하고 부시 행정부의 법률자문관이었던 존 유(John Yoo)와 법무부 장관 마이클 무카시(Michael Mukasey) 는 테러용의자들에 대한 강화된 신문기법으로 오사마 빈 라덴에 대한 다수의 정보를 획득할 수 있었고, 특히 칼리드 셰이크 모하메드에 대한 물잠수 기법으로 결정적으로 오사마 빈라덴 수행원의 별명도 알아낼 수 있었다고 설명하면서 강화심문기법과 관타 나모 베이 테러용의자 수용소의 가치를 높이 평가했다. [1005]

1003) U.S. Landmark Torture Ban Undercut, Human Rights Watch, December 15, 2005. 이에 대해 상원의원 에드워드 케네디는 부시대통령의 거부권 행사는 가장 치욕적인 대통령직 수행이라고 비판했다. Senate Passes Ban On Waterboarding, Other Techniques" by Dan Eggen, Washington Post, February 14, 2008.

1004) Obama issues torture ban, orders CIA 'secret prisons' closed by Bernard Hibbitts, JURIST, January 22, 2009; Executive Order - Ensuring Lawful Interrogations, The White House, January 20, 2009. 한편 정치권을 비롯한 일각에서는 부시 행정부 관련자에 대한 처벌 필요성을 제기했지만 오바마 대통령은 그 당시의 정당성을 확인하면서 이를 일체 거부했다.

1005) By Catherine Herridge, Bush-Era Interrogations Provided Key Details on Bin Laden's Location" FoxNews.com(03/05/2011). 이에 대해서는 공화당 존 매케인(John McCain)과 민주당 다이아나 페인스타인(Diane Feinstein)의원처럼 오사마 빈라덴 수행원에 대한 정보는 모하메드에게서가 아니라 고문 없이도 실토한 다른 정보원에서 획득되었다는 반론도 있다.

제3장 국가정보와 사이버 안보

제1절 사이버 공간과 신 안보환경

제1항 개 관

2001년 9월 11일 미증유의 테러공격을 당한 후, 미국은 북대서양조약기구(NATO) 연합국과 함께 알카에다 테러조직을 지원하는 것으로 의심되는 아프가니스탄을 상대로 전쟁을 개시했다. 알카에다 테러조직과 아랍권 일부는【사이버 지하드(cyber jihad)】를 조직하여 미국에 대해 사이버 테러 공격을 선포했다.1006) 그러자 미국은 만약 미국에 대해 사이버 공격을 감행하면 이를 오프라인상에서의 선전포고로 간주하여 군사적으로 보복할 것이라고 경고했다.1007)

오늘날 초고속 인터넷(Internet)의 확산으로 컴퓨터 시스템은 개인은 물론이고 조직이나 국가경영에 획기적인 변화를 초래했다. 인터넷은 물리적인 전 세계를 사이버 공간이라는 하나의 가상적인 공간으로 묶어 놓고 그 속에서 지식의 정보교류는 물론이고 통신, 경제거래, 문화와 이념교류 게다가 각종 범죄 활동이 전개된다. 더 나아가서는 재래식 무기에 의한 군사전쟁을 넘어서서 일국의 국가안보에 심각한 영향을 끼칠 수 있는 사이버 전쟁의 위협을 제시한다.

인터넷 공간에서의 자료의 훼손 · 절취 · 조작 · 산업기밀 유출 · 개인의 프라이버시 침해 등은 이미 고전이다. 국가컴퓨터망에 접속하여 국가기밀 절취, 군사 지휘체계 훼손으로 작전을 불가능하게 유도하고 국가의 주요한 컴퓨터 네트워크에 대한 공격으로 그 대응능력을 탐색해 보는 사이버 보안능력 테스트, 사이버 공간에서의 국가지도자 등에 대한 흑색선전, 발전소 통제시설의 오작동을 유도하여 방사능 및 가스 유출 사고 유도, 교통 관리 시스템의 오작동 유도로 열차 충돌사고 유발 등 국가기간망 시설의 대혼란 유도와 파괴시도, 직접 컴퓨터 제어시설 파괴 목적 공격 등 상상을 초월한 위협을

1006) Robert Lemos, 'Electronic Jihad' fails to threaten, again, 2007-11-12.
1007) James Middleton, "Hackers launch 'cyber jihad' on US: Pakistani group defaces government website,"(2001), http://www.vnunet.com/vnunet/news/2116329/hackers-launch-cyber-jihad.

제시한다. 인터넷 가상공간은 국가안보의 개념을 근본적으로 변화시키는 것이다.

국제관계에서 주권 · 영토 · 국민을 전제로 한 전통적인 행위 주체인 주권국가 이외에 개인, 단체, 조직 등 비국가 행위자가 중요한 행위 주체가 되었다. 더불어 국가안보의 의미가 단순히 물리적 토양을 넘어서서 가상공간이라는 비물질적인 영역으로까지 확대되었음을 의미하게 되었다. 국민과 영토와 주권을 보호한다는 전통적 의미의 국가안보는 이제 사이버 가상공간과 그 기술적 자산인 네트워크의 보호까지를 의미하는 폭넓은 의미로 확대되었다.

이러한 정보혁명의 결과 군사안보 영역에서 중요시되는 것은 단순한 화력의 세기가 아니라 사이버 전쟁 수행 역량에 달려 있다. 그러나 이러한 위험성에도 불구하고 개인 · 조직 · 국가는 운영상의 효율성과 편리성 그리고 국제교류 등 생존의 조건이 된 외부세계와의 교류 확대를 위해 국가기간망의 전산화 · 네트워크화를 점점 더 확대해 가고 있고 인터넷에의 의존도를 심화하고 있다. 거의 모든 국가가 국방 · 치안 · 에너지 · 물류 및 행정 등 각종 국가 기반시설을 컴퓨터 집중화했다. 그 결과 인터넷과의 연결은 국가의 필연적인 생존적 운영방식이 되었다. 이러한 환경에서 사이버 안보의 중요성과 위험성을 인식해야 한다는 점에 대해서는 누구도 부인할 수 없는 공감대가 형성되어 있다.

그러나 그 위험성의 정도가 어떠하며, 구체적으로 국가정보기구 등 국가대응 부서는 어떠한 일을 어떻게 해야 하며, 그에 따른 제도적 장치는 무엇이어야 하는지에 대한 방향과 내용을 제시하는 측면의 논의는 충분하지 않다. 사이버 영역에서의 국가안보 문제에 대한 정확한 이해를 바탕으로, 구체적으로 국가정보기구가 무엇을 어떻게 준비해야 하는지를 이해하는 것은, 새로운 국가안보 환경에서 정보기구의 구체적인 임무를 차질 없이 완수하도록 하는 데에 긴요하다.

국가정보원법 제4조(직무)는 국정원의 사이버 안보에 대한 직무를 규정하고 있다. 국제 및 국가 배후 해킹조직 등 사이버 안보(제1항, 제1호 마목) 그리고 일정한 국가기관을 대상으로 하는 사이버 공격 및 위협에 대한 예방 및 대응(제4호)을 임무로 하고 있다. 이에 본 장에서는 현실적인 문제로 대두되고 있는 사이버 영역에서의 정보경쟁을 염두에 두면서 이념이나 특성에 대한 일반적인 이해가 아니라, 실천적인 대비와 또한 사이버 공격능력에서 가장 앞서 있는 미국 펜타곤의 대응태세를 이해하며 국가정보기구가

사이버 영역에서 담당해야 할 국가정보 활동을 구체적 · 실천적으로 살펴보도록 한다.[1008]

제2항 사이버 정보와 사이버 행위자

I. 사이버 정보의 의의와 형성

사이버 정보(Cyber Information)는 인터넷 혁명으로 탄생한 가상공간에서 생성되고 수집되는 정보이다. 본서 제1편에서 살펴보았듯이 통상 국가정보 실무에서 첩보(Information)는 가공과 분석 평가를 하기 전의 생정보이다. 이러한 생정보가 가공 · 분석되어 종합적인 가치를 부여받아 최종정보(intelligence)가 되는 것으로 인포메이션은 가공 · 분석 전의 첩보라고 일컬어진다. 그러나 사이버 공간상에서는 인포메이션은 그 자체가 최종적인 분석정보의 가치를 가진다고 할 수 있어서 이를 사이버 정보라고 호칭한다.

이러한 사이버 정보는 통상 두 가지 방법으로 형성된다. 첫 번째는 사이버 공간상에서 발생하는 각종 현상적인 데이터에서 자동적으로 자료를 추적하여 축적하고 그중에서 가치 있고 의미 있는 내용을 정보로 추출하는 것이다. 두 번째는 광범위하게 축적된 자료를 슈퍼컴퓨터 등 별도의 분류장치를 통해 활용방안과 방향을 특정한 지시를 전자적으로 시달하면, 기왕의 다른 정보들과 함께 종합적으로 체계화되어 자동적인 해석과 분석을 통해 원하는 방향과 내용으로의 새로운 정보가 자동적으로 생성되게 하는 것이다.

이것이 소위 데이터 마이닝(data mining)이다. 데이터 마이닝 기법을 통해 특별한 가치를 가진 정보가 창출되고, 그러한 정보는 계속 누적 보관됨으로써 데이터베이스화되어, 향후 생산되는 사이버 정보와 또다시 자동적으로 비교 분류되어 이상 징후를 발견하는 기본정보로 계속 활용되게 된다. 사이버상의 정보는 그를 활용하려는 의도와 방법 등 소위 소팅(sorting)을 통하여 같은 자료를 가지고도 다각도의 정보가 창출될

[1008] 본 파트는 과학기술전문가이며 국가안보 대외문제 등 담당자인 클레이 윌슨(Clay Wilson)이 국방부의 의뢰로 작성한 보고서와 17쪽의 동 입법 연구자료를 많이 참조했다(Clay Wilson, *"Information Operation and Cyber war: Capabilities and Related Policy Issues,"* Congressional Research Service-The Library of Congress, 2006. 9. 14).

수 있다는 특색이 있다. 이처럼 새롭게 분류되어 전자적으로 가치가 증대된 자료와 지식이 사이버 정보이다.

Ⅱ. 사이버 정보의 효용

사이버 정보는 단순한 지식이라는 이상의 가치를 가진다. 사이버 정보는 일반적인 정보 가치나 군사작전을 위한 정보로써 뿐만이 아니라 사이버 안보를 포함한 국가안보 전반에 대한 전략적인 인식을 가능케 하는 가치를 가진다. 이러한 연유 등으로 오늘날 각국은 사이버상의 정보 자체가 별도의 특별한 고유 가치를 창출하는 국익의 새로운 영역이라고 인정하는 데 주저하지 않는다. 그러므로 사이버 정보는 그 자체가 중요한 국가자산이면서 전쟁 무기이다. 이것은 또한 사이버 정보가 적대세력의 중요한 목표물이 된다는 것을 의미한다.

Ⅲ. 사이버 국가안보

오늘날 컴퓨터의 활용 없이 국정을 운용할 수 있는 나라는 거의 없다. 그러나 이러한 컴퓨터 활용의 집중성과 과도한 의존성, 그에 따른 인터넷 통신망 활용의 증대는 사이버 테러와 사이버 전쟁의 위협도 함께 증폭시켰다. 이러한 환경에서 사이버상에서의 국가 안보 수호를 위해 국가정보기구에게 중점적으로 기대되는 역할로 사이버 방첩 공작이 있다. 그것은 제반 사이버 공격에 대한 국가정보기구에 의한 체계적인 사전 예방적 활동이다. 후술할 주권국가인 에스토니아에 대한 사이버 공격으로 초래되었던 에스토니아의 국가위기에서 알 수 있듯이 사이버 방첩 공작은 주권국가의 존립을 확보하는 중요성을 가진다.

사이버 방첩 공작은 1차적으로는 해외세력이 아국의 컴퓨터망에 침투해 정보를 수집하려고 하거나, 또는 사이버 공격을 감행하여 컴퓨터 시스템에 손상을 초래하려는 음모와 활동을 사전에 적발하는 것이다. 더 나아가서는 적극적으로 상대세력의 네트워크에 침투하여 도발이나 스파이 음모 등 침투 프로그램을 적발해 선제적으로 무력화시키는 것, 외국 세력의 아국 사이버 역량을 향한 사이버 간첩 활동을 사전에 적발하고 중립화시키는 제반 활동을 포함한다.

　인터넷 통신의 장애는 현실의 일상생활에서 엄청난 불편과 손해를 야기할 수 있다는 실질적인 위험성 때문에, 어느 나라건 컴퓨터 네트워크상의 일시적인 성능 저감 문제도 민감하게 대응하지 않을 수 없다. 결국, 사이버 공간에서 의도적으로 컴퓨터 활용에 장애를 초래하여 상대방에게 불편을 야기하는 제반 행위를 사이버 공격으로 상정하고 예의 주시를 게을리하지 않아야 할 것이다. 그러므로 사이버 치안 질서 유지라는 법집행 공동체의 노력과 사이버 공격이 국가안보 문제로까지 비화될 것에 대비한 정보공동체의 사이버 안보 수호 노력은 양날의 검으로 양자의 유기적 협조가 매우 긴요하다.

Ⅳ. 사이버 공격(Cyber Attack) 유형

1. 용어의 이해

　사이버 공간에서의 위협과 위해를 초래하는 각종 범죄나 테러 위협 그리고 국가 간의 전쟁을 표현하는 용어는 다양하다. 현재 사이버 공간에서의 여러 가지 공격을 표현하는 용어로는 일반적으로 사이버 테러(Cyber-terrorism)라는 용어가 역설적으로 그 친근감으로 인하여 가장 널리 사용되고 있다.

　정보공작(Information Operation), 사이버 전쟁(Cyberwar/Cyber-warfare)[1009] 정보전쟁, 사이버 정보 작전(Cyber-Information Operation : IP), 네트워크 전쟁, 그리고 인공두뇌전쟁(Cybernetic war) 등으로도 불린다. 이들은 주로 전자적 통신망을 활용하고 전자기장을 이용하는 공격이라는 점에서 공통점이 있다. 사이버 공간에서의 이러한 행위는 상대방 컴퓨터 네트워크를 무력화하거나 기능을 마비시키며, 추적 등 정보활동을 전복시키는 행위로, 포괄적으로 모두 사이버 공격(Cyber Attack)이라고 할 수 있다.

　사이버 공격의 어려움은 그 공격이 전 세계적으로 시 · 공간을 초월해 동시다발적으로 이루어지는 것이 가능하고, 발생시각, 발원지, 침입자 추적은 매우 어려우며, 한 곳의 피해가 다른 곳으로 대규모로 확산하는 등 2차, 3차 피해가 뒤따르고, 효율적인

1009) Clay Wilson *op. cit.* summary.

차단 및 복구에 어려움이 가중된다는 점에 있다. 또한, 사이버 공격의 동기도, 호기심에서부터 위해 야기 목적 등 매우 다양하고, 따라서 필요한 효율적인 대처수단을 동원함에 많은 어려움이 있다는 점에 문제가 있다.

한편 사이버 공간은 물론이고 현실의 물리적인 세계에서 전자장치를 사용하여 전자기장이 형성되는 전자기기를 대상으로도 전개해 상상할 수 없는 손해를 야기할 수도 있다. 소위 전자전쟁으로 전자전도, 사이버 공격의 범주에서 함께 이해하는 것이 보통이다. 그러므로 본서에서는 용어의 혼선을 피하고 통일을 위해 사이버 테러, 사이버 전쟁, 전자전쟁의 3가지를 포괄하는 용어로 사이버 공격(Cyber Attack)이라는 용어를 상정한다.

2. 사이버 안보 위협 행위자

사이버 공격에 대한 법적 쟁점을 평가하기 위해서는 해당 사이버 공격의 본질을 파악하는 것이 선행되어야 한다. 그러나 지금까지 명확한 분류기준은 아직 없다. 사이버 공간에서 국가 간 관계를 규제하는 법적 구속력이 있는 명시적인 국제협약이 존재하지도 않는다. 주의할 것은 다양한 사이버 공격자가 제기하는 위협과 그들의 공격 유형은 상호 배타적이지 않다. 예컨대 기업의 지적 재산을 노리는 해커는 사이버 도둑이지만 사이버 스파이로도 분류될 수 있다.[1010]

1) 사이버 전사(Cyberwarriors)와 사이버 전쟁(Cyberwarfare)

사이버 전사는 단적으로 사이버 전쟁 요원으로 사이버 전쟁 수행자이다. 주권국가 군사시설에 대한 사이버 공격은 사이버 전쟁의 징표이다. 하지만 군사시설에만 그치지 않는다. 2012년 8월 세계 최대 석유 · 가스 생산국인 사우디 아람코를 겨냥한 사이버 공격이 잇따랐다. 공격 코드는 석유 생산을 방해하거나 중단시키기 위해 고안된 것으로 안보 관계자들은 전쟁 수준의 사이버 공격이라고 평가했다.[1011] 한편 미국 국무부는

1010) Lillian Ablon, Martin C. Libicki, Andrea A. Golay, Markets for Cybercrime Tools and Stolen Data: Hackers'Bazaar, RAND; Kristin Finklea and Catherine A. Theohary, Cybercrime: Conceptual Issues for Congress and U.S. Law Enforcement, CRS Report R42547(2015).
1011) Catherine A. Theohary, Cyber Operations in DOD Policy and Plans: Issues for Congress,

2012년 9월 사이버 공격이 유엔헌장 제2조 제4항 및 국제관습법상의 무력사용에 해당하는지에 대해 최초로 공식 견해를 밝혔다. 당시 국무부 법률 고문인 해럴 코(Harold Koh)는 "사망, 부상 또는 심각한 파괴를 초래하는 수준의 사이버 공격은 상업 시설에 대한 것일지라도 무력공격으로 간주될 가능성이 높다고 피력했다."[1012] 해럴 코(Harold Koh)는 더 나아가 만약 행위자가 점진적인 사이버 공격 과정에서 파괴 효과를 극대화하기 위해 공격 수위를 높여가는 소위, 상승적 공격 효과(kinetic effects)의 사이버 공격은 비례 원칙에 따라 상응된 보복으로 규율될 것이라고 설명했다.

미국 국무부도 "무력공격 또는 그에 상응하는 임박한 위협에 해당하는 사이버 공격은 유엔헌장 제51조가 규정한 자위권 발동의 근거가 될 수 있고, 미국은 사이버 공간에서의 적대행위에 대해서도 오프라인에서의 대응과 동일하게 보복할 것"이라고 천명했다.[1013] 현재 우리의 이웃인 중국군은 특수 사이버 전투부대를 운영하면서 수시로 다수 국가의 안보망에 대한 침투를 시도하여 상대국가의 사이버 전쟁능력을 분석·평가한다고 한다.[1014]

2. 사이버 테러리스트(Cyberterrorists)와 사이버 테러리즘(Cyberterrorism)

사이버 테러리스트는 테러리즘(terrorism)을 추구하여 사이버 공격에 관여하는 행위자이다. 오늘날 초국가적 테러조직, 저항 세력, 지하드주의자들이 인터넷을 통해 테러리스트를 모집하고 사이버 공간을 파괴적 목적의 공격 수단으로 사용한다고 함은 공공연한 비밀이다.[1015] 사이버 테러리즘은 사이버 테러리스트에 의한 테러 활동이

CRS Report R43848.

1012) Harold Hongju Koh, Legal Advisor U.S. Department of State, at a USCYBERCOM Inter-Agency Legal Conference, Ft. Meade, MD(9. 18. 2012). 원문 표현은 다음과 같다. "cyber activities that proximately result in death, injury, or significant destruction would likely be viewed as a use of force." 그는 원전 시스템 다운 유발, 강제적인 댐 개방 및 수해 피해, 항공교통관제 방해로 인한 항공기 추락사고 등을 대표적인 예로 들었다.

1013) International Strategy for Cyberspace: Prosperity, Security, and Openness in a Networked World, May 2011. http://www.whitehouse.gov/sites/default/files/rss _viewer/ international_strategy_f or_ cyberspace.pdf.

1014) Alex Spillius, America prepares for 'cyber war' with China, available at,http://www. telegraph. co.uk/news/main.jhtml? xml =/news/ 2007/06/15/wcyber115.xml. 1999년 12월 장쩌민 국가 주석을 포함한 인민해방군 수뇌들이 미래 하이테크 전쟁방안을 결정하여 사이버 특수부대를 창설하고, 정기적으로 세계를 무대로 다양한 사이버 공격 및 정보 교란 모의훈련을 실시해 왔다.

1015) W. Rollins and Clay Wilson, Terrorist Capabilities for Cyberattack: Overview and Policy

다. 사이버 테러리즘은 "사회적·이념적·종교적·정치적 또는 그와 유사한 목적을 야기하거나 그러한 목적을 달성하기 위해서 정책담당자 등에게 극도의 공포심을 야기하려고 컴퓨터나 네트워크에 대해 파괴적인 활동이나 위협을 가하는 행위"이다.[1016]

조지 타운 대학교 도로시 데닝(Dorothy E. Denning) 교수는 사이버 테러리즘 개념에서 파괴적인 행동(destructive action)과 단순하게 지장을 주는 행동(disruptive action)을 구별한다.[1017] 사이버 테러리즘은 물리적 공격에 버금가는 공포를 일으키는 것으로 단순히 "비용적으로 성가신 일"에 그치는 정도를 훨씬 뛰어넘는다.[1018] 한편 사이버 테러리즘 용어가 명확하게 개념 정의되지 않은 이유에는 활동 주체와 그 매개변수를 식별하는 어려움, 피해 수준에 대한 기준 정립의 어려움도 있지만, 섣부른 개념 정의로 정작 사이버 전쟁으로 격화할 수 있는 사이버 공격에 대한 잘못된 대응으로 더 큰 위험을 초래할 가능성을 회피하려 함도 있을 수 있기 때문이다.[1019]

3. 사이버 스파이(Cyberspies 또는 Cyber Espionage)

사이버 공간에서 국가 또는 민간기업의 비밀정보를 훔치는 사이버 정보요원이 사이버 스파이이다. 2011년 FBI 보고서는 "민간기업은 사이버 스파이의 밥으로 10년간 10억 달러에 달하는 연구 및 개발 데이터를 하룻밤 사이에 잃기도 했다"고 평가했다.[1020] 사이버 스파이의 정보수집 활동이 사이버 간첩이다. 사이버 공간은 각국의 스파이 활동을 위한 매력적인 조건을 제시한다. 상대적 익명성, 방대한 양의 자료를 신속하게 이전할 수 있는 편리성, 적발과 책임 추궁의 어려움은 사이버 공간에서의

Issues, CRS Report RL33123; Paul K. Kerr, John W. Rollins& Catherine A. Theohary. The Stuxnet Computer Worm: Harbinger of an Emerging Warfare Capability, CRS Report R41524. 2009년 미국 국토안보부(DHS)는 '오로라 프로젝트(Aurora Project)라는 이름으로 발전기 등 국가 기간망 시설 제어 시스템에 대한 취약점을 평가하는 실험을 했다.

1016) http://www.nato.int/structur/library/bibref/cyberterrorism.pdf.
1017) Dorothy E. Denning. "Activism, Hacktivism, and Cyberterrorism: The Internet as a Tool for Influencing Foreign Policy" http://www.nautilus.org/ info-policy/ workshop/papers/denning.html.
1018) Serge Krasavin Ph D, "What is Cyber-terrorism?," http://www.crime-research. org/library /Cyber-terrorism.htm.
1019) 한희원, 스파이 활동에 대한 법의 지배와 미래 전망, 국가정보연구, 제14권 2호, p.120.
1020) Shawn Henry, Responding to the Cyber Threat, Federal Bureau of Investigation Baltimore MD, 2011.

간첩 활동을 증대시키고 악성 소프트웨어의 확산은 사이버 정보활동을 더욱 촉진시킨다. 후술할 원격조작이 가능한 컴퓨터 착취(computer network exploitation: CNE) 기법의 개발은 더욱 사이버 무법자들의 적발 위험성을 회피할 수 있게 해주었다.

후안 자라테 전 재무부 테러 자금 금융범죄 담당 차관보는 "오늘날 북한이 국제안보에 근본적이고 점증하는 도전을 제기할 뿐 아니라 크립토 생태계(Crypto Ecosystem)에도 가장 심각한 위험을 제기하는 사이버 스파이국가"라고 지적했다.[1021] 정보기구들은 해커들을 동원하여 독립적으로 또는 대리인으로 활동하게 한다. 그것은 또한 그럴듯한 부인(plausible deniability)의 좋은 변명도 된다. 사이버 공간은 개인에게도 경제간첩 활동에 매우 좋은 기회를 제공한다.

4. 사이버 절도범(Cyberthieves) - 사이버 형사범

사이버 절도범은 금전적 이득을 위해 사이버 공격을 한다. 타인의 신용카드 번호를 도용, 사용, 판매하기 위해 금융정보 시스템에 불법적으로 접속하여 피해자의 금융계좌를 착취한다. 피해자들이 공개를 꺼리는 속성상 그 피해 규모는 잘 드러나지 않지만, 연간 사이버 범죄 피해액이 24개국에서 약 3,880억 달러에 이른다는 보고가 있다.[1022] 사이버 절취, 사이버 사생활 침해, 사이버 명예훼손 등 사이버 공간에서의 각종 범죄행위는 현실 세계의 범죄행위를 사실상 능가한다고 보인다.

제3항 사이버 공격 유형

I. 사이버 공격 수단과 방법

사이버 공간에서의 공격 수법과 기술은 실제 대응기술보다 항상 한발 앞서서 발달한다. 기술진보는 빠르고 그 결과 실시간적 대응은 어렵다. 사이버 공격에 사용되는 무기가 사이버 무기(Cyberweapons)이다.

1021) https://www.voakorea.com/a/6797052.html.
1022) Charles Doyle, Cybercrime: An Overview of the Federal Computer Fraud and Abuse Statute and Related Federal Criminal Laws, CRS Report R41927.

사이버 무기는 대상 컴퓨터의 데이터 저장장치나 논리적 연산 과정을 붕괴시킬 수 있는 컴퓨터 프로그램으로 발전을 거듭한다. 지금까지 알려진 사이버 무기에는 각종 컴퓨터 바이러스 외에 시스템 하드웨어 설계 시에 칩 속에 고의로 입력시켜 시스템을 공격하게 하는 치핑(Chipping), 컴퓨터에 은밀히 침투시켜 시한폭탄처럼 때가 되면 시스템을 공격하여 파괴시키는 논리 폭탄(Logic Bomb), 프로그램 속에 숨어 있다가 프로그램이 실행될 때 활성화되어 데이터를 공격하는 트로이 목마(Trojan Horse), 컴퓨터가 도저히 감당할 수 없는 양의 메일을 지속적이고 대량으로 발송하여 상대방 컴퓨터를 다운시키거나 완전히 파괴시키는 악성 프로그램 등이 있다.

공격과 방어 겸용의 장치로는 네트워크 감시장치나 특수 스캐너 그리고 방어무기로는 방화벽과 암호장치 등이 있다. 한편 후술할 사이버 전쟁은 이러한 다양한 사이버 무기와 전자전쟁 무기를 사용해 상대방의 컴퓨터와 컴퓨터 네트워크 및 전자기장에 타격을 가하는 일련의 행위이다. 사이버 무기를 이용한 사이버 테러 공격에는 다양한 방법이 있다. 그 방법은 사이버 전쟁에서도 동일하게 사용될 수 있고, 역으로 사이버 전쟁에서의 방법이 사이버 테러에도 응용될 수 있음은 물론이다. 그러므로 어떠한 공격이 정치적 목적을 달성하기 위한 사이버 테러이고 어떠한 공격이 국가 전복과 파멸을 목적으로 하는 사이버 전쟁이 될 것인지에 대한 전개 과정을 주목해야 하는 이유이다.

Ⅱ. 사이버 공격 유형

1. 웹 반달리즘(Web vandalism)

컴퓨터에 대한 초보적 공격 유형으로 웹 페이지를 손상하거나 속도를 저감하는 등의 방법으로 실제 컴퓨터 네트워크에 대한 운용상의 손해로까지는 연결하지 않는 공격이다. 그러나 표적이 되어 다음에 강도 높은 공격을 예상할 수 있는 암시가 되기도 한다. 컴퓨터 바이러스(Virus)와 웜(Worm) 등이 사용되는데, 컴퓨터 바이러스는 자기 복제 능력과 함께 전산 프로그램에 자신 또는 변형물을 감염시켜 기생하는 자가 번식능력을 가지는 수법이 동원된다. 바이러스에 감염되면 해당 프로그램이 실행될 때마다 저장자료 삭제 등이 반복된다. 웜은 네트워크를 통하여 자동으로 자가복제하여 전파한다.

2. 사이버 선전(Propaganda)

인터넷을 통해 여론을 오도하기 위하여 정치적 메시지를 광범위하게 살포하는 것이다. 사이버 공간에서의 여론 조작 또는 새로운 허위 여론을 형성하는 것으로 인터넷을 통한 심리공작이다. 상대국의 정책결정권자에게 강경한 노선을 포기하게 하거나 외국과의 동맹 관계에 균열을 초래하게 하는 등 사이버 선전 효과는 상상 이상으로 크다. 예컨대 이라크 전쟁에서 미군은 인터넷을 통하여 사담 후세인 사망설을 끊임없이 유포해 이라크군의 사기를 꺾는 심리전 공격을 실행해 큰 효과를 보았다. 사이버 심리전은 첨단무기보다 더욱 무서운 힘을 발휘한다. 사이버 선전은 상대방에 대한 심리적 와해뿐만 아니라 전쟁의 정당성을 옹호하기도 하고, 적국 군인은 물론이고 자국민의 국내여론과 제3국의 지지를 얻기 위한 심리전으로까지 확대시킬 수도 있다.

3. 비인가 접근과 데이터 수집(Gathering data)

비인가 접근과 데이터 수집은 사이버 공간에서의 간첩 활동이다. 보안장치가 취약한 곳에 침투하여 정보를 수집하거나 더 나아가 상대방의 정보를 새롭게 각색하여 몰래 가공해 놓는 것이다. 이러한 비인가 접근과 데이터 수집은 네트워크, 전산시스템, 전산자료 등에 인가를 받지 않은 채, 또는 인가 권한을 초과하여 불법 접근해 자료를 획득하는 제반 행위이다. 불법접근 행위를 전문용어로 크래킹(cracking)이라 칭하는데 크래킹도 해킹의 한 유형이다.

대상 시스템에 대한 비인가 접근은 패스워드를 불법으로 알아내어 접속하거나 보안 취약점을 찾아내어 몰래 접속하는 방식으로 이루어지기도 하지만, 현재는 개발업체의 협조를 받거나 개발업체 스스로가 프로그램 자체에 비밀접근 코드를 설치한 후 사후에 자동적으로 접근하는 방식이 많이 이루어진다. 그것을 백 도어(backdoor) 또는 트랩도어라고 함은 경제와 정보편에서 살펴본 바 있다.

실전에서의 비인가 접근과 데이터 수집의 대표적인 예는 미국을 상대로 한 사이버상에서의 정보획득을 시도하고 미국의 방위 능력 시험을 위해 2003년 이래 미국항공우주국(NASA), 록히드 마틴, 국립 연구소 등의 컴퓨터망에 지속적으로 침투하려는 조직

적ㆍ대규모 시도가 있었다. 미국 당국은 그에 대한 방첩 공작을 **타이탄 레인(Titan Rain)**
이라고 명명하여 대응하여 효과적으로 제어했던 것으로 알려졌다.[1023] 미국은 이것을
조직적인 중국 해커부대의 소행으로 보고 있다. 아직도 그것이 중국 정부에 의한 국가적
후원인지 사기업체들의 산업스파이 활동의 일환이었는지, 아니면 단순한 해커들의
호기심에 의한 것인지는 밝혀지지는 않았지만 2005년 12월 미국 컴퓨터 보안담당자들
에 따르면, 중국 해커 군부대로 추정되는 원천에서의 지속적이고 간헐적인 사이버 공격
이 미국 본토를 향해 계속 진행 중이라고 한다. 한편 1999년 러시아의 컴퓨터망으로
추정되는 곳으로부터의 미국 보안 컴퓨터 시스템에의 지속적 침투시도인 **"달빛 미로
(Moonlight Maze)"**도 대표적인 사이버 비인가 접근 중의 하나였다.[1024]

4. 서비스 거부 공격(Denial-of-Service Attacks : DoS)

서비스 정지 공격, 불능공격, 방해 공격으로도 지칭된다. 컴퓨터 시스템을 파괴하지
않고 소비자가 컴퓨터를 이용할 수 없게 만드는 공격이다. 예를 들어 네트워크 또는
전산시스템에 과도한 부하가 걸리게 하여 정상적인 정보통신 서비스를 제공할 수 없게
하거나 서비스 제공 성능을 급격하게 줄이는 것이다.

소위 '다운되었다'는 것은 서비스 거부 공격에 의한 경우가 많다. 공격팀 이 대규모의
원격조정 컴퓨터망을 사전에 구축하여 특정 기관의 특정 서비스 네트워크에 동시에
접속함으로써 타깃이 된 컴퓨터 서비스를 마비시키는 수법이다. 2000년 2월 세계 컴퓨
터광들이 인터넷 서비스 업체인 야후(Yahoo)와 온라인 쇼핑 업체인 이베이(E-Bay)에
대한 분산공격으로 서비스가 중단된 사례가 대표적인 서비스 거부 공격이라고 할 수
있다.

5. 시스템 파괴(Equipment disruption)

악성코드를 사용하여서는 상대방 데이터베이스 자료를 절취하는 것도 가능하지만

[1023] Graham, B. "Hackers Attack Via Chinese Web Sites: U.S. Agencies' Networks Are Among Targets", Washington Post, August 25, 2005.
[1024] Bob Drogin, "Russians Seem To Be Hacking Into Pentagon: Sensitive information taken – but nothing top secret", Los Angeles Times, October 7, 1999.

목표 전산시스템 자체를 아예 파괴할 수 있음도 물론이다.

6. 국가기간망 네트워크 공격(Attacking critical infrastructure)

대상 컴퓨터나 컴퓨터 시스템 침투를 넘어선 사이버 파괴 공격이다. 목표국가의 발전소 운용체계, 물과 전력 공급체계, 행정 서비스 공급망, 통신 시스템, 운송 시스템, 금융시스템 등 국가기간시설에 대한 운용상의 장애를 초래하여 국가의 제반 서비스 활동을 마비시키는 컴퓨터 공격이다. 전자전쟁에 동원되는 전자폭탄, 전자총 등을 사용해 컴퓨터와 컴퓨터 통신망을 직접 대상으로 한 파괴 공격을 감행할 수도 있다. 아예 전자기장을 지배하는 것이다.

7. 사이버 심리공작(Psychological Operations : PSYOP)

사이버 심리공작은 상대방 국민의 감정 등 여론과 궁극적으로는 상대방 정부, 조직 그리고 개인의 행동에 영향을 끼칠 목적으로 의도된 정보를 사이버 공간을 통해 다양한 방법으로 상대방에 전달하는 것이다. 예를 들면 미국은 2003년 이라크 전쟁[1025]에서 공군과 걸프만에 정박 중이던 해군 함정에서 이메일, 팩스, 휴대전화를 통해 이라크 정치 · 종교 지도자 · 군 지휘관을 포함한 이라크 정책결정자와 오피니언 리더에게, 정상적이지 아니한 사담 후세인 대통령을 더는 지지하지 말라는 정치 메시지를 지속적으로 대량 발송하여 이라크 정부 내에 심각한 동요를 야기했다. 물론 이러한 심리선전 활동에는 상대국가의 정치 상황과 종교, 문화, 행정조직 등에 대한 깊은 지식과 수준 높은 정보를 필요로 하기 때문에 평상시의 정보기구들의 일반적인 정보 활동이 필수적이다.

사이버 심리전은 원칙적으로 주된 대상이 상대방이다. 여기에서 원칙적이라는 의미는, 사이버 심리전은 일단 방송과 동시에 전파적 통제는 불가능해서 후술하는 바와 같이 정보 소비자를 제한할 방법이 없다는 의미에서이다. 정보 세계의 윤리적 문제의 하나로 거론되는 것이지만 자국민에 대한 사이버 심리전은 소위 선동정치에 다름 아닌

1025) 미국은 2003년 이라크 전쟁을 이라크 평화작전(Operation Iraqi Freedom : OIF)이라고 호칭한다.

것으로 민주주의에 역행하는 것이다.

그런데 사이버 심리전에서도 역류 현상이 발생할 수 있다. 앞서 비밀공작 편에서 살펴본 바와 같이 '역류'란 상대방에게 살포한 조작된 정보가 본국에 거꾸로 흘러들어오게 되는 것이다. 그에 대해 당국이 진실을 해명해야 하는지의 문제가 제기되는 현상이다. 군사전문가들은, 미래의 전쟁은 정부 등 공식적인 조직의 의지가 아니라 대중의 심리에 의해 좌우될 것이라고 예측한다.[1026] 이러한 관점에서 사이버 심리전은 더욱 활용될 것이 명백하다. 사이버 심리전 능력은 사이버 전쟁역량 중에서 해외정보를 직접 취급함으로써 현지 사정에 능통한 국가정보기구가 직접 수행해야 할 부분이다.

8. 군사기망작전(Military Deception : MILDEC)

군사기망작전(MILDEC)은 의도적으로 상대세력이 그들의 군사 능력과 의도를 포함하여 작전을 수행하면서 오판하게 해, 특정한 행동을 하거나 필요한 대책을 강구하지 못하게 함으로써 아국의 군사작전을 성공적으로 수행하기 위한 제반 행위를 말한다. 이것은 잘못된 정보와 허위영상 그리고 허위 · 과장 연설 등 사이버 영역에서의 가상적인 기망작전으로 적국이 결정적인 오판을 유도해 군사작전을 성공적으로 수행하는 것이다. 예를 들면 2003년 이라크 전쟁에서 미국은 실제 전투 현장에 대한 이라크의 방어와 공격을 방해하기 위해 이라크의 레이더에 포착되게 가상의 비행공격 편대 공습을 만들어, 즉 허위영상을 유도하여 이라크군이 그곳에 집중하도록, 즉 오판 · 공격하게 만듦으로써 실제 미국의 전투 현장에는 아무런 피해 없이 성공적으로 작전을 수행할 수 있었다.

9. 작전보안(Operational Security : OPSEC)

작전보안(OPSEC)은 평시에는 비밀 분류된 정보는 아니지만, 상대방이 아국의 작전상 취약점을 유추할 수 있는 좋은 자료가 될 사이버상에서의 공개정보를 유사시에는

1026) 미국은 이슬람권 국민을 상대로 미국의 입장을 설명하고 미국에 대한 편견과 반감을 불식하기 위해, 부시 대통령이 2003년 1월 21일 대통령 명령 제13,283호를 발령하여 백악관에 글로벌 통신실(Office of Global Communications : OGC)을 설립하고, 이슬람 권역 국민과 직접 라디오, TV, 인터넷을 통한 의사소통을 전개하고 있다고 한다.

일시적으로 이용하지 못하도록 삭제하는 등의 통제를 말한다.

그러므로 역으로 작전보안은 상대세력이 평소 무엇에 관심이 있는지에 대한 평상시의 끊임없는 정보활동이 긴요함을 일깨워 주는 것이다. 예를 들면, 2003년 이라크 전쟁에서 미군은 이라크 군 당국의 군사적 사용을 방지하기 위해 국방부 웹사이트의 정보자료 중에서 평상시에는 공개되어 누구나 일반적으로 이용하던 민감한 내용의 정보를 모두 삭제했다. 이라크 정보당국 등이 실제 전투에서 활용하면 미군 측에 타격을 줄 수 있는 내용이었다.

사이버 정보통제는 정보에 대한 접근을 체계적으로 차단하는 일반적인 정보보안과 달리 평시에는 공개되어 비밀분류되지 않았지만, 비상시에는 군사작전과 활동에 응용될 수 있는 민감한 국가 사이버 정보를 통제하는 제반 절차로 사이버 전쟁에서 상대방에게 **불측의 당혹감**을 안길 수도 있다.

10. 컴퓨터 네트워크 공작(Computer Network Operations)

컴퓨터 네트워크 공작(CNO)은 상대방의 컴퓨터 네트워크를 공격하거나 붕괴하는 것, 아국의 군사정보 시스템을 보호하는 것, 일반적 정보수집 활동을 포함한 제반 정보수집 기법을 동원하여 상대방 컴퓨터 네트워크를 역 이용하는 것을 모두 포함한다.

컴퓨터 네트워크 공작은 ① 컴퓨터 네트워크 방위(Computer Network Defense : CND), ② 컴퓨터 네트워크 착취(Computer Network Exploitation : CNE), ③ 컴퓨터 네트워크 공격(Computer Network Attack : CNA)의 3가지로 나뉜다. 그것은 보호와 착취, 또는 활용과 공격 파괴의 3분야로 이루어진다.

미 국방부 보고에 따르면 미국은 21세기 최첨단 특수부대로 "네트워크 전쟁을 위한 기능적 합동부대(Joint Functional Component Command for Network Warfare : JFCCNW)"를 창설해 운용 중이라고 한다.[1027] 동 부대는 정규군 조직으로 사이버 전쟁을 목적으로 창설되었지만, 구체적인 임무는 철저히 비밀 분류되어 있다. 군 관계자들에 따르면 막강한 사이버 전쟁을 수행할 능력을 갖추고 있음은 틀림없지만 어떤 경우에도 선제적 사이버 공격을 하지는 않는다고 한다. 많은 컴퓨터 보안전문가들도

1027) Clay Wilson *op. cit*, p.4.

미국의 네트워크 전쟁을 위한 기능적 합동부대는 상대세력의 네트워크를 궤멸할 수도 있고, 적국의 컴퓨터와 네트워크에 침입해 정보를 절취하거나 조작해 정보를 새롭게 임의적으로 배치하거나 지휘 통제 시스템을 붕괴시킬 수 있는 역량이 있다고 판단한다. 동 특수 사이버 전쟁부대에는 CIA, NSA, FBI 요원을 비롯해 우방국의 민간인과 군 대표자도 일부 참가하고 있다고 알려졌다.

1) 컴퓨터 네트워크 방위(Computer Network Defense)

컴퓨터 네트워크 방위(CND)는 아국의 사이버 정보, 컴퓨터 그리고 컴퓨터 네트워크를 상대방의 공격으로 인한 붕괴와 괴멸로부터 보호하는 제반 조치를 말한다. 컴퓨터 네트워크 방위에는 권한 없는, 또는 권한을 초과한 컴퓨터와 네트워크상의 활동을 모니터하고 적발하며 또한 적절한 응전을 하는 것이 포함된다. 컴퓨터 보안의 전통적인 수동적 방법인 방호벽 설치 또는 데이터 암호화 장치설정 등은 물론이고, 상대방 공격의 진정성 여부를 결정하기 위한 적극적인 감시활동도 포함된다.

2) 컴퓨터 네트워크 착취(Computer Network Exploitation)

컴퓨터 네트워크 착취(CNE)는 상대방 컴퓨터와 네트워크의 취약 부분으로 침투해 중요한 파일을 복사하는 등 필요한 정보를 획득하는 것을 말한다. 컴퓨터 네트워크 착취(CNE)에 사용되는 수단은 컴퓨터 네트워크 공격(CNA)에 사용되는 기법과 유사하다. 다만 컴퓨터 네트워크 착취(CNE)는 네트워크 자체를 파괴함이 없이 필요한 정보만을 추출하는 데에 차이가 있다. 그것은 또한, 상대국의 컴퓨터 네트워크를 계속적으로 착취하는 접근이 된다. 그러나 현실에서는 이러한 컴퓨터 네트워크 착취와 전자감시 활동, 정찰위성 그리고 휴민트 등 정보수집기법과 함께 상대방의 공격 의도와 능력, 작전 내용을 파악하여 예방과 응전을 결정하게 된다.

3) 컴퓨터 네트워크 공격(Computer Network Attack)

컴퓨터 네트워크 공격은 컴퓨터 네트워크 자체 또는 내장된 정보를 붕괴하거나 괴멸하는 행위이다. 일반인의 상식과는 달리 2003년 이라크 전쟁 당시, 미국 국방 담당자들은 이라크를 상대로 한 컴퓨터 네트워크 공격을 충분히 준비했지만, 최종 결정에서 이라크에 대한 컴퓨터 네트워크 공격은 승인되지 않았다.

미국 국방당국자들은 이라크 컴퓨터 네트워크는 유럽의 은행을 비롯한 제반 네트워크와 연결되어 있는데, 이라크 컴퓨터 네트워크에 대한 미국의 공격은 결과적으로 유럽 지역의 은행과 ATM 활용 그리고 각종 전자거래에 직접적인 영향을 끼칠 것은 자명하고, 따라서 그것은 간접적으로는 미국의 경제에도 영향을 미칠 수 있으며 또한 세계인들에게 미국이 야기한 전쟁에 대한 반감을 불러일으킬 정치적 위험성도 있다고 판단했다. 그래서 더 충분한 대비책과 효율적인 공격 방법이 개발될 때까지 네트워크 공격을 유보했다는 것이다. 글로벌 네트워크의 연계성이 오늘날 얼마나 복잡하게 여러 방면에 영향을 끼치는지와 정책 결정과 행위수단 개발의 어려움을 단적으로 보여주는 사례라고 할 수 있다.

제2절 사이버 테러

제1항 사이버 테러 개관

I. 사이버 테러의 의의

사이버 테러(Cyber-terrorism)는 사이버 공간에서의 테러이다. 앞장에서 살펴본 바와 같이 테러는 정치적 · 종교적 · 이념적 목적달성을 위해 어떤 개인 또는 단체에 대하여 폭력을 사용하거나 위협을 하는 것이다. 국가소멸목적은 아니라는 점에서 사이버 전쟁과 구별된다. 테러는 극심한 공포심을 조성해 어느 나라나 국제기구로 하여금 부당하게 어떤 행동을 하게 하거나, 또는 어떤 행동을 하지 못하게 하려는 의도에서 자행되는 불법적인 공격이다.

사이버 테러(Cyber Terror)는 정보통신망을 이용해 사이버 공간에서 대상 컴퓨터와 네트워크를 대상으로 하는 테러행위이다. 사이버 테러는 상대방의 정책목표를 수정하게 하고 그들의 정치적 · 이념적 목적을 달성하기 위해 특별히 인터넷을 통해 대상 컴퓨터와 정보기술에 영향을 미쳐 물리적으로 대규모 손해나 붕괴를 야기함으로써 공포심을 조성하는 것이 주된 목적이다.

통상적인 해킹, 바이러스 유포, 메일 폭탄, 전자기적 침해 장비 등을 이용한 컴퓨터 시스템의 정보통신망 공격 등이 사이버 테러의 주요한 수법에 해당한다. 그들은 위력을 과시하기 위해 간단한 손동작만으로도 행정 · 금융 · 항공 · 철도 · 발전 · 수도 · 통신 등 국가 주요 기간시설에 대한 공격을 감행하여 국가사회 전반에 걸쳐 막대한 피해를 야기할 수 있다. 오늘날 인터넷이 인간 활동의 모든 영역에서 활용됨으로 인하여 개인 · 단체 등은 사이버 공간에서 간단한 클릭만으로 전 국민을 위협하고 국가를 위험에 빠뜨릴 수도 있게 되었다.

II. 사이버 테러의 전개

약 3,000명의 목숨을 앗아간 2001년 미국의 9/11 테러공격에서 보았듯이 현실적인 물리적 테러공격의 수법은 상상을 초월하며, 그 피해는 또한 엄청난 것임이 틀림없다. 그러므로 선량한 일반 국민의 일상생활에 많은 불편을 초래하여 치안 질서를 넘어서서 국가안보에 심각한 위협을 초래했던 것을 잘 살펴보았다.

그러나 현실 세계에서의 물리적인 테러공격은 공격 수단의 밀행성에 따른 공격 규모의 제약과 목표물의 한정성이라는 성격, 즉 공격에서의 규모의 경제라는 원칙에 따라 개인이나 단체 또는 국가에 충격적인 공포를 야기해 정치적 목적 등을 달성하려는 수단적인 방법으로서는 유용하지만, 근본적으로 어느 한 국가를 전복하거나 괴멸시키는 데에는 한계가 있다.

사이버 공간상의 사이버 테러는 물리적 테러의 한정성 제약을 받지 않고 정치적 목적의 달성 이상의 국가소멸 · 국가 전복을 목적으로 자행될 수도 있고, 실제로 재래식 무기 등에 의한 전쟁을 넘어서는 국가기간망 전체에 대한 손해를 야기해 국가의 존망을 위협하고, 심리적 선동 등으로 정부 전복을 도모할 수 있는 충분한 위험 수준까지 올라가 있다.

물론 이 단계는 이미 사이버 전쟁단계라고 할 수 있는 것으로 공포심 유발을 통해 정책변경을 유도할 목적인 사이버 테러(Cyber-terrorism)와 국가소멸과 정부 전복을 도모하는 사이버 전쟁(Cyberwar)을 구분해야 한다는 견해도 있고, 또한, 국제법적인 제반 규율의 관점에서는 그렇게 사용할 필요는 있다. 그러나 이해의 편의를 위한 구분에도 불구하고 사이버 테러와 사이버 전쟁에 명확한 차이를 두기가 현실적으로 곤란한 것도 사실이다.

한편 논자에 따라서는 실제 사이버 테러는 존재하지 않고, 사이버 공격은 해킹이나 (성패를 떠난) 사이버 전쟁 두 가지 중의 하나일 뿐이라는 견해도 있다. 왜냐하면, 실제 컴퓨터를 이용한 공격에는 그 손해의 치명성에도 불구하고 보호 기술의 발달과 복구기술력 등으로 일반적인 테러의 요소인 물리적 손해나 살상 등에 따른 실제적 공포를 야기하지는 못하고, 오히려 호기심을 유발하는 경우가 많기 때문이라는 것이다. 여하튼 오늘날 사이버 테러는 그 잠재적 대량 피해의 가능성만으로도 그리고 사이버 전쟁으로 비화될 수 있다는 위험성으로 가장 쉽게 접할 수 있으면서도 중요한 사이버 공격의 대표적 내용이 되었다.

현재 미국은 2001년 알카에다 조직에 의한 9/11 테러공격 이후 또 다른 잠재적 가능성이 큰 테러공격으로 사이버 테러를 손꼽는 데 주저하지 않는다. 미국 안보당국은 미국에 적대적인 국제 테러조직이 컴퓨터 네트워크를 이용해 국가기간망 시설에 대한 사이버 공격을 감행해 원자력 발전소 등의 오작동으로 방사선 누출을 야기하거나, 원자력 발전소 자체의 폭발을 야기한다거나, 가스 유출, 발전 장치 손상, 열차 선로의 충돌 야기, 항공 제어 시스템의 오작동으로 국가기간망 시설에 엄청난 손상과 파괴를 초래하거나, 컴퓨터 시스템의 오작동을 야기하여 국가 경제에 대혼란을 초래하는 등으로 크나큰 위해를 가할 개연성을 가장 위험스러운 사이버 테러 공격 피해로 예측하고 있다.[1028]

제2항 사이버 테러의 실례와 대책

실제 생활에서 사이버 공격은 알게 모르게 다양하게 이루어지고 사이버 공격은 정도에 따라 위의 여러 가지 방법이 혼용된다. 또한, 현실적으로 국가 존립까지도 위협한 사이버 공격도 발생했다.

동유럽 에스토니아(Estonia) 공화국에 대한 사이버 공격이 그것이다. 2007년 4월 27일부터 시작하여 5월 17일까지 에스토니아 국회, 수상 관저, 은행, 그리고 언론사의 컴퓨터망을 대상으로 한 광범위한 사이버 공격이 전개되었다.[1029] 사이버 공격에는 일반 시민이 자동차 렌탈 등 각종 서비스 이용을 못하게 하는 서비스 거부 공격과 정치적 목적의 선전 활동도 병행되었다. 당시 에스토니아 정부가 할 수 있었던 것은 더 커다란 네트워크상의 피해를 방지하기 위해 그저 컴퓨터 시스템을 다운시켜 놓는 것뿐이었다.[1030]

1028) Michael A Vatis, *Cyber Attacks during the War on Terrorism: A Predictive Analysis,* Institute for Security Technology Studies at Dartmouth College, September 22, 2001, p. 9
1029) Ian Traynor, The Guardian May 17, 2007: *Russia accused of unleashing cyberwar to disable Estonia.*

이 에스토니아에 대한 사이버 공격은 러시아가 직접 실행했던 것으로 알려졌다. 에스토니아 공화국에 대한 사이버 공격은 여러 국가, 특히 군 관계자들에게는 커다란 충격을 안겨 주었다. 2007년 6월 14일 북대서양조약기구(NATO) 회원국 정상들이 브루셀(Brussels)에서 만나 대책회의를 가졌고, NATO의 광범위한 컴퓨터 전쟁 보안대책을 논의했다. 한편 2007년 6월 25일 에스토니아 대통령 헨드릭 일베스(Toomas Hendrik Ilves)는 부시 대통령과 만나 에스토니아 국가기간시설 망에 대한 복구와 컴퓨터 공격에 대비한 보안 지원을 요청했고, 자국의 문제를 국제사회의 의제로 삼아 달라고 요청했다.1031)

1030) Larry Greenemeier, *"Estonian Attacks Raise Concern Over Cyber 'Nuclear Winter'"*, Information Week, 5, 24, 2007, *available at*.
http://www.informationweek.com/news/showArticle.jhtml?_articleID=199701774.
1031) White House May 4, 2007: *President Bush to Welcome President Toomas Ilves of Estonia*

제3절 사이버 전쟁과 국가안보

제1항 개 관

I. 사이버 전쟁

사이버 전쟁(Cyberwar)은 앞서 본 백악관의 사이버 지하드에 대한 선전포고 경고에서 알 수 있듯이 공포심의 조장을 넘어서서, 아예 상대국 정부의 전복이나 국가소멸을 목적으로 사이버 공간에서 실전적 형태로 전개하는 전쟁이다. 사이버 진주만 공습, 사이버 제3차 세계대전을 예상할 수 있다. 물리적 공간에서의 실전적인 전쟁에 못지않은 규모와 피해로 전개될 수 있는 것이 사이버 전쟁이다. 사이버 전쟁은 필연적으로 사이버 전쟁에 대비하고 전쟁 발발 시에는 전쟁 수행에 필요한 제반 정보활동을 요청한다. 그것이 바로 사이버 정보활동 또는 사이버 정보공작(Information Operation)이다.

정치적 의도를 관철하기 위해 공포와 혼란을 초래하려는 사이버 테러 수준을 넘어서서 실제로 정부를 전복하려고 하거나 한 국가를 궤멸시키려는 의도 아래에 시도되는 사이버 전쟁은 그 심각성이 사이버 테러와 또 다르다. 그러므로 사이버 전쟁에 대응하기 위한 사이버 정보활동은 전쟁의 포화 속에서 전개되는 것과 같은 실전적인 정보활동이다. 이에 미국 펜타곤은 아예 '정보공작과 사이버 전쟁(Information Operation and Cyberwar)'이라고 호칭한다.[1032]

제반 사이버 공격 수법은 사이버 테러와 사이버 전쟁에서 혼용되어 사용될 수 있으나, 사이버 전쟁은 **국가 전복**을 목적으로 하는 전쟁이라는 관점에서 그에 대한 명백한 개념 정립과 전쟁 수행능력에 대한 체계적인 이해가 요청된다.

지난날 각국은 사이버 정보통제 등 소극적인 정보보안에 주안을 두었다. 하지만 사이버 전쟁의 가공할 위험성이 부각됨에 따라 근자에 이르러서는 상대방 컴퓨터를 조종하거나 궤멸하기 위한, 전자장 에너지 등을 이용한 역 사이버 공격이나 사이버 심리전 등 공세적인 사이버 작전에 주안을 두고 있다. 현재 이란, 이라크, 북한, 중국, 러시아 등은 상당한 수준의 사이버 전쟁부대를 운영 중인 것으로 알려졌다.

1032) Clay Wilson *op. cit.*

미국의 경우에는 세계 최강의 신호정보 전담기구인 국가안보국(NSA) 등 각종 기술 정보 수집 정보기구를 병유하고 있는 국방부가 사이버 전쟁에 대한 책임을 담당한다. 기술정보수집 정보기구들이 모두 국방부에 집중된 측면과 사이버 전쟁은 실제의 물리적 전쟁과 병행하여 수행된다는 고려를 함께한 것이다. 그에 따른 실전부대가 소위 "글로벌 네트워크 공작을 위한 합동특별대책본부 (Joint Task Force-Global Network Operations : JTF-GNO)"이다.[1033] 그 역량 목표는 **"우리는 원하면 침투한다. 우리는 원하면 절취한다. 우리는 원하면 파괴한다"**라고 한다.[1034] 각국의 사이버 전쟁과 전자전쟁 수행능력을 잘 파악하는 것은 국가정보기구의 몫으로서 미래 전쟁에서 국가생존을 위한 필수적인 요청이다.

Ⅱ. 사이버 전쟁의 이해

사이버 전쟁은 네트전(net war)으로도 불린다. 사이버 전쟁에는 불가분 사이버 정보전이 수반된다. 정보 자체가 파괴하거나 정복할 가치가 있는 전략적 자산으로 전개되는 전쟁 양상이 되어 적의 정보, 정보처리 과정, 정보체계, 컴퓨터 네트워크를 교란시킴으로써 정보의 우위를 확보하는 것이 필수적이다.

사이버 정보전은 물리적 혹은 전자적 방식으로 적의 지휘 통제 체계를 파괴하거나 레이더망의 교란, 감지장치 우회 그리고 적의 컴퓨터망에 불법으로 침입하는 것을 모두 포함한다. 이러한 정보공작(Information Operations: IO)은 사이버 전쟁의 수행에 핵심적인 수단이다.

한편, 정보혁명의 또 다른 결과 중 하나는 전통적으로 군사력의 비교 기준이었던 병력과 화력의 크기와 양의 비교가 무의미해진다는 점이다. 즉 정보화에 힘입은 군사분야 혁명은 단순한 미사일 수의 비교보다는 어느 누가 우수한 정보작전 수행능력을 갖췄는가가 더 중요해졌다는 점을 의미한다. 고도의 사이버 공작 기술과 능력만 갖춘다면 미래의 전쟁은 더는 화력이 우세한 현재 강대국들의 전유물이 절대로 아니라는 것을

1033) Peter Brookes, *"The Art of (Cyber) War"* the Heritage Foundation, August 30, 2005.
1034) 한희원, 사이버 안보에 대한 국가정보기구의 책무와 방향성에 대한 고찰, 한국경호경비학회 - 제39호 (2014).

뜻한다. 기술적으로 우위를 갖춘 작은 나라가 얼마든지 세계 역학 질서의 중심역할을 할 수 있다는 것을 의미하는 것이다. 정보공작의 파괴력은 엄청나서 한 나라가 거의 파괴되기도 한다. 또 개인이 온 세계를 상대로 컴퓨터 바이러스를 퍼뜨리는 일도 정보공작에 속한다. 한 개인에 의해 수억 인구가 피해를 입을 수도 있게 된다는 것이다.

제2항 제5의 전장(戰場)에 대한 법규범 현실

Ⅰ. 사이버 전쟁에 대한 법규범 필요성 개관

미국 펜타곤 표준이론은 일정 수준의 사이버 공격은 전통적인 물리적 전쟁 개시를 가능하게 하는 정당 전쟁론의 이유가 된다. 미국 국방부는 사이버 공간을 육, 해, 공과 우주에 이은 제5의 전장(fifth domain of warfare)이라고 천명했다. 주권국가에 의한 공격뿐만이 아니라 테러조직, 극단주의 그룹, 국제범죄조직에 의해서 자행되는 사이버 세계에서의 공격도 그 엄청난 파괴력으로 인해서 사이버 전쟁의 개념에 포함하는 것이 국제적인 추세이다.[1035] 인류의 지혜로 전쟁법이 만들어졌듯이 이들 사이버 무법자 세계에 대해서도 법이 요청된다.

Ⅱ. 탈린 매뉴얼(Tallinn Manual)

1. 의의

탈린 매뉴얼은 단적으로 사이버 전쟁에 적용 가능한 국제법 모델이다. 현실 공간에서의 전쟁은 유엔헌장(7조)과 제네바 · 헤이그협약 등 국제법에 따른 교전규칙의 적용을 받지만, 사이버 공간은 오바마 대통령의 표현대로 '와일드 웨스트(황량한 서부)'이다. 황량한 서부에서의 사이버 전쟁의 기준을 정한 것이 탈린 매뉴얼(Tallinn Manual on the International Law Applicable to Cyber Warfare)이다. 탈린 매뉴얼은 북대

1035) Arquilla, John (1999). "Can information warfare ever be just?". Ethics and Information Technology 1 (3): 203-212. 2013년 7월 마이크 로저(Mike Rogers) 윌리암 린(William J. Lynn) 국방부 차관은 펜타곤은 사이버 공간을 육지, 바다, 하늘, 우주처럼 군사작전에 결정적으로 중요한 새로운 전장으로 공식적으로 인식하고 있다고 밝혔다.

서양 조약기구(NATO)가 에스토니아 사이버 테러공격을 당한 이후에 그 대책으로 제정했다. 40여 명의 군사 및 국제법 전문가가 3년에 걸쳐 연구한 결과물로 95개 조항으로 구성되어 있다. 사이버 공격을 당한 에스토니아의 수도가 탈린이다.

2. 사이버전(Cyber War) 교전규칙 개관

탈린 매뉴얼은 국제법상 허용되는 무력 사용(use of force)이 사이버 공간에서도 가능하다고 선언한다. 주요 내용은 다음과 같다.[1036] 어느 한 정부의 사이버 인프라에서 사이버 공격이 비롯됐다는 사실만으로 이 국가가 공격을 일으켰다고 단정할 수는 없지만, 이는 이 국가가 사이버 작전과 관련 있다는 것을 암시한다(7조). 다른 국가의 영토 주권이나 정치적 독립을 위협하거나 무력을 사용하는 사이버 작전은 불법이다(10조), 사이버 작전은 규모와 영향이 무력을 쓴 정도의 비(非)사이버 작전에 버금갈 정도로 클 때 무력사용으로 여겨진다(11조). 무력공격 수준의 사이버 작전의 대상이 된 국가는 자위권을 행사할 수 있다(13조). 민간인은 사이버 공격의 대상이 돼서는 안 된다(32조). 민간인은 적대행위에 직접 가담하지 않는 한 공격에서 보호받아야 한다(35조). 댐과 제방, 핵발전소를 공격하면 민간인이 큰 피해를 보거나 위험 물질이 방출될 수 있으므로 특별히 주의해야 한다(80조). 사이버 작전으로 민간인의 생존에 필수적인 시설을 공격·파괴·제거하거나 쓸모없게 만드는 행위는 금지된다(81조). 무력 충돌 당사자들은 문화재를 존중하고 보호해야 한다. 특히 디지털 문화재를 군사 용도로 사용하는 것을 금한다(82조). 중립지역에서 사이버 수단으로 공격권을 행사하는 것은 금지된다(92조).[1037]

1036)   http://www.nowandfutures.com/large/Tallinn-Manual-on-the-International-Law-Applicable-to- Cyber-Warfare-Draft-.pdf.

1037) Schmitt, Michael N (Gen. ed.) (2013). Tallinn Manual on the International Law Applicable to Cyber Warfare. New York, United States of America: Cambridge University Press.

Ⅲ. 미국의 실전 사례

미국 국방수권법 제954조는 "국방부는 사이버 공간에서 사이버 공격 작전을 수행할 수 있는 능력을 구축해야 하고, 대통령의 지시에 따라 사이버 공간에서 공격 작전을 수행할 수 있음을 명시하고 있다.[1038] 한편 미국 하원 전쟁 선포 결의안은 국방부 장관이 사이버 공격을 방어하기 위한 은밀한 사이버 활동을 수행할 권한을 가지고 있음을 명확히 하고 있다(제962조).

현재 펜타곤 사이버사령부 산하에 세 가지 유형의 사이버 임무군이 있는 것으로 알려져 있다. 첫 번째는 사이버 미션 포스(cyber national mission forces)이다. CNMF는 전력망, 발전소, 기타 국가 기반시설과 경제안보에 중요한 컴퓨터 시스템을 보호하는 것이 주된 임무이다. 둘째는 사이버 전투 임무 부대(cyber combat mission forces)로 경쟁 세력의 사이버 공격에 대한 공격이나 공격 작전을 실행하고 지원하는 임무를 담당한다. 세 번째는, 사이버 보호군(cyber protection forces)으로 국방부의 네트워크 강화를 주된 임무로 한다.

2004년의 지침을 개정한 2012년 11월 지침은 최초로 사이버 방어 행위와 공격행위를 그리고 네트워크 방호와 사이버 작전을 분리하여 규정하였다. 또한, 사이버 안보 거버넌스를 확립하여 각 기관의 사이버 작전 관련 업무를 부여하였으며, 군이 미국의 공공·민간 네트워크 위협에 대응하며 나아가 사이버 공격을 수행할 수 있는 근거를 마련하였다.[1039]

1038) National Defense Authorization Act for 2012.
1039)   http://www.washingtonpost.com/world/national-security/entagon-to-boost-cybersecurity-force/ 2013/01/27/ d87d9dc2-5fec- 11e2-b05a-605528f 6b712_story.html. 이 지침을 사이버 교전규칙, 사이버전 전략, 사이버 작전 가이드라인이라고 한다

제4절 사이버 공격과 국가안보

제1항 사이버 정보활동의 향후 과제

오늘날 사이버 테러나 사이버 전쟁은 일반인의 상상과 대처를 훨씬 뛰어넘는 수준에서 전개되고 있다. 현재 사이버 영역은 국제법적 규율대상에서 벗어나 있는 개별국가의 노력과 독자적인 전력 경주에 의한 무한 경쟁의 영역이라고 할 수 있다. 그런데 사이버 기술 후진국을 영원히 종속관계에 고착시키는 또 다른 21세기형 사이버 식민 지배를 야기할 수 있는 위험도 엿보이는 영역이다.

그러므로 정책적인 관점에서만 본다면 사이버 정보경쟁에 대한 각국의 지혜로운 국제적 공조 노력은 중요하다고 하지 않을 수 없다. 사이버 무기에 대한 실질적인 국제 군축협상, 각국의 서버를 경유하며 자행되어 특정 국가의 노력만으로는 추적이 어려운 사이버 테러 조직에 대한 국제적 공조 노력, 민간영역에서의 컴퓨터 보안의식의 제고, 비군사적 목적의 컴퓨터 네트워크에 대한 사이버 공격에 대한 제재를 규율하는 국제조약 등의 합의도출은 유엔헌장이 추구하는 세계 평화와 안전을 위한 초석이 된다고 할 것이다.

현재 각국은 미래 전쟁에 있어서 사이버 정보전쟁이 결정적으로 중요한 것임을 인지하고 그 능력 고양과 예방책 확보에 진력하는 한편 과거 국제법상의 군축경험을 이 새로운 전쟁 영역에도 도입하여, 각국이 소모적으로 벌이고 있는 무한정의 노력과 비용을 줄이자는 논의가 진행되고 있다.

그러나 그것은 아직 논의 단계이고 또한 설령 그러한 국제법적인 논의가 성사된다고 하더라도 협약 위반 사실을 적발하기가 재래식 무기에 대한 감시보다 더욱 어려울 뿐만 아니라, 사이버 정보전쟁의 성격상 단기간에 국가기간망 및 군사시설에 결정적인 손해를 초래하는 것이기에 사후적 제재와 보상은 이미 야기된 손해를 회복할 수도 없는 것이다. 결국, 주권국가는 저마다 할 수 있는 최선의 노력으로 사이버 안전망을 구축하고 사이버 전쟁역량을 증가시키는 것이 최선의 방책이다.

제2항 사이버 환경과 국가정보의 역할

국가정보는 국가안보와 국가이익을 수호하려는 일국의 결집된 노력이다. 그런데 사이버 환경은 국가안보의 양상을 근본적으로 바꾸고 있다. 따라서 국가정보에 대하여도 전혀 다른 새로운 접근과 모습을 요구하고 있다. 사이버 공격이 요구하는 국가정보의 새로운 모습과 역량은 그 절실한 필요성에도 불구하고 대다수 국가가 경험해 보지 않은 내용이다. 국가정보기구의 창조적인 노력을 전제로 한 국가 간 무한정한 경쟁이 전개되는 정보영역이다. 다음과 같은 사항이 사이버 환경에서 국가정보기구에게 절실하게 요구되는 내용이라고 할 수 있다.

I. 경쟁국과 적대세력의 사이버 공격 의도와 능력 파악

먼저 국가정보기구는 사이버 전쟁 수행에 필요한 5대 역량, 즉 사이버 심리전(PSYOP), 군사기망작전(MILDEC), 작전 보안(OPSEC), 컴퓨터 네트워크 작전(CNO) 그리고 전자전쟁(EW)에 대한 충분한 이해로 실전 능력을 갖추어야 한다. 물론 전자전쟁 수행을 위한 별도의 전자부대를 운영할 필요도 있을 것이다.

또한, 국가정보기구는 그 연장 선상에서 현재의 적국, 잠재적 적국 그리고 경쟁국과 단체 등 적대세력의 사이버 테러 역량은 물론이고 그들의 사이버 전쟁 수행 역량을 파악할 수 있는 능력을 구축하고 지속해서 모니터링해야 할 것이다. 상대국이 사이버 전쟁능력을 갖추고 그를 주된 전쟁 방법으로 상정하고 있는 마당에는 아무리 우수한 최첨단의 물리적ㆍ재래식 무기를 갖추었다고 하더라도 아국의 전자장이 상대세력에 의해 지배당하는 순간, 아국의 재래식 무기는 고철에 지나지 않았음을 이라크 전쟁은 보여 주었다.

II. 전자전쟁 신병기의 과학기술 추이 추적 및 파악

국가정보기구는 또한 사이버 무기와 전자전쟁 무기의 세계적 발전과 개발 추이를 잘 추적ㆍ파악하고 있어야 한다. 이것은 상대세력의 공식적인 사이버 국방 무기체계에 대한 파악만을 뜻하는 것은 아니다. 사적 영역에서 개발되는 상업적 전자장비 등은 언제라도 첨단 전자무기로 변모할 수 있는 것으로, 민간영역의 기술개발 수준을 포함한 상대국의 전반적인 사이버 역량을 파악해야 한다는 것을 의미한다. 사이버 전쟁이 국가의 존망을 좌우할 중요한 국가안보의 문제임에는 재론이 필요 없고, 국가안보의 문제는 국가정보기구 제1의 존재 이유이므로 상대방의 사이버 역량이 아국에 위협요소로 작용될 위험이 있는 한 국가정보기구의 사이버 정보활동 노력은 뒤따라야 한다.

Ⅲ. 사이버 환경 규범의 파악과 분석

국가정보기구는 사이버 영역에 대한 국제법적 논의과정과 각국의 제도적 · 법적 내용도 추적 · 파악하여 이를 정책담당자가 올바르게 정책에 반영하도록 제공해야 한다. 사이버 환경에 대한 국제법적 통제 노력은 순수한 정책적 관점에서만 본다면 매우 바람직하다고 할 것임은 앞서 본 바와 같지만, 국가 전략적인 측면에서는 반드시 그러하지 않을 수 있다. 왜냐하면, 사이버 영역에 대한 국제 규범에 대한 무작정적인 순응은 오히려 국가이익을 저해할 수도 있기 때문이다.

1998년과 1999년 러시아는 유엔에서 사이버 무기 군축 제안을 한 바가 있고, 2002년 G8 정상은 하이테크 범죄대책 회의를 개최하여 악성 컴퓨터 코드를 분류하고 통제하는 국제적 합의를 했다.[1040] 또한, 2001년 11월 23일 유럽연합 이사회(EU Council)는 헝가리 부다페스트에서, 사이버 영역에 있어서 각국의 관련법을 통일하고 각국의 조사방법의 체계화를 이루어 조사능력을 고양하며, 사이버 영역에서의 국제적 협력을 도모하기 위해 총 48개조로 구성된 사이버 범죄에 대한 유럽협약(Council of Europe Convention on Cybercrime)을 마련한 바도 있다.[1041] 그러나 각국의 정치적 고려 및 외교 · 국방정책과의 연관성 등 제반 사정으로 유럽연합의 사이버 범죄협약은 2004년 7월 1일 단지 5개국이 비준하는 데 그쳤다. 미국은 많은 논쟁 끝에 2006년 8월 3일 다수의 조항에 대한 유보 후 일단 동 협약을 비준했다.[1042] 모두 국익의 관점이었다.

1040) Andrew Rathmell, "Controlling Computer and Network Operations," Information and Security, vol. 7, 2001, pp.121-144.
1041) Kristin Archick, The Council of Europe Convention, (Foreign Affairs, Defense, and Trade Division (2004. 7.22).

한편 미국은 전자적 통신 안보를 포함하여 2005년 4월 27일 연방정부의 전략적 통신을 강화하기 위한 내용을 담은 전략통신법(Strategic Communication Act of 2005)을 발의하여 현재 하원에 계류 중이다. 전략통신법에서 말하는 전략통신이란 각국의 태도와 문화에 대한 이해, 각국 국민과 기구들과의 대화와 의견교류, 각국 고위 정책결정자, 외교관 그리고 군 지휘관 등에 대하여 대중여론을 전달하고 정책선택에 대해 자문을 하는 데 필요한 다양한 의사소통 장치를 일컫는다(동법 Sec. 2 (a) 참조). 전략통신법은 각종 세금이 면제되는 전략통신 센터를 설립하여 전략통신의 안전성을 도모함에 목적이 있다. 법은, 전 세계 각 국민과 신뢰성 있는 대화와 통신을 한다는 것은, 국가이익 도모와 국가안보 수호 및 외교정책 수행에 매우 긴요하다고 보고, 그 중심에 세계와의 전략통신의 중요성이 있다고 판단한다.[1043]

이러한 모든 국제적 노력은 그 정당성에도 불구하고, 이미 사이버 무기에 대한 개발과 기술발전을 이룬 나라와 이제 사이버 문제에 대한 심각성을 깨닫고 개발을 시도하는 후발 국가를 현재의 기술 수준에서 동결을 가져올 수도 있는 것으로서, 극단적으로 말한다면 제2의 사이버 핵무기 개발에서도 기존의 핵무기 개발과 동일한 국가장벽, 즉 전자무기 블록을 형성하여 일국을 영원히 사이버 세계에서의 종속국가로 영락시킬 수도 있다는 현실적 이해충돌에 부딪힐 수 있다.

이러한 제반 노력에 대한 정보수집과 분석 판단은 국가정보기구가 아니면 수행하기 어려운 분야이다. 국가정보기구는 이러한 국제적 노력이 아국의 현행 사이버 전쟁에 대비한 기술개발과 우리의 사이버 전쟁에 대한 역량에 비추어 국제적 공조를 이루는 것이 좋을지 아니면 국제협약 가입은 시간을 가지고 충분히 고려하고 일단은 기술개발 과 역량 강화를 더욱 추진하는 것이 온당할지에 대한 현명한 정책판단을 할 수 있도록 충분한 정보수집과 분석을 다 하여, 그러한 정보분석 자료를 정책담당자에게 제공해야 할 것이다. 이러한 일들은 국가정보기구가 아니면 도저히 할 수 없는 일임은 자명해 보인다.

1042) Clay Wilson op, cit, p.13
1043) 계류 중인 법안은 H.R. 1869 [109th]: Strategic Communication Act of 2005이다.

Ⅳ. 민간영역에 대한 보안과 교육

마지막으로 민간영역에서의 컴퓨터 보안에 대한 역량 강화 및 대책 강구이다. 오늘날 컴퓨터 네트워크의 발달은 민간영역이 국가 주요기간시설의 운용에 참여하는 기회를 넓혀 주고 있다. 시설의 구축에서뿐만 아니라 유지 보수 등이 민간영역에 의해서 이루어지고 있는 것이 적지 않다. 국가기간시설 네트워크에 대한 보수·유지가 일정 부분 불가피하게 민간영역에서 이루어진다는 것은, 쉽게 말하면 국가기간시설에 대한 정보가 자연스럽게 외국업체를 통해 상대국으로 흘러 들어갈 수도 있음을 뜻한다. 왜냐하면, 오늘날 다국적 기업의 활성화는 기업의 국적을 불투명하게 했고, 또한 기술적으로도 일련의 하청·재하청 공정은 기업의 영역에서 무수히 발생하고 있기 때문이다. 이러한 관점에서 민간영역에서의 컴퓨터와 그 네트워크 보안은 국가안보와 직결되어 있다고 할 수 있다. 국가정보기구는 특히 국가기간시설 망과 연결된 민간영역에 대한 보안 활동 그리고 상대국의 침투에 대한 방첩 활동 및 보안교육을 통한 최선의 보안체계 확립에 민간영역과 상호 협조하는 노력을 기울여야 한다.

제3항 정보화와 국제 군사안보 질서

일찍이 앨빈 토플로는 제1의 물결 시대인 농업사회에서의 전쟁은 칼, 창, 활, 방패 등을 사용한 원시적 백병전이었고, 제2의 물결 시대인 산업사회에서의 전쟁은 화약발명과 더불어 대포, 전차, 원자폭탄 등 대량 화력으로 무차별 대량파괴 및 살육전이 전개되었으며, 제3의 물결 시대인 지식 정보화 시대에서는 하이테크 전쟁으로서 정밀 유도무기로 주문파괴를 하고, 실시간의 정보획득 처리 및 타격을 할 수 있고 그 범위도 우주 전쟁으로 확대됨으로써, 대량 파괴와 대량살상 없이 전장에서의 우위를 점함으로써 승리하게 될 것이라고 예견했었다.

그의 예언대로 컴퓨터 과학 기술과 정보기술의 획기적인 발전은 군사력 운용에도 혁신적인 변화를 요청하여, 1990년대에 이르러 선진 각국은 소위 "군사혁신 (Revolution in Military Affairs : RMA 또는 Military Technical Revolution :

MTR)"을 단행하여 전자전쟁 등에 대비한 새로운 전쟁 패러다임을 추진해 왔다.

오늘날 군사혁신(RMA)은 미래의 전쟁이 전장 감시 체계와 전투력 운용체계를 한 개의 네트워크로 결합한 단기간 그리고 집중적인 고효율성 전쟁 패러다임을 추구하는 방향으로 전개된다. 이에 21세기 전쟁은 사이버 전쟁과 전자정보전일 것으로 군사전문 가들은 보고 있다. 전술한 바와 같이 이라크 전쟁은 21세기 미래형 전쟁으로 민간인 피해를 최소화하면서 지휘통신망 및 군사 목표물을 정밀하게 타격하고 전자무기와 사이버 심리전쟁, 사이버 정보작전 등 새로운 공격 방법을 적용한 전쟁이었다. 걸프 전쟁과 이라크 전쟁은 미래의 정보 과학전에서는 사이버 공간의 전장을 압도적으로 지배하는 정보화·과학화된 선진 정예군이 아니면 결코 전쟁에서 이길 수 없다는 것을 여실히 보여 주었다.

사이버·전자전쟁이 될 것으로 예측되는 미래 전쟁은 전자기장을 지배함으로써 이 루어질 것으로, 각종 사이버 무기, 즉 다양한 공격·방어용 소프트웨어, 그리고 전자기 장 무기 등 모든 종류의 비살상의 소리 없는 무기가 사용될 것으로, 그 공격대상도 군대 이외에, 공중 네트워크, 운송 시스템, 금융 서비스, 의료 서비스, 전기, 수도 등의 국가 기반시설 및 지적 재산, 연구자료, 유동자산, 전자적 자산, 전자 상거래 기반구조 등의 경제기반, 중요한 정부 기관 또는 민간기업 및 특정 단체가 전방위적으로 대상이 될 것이다. 이것은 바꾸어 말해 국가안보의 확립을 위해 정보작전과 전자전쟁을 수행할 최첨단의 능력을 갖춘 민·관·군이 혼용된 특수전 부대의 시급성과 당위성을 말해주 는 것이라고 할 수 있다.

2003년 부시 행정부는 의회의 정식 입법 조치 전에 국가안보 대통령 명령 제16호 (National Security Presidential Directive 16)를 발령했다.[1044] 동 대통령 명령은 미국이 언제 그리고 어떻게 상대국의 컴퓨터와 네트워크를 공격할 수 있는지의 기준을 제시한 국가 차원의 가이드라인이다. 내용이 비밀분류되어 있지만, 상대국의 사이버 공간에서의 어떠한 행위를 사이버 전쟁에 따른 공격으로 간주하고, 따라서 어떠한 조건 에서 상대방에 대해 정당한 물리적 대응 공격을 할 수 있는지와 그것을 누가 결정할 것인지의 기준을 제시한다고 한다.[1045] 쉽게 말하면 촌각을 다투는 사이버 전쟁의

1044) 부시 대통령 명령 제16호는 제목이 『To Develop Guidelines for Offensive Cyber-Warfare』이다.

전쟁 선포 가이드라인이다. 이러한 노력은 국가안보 업무의 명백성과 책임성을 확보할 수 있으며 비상시에 사이버 전쟁 발동의 국제법적 정당성을 뒷받침할 수 있다는 점에서도 우리도 본받아야 할 내용이라고 할 것이다.

결론적으로 전자 과학기술의 획기적 발달에 따른 첨단화 그리고 고도화된 미래의 전쟁공격 기술은 오늘날과 차원이 다르게 발전될 것이라는 점은 명백하다. 그러한 공격은 사전경고 없이 진행될 것이며, 상호연관이 없는 것처럼 보이지만 하나의 목적을 위해 조직적으로 움직이기 때문에 점점 더 공격자들을 탐지하고 방어하기가 어려워지는 내용이 될 것이다. 이처럼 무정형의 그러나 가공할 내용으로 전개될 사이버 전쟁을 포함한 사이버 환경에 대한 구체적 대책은 법집행기구의 사이버 치안역량 강화만으로는 이루어질 수 없는 것으로 궁극적으로 국가정보기구의 몫이라고 할 것이다.

제4항 사이버 안보환경의 미래

Ⅰ. 전자전쟁(Electronic Warfare ： EW)

1. 전자전쟁의 의의

전자전쟁은 전자기장(electromagnetic spectrum)을 제어하는 전자폭탄과 전자총 등 전자무기를 사용하는 전쟁이다. 통상 광의의 사이버 전쟁의 일환으로 일컬어지기도 하지만, 전자전쟁은 현실 세계 물리적 공간에서도 전개된다는 점에서 사이버 전쟁과 차이가 있다. 전자전쟁은 전자기기를 사용하는 모든 물체를 상대로 전자회로에 오작동을 초래함으로써 재래식 전쟁과 같은 대량살상은 피하면서도 국가기능 마비 등 더욱 커다란 손해를 초래하는 신개념 전쟁이다.

예컨대 고준위 전자기 에너지를 사용하여 상대국의 컴퓨터, 라디오, 전화 등 통신장치, 트랜지스터나 반도체 등을 사용하는 각종 전자장치에 과부하가 걸리게 하거나 회로장치에 고장을 유발시켜 오류를 야기함으로써 통신, 교통, 발전, 수도, 군사지휘통제 등에 결정적 타격을 가하는 방법이 동원될 수 있다.

1045) Kristin Adair, *"Rumsfeld's Roadmap to Propaganda"*, National Security Archive Electronic Briefing Book No. 177, January 26, 2006.

미국은 1986년 2시간 동안의 리비아 지도자 카다피에 대한 선택적 보복작전과 1991
년의 걸프 전쟁에서 이미 새로운 패러다임의 전쟁 양상을 선보였고, 단 3주 만에 종료된
2003년의 이라크 전쟁은 전자전쟁의 서막으로 전개되었다. 전·후방이 따로 없이
상대방의 전쟁지휘부로부터 말단 전투부대에 이르기까지 중요한 목표물을 동시에 타
격하여 무력화시키는 "동시 병렬전쟁(Parallel War)"을 수행하여 그 막강하다던 이라
크 혁명수비대는 제대로 힘 한번 써보지도 못하고 초토화되었다. 이라크 전쟁의 초전
단계에 미군이 사용한 전자무기는 목표물을 물리적으로 파괴한 전술적 공격무기로
사용되었지만 모든 통신·전자기기·컴퓨터들을 무력화시켰다는 점에서는 전자무기
로 기능했던 것이다.

전자기장을 지배하여 전자회로에 마비를 초래하는 이러한 전자무기를 실제 전장에
서 본격적으로 사용하면 최첨단 전력도 일순간에 무력화된다. 전자적으로 무력화된다
는 것은 토마호크 미사일, 스텔스 전폭기, 항공모함, 최첨단 전차들이 아무런 기능을
발휘할 수 없는 고철이 된다는 것을 의미한다. 전자전쟁은 전자무기를 포함한 최첨단
무기를 전략 표적과 전술 표적에 대해 동시, 다량, 집중적으로 사용하여 정확한 목표
타격을 함으로써 민간피해와 전투원의 손실을 최소화하며, 필요한 표적만 무력화시킴
으로써 단기간 내에 전쟁을 종료해 인명 살상을 최소화하고 전쟁비용도 경감하며,
전후 복구도 손쉽게 처리할 수 있는, 부수적이지만 중요한 효과도 있다. 오늘날 미국은
전 세계에서 유일하게 실전적 전자전쟁을 경험한 국가이다. 미국은 시리아에 대한 공격
을 시발로 2차례에 걸친 걸프 전쟁과 2003년의 이라크 전쟁 그리고 아프가니스탄 전쟁
등지에서 전자전쟁의 능력을 유감없이 발휘하고 또한 실험해 보고 있다고 할 수 있다.

2. 전자전쟁 능력

1) 전자기장의 지배(Domination of the Electromagnetic Spectrum)

전자전쟁은 전자기장의 우월적 지배에 성패가 달려 있다. 각종 전자적 도구를 사용하
여 아국의 전자기장은 정상상태를 유지하고 상대방의 전자기장에는 타격을 가하고
변형을 유발해 통신과 원격 조종장치 및 각종 무기에 내장된 전자회로에 장애를 유발하
는 것이 전자전쟁의 요체이다.

미 국방부는 현대전쟁에 있어서 전자전쟁의 중요성을 어느 나라보다 심각하게 고려하여 전자기장의 전 영역을 전자전쟁의 대상으로 설정하고 있다고 한다. 인공위성의 붕괴를 포함하는 소위 "항법전쟁(navigation warfare)"을 비롯해 라디오 등 상대방의 언론에 대한 전자적 장악으로, 예컨대 상대방의 정상방송 중에서 아국에 불리한 내용은 방송되지 않게 하는 등으로 방송내용이 자동적으로 변형되게 전자적으로 여론의 우위를 점하는 것, 상대방 레이더 시스템, 무인 정찰 장비나 로봇의 오작동을 유발하는 내용을 모두 포함하고 있다.

오늘날 반도체 등 전자부품이 거의 모든 일상 제품에 사용되고 있음을 감안하면 전자전쟁을 감행한다는 것은 전자부품을 사용한 전화, 라디오, TV, 컴퓨터, 자동차, 기차, 항공기, 선박, 무선통신기기, 레이더장치, 탱크, 미사일 등 전쟁 무기는 물론 생활필수품도 모두 사용이 불가능하게 만든다는 것을 의미한다. 이러한 전자전쟁은 인명 살상 없이 전자적·기계적 장치에 장애를 초래하여 기계 장치를 고철화됨으로써 그 기능을 마비시키는 것으로 전쟁의 성격을 극적으로 변환시키고, 방위와 자위의 개념에 대하여 근본적인 수정을 요구한다.

전자전쟁은 사이버 영역에서 컴퓨터 네트워크 착취(CNE)를 통하여도 전개될 수도 있다. 최근 사이버상의 군사정보작전 결과를 보면 상대방의 컴퓨터 네트워크에 비밀리에 침투하여 그들의 레이더망이 과연 무엇을 탐지하고 있는지를 모니터링할 수도 있다고 한다. 실험은 더 진행되어 현재 미국은 상대방의 컴퓨터와 네트워크를 상대방이 인지하지 못하도록 한 채 비밀리에 접수하여 상대방의 레이더가 오히려 상대방에게 허위의 영상을 제공하도록 외부에서 조종할 수 있는 능력도 갖추었다.[1046] 이것은 즉 상대방이 허상을 보고 자국의 시설이나 자국민을 대상으로, 또는 동맹국을 향해 미사일 발사 등 오류 공격을 하게 만들 수도 있음을 뜻하는 것이다. 이처럼 전자전쟁에 있어서 전자전 무기를 직접 사용하는 것보다, 전반적인 전자기장을 제압하고 전자기장에서 우위를 확보하는 것이 상상을 초월한 위력을 가지는 것으로, 궁극적으로 전자전쟁의 승패를 가져오는 관건이 된다.

1046) David Fulghum, 'Sneak Attack,' *Aviation Week & Space Technology*, June 28, 2004. 데이비드에 따르면 이 작전은 미국 네일 공군 비행기지에서 2000년과 2003년에 시연되었는데 Suter 1과 Suter 2라고 불렸다고 한다.

2) 전자전쟁 무기와 정보활동

현재 전자전쟁 무기에 대해 미국과 중국, 러시아 그리고 일본의 능력이 어느 정도인지에 대하여는 누구도 알지 못한다. 혹자는 오늘날 전자전쟁 무기를 논하는 것은 전투비행기를 상상하기 힘들었던 1900년대 초에 마치 초음속 공중폭격기를 생각하는 것과 같다고 말한다. 전자적 기술진보의 속도는 상상을 초월하고 있어 상상 속의 신병기들이 실용화될 날도 멀지 않았다.

그러므로 전자전쟁 무기에 대한 대책과 개발은 절대 게을리할 수 없는 영역으로, 1990년대 중국 정보기관이 피나는 노력으로 미국의 핵무기 개발 비밀을 알아내었듯이 전자장비에 대한 기술 개발과 함께 각국의 기술진보를 파악하는 정보기구의 역할은 두말할 나위 없이 중요하다고 할 것이다. 사실 전자전쟁과 사이버 전쟁은 기존의 재래식 전쟁처럼 고조된 긴장을 전혀 감지하지 못하고, 또한 선전포고에 의한 상대방의 의도를 파악할 기회를 얻지 못하고 바로 교전 상태로 진입할 수도 있는 비정형적인 전쟁 양상으로 전개된다. 그러므로 어떠한 징후를 전쟁 도발적인 예후로 판단할 것인지 그 기준을 설정하는 것도, 정당성을 확보하면서 긴장 어린 예방 활동을 하는 데 중요한 요체라고 할 것이다.

Ⅱ. 양자 컴퓨터(Quantum Computers)

1. 개관

스파이는 태고적부터 존재했다. 경쟁이 있으면 정보가 필요했고, 부족, 민족과 정부는 정보에 의존해 존속했다. 정보 수단은 과학기술의 발전에 발맞추어 변화를 거듭했다. 오늘날 그 중심에 사이버 공간에서의 스파이 활동이 있다. 그를 방어하는 것이 컴퓨터 보안, 즉 사이버보안이다. 그런데 만약 사이버 공간의 모든 암호화 프로그램을 파괴할 수 있는 궁극적인 가공할 만한 기술이 개발된다면 어떻게 될 것인가?

말할 것도 없이 그것은 궁극적인 사이버 스파이 도구일 것이다. 그러한 기술의 하나가 양자 컴퓨터이다. 양자 컴퓨터를 개발하는 최초의 국가는 현재 사이버 공간에 있는 암호화된 모든 메시지를 읽고, 모든 은행 계좌와 모든 나라의 군사비밀 파일에 접근할 수 있을 것으로 전문가들은 예상한다. 양자 컴퓨터는 완벽한 컴퓨터 네트워크 스파이 도구인 것이다. 양자 컴퓨터는 현재는 완벽한 보안체계라고 말해지는 블록체인 보안도 격파할 것으로 예상된다.

　문제는 양자 컴퓨터의 이런 놀라운 의미를 고려할 때, 양자 사이버 간첩의 적법성에 대한 국제법적 논의가 별도로 있어야 하지 않느냐는 점이다. 『비밀의 언어(THE CODE BOOK): 암호의 역사와 과학』의 저자 사이먼 레나 싱(Simon Lehna Singh)은 양자 컴퓨터의 위력을 고려하여 정부는 어떻게 양자 암호학을 규제할 것인가라는 질문으로 책을 마무리한다.[1047]

2. 양자 컴퓨터와 암호

　대부분의 현대 과학자들은 양자 컴퓨터는 오늘날의 가장 빠른 슈퍼컴퓨터가 우주의 나이보다 더 오래 걸려 계산하는 것을 불과 몇 초에 할 수 있는 기적의 컴퓨터라고 하고, 양자 컴퓨터는 또한 격파할 수 없는 새로운 암호체계를 제공하여 비밀정보를 보호하는 절대 보안체계를 구축할 수 있는 비밀병기가 될 것이라고 설명한다.[1048]

　그러므로 양자 컴퓨터는 사이버 간첩과 국제법에 놀랍고 깊은 영향을 미칠 것이 분명하다. 본격적인 양자 컴퓨터 기술을 보유하는 국가는 사이버 공간에서 어떤 장애도 없는 무한한 스파이 활동을 수행할 수 있을 것이기 때문이다. 과학 저널리스트 줄리안 브라운(Julian Brown)은 양자 컴퓨터가 사이버 간첩과 국제사회에 미치는 영향을 다음과 같이 묘사했다.

> "양자 컴퓨터는 전통적인 컴퓨터의 능력을 훨씬 능가한다. 양자 컴퓨터는 군사, 통신, 비밀과 감시, 데이터 보호, 전자 상거래 및 일반 시민들의 사생활에 큰 영향을 미치게 된다. 만약 누군가가 완전한 양자 컴퓨터를 만들 수 있다면 당신의 은행 계좌에서부터 국방부의 가장 비밀스러운 파일까지 모든 것에 접근할 수 있다. 이 연구를 뒷받침하는 상당한 자금이 펜타곤, 국가안보국(NSA), 나토(NATO) 같은 기관에서 나오는 것은 놀랄 일이 아니다. 양자 컴퓨터를 만들려는 사람이나 조직에 대해 유수한 정보기관들은 촉수를 높여 감시한다."[1049]

1047) Simon Singh, The Code Book: The Science of Secrecy from Ancient Egypt to Quantum Cryptography (Anchor, 2000), p. 350.
1048) 양자컴퓨터가 뭐죠?. 과학기술정보통신부. 2019년 11월 29일.

3. 국제법적 규율 가능성 - 학설의 대립

현행 국제법으로는 양자 간첩 행위는 금지되지 않는다. 최악의 시나리오는 핵무기 기술처럼 파괴적인 정부가 양자 컴퓨터 기술을 만들어 현행 보안체계를 파괴하고 해킹하여 지구의 비밀을 손에 넣는 것이다.

이러한 상황은 방지하여야 하는 것이 아니냐는 문제의식이 양자 컴퓨터에 대한 국제법적 규율이다. 하지만 통합된 합의 가능성은 커 보이지 않는다. 양자 컴퓨터로 연결되는 인류 미래의 사이버 공간을 우주나 북극 남극처럼 인류의 공역이 되지 않는다면 인류는 전쟁 없는 세계대전의 길로 나아갈 위험성에 쉽게 노출된 것이다. 물론 그에 대해 입법을 한다고 할 때도, 제재할 수 있는 차원 높은 사이버 양자 국제경찰의 조직과 운영의 실제도 난제일 것이다. 그러나 인류는 언제나 아이디어가 현실이 되는 것을 경험했음을 반추할 희망은 있어 보인다.

Ⅲ. 맺는말

최악은 사이버 전쟁과 전자전이다. 그런데 현행 전쟁법은 사이버 공격이 오프라인상의 무력공격에 해당하거나 현재 진행 중인 무력충돌의 맥락에서 발생하는 사이버 공격에 대해서만 대응할 수 있는 근거를 제공한다. 현존하는 다른 국제법 체계들은 초기 또는 단편적인 보호만을 제공한다.[1050]

오늘날 사이버 공격의 위협은 빠르게 증가하고 있지만, 그에 대한 안전확보 대응은 공격 속도를 따라가지 못하고 있다. 사이버 공격 도전에 대한 근본적인 대처를 위해서는 통일된 국제법적인 해결책이 필요하다. 사이버 공격은 초국가적인 쟁점이다. 사이버 공격으로 인한 위협의 범위와 그것에 대한 최선의 대응 방법에 대한 논의와 함께 통일적인 국제법적 규율이 필요하다.

1049) Julian Brown, Minds, Machines and Multiverse: The Quest for the Quantum Computer (Simon & Schuster, 2000), pp.121-125.
1050) WHITE HOUSE CYBERSPACE STRATEGY, *supra note* 42, p.13.

제4장 국제범죄조직 정보

제1절 대량살상무기조직과 국가정보

제1항 개관

대량살상무기(weapons of mass destruction)의 확산은 세계 분쟁지역의 분규와 내란을 더욱 심화시킬 수 있을 뿐만 아니라 그것이 국제테러조직에 손에 들어가는 경우 세계 평화와 안전에 결정적인 위험을 초래할 수 있다는 점에서 인류가 직면한 국제안보의 당면 현안이고 국가안보 쟁점이다.

대량살상무기(WMD)에는 핵무기(Nuclear Weapons), 화학무기(Chemical Weapons), 생물학적 무기(Biological Weapons) 그리고 생화학무기(Chemical and Biological Weapons)가 있다.

오늘날 대량살상무기확산에 대한 정보공동체의 역할은 명확하다. 먼저 대량살상무기 밀매 계획을 사전에 탐지하여 거래 완성 전에 그를 저지하는 것이다. 다음으로는, 개별적으로는 단순 상거래 품목으로 보이지만 다른 품목과 결합하여 대량살상무기 제조로 전용될 수 있는 일반상품의 국제거래를 끊임없이 주시하고 분석하여 거래의 실제 내용을 확인해 내는 것이다.

그러나 대량살상무기 밀거래 국제조직은 잘 정비된 정보 · 보안망을 갖추고 있고 또한 국가가 직접 당사자인 경우도 적지 않기 때문에 외교 분규의 우려도 피해가야 하는 등 적발과 대처는 쉽지 않다. 다음에서 볼 국제 핵무기 밀거래 조직을 운영하였던 칸네트워크(Khan network) 사례를 통하여 잘 알 수 있다.

미국은 이러한 대량살상무기의 확산이 궁극적으로는 세계 평화와 안전을 위협하는 것이지만 먼저 미국 본토에 대한 공격에 사용될 우려 때문에 다양한 방법으로 그 확산 저지에 골몰하고 있다. 핵무기의 경우에는 외교협상과 압력으로 대응했다. 미국의 외교적 노력으로 핵무기 개발이 제지되거나 자발적으로 포기한 국가들은 여럿 있다. 대만은 중국 본토로부터의 위협에 대처하기 위하여 개발하던 핵무기를 1980년대 미국의 압력에 의해 포기했다. 아르헨티나와 브라질은 미국의 중재로 상호 핵 개발 포기협정을 체결했다. 남아프리카는 백인통치가 무너지고 흑인에 의한 집권이 확실해지자 핵 개발을 포기했다. 리비아는 2003년 미국의 경고를 받고 핵 개발을 포기하고 오히려 국제 핵무기 밀거래 조직 조사에 협조했다. 반면에 인도, 파키스탄, 이스라엘과 북한은 미국의 외교적·군사적 압박에도 불구하고 핵무기 개발에 성공했다. 이란은 현재도 진행 중이다.

한편 생화학무기는 개발이 기술적으로 핵무기보다 훨씬 쉽기 때문에 상대적으로 정보공동체에는 각국의 생화학무기 개발을 추적하고 적발하는 것이 커다란 부담이 된다. 2001년 9/11 테러공격 후 미국 의회에 우편 배달된 탄저균 화학무기 테러에 대해 아직 사건의 진상을 파악하고 있지 못하는 것에서 알 수 있듯이 생화학무기는 전자 검색장치로도 잘 발견할 수 없고 크지 않은 규모로도 엄청난 피해를 유발할 수 있으나 개발이 상대적으로 용이하고 휴대와 운반도 어렵지 않다는 점에서 정보적 대처가 매우 어렵다.[1051]

마지막으로 핵무기 유출이나 무단 반출 문제도 골칫거리이다. 소비에트 공화국 붕괴 이후 구소비에트 공화국에서 독립된 연방 국가들은 핵무기 보존에서 매우 취약함을 보여 핵무기에 대한 도난과 분실의 우려가 심각하게 제기되고 있다. 게다가 금품을 목적으로 한 핵무기 밀거래와 함께 핵 개발 기술 거래 이전과 핵 과학자의 두뇌 유출 문제(brain drain)도 제기된다.

현재 세계 핵무기 유출 가능 취약 지역에 대하여 전문가들에 따르면 고농축 우라늄과 플루토늄을 포함한 600메트릭 톤(metric tons)의 핵 물질이 구소비에트 공화국에 남아 있는데 보안 취약으로 인해 절취의 가능성은 물론 정부에 불만을 품은 과학자 등에 의해 밀거래가 가능한 상태라고 한다. 전문가들은 아직도 국제 밀거래 시장에서 핵기술을 판매할 의혹이 있는 나라들로 이슬람 근본주의에 동정적인 군부 지도자들이 많은 파키스탄, 핵 물질 보호가 취약한 러시아와 우크라이나, 인도와 중국 그리고 북한을 손꼽고 있다.

그러나 핵 보안이 확보된 핵보유국이라고 하더라도 핵무기 사용에 대한 통제장치가

1051) Lowenthal(2020), p.239.

민주적 합리성을 갖지 못하고 독재자 1인에 의한 결단으로 가능하다면, 전 지구가 단한 사람의 잘못된 판단으로 순식간에 핵전쟁의 위기로 빠져들 수 있다는 사실을 잘인식하여야 한다. 정보공동체의 노력과 함께 학술적 연구와 국제적 안전장치 확보 노력이 심각하게 진행되어야 할 쟁점이다.

제2항 칸 네트워크(Khan network)

I. 개관

2005년 8월 23일 군 총사령관인 무샤라프(Pervez Musharraf) 파키스탄 대통령은 교토 통신과의 인터뷰에서 자국의 압둘 콰디어 칸(Abdul Qadeer Khan) 박사가 핵무기 개발에 필요한 원심분리기와 부품 그리고 육불화 우라늄을 북한에 제공했다고 시인했다.1052) 파키스탄 핵 개발의 대부로 불리는 압둘 칸 박사는 2003년 2월 4일 이미 칸 네트워크(Khan network)라고 불리는 국제조직을 통하여 핵개발 정보를 밀거래해왔던 것이다.

칸 네트워크는 파키스탄이 보유하고 있는 우라늄을 농축하는 원심분리기 설계도면으로부터 핵무기 디자인과 부품 및 원심분리기 등 핵무기 제조기술을 핵무기 개발을 원하는 국가에 비밀리에 제공하기 위하여 압둘 칸 박사의 주도하에 1970년대에 만든 국제 핵무기 밀거래 조직을 말한다.

칸네트워크는 그동안 파키스탄에 근거를 두고 우라늄을 농축하는 원심분리기 청사진에서부터 핵무기 디자인과 부품을 밀거래해왔다. 이를 위해 교묘한 수송체계 및 여러 나라에 산재하여 부품 제조공장을 갖추고 있는 국제 핵무기 밀거래 조직을 갖추었다. 파키스탄 핵 개발의 아버지로 추앙되는 압둘 칸 박사는 국제 핵무기 밀거래 조직인 칸네트워크를 지난 수년 동안 비밀리에 가동하며 핵무기 기술을 팔아왔던 것으로 드러났다.1053)

1052) "Dr AQ Khan provided centrifuges to N. Korea", Dawn , 25 August 2005, *available at*, http://www.dawn.com/2005/08/25/top3.htm.

1053) David Albright and Corey Hinderstein, Unraveling the A. Q. Khan and Future Proliferation Networks,(2005, The Center for Strategic and International Studies and the Massachusetts Institute of Technology) The Washington Quarterly, 28:2 pp.111-128

세계 각국의 뛰어난 정보기구와 핵확산 방지를 위한 국제조약이 있었음에도 지구에 재앙을 초래할 수 있는 핵무기 국제 밀거래 조직이 장기간 존재하였다는 사실은 적지 않은 정보충격을 가져다주었다. 칸 박사는 그동안 핵기술에 대한 서구세계의 일방적인 주도에 증오감을 표시하면서 이슬람 국가들은 자위수단으로 핵무기를 보유할 권한이 있다고 공공연하게 주장하였었다.

핵기술에 대한 서구 주도의 통제에 대한 칸 박사의 적대감은 1980년대 어느 기술잡지에 기고한 칸 박사의 글에서도 나타났었다고 한다. 결국, 그 글이 민감한 핵 개발 정보를 유출하려고 하는 칸 박사의 마음을 나타낸 것이면서 동시에 잠재적 거래고객에게 일종의 광고를 한 셈이 되었던 것이었는데 각국 정보공동체들은 이를 간과했던 것이다. 정보공동체의 공개정보 수집의 중요성을 잘 말해 준다.

Ⅱ. 핵기술 수령국가

2004년 2월 파키스탄 당국에 체포된 직후 칸 박사는 민감한 기술과 장비를 리비아와 이란 그리고 북한에 판매했다고 자백했다.[1054] 칸 네트워크와 처음 거래한 이란은 1987년도에 원심분리기를 제공받은 것으로 알려졌다. 서구 정보기구들은 1990년대 초부터 파키스탄이 이란에 원심분리기 프로그램을 제공하는지도 모른다고 의심했으나 외교 문제를 고려하여 구체적인 확인은 하지 못했다고 한다. 1990년대부터 칸 네트워크는 조직을 더욱 확대하여 우라늄 농축을 위한 원심분리기와 핵 디자인 기술 등을 과감하게 일괄 제공하는 방식으로 거래하였다. 그리하여 1990년 말 사담 후세인의 쿠웨이트 침공에 대해 유엔이 제재할 것을 결의하자 칸 네트워크는 후세인에게 핵기술 지원을 제의하였고 처음에 이라크 관리는 미국의 우방인 파키스탄 칸 박사의 제의에 의심을 품고 주저하다가, 샘플을 요구하는 등의 과정에서 이라크의 활동에 의심을 품은 국제원자력기구의 집중된 감시 때문에 더 이상의 진척을 이루지 못하였다고 한다.

한편 리비아는 우라늄 농축을 위한 고성능의 원심분리기와 탄두 디자인과 중요한

1054) David Albright & Corey Hinderstein, Unraveling the A. Q. Khan and Future Proliferation Networks,(2005, The Center for Strategic and International Studies and the Massachusetts Institute of Technology) The Washington Quarterly, 28:2, p.116.

구성성분 등을 받았다고 한다. 북한도 최소한 원심분리기 디자인과 몇 개의 실물 표본 원심분리기 그리고 칸 네트워크가 제공할 수 있는 자료목록 등을 건네받은 것으로 알려졌다. 칸 네트워크는 북한과는 북한이 보유하고 있는 탄도미사일 기술과의 상호교환을 조건으로 거래했다고 한다. 칸 네트워크는 시리아와 이집트에도 기술 지원을 했는데 이집트는 이를 거절한 것으로 전해졌다.

그 이외에 거래가 의심되는 다른 나라들로는 사우디아라비아가 기술을 제공받은 것으로 판단된다고 하고, 칸 박사는 1997년도부터 2003년까지 약 18개 국가를 방문하였는데 그의 여행은 잠재적 고객을 내포한 것으로 의심되고 있다고 뉴욕 타임스지가 보도한 바 있다.[1055] 그 기간 동안 칸 박사가 여행했던 나라에는 사우디아라비아 이외에 아부다비(Abu Dhabi), 알제리와 시리아, 말레이시아와 인도네시아, 미얀마와 이집트 등이 포함되어 있었다. 칸 박사는 그 기간에 탈레반 체제의 아프가니스탄도 방문하였는데 당시 아프가니스탄에 있던 알카에다 조직에 핵기술을 지원하였을 것으로 의심받고 있다.

Ⅲ. 미국 정보공동체의 추적과 적발

미국 정보공동체는 그동안 파키스탄을 핵무기 기술 수출 국가로 의심했다. 파키스탄은 비록 미국의 우방국이지만 미국은 미묘한 외교 관계가 초래될 수 있는 것을 충분히 고려하면서 파키스탄의 영웅으로 추앙받는 칸 박사를 오랫동안 추적했다. CIA의 끈질긴 노력으로 2000년대에 들어와 성공적으로 칸 네트워크에 침투하게 되었고 진상을 어느 정도 확인했다.

2003년 10월 드디어 리비아로 향하는 독일 국적의 BBC China호가 이탈리아 영해를 지나던 중 이탈리아 당국은 CIA의 요청에 따라 나포했다. 리비아로 향하던 BBC China호에는 1,000개의 우라늄 농축 원심분리기와 각종 부품이 선적되어 있었다. 칸 네트워크의 전모가 밝혀지는 순간이었었다.

1055) William J. Broad & David E. Sanger, *"As Nuclear Secrets Emerge, More Are Suspected,"* New York Times (Dec. 26. 004)http://www.nytimes.com/2004/12/26/ international/ asia/26nuke.html?ex= 1261803600&en=fa40ec06cd047965&ei=5088&partner=rssnyt.

당시 배에 선적된 부품은 말레이시아에서 조립되었다. 선적은 중동에서 이루어졌다. 한편 거래 상대국이었던 리비아는 칸네트워크를 통하여 그동안 거의 완성된 원심분리기를 획득하였고, 파키스탄 형(型) 핵무기 탄두 설계도도 구입했다. 사건이 적발된 직후 미국의 강력한 외교적·군사적 압박을 받은 리비아 지도자 가다피(Muammar el-Qaddafi)는 2003년 12월 리비아의 핵 개발 프로그램을 포기하고 국제원자력기구(IAEA)의 사찰을 받아들였다. 원심분리기 디자인과 핵무기를 위한 설계도면 등의 서류도 국제원자력기구에 양도했다.

조사결과 칸 박사는 1980년대부터 2001년 3월 은퇴할 때까지 하드웨어, 핵 디자인 그리고 핵 개발 기술을 앞서 본 여러 나라에 밀거래했던 것으로 밝혀졌다. 거래품 중에는 북한의 탄도 미사일 기술과 교환을 위한 파키스탄 원심분리기에 대한 설계도면이 포함되어 있었다. 한편 미국 정보기구는 유관 국가와의 공조를 통한 추가 조사를 실시하여 세계 여러 곳에서 다수 관련자를 체포했다.

제3항 대량살상무기확산 저지를 위한 국제적 대응

I. 대량살상무기확산안전조치(Proliferation Security Initiatives)

1. 의 의

2003년 5월 31일 부시 대통령은 대량살상무기확산안전조치(PSI)를 선포했다. 대량살상무기확산안전조치는 11개국이 합의하여 국제거래가 금지된 무기와 기술을 선적한 것으로 의심되는 선박을 비롯하여 항공과 육상교통에 대하여 정선을 명하고 수색할 수 있는 국제협약임과 동시에 협력체제를 말한다.

국제협약인 대량살상무기확산안전조치는 회원국에 의심받는 수송수단의 정지를 명하고, 운송수단에 탑승하여 운송물을 검색하고 불법 운송물을 압수할 수 있는 광범위한 권한을 부여하고 있다. 칸네트워크를 적발하게 된 2003년 가을, 리비아로 향하던 원심분리기 등이 선적된 BBC China호에 대한 정보를 미국으로부터 공제받은 이탈리아 당국이 동 선박의 운항을 정지시키고 수색하여, 선적물을 압수한 것은 위 안전조치(PSI)에 따른 조치였다.

2. 대량살상무기확산방지 구상의 국제적 발전

부시 대통령은 2004년 2월 대량살상무기밀매를 효율적으로 적발하고 차단할 수 있는 국제 확산금지 노력을 제안하여, 대량살상무기확산안전조치(PSI)를 국제 일반법으로 만들고자 했다. 미국은 UN 결의를 통해 각국으로 하여금 다음을 내용으로 하는 새로운 안전조치구상을 제안했다.

① 대량살상무기확산을 형사범죄로 법정한다.
② 대량살상무기에 대한 수출통제 입법을 마련한다.
③ 민감한 물질에 대한 보안통제를 강화한다.
④ 구소련과 핵기술 보유 국가들의 핵물질 보안 관리를 철저히 한다.
⑤ 기술 미보유 국가들의 핵농축 및 가공 기술 보유와 개발을 불허한다.
⑥ 각국은 국제원자력기구(IAEA)의 강화된 안전조치를 수용한다.

3. PSI 참여방식

미국이 UN을 통해 제안한 이러한 대량살상무기확산방지 신구상은 구체적으로 핵무기(NW), 화학무기(CW), 생물학무기(BW) 등 대량살상무기나 관련 물자의 이동을 제한하는 국제협약의 체결로 나타났다. PSI 국제협약 참여방식에는 직접 참여,[1056] PSI 원칙 지지방식, 미국과 양자협정체결방식의 3가지가 있다. PSI에의 직접 참여국은 대부분 NATO 회원국이다. 아시아에서는 일본과 싱가포르가 직접 참여하고 있다. PSI 원칙을 지지하는 나라는 79개국에 달한다. 대표적으로 대한민국, 중국, 인도가 있다. 미국과 양자 협정국은 국제통상과 관련된 주요 선적국들, 예를 들어 마셜 제도, 라이베리아, 파나마, 크로아티아, 키프로스 등이 미국과 양자협정을 맺었다. 이는 국제법상의 한계를 피해가면서 PSI를 좀 더 효율적으로 가동시키기 위한 노력의 일환이다.

1056) 직접 참여국은 오스트레일리아, 프랑스, 독일, 이탈리아, 일본, 네덜란드, 폴란드, 포르투갈, 스페인, 영국, 미국, 캐나다, 덴마크, 노르웨이, 튀르키예, 러시아, 싱가포르이다.

Ⅱ. WMD에 대한 UN 결의와 국제협약

유엔 안전보장 이사회 결의안의 국제법적인 의의는, 그것은 유엔헌장 7조에 의한 강제 규정이기 때문에 위반국은 제재를 받을 수 있다는 것이다.

1. UN 안전보장이사회 결의안 제1540호

2004년 4월 28일 결의안이다. 그것은 테러단체 등 비국가조직에 대한 대량살상무기 확산을 범죄화하여, UN 회원국들은 국내 입법으로 형사처벌 법규를 마련하고, 효율적인 수출통제 절차를 구축할 것을 내용으로 한다.[1057]

2. UN 안전보장이사회 결의안 제1718호

본 결의안은 북한이 핵실험을 한 지난 2006년 10월 14일 채택됐다. 존 볼턴 유엔주재 미국대사의 주도로 이루어진 결의안 제1718호는 회원국들이 북한을 상대로 'PSI 정신을' 따라 줄 것을 강조하고 있다. 결의안이 채택 후 존 볼턴 유엔대사는 "대북 확산방지구상의 성문화"라고 말했다.

3. SUA 협약[1058]에 의한 대량살상무기확산규제

2005년 만들어진 1998년 SUA 협약(해상불법행위억제협약) 개정안은 대량살상무기확산 방지와 관련된 다음과 같은 구체적인 내용을 담고 있다.
① 선박을 이용한 대량살상무기(WMD)와 기술 운반을 범죄로 규정
② WMD 프로그램 관련 해상수송 저지를 위한 국제법적인 기반 강화
② 의심 선박에 대한 제 3국의 승선 검색

1057) UN 안전보장이사회 (S/RES/1540 (2004). 제1540호 이전에는 핵확산금지조약(NPT), 화학무기금지협약(CWC), 생물무기금지협약(BWC) 등 핵무기와 생화학무기를 개별적으로 금지하는 조약과 통제체제는 있었지만 운반 수단과 관련 물질까지 포함해 대량살상무기를 포괄하는 통제체제는 없었다.
1058) 『Convention for the Suppression of Unlawful Acts Against the Safety of Maritime Navigation, 1988』-개정안: 2005 Protocol to the SUA Convention.

그러므로 SUA 협약은 '대량살상무기의 해상검색을 지원하는 국제법 도구"가 될 수 있는 것이다. 실제로 SUA가 발효되면 WMD 관련 혐의가 있는 선박에 대해선 영·공해와 관계없이 해당 선박의 선적을 둔 기국(旗國)의 동의가 있으면, 제3국이 승선해 수색할 수 있다. 다만, 이 SUA는 북한과 관련해서는 치명적인 한계가 있다. 검색하고 검색받는 행위는 모두가, 협약에 가입한 회원국만 적용되는 것인데, 북한은 SUA에 가입하지 않고 있기 때문이다. 그러므로 북한 선적에의 대응을 위해서는 PSI는 여전히 별도로 필요한 것이다.

Ⅲ PSI에 대한 한국의 정책 변화

1. 2006년부터 PSI에 대한 경과

한국은 2005년 미국으로부터 대량살상무기확산방지구상(PSI)에 참여하라는 요청을 받았다. 그러나 북한을 향한 햇볕정책(Sunshine Policy)의 기조에서 남. 북 대화에의 악영향과 더 나아가 한반도 주변에서의 군사적 충돌 개연성을 고려하면서 주저했었다. 그러나 2005년 12월 29일 PSI 8개 협력방안 가운데에서 5개 분야에 대한 한정적인 협조방침을 결정해 놓고도 북한을 의식하며 비밀로 했었다.[1059] 한편 북한은 2006년 10월 9일 핵실험을 강행했고 UN 안전보장이사회는 2006년 10월 15일 전술한 안보리 결의안 제1718호를 만장일치로 채택했다. 이렇게 되면서 한국은 미국을 비롯한 국제사회로부터 PSI 참여 확대 요청을 강력하게 받았다. 대한민국 정부는 마침내 2009년 5월 25일 PSI에 전면적으로 참여하기로 했다.

2. 남북해운합의서와 PSI의 비교

남북해운합의서는 2005년 8월 10일 남북한이 항구를 개방하기로 한 합의이다. 특히 남한은 제주해협을 북한 상선에 개방하기로 했다.[1060] 남북해운합의서에 기초하여서도 한국은 북한이 우리의 영해에서 군사 활동, 잠수항행, 정보수집, 무기수송, 어로

1059) 최재천 의원이 사실을 폭로하자, 비로소 외교통상부는 2006년 2월 24일 가담 사실을 확인했다.
1060) 남북해운합의서 및 부속합의서(2004.5.28).

등의 행위를 한 경우에는 정선 및 검색을 하고 영해 밖으로 쫓아낼 수 있다고 이해되고 있었다. 하지만 많은 차이가 있다.

【남북해운 합의서와 PSI의 차이점】

구분	참가국	정보수준	조치수준	적용범위
남북해운 합의서	남과 북	자체 정보	승선, 검색과 관할 해역 밖으로 퇴거(압류 불가능)	대한민국 영해
PSI	70개국	다수회원국의 정보공유	정선, 검색뿐 아니라 압류 가능	영해, 영공, 공항, 항만 등

Ⅳ. 맺음말

부시 대통령의 대량살상무기확산안전조치(PSI) 정책은 정보공동체의 정확한 정보 판단에 따라서 정보공동체가 국제협약의 필요성을 제기하고, 그것이 국제협약으로 성립한 것으로서 정보가 정책에 기여한 대표적인 사례이다. 미국은 칸네트워크에 대한 정보활동을 전개하며 동시에 국제적으로 칸네트워크를 저지할 수 있는 국제협력체계를 구축했던 것이다.

전 CIA 국장 조지 테닛은 칸은 오사마 빈 라덴만큼 위험한 인물이라고 평가했다. 칸 네트워크는 핵의 공포와 위협으로부터 국제평화와 안전을 수호하려는 UN과 각국의 노력을 저해하고 세계 평화와 안전에 심각한 위협을 초래했고, 그 영향은 오늘날까지도 이어지고 있다.

칸네트워크의 도움이 없었더라면 이란이 원심분리기를 이용하여 우라늄을 농축하는 능력을 보유하지 못했을 것이고 북한의 핵 개발도 상당한 차질이 있었을 것이라는 평가이다.

한편 칸네트워크의 일원이 아프가니스탄에서 탈레반 정권이 붕괴하기 전에 알카에다 조직에 핵무기의 비밀을 제공한 것으로 의심되고 있어 연쇄적으로 국제테러조직에 핵기술이 유출될 위험성도 상존하고 있다. 국제범죄조직에 대한 정보활동이 얼마나 현실적이고 중요한지를 생생히 말해 주는 사례이다.

제2절 국제범죄조직과 국가정보

제1항 의 의

국가정보원법 제2조는 "국제범죄조직에 대한 정보"를 국정원의 직무로 밝히고 있다. 국제범죄란 국내의 범위를 넘어서 국제사회의 법익을 침해하는 범죄이다. 쉽게 말해 2개 이상의 복수 국가가 범죄행위자 · 피해자 또는 범죄행위 발생지역에 연계되어 나타나는 범죄를 말한다. 전통적인 국제범죄의 범위에는 광의적으로 전쟁, 테러를 포함하여 불법무기의 거래, 마약밀매, 인신매매, 위조지폐 · 여권, 밀수, 밀입국, 금융범죄 및 사이버 범죄를 포괄한다. 국경 없는 지구촌 시대가 개막되면서 국제범죄 또한 국경을 넘나들며 검은손을 뻗치고 있다. 그 수법 또한 날로 교묘해져 국가안보와 국민의 안전을 위협하고 있다.[1061]

전통적으로 국제조직범죄(Transnational Organized Crime)[1062]는 국제범죄를 조직적으로 자행하는 단체에 의한 범죄 현상을 말한다. 통상적으로 국제범죄는 여러 국가에 걸쳐서 발생한다. 외국 범죄조직이나 외국인과의 연계에 의한 범죄, 국외 범죄, 외국인의 범죄, 국제적인 규제대상이 되는 범죄 등의 다양한 의미로 사용된다. 결론적으로 국제성을 가진 범죄라고 할 수 있다. 좁은 의미의 국제범죄는 국제법을 위반한 행위에 대하여 형사적 책임이 과해지는 국제형사범죄만을 의미한다.[1063]

국제조직범죄란 이처럼 다양한 국제범죄 중 1회적 단발적인 범죄가 아니라 어느 국가를 초월하여 특정한 단체로 조직화하여 계속 반복적으로 활동이 가능한 유기적 조직에 의해 체계적으로 자행되는 범죄 활동을 말한다. 이것은 정보화의 급속한 진행과 교통수단 등 교류 통신의 획기적 발달에 따른 범죄의 세계화 그리고 국적을 초월한 이익 지향적 범죄의 국제적 유대화 현상에 기인한 것이라고 할 수 있다. 과학 문명의 발전에 따른 교통통신의 획기적인 발전과 인터넷 등 전자통신의 발달은 전 세계를 통하

1061) https://www.nis.go.kr/AF/1_8.do.
1062) Ohr, Bruce G. "Effective Methods to Combat Transnational Organized Crime in Criminal Justice Processes". UNAFEI. United Nations(2015).
1063) 신의귀(2002), 국제범죄와 형사사법 분야의 국제협력, 범죄방지포럼 제11호, p.88.

여 인적 · 물적 교류를 가능하게 하였고 그것을 증대시켰으며 더불어 범죄의 국제화를 가속화했다.

일반적으로 거론되는 국제조직범죄에는 불법무기거래, 해적 행위, 인신매매, 마약거래, 불법이민조직, 매춘, 신용카드사기, 청부살인, 음란물 제조유포, 조직적 여권위조, 위조지폐 제조 및 유통 등의 범죄가 포함된다. 이러한 국제조직 범죄는 증대된 해외여행, 국가 간의 급격한 무역 교역량의 확대, 대규모 자본의 국가 간 이동, 통신기술의 획기적 발달과 컴퓨터망의 연결 및 활용 등으로 더욱 손쉽고 다양하게 발달하면서 광범위한 영역으로 확대해 나가고 있다.

미국 CIA의 테러 · 국제조직범죄및부패대책센터(TTCC)[1064] 국장을 역임한 루이스 셸리 (Louise I. Shelly)는 19세기의 식민주의(colonialism) 그리고 20세기의 냉전(Cold War)처럼 21세기는 국제조직범죄가 정책담당자에게 중요한 화두를 던질 것이라고 말했다.[1065]

유엔도 일부 회원국이 직면하고 있는 국제조직 범죄의 문제는 국제적 협조를 통해서만 해결될 수 있다고 판단하고 2000년 11월 2일 소위 "팔레모 협약 (Palermo Convention)"이라고 불리는 국제협약을 채택했다.[1066] 우리는 2015년 11월 UN 초국가조직범죄방지협약(UN Convention against Transnational Organized Crime: UNTOC)에 가입했다.

제2항 국제범죄조직 개관

미국 외교전문지 대외정책(Foreign Policy)은 일본의 야쿠자 (yakuza)를 세계 최강의 국제범죄조직이라고 소개했다. 또한, 러시아 마피아, 멕시코 마약 카르텔, 이탈리아 마피아 등을 대표적인 국제범죄조직으로 소개했다.[1067]

1064) Terrorism, Transnational Crime and Corruption Center.
1065) Louise I. Shelly, *Transnational Crime*, http://www.american.edu/traccc/.
1066) United Nations General Assembly, Crime prevention and criminal justice - Report of the Ad Hoc Committee on the Elaboration of a Convention against Transnational Organized Crime on the work of its first to eleventh sessions (A/55/383(2000. 11.2).
1067) 야쿠자 세계 최강 범죄조직 (한국일보, 2007. 5.23), *http://news.hankooki.com/*page/world/

야쿠자는 일본의 대규모 조직을 가진 폭력 집단으로 정계 및 재계와 깊은 커넥션을 형성하고 있어서 일본 정부도 손쓰기 어려운 현실이라고 한다. 야쿠자는 일본 조직본부와 명함까지 가지고 활동하는 공개적인 범죄 집단이다. 호랑이 문신과 임무 실패에 대한 속죄의 표시로 자른 손가락, 검은색 양복 등으로 대표된다. 토건 및 금융 업체로 위장하고 유흥업소, 빠친코, 각종 공인 도박업소 등을 운영하는 소위 기업형 조직이다.[1068] 일본에 근거를 두고 있지만, 미국이 관련 인물들을 경제제재 대상으로 지정할 만큼 국제적으로도 악명이 높다. 야쿠자는 다양한 국제범죄에 개입하고 있는데, 지리적으로 가까운 우리나라를 마약·금괴 등 밀수 경유지로 악용하는 사례가 적지 않다고 한다.

마피아(Mafia)는 전 세계 최대의 범죄조직으로 알려진 단체이다. 이탈리아, 러시아 그리고 미국의 3대 마피아가 유명하다. 마피아는 19세기 이탈리아 시칠리아섬의 범죄조직에서 유래된 단어로 현재는 범죄조직을 뜻하는 보통명사로 쓰이고 있다. 마피아라고 하면 이탈리아 시칠리아 마피아를 지칭하였지만, 현재는 러시아 마피아가 유명하며 미국 마피아는 많이 쇠약하였다.

마피아라는 용어가 국제적으로 사용된 것은 1875년 이후인데 그 기원에 대해서는 수 세기 동안 시칠리아가 무법 상태에 있을 때 강도로부터 토지를 보호하기 위해 부재지주들이 만든 소규모 사병 조직인 마피에(MAFIE)에서 비롯되었다는 것이 정설이다. 마피아의 본고장인 이탈리아 시칠리아는 기원전 8세기부터 타민족의 끊임없는 침입과 지배, 착취에 시달렸다. 이탈리아 마피아는 원래 시칠리아 사람들이 그런 외세의 노략질에 대항하기 위해 만든 가족과 친지 중심의 소박한 공동체였다고 한다. 이탈리아 마피아가 본격적인 범죄조직으로 면모를 갖춘 것은 1860년대의 근대 이탈리아 통일 정부 출범 이후 정치권, 재계 등과 결탁하며 이권을 중심으로 공생관계를 형성하면서부터라고 한다. 제2차 세계대전 패배와 뒤이은 연합국 점령군의 주둔, 냉전 등 격동기를 거치면서 거대하게 몸집을 불린 이탈리아 마피아는 지금은 사실상 통제 불능 상태라고 한다. 이탈리아 마피아는 패밀리라는 이름이 붙여질 정도로 지역 연고와 혈연을 바탕으

200705/ h2007052300572522470.htm.
1068) 일본 야쿠자에 대하여 잘 정리된 글로는, Kaplan, David, Dubro Alec, "Yakuza: Expanded Edition" (University of California Press, 2004).

로 하는 것이 특징이다.

러시아 마피아는 현재 약 450여 개의 범죄조직단체로 조직원만 30만 명으로 구성되어 러시아 영토의 10분의 1, 경제의 4분의 1을 좌지우지하고 있다고 한다. 러시아 치안 상황에 대하여 러시아 마피아가 오히려 러시아 정부를 포위하고 있다고 말해질 정도로 러시아 마피아의 영향력은 대단하고 언론인, 경찰, 고위 관료 등 걸림돌이 되는 상대는 인정사정 두지 않고 제거하기로 악명이 높다. 특히 우리나라와 인접한 러시아의 마피아는 각종 범죄 및 사업독점 등을 통해 막대한 자금을 보유하고 러시아 사회에 큰 영향력을 가진 것으로 알려져 있다.

한편 한때 대단한 명성을 누리며 미국 전역을 주름잡았던 미국 마피아는 현재는 뉴욕과 시카고 정도에서만 세를 유지하고 있다. 감비노, 제노베제, 루체스, 콜롬보, 보나노 등 5개 패밀리는 여전히 뉴욕에 살아남아 있지만 수십 년 동안 FBI의 끈질긴 단속 때문에 현재 뚜렷한 리더가 없다고 한다.

중국의 세계적 범죄조직으로 삼합회가 있다. 삼합회(三合會, Triad) 또는 흑사회는 홍콩을 중심으로 한 중국의 범죄조직으로 청조 말기 결성되었던 비밀결사로 청을 몰아내고 명을 부활시킨다는 소위 반청복명(反淸復明)을 목적으로 하였던 천지회(天地會)에서 변질된 조직이다. 삼합회는 현재 주요 미국 도시에서 활동하고 있다. 중국에 뿌리를 둔 범죄조직으로 중국은 물론 세계 각국 차이나타운 및 화교사회 등을 기반으로 하여 각종 국제범죄에 개입하고 있다. 중국과 가깝고 교류가 많은 우리나라에서도 마약밀거래 · 보이스피싱 등에 개입하거나 일부 조직원들이 단속을 피해 숨어 지내다 적발되기도 했다.

제3항 국제조직범죄의 국가안보 문제 인식

국제조직범죄(Transnational Organized Crime)의 출현은 오래전의 일이지만 국제조직범죄가 국가안보와 국제안보 차원의 관심거리가 된 것은 그리 오래된 일은 아니다. 미국의 경우를 보면 클린턴 행정부가 1995년도에 이르러 국제범죄통제전략

(International Crime Control Strategy)을 발표하면서 점증하는 위험성에 따라 국제조직범죄 문제를 국가안보 문제로 인식하기 시작했다.

국제조직범죄가 국가안보의 문제로 인식되는 저변에는 국제조직범죄가 민주주의의 발전을 저해하고 자본주의 자유시장을 교란하며 국부를 유출하고 사회의 안정적 발전을 저해할 수 있다는 것에 기인한다. 물론 그와 같은 사정들은 모든 국가를 통틀어서 일률적으로 평가할 수는 없다.

그러므로 바꾸어 말하면 국제조직범죄가 오늘날 어떤 나라에 대하여 어느 정도 범위에서 어떠한 형태로 전개될지 예측하기는 쉽지 않은 것으로 국제조직범죄가 과연 국가안보의 문제로까지 승화하고 그리하여 국가정보기구가 다른 정보 우선순위를 제치고 대책 강구 등 국제범죄조직을 향한 정보활동에 전념하여야 할 문제인가는 국가별로 제반 국가안보 상황을 냉정하게 돌아보아 개별적으로 평가하여야 할 문제라는 것을 뜻하게 된다.

그러나 국제조직범죄의 인류에 대한 심각성은 보편적으로는 상당히 인식되어 있다. 그리하여 국제법적으로는 국제조직범죄는 유엔에 의해서 설정된 세계 평화와 안전에 대한 위협 중의 하나이다.[1069] 이러한 국제조직범죄는 오늘날 경제력이나 국제영향력 면 등 규모 면에서 국가 수준을 넘어선 양상을 보이기도 하고 국제 조직화되어 있어 국가정보기구가 아니면 그 실상에 접근하여 내용을 파악하기가 쉽지 않다. 또한, 국제조직범죄에 대한 대처에는 정보교류가 필수적이다. 이러한 현실적인 연유 등으로 오늘날 대부분 국가는 국제조직범죄를 국가정보 기구의 역할로 인정하여 국가정보기구가 그 책무를 부여받고 있다.

우리나라의 경우에는 국가정보원법에 국가정보원의 임무로 명시되어 있다. 전술한 바와 같이 이러한 국제조직범죄가 현재 전 세계적으로 영향을 미치고 있음은 부인하기 어렵고 대부분 국가정보기구의 임무로 부여되어 있지만, 그 영향력은 국가별로 차이가 있고 국가생존 · 번영 · 위신이라고 하는 국가의 이익체계 중 어느 정도의 국가이익에

1069) Threats, Challenges and Change: The United Nations in the 21st Century, https://www.wilsoncenter.org/event/threats-challenges-and-change-the-united-nations-the-21st-century. UN은 빈곤, 질병 및 환경파괴로 인한 위협, 국가 간의 갈등으로 인한 위협, 폭력의 위협과 국가 내 대규모 인권침해, 테러 위협, 조직범죄의 위협, 무기의 확산으로 인한 위협(대량살상무기뿐만 아니라 재래식 무기 포함)을 세계 평화와 안전에 대한 위협으로 꼽았다.

얼마만큼의 영향을 미치는 것인가를 분석하여 합리적인 정보 자산의 배분이 이루어질 수 있도록 하여야 할 것이다.

사회치안이 완비되어 법 집행기구가 범죄조직을 압도하고 있는 상황에서는 체계적인 이득을 추구하는 국제조직범죄도 섣불리 그러한 국가에까지 위험을 감수하며 침투하지는 않을 것이다. 그러한 경우에는 국제조직범죄에 대한 업무 대부분은 법집행기구의 대처로 가능하고, 다만 국제적인 정보는 법집행기구와 정보기구와의 정보공유로서 미리 예방과 대처를 할 수 있을 것이다.

한편 국제조직범죄는 대부분 국내범죄와도 연결되어 치안 문제, 즉 사회질서 문제화되는 특징을 갖추고 있다. 그러므로 종국에는 법집행기관에 의한 수사와 형사처벌로 이어져 단죄되는 것이므로 정보공동체와 법집행공동체의 정보공유 등 유기적인 업무협조는 형사처벌을 위하여도 강조돼야 할 부분이다.

제3절 마약밀매조직과 국가정보

제1항 마약과 국가안보

I. 개 관

UN 마약 범죄사무소 통계에 따르면, 일반 포털 사이트에서 검색되지 않는 딥웹 (Deep web)과 가상화폐인 비트코인을 사용하여 마약을 거래한 경우가 2014년 4.7% 에서 2017년 7.9%로 증가하였다. 초고속 인터넷의 발달과 통신 및 각종 대중매체 그리고 운송수단의 다양화와 발달은 급격한 글로벌화를 초래하여 세계를 한 이웃으로 만들었다. 이러한 지구의 글로벌화, 즉 세계화는 또한 외국문화의 유입과 수용을 손쉽게 만들어 다른 나라의 각종 신종 범죄와 범행 수법의 국제교류를 촉진하는 방향으로도 작용했다. 마약류의 남용도 해외여행의 자유화와 국제적 교류가 만들어 낸 결과 중의 하나이다. 오늘날 각국은 대개 마약 복용을 형사처벌 대상으로 규율하고 있다. 즉, 마약을 법집행기구의 사법 관할로 하고 있다. 아래에서는 마약의 다양한 측면을 살펴보면서 마약 문제에 대한 국가정보기구의 역할과 접근방법을 살펴본다.

II. 마약 문제의 국가안보 문제화의 한계

국가정보기구 제1의 목적은 국가안보의 수호이다. 그러므로 마약에 대한 1차적인 책임은 법 집행공동체에 있음에도 국가정보기구가 마약을 국가정보 활동의 하나로 취급할 것인가는 결국, 개별국가에 있어서 마약 문제가 국가안보 문제화되었는지가 1차적인 관건이다. 또한, 현재는 국가안보 문제화까지는 되어 있지 않다고 하더라도 멀지 않은 장래라도 국가안보 문제화될 위험성이 있을 것인가에 달려 있다고 할 수 있다. 그러나 마약 문제를 국가안보적 가치가 있는 것으로 인식하는 것이 과연, 본질적으로 타당한 것인가에 대하여는 실체적인 논란도 있다. 아래에서 여러 쟁점을 차례로 살펴본다.

1. 마약 문제의 핵심은 개개인의 치료 · 교정

마약 문제의 핵심은 일반 국민을 마약의 위험성에서 차단하여 보호하고, 마약에 노출된 개개인을 마약으로부터 치료하는 것이다. 그러므로 마약 문제는 궁극적으로는 개개인에 대한 보호와 마약에 노출된 사람에 대한 치료를 목적으로 함에 있다. 형사처벌, 교화 또는 치료감호 등 공권력이 작용한다고 하여 개개인에 대한 보호와 치료문제라는 본질이 달라지는 것은 아니다. 물론 마약에 오염된 개인이 널려 있고 그리하여 마약의 오염이 만연한 사회는 불건전한 사회이자 국가이다. 치안 유지가 위태롭게 되면 국가의 존립도 위협을 받을 수 있을 것은 분명하다. 그러나 현재까지 마약 문제로 국가가 소멸한 예는 없다는 것이, 마약 문제가 국가적 쟁점은 될 수 있을지언정 당연히 국가안보 쟁점이 되는 것은 아니라는 것을 알려 준다.

2. 마약 문제는 기본적으로 국가소멸이 아닌 착취의 문제

이처럼 마약 문제란 일반 국민의 마약으로부터의 보호와 마약에 노출된 개인을 치료 교정하는 것이 주안이다. 그래서 원래 법집행 및 정보 전문가들은 마약 문제는 원칙적으로 국내문제이지 해외문제는 아니라고 본다.[1070] 그러나 오늘날 마약 문제는 초기 단계부터 확실하게 제압하여 우위를 확보하지 않으면 남미와 아시아의 여러 국가에서 경험하듯이 국가공권력이 오히려 통제당하게 되는 지극히 위험한 형태로 전개될 위험성이 농후하다. 그러한 연유 등으로 국가안보 문제화되었는지와 무관하게 마약을 잠재적 국가안보 문제로 취급하는 것이 대다수 국가의 정책 방향이라고 할 수 있다.

그러나 국가안보의 문제가 될 수 있음을 부인하지 않으면서도 국제마약 조직들은 본질적으로 대상 국가를 영원한 마약 시장으로 착취하는 데 주안을 두고 있는 것이지, 이득의 원천이 되는 대상 국가 자체를 소멸시키려는 것에 그 근본적인 목적이 있지는 않다. 또한, 마약에 노출된 개인의 생명을 앗아가려는 것도 아니다. 다만 중독된 그들을 지속해서 마약 소비자로 착취하는 것이 목적이다.

이 같은 점에서도 마약 문제는 기본적으로 국내문제로 전통적인 군사안보와 국가

1070) Lowenthal(2020), p.243

전복의 위험을 초래할 수 있는 경제안보·환경안보 그리고 개개인에 대한 무차별적인 살상을 목적으로 하는 테러문제 등과도 상이한 특성이 있다.

3. 마약 문제와 국가정보기구

1) 입법 정책적 결정

물론 미국과 남미처럼 마약 문제가 국가안보 문제로까지 승화된 나라도 적지 않다. 그러나 국가안보 쟁점인지에 대하여는 앞서 본 바와 같은 연유 등으로 인해 국가별로 그 사정이 일률적이지는 않다. 그러나 대다수 국가에서는 마약 문제를 법 집행기구의 법적 처벌의 문제만으로 한정하지는 않는다. 신속한 정보의 확보와 외국과의 정보교류 때문에 해외정보망이 있는 국가정보기구의 역할은 중요하다. 그러므로 오늘날 마약 문제는 국가안보 문제화되었는지와 무관하게, 오히려 입법정책에 입각한 통치적 결정에 따라 국가정보기구가 마약 문제에 관여하게 되었다고 볼 수 있다.

2) 마약 문제를 국가정보기구가 담당하는 실제의 이유

그러나 마약이 초국가적 쟁점의 하나로 부상하고 국가정보기구의 역할로 주목받는 것에는 실제적인 이유가 있다. 이것은 마약 문제가 국가안보 문제화되었는지와는 무관한 실질적인 이유이다. 오늘날 마약은 해외에서 비밀리에 국내로 반입되는 것이 대부분이다. 그러한 비밀 루트를 파악하고 유입을 차단하기 위해서는 해외정보가 필수적이다. 그에 더하여 마약 거래로 형성되는 막대한 자금은 대개 국제 테러조직 등 다른 국제 조직범죄의 주요한 자금원으로 유입된다. 따라서 마약은 또 다른 국가안보 쟁점과 불가분하게 연결되어 있다. 이러한 안보위협 상관 고리의 문제 때문에 마약 문제가 본질적으로 개인의 보호와 치료문제임에도 불구하고 국가정보기구의 주요한 영역으로 간주되고 있는 것이다.

한편 국가정보기구는 잘 발달한 해외정보 수집망을 갖추고 있고 외국 정보기구와의 정보협조·공유체제도 이룰 수 있으므로 마약의 국제적인 불법 거래에 대한 정보를 수집하고 분석할 수 있는 위치에 있다. 즉 국가정보기구는 처벌 위주의 임무를 수행하는 법 집행기구와 달리 마약 거래자의 의도를 사전에 파악해 적절한 예방대책을 강구할 수 있는 능력을 갖추고 있으므로 마약 문제에 대한 국가정보기구의 역할은 중요하고 필수적이다.

Ⅲ. 마약 문제 이해의 방향

한국의 경우에 마약 문제라고 하는 국가적 쟁점이 국가안보 쟁점으로 부상되었는지에 대한 논의는 활발하지 않다. 그러나 마약 문제의 중대성에 대해서는 이미 국민적인 공감대가 형성되어 있다고 할 수 있다. 그러므로 마약 문제에 대한 국가정보기구의 역할은 매우 기대되고 더욱 증대될 것이다. 그러나 앞서 살펴본 바와 같이 개별국가에 따라서는 마약 문제에 대해 국가정보기구가 관여하게 되는 것은 국가안보 문제가 되었기 때문이 아니라, 제반 정황을 고려한 입법 정책적인 고려에 근거하여 결정된 문제임을 이해할 필요가 있다.

한편, 마약 문제는 궁극적으로는 형사처벌로 연결된다는 점에서 정보공동체와 법집행공동체의 유기적인 업무협조와 조율이 필요한 분야이다. 기본적으로 마약 문제는 국내치안의 문제로, 국가정보기구는 적절하게 국제정보를 적시에 확보하여 법 집행공동체에 적시에 필요한 정보를 제공해 법집행기구의 역할이 제대로 수행될 수 있도록 지원하는 것에 있다. 이러한 이해를 바탕으로 본 장에서는 세계 최대의 마약 수요지로서 가장 강력한 정보 · 수사 · 정책의 3위 일체 노력을 함께 하는 미국의 마약에 대한 대처를 살펴본다.

다른 정보 분야에서도 마찬가지이지만 미국은 행정부와 의회의 유기적인 협조 아래에서 필요한 정책 사안이 요청되는 산술적 근거와 함께 제시되면 신속한 입법 조치로 예산과 인력이 뒷받침되고, 그에 병행해 국민을 대표한 의회에 의한 업무통제가 일련의 기계적인 절차로 이루어진다는 점에서 본받을 바가 많다.

의회에 의한 정식적인 입법 조치는, 그 업무에 대한 민주적인 근거를 확보함으로써 강력하게 추진할 수 있는 국민적 공감대를 형성하였다는 것을 의미한다. 업무 담당자는 자신 있게 업무를 추진하며 국민에게 진솔하게 보고할 가식 없는 실적을 만들어 낸다. 또한, 일단 만든 제도와 정책도 현실 여건상 맞지 않다고 보면 바로 또 다른 입법 조치로 다른 방안을 강구한다. 먼저 간략하게 마약의 여러 종류를 살펴보고 마약 문제에 임하는 미국의 노력을 살펴보도록 한다.

제2항 마약의 종류

마약에 대한 정책 수립과 정보활동 그리고 법 집행을 위해서는 마약의 종류에 대한 이해가 필요하다. 현재 국제적으로 거래가 금지되는 대표적인 마약 종류로는 코카인(Cocaine), 헤로인(Heroin), 옥시콘틴(Oxycontin), 메타암페타민(methamphetamine), 엑스터시 (MDMA, Ecstasy), 엘에스디(LSD) 그리고 스테로이드(Steroids) 물질 등이 있다.

I. 코카인 (Cocaine)

코카인은 가장 오래된 대표적인 마약으로 직접 두뇌에 영향을 미치는 강력한 흥분물 질이다. 속칭 블로우(Blow), 노우즈 캔디(nose candy), 스노볼(snowball), 토네이도 (tornado) 등으로도 불린다. 코카인 마약의 원료 물질인 코카나무 잎사귀는 수천 년 전부터 인류가 섭취했고, 코카인 화학물질도 100년 전부터 애용되었다. 자연 재배에 의한 순수한 작황 증대, 이용하기 쉬운 다양한 형태의 출현 그리고 거리에서 손쉽게 이용할 수 있는 편익성 때문에 법집행기관과 보건의료 정책당국 양자에게 커다란 부담 을 주는 마약이다. 분말 형태의 코카인은 수용성으로 물에 타서 먹을 수도 있고 주사도 가능하다.

II. 헤로인(Heroin)

헤로인은 양귀비 씨앗 꼬투리에서 추출한 아편으로부터 가공된 것이다. 하얗거나 갈색의 파우더 또는 검은색의 끈적끈적한 형태로 띤다. 풍미나 향기를 뜻하는 스맥 (Smack), 천둥(thunder), 지옥의 분말(hell dust), 점비약(nose drops) 그리고 대문 자 'H' 등으로 불린다. 기도로 흡입될 수 있지만, 주사로 투여함으로써 주사 도구를 공유하게 되어 후천성 면역결핍증 전파와 같은 부차적인 문제를 불러일으키기도 한다. 헤로인 주사는 정맥주사나 근육주사 모두 가능하고 정맥주사를 이용하면 주사 후 7~8초 안에 마약의 쾌감을 바로 경험할 수 있으며 코로 흡입하면 10~15분 안에 최고조에 달한다. 현재 헤로인의 국제적 주산지는 남미의 콜롬비아와 멕시코, 동남아시아의 버마, 서남아시아의 아프가니스탄 등지로 알려져 있다. 멕시코산 헤로인은 일명 블랙타르(black tar)라고 불리며 미국 서부에서 주로 밀거래된다.

Ⅲ. 엑스터시(MDMA-Ecstasy)

엑스터시는 화학적 약품의 마약으로 정신 활성 합성 약이다. 소위 "파티용 마약(party drug)"으로 불리며 사춘기와 젊은이들이 도취감, 친밀감, 공감, 성욕을 높이고 억압을 줄이기 위해 애용한다. 1980년대부터 통제물질로 분류되어 MDMA, XTC, 콩(Beans), 아담스(Adams), 포옹 마약(Hug Drug), 디스코 비스켓(Disco Biscuit), '고(Go)' 등 다양한 이름으로 불린다. 현재 엑스터시의 대표적인 소비국가인 미국에서 압류된 엑스터시는 대개 네덜란드와 벨기에의 비밀 연구실에서 생산되고 있다고 한다.

Ⅳ. 마리화나(Marijuana)

마리화나는 인도산 대마초인 캐너비스(Cannabis)라는 식물의 꽃, 줄기, 씨앗과 입의 건조한 녹색·갈색의 파편 혼합물로 미국에서 가장 흔하게 남용되는 약물이다. 대마초로 더 잘 알려진 마약이다. 대마, 마, 또는 삼이라고 하는 식물의 잎과 꽃을 말려서 담배처럼 피울 수 있게 만든 것이다. 더욱 농축시켜 해쉬시(hashish)라고 불리는 끈적거리는 검은 액체형태의 수지 식품화시키기도 한다. 마리화나는 약물 중독성이 높고 안전성이 전혀 보장되지 않아, 현재 미국에서는 치료 목적으로도 허용되지 않는다. 밀거래자들 사이에서는 목초(Grass), 항아리(pot), 잡초(weed), 꽃봉오리(bud), 메리(Mary), 제인(Jane), 하이드로(hydro)라는 속칭으로 불린다.

Ⅴ. 옥시콘틴(Oxycontin)

옥시콘틴은 중증의 통증을 경감하기 위해 사용되는 진통제로 원래 임상적으로 널리 사용된 약물이다. 옥시콘틴의 가장 심각한 위험은 죽음에까지 이르게 할 수 있는 호흡저하 문제이다. 옥시콘틴은 정상적인 약품 구입을 가장한 다양한 경로로 구매된다. 가장 흔한 형태는 처방이 필요한 합법적인 질병이 있는 것으로 위장하여 의사를 찾는 "의료구매(doctor shopping)"방식이다.

Ⅵ. 메트암페타민(Methamphetamine)

메트암페타민은 오늘날 가장 사용 증가율이 높은 마약 물질로 높은 중독성의 약물이다. 비만 치료제로도 남용된다. 스피드(speed), 메쓰(meth) 아이스(Ice), 크리스탈(Crystal), 초크(Chalk), 가난한 사람의 코카인(Poor man's cocaine), 닭 모이(Chicken feed), 쓰레기(Trash) 그리고 황금 각성제를 뜻하는 옐로우 뱀(Yellow Bam) 등으로 불린다.

Ⅶ. 인헤일런트(Inhalants)

인헤일런트는 제반 중독성 흡입물질을 총칭한다. 오늘날 청소년들이 접근이 용이한 가장 위험한 마약이다. 생활용품점에서 간단히 구입할 수 있으며 평상시에 안전하게 쓰이는 가정용품들도, 호기심을 가진 청소년들에게는 강력한 환각제로 사용된다는 데에 그 위험성이 있다. 흡입제로 간단하게 이용 가능한 용품에는 본드, 가정용 세제, 매직펜, 페인트 시너, 드라이클리닝 액, 고무풀 접착제, 매니큐어액, 페인트, 부탄가스 라이터, 각종 스프레이, 프로판가스, 에어컨 냉각제, 자동차 가솔린, 공기청정제, 방향제 등 일상생활 주위에 무수히 널려 있다. 이러한 흡입제 남용은 법으로 엄격히 규제되는 통제물질인 코카인, 헤로인 등과 달라서 법적으로는 마약으로 구분되지 않기 때문에 소위 감춰진 비밀의 마약 문제로 여겨지고 있다. 더불어 대다수 부모는 주위에 널려 있는 가정용품이 자녀들이 처음으로 접하는 마약이 될 수도 있다는 것을 인식하지 못하는 것도 그 위험성을 가중하고 있다.

Ⅷ. 스테로이드(Steroids)

스테로이드는 골격근의 성장과 남성적 특징의 발달을 촉진하는 체력 증강 약물이다. 스테로이드는 이러한 남성호르몬이 자연적으로 충분히 생성되지 않는 남성들을 치료할 목적으로 1930년대에 최초로 개발되었다. 1950년대부터는 암시장에서 스테로이드를 구할 수 있게 되었으며 야심을 품은 운동선수들이 경기력 향상을 목적으로 스테로이드를 복용하기 시작했다. 현재 스테로이드는 멕시코와 유럽 등지의 국제 암거래 시장에서 다량으로 밀거래되고, 일부는 합법 처방을 위조하여 구매되기도 하는바 각국의 비밀실험실에서 제조된다고 미국 정보당국은 파악하고 있다.

Ⅸ. 엘 · 에스 · 디(LSD)

LSD는 1938년 스위스 산토스 실험실에서 일하던 화학자 알버트 호프만(Albert Hofmann)이 개발한 약물이다. 알약이나 캡슐 또는 물약 형태로 판매된다. 산(Acid), 창유리(window pane) 등으로 불린다. 내성이나 심리적 의존 현상은 있지만, 신체적 금단증상은 일으키지 않는다고 알려져 있다. LSD의 특별한 효과 중 플래시백 효과가 있는데, 이것은 일부 남용자들의 경우 LSD를 사용하지 않는데도 환각을 반복 경험하게 되는 것을 말한다.

제3항 미국의 마약 대응 조직

Ⅰ. 개 관

미국의 마약 문제 담당 기구에 대한 이해는 대단히 복잡한 일 중의 하나이다. 대표적인 마약 전담기구로 잘 알려진 법무부의 마약청(Drug Enforcement Administration : DEA)이 총괄하면 될 것처럼 보이지만 의외로 복잡하다.[1071]

1071) 미국 마약청은 연방수사기관 중 하나로 1973년 7월 1일 마약 단속 관련 기관들이 합병되어 법무부 산

마약청은 독립된 마약 정보수집과 집행전담기구이고, 마약에 대한 국내외 정보를 총괄적으로 수집하며, 수집된 정보를 전문적으로 평가하고 분석하는 다른 기관들과 마약 문제와 관련이 있는 정보공동체와 법 집행공동체에 대한 총괄적 감독기능을 수행하는 백악관 내의 조직 등이 중첩된 그물망처럼 연결되어 있다.

먼저 백악관에 대통령이 의장인 마약퇴치대통령위원회(President's Council on Counter-Narcotics)가 있다. 마약정책실행과 관련해 각 부처의 업무를 총괄하고 조정 및 감독하며 종합적으로 대통령을 직접 보좌하는 조직은 백악관 내의 국가마약통제정책실(White House Office of National Drug Control Policy)이다.[1072] 백악관 국가마약통제정책실(ONDCP)은 1988년의 마약 남용방지법(Anti-Drug Abuse Act of 1988)[1073]에 의해 창설되어 마약 문제에 대한 대통령의 최고 자문역할을 하며 국가마약 프로그램의 우선순위 등 최종 마약정책을 결정한다.

국가마약통제정책실의 통제하에 법무부의 국가마약정보센터(National Drug Intelligence Center : NDIC)가 마약 문제와 그와 연관된 정보공동체와 법 집행공동체의 마약 정보를 종합하여 마약 정보를 실시간적으로 분석하여 그를 개별 집행기관에 전달하고, 그에 따라 마약대응 작전이 전개된다.

개별 집행기관은 행정부 내 다양한 부서에 분산되어 있다. 대표적으로 법무부의 마약청, 연방수사국(FBI), 미국과 멕시코 국경문제를 전담하는 엘 파소 정보 센터(El Paso Intelligence Center), 국토안보부의 이민국(INS), 재무부, 교통부, 국방부, 각 주 지방경찰 등의 유관 부서가 있다.

한편 법무부 국가마약정보센터(NDIC)는 1993년 국방예산법(Department of Defense Appropriations Act, 1993)[1074]에 의거 창설되어 국내 · 외를 포괄한 모든

하에 설치된 특별기구이다. 과거에 정보, 수사기관 간 교류협력이 미비해 마약 단속 활동이 효율적으로 실시되지 못했던 점을 개선하여, 연방 및 수사기관과 공조체제를 구축하고 전문적인 팀 체제로 조직을 정비했으며, 마약의 원산지인 해외거점까지 파고들어 많은 성과를 일구어냈다. 마약청은 미국과 전 세계 마약 거점에서 활동하고 있으며 서울에도 사무소가 있다. 또한, 95년부터 특수부대 MET(Mobile Enforcement Team)를 설치해 예산과 인원이 부족한 지방경찰과 보안관을 대신해 마약범죄에 대처하고 있다. 인터넷 주소 http://www.dea.gov/.

1072) 국가마약통제정책실(ONDCP)은 대통령 직속기관 중의 하나로 1988년 마약통제법에 의거 설립되었다. 매년 국가마약통제전략(National Drug Control Strategy) 보고서를 발표한다. 국방 · 국무부 등 13개 부처, 마약청(DEA), 연방수사국(FBI), CIA 등 10개 연방기관과 파트너십 관계를 유지하고 있다. 국가마약통제정책실의 인터넷 주소, http://www.whitehousedrugpolicy.gov/.

1073) Pub, Law No: 100-690.

마약 정보를 총괄하고 그를 분석하는 법무부 독립 기관으로, 장관의 직접 지휘와 감독을 받는다. 정보분석관은 스페인어, 프랑스어, 독일어, 러시아어, 한국어, 힌두어, 아랍어 등에 능통한 전문자격자들로 대부분이 학사학위 이상의 소지자이고 과반수 이상은 석사 이상 소지자로 법학, 정치과학, 국제법, 역사학, 사회학, 심리학, 수학, 비즈니스, 행정학 등을 전공했다.

국가마약정보센터(NDIC)의 임무는 마약 통제 및 공중위생 정책담당자, 법집행기관 및 정보기구에 국·내외의 마약과 관련한 전략 정보 등 각종 마약 정보와 자료 그리고 소위 정보전쟁의 일환으로 네트워크 정보 활용을 뜻하는 컴퓨터 네트워크 착취(Computer Network Exploitation : CNE) 및 마약 공작 수행을 위한 교육 훈련을 담당한다.

Ⅱ. 마약 정보수집

마약 관련 정보는 두 개의 경로를 따라서 수집된다. 첫 번째는 정보공동체 내의 해외 정보 수집 역할을 가진 정보공동체의 모든 정보기관이 해외 마약 정보를 수집한다. 대표적인 정보기구가 인적 정보를 대표하는 CIA, 국방부 소속으로 신호정보를 대표하는 국가안보국(NSA), 국방정보국(DIA), 국가지구공간정보국(NGA), 해군 정보실, 국무부 정보조사국(INR), 법무부의 마약청과 연방수사국 해외 지부(FBI) 등으로, 이들 정보기구는 세계 각국에서 마약 관련 정보를 광범위하게 수집한다. 두 번째로 국내정보는 약 22개에 달하는 연방의 수사·교정 등 각종 법 집행공동체와 관계기관 등에서 국내 마약 정보를 수집하여 이 모든 마약 정보가 법무부 국가마약정보센터(NDIC)에 집중된다.

Ⅲ. 마약 정보분석 및 평가와 배포

국가마약정보센터는 이렇게 수집된 제반 정보와 자체 수집하는 공개출처정보를 함께 취합하여 전문적인 정보분석 기법을 통해서 특정한 마약 위협 내용을 담은 "정보속보

1074) Pub, Law 102-396.

(Information Bulletins)"라는 마약 관련 정보지를 생산하여 일선 법집행기관 등 정보수요자에게 배포한다. 정보분석물은 백악관 국가마약통제정책실, 국가정보국(ODNI) 그리고 주요 정책결정담당자에게 배포된다.[1075] 국가마약정보센타의 대표적인 정보분석 생산물로는 '정보속보'를 포함해 연간 보고서인 "국가마약 위협 평가보고서(National Drug Threat Assessment)" 그리고 마약 관련 정보에 대한 색인지인 "분기 마약방지 간행물(Counternarcotics Publication Quarterly)" 등이 있다.

Ⅳ. 마약 정보수요자

국정의 최고 정책결정권자인 대통령과 국민을 대표하는 의회 소관위원회는 주요 마약 정보수요자이다. 또한, 국가마약정책을 총괄하고 대통령에 대한 마약 문제 최고 보좌역을 수행하는 국가마약통제정책실, 정보공동체의 총괄 책임자인 국가정보국장(DNI), 국토안보부, 국무부, FBI, 마약청, 해안경비대(United States Coast Guard : USCG) 등도 중요한 마약 정보소비자이다.

국가마약정보센터(NDIC)는 법 집행공동체와 정보공동체에 실시간적인 정보생산물을 제공하는 것을 목표로 한다. 마약 작전을 수행함에 있어서 제반 정보와 지시가 차질 없이 전달될 수 있도록 "실시간 분석정보 자료(Real-time Analytical Intelligence Database : RAID)" 시스템을 운용하고 있다. 동 시스템은 레이더(RAID)라고도 불린다. 지역 정보공유시스템(Regional Information Sharing System : RISS)을 통해 주 정부와도 정보를 공유한다.

제4항 마약 정책에 대한 비판적 견해

I. 마약과 정보활동의 남용

마약 정책에 대한 비판적 견해 중의 하나는 마약 문제에 대한 정보기구의 잘못된 정보활동 그리고 잘못될 충분한 위험성 등과 관련되어 있다. 그러므로 마약 문제를

1075) 상세는 Drug Control: An Overview of U.S. Countering Intelligence Activities(1998.6, GAO/NSIAD-98-142). 동 문서는 미국의 마약 정책 전반에 대한 서술을 하고 있다.

다루는 정보활동 과정에서 남용의 위험성을 살펴보는 것은 올바른 마약 정책 수립과 집행, 실제의 대응기구 운용을 위해 도움이 될 수 있다.

1986년 2명의 미국 언론인은 중앙정보국(CIA) 등이 코카인 판매를 통해 조달한 자금으로 무기를 구매하는 범죄적 행위에 가담했다는 확인 소송을 제기하면서, 정보기구의 마약 밀거래 음모를 폭로했다.[1076] 회색 제휴(gray alliances)라고 불리는 그것은 미국 마약 당국이 온두라스 군부와 결탁해 안전한 마약 판매망 개척 등 마약 밀매에 공조했다는 것이다. 1996년에는 게리 웹(Gary Webb)이 산호세 머큐리 신문에 CIA가 남미에서 코카인을 직접 운영하는 수송선으로 운반해 로스앤젤레스에 공급하고 판매 대금으로 무기를 구매해 콘트라 반군 등에 제공했다는 폭로기사를 공표하기도 했다. 1997년 1월 29일에는 월 스트리트 저널지도 CIA 등 국가기관이 직접 개입된 마약 거래 비호 음모를 폭로했다.[1077]

이러한 내용은 1998년 CIA 독립 감찰감인 히츠(Hitz)의 보고서에 의해 거의 사실로 판명되었다. 히츠 보고서는 약 50여개에 달하는 남미의 반군조직과 마약 밀거래 조직을 레이건-부시 행정부의 법 집행공동체와 정보공동체가 어떻게 보호하였는지를 설명하고 있다.[1078]

물론 장기적인 미국의 국가안보와 국가이익을 도모하기 위해 남미와 아시아 등지의 반군세력이나 현 정부세력의 지원목적이라고는 하지만, 미국의 도덕성에 대한 타격을 가져왔고 마약 문제와 관련한 정보기관의 활동이 다시 한번 도마 위에 오른 계기가 되었다. 이러한 문제들은 미국에서 발생하여 자료가 공개된 문제이기는 하지만 러시아 등 공개되지 않은 비밀은 더욱 많을 수 있다. 마약 문제를 국가적 쟁점으로 부각하여 법 집행공동체와 국가정보기구가 앞장서서 척결을 선도하는 마당에 충분히 타산지석이 될 수 있다.

1076) 2명의 언론인은 토니 아비르간(Tony Avirgan)과 마타 허니(Martha Honey)로 법률회사인 Christic Institute가 소송을 대리했다. FBI, The Christic Institute Lawsuit - Avirgan and Honey V. Hull, et al (1986), *available at*, http://foia.fbi.gov/christic_institute/christic_institute.pdf. p.6.

1077) Cockburn, Alexander ; Jeffrey St. Clair (1998), *Whiteout, the CIA, Drugs and the Press*, New York : Verso.

1078) Frederick Hitz, "CIA Inspector General report into allegations of connections between the CIA and the Contras in cocaine trafficking to the United States"(1998).

Ⅱ. 마약 정책에 대한 비판

1. 현실적 한계

미국을 비롯한 대부분 국가가 마약의 확산을 국가안보 차원의 문제로 이해하고 마약과의 전쟁을 선포하고 대대적인 단속을 벌이고 있음은 주지의 사실이다. 그러나 단속과 처벌 위주 정책의 효과에 대해서는 적지 않은 비판이 있다. 그러한 비판을 이해하는 것은, 마약 문제에 대한 균형 잡힌 이해를 하는 데 많은 도움을 주고, 정책담당자, 정보관계자에게 좋은 자성의 계기도 될 수 있다. 런던대학 경제학 교수 겸 작가인 리처드 다벤포트-하이네스(Richard Davenport-Hines)는 저서 『망각을 추구하며(The Pursuit of Oblivion)』에서 마약과의 전쟁의 비효율성을 다음과 같이 지적하면서 마약과의 전쟁의 비현실성을 비판했다.

> "전 세계적으로 마약과의 전쟁으로 약 10-15%의 불법 헤로인과 약 30%의 불법 코카인이 압수되고 있다. 그런데 마약 밀거래자들은 통상 300%의 이득을 남기는 거래를 한다. 그러므로 마약 밀거래자들의 이득에 타격을 주려면 최소 75% 이상의 마약을 압수해야 하는데 그것은 오늘날의 검거와 압수 수치가 보여 주듯이 불가능하다"

하이네스 교수에 따르면 마약과의 전쟁은 마약의 세계에서 끝이 있을 수 없는 무한정의 단지 **"일상적인 새로운 환경"**이 되어버린 것 이외에는 아무것도 아니라는 것이다. 그 같은 견해를 지지하는 입장은 또 있다. 1990부터 2000년까지 페루 대통령을 지낸 일본계 알베르토 후지모리는, 페루는 지난 10년 동안 미국의 도움과 공조 아래 엄청난 노력과 비용을 투입한 마약과의 전쟁을 수행했지만 1980년부터 1990년까지 코카 잎의 밀거래는 오히려 10배 이상 증가해 결국 마약 정책은 실패했다고 혹평한 바 있다.

2. 밀주 단속의 경험

비판가들은 마약에 대한 단속을 1920년대의 밀주에 대한 단속에 비유한다. 철의 금주법(Iron Law of Prohibition)으로 불린 강력한 단속법을 근거로 한 밀주 단속은 초기에는 성공을 거두는 것처럼 보였지만 밀주에 대한 꾸준한 소비가 있고 이득이 남는 관계로 1930년대에는 오히려 단속 초기보다 더욱 증대했다.

그래서 밀주 단속의 경험은 마약과의 전쟁의 결론을 보여주는 것이라고 주장한다.[1079] 이것은 미국뿐 아니라 캐나다도 마찬가지로 1994년 28.5%의 마약 경험을 보여주던 통계는 그동안의 막대한 비용과 인력을 동원한 단속에도 불구하고 2004년에는 45%로 오히려 마약 복용자들이 급격하게 증가했다.[1080]

결국, 마약 문제는 강력한 단속만으로는 결코 해결될 수 없는 문제임을 각국의 사례가 경험적으로 보여주고 있다. 궁극적으로 소비를 없애야 하는 것으로, 교육 및 교정 정책이 더욱 중요하다. 당국의 냉철한 자성을 되돌아보게 한다.

3. 국제적 활동의 실천적 필요성

각국의 마약 정책과 관련하여 정보공동체와 법 집행공동체 관계자들이 또 하나 유념해야 할 문제는 마약은 대표적으로 소위 **풍선효과**를 가진 이득이 많이 남는 물질이라는 것이다. 이것은 이득이 남고 소비자가 있는 한 사라질 수 없는 현상임을 말한다. 이것은 어느 국가의 강력한 마약과의 전쟁 수행은 필연적으로 그 소비처를 전쟁의 강도가 약한 나라로 전이하게 만든다는 것을 의미한다. 세계적인 마약 정보와 법 집행 공격추세에 뒤떨어지지 않아야 하는 이유이다.

더 나아가 마약이 본격적으로 국가안보 차원의 문제가 될 때는 단순한 외국 정보기관의 정보를 제공받거나 국내에서의 감청 등의 소극적 대처방식 등은 미봉책의 단발성 사건 해결 노력에 지나지 않게 된다. 적극적으로 국제 마약밀매조직에 침투하고 유용한 정보망을 구축하여 지속적으로 동향을 살피는 것도 오히려 뒤떨어진 내용이 되었다고 보아야 한다.

인공위성과 정찰기 등을 통한 영상정보, 마약 제조공장의 소음과 연기 등을 측정하는 측정정보와 신호정보 등 과학적인 정보수집 기법개발이 더욱 필요하다. 그러나 이러한

1079) Mark Thornton, *Alcohol Prohibition was a Failure*, *available at*, http://www.cato.org/pub display.php?pub_id=1017&print=Y&full=1.
1080) CBS News, Canada's anti-drug strategy a failure, study suggests(January 15, 2007), http://www.cbc.ca/canada/british-columbia/story/2007/01/15/drug-strategy.html.

기술적 정보활동의 한계가 따르는 국가들로서는 이념을 초월한 정보의 공유체계를 구축해 풍선효과의 피해국이 되지 말아야 함을 유념해야한다. 마약에 대한 정보공유의 영역에는 이념의 한계나 제한이 있을 수 없다.

제5항 우리나라의 마약 실태와 대책

I. 경과 및 현황

지난 40여 년간 대한민국은 자타가 공인한 마약 청정국가였다. 하지만 최근 마약은 급속하게 우리 사회를 뒤흔들고 있는 사회문제가 되었다. 마약류의 투약자가 과거 30-40대에서 20대로 내려가는 등 질적으로도 나빠졌다. 지식층과 상류층을 비롯한 각계각층에서의 마약 중독자가 늘고 있으며 국제마약 밀매조직까지 침투하고 있다. 유통구조도 기존의 화폐거래에서 비트코인 거래를 통한 인터넷 기반 서비스에서의 은밀히 거래로 첨단화되었다.

마약은 유통과 투약이라는 1차적인 문제에 머물지 않고, 제2차, 제3차적 이어지는 범죄카르텔을 형성한다는 점에서도 심각성이 있다. 마약류 유통은 점차 일상생활에 가까운 지하로 숨어들었고, 접근 위험성으로 인한 마약류의 희소성과 가격 폭등은 엄청 난 경제적 이윤과 직결되어 국제범죄조직이 필연적으로 개입한다. 더 나아가 마약류의 가격 폭등은 마약류 상용자들에게 마약류를 대신할 수 있는 대용품을 찾게 했고, 앞서 본 인헤일런트라고 하는 본드·부탄가스·진해 거담제 등도 남용되고, 필로폰 (Methamphetamine, 히로뽕), 대마, LSD, GHB(Gamma-hydroxybutyric acid, 일명 물뽕), 엑스터시(Ecstasy: 도리도리), NPS(New Psychoactive Substances), 러쉬(Rush)1), 야바(Yaba)2) 등 다양한 마약 종류가 등장했다. 한편 아시아 국가 중에 도 미얀마가 생산량에서 가장 앞서고 아프가니스탄, 라오스, 파키스탄, 태국, 인도, 중국 등의 순위이다. 우리나라의 주변 마약 환경은 절대 청정하지 않은 것이다.[1081]

2018년 대검찰청 마약류 범죄백서에 의하면 2017년 32.6kg에 불과하던 외국산 마약류 압수량이 2018년에는 무려 9배나 증가한 298kg에 이르렀다. 이 압수량은 보통

1081) DEA, The Availability of Southwest Asian Heroin in the United States (1996. 5).

필로폰 1회 투약량이 0.03-0.07g임을 감안하면, 약 400만-900만 명이 1차례씩 투약할 수 있는 엄청난 양이다. 마약류 밀수사범은 521명으로 2017년(481명) 대비 8.3% 증가했다. 내국인이 대만 마약밀매조직과 일본 야쿠자 등 국제 마약범죄조직과 연계하여 대규모 마약류를 국내로 밀수입하거나 경유지로 이용하는 사례가 증가하는 것으로 나타났다.[1082)

II. 예방적 정보활동과 교육 치료정책의 필요성

대검찰청은 대책으로 해외 공급지 검색 강화 등 국내외 동시 수사를 통해 마약류 밀반입 사전 차단, 국제범죄 중점 검찰청인 인천지검 강력부에『국제마약조직 추적 수사팀』신설 가동, 서울중앙지검 강력부에『다크웹 전문수사팀』신설·가동, 인터넷 마약류 범죄 모니터링 시스템 운영과 강화, 외국인 마약류범죄 예방활동 그리고 마약류 투약사범 치료 및 재활 확대 시행을 제시하고 있다.

마약에 대한 대책은 크게 생산 제한과 반입의 차단, 투약자 처벌, 계몽과 치료 등으로 요약할 수 있다. 즉, 엄격한 단속과 치료가 병행되어야 한다. 일국의 마약에 대한 대처는 정책과 정보 그리고 법집행의 3분야가 골고루 그 역량을 갖추어 다각적인 대처가 함께 병행되어야 효율적으로 이루어질 수 있는 것이다.

처벌 일변도로는 소위 풍선효과라는 부작용을 전 국토적으로 유발할 수 있다. 결코, 수사 위주로 마약 문제가 해결될 수는 없는 것이다. 형사처벌이라는 사건 위주의 단속도 필요하지만, 마약류 유입 루트 원천에 대한 정보파악과 사전 유입차단 및 마약의 위험성에 대한 국민의식 수준의 향상 등 예방정책 등이 병행되어야 한다. 우리나라의 마약사범에 대한 국가정보기구의 독자적인 정보 능력이 어느 정도이고, 과연 개선되고 있는지도 냉정히 되짚어 보아야 할 것이다.

1082) 대검찰청 2018 마약류 범죄백서, file:///C:/Users/Han/Downloads/190909_%EB%B3%B4%EB%8F%84%EC%9E%90%EB%A3%8C(%E3%80%8C2018%EB%85%84_%EB%A7%88%EC%95%BD%EB%A5%98_%EB%B2%94%EC%A3%84%EB%B0%B1%EC%84%9C%E3%80%8D_%EB%B0%9C%EA%B0%84)-%EB%8C%80%EA%B2%80%EC%B0%B0%EC%B2%AD.pdf.

Ⅲ. 마무리

2018년 대검찰청 마약류 범죄백서가 보여주듯이 다년간의 마약사범에 대한 강력한 법집행에도 불구하고 마약사범은 꾸준하게 증가하고 있는 것에 비추어 우리나라의 마약류 통제정책은 성공하고 있다고 보기 어렵다. 마약 단속 조직은 확대되고 예산은 증가했지만, 마약사범은 지치지 않고 증가하고 있는 것이다.

모두 필요하지만 초국가적안보위협세력으로 분류되는 마약밀매와의 전쟁은 수사기구의 힘만으로는 안 된다. 국가정보기구의 선제적 정보활동이 필요하다. 통신과 운송 수단의 획기적 발달이 지구 공간을 하나의 이웃으로 만든 것을 감안하면 국가정보기구의 노력 없이 수사기관의 단선적인 노력만으로는 단지 현상적인 지루한 마약과의 전쟁을 하게 된다. 마약조직범죄의 특성상 마약에 대한 정책은 시발단계에서부터의 적극적인 통제정책이 절실한 것임은 마약 역사가 보여주었다. 국가정보원, 검찰, 경찰, 식약처, 관세청 등의 기능을 융합하여 정보와 수사 체계와 예방·치료와 교육의 크게 대별된 체계를 새롭게 구축할 필요성이 있어 보인다. 어디까지나 마약사범은 범죄자로 처벌의 대상이지만 또한, 피해자로 치료의 대상이라는 점도 이해해야 한다.

■ 부 록

【국가정보원법】

제1조(목적)

이 법은 국가정보원의 조직 및 직무범위와 국가안전보장 업무의 효율적인 수행을 위하여 필요한 사항을 규정함을 목적으로 한다.

제2조(지위)

국가정보원(이하 "국정원"이라 한다)은 대통령 소속으로 두며, 대통령의 지시와 감독을 받는다.

제3조(국정원의 운영 원칙)

① 국정원은 운영에 있어 정치적 중립성을 유지하며, 국민의 자유와 권리를 보호하여야 한다.

② 국가정보원장(이하 "원장"이라 한다)·차장 및 기획조정실장과 그 밖의 직원은 이 법에서 정하는 정보의 수집 목적에 적합하게 정보를 수집하여야 하며, 수집된 정보를 직무 외의 용도로 사용하여서는 아니 된다.

제4조(직무)

① 국정원은 다음 각 호의 직무를 수행한다.

  1. 다음 각 목에 해당하는 정보의 수집·작성·배포

    가. 국외 및 북한에 관한 정보

    나. **방첩**(산업경제정보 유출, 해외연계 경제질서 교란 및 방위산업침해에 대한 방첩을 포함한다), **대테러, 국제범죄조직**에 관한 정보

    다. 「형법」 중 내란의 죄, 외환의 죄, 「군형법」 중 반란의 죄, 암호 부정사용의 죄, 「군사기밀 보호법」에 규정된 죄에 관한 정보

    라. 「국가보안법」에 규정된 죄와 관련되고 반국가단체와 연계되거나 연계가 의심되는 안보침해행위에 관한 정보

마. 국제 및 국가배후 해킹조직 등 사이버안보 및 위성자산 등 안보 관련 우주 정보

2. 국가 기밀(국가의 안전에 대한 중대한 불이익을 피하기 위하여 한정된 인원만이 알 수 있도록 허용되고 다른 국가 또는 집단에 대하여 비밀로 할 사실·물건 또는 지식으로서 국가 기밀로 분류된 사항만을 말한다. 이하 같다)에 속하는 문서·자재·시설·지역 및 국가안전보장에 한정된 국가 기밀을 취급하는 인원에 대한 보안 업무. 다만, 각급 기관에 대한 보안감사는 제외한다.

3. 제1호 및 제2호의 직무수행에 관련된 조치로서 국가안보와 국익에 반하는 북한, 외국 및 외국인·외국단체·초국가행위자 또는 이와 연계된 내국인의 활동을 확인·견제·차단하고, 국민의 안전을 보호하기 위하여 취하는 대응조치

4. 다음 각 목의 기관 대상 **사이버공격 및 위협**에 대한 예방 및 대응

가. 중앙행정기관(대통령 소속기관과 국무총리 소속기관을 포함한다) 및 그 소속기관과 국가인권위원회, 고위공직자범죄수사처 및 「행정기관 소속 위원회의 설치·운영에 관한 법률」에 따른 위원회

나. 지방자치단체와 그 소속기관

다. 그 밖에 대통령령으로 정하는 공공기관

5. 정보 및 보안 업무의 기획·조정

6. 그 밖에 다른 법률에 따라 국정원의 직무로 규정된 사항

② 원장은 제1항의 직무와 관련하여 직무수행의 원칙·범위·절차 등이 규정된 정보활동기본지침을 정하여 국회 정보위원회에 이를 보고하여야 한다. 정보활동기본지침을 개정한 때에도 또한 같다.

③ 국회 정보위원회는 정보활동기본지침에 위법하거나 부당한 사항이 있다고 인정되면 재적위원 3분의 2 이상의 찬성으로 시정이나 보완을 요구할 수 있으며, 원장은 특별한 사유가 없으면 그 요구에 따라야 한다.

④ 제1항 제1호부터 제4호까지의 직무 수행을 위하여 필요한 사항과 같은 항

제5호에 따른 기획 · 조정의 범위와 대상 기관 및 절차 등에 관한 사항은 대통령령으로 정한다.

제5조(국가기관 등에 대한 협조 요청 등)

① 원장은 직무 수행과 관련하여 필요한 경우 국가기관이나 그 밖의 관계 기관 또는 단체(이하 "국가기관 등"이라 한다)에 대하여 사실의 조회 · 확인, 자료의 제출 등 필요한 협조 또는 지원을 요청할 수 있다. 이 경우 요청을 받은 국가기관 등의 장은 정당한 사유가 없으면 그 요청에 따라야 한다.

② 직원은 제4조 제1항 제1호 나목부터 마목까지 및 같은 조 같은 항 제2호의 직무수행을 위하여 필요한 경우 현장조사 · 문서열람 · 시료채취 · 자료제출 요구 및 진술요청 등의 방식으로 조사할 수 있다.

③ 국정원은 제4조 제1항 제1호 나목부터 라목까지에 관한 직무수행과 관련하여 각급 수사기관과 정보 공조체계를 구축하고, 국정원과 각급 수사기관은 상호 협력하여야 한다.

④ 직원은 정보수집을 위하여 필요한 최소한의 범위 안에서 조사를 행하여야 하며, 다른 목적을 위하여 조사 권한을 남용하여서는 아니된다.

제6조(조직)

① 국정원의 조직은 원장이 대통령의 승인을 받아 정한다.

② 제1항에도 불구하고 원장은 제4조에 따른 직무범위를 일탈하여 정치관여의 우려가 있는 정보 등을 수집 · 분석하기 위한 조직을 설치하여서는 아니 된다.

③ 국정원은 직무 수행상 특히 필요한 경우에는 대통령의 승인을 받아 특별시 · 광역시 · 특별자치시 · 도 또는 특별자치도에 지부(支部)를 둘 수 있다.

제7조(직원)

① 국정원에 원장 · 차장 및 기획조정실장과 그 밖에 필요한 직원을 둔다. 다만, 그 직무 수행상 필요한 경우에는 차장을 2명 이상 둘 수 있다.

② 직원의 정원은 예산의 범위에서 대통령의 승인을 받아 원장이 정한다.

제8조(조직 등의 비공개)

국정원의 조직·소재지 및 정원은 국가안전보장을 위하여 필요한 경우에는 그 내용을 공개하지 아니할 수 있다.

제9조(원장·차장·기획조정실장)

① 원장은 국회의 인사청문을 거쳐 대통령이 임명하며, 차장 및 기획조정실장 은 원장의 제청으로 대통령이 임명한다.

② 원장은 정무직으로 하며, 국정원의 업무를 총괄하고 소속 직원을 지휘·감 독한다.

③ 차장과 기획조정실장은 정무직으로 하고 원장을 보좌하며, 원장이 부득이한 사유로 직무를 수행할 수 없을 때에는 그 직무를 대행한다.

④ 원장·차장 및 기획조정실장 외의 직원 인사에 관한 사항은 따로 법률로 정 한다.

제10조(겸직 금지)

원장·차장 및 기획조정실장은 다른 직(職)을 겸할 수 없다.

제11조(정치 관여 금지)

① 원장·차장 및 기획조정실장과 그 밖의 직원은 정당이나 정치단체에 가입하 거나 정치활동에 관여하는 행위를 하여서는 아니 된다.

② 제1항에서 정치활동에 관여하는 행위란 다음 각 호의 어느 하나에 해당하는 행위를 말한다.

   1. 정당이나 정치단체의 결성 또는 가입을 지원하거나 방해하는 행위
   2. 그 직위를 이용하여 특정 정당이나 특정 정치인에 대하여 지지 또는 반대 의견을 유포하거나, 그러한 여론을 조성할 목적으로 특정 정당이나 특정

정치인에 대하여 찬양하거나 비방하는 내용의 의견 또는 사실을 유포하는 행위

3. 특정 정당이나 특정 정치인, 특정 정치단체를 위하여 기부금 모집을 지원하거나 방해하는 행위 또는 기업의 자금, 국가·지방자치단체 및 「공공기관의 운영에 관한 법률」에 따른 공공기관의 자금을 이용하거나 지원하게 하는 행위

4. 특정 정당이나 특정인의 선거운동을 하거나 선거 관련 대책회의에 관여하는 행위

5. 특정 정당·정치단체나 특정 정치인을 위하여 집회를 주최·참석·지원하도록 다른 사람을 사주·유도·권유·회유 또는 협박하는 행위

6. 「정보통신망 이용촉진 및 정보보호 등에 관한 법률」에 따른 정보통신망을 이용한 제1호부터 제5호까지에 해당하는 행위

7. 소속 직원이나 다른 공무원에 대하여 제1호부터 제6호까지의 행위를 하도록 요구하거나 그 행위와 관련한 보상 또는 보복으로서 이익 또는 불이익을 주거나 이를 약속 또는 고지(告知)하는 행위

③ 직원은 원장, 차장·기획조정실장과 그 밖의 다른 직원으로부터 제2항에 해당하는 행위의 집행을 지시 받은 경우 내부 절차에 따라 이의를 제기할 수 있으며, 시정되지 않을 경우 그 직무의 집행을 거부할 수 있다.

④ 직원이 제3항의 규정에 따라 이의제기 절차를 거친 후에도 시정되지 않을 경우, 오로지 공익을 목적으로 제2항에 해당하는 행위의 집행을 지시 받은 사실을 수사기관에 신고하는 경우 「국가정보원직원법」 제17조의 규정은 적용하지 아니한다.

⑤ 직원이 제4항에 따라 수사기관에 신고하는 경우 원장은 해당 내용을 지체 없이 국회 정보위원회에 보고하여야 한다.

⑥ 누구든지 제4항의 신고자에게는 그 신고를 이유로 불이익조치(「공익신고자보호법」 제2조제6호에 따른 불이익조치를 말한다)를 하여서는 아니 된다.

제12조(겸직 직원)

① 원장은 현역 군인 또는 필요한 공무원의 파견근무를 관계 기관의 장에게 요청할 수 있다.

② 겸직 직원의 원(原) 소속 기관의 장은 겸직 직원의 모든 신분상의 권익과 보수를 보장하여야 하며, 겸직 직원을 전보(轉補) 발령하려면 미리 원장의 동의를 받아야 한다.

③ 겸직 직원은 겸직 기간 중 원 소속 기관의 장의 지시 또는 감독을 받지 아니한다.

④ 겸직 직원의 정원은 관계 기관의 장과 협의하여 대통령의 승인을 받아 원장이 정한다.

제13조(직권 남용의 금지)

원장·차장·기획조정실장 및 그 밖의 직원은 그 직권을 남용하여 법률에 따른 절차를 거치지 아니하고 사람을 체포 또는 감금하거나 다른 기관·단체 또는 사람으로 하여금 의무 없는 일을 하게 하거나 사람의 권리 행사를 방해하여서는 아니 된다.

제14조(불법 감청 및 불법위치추적 등의 금지)

원장·차장·기획조정실장 및 그 밖의 직원은「통신비밀보호법」,「위치정보의 보호 및 이용 등에 관한 법률」,「형사소송법」또는「군사법원법」등에서 정한 적법절차에 따르지 아니하고는 우편물의 검열, 전기통신의 감청 또는 공개되지 아니한 타인간의 대화를 녹음·청취하거나 위치정보 또는 통신사실확인자료를 수집하여서는 아니 된다.

제15조(국회에의 보고 등)

① 원장은 국가 안전보장에 중대한 영향을 미치는 상황이 발생할 경우 지체 없이 대통령 및 국회 정보위원회에 보고하여야 한다.

② 원장은 국회 정보위원회가 재적위원 3분의 2 이상의 찬성으로 특정사안에 대하여 보고를 요구한 경우 해당 내용을 지체 없이 보고하여야 한다.

제16조(예산회계)

① 국정원은 「국가재정법」 제40조에 따른 독립기관으로 한다.

② 국정원은 세입, 세출예산을 요구할 때에 「국가재정법」 제21조의 구분에 따라 총액으로 기획재정부장관에게 제출하며, 그 산출내역과 같은 법 제34조에 따른 예산안의 첨부서류는 제출하지 아니할 수 있다.

③ 국정원의 예산 중 미리 기획하거나 예견할 수 없는 비밀활동비는 총액으로 다른 기관의 예산에 계상할 수 있으며, 그 편성과 집행결산에 대하여는 국회 정보위원회에서 심사한다.

④ 국정원은 제2항 및 제3항에도 불구하고 국회 정보위원회에 국정원의 모든 예산(제3항에 따라 다른 기관에 계상된 예산을 포함한다)에 관하여 실질심사에 필요한 세부 자료를 제출하여야 한다.

⑤ 국정원은 모든 예산을 집행함에 있어 지출의 사실을 증명할 수 있는 증빙서류를 첨부하여야 한다. 다만, 국가안전보장을 위해 기밀이 요구되는 경우에는 예외로 한다.

⑥ 원장은 국정원의 예산집행 현황을 분기별로 국회 정보위원회에 보고하여야 한다.

⑦ 국회 정보위원회는 국정원의 예산심사를 비공개로 하며, 국회 정보위원회의 위원은 국정원의 예산 내역을 공개하거나 누설하여서는 아니 된다.

제17조(국회에서의 증언 등)

① 원장은 국회 예산결산 심사 및 안건 심사와 감사원의 감사가 있을 때에 성실하게 자료를 제출하고 답변하여야 한다. 다만, 국가의 안전보장에 중대한 영향을 미치는 국가 기밀 사항에 대하여는 그 사유를 밝히고 자료의 제출 또는 답변을 거부할 수 있다.

② 원장은 제1항에도 불구하고 국회 정보위원회에서 자료의 제출, 증언 또는 답변을 요구받은 경우와 「국회에서의 증언·감정 등에 관한 법률」에 따라 자료의 제출 또는 증언을 요구받은 경우에는 군사·외교·대북관계의 국가 기밀에 관한 사항으로서 그 발표로 인하여 국가 안위(安危)에 중대한 영향을 미치는 사항에 대하여는 그 사유를 밝히고 자료의 제출, 증언 또는 답변을 거부할 수 있다. 이 경우 국회 정보위원회 등은 그 의결로써 국무총리의 소명을 요구할 수 있으며, 소명을 요구받은 날부터 7일 이내에 국무총리의 소명이 없는 경우에는 자료의 제출, 증언 또는 답변을 거부할 수 없다.

③ 원장은 국가 기밀에 속하는 사항에 관한 자료와 증언 또는 답변에 대하여 이를 공개하지 아니할 것을 요청할 수 있다.

제18조(회계검사 및 직무감찰의 보고)

원장은 그 책임 하에 소관 예산에 대한 회계검사와 직원의 직무 수행에 대한 감찰을 하고, 그 결과를 대통령과 국회 정보위원회에 보고하여야 한다.

제19조(직원에 대한 수사중지 요청)

① 원장은 직원이 제4조에 규정된 직무 관련 범죄혐의로 인하여 다른 기관의 수사를 받음으로써 특수 활동 등 직무상 기밀 누설의 우려가 있는 경우에는 해당 수사기관의 장에게 그 사유를 소명하고 수사중지를 요청할 수 있다.

② 제1항에 따라 수사 중지 요청을 받은 기관의 장은 정당한 사유가 있으면 수사를 중지할 수 있다.

제20조(무기의 사용)

① 원장은 직무를 수행하기 위하여 필요하다고 인정할 때에는 소속 직원에게 무기를 휴대하게 할 수 있다.

② 제1항의 무기 사용에 관하여는 「경찰관 직무집행법」 제10조의4를 준용한다.

제21조(정치 관여죄)

① 제11조를 위반하여 정당이나 그 밖의 정치단체에 가입하거나 정치활동에 관여하는 행위를 한 사람은 7년 이하의 징역과 7년 이하의 자격정지에 처한다.

② 제1항에 규정된 죄의 미수범은 처벌한다.

제22조(직권남용죄)

① 제13조를 위반하여 사람을 체포 또는 감금하거나 다른 기관 · 단체 또는 사람으로 하여금 의무 없는 일을 하게 하거나 사람의 권리 행사를 방해한 사람은 7년 이하의 징역과 7년 이하의 자격정지에 처한다.

② 제1항에 규정된 죄의 미수범은 처벌한다.

제23조(불법감청 · 위치추적 등의 죄)

① 제14조를 위반하여 우편물의 검열 · 전기통신의 감청 또는 공개되지 아니한 다른 사람의 대화를 녹음 · 청취한 사람은 1년 이상 10년 이하의 징역과 7년 이하의 자격정지에 처한다.

② 제14조를 위반하여 위치정보 또는 통신사실확인자료를 수집한 사람은 5년 이하의 징역 또는 5천만원 이하의 벌금에 처한다.

③ 제1항 및 제2항에 규정된 죄의 미수범은 처벌한다.

제24조(공소시효에 관한 특례)

제21조와 제23조제2항의 죄에 대한 공소시효의 기간은 「형사소송법」 제249조 제1항에도 불구하고 10년으로 한다.

부   칙 〈법률 제17646호, 2020. 12. 15.〉

제1조(시행일)

이 법은 2021년 1월 1일부터 시행한다. 다만, 제4조제1항제1호다목 · 라목,

제5조제2항(제4조제1항제1호다목 및 라목과 관련된 조사에 한정한다) 및 부칙 제5조제5항·제6항·제7항의 개정규정은 2024년 1월 1일부터 시행한다.

제2조(일반적 경과조치)

이 법 시행 당시 종전의 「국가정보원법」에 따른 행위로서 이 법에 그에 해당하는 규정이 있는 경우에는 이 법에 따라 한 것으로 본다.

제3조(수사권에 관한 경과조치)

2023년 12월 31일까지는 종전의 「국가정보원법」 제3조제1항제3호 및 제4호, 제11조제2항, 제16조, 제19조제2항을 계속 적용한다.

제4조(벌칙에 관한 경과조치)

이 법 시행 전에 종전의 「국가정보원법」 제9조 또는 제11조를 위반한 행위에 대하여 벌칙을 적용할 때는 종전의 규정에 따른다.

제5조(다른 법률의 개정) – 내용 생략

① 고위공직자범죄수사처 설치 및 운영에 관한 법률 일부를 다음과 같이 개정한다.

② 공직자윤리법 일부를 다음과 같이 개정한다.

③ 국회법 일부를 다음과 같이 개정한다.

④ 군 사망사고 진상규명에 관한 특별법 일부를 다음과 같이 개정한다.

⑤ 군사법원법 일부를 다음과 같이 개정한다.

⑥ 사법경찰관리의 직무를 수행할 자와 직무범위에 관한 법률 일부를 다음과 같이 개정한다.

⑦ 정부조직법 일부를 다음과 같이 개정한다.

⑧ 항공보안법 일부를 다음과 같이 개정한다.

⑨ 항공안전기술원법 일부를 다음과 같이 개정한다.

⑩ 형의 실효 등에 관한 법률 일부를 다음과 같이 개정한다.

제6조(다른 법령과의 관계)

이 법 시행 당시 다른 법령에서 종전의「국가정보원법」의 규정을 인용하고 있는 경우 이 법 가운데 그에 해당하는 규정이 있으면 종전의 규정을 갈음하여 이 법의 해당 규정을 인용한 것으로 본다.

【국민보호와 공공안전을 위한 테러방지법(약칭: 테러방지법)】

제1조(목적)

이 법은 테러의 예방 및 대응 활동 등에 관하여 필요한 사항과 테러로 인한 피해 보전 등을 규정함으로써 테러로부터 국민의 생명과 재산을 보호하고 국가 및 공공의 안전을 확보하는 것을 목적으로 한다.

제2조(정의) 이 법에서 사용하는 용어의 뜻은 다음과 같다.

1. "테러"란 국가 · 지방자치단체 또는 외국 정부(외국 지방자치단체와 조약 또는 그 밖의 국제적인 협약에 따라 설립된 국제기구를 포함한다)의 권한행사를 방해하거나 의무 없는 일을 하게 할 목적 또는 공중을 협박할 목적으로 하는 다음 각 목의 행위를 말한다.

   가. 사람을 살해하거나 사람의 신체를 상해하여 생명에 대한 위험을 발생하게 하는 행위 또는 사람을 체포 · 감금 · 약취 · 유인하거나 인질로 삼는 행위

   나. 항공기(「항공안전법」 제2조제1호의 항공기를 말한다. 이하 이 목에서 같다)와 관련된 다음 각각의 어느 하나에 해당하는 행위

      1) 운항중(「항공보안법」 제2조제1호의 운항중을 말한다. 이하 이 목에서 같다)인 항공기를 추락시키거나 전복 · 파괴하는 행위, 그 밖에 운항중인 항공기의 안전을 해칠 만한 손괴를 가하는 행위

      2) 폭행이나 협박, 그 밖의 방법으로 운항중인 항공기를 강탈하거나 항공기의 운항을 강제하는 행위

      3) 항공기의 운항과 관련된 항공시설을 손괴하거나 조작을 방해하여 항공기의 안전운항에 위해를 가하는 행위

   다. 선박(「선박 및 해상구조물에 대한 위해행위의 처벌 등에 관한 법률」 제2조제1호 본문의 선박을 말한다. 이하 이 목에서 같다) 또는 해상구조물(같은 법 제2조제5호의 해상구조물을 말한다. 이하 이 목에

서 같다)과 관련된 다음 각각의 어느 하나에 해당하는 행위

1) 운항(같은 법 제2조제2호의 운항을 말한다. 이하 이 목에서 같다) 중인 선박 또는 해상구조물을 파괴하거나, 그 안전을 위태롭게 할 만한 정도의 손상을 가하는 행위(운항 중인 선박이나 해상구조물에 실려 있는 화물에 손상을 가하는 행위를 포함한다)

2) 폭행이나 협박, 그 밖의 방법으로 운항 중인 선박 또는 해상구조물을 강탈하거나 선박의 운항을 강제하는 행위

3) 운항 중인 선박의 안전을 위태롭게 하기 위하여 그 선박 운항과 관련된 기기ㆍ시설을 파괴하거나 중대한 손상을 가하거나 기능 장애 상태를 일으키는 행위

라. 사망ㆍ중상해 또는 중대한 물적 손상을 유발하도록 제작되거나 그러한 위력을 가진 생화학ㆍ폭발성ㆍ소이성(燒夷性) 무기나 장치를 다음 각각의 어느 하나에 해당하는 차량 또는 시설에 배치하거나 폭발시키거나 그 밖의 방법으로 이를 사용하는 행위

1) 기차ㆍ전차ㆍ자동차 등 사람 또는 물건의 운송에 이용되는 차량으로서 공중이 이용하는 차량

2) 1)에 해당하는 차량의 운행을 위하여 이용되는 시설 또는 도로, 공원, 역, 그 밖에 공중이 이용하는 시설

3) 전기나 가스를 공급하기 위한 시설, 공중이 먹는 물을 공급하는 수도, 전기통신을 이용하기 위한 시설 및 그 밖의 시설로서 공용으로 제공되거나 공중이 이용하는 시설

4) 석유, 가연성 가스, 석탄, 그 밖의 연료 등의 원료가 되는 물질을 제조 또는 정제하거나 연료로 만들기 위하여 처리ㆍ수송 또는 저장하는 시설

5) 공중이 출입할 수 있는 건조물ㆍ항공기ㆍ선박으로서 1)부터 4)까지에 해당하는 것을 제외한 시설

마. 핵물질(「원자력시설 등의 방호 및 방사능 방재 대책법」 제2조제1호

의 핵물질을 말한다. 이하 이 목에서 같다), 방사성물질(「원자력안
전법」 제2조제5호의 방사성물질을 말한다. 이하 이 목에서 같다) 또
는 원자력시설(「원자력시설 등의 방호 및 방사능 방재 대책법」 제2
조제2호의 원자력시설을 말한다. 이하 이 목에서 같다)과 관련된 다
음 각각의 어느 하나에 해당하는 행위

   1) 원자로를 파괴하여 사람의 생명·신체 또는 재산을 해하거나 그
     밖에 공공의 안전을 위태롭게 하는 행위

   2) 방사성물질 등과 원자로 및 관계 시설, 핵연료주기시설 또는 방
     사선발생장치를 부당하게 조작하여 사람의 생명이나 신체에 위
     험을 가하는 행위

   3) 핵물질을 수수(授受)·소지·소유·보관·사용·운반·개조·
     처분 또는 분산하는 행위

   4) 핵물질이나 원자력시설을 파괴·손상 또는 그 원인을 제공하거
     나 원자력시설의 정상적인 운전을 방해하여 방사성물질을 배출
     하거나 방사선을 노출하는 행위

2. "테러단체"란 국제연합(UN)이 지정한 테러단체를 말한다.

3. "테러위험인물"이란 테러단체의 조직원이거나 테러단체 선전, 테러자금
모금·기부, 그 밖에 테러 예비·음모·선전·선동을 하였거나 하였다
고 의심할 상당한 이유가 있는 사람을 말한다.

4. "외국인테러전투원"이란 테러를 실행·계획·준비하거나 테러에 참가
할 목적으로 국적국이 아닌 국가의 테러단체에 가입하거나 가입하기 위
하여 이동 또는 이동을 시도하는 내국인·외국인을 말한다.

5. "테러자금"이란 「공중 등 협박목적 및 대량살상무기확산을 위한 자금조
달행위의 금지에 관한 법률」 제2조제1호에 따른 공중 등 협박목적을 위
한 자금을 말한다.

6. "대테러활동"이란 제1호의 테러 관련 정보의 수집, 테러위험인물의 관
리, 테러에 이용될 수 있는 위험물질 등 테러수단의 안전관리, 인원·시

설·장비의 보호, 국제행사의 안전확보, 테러위협에의 대응 및 무력진압 등 테러 예방과 대응에 관한 제반 활동을 말한다.

7. "관계기관"이란 대테러활동을 수행하는 국가기관, 지방자치단체, 그 밖에 대통령령으로 정하는 기관을 말한다.

8. "대테러조사"란 대테러활동에 필요한 정보나 자료를 수집하기 위하여 현장조사·문서열람·시료채취 등을 하거나 조사대상자에게 자료제출 및 진술을 요구하는 활동을 말한다.

제3조(국가 및 지방자치단체의 책무)

① 국가 및 지방자치단체는 테러로부터 국민의 생명·신체 및 재산을 보호하기 위하여 테러의 예방과 대응에 필요한 제도와 여건을 조성하고 대책을 수립하여 이를 시행하여야 한다.

② 국가 및 지방자치단체는 제1항의 대책을 강구할 때 국민의 기본적 인권이 침해당하지 아니하도록 최선의 노력을 하여야 한다.

③ 이 법을 집행하는 공무원은 헌법상 기본권을 존중하여 이 법을 집행하여야 하며 헌법과 법률에서 정한 적법절차를 준수할 의무가 있다.

제4조(다른 법률과의 관계)

이 법은 대테러활동에 관하여 다른 법률에 우선하여 적용한다.

제5조(국가테러대책위원회)

① 대테러활동에 관한 정책의 중요사항을 심의·의결하기 위하여 국가테러대책위원회(이하 "대책위원회"라 한다)를 둔다.

② 대책위원회는 국무총리 및 관계기관의 장 중 대통령령으로 정하는 사람으로 구성하고 위원장은 국무총리로 한다.

③ 대책위원회는 다음 각 호의 사항을 심의·의결한다.

1. 대테러활동에 관한 국가의 정책 수립 및 평가

2. 국가 대테러 기본계획 등 중요 중장기 대책 추진사항

3. 관계기관의 대테러활동 역할 분담·조정이 필요한 사항

4. 그 밖에 위원장 또는 위원이 대책위원회에서 심의·의결할 필요가 있다
   고 제의하는 사항

④ 그 밖에 대책위원회의 구성·운영 등에 필요한 사항은 대통령령으로 정한다.

제6조(대테러센터)

① 대테러활동과 관련하여 다음 각 호의 사항을 수행하기 위하여 국무총리 소
   속으로 관계기관 공무원으로 구성되는 대테러센터를 둔다.

1. 국가 대테러활동 관련 임무분담 및 협조사항 실무 조정

2. 장단기 국가대테러활동 지침 작성·배포

3. 테러경보 발령

4. 국가 중요행사 대테러안전대책 수립

5. 대책위원회의 회의 및 운영에 필요한 사무의 처리

6. 그 밖에 대책위원회에서 심의·의결한 사항

② 대테러센터의 조직·정원 및 운영에 관한 사항은 대통령령으로 정한다.

③ 대테러센터 소속 직원의 인적사항은 공개하지 아니할 수 있다.

제7조(대테러 인권보호관)

① 관계기관의 대테러활동으로 인한 국민의 기본권 침해 방지를 위하여 대책위
   원회 소속으로 대테러 인권보호관(이하 "인권보호관"이라 한다) 1명을 둔다.

② 인권보호관의 자격, 임기 등 운영에 관한 사항은 대통령령으로 정한다.

제8조(전담조직의 설치)

① 관계기관의 장은 테러 예방 및 대응을 위하여 필요한 전담조직을 둘 수 있다.

② 관계기관의 전담조직의 구성 및 운영과 효율적 테러대응을 위하여 필요한
   사항은 대통령령으로 정한다.

제9조(테러위험인물에 대한 정보 수집 등)

① 국가정보원장은 테러위험인물에 대하여 출입국·금융거래 및 통신이용 등 관련 정보를 수집할 수 있다. 이 경우 출입국·금융거래 및 통신이용 등 관련 정보의 수집은 「출입국관리법」, 「관세법」, 「특정 금융거래정보의 보고 및 이용 등에 관한 법률」, 「통신비밀보호법」의 절차에 따른다. 〈개정 2020. 6. 9.〉

② 국가정보원장은 제1항에 따른 정보 수집 및 분석의 결과 테러에 이용되었거나 이용될 가능성이 있는 금융거래에 대하여 지급정지 등의 조치를 취하도록 금융위원회 위원장에게 요청할 수 있다.

③ 국가정보원장은 테러위험인물에 대한 개인정보(「개인정보 보호법」상 민감정보를 포함한다)와 위치정보를 「개인정보 보호법」 제2조의 개인정보처리자와 「위치정보의 보호 및 이용 등에 관한 법률」 제5조제7항에 따른 개인위치정보사업자 및 같은 법 제5조의2제3항에 따른 사물위치정보사업자에게 요구할 수 있다. 〈개정 2018. 4. 17.〉

④ 국가정보원장은 대테러활동에 필요한 정보나 자료를 수집하기 위하여 대테러조사 및 테러위험인물에 대한 추적을 할 수 있다. 이 경우 사전 또는 사후에 대책위원회 위원장에게 보고하여야 한다.

제10조(테러예방을 위한 안전관리대책의 수립)

① 관계기관의 장은 대통령령으로 정하는 국가중요시설과 많은 사람이 이용하는 시설 및 장비(이하 "테러대상시설"이라 한다)에 대한 테러예방대책과 테러의 수단으로 이용될 수 있는 폭발물·총기류·화생방물질(이하 "테러이용수단"이라 한다), 국가 중요행사에 대한 안전관리대책을 수립하여야 한다.

② 제1항에 따른 안전관리대책의 수립·시행에 필요한 사항은 대통령령으로 정한다.

제11조(테러취약요인 사전제거)

① 테러대상시설 및 테러이용수단의 소유자 또는 관리자는 보안장비를 설치하는 등 테러취약요인 제거를 위하여 노력하여야 한다.

② 국가는 제1항의 테러대상시설 및 테러이용수단의 소유자 또는 관리자에게 필요한 경우 그 비용의 전부 또는 일부를 지원할 수 있다.

③ 제2항에 따른 비용의 지원 대상·기준·방법 및 절차 등에 필요한 사항은 대통령령으로 정한다.

제12조(테러선동·선전물 긴급 삭제 등 요청)

① 관계기관의 장은 테러를 선동·선전하는 글 또는 그림, 상징적 표현물, 테러에 이용될 수 있는 폭발물 등 위험물 제조법 등이 인터넷이나 방송·신문, 게시판 등을 통해 유포될 경우 해당 기관의 장에게 긴급 삭제 또는 중단, 감독 등의 협조를 요청할 수 있다.

② 제1항의 협조를 요청받은 해당 기관의 장은 필요한 조치를 취하고 그 결과를 관계기관의 장에게 통보하여야 한다.

제13조(외국인테러전투원에 대한 규제)

① 관계기관의 장은 외국인테러전투원으로 출국하려 한다고 의심할 만한 상당한 이유가 있는 내국인·외국인에 대하여 일시 출국금지를 법무부장관에게 요청할 수 있다.

② 제1항에 따른 일시 출국금지 기간은 90일로 한다. 다만, 출국금지를 계속할 필요가 있다고 판단할 상당한 이유가 있는 경우에 관계기관의 장은 그 사유를 명시하여 연장을 요청할 수 있다.

③ 관계기관의 장은 외국인테러전투원으로 가담한 사람에 대하여 「여권법」 제13조에 따른 여권의 효력정지 및 같은 법 제12조제3항에 따른 재발급 거부를 외교부장관에게 요청할 수 있다.

제14조(신고자 보호 및 포상금)

① 국가는 「특정범죄신고자 등 보호법」에 따라 테러에 관한 신고자, 범인검거를 위하여 제보하거나 검거활동을 한 사람 또는 그 친족 등을 보호하여야 한다.

② 관계기관의 장은 테러의 계획 또는 실행에 관한 사실을 관계기관에 신고하여 테러를 사전에 예방할 수 있게 하였거나, 테러에 가담 또는 지원한 사람을 신고하거나 체포한 사람에 대하여 대통령령으로 정하는 바에 따라 포상금을 지급할 수 있다.

제15조(테러피해의 지원)

① 테러로 인하여 신체 또는 재산의 피해를 입은 국민은 관계기관에 즉시 신고하여야 한다. 다만, 인질 등 부득이한 사유로 신고할 수 없을 때에는 법률관계 또는 계약관계에 의하여 보호의무가 있는 사람이 이를 알게 된 때에 즉시 신고하여야 한다.

② 국가 또는 지방자치단체는 제1항의 피해를 입은 사람에 대하여 대통령령으로 정하는 바에 따라 치료 및 복구에 필요한 비용의 전부 또는 일부를 지원할 수 있다. 다만, 「여권법」 제17조제1항 단서에 따른 외교부장관의 허가를 받지 아니하고 방문 및 체류가 금지된 국가 또는 지역을 방문 · 체류한 사람에 대해서는 그러하지 아니하다.

③ 제2항에 따른 비용의 지원 기준 · 절차 · 금액 및 방법 등에 관하여 필요한 사항은 대통령령으로 정한다.

제16조(특별위로금)

① 테러로 인하여 생명의 피해를 입은 사람의 유족 또는 신체상의 장애 및 장기치료가 필요한 피해를 입은 사람에 대해서는 그 피해의 정도에 따라 등급을 정하여 특별위로금을 지급할 수 있다. 다만, 「여권법」 제17조제1항 단서에 따른 외교부장관의 허가를 받지 아니하고 방문 및 체류가 금지된 국가 또는 지역을 방문 · 체류한 사람에 대해서는 그러하지 아니하다. 〈개정 2020. 6. 9.〉

② 제1항에 따른 특별위로금의 지급 기준ㆍ절차ㆍ금액 및 방법 등에 관하여 필요한 사항은 대통령령으로 정한다.

제17조(테러단체 구성죄 등)

① 테러단체를 구성하거나 구성원으로 가입한 사람은 다음 각 호의 구분에 따라 처벌한다.

    1. 수괴(首魁)는 사형ㆍ무기 또는 10년 이상의 징역

    2. 테러를 기획 또는 지휘하는 등 중요한 역할을 맡은 사람은 무기 또는 7년 이상의 징역

    3. 타국의 외국인테러전투원으로 가입한 사람은 5년 이상의 징역

    4. 그 밖의 사람은 3년 이상의 징역

② 테러자금임을 알면서도 자금을 조달ㆍ알선ㆍ보관하거나 그 취득 및 발생원인에 관한 사실을 가장하는 등 테러단체를 지원한 사람은 10년 이하의 징역 또는 1억원 이하의 벌금에 처한다.

③ 테러단체 가입을 지원하거나 타인에게 가입을 권유 또는 선동한 사람은 5년 이하의 징역에 처한다.

④ 제1항 및 제2항의 미수범은 처벌한다.

⑤ 제1항 및 제2항에서 정한 죄를 저지를 목적으로 예비 또는 음모한 사람은 3년 이하의 징역에 처한다. 〈개정 2020. 6. 9.〉

⑥ 「형법」 등 국내법에 죄로 규정된 행위가 제2조의 테러에 해당하는 경우 해당 법률에서 정한 형에 따라 처벌한다.

제18조(무고, 날조)

① 타인으로 하여금 형사처분을 받게 할 목적으로 제17조의 죄에 대하여 무고 또는 위증을 하거나 증거를 날조ㆍ인멸ㆍ은닉한 사람은 「형법」 제152조부터 제157조까지에서 정한 형에 2분의 1을 가중하여 처벌한다.

② 범죄수사 또는 정보의 직무에 종사하는 공무원이나 이를 보조하는 사람 또

는 이를 지휘하는 사람이 직권을 남용하여 제1항의 행위를 한 때에도 제1항의 형과 같다. 다만, 그 법정형의 최저가 2년 미만일 때에는 이를 2년으로 한다.

제19조(세계주의)
제17조의 죄는 대한민국 영역 밖에서 저지른 외국인에게도 국내법을 적용한다.

부   칙 〈법률 제14071호, 2016. 3. 3.〉
제1조(시행일)
이 법은 공포한 날부터 시행한다. 다만, 제5조부터 제8조까지, 제10조, 제11조, 제14조부터 제16조까지는 공포 후 3개월이 경과한 날부터 시행한다.

부   칙 〈법률 제18321호, 2021. 7. 20.〉
이 법은 공포한 날부터 시행한다.

【보안업무규정】

제1장 총칙

제1조(목적)

이 영은 「국가정보원법」 제4조에 따라 국가정보원의 직무 중 보안 업무 수행에 필요한 사항을 규정함을 목적으로 한다. 〈개정 2020. 12. 31.〉

제2조(정의)

이 영에서 사용하는 용어의 뜻은 다음과 같다.

1. "비밀"이란 「국가정보원법」(이하 "법"이라 한다) 제4조 제1항 제2호에 따른 국가 기밀(이하 "국가 기밀"이라 한다)로서 이 영에 따라 비밀로 분류된 것을 말한다.
2. "각급기관"이란 「대한민국헌법」, 「정부조직법」 또는 그 밖의 법령에 따라 설치된 국가기관(군기관 및 교육기관을 포함한다)과 지방자치단체 및 「공공기록물 관리에 관한 법률 시행령」 제3조에 따른 공공기관을 말한다.
3. "중앙행정기관등"이란 「정부조직법」 제2조제2항에 따른 부·처·청(이에 준하는 위원회를 포함한다)과 대통령 소속·보좌·경호기관, 국무총리 보좌기관 및 고위공직자범죄수사처를 말한다.
4. "암호자재"란 비밀의 보호 및 정보통신 보안을 위하여 암호기술이 적용된 장치나 수단으로서 I급, II급 및 III급 비밀 소통용 암호자재로 구분되는 장치나 수단을 말한다.

제3조(보안책임)

다음 각 호의 어느 하나에 해당하는 사항을 관리하는 사람 및 관계 기관(각급기관과 제33조제3항에 따른 관리기관을 말한다. 이하 같다)의 장은 해당 관리 대상에 대하여 보안책임을 진다.

1. 국가 기밀에 속하는 문서 · 자재 · 시설 · 지역
2. 국가안전보장에 한정된 국가 기밀을 취급하는 인원

제3조의2(보안 기본정책 수립 등)

국가정보원장은 보안 업무와 관련하여 다음 각 호의 업무를 수행한다.

1. 보안 업무와 관련된 기본정책의 수립 및 제도의 개선
2. 보안 업무 수행 기법의 연구 · 보급 및 표준화
3. 전자적 방법에 의한 보안 업무 관련 기술개발 및 보급
4. 각급기관의 보안 업무가 제1호부터 제3호까지의 사항에 따라 적절하게 수행되는지 여부의 확인 및 그 결과의 분석 · 평가
5. 제38조 각 호의 어느 하나에 해당하는 사고(이하 "보안사고"라 한다)의 예방 등을 위한 다음 각 목의 업무
   가. 제35조제1항에 따른 보안측정
   나. 제36조제1항에 따른 신원조사
   다. 제38조에 따른 보안사고 조사
   라. 그 밖에 대도청(對盜聽) 점검, 보안교육, 컨설팅 등 각급기관의 보안 업무 지원

제3조의3(보안심사위원회)

① 중앙행정기관등에 비밀의 공개 등 해당 기관의 보안 업무 수행에 관한 중요 사항을 심의하기 위하여 보안심사위원회를 둔다.
② 제1항에 따른 보안심사위원회의 구성 · 운영 등에 필요한 세부사항은 국가 정보원장이 정한다.

제2장 비밀보호 〈신설 2020. 1. 14.〉

제4조(비밀의 구분)

비밀은 그 중요성과 가치의 정도에 따라 다음 각 호와 같이 구분한다.

1. Ⅰ급비밀: 누설될 경우 대한민국과 외교관계가 단절되고 전쟁을 일으키며, 국가의 방위계획 · 정보활동 및 국가방위에 반드시 필요한 과학과 기술의 개발을 위태롭게 하는 등의 우려가 있는 비밀
2. Ⅱ급비밀: 누설될 경우 국가안전보장에 막대한 지장을 끼칠 우려가 있는 비밀
3. Ⅲ급비밀: 누설될 경우 국가안전보장에 해를 끼칠 우려가 있는 비밀

제5조(비밀의 보호와 관리 원칙)

각급기관의 장은 비밀의 작성 · 분류 · 취급 · 유통 및 이관 등의 모든 과정에서 비밀이 누설되거나 유출되지 아니하도록 보안대책을 수립하여 시행하여야 한다. 이 경우 비밀의 제목 등 해당 비밀의 내용을 유추할 수 있는 정보가 포함된 자료는 공개하지 않는다. 〈개정 2020. 1. 14.〉

제6조

[종전 제6조는 제3조의2로 이동 〈2020. 1. 14.〉]

제7조(암호자재 제작 · 공급 및 반납)

① 국가정보원장은 암호자재를 제작하여 필요한 기관에 공급한다. 다만, 국가정보원장이 필요하다고 인정하는 암호자재의 경우 그 암호자재를 사용하는 기관은 국가정보원장이 인가하는 암호체계의 범위에서 암호자재를 제작할 수 있다.

② 암호자재를 사용하는 기관의 장은 사용기간이 끝난 암호자재를 지체 없이

그 제작기관의 장에게 반납하여야 한다.

③ 국가정보원장은 암호자재 제작 등 암호자재와 관련된 기술을 확보하기 위하여 「과학기술분야 정부출연연구기관 등의 설립·운영 및 육성에 관한 법률」 제8조제1항에 따라 설립된 정부출연연구기관으로 하여금 관련 연구개발 및 기술지원을 수행하게 할 수 있다.

제8조(비밀·암호자재의 취급)

비밀은 해당 등급의 비밀취급 인가를 받은 사람만 취급할 수 있으며, 암호자재는 해당 등급의 비밀 소통용 암호자재취급 인가를 받은 사람만 취급할 수 있다.

제9조(비밀·암호자재취급 인가권자)

① Ⅰ급비밀 취급 인가권자와 Ⅰ급 및 Ⅱ급비밀 소통용 암호자재 취급 인가권자는 다음 각 호와 같다.

1. 대통령

2. 국무총리

3. 감사원장

4. 국가인권위원회 위원장

4의2. 고위공직자범죄수사처장

5. 각 부·처의 장

6. 국무조정실장, 방송통신위원회 위원장, 공정거래위원회 위원장, 금융위원회 위원장, 국민권익위원회 위원장, 개인정보 보호위원회 위원장 및 원자력안전위원회 위원장

7. 대통령 비서실장

8. 국가안보실장

9. 대통령경호처장

10. 국가정보원장

11. 검찰총장

12. 합동참모의장, 각군 참모총장, 지상작전사령관 및 육군제2작전사령관

13. 국방부장관이 지정하는 각군 부대장

② Ⅱ급 및 Ⅲ급비밀 취급 인가권자와 Ⅲ급비밀 소통용 암호자재 취급 인가권자는 다음 각 호와 같다. 〈개정 2020. 12. 31.〉

1. 제1항 각 호의 사람

2. 중앙행정기관등인 청의 장

3. 지방자치단체의 장

4. 특별시·광역시·도 및 특별자치시·특별자치도의 교육감

5. 제1호부터 제4호까지의 사람이 지정한 기관의 장

제10조(비밀·암호자재취급의 인가 및 인가해제)

① 비밀취급 인가권자는 비밀을 취급하거나 비밀에 접근할 사람에게 해당 등급의 비밀취급을 인가하고, 필요한 경우에는 인가 등급을 변경한다.

② 비밀취급 인가는 인가 대상자의 직책에 따라 필요한 최소한의 인원으로 제한하여야 한다.

③ 비밀취급 인가를 받은 사람이 다음 각 호의 어느 하나에 해당하는 경우에는 그 인가를 해제해야 한다. 〈개정 2020. 1. 14., 2020. 12. 31.〉

1. 고의 또는 중대한 과실로 보안사고를 저질렀거나 이 영을 위반하여 보안업무에 지장을 주는 경우

2. 비밀취급이 불필요하게 되었을 경우

④ 암호자재취급 인가권자는 비밀취급 인가를 받은 사람 중에서 암호자재취급이 필요한 사람에게 해당 등급의 비밀 소통용 암호자재취급을 인가하고, 필요한 경우에는 인가 등급을 변경한다. 이 경우 암호자재취급 인가 등급은 비밀취급 인가 등급보다 높을 수 없다. 〈신설 2020. 1. 14.〉

⑤ 암호자재취급 인가를 받은 사람이 다음 각 호의 어느 하나에 해당하는 경우에는 그 인가를 해제해야 한다. 〈신설 2020. 1. 14.〉

1. 비밀취급 인가가 해제되었을 경우

2. 암호자재와 관련하여 보안사고를 저질렀거나 이 영을 위반하여 보안 업무에 지장을 주는 경우

3. 암호자재의 취급이 불필요하게 되었을 경우

⑥ 비밀취급 및 암호자재취급의 인가와 인가 등급의 변경 및 인가 해제는 문서로 하여야 하며, 직원의 인사기록사항에 그 사실을 포함하여야 한다.

제11조(비밀의 분류)

① 비밀취급 인가를 받은 사람은 인가받은 비밀 및 그 이하 등급 비밀의 분류권을 가진다.

② 같은 등급 이상의 비밀취급 인가를 받은 사람 중 직속 상급직위에 있는 사람은 그 하급직위에 있는 사람이 분류한 비밀등급을 조정할 수 있다.

③ 비밀을 생산하거나 관리하는 사람은 비밀의 작성을 완료하거나 비밀을 접수하는 즉시 그 비밀을 분류하거나 재분류할 책임이 있다. 〈개정 2020. 1. 14.〉

제12조(분류원칙)

① 비밀은 적절히 보호할 수 있는 최저등급으로 분류하되, 과도하거나 과소하게 분류해서는 아니 된다.

② 비밀은 그 자체의 내용과 가치의 정도에 따라 분류하여야 하며, 다른 비밀과 관련하여 분류해서는 아니 된다.

③ 외국 정부나 국제기구로부터 접수한 비밀은 그 생산기관이 필요로 하는 정도로 보호할 수 있도록 분류하여야 한다.

제13조(분류지침)

각급기관의 장은 비밀 분류를 통일성 있고 적절하게 하기 위하여 세부 분류지침을 작성하여 시행하여야 한다. 이 경우 세부 분류지침은 공개하지 않는다.

제14조(예고문)

제12조에 따라 분류된 비밀에는 「공공기록물 관리에 관한 법률」 제33조제1항에 따른 비밀 보호기간 및 보존기간을 명시하기 위하여 예고문을 기재하여야 한다.

제15조(재분류 등)

① 비밀을 효율적으로 보호하기 위하여 비밀등급 또는 예고문 변경 등의 재분류를 한다.

② 비밀의 재분류는 그 비밀의 예고문에 따르거나 생산자의 직권으로 한다. 다만, 다음 각 호의 어느 하나에 해당하는 경우에는 예고문의 비밀 보호기간 및 보존기간과 관계없이 비밀을 파기할 수 있다.

  1. 전시 · 천재지변 등 긴급하고 부득이한 사정으로 비밀을 계속 보관할 수 없거나 안전하게 반출할 수 없는 경우

  2. 국가정보원장의 요청이 있는 경우

  3. 비밀 재분류를 통하여 예고문에 따른 파기 시기까지 계속 보관할 필요가 없게 된 경우로서 해당 비밀취급 인가권자의 사전 승인을 받은 경우

③ 외국 정부나 국제기구로부터 접수된 비밀 중 예고문이 없거나 기재된 예고문이 비밀 관리에 적당하지 아니하다고 인정되는 경우에는 접수한 기관의 장이 그 비밀을 최대한 보호할 수 있는 범위에서 재분류할 수 있다.

제16조(표시)

비밀은 그 취급자 또는 관리자에게 경고하고 비밀취급 인가를 받지 아니한 사람의 접근을 방지하기 위하여 분류(재분류를 포함한다. 이하 같다)와 동시에 등급에 따라 구분된 표시를 하여야 한다.

제17조(비밀의 접수 · 발송)

① 비밀을 접수하거나 발송할 때에는 그 비밀을 최대한 보호할 수 있는 방법을

이용하여야 한다.

② 비밀은 암호화되지 아니한 상태로 정보통신 수단을 이용하여 접수하거나 발송해서는 아니 된다.

③ 모든 비밀을 접수하거나 발송할 때에는 그 사실을 확인하기 위하여 접수증을 사용한다.

제18조(보관)

비밀은 도난·유출·화재 또는 파괴로부터 보호하고 비밀취급인가를 받지 아니한 사람의 접근을 방지할 수 있는 적절한 시설에 보관하여야 한다.

제19조(출장 중의 비밀 보관)

비밀을 휴대하고 출장 중인 사람은 비밀을 안전하게 보호하기 위하여 국내 경찰기관 또는 재외공관에 보관을 위탁할 수 있으며, 위탁받은 기관은 그 비밀을 보관하여야 한다.

제20조(보관책임자)

각급기관의 장은 소속 직원 중에서 이 영에 따른 비밀 보관 업무를 수행할 보관책임자를 임명하여야 한다.

제21조(비밀의 전자적 관리)

① 각급기관의 장은 전자적 방법을 사용하여 비밀을 관리할 수 있으며, 이를 위하여 전자적 비밀관리시스템을 구축·운영할 수 있다.

② 각급기관의 장은 제1항에 따라 비밀을 관리할 경우 국가정보원장이 안전성을 확인한 암호자재를 사용하여 비밀의 위조·변조·훼손 및 유출 등을 방지하기 위한 보안대책을 마련하여 시행하여야 한다.

③ 국가정보원장은 관리하는 비밀이 적은 각급기관이 공동으로 활용할 수 있도록 통합 비밀관리시스템을 구축·운영할 수 있다.

제22조(비밀관리기록부)

① 각급기관의 장은 비밀의 작성·분류·접수·발송 및 취급 등에 필요한 모든 관리사항을 기록하기 위하여 비밀관리기록부를 작성하여 갖추어 두어야 한다. 다만, Ⅰ급비밀관리기록부는 따로 작성하여 갖추어 두어야 하며, 암호자재는 암호자재 관리기록부로 관리한다.

② 비밀관리기록부와 암호자재 관리기록부에는 모든 비밀과 암호자재에 대한 보안책임 및 보안관리 사항이 정확히 기록·보존되어야 한다.

제23조(비밀의 복제·복사 제한)

① 비밀의 일부 또는 전부나 암호자재에 대해서는 모사(模寫)·타자(打字)·인쇄·조각·녹음·촬영·인화(印畵)·확대 등 그 원형을 재현(再現)하는 행위를 할 수 없다. 다만, 다음 각 호의 구분에 따른 비밀의 경우에는 그러하지 아니하다.

  1. Ⅰ급비밀: 그 생산자의 허가를 받은 경우
  2. Ⅱ급비밀 및 Ⅲ급비밀: 그 생산자가 특정한 제한을 하지 아니한 것으로서 해당 등급의 비밀취급 인가를 받은 사람이 공용(共用)으로 사용하는 경우
  3. 전자적 방법으로 관리되는 비밀: 해당 비밀을 보관하기 위한 용도인 경우

② 각급기관의 장은 보안 업무의 효율적인 수행을 위하여 필요하다고 인정되는 경우에는 해당 비밀의 보존기간 내에서 제1항 단서에 따라 그 사본을 제작하여 보관할 수 있다.

③ 제2항에 따라 비밀의 사본을 보관할 때에는 그 예고문이나 비밀등급을 변경해서는 아니 된다. 다만, 「공공기록물 관리에 관한 법률 시행령」 제68조제6항에 따라 비밀을 재분류하는 경우에는 그러하지 아니하다.

④ 비밀을 복제하거나 복사한 경우에는 그 원본과 동일한 비밀등급과 예고문을 기재하고, 사본 번호를 매겨야 한다.

⑤ 제4항에 따른 예고문에 재분류 구분이 "파기"로 되어 있을 때에는 파기 시기

를 원본의 보호기간보다 앞당길 수 있다. 〈개정 2020. 1. 14.〉

제24조(비밀의 열람)

① 비밀은 해당 등급의 비밀취급 인가를 받은 사람 중 그 비밀과 업무상 직접 관계가 있는 사람만 열람할 수 있다.

② 비밀취급 인가를 받지 아니한 사람에게 비밀을 열람하거나 취급하게 할 때에는 국가정보원장이 정하는 바에 따라 소속 기관의 장(비밀이 군사와 관련된 사항인 경우에는 국방부장관)이 미리 열람자의 인적사항과 열람하려는 비밀의 내용 등을 확인하고 열람 시 비밀 보호에 필요한 자체 보안대책을 마련하는 등의 보안조치를 하여야 한다. 다만, I급비밀의 보안조치에 관하여는 국가정보원장과 미리 협의하여야 한다.

제25조(비밀의 공개)

① 중앙행정기관등의 장은 다음 각 호의 어느 하나에 해당하는 사유가 있을 때에는 그가 생산한 비밀을 제3조의3에 따른 보안심사위원회의 심의를 거쳐 공개할 수 있다. 다만, I급비밀의 공개에 관하여는 국가정보원장과 미리 협의해야 한다. 〈개정 2020. 1. 14., 2020. 12. 31.〉

 1. 국가안전보장을 위하여 국민에게 긴급히 알려야 할 필요가 있다고 판단될 때

 2. 공개함으로써 국가안전보장 또는 국가이익에 현저한 도움이 된다고 판단될 때

② 공무원 또는 공무원이었던 사람은 법률에서 정하는 경우를 제외하고는 소속 기관의 장이나 소속되었던 기관의 장의 승인 없이 비밀을 공개해서는 아니 된다.

제26조

[종전 제26조는 제3조의3으로 이동 〈2020. 1. 14.〉]

제27조(비밀의 반출)

비밀은 보관하고 있는 시설 밖으로 반출해서는 아니 된다. 다만, 공무상 반출이 필요할 때에는 소속 기관의 장의 승인을 받아야 한다.

제28조(안전 반출 및 파기 계획)

관계 기관의 장은 비상시에 대비하여 비밀을 안전하게 반출하거나 파기할 수 있는 계획을 수립하고, 소속 직원에게 주지(周知)시켜야 한다.

제29조(비밀문서의 통제)

각급기관의 장은 비밀문서의 접수 · 발송 · 복제 · 열람 및 반출 등의 통제에 필요한 규정을 따로 작성 · 운영할 수 있다.

제30조(비밀의 이관)

비밀은 일반문서보관소로 이관해서는 아니 된다. 다만, 「공공기록물 관리에 관한 법률」 제33조제2항 및 같은 법 시행령 제68조에 따라 기록물관리기관으로 이관하는 경우에는 그러하지 아니하다.

제31조(비밀 소유 현황 통보)

① 각급기관의 장은 연 2회 비밀 소유 현황을 조사하여 국가정보원장에게 통보하여야 한다. 〈개정 2020. 1. 14.〉

② 제1항에 따라 조사 및 통보된 비밀 소유 현황은 공개하지 않는다.

제3장 국가보안시설 및 국가보호장비 보호 〈신설 2020. 1. 14.〉

제32조(국가보안시설 및 국가보호장비 지정)

① 국가정보원장은 파괴 또는 기능이 침해되거나 비밀이 누설될 경우 전략적 ·

군사적으로 막대한 손해가 발생하거나 국가안전보장에 연쇄적 혼란을 일으킬 우려가 있는 시설 및 항공기·선박 등 중요 장비를 각각 국가보안시설 및 국가보호장비로 지정할 수 있다.

② 국가정보원장은 관계 중앙행정기관등 및 지방자치단체의 장과 협의하여 제1항에 따라 국가보안시설 및 국가보호장비를 지정하는 데 필요한 기준(이하 "지정기준"이라 한다)을 마련해야 한다. 〈개정 2020. 12. 31.〉

③ 전력시설 및 항공기 등 국가정보원장이 정하는 국가안전보장에 중요한 시설 또는 장비의 보안관리상태를 감독하는 기관의 장은 해당 시설 또는 장비가 지정기준에 부합한다고 판단할 경우 국가정보원장에게 해당 시설 또는 장비를 제1항에 따라 국가보안시설 또는 국가보호장비로 지정해줄 것을 요청해야 한다.

④ 국가정보원장은 제3항에 따른 지정 요청을 받은 경우 지정기준에 부합하는지를 심사하여 해당 시설 또는 장비의 국가보안시설 또는 국가보호장비 지정 여부를 결정하고, 그 결과를 요청 기관의 장에게 통보해야 한다.

⑤ 국가정보원장은 제1항부터 제4항까지의 규정에 따라 지정된 국가보안시설 또는 국가보호장비의 보안관리상태를 감독하는 기관(이하 "감독기관"이라 한다)의 장과 협의하여 지정기준을 수정·보완할 수 있다.

[본조신설 2020. 1. 14.]

[종전 제32조는 제34조로 이동 〈2020. 1. 14.〉]

제33조(국가보안시설 및 국가보호장비 보호대책의 수립)

① 국가정보원장은 국가보안시설 및 국가보호장비를 보호하기 위하여 국가보안시설 및 국가보호장비 보호대책(이하 "기본 보호대책"이라 한다)을 수립해야 한다.

② 감독기관의 장은 기본 보호대책에 따라 소관 분야의 국가보안시설 및 국가보호장비에 대한 보호대책(이하 "분야별 보호대책"이라 한다)을 수립·시행해야 한다.

③ 국가보안시설 또는 국가보호장비를 관리하는 기관(이하 "관리기관"이라 한다)의 장은 감독기관의 장이 수립한 분야별 보호대책에 따라 해당 시설 및 장비에 대한 세부 보호대책(이하 "세부 보호대책"이라 한다)을 수립·시행해야 한다.

④ 국가정보원장과 감독기관의 장은 관리기관의 장이 기본 보호대책 및 분야별 보호대책을 이행하고 있는지 확인하고, 필요한 조치를 요청할 수 있다.

⑤ 국가정보원장은 기본 보호대책의 수립을 위하여 관리기관의 장에게 필요한 자료의 제공을 요청할 수 있다.

⑥ 분야별 보호대책 및 세부 보호대책의 수립 및 시행에 필요한 세부사항은 국가정보원장이 정한다.

[본조신설 2020. 1. 14.]

[종전 제33조는 제36조로 이동 〈2020. 1. 14.〉]

제34조(보호지역)

① 각급기관의 장과 관리기관 등의 장은 국가안전보장에 관련되는 인원·문서·자재·시설의 보호를 위하여 필요한 장소에 일정한 범위의 보호지역을 설정할 수 있다. 〈개정 2020. 1. 14.〉

② 제1항에 따라 설정된 보호지역은 그 중요도에 따라 제한지역, 제한구역 및 통제구역으로 나눈다. 〈개정 2020. 1. 14.〉

③ 보호지역에 접근하거나 출입하려는 사람은 각급기관의 장 또는 관리기관 등의 장의 승인을 받아야 한다. 〈개정 2020. 1. 14.〉

④ 보호지역을 관리하는 사람은 제3항에 따른 승인을 받지 않은 사람의 보호지역 접근이나 출입을 제한하거나 금지할 수 있다.

제35조(보안측정)

① 국가정보원장은 보안사고를 예방하기 위하여 국가보안시설, 국가보호장비 및 보호지역에 대하여 보안측정을 한다.

② 제1항에 따른 보안측정은 국가정보원장이 직권으로 하거나 관계 기관의 장의 요청에 따라 한다. 〈개정 2020. 12. 31.〉

③ 국가정보원장은 보안측정을 위하여 관계 기관에 필요한 협조를 요구할 수 있다.

④ 보안측정의 절차 및 내용 등에 관하여 필요한 세부 사항은 국가정보원장이 정한다.

제35조의2(보안측정 결과의 처리)

① 국가정보원장은 보안측정 결과 및 개선대책을 해당 관계 기관의 장에게 통보한다. 〈개정 2020. 12. 31.〉

② 제1항에 따라 보안측정 결과 및 개선대책을 통보받은 관계 기관의 장은 이를 성실히 이행해야 한다. 〈개정 2020. 12. 31.〉

③ 국가정보원장과 각급기관의 장은 관리기관의 장이 제1항에 따른 개선대책을 이행하고 있는지 확인하고, 필요한 조치를 요청할 수 있다.

제4장 신원조사 〈신설 2020. 1. 14.〉

제36조(신원조사)

① 국가정보원장은 제3조제2호에 해당하는 사람의 충성심·신뢰성 등을 확인하기 위하여 신원조사를 한다. 〈개정 2020. 12. 31.〉

② 삭제 〈2020. 12. 31.〉

③ 관계 기관의 장은 다음 각 호에 해당하는 사람에 대하여 국가정보원장에게 신원조사를 요청해야 한다. 〈개정 2020. 1. 14., 2020. 12. 31.〉

  1. 공무원 임용 예정자(국가안전보장에 한정된 국가 기밀을 취급하는 직위에 임용될 예정인 사람으로 한정한다)

  2. 비밀취급 인가 예정자

3. 삭제 〈2020. 1. 14.〉

4. 국가보안시설·보호장비를 관리하는 기관 등의 장(해당 국가보안시설
   등의 관리 업무를 수행하는 소속 직원을 포함한다)

5. 삭제 〈2020. 12. 31.〉

6. 그 밖에 다른 법령에서 정하는 사람이나 각급기관의 장이 국가안전보장
   을 위하여 필요하다고 인정하는 사람

제37조(신원조사 결과의 처리)

① 국가정보원장은 신원조사 결과 국가안전보장에 해를 끼칠 정보가 있음이 확
   인된 사람에 대해서는 관계 기관의 장에게 그 사실을 통보하여야 한다.

② 제1항에 따라 통보를 받은 관계 기관의 장은 신원조사 결과에 따라 필요한
   보안대책을 마련하여야 한다.

제5장 보안조사 〈신설 2020. 1. 14.〉

제38조(보안사고 조사)

국가정보원장은 다음 각 호의 어느 하나에 해당하는 사고가 발생한 경우 사고
원인 규명 및 재발 방지 대책마련을 위하여 보안사고 조사를 한다.

1. 비밀의 누설 또는 분실

2. 국가보안시설·국가보호장비의 파괴 또는 기능 침해

3. 제34조제3항에 따른 승인을 받지 않은 보호지역 접근 또는 출입

4. 그 밖에 제1호부터 제3호까지에 준하는 사고로서 국가정보원장이 정하
   는 사고

제38조의2(보안사고 조사 결과의 처리)

① 국가정보원장은 제38조에 따른 보안사고 조사의 결과를 해당 기관의 장에

게 통보한다.

② 제1항에 따라 보안사고 조사결과를 통보받은 기관의 장은 조사결과와 관련하여 필요한 조치를 하고, 조치결과를 국가정보원장에게 통보해야 한다.

제6장 중앙행정기관등의 보안감사 〈개정 2020. 12. 31.〉

제39조(보안감사)

중앙행정기관등의 장은 이 영에서 정한 인원·문서·자재·시설·지역 및 장비 등의 보안관리상태와 그 적정 여부를 조사하기 위하여 보안감사를 한다.

제40조(정보통신보안감사)

중앙행정기관등의 장은 정보통신수단에 의한 비밀의 누설방지와 정보통신시설의 보안상태를 조사하기 위하여 정보통신보안감사를 한다.

제41조(감사의 실시)

① 제39조에 따른 보안감사와 제40조에 따른 정보통신보안감사는 정기감사와 수시감사로 구분하여 한다.

② 정기감사는 연 1회, 수시감사는 필요에 따라 수시로 한다.

③ 보안감사와 정보통신보안감사를 할 때에는 보안상의 취약점이나 개선 필요 사항의 발굴에 중점을 둔다.

제42조(보안감사 결과의 처리)

① 중앙행정기관등의 장은 제39조에 따른 보안감사 및 제40조에 따른 정보통신보안감사의 결과를 국가정보원장에게 통보해야 한다. 〈개정 2020. 12. 31.〉

② 중앙행정기관등의 장은 제39조에 따른 보안감사 및 제40조에 따른 정보통신보안감사의 결과와 관련하여 보안상의 취약점이나 개선 필요 사항을 확인

한 경우에는 재발 방지 및 개선을 위하여 필요한 조치를 하고, 그 조치결과를 국가정보원장에게 통보해야 한다. 〈개정 2020. 12. 31.〉

제7장 보칙 〈신설 2020. 1. 14.〉

제43조(보안담당관)

각급기관의 장은 소속 직원 중에서 이 영에 따른 보안업무를 수행할 보안담당관을 임명하여야 한다.

제44조(계엄지역의 보안)

① 계엄이 선포된 지역의 보안을 위하여 계엄사령관은 이 영에도 불구하고 특별한 보안조치를 할 수 있다.

② 계엄사령관이 제1항에 따라 특별한 보안조치를 하려는 경우 평상시 보안업무와의 연계성을 고려하여 필요하다고 인정할 때에는 미리 국가정보원장과 협의하여야 한다.

제45조(권한의 위탁)

① 국가정보원장은 제36조에 따른 신원조사와 관련한 권한의 일부를 국방부장관과 경찰청장에게 위탁할 수 있다.

② 국가정보원장은 필요하다고 인정할 때에는 각급기관의 장에게 제35조에 따른 보안측정 및 제38조에 따른 보안사고 조사와 관련한 권한의 일부를 위탁할 수 있다. 다만, 국방부장관에 대한 위탁은 국방부 본부를 제외한 합동참모본부, 국방부 직할부대 및 직할기관, 각군, 「방위사업법」에 따른 방위산업체, 연구기관 및 그 밖의 군사보안대상의 보안측정 및 보안사고 조사로 한정한다.

③ 국가정보원장은 필요하다고 인정할 때에는 제2항에 따라 권한을 위탁받은

각급기관의 장에게 보안측정 및 보안사고 조사 결과의 통보를 요구할 수 있다.

④ 국가정보원장은 제21조제3항에 따른 통합 비밀관리시스템의 구축·운영을 관계 중앙행정기관등의 장에게 위탁할 수 있다.

제46조(고유식별정보의 처리)

① 국가정보원장은 법 제5조제2항에 따라 보안 업무에 필요한 조사 업무를 수행하기 위하여 불가피한 경우「개인정보 보호법 시행령」제19조제1호 또는 제4호에 따른 주민등록번호 또는 외국인등록번호가 포함된 자료를 처리할 수 있다. 〈신설 2020. 12. 31.〉

② 관계 기관의 장은 다음 각 호의 사무를 수행하기 위하여 불가피한 경우「개인정보 보호법 시행령」제19조제1호 또는 제4호에 따른 주민등록번호 또는 외국인등록번호가 포함된 자료를 처리할 수 있다.

  1. 제34조제3항에 따른 보호지역 접근·출입 승인에 관한 사무
  2. 제36조에 따른 신원조사에 관한 사무

부   칙 〈대통령령 제31354호, 2020. 12. 31.〉

제1조(시행일) 이 영은 2021년 1월 1일부터 시행한다.

제2조(신원조사에 관한 경과조치)

이 영 시행 당시 신원조사가 진행 중인 경우에는 제36조 및 제45조제1항 단서의 개정규정에도 불구하고 종전의 규정에 따라 신원조사를 한다.

【방첩업무규정】

[시행 2022. 11. 29.] [대통령령 제33006호, 2022. 11. 29., 일부개정]

제1조(목적)

이 영은「국가정보원법」제4조에 따라 국가정보원의 직무 중 방첩(防諜)에 관한 업무의 수행과 이를 위한 기관 간 협조 등에 관한 사항을 규정하여 국가안보에 이바지함을 목적으로 한다.

제2조(정의)
이 영에서 사용하는 용어의 뜻은 다음과 같다.

1. "방첩"이란 국가안보와 국익에 반하는 북한, 외국 및 외국인·외국단체·초국가행위자 또는 이와 연계된 내국인(이하 "외국등"이라 한다)의 정보활동을 찾아내고 그 정보활동을 확인·견제·차단하기 위하여 하는 정보의 수집·작성 및 배포 등을 포함한 모든 대응활동을 말한다.

2. "외국등의 정보활동"이란 외국등의 정보 수집활동과 그 밖의 활동으로서 대한민국의 국가안보와 국익에 영향을 미칠 수 있는 모든 활동을 말한다.

3. "방첩기관"이란 방첩에 관한 업무를 수행하는 다음 각 목의 기관을 말한다.

   가. 국가정보원

   나. 법무부

   다. 관세청

   라. 경찰청

   마. 해양경찰청

   바. 국군방첩사령부

4. "관계기관"이란 방첩기관 외의 기관으로서 다음 각 목의 기관을 말한다.

   가. 「정부조직법」 또는 그 밖의 법령에 따라 설치된 국가기관

   나. 지방자치단체 중 국가정보원장이 제10조에 따른 국가방첩전략회의의 심의를 거쳐 지정하는 지방자치단체

다.「공공기관의 운영에 관한 법률」제4조에 따른 공공기관 중 국가정보
    원장이 제10조에 따른 국가방첩전략회의의 심의를 거쳐 지정하는
    기관

제3조(방첩업무의 범위)

이 영에 따라 방첩기관이 수행하는 업무(이하 "방첩업무"라 한다)의 범위는 다
음 각 호와 같다. 이 경우 제2호의2의 업무는 국가정보원만 수행한다.

1. 외국등의 정보활동에 대한 정보 수집 · 작성 및 배포
2. 외국등의 정보활동에 대한 확인 · 견제 및 차단
2의2. 외국등의 정보활동 관련 국민의 안전을 보호하기 위하여 취하는 대
    응조치
3. 방첩 관련 기법 개발 및 제도 개선
4. 다른 방첩기관 및 관계기관에 대한 방첩 관련 정보 제공
5. 제1호, 제2호, 제3호 및 제4호의 업무와 관련한 국가안보 및 국익을 지
    키기 위한 활동

제4조(기관 간 협조)

① 방첩기관의 장은 방첩업무 수행을 위하여 필요한 경우 다른 방첩기관의 장
    이나 관계기관의 장에게 협조를 요청할 수 있다.
② 제1항에 따라 협조 요청을 받은 기관의 장은 협조 요청에 따르지 못할 특별
    한 사유가 있는 경우를 제외하고는 협조하여야 한다.

제4조의2(방첩정보공유센터)

① 방첩기관 간, 방첩기관과 관계기관 간 방첩 관련 정보의 원활한 공유와 제3
    조에 따른 방첩업무의 효율적인 수행을 위하여 국가정보원장 소속으로 **방첩
    정보공유센터**를 둔다.
② 제1항에 따른 방첩정보공유센터의 조직 및 운영에 관한 사항은 제6조에 따

른 기본지침으로 정할 수 있다.

③ 국가정보원장은 제1항에 따른 방첩정보공유센터의 운영을 위하여 필요한 경우 방첩기관 및 관계기관(이하 "방첩기관등")의 장에게 다음 각 호의 사항에 대한 협조를 요청할 수 있다.

1. 소속 공무원의 파견 등 인력 지원
2. 다음 각 목의 정보 공유
    가. 외국등의 정보활동에 관여된 인물 · 단체에 대한 정보
    나. 외국등의 정보활동을 사전에 탐지 · 차단하기 위한 정보
    다. 그 밖에 방첩기관등 간 합동 대응에 필요한 정보

제5조(방첩업무의 기획 · 조정)

① 국가정보원장은 방첩업무에 관한 정책을 기획하고, 방첩업무를 통합적으로 수행하기 위하여 필요한 경우 이 영 및 관계 법령으로 정한 범위에서 방첩기관등의 방첩업무를 합리적으로 조정한다.

② 국가정보원장은 제1항에 따라 방첩업무를 조정하는 경우에 국가안보에 중대한 영향을 미치는 주요 사안에 대해서는 직접 조정하고, 그 밖의 사안에 대해서는 제6조에 따른 지침으로 정하는 바에 따라 조정한다.

제6조(국가방첩업무 지침의 수립 등)

① 국가정보원장은 국가의 방첩업무를 효율적으로 수행하기 위하여 국가방첩업무 기본지침(이하 "기본지침"이라 한다)을 수립하여 방첩기관등의 장에게 송부하여야 한다.

② 기본지침에는 다음 각 호의 사항이 포함되어야 한다.

1. 방첩업무의 기본 목표 및 전략에 관한 사항
2. 방첩기관등의 방첩업무 협조에 관한 사항
3. 그 밖에 국가 방첩업무의 원활한 수행을 위하여 필요한 사항

③ 국가정보원장은 기본지침에 따라 다음 연도의 방첩업무 수행에 관한 시행계

획(이하 "연도별계획"이라 한다)을 매년 수립하여 방첩기관등의 장에게 송부해야 한다.

④ 제3항에 따라 국가정보원장으로부터 연도별계획을 받은 방첩기관등의 장은 연도별계획에 따라 그 기관의 해당 연도 방첩업무계획을 수립·시행해야 한다.

⑤ 방첩기관등의 장은 제4항에 따른 방첩업무계획에 따라 해당 기관의 방첩업무를 시행한 결과를 매년 11월 30일까지 국가정보원장에게 송부해야 한다.

제7조(외국인 접촉 시 국가기밀등의 보호)

① 방첩기관등의 구성원은 외국을 방문하거나 외국인을 접촉할 때에는 국가기밀, 산업기술 또는 국가안보·국익 관련 중요 정책사항(이하 "국가기밀등"이라 한다)이 유출되지 않도록 유의하여야 한다.

② 방첩기관등의 장은 그 기관의 업무 성격을 고려하여 소속 구성원이 외국인을 접촉하는 경우에 발생할 수 있는 국가기밀등의 유출 위험을 방지하기 위하여 필요한 사항에 관한 규정을 마련·시행하여야 한다.

③ 방첩기관등의 장은 소속 구성원 중에서 제1항 및 제2항에 따른 업무를 전담하는 직원을 지정할 수 있다. 〈신설 2018. 11. 20.〉

제8조(외국인 접촉 시 특이사항의 신고 등)

① 방첩기관등의 구성원(방첩기관등에 소속된 위원회의 민간위원을 포함한다. 이하 이 조에서 같다)이 외국인(제9조에 따른 외국 정보기관이 정보활동에 이용하는 내국인을 포함한다. 이하 이 조에서 같다)을 접촉한 경우에 그 외국인이 다음 각 호의 어느 하나에 해당한다고 의심할 만한 상당한 이유가 있을 경우에는 지체 없이 그 사실을 소속 방첩기관등의 장에게 신고하여야 하며, 해당 방첩기관등의 장은 그 신고 내용을 국가정보원장에게 통보하여야 한다.

1. 접촉한 외국인이 국가기밀등이나 그 밖의 국가안보 및 국익 관련 정보를 탐지·수집하려고 하는 경우

2. 접촉한 외국인이 방첩기관등의 구성원을 정보활동에 이용하려고 하는 경우

3. 접촉한 외국인이 그 밖의 국가안보 또는 국익을 침해하는 활동을 하는 사람인 경우

② 제1항에도 불구하고 방첩기관의 장은 법령에 따른 직무 수행과 관련하여 필요하다고 판단하는 경우에는 통보하지 아니할 수 있다.

③ 제1항에 따른 통보를 받은 국가정보원장은 효율적인 방첩업무 수행을 위하여 필요하다고 인정하는 경우에는 통보받은 사실이나 관련 분석 자료를 작성하여 방첩기관등의 장에게 배포하여야 한다.

④ 국가정보원장은 제1항에 따른 신고 내용이 국가안보와 방첩업무에 이바지하였다고 인정되는 경우에는 신고자에 대하여 「정부 표창 규정」 등에 따라 포상하거나 국가정보원장이 정하는 바에 따라 포상금을 지급할 수 있다. 〈개정 2018. 11. 20.〉

제9조(외국 정보기관 구성원 접촉절차)

방첩기관등의 구성원이 법령에 따른 직무 수행 외의 목적으로 외국 정보기관(특정국가에서 다른 국가에 대한 정보 수집을 주된 목적으로 설치된 그 국가의 기관을 말한다)의 구성원을 접촉하려는 경우 소속 방첩기관등의 장에게 미리 보고하여야 하며, 해당 방첩기관등의 장은 그 내용을 국가정보원장에게 통보하여야 한다.

제10조(국가방첩전략회의의 설치 및 운영 등)

① 국가방첩전략의 수립 등 국가 방첩업무에 관한 중요 사항을 심의하기 위하여 국가정보원장 소속으로 국가방첩전략회의(이하 "전략회의"라 한다)를 둔다.

② 전략회의는 의장 1명을 포함한 25명 이내의 위원으로 구성한다.

③ 전략회의의 의장은 국가정보원장이 되고, 위원은 다음 각 호의 공무원이 된다.

1. 기획재정부, 과학기술정보통신부, 외교부, 통일부, 법무부, 행정안전

부, 산업통상자원부, 중소벤처기업부, 국가안보실 및 국무조정실의 차관급 공무원(차관급 공무원이 2명 이상인 경우 해당 기관의 장이 지정하는 차관급 공무원을 말한다)

1의2. 서울특별시 행정부시장 중 서울특별시장이 지정하는 행정부시장

2. 인사혁신처, 관세청, 방위사업청, 경찰청 및 해양경찰청의 차장

3. 국방정보본부의 본부장 및 국군방첩사령부의 사령관

4. 전략회의의 의장이 지명하는 국가정보원 소속 공무원

5. 전략회의의 의장이 관계기관의 장과 협의하여 지명하는 관계기관 소속 공무원

④ 전략회의의 의장은 회의를 소집하고 그 회의를 주재한다.

⑤ 전략회의의 회의는 재적위원 과반수의 출석과 출석위원 과반수의 찬성으로 의결한다.

⑥ 제1항부터 제5항까지에서 규정한 사항 외에 전략회의의 운영에 필요한 사항은 국가정보원장이 정한다.

제11조(국가방첩전략실무회의의 설치 및 운영 등)

① 전략회의를 효율적으로 운영하기 위하여 전략회의에 국가방첩전략실무회의(이하 "실무회의"라 한다)를 둔다.

② 실무회의는 의장 1명을 포함한 25명 이내의 위원으로 구성한다.

③ 실무회의의 의장은 국가정보원의 방첩업무를 담당하는 실장급 또는 국장급 부서의 장이 되고, 위원은 전략회의의 위원이 소속된 기관의 고위공무원단에 속하는 공무원 또는 이에 상당하는 공무원이 된다.

④ 실무회의는 전략회의에서 심의할 의안(議案)을 미리 검토·조정하고, 다음 각 호의 사항을 심의하여 그 결과를 전략회의에 보고할 수 있다.

1. 국가 방첩업무 현안에 대한 대책의 수립 및 시행에 관한 사항

2. 전략회의의 심의·의결을 거쳐 정해진 정책 등에 대한 시행 방안

3. 전략회의로부터 위임받은 심의사항

4. 그 밖에 실무회의의 의장이 회의에 부치는 방첩업무에 관한 사항

⑤ 제1항부터 제4항까지에서 규정한 사항 외에 실무회의의 운영에 필요한 사항은 국가정보원장이 정한다.

제12조(지역방첩협의회의 설치 및 운영 등)

① 국가정보원장은 필요한 경우 방첩기관의 장과 협의하여 특별시·광역시·특별자치시·도 또는 특별자치도별로 방첩업무를 협의하기 위한 지역방첩협의회를 구성·운영할 수 있다.

② 제1항에 따른 지역방첩협의회의 운영 등에 필요한 사항은 국가정보원장이 지역방첩협의회의 심의·의결을 거쳐 정한다.

제13조(방첩교육)

① 방첩기관등의 장은 해당 기관의 업무 수행과 관련하여 그 기관 소속 구성원이 외국등의 정보활동에 효율적으로 대응하기 위하여 필요한 자체 방첩교육에 관한 계획을 수립하여 시행해야 한다.

② 방첩기관등의 장은 필요한 경우 제1항에 따른 소속 구성원에 대한 방첩교육을 국가정보원장에게 위탁하여 실시할 수 있다.

제14조(외국인 접촉의 부당한 제한 금지)

방첩기관등의 장은 이 영의 목적이 외국등의 정보활동으로부터 대한민국의 국가안보와 국익을 보호하기 위한 것임을 고려하여 소속 구성원의 외국인과의 접촉을 부당하게 제한해서는 안 된다.

제15조(홍보)

방첩기관의 장은 홍보를 통하여 소관 방첩업무에 대한 국민의 이해를 증진시키기 위하여 노력하여야 한다.

제16조(고유식별정보의 처리)

① 국가정보원장은 다음 각 호의 업무를 수행하기 위하여 불가피한 경우「개인정보 보호법 시행령」제19조제1호부터 제4호까지의 규정에 따른 주민등록번호, 여권번호, 운전면허의 면허번호 및 외국인등록번호가 포함된 자료를 처리할 수 있다.

  1.「국가정보원법」제5조제2항에 따른 방첩 정보의 수집ㆍ작성ㆍ배포 업무 수행을 위한 조사 업무

  2. 제3조제2호의2에 따른 방첩업무

  3. 제4조의2제1항에 따른 방첩정보공유센터의 운영 업무

② 방첩기관의 장은 제3조제1호, 제2호 및 제4호의 방첩업무를 수행하기 위하여 불가피한 경우「개인정보 보호법 시행령」제19조제1호부터 제4호까지의 규정에 따른 주민등록번호, 여권번호, 운전면허의 면허번호 및 외국인등록번호가 포함된 자료를 처리할 수 있다.

부칙 〈대통령령 제33006호, 2022. 11. 29.〉

이 영은 공포한 날부터 시행한다.

주요 참고문헌 및 자료

□ 외국 단행본

1. Abram N. Shulsky & Gary J. Schmitt, *Silent Warfare: Understanding the world of Intelligence*, Potomac Books(2002).
2. Daniel K. Inouye & Lee H. Hamilton, *IRAN-CONTRA AFFAIRS with the minority view*, Times Books(1988).
3. David A. Charters & Stuart Farson & Glenn P. Hastedt, *Intelligence Analysis and Assessment*, Frank Cass Publishers(2004).
4. Dycus & Berney & Banks &Raven-Hansen, *National Security Law*, Aspen Publishers(2007).
5. Fredrick Thomas Martin, *TOP SECRET INTRANET: How U.S. Intelligence Built INTELLINK - The World's Largest, Most Secure Network*, Prentice-Hall, Inc(1999).
6. Gregory F. Treverton, *Reshaping National Intelligence for an Age of Information*, Cambridge University Press(2003).
7. Jan Goldman, *Words of Intelligence*, Scarecrow Press, INC(2006).
8. Jennifer E. Sims & Burton Gerber, *Transforming U. S. Intelligence*, Georgetown University Press(2005).
9. John Kish, *International Law and Espionage*, Kluwer Law International(1995).
10. John Tower & Edmund Muskie & Brent Scowcroft, *The Tower Commission Report*(1987).
11. Lowenthal, Mark M. *Intelligence: From Secrets to Policy*, CQ Press; 8th edition(2020).

12. Michael E. Haas, *In the Devil's Shadow: U.S. Special Operations during the Korean War,* Naval Institute Press(2000).

13. Michale Herman, *Intelligence Power in Peace and War,* Cambridge University Press(2008).

14. Patrick Radden Keefe, *CHATTER,* Random House New York(2005).

15. Peter Schweizer, *Friendly Spies,* The Atlantic Monthly Press New York(1993).

16. Richard A. Posner, *Preventing Surprise Attacks,* Hoover Institution(2005).

17. Richards J. Heuer, Jr, *Psychology of Intelligence Analysis,* Center for the study of Intelligence(1999).

18. Richelson, Jeffrey T, *The U.S. intelligence community,* Westview Press(7th edition, 2016).

19. Robert M. Clark, *Intelligence Analysis: A Target Centric Approach,* CQ Press(2004).

20. Rodney P. Carlisle, *Encyclopedia of Intelligence and Counterintelligence* (Volume I & II), Sharpe Reference(2005).

21. Roger Z. George & Robert D. Kline, *Intelligence and the National Security Strategist,* Rowman & Little field Publishers, Inc(2006).

22. Seymour M. Hersh, *The Target is Destroyed,* Random House New York(1986).

23. Sherman Kent, *Strategic Intelligence for American World Policy,* Princenton University Press(1966),

24. Stephen H. Legomsky, *Immigration and Refugee Law and Policy,* Foundation Press(2005).

25. William M. Arkin, *Code Names,* Steerforth Press(2005)

□ 한국문헌 및 논문은 본문의 출전으로 대체함

서식색인

(ㄴ)

(ㅂ)

(ㅈ)

■ 저자: 한희원(韓禧源)

강원도 설악산 자락에서 태어났다. 현재 동국대학교 일반대학원장으로 재직 중이다. 2006년도부터 동국대학교 법과대학 정교수로 시작하여 법대학장, 법무대학원장, 부총장을 역임했다. 현재 국무총리실 대테러센터 자문위원으로 그동안 경찰위원회 위원, 개인정보보호위원회 위원, 국가정보원 자문위원 등 다수의 정부 부처 위원을 역임했다. 제15차 국가정보원법 개정에도 전문위원으로 관여했다. 제24회 사법시험에 합격하여 사법연수원을 14기로 수료하고 속초 지청장과 국가인권위원회 인권침해 조사국장을 역임했다. 고려대학교 법과대학을 졸업하고 미국 Duke University Visiting 그리고 인디애나 주립대(IUPUI)에서 L.L.M을 마쳤다. 한국의 법과대학에는 없는 국가안보법을 연구하여 2013년, 호서대학교에서 "국가안보의 법철학적 이념과 국가안보 수호를 위한 법적·제도적 혁신 모델에 대한 법규범적 연구"로 박사학위를 취득했다. 2015년 8월에는 더 넓은 공부를 위해 하버드 케네디 스쿨의 고위 국제안보과정을 수료했다. 3대에 걸친 남재준, 이병기, 이병호 전 국정원장 체제의 국정원 자문위원을 하면서 문재인 정부 전까지는 국가정보교육원에서 특강을 담당했다. Atoms for Peace 국제저널에 2편의 영문 논문을 비롯하여 국가정보, 인권, 정의론 그리고 인공지능(AI)에 대한 다수의 논문과 칼럼이 있다. 또한, 국가정보(법의 지배와 국가정보, 2011)를 비롯하여, 국가정보체계 혁신론(2009), 국제기구법 총론(2009), 국제인권법 원론(2012), 정의론(2011), 신법학 입문(2011), 대한민국 국가정보원(2013) 등 다수의 저서가 있다. 2018년에는 인공지능(AI) 법과 공존윤리를 출간했다.

[개정4판]

국가정보 - 법의 지배와 국가정보 _ 上卷

2023년 6월 20일 개정4판 1쇄 인쇄
2023년 6월 30일 개정4판 1쇄 발행

저　　자　한희원
발 행 인　김용성
발 행 처　법률출판사
　　　　　서울시 동대문구 휘경로2길 3, 4층
　　　　　☎ 02) 962-9154　　　팩스 02) 962-9156
등 록 번 호　제1-1982호
ISBN :　978-89-5821-422-9　93360
e-mail :　lawnbook@hanmail.net